실 전
형사소송 실무편람

행정사·법학박사 김동근
변 호 사 김요한
법 무 사 서제진

법률출판사

머리글

이 책은 형사소송을 처음 접하는 초보자라도 관련 절차를 체계적으로 쉽게 이해할 수 있도록 실무중심의 해설서로 집필하는데 주안점을 두었습니다.

따라서 방대하고 난해한 형사소송관련 이론을 꼭 알아야 할 핵심적인 내용 위주로 정리(도표화)하는 한편 그에 따른 핵심 판례 등도 알아보기 쉽게 정리하였습니다.

이러한 특징은 이 책의 구성에서도 그대로 반영하여, 일반 형사사건을 중심으로 소년 및 가정보호사건, 재심, 즉결심판 등 특별소송절차 그리도 형사배상명령신청에 이르기까지 형사상 문제가 되고 있는 모든 부분들을 상세한 이론과 함께 실무에 필요한 다양한 사례 그리고 관련 서식들을 유형별로 체계적으로 정리 하였고, 그 외 형사소송실무상 가장 기초라 할 수 있는 각종 고소장, 진정서, 탄원서, 반성문 등의 작성에 관한 내용도 함께 정리하였으며, 특히 위 각 서식의 하단에 관련 서식의 작성방법 및 접수절차 등에 관한 사항들도 상세히 정리해 두었기 때문에 본서를 참고할 경우 혼자서도 형사소송실무를 효과적으로 수행할 수 있도록 구성하였다는데 그 특징이 있습니다.

아무쪼록 형사소송실무를 처음 접하는 초보자 그리고 형법 및 형사소송법 등을 연구하는 독자분 그 외 형사소송실무를 담당하는 로펌의 실무자분들에게 본서가 형사소송 및 관련 문제의 해결을 위한 충분한 길라잡이 역할을 해낼 수 있기를 바랍니다.

마지막으로 본서의 출간을 위하여 아낌없는 조언 및 도움을 주신 로앤어스 대표변호사 최나리, 검찰 특수부 출신의 서제진 법무사, 형사법 이기원 박사 등 여러분들에게 이면을 빌어 깊은 감사의 뜻을 드립니다. 아울러 어려운 여건 속에서도 본서의 출간을 위해 혼신을 다해주신 법률출판사 김용성 사장님을 비롯한 편집자 및 여러 임직원분들께도 깊은 감사를 드리는 바입니다.

차 례

제1장 형사소송의 서론

제2장 형사소송의 주체

제3장 수사단계

제4장 공판절차(법원의 재판)

제5장 상 소

제6장 재판의 집행

제7장 특별절차

제8장 형사특별사건

제9장 고소장 · 탄원서 · 진정서 작성례

제10장 형사배상명령

제1장

형사소송의 서론

제1절 형사소송의 개념

Ⅰ. 형사소송의 의의 등

1. 의 의

형사절차란 국가의 형벌권을 실현하는 절차로서 범죄수사, 범인의 검거, 공소제기, 공판절차, 형의 선고와 형의 집행에 이르는 일련의 과정을 말한다. 엄격한 의미에서 형사소송이란 공소제기 이후의 공판절차를 이루는 일련의 쟁송활동을 의미한다. 일반적으로 소송이란 대립하는 당사자의 공격과 방어를 통해 심리가 진행되고, 이에 대하여 법원이 제3자의 입장에서 판단하는 절차구조를 말한다. 수사나 형의 집행 단계에서도 이러한 대립당사자의 구도가 잠재해 있기는 하지만, 검사와 피고인 및 변호인의 대립당사자로서의 역할이 본격화되는 것은 공소제기 후 법정에서 쌍방의 공방이 이루어지면서 판결이 선고되어 확정될 때까지이므로, 공판절차를 중심으로 한 형사소송은 형사절차의 핵심이라 할 것이다.

2. 형사절차 법정주의

가. 의의

국가형벌권의 실현은 국민의 생명, 신체, 재산, 명예 등의 기본권을 제한하는 공권력의 행사라는 속성을 겸유한다. 따라서 형사절차는 반드시 형식적 의미의 법률로 정하여야만 한다는 원칙을 말하며, 형사소송법정주의라고도 한다. 이러한 형사절차법정주의는 형사절차가 단순히 법률에 규정되어 있을 것을 의미하는데 그치는 것이 아니라 법률에 규정된 형사절차가 공정한 재판의 이념에 일치하는 적정한 절차일 것까지 요구한다.

나. 법적근거

헌법 제12조 제1항은 "누구든지 법률에 의하지 아니하고는 체포·구속·압수·수색 또는 심문을 받지 아니하며 법률과 적법절차에 의하지 아니하고는 처벌·보안처분 또는 강제노역을 받지 아니한다"며 형사절차 법정주의를 천명하고 있다.

3. 민사소송과 구별

개인과 개인 간의 생활관계에 관한 분쟁, 이행의 충돌을 민사분쟁이라 하며 이러한 분쟁이 상호간 원만한 타협이 이루어지지 않는 경우 국가의 재판권에 의하여 법률적 강제적으로 해결하기 위한 절차를 민사소송이라 하는 반면 형사소송이란 형법법규의 구체적 실현을 위한 절차 즉 범죄를 행한 자를 발견, 확인하고 그에 대하여 형사제재를 과하기 위하여 마련된 절차를 말한다.

형사문제와 민사문제는 동시에 일어날 수 있으나 양자는 별개이므로 형사처벌을 받는다고 민사문제가 해결되는 것은 아니다. 즉 형사재판을 받는다 하더라도 민사상 손해배상 등과 같은 책임을 지지 않는 것은 아닌 것이다.

4. 형사소송의 목적과 이념

가. 형사소송의 목적

형사소송의 최고 이념(실체적 진실주의, 적정절차의 원칙, 신속한 재판의 원칙 등)은 실체적 진실발견이다. 그러나 실체적 진실 발견은 어떠한 희생을 치르더라도 달성해야 하는 유일한 목적은 될 수 없으며, 인권보장의 목적 달성을 위한 적정절차의 원칙, 신속한 재판의 원칙 등과 같은 목적 내지 이념에 의해 제한을 받지 않을 수 없다.

나. 실체적 진실주의

(1) 의의

실체진실주의란 소송의 실체에 관하여 객관적 진실을 발견하여 사안의 진상을 명백히 하자는 주의를 말한다. 이는 형식적 진실주의와의 구별되며, 사법상의 분쟁 해결을 위한 절차인 민사소송에서는 당사자 처분주의가 허용되므로 법원이 당사자의 소송활동에 의존하여 진실을 발견하는 형식적 진실주의 채택한다.

국가형벌권을 실현하는 절차인 형사소송에 있어서는 법원은 당사자의 주장이나 입증에 구속됨이 없이 실체적 진실을 규명할 것 요구된다.

(2) 내용

(가) 적극적 진실주의와 소극적 진실주의

적극적 실체적 진실주의는 범죄 사실을 밝혀 죄 있는 자를 빠짐없이 벌해야 한다는 주의로서 대륙법계 직권주의 소송구조에서 강조된다. 반면, 소극적 실체적 진실주의는 죄 없는 자를 유죄로 하여서는 안 된다는 주의로서[열 사람의 범인을 놓치는 한이 있더라도 한사람의 죄 없는 자를 벌해서는 안 된다, 의심스러울 때에는 피고인의 이익으로(in dubio pro reo)】 영미법계의 당사자주의적 소송구조에서 강조된다.

(나) 실체적 진실주의의 제도적 구현

직권에 의한 증거조사, 자유심증주의, 증거보전절차, 압수 수색 절차 등은 적극적 실체적 진실주의 강조하는 제도이며, 증거재판주의, 자백배제법칙, 자백보강법칙, 전문법칙, 상소제도, 재심제도 등은 소극적 실체적 진실주의 강조하는 제도들이다.

(3) 실체적 진실주의 한계
(가) 사실상의 한계

절대적이고 객관적인 진실을 발견하는 것은 사람의 힘으로는 지극히 어려운 일이다. 따라서 실체적 진실발견도 법관의 주관적 확신을 기초로 하면서 합리적 의심의 여지가 없는 고도의 개연성이 있는 진실발견에 그칠 수밖에 없다

(나) 초소송법적 이익에 의한 제약

군사상, 공무상 또는 업무상 비밀에 속하는 장소 또는 물건에 대한 압수가 제한되고, 공무상 또는 업무상 비밀에 속하는 사항과 근친자의 형사책임에 불이익한 사항에 관하여 증언을 거부할 수 있도록 규정하고 있는 것은 국가적, 사회적, 개인적이익에 실체적 진실발견이라는 소송법적 이익보다 우위를 인정한 것이다

다. 적정절차의 원칙
(1) 의의

적정절차의 원칙이란 헌법정신을 구현한 공정한 법적 절차에 의하여 형벌권이 실현되어야 한다는 원칙을 말한다.

(2) 내용
(가) 공정한 재판의 원칙

독립된 법관에 의하여 재판이 공정하게 진행되어야 한다는 것을 말한다.

① 공평한 법원의 구성

공정한 재판은 공편한 법원의 구성을 전제로 한다. 이를 위하여 현행법은 사법권의 독립과 법관의 신분보장은 물론 법관과 법원 직원의 제척·기피·회피 제도를 인정한다.

② 피고인의 방어권 보장

피고인에게 충분한 방어권을 보장해 주지 않을 때에는 공정한 재판이라 볼 수 없다. 현행법은 방어권 보장을 위해 제1회 공판기일 유예기간, 피고인의 공판정 출석권, 피고인의 진술권과 진술거부권, 증거신청권, 증거보전청구권을 규정하고 있다.

③ 무기평등의 원칙

검사와 피고인 사이에 무기가 평등하지 않으면 공정한 재판을 달성할 수 없다. 이를 위해 피고인에게 변호인의 조력을 받을 권리를 인정하고, 변호인을 선임할 수 없을 때에는 국선변호인을 선임하여 줄 뿐만 아니라, 검사에게도 객관의무를 부여하고 있다.

(나) 비례의 원칙

강제처분은 구체적 사건의 개별적 상황을 고려하여 소송의 목적을 달성하는데 적합하고 다른 수단에 의하여 그 목적을 달성할 수 없을 뿐만 아니라 그 행사로 인한 침해가 사건의 의미와 범죄혐의의 정도에 비추어 상당해야 한다는 원칙으로써, 과잉금지의 원칙이라고도 한다.

(다) 피고인 보호의 원칙

헌법의 사회적 법치주의가 형사소송에 구현된 것이 법원의 보호의무의 원칙이다. 이 원칙으로 인하여 형사사법기관은 개별절차에서 피의자나 피고인에게 정당한 방어수단을 고지하고 일정한 소송행위에 따른 법적 효과를 설명해 주어야 하며 권리행사방법도 알려 주어야 한다. 진술거부권의 고지, 증거조사결과에 대한 의견과 증거조사신청에 대한 고지, 상소에 대한 고지 등의 제도가 이에 해당한다.

라. 신속한 재판의 원칙
(1) 의의

신속한 재판의 원칙이란 재판은 가능한 신속히 진행 종료해야 한다는 원칙을 말한다. 신속한 재판의 원칙과 관련하여 "사법은 신설할수록 향기가 높다"라고 한 Bacon의 말이나 "재판의 지연은 재판의거부와 같다"라는 법언은 바로 재판의 신속이 형사소송의 목적임을 표현한 것이다.

(2) 재판의 신속을 위한 제도
(가) 수사와 공소제기의 신속을 위한 제도

검사에 대한 수사권의 집중, 구속기간의 제한, 기소 편의 제도, 공소취소, 공소시효 등의 제도들이 수사와 공소제기의 신속을 위한 제도들이다.

(나) 공판절차의 신속을 위한 제도

공소장 부본의 송달제도, 공판기일의 지정과 변경, 서류작성의 간소화, 공판기일 전 증거조사와 증거제출, 심리범위의 한정, 궐석재판제도, 집중심리주의(계속심리주의라고 하며 심리에 2일 이상을 요하는 사건은 연일 계속하여 심리해야 한다는 원칙), 특정강력범죄의 처벌에 관한 특례법에 규정, 재판장의 소송 지휘권 등이 공판절차의 신속을 위한 제도들이다.

(다) 상소심재판의 신속을 위한 제도

상소기간의 제한, 미결구금일수의 산입 금지 등이 상소심재판의 신속을 위한 제도들이다.

(라) 재판의 신속을 위한 특수한 공판절차

간이공판절차, 약식절차, 즉결심판절차 등이 재판의 신속을 위한 특수한 공판절차들이다.

(마) 신속한 재판의 침해와 구제

현행법은 재판 지연을 구제하기 위한 별도의 명문규정을 두고 있지 않다. 현행법 해석상 현저한 재판 지연이 있다 하더라도 공소시효 의제 규정이 아니면 형식재판에 의해 소송을 종결시킬 수 없으며, 또한 무죄판결을 할 수도 없어, 다만 양형에서 고려할 수 있을 뿐이라는 것이 지배적인 견해이다.

II. 형사소송법의 성격

1. 공 법

공법이란 국가 또는 공공단체와 사인간의 불대등관계를 규율하는 법(헌법, 형법 등)을 말하고, 사법이란 국가 또는 공공단체와 사인간의 대등관계를 규율하는 법(민법, 상법 등)을 말하는데, 공법과 사법을 구별하는 것은 로마법 이래의 것으로서 그 구별기준에 대하여는 이론적으로 여러 견해가 있으나 어느 견해에 의하더라도 형사소송법은 범죄인에 대한 국가의 사법작용의 행사방법을 규정하고 있는 공법에 속한다 할 것이다.

2. 사법법(司法法)

형사소송법은 국가의 사법작용의 행사방법을 규정하고 있는 법률이므로 사법법에 속하며, 입법과 행정법에 대립한다. 행정법은 합목적성을 원리로 하고 있음에 반하여 사법법인 형사소송법은 법적 안정성의 유지를 그 원리로 한다. 다만, 수사단계에 있어서는 경찰법과 인접하고, 소송조직의 면에 있어서는 사법행정법과 인접하며, 형의 집행단계에서는 행형법과 가깝다.

사법법을 민사법과 형사법으로 나눌 수 있는데, 형사소송법은 형사법에 속한다. 민사법은 개인과 개인 사이의 평균적 정의의 실현을 목적으로 함에 반하여, 형사법은 국가와 개인 사이의 배분적 정의의 실현을 목적으로 한다. 따라서 민사소송법에 있어서와 같이 당사자주의에 철저할 수는 없으며, 또한 정치적 색체가 강하게 나타나는 이유도 형사소송의 규정을 헌법 등의 법률에 두기 때문이다.

3. 절차법

형사법 가운데 형법은 실체법임에 반하여 형사소송법은 절차법이다. 즉, 형법은 무엇이 범죄이고, 이에 대하여 어떠한 형법을 과하는가 하는 실체를 규정하고 있음에 반하여 형사소송법은 범죄와 형벌을 확정하는 절차를 규정하고 있다. 따라서 형사소송법은 주법(主法)으로서 형법이 규정한 사항이 구체적으로 발생하였을 때 형벌권을 실현하는 절차를 규정한 법률이므로 형법에 대한 조법(助法) 또는 기술법(技術法)이라고도 한다.

4. 형법과의 관계

형법은 범죄의 실체를 규정해 놓은 실체법으로 무엇을 범죄로 하고 그 범죄에 어떠한 형벌을 과할 것인가를 추상적으로 규정한 법률인 반면, 형사소송법은 형법을 구체적 사건에 적용하고 실현하는 과정을 규율함으로써 국가형벌권을 현실화하는 법률이다.

Ⅲ. 형사소송법의 적용범위

1. 의 의

형사소송법의 적용범위는 우리나라 법원의 형사사건에 대한 재판권이 행사될 수 있는 인적·물적 한계와 관련하여 논의되는 효력에 대한 관념으로서 재판권의 존재를 가리키는 것이다. 일반적으로 형사소송법은 수사절차, 공소제기절차, 공판절차, 형집행절차인 형사절차를 규율한다.

2. 장소적 적용범위

형사소송법은 대한민국의 법원에 심판되는 사건에 대하여만 적용된다. 대한민국 영역 외일지라도 형사재판권이 미치는 지역에서는 형사소송법이 적용되고 대한민국 영역 내라 할지라도 국제법상 치외법권 지역(대사관저 등)에서는 적용되지 않는다.

3. 인적 적용범위

가. 원칙

형사소송법은 국적, 주거지, 범죄지를 불문하고 대한민국 영역 내에 있는 모든 사람에게 효력이 미친다.

나. 예외

다만 이 원칙에는 다음과 같은 예외가 있다.
(1) 대통령은 내란 또는 외환의 죄를 범한 경우를 제외하고는 재직 중 형사상의 소추를 받지 아니한다(헌법 제84조).
(2) 국회의원은 국회에서 직무상 행한 발언과 표결에 대하여 국회 외에서 책임지지 아니하며(헌법 제45조), 현행범인 경우를 제외하고는 회기 중 국회의 동의 없이 체포 또는 구금되지 아니한다(헌법 제44조).
(3) 국제관습상 치외법권을 가진 외국의 원수와 그 신임을 받고 우리나라에 주재하는 외교사절과 그 수행원, 가족들에 대하여는 재판권이 미치지 아니한다.
(4) 한미상호방위조약에 의하여 우리나라에 주둔하는 미국군대의 구성원이나 군속 및 가족의 일정한 범죄에 대하여는 미군당국이 우선 제1차적 재판권을 가지며 미군당국이 이 재판권을 포기한 때에 한하여 비로소 우리나라 법원이 재판권을 갖게 된다(대한민국과아메리카합중국간의상호방위조약제4조에의한시설과구역및대한민국에서의합중국군대의지위에관한협정 제22조 참조).
(5) 군인, 군무원 등의 경우는 군사법원법 제2조와 제3조에 의거 군사법원이 재판권을 가진다고 규정하고 있으므로 이 조항이 적용되는 범위에서는 일반법원에 재판권이 없게 된다.
(6) 한편 우리나라 법원의 재판권은 외국에 있는 사람에게는 영토 주권으로 인하여 우리의 재판권이 미치지 아니하며 범인의 신병확보를 위하여는 관련당사국 간에 범죄인 인도절차가 별

도로 이루어져야 한다. 그런데 반국가행위자의처벌에 관한 특별조치법에 의하면 일정의 반국가적 범죄를 행한 자가 외국정부에 도피처 또는 보호를 요청하였거나 외국에서 귀국하지 아니하고 죄상이 현저히 중한 경우에는 검사의 궐석재판청구에 의하여 우리나라 법원이 궐석재판을 할 수 있도록 하고 당해 죄에 대한 본형과 함께 국내에 있는 재산의 몰수형을 병과할 수 있도록 정하고 있다. 다만, 이 절차의 진행이나 판결의 효력은 어디까지나 국내에 국한되므로 우리나라의 재판권이 국외로 확장되는 경우에 해당하는 것은 아니다.

4. 시간적 적용범위

형사소송법은 시행시부터 폐지시까지 효력을 갖는다. 다만 법률의 변경이 있는 경우 형사소송법은 절차법에 불과하므로 소급효금지의 원칙이 적용되지 않는다. 다만 2007. 12. 21. 개정형사소송법 부칙 제3조는 공소시효에 관하여는 개정 전 이루어진 범죄에 대해서는 종전의 공소시효를 적용하는 특례를 두고 있고 2007. 6. 1. 공포된 개정형사소송법 부칙은 개정법 시행 당시 수사 중이거나 법원에 계속 중인 사건에도 개정법이 적용되나 개정법 시행 전에 종전의 규정에 따라 행한 행위의 효력에는 영향을 미치지 않는 것으로 규정하고 있다.

> ▶ 형사소송법이 개정된 후에 소송절차가 개시된 사건이라면 개정 신법을 적용.
> ▶ 소송절차 개시 후 종결 전에 법이 개정된 경우엔 신·구법 적용문제 발생 – 형법은 죄형법정주의(소급효금지의 원칙)이 적용되나, 형소법은 절차법으로 소급효금지의 원칙이 적용되지 않으며 결국 입법정책의 문제로 해결.
> ▶ 현행법은 부칙에 규정을 두고 있는 바, 구법에 의해 진행된 소송행위의 효력은 그대로 인정하고 신법 시행 이후의 소송절차에 대해서는 신법을 적용하는 혼합주의 채택.

Ⅳ. 형사소송법과 형사소송규칙과의 관계

우리나라의 헌법상 형사소송절차는 국회가 제정하는 법률과 대법원이 정하는 규칙의 양자에 의하여 정하여 질 것을 요구하고 있는데 일반적으로 형사소송법은 형사소송절차의 기본적 구조나 피고인 등 소송관계자의 중요한 이행에 관한 기본적인 법률로서 정해져 있는 것이고 형사소송절차 중 형사소송규칙은 법률에서 위임한 사항과 기술적·세부적인 사항을 기본적으로 대법원규칙으로 정하고 있는 것이다.

V. 형사소송 사무처리의 준칙

대법원은 법원의 내부규율과 사무처리에 관한 사항을 규칙의 형식으로 제정할 수 있고 법원사무의 능률적이고 통일적인 사무처리를 위하여 사무의 분담·처리방법·처리절차 등의 법원의 내부적인 사항에 관한 것을 사무처리절차라고 하는데 소송절차 그 자체와는 구별되어 있다. 형사소송에 관한 사무처리절차를 정하고 있는 다수의 대법원규칙이 제정되어 있고 또한 대법원은 사무처리에 관한 준칙을 예규 등의 형식으로서 정하고 있고 사법행정상 상급법원관청이 하급법원관청에 대한 감독권 발동의 한 형식으로서 예규, 통첩, 훈령, 질의회답 등 여러 가지 형태로 시달하고 있다.

따라서 이러한 재판사무처리에 관한 예규를 따로 모아서 수록한 송무예규집 등이 편찬되어 있으니 이를 참고하면 형사소송실무를 처리함에 있어 많은 도움이 될 것이다.

제2절 형사소송절차의 개요

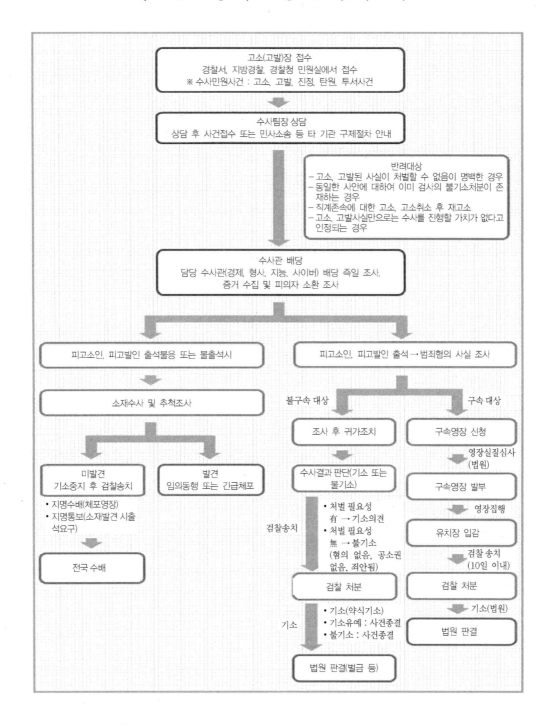

Ⅰ. 고소·고발 또는 사건의 발생

'범죄피해자'는 수사기관에 '고소'를 할 수 있고 '누구든지' 범죄가 있다고 사료하는 때에는 수사기관에 '고발'할 수 있다. 반면에 수사기관이 스스로 범죄를 인지하여 형사입건을 할 수 있는데 이를 인지사건이라 한다.

여기서 고소는 범죄피해를 입은 자가 수사기관에 범죄사실을 신고하고 처벌을 구하는 표시를 하는 것이다. 고소는 누구나 할 수 있는 것은 아니고, '형사소송법'에서 정한 '고소권자'에 해당해야만 가능하다. 우리 '형사소송법'은 '범죄로 인한 피해자'를 고소권자로 규정하고, 피해자의 법정대리인, 피해자가 사망한 때에는 그 배우자와 직계친족 또는 형제자매 등이 피해자와 일정한 관계가 있는 사람으로서 고소를 할 권한이 있다고 보고 있다.

반면, 고발은 범죄의 피해자가 아닌 제3자가 범죄행위라고 생각되는 사건을 수사기관에 신고하고 처벌을 구하는 표시를 하는 것이다. 예를 들어, 시민단체가 정치인이나 기업 총수의 범죄 의혹을 제기하며 수사기관에 수사와 처벌을 구하는 것이 바로 고발이다. 고소와 달리, 고발은 취소하더라도 추후 같은 내용으로 다시 고발할 수 있다. 고발의 기간에는 제한이 없으므로 언제든 고발이 가능하다. 한편, '형사소송법'은 자기 또는 배우자의 직계존속(부모, 조부모 등)에 대해서는 고소와 고발을 할 수 없도록 규정하고 있다. 직계존속은 혈연과 혼인으로 이뤄지는 신분관계로서, 수지타산보다는 이해와 사랑, 헌신이라는 가치로 유지되는 관계인 점을 고려한 것이다. 부모를 고소할 경우 가족이 회복 불가능한 상태로 붕괴되는 것을 방지하는 취지도 있다. 예외적으로 가정폭력과 성폭력범죄는 가해자가 자기 또는 배우자의 직계존속인 경우라도 고소할 수 있다.

Ⅱ. 수 사

사법경찰관은 고소·고발 사건을 수사하거나 스스로 인지한 범죄를 수사할 수 있지만 사법경찰관리가 수사를 하여 그 결과에 대한 의견서를 관할 지방검찰청 검사장 또는 지청장에게 송치하면, 검사는 송치사건 중 수사미진한 부분에 대하여 보완수사를 하여 다시 송치할 수 있도록 지휘할 수 있다.

검사도 스스로 범죄인지를 하기도 하고 검찰청에 접수된 고소고발사건을 수사한다. 수사의 결과 범죄 혐의가 분명하면 공소권을 행사하고 범죄가 성립되지 않거나 증거가 부족한 경우 등에는 혐의 없음, 죄가 안 됨, 기소중지, 참고인 중지 등 종국처분 또는 중간처분을 한다.

한편, 수사기관이 수사를 개시하여 형사사건의 수사대상으로 삼을 경우, '사건부'에 일련번호를 붙여 사건명·인적사항 등을 기재하는데, 이를 입건한다고 하고, 사건부에 이름이 오른 사람을 형사소송법상 피의자라고 부른다.

범죄 인지, 고소·고발의 접수 등으로 입건을 하게 되는데, 입건하여 수사한 사건은 검찰청으로 보내어 지는데, 이를 사건을 '송치'한다고 말하고, 내사종결된 사건 이외의 모든 입건된 형사사건은 검사만이 수사를 종결할 수 있다.

예컨대, 살인사건이 발생한 경우 범인으로 의심될 만한 정황이 있으나 혐의를 입증하기 어려운 단계에 있는 사람을 흔히 용의자라고 부르며, 용의자에 대하여 조사가 진행되어 범죄의 혐의를 인정할 만한 자료가 발견될 경우 입건을 하게 되고 범인은 피의자의 신분으로 조사를 받게 되는 것이다.

Ⅲ. 공소의 제기

1. 개 념

검사가 수사를 하여 범죄의 혐의가 있으면 그 사람에게 형벌권을 행사하여 처벌해 달라고 법원에 청구하는 것을 '공소의 제기'라 한다('기소'라고도 한다). 이러한 공소의 제기는 검사만 할 수 있고(기소독점주의), 그 제기 여부도 오로지 검사의 재량에 달려있다(기소편의주의).[1] 검사가 독자적으로 수사한 사건이나 경찰로부터 송치 받은 사건을 수사한 결과 기소결정을 내릴 수도 있고 기소를 하지 않는다는 불기소 결정을 내릴 수도 있다.

2. 효 과

공소가 제기되면, 피의사건이 피고사건으로 변하여(피의자 역시 '피고인'으로 지위가 변한다) 법원은 그 사건에 관하여 심판할 권한과 의무를 갖게 되고, 검사와 피고인은 당사자로서 법원의 심판을 받아야 한다. 또한 공소가 제기된 사건에 관하여는 다시 이중으로 공소를 제기할 수

---

1) 우리나라에서는 검찰기소독점주의의 예외로서 10만 원의 이하의 벌금 및 구류 사건에 대해 즉결심판을 청구할 수 있는 권한이 경찰서장에게 부여 되어 있다.

없고, 만일 동일 사건이 법원에 이중으로 기소되었을 때에는 판결로써 그 부분에 대하여 공소를 기각하게 되며, 공소가 제기되면 공소시효의 진행이 정지된다.

3. 공소제기 방식

공소의 제기는 공소장을 관할 법원에 제출함으로써 이루어지고, 구술로 공소를 제기할 수는 없으며, 공소장에 기재되는 사항은 아래와 같다.

① 피고인의 성명 기타 피고인을 특정할 수 있는 사항
② 죄명
③ 공소사실
④ 적용법조
⑤ 피고인의 구속 여부

Ⅳ. 법원의 재판

형사소송절차는 검사의 공소제기를 기준으로 기소 전 단계와 기소 후 단계로 나뉜다.

1. 기소 전 단계

기소 전 단계란 검사의 구속영장 청구부터 공소제기까지의 단계로서 검사의 구속영장 청구, 청구된 구속영장에 대한 실질심사, 체포 또는 구속의 적법 여부에 대한 체포·구속적부심사청구가 있다. 검사의 구속영장 청구 및 구속영장 실질심사에서 구속영장이 발부되거나 구속적부심사청구가 기각되면 피의자의 구속 상태는 유지되지만 구속영장이 발부되지 않거나 구속영장 실질심사에서 구속영장의 기각 및 구속적부심사청구가 인용되면 피의자는 석방된다.

2. 기소 후 단계

기소 후 단계는 검사의 청구에 따라 구공판과 구약식으로 나누어지고, 임의절차로서 공판준비절차(참여재판 필수)가 마련되어 있으며 이상의 절차를 마친 후 변론종결과 판결 선고까지를 포함하고 있다. 또한 변론종결 시까지 배상명령청구와 보석청구가 각 가능하다. 검사가 약식명령을 청구하면 판사는 약식명령을 발령하거나 통상의 공판절차에 회부하여 재판할 수도 있다. 약식명령에 불복이 있는 사람은 약식명령의 고지를 받은 날로부터 7일 이내에 약식명령을 한 법원에 서면으로 정식재판청구를 할 수 있으며 이 경우 통상의 공판절차에 의하여 다시 심판하게 된다.

가. 공판준비절차

검사가 공소장을 제출하면 법원은 공소장의 흠결유무를 심사하고 접수인 날인, 사건번호부여, 사건배당을 하고 피고인에게 공소장부본의 송달, 국선변호인선임고지, 공판정리의 지정과 통지 및 피고인을 소환하는 통지서를 보내는 공판준비절차를 한다. 공판준비절차는 공판준비명령, 검사의 공판준비서면 제출, 피고인, 변호인의 반박, 검사의 재반박, 공판준비기일진행(증거조사, 쟁점정리), 공판준비절차 종결의 단계를 거치며 공판준비절차가 종결되면 공판절차가 개시되게 된다.

나. 공판절차

공판절차는 재판장의 진술거부권 고지 및 인정신문, 모두진술, 쟁점 및 증거관계 등 정리, 피고인이 공소사실을 부인할 경우에는 증거조사 실시, 공소사실을 인정할 경우에는 간이공판절차회부, 피고인신문, 최종변론(검사, 변호인, 피고인), 변론종결, 선고의 단계를 거치게 된다.

[공판절차 개요]

02. 증거조사

증거조사는 법원이 범죄사실을 인정함에 있어서 필요한 심증을 얻기 위해 각종 증거방법을 조사하여 그 내용을 검증하는 소송행위를 의미한다. 예시) 증인신문, 증거서류와 증거물에 대한 조사, 감정인신문 등

03. 피고인신문

검사 또는 변호인은 증거조사 종료 후에 순차로 피고인에게 공소사실 및 정상에 관하여 필요한 사항을 신문할 수 있다.

04. 검사의 의견진술(구형)

증거조사와 피고인신문이 종료되면, 검사는 사실과 법률적용에 관하여 의견을 진술하여야 하는데, 특히 양형에 관한 검사의 의견을 구형이라고 한다.

05. 피고인측의 최종변론

재판장은 검사의 의견을 들은 후 피고인과 변호인에게 최종의 의견을 진술할 기회를 주어야 한다.

06. 판결의 선고

변론종결 당일 선고가 원칙이나, 특별한 사정이 있으면 14일 이내 가능하다.

Ⅴ. 판결의 선고 및 상소

변호인과 피고인의 최후진술이 끝나면 변론을 종결되고 재판장은 판결선고기일을 지정한다. 판결선고기일에 피고인은 출석하여야 하고, 검사와 변호인은 출석하지 않아도 된다. 유죄의 형을 선고할 경우 재판장은 상소할 기간과 상소할 법원을 고지한다. 선고된 판결에 대하여 불복이 있는 사람은 판결의 선고일로부터 7일(판결 선고일은 기산하지 아니한다) 이내에 상소를 제기할 수 있다.

민사사건과 달리 판결등본의 송달과 관계없이 선고시부터 상소기간이 진행됨을 주의하여야 한다. 상소장 제출은 상소하고자 하는 법원에 제출하는 것이 아니라 판결을 선고한 원심법원에 제출하여야 한다. 검사에 대해서는 판결선고일로부터 3일 이내에 판결등본을 송부하고 피고인에 대하여는 선고 후 14일 이내에 판결등본을 송달한다.

1. 재판의 집행

재판의 집행이란 재판의 의사표시내용을 국가의 강제력으로 실현하는 작용을 말한다. 재판의 집행에는 ① 사형이나 자유형의 집행과 같은 형의 집행, ② 추징이나 소송비용과 같은 부수처분의 집행, ③ 과태료·보증금의 몰수, 비용배상 등 형 이외의 제재의 집행, ④ 강제처분을 위한 영장의 집행 등이 있다. 재판의 결과 형이 확정되면 검사가 그 형의 집행을 한다. 검사의 형집행지휘에 따라 교도소 등에서 교도관들이 형을 집행하게 된다. 집행은 그 재판을 한 법원에 대응한 검찰청 검사가 지휘하는데 예외적으로 법관이 지휘하는 경우도 있다.

그러나 피고인이 무죄판결을 받은 경우에는 국가에 대해 형사보상청구나 국가손해배상청구를 할 수 있다.

2. 형집행의 순서

가. 중형우선의 원칙

2개 이상의 형이 확정된 경우에는 그 집행의 순서를 정할 필요가 있다. 2개 이상의 형의 집행은 자격상실, 자격정지, 벌금, 과료와 몰수 외에는 그 중한 형을 먼저 집행하는 것이 원칙이다(형사소송법 제462조 본문). 벌금과 과료는 재산형이므로 자유형과 동시집행이 가능하고, 또한 자격상실과 자격정지는 병과형이며 몰수는 부가형이어서 자유형 등과 동시집행이 가능하기 때문에 순서를 정할 필요가 없는 것이다. 형의 경중은 형법 제50조와 제41조에 의하므로 사형, 징역, 금고, 구류의 순서로 집행된다. 구체적으로 무기금고와 유기징역은 금고를 중한 것으로 하고, 유기금고의 장기가 유기징역의 장기를 초과하는 때에는 금고를 중한 것으로 한다(형법 제50조 제1항 단서). 동종의 형은 장기의 긴 것을 중한 것으로 하고 장기가 동일한 때에는 그 단기의 긴 것을 중한 것으로 한다(동조 제2항). 이러한 형의 집행순서에 관한 원칙은 2개 이상의 주형의 집행을 동시에 개시하는 경우에 적용되므로 경한 형이라도 먼저 집행을 개시한 후에 중한 형을 집행하게 된 경우에 경한 형의 집행을 중단해야 하는 것은 아니다.

나. 집행순서의 변경

검사는 소속 장관의 허가를 얻어 중한 형의 집행을 정지하고 다른 형의 집행을 할 수 있다(형사소송법 제462조 단서). 이와 같이 집행순서의 변경을 인정하는 이유는 가석방의 요건을 빨리 구비할 수 있도록 배려한 것이다. 중한 형의 가석방에 필요한 기간이 경과한 후에 그 형의 집행을 정지하고 경한 형의 집행이 개시되어 경한 형의 가석방에 필요한 기간까지 경과하게 되면 2개의 형에 대해 동시에 가석방을 할 수가 있게 되는 것이다. 그리고 자유형과 벌금형은 동시집행이 가능하므로 그 집행순서를 결정할 필요가 없지만 벌금을 완납하지 못하는 바람에 자유형과 노역장유치가 병존하게 되는 경우가 생길 수 있다. 이때에도 검사는 소속 장관의 허가를 얻어 중한 형인 자유형의 집행을 정지하고 노역장유치를 집행하게 할 수 있다. 자유형의 집행보다 노역장유치의 집행을 먼저 하는 것은 벌금형의 시효완성을 방지하려는데 그 의미가 있다.

3. 집행정지

가. 자유형의 집행정지

(1) 필요적 집행정지

징역, 금고 또는 구류의 선고를 받은 자가 심신의 장애로 의사능력이 없는 상태에 있는 때에는 형을 선고한 법원에 대응한 검찰청 검사 또는 형의 선고를 받은 자의 현재지를 관할하는 검찰청 검사의 지휘에 의하여 심신장애가 회복될 때까지 형의 집행을 정지한다(형사소송법 제470조 제1항). 이 경우에 검사는 형의 선고를 받은 자를 감호의무자 또는 지방공공단체에 인도하여 병원 기타 적당한 장소에 수용하게 할 수 있고(동조 제2항), 형의 집행이 정지된 자는 위의 처분이 있을 때까지 교도소 또는 구치소에 구치하고 그 기간을 형기에 산입한다(동조 제3항).

(2) 임의적 집행정지

징역, 금고 또는 구류의 선고를 받은 자가 ① 형의 집행으로 인하여 현저히 건강을 해하거나 생명을 보전할 수 없을 염려가 있는 때, ② 연령 70세 이상인 때, ③ 잉태 후 6월 이상인 때, ④ 출산 후 60일을 경과하지 아니한 때, ⑤ 직계존속이 연령 70세 이상 또는 중병이나 장애인으로 보호할 다른 친족이 없는 때, ⑥ 직계비속이 유년으로 보호할 다른 친족이 없는 때, ⑦ 기타 중요한 사유가 있는 때 중에서 어느 하나의 사유가 있는 때에는 형을 선고한 법원에 대응한 검찰청 검사 또는 형의 선고를 받은 자의 현재지를 관할하는 검찰청 검사의 지휘에 의하여 형의 집행을 정지할 수 있다(형사소송법 제471조 제1항). 13) 검사가 형의 집행정지를 지휘함에는 소속 고등검찰청 검사장 또는 지방검찰청 검사장의 허가를 얻어야 한다(동조 제2항).

나. 자격형의 집행

자격상실 또는 자격정지의 선고를 받은 자에 대하여는 이를 수형자원부에 기재하고 지체없이 그 등본을 형의 선고를 받은 자의 등록기준지와 주거지의 시ㆍ구ㆍ읍ㆍ면장에게 송부하여야 한다(형사소송법 제476조).

여기서의 수형자원부는 '형의 실효 등에 관한 법률'에서의 수형인명부와 같은 의미이고(배/이/정/이 952면; 신동운 1801면; 이은모 989면; 임동규 846면), 자격정지 이상의 형을 받은 수형인을 기재한 명부로서 검찰청 및 군검찰부에서 관리하는 것을 말한다(동법 제2조 제2호).

다. 재산형의 집행

(1) 집행명령과 집행방식

벌금, 과료, 몰수, 추징, 과태료, 소송비용, 비용배상 또는 가납의 재판은 검사의 명령에 의하여 집행한다(형사소송법 제477조 제1항). 이러한 집행명령은 집행력있는 채무명의와 동일한 효력이 있다(동조 제2항).

재산형의 집행은 '민사집행법'의 집행에 관한 규정을 준용하고, 다만 집행 전에 재판의 송달을 요하지 아니한다(동조 제3항). 또한 위 재판은 '국세징수법'에 따른 국세체납처분의 예에 따라 집행할 수도 있다(동조 제4항). 이와 같이 재산형의 집행은 그 효율성 등을 고려하여 민사집행법상의 강제집행절차와 국세징수법상의 체납처분절차 중에서 선택적으로 활용할 수 있는 것이다.

검사는 위 재판을 집행하기 위하여 필요한 조사를 할 수 있고, 이 경우에 공무소 기타 공사단체에 조회하여 필요한 사항의 보고를 요구할 수 있다(동조 제5항, 동법 제199조 제2항). 이를 통해 집행을 받은 자의 소재와 그 자력의 정도 등을 확인할 수가 있게 된다.

그리고 벌금, 과료, 추징, 과태료, 소송비용 또는 비용배상의 분할납부, 납부연기 및 납부대행기관을 통한 납부 등 납부방법에 필요한 사항을 법무부령으로 정한다(동법 제477조 제6항). 14) 이는 벌금 등 재산형에 대한 분할납부, 납부연기 및 신용카드와 직불카드 등으로 납부대행기관을 통하여 납부할 수 있는 근거를 마련한 것이다.

재산형의 재판집행비용은 집행을 받은 자의 부담으로 하고 민사집행법의 규정에 준하여 집행과 동시에 징수하여야 한다(동법 제493조).

라. 노역장유치의 집행

벌금 또는 과료를 선고할 때에는 납입하지 아니하는 경우의 노역장 유치기간을 정하여 형의 선고와 동시에 판결로써 선고하여야 하고(형법 제70조, 법 제321조 제2항), 벌금과 과료는 판결 확정일로부터 30일 내에 납입하여야 한다(형법 제69조 제1항 본문).

벌금 또는 과료를 완납하지 못한 자에 대한 노역장유치의 집행에는 형의 집행에 관한 규정이 준용된다(형사소송법 제492조). 판결선고 전의 구금일수의 1일은 벌금이나 과료에 관한 유치기간의 1일로 계산한다(형법 제57조 제2항).

4. 재판집행에 대한 구제절차

가. 재판해석에 대한 의의신청

형의 선고를 받은 자는 집행에 관하여 재판의 해석에 대한 의의(疑義)가 있는 때에는 재판을 선고한 법원에 의의신청을 할 수 있다(형사소송법 제488조).

재판의 해석에 대한 의의신청(疑義申請)은 판결주문의 취지가 불명확하여 주문의 해석에 의문이 있는 경우에 한하여 제기할 수 있고, 판결이유의 모순, 불명확 또는 부당 등을 주장하여 제기하는 것은 허용되지 않는다.19)

관할법원인 재판을 선고한 법원이란 형을 선고한 법원을 말하므로(대법원 1968.2.28.자 67초23 결정) 원심판결에 대하여 상소가 기각된 경우에는 원심법원이 관할법원이 된다.

의의신청이 있는 때에 법원은 결정을 하여야 하며(동법 제491조 제1항), 이 결정에 대하여는 즉시항고를 할 수 있다(동조 제2항). 법원의 결정이 있을 때까지 의의신청을 취하할 수 있고(동법 제490조 제1항), 의의신청과 그 취하에 대해서는 재소자에 대한 특칙(동법 제344조)이 준용된다(동조 제2항).

나. 재판집행에 대한 이의신청

재판의 집행을 받은 자 또는 그 법정대리인이나 배우자는 집행에 관한 검사의 처분이 부당함을 이유로 재판을 선고한 법원에 이의신청을 할 수 있다(형사소송법 제489조).

재판의 집행에 대한 이의신청(異議申請)은 재판의 집행기관인 검사가 재판의 집행에 관하여 행한 처분이 부당하다는 이유로 제기할 수 있다는 점에서 재판의 해석에 대한 의의신청과 구별된다.20)

이의신청은 검사의 재판집행에 관한 처분이 부적법한 경우뿐만 아니라 부당한 경우도 할 수 있으나 재판의 집행에 관한 처분이 아니라 재판의 내용 자체의 부당함을 이유로 할 수는 없다

(대법원 1987.8.20.선고 87초42 판결). 또한 이의신청은 검사의 처분에 대해서 허용되므로 교도소장의 처분에 대해서는 할 수 없다.21)

이의신청은 확정된 재판에 대한 집행을 전제로 하는 것이 원칙이지만 확정되기 전의 재판에 대한 집행에 대하여도 할 수 있다.22) 그러나 이미 집행이 종료된 후에는 이의신청의 실익이 없으므로 허용되지 않는다. 23)

절차는 의의신청의 경우와 같다. 관할법원은 재판을 선고한 법원이고, 이의신청이 있는 때에 법원이 결정을 하여야 하며(동법 제491조 제1항), 이 결정에 대하여는 즉시항고를 할 수 있다(동조 제2항). 법원의 결정이 있을 때까지 이의신청을 취하할 수 있고(동법 제490조 제1항), 이의신청과 그 취하에 대해서는 재소자에 대한 특칙이 준용된다(동조 제2항).

다. 소송비용집행면제의 신청

소송비용부담의 재판을 받은 자가 빈곤하여 이를 완납할 수 없는 때에는 그 재판의 확정 후 10일 이내에 재판을 선고한 법원에 소송비용의 전부 또는 일부에 대한 재판의 집행면제를 신청할 수 있다(형사소송법 제487조).

소송비용부담의 재판의 집행은 위 10일의 집행면제신청기간 내와 그 신청이 있는 때에는 그 신청에 대한 재판이 확정될 때까지 정지된다(동법 제472조).

절차는 의의신청 및 이의신청의 경우와 같다. 관할법원은 재판을 선고한 법원이고, 소송비용집행면제의 신청이 있는 때에 법원이 결정을 하여야 하며(동법 제491조 제1항), 이 결정에 대하여는 즉시항고를 할 수 있다(동조 제2항). 법원의 결정이 있을 때까지 신청을 취하할 수 있고(동법 제490조 제1항), 신청과 그 취하에 대해서는 재소자에 대한 특칙이 준용된다(동조 제2항).

[형사소송절차 흐름도]

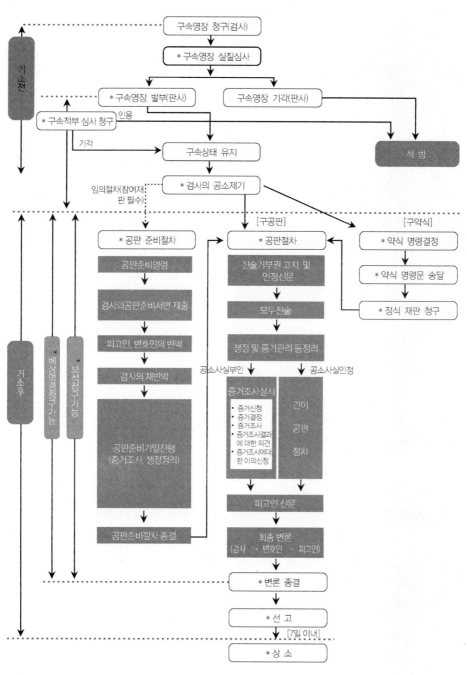

제2장

형사소송의 주체

제1절 소송주체와 당사자

I. 개 념

1. 소송주체의 의의

검사의 공소제기에 의하여 피고사건에 대한 소송계속이 발생하게 되면 형사절차는 수소법원·검사·피고인의 3자에 의해 진행되는 형태를 띠게 된다. 이때 소송법률관계의 주체로서 소송법적 권리·의무의 귀속주체가 되는 자를 소송주체라 한다.

2. 당사자의 의의

공판절차의 구조를 당사자주의의 원칙에 따라 파악하려는 입장에서는 소송주체 가운데 '검사'와 '피고인'을 통칭하여 '당사자'라고 부른다. 특히 검사와 피고인을 당사자라고 표현하는 방식은 피고인이 국가기관을 상대로 소송법적 권리를 행사함에 있어서 그를 검사와 대등한 당사자로 봄으로써 피고인의 방어권을 충실히 보장하려는 취지에서 유래한 것이다.

3. 소송관계인

공소제기 후 진행되는 공판절차에는 법원·검사 피고인 등의 소송주체 이외에도 여러 사람들이 관여하게 되는 데 이들을 소송관계인이라고 한다. 소송관계인에는 변호인,[2] 보조인, 법정대리인, 대표자, 특별대리인 등이 있다. 그 밖에도 고소인·고발인·증인·감정인 등 여러 소송관계인들이 참여하게 된다.

---

[2] 변호인은 소송의 주체가 아니라 소송의 주체인 피고인의 보조자에 지나지 않는다.

Ⅱ. 당사자능력과 소송능력

1. 당사자능력

당사자능력이란 소송법상 당사자가 될 수 있는 일반적 능력을 의미한다. 공소제기 후 피고인이 당사자 능력을 상실한 경우 공소기각 결정의 사유가 된다.

가. 자연인

자연인은 연령이나 의사능력여하를 불문하고 언제나 당사자능력을 가진다. 형사미성년자는 원칙적으로 책임능력이 없으나 특별법(가령 조세범처벌법 제4조, 담배사업법 제31조)에 의해서 처벌되는 경우가 있기 때문에 형사미성년자도 당사자능력이 있다. 그러나 사망자는 당사자능력이 없다.

나. 법인

법인에 대한 처벌이 양벌규정을 통하여 인정되는 경우 법인도 당사자능력을 갖는다.

다. 법인이 아닌 사단 등

법인이 아닌 사단이나 재단은 대표자 또는 관리인이 있는 경우에는 그 사단이나 재단의 이름으로 당사자가 될 수 있다.

2. 소송능력

소송능력이란 피고인으로 유효하게 소송행위를 할 수 있는 능력 즉 의사능력을 기초로 한 소송행위능력을 말한다. 소송능력은 당사자능력과 달리 소송조건은 아니나 피고인이 계속적으로 소송능력이 없는 상태에 있는 때에는 절차를 진행시킬 수 없으므로 공판절차를 정지하여야 한다 (법 제306조 제1항).

제2절 법 원

I. 법원의 의의와 종류

1. 의 의

헌법은 사법권은 법관으로 구성된 법원에 속한다고 규정하고 있는 바, 법원이란 사법권을 행사하는 국가기관을 말한다. 이때 사법권이란 구체적 사건에서의 법률상 다툼에 관하여 심리·재판하는 권한을 핵심내용으로 하지만 사법권의 개념 속에는 그와 관련된 부수적 작용까지도 포함된다. 공정한 재판을 보장하여 개인의 자유와 권리를 보호하기 위하여 법원은 직무가 독립된 법관(헌법 제103조)에 의하여 구성되어야 한다.

2. 국법상 의미의 법원과 소송법상 의미의 법원

법원이란 일반적으로 두 가지 의미로 사용되는데 국법상 의미의 법원과 소송법상 의미의 법원이 바로 그것이다. 국법상 의미의 법원이라 함은 대법원을 정점으로 하여 피라미드 조직으로 배치·구성되어 있는 사법행정상의 단위로서의 법원을 의미한다. 이에 대하여 소송법적 의미의 법원이란 구체적 사건에 대한 재판기관으로서의 법원을 말한다. 일반적으로 형사소송에서의 법원이라고 할 때에는 소송법적의미의 법원을 말한다.

II. 법원의 구성

1. 단독제와 합의제

법원을 구성하는 방법에는 단독제와 합의제가 있다. 1인의 법관으로 구성되는 단독제는 재판절차를 신속하게 진행하고 재판에 관한 법관의 책임소재를 분명히 한다는 장점이 있으나 심리가 경솔하게 되거나 자의적으로 흐를 염려가 있다 이에 대해 다수의 법관으로 구성되는 합의제는 사건에 대한 심리와 재판에 공정과 신중을 기할 수 있지만 재판절차가 지연되거나 개별 법관의 책임의식이 약화될 우려다 있다.

2. 재판장

법원이 합의체인 경우에는 그 구성원 중의 1인이 재판장이 된다(법원조직법 제27조 제3항). 재판장 이외의 합의체 구성법관을 합의부원이라고 한다. 재판장은 공판기일지정권(제267조), 소송지휘권(제279조), 법정경찰권(제281조), 쟁점정리를 위한 질문권(제287조) 등의 권한을 갖는다.

3. 수명법관

합의체인 법원이 그 구성원인 법관에게 특정한 소송행위를 하도록 명하였을 때 그 법관을 수명법관이라고 한다. 예컨대 합의체 법원이 결정 명령을 함에 있어서 필요한 조사를 그 부원에게 명하거나 압수수색을 명하는 경우가 이에 해당한다.

4. 수탁판사

하나의 법원이 다른 법원의 법관에게 일정한 소송행위를 하도로 촉탁한 경우에 그 촉탁을 받은 법관을 수탁판사라고 한다. 예컨대 결정명령의 재판을 위한 사실조사, 피고인의 구속 압수수색 등을 다른 지방법원판사에게 촉탁하는 경우 등에 있어서 촉탁을 받은 판사가 이에 해당한다. 한편 촉탁을 받은 판사는 일정한 경우 다른 지방법원의 판사에게 전촉할 수 있다.이때 전촉을 받은 판사도 수탁판사이다.

5. 수임판사

수소법원과는 독립하여 소송법상의 권한을 행사할 수 있는 개개의 법관을 수임판사라고 한다. 예컨대 수사기관의 청구에 의하여 각종의 영장을 발부하는 판사, 증거보전절차를 행하는 판사, 수사상의 증인신문을 행하는 판사 등의 경우가 그러하다. 수임판사는 수소법원으로부터 독립한 재판기관이므로 수임판사가 행한 재판은 수소법원을 구성하는 재판장이나 수명법관으로서의 재판이 아니어서 그 재판에 대하여는 형사소송법 제416조가 규정한 준항고의 방법으로 수소법원에 불복할 수 없다.

Ⅲ. 법관 등의 제척 · 기피 · 회피

1. 제도적 취지

국가형벌권의 공정한 행사는 피고인이 형벌에 승복하는 기본전제가 될 뿐만 아니라 국가권력의 정당성에 대한 국민의 신뢰를 좌우하는 필수적 요소이기도 하다. 공정한 재판의 원칙을 실현하기 위해 헌법과 법률은 여러 가지 제도적 담보장치를 두고 있다. 그 중 구체적 사건에서 법관의 인적 관련성으로 인하여 공정한 재판을 기대할 수 없는 경우에 당해 법관을 법원의 구성에서 배제함으로써 공정한 재판을 실현하기 위한 것이 제척·기피·회피 제도이다.

2. 제 척

> **민사소송법 제41조(제척의 이유)** 법관은 다음 각호 가운데 어느 하나에 해당하면 직무집행에서 제척(除斥)된다. 1. 법관 또는 그 배우자나 배우자이었던 사람이 사건의 당사자가 되거나, 사건의 당사자와 공동권리자·공동의무자 또는 상환의무자의 관계에 있는 때 2. 법관이 당사자와 친족의 관계에 있거나 그러한 관계에 있었을 때 3. 법관이 사건에 관하여 증언이나 감정(鑑定)을 하였을 때 4. 법관이 사건당사자의 대리인이었거나 대리인이 된 때 5. 법관이 불복사건의 이전심급의 재판에 관여하였을 때. 다만, 다른 법원의 촉탁에 따라 그 직무를 수행한 경우에는 그러하지 아니하다.
> **민사소송법 제42조(제척의 재판)** 법원은 제척의 이유가 있는 때에는 직권으로 또는 당사자의 신청에 따라 제척의 재판을 한다.

제척이란 구체적 사건의 심판에 있어서 법관이 불공평한 재판을 할 우려가 현저한 경우를 법률에 유형적으로 설정해 놓고 그 사유에 해당하는 법관을 직무집행에서 자동적으로 배제시키는 제도를 말한다. 제척은 피고인 등의 신청이나 법관의 의사표시를 기다리지 않고 일정한 사유가 인정되면 당해 법관이 자동적으로 직무집행에서 배제된다는 점에서 기피·회피와 구별된다.

3. 기 피

> **민사소송법 제43조(당사자의 기피권)**
> ① 당사자는 법관에게 공정한 재판을 기대하기 어려운 사정이 있는 때에는 기피신청을 할 수 있다.
> ② 당사자가 법관을 기피할 이유가 있다는 것을 알면서도 본안에 관하여 변론하거나 변론준비기일에서 진술을 한 경우에는 기피신청을 하지 못한다.

기피는 법관에게 제척사유가 있음에도 불구하고 법관이 심판에 관여하고 있는 경우 또는 제척원인은 없지만 그 밖의 사유로 법관이 불공평한 재판을 할 염려가 있는 경우에 당사자의 신청에 의하여 그 법관을 직무집행으로부터 탈퇴케 하는 제도이다.

4. 회 피

> **민사소송법 제49조(법관의 회피)** 법관은 제41조 또는 제43조의 사유가 있는 경우에는 감독권이 있는 법원의 허가를 받아 회피(回避)할 수 있다.

회피란 법관이 스스로 기피 원인이 있다고 판단하는 경우 자발적으로 직무집행에서 물러나는 것을 말한다(제24조 제1항). 법관에게 회피권이 인정되는 것은 아니므로 소속법원의 결정이 있어야 회피가 가능하다(동조 제3항). 실무에서는 회피제도를 통하지 않고 사건의 재배당이나 합의부원의 재구성에 의하여 내부적으로 해결하는 것이 일반적이다.

회피의 신청은 소속법원에 서면으로 해야 하는데 신청의 시기에는 제한이 없다(제2항). 회피신청에 대한 결정에는 기피에 관한 규정이 준용된다(제3항).

[서식 1] 법관제척신청서(사기)

법 관 제 척 신 청

사   건   20○○고합 ○○○   사기
신청인(피고인)   ○○○

위 사건에 관하여 다음과 같이 법관 제척신청을 합니다.

다   음

신청인은 위 사건의 항소인으로서 이 사건의 심리 중에 있는 법관 중 판사 ○○○ 은 본건 전심인 ○○지방법원 20○○고단 ○○○○호 사기 피고사건에 관여한 형사소송법 제17조 제7호에 해당되는 것으로 사료되어 본 제척신청을 합니다.

20○○.   ○.   ○.
위 신청인의 변호인 변호사   ○   ○   ○   (인)

○○고등법원 귀중

[서식 2] 기피신청서(법관기피)

기 피 신 청

사   건   20○○초 ○○○   법관기피

신청인(피고인)   ○   ○   ○ (또는 ○○검찰청 검사)

  위 피고인에 대한 20○○고합 ○○○호 살인 피고사건에 대하여 법관의 불공정한 재판을 할 염려가 있는 등의 사유가 있으므로 판사 ○○○(○○지방법원 사무관 ○○○)을 위 사건의 직무집행으로부터 제척하여 주시기 바랍니다.

20○○.   ○.   ○.

위 신청인 ○   ○   ○   (인)

○○지방법원   귀중

[서식 3] 기피신청서(법관이 사건의 증인)

기 피 신 청 서

사   건   20○○고합 ○○○○   절도

신청인(피고인)   ○   ○   ○

  위 사건에 관하여 피고인은 다음과 같은 사유로 판사 ○○○(또는 법원사무관 ○
○○)를 기피합니다.

다   음

  위 사건의 담당 판사 ○○○(또는 법원사무관 ○○○)는 2000고합000호 절도사
건의 증인으로 출석한 바 있어, 피고인에 대한 불공평한 재판을 할 염려가 있으므로
이 신청이 이르렀습니다.

첨 부 서 류

  1. 사실확인서   1통

                    20○○.   ○.   ○.

              위 피고인의 변호인 변호사 ○   ○   ○   (인)

○○지방법원 귀중

[서식 4] 기피신청서(법관이 불공정한 재판을 할 염려가 있을 때)

기 피 신 청

사　　　　　건　　20○○고합 ○○○○　 사기

신청인(피고인)　　　○　　○　　○

　위 사건에 관하여 피고인은 다음과 같은 사유로 판사 ○○○(또는 법원사무관 ○○○)를 기피합니다.

다　　　음

　형사소송법 제17조 소정의 해당사실 판사 ○○○(또는 법원사무관 ○○○)는 이 건 피해자와 ○○학교 동창관계로서 절친한 사이이며 가족 간에도 자주 왕래하는 사이여서 피고인에 대한 불공정한 재판을 할 염려가 있으므로 이 신청이 이르렀습니다.

첨 부 서 류

　　　1. 사실확인서　　　　　　　　　　　　　1통

20○○.　　○.　　○.

위 피고인의 변호인 변호사　○　○　○　　(인)

○○지방법원　귀중

항 고 장

사   건   20○○초○○○○   기피신청

항고인(피고인)   ○   ○   ○

　위 공갈피고사건에 관하여 20○○. ○. ○. ○○지방법원 형사 제○부에서 행한 항고인 항고인의 기피신청에 대하여 기각결정을 한 바 있으나 항고인은 이에 불복이므로 다음과 같은 이유로 항고를 제기합니다.

항 고 이 유

1. 원 결정은 항고인의 기피신청에 관하여 이유 없다 하여 기각결정을 한바 있으나 이는 사실에 대한 조사의 미진에서 온 사실판단의 잘못이라 하겠습니다. 즉, 이 건 기피신청의 이유인 사실은 진실한 것으로 이에 대한 입증은 물론 물증, 서증 등이 있어 그 진실성이 충분히 보장된 것임에도 불구하고 이에 대한 조사를 전혀 하지 아니하였는가 하면 전혀 항고인의 의사를 무시한 일방적이고도 피상적인 것입니다.

2. 따라서 이러한 조사방법을 근거로 한 원결정의 사실판단은 전혀 진실을 외면한 결정이라 할 것이므로 이와 같이 부당한 원결정의 취소를 구하기 위하여 본 항고에 이르렀습니다.

20○○.   ○.   ○.

위 항고인 ○   ○   ○   (인)

○○고등법원   귀중

[서식 6] 항고장(기피신청기각)

항 고 장

사   건   20○○초○○○   기피신청

항고인(피고인)   ○   ○   ○
                  ○○시 ○○구 ○○로 ○○ (○○동)

　피고인 ○○○에 대한 사기사건에 관하여 20○○. ○. ○. ○○지방법원(형사 ○○부)에서 행한 항고인 신청의 기피신청에 대한 기각결정에 대하여 불복이므로 다음과 같은 이유로 항고합니다.

항 고 이 유

1. 원 결정은 항고인의 기피신청이 아무런 이유 없다 하여 기각하였으나 이는 사실에 대한 조사의 불철저에서 오는 사실판단의 잘못이라 하겠습니다. 즉 이 건 기피신청의 이유인 사실은 신청인이 제출한 증거들에 의하여 충분히 인정되는 것임에도 이에 대한 조사를 제대로 하지 아니하고 성급하게 이유 없다는 결론에 이른 것입니다.

2. 따라서 이러한 조사방법을 근거로 한 원결정의 사실판단은 전혀 진실을 외면한 결론이라 하겠으므로, 이와 같이 부당한 원결정의 취소를 구하고자 이 항고에 이르렀습니다.

                    20○○.   ○.   ○.
                  위 항고인 ○ ○ ○   (인)

　○○고등법원 귀중

Ⅳ. 법원의 관할

서울중앙지방법원 전경

1. 관할의 개념

가. 의의

국법상의 법원에는 다수의 개별법원이 설치되어 있다. 이때 다수의 법원사이에 재판업무를 분담할 필요성이 존재하는데 이와 같은 재판업무의 분담기준을 관할이라고 한다. 다시 말해 관할이란 각 법원에 대한 재판권의 분배 즉 특정법원이 특정사건을 재판할 수 있는 권한을 의미한다. 이는 동일법원내에서 특정사건을 처리할 법관을 정하는 사무분담 또는 사건배당의 문제와는 구별된다.

나. 구별

(1) 관할권은 재판권과 구별해야 한다. 관할의 문제는 재판권이 존재함을 확정한 이후에 논해질 수 있는 문제이다. 양자는 모두 소송조건에 해당함은 동일하나 재판권이 없을 때에는 공소기각의 판결을 해야 함에 반하여 관할권이 없는 경우에는 관할위반의 판결을 해야 한다(제319조).

(2) 여러 종류 및 다수의 법원 간에 재판권행사의 분장을 정하는 것을 관할이라고 한다. 동일법원 내에서 특정사건을 처리할 법관을 정하는 사무분담 또는 사건배당의 문제와는 구별하여야 한다.

다. 관할의 결정기준

법원의 관할은 심리의 편의와 사건의 능률적 처리라는 절차적·기술적 요구와 피고인의 출석과 방어의 편의라는 방어상의 이익을 고려하여 결정해야 한다. 그러나 추상적 기준에만 의하여 관할을 정하게 하여 그 변경을 허용하지 않는 경우에는 심리의 편의와 피고인의 이익에 반할 우려가 있기 때문에 관할을 정함에 있어서는 어느 정도의 탄력성을 인정하여 구체적 타당성을 잃지 않도록 하지 않으면 안 된다.

라. 관할의 종류

관할은 피고사건 자체의 심판에 관한 사건관할과 피고사건과 관련된 특수절차의 심판에 관한 직무관할로 구별된다. 재심, 비상상고 재정신청사건 체포·구속적부심사청구사건 등에 대한 관할이 후자에 해당한다. 일반적으로 관할이라고 할 때에는 전자를 의미하는데 사건관할은 다시 법률의 규정에 의하여 관할이 정하여지는 법정관할과 법원의 재판에 의하여 관할이 결정되는 재정관할로 구분된다.

2. 사물관할

사물관할이란 사건의 경중 또는 성질에 의한 제1심 관할의 분배를 말한다. 사물관할을 정하는 원칙에는 범죄를 기준으로 하는 범죄주의와 형벌을 기준으로 하는 형벌주의가 있으나 법원조직법은 양 주의를 병용하고 있다. 제1심의 사물관할은 원칙적으로 단독판사에 속한다. 그러나 예외적으로 지방법원과 그 지원의 합의부가 제1심으로 심판한다(법원조직법 제32조 제1항).

가. 단독판사의 사물관할

우리 법제상 제1심 법원으로서 지방법원 및 그 지원의 심판은 단독판사에 의함을 원칙으로 하고 있으므로, 법률이 단순히 지방법원의 관할에 속한다고 규정한 경우는 원칙적으로 단독판사가 심판하게 된다. 따라서 다음에 열거한 합의부 심판사건 이외의 모든 사건은 단독판사가 심판하게 된다.

나. 합의부의 사물관할

(1) 합의부에서 심판할 것으로 합의부가 결정한 사건
(2) 사형, 무기 또는 단기 1년 이상의 징역 또는 금고에 해당하는 사건. 다만, 다음 각 목의 사건은 제외한다.
　　① 「형법」 제258조의2(특수상해) 제1항, 제331조(특수절도), 제332조(상습범)(제331조의 상

습범으로 한정한다)와 그 각 미수죄, 제350조의2(특수공갈)와 그 미수죄, 제363조(상습범)에 해당하는 사건

② 「폭력행위 등 처벌에 관한 법률」 제2조(폭행 등) 제3항 제2호·제3호, 제6조(미수범)(제2조 제3항 제2호·제3호의 미수죄로 한정한다) 및 제9조(사법경찰관리의 직무유기)에 해당하는 사건

③ 「병역법」 위반사건

④ 「특정범죄 가중처벌 등에 관한 법률」 제5조의3(도주차량 운전자의 가중처벌) 제1항, 제5조의4(상습강도·절도죄 등의 가중처벌) 제5항 제1호·제3호 및 제5조의11(위험운전 등 치사상)에 해당하는 사건

⑤ 「보건범죄 단속에 관한 특별조치법」 제5조(부정의료업자의 처벌)에 해당하는 사건

⑥ 「부정수표 단속법」 제5조(위조·변조자의 형사책임)에 해당하는 사건

⑦ 「도로교통법」 제148조의2(벌칙) 제1항·제2항, 같은 조 제3항 제1호 및 제2호에 해당하는 사건

⑧ 「중대재해 처벌 등에 관한 법률」 제6조(중대산업재해 사업주와 경영책임자등의 처벌) 제1항·제3항 및 제10조(중대시민재해 사업주와 경영책임자등의 처벌) 제1항에 해당하는 사건

(3) 위 2)의 사건과 동시에 심판할 공범사건

(4) 지방법원판사에 대한 제척·기피사건

(5) 다른 법률에 따라 지방법원 합의부의 권한에 속하는 사건

3. 토지관할

가. 의의

토지관할이란 동등 법원 간에 있어서 사건의 토지관계에 의한 관할의 분배를 말하며 '재판적'이라고도 한다. 토지관할을 1심법원의 관할에 제한하는 견해도 있으나 각급법원에는 그 설치지역에 따라 관할 구역이 정해져 있다는 점을 감안하면 토지관할을 1심법원에 한정해야 할 이유는 없다. 토지관할은 사건의 능률적 처리와 피고인의 출석·방어의 편의를 고려하여 결정되어야 한다. 형사소송법은 토지관할은 범죄지, 피고인의 주소, 거소 또는 현재지로 한다고 규정하고 있다(제4조 제1항).

나. 토지관할의 표준

(1) 범죄지

범죄지란 범죄사실 즉 범죄구성요건에 해당하는 사실의 전부 또는 일부가 발생한 장소를 말한다. 범죄지에는 실행행위지와 결과발생지 뿐만 아니라 중간지도 포함된다. 예비·음모지는 원칙적으로 범죄지에 포함되지 않으나 예비음모를 처벌하는 경우에는 예비지와 음모지도 범죄지에 포함된다. 간접정범의 경우 피이용자의 행위는 문제되지 않는다는 견해도 존재하나 이용자의 이용행위지뿐만 아니라 피이용자의 실행행위지와 결과발생지가 모두 포함된다고 해석한다.

(2) 주소와 거소, 현재지

주소는 생활의 근거되는 곳을 말하고 거소는 사람이 다소 계속적으로 거주하는 곳을 말한다. 주소와 거소는 공소제기시에 법원의 관할구역 안에 있으면 족하다. 현재지는 임의적 방법 또는 적법한 강제에 의하여 피고인이 현재하는 장소를 말한다. 피고인의 현재지인 이상 범죄지 또는 주소지가 아니더라도 토지관할이 인정된다. 현재지인가의 여부도 공소제기시를 기준으로 판단한다.

(3) 선박항공기내 범죄의 특칙

국외에 있는 우리나라의 선박 또는 항공기 내에서 발생한 범죄에 관하여는 위의 장소 외에 선박의 선적지 또는 범죄 후에 선박이나 항공기가 우리나라에 도착한 장소도 토지관할의 기초가 된다.

4. 심급관할

심급관할이란 상소제도가 인정하고 있는 관계로 하급법원의 재판에 대하여 불복·상소가 있는 경우의 상소절차에 있어서 이를 심판할 상급법원을 정하는 소송사건의 분배를 말한다. 사물관할과 토지관할의 제1심 관할의 분배에 관한 것임에 반하여 심급관할은 상소심관할의 분배에 관한 것이라 할 수 있다.

지방법원 본원 합의부는 지방법원 단독판사의 판결에 대한 항소사건 및 지방법원 단독판사의 결정·명령에 대한 항고사건에 대하여 제2심으로 관할권을 가진다.

고등법원은 지방법원 합의부·가정법원 합의부 또는 행정법원의 제1심판결에 대한 항소사건 및 지방법원 합의부·가정법원 합의부 또는 행정법원의 제1심 심판·결정·명령에 대한 항고사건에 대하여 관할권을 가진다.

대법원은 고등법원 또는 항소법원·특허법원의 판결에 대한 상고사건과 항고법원·고등법원 또는 항소법원·특허법원의 결정·명령에 대한 재항고사건, 그리고 제1심판결에 대한 비약적 상고사건에 대하여 종심으로 관할권을 가진다.

5. 관련사건의 관할

가. 의의
관련사건이란 수개의 사건이 상호 관련하는 것을 말한다. 관련사건에는 주관적 관련 또는 인적 관련(1인이 범한 수죄)과 객관적 관련 또는 물적 관련(수인이 공동의로 범한 죄)이 있다. 관련사건은 ① 1인이 범한 여러 개의 죄 ② 수인이 공동으로 범한 죄 ③ 수인이 동시에 동일 장소에서 범한 죄 ④ 범인은닉죄, 증거인멸죄, 위증죄, 허위감정죄, 허위통역죄, 장물에 관한 죄와 그 본법의 죄를 말한다(형소법 제11조).

나. 관련사건의 병합관할
(1) 사물관할의 병합관할
1개의 사건에 대하여 관할권이 있는 법원은 관련사건에 대하여도 관할권을 가진다. 사물관할을 달리하는 수개의 사건이 관련된 때에는 법원합의부는 병합관할 한다. 예컨대 甲이 범한 살인죄(합의부 심판사건)와 그 甲을 은닉한 乙의 범인은닉죄(단독판사 심판사건)가 있는 때에는 합의부가 그 두 사건을 병합 관할한다. 단 결정으로 관할권 있는 법원단독판사에게 이송할 수 있다(제9조). 위에 의하여 합의부가 병합관할 할 수 있는 관련사건의 시기를 달리하여 동일법원 또는 별개의, 즉 토지관할을 달리하는 동급법원에 따로따로 기소됨으로써 각각 합의부와 단독판사에게 계속된 때에는 합의부는 결정으로 단독판사에 속한 사건을 병합하여 심리할 신청을 할 수 있다(형소법 제10조, 형소규 제4조 제1항). 이 병합심리결정은 합의부의 재량에 의하여 직권으로서 하는 것이며, 검사나 피고인의 신청을 기다려서만 하는 것이 아니므로 이 결정을 구하는 내용의 신청은 합의부의 직권발동을 촉구하는 의미밖에 없다.

합의부에서 어떤 경위로든(피고인의 진술, 검사의 신청 등에 의하여) 관련사건이 단독판사에 계속되어 있는 사실을 안 때에는 별다른 절차 없이 직권으로 위 병합심리결정을 할 수 있다. 다만 합의부에서는 공판심리 있기 전에는 그 사실을 모르고 있고 단독판사 쪽에서 먼저 그 사실을 알게 된 경우에는 합의부 쪽에 그 사실을 알려 병합심리결정을 할 수 있다.

이에 관하여 형사소송규칙은 단독판사가 그 심리중인 사건과 관련된 사건이 합의부에 계속된 사실을 알게 된 때에는 즉시 합의부의 재판장에게 그 사실을 통지하도록 규정하고 있다. 이 통지는 반드시 서면에 의할 필요는 없으나, 원격지 법원 간의 경우에는 서면에 의한 통지가 바람직하며, 법정에서 구술로 고지하는 경우는 공판조서에 기재하여야 한다.

(2) 토지관할의 병합관할

토지관할을 달리하는 수개의 사건이 관련된 때에는 1개의 사건에 관하여 관할권 있는 법원은 다른 사건까지 관할 할 수 있다(형소법 제5조). 따라서 검사는 그 여러 사건을 어느 법원에도 한꺼번에 기소할 수 있다. 법원이 병합할 수 있는 관련사건이 각각 다른 법원에 기소됨으로써 따로따로 계속된 때에는 그 각 법원에 공통되는 직근상급법원이 검사 또는 피고인의 신청에 의하여 결정으로 그중 어느 한 법원으로 하여금 병합심리하게 할 수 있다(형소법 제6조). 이 결정은 직권으로 할 수는 없고 신청이 있는 때에만 하게 된다.

신청은 반드시 서면에 의하여야 하며, 그 서면에 병합심리가 필요한 사유에 기재하여 공통되는 직근상급법원에 제출한다(형소규 제2조 제1항). 검사의 신청서에는 피고인의 수에 해당하는 부본을, 피고인의 신청서에는 1통의 부본을 각 첨부하여야 하고(같은 조 제2항), 신청을 받은 법원에서는 전자의 부본을 각 피고인에게, 후자의 부본을 검사에게 각각 송달함과 아울러 각 사건 계속법원에 신청이 접수되었다는 취지를 통지하여야 한다.

법원은 결정등본을 신청인과 상대방 및 각 사건계속법원에 송달하여야 한다.

■ 각급 법원의 설치와 관할구역에 관한 법률 [별표 3] 〈개정 0000. 12. 26.〉

고등법원 · 지방법원과 그 지원의 관할구역

고등법원	지방법원	지 원	관할구역
서울	서울중앙		서울특별시 종로구 · 중구 · 강남구 · 서초구 · 관악구 · 동작구
	서울동부		서울특별시 성동구 · 광진구 · 강동구 · 송파구
	서울남부		서울특별시 영등포구 · 강서구 · 양천구 · 구로구 · 금천구
	서울북부		서울특별시 동대문구 · 중랑구 · 성북구 · 도봉구 · 강북구 · 노원구
	서울서부		서울특별시 서대문구 · 마포구 · 은평구 · 용산구
	의정부		의정부시 · 동두천시 · 양주시 · 연천군 · 포천시, 강원도 철원군. 다만, 소년보호사건은 앞의 시 · 군 외에 고양시 · 파주시 · 남양주시 · 구리시 · 가평군
		고 양	고양시 · 파주시
		남양주	남양주시 · 구리시 · 가평군
	인천		인천광역시
		부천	부천시 · 김포시
	춘천		춘천시 · 화천군 · 양구군 · 인제군 · 홍천군. 다만, 소년보호사건은 철원군을 제외한 강원도
		강릉	강릉시 · 동해시 · 삼척시
		원주	원주시 · 횡성군

		속초	속초시 · 양양군 · 고성군
		영월	태백시 · 영월군 · 정선군 · 평창군
대전	대전		대전광역시 · 세종특별자치시 · 금산군
		홍성	보령시 · 홍성군 · 예산군 · 서천군
		공주	공주시 · 청양군
		논산	논산시 · 계룡시 · 부여군
		서산	서산시 · 당진시 · 태안군
		천안	천안시 · 아산시
	청주		청주시 · 진천군 · 보은군 · 괴산군 · 증평군. 다만, 소년보호사건은 충청북도
		충주	충주시 · 음성군
		제천	제천시 · 단양군
		영동	영동군 · 옥천군
대구	대구		대구광역시 중구 · 동구 · 남구 · 북구 · 수성구 · 영천시 · 경산시 · 칠곡군 · 청도군
		서부	대구광역시 서구 · 달서구 · 달성군, 성주군 · 고령군
		안동	안동시 · 영주시 · 봉화군
		경주	경주시
		포항	포항시 · 울릉군
		김천	김천시 · 구미시
		상주	상주시 · 문경시 · 예천군
		의성	의성군 · 군위군 · 청송군
		영덕	영덕군 · 영양군 · 울진군
부산	부산		부산광역시 중구 · 동구 · 영도구 · 부산진구 · 동래구 · 연제구 · 금정구
		동부	부산광역시 해운대구 · 남구 · 수영구 · 기장군
		서부	부산광역시 서구 · 북구 · 사상구 · 사하구 · 강서구
	울산		울산광역시 · 양산시
	창원		창원시 의창구 · 성산구 · 진해구, 김해시. 다만, 소년보호사건은 양산시를 제외한 경상남도
		마산	창원시 마산합포구 · 마산회원구, 함안군 · 의령군
		통영	통영시 · 거제시 · 고성군
		밀양	밀양시 · 창녕군
		거창	거창군 · 함양군 · 합천군
		진주	진주시 · 사천시 · 남해군 · 하동군 · 산청군
광주	광주		광주광역시 · 나주시 · 화순군 · 장성군 · 담양군 · 곡성군 · 영광군
		목포	목포시 · 무안군 · 신안군 · 함평군 · 영암군

		장흥	장흥군 · 강진군
		순천	순천시 · 여수시 · 광양시 · 구례군 · 고흥군 · 보성군
		해남	해남군 · 완도군 · 진도군
	전주		전주시 · 김제시 · 완주군 · 임실군 · 진안군 · 무주군. 다만, 소년보호사건은 전북특별자치도
		군산	군산시 · 익산시
		정읍	정읍시 · 부안군 · 고창군
		남원	남원시 · 장수군 · 순창군
	제주		제주시 · 서귀포시
수원	수원		수원시 · 오산시 · 용인시 · 화성시. 다만, 소년보호사건은 앞의 시 외에 성남시 · 하남시 · 평택시 · 이천시 · 안산시 · 광명시 · 시흥시 · 안성시 · 광주시 · 안양시 · 과천시 · 의왕시 · 군포시 · 여주시 · 양평군
		성남	성남시 · 하남시 · 광주시
		여주	이천시 · 여주시 · 양평군
		평택	평택시 · 안성시
		안산	안산시 · 광명시 · 시흥시
		안양	안양시 · 과천시 · 의왕시 · 군포시

[서식 7] 병합심리신청서(토지관할의 경우)

병 합 심 리 신 청

사 　 　 건 　 　 20○○고단○○○○ 　 사기

피 　 고 　 인 　 　 ○ 　 ○ 　 ○

주민등록번호 　 　 000000-0000000

주 　 　 소 　 　 ○○시 ○○구 ○○로 ○○ (○○동)

　위 피고사건과 토지관할을 달리하는 관련사건인 부산지방법원 20○○고단 ○○○ 절도 피고사건이 각 재판 계속 중에 있는바, 피고인은 연고가 전혀 없는 부산에까지 왕래하여야 하는 등의 공판기일에 출석에 많은 어려움이 있으므로 형사소송법 제6조에 등에 의하여 피고인의 주소지 관할인 귀원에 병합심리하여 주시기 바랍니다.

첨 부 서 류

　1. 주민등록등본 　 　 　 　 　 　 　 　 　 　 1통

　 　 　 　 　 　 20○○. 　 ○. 　 ○.

　 　 위 피고인의 변호인 변호사 　 ○ 　 ○ 　 ○ 　 　 (인)

○○지방법원 　 귀중

[서식 8] 병합심리신청서(심급이 같으나 법원을 달리하는 경우)

병 합 심 리 신 청

사　　　건　　　　20○○고단 ○○○○　사기

피 고 인　　　　　○　　○　　○

　귀원에 재판 계속중인 위 피고사건에 대한 상해치사 등 피고사건은 현재 ○○지방법원 항소심에 재판 중인 피고인에 대한 사기피고사건과 피고인 및 피고인의 변호인이 동일하므로 신속한 재판 등 피고인의 이익을 위하여 동 사건을 귀원 사건과 병합하여 심리하여 주시기 바랍니다.

다　　　음

1. 병합할 사건의 표시
　　사건 : ○○지방법원(항소 제○부) 20○○노 ○○○○호
　　사 건 명 : 사기피고인 : ○　○　○

　　　　　　　　　　20○○.　　○.　　○.

　　　　　위 피고인의 변호인 변호사　○　○　○　　(인)

○○고등법원　귀중

작성·접수방법

심급은 같으나 법원을 달리하는 경우는 상급법원에 병합심리신청을 하고, 하급법원에도 상급법원에 병합심리할 사건이 계속중에 있는 사실을 같은 병합심리신청 서류로서 고지함이 바람직하다.

병 합 심 리 신 청

사　　건　　　　20○○고단 ○○○○　절도

피 고 인　　　　　○　○　○

　위 피고인의 귀원 20○○고단 ○○○○ 절도사건은, 귀원 형사 제○단독 20○○고단 ○○○○ 특수절도 피의사건(피고인 ○○○ 외 2)과 관련사건이므로 변론을 병합할 수 있도록 사건을 병합처리하여 주시기 바랍니다.

　　　　　　　　　　　　20○○.　　○○.　　○.

　　　　　　　　　위 피고인　홍 ○ ○　(인)

○○지방법원 형사 제○단독　귀중

작성 · 접수방법

1. 같은 법원 내의 수개의 사건을 병합심리신청할 수 있으며, 위 사례는 가담의 정도가 약한 피고인이 사건변호인이 선임되어 진행되는 관련사건이므로 병합신청하는 예이다.
2. 신청서 1부를 신청하는 피고인 재판부에 제출한다.

[서식 10] 병합심리신청서(토지관할의 경우)

병 합 심 리 신 청

사　　건　　　　　　　○○지방법원 20○○고정 ○○○○　절도

　　　　　　　　　　　○○지방법원 20○○고정 ○○○　특수폭행

피 고 인　　　　　○　　○　　○

　위 피고인에 대한 토지관할을 달리하는 관련사건이 ○○지방법원 형사 제○단독
(20○○고정 ○○○　특수폭행)과　○○지방법원 형사 제○단독(20○○고정 ○○○
○ 절도)에 각각 계속 중인바, 피고인은 주거지가 ○○이며 ○○은 아무런 연고가
없어 단순히 재판을 받기 위하여 원거리를 왕래하여야 하는 불편이 있으므로 형사
소송법 제6조에 의하여 신청하오니 ○○지방법원 형사 제○단독에서 병합심리할
것을 결정하여 주시기 바랍니다.

첨 부 서 류

　　　1. 주민등록등본　　　　　　　　　　　　1통

　　　　　　　　　　20○○.　　○.　　○.

　　　　　　　위 피고인　○　　○　　○　　(인)

　　○○고등법원 형사과　귀중

작성ㆍ접수방법

1. 위 사건은 법원을 달리하는 2개의 벌금사건에 대한 정식재판진행을 2곳으로 정하여 달라는 신청이다.
2. 관련사건의 직급상급법원에 해당하는 고등법원 또는 대법원에 신청서 2부를 제출한다.
3. 위 신청에 따른 직근상급법원의 병합여부결정서가 각 계속법원에 송달되어 처리된다.

병 합 심 리 신 청

사　　건　　　　　20○○고단○○○○　　사기

피 고 인　　　　　○　　○　　○

　귀원에 재판 중인 위 피고사건에 대한 사행치사 등 피고사건은 현재 ○○중앙지방법원 항소심에서 재판 중인 피고인에 대한 사기피고사건과 피고인 및 피고인의 변호인이 동일하므로 신속한 재판 등 피고인의 이익을 위하여 귀원 사건과 병합하여 주시기 바랍니다.

1. 병합할 사건의 푯
　　사　　건 : 서울 중앙지방법원(항소 제○○부) 200노0000호 사건
　　피고인 : ○○○

20○○.　　○.　　○.

위 피고인　○　　○　　○　　(인)

　　○○고등법원 형사과　귀중

6. 재정관할

가. 의의

재정관할이란 법원의 재판에 의하여 정하여지는 관할을 말한다. 재정관할에는 관할의 지정(제14조)과 관할의 이전(제15조)이 있다.

나. 관할의 지정

(1) 관할지정의 의의

관할지정이란 관할법원이 없거나 관할법원이 명확하지 아니한 경우에 상급법원이 사건을 심판할 법원을 지정하는 것을 말한다.

(2) 관할지정의 사유

① 법원의 관할이 명확하지 아니한 때(행정구역 자체가 불명확한 경우), ② 관할위반을 선고한 재판이 확정된 사건에 관하여 다른 관할법원이 없을 때이다.

(3) 관할지정의 절차

검사는 법원의 관할이 명확하지 아니한 때, 관할위반을 선고한 재판이 확정된 사건에 관하여 다른 관할법원이 없는 때에는 관계있는 제1심 법원에 공통되는 직근상급법원에 관할지정을 신청하여야 한다.

관할의 지정을 신청함에는 그 사유를 기재한 신청서를 직근상급법원에 제출하여야 한다(제16조 제1항). 공소를 제기한 후 관할의 지정을 신청하는 때에는 즉시 공소를 접수한 법원에 통지하여야 한다.

다. 관할의 이전

(1) 의의

어느 사건의 관할법원이 ① 법률상의 이유 또는 특별한 사정으로 재판을 할 수 없거나 ② 범죄의 성질, 지방의 민심, 소송의 상황, 기타의 사정으로 재판의 공평을 유지하기 어려운 염려가 있는 때 그 사건의 관할법원을 다른 법원으로 옮기는 것을 관할의 이전이라 한다(형소법 제15조).

(2) 관할이전의 절차

관할의 이전은 검사 또는 피고인의 신청에 의하여 직근상급법원에서 결정한다. 법문상 검사의 신청은 의무적으로 되어 있음에 반하여 피고인의 신청은 권리로서 규정되어 있다.

여기서 직근상급법원이라 함은 소송법상 의미의 법원체계(심급체계)에 따른 직근상급법원을 가리키는 것인지, 아니면 조직법상 의미의 법원체계에 따른 직근상급법원을 가리키는 것인지에 대하여는 견해의 대립이 있을 수 있다(예컨대 지원 합의부 사건의 경우 전설에 의하면 고등법원이 될 것이고, 후설에 의하면 지방법원 본원이 될 것이다). 또 신청인이 신청내용에서 이전을 희망하는 법원은 특정적으로나 개괄적으로 지적하고 있는 경우(예컨대 대전지방법원 합의부 사건에 관하여 부산지방법원으로의 이전을 원하고 있는 경우)에 그 이전 희망법원과 사건 계속법원에 공통하는 직근상급법원이어야 하는지, 아니면 이를 고려치 않고 사건 계속법원의 직근상급법원이면 되는지에 대하여 견해의 대립이 있을 수 있다(앞의 예에서 전설에 의하면 대법원이 될 것이고, 후설에 의하면 대전고등법원이 될 것이다).

관할이전의 신청은 사유를 기재한 신청서를 직근상급법원에 직접 제출하여야 하며(형소법 제16조 제1항), 이때에는 상대방의 수(검사신청서에는 피고인·피의자의 수, 피고인 신청시에는 1부)에 상응하는 부본을 첨부해야 한다. 이 부본은 지체 없이 상대방에게 송달하여야 하며, 송달을 받은 상대방은 3일 내에 의견서를 제출할 수 있다.

공소제기 후의 사건에 관하여 신청이 있을 때는 사건 계속법원에도 신청사실이 통지되어야 하는데, 검사 신청의 경우에는 검사가 스스로 위 통지를 하고 피고인 신청의 경우에는 신청을 받은 법원이 위의 통지를 한다. 이 통지를 받은 법원은 급속을 요하는 경우가 아닌 한 결정이 있기까지 소송절차를 정지하여야 한다.

※ 관할에 관한 결정에 대하여 항고할 수 있는지의 여부관할의 수정 또는 경합에 관련된 이상의 각 결정에 대하여는 특히 즉시항고를 할 수 있는 경우 외에는 항고를 하지 못하는바(형소법 제403조 제1항), 즉시항고를 허하는 규정이 전혀 없으므로 결국 이상의 결정에 대하여는 전혀 불복이 허용되지 않는다고 하겠다.

관 할 지 정 신 청

사   건   20○○고단 ○○○○ 사기

피 고 인   ○   ○   ○

　위 사건은 관할구역을 정한 행정구역이 불분명하여 그 관할을 지정할 수 없으므로 관할지정하는 결정을 하여 주시기 바랍니다.

20○○.   ○.   ○.

위 신청인 ○○지방검찰청 검사   ○   ○   ○   (인)

○○지방법원   귀중

작성 · 접수방법

관할지정신청은 검사가 신청하며 제1심 법원에 공통되는 직급 상급법원에 제출하고, 피고인의 수에 따른 부본을 첨부한다.

[서식 13] 관할이전신청서(피고인이 신청하는 경우)

관 할 이 전 신 청 서

사   건   20ㅇㅇ고단ㅇㅇㅇ   강간

피 고 인   ㅇ   ㅇ   ㅇ
              ㅇㅇ시 ㅇㅇ구 ㅇㅇ로 ㅇㅇ (ㅇㅇ동)

위 피고인에 대한 ㅇㅇ지방법원 20ㅇㅇ고합 ㅇㅇㅇ호 강간사건은 ㅇㅇ지방에서 크게 물의를 일으켰던 사건으로 이 지방의 민심으로 보아 재판의 공평을 유지하기 어려울 우려가 있으므로, 이 사건의 재판관할을 피고인의 주거지 관할인 ㅇㅇ지방법원으로 이전하여 주시기 바랍니다.

                    20ㅇㅇ.   ㅇ.   ㅇ.

                    위 피고인 ㅇ ㅇ ㅇ   (인)

    ㅇㅇ고등법원   귀중

작성 · 접수방법

1. 관할이전은 검사 또는 피고인의 신청에 의하며, 피고인의 신청은 공소제기 이후에 가능하다.
2. 위 신청은 관할법원이 법률상의 이유 또는 특별한 사정으로 재판권을 행할 수 없을 때 또는 범죄의 성질, 지방의 민심, 소송의 상황 기타 사정으로 재판의 공평을 유지하기 어려운 때에 신청한다.

관 할 이 전 신 청 서

사　　　건　　　20○○고단 ○○○　절도

피 고 인　　　○　　○　　○

　　　　　　　○○시 ○○구 ○○로 ○○ (○○동)

　　위 피고인에 대한 ○○지방법원 20○○고합 ○○○호 절도 피고사건에 대하여는 범죄의 성질과 이 지방의 민심으로 보아 재판의 공평을 유지하기 어려울 우려가 있으므로, 이 사건의 재판관할을 피고인의 주거지 관할인 ○○지방법원으로 이전하여 주시기 바랍니다.

　　　　　　　　　　　20○○.　　○.　　○.

　　　　　　　　　　위 피고인 ○　○　○　　(인)

○○고등법원　귀중

7. 관할의 경합

가. 의의

동일사건에 대하여 2개 이상의 법원이 관할권을 가지는 경우를 관할의 경합이라고 한다. 동일사건에 대하여 수개의 법원에 관할이 인정되면 검사는 어느 법원에 대하여도 공소를 제기할 수 있다. 또한 동일 사건에 대하여 수인의 검사가 사건을 진행하는 경우도 있다. 이러한 경우 동일사건에 대하여 2개 이상의 법원에 공소가 제기되는 경우가 발생하게 된다.

나. 사물관할의 경합

동일한 피고사건이 각각 합의부와 단독판사에게 경합된 경우를 말한다. 동일한 사건이 사물관할을 달리하는 수개의 법원(합의부와 단독판사)에 계속된 때에는 법원합의부가 심판하고, 단독판사는 합의부에 소송이 계속된 사실이 명확하게 드러나면 공소기각 결정을 하여야 한다(제328조 제1항). 그러나 단독판사가 사건에 대하여 판결을 행하고 그 판결이 먼저 확정되었다면 합의부는 면소판결을 선고해야 한다.

다. 토지관할의 경합

토지관할의 경합이란 동일한 피고사건이 사물관할을 같이하는 여러개의 법원에 계속된 경우를 말한다. 이때에는 먼저 공소를 받은 법원이 심판하는 것이 원칙이다(제13조). 그러나 검사 또는 피고인의 신청이 있는 경우에는 각 법원의 공통되는 직근 상급법원은 결정으로 뒤에 공소를 받은 법원으로 하여금 심판하게 할 수 있다(제13조). 또한 나중에 공소제기를 받은 법원이 먼저 판결을 행하고 그 것이 확정되었다면 먼저 공소가 제기되었던 법원은 면소판결을 하여야 한다(제326조 제1호).

8. 관할위반의 효과

가. 원칙

법원은 직권으로 관할을 조사하여야 하며(제1조), 관할권이 없음이 명백한 때에는 관할위반의 판결을 선고해야 한다(제319조). 관할을 위반하여 선고한 판결은 절대적 항소이유와 상대적 상고이유가 된다.

나. 예외

토지관할의 위반은 피고인의 신청이 없으면 관할위반의 선고를 하지 못한다(제320조). 관할위반의 신청은 피고사건에 대한 진술 전에 하여야 한다. 이때 피고사건에 대한 진술은 피고인의 모두진술을 의미한다.

다. 사물관할의 특칙

사물관할은 토지관할의 경우와 달리 공소제기 시부터 재판에 이르기 까지 전체 형사절차에 걸쳐서 존재하여야 한다. 다만 단독판사의 관할 사건이 공소장변경에 의하여 합의부 관할 사건으로 변경된 경우에는 관할위반의 판결을 하여서는 안 되고 결정으로 사건을 관할권 있는 합의부에 이송하여야 한다(제8조 제2항).

9. 사건의 이송

가. 의의

법원이 소송계속 중인 사건을 다른 법원이나 군사법원으로 소송계속을 이전하는 것을 말한다. 사건의 이송은 주로 결정의 형식으로 이루어지나 당해법원에서 소송절차가 종결된다는 점에서 종국재판의 일종이라 할 수 있다. 사건의 이송은 관할과 관련하여 행해지는 경우가 많지만 그 밖의 경우에도 일어날 수 있다.

나. 이송의 종류

필요적 이송이란 일정한 해당사유가 있으면 반드시 이송해야 하는 경우를 의미하고 임의적 이송이란 법원의 재량에 따라 행하는 이송을 말한다.

필요적 이송	공소장변경으로 관할이 변경된 경우(제8조 제2항) 사물관할이 다른 관련사건의 이송(제10조) 관할의 지정이전에 의한 이송(규칙 제6조) 파기이송(제367조) 일반법원과 군사법원간의 이송(제16조의2) 소년부 송치(소년법 제50조)
임의적 이송	현재지 관할법원에의 이송(제8조 제1항) 가정보호사건의 송치(가정폭력범죄의 처벌 등에 관한 특례법 제12조) 성매매사건의 송치(성매매알선 등 행위의 처벌에 관한 법률 제12조)

다. 이송의 효과

(1) 소송계속의 이전

소송계속이 이전되는 것이므로 이송 전의 소송행위는 이송 후에도 그 효력에 영향이 없다(제16조의2).

(2) 항고의 허부

사건의 이송결정은 법원의 관할에 관한 결정이므로 즉시항고는 물론 보통항고도 허용되지 않는다(제403조 제1항). 그러나 피고사건의 소년부송치결정은 제403조의 판결전의 소송절차에 관한 결정에 해당하는 것이 아니므로 불복이 있는 때에는 제402조에 의한 항고를 할 수 있다(대판 1986. 7. 25. 86모9).

이 송 신 청 서

사 건   20○○고단 ○○○○   교통사고처리특례법위반 등

피 고 인   ○ ○ ○

　 피고인은 현재 ○○지방법원 20○○고단 ○○○○호 폭력행위등처벌에관한법률위반 등으로 형사 ○단독에서 공판 계류중이므로, 위 사건을 본 사건과 병합하여 재판을 받을 수 있도록 피고인의 주소지를 관할하는 ○○지방법원 형사 ○단독으로 이송하여 주시기 바랍니다.

20○○. ○. ○.

위 피고인의 형사보조인 ○ ○ ○   (인)

○○지방법원 ○○지원 형사○단독 귀중

작성 · 접수방법

1. 공판진행 법원은 피고인이 그 관할구역 내에 현재지로 거주하지 않는 경우 특별한 사정이 있으면 직권으로 사건을 피고인의 현재지를 관할하는 동급법원으로 이송시킬 수 있는데(당사자에게는 이송신청권 없음), 위 신청은 법원의 직권발동 촉구의 의미로 해석된다.
2. 신청서 1부를 이송을 시킬 법원에 제출한다.

이 송 신 청 서

사 건   20ㅇㅇ고단ㅇㅇㅇㅇ 사기

피 고 인   ㅇ   ㅇ   ㅇ

위 피고사건은 부득이한 사정으로 현재 피고인의 주소지가 ㅇㅇ로 이사하였을 뿐만 아니라 이번에 피고인이 교통사고를 당하였는바, ㅇㅇ에서 귀원으로 재판에 계속 출석하는 것이 현실적으로 어려움이 있고, 사건의 내용으로 보아 장기간 다투어야 하는 관계로 소송경제를 위하여 사건을 피고인의 주소지 관할법원인 ㅇㅇ지방법원으로 이송하여 주시기 바랍니다.

첨 부 서 류

    1. 진단서   1통
    1. 주민등록등본   1통

20ㅇㅇ.   ㅇ.   ㅇ.

위 피고인의 변호인 변호사 ㅇ   ㅇ   ㅇ   (인)

ㅇㅇ지방법원 귀중

작성·접수방법

1. 관련사건 관할에 의하여 병합심리된 경우에 이송하는 경우와 판결에 의하여 파기로 인한 이송이 있으며, 일반법원과 군사법원사이의 이송이 있고, 사건을 소년부로 송치하는 이송이 있다.
2. 사건의 이송은 관할권이 있는 법원으로만 가능하다.

제3절 검 사

I. 개 설

1. 검사의 의의

검사란 검찰권을 행사하는 국가기관을 말한다. 검사는 수사절차에서는 수사의 주재자로서 사법경찰관리를 지취감독하며 수사의 결과 공소제기여부를 독점적으로 결정한다. 그리고 공판절차에서는 피고인에 대립되는 당사자로서 법원에 대하여 법령의 정당한 적용을 청구하며 재판이 확정된 때에는 형의 집행을 지휘 감독하는 광범위한 권한을 가진 국가기관이다.

2. 검찰제도의 연혁

검사는 역사적으로 14세기 프랑스의 왕의 대관제도에서 유래한다. 검사제도는 소추권과 심판권을 법관에게 집중시키고 있던 규문절차의 폐습을 극복하기 위한 수단으로 등장하였다.

3. 검사의 조직

가. 검찰청의 의의와 종류

검사는 행정조직상 법무부 산하의 검찰청에 소속되어 있다(정부조직법 제32조 제2항). 검찰청은 검사의 사무를 통합하는 기관이다(검찰청법 제2조 제1항).

나. 검찰청의 조직

검찰청에는 대검찰청·고등검찰청·지방검찰청이 있고, 각각 대법원·고등법원·지방법원 및 가정법원에 대치된다.
대검찰청은 대법원에, 고등검찰청은 고등법원에, 지방검찰청은 지방법원지원 및 가정지원에 각 대응하여 설치하며, 지방법원지원이 설치된 지역에는 이에 대응하여 지방검찰청지청을 설치하고, 대검찰청의 위치와 대검찰청 이외의 각급 검찰청 및 지청의 명칭과 위치는 "대검찰청의위치와각급검찰청의명칭및위치에관한규정"에 정하여져 있다.

대검찰청

서울고등검찰청

서울중앙지방검찰청	서울동부지방검찰청	서울남부지방검찰청
서울북부지방검찰청	서울서부지방검찰청	의정부지방검찰청
		• 고양지청
		• 남양주지청

인천지방검찰청
• 부천지청

춘천지방검찰청
• 강릉지청
• 원주지청
• 속초지청
• 영월지청

수원고등검찰청

수원지방검찰청
• 성남지청
• 여주지청
• 평택지청
• 안산지청
• 안양지청

대전고등검찰청

대전지방검찰청
• 홍성지청
• 공주지청
• 논산지청
• 서산지청
• 천안지청

청주지방검찰청
• 충주지청
• 제천지청
• 영동지청

대구고등검찰청

대구지방검찰청
• 안동지청　　• 의성지청
• 경주지청　　• 영덕지청
• 김천지청　　• 포항지청
• 상주지청　　• 서부지청

부산고등검찰청	부산지방검찰청	창원지방검찰청	울산지방검찰청
	• 동부지청	• 진주지청	
	• 서부지청	• 통영지청	
		• 밀양지청	
		• 거창지청	
		• 마산지청	

광주고등검찰청	광주지방검찰청	전주지방검찰청	제주지방검찰청
	• 목포지청	• 군산지청	
	• 장흥지청	• 정읍지청	
	• 순천지청	• 남원지청	
	• 해남지청		

다. 검사의 직급

검사의 직급은 검찰총장, 고등검사장, 검사장, 검사의 4종으로 구분되는데 이들 검사는 위의 각 검찰청에 소속되어 그 검찰청에 대응하는 법원의 관할구역 내에서 그 직무를 행함이 원칙이다. 그러나 검찰권의 행사는 검찰총장을 정점으로 한 지휘감독 체제에 따른 상명하복의 관계에 있는데 이를 검사동일체의 원칙이라 부른다.

Ⅱ. 공판절차에서의 검사의 지위

1. 공소유지의 담당자

공소제기 이후 공판절차에서 검사는 공소유지의 담당자로서 각종의 소송행위를 수행한다. 검사는 피고인의 유죄를 입증하기 위하여 증거조사(제209조), 피고인신문(제296조), 최후의견진술(제302조) 등 여러 가지 활동을 하게 된다. 또한 검사는 제1심판결선고 전까지 공소를 취소할 권한도 가진다(제255조 제1항).

2. 당사자로서의 검사

공판절차에서 검사는 피고인에 대립하는 상대방으로서 당사자이가도 하다. 다만 실체진신을 발견을 목적으로 하는 형사소송절차에서 검사를 민사소송의 당사자와 동일하게 취급할 필요는 없다. 따라서 검사의 객관의무와 공익의대표자로서의 성격은 피고인의 방어활동에 대항하여 피고인의 유죄를 입증하기 위해 대립한다는 의미의 당사자의 개념은 일정부분 수정을 요구하게 된다. 이에 검사는 피고인의 무죄를 구하는 변론을 구할 수 있고(제302조), 피고인의 이익을 위한 상소의 제기나 재심의 청구(제424조)도 할 수 있다.

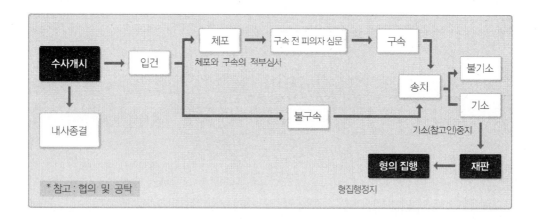

제4절 피의자와 피고인

Ⅰ. 피의자

1. 의 의

수사기관은 범죄혐의가 있다고 사료되는 때에는 수사를 개시하여야 하는데(제195조) 이때 수사기관에 의하여 범죄혐의를 받고 수사의 대상으로 되어 있는 사람을 피의자라 한다. 피의자는 공소제기전의 수사대상인 자라는 점에서 수사종결 후 검사가 법원에 공소제기한 사람을 의미하는 피고인과 구별된다.

〈형사소송절차에서 범죄피해자의 권리〉

▶ 수사 진행 과정에서는
- 조사받을 때 부모, 배우자 등 신뢰관계에 있는 사람과 동석할 수 있다.
- 가해자로부터 보복을 당할 우려가 있는 경우 신변보호를 받을 수 있다.
- 참고인 자격으로 증거자료를 제출하거나 진술할 수 있다.
- 범죄피해구조금, 치료비, 긴급생계비 등 경제적 지원이나 스마일센터를 통한 심리치료를 신청할 수 있다.
- 가해자와 원만한 합의를 원할 경우 검찰청에 형사조정을 신청할 수 있다.
- 수사기관에 신청하여 해당 사건의 진행 처리결과 및 피의자 구속 여부 등 형사절차 진행과 관련한 정보를 제공받을 수 있다.
- 검사의 불기소 처분에 대해 불복할 수 있다.(항고, 재정신청, 헌법소원)
- 피해자 국선변호사로부터 전문적인 법률조력을 받을 수 있다.(지원대상 성폭력 · 아동학대 · 장애인학대범죄 피해자 및 성매매 피해아동 · 청소년)(장애인학대범죄 피해자, 아동학대범죄 피해자, 참고인, 증인만 해당)
- 13세 미만의 아동이거나 신체 · 정신적인 장애로 인하여 의사소통에 어려움이 있는 경우 진술조력인의 도움을 받을 수 있다.(단, 성폭력범죄 피해자, 아동학대범죄 피해자, 참고인, 증인만 해당)

▶ 재판 진행 과정에서는
- 공판일시, 재판결과, 피고인의 구속 · 석방 여부 등의 정보를 통지받을 수 있다.
- 부모, 배우자 등 신뢰관계에 있는 사람과 법정에 동석할 수 있다.
- 아동, 청소년 또는 성폭력범죄 피해자 등은 범죄자와 대면하지 않고 증인신문을 받을 수 있다.

▶ 형 집행 단계에서는
- 신청하면 가해자의 형 집행상황, 보호관찰 집행상황, 석방 날짜 등을 통지받을 수 있다.
- 가해자의 가석방 심사 시 교정당국에 의견을 제시할 수 있다.

2. 피의자의 권리

피의자는 수사 과정 단계에서는 범죄자로 단정하지 않고 무죄로 보는 것을 원칙으로 한다. 재판에서 유죄 판결을 받기 전까지 무죄로 보는 것이다. 이것을 무죄 추정의 원칙이라고 한다. 그 결과 우리나라에서는 법률로 피의자의 인권을 보호하기 위해 몇 가지 권리를 보장하고 있는데, 첫 번째로 피의자 스스로 자신에게 불리한 사항에 대해서는 말하지 않을 수 있는 진술 거부권, 두 번째로 범죄 사실을 입증하기 위해 제시한 증거에 대해 이의를 제기할 수 있는 권리이며, 세 번째로 변호사를 선임할 수 있는 변호사 선임권 등이다.

3. 피의자의 소송법상 지위

수사기관에 의하여 범죄의 혐의가 인정된 피의자는 수사의 대상이 된다. 수사기관은 수사에 필요한 때에 피의자의 출석을 요구하여 진술을 들을 수 있다(제200조).

〈피의자의 방어권〉

1. 일반 피의자의 권리
   ① 고문을 받지 아니할 권리
   ② 진술거부권 변호인의 조력을 받을 권리
   ③ 신속한 재판을 받을 권리
   ④ 무죄추정의 권리
   ⑤ 피의자신문조서의 열람증감변경청구권
   ⑥ 증거보전청구권
   ⑦ 압수수색검증에의 참여권

2. 체포구속된 피의자의 권리
   ① 체포 · 구속사유 및 변호인선임권을 고지받을 권리
   ② 피체포 · 구속피의자의 가족에 대한 통지를 요구할 수 있는 권리
   ③ 변호인가족등과의 접견교통권
   ④ 체포 · 구속적부심사청구권
   ⑤ 체포 · 구속취소청구권
   ⑥ 체포 · 구속영장 피청구시 자료제출권
   ⑦ 체포 · 구속영장 등본교부청구권
   ⑧ 긴급체포 후 석방시 관련서류에 대한 열람등사청구권

1. 의 의

피고인이란 검사로부터 공소가 제기된 자 및 공소가 제기된 자로 취급된 자, 즉 준기소절차에서 의 재정결정에 의하여 심판에 부하여진 자로서 당해 사건의 종국재판이 확정되기까지의 자를 말하며, 공소제기 전에는 피의자라 하며 피고인은 공소제기 후의 관념이다.

1건의 사건에 여러 명의 피고인이 있을 때에는 '공동피고인'이라고 총칭하기도 한다.

2. 피고인의 성명모용

가. 문제의 소재

성명모용이란 피의자(甲)가 수사단계에서 타인(乙)의 성명, 주소 등을 사칭함으로서 공소장에 피용자의 성명 등이 기재된 경우를 말한다. 즉 검사에 의하여 지목된 실제 피고인 甲이 乙의 성명을 모용하여 공소장 기재는 乙로 된 경우이다.

나. 모용관계를 바로잡기 위한 방법

(1) 공판심리 중 판명된 경우

이 경우 인정신문을 포함한 공판심리 중, 성명모용 사실이 밝혀지면 검사는 공소장 정정절차에 의하여 피고인의 성명 등을 정정하면 된다. 검사의 표시정정이 있으면 법원은 피모용자를 사실 상 심리에서 배제하고 모용자에 대하여 심리를 진행하여 재판하면 된다. 처음부터 형식적 피고 인인 피모용자에게는 공소제기의 효력이 미치지 않기 때문이다.

(2) 피용자 명의의 판결이 확정된 후 모용사실이 판명된 경우

피모용자에게 판결이 선고되거나 확정되어도 그는 피고인이 아니므로 그에게는 하등의 영향이 없고, 본래의 피고인에 대하여는 상소 또는 재심에 의하여 판결을 시정한다. 실질적 피고인(甲) 에게는 원래의 공소제기에 근거하여 그 이후의 절차를 진행시키면 된다. 다만 확정판결의 효력 이 피모용자에게 미치지 않는다고 하여도 확정판결을 집행할 즈음에 집행을 받아야 할 수형 명의인은 피용자이므로 피모용자는 형을 집행당할 위험이 있으므로 피용자를 구제할 방법이 마련되어야 한다.

3. 피고인의 소송능력 및 특별대리인

가. 소송능력

소송능력이란 일정의 소송행위를 함에 관하여 그 행위의 의미를 이해하고 자기의 권리를 지킬 수 있는 능력을 말하는 것으로서, 민법상의 의사능력 또는 형법 제10조 제1항의 능력에 해당하는 개념이다.

소송능력이 없는 자의 행위는 무효이며, 피고인에게 소송능력이 없는 때, 즉 사물의 판별 또는 결정을 할 능력이 없는 때에는 원칙적으로 공판절차를 정지하여야 한다. 다만, 예외로서 피고인에게 소송능력이 없는 경우에도 법정대리인으로 하여금 소송행위를 대리케 하여 절차를 진행할 수 있는 사건이 있다. 형사소송법 제26조가 정하는 사건, 즉 형법 제9조 내지 제11조가 적용되지 않는 사건이 그것이다. 그 예로서는 조세범처벌법 제4조 제1항, 관세법 제278조, 담배사업법 제31조(모두 벌금형에 처할 경우에 한한다)를 둘 수 있다.

다음 피고인이 법인인 때에는 대표자가 소송행위를 대표한다.

공동대표의 정함이 있는 경우에도 소송행위에 관하여는 각자가 이를 대표하며, 이는 피의자에 대하여도 동일하게 적용된다.

나. 특별대리인

위의 각 경우에 피고인 및 피의자에게 법정대리인이 없거나 법인인 피고인에게 대표자가 없는 때에는 법원은 직권 또는 검사의 청구에 의하여 특별대리인을 선임하여야 한다.

피고인 및 피의자의 특별대리인으로 선임된 특별대리인은 피고인이나 피의자를 위한 법정대리인 또는 대표자가 생길 때까지 임무를 행한다. 피의자의 특별대리인은 공소제기 후에도 계속하여 임무를 행할 수 있다고 해석할 것이다.

4. 피고인의 권리

형사소송 중의 피고인(공소가 제기된 자)은 그 죄의 혐의가 있을 뿐, 죄가 확정되기 전까지는 무죄로 추정된다. 그러므로 피고인은 재판절차상 자신을 방어하는 당사자의 지위와 권리를 가지게 된다.

가. 인신 구속의 제한

피고인은 영장 없이 구속될 수 없다. 또한, 불필요한 고통, 강압적인 수사 등이 금지되는 것은 기본이다.

나. 의심스러울 때는 피고인이 이익으로

법관이 유죄판결을 하는 경우에는 유죄의 확신이 요구된다. 반대로 확신이 없을 경우는 피고인에게 유리하게 판단해야 한다는 원칙을 따라야 한다. 그리고 모든 거증 책임은 검사가 부담해야 한다.

다. 불이익 처우의 금지

국가기관은 피고인에게 미리 어떠한 결정을 내려 불이익한 처우를 해서는 안 된다는 것이다. 피고인은 죄가 확정되지 않는 한 어떤 불이익도 받지 않는다.

라. 변호인 선임권

피고인의 소송의 당사자로 검사와 대등한 위치에서 자신을 방어해야 한다. 그리고 이를 보조하기 위해 변호인을 선임할 권리가 있다.

마. 진술거부권

'묵비권'이라고도 하는 이 권리는 피고인이 불리한 심문에 대해서 묵비권을 행사 할 수 있다는 것이고, 반대로 자신에게 유리한 진술을 할 수 있음은 물론이다. 진술거부권이 침해당한 강요에 의한 자백은 유죄의 증거자료로 사용될 수 없고, 진술거부권을 행사했다 하더라도 판결에 불리하게 작용되지 않는다. 또한, 수사기관의 진술조서가 사실과 다르거나 조작됐다면 이의를 제기하고 이에 서명날인을 거부할 수 있는 권리가 있다.

바. 증거조사의 권리

피고인은 증거신청권, 의결진술권, 이의신청권, 증인신문권 등의 권리가 주어지는데 자신에게 유리한 증거를 수집해 두기 위해 법원에 증거신청을 할 수 있다. 만약 이것이 곤란할 경우에는 압수, 수색, 검증, 감정 등을 청구할 수 있다.

사. 증거인멸의 죄 적용의 배제

피고인은 자신의 이익을 위해 불리한 증거자료에 대해 인멸, 은닉, 위조 또는 변작을 했다 하더라도, 이에 대한 처벌을 받지 않는다. 위 죄는 타인의 형사사건에 대해서만 적용될 뿐 자신의 형사사건에 대해서 불리한 증거를 모두 노출시키는 것을 기대할 수 없는 이상, 자신의 이익을 위한 행위에 대해서는 처벌을 받지 않는다. 또한, 친족, 호주 또는 동거의 가족은 증거인멸죄의 특례로 적용되지 않는 대상으로 이들에 의한 증거인멸 역시 형법에 저촉되지 않는다.

피고인의 권리 적용은 죄가 확정되는 때까지이다. 3심 제도가 있는 우리나라에서 비록 1심에서 유죄가 확정된다 하더라도 이에 항소해서 다시 재판이 진행된다. 이는 그 죄가 확정되는 것이 아니고, 검사와 피고인 두 당사자 모두가 재판에 항복하고 판결이 확정됐을 때, 피고인은 비로소 그 죄의 책임을 묻게 되거나, 자유로워지는 것이다. 이제는 자신에게 진행되고 있는 재판의 내용과 피고인으로서의 지위를 올바르게 이해하는 것이 재판의 바른 결정을 위해 필요할 것으로 보인다.

[서식 17] 특별대리인선임청구서(이해관계인이 청구하는 경우)

특별대리인선임청구

사   건   20○○고단 ○○○○ 사기

피 고 인   ○○산업주식회사

  위 사건의 피고인의 회사는 법인인바, 소송행위를 대표할 대표자가 없으므로 동 피고인에 대한 특별대리인을 선임하여 주시기 바랍니다.

20○○.   ○.   ○.

위 청구인 ○ ○ ○   (인)
이해관계 : 피고인 회사의 상무이사

○○지방법원 귀중

작성·접수방법

1. 형법 제9조 내지 제11조의 규정의 적용을 받지 아니한 범죄사건의 피고인이 소송능력(의사능력) 없는 경우에 법정대리인 없거나 법인인 피고인에게 대표자가 없는 때에는 법원은 직권 또는 검사의 청구에 의하여 특별대리인을 선임하여야 한다(형소법 28조 1항·26조).
2. 검사의 특별대리인 선임청구는 서면 또는 구술로 할 수 있다(형소규 176조).
3. 특별대리인은 피고인 또는 피의자를 대리 또는 대표하여 소송행위를 할 자가 있을 때까지 소송행위를 대리한다(형소법 28조 2항).

특별대리인선임청구

사　　건　　　　　20○○고단 ○○○○　　사기

피 고 인　　　　　　○○산업주식회사

　위 사건에 관하여 업무담당자로서 사건의 실체를 잘 알고 있을 뿐만 아니라 법무관계의 소견이 풍부한 다음의 자를 본 피고인을 위한 특별대리인으로 선임하고자 하오니 이를 허가하여 주시기 바랍니다.

다　　　음

1. 서울시 ○○구 ○○로 ○○○
　　김　○○(000000-0000000)

첨부서류

　　1. 이력서

20○○.　　○.　　○.

위 피고인
○○산업 주식회사
대표이사 ○　○　○　(인)

○○지방법원　귀중

특별대리인선임청구

사   건   20○○고단 ○○○○ 사기

피 고 인   ○○산업주식회사

위 사건의 피고인은 형사 미성년자로서 의사능력이 없고 소송행위를 대리하여할 법정대리인도 없어 다음 사람을 특별대리인을 선임하여 주시기 바랍니다.

다   음

1. 서울시 00구 00로 000
   김 ○○(000000-0000000)

20○○.   ○.   ○.

위 청구인
서울○○지방검찰청 검사 ○   ○   ○   (인)

○○지방법원 귀중

4. 보조인

가. 의의

보조인이란 피의자 또는 피고인과 일정한 신분관계에 있는 자로서 피의자 또는 피고인의 이익을 보호하는 보조자를 말한다(제29조). 보조인은 법원에 신고를 함으로서 그 지위가 발행한다는 점에서 법원의 허가에 의하여 지위를 얻는 특별변호인(제31조 단서)과 구별되고 피의자, 피고인과 일정한 신분관계에 있는 자라는 점에서 변호사 가운데 선임 선정되는 변호인과 구별된다.

나. 보조인의 자격 및 신고절차

보조인이 될 수 있는 자는 피의자 피고인의 법정대리인, 배우자, 직계친족, 형제자매에 한한다(제29조 제1항). 이때 보조인이 되고자 하는 자는 심급별로 그 취지를 선고하여야 한다(동조 제2항). 구법하에서는 보조인 신고에 있어 서면주의를 취하였으나 보조인선임을 용이하게 하도록 하기 위하여 서면주의를 폐지하였다.

보조인이 되려는 사람은 피고인 또는 피의자와 신분관계를 소명하는 서류와 함께 그 취지를 신고하면 보조인이 될 수 있다(형사소송법 제29조 제3항, 형사소송 규칙 제11조 제1항). 피고인 또는 피의자와 신분관계에 있는 사람은 경찰, 검찰, 법원에 보조인 신고서를 제출하면 바로 보조인이 되는 것이다. 보조인 신고는 심급별로 하여야 하는데(형사소송법 제29조 제3항), 1심에서 보조인 신고를 하였다고 해서 2심까지 효력이 있는 것이 아니다. 다만, 공소제기 전에 경찰과 검찰에 보조인 신고를 한 경우는 1심까지 효력이 있다(형사소송 규칙 제11조 제2항).

다. 보조인의 소송행위

보조인은 독립하여 피의자 피고인의 명시한 의사에 반하지 아니하는 소송행위를 할 수 있다. 단 법률에 다른 규정이 있는 때에는 예외로 한다(제29조 제1항). 보조인은 변호인과 같이 독립대리권을 가지지만(제36조), 피의자나 피고인의 명시한 의사에 반하여는 소송행위를 할 수 없고 변호인이 가지는 고유권도 인정되지 않는다는 점에서 변호인과 구별된다.

라. 장애인 조력 방법으로서의 보조인(발달장애인법의 보조인)

형사소송법에서만 보조인을 규정한 것은 아니다. 「발달장애인 권리보장 및 지원에 관한 법률」(발달장애인법) 제12조에서도 보조인을 규정하고 있다. 발달장애인이 재판의 당사자가 된 경우 그의 보호자, 중앙발달장애인지원센터 및 지역발달장애인지원센터의 직원이나 그 밖에 발달장애인과 신뢰관계에 있는 사람은 법원의 허가를 받아 법원의 심리과정에서 발달장애인을 위한 보조인이 될 수 있다(발달장애인법 제12조 제2항). 수사기관에서 발달장애인이 조사받을 때도 마찬가지다(발달장애인법 제12조 제4항).

발달장애인법에 따라 보조인이 될 수 있는 사람의 범위는 형사소송법에서 정한 것보다 훨씬 넓다. 신뢰관계인이 포함되기 때문에 그 발달장애인과 아는 사람이면 보조인이 될 수 있지만 형사소송법의 보조인은 신고만 하면 될 수 있는데 반해, 발달장애인법의 보조인은 법원이나 수사기관의 허가를 받아야 한다.

보 조 인 선 임 신 고

사 건   20○○고단 ○○○○   사기

피 고 인   ○   ○   ○

신 고 인   ○   ○   ○   (전화 :   )
             ○○시 ○○구 ○○로 ○○ (○○동)

　　위 사건에 관하여 신고인은 피고인의 처로서 보조인이 되고자 하므로 형사소송법 제29조에 의하여 신고합니다.

소 명 서 류

　　1. 가족관계증명서   1통
　　1. 주민등록등본   1통

20○○. ○. ○.

위 신고인 ○ ○ ○   (인)

○○지방법원 귀중

작성 · 접수방법

1. 보조인선임신고서 1부를 사건 진행중인 검찰청 민원실 또는 법원 형사과에 제출한다.
2. 보조인의 선임은 허가사항이 아니므로 법정대리인, 배우자, 직계혈족, 형제자매가 보조인신고서를 접수한 이후 바로 효력이 있다.
3. 보조인은 수사단계에서 피의자와 동행을 한다거나, 피의자가 구속 또는 기소되었을 때는 법원에 구속적부심청구, 보석청구, 재판기록열람등사신청, 변론요지서의 제출을 할 수 있고, 공판정에서는 피고인 신문을 진행할 수도 있다.

보 조 인 선 임 신 고

사   건   20○○고단 ○○○○   사기

피 고 인   ○   ○   ○

　　위 사건에 관하여 피고인은 당뇨 등으로 시골에서 요양하고 있는 중이며, 병세의
악화로 신체여건상 공판정에 설 수도 없는 상태인바(진단서 기제출되었음), 피고인
의 피의사실에 관하여 피고인의 처 ○○○는 피고인의 업무를 잘 알고 있으므로 아
래와 보조인으로 선임신고합니다.

소 명 서 류

　　1. 가족관계증명서   1통(또는 주민등록등본)

　　　　　　　　　　　　　20○○.   ○.   ○.

　　　　　　　　　　　　위 신고인(피고인의 처) ○   ○   ○   (인)

　　　　　　　　　　　　○○시 ○○구 ○○로 ○○ (○○동)

　　○○지방법원   귀중

작성ㆍ접수방법

1. 보조인선임신고서 1부를 사건 진행중인 검찰청 민원실 또는 법원 형사과에 제출한다.
2. 보조인의 선임은 허가사항이 아니므로 법정대리인, 배우자, 직계혈족, 형제자매가 보조인신고서를 접수한
　　이후 바로 효력이 있다.

보 조 인 선 임 신 고

사   건   20○○푸○○○○   절도 보호사건
보호소년   ○ ○   ○

위 사건에 관하여 변호사 ○○○을 보조인으로 선임하고 이에 연서하여 신고합니다.

20○○.   ○.   ○.

위 선임인 보호소년의 부 ○ ○   ○   (인)

위 보조인 변호사 ○ ○ ○ (인)

○○가정법원   귀중

제5절 변 호 인

헌법 제12조는 신체의 자유 보장의 기본규정이자 핵심규정이며, 가장 기본적인 자유인 신체의 자유를 실질적으로 보장하기 위해 다양하고 구체적인 주요 내용을 규정하고 있다. 헌법 제12조는 신체의 자유 보장과 더불어, '죄형법정주의', '적법절차원칙', '영장주의', '고문금지'와 '불리한 진술 강요 금지' 그리고 '변호인의 조력을 받을 권리', '체포·구속적부심사청구권' 등 형법과 형사특별법 그리고 형사절차의 기본적인 원칙 및 관련 제도와 개별기본권 등을 규정하고 있다. 특히, 헌법 제12조 제4항 본문은 누구든지 체포 또는 구속을 당한 때에는 즉시 변호인의 조력을 받을 권리를 가진다고 하여, 인신구속을 당한 사람에게 변호인의 조력을 받을 권리의 보장을 명시적으로 기본권의 형태와 내용으로 규정하고 있다. 변호인의 조력을 받을 권리는 신체의 자유의 실질적 보장을 위한 중요한 내용과 요소이다. 변호인의 조력을 받을 권리는 국가권력에 대하여 헌법상·법률상 보장된 방어권을 독립적·효율적·실질적으로 행사할 수 있도록 변호인의 조력을 받을 권리를 의미한다.

Ⅰ. 변호인 제도의 의의

1. 변호인의 의의

변호인이란 피고인 또는 피의자의 방어력을 보충함을 임무로 하는 보조자를 말한다. 변호인은 소송의 주체가 아니라 소송의 주체인 피고인 또는 피의자의 보조자에 지나지 않는다.

2. 형식적 변호와 실질적 변호

법원이나 검사가 담당하는 변호적 기능을 실질적 변호라고 하고 변호인에 의한 변호적 기능을 형식적 변호라고 한다. 헌법은 구속된 피고인 또는 피의자의 변호인의 도움을 받을 권리를 국민의 기본적 인권의 하나로 보장하고 있다(헌법 제12조 제4항). 이에 따라 형사소송법은 피의자에 대하여도 변호인선임권을 인정하고 피고인에게는 광범위한 국선변호인선임청구권을 보장하며 신체를 구속당하고 있는 피고인 또는 피의자에게 변호인과의 접견교통권을 인정하여 변호권의 범위를 확대·강화하고 있다.

Ⅱ. 사선변호인

1. 의 의

사선변호인이란 국선변호인에 대응하는 개념으로 피고인, 피의자 또는 그와 일정한 관계가 있는 사인이 선임한 변호인을 말한다.

2. 선 임

가. 의의

선임이란 선임권자가 피고인 또는 피의자의 사건에 관하여 변호사 또는 법무법인을 변호인으로 선임하고 그 사건을 담당하는 법원 또는 수사기관에 일정한 방식으로 신고하는 소송행위를 말한다.

나. 선임권자

선임권자는 피고인 또는 피의자, 법정대리인(배우자, 직계친족, 형제자매)이다.

다. 피선임자

피선임자는 변호사(대한변호사협회에 등록을 마친 자에 한함) 또는 법무부장관의 인가를 받은 법무법인이다.

라. 선임의 방식

선임은 선임권자와 변호인이 연명날인한 서면을 제출함으로써 한다. 피고인, 피의자 외의 위 선임권자가 선임신고서면을 제출할 때에는 선임권자의 신분 즉 피고인 또는 피의자와의 친족관계를 소명하는 서면을 첨부하여 제출하여야 한다. 위 서면은 선임권자와 변호인의 기명날인이 있으면 충분하고 서명을 요하는 것은 아니므로 인장이 없으면 지장을 찍을 수도 있는바, 이 경우에는 본인의 지장임을 증명한다는 증명문구를 기재하는 것이 관례로서 구치소, 교도소의 직원이 무인임을 증명하여 주고 있다.

무 인 증 명 신 청

사   건   20○○고단 ○○○   폭력행위 등

피 고 인   ○   ○   ○

  위 사건에 관하여 변호인으로 선임되었사오니 별지 변호인선임신고서에 무인을 찍게 한 후 그 무인임을 증명하여 주시기 바랍니다.

                              20○○.   ○.   ○.

                        변호인 변호사 ○   ○   ○   (인)

○○구치소 귀중

작성 · 접수방법

1. 비용 없음 신청서 1부를 선임계와 함께 제출한다.
2. 구속된 피고인으로부터 무인을 받아서 선임계를 제출하는 경우 무인이 피고인이라는 것을 입증하기 위한 확인이 필요하므로 이를 신청하는 신청서이다.

무 인 증 명 신 청

사   건   20○○고단 ○○○○   사기

피고인(피의자)   ○   ○   ○

　위 사건에 관하여 별지 변호인 선임서에 찍힌 무인이 피고인(피의자) 본인의 무인임을 증명하여 주시기 바랍니다.

20○○.   ○.   ○.

위 피고인(피의자)의 변호인 변호사 ○ ○ ○   (인)

○○시 ○○구 ○○로 ○○ (○○동)

○○구치소 귀중

작성 · 접수방법

1. 비용 없음 신청서 1부를 선임계와 함께 제출한다.
2. 구속된 피고인으로부터 무인을 받아서 선임계를 제출하는 경우 무인이 피고인이라는 것을 입증하기 위한 확인이 필요하므로 이를 신청하는 신청서이다.

변 호 인 선 임 신 고 서

피 고 인   ○   ○   ○

사 건 번 호   20○고단 ○○○○

사 건 명   폭력행위 등

  위 사건에 관하여 변호사 ○○○을 변호인으로 선임하고 연서하여 이에 신고함.

                    20○○.   ○.   ○.

                    선임인 ○ ○ ○   (인)

위 본인의 무인임을 증명함.   교도 ○○○

위 변호인 변호사 ○○○

주 소 : 서울 ○○구 ○○동 ○○

  ○○지방법원 형사 제○단독 귀중

작성 · 접수방법

1. 구속된 피고인으로부터 무인을 받아서 선임계를 제출하는 경우 구치소를 접견한 변호인이 구치소 접견담당자에게 무인증명신청서와 선임계를 제출한다. 그러면 피고인으로부터 선임계에 무인날인과 무인증명을 하여 준다.
2. 그럼 공판이 진행 중인 법원 형사과 또는 수사중인 수사관서 접수실에 선임계 1부를 제출하면 된다.
3. 일반적으로 형사사건의 선임권은 피고인 그 자신과 법정대리인, 배우자, 직계친족, 형제자매에 있다. 피고인 자신 이외의 선임권자가 선임할 경우에는 위 관계를 소명하는 가족관계증명서, 주민등록등본 등을 첨부해야 한다.
4. 변호인선임신고서는 변호사가 변호를 하기 위하여 수사기관 또는 법원에 제출하는 것으로 변호사회를 경유하도록 하고 있으며, 경유증표를 발급받아 이를 변호인선임신고서에 첨부하여 제출하여야 한다.

변 호 인 선 임 신 고

사   건   20○○고단 ○○○○ 사기

피고인(피의자)   ○   ○   ○

　위 사건에 관하여 변호사 ○○○을 변호인으로 선임하고 연서하여 이에 신고합니다.

20○○.   ○.   ○.

위 신고인   ○   ○   ○ (피고인 ○○○의 모)
위 본인의 무인임을 증명함. 교도 ○   ○   ○   (인)

위 피고인의 변호인 변호사 ○   ○   ○   (인)
○○시 ○○구 ○○로 ○○ (○○동)

○○지방법원 귀중

작성 · 접수방법

1. 구속된 피고인으로부터 무인을 받아서 선임계를 제출하는 경우 구치소를 접견한 변호인이 구치소 접견담당자에게 무인증명신청서와 선임계를 제출한다. 그러면 피고인으로부터 선임계에 무인날인과 무인증명을 하여 준다.
2. 그럼 공판이 진행 중인 법원 형사과 또는 수사 중인 수사관서 접수실에 선임계 1부를 제출하면 된다.
3. 일반적으로 형사사건의 선임권은 피고인 그 자신과 법정대리인, 배우자, 직계친족, 형제자매에 있다. 피고인 자신 이외의 선임권자가 선임할 경우에는 위 관계를 소명하는 가족관계증명서, 주민등록등본 등을 첨부해야 한다.
4. 변호인선임신고서는 변호사가 변호를 하기 위하여 수사기관 또는 법원에 제출하는 것으로 변호사회를 경유하도록 하고 있으며, 경유증표를 발급받아 이를 변호인선임신고서에 첨부하여 제출하여야 한다.

[서식 27] 변호인선임신고서(사기)

변 호 인 선 임 신 고

사 건   20○○형 제○○○호 사기

피 의 자   ○ ○ ○

 위 사건에 관하여 변호사 ○○○을 변호인으로 선임하고 연서하여 이에 신고합니다.

                    20○○.   ○.   ○.
                    선임인 ○ ○ ○ (무인)

              위 본인의 무인임을 증명함. 경장 ○ ○ ○ (인)

                    위 변호인 변호사 ○ ○ ○ (인)
                    ○○시 ○○구 ○○로 ○○ (○○동)
                                전화 000-000-0000

○○지방법원 귀중

작성 · 접수방법

1. 구속된 피고인으로부터 무인을 받아서 선임계를 제출하는 경우 구치소를 접견한 변호인이 구치소 접견담당자에게 무인증명신청서와 선임계를 제출한다. 그러면 피고인으로부터 선임계에 무인날인과 무인증명을 하여 준다.
2. 그럼 공판이 진행 중인 법원 형사과 또는 수사중인 수사관서 접수실에 선임계 1부를 제출하면 된다.
3. 일반적으로 형사사건의 선임권은 피고인 그 자신과 법정대리인, 배우자, 직계친족, 형제자매에 있다. 피고인 자신 이외의 선임권자가 선임할 경우에는 위 관계를 소명하는 가족관계증명서, 주민등록등본 등을 첨부해야 한다.
4. 변호인선임신고서는 변호사가 변호를 하기 위하여 수사기관 또는 법원에 제출하는 것으로 변호사회를 경유하도록 하고 있으며, 경유증표를 발급받아 이를 변호인선임신고서에 첨부하여 제출하여야 한다.

변 호 인 선 임 신 고 서

사 건 번 호	20○○고단 ○○○○호
사 건 명	사 기
피고인 (피의자)	○　　○　　○

위 사건에 관하여 ○○시 ○○구 ○○로 ○○ (○○동) 변호사 ○○○를
변호인으로 선임하였으므로 신고합니다.

첨 부 서 류	1. 2.

20○○.　　○.　　○.

선임인 성　명 : ○　○　○　(무인)
　　　　주　소 : ○○시 ○○구 ○○로 ○○ (○○동)
　　　　관　계 : 피고인의 처

본인의 무인임을 증명함.　교도 ○　○　○
　　　　변호사 ○　○　○　(인)
　　　　　　　○○시 ○○구 ○○로 ○○ (○○동)
　　　　　　　전화 : 000-000-0000
　　　　　　　팩스 : 000-000-0000

○○지방법원　귀중

담 당 변 호 사 지 정 서

사 건	20○○고단 ○○○○호
당 사 자	사 기

위 사건에 관하여 법무법인 ○○○○는 피고의 소송대리인으로서 변호사법 제50조 제1항에 의거하여 그 업무를 담당할 변호사를 다음과 같이 지정합니다.

담당변호사	담당변호사 ○ ○ ○

20○○. ○. ○.

법무법인 ○○○○ (인)

대표변호사 ○ ○ ○
     주소 : ○○시 ○○구 ○○로 ○○ (○○동)
     전화 : 000-000-0000
     팩스 : 000-000-0000

○○지방법원 귀중

작성 · 접수방법

1. 법무법인의 경우 선임신고서에 첨부하는 서류이다.
2. 법무법인은 법인명의로 업무를 수행하면 그 업무를 담당할 변호사를 지정하여야 한다(변호사법 50조).

대표변호인지정신청

사   건   20○○고단 ○○○○ 사기

피고인(피의자)   ○   ○   ○

　　위 사건은 피고인의 다수의 변호인으로 인하여 재판의 지연을 초래하므로 재판의
지연 등을 방지하고 다음 변호인을 대표변호인으로 선임받고자 합니다.

다   음

　　변호사 ○   ○   ○○○시 ○○구 ○○로 ○○ (○○동)

20○○.   ○.   ○.

위 피고인 ○   ○   ○   (인)

○○지방법원   귀중

작성 · 접수방법

1. 수인의 변호인이 있는 때에는 재판장은 직권 또는 피고인 · 피의자 또는 변호인의 신청에 의하여 대표변호
   인을 지정할 수 있고 그 지정을 철회 또는 변경할 수 있다.
2. 대표변호인은 3인을 초과할 수 없다
3. 통지 또는 서류의 송달은 변호인 전원에 대하여 효력이 있다.

(5) 선임의 효과

변호인의 선임은 심급마다 하여야 한다. 이 경우 공소제기 전 즉 수사단계에서 변호인 선임은
제1심에도 그 효력이 있다. 또한 변호인의 선임은 사건을 단위로 하는 것이므로 선임의 효력은
공소사실의 동일성이 인정되는 사건의 전부에 미치는 것이 원칙이다. 하나의 사건에 관하여 한

번호인 선임은 동일법원의 동일피고인에 대하여 병합된 다른 사건에 관하여도 그 효력이 있다. 다만 피고인 또는 변호인이 이와 다른 의사표시를 한 때에는 그러하지 아니하다(규칙 제13조). 또한 선임된 변호인은 상소장의 제출까지만 할 수 있고 그후의 소송행위에 관하여는 새로운 선임을 필요로 하며 대법원의 파기환송된 사건에 대해서는 파기환송전의 원심에 있었던 변호인 선임의 효력이 파기환송 후의 절차에서 다시 부활되므로 새로운 선임은 필요치 아니하다(규칙 제158조).

3. 사임(해임), 자격상실 등

가. 사임, 해임

사임이란 변호인이 스스로 변호인의 지위에서 물러서는 것을 말하고, 해임이란 변호인 선임권자가 그 선임을 철회하고 장래에 향하여 변호인의 자격을 잃게 하는 것을 말하며, 모두 법원에 대하여 행하는 소송행위이고 명문의 규정은 없으나 유효하다가 해석되고 있다. 또 그 방식은 선임의 경우에 준하여 서면으로만 할 수 있다고 해석된다.

나. 자격상실 등

자격상실이란 광의로는 위의 해임, 사임 등을 포함하나 협의로는 변호사법상의 변호사명부 등록취소에 의하여 변호사가 직무수행의 자격을 잃는 것을 의미한다.변호사명부등록이 취소되는 경우로는 ① 사망, ② 변호사의 자격이 없거나 결격사유에 해당하는 때, ③ 폐업을 위한 변호사 자신의 등록취소신청이 있는 때, ④ 법무부장관의 등록취소명령이 있는 경우 등이 있다.

한편, 변호사에 징계가 되는 경우 징계처분 중 제명은 자격상실이 되지만 과태료나 견책의 경우에는 변호사 자격이나 직무수행에 아무런 영향이 없다. 또한 정직의 경우에는 변호사의 자격에는 영향이 없으나 직무의 집행이 정지되기 때문에 결국 변호인의 지위에서 물러날 수밖에 없다.

변 호 인 사 임 신 고

사　　　　　　건　　　　20○○고단 ○○○○　사기

피고인(또는 피의자)　　　○　　○　　○

　위 사건에 관하여 변호인은 사정에 의하여 사임하였기에 이에 사임신고서를 제출합니다.

20○○.　　○.　　○.

위 피고인(피의자)의 변호인 변호사　○　○　○　　(인)

○○지방법원　귀중

작성 · 접수방법

1. 공판을 진행중인 법원 형사과 접수실에 신고서 1부를 제출한다.
2. 변호인사임신고서를 제출할 때에는 반드시 접수증명원 2부를 함께 제출하여 그중 1부를 증명 받아서 변호사회에 신고하여야 한다.

접 수 증 명 원

사   건   20○○고단 ○○○○ 사기

피고인(또는 피의자)   ○   ○   ○

위 피고인에 대한 20○○고단 ○○○○ 사기 피고사건에 대하여 변호인사임신고서가 20   .   . 귀원에 접수되었음을 증명하여 주시기 바랍니다.

20○○.   ○.   ○.

위 피고인(피의자)의 변호인 변호사 ○   ○   ○   (인)

○○지방법원 귀중

작성 · 접수방법

1. 접수증명원 2부를 사임신고서를 제출할 때 같이 제출하는데 1부는 법원에서 가지고 나머지 1부에 증명을 날인 받아서 돌려받는다.
2. 이 증명서를 변호사회에 신고하여야 한다.

[서식 33] 확인서(교통사고처리특례위반)

확 인 서

사 건   20○○형 제○○○○호 교통사고처리특례법위반

피 의 자   ○   ○   ○

위 피의자에 대한 20○○형 제○○○○호 교통사고처리특례법위반 피의사건에 관하여 변호인사임신고서가 20 .   .   . 귀청에 접수되었음을 확인합니다.

20○○.   ○.   ○.

○○지방검찰청 검찰주사 ○   ○   ○   (인)

작성 · 접수방법

검찰청(또는 경찰서)의 경우 법원과 달리 접수증명원 제도가 잘 갖추어 있지 아니하므로 확인서를 작성 제출하여 받아둠으로써 서류의 분실에 대한 분쟁을 방지할 수 있다.

변 호 인 해 임 신 고

사 건   20○○고단○○○○ 절도 등

피 고 인   ○ ○ ○

　위 사건에 관하여 피고인은 사정에 의하여 다음 변호인을 해임하였기에 이에 해임신고서를 제출합니다.

다   음

변호사 ○ ○   ○○○시 ○○구 ○○로 ○○ (○○동)

20○○. ○. ○.

위 피고인 ○ ○ ○   (인)

○○지방법원 귀중

작성·접수방법

공판을 진행 중인 법원 형사과 접수실에 신고서 1부를 제출한다.

1. 의 의

특별변호인이란 변호사 아닌 자로서 변호인으로 선임된 사선변호인을 말한다. 특별변호인은 대법원을 제외한 법원에서만 선임할 수 있으며, 사건의 경중에 따른 제한은 없으나 특별한 사정의 존재를 필요로 한다.

2. 선임의 허가

특별변호인을 선임함에는 미리 법원의 허가가 필요하다. 신청방식에는 제한이 없으므로 서면이나 구술로 할 수 있다.

피선임자의 자격에는 제한이 없으나, 피고인의 소송활동 전반을 보조하고 그 방어권을 보호할수 있는 자일 필요가 있다. 따라서 수사절차가 아닌 공판절차 내에서만 가능하다.

3. 선 임

선임허가결정이 있는 후에 협의의 사선변호인과 마찬가지로 특별변호인 선임신고서를 제출함으로써 특별변호인 선임이 효력이 생긴다.

기타 선임의 효력 · 사임 · 해임 등의 사항은 사선변호인의 경우와 동일하다. 또, 특별변호인 선임허가결정은 상당한 이유가 있는 경우 취소할 수가 있는데, 그 취소결정이 있으면 특별변호인은 당연히 자격을 상실하게 된다.

특별변호인 선임허가신청

사   건   20○○고단 ○○○○   사기

피 고 인   ○   ○   ○

　　위 사건의 특별변호인으로 다음의 사람을 선임하고자 하오니 허가하여 주시기 바랍니다.

다   음

성   명   ○   ○   ○
주   소   ○○시 ○○구 ○○로 ○○ (○○동)

20○○.   ○.   ○.

위 피고인   ○   ○   ○   (인)

○○지방법원   귀중

작성 · 접수방법

1. 신청서 1부를 사건 진행중인 법원 형사과에 제출한다.
2. 인지 등 비용 없음.
3. 선임허가결정(또는 선임채택)되면 선임계를 제출한다.
4. 변호인은 변호사 중에서 선임하여야 한다. 단, 대법원 이외의 법원은 특별한 사정이 있으면 변호사 아닌 자를 변호인으로 선임함을 허가할 수 있다(형소법 31조). 그러나 실무에서는 특별변호인은 신청하는 경우가 거의 없다.

특별대리인 선임허가신청

사　　건　　　20○○고단 ○○○○　폐기물관리법위반

피 고 인　　　1. 주식회사 ○○건설

　　　　　　　2. ○　　○　　○

　위 사건에 관하여 업무담당자로서 사건의 실체를 잘 알고 있을 뿐만 아니라 법무관계의 소견이 풍부한 다음의 자를 본 피고인들을 위한 특별대리인으로 선임코자 하오니 허가하여 주시기 바랍니다.

다　　　음

성　　명 : ○　　○　　○

주　　소 : ○○시 ○○구 ○○로 ○○ (○○동)

첨 부 서 류

　　　1. 이력서　　　　　　　　　　　　　　1통

　　　　　　　　　　20○○.　　○.　　○.

　　　　위 피고인　1. 주식회사 ○○건설

　　　　　　　　　　대표이사 ○ ○ ○　(인)

　　　　　　　　　2. ○　○　○　(인)

○○지방법원　귀중

작성 · 접수방법

1. 신청서 1부를 사건진행중인 법원 형사과에 제출한다.
2. 인지 등 비용 없음.
3. 선임허가결정(또는 선임채택)되면 선임계를 제출한다.

특별변호인선임신고서

사   건   20○○고합 ○○○   사기

피고인(피의자)   ○   ○   ○

　귀원 20○○고합 ○○○호 사기 사건에 관하여 ○○○를 특별변호인으로 선임을 허가받았으므로 위 사람과 연서하여 신고합니다.

첨 부 서 류

1. 허가결정정본   1통
1. 가족관계증명서   1통

20○○.   ○.   ○.
선임인 피고인의 부 ○ ○ ○   (인)
○○시 ○○로 ○○ (○○동)

위 특별변호인 ○ ○ ○   (인)
○○시 ○○로 ○○ (○○동)

○○지방법원   귀중

작성 · 접수방법

특별변호인선임허가가 결정되면 특별변호인선임신고서를 법원에 제출하여야 한다.

1. 서 설

가. 의의

사선변호인이 선임되지 아니한 경우에 피고인을 위하여 법원에 의하여 선정된 변호인을 국선변호인이라고 한다. 경제적 빈곤 등의 사유로 사선변호인을 선임할 수 없는 자에 대하여 국가가 국가의 비용으로 변호인을 선정하여 소송활동을 보완하게 함으로써 피고인 또는 피의자의 변호권을 실질적으로 보장하기 위한 것이다.

이러한 국선변호인은 재판부별로 전속되어 있고, 그 전속변호인이나 그외 변호인들 중에서 원하는 변호인이 있으면 국선변호인선정 청구서에 기재할 수 있다. 다만, 변호인의 사정 등에 따라 원하는 변호인이 선정되지 않을 수 있다.

나. 취지

헌법이 보장하고 있는 국선변호인 선임의뢰권(헌법 제12조 제4항)을 구체화한 것이며, 사선변호제도를 보완하여 피고인의 변호권을 강화하기 위한 제도이다.

2. 국선변호인의 선정사유

가. 일반적 사유

(1) 필요국선

법원이 반드시 국선변호인을 선임하여야 하는 경우이다.

(가) 구속영장이 청구되고 영장실질심문절차에 회부된 피의자에게 변호인이 없는 때

(나) 형사소송법 제33조 제1항 제1호 내지 제5호의 사유가 있는 때 : 피고인이 구속된 때, 피고인이 미성년자일 때, 피고인이 70세 이상인 때, 피고인이 농아자인 때, 피고인이 심신장애의 의심이 있는 때 사선변호인이 없으면 법원이 직권으로 변호인을 선정하여야 한다. 이 경우 사선변호인 또는 선정된 국선변호인이 출석하지 아니한 때에도 법원은 직권으로 변호인을 선정하여야 한다(형소법 제283조).

(다) 사형, 무기 또는 단기 3년 이상의 징역이나 금고에 해당하는 사건의 경우(형소법 33조 1항 56호)는 법정형에 의하여 해당 여부를 가리게 되는데, 주의할 점은 유기징역 또는 유기금

고의 단기가 3년을 하회하더라도(예 : 1년 이상, 2년 이상 등) 사형이나 무기징역, 무기금고가 함께 규정되어 있으면 필요적 변호사건이 된다는 점이다(예 : '보건범죄단속에관한특별조치법' 제5조 위반사건 등). 이러한 사건에 변호인이 출석하지 아니한 때에는 법원이 직권으로 변호인을 선정하여야 한다(형소법 제283조).

(라) 피고인의 연령, 지능, 교육정도 등을 참작하여 권리보호를 위하여 필요하다고 인정되고, 피고인이 국선변호인의 선정을 희망하지 아니한다는 명시적인 의사를 표시하지 않은 때.

(마) 치료감호법상 치료감호청구사건의 경우 : 보호감호의 청구가 있는 사건과 심신상실, 심신미약을 원인으로 한 치료감호의 청구가 있는 사건에 있어서는 변호인이 없이 개정하지 못하고, 변호인이 없거나 출석하지 않은 때에는 직권으로 변호인을 선정하여야 한다.

(바) 군사법원법이 적용되는 사건의 경우 : 대법원이 고등군사법원사건에 관한 상고사건을 접수한 때에는 예외 없이 국선변호인을 선임하여야 한다.

(2) 임의적 국선변호인 선정

피고인이 빈곤 그 밖의 사유로 변호인을 선임할 수 없는 경우에 피고인의 청구가 있는 때에는 법원은 변호인을 선정하여야 한다(형소법 제33조 제2항).

이 경우 피고인은 '빈곤 그 밖의 사유3)'에 대한 소명자료를 제출하여야 하지만, 기록에 의하여 그 사유가 소명되었다고 인정될 때에는 그러하지 아니하다(형소규 제17조의2). 국선변호인 제도의 활성화를 통하여 실질적으로 피고인의 방어권을 보장하기 위해서는 위 사유에 대한 소명을 엄격히 요구할 것은 아니고, 피고인이 제출한 청구서의 기재내용과 공소장의 기재 사항 기타 소명자료 등을 검토하여 피고인의 가정형편 기타 제반사정에 비추어 사선변호인을 선임하기 어렵다고 인정되는 때에는 특별한 사정이 없는 한 지체 없이 국선변호인을 선정한다(국선변호인에관한예규 제6조 제1항, 제7조 제1항, 제8조 제1항). 이 경우 변호인이 출석하지 아니한 때에는 법원이 직권으로 변호인을 선정하여야 한다(형소법 제283조).

한편, 종전에는 국선변호인을 법원에서 일방적으로 선정하였으나 2003. 3. 1.부터 임의적 국선변호인 선택제도의 도입에 따라 피고인이 재판부별 국선변호인 예정자명부에 등재된 변호인 중에서 국선변호를 원하는 변호인을 임의적으로 선택하여 선정 청구를 할 수 있게 되었다.

---

3) 빈곤 그 밖의 사유는 법원이 정한 사유에 따르며 월평균수입 270만원 미만, 「국민기초생활 보장법」에 따른 수급자, 「한부모가족지원법」에 따른 지원대상자, 「기초연금법」에 따른 기초연금 수급자, 「장애인연금법」에 따른 수급자, 「북한이탈주민의 보호 및 정착지원에 관한 법률」에 따른 보호대상자인 경우로 구체화하는 등 법원은 그 사유를 점점 넓혀가고 있다.

(3) 재량국선

피고인의 권리보호를 위하여 필요하다고 인정하는 때 즉 법원은 피고인의 연령·지능 및 교육 정도 등을 참작하여 권리보호를 위하여 필요하다고 인정하는 때에는 피고인의 명시적 의사에 반하지 아니하는 범위 안에서 변호인을 선정하여야 한다(형소법 제33조 제3항). 이 경우 변호인을 출석하지 아니한 때에는 법원이 직권으로 변호인을 선정하여야 한다(형소법 제283조).

나. 국선변호인 선정이 필요한 그 밖의 경우

(1) 구속전 피의자신문(영장실질심사절차)

영장실질심사과정에서 심문할 피의자에게 변호인이 없는 때에는 지방법원 판사는 직권으로 변호인을 선정하여야 한다(제201조의2). 법원은 피의자를 심문할 경우에 필요적으로 국선변호인을 선정하여야 한다고 규정하고 있으나, 형사소송법 제201조의2는 체포된 피의자에게 대하여 필요적으로 피의자를 심문하여야 한다고 규정하고 있고(같은 조 제1항), 미체포 피의자에 대하여도 피의자가 도망하는 등의 사유로 심문할 수 없을 때를 제외하고는 심문하도록 규정하고 있다(같은 조 제2항). 결국 구속영장이 청구된 대부분의 사건의 경우 피의자를 심문하여야 할 것이고, 이 경우 피의자에게 변호인이 없는 때는 직권으로 변호인을 선정하여야 할 것이다.

(2) 체포·구속적부심사

체포구속적부심의 절차에서 체포구속된 피의자에게 변호인이 없을 때에는 피고인에 대한 국선변호인선정을 규정한 제33조가 준용된다. 그런데 구속된 피의자에게는 제201조의2에 의하여 이미 국선변호인이 선정되어 있으므로 실제로 적부심사에서 국선변호인 선정이 의미를 갖는 것은 체포된 피의자가 적부심을 청구하는 경우이다.

(3) 공판준비절차

재판장은 효율적이고 집중적인 심리를 위하여 사건을 공판준비절차에 부칠 수 있는데(형소법 제266조의5 제1항), 공판준비기일에는 검사 및 변호인이 출석하여야 한다(형소법 제266조의8 제1항). 공판준비기일이 지정된 사건에 관하여 변호인이 없는 때에는 법원은 지체 없이 직권으로 국선변호인을 선정하고, 피고인 및 변호인에게 그 뜻을 고지하여야 하며(형소법 제266조의8 제4항, 형소규 제123조의11 제1항), 공판준비기일이 지정된 후에 변호인이 없게 된 때에도 마찬가지이다(형소규 제123조의11 제2항).

(4) 재심사건의 재심공판절차

재심개시의 결정이 확정된 사건에 있어서, ① 사망자 또는 회복할 수 없는 심신장애자를 위하여 재심의 청구가 있는 때, ② 유죄의 신고를 받은 자가 재심의 판결 전에 사망하거나 회복할 수 없는 심신장애자로 된 때에 재심청구자가 변호인을 선임하지 아니한 경우 재판장은 직권으로 변호인을 선임하여야 한다(형소법 제438조 제4항).

(5) 국민참여재판
국민의 형사재판에 관하여 변호인이 없는 때에는 법원은 직권으로 변호인을 선정하여야 한다.

4. 국선변호인 선정의 절차

가. 영장실질심사단계에서의 국선변호인의 선임
구속영장을 청구받은 지방법원판사가 피의자를 심문하는 경우에 심문할 피의자에게 변호인이 없는 때에는 지방법원판사가 변호인을 선임하여야 하며 변호인의 사정 그 밖의 사유로 변호인 선정결정이 취소되어 변호인이 없게 된 때에는 직권으로 변호인을 다시 선정할 수 있다(제201조의2).

나. 공소제기 후 국선변호인 선임권의 고지
재판장은 공소제기 이후 변호인이 없는 피고인에게 국선변호인 선임에 관한 사항을 서면으로 고지해야 한다. 구체적으로 ① 필요적 국선변호의 경우(제33조 제1항) 변호인 없이 개정할 수 없는 취지와 피고인 스스로 변호인을 선임하지 아니할 경우에는 법원이 국선변호인을 선정하게 된다는 취지 ② 청구국선(법 제33조 제2항)의 경우에는 법원에 대하여 국선변호인의 선정을 청구할 수 있다는 취지 ③ 재량국선(법 제33조 제3항)의 경우 국선변호인의 선정을 희망하지 아니한다는 의사를 표시할 수 있다는 취지를 고지하여야 한다. 법원은 제1항(필요적국선)의 고지를 받은 피고인이 변호인을 선임하지 아니한 때 및 법 제33조 제2항(청구국선)의 규정에 의하여 국선변호인 선정청구가 있거나 같은 조 제3항(재량국선)에 의하여 국선변호인을 선정하여야 할 때에는 지체 없이 국선변호인을 선정하고 피고인 및 변호인에게 그 뜻을 고지하여야 한다.

다. 청구국선의 절차
법원은 피고인이 빈곤 그 밖의 사유로 변호인을 선임할 수 없는 경우에 피고인의 청구가 있는 때에는 변호인을 선정하여야 한다(제33조 제2항). 국선변호인의 선정신청에 대하여 법원은 반드시 결정을 하여야 한다. 그러나 국선변호인 선정청구를 기각하는 결정은 판결 전 소송절차에 관한 결정으로서 이에 대하여는 항고 또는 재항고를 할 수 없다(제403조 제1항).

라. 국선변호인의 수

국선변호인은 피고인 또는 피의자마다 1인을 선정한다. 다만, 사건의 특수성에 비추어 필요하다고 인정한 때에는 2인의 피고인 또는 피의자에게 수인의 국선변호인을 선정할 수 있다(형소규 제15조 제1항). 피고인 또는 피의자 여러 명 사이에 이해가 상반되지 아니할 때에는 그 수인의 피고인 또는 피의자를 위하여 동일한 국선변호인을 선정할 수 있다(형소규 제15조 제2항).

5. 국선변호인 선정의 취소와 사임

가. 선정의 취소

선정취소란 선정권자인 법원이 장래에 향하여 선정의 효력을 상실시키는 것을 말한다. 법원 또는 지방법원 판사는 ① 사선변호인이 선임된 때, ② 국선변호인이 자격상실 또는 사무소이전 등으로 피선정자격을 상실한 때, ③ 법원 또는 지방법원 판사가 국선변호인의 사임을 허가한 때에는 국선변호인의 선정을 취소하여야 한다(필요적 선정취소). 그리고 ① 국선변호인이 그 직무를 성실히 수행하지 아니하는 때, ② 피고인 또는 피의자의 국선변호인 변경신청이 상당하다고 인정하는 때, ③ 그 밖에 국선변호인의 선정을 취소할 상당한 이유가 있는 때와 ④ 선정된 국선변호인이 기일에 출석하지 아니하거나 퇴정하여 재정 중인 다른 변호사, 공익법무관 또는 사법연수생을 선정한 때에는 법원 또는 지방법원 판사는 국선변호인의 선정을 취소할 수 있다(임의적 선정취소).

나. 국선변호인의 사임

사임이란 국선변호인이 스스로 국선변호인의 지위에서 물러서는 것을 말한다. 국선변호인은 ① 질병 또는 장기여행으로 인하여 국선변호인의 직무를 수행하기 곤란할 때, ② 피고인 또는 피의자로부터 폭행, 협박, 또는 모욕을 당하여 신뢰관계를 지속할 수 없는 때, ③ 피고인 또는 피의자로부터 부정행위를 할 것을 종용받았을 때, ④ 그 밖에 국선변호인으로서의 직무를 수행하는 것이 어렵다고 인정할만한 상당한 사유가 있을 때에는 법원 또는 지방법원 판사의 허가를 얻어 사임할 수 있다(규칙 제20조). 사선변호인의 경우와는 달리 일정한 사유가 있어야 할 뿐 아니라 법원의 허가를 요한다. 법원의 사임을 허가한 후에는 반드시 국선변호인 선정을 취소하여야 하며, 또 다른 국선변호인을 신규로 선정하여야 하므로 결국 3개의 결정이 있어야 하는데 1개의 결정으로 하면 된다. 이 등본도 신·구변호인과 피고인에게 송달하도록 되어 있다.

국선변호인 선정청구

사   건   20○○고단 ○○○○   사기

피 고 인   ○   ○   ○

  본인에 대한 위 사건에 관하여 다음의 이유로 변호인을 선임할 수가 없으므로 귀원에서 국선변호인을 선정하여 주시기 바랍니다.

다   음

1. 피고인의 빈곤한 가정 형편상으로 변호인을 선임할 비용이 없습니다.

                    20○○.   ○.   ○.

                    위 피고인 ○   ○   ○   (인)

  ○○지방법원   귀중

국선변호인 선정청구

사　　건　　　　20○○고단 ○○○○　사기

피 고 인　　　　　○　○　○

　위 사건에 관하여 피고인은 경제사정상 변호인을 선임할 여력이 없음으로 본 피고인을 위한 변호인을 선임할 수가 없으므로 귀원에서 국선변호인을 선정하여 주시기 바랍니다.

20○○.　　○.　　○.

위 피고인　○　○　○　(인)

○○지방법원　귀중

작성·접수방법

1. 신청서 1부를 공판진행중인 법원 형사과에 제출한다.
2. 국선변호인 선임 사유가 있어야 하나 최근 법원이 피고인의 가족에게 공판절차안내서와 함께 국선변호인 선임안내서를 보내면서 국선변호를 원하는 경우 경제적 빈곤의 소명방법을 대폭 완화하여 가급적 선임을 해주고 있는 추세이다. 따라서 통상 가정형평상 사선변호인을 선임하기 어렵다는 사유로 국선변호인선임청구서를 제출하면 특별한 사정이 없는 한 국선변호인의 선임결정을 내려 준다.

재판부	제 2 형사부		재판장	허	부

국 선 변 호 인 선 정 청 구 서

사건번호	20○○고합 ○○○	죄 명	사 기

피 고 인 (피의자)	성 명	○ ○ ○	직 업	운전기사
	주민등록번호	000000-0000000		

☑ 구 속	주 거	○○시 ○○구 ○○로 ○○ (○○동)
☐ 불구속		

국선변호인 선정에 대한 고지를 틀림없이 받았음을 확인합니다.

국선변호인 선정에 관한 의견은 다음과 같습니다. (해당란에 ☑ 표시)

☐ 국선변호인 선정을 청구합니다	☐ 빈곤 (생활보호대상자 등)
	☑ 기타 사유 (현재의 가정형편상 개인적으로 사선변호인을 선임하기 어려움)
	(※ 기타 참고할 만한 사항이 있으면 기재 하십시오.) 운전기사였던 남편의 구속으로 생계가 막막합니다.
☐ 국선변호인 선정을 청구하지 않습니다	☐ 사건변호인을 선임하였거나 선임할 예정임
	☐ 국선변호는 원하지 아니함

20○○.　○.　○.

피의자　○○○의 처　○　○　○　　(인)

○○지방법원 제○형사부　귀중

첨부서류 (소명자료)	☐ 없음
	☑ 있음 : 주민등록등본

국선변호인선임신고

사   건   20○○고단○○○○ 사기

피고인(피의자)   ○   ○   ○

　위 사건에 관하여 피고인은 변호사 ○○○를 국선변호인으로 선정하였으므로 연서하여 이에 신고합니다.

20○○. ○. ○.

위 피고인 ○ ○ ○ (인)

국선변호인 변호사 ○ ○ ○   (인)
○○시 ○○구 ○○로 ○○ (○○동)

○○지방법원 귀중

작성·접수방법

실무는 법원이 변호사회가 제공한 자료를 토대로 피고인이 원하면 국선변호인을 선정하고 변호사는 법원에 국선변호인선임신고를 한다.

국선변호인선임신고

사   건   20○○고단 ○○○○   사기

피고인(피의자)   ○   ○   ○

위 사건에 관하여 당원이 한 국선변호인 선정은 사선변호인 선임으로 취소하였음을 알려드립니다.

20○○.   ○.   ○.

판사 ○   ○   ○   (인)

○○지방법원   귀중

6. 피해자 국선변호사 제도

가. 개요

피해자 국선변호사 제도는 성폭력·아동학대·장애인학대·인신매매 등 범죄피해자 및 성매매 피해아동·청소년을 위해 국가에서 선정하는 국선변호사로, 사건 발생 초기부터 수사, 재판에 이르는 전 과정에서 피해자를 위한 전문적인 법률지원을 목적으로 한다.

나. 지원대상

성폭력·아동학대·장애인학대·인신매매 등 범죄 피해자 및 성매매 피해아동·청소년 등이다.

▶ 성폭력범죄의 처벌 등에 관한 특례법 제27조(성폭력범죄 피해자에 대한 변호사 선임의 특례)

① 성폭력범죄의 피해자 및 그 법정대리인(이하 "피해자등"이라 한다)은 형사절차상 입을 수 있는 피해를 방어하고 법률적 조력을 보장하기 위하여 변호사를 선임할 수 있다.

② 제1항에 따른 변호사는 검사 또는 사법경찰관의 피해자등에 대한 조사에 참여하여 의견을 진술할 수 있다. 다만, 조사 도중에는 검사 또는 사법경찰관의 승인을 받아 의견을 진술할 수 있다.

③ 제1항에 따른 변호사는 피의자에 대한 구속 전 피의자심문, 증거보전절차, 공판준비기일 및 공판절차에 출석하여 의견을 진술할 수 있다. 이 경우 필요한 절차에 관한 구체적 사항은 대법원규칙으로 정한다.

④ 제1항에 따른 변호사는 증거보전 후 관계 서류나 증거물, 소송계속 중의 관계 서류나 증거물을 열람하거나 등사할 수 있다.

⑤ 제1항에 따른 변호사는 형사절차에서 피해자등의 대리가 허용될 수 있는 모든 소송행위에 대한 포괄적인 대리권을 가진다.

⑥ 검사는 피해자에게 변호사가 없는 경우 국선변호사를 선정하여 형사절차에서 피해자의 권익을 보호할 수 있다.

▶ 아동학대범죄의 처벌 등에 관한 특례법 제49조(국선보조인)

① 다음 각 호의 어느 하나에 해당하는 경우 법원은 직권에 의하거나 피해아동 또 피해아동의 법정대리인·직계친족·형제자매, 아동보호전문기관의 상담원과 그 기관장의 신청에 다라 변호사를 피해아동의 보조인으로 선정할 수 있다.

1. 피해아동에게 신체적·정신적 장애기 의심되는 경우
2. 빈곤이나 그 밖의 사유로 보조인을 선임할 수 없는 경우
3. 그 밖에 판사가 보조인이 필요하다고 인정하는 경우

② 법원은 아동학대행위자가 「형사소송법」 제33조제1항 각 호의 어느 하나에 해당하는 경우에는 직권으로 변호사를 아동학대행위자의 보조인으로 선정할 수 있다.

③ 제1항과 제2항에 따라 선정된 보조인에게 지급하는 비용에 대하여는 「형사소송비용 등에 관한 법률」을 준용한다.

다. 수사단계의 조력 내용

피해자가 수사절차에 어떻게 참여하게 되는지 설명하고, 변호사, 신뢰관계인, 진술조력인 등이 피해자를 어떻게 지원하는지 안내하며, 나아가 조사과정에서 구성요건의 입증에 필요한 진술이 충분하게 이루어질 수 있도록 조사 후 의견을 개진한다.

또한, 피해자 상담을 기초로 파악한 범죄사실, 증거관계 등을 의견서의 형식으로 작성하여 수사기관에 제출하며, 피해자의 인적사항이 조서, 증거, 언론 등을 통해 노출되는 것을 막고, 보복위험 등에 대비하여 피해자 보호를 위해 필요한 조치를 취한다.

라. 재판단계의 조력 내용

공판기일에 출석하여 사건의 흐름을 파악하고, 피해자 등에게 전달하고, 양형 증거 및 탄핵 증거를 수집하며, 이를 토대로 의견서를 작성하여 법원에 제출하는 등 피고인에게 적정한 처벌이 이루어지도록 노력한다.

마. 피해자 국선변호사 신청 방법

범죄 피해자 또는 그 법정대리인이 경찰서, 검찰청 등 수사기관에 피해사실 신고와 함께 구두 또는 서면으로 피해자 국선변호사 지원을 요청하면 되고, 성폭력 피해상담소 또는 아동보호전문기관 등을 통해서도 피해자 국선변호사의 지원을 요청할 수 있다.

[서식 43] 피해자 국선변호사 신청서 – 경찰수사절차

피해자 국선변호사 신청서
[경찰 수사절차]

사   건
피 해 자   ○ ○ ○   무기명 또는 조서 등에 기재한 가명(假名)
                 피해자 국선변호사 변호사(공익법무관) ○ ○ ○
                 ○○시 ○○구 ○○로 00번길
                 전화 : 000-000-0000 팩스 : 000-000-0000
피 의 자   ○ ○ ○

　위 사건에 관하여 피해자 국선변호사는 다음과 같은 사항을 신청합니다.

다   음

1. 피해자 등의 인적사항의 기재 생략(신원관리카드의 작성)
가. 인적사항의 기재 생략의 신청
　수사기관은 피해자 등(피해자, 고소인·고발인 등)이 인적사항의 기재 생략을 신청한 경우, 특별한 사유가 없으면 조서 등을 작성할 때 피해자 등의 성명·연령·주소·직업 등 신원을 알 수 있는 사항을 기재하지 아니하여야 하고, 조서 등에 기재

하지 아니한 인적사항은 신원관리카드에 등재하여야 합니다(「성폭력범죄의 처벌 등에 관한 특례법」 제23조, 「특정범죄신고자 등 보호법」 제7조제6항, 「(경찰청) 범죄수사규칙」 제206조제2항). 그리고 성폭력범죄 피해자 등의 인적 사항의 기재를 생략(신원관리카드의 작성)할 때에는 피해자 등이 보복을 당할 우려가 있음을 요하지 않으므로(「성폭력범죄의 처벌 등에 관한 특례법」 제23조), 성폭력범죄의 피해자 등은 별도의 사유를 소명하지 않아도 됩니다.

이에 피해자 국선변호사는 피해자 등의 인적 사항의 기재를 생략(신원관리카드를 작성)하여 줄 것을 신청합니다.

나. 기타 수사기관의 조치

수사기관은 피해자 등으로 하여금 조서 등에 서명은 가명(假名)으로, 간인(間印) 및 날인(捺印)은 무인(拇印)으로 하게 하여야 하고(「특정범죄신고자 등 보호법」 제7조), 인적 사항의 기재를 생략한 피해자 등의 신원을 알 수 있는 내용이 기재되어 있는 서류를 사건기록에 편철하여서는 안됩니다(「특정범죄신고자 등 보호법 시행규칙」 제25조).

다. 소결

이와 같이 피해자 국선변호사는 피해자를 대리하여「성폭력범죄의 처벌 등에 관한 특례법」 제23조, 「특정범죄신고자 등 보호법」 제7조제6항 등에 따라 피해자 등의 인적 사항의 기재 생략 및 신원관리카드의 작성을 신청하오니 위 각 조치를 하여주시기 바랍니다.

2. 영상녹화 조사 참여 및 기일 통지
가. 영상녹화 조사 참여 및 기일 통지의 신청

피해자 국선변호사는 사법경찰관의 피해자 등에 대한 조사에 참여하여 의견을 진술할 수 있고, 조사 도중에는 사법경찰관의 승인을 받아 의견을 진술할 수 있습니다(「성폭력범죄의 처벌 등에 관한 특례법」 제27조제2항).

이에 피해자 국선변호사는 위 피해자에 대한 조사에 참여하여 의견을 진술하고자 합니다. 그러므로 피해자에 대한 조사기일 및 장소를 피해자 국선변호사에게 통지하여 주시기 바랍니다.

나. 기타 수사기관의 조치

피해자 국선변호사는 20**. **. **. 이내에 피해자를 상담할 예정이므로, 피해자에 대한 영상녹화 조사기일을 피해자 국선변호사가 피해자를 상담한 이후로 지정하여 충실한 참여가 될 수 있도록 하여주시고, 만약 피해자로부터 급하게 취득하여야 할 증거가 있는 경우에는 증거를 취득한 이후 빠른 시일 내에 피해자에 대한 조사기일을 지정하여 피해자가 피해자 국선변호사의 지원을 받아 조사를 받을 수 있도록 피해자 등에게 안내하여 주시기 바랍니다.

다. 소결

이와 같이 피해자 국선변호사는「성폭력범죄의 처벌 등에 관한 특례법」제27조제2항에 따라 피해자에 대한 조사에 참여하고자 기일 통지를 신청하오니 위 각 조치를 하여주시기 바랍니다.

3. 신뢰관계인 동석
가. 신뢰관계인 동석의 신청

수사기관이 피해자를 조사하는 경우에 조사에 지장을 줄 우려가 있는 등 부득이한 경우가 아니면 피해자와 신뢰관계에 있는 사람을 동석하게 하여야 합니다(「성폭력범죄의 처벌 등에 관한 특례법」제34조,「아동 · 청소년의 성보호에 관한 법률」제28조,「경찰청 범죄수사규칙」제62조, 제221조).

피해자는 초등학교 0학년(0세)으로서 13세 미만이고, 이 사건 범죄피해로 인하여 낯선 사람을 만나는 것을 두려워하고 있으며 더욱이 수사기관에는 처음 출석하는 것이어서 피해자 혼자서 조사를 받을 경우 극심한 불안과 긴장으로 인하여 피해자가 제대로 된 진술을 하기 어려울 것으로 보입니다.

이에 피해자 국선변호사는 피해자의 심리적 안정과 원활한 의사소통을 위하여 아래의 사람을 신뢰관계인으로 신청합니다.

나. 신뢰관계인 명단
1) ○○○ (피해자 국선변호사)
   주소 :
   연락처 :
2) ○○○ (성폭력상담소 상담사)
   주소 :

연락처 :
　3) 이 사건에서 선정될 진술조력인

다. 소결

이와 같이 피해자 국선변호사는 피해자를 대리하여 「성폭력범죄의 처벌 등에 관한 특례법」제34조(「아동·청소년의 성보호에 관한 법률」제28조)에 따라 신뢰관계인 동석을 신청하오니 위 조치를 하여주시기 바랍니다.

4. 진술조력인의 선정
가. 진술조력인의 선정 신청

검사 또는 사법경찰관은 성폭력범죄의 피해자가 13세 미만의 아동이거나 신체적인 또는 정신적인 장애로 의사소통이나 의사표현에 어려움이 있는 경우 원활한 조사를 위하여 피해자 등의 신청에 따라 그 조사 전에 진술조력인을 선정하여 진술조력인으로 하여금 조사과정에 참여하여 의사소통을 중개하거나 보조하게 할 수 있습니다(「성폭력범죄의 처벌 등에 관한 특례법」제36조, 「성폭력범죄의 처벌 등에 관한 특례법 시행규칙」제11조).

이 사건 피해자는 0세의 아동이므로, 수사기관의 질문을 이해하고 범죄피해에 대한 자신의 경험을 표현하는 것에 어려움이 있을 것으로 생각됩니다. 그러므로 피해자에게는 성폭력피해 아동·장애인의 진술과 행동 특성에 대한 전문가가 피해자와 동석하여 의사소통을 조력하고, 피해자의 보호 및 실체진실의 발견에 기여할 필요가 매우 크다고 생각됩니다.

이에 피해자 국선변호사는 '[별지 제5호 서식] 진술조력인 선정 신청서'에 따라 진술조력인의 선정을 신청합니다.

나. 그 밖의 수사기관의 조치

검사 또는 사법경찰관은 그 진술조서에 진술조력인을 통하여 피해자와의 의사소통을 중개 또는 보조하도록 하였다는 취지를 적고 진술조력인의 기명날인 또는 서명을 받아야 하고, 조사과정에 진술조력인을 참여하게 하여 영상녹화를 실시한 경우에는 제작된 영상녹화물(CD, DVD 등을 말한다)에 조사자 및 피조사자의 기명날인 또는 서명과 함께 진술조력인의 기명날인 또는 서명을 받아야 합니다(「성폭력범죄의 처벌 등에 관한 특례법 시행규칙」제15조).

다. 소결

이와 같이 피해자 국선변호사는 피해자를 대리하여 「성폭력범죄의 처벌 등에 관한 특례법」 제36조 등에 따라 진술조력인 선정을 신청하오니 위 조치를 하여주시기 바랍니다.

5. 피고인 등과 관련된 주요 변동 상황의 통지
가. 피고인 등과 관련된 주요 변동 상황의 통지의 신청

국가는 범죄피해자가 요청하면 가해자에 대한 수사 결과, 공판기일, 재판 결과, 형 집행 및 보호관찰 집행 상황 등 형사절차 관련 정보를 제공하여야 하고, 범죄신고자 등이나 그 친족 등이 보복을 당할 우려가 있는 경우에 신청에 의하여 피의자 또는 피고인의 재판 및 신병(身柄)에 관련된 변동 상황을 범죄신고자 등, 그 법정대리인 또는 친족 등에게 통지할 수 있습니다(「범죄피해자 보호법」 제8조제2항, 「범죄피해자 보호법 시행령」 제10조제3항, 「특정범죄신고자 등 보호법」 제15조, 「경찰청 범죄수사규칙」 제204조제1항, 제2항).

이에 피해자 국선변호사는 피고인 등과 관련된 주요 변동 상황의 통지를 신청합니다.

나. 통지를 신청하는 형사절차 관련 정보
1) 수사 관련 사항 : 수사기관의 공소 제기, 불기소, 기소중지, 참고인 중지, 이송 등 처분 결과
2) 공판진행 사항 : 공판기일, 공소 제기된 법원, 판결 주문(主文), 선고일, 재판의 확정 및 상소 여부 등
3) 형 집행 상황 : 가석방 · 석방 · 이송 · 사망 및 도주 등
4) 보호관찰 집행 상황 : 관할 보호관찰소, 보호관찰 · 사회봉사 · 수강명령의 개시일 및 종료일, 보호관찰의 정지일 및 정지 해제일 등(이상 「범죄피해자 보호법 시행령」 제10조제1항)

다. 소결
이와 같이 피해자 국선변호사는 피해자를 대리하여 「범죄피해자 보호법」 제8조제2항 등에 따라 피의자(피고인)에 대한 형사절차 관련 정보의 통지를 신청하오니 피해자 및 피해자 국선변호사에게 위 통지를 하여 주시기 바랍니다.

6. 신변안전조치의 신청

검사 또는 경찰서장은 성폭력범죄의 피해자, 성폭력범죄를 신고(고소·고발을 포함한다)한 사람의 신청에 따라서 위 사람이 보복을 당할 우려가 있는 경우에 일정기간 동안 해당 검찰청 또는 경찰서 소속 공무원으로 하여금 신변안전조치를 하게 하거나 대상자의 주거지 또는 현재지를 관할하는 경찰서장에게 신변안전조치를 하도록 요청할 수 있습니다(「성폭력범죄의 처벌 등에 관한 특례법」제23조, 「특정범죄 신고자 등 보호법」제13조제1항, 제3항, 「경찰청 범죄수사규칙」제205조).

피의자는 피해자에 대한 강제추행혐의에 대하여 수사가 개시되기 전에 합의하여 처벌을 면해보려고 하였으나 피해자가 경찰에 고소하여 수사가 개시되자, 사건 발생 후 4일인 20**. **. **. 밤 00시 경 피해자의 집에 찾아가 문을 세게 두드리면서 "이야기 좀 하자"고 고함을 지르고, 20**. **. **.경에는 피해자의 집 앞에 서성여 피해자가 집에 들어갈 수 없게 하였습니다. 또한 피의자는 사건 발생 후부터 20**. **. **.까지 피해자와 통화를 하기 위하여 약 20여 통의 전화를 걸어 피해자가 일상생활을 거의 할 수 없게 하였을 뿐만 아니라, "내가 전과 0범인데 너 하나 쯤은 아무 것도 아니다", "(교도소에서) 살다오면 가만두지 않겠다", "어떤 것이 너를 위한 것인지 잘 생각해 보아라" 등의 문자메시지를 발송하였습니다. 위와 같은 사정에 비추어본다면 피해자가 피의자로부터 보복을 당할 우려가 있다고 할 것입니다.

이에 피해자 국선변호사는 '[별지 제15호 서식] 범죄신고자 등 신변안전조치 신청서'에 따라 피해자에 대한 신변안전조치를 신청합니다.

7. 친족성폭력범죄자에 대한 임시조치
가. 임시조치의 신청

아동·청소년대상 성범죄를 저지른 자가 피해아동·청소년과 「가정폭력범죄의 처벌 등에 관한 특례법」제2조제2호의 가정구성원인 관계에 있는 경우로서 피해아동·청소년을 보호할 필요가 있는 때에는 임시조치를 할 수 있습니다(「아동·청소년의 성보호에 관한 법률」제36조, 「가정폭력범죄의 처벌 등에 관한 특례법」제8조제1항, 제3항).

이 사건 피의자는 피해자의 의붓아버지로서 피해자와 가정구성원의 관계에 있습니다. 피해자는 0세부터 피의자에 의하여 수 차례 강간, 강제추행의 피해를 입어왔으나, 다른 가족들은 피의자가 피해자에게 성범죄를 범한다는 사실을 알았거나 충분히 알 수 있었음에도 피의자의 범행을 모르는 척 하였습니다. 따라서 피의자가 이 사건 아동·청소년의성보호에관한법률위반(강간)혐의로 수사 및 재판을 받을 때에도 피해자와 같은 주거에서 살게 한다면 피해자에게 추가적인 피해가 발생할 가능성이 매우 높습니다.

이에 피해자 국선변호사는 피해자를 대리하여 피의자에 대한 임시조치의 신청을 요청합니다.

나. 신청하는 임시조치의 내용

신청사항	임시조치의 내용
[ ]	피의자를 피해자 또는 가정구성원의 주거 또는 점유하는 방실(房室)로부터 퇴거 등 격리
[ ]	피의자의 피해자 또는 가정구성원의 주거, 학교 등에서 100미터 이내의 접근 금지
[ ]	피의자의 피해자 또는 가정구성원에 대한 「전기통신기본법」 제2조제1호의 전기통신을 이용한 접근 금지
[ ]	피의자를 의료기관이나 그 밖의 요양소에 위탁
[ ]	피의자를 국가경찰관서의 유치장 또는 구치소에 유치

다. 소결

이와 같이 피해자 국선변호사는 피해자를 대리하여 「아동·청소년의 성보호에 관한 법률」 제36조, 「가정폭력범죄의 처벌 등에 관한 특례법」 제8조제1항, 제3항에 따라 피의자에 대한 임시조치의 신청을 요청합니다.

첨 부 서 류

1. 피해자 국선변호사 선정서
1. 진술조력인 선정 신청서
1. 범죄신고자 등 신변안전조치 신청서

20 .   .   .

피해자를 위한 국선변호사

변호사(공익법무관) ○ ○ ○

○○지방경찰청 성폭력특별수사대 귀중

[서식 44] 진술조력인 선정신청서

■ 성폭력범죄의 처벌 등에 관한 특례법 시행규칙 [별지 제5호서식]

진술조력인 선정 신청서

수 신 : ○○경찰서장

　피해자 ○○○(가명)에 대한 조사·검증 과정에 아래와 같이 진술조력인의 선정을 신청합니다.

신청인	성 명	○○○
	주민등록번호	******_*******
	피해자와의 관계	피해자 국선변호사
신청사유	이 사건 피해자는 0세의 아동이어서, 수사기관의 질문을 이해하고 범죄피해에 대한 자신의 경험을 표현하는 것에 어려움이 있을 것으로 생각되므로, 진술조력인을 선정하여 주시기 바랍니다.	

※ 소명자료 별첨

20 ．　 ．　 ．

신청인 ○ ○ ○ (인)

210mm×297mm[백상지 80g/㎡]

[별지 제15호서식]

범죄신고자등신변안전조치신청서

수신 : ○○경찰서장

년   월   일

「성폭력범죄의 처벌 등에 관한 특례법」제23조, 「특정범죄신고자 등 보호법」제13조
제3항의 규정에 의하여 아래와 같이 신변안전조치를 신청합니다.

사건번호				
신청(요청)인	성명		서명 또는 날인	
	주민등록번호		전화번호	
	신변안전조치 대상자와의관계	피해자 국선변호사	직위 (직급)	
	주소			
신변안전 조치대상자	성명(가명)		직업	
	주민등록번호		전화번호	
	주소			
	피의자(피고인)와의 관계			
신청(요청)내용	[ ]	1. 일정기간동안의 특정시설에서의 보호		기간 :
	[ ]	2. 일정기간동안의 신변경호		기간 :
	[ ]	3. 참고인 또는 증인으로 출석·귀가시 동행		기간 :
	[ ]	4. 대상자의 주거에 대한 주기적 순찰		기간 :
	[ ]	5. 기타 ( )		기간 :
입증서류				

210mm×297mm (보존용지(2종) 70g/㎡)

피해자 국선변호사 신청서
[검찰 수사절차]

사　　　건　　　2014년 형제00000호　　　성폭력범죄의처벌등에관한특례법위반
　　　　　　　　　　　　　　　　　　　　　　　　　(13세미만미성년자강간)

피　해　자　　　○ ○ ○　　　무기명 또는 조서 등에 기재한 가명(假名)

　　　　　　　　　피해자 국선변호사 변호사(공익법무관)　　○ ○ ○

　　　　　　　　　○○시 ○○구 ○○로 00번길

　　　　　　　　　전화 : 000-000-0000　 팩스 : 000-000-0000

피　의　자　　　○ ○ ○

위 사건에 관하여 피해자 국선변호사는 다음과 같은 사항을 신청합니다.

다　　음

1. 조사 참여 및 기일 통지

피해자 국선변호사는 검사의 피해자 등에 대한 조사에 참여하여 의견을 진술할 수 있고, 조사 도중에는 검사의 승인을 받아 의견을 진술할 수 있습니다(「성폭력범죄의 처벌 등에 관한 특례법」 제27조제2항).

이에 피해자 국선변호사는 위 피해자에 대한 조사에 참여하여 의견을 진술하고자 합니다. 그러므로 피해자에 대한 조사일시 및 장소를 피해자 국선변호사에게 통지하여 주시기 바랍니다.

2. 공소장에 첨부할 서류(피해자 국선변호사 선정서)

피해자 국선변호사는 피의자에 대한 구속 전 피의자심문, 증거보전절차, 공판준비기일 및 공판절차에 출석하여 의견을 진술할 수 있습니다. 그러나 법원은 피해자

국선변호사의 선임 등을 증명할 수 있는 서류(피해자 국선변호사 선정서)가 법원에 제출된 경우에 피해자 국선변호사에게 위 각 절차의 기일을 통지합니다(「성폭력범죄의 처벌 등에 관한 특례법」 제27조제3항, 「성폭력범죄 사건의 심리·재판 및 피해자 보호에 관한 규칙」 제4조, 제11조).

한편 검사는 피해자 국선변호사가 선정된 사건의 경우, 법원에서 그 변호사에게 공판기일이 통지되거나 피해자 국선변호사의 공판정 의견진술기회 등이 부여될 수 있도록 공소장에 변호사 선정을 증명할 수 있는 서류(피해자 국선변호사 선정서)를 첨부하고, 피의자에 대하여 구속영장을 청구할 때에는 구속영장 청구서 표지 왼쪽 상단에 '피해자 국선변호사 선정사건'이라는 내용의 붉은색 고무인을 날인합니다(「성폭력사건 처리 및 피해자 보호·지원에 관한 지침」 제20조, 제30조제3항).

이에 피해자 국선변호사는 공소장에 피해자 국선변호사 선정서를 첨부하여 줄 것을 요청합니다(증거보전절차를 청구하는 경우에는 청구시에 피해자 국선변호사 선정서를 첨부하여 주시기 바랍니다).

3. 피해자 등의 인적사항의 기재 생략(신원관리카드의 작성)

가. 인적사항의 기재 생략의 신청

수사기관은 피해자 등(피해자, 고소인·고발인 등)이 인적사항의 기재 생략을 신청한 경우, 특별한 사유가 없으면 조서 등을 작성할 때 피해자 등의 성명·연령·주소·직업 등 신원을 알 수 있는 사항을 기재하지 아니하여야 하고, 조서 등에 기재하지 아니한 인적사항은 신원관리카드에 등재하여야 합니다(「성폭력범죄의 처벌 등에 관한 특례법」 제23조, 「특정범죄신고자 등 보호법」 제7조, 「성폭력사건 처리 및 피해자 보호·지원에 관한 지침」 제36조). 그리고 성폭력범죄 피해자 등의 인적 사항의 기재를 생략(신원관리카드의 작성)할 때에는 피해자 등이 보복을 당할 우려가 있음을 요하지 않으므로(「성폭력범죄의 처벌 등에 관한 특례법」 제23조), 성폭력범죄의 피해자 등은 별도의 사유를 소명하지 않아도 됩니다.

이에 피해자 국선변호사는 피해자 등의 인적 사항의 기재를 생략(신원관리카드를 작성)하여 줄 것을 신청합니다.

나. 기타 수사기관의 조치

　수사기관은 피해자 등으로 하여금 조서 등에 서명은 가명(假名)으로, 간인(間印) 및 날인(捺印)은 무인(拇印)으로 하게 하여야 하고(「특정범죄신고자 등 보호법」 제7조), 인적 사항의 기재를 생략한 피해자 등의 신원을 알 수 있는 내용이 기재되어 있는 서류를 사건기록에 편철하여서는 안됩니다(「특정범죄신고자 등 보호법 시행규칙」 제25조).

다. 소결

　이와 같이 피해자 국선변호사는 피해자를 대리하여 「성폭력범죄의 처벌 등에 관한 특례법」 제23조, 「특정범죄신고자 등 보호법」 제7조제6항에 따라 피해자 등의 인적 사항의 기재 생략 및 신원관리카드의 작성을 신청하오니 위 각 조치를 하여주시기 바랍니다.

4. 신뢰관계인 동석
가. 신뢰관계인 동석의 신청

　수사기관이 피해자를 조사하는 경우에 조사에 지장을 줄 우려가 있는 등 부득이한 경우가 아니면 피해자와 신뢰관계에 있는 사람을 동석하게 하여야 합니다(「성폭력범죄의 처벌 등에 관한 특례법」 제34조, 「아동·청소년의 성보호에 관한 법률」 제28조, 「성폭력사건 처리 및 피해자 보호·지원에 관한 지침」 제13조).

　피해자는 초등학교 0학년(0세)으로서 13세 미만이고, 이 사건 범죄피해로 인하여 낯선 사람을 만나는 것을 두려워하고 있으며 더욱이 수사기관에는 처음 출석하는 것이어서 피해자 혼자서 조사를 받을 경우 극심한 불안과 긴장으로 인하여 피해자가 제대로 된 진술을 하기 어려울 것으로 보입니다.

　이에 피해자 국선변호사는 피해자의 심리적 안정과 원활한 의사소통을 위하여 아래의 사람을 신뢰관계인으로 신청합니다.

나. 신뢰관계인 명단

　1) ○○○ (피해자 국선변호사)
　　주소 :

연락처 :

2) ○○○ (성폭력상담소 상담사)
주소 :
연락처 :

3) ○○○ (진술조력인)
주소 :
연락처 :

다. 소결

이와 같이 피해자 국선변호사는 피해자를 대리하여 「성폭력범죄의 처벌 등에 관한 특례법」제34조(「아동·청소년의 성보호에 관한 법률」 제28조)에 따라 신뢰관계인 동석을 신청하오니 위 조치를 하여주시기 바랍니다.

4. 진술조력인의 선정
가. 진술조력인의 선정 신청

검사 또는 사법경찰관은 성폭력범죄의 피해자가 13세 미만의 아동이거나 신체적인 또는 정신적인 장애로 의사소통이나 의사표현에 어려움이 있는 경우 원활한 조사를 위하여 피해자 등의 신청에 따라 그 조사 전에 진술조력인을 선정하여 진술조력인으로 하여금 조사과정에 참여하여 의사소통을 중개하거나 보조하게 할 수 있습니다(「성폭력범죄의 처벌 등에 관한 특례법」 제36조, 「성폭력범죄의 처벌 등에 관한 특례법 시행규칙」 제11조, 「성폭력사건 처리 및 피해자 보호·지원에 관한 지침」 제8조).

이 사건 피해자는 0세의 아동이므로, 수사기관의 질문을 이해하고 범죄피해에 대한 자신의 경험을 표현하는 것에 어려움이 있을 것으로 생각됩니다. 그러므로 피해자에게는 성폭력피해 아동·장애인의 진술과 행동 특성에 대한 전문가가 피해자와 동석하여 의사소통을 조력하고, 피해자의 보호 및 실체진실의 발견에 기여할 필요가 매우 크다고 생각됩니다.

이에 피해자 국선변호사는 '[별지 제5호 서식] 진술조력인 선정 신청서'에 따라 진술조력인의 선정을 신청합니다.

나. 그 밖의 수사기관의 조치

검사 또는 사법경찰관은 그 진술조서에 진술조력인을 통하여 피해자와의 의사소통을 중개 또는 보조하도록 하였다는 취지를 적고 진술조력인의 기명날인 또는 서명을 받아야 하고, 조사과정에 진술조력인을 참여하게 하여 영상녹화를 실시한 경우에는 제작된 영상녹화물(CD, DVD 등을 말한다)에 조사자 및 피조사자의 기명날인 또는 서명과 함께 진술조력인의 기명날인 또는 서명을 받아야 합니다(「성폭력범죄의 처벌 등에 관한 특례법 시행규칙」 제15조).

다. 소결

이와 같이 피해자 국선변호사는 피해자를 대리하여 「성폭력범죄의 처벌 등에 관한 특례법」 제36조 등에 따라 진술조력인 선정을 신청하오니 위 조치를 하여주시기 바랍니다.

5. 피고인 등과 관련된 주요 변동 상황의 통지
가. 피고인 등과 관련된 주요 변동 상황의 통지의 신청

검사는 범죄로 인한 피해자 등의 신청이 있는 때에는 당해 사건의 공소제기여부, 공판의 일시 · 장소, 재판결과, 피의자 · 피고인의 구속 · 석방 등 구금에 관한 사실 등을 신속하게 통지하여야 하고, 범죄신고자 등이나 그 친족 등이 보복을 당할 우려가 있는 경우에는 신청에 의하여 피의자 또는 피고인의 재판 및 신병(身柄)에 관련된 변동 상황을 범죄신고자 등, 그 법정대리인 또는 친족 등에게 통지할 수 있습니다(「형사소송법」 제259조의2, 「범죄피해자 보호법」 제8조제2항, 「범죄피해자 보호법 시행령」 제10조제3항, 「특정범죄신고자 등 보호법」 제15조).

그리고 검사는 피해자 또는 그 법정대리인에게는 통지 요청이 있는 경우에 구두, 전화 등 적절한 방법으로 통지하여야 하나, 국선변호사에게는 요청이 없더라도 통지하여야 합니다(「성폭력사건 처리 및 피해자 보호 · 지원에 관한 지침」 제37조).

이에 피해자 국선변호사는 피고인 등과 관련된 주요 변동 상황의 통지를 신청(요청)합니다.

나. 통지를 신청(요청)하는 형사절차 관련 정보

1) 수사 관련 사항 : 수사기관의 공소 제기, 불기소, 기소중지, 참고인 중지, 이송 등 처분 결과

2) 공판진행 사항 : 공판기일, 공소 제기된 법원, 판결 주문(主文), 선고일, 재판의 확정 및 상소 여부 등

3) 형 집행 상황 : 가석방·석방·이송·사망 및 도주 등

4) 보호관찰 집행 상황 : 관할 보호관찰소, 보호관찰·사회봉사·수강명령의 개시일 및 종료일, 보호관찰의 정지일 및 정지 해제일 등(이상「범죄피해자 보호법 시행령」 제10조제1항)

다. 소결

이와 같이 피해자 국선변호사는 스스로 및 피해자를 대리하여 「범죄피해자 보호법」 제8조제2항 등에 따라 피의자(피고인)에 대한 형사절차 관련 정보의 통지를 신청(요청)하오니 피해자 국선변호사 및 피해자에게 위 통지를 하여 주시기 바랍니다.

6. 신변안전조치의 신청

검사 또는 경찰서장은 성폭력범죄의 피해자, 성폭력범죄를 신고(고소·고발을 포함한다)한 사람이 보복을 당할 우려가 있는 경우에 신청에 따라 일정 기간 동안 해당 검찰청 또는 경찰서 소속 공무원으로 하여금 신변안전조치를 하게 하거나 대상자의 주거지 또는 현재지를 관할하는 경찰서장에게 신변안전조치를 하도록 요청할 수 있습니다(「성폭력범죄의 처벌 등에 관한 특례법」 제23조, 「특정범죄신고자 등 보호법」 제13조제1항, 제3항).

피의자는 피해자에 대한 강제추행혐의에 대하여 수사가 개시되기 전에 합의하여 처벌을 면해보려고 하였으나 피해자가 경찰에 고소하여 수사가 개시되자, 사건 발생 후 4일인 20**. **. **. 밤 00시 경 피해자의 집에 찾아가 문을 세게 두드리면

서 "이야기 좀 하자"고 고함을 지르고, 20**. **. **.경에는 피해자의 집 앞에 서 성여 피해자가 집에 들어갈 수 없게 하였습니다. 또한 피의자는 사건 발생 후부터 20**. **. **.까지 피해자와 통화를 하기 위하여 약 20여 통의 전화를 걸어 피해 자가 일상생활을 거의 할 수 없게 하였을 뿐만 아니라, "내가 전과 0범인데 너 하나쯤 은 아무 것도 아니다", "(교도소에서) 살다오면 가만두지 않겠다", "어떤 것이 너를 위한 것인지 잘 생각해 보아라" 등의 문자메시지를 발송하였습니다. 위와 같은 사정 에 비추어본다면 피해자가 피의자로부터 보복을 당할 우려가 있다고 할 것입니다.

이에 피해자 국선변호사는 '[별지 제15호 서식] 범죄신고자 등 신변안전조치 신청 서'에 따라 피해자에 대한 신변안전조치를 신청합니다.

7. 친족성폭력범죄자에 대한 임시조치
가. 임시조치의 신청
아동·청소년대상 성범죄를 저지른 자가 피해아동·청소년과 「가정폭력범죄의 처벌 등에 관한 특례법」 제2조제2호의 가정구성원인 관계에 있는 경우로서 피해아 동·청소년을 보호할 필요가 있는 때에는 임시조치를 할 수 있습니다(「아동·청소 년의 성보호에 관한 법률」 제36조, 「가정폭력범죄의 처벌 등에 관한 특례법」 제8조 제1항, 제3항).

이 사건 피의자는 피해자의 의붓아버지로서 피해자와 가정구성원의 관계에 있습 니다. 피해자는 0세부터 피의자에 의하여 수 차례 강간, 강제추행의 피해를 입어왔 으나, 다른 가족들은 피의자가 피해자에게 성범죄를 범한다는 사실을 알았거나 충 분히 알 수 있었음에도 피의자의 범행을 모르는 척 하였습니다. 따라서 피의자가 이 사건 아동·청소년의성보호에관한법률위반(강간)혐의로 수사 및 재판을 받을 때 에도 피해자와 같은 주거에서 살게 한다면 피해자에게 추가적인 피해가 발생할 가 능성이 매우 높습니다.

이에 피해자 국선변호사는 피해자를 대리하여 피의자에 대한 임시조치의 청구를 요청합니다.

나. 신청하는 임시조치의 내용

신청사항	임시조치의 내용
[ ]	피의자를 피해자 또는 가정구성원의 주거 또는 점유하는 방실(房室)로부터 퇴거 등 격리
[ ]	피의자의 피해자 또는 가정구성원의 주거, 학교 등에서 100미터 이내의 접근 금지
[ ]	피의자의 피해자 또는 가정구성원에 대한 「전기통신기본법」제2조제1호의 전기통신을 이용한 접근 금지
[ ]	피의자를 의료기관이나 그 밖의 요양소에 위탁
[ ]	피의자를 국가경찰관서의 유치장 또는 구치소에 유치

다. 소결

이와 같이 피해자 국선변호사는 피해자를 대리하여 「아동·청소년의 성보호에 관한 법률」제36조, 「가정폭력범죄의 처벌 등에 관한 특례법」제8조제1항, 제3항에 따라 피의자에 대한 임시조치의 청구를 요청합니다.

8. 친권상실청구

가. 필요적 친권상실청구

아동·청소년대상 성범죄 사건을 수사하는 검사는 특별한 사정이 없으면 그 사건의 가해자가 피해아동·청소년의 친권자나 후견인인 경우에 법원에 「민법」제924조의 친권상실선고 또는 같은 법 제940조의 후견인 변경 결정을 청구하여야 합니다. 이때 특별한 사정이란 ① 피해자가 이미 성인이 된 경우, ② 피해자가 성인이 될 시점이 임박한 상태이고 이미 피의자와 다른 장소에 거주하는 등 피의자의 실질적인 지배관계로부터 벗어났을 때인 경우, ③ 피의자에 대하여 다른 친족 또는 피해자 등에 의하여 별도의 친권상실 등의 절차가 진행 중인 경우에 한합니다(「아동·청소년의 성보호에 관한 법률」제23조, 「성폭력사건 처리 및 피해자 보호·지원에 관한 지침」제26조).

나. 친권상실청구 대상자의 범위

먼저 피의자의 피해자에 대한 친권상실 청구를 하여야 할 것입니다.

그리고 검사는 친권상실 청구 등을 하는 경우, 피의자가 다른 자녀에 대하여도 성폭력범죄를 저지를 위험성이 있거나, 양육태도 등을 종합적으로 고려하여 다른 자녀에 대하여 친권을 남용할 우려가 있는 등의 경우에는 피의자의 다른 자녀에 대한 친권상실도 아울러 청구할 수 있습니다. 또한 피의자 아닌 다른 친권자나 후견인이 피해자나 다른 자녀에 대하여 친권을 남용할 우려가 있는 등의 경우에는 그들의 친권상실도 청구할 수 있습니다(「성폭력사건 처리 및 피해자 보호·지원에 관한 지침」제26조). 이에 피해자 국선변호사는 피해자, 그 법정대리인 등을 상담하여 추후 친권상실청구 대상자의 범위에 관한 의견을 제출하겠습니다.

다. 그 밖의 수사기관의 조치

검사가 위 친권상실 또는 후견인 변경결정을 청구할 때에는 아동보호전문기관 등 유관기관과 연계하여 피해자에 대한 보호조치를 강구하여야 합니다(「성폭력사건 처리 및 피해자 보호·지원에 관한 지침」제26조).

라. 소결

이와 같이 피해자 국선변호사는 「아동·청소년의 성보호에 관한 법률」제36조, 「가정폭력범죄의 처벌 등에 관한 특례법」제8조제1항, 제3항에 따라 피의자에 대한 임시조치의 청구를 요청합니다.

첨 부 서 류

1. 피해자 국선변호사 선정서
1. 진술조력인 선정 신청서
1. 범죄신고자 등 신변안전조치 신청서

20 . . .

피해자를 위한 국선변호사
변호사(공익법무관) ○ ○ ○

○○지방검찰청 000호 검사실 귀중

피고인은 수사단계에서는 물론 공판절차에서도 변호인의 도움을 받을 권리가 있다. 형사소송법은 피고인이 구속된 때, 미성년자인 때, 70세 이상 고령자이거나 듣거나 말하는 데 모두 장애가 있는 사람인 때 또는 심신장애가 있는 것으로 의심되는 때, 사형·무기 또는 단기 3년 이상의 형에 해당하는 죄로 기소된 때에는 변호인 없이 재판할 수 없도록 규정하고 있다. 따라서 이 경우 피고인에게 변호인이 없는 경우에는 법원에서 국선변호인을 선정해 주고 있다. 위와 같은 경우 외에도 피고인이 빈곤하여 변호인을 선임할 수 없거나 피고인의 연령·지능 및 교육 정도 등을 참작할 때 그의 권리보호를 위해 필요하다고 인정하는 경우에도 국선변호인을 선정해 주고 있고, 국민참여재판을 받는 피고인에 대해서도 국선변호인을 선정해 주고 있다. 기소 전 단계에서는 피의자에 대하여 구속영장이 청구되어 법관 앞에서 영장실질심사를 받거나 구속적부심사를 받을 때 변호인이 없다면 국선변호인을 선정해 주고 있다.

1. 대리권

변호인은 피고인 또는 피의자가 할 수 있는 소송행위로서 성질상 대리가 허용될 수 있는 모든 소송행위에 대하여 포괄적 대리권을 가진다. 이에 반하여 피의자, 피고인이 증거방법으로서 하는 행위에 대하여는 대리가 허용되지 않는다.

가. 피고인의 의사에 종속하여 행사할 수 있는 대리권

피고인의 의사에 종속하여 행사할 수 있는 대리권은 관할이전신청, 관할위반신청, 상소취하, 정식재판청구 취하 등이다.

나. 피고인의 명시적 의사에 반할 수 없지만 묵시적 의사에 반하여 행사할 수 있는 대리권

피고인의 명시적 의사에 반할 수 없지만 묵시적 의사에 반하여 행사할 수 있는 대리권은 기피신청, 상소제기, 증거동의 등이다.

다. 피고인의 명시적 의사에 반하여 행사할 수 있는 대리권

피고인의 명시적 의사에 반하여 행사할 수 있는 대리권은 구속취소의 청구, 보석의 청구, 증거보전의 청구, 공판기일변경신청, 증거조사에 대한 이의신청, 구속적부심청구, 재판장의 처분에 대한 이의신청 등이다.

2. 고유권

가. 의의

고유권이란 변호인의 권리로 특별히 규정된 것 중에서 성질상 대리권이라고 볼 수 없는 것을 말한다. 압수·수색·검증영장의 집행에의 참여, 증인신문, 서류증거물의 열람등사권, 접견교통권, 피고인에 대한 신문권, 상고심의 변론권 등이 있다.

(1) 변호인만이 갖는 고유권

변호인만이 갖는 고유권으로는 피고인 또는 피의자에 대한 접견교통권, 피고인에 대한 심문권, 상고심의 변론 등이다.

(2) 피고인 또는 피의자와 변호인이 중복으로 갖는 고유권

피고인 또는 피의자와 변호인이 중복으로 갖는 고유권으로는 압수수색영장 집행의 참여권, 감정의 참여권, 증인신문 참여권, 증인신문권, 증거제출증인신문 신청권, 최종의견진술권, 서류·증거물의 열람·등사권, 공판기일 출석권 등이다.

나. 변호인의 접견교통권

변호인 또는 변호인이 되려는 자는 신체 구속된 피의자·피고인과 접견하고 서류, 물건 등을 수수하며 의사로 하여금 진료하게 할 수 있는데 이를 변호인의 접견교통권이라 한다. 이는 헌법상의 피의자·피고인에게 보장된 변호인의 조력을 받을 권리를 구체화한 것이다.

접 견 신 청 서

수용번호	피고인(피의자)	사건명	선임별	접견목적

위와 같이 접견하고자 합니다.

20○○.　○.　○.

위 피고인의 변호인　변호사　○　○　○　(인)

○○시 ○○구 ○○로 ○○ (○○동)

전　화 : 000-000-0000

팩　스 : 000-000-0000

○○구치소장(경찰서장)　귀중

작성 · 접수방법

1. 피의자 및 피고인을 접견하고자 하는 변호인은 접견신청서를 작성하여 구치소에 제출하여야 접견할 수 있다.
2. 구치소 방문 전에 미리 피의자와 사건명, 접견목적 및 접견일 등을 팩스 등으로 알려 접견으로 인한 시간을 절약할 수 있다.
3. 경찰서에는 즉시 접견이 가능하므로 팩스를 이용하지 않고 있다.

접 견 신 청 서

생년월일	성 명	사 건 명	사건번호	국 · 사선	선임여부	희망시간

위 사람을 접견하고자 합니다.

희망시간및일시 : 20○○년   월   일   요일   시경부터
주   소 :
연   락   처 :
소속법률사무소 :

20○○.   ○.   ○.

변호인 변호사 ○   ○   ○   (인)

○○구치소장   귀하

다. 변호인의 형사기록 열람등사권

변호인의 형사기록 열람등사권은 피고인과 변호인, 피고인의 법정대리인, 형사소송법 제28조에 따른 특별대리인, 같은 법 제29조에 따른 보조인 또는 피고인의 배우자, 직계혈족, 형제자매로서 피고인의 위임장 및 신분관계를 증명하는 문서를 제출한 자는 소송 계속 중의 관계서류 또는 증거물의 열람 또는 복사할 수 있는 권리를 말한다. 이 권리는 접견교통권과 함께 변호인의 고유권으로서 피고인과 중복하여 갖는 권리이다.

[서식 49] 수사기록 열람등사신청서

■ 검찰사건사무규칙 [별지 제221호서식] 〈개정 2022. 2. 7.〉

열람 · 등사 신청서

(「형사소송법」 제266조의3제1항제3호 및 제4호)

※ [   ]에는 해당되는 곳에 √표를 합니다.   (앞쪽)

접수번호		접수일자		처리기간 48시간	

신청인	성명		생년월일	
	주소		전화번호	
	피고인과의관계	[ ] 피고인 본인 [ ] 변호인 [ ] 피고인의 ( ) ※ 피고인의 법정대리인, 특별대리인, 배우자, 직계친족, 형제자매인 경우에는 위임장 첨부 ※ 변호인이 있는 피고인은 열람만 신청 가능		

사 건	사건번호 년 형제 호	피고인 외 명
	죄 명	

신청사유	[ ] 해당 사건 소송 준비
신청내용	[ ]「형사소송법」제266조의3제1항제1호 또는 제2호의 서류 등의 증명력에 관련된 서류 등의 열람 · 등사(제3호) ※ 별지에 기재 [ ] 피고인 또는 변호인이 행한 법률상 · 사실상 주장과 관련된 서류 등의 열람 · 등사(제4호) ※ 별지에 기재

「형사소송법」 제266조의3제1항에 따라 위와 같이 열람 · 등사를 신청합니다.

년   월   일

신청인   (서명 또는 인)

○○ 지방검찰청 검사장 귀하

검사결정	제3호 서류 등			제4호 서류 등		
	허 가	거 부	범위제한	허 가	거 부	범위제한
	㉑	㉑	㉑	㉑	㉑	㉑

210㎜ × 297㎜(백상지 (80g/㎡))

[서식 50] 재판기록 열람등사신청서

재판기록 열람·복사 신청서			허가	불허가
신청인	성명		연락 가능한 전화번호	
	이메일 주소		팩스 번호	
	피해자와의 관계		소명자료	
신청 구분	□ 열람 □ 복사			
대상기록	사건 번호	사건명	재판부	
복사할 부분	□ 복사 대상 〔□ 복사 매수 매〕			
사용 용도				
복사 방법	□ 필사 □ 변호사 단체 복사기 □ 신청인 복사설비 □ 법원 복사기			
이와 같이 신청하고, 신청인은 열람·복사에 관련된 준수사항을 엄수하며, 열람·복사의 결과물을 통하여 알게 된 개인정보, 영업비밀 등을 개인정보 보호법 등 관계법령상 정당한 용도 이외로 사용하는 경우 민사상, 형사상 모든 책임을 지겠습니다. 20 . . . 신청인 (서명 또는 날인)				
신청 수수료	500 원	수입인지 붙이는 곳		
복사비용	원 (매×50)			
사용 목적의 제한 또는 조건의 부과	 20 . . . 재판장 판 사 ㉘			
영수일시	20 . . . :	영수인		

대한법률구조공단 홈페이지 메인 화면

1. 대한법률구조공단의 형사법률구조

대한법률구조공단은 법률구조산업을 효율적으로 추진하기 위하여 1987. 9. 1. 법률구조법에 의하여 설립된 비영리 공익법인으로서 주로 법률구조사업을 통한 국민의 기본권 옹호와 법률복지의 증진에 이바지함을 목적으로 삼고 있다. 공단은 서울특별시에 본부를 두고 그 아래에 18개의 지부와 39개의 출장소를 전국의 법원 검찰청에 대응하여 설치하고 있다.

법률구조업무는 법률상담은 물론 필요로 하는 경우에는 민사, 가사사건, 행정소송대리까지 무료로 진행하여 주고 있는데 특히 공단소속의 공익법무관이 형사사건에 대해서 무료로 변호를 해주고 있어 호평을 받고 있다.

2. 형사보조인제도

형사보조인이란 일정한 신분관계가 있다는 것에 기하여 피고인 또는 피의자의 이익을 보호하는 보조자를 말한다. 즉 피고인 또는 피의자의 법정대리인, 배우자, 직계친족, 형제자매라는 신분관계라는 것으로 인하여 자진하여 보조인으로 된 자라는 점에서 법률전문가가 법률적 측면에서 피고인, 피의자를 보호하는 변호인과 구별된다.

[서식 51] 보조인선임신고서

보 조 인 선 임 신 고 서

사   건   20○○고단 ○○○○ 사기

피고인(피의자)   ○   ○   ○

신   고   인   ○   ○   ○
　　　　　　　　　　서울 ○○구 ○○동 ○○○ ○○빌라 ○○○호

　　위 사건에 관하여 신고인은 피고인의 처로서 보조인이 되고자 하므로 형사소송법 제29조에 의하여 신고합니다.

첨부 : 주민등록등본 1통

　　　　　　　　　　　　20○○.   ○.   ○.

　　　　　　　　위 신고인 ○   ○   ○   (인)

　　○○지방법원 형사 제○단독 귀중

작성 · 접수방법

신고서 1부를 사건이 진행중인 검찰 민원실 또는 법원 형사과에 제출한다.

보 조 인 선 임 신 고 서

사 　 　 건 　 　 　 　 2OO푸OOOO 　 절도 보호사건

보 호 소 년 　 　 　 O 　 O 　 O

　 위 사건에 관하여 변호사 OOO을 보조인으로 선임하고 이에 연서하여 신고합
니다.

　 　 　 　 　 　 　 　 　 　 2OO O. 　 O. 　 O.

　 　 　 　 　 　 　 　 　 위 선임인 보호소년의 부 O 　 O 　 O 　 (인)

　 　 　 　 　 　 　 　 　 위 보조인 변호사 OOO

OO지방법원 　 형사 제O단독 귀중

[서식 53] 보조인선임신고서

보 조 인 선 임 신 고 서

사   건   20○○고단 ○○○○   도로교통법위반 등

피고인(피의자)   ○   ○   ○

신   고   인   ○   ○   ○
                    서울 ○○구 ○○동 ○○○

　위 사건에 관하여 피고인은 심장질환으로 인하여 병원에 입원하여 신체여건상 공
판정에 설 수 없는 상태이므로, 피고인의 피의사실에 관하여 피고인의 자 ○○○가
업무를 잘 알고 있으므로 아래와 같이 보조인으로 선임신고 합니다.

첨부 : 가족관계증명서 1통

                        20○○.   ○.   ○.

                  위 신고인(피고인의 자) ○   ○   ○   (인)
                      서울 ○○구 ○○동 ○○○

　　○○지방법원   형사 제○단독 귀중

작성 · 접수방법

신고서 1부를 사건이 진행중인 검찰 민원실 또는 법원 형사과에 제출한다.

제3장

수사단계

제1절 총 설

Ⅰ. 서 론

형사소송절차는 넓은 의미에서 볼 때 수사의 개시에서 종결, 공소의 제기와 재판 그리고 확정된 재판의 집행 등을 포함하는 것이고 이 중 수사는 공소제기를 위하여 범인을 찾아내고 증거를 수집, 보전하는 과정이라고 할 수 있다. 즉 수사는 범죄가 발생한 후 그 범인을 특정하고 범죄사실을 입증하는 증거자료를 수집하는 절차로서 그 활동범위를 일률적으로 규제하기 어려우므로 수사기관의 탄력적이고 합목적인 활동이 요구되는 측면이 있다. 이 때문에 형사소송법도 제199조 제1항에서 '수사에 관하여는 그 목적을 달성하기 위하여 필요한 조사를 할 수 있다'라고 추상적으로 규율하고 있을 뿐이다.

Ⅱ. 수 사

1. 수사의 개념

형사사건에 관하여 공소를 제기하고 이를 유지·수행하기 위한 준비로서 범죄사실을 조사하고 범인과 증거를 발견·수집하는 수사기관의 활동을 수사라고 정의하며, 또한 수사란 범죄의 혐의 유무를 명백히 하여서 공소의 제기와 유지 여부를 결정하기 위하여 범인을 발견·확보하고 증거를 수집·보전하는 수사기관의 활동이라고 정의하기도 한다. 그리고 이러한 활동을 법적으로 규정한 절차를 수사절차라고 한다.

이와 같이 수사는 주로 공소제기 전에 해당하는 것이 보통이지만, 공소제기 후에도 공소를 유지하기 위하여 또는 공소유지 여부를 결정하기 위하여도 행해질 수 있다.

수사의 절차는 대부분 형사소송법에 규정되어 있으나, 원칙적으로 공소제기 전의 수사기관의 행위이므로 이는 엄격한 의미에서 소송절차가 아니라 할 것이나 대개의 수사는 공소의 제기·수행을 준비하기 위하여 행하는 절차이고 실제로 형사소송의 전 단계를 이루고 있다.

2. 수사기관

가. 의의

수사기관이란 법률상 수사의 권한이 인정되어 있는 국가기관을 의미한다. 수사기관에는 검사와 사법경찰관리가 있다. 검사는 수사의 주재자이고 사법경찰관리는 검사의 지휘를 받아 수사를 행한다(법 제196조).

나. 검사

(1) 개념

검사란 검찰권을 행사하는 국가기관을 말한다. 검사는 수사절차에서는 수사의 주재자로서 사법경찰관리를 지휘감독하며 수사의 결과 공소제기여부를 독점적으로 결정한다. 그리고 공판절차에서는 피고인에 대립되는 당사자로서 법원에 대하여 법령의 정당한 적용을 청구하며 재판이 확정된 때에는 형의 집행을 지휘 감독하는 광범위한 권한을 가진 국가기관이다.

(2) 검사의 직접수사 대상

종전 검찰청법은 검사의 직접 수사개시 대상 범죄를 '부패범죄, 경제범죄, 공직자범죄, 선거범죄, 방위사업범죄, 대형참사범죄' 등 소위 '6대 범죄'로 규정하고 있었다. 그런데, 이번 법 개정에 따라 2022년 9월 10일부터는 검사의 직접 수사개시 대상 범죄가 '부패범죄, 경제범죄' 등 '2대 범죄'로 축소되었다.

검사의 수사개시 범죄범위에 관한 규정

제2조(중요 범죄) 「검찰청법」(이하 "법"이라 한다) 제4조 제1항 제호 가목에서 "부패범죄, 경제범죄 등 대통령령으로 정하는 중요 범죄"란 다음 각 호의 범죄를 말한다.

1. 부패범죄 : 다음 각 목의 어느 하나에 해당하는 범죄로서 별표 1에 규정된 죄
   가. 사무의 공정을 해치는 불법 또는 부당한 방법으로 자기 또는 제3자의 이익이나 손해를 도모하는 범죄
   나. 직무와 관련하여 그 지위 또는 권한을 남용하는 범죄
   다. 범죄의 은폐나 그 수익의 은닉에 관련된 범죄
2. 경제범죄 : 생산·분배·소비·고용·금융·부동산·유통·수출입 등 경제의 각 분야에서 경제질서를 해치는 불법 또는 부당한 방법으로 자기 또는 제3자의 경제적 이익이나 손해를 도모하는 범죄로서 별표 2에 규정된 죄
3. 다음 각 목의 어느 하나에 해당하는 죄
   가. 무고·도주·범인은닉·증거인멸·위증·허위감정통역·보복범죄 및 배심원의 직무에 관한 죄 등 국가의 사법질서를 저해하는 범죄로서 별표 3에 규정된 죄[4]
   나. 개별 법률에서 국가기관으로 하여금 검사에게 고발하도록 하거나 수사를 의뢰하도록 규정된 범죄

다만, 위의 범죄들이 검사의 직접 수사개시 대상 범죄에 해당한다고 하더라도 경찰의 수사권을 배제하는 것은 아니므로 경찰도 이러한 범죄 수사를 개시할 수 있다.

(3) 사법경찰관리

경무관, 총경, 경정, 경감, 경위는 사법경찰관으로서 범죄의 혐의가 있다고 사료하는 때에는 범인, 범죄사실과 증거를 수사하며, 경사, 경장, 순경은 사법경찰리로서 수사의 보조를 하여야 한다.

(4) 검사와 사법경찰관의 관계

검사와 사법경찰관은 수사, 공소제기 및 공소유지에 관하여 서로 협력하여야 한다.

3. 수사의 조건

(1) 의의

수사는 범죄 혐의의 발견으로부터 시작하여 공소제기 또는 불기소처분 등의 수사종결처분에 의하여 종료한다. 이러한 일련의 과정을 전체적으로 개관하여 수사절차의 개시ㆍ유지ㆍ발전에 필요한 조건을 수사조건이라고 한다. 수사의 조건은 공소제기 이후 공판절차의 개시와 진행유지에 필요한 소송조건에 대응하는 개념이다.

(2)수사의 일반적 조건

(가) 범죄의 혐의

수사는 수사기관이 범죄의 혐의가 있다고 사료하는 때 개시할 수 있다(제 195조). 범죄의 혐의 없음이 명백한 사건에 대해 수사는 허용되지 않는다. 수사개시를 위한 범죄혐의는 수사기관의 주관적 혐의를 의미하지만 주관적 혐의라고 해서 수사기관의 자의를 허용한다는 의미는 아니다.

(나) 수사의 필요성

수사기관은 수사에 관하여 그 목적을 달성하기 위하여 필요한 조사를 할 수 있다(법 제199조 제1항). 수사란 범죄혐의를 명백히 하여 공소제기 또는 공소유지여부를 결정하기 위한 목적에서 이루어지는 수사기관의 활동인 바, 수사의 필요성이란 곧 공소제기의 가능성을 의미한다.

---

4) 검사의 수사개시 범죄 범위에 관한 규정 [별표 3] 사법질서 저해 범죄(제2조제3호 관련)
    1.「국민의 형사재판 참여에 관한 법률」제56조부터 제59조까지에 해당하는 죄
    2.「특정범죄 가중처벌 등에 관한 법률」제5조의9에 해당하는 죄
    3.「형법」제2편제9장 도주와 범인은닉의 죄(제145조부터 제151조까지), 같은 편 제10장 위증과 증거인멸의 죄(제152조, 제154조 및 제155조로 한정한다) 및 같은 편 제11장 무고의 죄(제156조로 한정한다)에 해당하는 죄
    4. 제1호부터 제3호까지의 범죄에 대하여 해당 법률 또는 다른 법률에서 가중하여 처벌하거나 준용하여 처벌하는 범죄

제2절 수사의 단서 및 개시

I. 의의

수사기관은 범죄의 혐의가 있다고 사료되는 때에는 수사를 개시한다(법 제195조). 이때 수사기관이 범죄혐의가 있다고 판단하게 되는 원인을 수사의 단서라고 한다. 수사의 단서가 나타나는 유형은 수사기관 자신의 체험에 의한 경우와 타인의 체엄의 청취에 의한 경우로서 나누어 볼 수 있는데, 변사자검시(법 제222조), 현행범인의 체포(법 제212조), 불심검문(경직법 제3조), 타사사건 수사 중 범죄의 발견, 범죄에 관한 신문방송 등의 기사나 풍설·세평 등을 접한 이후의 범죄혐의 인지 등은 전자(자율적 개시)에 해당하고, 고소(법 제223조), 고발(법 제234조), 자수(법 제240조), 진정탄원투서 등에 의한 범죄혐의의 확인(검사규 제141조 제1호),이나 피해신고 범죄신고 등을 토대로 한 범죄혐의의 확인은 후자(타율적 개시)에 해당한다.

II. 불심검문

불심검문이란 경찰관이 거동이 수상한 자를 발견한 때에 이를 정지시켜 조사하는 행위를 말한다. 경찰관직무집행법은 경찰관이 수상한 거동 기타 주위의 사정을 합리적으로 판단하여 어떠한 범죄를 범하였거나 범하려 하고 있다고 의심할 만한 상당한 이유가 있는 자 또는 이미 행하여진 범죄나 행하여지려고 하는 범죄행위에 관하여 그 사실을 안다고 인정되는 자에 대하여 불심검문을 할 수 있다고 규정하고 있다.

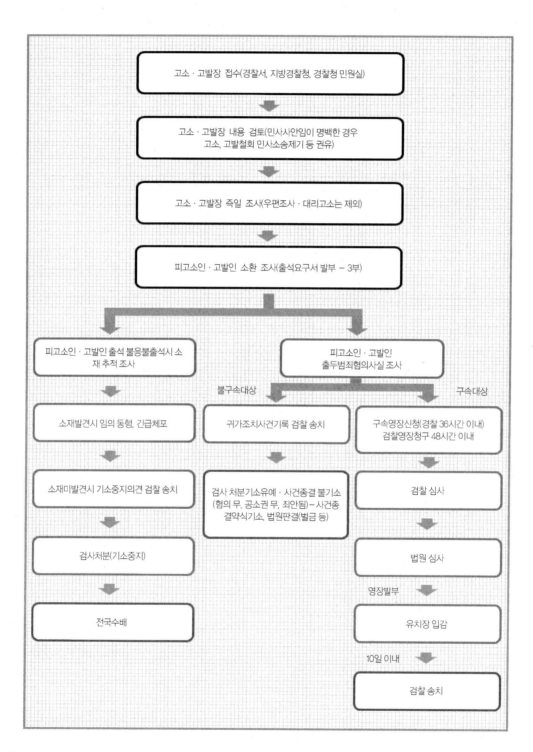

고소 · 고발장 접수(경찰서, 지방경찰청, 경찰청 민원실)

고소 · 고발장 내용 검토(민사사안임이 명백한 경우
고소, 고발철회 민사소송제기 등 권유)

고소 · 고발장 즉일 조사(우편조사 · 대리고소는 제외)

피고소인 · 고발인 소환 조사(출석요구서 발부 – 3부)

피고소인 · 고발인 출석 불응불출석시 소
재 추적 조사

피고소인 · 고발인
출두범죄혐의사실 조사

불구속대상

구속대상

소재발견시 임의 동행, 긴급체포

귀가조치사건기록 검찰 송치

구속영장신청(경찰 36시간 이내)
검찰영장청구 48시간 이내

소재미발견시 기소중지의견 검찰 송치

검사 처분기소유예 · 사건종결 불기소
(혐의 무, 공소권 무, 죄안됨) – 사건종
결약식기소, 법원판결(벌금 등)

검찰 심사

검사처분(기소중지)

법원 심사

전국수배

영장발부

유치장 입감

10일 이내

검찰 송치

- 경찰관서 민원실에서는 고소 · 고발, 진정 · 탄원 등 민원을 접수한 경우 해당 주무기능(수사 · 형사 · 여청 · 교통과 등)으로 전달, 조사담당자를 지정하여 처리한다.
- 피고소 · 고발인이 출석요구에 불응한 경우 피고소인 · 고발인에 대해 소재수사를 하게 되며, 소재수사로 소재가 확인되면 임의동행을 요구하나 동행요구에 불응하고 범죄사실이 인정되고 객관적 증거가 있으면 긴급체포할 수 있다.
- 무분별한 고소 · 고발로 인한 인권침해 및 수사력 낭비를 방지하기 위해 고소 · 고발사건 접수전에 내용을 실질적으로 검토하여 범죄혐의가 명백히 없거나 입건하여 수사할 가치가 없는 경우에 한하여 각하 등 처리한다.
- 고소 · 고발사건 처리기간은 형사소송법 규정에 따라 고소 · 고발을 수리한 날로부터 3월 이내에 수사를 완료하여 공소제기 여부를 결정한다.

1. 의 의

고소란 ① 범죄의 피해자 또는 그와 일정한 관계가 있는 고소권자가 ② 수사기관에 대하여 ③ 범죄 사실을 신고하여 ④ 범인의 처벌을 구하는 의사표시를 말한다. 고소권은 헌법 제27조 제5항의 범죄피해자의 재판절차진술권을 구체적으로 실현하고 있는 것 중의 하나이다. 고소는 수사의 단서이지만 피해자의 구체적 사실을 바탕으로 한 범죄사실에 대한 진술이라는 점에서 다른 수사의 단서와는 달리 곧바로 수사가 개시된다.

가. 고소권자의 수사기관에 대한 신고

고소는 고소권자에 의하여 행해져야 하며 수사기관에 대한 것이어야 한다. 따라서 수사기관이 아닌 법원에 대하여 진술서를 제출하거나 피고인의 처벌을 바란다고 증언하는 것은 고소가 아니다(대판 1984. 6. 26. 84도709).

나. 범죄사실의 신고

고소는 범죄사실을 신고하는 것이다. 이때 범죄사실의 특정은 고소인의 의사가 구체적으로 어떤 범죄사실을 지정하여 범인의 처벌을 구하고 있는가를 확정할 수 있을 정도면 족하다. 고소는 수사기관에 대한 사인의 의사표시라는 점에서 공소장에 비하여 그 특정성이 완화되는 것이다.

다. 범인의 처벌을 구하는 의사표시

고소는 소추를 구하는 의사표시이다. 따라서 범죄로 인한 피해사실만을 신고하고 처벌을 구하는 의사표시가 없는 경우에는 고소로 볼 수 없다.

고소	고발	진정 및 탄원
• 고소란 범죄의 피해자 또는 그와 일정한 관계가 있는 고소권자가 수사기관에 대하여 범죄 사실을 신고하여 범인의 처벌을 구하는 의사 표시이다. • 고소는 고소권자에 의해 행하여져야 하고, 고소권이 없는 자가 한 고소는 고소의 효력이 없으며, 자기 또는 배우자의 직계존속은 고소하지 못한다. • 형사소송법상 고소권자로는 피해자, 피해자의 법정대리인, 피해자의 배우자 및 친족, 지정 고소권자가 있다.(친고죄에 대해 고소할 자가 없는 경우 이해관계인의 신청이 있으면 검사는 10일 이내에 고소할 수 있는 자를 지정) • 고소는 제1심 판결 선고 전까지 취소할 수 있으며, 고소를 취소한 자는 다시 고소하지 못한다.	• 고발이란 고소권자와 범인 이외의 사람이 수사기관에 대하여 범죄 사실을 신고하여 범인의 처벌을 구하는 의사표시이다. • 누구든지 범죄가 있다고 사료되는 경우 고발을 할 수 있으나 자기 또는 배우자의 직계존속은 고발하지 못한다. • 고발은 제1심 판결 선고 전까지 취소할 수 있으며, 고소와 달리 고발은 취소한 후에도 다시 고발할 수 있다.	• 진정이란 개인 또는 단체가 국가나 공공기관에 대하여 일정한 사정을 진술하여 유리한 조치를 취해 줄 것을 바라는 의사표시이다. • 탄원이란 개인 또는 단체가 국가나 공공기관에 대하여 일정한 사정을 진술하여 도와주기를 바라는 의사 표시이다. • 진정과 탄원은 고소 · 고발과 달리 대상에 대한 제한 규정이 없다.

2. 고소권자

고소는 범죄의 피해자(법 제223조)나 피해자의 법정대리인(법 제225조 제1항)이 할 수 있다. 여기서 피해자란 직접적인 피해자만을 의미하고 범죄로 인하여 간접적인 피해를 받은 자는 포함되지 않는다. 또한 자기 또는 배우자의 직계존속을 고소하지 못하는데(법 제224조), 다만 가정폭력범죄나 성폭력범죄에 대하여는 자기 또는 배우자의 직계존속을 고소할 수 있다.

고소방식

고소는 서면 또는 구두 진술로 가능하나, 반드시 검사 또는 사법경찰관에게 해야 한다. 구두로 고소한 경우 수사 기관은 조서를 작성해야 한다. 고소장은 일정한 양식이 없다. 다만, 고소인과 피고소인의 인적 사항, 고소하는 범죄사실, 처벌을 원하는 의사 표시가 포함되어 있어야 한다. 피고소인의 인적 사항을 몰라도 고소할 수 있지만, 피고소인을 특정하기 위해서는 고소인이 피해당한 사실을 구체적으로 밝히고, 피해사실에 대한 증빙자료를 첨부하여야 한다. 고소는 대리인을 지정하여 대리인으로 하여금 고소하게 하더라도, 반드시 본인의 명의로 해야 한다. 가명이나 다른 사람의 명의로 고소한 사실이 밝혀질 경우 수사기관은 수사를 중단하고 사건을 종결할 수 있다.

고소인의 권리 · 의무

고소인은 수사기관에 출석하여 고소사실을 진술할 수 있고 사건 결과를 통지 받을 수 있다. 검사가 고소사건을 불기소 처분한 경우, 처분의 이유를 물을 수 있고 이의제기(항고, 재정신청)도 할 수 있다. 고소인은 수사기관의 수사에 협조할 의무가 있고 수사기관의 협조요청에 응하지 않을 경우 수사기관은 수사를 중단 하고 사건을 종결할 수 있다.

친고죄

고소권자의 고소가 있어야만 재판에 회부할 수 있는 범죄로, 성범죄 등이 해당 된다. 친고죄는 범인을 알게 된 그날로부터 6개월이 지나면 고소할 수 없다. 다만 불가항력적인 사유가 있는 경우 그 사정이 없어진 날짜가 시작점이 된다. 다만, 특별법(성폭력범죄의 처벌 및 피해자보호 등에 관한 법률)에 의해 친고죄의 고소기간이 1년으로 연장되는 경우도 있다.

고소취소

고소취소는 1심 판결 전까지 가능하고, 고소를 취소한 사람은 같은 내용에 대해 다시 고소할 수 없다. 친고죄의 경우 공범이 있다면, 고소인은 공범의 일부에 대해서만 고소하거나 취소할 수 없고, 일부에 대해서 고소하거나 취소하더라도 나머지 공범에 대해서도 고소하거나 취소한 것과 같은 효력이 생긴다.

고발

고발이란 고소와 마찬가지로 범죄사실을 수사기관에 신고하여 범인을 처벌해달라는 의사표시로써, 고소와 달리 범인 및 고소권자 이외의 제3자는 누구든지 할 수 있고, 공무원이 직무상 범죄를 발견한 때에는 고발해야 할 의무가 있다. 관세법 또는 조세범처벌법위반의 경우와 같이 고발이 있어야 처벌할 수 있는 사건(필요적 고발사건)도 있다. 제한 규정(자기 또는 배우자 직계존속에 대한 고소금지), 방식, 취소 등에 있어서 고소에 대한 법률 규정이 고발의 경우에도 적용된다.

무고죄

신고하는 사람이 타인의 강요 없이 자진하여 허위의 사실을 신고한 이상 그 방법을 불문하고 모두 무고죄에 해당된다. 신고의 상대방은 공무원 또는 공무소로 형법에 규정되어 있는데, 이는 형사처분 또는 징계처분을 할 수 있는 권한을 가지고 있는 공공기관과 담당 공무원 및 보조자를 말한다. 예를 들면 경찰 또는 검사 이외에도 임명권과 감독권이 있는 공공기관장 등을 들 수 있다. 법정형은 10년 이하의 징역 또는 1천500만 원 이하의 벌금형으로, 무고죄의 범인은 무거운 형사 처벌을 받는다. 다만, 허위로 신고한 사람이 그 신고한 사건의 재판이 확정되기 전에 또는 징계처분이 내려지기 전에 자백 또는 자수 한 때는 그 형을 감경 또는 면제받을 수 있다.

고소 · 고발 관련 각종 서류, 고소(고발)장 · 고소(고발) 취소장

고소(고발)장은 일정한 양식이 없고, 고소(고발)인과 피고소(피고발)인의 인적사항, 피해를 입은 내용, 처벌을 원한 다는 뜻만 들어 있으면 반드시 무슨 죄에 해당하는지 밝힐 필요는 없다. 다만 피해사실 등의 내용이 무엇인지 알 수 있을 정도로 가능한 한 명확하고 특정되어야 한다. 고소(고발)취소장도 일정한 양식이 없고, 피고소(고발)인의 인적사항, 죄명, 고소(고발)일시, 고소(고발)인의 인적 사항, 무슨 죄명에 대해서 고소(고발)를 취소한다는 내용을 기재하면 된다. 친고죄의 고소는 제 1심 판결선고 전까지 취소할 수 있고, 고소를 취소한 자는 다시 고소하지 못한다.

고소(고발)장 접수증명원

고소(고발)장을 접수한 사실을 증명하는 서류로서 관할 검찰청 민원실에 방문 또는 우편, 전화, 인터넷으로 신청할 수 있다.

3. 고소의 기간

단순히 수사의 단서에 불과한 비친고죄의 고소의 경우에는 고소기간의 제한이 없다. 그러나 친고죄[5]의 경우에는 국가형벌권의 행사가 사인의 처벌희망의사표시의 유무에 의하여 장기간 좌우되는 폐단을 방지하기 위하여 고소기간의 제한을 둘 필요가 있다. 이에 형사소송법 제230조 제1항 본문은 친고죄에 대하여는 범인을 알게 된 날로부터 6월이 경과하면 고소하지 못하는 것으로 규정하고 있다.

4. 고소의 방법

가. 서면 또는 구술

고소는 서면 또는 구술로써 검사 또는 사법경찰관에게 하여야 한다(법 제237조 제1항). 따라서 피해자가 법원에 대하여 범죄사실을 적시하고 피고인을 처벌하여 줄 것을 요구하는 의사표시를 하였다 하더라도 이는 고소로서의 효력이 없다(대판 1966. 1. 31. 65도1089). 구술로 고소를 한 경우에 수사기관은 조서를 작성해야 한다. 유효한 고소의 존재는 소송법상 중요한 효과를 발생시키므로 고소장이나 고소조서에 직접 표시되어야 하고 전화나 전보 또는 팩시밀리에 의한 고소는 조서가 작성되지 않는 한 유효한 고소라고 볼 수 없다. 그러나 고소는 처벌을 희망하는 의사표시가 수사기관에 표시되기만 하면 족하므로 반드시 독립한 고소조소에 의할 필요는 없다. 따라서 수사기관이 피해자를 참고인으로 신문하여 조사하는 과정에서 처벌을 희망하는 의

---

5) 친고죄란 피해자의 명예보호나 침해이익의 경미성을 감안하여 피해자의 고소가 있을 때에만 공소를 제기할 수 있는 범죄를 가리킨다. 친고죄는 절대적 친고죄와 상대적 친고죄로 나뉜다. 사자의 명예훼손죄(형 제308조), 모욕죄(형 제311조) 등과 같이 신분관계를 묻지 않고 항상 친고죄인 범죄를 절대적 친고죄라 한다. 이에 대하여 절도죄(형 제347조), 공갈죄(형 제350조), 횡령배임죄(형 355조), 장물죄(형 제362조) 등과 같이 일정한 신분자 사이에만 친고죄로 인정되는 범죄를 상대적 친고죄라 한다. 0000. 6. 19부터 성범죄 친고죄 조항이 60년 만에 폐지되면서 이제부터 피해자가 아니더라도 성범죄에 대한 처벌을 위한 인지수사 또는 고발이 가능하게 되었다.

사를 표시하여 이를 참고인 진술조서에 기재하였다면 그것은 유효한 고소라고 할 것이다(대판 1966. 1. 31. 66도1089).

나. 범죄사실의 특정

고소는 범죄사실에 대한 신고이므로 범죄사실 등이 구체적으로 특정되어야 함이 원칙이다. 그러나 그 특정의 정도는 고소인의 의사가 수사기관에 대하여 일정한 범죄사실을 지정·신고하여 범인의 소추처벌을 구하는 의사표시가 있었다고 볼 수 있는 정도로 충분하다. 따라서 범인이 누구인지 나아가 범인 중 처벌을 구하는 자가 누구인지 적시할 필요가 없으며, 범인의 성명이 불명이거나 또는 오기가 있었다거나 범행의 일시, 장소, 방법 등이 명확하지 않거나 틀리는 곳이 있다고 하더라도 고소의 효력에는 영향이 없다(대판 1984. 10. 23. 84도1704).

[서식 54] 고 소 장

고 소 장

(고소장 기재사항 중 *표시된 항목은 반드시 기재하여야 합니다.)

1. 고 소 인

성 명 (상호·대표자)	홍 길 동	주민등록번호 (법인등록번호)	000000-0000000
주 소 (주사무소소재지)	○○시 ○○로 ○○ (○○동) (현거주지) ○○시 ○○로 ○○ (○○동)		
직 업	회사원	사무실 주소	○○시 ○○동 ○○ (○○동)
전 화	(휴대폰) 010-1234-5678 (자 택) 02-123-3456 (사무실) 02-234-5678		
이 메 일	hong@naver.com		
대리인에 의한 고소	□ 법정대리인 (성명 : , 연락처) □ 고소대리인 (성명 : 변호사 , 연락처)		

※ 고소인이 법인 또는 단체인 경우에는 상호 또는 단체명, 대표자, 법인등록번호 (또는 사업자등록번호), 주된 사무소의 소재지, 전화 등 연락처를 기재해야 하며, 법인의 경우에는 법인등기부등본이 첨부되어야 합니다.

※ 미성년자의 친권자 등 법정대리인이 고소하는 경우 및 변호사에 의한 고소대리

의 경우 법정대리인 관계, 변호사 선임을 증명할 수 있는 서류를 첨부하시기 바랍니다.

2. 피고소인

성 명	○ ○ ○	주민등록번호	000000-0000000
주 소	○○시 ○○로 ○○ (○○동)		
	(현거주지) ○○시 ○○로 ○○ (○○동)		
직 업	무직	사무실 주소	
전 화	(휴대폰) 010-3456-1234		
	(자 택) 02-345-6789	(사무실)	
이 메 일	abc@hanmail.net		
기타사항	고소인과의 관계 : 거래상대방으로서 친·인척관계는 없음		

※ 기타사항에는 고소인과의 관계 및 피고소인의 인적사항과 연락처를 정확히 알수 없을 경우 피고소인의 성별, 특징적 외모, 인상착의 등을 구체적으로 기재하시기 바랍니다.

3. 고소취지고소인은 피고소인을 ○○죄로 고소하오니 처벌하여 주시기 바랍니다.

4. 범죄사실
※ 범죄사실은 형법 등 처벌법규에 해당하는 사실에 대하여 일시, 장소, 범행방법, 결과 등을 구체적으로 특정하여 기재해야 하며, 고소인이 알고 있는 지식과 경험, 증거에 의해 사실로 인정되는 내용을 기재하여야 합니다.

5. 고소이유
※ 고소이유에는 피고소인의 범행 경위 및 정황, 고소를 하게 된 동기와 사유 등범죄사실을 뒷받침하는 내용을 간략, 명료하게 기재해야 합니다.

6. 증거자료 (✓ 해당란에 체크하여 주시기 바랍니다)
□ 고소인은 고소인의 진술 외에 제출할 증거가 없습니다.
□ 고소인은 고소인의 진술 외에 제출할 증거가 있습니다.
　　☞ 제출할 증거의 세부내역은 별지를 작성하여 첨부합니다.

7. 관련사건의 수사 및 재판 여부 (✓ 해당란에 체크하여 주시기 바랍니다)

① 중복 고소 여부	본 고소장과 같은 내용의 고소장을 다른 검찰청 또는 경찰서에 제출하거나 제출하였던 사실이 있습니다 □ / 없습니다 □
② 관련 형사사건 수사 유무	본 고소장에 기재된 범죄사실과 관련된 사건 또는 공범에 대하여 검찰청이나 경찰서에서 수사 중에 있습니다 □ / 수사 중에 있지 않습니다 □
③ 관련 민사소송 유무	본 고소장에 기재된 범죄사실과 관련된 사건에 대하여 법원에서 민사소송 중에 있습니다 □ / 민사소송 중에 있지 않습니다 □

기타사항

※ ①, ②항은 반드시 표시하여야 하며, 만일 본 고소내용과 동일한 사건 또는 관련 형사사건이 수사·재판 중이라면 어느 검찰청, 경찰서에서 수사 중인지, 어느 법원에서 재판 중인지 아는 범위에서 기타사항 난에 기재하여야 합니다.

8. 기　타

본 고소장에 기재한 내용은 고소인이 알고 있는 지식과 경험을 바탕으로 모두 사실대로 작성하였으며, 만일 허위사실을 고소하였을 때에는 형법 제156조 무고죄로 처벌받을 것임을 서약합니다.

20○○.　　○.　　○.*

고소인　　　　　　　　　(인)*

제출인　　　　　　　　　(인)

※ 고소장 제출일을 기재하여야 하며, 고소인 난에는 고소인이 직접 자필로 서명 날(무)인 해야 합니다. 또한 법정대리인이나 변호사에 의한 고소대리의 경우에는 제출인을 기재하여야 합니다.

○○지방검찰청　귀중

※ 고소장은 가까운 경찰서에 제출하셔도 되며, 경찰서 제출시에는 '○○경찰서 귀중'으로 작성하시기 바랍니다.

[별지] 증거자료 세부 목록

(범죄사실 입증을 위해 제출하려는 증거에 대하여 아래 각 증거별로 해당란을 구체적으로 작성해 주시기 바랍니다)

1. 인적증거 (목격자, 기타 참고인 등)

성 명		주민등록번호		–
주 소	자택 : 직장 :		직 업	
전 화	(휴대폰) (자 택)　　　　　　　　(사무실)			
입증하려는 내 용	○○○ 고소인의 친구이며, 피고소인이 고소인에게 금 ○○○원을 주면 ○○을 싸게 구입해주겠다고는 말을 20○○. ○. ○. 고소인과 같이 들었음			

※ 참고인의 인적사항과 연락처를 정확히 알 수 없으면 참고인을 특정할 수 있도록 성별, 외모 등을 '입증하려는 내용'란에 아는 대로 기재하시기 바랍니다.

2. 증거서류 (진술서, 차용증, 금융거래내역서, 진단서 등)

순번	증 거	작성자	제 출 유 무
1			□ 접수시 제출 □ 수사 중 제출
2			□ 접수시 제출 □ 수사 중 제출
3			□ 접수시 제출 □ 수사 중 제출
4			□ 접수시 제출 □ 수사 중 제출
5			□ 접수시 제출 □ 수사 중 제출

※ 증거란에 각 증거서류를 개별적으로 기재하고, 제출 유무란에는 고소장 접수시 제출하는지 또는 수사 중 제출할 예정인지 표시하시기 바랍니다.

3. 증 거 물

순번	증 거	소유자	제 출 유 무
1			□ 접수시 제출 □ 수사 중 제출
2			□ 접수시 제출 □ 수사 중 제출
3			□ 접수시 제출 □ 수사 중 제출
4			□ 접수시 제출 □ 수사 중 제출
5			□ 접수시 제출 □ 수사 중 제출

※ 증거란에 각 증거물을 개별적으로 기재하고, 소유자란에는 고소장 제출시 누가 소유하고 있는지, 제출 유무란에는 고소장 접수시 제출하는지 또는 수사 중 제출할 예정인지 표시하시기 바랍니다.

4. 기타 증거

고 소 위 임 장

사　　건 :

고 소 인 :

피고소인 :

　위 사건에 관하여 홍○○은 아래와 같은 내용을 위임합니다.

아　　　래

1. 위임받은 사람

　　성　　　　명 : 김　○　○

　　주민등록번호 : 000000-0000000

　　주　　　　소 : ○○시 ○○로 ○○ (○○동)

2. 위임하는 내용고소장 제출 및 취소권 일체

3. 첨부서류

　　홍○○의 인감증명서　1부

　　　　　　　　　　　　20○○.　　○.　　○.

　　　　　　　　위임인(고소인)　홍　○　○　　(인)

　　　　　　　　　　　　　　(000000-0000000)

　　　　　　　　　　　　　　○○시 ○○로 ○○ (○○동)

　　　　　　　　　　　　　　전화 : 000-000

　○○지방검찰청 ○○지청　귀중

1. 고소 또는 그 취소는 대리인으로 하여금 하게 할 수 있으므로(형소법 제236조) 사실에 대해 정확히 잘 알고 있는 자를 대리인으로 하여 고소장 제출은 물론 진술까지 가능하다.
2. 주로 성관계범죄피해자 또는 거동이 불편한 경우 대리인에 의한 고소를 이용할 필요가 있다. 대리인의 자격에는 아무런 제한이 없다.
3. 통상 고소장 말미에 첨부하거나, 고소인 보충조사시 지참하여 제출한다.

[서식 56] 고소위임장(2)

고 소 위 임 장

　　고소인 홍○○은 귀서에 피고소인 ○○○(주민등록번호 : 000000-0000000)을 사기죄로 고소함에 있어서 위 고소인의 사정으로 인하여 고소인의 자회사인 ○○주식회사 대표이사인 ○○○(주민등록번호 : 000000-0000000)을 소송대리인으로 정하고 동인에게 고소인 진술이나 취소 등 소송관계 권한 일체를 위임합니다.

첨 부 서 류

　　1. 인감증명서(홍○○)　　　　　　　　　　1부

20○○.　　○.　　○.

위임인(고소인)　홍　○　○　(인)
　　　　　　　　○○시 ○○로 ○○ (○○동)
　　　　　　　　전화 : 000-0000

　　○○경찰서장　귀하

[서식 57] 위임장(고소대리)

<table>
<tr><td colspan="2" align="center">위 임 장</td></tr>
<tr><td>사 건</td><td></td></tr>
<tr><td>당 사 자</td><td>고 소 인
피고소인</td></tr>
<tr><td colspan="2">위 사건에 관하여 다음 표시 수임인을 대리인으로 선임하고 다음 표시 권한을 수여한다.</td></tr>
<tr><td>수 임 인</td><td>변호사 ○ ○ ○
　　　○○시 ○○구 ○○로 ○○ (○○동)
전화 :　　　　　　팩스 :</td></tr>
<tr><td>수권사항</td><td>1. 고소장을 비롯한 고소관련 각종 서류작성 및 제출권한
2. 피고소인과의 협의, 조정, 화해, 합의 및 그 금원 수령권
3. 기타 본 고소와 관련한 일체의 권한</td></tr>
<tr><td colspan="2">

　　　　　　　　　20○○.　　○.　　○.

　　　　　　　　　위임인　○ ○ ○　　(인)

○○경찰서　귀중</td></tr>
</table>

5. 고소의 취소

가. 의의

고소는 제1심 판결선고 전까지 취소할 수 있다(법 제232조 제1항). 형사소송법은 범인과 피해자 사이의 사적 분쟁해결이 원만히 이루어지도록 고소취소를 인정하면서도 국가의 형사소추권이 지나치게 오랫동안 사인의 의사표시에 좌우되는 것을 막기 위해 고소취소를 제1심 판결선고 전까지로 제한하고 있다(대판 1988. 3. 8. 85도2518).

나. 취소권자

고소를 취소할 수 있는 자는 원칙적으로 고소를 한자이다.

[서식 58] 고소취소장(1)

고 소 취 소 장

사　　　　건　　20○○ 형제○○○　특가법위반 등

고　소　인　○　○　○

피 고 소 인　○　○　○

　위 사건에 관하여 고소인은 피고소인을 수사기관에 고소한 사실이 있었으나 고소인은 피고소인과 원만한 합의를 보았으므로 이 사건 고소를 전부 취소합니다.

20○○.　○.　○.

위 고소인　○　○　○　(인)

○○지방검찰청　귀중

1. 고소는 제1심 판결선고 전까지 취소할 수 있다(법 제232조 제1항). 국가의 형사소추권이 지나치게 오랫동안 사인의 의사표시에 좌우되는 것을 막기위해 고소취소를 제1심 판결선고 전까지로 제한하고 있다.
2. 고소를 취소할 수 있는자는 원칙적으로 고소를 한자이다. 직접방문하여 취소장을 접수할 경우에는 인감날인을 요구하지는 않지만, 우편으로 접수할 경우에는 위임장에 인감을 날인하고 인감증명서를 첨부하여 접수하여야 한다.

[서식 59] 고소취소장(2)

고 소 취 소 장

고 소 인   ○   ○   ○

피고소인   ○   ○   ○

  고소인은 피소고소인을 사기혐의(또는 ○○죄)로 20○○. ○. ○. 귀서(또는 귀청)에 고소한 사실이 있었으나 고소인은 피고소인과 원만히 합의하였으므로 이 건 고소를 전부 취소합니다.

20○○. ○. ○.

위 고소인 ○ ○ ○   (인)

○○경찰서장 귀하 (○○지방검찰청 귀중)

1. 고소는 제1심 판결 선고 전까지 취소할 수 있다.
2. 현재 사건 진행중인 수사관서 또는 형사법원에 고소인이 고소취소장 1부를 제출한다. 위 제출 후 수사관서는 고소인의 고소취하의 진정한 의사를 확인한다.
3. 고소인이 직접 방문하여 취소장 접수시에는 막도장을 날인하여도 된다.
4. 직접 본인이 방문하기 어려운 경우 위임장에 인감을 날인하고 인감증명서를 첨부하여 대리인을 접수하게 하거나, 취소장에 인감을 날인하고 인감증명서를 첨부하여 우편으로 접수해도 된다.
5. 고소를 취소한 자는 동일한 범죄사실을 가지고 다시 고소를 제기할 수 없다(형소법 제232조).

다. 재고소의 금지

고소를 취소한 자는 다시 고소할 수 없다(법 제232조 제2항). 재고소금지 원칙에 반한 고소는 무효가 된다. 따라서 친고죄의 경우 재소금지원칙에 반한 고소에 터 잡아 제기된 공소제기는 법률의 규정에 반하여 무효가 되어 법원으로서는 공소기각 판결로서 사건을 종결해야 한다.

라. 고소취소의 방식

고소취소의 방식은 고소의 경우와 같으므로(법 제239조), 서면 또는 구술에 의한다(법 제237조). 합의서의 제출 자체가 고소취소는 아니다. 따라서 합의서가 제출된 경우에는 그 내용을 실질적으로 고찰하여 판단해야 한다.

6. 고소사건의 처리기간 및 고소의 취소, 포기

가. 고소사건의 처리기간

「형사소송법」 제237조에 의하면 형사사건의 고소·고발은 검사 또는 사법경찰관에게 하도록 규정되어 있고, 사법경찰관(경찰서 등)에게 고소·고발을 한 경우에는 「사법경찰관리 집무규칙」 제45조에 따라 2개월 이내에 수사를 완료하지 못하면 검사에게 소정의 서식에 따른 수사기일연장 지휘 건의서를 제출하여 그 지휘를 받아야 한다.

기　관	기　한	비고
경찰단계	2개월	임의사항에 해당하나 연장시에는 검사에게 수사 기일 연장 건의서를 제출하여야 한다
검찰단계	3개월	임의사항에 해당하나 3개월 이내에 수사를 완료하여 공소제기 여부를 결정하여야 한다.

그리고 「형사소송법」 제238조는 "사법경찰관이 고소 또는 고발을 받은 때에는 신속히 조사하여 관계서류와 증거물을 검사에게 송부하여야 한다."라고 규정하고 있고, 같은 법 제246조는 "공소는 검사가 제기하여 수행한다."라고 규정하고 있으므로, 모든 고소·고발사건은 검사에게 송치하여야 하고, 검사가 공소제기여부를 결정하는바, 이것은 검사의 기소독점주의의 원칙에 따른다(예외 : 재판상의 준기소절차 및 즉결심판).

[검찰송치]

피의자를 구속 송치하는 경우	피의자 신병, 수사기록 일체 및 증거자료를 검찰에 송치한다.
피의자를 불구속 송치하는 경우	피의자를 불구속한 상태로 수사기록 및 증거자료 등만 검찰에 송치한다.
피의자가 소재불명인 경우	피고소인, 피고발인 및 참고인 진술조서 등 수사기록과 함께 피의자를 기소중지의견으로 검찰에 송치한다.

고소 · 고발사건의 처리기간에 관하여는 구속사건과 불구속사건으로 나누어지는데 불구속사건의 경우 그 처리기간에 관하여는 같은 법 제257조는 "검사가 고소 또는 고발에 의하여 범죄를 수사할 때에는 고소 또는 고발을 수리한 날로부터 3월 이내에 수사를 완료하여 공소제기여부를 결정하여야 한다."라고 규정하고 있다.

그러므로 검사는 고소 · 고발을 수리한 날로부터 3개월 이내에 수사를 완료하여 공소제기여부를 결정하여야할 것이나 위와 같은 공소제기 기간에 대한 규정은 훈시규정에 불과하여 3개월경과 후의 공소제기여부의 결정도 유효한 것이라 할 것이다.

▶ **구속수사**

피의자를 조사한 결과 범죄혐의가 인정되고 구속사유에 해당되는 경우에는 사전구속영장을 신청하거나 체포(체포영장에 의한 체포, 긴급체포, 현행범체포)한 후 사후구속영장을 신청할 수 있다.

구속영장이 발부되면 피의자를 경찰서 유치장에 구속하고, 기각되면 피의자를 석방하여 불구속 수사하거나 증거보강수사를 하여 구속영장을 재신청할 수 있다.

▶ **불구속수사**

피의자를 조사한 결과 범죄혐의가 인정되더라도 구속 사유에 해당되지 않거나 범죄혐의가 인정되지 않을 경우에는 피의자를 구속하지 않고 수사한다.

피의자를 체포한 경우에도 구속수사에 해당되지 않으면 검사의 석방지휘를 받아 석방한다.

▶ **구속사유**

죄를 범하였다고 의심할 만한 상당한 이유가 있고 다음 사유가 있는 경우에는 구속할 수 있다
1. 一定한 住居가 없는 때
2. 증거를 인멸할 염려가 있는 때
3. 도망하거나 도망할 염려가 있는 때

단, 다액 50만 원 이하의 벌금, 구류 또는 과료에 해당하는 사건에 관하여는 일정한 주거가 없는 때를 제외하고는 구속할 수 없다

나. 고소의 취소 및 포기

고소는 제1심 판결선고 전까지 취소할 수 있다(형소법 232조 1항). 고소와 취소는 제1심 판결 후까지는 형사사법권의 발동이 사인의 의사에 좌우되지 않도록 하려는 취지에서 인정한 것이며, 고소의 취소도 대리인으로 하여금 하게 할 수 있고 고소의 취소의 방식은 고소의 방식에 관한 규정을 준용한다.

고소를 취소한 자는 다시 고소하지 못하며(형소법 232조 2항) 고소의 취소에 관하여도 고소불가분의 원칙이 적용되므로 친고죄의 공범 중 그 1인 또는 수인에 대하여 한 고소의 취소는 다른 공범자에 대하여도 그 효력이 발생하고(형소법 233조), 또 범죄사실의 일부에 관하여 고소를 취소하면 그 범죄사실 전체에 관하여 그 취소의 효력이 발생한다. 따라서 이런 경우에는 다른 공범자 또는 범죄사실의 다른 부분에 관하여도 고소를 할 수 없게 됨을 유의하여야 한다.

관련판례

> 친고죄에 있어서의 피해자의 고소권은 공법상의 권리라고 할 것이므로 법이 특히 명문으로 인정하는 경우를 제외하고는 자유처분을 할 수 없고 따라서 일단 한 고소는 취소할 수 있으나 고소 전에 고소권을 포기할 수 없다고 함이 상당할 것이다(대판 1967. 5. 23. 67도471).

[서식 60] 합의서(교통사고)

합 의 서

피 해 자 　　　○　　○　　○ (000000-0000000)
　　　　　　　　○○시 ○○구 ○○로 ○○ (○○동)
　　　　　　　　(전화번호 : 000-0000)

가 해 자 　　　○　　○　　○ (000000-0000000)
　　　　　　　　○○시 ○○구 ○○로 ○○ (○○동)
　　　　　　　　(전화번호 : 000-0000)

　　가해자는 20○○. ○. ○. 15:20경 승용차를 운전하고 ○○시 ○○동 ○○번지 앞 도로상을 ○○역 방면에서 ○○역 방면으로 진행하던 중 때마침 도로를 횡단하던 피해자를 치어 약 3주간의 치료를 요하는 상해를 가하고 현재 ○○구치소에 수감 중에 있는바, 피해자는 가해자로부터 금 ○○○원을 지급받아 원만히 합의가 되어 앞으로 민·형사상 이의를 제기치 않기로 하고 쌍방간 합의하며 가해자의 처벌을 원치 않습니다.

　　첨부서류 : 피해자의 인감증명서　1부

　　　　　　　　　　　20○○.　○.　○.
　　　　　　　　　가해자　○　○　○　(인)
　　　　　　　　　피해자　○　○　○　(인)

　　　　　　(또는)
　　　　　　가해자의 대리인　부 ○　○　○　(인)
　　　　　　　　　　　　　○○시 ○○로 ○○ (○○동)
　　　　　　　　　　　피해자　○　○　○　(인)

○○경찰서장　귀하(또는 ○○지방검찰청 ○○지청　귀중)

[서식 61] 합의서(폭행)

합 의 서

고 소 인   ○   ○   ○ (000000-0000000)
               ○○시 ○○구 ○○로 ○○ (○○동)
               (전화번호 : 000-0000)

피고소인   ○   ○   ○ (000000-0000000)
               ○○시 ○○구 ○○로 ○○ (○○동)
               (전화번호 : 000-0000)

　　고소인은 피고소인을 폭행죄로 고소한 사건에 관하여 고소인은 피고소인으로부터 일체의 피해를 변제 받고, 민·형사상의 이의를 제기하지 않겠기에 본 합의서를 작성 각자 1통씩 나누어 가짐.

　　첨부서류 : 고소인의 인감증명서 1통

　　　　　　　　　　　　　　20○○.　 ○.　 ○.

　　　　　　　　　　　　　고 소 인 ○　○　○　 (인)
　　　　　　　　　　　　　피고소인 ○　○　○　 (인)

○○경찰서장　 귀하

[서식 62] 합의서(상해)

합 의 서

피 해 자 　　　○　　○　　○ (000000-0000000)

　　　　　　　○○시 ○○구 ○○로 ○○ (○○동)

　　　　　　　(전화번호 : 000-0000)

가 해 자 　　　○　　○　　○ (000000-0000000)

　　　　　　　○○시 ○○구 ○○로 ○○ (○○동)

　　　　　　　(전화번호 : 000-0000)

1. 상기 피해자는 20○○. ○. ○. 22:30경 ○○시 ○○동 ○○번지 앞 노상에서
   가해자로부터 구타를 당하여 3주간의 치료를 요하는 안면부 찰과상을 입고 이를
   신고하여 귀서에서 수사 중인바,

2. 20○○. ○. ○. 피해자의 집에서 가해자의 처로부터 치료비 등으로 현금 ○○○
   원을 받았기 때문에 처벌을 원치 않으며 이후 이 건으로 민·형사상의 이의를
   제기치 않겠기에 본 합의서를 작성 각자 1통씩 나누어 가짐.

　첨부서류 : 피해자의 인감증명서　1부

　　　　　　　　　20○○.　　○.　　○.

　　　　　　　　　피해자　○　○　○　　(인)
　　　　　　　　　가해자　○　○　○　　(인)
　　　　　　　　　입회인　○　○　○　　(인)

○○경찰서장　귀하(또는 ○○지방검찰청 ○○지청 귀중)

합 의 서

피 해 자   ○   ○   ○ (000000-0000000)

○○시 ○○구 ○○로 ○○ (○○동)

(전화번호 : 000-0000)

가 해 자   ○   ○   ○ (000000-0000000)

○○시 ○○구 ○○로 ○○ (○○동)

(전화번호 : 000-0000)

위 당사자 간 ○○시 ○○구 ○○동 소재 ○○빌딩 ○호 점포의 양수양도 과정에서 권리금 400만원의 미해결 문제로 가해자를 상대로 20○○년 ○○월 ○○일자 사기 등 죄로 ○○경찰서에 제기한 고소사건에 관하여

고소인은 가해자로부터 권리금조로 받았던 금 400만원을 전액 환불하고 쌍방은 원만히 합의하였는바, 고소인은 가해자에 대한 형사 처분을 원하지 않음은 물론 앞으로 본건에 대해서는 이의를 제기하지 않겠으며 민·형사상의 소 또한 제기하지 않을 것을 확약하고 본 합의서에 서명 날인합니다.

첨부서류 : 피해자의 인감증명서   1부

20○○.   ○.   ○.

피해자 ○ ○ ○ (인)

가해자 ○ ○ ○ (인)

입회인 ○ ○ ○ (인)

○○경찰서장   귀하(또는 ○○지방검찰청 ○○지청 귀중)

고 소 인 지 정 신 청

청 구 인   ○ ○ ○   (전화 :   )

　　　　　　　○○시 ○○구 ○○로 ○○ (○○동)

　　피의자 ○○○에 대한 강간 피의사건에 관한 고소권자인 피해자 ○○○는 강간당한 사실을 비관하고 자살한 바 있고 피해자는 유서에서 고소해 줄 것을 명백히 하고 있으나 친척 기타 고소할 자가 없으므로 고소권자를 지정하여 주시기 바랍니다.

첨 부 서 류

　　1. 유서 사본　　　　　　　　　　　1통

　　　　　　　　20○○.　　○.　　○.

　　　　　　　위 청구인의 이해관계인

　　　　　　　피해자의 숙부 ○ ○ ○ (인)

○○지방검찰청 검사장　귀하

작성 · 접수방법

형사소송법 제228조 : 친고죄에 대하여 고소할 자가 없는 경우에 이해관계인의 신청이 있으면 검사는 10일 이내에 고소할 자를 지정하여야 한다.

출 국 금 지 의 뢰 신 청

사 건   20○○형 제○○○○호 사기

피 의 자   ○ ○ ○

　　위 피의자에 대한 사기 피의사건에 관하여 귀청에서 현재 수사 계속중에 있는바, 피의자가 회피하고자 주소지를 떠나 일본국으로 출국준비차 여권 수속중에 있음이 탐지된바 있으므로 이 사건 수사가 종결될 때까지 피의자의 출국을 금지하여 주시기 바랍니다.
(또는 위 사건에 관하여 현재 귀청에서 수사 중인바, 피의자는 수사를 회피하고자 ○○국으로 출국준비 중에 있으므로 위 수사가 종결될 때까지 피의자의 출국을 금지하여 주시기 바랍니다).

20○○.   ○.   ○.

신청인(고소인) ○ ○ ○   (인)

○○지방검찰청 귀중

7. 경찰의 불송치 결정과 불복절차

가. 불송치결정

검경 수사권 조정에 따라 대부분의 일상적인 범죄는 경찰에 고소나 고발을 해야 한다. 이에 따라 경찰의 수사결과 혐의가 인정되지 않는다고 보는 아래의 경우 경찰이 검찰로 고소사건을 송치하지 않고 자체적으로 종결하겠다는 뜻으로 불송치결정을 한다. 이에 따라 검사가 기소여부를 결정한다.

나. 불송치결정 사유

(1) 혐의없음

수사결과 피의사실이 범죄를 구성하지 않거나 범죄가 인정되지 않는 경우 및 피의사실을 인정할 만한 충분한 증거가 없는 경우 혐의없음결정을 불송치 한다.

(2) 죄안됨

피의사실이 범죄구성요건에 해당되나 법률상 범죄의 성립을 조각하는 사유가 있어 범죄를 구성하지 아니하는 경우 죄안됨으로 불송치결정을 한다.

(3) 공소권없음

수사결과 ① 확정판결이 있는 경우, ② 사면이 있는 경우, ③ 공소시효가 완성된 경우, ④ 범죄 후 법령의 개폐로 형이 폐지된 경우, ⑤ 법률의 규정에 의하여 형이 면제된 경우, ⑥ 피의자에 대하여 재판권이 없는 경우, ⑦ 동일사건에 관하여 이미 공소가 제기된 경우, ⑧ 친고죄 및 공무원의 고발이 있어야 논하는 죄의 경우 고소 또는 고발이 무효 또는 취소된 때, ⑨ 반의사불벌죄의경우 처벌을 희망하지 아니하는 의사표시가 있거나 처벌을 희망하는 의사표시가 철회된 경우, ⑩ 피의자가 사망하거나 피의자인 범인이 존속하지 않게 된 경우 등의 사유가 확인될 경우 공소권없음으로 불송치결정을 한다.

구 분			내 용
기 소			피의자의 형사사건에 대하여 법원의 심판을 구하는 행위
불기소	피의자를 재판에 회부하지 않는 것	혐의없음	피의사실에 대한 증거가 불충분하거나 피의사실이 범죄를 구성하지 않을 때 실시하는 처분
		기소유예	증거는 충분하지만 범인의 성격, 연령, 처지, 범죄의 경중, 전과 등을 고려하여 불기소하는 처분
		공소권 없음	공소시효가 완성되거나 반의사불벌죄에서 범죄피해자가 처벌불원의 의사표시를 하거나 처벌의 의사표시를 철회하는 경우에 하는 처분

(4) 각하

고소, 고발로 수리한 사건에서 다음의 어느 하나의 사유에 해당하는 경우 각하처리한다.

(가) 고소인 또는 고발인의 진술이나 고소장 또는 고발장에 따라 더 이상 수사를 진행할 필요가 없다고 판단되는 경우

(나) 동일사건에 대하여 사법경찰관의 불송치 또는 검사의 불기소가 있었던 사실을 발견한 경우에 새로운 증거 등이 없이 다시 수사해도 동일하게 결정될 것이 명백하다고 판단되는 경우

(다) 고소인, 고발인이 출석요구에 응하지 않거나 소재불명이 되어 고소인 고발인에 대한 진술을 청취할 수 없고, 제출된 증거 및 관련자 등의 진술에 의해서도 수사를 진행할 필요성이 없다고 판단되는 경우

(라) 고발이 진위여부가 불분명한 언론보도나 인터넷 등 정보통신망의 게시물, 익명의 제보, 고발내용과 직접적인 관련이 없는 제3자로부터 전문이나 풍문 또는 고발인의 추측만을 근거로 한 경우 등으로서 수사를 개시할 만한 구체적인 사유나 정황이 충분치 아니한 경우

다. 이의신청

불송치결정을 할 때 사법경찰관은 7일 이내에 서면으로 고소인이나 피해자에게 검사에게 송치하지 아니한 취지와 그 이유를 통지하여야 한다.

(1) 이의신청의 대상

종전 형사소송법은 사법경찰관으로부터 불송치 결정 통지를 받은 고소인·고발인·피해자 또는 그 법정대리인이 해당 사법경찰관 소속 관서의 장에게 이의를 신청할 수 있도록 하였다(형사소송법 제245조의7 제1항- 검사에게 하는 것이 아님). 그런데 개정 형사소송법은 이의신청을 할 수 있는 자 중에 '고발인'을 제외하였다. 그 결과 고발인은 사법경찰관의 불송치 결정에 대해 이의신청을 할 수 없고, 고소인, 피해자 또는 그 법정대리인만 이의신청을 할 수 있는 것으로 변경되었다.

(2) 검사의 기록검토 및 재수사 요청

불송치결정을 한 경찰은 기지체없이 고송인이나 피해자가 한 이의신청서와 지금까지 작성한 수사기록 등을 검사에게 송부여야 한다. 검사는 90일 동안 기록을 검토할 수 있고, 기록 검토결과 사범경찰관이 사건을 송치하지 아니한 것이 위법 또는 부당한 때에는 재수사요청을 한다. 다만 불송치결정에 영향을 줄 수 있는 명백히 새로운 증거 또는 사실이 발견될 경우, 증거 등의 서위 위조 또는 변조를 인정할 만한 상당한 정황이 있는 경우에는 90일이 지난 후에도 재수사를 요청할 수 있다.

(3) 경찰의 재수사

재수사요청을 받은 경찰은 재수사를 하여야 하며, 재수사결과 범죄의 혐의가 인정될 경우 검사

에게 사건을 송치하고 관계 서류와 증거불을 송부하여야 하고, 기존의 불송치를 유지하는 경우에는 재수사 결과서에 그 내용과 이유를 구체적으로 기재하여 검사에게 통보하여야 한다. 다만, 경찰이 기존의 불송치 결정을 유지하였더라도 검사는 다시 재수사를 요청할 수 없다.

그러나 경찰의 재수사에도 불구하고 관련 법리에 위반되거나 송부받은 관계서류 및 증거물과 재수사결과만으로도 공소제기가 가능할 정도로 명백히 채증법칙에 위배, 공소시오 또는 형사소추의 요건을 판단하는 데 오류가 있어 사건을 송치하지 않은 위법 또는 부당이 시정되지 않은 경우 재수사결과 통보를 받은 날부터 30일 이내에 사건송치를 요구할 수 있다.

(4) 검사의 보완수사 요청 및 처분

경찰의 수사결과 혐의가 인정되는 경우 검찰송치 결정을 해야한다. 이 경우 경찰은 기록을 검사에게 송부하는데, 기록을 검토한 검사는 보완수사가 필요한 경우 보완수사요구 등을 하여야 하며, 공소제기, 불기소, 기소중지 등의 처분을 하여야 한다.

(5) 검사의 보완수사범위 축소

개정법은 검사가 체포·구속장소 감찰과정에서 적법절차가 의심되어 송치를 명한 사건, 고소인 등의 이의신청으로 송치된 사건 등 특정한 경우에는 해당 사건과 직접 관련성뿐만 아니라 '동일성'을 해치지 아니하는 범위 내에서만 검사가 수사를 개시할 수 있도록 추가적인 제한을 두었다 (형사소송법 제196조 제2항).

반면, 기소 의견 송치사건에 대해서는 이러한 제한이 없으므로 해당 사건과 직접 관련성만 있으면 보완수사를 개시할 수 있을 것으로 풀이된다. 기타 검사 자신이 수사개시한 범죄에 대한 공소제기를 금지하였고, 검사 직접 수사개시 대상 범죄에 대한 수사를 개시할 수 있는 부의 현황을 검찰총장이 분기별로 국회에 보고할 의무를 부과하였으며, 별건 수사의 금지 규정을 두는 등의 개정이 있었다.

■ 경찰수사규칙 [별지 제125호서식]

불송치 결정 이의신청서

□ 신청인

성 명		사건관련 신분	
주민등록번호		전화번호	
주 소		전자우편	

□ 경찰 결정 내용

사 건 번 호	–
죄 명	
결 정 내 용	

□ 이의신청 이유

□ 이의신청 결과통지서 수령방법

종 류	서 면 / 전 화 / 팩 스 / 전 자 우 편 / 문 자 메 시 지

.   .   .

신청인   (서명)

소속관서장 귀하

210㎜ × 297㎜(백상지 80g/㎡)

불송치 결정 이의신청서

신 청 인   ○ ○ ○ (전화번호 ○○○ − ○○○○)
           ○○시 ○○구 ○○길 ○○번지

피신청인   △ △ △ (전화번호 ○○○ − ○○○○)
           ○○시 ○○구 ○○길 ○○번지

   위 피고소인에 대한 ○○경찰서20○○고제000 업무상횡령 등 피의사건에 대하여 ○○경찰서 경위 ○○○은 20○○. 00. 00. 피의자에게 불송치(혐의없음) 결정을 하였는바, 이에 대하여 고소인은 이의를 신청합니다.
[고소인은 위 불송치결정통지를 0000. 00. 00. 수령하였습니다.

− 이의사유 −

1. 불송치 결정요지
○○경찰서는 경위 ○○○은 −−−− 대하여 불송치 결정을 하였습니다(불소치 이유 기재).

2. 고소사실의 재수사 필요성
가. 업무상 횡령에 관하여
   ○○경찰서 경위 ○○○은 "임차인들이 임차받은 점용부분 및 공용부분의 사용권능은 임차인들에게 있고, 임차인들이 임대한 공용부분에 대한 임대료 역시 임차인들의 소유로 봄이 타당하다"라는 경찰 의견서의 내용을 인용하면서 임차인의 소유인 이상 횡령이라고 볼 수 없다는 판단을 하고 있습니다.

   그러나 공용부분의 사용권능이 임차인들에게 있기 때문에 임차인들이 임대한 공용부분에 대한 임대료 역시 임차인들의 소유라는 것은 부당한 법률 판단입니다.
   임대차는 소유권자가 가진 사용, 수익, 처분의 권능 중 사용 권능을 임차인에게 주는 것을 목적으로 하는 계약으로서 임차인은 임대차 당시의 상태대로 목적물을 사용하고 계약이 종료하면 원 상태대로 반환하여야 합니다. 따라서 임대차 계약 존속 중 자신이 직접 임차한 목적물(전유부분)조차도 임대인의 동의 없이는 제3자에게 전대하는 것이 금지되어 있습니다. 전유부분에 대한 전대조차도 금지되어 있는 마당에 임대차의 직접적인 목적물이 아닌 공용부분을 타에 임대하고 그 수익을 임차인의 몫으로 취할 수 있다는 것은 부당한 법률 판단입니다.

또, ○○경찰서 경위 ○○○은 "가사 공용부분에 대한 임대료가 상가구분소유자의 것이라는 특별한 사정이 있다고 하더라도, 이를 피의자가 횡령하였다고 볼 아무런 증거가 없고, 수년간 그와 같은 임대료의 수금과 사용을 구분소유자들이 합의하고 사실상 용인한 상태에서 상가번영회가 관리하여 온 만큼 횡령 범의가 있다고도 할 수 없다"라고 하고 있습니다.

그러나 상가구분소유자들이 임대료의 수금과 사용을 합의하였거나 용인한 사실은 없습니다. 상가구분소유자들은 임차인들이 공용부분을 임대하여 그 수익을 올리고 있는지, 그 수익이 얼마인지, 그 수익이 어디에 사용되는 지에 대하여 알지도 못하고 있었습니다.

한편, 가사 과거 수년 동안의 공용부분 차임의 수금 및 사용에 대하여 상가구분소유자들이 합의 내지 용인하였다고 보는 경우에도, 200○. 1. 28. 관리단 집회에서 구분소유자들이 관리업무를 직접 수행하기로 한 이상 피고소인들은 기존에 관리하고 있던 관리비 통장 및 공용부분 임료 수익 등을 관리단에 인계하여야 하며, 과거 수금 및 사용권한에 대한 상가구분소유자들의 합의 여하에 불구하고 더 이상 수금 및 사용 권한이 없습니다.

그럼에도 불구하고 피고소인들은 계속하여 공용부분 임료를 수금하여 무단으로 사용하면서 그 인계를 거부하고 있는 바, 과거의 공용부분 차임의 수금 및 사용에 대한 상가구분소유자들의 합의 내지 용인 여하에 불구하고, 최소한 200○. 1. 28. 관리단 집회 이후의 공용부분 임료 착복은 명백히 횡령이 된다고 할 것입니다. 따라서 이 부분을 간과한 ○○경찰서 경위 ○○○은(의) 불송치결정은 심히 부당합니다.

나. 업무방해에 관하여

○○경찰서 경위 ○○○은(는), "관리단 구성의 적법성을 떠나 상가번영회에서 관리업무를 인계해야 할 책임도 있다고 볼 수 없으므로 단지 이에 응하지 않았다는 이유만으로 관리단의 업무를 방해했다고 볼 수 없다"라는 경찰 의견서의 내용을 그대로 인용하면서 불송치결정을 하고 있습니다.

그러나, 위 "관리단 구성의 적법성을 떠나 상가번영회에서 관리업무를 인계해야 할 책임이 있다고 볼 수 없다"라는 판단은 "집합건물의 소유 및 관리에 관한 법률"(이하 "집건법"이라고 합니다)과 정면으로 배치되는 판단으로 심히 부당한 법률 판단입니다.

집건법 제23조에 의하면, 집합건물에 대하여는 구분소유자 전원을 구성원으로 하여 건물과 그 대지 및 부속시설의 관리에 관한 사업의 시행을 목적으로 하는 관리단이 설립되는데, 이 관리단은 어떤 조직행위를 거쳐야 비로소 구성되는 것이 아니라 구분소유관계가 성립하는 건물이 있는 경우 당연히 그 구분소유자 전원을 구성원으로 하여 성립되는 것입니다.

대법원 역시 "건물의 영업제한에 관한 규약을 설정하거나 변경할 수 있는 관리단은 어떠한 조직행위를 거쳐야 비로소 성립되는 단체가 아니라 구분소유관계가 성립하는 건물이 있는 경우 당연히 그 구분소유자 전원을 구성원으로 하여 성립되고, 그 의결권도 구분소유자 전원이 행사한다고 할 것이며…"(대법원 2005.12.16. 자 2004마515 결정) 라고 판시하고 있습니다.

고소인 상가의 경우에도, 상가 건물이 성립할 당시부터 구분소유자 전원을 구성원으로 하는 관리단이 당연 설립되어 있고, 관리업무는 원시적으로 관리단의 권한으로 귀속되어 있는 것이며 양도나 이전이 불가능한 고유권한입니다.

다만, 관리단의 업무는 관리단에서 직접 수행할 수도 있고, 관리단이 관리업체 등에 위임하여 관리단을 대리하여 수행하게 할 수도 있습니다. 후자의 경우 관리업체 등이 징수한 관리비 등의 소유권은 관리단에 귀속하는 것이고 관리단이 위임을 철회하여 직접 관리를 하겠다고 하는 경우 관리업무를 위임받은 자는 관리업무를 당연히 인계하여야 합니다.

　고소인 상가의 경우 구분소유자 전원을 구성원으로 하는 관리단이 당연 구성된 상태에서 피고소인들(상가번형회)이 관리업무를 위임 받아 처리하여 온 것이고, 피고소인들은 관리단이 직접 상가관리업무를 맡을 것이며 더 이상 피고소인들에게 관리업무 대행을 맡기지 않겠다고 한 이상 당연히 관리업무를 인계하여야 합니다. 그럼에도 불구하고 관리업무를 인계할 필요가 없다고 한 00경찰서 경위 ○○○은(의) 판단은 집건법에 배치되는 부당한 것입니다.

　한편, ○○경찰서 경위 ○○○은(이) 그대로 인용한 경찰 의견서를 보면, 피고소인들이 자신들에게 유리한 자료라면서 구분소유자 7명의 확인서(상가 관리업무를 번영회에 위임한다는 내용)를 제출하고 있는 것을 볼 수 있는데, 위 확인서들은 진정한 것이 아닙니다. 그 예로, 확인서 중 102호 김00 명의 확인서를 보면, 김○○이 작성한 것이 아니라 그 임차인인 김○순이 작성한 것을 알 수 있는데, 이에 대하여 피고소인들은 구분소유자 김○○의 딸인 강명자로부터 김○순이 위임을 받아 작성하였다고 주장하였습니다. 하지만, 강○○는 김○순에게 그러한 위임을 한 적이 없다고 하고 있고, 또 딸인 강○○가 김○○의 일을 마음대로 위임할 수도 없을 것입니다. 김○○은 20○○. 1. 28. 관리단집회 당시 관리단이 관리업무를 직접 수행하기로 하는 결의에 의결권을 행사한 자인데 이후에 그와 반대되는 내용의 확인서를 작성해 줄 리가 만무합니다.

3. 결론
　따라서, 이 사건 경찰의 불송치결정은 마땅히 취소되어야 할 것이며, 고소인의 고소 취지에 따른 철저한 조사 및 송치가 이루어져야 할 것입니다.

20○○.　00.　00.
신청인 ○○○(인)

○○경찰서장 귀중

8. 수사 및 재판절차 개관

① 6대 중대범죄가 아닌 경우 → ② 경찰 고소 및 수사 → ③ 경찰 불송치 결정 → ④검찰에서 90일 기록 검토 → ⑤ 불송치 결정 위법부당 판단 → ⑥ 경찰에 재수사 요청 → ⑦ 경찰 불송치 결정 유지 → ⑧ 고소인 이의신청 → ⑨ 검찰로 사건 자동 송치 → ⑩ 검찰 수사 → ⑪ 검찰 보완수사 요구 → ⑫ 경찰 보완수사 후 송치 → ⑬ 검찰 수사 → ⑭ 검찰 기소 → ⑮ 법원 다만, △경찰의 송치·불송치 결정 △검찰의 재수사 요청·보완수사 요구 △고소인의 이의신청 까지 맞물려 수사가 진행될 경우 15단계 이상의 단계를 거쳐야 사건이 마무리된다.

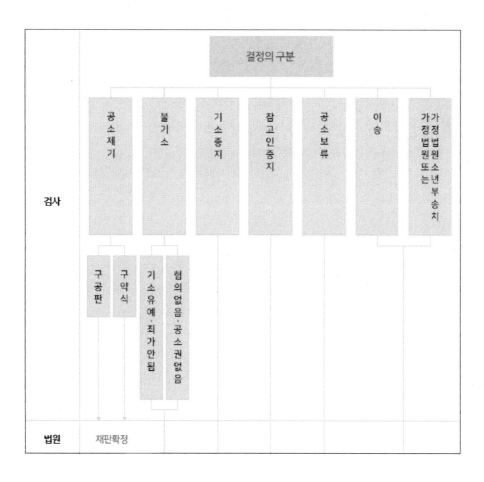

1. 의 의

고발이란 고소권자 및 범인 이외의 제3자가 수사기관에 대하여 범죄사실을 신고하여 범인의 처벌을 희망하는 의사표시를 말한다. 고발도 고소와 마찬가지로 처벌희망의 의사표시를 핵심요 소로 하므로 단순한 범죄사실의 신고는 고발이 아니다. 고발도 원칙적으로 단순한 수사의 단서 에 그친다. 그러나 예외적으로 공무원의 고발을 기다려 논할 수 있는 범죄에서는 친고죄의 고 소와 같이 소송조건으로서의 성질을 갖는다.

2. 고발권자

누구든지 범죄가 있다고 사료하는 때에는 고발할 수 있다(법 제234조 제1항). 공무원은 그 직무 를 행함에 있어 범죄가 있다고 사료하는 때에는 고발하여야 한다. 그러나 공무원이 그 직무와 관련 없이 알게 된 범죄에 대해서는 고발의무가 없다.

3. 고발의 방식

고발의 방식과 처리절차 및 그 제한에 관하여는 고소의 경우에 준한다(법 제239조). 그러나 고 발의 경우에는 대리가 허용되지 않고,6) 고발기간의 제한이 없으며 고발을 취소한 후에도 다시 고발을 할 수 있으며 고발의 주관적 불가분의 원칙이 적용되지 않는다는 점 등에서 고소와 구 별된다.

---

6) 고발은 누구든지 할 수 있으므로 대리를 인정할 실익이 없다는 점을 감안하여 고발의 대리는 허용되지 않는 다고 보는 것이 일반적이다.

[서식 68] 고 발 장

고　발　장

고 발 인　　　1. ○　○　○ (000000-0000000)
　　　　　　　　　○○시 ○○구 ○○로 ○○ (○○동)
　　　　　　　　　(전화번호 : 000-0000)
　　　　　　　2. 이　○　○ (000000-0000000)
　　　　　　　　　○○시 ○○구 ○○로 ○○ (○○동)
　　　　　　　　　(전화번호 : 000-0000)

피고발인　　　김　○　○ (000000-0000000)
　　　　　　　○○시 ○○구 ○○로 ○○ (○○동)
　　　　　　　(전화번호 : 000-0000)

　　고발인은 피고발인들을 상대로 아래와 같이 '업무상 횡령죄'로 고발을 제기하오니 철저히 조사하시어 엄벌하여 주시기 바랍니다.

고 소 사 실

1. 피고발인들은 ○○조합의 조합원들이고, 피고발인 김○○은 위 조합의 이사장입니다.
2. 위 김○○는 위 조합사무실에서 위 조합의 조합원들로부터 조합비를 징수하여 위 조합을 위하여 보관하여 왔습니다. 그런데 위 김○○은 조합비 중 금 ○○○ 만원을 인출하여 유용하였습니다.
3. 위 피고발인이 저지른 횡령금전은 조합원들의 회비 등으로 마련된 공금으로 사적인 용도로 전횡되는 것을 막아야 할 당위가 있고, 차후 유사한 사태의 재발을 막기 위하여 이 사건 고발에 이른 것입니다.

입 증 방 법

　　1. 녹취록
　　1. 진정사항회신

20○○.　○.　○.
위 고발인　○　○　○　(인)
　　　　　　○　○　○　(인)

○○경찰서장　귀하

Ⅴ. 자 수

자수란 범인이 수사기관에 대하여 자신의 범죄사실을 신고하여 자신에 대한 처벌을 희망하는 의사표시이다. 자수의 신고방법에는 법률상 특별한 제한이 없으므로 제3자를 통하여서도 이를 할 수 있으나 제3자에게 자수의사를 경찰서에 전달하여 달라고 말한 경우를 자수로 볼 수는 없다. 자수는 수사기관에 대한 의사표시라는 점에서 반의사불벌죄의 범인이 피해자에게 자신의 범죄사실을 알려서 용서를 구하는 자복과 구별된다(형 제52조 제2항). 자수는 수사의 단서에 해당하는 동시에 양형상 참작사유(임의적 감면사유)가 된다. 자수의 방식과 수사기관의 처리 절차는 고소의 경우에 준한다(법 제240조).

[서식 69] 자수서(1)

자 수 서

피 의 자   ○ ○ ○ (000000-0000000)
　　　　　　경기도 ○○구 ○○동 ○○

　위 피의자에 대한 귀청 20○○형 제 ○○○○ 사기 사건에 관하여 귀청은 피의자의 소재불명을 이유로 20○○. ○. ○. 불기소 처분을 하였는바, 위 피의자는 자진 출두하여 사실대로 진술하고자 자수를 하오니 선처해 주시기 바랍니다.

20○○.   ○.   ○.

위 피의자 ○ ○ ○   (인)

○○지방검찰청 (제501동 김○○ 검사님실)   귀중

자수서 1부를 담당 수사기관에 제출한다. 제3자를 통하여서도 이를 할 수 있으나 제3자에게 자수의사를 경찰서에 전달하여 달라고 말한 경우를 자수로 볼 수는 없다.

[서식 70] 자수서(2)

자 수 서

피 의 자   ○   ○   ○

주민등록번호   000000-0000000

등록기준지   ○○시 ○○구 ○○로 ○○ (○○동)

주   거   ○○시 ○○구 ○○로 ○○ (○○동)

연 락 처   000-000-0000

위 피의자는 아래와 같은 범죄사실로 일시 도주한 바 있으나 이에 대한 수사의 소추를 구하고자 자진 출두하여 자수하는 바입니다.

범 죄 사 실

피의자는 20○○. ○. ○. ○○시 ○○구 ○○로 ○○ (○○동) ○○은행에서 피해자 ○○○가 현금을 찾아오는 것을 보고 이를 뒤따라가 100만원이 든 핸드백을 낚아채어 절취하고 그 즉시 도주하였으나 피해자와 원만한 합의를 한 바 있어 이에 자수하오니 이 사건을 수사하여 주시기 바랍니다.

20○○.   ○.   ○.

자수인(피의자)   ○   ○   ○   (인)

○○지방검찰청 귀중 (○○경찰서장 귀하)

1. 자수서 1부를 담당 수사기관에 제출한다. 제3자를 통하여서도 이를 할 수 있으나 제3자에게 자수의사를 경찰서에 전달하여 달라고 말한 경우를 자수로 볼 수는 없다.
2. 자수를 하는 경우 공판선고시 임의적으로 형량을 감면받도록 되어 있으므로 범죄사실을 인정하는 경우 자수를 하는 것이 피의자를 위하여 유리하다.
3. 판례는, 피고인이 비록 수사기관에 자발적으로 출석하였고, 당시 자수서를 소지하고 있었다고 하더라도, 조사를 받으면서 자수서를 제출하지 않았을 뿐만 아니라 범행사실도 부인하였던 이상 그 단계에서 자수가 성립한다고 인정할 수는 없고, 그 이후 피고인이 그와 같은 범죄사실로 구속까지 된 상태에서 자수서를 제출하고 제4회 피의자신문 당시 범행사실을 시인한 것을 자수에 해당한다고 인정할 수 없다고 한다.
4. 수개의 범죄사실 중 일부에 관하여만 자수한 경우에는 그 부분 범죄사실에 대하여만 자수의 효력이 있다 (대법원 1994. 10. 14. 선고 94도2130 판결).

[서식 71] 자수서(3)

자　수　서

피 의 자　　　　ㅇ　　ㅇ　　ㅇ (000000-0000000)

　　　　　　　　ㅇㅇ시 ㅇㅇ구 ㅇㅇ로 ㅇㅇ (ㅇㅇ동)

　　　　　　　　연락처 : 000-000-0000

　위 피의자에 대한 귀청 20ㅇㅇ형 제ㅇㅇㅇ호 청소년보호법위반 피의사건에 관하여 귀청은 피의자의 소재불명을 이유로 20ㅇㅇ. ㅇ. ㅇ. 불기소(기소중지) 처분하였는바, 위 피의자는 자진출두하여 사실대로 진술하고자 자수를 하오니 선처하여 주시기 바랍니다.

　　　　　　　　　　20ㅇㅇ.　　ㅇ.　　ㅇ.

　　　　　　　　　피의자　ㅇ　　ㅇ　　ㅇ　　(인)

ㅇㅇ지방검찰청　귀중

작성·접수방법

1. 자수서 1부를 담당 수사기관에 제출한다. 제3자를 통하여서도 이를 할 수 있으나 제3자에게 자수의사를 경찰서에 전달하여 달라고 말한 경우를 자수로 볼 수는 없다.
2. 자수를 하는 경우 공판선고시 임의적으로 형량을 감면받도록 되어 있으므로 범죄사실을 인정하는 경우 자수를 하는 것이 피의자를 위하여 유리하다.
3. 판례는, 피고인이 비록 수사기관에 자발적으로 출석하였고, 당시 자수서를 소지하고 있었다고 하더라도, 조사를 받으면서 자수서를 제출하지 않았을 뿐만 아니라 범행사실도 부인하였던 이상 그 단계에서 자수가 성립한다고 인정할 수는 없고, 그 이후 피고인이 그와 같은 범죄사실로 구속까지 된 상태에서 자수서를 제출하고 제4회 피의자신문 당시 범행사실을 시인한 것을 자수에 해당한다고 인정할 수 없다고 한다.
4. 수개의 범죄사실 중 일부에 관하여만 자수한 경우에는 그 부분 범죄사실에 대하여만 자수의 효력이 있다(대법원 1994. 10. 14. 선고 94도2130 판결).

Ⅵ. 변사자 검시

1. 의 의

변사자 검시란 사람의 사망이 범죄로 인한 것인가의 여부를 판단하기 위하여 검사가 변사체의 상황을 조사하는 것을 말한다(법 제222조 제1항). 변사자라 함은 자연사 이외의 사망으로 그 원인이 분명하지 않은 자를 말한다. 따라서 범죄로 인하여 사망한 것이 명백한 자는 변사자에 포함되지 않는다. 또한 익사 또는 천재지변 등 범죄 이외의 사유로 사망한 것이 명백한 사체 역시 검시대상이 아니다.

2. 변사자검시 주체

변사자검시는 원칙적으로 검사가 행하는 것이지만 검사는 사법경찰관에게 명할 수도 있다(법 제222조 제3항).

3. 검증과의 관계

변사자검시는 수사의 단서에 불과하므로 영장을 요하지 않는다. 그러나 검시를 통해 범죄혐의가 인정되면 수사를 개시하게 되는데 변사자의 사인을 보다 분명히 하고 증거를 확보하기 위해 행하는 사체해부는 수사방법의 하나인 검증에 속한다. 사체해부는 검증이므로 원칙적으로 영장을 요하지만 긴급을 요하는 때에는 영장 없이 검증할 수 있다(법 제222조 제2항).

제3절 임의수사

Ⅰ. 총 설

1. 의 의

수사는 수사기관인 검사 및 사법경찰관에 의하여 행하여지며 수사기관이 범죄혐의가 있다고 판단할 때 개시되는데 그 방법이 임의적인가 경제적인가에 따라 임의수사와 강제수사로 구분할 수 있다.

임의수사란 범인과 그 증거를 발견하고 공소제기의 여부와 유사자료를 얻기 위하여 수사를 받는 상대방의 동의와 승낙을 전제로 하여 이에 필요한 수사를 실행하는 것을 말한다. 임의출석에 의한 피의자신문, 피의자 이외의 증인, 참고인 등의 신문 감정, 통역 번역의 위촉 등이 이에 속한다.

2. 임의수사의 원칙

임의수사상의 원칙수사는 원칙적으로 임의수사에 의하고 강제수사는 법률에 규정된 경우에 한하여 예외적으로 허용된다는 원칙을 임의수사의 원칙이라고 한다. 형사소송법도 수사기관은 수사에 관하여 그 목적달성에 필요한 조사를 할 수 있으나 강제처분은 이 법률에 특별한 규정이 없으면 하지 못한다고 규정함으로써 임의수사가 원칙임을 명시하고 있다.

3. 임의수사의 방법

피의자신문, 참고인조사, 감정ㆍ통역ㆍ번역, 공무소에의 조회가 임의수사라고 보는 데에는 대체적으로 견해가 일치하고 있다.

1. 의 의

형사소송법이 규정하고 있는 임의수사의 방법으로 피의자신문이 있으며 이는 수사기관이 피의사건에 대한 피의자에게 출석요구를 하고 진술거부권을 고지한 다음 피의자로부터 임의의 진술을 듣는 절차인데 피의자는 수사기관의 출석요구에 응할 의무가 없고 일단 출석한 후에도 언제든지 퇴거할 수 있다(헌재결 2004. 9. 23. 2000헌마138).

2. 절 차

가. 진술거부권의 고지

피의자신문에 앞서 미리 피의자에게 불리한 진술을 거부하거나 묵비할 수 있음을 고지하여야한다(법 제244조의3). 피의자의 진술거부권은 헌법이 보장하는 형사상 자기에 불리한 진술을 강요당하지 않는 자기부죄거부의 권리에 터 잡은 것이므로 수사기관이 피의자를 신문함에 있어서 피의자에게 미리 진술거부권을 고지하지 않은 때에는 그 피의자의 진술은 위법하게 수집된 증거로서 진술의 임의성이 인정되는 경우라도 증거능력이 없다(대판 1992. 6.23. 92도682).

출 석 요 구 서

○○○ 귀하에 대한 사기 피의사건(고소인 이○○)에 관하여 문의할 일이 있으니 우편수령 즉시 사건 담당자와 전화통화 후 우리서 수사과 조사계로 출석하여 주시기 바랍니다.

출석하실 때에는 반드시 이 출석요구서와 주민등록증(또는 운전면허증) 및 도장, 그리고 아래 증거자료와 기타 귀하가 필요하다고 생각하는 자료를 가지고 나오시기 바라며, 이 사건과 관련하여 귀하가 전에 충분히 진술하지 못하였거나 새로이 주장하고 싶은 사항 및 조사가 필요하다고 생각되는 사항이 있으면 이를 정리한 진술서를 작성하여 나오시기 바랍니다.

1.
2.
3.

지정된 일시에 출석할 수 없는 부득이한 사정이 있거나 이 출석요구서와 관련하여 궁금한 점이 있으면 조사(02-123-1234에 연락하여 출석일시를 조정하시거나 궁금한 사항을 문의하시기 바랍니다.

정당한 이유 없이 출석요구에 응하지 아니하면 형사소송법의 규정에 따라 체포될 수 있습니다.

※ 수사에 중대한 지장을 주지 않는 범위 내에서 선임된 변호사의 참여하에 조사를 받을 수 있으며 참여 변호사는 법률적 조언을 할 수 있고 작성된 조서를 열람할 수 있습니다.

20○○.　○.　○.

○ ○ 경 찰 서

사법경찰관사건담당자　○　○　○　　(인)

나. 피의자의 신문

검사 또는 사법경찰관은 피의자에 대하여 범죄사실과 정상에 관한 필요사항을 신문하여야 하며, 그 이익 또는 사실을 진술할 기회를 주어야 한다(법 제242조).[7]

다. 조서작성 후 기명날인 또는 서명

조서작성이 다 끝나면 진술자에게 처음부터 끝까지 모두 읽어보게 하고 이상이 없을 때 조서말미에 기명날인 또는 서명한다. 만약 조서가 피의자의 진술과 다르게 작성되었거나 수사관이 과장된 표현으로 작성을 하였다면 반드시 정정을 요구하고 만약 정정을 해주지 않으면 기명날인 또는 서명을 하지 말아야 한다.

[서식 73] 피의자신문조서

<table>
<tr><td colspan="4" align="center">피 의 자 신 문 조 서</td></tr>
<tr><td>성명</td><td>김 ○ ○</td><td>주민등록번호</td><td>000000-0000000</td></tr>
<tr><td colspan="4">위의 사람에 대한 공갈미수 피의사건에 관하여</td></tr>
<tr><td colspan="4">20○○. ○. ○. ○○지방검찰청 제○○호실에서</td></tr>
<tr><td colspan="4">검사 ○○○은</td></tr>
<tr><td colspan="4">검찰주사 ○○○를</td></tr>
<tr><td colspan="4">참여하게 하고 피의자에 대하여 아래와 같이 신문하다.</td></tr>
<tr><td>문</td><td colspan="3">피의자의 성명, 주민등록번호, 직업, 주거, 등록기준지를 말하시오.</td></tr>
<tr><td>답</td><td colspan="3">성명은 김 ○ ○</td></tr>
<tr><td></td><td colspan="3">주민등록번호는 000000-0000000</td></tr>
<tr><td></td><td colspan="3">직업은 회사원</td></tr>
<tr><td></td><td colspan="3">직장주소는 서울 ○○구 ○○동 ○○</td></tr>
</table>

---

7) 신문장소는 주로 경찰서의 경우는 담당경찰관들이 밀집되어 있는 경제범죄수사팀에서 조사를 받으나 외부와 차단된 공간이 아니어서 소신대로 진술하면 된다. 다만 정황이 파악되지 않은 상황에서 섣부른 진술을 하면 곤란하니 사실대로 이야기를 하되 답변하기 곤란하거나 불리하면 묵비권행사를 한다. 예를들어 형사가 본인에게 불리한 사항을 묻거나 대답하기 곤란하면 '대답하지 않겠습니다'라고 진술하면 된다. 피의자신문조서는 양형의 주요한 자료가 될 뿐만 아니라 피고인이 자백하는 경우에는 법관은 이를 기초로 제1히 공판기일에 양형에 관한 판단을 하니 정확이 알지 못하는 것은 진술하지 않는 것이 좋다. 추후 보강조사에서 얼마든지 진술할 기회가 있기 때문이다.

	직장전화번호는 02-123-1234
	주거는 서울 ㅇㅇ구 ㅇㅇ동 ㅇㅇ
	등록기준지는 서울 ㅇㅇ구 ㅇㅇ동 ㅇㅇ
	입니다.
검사는 피의사건 요지를 설명하고 검사의 신문에 대하여 형사소송법 제244조의 규정에 의하여 진술을 거부할 수 있는 권리가 있음을 알려 준 다음 피의자를 신문한즉 임의로 아래와 같이 진술한다.	
문	피의자는 형벌을 받은 사실이 있는지요.
답	없습니다.
~	
위의 조서를 진술자에게 열람하게 하였던 바, 진술한 대로 오기나 증감 변경할 것이 전혀 없다고 말하므로 간인 한 후 기명날인하게 하다.	
진술자 ㅇㅇㅇ	
20ㅇㅇ. ㅇ. ㅇ.	
ㅇㅇ지방검찰청	
검사 ㅇㅇㅇ	
검찰주사 ㅇㅇㅇ	

Ⅲ. 참고인 조사

1. 의 의

수사절차상 피의자 아닌 제3자를 참고인이라고 한다. 검사 또는 사법경찰관은 수사에 필요한 때에는 참고인의 출석을 요구하여 진술을 들을 수 있는데 이를 참고인 조사라고 한다. 이 경우 그의 동의를 얻어 영상녹화 할 수 있다(법 제221조 제1항). 참고인은 제3자로서 수사기관에게 일정한 체험사실을 진술하는 자라는 점에서 법원에 대해 체험사실을 진술하는 증인과 유사하다. 그러나 참고인에 대하여는 과태료의 부과(법 제151조 제1항), 감치, 구인 등이 허용되지 않는다는 점에서 증인과 차이가 있고 이러한 점에서 참고인에 대한 수사는 임의수사에 해당한다.

2. 절 차

가. 출석요구

참고인은 수사관서로부터 출석요구를 받더라도 반드시 출석할 의무가 있는 것은 아니나 범죄의 수사에 없어서는 아니 될 사실을 안다고 명백히 인정되는 자가 출석이나 진술을 거부할 경우에는 검사는 제1회 공판기일 전에 한하여 판사에게 그에 대한 증인신문을 청구할 수 있다(법 제221조의2 제1항).

[서식 74] 참고인출석요구서

참 고 인 출 석 요 구 서

피의자(피내사자, 피진정인) ○○○에 대한 피의(내사, 진정)사건의 참고인으로 문의할 일이 있으니 20○○. ○. ○.까지 당청 ○○호 검사실로 출석하여 주시기 바랍니다. 출석하실 때에는 반드시 이 출석요구서와 주민등록증 및 도장, 그리고 아래 증거자료와 기타 귀하가 필요하다고 생각하는 자료를 가지고 나오시기 바랍니다.

1.

2.

3.

지정된 일시에 출석할 수 없는 부득이한 사정이 있거나 이 출석요구서와 관련하여 궁금한 점이 있으면 우리청 검사실(02-123-1234에 연락하여 출석일시를 조정하시거나 궁금한 사항을 문의하시기

20○○. ○. ○.

○ ○ 지방검찰청
검사 ○ ○ ○ (인)

나. 참여 및 진술거부권고지

참고인에게는 진술거부권의 고지를 할 필요가 없다. 또한 참고인 조사는 피의자신문과 달리 검찰청 수사관, 서기관, 사법경찰관리의 참여 없이 할 수 있다.

다. 참고인 조사

조사사항은 주로 피의자 및 피해자와의 관계, 범죄사실과 관련되어 경험하였거나 알고 있는 내용, 경험하였거나 알게 된 경위, 직접 경험한 것인지 아니면 다른 사람으로부터 전해들은 것인지 여부, 기타 진술동기 등을 조사한다.

> **판 례**
>
> 수사기관에서 참고인으로 진술하면서 자신이 잘 알지 못하는 내용에 대하여 허위의 진술을 하는 경우에 그 허위 진술행위가 범죄행위를 구성하지 않는다고 하여도 이러한 행위 자체는 국가사회의 일반적인 도덕관념이나 국가사회의 공공질서이익에 반하는 행위라고 볼 것이니 그 급부의 상당성 여부를 판단할 필요 없이 허위 진술의 대가로 작성된 각서에 기한 급부의 약정은 민법 제103조 소정의 반사회적질서행위로 무효이다(대판 2001. 4. 24. 2000다71999).
>
> 참고인이 수사기관에 범인에 관하여 조사를 받으면서 그가 알고 있는 사실을 묵비하거나 허위로 진술하였다고 하더라도 그것이 적극적으로 수사기관을 기만하여 착오에 빠지게 함으로써 범인의 발견 또는 체포를 곤란 내지 불가능하게 할 정도의 것이 아니라면 범인도피죄를 구성하지 아니한다(대판 1997. 9. 9. 97도1596).

[서식 75] 참고인질술조서

참 고 인 진 술 조 서			
성명	김 ○ ○	주민등록번호	000000-0000000
직업	상업		
주거	서울 ○○구 ○○동 ○○ 전화번호 02-123-1234		
본적	서울 ○○구 ○○동 ○○		

피의자 ○○○에 대한 폭행치사 피의사건에 관하여 20○○.○.○. ○○지방

검찰청 제○○호 검사실에서 임의로 아래와 같이 진술하였다.

1	저는 주거지에서 작은 상점을 운영하고 있습니다
2	~

이때 검사는 위 진술의 취지를 더욱 명백히 하기 위해 다음과 같이 임의로 문답한다.

문	진술인이 ○○○인가요.
답	그렇습니다.
	~

위의 조서를 진술자에게 열람하게 하였던 바, 진술한 대로 오기나 증감변동할

것이 전혀 없다고 말하므로 간인한 후 서명하게 한다.

진술자 ○○○

20○○. ○. ○.

○○지방검찰청

검사 ○○○

검찰주사보 ○○○

Ⅳ. 수사상 감정·통역·번역

검사 또는 사법경찰관은 수사에 필요한 때에는 감정, 통역 또는 번역을 위촉할 수 있다(법 제 221조 제2항). 감정인, 통역인, 번역인은 대체성이 있으므로 특정인에 대하여 감정, 통역, 번역 을 강제할 필요가 없다. 이러한 의미에서 수사상 감정, 통역 번역은 임의수사에 해당한다.

Ⅴ. 조 회

수사기관은 수사에 관하여 공무소 기타 공사단체에 조회하여 필요한 사상의 보고를 요구할 수 있는데(법 제199조 제2항), 이를 공무소 등에의 조회라고 한다. 전과조회, 신원조회 등이 그 예 이다. 수사기관의 조회요청이 있으면 상대방인 공무소 등은 이에 협조할 의무가 있다. 공무소 에 협조의무가 있다는 점을 두고 이를 강제처분이라고 보는 견해도 있지만 영장에 의하지 아니 하고도 공무소등에 조회요청을 할 수 있고 공무소의 협조의무의 이행을 강제할 방법이 없다는 점에 비추어 공무소등에의 조회는 임의수사로 보아야 할 것이다.

Ⅵ. 출국금지 및 해제

1. 의 의

범죄의 수사 등을 위해 출국이 부적당하다고 인정되는 자에게 대하여 법무부장관이 출국을 금 지할 수 있다(출입국관리법 제4조 제1항). 그러나 과도한 출입금지조치는 금지대상자의 인권을 침해할 우려가 있기 때문에 기준에 따라 필요한 최소한의 내에서 행하여져야 하고 따라서 단순 히 공무집행의 편의나 형벌 또는 행정벌을 받을 자에 대한 행정제재의 목적으로 할 수 없다.

2. 절 차

가. 신 청 자

출국금지의뢰 신청자는 고소인 또는 고발인, 피해자 등이 할 수 있고, 위임장을 지참한 경우 그 대리인도 가능하다. 실무에서는 고소인이 고소장을 제출함과 동시에 출국금지신청서를 제출한다.

나. 출국금지 대상자

① 범죄수사를 위하여 출국이 적당하지 아니하다고 인정되는 사람, ② 형사재판에 계속 중인 사람, ③ 징역형이나 금고형의 집행이 끝나지 않은 사람, ④ 1천만원 이상 벌금이나 2천만원 이상 추징금을 내지 아니한 사람, ⑥ 5천만원 이상의 국세, 관세 지방세를 내지 아니한 사람, ⑦ 그 밖에 위 규정에 준하는 사람으로서 대한민국의 이익인 공공의 안전 또는 경제질서를 해칠 우려가 있어 그 출국이 적당하지 아니하다고 법무부령으로 정하는 사람 등 어느 하나에 해당하는 국민에 대하여는 기간을 정하여 출국을 금지할 수 있다(출입국관리법 제4조 제1항).

다. 신청비용 및 처리기간

신청비용은 없고 처리기간은 신청서 제출 후 2~3일이면 결정이 난다. 타당하다면 주임검사가 결재를 맡고 법무부에 출국금지의뢰를 요청하면 법무부 장관은 1~10일 이내에 심사하여 그 가부를 결정한다.

출 국 금 지 의 뢰 신 청

사   건   20○○형 제○○○○호 사기

피 의 자   ○   ○   ○

　　위 피의자에 대한 사기 피의사건에 관하여 귀청에서 현재 수사 계속 중에 있는바, 피의자가 회피하고자 주소지를 떠나 일본국으로 출국준비차 여권 수속 중에 있음이 탐지된바 있으므로 이 사건 수사가 종결될 때까지 피의자의 출국을 금지하여 주시기 바랍니다(또는 위 사건에 관하여 현재 귀청에서 수사 중인바, 피의자는 수사를 회피하고자 ○○국으로 출국준비 중에 있으므로 위 수사가 종결될 때까지 피의자의 출국을 금지하여 주시기 바랍니다).

20○○.   ○.   ○.

신청인(고소인) ○   ○   ○   (인)

○○지방검찰청   귀중

작성 · 접수방법

1. 신청서 1부를 지방검찰청의 사건과나 지청 사무과에 제출한다.
2. 신청비용은 없고 처리기간은 신청서 제출 후 2~3일이면 결정이 난다. 타당하다면 주임검사가 결재를 맡고 법무부에 출국금지의뢰를 요청하면 법무부 장관은 1~10일 이내에 심사하여 그 가부를 결정한다.

3. 이의신청

출국이 금지되거나 출국금지기간이 연장된 사람은 출국금지결정이나 출국금지기간 연장의 통지를 받은 날 또는 그 사실을 안 날부터 10일 이내에 법무부장관에게 출국금지 결정이나 출국금지기간 연장결정에 대한 이의를 신청할 수 있다. 법무부장관은 이의신청을 받으면 그 날부터

15일 이내에 이의신청의 타당성 여부를 결정하여야 한다. 다만 부득이한 사유가 있으면 15일의 범위에서 한 차례만 그 기간을 연장할 수 있다.

[서식 77] 이의신청서

이 의 신 청 서

　20○○. ○. ○.자 출국금지(출국금지기간연장) 결정에 대하여 이의가 있음으로 출입국관리법 시행규칙 제6조의10 제1항의 규정에 의하여 별첨과 같이 소명자료를 첨부하여 이의를 신청합니다.

1. 성　　명　　○○○
2. 생년월일　　19○○. ○. ○.
3. 주　　소　　서울 ○○구 ○○동 ○○
4. 전화번호　　02-123-1234

　　　　　　　　　　　20○○.　　○.　　○.

　　　　　　　　위 신청인　○　○　○　(인)

법무부장관　귀중

작성 · 접수방법

1. 신청서 1부를 제출한다.
2. 출국이 금지되거나 출국금지기간이 연장된 사람은 출국금지결정이나 출국금지기간 연장의 통지를 받은 날 또는 그 사실을 안 날부터 10일 이내에 법무부장관에게 출국금지 결정이나 출국금지기간 연장결정에 대한 이의를 신청할 수 있다.
3. 법무부장관은 이의신청을 받으면 그 날부터 15일 이내에 이의신청의 타당성 여부를 결정하여야 한다. 다만 부득이한 사유가 있으면 15일의 범위에서 한 차례만 그 기간을 연장할 수 있다.

Ⅶ. 지명수배 및 해제

1. 의 의

지명수배와 지명통보는 검사가 피의자의 소재불명의 사유로 하여 기소중지결정을 하는 경우 피의자에 대한 지명수배 또는 지명통보를 의뢰하는 것을 말하고 이는 기소중지자, 미체포자 등을 컴퓨터에 입력하여 수배(통보)함으로써 검거를 쉽게 하기 위한 수사방법이다.

2. 지명수배방법

지명수배는 검사 또는 사법경찰관이 지명수배입력요구서를 작성하여 담당직원에게 송부하는 방법으로 한다.

3. 지명수배된 피의자의 발견

지명수배된 피의자의 소재 발견 즉시 신병에 대한 강제수사가 이루어지므로 구속 또는 체포할 수 있는 요건을 갖추고 있어야 하므로 구속영장이나 체포영장을 발부 받아 지명수배 조치를 하여야 한다. 기소중지가 되어 있다고 하여 수사기관이 기소중지된 자를 마음대로 연행할 수 없다. 그러나 사전에 체포영장이나 구속영장이 발부된 경우 연행해 갈 수 있고. 다만 임의동행의 경우에는 기소중지 되었다는 사실을 알리고 수사기관까지 동행할 것을 요구할 수 있다. 따라서 임의동행의 경우에는 임의동행을 거절할 수 있다.

4. 지명수배해제

지명수배해제가 발생하면 즉 지명수배 된 피의자가 검거되거나 자진출석하여 조사를 받으면 즉시 지명수배해제입력요구서를 작성하여 지명수배를 해제하여야 한다.

[서식 78] 지명수배해제신청서

발행번호 제 호 ## 지 명 수 배 해 제 신 청 서			처리기간
피 의 자	성 명	○ ○ ○	주민등록번호	000000-0000000
	주 소	○○시 ○○구 ○○로 ○○ (○○동)		
	사건번호	20○○ 형 제 호 (재기전 20○○년 형 제 호)		
	죄 명			
처분	년 월 일	20○○. . .		
	요 지			

위 자는 기조중지처분 되었다가 위와 같이 처분되었는바, 현재까지 지명수배해제가 되지 않았으므로 해제조치를 신청합니다.

20○○.   ○.   ○.

피의자 이외의 자가 신청할 때			
주 소			
주민등록번호		관 계	

신청인   서명 또는 날인

○○검찰청 검사장   귀하

제4절 대인적 강제수사

Ⅰ. 총 설

1. 의 의

상대방의 의사 여하를 불문하고 강제적으로 실시하는 수사를 강제수사라고 한다. 이는 다시 대인적 강제처분(현행범인의 체포, 긴급체포, 구속, 증인신문)과 대물적 강제처분(압수, 수색, 검증, 감정)으로 나눌 수 있다. 형사소송법은 강제수사는 이 법률에 규정이 있는 경우에 한하여 예외적으로 허용함으로써 강제수사의 법적근거를 형사소송법전으로 단일화하고 있다(법 제199조 제1항 단서). 그러나 사회의 변화와 과학기술의 발달에 따라 형사소송법이 예상하지 못하였던 새로운 수사기법이 등장하면서 형사소송법의 기준만으로는 강제수사와 임의수사를 구분하는 데에 일정한 한계가 있어 양자의 구별기준에 대해 다양한 견해가 제시되고 있다.

2. 강제수사에 대한 규제

강제수사는 국민의 자유와 권리에 대한 침해를 야기하므로 강제수사를 함에 있어서는 기본권제한의 원리인 법률주의와 비례의 원칙, 영장주의의 원칙 등 헌법상 적법절차의 원칙이 준수되어야 한다.

가. 영장주의

영장주의란 헌법상 신분이 보장되고 직무활동의 독립성이 담보되는 법관이 발부한 영장을 제시하지 아니하고는 수사에 필요한 강제처분을 하지 못한다는 원칙을 말한다. 우리 헌법은 체포, 구속, 압수 또는 수색을 할 때에는 적법한 절차에 따라 검사의 신청에 의하여 법관이 발부한 영장을 제시하여야 한다고 규정함으로써 수사절차에서의 영장주의를 헌법적 차원에서 천명하고 있다.

나. 강제수사 법정주의

강제수사 법정주의란 수사상 강제처분은 법률에 특별한 규정이 없으면 하지 못한다는 원칙을 말한다(법 제199조 제1항). 강제수사에 대한 법률적 근거를 형사소송법전으로 통일시키고 있는 것은 국민이 알지 못하는 사이에 여러 가지 형태의 강제처분이 합법화되는 것을 방지하고자 하는 입법취지로 보아야 한다. 다만 현실적으로 형사소송법 이외에 각종의 특별법이 강제처분의 법적 근거를 확장 시키고 있다는 점은 바람직한 현상으로 보기는 어렵다.

다. 강제수사비례의 원칙

강제수사라 할지라도 임의수사와 마찬가지로 수사비례의 원칙에 따르지 않으면 안된다. 따라서 강제처분은 임의수사에 의하여 형사절차의 목적을 달성할 수 없는 경우에 필요·최소한도 내에서 허용되어야 한다.

Ⅱ. 체 포

1. 총 설

가. 의의

체포는 수사단계에서 죄를 범하였다고 의심할 만한 상당한 이유가 있는 피의자를 단기간 수사관서 등에 인치하는 제도이다. 특정인의 신체의 자유를 억압하는 강제처분이라는 점에서는 구속과 같으나, 그 기간이 48시간 이내(형소법 제200조의2 제5항, 제200조의4 제1항, 제213조의2)로서 비교적 단기간이라는 점과 요건이 비교적 완화되어 있다는 점, 영장에 의하지 아니한 체포가 가능하다는 점 및 영장실질심사제도의 적용이 없는 점에서 구속과 구별된다. 다만, 체포기간은 구속기간에 산입한다(형소법 제203조의2).

나. 체포와 구속영장의 청구

체포한 피의자를 구속하고자 할 때에는 체포영장에 의한 체포 또는 현행범인체포의 경우에는 체포한 때로부터 48시간 이내에(법 제200조의2 제5항), 긴급체포의 경우에는 체포한 때부터 48시간 내에 구속영장을 청구하지 아니하거나 구속영장을 청구하였으나 구속영장을 발부받지 못한 때에는 피의자를 즉시 석방하여야 한다(법 제200조의2 제5항). 다만 구속에 앞서 체포가 반드시 선행되어야 한다는 체포전치주의가 도입된 것은 아니므로 체포되지 아니한 피의자에 대해서도 구속영장을 청구할 수 있다.

2. 체포영장에 의한 체포

가. 의의

체포영장에 의한 체포는 피의자가 죄를 범하였다고 의심할 만한 상당한 이유가 있고 정당한 이유 없이 수사기관의 출석요구에 응하지 아니하거나 응하지 아니할 우려가 있는 때에 법관이 발부한 영장에 의하여 수사기관이 체포하는 것(법 제200조의2)으로서 체포의 원칙적인 형태이다.

나. 요건

(1) 범죄혐의의 상당성

체포영장이 발부되기 위해서는 범죄의 혐의 즉 피의자가 죄를 범하였다고 의심할 만한 상당한 이유가 있어야 한다. 수사기관의 단순한 혐의만으로는 족하지 않고 증거자료를 기초로 객관적이고 합리적인 혐의 즉 무죄추정을 깨뜨릴 만한 유죄판결에 대한 고도의 개연성이 있을 것이 요구된다. 아직 수사단계인 점을 고려하면 유죄판결을 할 수 있는 정도라거나 공소를 제기할 수 있는 정도에까지 이를 필요는 없으나, 증거자료가 뒷받침되는 객관적 · 합리적인 것이어야 한다. 구속사유인 도망이나 증거인멸의 우려까지 있어야 하는 것은 아니다.

(2) 체포사유

(가) 정당한 이유 없이 출석요구에 대한 불응 또는 불응의 우려

(나) 경미범죄에 대한 특칙

다. 체포의 필요성

영장에 의한 체포에 있어 '도망이나 증거인멸의 우려'는 적극적인 체포의 요건은 아니지만 이러한 사유의 부존재가 명백한 때에는 체포의 필요성이 부인되어(소극적 요건에 해당) 체포영장을 발부할 수 없다(법 제200조의2 제2항).

라. 절 차

(1) 체포영장의 청구

(가) 청구권자

수사기관 중 검사만 청구할 수 있다. 사법경찰관에게는 직접적인 청구권이 없으며 검사에게 신청하여 검사의 청구로 영장을 발부받게 된다(법 제2002조의2 제1항).

(나) 청구의 방식

체포영장의 청구는 서면으로 하여야 하며 청구서에는 범죄사실의 요지를 따로 기재한 서면을 첨부하여야 한다. 체포영장의 재청구와 관련하여 체포 또는 구속적부심사결정에 의하여 석방된 경우에는 재체포의 사유가 제한되어 있으므로 형사소송법에 규정한 해당사유를 기재하여야 한다.

(2) 체포영장의 발부

체포영장청구사건은 당직법관 또는 영장전담법관이 이를 처리한다. 실무상 대개의 경우는 당직법관이 처리하지만 영장전담법관 근무시간 중에 청구된 사건의 전부 또는 그 일부를 영장전담법관이 처리하는 실무례도 있다

(3) 체포영장의 집행

(가) 체포영장은 검사의 지휘를 받아 사법경찰관리가 집행한다(법 제200조의6).

피의자에 대해 체포영장을 집행하는 경우 영장 없이도 피의자의 발견을 위하여 수색할 수 있으며 체포현장에서 압수·수색·검증할 수 있다(법 제216조 제1항).

(나) 체포영장을 집행함에는 피의자에게 반드시 이를 제시하여야 한다(법 제200조의6).

이때 제시되는 영장은 정본이어야 하며 사본의 제시는 위법하다(대판 1997. 1. 24. 96다40547). 또한 검사 또는 사법경찰관이 피의자를 체포하는 경우에는 피의사실의 요지 체포의 이유와 변호인을 선임할 수 있음을 말하고 변명할 기회를 주어야 하고(법 제200조의5), 변호인이 있으면 변호인에게 변호인이 없으면 변호인 선임권자 중 피의자가 지정한 자에게 피의사건명, 체포일시, 장소, 피의사실의 요지, 체포이유 및 변호인을 선임할 수 있다는 사실을 알려야 한다. 이 통지는 체포한 때로부터 늦어도 24시간 이내에 서면으로 통지하여야 하는데 급속을 요하는 경우에는 전화 또는 모사전송 기타 상당한 방법으로 통지한 이후 다시 서면으로 하여야 한다.

(4) 체포영장의 집행후의 조치

체포한 피의자를 구속하고자 할 때에는 체포한 때로부터 48시간 이내에 구속영장을 청구하여야 하며, 그 기간 내에 구속영장을 청구하지 아니한 때에는 피의자를 즉시 석방하여야 한다(법 제200조의2 제5항).

[서식 79] 체포영장

<table>
<tr><td colspan="4" align="center">체 포 영 장</td></tr>
<tr><td>【통상】</td><td></td><td></td><td align="right">○○지방법원</td></tr>
</table>

영장번호			죄 명	
피 의 자	성 명		직 업	
	주민등록번호		국 적	
	주 거			
청구한 검사		청 구 일 자		
변 호 인		유 효 기 간		
범죄사실의 요지	별지기재와 같다	안치할 장소		
구금할 장소				

피의자는 정당한 이유없이 수사기관의 출석 요구에 응하지 아니하였다.	피의자가 별지 기재와 같은 죄를 범하였다고 의심할 만한 상당한 이유가 있고 체포의 사유 및 체포의 필요가 있으므로 피의자를 체포한다.
피의자는 정당한 이유없이 수사기관의 출석 요구에 응하지 아니할 우려가 있다.	
피의자는 일정한 주거가 없다(다액 50만원 이하의 벌금, 구류 또는 과료에 해당하는 사건).	유효기간이 경과하면 체포에 착수할 수 없고 유효기간이 경과한 경우 또는 유효기간 내라도 체포의 필요가 없어진 경우에는 영장을 반환하여야 한다. 20 . . . 판사

체포일시		체포장소	
인치일시		인치장소	
구금일시		구금장소	
집행불능사유			
처리자의 소속관서, 관직		처 리 자 서명날인	

3. 긴급체포

가. 의 의

긴급체포란 사형·무기 또는 장기 3년 이상의 징역이나 금고에 해당하는 죄를 범하였다고 의심할 만한 상당한 이유가 있는 피의자를 수사기관이 일정한 요건 하에 법관의 영장 없이 체포할 수 있는 제도이다(법 제200조의3 제1항). 이는 영장주의의 원칙을 고수함으로써 중대범죄의 범인을 놓치는 결과를 방지하여 체포의 긴급성에 대처함으로써 수사의 합목적성을 실현하기 위함에 있다. 1996. 12. 31.까지의 긴급구속제도와 달리 사전영장은 물론 사후영장도 요구 되지 아니하므로 현행범인체포와 함께 영장주의의 예외에 해당한다.

나. 긴급체포의 요건

(1) 범죄의 중대성

긴급체포는 사형무기 또는 장기 3년 이상의 징역이나 금고에 해당하는 범죄를 범한 자를 그 대상으로 한다.

(2) 범죄혐의의 상당성

긴급체포도 체포의 일종에 해당하므로 통상체포와 동일하게 죄를 범하였다고 의심할 만한 상당한 이유가 있어야 한다.

(3) 체포의 필요성

피의자가 증거를 인멸할 염려가 있거나 피의자가 도망 내지 도망할 염려가 존재할 것을 요한다. 영장에 의한 체포는 특별히 체포의 필요성을 요구하고 있지 않는 것과 구별된다.

(4) 체포의 긴급성

피의자를 우연히 발견한 것처럼 긴급을 요하여 체포영장을 발부받을 시간적 여유가 없는 때를 말한다. 긴급성 요건은 구체적 사정에 따라 합리적으로 판단해야 하나 사태의 긴급성을 감안할 때 수사기관에게 어느 정도 재량의 여지를 인정할 수 있는 개념이다.

다. 긴급체포의 절차

(1) 체포절차

(가) 주체

긴급체포를 할 수 있는 자는 검사 또는 사법경찰관이다. 이와 관련하여 판례는 사법경찰리도 긴급체포의 권한이 있다는 입장이다(대판 2000. 7. 4. 99도4341).[8] 사법경찰관이 긴급체포한 경우에는 즉시 검사의 사후승인을 얻어야 하며 승인을 얻지 못하면 석방 하여야 한다.

(나) 고지 및 통지

체포영장에 의한 체포의 경우와 동일하게 피의사실의 요지 체포의 이유와 변호인을 선임할 수 있음을 말하고 변명할 기회를 주어야 하며 변호인이 있으면 변호인에게 변호인이 없으면 변호인 선임권자 중 피의자가 지정한 자에게 피의사건명, 체포 일시 기타 피의사실의 요지 등을 고지하여야 한다(법 제200조의6).

(다) 긴급체포의 승인

사법경찰관이 긴급체포를 하였을 때에는 12시간 내에 검사에게 긴급체포한 사유와 체포를 계속하여야 할 사유 등을 기재한 긴급체포승인건의서를 작성하여 긴급체포 승인건의를 하여야 한다(법 제200조의3).

(2) 긴급체포후 조치
(가) 구속영장의 청구

긴급체포한 피의자를 구속하고자 하는 경우 검사는 지체없이 구속영장을 청구하되 영장청구시간은 48시간을 초과할 수 없다(법 제200조의4). 체포한 때부터 48시간 이내에 구속영장을 청구하지 아니하거나 발부받지 못한 경우에는 즉시 석방하여야 한다(법 제200조의4 제1항, 제2항).

(나) 긴급체포후 사후적 통제

① 검사의 법원에의 통지

수사기관이 긴급체포한 피의자를 구속영장을 청구하지 아니하고 석방한 경우에는 검사가 30일 이내에 서면으로 ㉠ 긴급체포 후 석방된 자의 인적사항 ㉡ 긴급체포의 일시·장소와 긴급체포하게 된 구체적 이유 ㉢ 석방의 일시·장소 및 사유 ㉣ 긴급체포 및 석방한 검사 또는 사법경찰관의 성명 등을 법원에 통지하여야 하고, 이 경우 긴급체포서의 사본을 첨부하여야 한다(법 제200조의4 제4항).

② 사법경찰관의 검사에의 통지

사법경찰관이 긴급체포한 피의자에 대하여 구속영장을 신청하지 아니하고 석방한 경우에는 즉

---

8) 통설은 사법경찰리는 현행범체포의 방식에 의해서만 독자적으로 피의자의 신병을 확보할 수 있을 뿐 독자적인 긴급체포권을 부정하는 것이 타당하다고 본다.

시 검사에게 보고하여야 한다(형소법 제200조의4 제6항).

(다) 재체포의 제한

긴급체포되었으나 구속영장을 청구하지 아니하거나 구속영장을 발부받지 못하여 석방된 자는 영장 없이는 동일한 범죄사실에 관하여 다시 체포하지 못한다(법 제200조의4 제3항).

라. 체포적부심사

긴급체포된 피의자 또는 그 변호인, 법정대리인, 배우자, 직계친족, 형제자매나 가족, 동거인 또는 고용주는 관할법원에 체포적부심사를 청구할 수 있다(법 제214조의2 제1항). 대법원 1997. 8. 27.자 97모21 결정에 의하여 긍정된 체포적부심사청구권을 현행법이 명문화한 것이다.

4. 현행범 체포

가. 의의

현행범인은 영장 없이도 누구든지 체포할 수 있다. 범죄가 명백하여 권한남용의 위험이 적다는 점과 초동수사의 필요성을 감안하여 영장없는 현행범의 체포를 인정하고 있다.

나. 요 건

(1) 범죄의 명백성

피체포자가 현행범인 또는 준현행범인 이어야 한다.

(가) 고유한 의미의 현행범인

범죄의 실행중이거나 실행의 즉후인 자를 현행범이라고 한다(법 제211조 제1항). 따라서 현행 범인이란 범인의 일종을 의미하는 것이 아니라 일정한 시간적 단계에 있는 범인을 지정하는 것이다. 시간적으로나 장소적으로 보아 체포당하는 자에게 방금 범죄를 실행한 범인이라는 점에 관한 죄증이 명백히 존재하는 것으로 인정될 때 그를 현행범인으로 볼 수 있다.

(나) 준현행범인

범인으로 호칭되어 추적되고 있는 자, 장물이나 범죄에 사용하였다고 인정함에 충분한 흉기 기타 물건을 소지하고 있는 자, 신체 또는 의복류에 현저한 증적이 있는 자, 누구임을 물음에 도망하려 하는 자는 현행범인으로 간주한다(형소법 제211조 제2항). 준현행범인도 현행범인과 같이 누구든지 영장 없이 체포할 수 있다.

(2) 체포의 필요성

대법원은 '현행범인 체포의 요건으로서는 행위의 가벌성, 범죄의 현행성, 시간적 접착성, 범인 범죄의 명백성 외에 체포의 필요성 즉 도망 또는 증거인멸의 염려가 있을 것을 요한다'라고 판시하여(대판 1999. 1. 26. 98도3029) 구속사유의 존재가 필요하다는 입장이다.

(3) 체포의 비례성

다액 50만 원 이하의 벌금, 구류 또는 과료에 해당하는 죄의 현행범인에 대하여는 범인의 주거가 분명하지 아니한 때에 한하여 현행범인으로 체포할 수 있다(형소법 제214조). 이는 강제수사인 현행범 체포에 있어 비례성의 원칙을 구체적으로 표현한 조문이다.

다. 현행범 체포의 절차

(1) 주체

현행범인은 누구든지 체포할 수 있으므로(법 제212조). 수사기관뿐만 아니라 일반시민도 현행범인을 체포할 수 있다.

(2) 수사기관이 체포시 조치

수사기관이 현행범인을 체포하는 때에는 피의자에 대하여 범죄사실의 요지, 체포의 이유와 변호인을 선임할 수 있음을 말하고 변명할 기회를 준 후가 아니면 체포할 수 없다.

(3) 체포 후 절차

검사는 피의자를 구속하고자 하는 경우 48시간 이내에 구속영장을 청구하여야 한다. 이 경우 구속기간은 체포 후부터 적용한다. 체포 후 48시간 이내에 구속영장을 청구하지 않거나 구속영장이 기각된 경우에는 즉시 석방하여야 한다.

Ⅲ. 피의자의 구속

1. 총 설

가. 구속의 의의

피의자의 구속이란 검사 또는 사법경찰관이 판사로부터 구속영장을 발부받아 피의자의 신체의 자유를 구속하는 대인적 강제처분으로서 구인과 구금을 포함한다(법 제69조).

나. 구인과 구금

구속이란 구인과 구금을 포함하는데(법 제69조). 구인이란 특정인을 강제력에 의하여 특정장소로 데려가는 것을 말하고, 구금이란 특정인을 강제력에 의하여 특정장소에 머물러 있게 하고 그의 의사에 따른 장소적 이동을 금하는 것을 말한다.

따라서 구속영장은 그 용도에 따라 구인영장과 구금영장으로 나누어 볼 수 있고, 구금영장으로는 구인을 할 수 있으나 구인영장으로는 피의자를 구금할 수 없다.

2. 피의자와 피고인 구속에 대한 비교

	피의자 구속(수사상 구속)	피고인 구속(법원의 직권구속)
구속재판		수소법원, 상소기간 중 예외적으로 원심법원이 결정
구속청구		법원이 직권으로 함
구속영장기재방식	구속영장에는 피고인, 피의자의 성명, 주민번호, 죄명, 공소사실 또는 피의사실의 요지, 인치·구금할 장소 등을 특정	
영장집행	검사지휘아래 사법경찰관리가 집행 사전영장제시가 원칙, 긴급집행도 인정	
고지사항	피의사실의 요지, 구속의 이유와 변호인을 선임할 수 있음을 말하고 변명할 기회를 주어야 한다.	① 사전고지(구속신문제도)피고인에 대하여 범죄사실의 요지, 구속의 이유와 변호인을 선임할 수 있음을 변명할 기회를 준 후가 아니면 구속할 수 없음 ② 사후고지사항구속직후 공소실의 요지와 변호인을 선임할 수 있음을 고지
사후통지	변호인 또는 변호인 선임권자 중 피의자·피고인이 지정한 자에게 구속일시·장소·피의사실 내지 범죄사실의 요지 등을 24시간 내 통지	

3. 구속의 요건

가. 실체적 요건

(1) 범죄혐의의 상당성

피의자가 죄를 범하였다고 의심할만한 상당한 이유가 있을 것을 요한다. 범죄혐의의 상당성의 의미는 체포에서와 같다.

(2) 구속사유

(가) 도망 또는 도망할 염려

피의자가 종전 생활의 중심지를 이탈하여 그 소재가 불명하게 되어 수사기관 및 법원의 입장에서 그에 대한 소환과 구인이 불가능하게 되었거나 불가능하게 될 염려가 있는 때를 말한다.

(나) 주거부정

생활의 본거로서 어느 정도 계속하여 기거, 침식할 만한 일정한 주소나 거소가 없는 상태를 말한다. 주거부정은 도망의 염려를 판단하는 보조자료의 의미를 가지는 데에 불과하므로 독자적인 구속사유로 보는 것은 문제 있다고 할 것이다. 다만 경미한 범죄에 대한 유일한 구속사유가 된다는 점에 의의가 있을 뿐이다.

(다) 증거인멸의 염려

인적, 물적 증거방법에 대하여 부정한 영향을 미쳐 진실발견과 사실인정을 곤란하게 하는 것을 말한다. 그러나 묵비권행사를 증거인멸의 염려가 있는 경우로 보아서는 안 될 것으로 본다.

(3) 비례성의 원칙

구속은 사건의 의미와 그것에 대하여 기대되는 형벌에 비추어 상당한 때에만 허용된다. 경미한 사건의 경우 주거가 없는 경우만으로 구속사유를 제한하는 것은 비례성이 표현된 것이다.

나. 절차적 요건

(1) 청문절차

피의자에 대하여 피의사실의 요지, 구속의 이유와 변호인을 선임할 수 있음을 말하고 변명할 기회를 준 후에만 구속할 수 있다(법 제209조).

(2) 회기중의 국회의원

국회의원은 현행범인을 제외하고는 회기 중 국회의 동의 없이 체포 또는 구금되지 아니한다(헌 제44조 제1항).

4. 구속의 절차

가. 구속에 관한 결정

피의자구속에 관한 결정은 관할지방법원판사가 한다(법 제201조 제1항).

나. 구속영장의 청구

(1) 청구권자

구속영장은 수사기관 중 검사만이 청구할 수 있고 사법경찰관에게는 직접적인 청구권이 없으며 검사에게 신청하여 검사의 청구로 영장을 발부받게 된다(법 제201조 제1항).

(2) 청구의 방식

반드시 서면(구속영장청구서)에 의하여야하며 청구서에는 범죄사실의 요지를 따로 기재한 서면을 첨부하여야 한다. 구속영장의 기재사항은 피의자의 성명, 주민번호, 주거, 죄명, 공소사실 또는 피의사실의 요지, 인치·구금할 장소, 발부연월일, 그 유효기간과 그 기간을 경과하면 집행에 착수하지 못하며 영장을 반환해야 한다는 취지를 기재하고 재판장 또는 수명법관이 서명·날인하여야 한다(법 제209조).

[서식 80] 구속영장(1) (피의자가 미체포된 경우)

구 속 영 장

【미체포 피의자용】   ○○지방법원

영장번호		죄 명	

피 의 자	성 명		직 업	
	주민등록번호		국 적	
	주 거			

청구한 검사		청구일시	
변 호 인		신문여부	
법원인치일시	20 . . . (인)	기록반환일시	20 . . . (인)
범죄사실의 요지	별지기재와 같다	유효기간	
구금할 장소	[ ] 경찰서유치장 [ ] 구치소 [ ] 교도서		

□ 피의자는 일정한 주거가 없다
[   ]
□ 피의자는 증거를 인멸할 염려가 있다
[   ]
□ 피의자는 도망하였다
□ 피의자는 도망할 염려가 있다
[   ]
□ 피의자는 소년으로서 구속하여야 할 부득이
  한 사유가 있다
	피의자가 별지 기재와 같은 죄를 범하였다고 의심할 만한 상당한 이유가 있고 구속의 사유가 있으므로 피의자를 구금한다.
	유효기간이 경과하면 집행에 착수하지 못하며 영장을 반환하여야 한다.
	
	20 . . .
	              판사

집행일시	20 . . . :	집행장소	
구금일시	20 . . . :	구금장소	
집행불능사유			
처리자의 소속관서, 관직		처 리 자 서명날인	

[서식 81] 구속영장(2) (피의자가 체포된 경우)

구 속 영 장

【체포된 피의자용】　　　　　　　　　　　　　　　　　　○○지방법원

영장번호		죄 명	

피 의 자	성 명		직 업	
	주민등록번호		국 적	
	주 거			

청구한 검사		변 호 인	
체포된 형식	□ 체포영장에 의한 체포 □ 긴급체포 □ 현행범인	체포일시	20 . . . :
청구서접수 일시	20 . . (인)	기록반환일시	20 . . . (인)
피의자 심문여부	□ 심문(20 . . . :)		□ 심문하지 아니함
범죄사실의 요지	별지기재와 같다	유효기간	20 . . .까지
구금할 장소	[ ]경찰서유치장　[ ]구치소　[　]교도서		

□ 피의자는 일정한 주거가 없다 [　　　　　　　　　　　　　　] □ 피의자는 증거를 인멸할 염려가 있다 [　　　　　　　　　　　　　　] □ 피의자는 도망하였다 □ 피의자는 도망할 염려가 있다 [　　　　　　　　　　　　　　] □ 피의자는 소년으로서 구속하여야 할 부득이한 사유가 있다	피의자가 별지 기재와 같은 죄를 범하였다고 의심할 만한 상당한 이유가 있고 구속의 사유가 있으므로 피의자를 구금한다. 유효기간이 경과하면 집행에 착수하지 못하며 영장을 반환하여야 한다. 　　　　20　　.　.　. 　　　　　　　판사

집행일시	20 . . . :	집행장소	
구금일시	20 . . . :	구금장소	
집행불능사유			
처리자의 소속관서, 관직		처리자 서명날인	

다. 구속영장의 발부

(1) 담당법관

수사단계에서 검사가 구속영장발부를 신청하면 지방법원 또는 지원의 장이 정하는 전담법관(영장전담판사)이 영장발부를 담당한다(규칙 제96조의5).

(2) 구속전 피의자 심문

체포된 피의자에 대하여 구속영장을 청구 받은 판사는 지체 없이 피의자를 심문하여야 하고, 미체포 피의자에 대하여 구속영장을 청구받은 판사는 피의자가 죄를 범하였다고 의심할 만한 이유가 있는 경우에 피의자가 도망하는 등의 사유로 심문할 수 없는 때를 제외하고는 구인을 위한 구속영장을 발부하여 피의자를 구인한 후 심문하여야 한다.

(3) 구속의 결정

피의자심문이 끝나면 구속여부를 결정하여야 하는데 피의자에 대하여 피의자심문을 한 경우에 구속영장 발부의 결정은 피의자심문을 종료한 때로부터 지체없이 이를 하여야 한다(법 제201조의2). 특히 구인된 피의자가 법원에 유치된 때에는 피의자심문 후 지체없이 구금영장의 발부여부를 결정하여야 한다(규칙 제96조의12).

<table>
<tr><td rowspan="2" colspan="3"></td><td>판 사</td></tr>
<tr></tr>
</table>

			판 사
	피 의 자 심 문 신 청 서		

피 의 자	성 명	○ ○ ○	성 별	☑ 남 □ 여
	주민등록번호	000000-0000000		
	주 거	○○시 ○○구 ○○로 ○○ (○○동)		

죄 명	특수절도
체포관서	○○경찰서

신 청 인	성 명	○ ○ ○
	피의자와의 관계	피의자의 부
	주 거	○○시 ○○구 ○○로 ○○ (○○동)
	전화번호	000-000-0000

형사소송법 제201조의2 제1항의 규정에 따라 위 피의자에 대하여 판사의 심문을 신청합니다.

20○○.   ○.   ○.

신청인 ○   ○   ○   (인)

○○지방법원   귀중

첨부서류	1. 주민등록등본	
*처 리	신분관계확인	☑ 소명자료 첨부 □ 보정요구 : □ 신분증으로 확인 (확인자 : (인))
	접수 당시 영장청구 여부	□ 청구 (진행번호:) □ 발부 · 기각 후 신청 □ 미청구 (수사기록의 소재 :)

작성 · 접수방법

1. 주민등록번호나 죄명 등을 모르면 기재하지 아니하여도 된다.
2. * 표시 부분은 법원 접수담당자가 기재하는 난이므로 신청인은 기재하지 마시오.

피의자 홍길동에 대한 심문사항

1. 피의자는 ○○시 ○○구 ○○로 ○○ 103동 508호(○○아파트, ○○동)에서 처와 12살 된 딸과 10살 된 아들과 함께 살고 있지요

2. 피의자는 ○○고등학교를 졸업하였으며 현재 개인택시운송사업을 3년 2개월간 해오고 있지요.

3. 피의자는 20○○. ○.에야 자동차 할부를 완납할 수 있었으므로 이전에는 저축이나 보험가입을 할 경제적 여유가 없었지요.

4. 피의자는 20○○. ○. ○. 김○○가 운전하는 차량에 상피의자 이○○, 같은 박○○, 같은 최○○과 함께 타고 경기도 용주골에서 술을 먹고 돌아오는 중에 경기도 ○○면 ○○리 방호벽 앞에서 추돌사고가 있었지요.

5. 피의자는 위 사건 당일 비번이었으므로 같은 비번이었던 상피의자들과 10:00경에 만나 경기도 ○○장면으로 놀러갔다가 용주골에서 술을 마시고 16:00경 돌아오던 중이었지요.

6. 추돌사고가 발생한 지점은 도로 폭이 좁아 차량 2대가 동시에 교행할 수 없는 곳이었는데 피의자가 탄 차량의 반대차선에서 덤프트럭이 마주 오는 바람에 김○○가 갑자기 차를 세웠고 이로 인하여 뒤따라오던 차량과 추돌하게 되었던 것이지요.

7. 추돌한 차량은 보닛까지 찌그러질 정도로 심하게 망가졌고 피의자 및 상피의자들 역시 심한 충격을 받았지요.

8. 누군가가 경찰에 교통사고를 신고하였는지 사고 후 경찰순찰차와 견인차가 와서 현장을 정리하였지요.

9. 피의자는 교통사고 후 서울 ○○병원에 입원하였고 ○○해상, ○○생명보험, ○○화재보험으로부터 보험금 2천만원을 실제 수령하였지요.

10. 피의자는 ○○리의 추돌사고로 입원하고 보험금 수령하였지만 이 사고는 꾸민 거짓사고가 아니지요.

11. 피의자는 본건 조사를 위한 경찰의 출석요구에 순순히 응하였고 앞으로도 수사기관이나 법원의 출석요구에 잘 따를 것을 맹세하지요.

12. 피의자는 오래전 특수절도로 기소유예처분을 받은 것과 교통사고를 일으켜 공소권 없음 처분을 받은 것 이외 다른 범죄전력은 없지요.

13. 기타 신문사항

라. 구속영장의 집행

(1) 집행기관

구속영장은 검사의 지휘로 사법경찰관리가 집행하며 급속을 요하는 경우에는 재판장, 수명법관 또는 수탁판사가 그 집행을 지휘할 수 있다(법 제209조). 기타 사법경찰관리, 교도관, 법원경위 등이 보조한다(법 제209조).

(2) 구속시 조치

(가) 영장제시

구속영장을 집행함에는 피의자에게 제시하여야 하며 신속히 지정된 법원 또는 기타의 장소에 인치하여야 한다.

(나) 고지의무

검사 또는 사법경차관은 피의자를 구속하는 경우에 피의사실의 요지, 구속의 이유와 변호인을 선임할 수 있음을 말하고 변명할 기회를 주어야 한다(법 제209조).

(다) 통지의무

피의자를 구소한 때에는 변호인이 있는 경우에는 변호인에게 변호인이 없는 경우에는 변호인선임권자 가운데 피의자가 지정한 자에게 구속일시, 장소 피의사실 내지 범죄사실의 요지, 구속의 이유와 변호인을 선임할 수 있다는 취지를 서면으로 통지하여야 한다(법 제209조). 통지는 늦어도 구속한 때부터 24시간 이내에 하여야 한다(규칙 제51조).

마. 재구속의 제한

검사 또는 사법경찰관에 의하여 구속되었다가 석방된 자는 다른 중요한 증거를 발견한 경우를 제외하고는 동일한 범죄사실에 관하여 재차 구속하지 못한다(법 제208조). 이 경우 1개의 목적을 위하여 동시 또는 수단 결과의 관계에서 행하여진 행위는 동일한 범죄사실로 간주한다.

구속영장청구서 등본교부청구서

영장번호   20○○ 영   호

사 건 명   사기

피 의 자   ○   ○   ○

청 구 인   ○   ○   ○

피의자와의 관계   피의자의 처

  귀원에서 20○○년   월   일 접수하고 20○○년   월   일 발부한 구속영장의 청구서 등본교부를 청구합니다.

20○○.   ○.   ○.

청구인 ○   ○   ○ (인)

위 서류를 틀림없이 영수하였음.

20○○.   ○.   ○.

영수인 ○   ○   ○ (인)

○○지방법원 귀중

작성·접수방법

1. 구속된 경우, 구속의 사유를 알려면 위 구속영장청구서등본(영장등본)을 발부받으면 알 수 있다.
2. 구속영장이 검사에 의해 법원에 청구된 시점부터 구속영장등본을 발부받을 수 있다.
3. 통상 구속영장이 발부된 경우 피의자가 지정하는 가족에게 송달을 해주지만 필요한 경우 위 영장등본교부신청서 1통을 형사과 "영장계"에 제출하여 발부받는다.
4. 변호인은 선임계 사본을 첨부하여 위 교부신청을 할 수 있다.

접 견 신 청

접견희망시각 : 14:30

수용번호	피고인 · 피의자	사건명	선임별	접견목적
	홍 길 동 (000000-0000000)	사기	사선	사건수임으로 인한 접견
5003	김 갑 동	절도	사선	변론준비

위와 같이 접견하고자 합니다.

20○○. ○. ○.

위 피의자(피고인)의 변호인 변호사 ○ ○ ○   (인)

○○구치소 귀중

작성 · 접수방법

1. 접견 30분 전에 전에 미리 팩스 등으로 구치소 번호인접견실에 접견신청을 한 후 접견하고 있다.
2. 수용번호는 구치소 '면접과'에 연락하여 수용자(피의자)의 성명과 주민등록번호를 알려주면 조회 후 고지해 주므로 이를 접견신청서에 지재한다. 수용번호를 모를 경우 주민등록번호만을 기재하여도 된다.

Ⅳ. 구속된 피의자(피고인)의 석방을 위한 제도

1. 총 설

가. 석방제도 통합을 위한 노력

현행법상 체포, 구속된 피의자, 피고인에게는 영장실질심사, 구속취소, 구속의 집행정지, 보석 등 여러 가지 제도가 보장되어 있다. 다양한 제도를 통해서 구속을 잘못을 따지고 가급적 불구속 수사를 지향하도록 하는 것이 입법의도라고 할 것이다. 그러나 본 제도들은 다양한 시대적 상황을 방영하여 형사소송법에 도입된 것으로서 유사한 제도가 병렬적으로 규정되어 있어 여러 가지 문제점을 낳고 있었다. 이에 본 제도들을 통합하여 하나의 석방절차로 일원화하는 방안을 추진하려고 하고 있다.

나. 보석(피고인의 경우)

이에 대해서는 피고인 편에 자세히 상술하기로 한다.

다. 구속의 집행정지(피의자 · 피고인 공통)

(1) 의의

법원은 상당한 이유가 있는 때에는 결정으로 구속된 피고인을 친족, 보호단체, 기타 적당한 장에게 부탁하거나 피고인의 주거를 제한하여 구속의 집행을 정지할 수 있다(법 제101조 제1항). 구속집행정지는 유효한 구속영장의 존재를 전제로 하면서 구속의 집행을 정지시키는 점에서 보석과 유사하지만 보증금의 납부를 필요로 하지 않고 또 구속피고인이나 그 변호인 등에게 신청권이 인정되지 않는 가운데 법원이 직권으로 행한다는 점에서 보석과 구별된다.

(2) 사유

구속영장이 발부되어 구속 상태에서 재판을 받고 있거나, 유죄가 선고·확정되어 구치소나 교도소에서 징역형의 집행을 받고 있는 중이라도 긴급을 요하는 사유가 있는 경우에는 일시적으로 형의 집행이나 구속의 집행을 정지해달라고 요청할 수 있다.

형사소송법 제101조는 구속집행정지에 대해서 "법원은 상당한 이유가 있는 때에는 결정으로 구속된 피고인을 친족 · 보호단체 기타 적당한 자에게 부탁하거나 피고인의 주거를 제한하여 구속의 집행을 정지할 수 있다. 이때 결정을 하기 전에 검사의 의견을 물어야 한다"고 규정하고 있다.

통상적인 이유는 피고인의 가족이 상을 당하거나, 피고인이 건강이 매우 좋지 않고 구치소 등 수용시설 내에서는 충분한 치료를 받을 수 없어 외부 치료가 필요한 경우 등을 말하며, 형사소송법 제471조는 형집행정지에 대해서 "징역, 금고 또는 구류의 선고를 받은 자에 대하여,

① 형의 집행으로 인하여 현저히 건강을 해하거나 생명을 보전할 수 없을 염려가 있는 때,

② 연령 70세 이상인 때,

③ 잉태 후 6월 이상인 때,

④ 출산 후 60일을 경과하지 아니한 때,

⑤ 직계존속이 연령 70세 이상 또는 중병이나 장애인으로 보호할 다른 친족이 없는 때,

⑥ 직계비속이 유년으로 보호할 다른 친족이 없는 때,

⑦ 기타 중대한 사유가 있는 때에는

검사의 지휘에 의하여 형의 집행을 정지할 수 있다. 검사가 그 지휘를 함에는 소속 고등검찰청 검사장 또는 지방검찰청 검사장의 허가를 얻어야 한다."라고 규정하고 있다.

(3) 절차

① 신청

형집행정지 신청은 수형자나 그 가족이 신청할 수 있고, 구치소·교도소장이 신청해 주는 경우도 있다. 신청을 하게 되면 담당 검사가 신청 서류 및 수형자의 건강 상태 등을 직접 확인한 후 형집행정지심의위원회를 개최하여 결정을 하게 된다.

② 절차

수사과정에서도 구속의 집행정지는 준용된다(법 제209조). 법원이 구속집행정지를 결정함에는 검사의 의견을 들어야 한다. 다만 급속을 요하는 경우에는 그러하지 아니하다. 법원의 구속집행정지결정에 대하여는 검사는 즉시항고할 수 있다(법 제101조 제3항).

구속집행정지는 중병, 출산, 가족의 장례참석 등 긴급하게 피고인을 석방할 필요가 있는 경우에 한다. 구속집행정지된 피고인은 수사기관의 관찰대상이 되지만 이것만으로는 피고인의 도망을 막기에는 부족하고, 또한 피고인이 도망할 염려가 있는 경우에는 구속집행정지 취소사유가 되므로, 구속집행정지 여부를 결정함에 있어서는 친족에게 부탁 또는 주거제한 등의 조치에도 불구하고 피고인이 도망할 염려가 있는지 여부를 신중히 판단하여야 한다(보석등예규 제16조). 중증통보와 같이 급속을 요하는 경우에는 첨부된 진단서 등을 토대로 가급적 신속하게 결정하고, 중병 등을 이유로 구속집행정지결정을 하는 경우에는 종합병원 등 적당한 병원으로 주거를 제한할 수 있다. 한편, 그 기간은 사유에 따라 필요 최소한으로 정하되, 중병 등을 이유로 하는 경우에도 가급적 1개월을 넘지 않도록 한다(보석등예규 제17조).

병 상 일 지 조 회 신 청

사　　건　　　　　20○○노○○○○　사기

피 고 인　　　　　○　　○　　○ (000000-0000000)
　　　　　　　　　○○시 ○○구 ○○로 ○○ (○○동)

수감장소　　　　　○○교도소

수감번호　　　　　0000번

　　위 피고인의 변호인은 피고인의 건강이 극히 악화되어 아래와 같이 병상일지 조
회를 신청합니다.

아　　　래

1. 조회사항 : 피고인에 대한 현재까지의 병상 상황 및 향후 의료상의 필요조치 사
　　항을 알고자 함
2. 별첨사항 : 의사소견서
※ 위 소견서를 "우편 또는 팩스"로 보내 주시기 바랍니다.

20○○.　　○.　　○.

위 피고인의 변호인 변호사　○　○　○　　(인)

　　○○교도소장　귀하

작성 · 접수방법

이 병상일지 조회신청을 통하여 병상상태를 확인해주는 의사소견서 내지 회신서를 팩스 · 우편 · 방문을 통하여 확보할 수 있다.

병 상 조 회 신 청

수　　신　　　　○○구치소
참　　조　　　　보건의료과
주　　소　　　　○○시 ○○구 ○○로 ○○ (○○동)
제　　목　　　　병상조회신청

　아래 사람은 ○○지방법원에서 ○○죄로 재판 중이며, 현재 ○○구치소에서 수감되어 있는바, 구속집행정지신청을 위하여 필요하오니 아래 조회내용에 대하여 회신하여 주시기 바랍니다.

다　　　　음

1. 대 상 자
　가. 성　　　　명 : ○　○　○
　나. 주민등록번호 : 000000-0000000
　다. 수 용 자 번 호 : 제0000번

2. 조회내용
　가. 수용년월일
　나. 병명
　다. 피고인이 구금생활을 감당할 수 있는지 여부
　라. 향후 예상되는 후유증(발병 가능한 질병 및 증세)과 원인
　마. 구금생활이 계속되는 경우 현재 증상으로 보아 그 병상이 악화되거나 합병증이 발생할 가능성이 있는 여부
　아. 기타 필요한 사항

20○○.　○.　○.

피고인의 변호인 변호사 ○　○　○　　(인)

○○구치소　귀중

이 병상일지 조회신청을 통하여 병상상태를 확인해주는 의사소견서 내지 회신서를 팩스 · 우편 · 방문을 통하여 확보할 수 있다.

[서식 88] 병상조회신청서(2)

병 상 조 회 신 청

수   신   ○○구치소

참   조   보건의료과

주   소   ○○시 ○○구 ○○로 ○○ (○○동)

제   목   병상조회신청

  아래 사람은 ○○지방법원에서 ○○죄로 재판 중이며, 현재 ○○구치소에서 수감되어 있는바, 구속집행정지신청을 위하여 필요하오니 아래 조회내용에 대하여 회신하여 주시기 바랍니다.

다   음

1. 대 상 자
  가. 성   명 : ○ ○ ○
  나. 주민등록번호 : 000000-0000000
  다. 수 용 자 번 호 : 제0000번

2. 조회내용
  가. 수용년월일
  나. 병명
  다. 외진한 병력이 있는지 여부 및 있다면 그 사유
  라. 향후 예상되는 후유증(발병 가능한 질병 및 증세)과 원인
  마. 향후 또는 현시점에서 수술적 치료가 필요한지 여부, 중대성 및 시급성, 방치할 경우 예상되는 문제점

바. '마'와 관련하여(구속집행을 정지할 정도의) 외부 병원 치료가 필요한지 여부

사. 구치소 내 보건의료과에서 현재 피고인의 병세에 어떤 조치를 취하고 있는
    지, 구치소 내 시설이나 인력으로 피고인의 병세를 악화시킬 우려는 없는지

아. 기타 필요한 사항

20○○. ○. ○.

피고인의 변호인 변호사 ○ ○ ○   (인)

○○구치소 귀중

작성 · 접수방법

이 병상일지 조회신청을 통하여 병상상태를 확인해주는 의사소견서 내지 회신서를 팩스 · 우편 · 방문을 통하여 확보할 수 있다.

[서식 89] 구속집행정지신청서(1)

구 속 집 행 정 지 신 청

사   건   20○○고단 ○○○○   상해
피 고 인   ○   ○   ○ (000000-0000000)
              ○○시 ○○구 ○○로 ○○ (○○동)

  위 피고인은 20○○. ○. ○. 구속되어 현재 ○○구치소에서 수감 중에 있는바,
피고인의 처는 다음과 같은 이유로 구속집행정지신청을 하오니 신청취지와 같이 결
정하여 주시기 바랍니다.

신 청 취 지

피고인에 대한 구속집행을 정지한다.

피고인의 주거를 ~ ~ 로 제한한다.

라는 결정을 구합니다.

다　음

신 청 이 유

1. ○○구치소장이 발송한 피고인에 대한 통보 진단서에 의하면 피고인은 당뇨합병증으로 시력과 신장이 안 좋은 상태로 현재의 구금생활을 감내할 수 없다고 합니다.

2. 피고인은 구금 전 식이요법과 함께 저혈당강하 약제를 복용하였던바, 신체적으로 감내하기 힘든 구금 시설 속에서 최근 당뇨합병증세가 급격히 온 만큼 시급한 치료를 위하여 구금외의 일반 대학병원에서 수술을 받을 수 있기를 원합니다.

3. 따라서 위 피고인에 대하여 병원에서 수술을 받을 수 있도록 피고인에 대한 구속을 집행정지하여 주시기 바랍니다.

첨 부 서 류

1. 진단서　　　　　　　　　　　　　　1통

20○○.　○.　○.

위 피고인의 처　○　○　○　　(인)

○○지방법원　귀중

1. 구속집행정지는 법원의 직권에 의해서만 할 수 있다. 따라서 당사자의 신청은 법원의 직권을 발동을 촉구하는 의미밖에 없다.
2. 법원은 상당한 이유가 있는 때에는 결정으로 피고인에 대한 구속의 집행을 정지할 수 있다(형소법 101조 1항).
3. 구속집행정지는 보증금 납입을 조건으로 하지 않는다는 점에서 보석과 구별되고, 기간이 만료되면 별도의 결정 없이 구속영장의 효력이 부활된다는 점에서 구속취소와 구별된다.
4. 법원이 구속집행정지의 결정을 함에는 급속을 요하는 경우를 제외하고는 검사의 의견을 물어야 하며(형소법 101조 2항), 피고인에 대한 구속집행정지결정에 대해서는 검사의 즉시항고가 허용된다(형소법 102조 3항).
5. 집행정지신청서 1부(참고자료 첨부)와 부본 1부(참고자료 미첨)를 작성하여 담당 형사재판부에 제출한다.
6. 구속피고인을 석방하는 방법으로는 보석제도만 있는 것이 아니다. 즉 중병, 근친관혼상제, 중요한 시험 등이 있는 피고인을 위하여 구속집행정지허가신청서를 제출하여 필요에 따라 석방해 줄 수 있다.

[서식 90] 구속집행정지신청서(2)

구 속 집 행 정 지 신 청

사　　건　　　　　　20○○고단 ○○○ 　무고

피 고 인　　　　　○　　○　　○

　위 피고인은 20○○. ○. ○. 구속되어 현재 ○○구치소에서 수감 중에 있는바, 피고인의 변호인은 다음과 같은 이유로 구속집행정지신청을 하오니 신청취지와 같이 결정하여 주시기 바랍니다.

신 청 취 지

　피고인에 대한 구속집행을 정지한다.
　피고인의 주거를 ~ ~ 로 제한한다.
라는 결정을 구합니다.

다　　음
신 청 이 유

1. 피고인은 20○○년에 당한 교통사고로 인하여, 오른팔 수술을 받았으나, 1년 전

부터 수술 받은 부위에 고정된 금속판이 노출이 되어, 그 증세가 심해지다가, 지금으로서는 시급히 금속판 제거수술 등의 조치를 받아야 하는 상태입니다.

2. 본 변호인이 구치소에 있는 피고인을 접견하여 본 결과, 금속판이 15㎝ 이상 피부 밖으로 노출이 된 상태이며, 그 부위에 있는 피부는 곪거나, 썩어 들어가는 증세까지 보여, 자칫 수술 등의 외과적 조치를 하지 않는다면, 팔을 절단하여야 할지도 모르는 상황입니다.

3. 피고인도 노출부위가 점점 커가면서, 통증으로 숙면을 취할 수가 없고, 오른팔의 마비증세까지 와서 더 이상 지금의 상태로는 구치소 생활을 할 수가 없음을 호소하고 있습니다.

4. 이상의 이유로 피고인에 대한 구속집행을 정지하여, 피고인으로 하여금 적절한 의료적 조치를 받을 수 있도록 하여 주시기를 바랍니다.

첨 부 서 류

    1. 진료의견서   1통

20○○. ○. ○.

위 피고인의 변호인 변호사 ○ ○ ○ (인)

○○지방법원 귀중

구 속 집 행 정 지 신 청

사　　　건　　　　　20○○고단 ○○○　사기

피 고 인　　　　　○　　○　　○

　위 피고인은 20○○. ○. ○. 구속되어 현재 ○○구치소에서 수감 중에 있는바, 피고인의 변호인은 다음과 같은 이유로 구속집행정지신청을 하오니 신청취지와 같이 결정하여 주시기 바랍니다.

신 청 취 지

　피고인에 대한 구속집행을 정지한다.
　피고인의 주거를 ～ ～ 로 제한한다.
라는 결정을 구합니다.

신 청 이 유

1. 피고인은 오래전부터 간경화증세를 보이고 있어서 병원에 매일 치료하러 다니다가 급기야는 1년 전에 입원하여 수술을 하기도 했습니다. 수술 이후 증세가 나아지기는 했으나 담당의사의 소견에 의하면 신경을 쓰거나 환경이 급격히 바뀌면 증세가 다시 악화될 것이라고 하였습니다.

2. 피고인이 20○○. ○. ○. 구속된 이후 구치소생활에 적응하지 못하여 급격히 건강이 나빠지고 있고 특히 간경화증세가 수술하기 이전만큼 다시 악화되어 그대로 놔두면 생명이 위험한 상태에 있습니다.

3. 따라서 위와 같은 사실로 인하여 위 피고인에 대한 구속집행을 정지하여 주시기 바랍니다.

첨 부 서 류

1. 진단서   1통
1. 병상조회신청에 대한 회신   1통

20○○. ○. ○.

위 피고인의 변호인 변호사 ○ ○ ○   (인)

○○지방법원 귀중

[서식 92] **구속집행정지신청서(4)**

구 속 집 행 정 지 신 청

사   건   20○○고단 ○○○ 사기

피 고 인   ○ ○ ○

위 피고인은 20○○. ○. ○. 구속되어 현재 ○○구치소에서 수감 중에 있는바, 피고인의 변호인은 다음과 같은 이유로 구속집행정지신청을 하오니 신청취지와 같이 결정하여 주시기 바랍니다.

신 청 취 지

피고인에 대한 구속집행을 정지한다.
피고인의 주거를 ∼ ∼ 로 제한한다.
라는 결정을 구합니다.

신 청 이 유

1. 피고인의 아버지는 평소 당뇨 및 뇌졸중의 병을 앓고 고생하여 오던 중 그 지병

이 악화되어 20○○. ○. ○. ○○시 ○○구 ○○로 ○○ (○○동)에서 사망하였습니다.

2. 피고인은 장남으로서 장기결정, 장례절차, 장례비용 마련 및 지출, 조문객들을 맞이하기 위해 아버지의 장례식에 반드시 필요한 사람입니다.

3. 따라서 피고인으로 하여금 장례식을 치를 수 있도록 1주일 정도만 구속집행을 정지하여 주시기 바랍니다.

첨 부 서 류

1. 사망진단서   1통
1. 제적등본   1통
1. 가족관계증명원   1통

20○○.   ○.   ○.

위 피고인의 변호인 변호사 ○ ○ ○   (인)

○○지방법원 귀중

[서식 93] 구속집행정지신청서(5)

구 속 집 행 정 지 신 청

사   건   20○○고단 ○○○   사기
피 고 인   ○   ○   ○

위 피고인은 20○○. ○. ○. 구속되어 현재 ○○구치소에서 수감 중에 있는바,

피고인의 변호인은 다음과 같은 이유로 구속집행정지신청을 하오니 신청취지와 같이 결정하여 주시기 바랍니다.

신 청 취 지

피고인에 대한 구속집행을 정지한다.
피고인의 주거를 ～ ～ 로 제한한다.
라는 결정을 구합니다.

신 청 이 유

1. 피고인은 신청외 ○○○와 약 3년간 사귀어 오던 중 20○○. ○. ○. 결혼식을 거행하기로 이미 날짜까지 정하여 친지 및 지인들에게도 모두 청첩을 하여 둔 상태이며, 결혼식 장소인 ○○시 ○○동 소재 ○○예식장과 이미 계약을 하여 둔 상태입니다.

2. 그런데 불행하게도 20○○. ○. ○. 피고인이 갑자기 구속되었습니다.

3. 따라서 피고인으로 하여금 예정된 결혼식을 치를 수 있도록 1주일 정도만 구속집행을 정지하여 주시기 바랍니다.

첨 부 서 류

1. 청첩장	1통
1. 예식장 사용계약서	1통
1. 출석보증서 및 인감증명서	1통
1. 탄원서	1통

20○○. ○. ○.
위 피고인의 변호인 변호사 ○ ○ ○ (인)

○○지방법원 귀중

구속집행정지연장신청에 대한 소명보충

사　　건　　　　20○○고단○○○○　상해

피 고 인　　　　　○　　○　　○

　위 피고인은 지병으로 앓고 있는 심근경색증으로 치료 중이었으나 20○○. ○. ○. 갑자기 쓰러져 별첨 입원확인서와 같이 ○○병원에 입원가료중입니다.

　향후 환자의 상태는 정밀검사를 통하여 알 수 있다고 합니다.

　이에 구속집행정지연장신청에 대한 소명보충으로 입원확인서를 제출합니다.

첨 부 서 류

　　1. 입원확인서　　　　　　　　　　　　1통

20○○.　○.　○.

위 피고인의 변호인 변호사　○　○　○　　(인)

○○지방법원　귀중

라. 구속의 실효

(1) 의의

구속의 사유가 없거나(부적법) 소멸된 때(부당)에는 법원은 직권 또는 검사, 피고인, 변호인과 변호인선임권자의 청구에 의하여 결정으로 구속을 취소하여야 한다(법 제93조). 구속취소는 법원이 직권으로 행할 수 있지만 피고인 측의 청구에 의하여도 행해진다. 특히 피고인 측의 구속취소청구권은 청구권자가 적극적으로 법원에 대하여 신체구속의 적법성 및 타당성에 관한 판단을 구할 수 있다는 점에서 수사절차상 피의자의 체포·구속적부심사청구권에 대응하는 중요한 권리라고 할 것이다.

수사절차에 있어서도 제93조는 준용된다. 그러나 수사절차에서 검사는 법원의 허가 없이도 직권으로 구속을 취소할 수 있는 바(검찰사건사무규칙 제50조), 주로 직권취소가 이용되고 있다.

(2) 구속취소의 사유

구속취소는 구속의 사유가 없음에도 불구하고 구속하였음이 판명된 경우 또는 구속의 사유가 사후적으로 소멸된 경우에 행해진다. 예를 들어 도망 또는 증거인멸의 염려가 없게 된 경우, 죄를 범하였다고 의심할 만한 사유가 소멸된 경우, 경미사건으로서 일정한 주거 없음을 이유로 구속되었으나 나중에 주거가 있음이 판명된 경우, 구속기간이 경과하였으나 아직 석방되고 있지 아니한 경우 등은 구속취소가 행해질 수 있는 상황이다.

2. 구속전 피의자심문제도(영장실질심사제도)

구속은 수사 또는 재판을 위해 필요한 경우에 피의자 또는 피고인을 구인하거나 임시로 구금해 두는 제도이다. 이는 사람의 신체의 자유를 극히 제한하는 것이기 때문에 법률이 정한 요건을 갖춘 경우에 한하여 엄격한 절차를 거쳐야 한다.

가. 의의

구속영장실질심사는 구속영장이 청구된 피의자에 대하여 법관이 수사기록에만 의지하지 아니하고 구속여부를 판단하기 위하여 필요한 사항에 대하여 직접 피의자를 심문하고, 필요한 때에는 심문장소에 출석한 피해자, 고소인 등 제3자를 심문하거나 그 의견을 듣고 이를 종합하여 구속 여부를 결정하는 제도이다. 이는 피의자의 방어권 및 법관대면권을 최대한 보장하기 위해 법관이 영장에 관한 실질심사를 하도록 한 것이다.

따라서 만일 심문할 피의자에게 변호인이 없는 때에는 판사는 직권으로 변호인을 선정해야 한다(형사소송법 제201조의2 제8항 전문). 즉 영장실질심사는 이른바 '필요적 국선변호' 절차이다.

나. 절차

(1) 피의자가 체포된 경우와 체포되지 않은 경우

피의자가 이미 체포영장에 의하여 체포되거나, 현행범으로 체포되거나 긴급체포된 피의자에 대하여 구속영장이 청구된 경우 판사는 지체 없이 피의자를 심문하여야 한다(법 제201조의2 제1항). 이 경우 판사는 특별한 사정이 없는 한 구속영장이 청구된 다음날 까지 심문해야 한다.

그러나 체포되지 않은 피의자에 대하여 구속영장을 청구 받은 지방법원판사는 피의자가 죄를 범하였다고 의심할 만한 상당한 이유가 있는 경우에 '구인을 위한 구속영장'을 발부하여 피의자를 구인한 후 심문하여야 한다(법 제201조의2 제2항).다만, 피의자가 도망하는 등의 사유로 심문할 수 없는 경우에는 심문없이 영장발부 여부를 결정할 수 있다.

(2) 영장전담판사의 지정

지방법원 또는 지원의 장은 구속영장청구에 대한 심사를 위한 전담법관(영장전담법관)을 지정할 수 있다(규칙 제96조의5). 대법원 예규는 판사 수 등의 문제등 특별한 사정이 존재하지 않는 한 지방법원 또는 지원은 영장전담판사를 의무적으로 지정하도록 하고 있다. 이에 따라 심문은 평일에는 영장전담판사가 담당하고, 토요일, 일요일 및 공휴일에는 당직 판사가 담당한다.

(3) 심문기일의 지정 및 통지

체포된 피의자 외에 피의자에 대한 심문기일은 관계인에 대한 심문기일의 통지 및 그 출석에 소요되는 시간 등을 고려하여 법원에 인치된 때로부터 가능한 빠른 일시로 지정하여야 한다(규칙 제96조의12 제2항). 심문기일의 통지는 서면 이외에 구술·전화·모사전송·전자우편·휴대전화 문자전송 그 밖에 적당한 방법으로 신속하게 하여야 하고 통지의 증명은 그 취지를 심문조서에 기재함으로서 할 수 있다(규칙 제96조의12 제2항).

한편, 판사는 검사 또는 변호인이 정해진 심문기일에 출석하지 않는 경우에도 사전에 그 출석할 뜻을 나타낸 경우에는 가능한 한 그 출석을 기다려 피의자심문을 하도록 되어 있다[대법원 재판예규인 '인신구속사무의 처리에 관한 예규(재형 2003-4)' 참조].

(4) 심문장소

피의자심문은 법원청사 내에서 하여야 하지만(형사소송규칙 제96조의15 본문). 피의자가 출석을 거부하거나 질병 기타 부득이한 사유로 법원에 출석할 수 없는 때에는 경찰서, 구치소 기타 적당한 장소에서 심문할 수 있다(같은 조 단서).

(5) 심 문

심문절차는 공개되지 아니하며(비공개의 원칙), 피의자는 진술거부권을 행사할 수 있다(규칙 제96조의16). 판사는 진술거부권의 행사를 위해 범죄사실의 요지 및 진술거부권과 이익사실을 진술 할 수 있다는 취지를 고지하여야 한다(규칙 제96조의16).

[영정실질심사 심문절차]

▶ 진술거부권 고지피의자에게 일체의 진술을 하지 아니하거나 개개의 질문에 대하여 진술을 거부할 수 있으며 이익되는 사실을 진술할 수 있음을 고지한다.

▶ 인정심문피의자의 성명, 주민등록번호(외국인등록번호 등), 주거, 직업을 확인하여 피의자의 동일성을 확인한다.

▶ 범죄사실 및 구속사유의 고지구속영장청구서에 기재된 범죄사실 및 구속사유를 고지한다.

▶ 피의자 심문판사는 구속여부를 판단하기 위하여 필요한 사항에 관하여 피의자를 심문하고, 이 경우 피의자는 판사의 심문 도중에도 변호인의 조력을 구할 수 있다. 판사는 필요한 경우에 법원에 출석한 피해자 또는 제3자에 대하여 심문할 수 있다.

▶ 관계인의 의견진술검사와 변호인은 판사의 심문이 끝난 후 의견을 진술할 수 있으며, 필요한 경우에는 판사의 심문 도중에도 판사의 허가를 얻어 의견을 진술할 수 있다. 피의자의 법정대리인·배우자·직계친족·형제자매나 가족·동거인 또는 고용주, 판사가 방청을 허가한 피해자나 고소인도 판사의 허가를 얻어 사건에 관한 의견을 진술할 수 있다.

(6) 검사와 변호인의 의견진술

검사와 변호인은 심문기일에 출석하여 의견을 진술할 수 있다(법 제201조의2 제4항).

(7) 조서의 작성(구속전피의자심문조서)

법원이 피의자를 심문하는 경우 법원사무관등은 심문의 요지 등을 조서로 작성하여야 한다(법 제201조의2 제6항).

(8) 구속영장의 발부와 구속기간

판사는 피의자를 심문한 후 피의자가 도망 또는 증거인멸의 우려가 있다고 인정하는 때에는 구금을 위한 구속영장을 발부하여야 한다. 피의자심문을 하는 경우 법원이 구속영장청구서·수사관계서류 및 증거물을 접수한 날부터 구속영장을 발부하여 검찰청에 반환한 날까지의 기간은 수사기관의 구속기간에 산입하지 아니한다(법 제201조의 제7항). 만일, 판사가 구속사유가 없다고 판단하여 구속영장청구를 기각하면 체포된 피의자는 구금상태에서 벗어나게 된다.

다. 재구속의 제한

검사 또는 사법경찰관에 의하여 구속되었다가 석방된 사람에 대하여는 다른 중요한 증거를 발견한 경우를 제외하고는 동일한 범죄사실에 관하여 재차 구속하지 못한다. 구속여부의 재판은 유·무죄에 대한 재판이 아니다. 즉, 영장이 기각된 경우에도 검사에 의하여 기소가 되면 재판을 거쳐 유·무죄 또는 실형 여부를 결정하므로, 석방결정은 사건의 종국적인 결정과는 무관하다.

3. 체포 · 구속의 적부심사제도

수사단계에서 체포 · 구속된 피의자와 이해관계인은 체포 · 구속영장의 발부가 법률에 위반되거나 구속 후 중대한 사정변경이 있을 경우에는 공소가 제기되기 전까지 관할법원에 체포 · 구속의 적부심사를 청구할 수 있다. 체포 · 구속적부심사의 청구가 있는 때에는 법원은 지체 없이 이를 심리하여, 이유 있다고 인정한 때에는 체포 · 구속된 피의자의 석방을 명한다. 법원은 구속된 피고인 등의 청구에 의하여 또는 직권으로 서약서 제출, 주거 제한, 피해자 등에 대한 접근금지, 보증금 납부 등을 조건으로 피고인의 석방을 허가할 수 있는데, 이를 보석이라 한다. 보석 조건이 보증금 납부일 경우에는 보석 보증보험증권을 첨부한 보증서의 제출로써 갈음할 수 있다.

가. 의의

헌법 제12조 제6항은 누구든지 체포 또는 구속을 당한 때에는 적부의 심사를 법원에 청구할 권리를 가진다고 규정하고 있고, 형사소송법 제214조의2 제1항은 체포영장 또는 구속영장에 의하여 체포 또는 구속된 피의자 등이 체포 또는 구속의 적부심사를 청구할 수 있다고 규정하고 있는바, 형사소송법의 위 규정이 체포영장에 의하지 아니하고 체포된 피의자의 적부심사청구권을 제한한 취지라고 볼 것은 아니므로 긴급체포 등 체포영장에 의하지 아니하고 체포된 피의자의 경우에도 헌법과 형사소송법의 위 규정에 따라 그 적부심사를 청구할 권리를 가진다.
이에 따라 체포 · 구속된 피의자 또는 변호인 그리고 그 밖의 일정한 범위의 자들의 청구에 의해 관할법원이 체포 · 구속의 적부를 심사하여 그것이 부적법 또는 부당한 경우 체포 · 구속된 피의자를 석방시키는 제도를 체포 · 구속적부심사제도라고 한다(법 제214조의2). 그 중에서도 특히 피의자의 출석을 담보할 만한 보증금 납입을 조건으로 하여 피의자를 석방하는 경우를 '기소전 보석'이라고도 한다.

나. 청구

(1) 청구권자

체포 또는 구속된 피의자 또는 그 변호인, 법정대리인, 배우자, 직계친족, 형제자매나 가족, 동거인 또는 고용주가 청구할 수 있다(법 제214조의2). 다만, 피의자가 아닌 사람이 청구하는 경우에는 피의자와의 관계를 소명하는 자료(예: 가족관계기록사항 증명서, 주민등록등본 등)를 신청서에 첨부하여야 한다.
한편, 종전에 긴급 체포되거나 현행범으로 체포된 피의자 또는 위법하게 체포된 피의자가 체포적부심사를 청구할 수 있는지 명문 규정이 없어 논란의 여지가 있었으나 판례는 이를 인정하고 있었다(대결 1997. 8. 27. 97모21). 그런데 현행법은 체포 또는 구속된 피의자라고만 규정하여 체포 형식을 불문하고 모든 체포된 피의자가 체포적부심사청구를 할 수 있도록 명문화 하였다. 이처럼 체포구속적부심사청구의 폭을 넓힌 입법취지를 감안하면 수사기관에 의하여 영장 없이 불법으로 구금된 피의자에 대해서도 구속적부심사청구가 가능하다고 해석하는 것이 타당할 것이다.

(2) 청구의 방식

서면 또는 구술로 할 수 있도록 되어 있으나 서면으로 청구하는 것이 일반적이다. 청구서에는 ① 체포 또는 구속된 피의자의 성명, 주민등록번호, 주거 ② 체포 또는 구속된 일자 ③ 청구의 취지 및 이유 ④ 청구인의 성명 및 체포 또는 구속된 피의자와의 관계 등을 기재하여야 한다(규칙 제102조).

한편, 청구서 작성에 필요한 사항을 확인하기 위하여 청구권자는 구속영장 등을 보관하고 있는 검사, 사법경찰관 또는 법원사무관 등에게 그 등본의 교부를 청구할 수 있다.

(3) 청구의 사유

(가) 불법한 체포구속

체포 구속이 불법한 경우로는 ① 영장주의에 반한 체포나 구속 ② 긴급체포 또는 현행범 체포의 요건 불구비 ③ 재구속금지에 반하는 구속, 긴급체포 후 구속영장청구기간 경과했음에도 불구하고 구속영장이 발부된 경우, 구속사유가 없음에도 구속영장이 발부된 경우 ④ 구속기간이 경과된 이후의 계속구금 등을 들 수 있다.

(나) 부당한 계속구금

체포구속의 계속이 부당한 경우란 체포·구속영장의 발부 후 피해자에 대한 변상, 합의 고소취소 등의 사정변경으로 인하여 계속할 필요가 없게 된 경우를 의미한다. 체포·구속 계속의 필요성은 체포·구속적부심의 심사시점을 기준으로 판단하여야 한다.

(4) 국선변호인 선정 - 필요적 국선변호

피의자에게 사선변호인이 없는 경우, ⅰ) 피의자가 미성년자이거나, 70세 이상인 때, 농아자인 때, 심신장애의 의심이 있는 때, ⅱ) 당해 사건이 사형, 무기, 단기 3년 이상의 징역이나 금고에 해당할 때, ⅲ) 구속적부심사를 청구한 사람이 빈곤 기타의 사유로 변호인을 선임할 수 없어 국선변호인의 선정을 청구한 때 등의 사유에 해당하는 때에는 법원이 국선변호인을 선정하여야 한다.

한편, 피의자 등이 빈곤 기타의 사유로 변호인을 선임할 수 없어 국선변호인의 선정을 청구한 때에는 기록에 의하여 그 사유가 소명되지 않는 한 그 사유에 관한 소명자료를 제출하여야 하나, 서울중앙지방법원에서는 당사자의 권리 구제를 위하여 가급적 청구를 받아들이고 있다.

다. 심 문

실무상 구속적부심사청구권은 원칙적으로 합의부가 담당하며(대체로 전담재판부의 합의부원 중 1인이 재판부의 명을 받아 피의자에 대한 심문), 체포적부심사청구사건은 단독판사가 담당한다(서울중앙지방법원에서는 구속적부심사를 공정하게 처리할 수 있도록 이를 전담하는 합의재판부를 두고 있다.). 적부심사의 청구를 받은 법원은 청구서가 접수된 때부터 48시간 이내에 심문하여야 하고(형소법 제214조의2 제4항), 이를 위하여 지체 없이 청구인, 변호인, 검사 및 피의자를 구금하고 있는 관서(경찰서, 교도소 또는 구치소 등)의 장에게 심문기일과 장소를 통지하여야 한다(규칙 제104조 제1항). 심문기일에 출석한 검사, 변호인, 청구인은 법원의 심문이 끝난 후에 피의자를 심문하거나 의견을 진술할 수 있으며, 피의자, 변호인, 청구인은 피의자에게 유리한 자료를 제출할 수 있다.

라. 결정

(1) 결정의 시기

법원의 결정은 피의자에 대한 심문절차가 종료된 때부터 24시간 이내에 하여야 한다(형소규 제106조). 결정을 할 때에는 구속 당시의 사정뿐만 아니라, 적부심심사시까지 변경된 사정(예: 구속 이후에 합의가 이루어진 경우)도 고려하여 판단한다.

(2) 결정의 내용

(가) 기각결정

체포구속적부심사청구의 실질적 요건이 결여된 경우에는 관할법원은 결정으로 청구를 기각한다. 이 기각결정에 대해서는 항고하지 못한다(법 제214조의2).

(나) 석방결정

관할법원은 체포구속적부심사청구의 실질적 요건이 구비되어 청구가 이유있다고 인정한 때에는 결정으로 체포구속된 피의자의 석방을 명하여야 한다(법 제2014조의2). 법원의 결정에 대해서는 항고할 수 없다(법 제214조의2 제8항).

한편, 구속적부심은 유·무죄에 대한 재판이 아니다. 즉 석방된 경우에도 검사에 의하여 기소가 되면 재판을 거쳐 유·무죄 또는 실형 여부를 결정하므로 석방결정은 사건의 종국과는 무관하다.

(다) 보증금납입조건부 석방결정

피의자의 석방을 명하거나 청구를 기각하는 외에 구속된 피의자에 한하여 피의자의 출석을 보증할 만한 보증금의 납입을 조건으로 석방을 명할 수도 있다(형소법 제214조의2 제5항).

위 보증금 납입 조건부 피의자 석방제도를 '기소전 보석제도'라고 하는데 이는 보석제도의 취지를 기소전 단계까지 확대한 것으로 1995. 7. 형사소송법의 개정으로 도입되었다. 다만, 피의자에게 ① 죄증을 인멸할 염려가 있다고 믿을 만한 충분한 이유가 있는 때 ② 피해자, 당해 사건의 재판에 필요한 사실을 알고 있다고 인정되는 자 또는 그 친족의 생명·신체나 재산에 해를 가하거나 가할 염려가 있다고 믿을 만한 충분한 이유가 있는 때는 제외된다(형소법 제214조의2 제5항 단서). 기소전 보석결정시 주거제한, 법원 또는 검사가 지정하는 일시·장소에 출석할 의무, 기타 적당한 조건을 부가할 수 있다(형소법 제214조의2 제6항).

보증금 납부 조건부 피의자 석방제도는 법문상 구속된 피의자에 대하여만 인정되고 체포된 피의자에 대해서는 인정되지 않는다. 체포 또는 구속의 적부심사에 관한한 법원의 결정에 대하여는 항고가 허용되지 아니하지만(형소법 제214조의2 제8항), 보증금 납입 조건부 석방결정에 대하여는 형사소송법 제402조에 의하여 항고할 수 있다.

마. 재구속의 제한 등

(1) 구속기간에의 불산입

법원이 구속적부심 청구에 따라 수사관계서류와 증거물을 접수한 때부터 결정 후 검찰청에 반환할 때까지의 기간은 사법경찰관 또는 검사의 구속기간(사법경찰관 10일, 검사 10일, 단 검사의 경우 1차에 한하여 10일 연장가능)에 산입되지 않는다. 그러나 이는 피의자의 미결구금일수에 산입되지 않는다는 의미는 아님에 주의하여야 한다.

(2) 재구속의 제한

석방결정에 의해 석방된 피의자는 도망하거나 죄증을 인멸한 경우가 아닌 한 동일한 범죄사실에 관하여 재차 체포 또는 구속하지 못한다(법 제214조의3 제1항). 또한 기소전 보석 결정에 의하여 석방된 피의자에 대하여는 ⅰ) 도망한 때, ⅱ)도망하거나 죄증을 인멸할 염려가 있다고 믿을만한 충분한 이유가 있는 때, ⅲ)출석요구를 받고 정당한 이유없이 출석하지 아니한 때, ⅳ) 주거의 제한 기타 법원이 정한 조건을 위반한 때 등의 사유에 해당하는 이외에는 동일한 범죄사실로 재차 구속하지 못한다.

구속적부심사 청구서

사　　건　　2000형제0000 호　장물취득

피 의 자　　○ ○ ○(000000-0000000)

　　　　　　　경기 000시 00구 000로 000

　　　　　　　(현재 00구치소 수감 중 : 수감번호　　　번)

　위 피의자는 장물취득 피의사건으로 귀원에서 발부한 20○○. 00.　.자 구속영장에 의하여 현재 00구치소에 수감 중인바, 피의자의 변호인은 다음과 같은 사유로 구속적부심사를 청구하오니, 심리하시어 청구취지와 같은 결정을 하여 주시기를 바라옵니다.

청 구 취 지

피의자 ○○○에 대한 석방을 명한다.

라는 결정을 구합니다.

청 구 이 유

1. 구속적부심사 청구 요건

가. 피의자는 주거가 일정합니다

　피의자는 현재 '경기 00시 00구 00로 000'에서 가족들과 함께 생활하고 있어 주거가 일정하며, 또한 위 주거지에서 가족들을 부양하며 안정적인 가정생활을 하고 있습니다.

나. 피의자는 증거인멸의 우려가 없습니다

(1) 피의자의 무혐의

　이 사건은 ○○○이 제출한 메모나 그의 진술이 발단인 사건으로서, ○○○은 과거에 많은 전과가 있어 그의 언행을 그대로 믿을 수 없는 것입니다. 피의자는 과거 수차례 장물취득으로 조사를 받은 경험이 있기에 장물취득죄의 위험성을 익히 잘 알고, 더욱 더 주의를 기울여 중고폰을 매입하였습니다. 피의자가 지역신문에 광고한 내용을 보더라도 "분실, 습득폰 전화 사절"이라고 명기되어 있습니다. ○○○처럼 다수의 중고핸드폰을 판매하는 사람과 거래를 함에 있어서 미필적 고의로라도 장물이라는 인식이 있었다면 절대로 피의자가 무덤을 파는 행위를 하였을 리 없는 것입니다.

수사기관이 주장하는 내용을 그대로 믿는 전제에서 법원이 판단을 한다면 제대로 된 판단이 어렵고 억울한 피의자가 생길 수밖에 없습니다. 부디, ○○○의 말이 허점이 없는지, 그의 진술이나 언행이 자신의 죄책을 가볍게 하기 위한 거짓일 가능성은 없는지 피의자의 입장 및 제3자의 객관적 입장에 서서 판단해 주시기를 청원드립니다. 일반적인 장물 매도인 누가 ○○○과 같이 일부러 꼼꼼하게 메모를 작성해 놓을까요? 의도적으로 다른 사람에게 함께 죄책을 부담시킴으로써 자신의 죄책을 가볍게 하려는 고단수 전과자만이 할 수 있는 행위인 것입니다.

피의자가 불구속 상태에서 수사와 재판을 받는다면 억울함을 밝히기에 용이할 것입니다.

(2) 인멸할 증거가 있는지의 여부

현재 피의자는 ○○○으로부터 박스(box)폰 매입 당시 받았던 "확인서(영수증)" 00장(00대 핸드폰 시리얼넘버 기재됨)을 모두 증거로 ○○경찰서에 제출한 상태입니다. 그 외에 피의자에 대한 유죄의 증거는 주로 ○○○의 진술이고, 그가 이미 구속되어 있으므로, 피의자에게 증거인멸의 염려가 없고, 추가로 인멸할 증거조차 없습니다.

다. 피의자는 도망할 염려가 없습니다
(1) 피의자는 부양해야 할 가족이 있습니다

피의자는 주소지에서 처와 자녀를 부양하고 있었고, 또 주소지에서 십수년간 컴퓨터, 노트북, 핸드폰 등을 판매하는 점포를 운영해 오고 있습니다. 피의자는 한 가정의 가정으로서, 가정형편이나 사업형편상 도망할 염려가 전혀 없습니다.

(2) 처벌을 면할 목적이 있는지의 여부

　피의자는 무고함과 억울함을 밝힐 기회를 주실 것을 요청하는 것이므로, 처벌을 면할 목적으로 석방을 구하는 것이 아닙니다.

라. 피의자는 불구속으로 재판을 받더라도 수사기관이나 법원에서 하명 하는 경우 언제든지 성실하게 출석하여 수사나 재판에 임할 것을 다짐하고 있습니다.

2. 피의자 혐의의 증거인 ○○○의 언행에 대한 반박 및 사건 경위 설명
앞서 말씀 드린 바와 같이 피의자에 대한 혐의의 증거는 주로 이상용의 진술이나 메모 등입니다. 이에 대하여 아래에서 반박하겠습니다.

　첫째로, 피의자는 ○○○로부터 박스폰을 매입할 때에는 항상 "확인서(영수증)"를 징구하였습니다. 판매점 내에 위 문서 양식이 없을 때에는 급한대로 판매점 내에 있던 다른 양식인 "물품매입서"를 징구하기도 하였습니다. 항상 위 문서의 상단에 핸드폰 시리얼넘버를 적어 동일성 확인의 자료로 삼고, 또 도난분실폰인지 확인의 근거로 삼았으며, 중간과 하단에는 '만일 매도인이 도난분실폰을 매도할 경우, 민형사상의 엄격한 책임을 지게 된다'는 요지의 각서내용까지 기재하여 자필서명을 받았습니다. 이처럼 도난분실폰 매입을 방지하려고 다른 판매점주가 하지 않는 엄격한 절차까지 실행하였던 것입니다.

　둘째로, 도난분실폰의 경우 박스폰일 가능성이 없습니다. 박스폰은 개통이 된 직후 명의자에게 보내주거나, 개통도 하지 않은 채 기계만 명의자에게 보내주는 폰이기에, 당연히 도난이나 분실폰일 가능성이 없어 안전하다고 판단하고 장물에 대한 인식이 전혀 없이 매입을 하게 된 것입니다.

　셋째로, 피의자와 직원들은 ○○○으로부터 구입 당시 항상 박스폰을 '이동전화 단말기 자급제'사이트에 들어가 도난분실폰인지 여부를 확인한 후 매입하였습니다. ○○○으로부터 매입한 박스폰들은 위 조회결과 등록된 것이 하나도 없었습니다. 위 사이트는 이동통신단말기의 거래 안전과 투명성 확보를 위하여 '한국정보통신진흥협회'가 직접 운영하는 조회 사이트로서 우리나라 이동통신 3사가 모두 정보를

등록하여 도난분실폰이 거래되지 않도록 미리 조회서비스를 제공하고 정보을 알려줌으로써 불법거래를 차단해 주는 사이트입니다.

넷째로, 어느 장물업자가 자신의 거주지 주택으로 와서 물건을 가지고 가라고 하겠습니까? 또 신분증을 스스럼없이 보여주고 복사도 허용하겠습니까? 이 점에서도 피의자는 이상용을 믿었습니다. 통상 장물업자들은 나중에 형사처벌을 받을 것을 우려하여 철저히 자신의 신분, 직업, 거주지 등을 숨기고, 속입니다. 그런데 ○○○은 대놓고 떳떳하게 자신의 집으로 오라고 하여 주거지를 알려주고 또 스스럼없이 신분증을 보여주고 복사도 하게 하였습니다. 그러므로 피의자는 통상적인 경우에 비추어 장물업자라고 생각할 수가 없었습니다.

넷째로, ○○○은 박스폰 매입 경로에 관한 설명에 있어서도 피의자로 하여금 믿게 하였습니다. 이상용은 자신이 경마장을 다니는데 그 곳에 가면 급전이 필요한 사람들이 많이 있다고 하면서, 그 곳에서 전단지 등에 "소액대출"이라고 광고를 하면 대출을 원하는 사람들이 찾아오게 되어 그들에게 개통을 하도록 안내해 주고, 그 핸드폰을 안전하게 매입하기 때문에 절대로 장물이 아니라고 구입 경로를 설명해 주어 피의자는 이를 믿을 수밖에 없었습니다.

다섯째로, ○○○은 피의자에게 설명하기를 본인확인이 된 박스폰만 매입하여 피의자에게 판다고 설명을 해 주었습니다. 즉, 대리점 직원이 직접 개통자의 집으로 배송을 가서 개통자의 본인명의 확인을 한 후 교부를 해 주기 때문에 ○○○이 개통자 명의를 위조하여 핸드폰을 수령할 수는 없다고 설명하였습니다. 즉, 대리점 직원이 본인확인을 철저히 하고 박스폰을 교부해 주는데, 자신은 개통자와 명의가 달라 개통자가 아니므로 대리점 직원이 ○○○에게 교부해 줄 수가 없는 구조여서, 본인확인이 된 안전할 물건이라고 설명해 주었습니다.

여섯째로, 만일 도난분실폰이나 개통절차가 위법한 폰인 줄 알았다면, 시세보다 훨씬 저렴한 가격으로 ○○○으로부터 매입하여 높은 매각가로 판매하지 중고 정상가로 매입하지는 않았을 것입니다. 즉, 이윤을 00원정도로 매우 적게 남길 정도로 시중 정상가로 매입하여 베트남 등지에 수출할 리가 없었을 것입니다. 장물을 취급하는 데 따르는 경제적, 법적 위험성 등을 고려하여 최소한 00만원의 매매차익을 남기고자 매입가를 매우 낮게 책정하였을 것입니다.

일곱째로, 피의자에게는 과거 장물보관죄로 벌금전과가 있으며, 비록 혐의없음 결정을 득하기는 하였으나 두세번 조사를 받은 사실도 있습니다. 그리하여 피의자가 중고폰을 매입할 때에는 더 고도의 주의를 기울이고 매입하였습니다. 0년 장사해서 자녀와 가족들을 부양할 것도 아니고, 수십년을 한 지역에서 장사를 해야 하는데 장물을 취급하여 평생의 밥줄을 끊을 수는 없는 것입니다. 피의자는 현재까지도 한 지역에서 00년 동안 컴퓨터, 노트북, 핸드폰 등의 판매점사업을 영위해 왔습니다. 자리도 잡혀 있고 단골고객도 어느정도 확보되어 있기에, 구태여 몇만원의 이윤을 더 얻자고 장물을 00여개씩이나 매입하여 평생의 삶의 터전을 쉽게 파괴하고 망실할 상황이 아니었던 것입니다. 피의자의 부모님과 형제자매들도 같은 지역에 거주하고 있으며, 모두 독실한 기독교인들이고, 특히 피의자는 주일학교 교사를 00년 이상 봉직하고 있습니다.

여덟째로, 피의자가 진정으로 ○○○주장과 같이 ○○○과 함께 모의하고, 장물의 수수나 처분을 상의하였으며, 수사기관의 수사에 대한 대책을 논의하고, 핸드폰 뒷자리 0자리까지 일치시킬 정도로 친한 사이였다면, ○○○이 피의자의 사업이나 행동에 대하여 부정확한 진술을 할 리가 없습니다. 예를 들어, 피의자는 ○○○으로만 수출을 하는데 이상용은 ○○으로 수출한다는 취지로 진술하였습니다. 피의자는 항공기로만 정식 통관절차를 밟아 수출을 하는데 ○○○은 선박으로 수출한다는 취지로 진술하였습니다. ○○계양경찰서에서 ○○○과 관련하여 전화가 피의자에게 온 사실이 있었는바, 당시 핸드폰 뒷자리 0자리가 동일한 것을 수사관이 언급해 주었습니다. 그런데 이는 ○○○이 피의자 모르게, 피의자와 상의 없이 일방적으로 행한 일입니다. 피의자가 수사 대책을 알려 주었다는 메모 역시 ○○○이 나중에 자신의 수사를 대비하여 책임을 전가시키고자 일부러 만들어 낸 것입니다. 초범이 아니며 홈쇼핑 등을 통해 사문서를 위조, 행사하여 수백대의 핸드폰을 불법개통 및 처분하는 파렴치한 범죄를 저지를 정도의 성품이라면 얼마든지 핸드폰 뒷자리나 메모 등을 통해 타인에게 자신의 죄책 일부를 전가시킬 수 있는 수법을 알고 있다고 보아야 합니다. 이러한 전후 사정에 법원이나 수사기관이 오도되어서는 아니 될 것입니다.

3. 기타 정상관계

피의자에게는 아래와 같은 정상참작사유가 있사오니, 심리에 참고하여 주시기 바라옵니다.

가. 전과관계

피의자는 지금껏 큰 범죄를 저지른 사실 없이 소액의 벌금전과만 있습니다. 고물상이나 보석상과 동일하게 직업의 특성상 중고물품을 취급하지 않을 수 없는 업종이어서 장물에 더욱 더 주의하여 중고품 취급을 해 오고 있었습니다. 그리하여 00년 사업경력임에도 불구하고 다른 핸드폰 대리점주나 판매점주에 비하여 전과가 적은 편에 속한다고 할 수 있습니다.

나. 이득의 정도

위에서 말씀 드린 바와 같이, 피의자는 이상용으로부터 정상가로 매입하였기 때문에 이득을 본 것이 없습니다. 이 부분에 대하여서는 이상용과 대질조사가 반드시 필요한 사항입니다.

다. 피의자는 가족관계

피의자의 가족으로는 처와 슬하에 1남 2녀가 있는데, 이들 및 같은 아파트 단지에 거주하시는 연로하신 부모님들은 지금껏 생계의 전부를 피의자에게 전적으로 의존하며 살아왔던 터라 피의자의 부양이 절대 필요한 상황입니다.

라. 피의자의 수사 및 재판 출석 다짐

피의자는 석방이 되더라도, 이 사건 수사 및 재판에 관하여, 진실된 증거와 변론으로서 수사에 협조하고, 실체진실의 발견 노력에 장애가 되는 어떠한 행동도 하지 않을 것을 다짐하고 있습니다.

만약 존경하는 재판장님께서 불구속 상태에서 수사 및 재판을 받을 수 있도록 선처해 주신다면, 수사기관의 조사 및 법원의 재판을 정확히 출석할 것을 맹세하고 있습니다.

4. 결론

존경하는 재판장님,

　피의자는 거래처 ○○○에 의하여 억울한 누명을 쓰고 영어의 몸이 되어 속이 타들어가는 심정입니다. 가족, 친지들은 물론이고 멀리 ○○의 친지들 역시도 걱정과 기도로 하루하루를 보내고 있습니다.

　부디 ○○○의 거짓 진술과 위작된 증거에 현혹되지 마시고, 위와 같은 전후 합리적이고 객관적인 사정을 두루 살피시어, 피의자가 무죄추정의 원칙에 따라 불구속 상태에서 진실된 증거와 변론으로 임할 수 있도록 선처해 주시기를 삼가 간곡히 청원드립니다.

　일단 석방이 된 후에 법원의 치밀한 심리와 공판을 거쳐 유죄의 증거들이 명확히 드러남으로써 재구속이 된다면, 그 때에는 피의자도 법원의 구속명령을 수용하고 처벌을 달게 받을 것입니다.

20○○. 00. 00.

피의자의 변호인

법무법인　○○

담당변호사　○○○

서울○○부지방법원　귀중

작성 · 접수방법

1. 구속적부심사청구서 1부(첨부서류 포함)와 부본 1부(첨부서류 미포함), 도합 2부를 작성하여 관할 형사법원 "적부심 담당" 창구에 제출한다.
2. 첨부서류란에는 소명자료(합의서 등)와 주민등록등본, 가족관계증명서, 재직증명서 등을 첨부한다.
3. 청구서는 피고인의 인적사항, 청구하는 취지와 원인을 기재하고 증거인멸, 도주염려가 없는 것을 중심으로 구속의 부당성을 지적한다.

구속적부심사청구서

사　　건　　　　20○○형 제○○○○호　도로교통법위반

피 의 자　　　　김　○　성 (000000-0000000)

　　　　　　　　○○시 ○○구 ○○로 ○○ (○○동)

청 구 인　　　　방　○　영 (000000-0000000)

　　　　　　　　○○시 ○○구 ○○로 ○○ (○○동)

　　　　　　　　관 계 : 피의자의 처

　　　　　　　　전 화 : 00-000-0000

　　피의자는 위 피의사건으로 귀원에서 20○○. ○. ○. 발부한 구속영장에 의하여 현재 ○○구치소에 구속수감중인바, 피의자의 처는 구속적부심사청구를 하오니 심리하시고 피의자의 석방을 허가하여 주시기 바랍니다.

청 구 취 지

　　피의자 김○성의 석방을 명한다.

　　단, 보석보증금은 피의자의 처 방○영{000000-0000000, ○○시 ○○구 ○○로 ○○ (○○동)}이가 제출하는 보석보증보험증권 첨부의 보증서로서 갈음함을 허가한다.

라는 결정을 구합니다.

청 구 이 유

1. 이 사건 교통사고 경위

　　피의자는 20○○. ○. ○. 구속되어 현재 ○○구치소에 수감 중인바, 본 건 교통사고 지점은 도로가 구부러진 곳으로서 피의자는 당시 중앙선을 약간 침범한 상태에서 운전하다가 갑자기 나타나는 피해자 운전의 오토바이를 발견하지 못하고 어쩔 수 없이 교통사고를 내게 된 것입니다. 물론 커브 지점에서 중앙선을 침범하고 진행하면 사고의 위험성이 매우 크고, 그렇게 하면 안 됩니다. 그러나 상당수 운전자들은 커브지점에서 중앙선을 약간 침범하여 운전을 하는 것도 사실입니다.

2. 자 백
피의자는 수사단개시단계부터 현재까지 위 범죄사실에 관하여 순순히 자백을 하였습니다.

3. 사정변경
피의자가 운전하던 차량은 종합보험(동부화재보험)에 가입되어 있습니다. 또한 피의자는 종합보험에 가입하였지만 다시 구속 후 피해자 측과 원만하게 합의를 하였습니다.

4. 가족관계
피의자는 피의자의 주거지에서 아버지(62세), 어머니(57세)와 함께 3인이 살고 있습니다. 피의자가 돈을 벌어서 부모를 부양하고 있으며, 그 생활정도는 극빈한 수준을 벗어나지 못하고 있는 실정인바, 피의자가 구속됨으로 인하여 피의자의 수입에 생계를 의존하고 있던 가족의 생계가 막연히 지경에 이르렀습니다.

5. 반성하고 있습니다.
피의자는 본건 교통사고를 초래한 것에 대하여 깊이 반성하고 있으며, 추후 다시는 이러한 일이 발생하지 않을 것임을 명세하고 있습니다.

6. 전과관계
피의자는 여태까지 살아오면서 한 번도 잘못을 저지른 적이 없어 전과가 없습니다.

7. 도주 및 증거인멸의 우려 유무
가. 피의자는 이미 범죄사실에 대하여 순순히 자백을 한 바 있어 증거인멸의 여지가 없습니다.
나. 피의자는 노부모를 부양하고 있고, 또한 위와 같이 피해자 측과 합의를 한 바 있으므로 도주를 한다는 것은 상상조차 할 수 없습니다.

8. 결 론

   이상과 같은 사정을 참작하시어 피의자가 하루빨리 귀가하여 자유로운 몸으로서 가족을 돌보고 자신의 남은 삶에도 최선을 다할 수 있도록 청구취지와 같이 피의자를 석방하여 주시기 바랍니다.

첨 부 서 류

1. 구속영장 사본	1통
1. 종합보험가입증서	1통
1. 합의서	1통
1. 주민등록등본	1통

20○○. ○. ○.

위 피의자의 처 방 ○ 영 (인)

○○지방법원 귀중

[서식 97] 구속적부심사청구서(2) (절도)

구속적부심사청구서

사　　건　　　20○○형 제○○○○호　절도

피 의 자　　　○　○　○ (000000-0000000)
　　　　　　　주　　거 : ○○시 ○○구 ○○로 ○○ (○○동)
　　　　　　　구속장소 : ○○구치소 수감 중

   피의자는 위 피의사건으로 귀원에서 20○○. ○. ○. 발부한 구속영장에 의하여 현재 ○○구치소에 구속수감 중인바, 위 피의자의 변호인은 다음과 같은 사유로 구속적부심사청구를 하오니 심사하시어 청구취지와 같은 결정을 하여 주시기 바랍니다.

청 구 취 지

피의자 ○○○에 대한 석방을 명한다.

라는 결정을 구합니다.

청 구 이 유

1. 피의자에 대한 범죄사실은 구속영장 기재와 같으나, 피의자에게는 청구취지와 같은 결정을 할 만한 다음과 같은 상당한 이유들이 있습니다.

  가. 범행의 동기

  피의자는 17세로서 고등학교 2학년에 재학 중인 자로 아직 인격적으로 미성숙한 나이에 오토바이 운전에 대한 호기심으로 이 사건 범행에 이른 것이고,

  나. 사안의 경미

  피의자가 절취한 오토바이는 시가 약 ○○○만원 상당의 이 사건은 사안이 비교적 경미하며,

  다. 합 의

  피의자는 구속 이후 피해자에게 오토바이에 대한 모든 손해를 배상하고 피해자와 합의하여 피해자도 이제 피의자의 처벌을 원하지 않으며,

  라. 미성년자임

  피의자는 현재 17세로서 ○○고등학교 2학년에 재학 중이며,

  마. 피의자는 ○○시 ○○구 ○○로 ○○ (○○동)에서 부모형제와 함께 거주하고 있는 자로 주거가 일정하고, 이 사건 범행을 모두 자백하고 있으며, 수사 과정에서 증거도 충분히 수집되었으므로 증거를 인멸할 우려가 없고, 피해자와 합의하였으므로 도주의 우려도 없으며,

  바. 초 범

  피의자는 이 사건 범행 이외에 달리 아무런 전과가 없고,

  사. 개전의 정

  피의자는 이 사건 범행 후 구속 수감되어 있으면서 잘못을 깊이 뉘우치고 앞

으로는 어떠한 범행도 저지르지 않고 학업에만 충실하겠다고 굳게 다짐하고 있습니다.

재판장님!

피의자에게는 이상과 같은 정상을 참작할 만한 사유가 있고, 특히 구속 이후 피해자와 합의하는 등 사정변경도 있사오니, 형사소송법의 기본원칙에 따라 불구속 수사토록 청구취지와 같은 결정을 하여 주시길 바라와 이 건 청구에 이른 것입니다. 만약 보증금납입조건부 석방결정을 할 경우로서 보석보증보험증권 첨부의 보증서로 갈음하도록 허가하시는 경우에는 피의자의 부 ○○○{주소 : ○○시 ○○구 ○○로 ○○ (○○동), 주민등록번호 : 000000-0000000}이 제출하는 보석보험증권 첨부의 보증서로 갈음하도록 하여 주시기 바랍니다.

첨 부 서 류

1. 구속영장 사본   1통
1. 합의서   1통
1. 재학증명서   1통
1. 주민등록등본   1통
1. 변호사선임계   1통

20○○.   ○.   ○.

피의자의 변호인 변호사 ○ ○ ○   (인)

○○지방법원   귀중

구속적부심사청구서

사　　건　　　　20○○형 제○○○○호　절도

피 의 자　　　　○　　○　　○ (000000-0000000)

　　　　　　　　구속장소 : ○○구치소 수감 중

　피의자는 위 피의사건으로 귀원에서 20○○. ○. ○. 발부한 구속영장에 의하여 현재 ○○구치소에 수감 중인바, 위 피의자의 변호인은 다음과 같은 사유로 구속적부심사청구를 하오니 심사하시어 청구취지와 같은 결정을 하여 주시기 바랍니다.

청 구 취 지

　피의자 ○○○에 대한 석방을 명한다.

라는 결정을 구합니다.

청 구 이 유

1. 피의자에 대한 범죄사실은 구속영장 기재와 같으나, 피의자에게는 청구취지와 같은 결정을 할 만한 다음과 같은 상당한 이유들이 있습니다.

　가. 범행의 동기

　　　피의자는 20○○. ○. ○.부터 20○○. ○. ○.까지 ○○시 ○○구 ○○로 ○○ (○○동) 소재 피해자가 운영하는 ○○의류점에서 종업원으로 종사하면서 바지 ○장을 절취하였는바,

　나. 사안의 경미

　　　이 사건은 피해액이 약 ○○만원 정도로써 사안이 비교적 경미하고,

　다. 사정변경(합의)

　　　피의자는 구속 이후 피해자에게 손해배상하고 피해자와 합의하여, 피해자도 이제 피의자의 처벌을 원치 않고 있어 구속 이후 사정변경이 있으며(합의서 참조),

라. 가 장

피의자는 20○○. ○. ○. 결혼하여 현재 ○살 된 어린 자식이 있고(가족관계
증명서 참조),

마. 피의자는 ○○시 ○○구 ○○로 ○○ (○○동)에서 처자식을 거느리고 거주
하고 있는 자로 주거가 일정하고 이 사건 범행을 자백하고 있으며, 수사과정
에서 증거도 충분히 수집되었으므로 증거를 인멸할 우려가 없고, 피해자와
합의하였으므로 도주의 우려가 없으며,

바. 개전의 정

피의자는 이 사건 범행을 깊이 뉘우치고 앞으로는 어떠한 범행도 저지르지
않고 이번 일을 거울삼아 성실히 생활하겠다고 굳게 다짐하고 있습니다.

재판장님!

피의자에게는 이상과 같은 정상을 참작할 만한 사유가 있고, 특히 구속 이후 피해
자와 합의하는 등 사정변경도 있으며, 집안의 가장으로 이제 겨우 ○살 된 어린 자
식을 돌보아야 할 딱한 처지에 있는 사정을 감안하시어 형사소송법상의 기본원칙상
불구속수사토록 청구취지와 같은 결정을 하여 주시기 바랍니다.

첨 부 서 류

1. 구속영장 사본	1통
1. 합의서	1통
1. 재학증명서	1통
1. 주민등록등본	1통
1. 가족관계증명서	1통
1. 변호사선임계	1통

20○○. ○. ○.

피의자의 변호인 변호사 ○ ○ ○ (인)

○○지방법원 귀중

구속적부심사청구서

피 의 자   ○   ○   ○ (000000-0000000)

           주   소 : ○○시 ○○구 ○○로 ○○ (○○동)

           구속장소 : 현재 ○○경찰서 유치장 수감 중

위 피의자에 대한 폭력행위등처벌에관한법률위반 사건에 관하여 귀원에서 20○○. ○. ○. 발부한 구속영장에 의하여 ○○경찰서 유치장에 수감 중인바, 피의자의 처 ○○○는 아래와 같이 구속영장의 적부에 대한 심사를 청구하오니 심리하시어 청구취지와 같이 결정하여 주시기 바랍니다.

청 구 취 지

피의자 ○○○의 석방을 명한다.

라는 결정을 바랍니다.

청 구 이 유

1. 피의자 ○○○의 범죄내용은 구속영장 기재와 범죄사실과 같으며, 피의자가 그와 같은 범죄를 저지르게 된 이유는 피의자들과 피해자들은 아는 사이였는데, 20○○. ○. ○. 00:00경 ○○시 ○○구 ○○로 ○○ (○○동) 소재 ○○다방 앞 노상에서 피의자 ○○○과 피해자가 옥신각신하는 것을 피의자 ○○○가 이를 저지하다가 피해자에게 상처를 입히게 된 것입니다.

2. 그 후 피의자는 사회에 불의를 끼친 점에 대하여 크게 반성하고 있으므로 피의자 측에서는 피해자를 찾아가 피의자의 뜻을 전달하고 위 폭행사건에 대하여 깊이 사과를 함과 동시에 치료비로 금 1,800,000원을 지급함으로써 20○○. ○. ○. 쌍방 간에 원만한 합의가 성립되었습니다.

3. 피의자는 도주의 염려가 없으며 범죄사실을 모두 인정하고 아무런 전과가 없을

뿐만 아니라 증거인멸의 염려가 없으므로 피의자를 굳이 구속하지 않고서 조사하여도 조사에 아무런 지장을 주지 않을 것입니다.

4. 피의자는 주소지에게 처, 그리고 2녀(3살, 5살)와 같이 결혼생활을 하다가 구속되는 바람에 피의자인 신청인은 무슨 일을 어떻게 해야 할지 영문을 모르고 있습니다. 피의자의 수입으로 생활비와 딸의 양육비를 조달하다가 피의자가 구속되는 바람에 지금 당장 생계를 연명할 수가 없고, 또한 피의자의 처 신청인은 결혼하지 5년이 되는 주부로서 이 건으로 말미암아 많은 고통을 받아 거리를 방황한 나머지 세상 모두 두렵기만 합니다. 그러나 피의자는 현재 사회에 누를 끼친 점에 대하여 크게 반성하고 있고 또한 초범자이오니 죄질로 보아서는 마땅히 용납되지 않을 것이나 한 번만 용서하시어 석방의 은전을 베풀어 피의자의 가족을 보살펴 주시고자 이 적부심사를 청구하는 바입니다.

첨 부 서 류

1. 구속영장 등본	1통
1. 합의서	1통
1. 가족관계증명서	1통
1. 주민등록등본	1통

20○○.　　○.　　○.

위 신청인(피의자 처)　○　○　○　　(인)

○○지방법원　귀중

구속적부심사청구서

피 의 자 　　　ㅇ　ㅇ　ㅇ (000000-0000000)
　　　　　　　주　　소 : ㅇㅇ시 ㅇㅇ구 ㅇㅇ로 ㅇㅇ (ㅇㅇ동)
　　　　　　　구속장소 : 현재 ㅇㅇ경찰서 유치장 수감 중

　위 피의자에 대한 주거침입 및 절도죄로 귀원에서 20ㅇㅇ. ㅇ. ㅇ. 발부한 구속영장에 의하여 ㅇㅇ구치소에 수감 중인바, 피의자의 처 ㅇㅇㅇ는 아래와 같이 구속영장의 적부에 대한 심사를 청구하오니 심리하시어 청구취지와 같이 결정하여 주시기 바랍니다.

청 구 취 지

　피의자 ㅇㅇㅇ의 석방을 명한다.
라는 결정을 바랍니다.

청 구 이 유

1. 범행경위

　피의자는 7년 전 ㅇㅇㅇ와 결혼하여 6세, 4세, 1세 된 세 자녀를 둔 자로서 남편 ㅇㅇㅇ는 ㅇㅇ년 ㅇ월 리비아로 해외 취업을 나간 후 혼자서 건어물 행상을 해가면서 어린 세 자녀를 부양하여 왔습니다.

　피의자는 ㅇㅇ년 ㅇ월 ㅇ일 15 : 00경 피의자의 친구를 찾아 전에 피의자가 살았던 ㅇㅇ시 ㅇㅇ구 ㅇ ㅇ동 ㅇㅇ호의 집에 들어갔던 것인데 마침 집에는 아무도 없었으므로 냉장고에서 물을 꺼내 먹고 나오려 하던 중 방안의 장롱문이 열려 있으면서 장롱속의 이불위에 지갑이 있는 것을 발견하고 순간적으로 위 지갑을 열고 지갑 속에 있던 돈 92,000원을 꺼내 가지고 나왔던 것입니다.

2. 양형사유

(1) 이처럼 피의자의 본 건 범행은 사전에 범행을 계획하고 그 대상을 물색하여 범

행 장소에 갔던 것이 아니고, 피의자의 친구 집을 찾아갔다가 물을 먹고 나오려던 중 우연히 장롱 속의 돈지갑을 발견하고 궁핍한 생활 속에 허덕이던 피의자가 순간적으로 범행을 하게 된 것입니다.

(2) 피의자에게 비록 전과가 있다 하나 7년 전의 것으로서 그 후 피의자는 견실한 생활을 하여오면서 범행 당시까지도 피의자의 남편이 송금하는 돈을 모두 피의자가 ○○년 ○월 ○일가입한 보험료로 입금하여 가족들의 생계는 피의자의 건어물 행상으로 유지하는 억척스런 생활을 하여 왔던 것입니다(참고자료 참조).

(3) 더구나 피의자가 그동안 부양하여 오던 어린 유아들은 피의자가 구속된 현재 아무도 돌봐줄 수 없는 상태로서 현재 혼자 살고 있는 피의자의 친정아버지 ○○○는 6세와 4세의 어린 유아를 혼자서 보살피고 있는 형편이며, 뿐만 아니라 현재 1세 밖에 안 되는 유아는 위 친정아버지에게 위탁할 수도 없어 피의자와 함께 구치소 생활을 하는 딱한 사정에 있습니다. 또한 피의자는 건강이 좋지 않아 젖이 나오지 않아 우유를 먹여야 할 형편인데 구치소에서 우유병을 소독하는 것은 고사하고라도 유아에게 먹일 우유를 필요에 따라 구입할 수도, 부패되지 않도록 보관할 수도 없는 형편입니다. 이 같은 상황에서 피의자의 구금상태가 계속된다면 이제 1세 밖에 안 되는 유아는 탁한 구치소의 공기속에서 질식되어 건강에 치명적인 해를 입게 될 것임이 분명하다 할 것입니다.

(4) 피의자가 비록 주거에 침입하여 절취 행위를 하였다 하나, 그 액수가 불과 90,000여 원에불과하고 위 금원은 모두 피해자도 피의자의 사정을 딱하게 여겨 법이 허용하면 선처해 줄 것을 요망하고 있는 것입니다.

(5) 피의자는 수사기관에서 범행 발각 즉시 모든 범행을 모두 자백하여 더 조사할 것이 없는 상태에서 피의자가 증거를 인멸하거나 도주할 우려는 전혀 없습니다.

3. 결 론

이상에서 본 대로 피의자의 본건 범행이 가난한 생활속에서 우발적으로 이루어진 것이고 피해 경미할뿐더러 피해 회복되어 피해자가 피의자의 처벌을 원하지 않고 있으며, 피의자가 구속됨으로써 그동안 피의자가 부양하여 오던 어린 유아를 돌 볼 사람이 아무도 없고, 뿐만 아니라 이제 1세 밖에 안 되는 유아가 피의자와 함께 구치소 생활을 하여야 하는 딱한 사정에 있는 점(수사 경찰관도 이 같은 정상을 구속 후 사정 변경으로 수사보고하고 있기까지 함) 등 제 정상을 참작하시어 피의자에게 석방의 은전을 베풀어 주시기 바랍니다.

첨 부 서 류

1. 주민등록표 등본

20○○. 00. 00.

위 피의자의 변호인

변호사 ○ ○ ○ (인)

○○지방법원 귀중

[서식 101] **구속적부심사청구서(4) (특수절도)**

구속적부심사청구서

사 건   20○○형 제○○○○호 특정범죄가중처벌법위반(절도)

피 의 자   1. 강 ○ 현 (○○○○○○-○○○○○○○)

                 ○○시 ○○구 ○○동 ○○○

              2. 류 ○ 식 (○○○○○○-○○○○○○○)

                 ○○시 ○○구 ○○동 ○○○

청 구 인   1. 마 ○ 희 (○○○○○○-○○○○○○○)

○○시 ○○구 ○○동 ○○○

관계 : 피의자 강○현의 친모

전화 : ○○○-○○○-○○○○

2. 류 ○ 영 (○○○○○○-○○○○○○)

○○시 ○○구 ○○동 ○○○

관계 : 피의자 류○식의 누이

전화 : ○○○-○○○-○○○○

피의자는 특정범죄가중처벌법위반(절도) 피의사건으로 귀원에서 20○○. 10. 15. 발부한 구속영장에 의하여 현재 ○○구치소에 구속수감중인 바, 피의자 강○현의 친모 마영희와 피의자 류○식의 누이 류○경은 그 적부심사를 청구하오니 심리하시고 피의자들의 석방을 허가하여 주시기 바랍니다.

청 구 취 지

1. 피의자 강○현 및 같은 류○식의 석방을 명한다.
2. 보석보증금은 피의자의 강○현을 위해서는 같은 피의자인 모친 마○희 (○○○○○○-○○○○○○○, ○○시 ○○구 ○○동 ○○○)가, 피의자 류○식을 위해서 는 같은 피의자인 누이 류○경(○○○○○○-○○○○○○○, ○○시 ○○구 ○○동 ○○○)이 각제출하는 보석보증보험증권 첨부의 보증서로서 갈음함을 허가한다.

라는 결정을 구합니다.

청 구 이 유

1. 석방의 요건

가. 피의자 강○현은 본 건 피의사실에 관하여 모두 인정하고 있고, 경찰에서 충분한 조사가 되어 있고 피의자도 잘못을 모두 자백하고 뉘우치고 있으며, 지난 20○○. 10.15. 구속되어 적절한 죄의 대가를 치렀다고 보이며, 이 사건에 관한 피해자 염○훈과 합의가 되었으며, 현재 곧 입영을 앞두고 있고 피의자의 모친과 가족은 석방의 은전을 베풀어 주신다면 군 입대까지 보호 감독의무를 잘 이

행하여 다시는 이 같은 범죄를 저지르지 않도록 확실한 조치를 취할 것입니다.

나. 피의자 류○식 역시 경찰에서 충분한 조사가 되어있고 피의자도 충분한 반성을 하고 있으며, 무엇보다도 이건 피해자 염○훈과도 원만히 합의가 성사되어 있고, 20○○. 11. 20. 광주소재 31사단에 입영 예정되어 차후 같은 범죄를 저지를 수 없는 상태일 뿐만 아니라 온 가족이 피의자에 대한 지도 감독을 하여 나쁜 길로 빠져들지 않도록 하고자 합니다.(이상 피해자 염○훈과의 합의서 참조).

2. 범죄사실의 요지

피의자들은 같은 전남 고흥군 소재 ○○공업고등학교 동창으로 각 연락을 않다가 최근 수원에서 연락이 닿아 긴밀한 친분관계를 유지하던 중 동성애자들의 인터넷 채팅사이트를 통하여 동성애를 가장하여 금품을 절취할 생각으로 20○○. 9. 6. 에 피해자염○훈과 접촉을 하였고, 급기야 영등포 소재 골든 프라자 모텔방에서 위 피해자의 신분증 등과 현금 63만원이 든 지갑을 훔친 잘못을 저질렀고, 이어 9. 10.에 역시 동성애인터넷을 통해 접근한 송○근으로 부터 금품을 절취할 생각이었으나 기회가 안 되어 미수에 그쳤고, 이어 9. 13.에 성명불상의 피해자를 수원 팔달구 소재 피해자 주거에 들어간바 있으나, 기회가 되지 않아 미수에 그친바 있습니다(각 구속영장 참조). 위 사실은 수사기관에 의해 밝혀진 사실로 영장기재 주요사실이며, 본 청구인들은 그 진위를 알 수 없으나 일단 수사기관의 조사결과에 수긍하며 다음의 선처를 구할 뿐입니다.

3. 피의자들의 양형사유

가. 피의자 강○현 피의자 강○현은 전남 고흥 출생으로 그곳 ○○공업고등학교를 다니던 중학교 2학년 말부터 시작되는 실습기간으로 인하여 경기도 수원으로 상경하여 삼성반도체 제조회사에 취업을 한 것을 시작으로 최근 20○○. 8.말까지 회사를 다녔습니다. 현역복무판정을 받고 곧 입영을 앞두고 있지만 군입대 영장은 아직 통보받지 않은 상태입니다.

청구인의 가족으로는 남편 강○태와 현재 군복무중인 피의자의 형 강○철과 중학교1학년생인 강○순이 있습니다(가족관계증명서 및 주민등록등본 참조).

청구인 내외는 전남 고흥에서 전 3마지기 정도의 농사일을 하며 근근이 살고 있습니다. 남편은 선천성 청각장애와 구두장애로 장애등급 2급이지만 생계를 위해 고흥군 도화면 발포리 바닷가에서 배를 타기도 합니다(농아확인증 참조). 청구인은 피의자 강○현에 대하여 고등학고 시설까지 교회에 데리고 다니며 깊은 신앙을 유지하게 하였지만, 고등학교를 졸업 후 자립하겠다며 수원에서 회사를 다닌 이후는 관리가 소홀해진 점을 인정하며, 오늘과 같이 불미스런 일이 발생한 점에 대하여는 부모로서 무한한 후회와 반성을 하고 있습니다.

존경하는 재판장님!
피의자 강○현의 죄는 전적으로 청구인 내외의 잘못으로 빚어진 일입니다. 아이(피의자)가 수원에 올라가 간 이후 다 큰 아이라 생각하고 사생활 등을 면밀히 살피지 못하여 잘못된 길로 가고 있음을 알았어야 했는데, 고등학교 시절의 성실한 모습만을 생각하며 믿어버린 것이 큰 불찰이었습니다.

존경하는 재판장님, 죄는 미워해도 사람은 미워하지 말라는 말처럼 이번 단 한번이라도 석방의 은전을 베풀어 다시는 잘못을 저지르지 않도록 하여 곧 나올 군 입대영장통지를 받은 즉시 입영을 하도록 성심을 다하여 보호 감독하겠습니다.

나. 피의자 류○식피의자 류○식은 전남 고흥군 풍양면에서 출생하여 그곳 ○○중학교를 졸업한 후○○고등학교를 졸업하였습니다. 가족으로는 64세 되신 부친 류○술과 61세 되신 모친 황○임, 그리고 위로 5명의누나(현재 26세 된 막내누이를 제외한 누이들은 모두 출가중임)와 군복무중인 형 류○훈이 있으며, 피의자는 여러 형제 중 막내입니다(가족관계증명서 및 주민등록등본 참조).피의자는 위 고등학교가 3학년 때 경기도 안산 전자제품 제조회사로 취업을 나갔다가 수원으로 거처를 옮겨 한양 이엔지 주식회사에 입사하여 최근 20○○. 7.경까지 근무하다가 퇴사하였는데, 그 이유는 20○○. 1.경 군입대영장통지서를 받아 그간 고질적으로 앓고 있던 무릎관절과 눈 부위의 염증을 수술받고자 하였던 것입니다. 수술 후 20○○. 7.말경 하향하여 고흥 고향에서 부모님과 1달간 쉬면서 지내다가다시 8월 말경 수원으로 상경하여 탑클래스라는 학습지에 업체에 들어가 아르바이트를 하던 중 이 건이 발생한 것입니다.

피의자는 탑클래스에서 근무하면서 이건 발생하기 전까지 2일에 한번 꼴로 부모님의 안부를 묻는 극성을 보였지만 이건이 발생하고 보니 그간 가족이 피의자의 사생활을 미처 챙기지 못하였다는 후회를 하고 있는 것입니다. 청구인과 피의자 류ㅇ식의 부친 류ㅇ술은 20ㅇㅇ. 9.경 교통사고를 당하여 하반신 및 상반신의 부상의 있고, 복부수술과 뇌수술을 거쳐 장애 4등급으로 일절 거동이불편한 상태입니다. 게다가 청구인의 부친 류ㅇ술은 20ㅇㅇ. 10. 15. 막내아들인 피의자 류ㅇ식이 구속되었다는 소식을 들은 직후인 10. 20. 농사짓고 남은 농약을 마셔 자식들 농사를 잘 못 지었다며 큰 실망감에 쓰러지셨는데, 현재 나머지 온가족들은 부친의 치료간호에 시달려 경황이 없는 상황입니다(진단서 참조).

존경하는 재판장님동생 류ㅇ식이 한 잘못에 대하여는 동생은 물론 청구인과 가족모두가 깊이 반성하고 있으며, 동생이 다시는 이러한 범죄를 저지르지 않도록 약속을 하겠습니다. 무엇보다도 20ㅇㅇ. 11. 20. 곧 입대할 예정인데, 군 입대 영장(상근예비역소집대상자 선발통지서 참조)을 받아 놓고도 입영을 하지 못한다면 향후인생의 큰 오점으로 되돌릴 수 없는 상황이 됨을 너그러이 이해하여 주시고 청구인과 가족이 애원하는 사정을 봐서라도 어서 속히 석방될 수 있도록 은혜를 베풀어주시기를 간청 드립니다.

첨 부 서 류

1. 가족관계증명서(강ㅇ현)   1통
1. 주민등록등본(강ㅇ현)   1통
1. 군 입대 영장통지서   1통

20ㅇㅇ. ㅇ. .
위 피의자 강ㅇ현의 모친 마 ㅇ 희 (인)
류ㅇ식의 누이 류 ㅇ 령 (인)

ㅇㅇ지방법원   귀중

보석보증금환부청구서

							처리기간
							즉　시

청 구 인	성　명	이 미 녀	주민등록 번　호	000000-0000000	전　화	(00) 000-0000
					팩　스	( )
	주　소	○○시 ○○구 ○○로 ○○ (○○동)			사건과의 관계	피고인의 처

사건번호	20○○형 제○○○호	죄　　명	도로교통법위반
법원번호	20○○고단 ○○○○호		

피 고 인	김 갑 동	납입인	이 미 녀	납입일	20○○. ○. ○.

환 부 사 유	선　고	20○○. ○. ○. ○○지방법원	확인인
	형명형기		
	확　정	20○○. ○. ○.	
	기　타		

청구금액	보증금 5,000,000원

환 부 금 수령방법	① 직접수령	② 은　행 무통장입금	은 행 명		③ 우편환급
			구좌번호		
			예 금 주		

형사소송법 제104조에 의하여 보석보증금의 환부를 청구합니다.

20○○. ○. ○.

대리인이 신청할 때		
주　　소		
주민등록번호		관　계	

청구인(신청인)　서　○　순　(인)

수수료 : 없음	처　리　과　정		
구비서류 1. 납입인청구시 : 영수증 2. 대리인의 직접수령 청구시: 위임장, 　인감증명서 각 1통(은행 무통장 입금 　신청서는 통장사본)	접수일시		입(송)금일시	
	결재일시		입(송)금금액	
	인계일시		수　수　료	
	통지일시		통 지 일 시	
	환부일시		완 결 일 시	

결 재	담당	주무	과장

○○지방검찰청 검사장　귀하

1. 납입인 본인이 찾을 때에는 영수증, 신분증, 도장만 있으면 된다.
2. 변호인이 납입하였을 때에는 통상 사무직원이 찾게 되는데 이 경우, 변호사의 위임장, 변호사의 인감증명서, 변호인사용도장, 영수증, 사무원증복사, 통장입금시 통장사본 등이 필요하다.
3. 선고 후 결과가 공판사무과에 도착하는 선고 2일 후면 공판사무과에서 찾을 수 있다.

[서식 103] 위임장(구속적부심보증금 · 출급수령행위)

위 임 장

홍 길 동

(000000-0000000)

○○시 ○○구 ○○로 ○○ (○○동)

전화 : 000-000-0000

위 사람을 대리인으로 정하고 다음 사항의 권한을 위임한다.

다 음

1. 20○○형 제○○○호 도로교통법위반 피의자 김갑동에 대한 20○○. ○. ○. 납입한 구속적부심보증금 5,000,000원의 출급 · 수령행위

1. 이에 부수하는 행위 일체

20○○. ○. ○.

위임인 이 미 녀 (인)

○○지방검찰청 귀중

1. 보석보증금환부청구인은 적부심대상 피의자가 아니라 보석보증금 납입인이다. 따라서 위임인은 납입인이다.
2. 위임장에는 납입인의 인감날인과 인감증명서 1통을 첨부한다.

구속적부심사청구취하서

사　　건　　　　　20○○고단○○○호　폭력행위등처벌에관한법률위반

피 고 인　　　　　○　　○　　○

　위 사람에 대한 구속적부심사청구에 대하여 청구인은 사정에 의하여 동 청구를 취하합니다.

20○○.　　○.　　○.

신청인　○　○　○　　(인)

○○법원 ○○지원　귀중

[서식 105] 접견금지해제청구서

접견금지해제청구

사   건   20○○고단 ○○○○ 사기

피 고 인   ○   ○   ○

    위 사건에 관하여 피고인은 현재 ○○구치소에 수감 중에 있는바, 귀원의 20○
○. ○. ○.자 접견금지결정은 그 이유가 소멸되었으므로 해제하여 주시기 바랍
니다.

20○○.   ○.   ○.

위 피고인의 변호인 변호사 ○   ○   ○   (인)

○○지방법원   귀중

작성 · 접수방법

1. 변호인의 접견을 제한하는 조치를 취한 후에 그 제한조치를 한 원인이 소멸되면 변호인이 즉시 위 서류를
   작성하여야 한다.
2. 접견금지는 주로 검사의 청구에 의하여 판사가 결정한다. 따라서 해제청구는 반대로 변호인이 판사에게 청
   구한다.

접 견 허 가 원

사　　건　　　　20○○고단 ○○○○　사기

피 고 인　　　　　○　　○　　○

　위 사건에 관하여 피고인은 현재 ○○구치소에 수감 중에 있는바, 다음과 같은
이유로 접견을 하고자 하오니 허가하여 주시기 바랍니다.

다　　음

피해자와의 합의문제 의논 및 출산한 아기의 이름짓기 등의 내용을 의논하고자 함.

20○○.　　○.　　○.

위 피고인의 변호인 변호사　○　○　○　　(인)

○○지방법원(또는 ○○검찰청)　귀중

구 속 취 소 청 구

사　　건　　　　20○○고단 ○ ○ ○ ○　　절도

피 고 인　　　　　○　　○　　○

　위 피고인은 위 사건에 관하여 20○○. ○. ○. 귀원의 구속영장에 의하여 구속되어 현재 ○○구치소에 수감 중에 있는바, 구속의 사유가 소멸되었으므로 구속을 취소하여 주시기 바랍니다.

20○○.　　○.　　○.

위 피고인의 변호인 변호사　○　○　○　　(인)

○○지방법원　　귀중

작성 · 접수방법

1. 구속취소청구서는 피고인의 석방 방법으로 보석허가청구와 구속집행정지허가신청, 그 다음으로 있는 방법이다.
2. 실제적으로는 거의 청구사유가 없지만 죄를 범했다고 의심할 만한 사유가 없어진 경우 등이 생기면 즉시 법원에 청구할 수 있다
3. 구속의 사유가 없거나 소멸된 때에는 법원은 직권 또는 검사, 피고인, 변호인의 청구에 의하여 결정으로 구속을 취소하여야 한다(형소법 93조).

구 속 취 소 청 구

사   건   20○○도 ○○○○   상해

피 고 인   ○   ○   ○ (000000-0000000)
                등록기준지 : ○○시 ○○구 ○○로 ○○ (○○동)
                주   소 : ○○시 ○○구 ○○로 ○○ (○○동)

  위 사건에 관하여 피고인은 20○○. ○. ○. 구속되어 현재 ○○구치소에 수감
중에 있는바, 피고인의 변호인은 다음과 같이 구속취소신청을 합니다.

청 구 취 지

        피고인에 대한 구속을 취소한다.
라는 결정을 구합니다.

청 구 원 인

1. 저는 20○○. ○. ○. 상해죄로 20○○. ○. ○.자로 입건되어 20○○. ○. ○.
   ○○구치소에 입소하여 20○○. ○. ○. ○○지방법원 ○○지원으로부터 징역 6
   월(1심 통상 85일) 선고받고 20○○. ○. ○. 항소하였습니다.

2. 1심 통상과 현재 항소기간 중에 있어서 20○○. ○. ○.자로 형량에 대한 만기일
   이 되므로 구속취소청구를 하오니 허가결정을 하여 주시기 바랍니다.

                    20○○.   ○.   ○.

                        위 피고인 성명 ○ ○ ○   (무인)
                위 본인의 무인임을 증명함. 교도 ○ ○ ○   (인)

  ○○지방법원 항소 제○부   귀중

구 속 취 소 청 구

사　　건　　　　20○○도○○○○　특수절도
피 고 인　　　　○　○　○ (000000-0000000)
　　　　　　　　○○시 ○○구 ○○로 ○○ (○○동)

　위 사건에 관하여 피고인은 20○○. ○. ○. 구속되어 현재 ○○구치소에 수감
중에 있는바, 피고인의 변호인은 다음과 같이 구속취소신청을 합니다.

청 구 취 지

　피고인에 대한 구속을 취소한다.
라는 결정을 구합니다.

청 구 원 인

1. 피고인은 20○○. ○. ○. 특수절도 사건으로 구속되어 20○○. ○. ○. ○○구
　치소에 수감되었고, ○○지방법원에서 20○○. ○. ○. 징역 10월(미결구금일수
　○○○일)을 선고받고, 20○○. ○. ○. 항소를 하였으나, 20○○. ○. ○. 항소
　기각되어, 같은 해 상고를 하였습니다.
2. 피고인은 현재 상고심 재판 중이며 20○○. ○. ○.자로 구금일자가 10개월이
　됩니다.
3. 따라서 그때까지의 구금일수만으로도 하급심에서 선고한 형기에 전부 산입될 수
　있으므로 구속취소청구를 하오니 허가결정을 하여 주시기 바랍니다.

　　　　　　　　　　20○○.　　○.　　○.

　　　　　　　　위 피고인의 변호인 변호사　○　○　○　　(인)

대 법 원 ○부　귀중

[서식 110] 확인서(미란다원칙 고지사실의 확인)

확 인 서

성   명   ○   ○   ○

주민등록번호   000000-0000000

주   소   ○○시 ○○구 ○○로 ○○ (○○동)

　본인은 20○○. ○. ○. 00:00경 ○○시 ○○구 ○○로 ○○ (○○동) 소재 주거지에서 현행범으로 체포(긴급구속)되면서 경찰관으로부터 범죄사실의 요지, 체포(긴급구속)의 이유, 변호인을 선임할 수 있음을 고지받고 변명의 기회를 주어졌음을 확인합니다.

20○○.   ○.   ○.

확인자 ○   ○   ○   (인)

○○지방검찰청 귀중 (○○경찰서장 귀하)

재판부	제 형사부(단독)

제한주거변경허가신청서

사 건		피고인 성명	
변경의 이유			
현 주 거			
신주거(전화)			

위와 같이 제한주거의 변경을 허가하여 주시기를 바랍니다.

20○○.　○.　○.

위 원인 ○ ○ ○ (인)

○○지방법원 귀중

위 변경을 허가한다.

20○○.　○.　○.

재판장 판 사 ○ ○ ○ (인)
　　　　판 사 ○ ○ ○ (인)
　　　　판 사 ○ ○ ○ (인)

위 날짜에 피고인, ○○검찰청에게 통지하였습니다.

법원사무관 ○ ○ ○ (인)

여 행 허 가 신 청

사   건   20○○고단○○○○ 사기

피 고 인   ○   ○   ○

여행의목적   별지기재와 같음

행 선 지   중국

여 행 기 간   20○○. ○. ○.부터 20○○. ○. ○.까지

  위와 같이 여행하고자 하오니 허가하여 주시기 바랍니다.

                    20○○.   ○.   ○.

        위 피고인의 변호인 변호사 ○   ○   ○   (인)

  ○○지방법원 귀중

- -

                      (공   란)

1. 제판의 계류 중인 불구속피고인이 사업상 등의 사유로 해외를 여행하여야 할 때에는 반드시 여행허가를 받아야 한다.
2. 통상 결정문이 2~3일이 지나면 나온다.
3. 위 여행허가신청서와 함께 확약서와 보증서를 제출하면 좋다.

[서식 113] 확약서(여행허가시)

확 약 서

사　　건　　　　20○○고단 ○○○○　사기

피 고 인　　　　　○　　○　　○

　위 사건에 관하여 피고인은 부득이 하게 위 여행신청서의 여행의 목적과 같이 20○○. ○. ○.부터 20○○. ○. ○.까지 중국으로 출장을 가게 되었는바, 위 기간까지만 여행을 하고 다음 재판기일에 틀림없이 출석할 것임을 확약합니다.

20○○.　　○.　　○.

위 피고인　○　　○　　○　　(인)

○○지방법원　귀중

[서식 114] 보증서(여행허가시)

보 증 서

사   건   20○○고단 ○○○○   사기

피 고 인   ○   ○   ○

  위 사건에 관하여 피고인의 변호인은 피고인이 부득이 하게 위 여행신청서의 여행의 목적과 같이 20○○. ○. ○.부터 20○○. ○. ○.까지 중국으로 출장을 가게 되었는바, 여행을 허가해 주시면 위 기간까지만 여행을 하고 다음 재판기일에 틀림없이 출석하게 할 것임을 보증합니다.

                          20○○.   ○.   ○.

                  위 피고인의 변호인 ○ ○ ○   (인)

○○지방법원   귀중

제5절 대물적 강제처분

Ⅰ. 총 설

증거물이나 몰수물의 수집과 보전을 목적으로 하는 강제처분을 대물적 강제처분이라 한다. 대물적 강제처분에는 압수, 수색, 검증이 있다. 다만 검증은 수사기관의 검증만이 강제처분에 해당하고 법원이 행하는 검증은 증거조사의 일종에 지나지 않는다. 우리 헌법은 압수, 수색을 할 때에는 적법한 절차에 따라 검사의 신청에 의하여 법관이 발부한 영장에 의하도록 명시하여 수사절차상의 강제처분에 관심을 집중하고 있다(헌법 제12조). 그러나 우리 형사소송법은 공소제기 이후에 수소법원의 강제처분을 기본적으로 규정한 이후에 제219조를 두어 이를 수사상의 압수, 수색, 검증에 준용하는 형태를 취하고 있다.

Ⅱ. 압수·수색

1. 총 설

가. 의의

압수, 수색은 증거물과 몰수물 등을 수집, 보전할 목적으로 하는 대물적 강제처분에 속한다. '압수'란 유체물(다만, 전산정보와 같은 무형물도 압수의 대상이 될 수 있는 경우가 있다)에 대한 점유의 취득 및 그 점유의 계속을 내용으로 하는 강제처분을 말하고, '수색'이란 물건 또는 사람을 발견하기 위하여 사람의 신체나 물건 또는 주거 기타 장소에 대하여 행하는 강제처분 (즉 어느 장소나 사람의 몸을 강제로 뒤지는 것)을 말한다.

이러한 압수·수색은 피의자에게 미치는 영향이 지대하므로 원칙적으로 영장에 의해서만 가능하며, 2011년 개정된 형사소송법 제215조는 압수·수색의 요건으로 피의자가 죄를 범하였다고 의심할 만한 정황 및 피의 사건과의 관련성을 명시하여 인권침해를 최소화하기 위한 장치를 마련하였다.

나. 형 태

수소법원이 행하는 압수에는 좁은 의미의 압수, 제출명령에 의한 압수, 임의제출물 등의 압수 등 세 가지 형태가 있다.

다. 압수, 수색의 제한

수사기관이 행하는 압수수색을 함에는 일정한 경우를 제외하고는 사전에 법관의 압수수색영장을 필요로 함이 원칙이다.

압수와 수색의 별개의 처분이지만 대부분의 경우 수색은 압수물을 찾기 위하여 행하여지는 것이므로 그 영장의 형식도 "압수 수색영장"으로 합일화되어 있다. 그러나 압수와 관계없는 수색도 있을 수 있다.

한편, 형사소송규칙(제108조)에 따르면 압수수색 영장을 청구하기 위해서는 ⅰ) 피의자에게 범죄 혐의가 소명되어야 하고, ⅱ) 압수수색의 필요성과 사건과의 관련성이 인정되기 위한 자료도 제출되어야 하며, ⅲ) 압수수색의 대상이 특정되어야 한다고 규정되어 있다.

2. 압수, 수색영장의 종류

검사의 청구에 의하여 법원이 발부하는 압수, 수색영장에는 영장의 발부시기에 따라 압수·수색의 시행 전에 미리 발부되는 통상의 영장(사전영장)과 영장 없이 압수·수색을 시행한 후에 발부되는 영장(사후영장)으로 구별할 수 있다.

다만, 영장 없이 압수·수색을 한 모든 경우에 항상 사후의 영장이 필요한 것이 아니고, ① 피의자를 체포하는 현장에서 압수한 물건을 계속 압수할 필요가 있는 경우, ② 범행 도중 또는 범행 직후의 범죄 장소에서 압수·수색을 한 경우, ③ 긴급체포된 피의자의 소유·소지·보관물을 압수하였는데 압수를 계속할 필요가 있는 경우에 한하여 사후영장이 필요하다.

3. 영장발수의 요건

가. 범죄의 혐의에 대한 소명

법은 피의자가 죄를 범하였다고 의심할 만한 정황을 요구하고 있으며 형사소송규칙(제107조, 제108조, 제95조)은 영장청구서에 범죄사실의 요지 및 혐의가 있다고 인정되는 자료를 제출하도록 규정하고 있다. 이때 범죄혐의에 대한 소명의 정도는 구속보다는 낮은 정도의 수준도 가능하다는 것이 일반적인 견해이다. 그러나 범죄혐의에 대한 구체적 소명없이 단순히 범죄정보를 수집하거나 단서를 찾기 위한 이른바 탐색적 압수·수색은 허용되지 아니한다.

나. 필요성과 관련성

형사소송법 제215조는 압수수색으로 요건으로 범죄수사에 필요하고, 해당 사건과 관계가 있다고 인정될 것을 요한다. 여기서 필요성은 단지 수사를 위해 필요할 때뿐만이 아니라 압수수색이 아니면 수사의 목적을 달성할 수 없는 경우를 말한다. 그리고 압수수색은 임의수사로도 같은 목적을 달성할 수 있는 경우에는 허용되지 않고 증거물이나 물수물의 수집 보전에 필요한 범위내로 한정하여야 한다.

다. 압수·수색 대상의 특정

압수수색의 대상은 개별적·구체적으로 특정되어야 한다. 따라서 포괄적 강제수사를 허용하는 일반 영장은 금지된다.

4. 압수, 수색의 절차

가. 압수, 수색영장의 청구 및 발부

(1) 영장의 청구

수사기사기관 중 검사만이 서면으로 관할 지방법원 판사에게 청구할 수 있다.

청구서에는 일정한 사항을 기재하고 피의사실의 요지를 따로 기재한 서면 1통을 첨부하며, 범죄의 혐의가 인정되는 자료와 압수수색의 필요를 인정할 수 있는 자료 등을 함께 제출하여야 한다.

(2) 영장의 발부

압수와 수색에 필요한 영장은 모두 압수 수색 영장에 의하게 된다. 따라서 법원이 행하는 압수, 수색이라 할지라도 공판정 외에서 압수, 수색을 할 경우에는 영장을 발부하여야 한다(법 제113조). 이때 압수수색 영장에는 피처분자의 성명, 죄명, 압수물건, 수색장소, 신체 및 물건, 발부연월일, 유효기간, 대법원 규칙이 정하는 사항 등을 기재하여야 한다. 그러나 공판정에서의 압수 및 구속영장을 집행하는 경우, 긴급 구속을 하는 경우, 현행범을 체포하는 경우, 임의 제출물, 유류물을 압수하는 경우 등에는 영장을 요하지 않는다. 한편, 검사는 범죄수사에 필요한 때에는 지방법원판사에게 청구하여 발부받은 영장에 의하여 압수, 수색, 검증을 할 수 있다. 사법경찰관이 범죄수사에 필요한 때에는 검사에게 신청하여 검사의 청구로 지방법원판사가 발부한 영장에 의하여 압수, 수색, 검증을 할 수 있다(법 제215조). 압수, 수색영장의 발부에 대한 지방법원판사의 재판에 대하여는 항고 또는 준항고에 의한 불복이 불가능하다.

나. 압수, 수색영장의 집행

(1) 영장의 집행기관

압수, 수색영장은 검사의 지휘에 의하여 사법경찰관리가 집행한다. 단 필요한 경우에는 재판장은 법원사무관 등에게 그 집행을 명할 수 있다(법 제115조 제1항). 검사는 관할구역 외에서도 집행을 지휘할 수 있고 사법경찰관리도 압수, 수색영장을 집행할 수 있다.

(2) 영장의 집행방법

강제수사를 행함에 있어서 영장이 발부된 경우에 있어서는 영장의 정본을 사전에 제시하여야 한다. 적법한 압수, 수색영장이 발부되었다는 사실과 압수, 수색의 구체적 범위를 피압수자 등에 알림으로서 압수절차의 공정성과 투명성을 담보하기 위함이다.

5. 압수물의 처리

가. 압수물의 보관

압수물은 압수한 법원 또는 수사기관의 청사로 운반하여 직접 보관하는 것이 원칙이다(자청보관의 원칙). 법원 또는 수사기관이 압수물을 보관함에 있어서는 그 상실 또는 파손 등의 방지를 위하여 상당한 조치를 하여야 한다(법 제131조).

나. 압수물의 가환부
(1) 의의

압수물의 가환부란 압수의 효력을 존속시키면서 압수물을 소유자, 소지자 또는 보관자 등에게 잠정적으로 환부하는 제도를 말한다.

(2) 가환부의 절차

가환부는 소유자, 소지자, 보관자 또는 제출인의 청구에 의하여 법원 또는 수사기관의 결정에 의하여 한다(법 제133조). 법원 또는 수사기관이 가환부의 결정을 함에는 미리 검사, 피해자, 피고인 또는 변호인에게 통지 하여야 한다.

(3) 가환부의 효력

가환부는 압수 자체의 효력을 잃게 하는 것이 아니다. 따라서 가환부를 받은 자는 압수물에 대한 보관의무를 가지며 이를 임의로 처분하지 못하고 법원 또는 수사기관의 요구가 있는 때에는 이를 제출하여야 한다. 가환부한 장물에 대하여 별단의 선고가 없는 때에는 환부의 선고가 있는 것으로 간주한다.

다. 압수물의 환부

가. 의의

법원 또는 수사기관은 압수를 계속할 필요가 없다고 인정되는 압수물은 피고사건종결 전이라도 결정으로 환부하여야 한다(법 제133조 제1항 전단). 이를 압수물의 환부라고 한다.

나. 환부의 절차

환부는 법원 또는 수사기관의 결정에 의한다. 사법경찰관이 압수물을 환부할 때에는 검사의 지휘를 받아야 한다(법 제218조의2). 소유자 등의 청구가 있을 것을 요하지 않지만 소유자에게는 환부청구권이 있다(법 제218조의2 제1항). 환부청구권은 절차적 공권으로서 피압수자가 소유권을 포기한 경우에도 법원 또는 수사기관의 환부의무는 소멸하지 않는다. 이 경우 법원 또는 수사기관은 환부결정을 하여야 한다.

(3) 환부의 효력

환부에 의하여 압수는 효력을 상실한다. 그러나 환부는 압수를 해제할 뿐이며 환부를 받은 자에게 실체법상의 권리를 확인하는 효력까지 가지는 것은 아니다. 따라서 이해관계인은 민사소송절차에 의하여 그 권리관계를 주장할 수 있다(법 제333조 제4항).

(4) 압수장물의 피해자 환부

압수한 장물은 피해자에게 환부할 이유가 명백할 때에는 피고사건의 종결전이라도 피해자에게 환부할 수 있다(법 제134조). 환부할 이유가 명백한 때라 함은 사법상 피해자가 그 압수된 물건의 인도를 청구할 수 있는 권리가 있음이 명백한 경우를 말하고 그 인도청구권에 관하여 법률상, 사실상 다소라도 의문이 있는 경우에는 여기에 해당하지 않는다.

	환부	가환부	피해자 환부
대상	압수를 계속할 필요가 없다고 인정되는 압수물→몰수대상 압수물이나 증거에 공할 압수물은 환부의 대상이 아님	증거에 공할 압수물에 제한 특히 증거에만 공할 압수물은 필요적으로 가환부해야 함 몰수의 대상이 되는 압수물은 가환부 대상이 아님 판례는 필요적몰수대상물만 가환부 대상이 아니고 임의적 몰수의 대상은 가환부할 수 있다고 봄	피해자에게 환부할 이유가 명백한 압수한 장물→그 인도청구권에 관하여 사실상 법률상 다소라도 의문이 있는 경우에는 피해자 환부 대상이 아님

형태	법원 또는 수사기관의 결정에 의함. 사경의 경우 사전검사지휘 재판선고 단계는 판결	법원 또는 수사기관의 결정 사경의 경우 사전검사지휘 재판선고 단계에서는 판결	재판확정전에는 결정 재판선고단계는 판결
효력	압수의 효력상실 그러나 실체법상 권리가 창설되는 것은 아님 피압수자는 환부청구권을 포기할 수 없음	압수의 효력은 유지 가환부를 받은 자는 압수물에 대한 보관의무를 지므로 임의처분하지 못하고 법원, 수사기관의 요구 있으면 제출해야 한다.	피해자 환부는 환부의 일종

[서식 115] 압수물가환부신청서(1)

압수물가환부신청서

사　　건　　　　20○○고합 ○○○　　절도

피 고 인　　　　　○　　○　　○

　위 사람에 대한 절도사건에 관하여 압수된 다음의 물건은 가정에서 꼭 필요로 하는 물건이니 가환부하여 주시기 바랍니다.

다　　　　　음

　　1. 냉장고　　　　　　　　　　　　　　1대
　　1. 세탁기　　　　　　　　　　　　　　1대

20○○.　　○.　　○.

청구인 ○　○　○　(인)
○○시 ○○구 ○○로 ○○ (○○동)

○○지방법원　귀중

[서식 116] 압수물가환부청구서(2)

압수물가환부청구

사　　건　　　　20○○고단 ○○○○　절도

피 고 인　　　　○　　○　　○

　위 사건에 관하여 증거물로 압수된 아래 물건에 대하여 소유자인 청구인이 계속 사용하여야 할 물건이오니 사진촬영, 검증 등 원형보존조치를 취하시고 속히 가환부하여 주시기 바랍니다.

아　　　래

1. 시계　　　　　2점
1. 금고　　　　　1대

20○○.　　○.　　○.

위 피고인의 변호인 변호사　○　○　○　　(인)

○○지방법원　귀중

압수물가환부청구

사　　건　　　　20○○형 제○○○○호　절도

피 의 자　　　　　○　　○　　○

　　위 사건에 관하여 증거로 귀청에 압수 중인 별지 물건은 본인이 선량한 관리자의 주의로서 보관하고 일체의 처분행위를 하지 않으며, 필요시 언제라도 다시 제출하겠으니 본인에게 가환부하여 주시기 바랍니다.

20○○.　　○.　　○.

청구인(피의자의 처)　○　○　○　　(인)

○○지방검찰청　귀중

[서식 118] 압수물가환부청구서(3)

압수물가환부청구

사　　건　　　　20○○형 제○○○○호　절도

피 의 자　　　　　○　　○　　○

　위 피의자에 절도 피의사건의 증거로 귀청에 압수 중인 다음 물건은 본인이 선량한 관리자의 주의로서 보관하고 일체의 처분행위를 하지 않으며, 필요시 언제라도 다시 제출하겠으니 본인에게 가환부하여 주시기 바랍니다.

　　　　　　　20○○.　　○.　　○.

　　　　　　청구인(피의자의 처) ○　○　○　　(인)

　　　　　　서울 ○○구 ○○로 ○○○

○○지방검찰청　귀중

위 임 장

수임인   ○   ○   ○
(000000-0000000)
○○시 ○○구 ○○로 ○○ (○○동)

위 사람에게 ○○지방검찰청 20○○형 제○○○호(1심 : ○○지방법원 20○○고
합 ○○○호, 2심 ○○고등법원 20○○노 ○○○호) 상해 등 사건과 관련하여 압수
된 압수물에 대한 환부청구권 등 일체행위에 대하여 위임합니다.

첨 부 서 류

1. 차용증서   1통

20○○. ○. ○.

위임인   ○   ○   ○   (인)
(000000-0000000)
○○시 ○○구 ○○로 ○○ (○○동)

○○지방검찰청   귀중

Ⅲ. 검 증

1. 의 의

가. 검증의 의의

검증이란 사람이나 물건 또는 장소의 성질, 형상을 오관의 작용에 의하여 인식하는 강제처분을

말한다. 사람의 신체에 행해지는 검증은 피검자의 인격에 중대한 영향을 미치므로 형사소송법은 이를 신체검사라 명명하고 그 절차에 관하여 별도의 규정을 두고 있다(법 제141조).

나. 검증의 종류

검증에는 수소법원이 증거조사의 방법으로 행하는 검증과 법관이 증거보전으로 행하는 검증 및 수사기관이 하는 검증이 있다. 법원이나 법관의 검증은 영장을 요하지 않으나, 수사기관의 검증은 반드시 영장에 근거하도록 규정되어 있다(법 제215조). 형사소송법은 수사기관의 검증에 관하여는 압수, 수색과 같이 규정하면서 수소법원의 압수, 수색 및 검증에 관한 규정들을 준용하고 있다(법 제219조).

2. 검증의 절차

가. 수사상 검증의 유형

수사상 검증이란 강제력을 사용하여 사람, 장소, 물건의 성질, 형상을 오관의 작용에 의하여 인식하는 강제처분이며, 이러한 형대로는 사정영장에 의한 검증(법 제215조), 사후영장에 의한 검증(법 제216조 제3항), 영장 없이 행할 수 있는 검증(법 제216조 제1항)이 있다.

나. 검증영장의 발부와 집행

검증영장의 발부와 집행절차는 압수, 수색영장의 경우에 준한다(법 제215조). 검사 또는 사법경찰관이 검증을 함에는 검찰청 수사관, 서기관 또는 서기를 참여하게 하여야 하고(규칙 제110조), 당사자 및 책임자의 참여 등이 보장되어야 한다(법 제219조). 당사자의 참여권이 보장되지 않은 상태에서 행해진 검증조서는 적법한 절차와 방식에 따라 작성된 것이 아니므로 증거능력을 인정받을 수 없다(법 제312조 제6항). 검증을 함에 있어서 수사기관은 신체의 검사, 사체의 해부, 분묘의 발굴, 물건의 파괴 기타 필요한 처분을 할 수 있다(법 제219조).

3. 신체검사

가. 의의

신체검사라 함은 구강, 항문, 질, 위장 등 신체에 대한 수사기관의 강제검사를 말한다. 형사소송법상 검증의 대상에 신체검사를 포함시키고 있으며(법 제219조), 증거발견을 위한 신체 내부의 검사의 필요성을 부인할 수 없다는 점에서 신체의 내부에 대한 강제검사도 일정부분 허용된다고 보는 것이 대체적인 견해이다.

나. 절차

(1) 영장주의 원칙

수사상 신체검사는 수사기관의 강제처분인 검증에 해당하므로 원칙적으로 영장주의가 적용된다(법 제215조).

(2) 예외

수사기관은 체포 또는 구속된 피의자에 대하여 체포, 구속 현장에서 영장 없이 지문 또는 족형을 채취하고 신장과 체중 등 신체상의 특징을 측정할 수 있다(법 제216조 제1항).

다. 신체검사에 관한 주의

신체의 검사에 관하여는 검사를 받는 사람의 성별, 나이, 건강상태, 그 밖의 사정을 고려하여 그 사람의 건강과 명예를 해하지 아니하도록 주의하여야 하며, 피고인 아닌 사람의 신체검사는 증거가 될 만한 흔적을 확인할 수 있는 현저한 사유가 있는 경우에만 할 수 있다.

또한, 여자의 신체를 검사하는 경우에는 의사나 성년 여자를 참여하게 하여야 하고, 시체의 해부 또는 분묘의 발굴을 하는 때에는 예(禮)에 어긋나지 아니하도록 주의하고 미리 유족에게 통지하여야 한다(형사소송법 제141조).

4. 검증조서

검증에 관해서는 조서를 작성하여야 한다(법 제49조 제1항).

5. 수사상 검증에 대한 불복방법

수사상 검증에 대해서 형사소송법은 불복방법을 명시하지 않고 있다. 그러나 형사소송법은 수사상 압수, 수색과 동일하게 규정하고 있으므로 수사기관의 검증처분에 불복이 있는 자는 제417조의 유추적용을 통해 준항고를 제기할 수 있다고 보아야 할 것이다.

제6절 수사상 증거보전

Ⅰ. 총 설

1. 의 의

수사상 증거보전이란 수자절차에서 판사가 증거조사 또는 증인신문을 하여 그 결과를 보전하는 것을 말한다. 공판정에서의 정상적인 증거조사가 있을 때까지 기다려서는 증거방법의 사용이 불가능하거나 곤란한 경우 또는 참고인이 출석이나 진술을 거부하는 경우에는 수사절차에서도 판사의 힘을 빌려 증거조사나 증인신문을 함으로서 증거를 보전할 수 있다. 전자가 증거보전절차(법 제184조)이며 후자가 증인신문절차(법 제221조의2)이다.

2. 문제점

증거보전절차와 증인신문절차는 모두 수사상의 편의를 위한 제도임에도 불구하고 그 주체나 사후의 처리 등에 관한 문제에서 일정한 차이를 보이고 있으므로 양자의 제도적 의의를 살펴볼 필요가 있다.

Ⅱ. 증거보전절차

1. 의 의

가. 의의

증거보전이란 장차 공판에서 사용될 증거가 멸실되거나 사용하기 곤란하게 될 사정이 있는 경우에 미리 당사자의 청구(검사, 피고인, 피의자 또는 변호인 등)에 따라 법관이 공판 전에 그 증거를 수집, 보전하여 두는 제도를 말한다.
증인신문 외에 압수, 수색, 검증, 감정까지 폭넓게 인정된다는 점에서 검사의 청구에 의한 증인 신문제도와 구별되며, 피의자 또는 피고인 자신의 신문이 인정되지 않는 반면, 압수·수색도

할 수 있다는 점 및 수소법원이 아닌 판사의 권한에 속한다는 점에서 제1회 공판기일 전에 증거조사와 구별된다.

나. 민사소송상 증거보전과의 차이

민사소송에서의 증거보전은 소송계속 전 또는 소송계속 중에 법원에 신청할 수 있지만 형사소송법에서의 증거보전은 피의자 또는 변호인은 피의자의 방어권 행사를 위하여 제1회 공판기일 전에 한하여 법원에 청구 가능하다는 점에서 차이가 있다.

2. 증거보전의 요건

가. 증거보전의 필요성

미리 증거보전을 하지 아니하면 그 증거를 사용하기 곤란한 사정이 있어야 한다. 예를 들어 미리 증거보전을 하지 아니하면 증거물의 멸실, 훼손, 변경의 위험성, 침고인 또는 증인의 질병이나 장기해외체류 등과 같이 공판정에서의 증거조사가 곤란한 경우나 즉시 검증하여 두지 아니하면 현장의 변경이 있는 때 등에는 증거보전의 필요성을 인정할 수 있을 것이다.

나. 제1회 공판기일 전

증거보전은 수사단계는 물론 공소제기 이후의 시점에서도 청구할 수 있으나 제1회 공판기일 이후에는 허용되지 않는다고 보는 것이 통설과 판례이다(대결 1984. 3. 29. 84모15).
따라서 형사입건도 되기 전의 내사상태나 항소심, 파기환송 후의 절차나 재심청구사건에서는 증거보전을 청구할 수 없다.

3. 증거보전의 절차

가. 증거보전의 청구

(1) 청구권자

검사, 피고인 피의자 또는 변호인에 한정된다. 사법경찰관이나 수사개시 이전의 자에게는 청구권이 인정되지 않는다.

(2) 청구의 방식

청구는 일정한 사항을 기재한 서면(증거보전신청서)으로 제1회 공판기일 전에 아래의 청구 내

용을 관할하는 지방법원 판사에게 청구하여야 한다. 이때 증거보전의 필요성에 대한 소명자료
도 제출 한다.

(3) 청구의 내용

증거보전을 청구할 수 있는 것은 압수(압수할 물건의 소재지수색)수색 또는 검증(수색 또는 검
증할 장소, 신체 또는 물건의 소재지검증) 증인신문(증인의 주거지 또는 현재지) 또는 감정(감
정대상의 소재지, 현재지 또는 감정함에 편리한 장소)이다. 따라서 증거보전절차에서 피의자
또는 피고인의 신문을 청구할 수는 없다(대판 1984. 5. 15. 84도508).

나. 증거보전의 처분

(1) 지방법원판사의 결정(명령)

담당판사는 먼저 청구가 요건에 해당하지 않는다고 인정하면 기각결정을 하여 청구인에게 고지
하여야 하나, 요건에 해당한다고 인정하면 바로 청구권 처분을 하면 된다. 청구를 기각한 결정
에 대하여는 3일 이내에 항고를 할 수 있다(형소법 제184조 제4항). 증거보전처분을 할 지방법
원 판사는 예단배제의 원칙과의 관계상 사건담당 재판부의 판사가 아닌 다른 판사가 담당함이
원칙이다.

(2) 증거보전의 절차의 진행

청구를 받은 법관은 보전처분의 각 절차에 관하여 법원 또는 재판장과 동일한 권한이 있다.
따라서 형사소송법과 형사소송규칙 중 수소법원의 압수, 수색, 검증, 증인신문 및 감정에 관한
규정이 전면적으로 준용되어 이 규정에 따라 처리한다.
따라서 영장이 필요하면 영장을 발부하여 시행하고, 당사자 등의 참여권 등도 수소법원의 처분
의 경우와 마찬가지로 그 인정 여부를 정하여야 한다.

4. 증거보전 후의 조치

가. 증거물 등의 보관

증거보전에 의하여 취득한 증거는 증거보전을 한 판사의 소속법원에 보관한다.

나. 증거의 이용

증거보전에 의하여 수집된 증거를 본안(공판사건)에 이용할 것인지의 여부는 당사자(청구인 또
는 그 상대방)의 의사에 달려 있다. 이를 이용하고자 할 때에는 수소법원에 그 증거 및 기록의

송부촉탁신청을 하여 현출시켜서 제출하면 될 것이다. 수소법원이 증거 및 기록을 송부받은 때에는 기록은 본안 기록에 첨철하고 압수물은 새로 자체의 보관절차를 취한다.

다. 증거의 열람 및 등사

검사, 피고인, 피의자 또는 변호인은 판사의 허가를 얻어 증거보전에 관한 서류와 증거물을 열람 또는 등사할 수 있다.

피고인, 피의자에게 변호인이 없는 때에도 독립한 열람권과 등사권이 인정되는 공판조서의 열람의 경우와는 다르다.

[서식 120] 증거보전청구서(절도)

증 거 보 전 청 구

사　　건　　　　20○○고단○○○○　절도

피 고 인　　　　○　　○　　○

　위 사건에 관하여 피고인의 공소사실에 대한 무죄사실을 증명할 다음의 증거를 미리 보전하지 아니하면 그 증거를 사용하기 곤란한 사정이 있으므로 증거의 보전을 청구합니다.

다　　음

1. 증명할 사실 :
2. 보전할 증거 및 보전할 방법 :
3. 증거보전의 이유 :
4. 기타 사항 :

20○○.　　○.　　○.

　위 피고인의 변호인 변호사　○　　○　　○　　(인)

○○**지방법원　귀중**

증거보전청구는 압수한 물건의 소재지, 수색 또는 검색할 장소, 신체 또는 물건의 소재지, 증인의 주거지 또는 현재지, 감정대상의 소재지 또는 현재지를 관할하는 지방법원 판사에게 하여야 한다(형소규 91조).

[서식 121] 증거보전청구서(살인)

증 거 보 전 청 구

사   건   20○○고단 ○○○○   살인

피 고 인   ○   ○   ○

　위 사건에 관하여 피고인은 다음과 같이 증거의 보전을 청구합니다.

다   음

　1. 증거의 보전을 필요로 하는 사유 :

　2. 증거를 보전할 방법 :

　3. 사건의 개요 :

　4. 증명할 사실 :

20○○.   ○.   ○.

위 청구인(피고인) ○ ○ ○   (인)

○○지방법원   귀중

증 거 보 전 청 구

사   건   20○○고약 ○○○○   살인

피고인(청구인)   ○   ○   ○

피증거보전인 : ○○○

             서울 ○○구 ○○로 ○○○

청구인은 20 고약 00000호 윤락행위 방지법 위반 사건에 관하여 ○○○○. ○. ○ "피고인은 벌금000,000(0백만)원에 처한다. 위 벌금을 납입하지 아니한 경우 금 0,000(0만)원을 0일로 환산한 기간 노역장에 유치한다. 이 명령 고지 전 구금 일수 중 3일은 노역장 유치기간에 산입한다." 라는 약식명령을 받고 ○○○○. ○. ○. 확정된 약식 명령에 대해 새로운 증거가 발견 수집되어 그 증거를 보전하지 않으면 곤란한 사정이 있어 아래와 같은 사유로 증거보전을 신청합니다.

1. 사건의 개요
   공소장 기재 내용과 같습니다.

2. 증명할 사실
   20 고약 00000호 윤락행위 방지법 위반 사건에 관하여 참고인으로 진술한 ○○○ 를 증인으로 신청하여 증언된 증인신문 사항

3. 증거보전의 방법
   증인 ○○○ 신문사항

4. 증거보전을 필요로 하는 사유
   20 고약 00000호 윤락행위 방지법 위반 사건의 수사기관에서 진술이 모순된 점

과 증거보전 신청인에게 위 진술이 수사기관의 폭행, 감언이설 및 유혹으로 진실에
반한 허위진술과 사실과 다른점 이라는 각서, 진정서, 영수증의 진정한 진술확보

첨 부 서 류

1. 각 서   1통
2. 진 정 서   1통
3. 영 수 증   1통

20○○.   ○.   ○.

위 청구인(피고인)   ○   ○   ○   (인)

○○지방법원   귀중

[서식 123] 증거보전기록 열람 · 등사청구서

증거보전기록 열람 · 등사청구서

사   건   20○○고단 ○○○○   절도

피 고 인   ○   ○   ○

  위 사건에 관하여 보전된 증거기록에 대하여 열람 및 지정한 부분의 기록을 등사
하여 주시기 바랍니다.

  등사할 부분 : 별지 기재와 같음

20○○.　○.　○.

위 피고인의 변호인 변호사　○　○　○　(인)

○○지방법원　귀중

[서식 124] 수사기록 열람 · 등사 허용명령신청서(1)

수사기록 열람 · 등사 허용명령신청

사　　건　　20○○고단 ○○○○　사기

피 고 인　　○　○　○

1. 위 사건에 관하여 피고인의 변호인은 20○○. ○. ○. 위 사건에 관한 수사기록
(20○○년형 제○○○호)을 보관하고 있는 ○○지방검찰청 수사기록 열람 · 등사
신청을 하였으나, 검사는 같은 달 ○. 증인 보호의 필요성을 이유로 수사기록 중
목록 피해자에 대한 진술조서 및 고소장에 대한 등사를 제한하였습니다.

2. 그런데 검사는 수사기록 중 목록은 형사소송법 제266조의3 제5항에 의거 열람
또는 등사를 거부할 수 없고, 고소장이나 진술조서에 대하여는 피해자 인적사항
이나 연락처 등이 기재된 부분만 가리고 열람 또는 등사를 허용할 수 있는 방법
이 있는데도 진술부분에 대해서까지 제한을 함으로써 피고인의 방어권 행사에
중대한 제한을 초래하였습니다. 즉 피고인은 고소인의 진술을 알 수 없으므로
고소인 진술의 신빙성, 모순점 기타 피고인의 방어에 필요한 사항을 준비할 수
없게 되었습니다.

3. 따라서 피고인의 변호인은 피고인의 방어권 보장을 위하여 형사소송법 제266조
   의4 제1항에 의하여 수사기록 목록, 고소장 및 진술조서에 대한 열람, 등사를
   허용하여 주실 것을 신청하오니, 형사소송법 제266조의4 제2항에 의하여 검사
   에게 열람·등사 허용명령을 하여 주실 것을 신청합니다.

첨 부 서 류

1. 열람·등사 제한통지서 사본   1통

20○○.   ○.   ○.

위 피고인의 변호인 변호사   ○   ○   ○   (인)

○○지방법원 귀중

[서식 125] 수사기록 열람·등사 허용명령신청서(2)

수사기록 열람·등사 허용명령신청

사   건   20○○고단 ○○○○   사기

피 고 인   ○   ○   ○

1. 위 사건에 관하여 피고인의 변호인은 20○○. ○. ○. 위 사건에 관한 수사기록
   (20○○년형 제○○○호)을 보관하고 있는 ○○지방검찰청 수사기록 열람·등사
   신청을 하였으나, 검사는 신청일로부터 48시간이 지난 현재까지 열람·등사의
   거부 또는 범위제한에 대하여 아무런 통지를 하지 않고 있습니다.

2. 이에 피고인의 변호인은 피고인의 방어권 보장을 위하여 형사소송법 제266조의
   3 제4항에 의하여 위 사건 수사기록에 대한 열람·등사를 허용하여 주실 것을
   신청하오니, 형사소송법 제266조의3 제2항에 의하여 검사에게 열람·등사 허용
   명령을 하여 주실 것을 신청합니다.

                          20○○.   ○.   ○.

                   위 피고인의 변호인 변호사   ○   ○   ○   (인)

○○지방법원   귀중

Ⅲ. 공판기일전의 증인신문

검찰에서 수사중인 사건에 관련된 참고인이 소환에 불응할 경우 검찰은 국가보안법 사건등 예
외적인 경우를 제외하곤 참고인을 강제로 데려올 수 없다. 이 때 활용되는 법적인 절차가 「공판
기일 전 증인신문」이다.
형사소송법 2백21조 2항은 「범죄의 수사에 없어서는 안 될 사실을 안다고 명백히 인정되는 자
가 검찰이나 경찰의 출석 또는 진술을 거부할 경우 검사는 1회에 한해공판 기일 전에 판사에게
그에 대한 증인신문을 청구할 수 있다」고 규정하고 있다.

1. 총 설

증인이란 법원 또는 법관에게 자기가 실제 체험한 사실을 진술하는 제3자를 말하고, 증인으로
부터 그 체험사실을 진술을 듣는 절차를 증인신문이라 한다. 원래 증인신문은 수소법원의 증거

조사의 일환으로 행해지는 것이 일반적이고, 수사기관에서는 피의자 아닌 제3자가 출석을 요구하여 그 진술을 들을 수 있으나(형소법 제221조), 이는 강제력을 사용할 수 없는 것이기 때문에 (임의수사의 원칙), 형사소송법은 검사가 일정한 경우에 법원에 대하여 그 제3자의 신문을 청구할 수 있는 제도를 두고 있는데, 이것이 제1회 공판기일 전의 증인신문제도이다.

2. 증인신문청구의 요건

가. 출석 또는 진술의 거부

제1회 공판기일 전의 증인신문은 범죄의 수사에 없어서는 아니 될 사실을 안다고 명백히 인정되는 자가 출석 또는 진술을 거부한 경우에 한하여 허용된다(형소법 제221조의2 제1항).

나. 제1회 공판기일 전

그리고 시기적으로 제1회 공판기일 전에만 할 수 있다. 따라서 반드시 수사단계에서만 할 수 있는 것이 아니고 공소제기 후에도 제1회 공판기일 전이면 가능하다. 여기서 제1회 공판기일이란 적어도 검사의 모두진술(형소법 제285조)이 있은 기일을 말하며, 개정 후 연기된 경우(인정신문을 했더라도)는 포함되지 않는다고 해석된다. 항소심, 파기환송심, 재심사건에는 적용이 없다.

3. 증인신문의 절차

법원이 검찰의 청구를 받아들이면 일반적인 증인신문 절차를 밟게 된다. 법원은 날짜를 정해 증인에게 출석을 요구한다. 2~3차례 출석요구에도 증인이 응하지 않을 경우 법원은 구인장을 발부해 강제로 끌어올 수 있다. 증인이 입원중이거나 해외체류중인 경우 출석날짜를 늦출 수는 있지만 원칙적으로는 증언을 거부할 수는 없다.

가. 청구권자

검사만이 청구권을 가지며 사법경찰관은 청구권이 없다.

나. 청구의 방식

서면(증인신문청구서)에 의하여야 하며(형소법 제221조의2 제3항), 그 서면에는 ① 증인의 성명, 직업 및 주거, ② 피의자 또는 피고인의 성명, ③ 죄명 및 범죄사실의 요지, ④ 증명할 사실, ⑤ 신문사항, ⑥ 증인신문청구의 요건이 되는 사실, ⑦ 피의자 또는 피고인에게 변호인이 있는 때에는 그 성명 등을 기재하여야 한다(형소규 제111조 제1항). 또한 서면으로 그 청구사유(위 기재사항 중 ⑥)를 소명하여야 하는데, 보통은 수사기록을 함께 제출하는 것이 실무관행이다.

다. 증인신문여부의 결정

담당판사는 먼저 청구가 요건에 해당하지 않는다고 인정하면 기각결정을 하여 검사에게만 고지하고, 요건에 해당한다고 인정하면 증인신문기일을 정하는 등 신문에 필요한 절차를 진행하면 된다. 검사의 증인신문청구가 요건을 갖추지 못하여 기각하는 경우가 아닌 이상 법관은 증인신문을 행할 의무가 있다고 해석되기 때문이다. 그리고 증인신문기일 통지서에 검사의 청구에 따라 증인신문을 하기로 하였다는 취지가 포함되기 때문에 굳이 별도의 결정을 할 필요도 없다. 청구기각결정에 대하여는 항소할 수 없다.

라. 증인신문의 실시

청구를 받은 담당 법관은 증인신문에 관하여 법원 또는 재판장과 동일한 권한이 있다(형소법 제221조의2 제34항). 따라서 증인자격, 증인의 소환, 불출석시 제재, 증인의 선서, 증인신문의 방식, 증인의 여비 등이 그대로 적용될 수 있을 것이다.

판사는 증인신문청구에 따라 증인신문기일을 정한 때에는 피고인·피의자 또는 변호인에게 신문기일과 장소 및 증인신문에 참여할 수 있다는 취지를 통지하여 증인신문에 참여할 수 있도록 한다(형소법 제221조의2 제5항, 형소규 제112조). 이 규정은 통지받은 피의자, 피고인 또는 변호인의 출석을 증인신문의 요건으로 한다는 의미는 아니다.

증인의 소환, 구인, 증언거부, 과태료 및 감치, 선서, 신문방식, 조서 작성 방식 등은 모두 수소법원이 공판기일 외에서 행하는 증인신문의 경우와 동일하다.

4. 증인신문 후의 조치

가. 서류의 송부

신문이 종료되면 신속히 조서를 정리한 후 지체 없이 이를 일건기록과 함께 검사에게 송부하여야 한다(형소법 제221조의2 제6항). 본안사건이 이미 기소되어 계속 중인 경우에도 본안기록에 첨철할 것이 아니라 검사에게 송부하여야 한다. 검사가 나중에 본안의 공판절차에서 수사기록 등과 함께 증거로 제출할 것이기 때문이다.

나. 조서의 증거능력

증인신문절차에서 작성한 조서는 법원 또는 법관의 조서로서 무조건 증거능력이 인정된다(법 제311조 제2문).

5. 과태료부과

정당한 이유없이 법정출석이나 증언을 거부하는 경우 법원은 5만원 이하의 과태료가 부과될 수 있다(형사소송법 제161조).

[서식 126] 증인신청서

증 인 신 청

사   건   20○○고단 ○○○○   폭력행위등처벌에관한법률위반

피 고 인   ○   ○   ○

　　위 사건에 관하여 위 피고인의 변호인은 피고인의 이익을 위하여 다음과 같이 증인을 신청합니다.

다   음

1. 증인의 성 명 : 이   ○   ○ (000000-0000000)주 소 : ○○시 ○○구 ○○로 ○○ (○○동)연락처 : 000-000-0000
1. 증인신문사항 : 별지 기재와 같음

20○○. ○. ○.

위 피고인의 변호인 변호사 ○ ○ ○   (인)

○○지방법원 귀중

작성 · 접수방법

1. 신청서 1부를 공판진행 법원 형사과 접수계에 제출한다. 증인 채택을 이미 받은 경우라면 신문사항 4부를 첨부하여 제출한다.
2. 위 신청서에 따라 법원은 증인소환장을 늦어도 기일 24시간 전에 송달시킨다.
3. 증인이 수취인 불명으로 불출석하는 경우에는 소재 탐지신청을 한다.

20○○고단 ○○○○

증인 이○○에 대한 신문사항

1. 증인은 20○○년 ○월 ○일 밤 10:20경 ○○노래방 앞에서 피고인과 ○○○이 다투고 있는 현장을 지켜보아 사실을 잘 알고 있지요.
2. 사건 당시 주위 현장을 지켜보던 동네사람들은 얼마나 있었나요.
3. 당시 피고인이 뒷짐을 진 채로 때릴 테면 때리라고 버티고 섰고 이에 ○○○이 갖은 욕설을 하며 피고인의 옷 남방을 잡아당기다가 옷이 찢어지면서 뒤로 넘어지는 것을 본 일이 있지요
4. 이 일로 인해 오히려 피고인이 남방은 물론 옷 속까지 찢기고 가슴부위까지 할퀴었지요.
5. 당시 ○○○은 굉장히 흥분하여 이리저리 뛰면서 갖은 욕설을 하며 본인의 몸과 머리를 벽에 마구 부딪히며 상처를 내는 것을 본 적이 있지요.
6. 평소 ○○○은 주로 폭행을 일삼으며 오히려 피해자를 가해자로 둔갑시키는 일에 대한 여러 피해자들이 있지요.
7. 기타 사항

작성 · 접수방법

1. 신문사항 작성시 간인, 날인을 하지 않는다.
2. 신문사항 4부를 증인신문기일 전에 미리 제출한다.

20○○고단 ○○○○

증인 이○○에 대한 신문사항

1. 증인은 두부기계를 계약할 때 누구와 계약하는 것을 보았나요?
2. 원고 ○○○은 두부기계계약에는 전혀 간여하지 않고 단지, 관공서에 허가를 ○○○이 부탁하여 ○○○구청을 방문하여 그 결과를 알려주기 위하여 원고의 집이 바로 옆 ○○아파트이기에 잠시 들린적이 있다고 하는데 알고 있는지요?
3. 증인은 피고 ○○○하고 동업을 하였지요?
4. 동업을 하다 장사가 잘되지 않으니 ○○○한테 모두권리를 넘겼지요?
5. 증인은 ○○마을(대표 ○○○)이라는 양곡장사를 하는 ○○○이라는 사람에게 장사가 안 되어 그러니 두부기계를 반환하고 싶으니 좀 처리를 부탁한 사실이 있지요?
6. 또한 증인은 ○○○이라는 사람에게 본인은 장사가 잘되지 않아 ○○○에게 두부기계를 반환하고 싶고 또한 원금이라도 찾으면 좋겠는데 자꾸 가소송하자고 하여 어쩔 수 없다고 한 사실이 있지요?
7. 증인은 원고 집에 강제집행을 하려왔을 때 원고 ○○○이가 나와 전혀 관계가 없는데 왜 나한테 강제집행을 하는지 모르겠다고 하니 솔직히 원고이외에는 채권을 확보할 수 없어 할 수 없다고 한 사실이 있지요?
8. 증인은 두부기계를 계약할 때 계약자인 ○○○에게 ○○마을 이라는 양곡을 같이 취급을 권유받고 ○○마을 대표 ○○○를 소개받고 ○○마을양곡도 같이 취급하였지요?
9. 기타 사항

20○○고단 ○○○○

증인 이○○에 대한 신문사항

1. 증인은 2011년 6월 20일 밤 10:20경 ○○노래방 앞에서 피고인과 정00이 다투고 있는 현장을 지켜보아 사실을 잘 알고 있지요.

2. 사건당시 주위 현장을 지켜보던 동네사람들은 얼마나 있었나요.

3. 당시 피고인이 뒷짐진채로 때릴 테면 때리라고 버티고 섰고 이에 정○○이 갖은 욕설을 하며 피고인의 옷 남방을 잡아당기다가 옷이 찢어지면서 뒤로 넘어지는 것을 본 일이 있지요.

4. 이 일로 인해 오히려 피고인이 남방은 물론 옷 속까지 찢기고 가슴부위까지 할퀴었지요.

5. 당시 정○○은 굉장히 흥분하여 이리저리 뛰면서 갖은 욕설을 하며 본인의 몸과 머리를 벽에 마구 부딪히며 상처를 내는 것을 본 적이 있지요.

6. 평소 정○○은 주로 폭행을 일삼으며 오히려 피해자를 가해자로 둔갑시키는 일에 대한 여러 피해자들이 있지요.

7. 기타 사항.

20○○고단 ○○○○

증인 이○○에 대한 반대신문사항

1. 증인은 20○○년 ○월 ○일부터 20○○년 ○월 ○일까지 주식회사 ○○ 피고인
   이 대표이사로 있는 주식회사 ○○의 직원이었는가요.

2. 20○○년 ○월 ○일경 피고의 회사를 퇴직하고 주식회사 ○○○○의 직원이 되
   었는가요.

3. 주식회사 ○○○○은 주식회사 ○○에 물건을 납품하는 회사인가요.

4. 주식회사 ○○은 독립적인 법인인데, 주식회사 ○○○○은 대리점인가요.

5. 증인은 납품가격을 싸게 해주는 대가로 피고인에게 대가를 요구한 적이 있는가
   요.

6. 증인은 주식회사 ○○○○의 직원으로서 그곳에서 급료를 받지요.

7. 주식회사 ○○○○은 주식회사 ○○에 대하여 대리점 계약을 해제할 수 있는 권
   한이 있지요.

8. 주식회사 ○○○○은 주식회사 ○○에 대하여 대리점 취소를 하였지요.

9. 증인은 그 취소에 관여를 하였는가요.

10. 그 결과 증인은 주식회사 ○○○○에서 퇴사할 뻔 했지요.

11. 기타 사항

증 인 거 부 사 유

사　　건　　　　20○○고단 ○○○○　무고

피 고 인　　　　　○　　○　　○

　위 사건에 관하여 귀원으로부터 증인으로 채택되어 소환을 받았는바, 본인은 주소지에게 의료업을 하면서 피고인을 치료한 사실이 있고, 동 치료를 통하여 알게 된 사실은 비밀에 관한 것이므로 이러한 내용의 사실에 대하여는 증언을 거부하고자 합니다.

소 명 자 료

　　1. 진료기록 사본　　　　　　　　　　　1통

20○○.　　○.　　○.

위 증인　○　○　○　　(인)

○○지방법원　귀중

증 인 거 부 사 유

사   건   20○○고단 ○○○○   00

피 고 인   ○   ○   ○
증   인   ○   ○   ○

 본 사건 증인으로 증인 소환장을 받은 본인 ○○○는 출석 기일인 20○○년 00월 00일 아래와 같은 사유로 부득이하게 출석하지 못하게 되어 본 사유서를 제출합니다.

- 아 래 -

 본인은 지병으로 인하여 20○○년 3월 31일에서 20○○년 00월 00일까지의 ○○병원에서 입원치료가 예약되어 있어 부득이 하게 위 기일에 증인 출석에 참석할 수 없습니다.

소 명 자 료

  1. 진료기록 사본   1통

                    20○○.   ○.   ○.

              위 증인 ○   ○   ○   (인)

○○지방법원 귀중

[서식 133] 직무상비밀사실신고서(살인)

직무상비밀사실신고

사　　건　　　　20○○고합○○○○　살인

피 고 인　　　　○　　○　　○

　위 사건에 관하여 본인은 20○○. ○. ○. 00:00 증인으로 출석하라는 소환장을 받았는바, 본인이 증언하여야 할 사항은 공무원의 신분으로 그 맡은 직무에 관하여 알게 된 사실로서 이는 직무상의 비밀에 해당하는 사항이므로 형사소송법 제147조 제1항에 의하여 신고합니다.

　　　　　　　　　　20○○.　　○.　　○.

　　　　　　위 신고인(증인)　○　○　○　　(인)

○○지방법원　귀중

증인신문조서 등본교부신청서

사　　건　　　　20○○고단 ○○○　사기

피 고 인　　　　○　　○　　○

　위 사람에 대한 귀원 20○○고단 ○○○호 ○○사건에 관하여, 증인 ○○○에 대한 신문조서 1통을 교부하여 주시기 바랍니다.

　　　　　　　　　　20○○.　　○.　　○.

　　　　　　　　위 피고인　○　　○　　○　　(인)

○○지방법원　귀중

증인신문조서 등본교부청구

사　건　　　20○○고단 ○○○호　절도

피고인　　　　○　　○　　○

증　인　　　　○　　○　　○

　위 사건에서 증인으로 진술한 본인에 대한 증인신문조서 등본 1통을 형사소송규칙 제84조의2에 의해 교부하여 주시기 바랍니다.

20○○.　　○.　　○.

위 증인　○　○　○　　(인)

○○지방법원　귀중

제7절 수사의 종결

Ⅰ. 수사의 종결처분

1. 총 설

수사의 단서를 시발점으로 개시된 수사절차는 공소제기의 결정이라는 목표를 향하여 진행되는데 수사기관이 공소제기의 유무를 결정할 수 있을 정도로 피의사건이 규명되면 수사절차는 공소의 제기 또는 부제기라는 형태로 종결된다.

2. 검사의 사건처리

가. 공소제기

검사는 수사 결과 범죄의 객관적 혐의가 인정되고 처벌을 할 필요가 있다고 판단하면 공소를 제기하게 되는데 이를 '기소'라 약칭하기도 하다.

나. 불기소처분

(1) 의의

검사가 피의사건에 대하여 공소를 제기하지 아니하기로 하여 내리는 최종적 판단을 불기소처분이라고 한다. 이에 대해 아직 범죄혐의가 있다고 사료되지 않는 상황에서 검사가 진정, 탄원, 투서 등에 대하여 조사하고 입건처리 이외의 형태로 내사사건을 종료하는 내사종결처분은 피의사건에 대한 종국처분이 아니므로 불기소처분에 해당하지 않는다.

(2) 불기소처분의 종류

불기소처분은 기소유예와 협의의 불기소처분으로 나누어 볼 수 있다.

(가) 기소유예

피의사실이 인정되나 형법 제51조 각호의 사항을 참작하여 소추를 필요로 하지 않는 경우에 검사는 기소유예처분을 한다(법 제247조). 범죄의 객관적 혐의가 존재하여 법원에 의한 유죄판결의 가능성이 존재하지만 형사정책적인 이유로 기소를 제기하지 않는 것이 합리적일 때 내리는 처분이다.

(나) 협의의 불기소처분

① 혐의 없음

혐의 없음을 이유로 하는 불기소처분은 피의사실이 범죄를 구성하지 않는 경우(범죄인정 안됨)와 피의사실을 인정할 만한 충분한 증거가 없는 경우(증거불충분)에 내려진다(법 제325조).

② 죄가 안됨

피의사실이 범죄구성요건에 해당하나 법률상 범죄의 성립을 조각하는 사유(위법성조각사유, 책임조각사유 등)가 있어 범죄를 구성하지 않는 경우에 내려지는 처분이다.

③ 공소권 없음

사면이 있는 경우, 공소시효가 완성된 경우 등에 내려지는 처분이다. 형면제 사유가 있는 때에도 검사는 공소권 없음의 불기소처분을 한다.

④ 각하

고소 또는 고발 사건에 대하여 고소장 또는 고발장의 내용자체로도 혐의 없음이 분명한 때 고소, 고발 이후에 고소, 고발인이 출석불응, 소재불명 등이 되어 검사가 고소, 고발인에 대한 진술을 청취할 수 없는 경우에 내려지는 처분이다.

다. 그 밖의 처분

(1) 기소중지

피의자의 소재불명, 고소인 및 참고인의 소재불명으로 수사를 종결할 수 없는 경우에 그 사유가 해소될 때까지 내려지는 잠정적인 수사종결처분을 의미한다. 피의자 등의 소재가 확인되었거나 수배가 되었을 경우는 사건을 재기하여 수사를 종결하여야 한다. 피의자 및 그의 변호인은 기소중지사건을 종결하고자 할 때에는 사건번호와 죄명, 기소중지자의 인적사항 등을 기재하고 주거지를 증명할 수 있는 주민등록등본과 자수의 뜻을 밝히는 자수서를 첨부하여 기소중지된 사건을 재기수사하여 줄 것을 바라는 재기신청서를 기소중지결정을 한 검찰청에 제출하여 수사를 받아 검사의 적정한 처분을 받아야 한다.

(2) 참고인 중지

검사가 참고인, 고소인, 고발인 또는 같은 사건 피의자(가령 공동피의자)의 소재불명으로 수사를 종결할 수 없는 경우에 그 사유가 해소될 때까지 내려지는 잠정적인 수사종결처분이다.

(3) 공소보류

공소보류는 형사정책적인 이유에서 공소제기를 보류하는 결정이라는 점에서 기소유예와 유사하다. 그러나 그 대상이 국가보안법 위반사범에 한정되고 일정한 유예기간(2년)이 설정되어 있다는 점에서 기소유예와 구별된다.

(4) 타관송치

검사는 사건이 관할에 속하지 아니할 때에는 서류와 증거물을 관할법원에 대응한 검찰청검사에게 송치하여야 한다(형소법 제256조).

검사는 사건이 군사법원의 관할에 속하는 경우는 관할군사법원 검찰부검찰관에게 송치하여야 하며(형소법 제256조의2), 또한 검사는 보호처분에 해당하는 소년에 대한 피의사건은 관할법원 소년부에 송치하여야 한다.

3. 경찰의 수사종결권

검수완박에 따른 형사소송법 개정(2021년)으로 인해 수사 결과 사법경찰관이 범죄 혐의가 인정되지 않는다고 판단할 경우 사건을 검찰에 송치하지 않고, 불송치 결정을 해 수사를 종결할 수 있게 되었다. 경찰수사규칙 제108조에 따르면 불송치 결정의 주문으로 혐의없음(범죄인정안됨, 증거불충분), 죄가 안됨, 공소권 없음 등을 규정하고 있다. 결국 법 개정 전 검찰의 '불기소 결정'과 유사하게 사법경찰관 선에서 사건을 종결할 수 있게 된 것이다.

Ⅱ. 검찰 항고 및 재항고

1. 검찰항고

가. 의의

검찰항고란 검사의 불기소처분에 대한 이의를 상급의 검사에게 제기함으로써 검찰조직의 내부에서 문제를 해결하고자 하는 제도이다. 검사의 불기소처분에 대한 검찰 내부적 통제수단이라는 점에서 법원에 대하여 불복하는 재정신청과 구별된다.

나. 항고권자 및 항고대상

검사의 불기소처분에 불복하는 고소인 또는 고발인이다. 고소인 또는 고발인 외의 제3자 또는 피의자는 항고할 수 없다. 항고는 검사의 불기소처분에 대한 불복이므로 불기소처분이 항고의 대상이 된다. 전형적인 불기소처분인 기소유예, 혐의없음, 죄가안됨, 공소권없음, 각하(검찰사건사무규칙 제69조) 이외에 기소중지나 참고인중지도 '공소를 제기하지 아니하는 처분'에 해당되어 불기소처분과 사실상 같다고 할 것이므로 이에 포함된다.1) 그리고 항고권자 중에서 ① 고소권자로 고소를 한 자와 ② 형법 제123조부터 제126조까지의 죄에 대한 고발을 한 자는 형사소송법 제260조에 따라 항고를 거쳐 재정신청을 할 수 있으며 그 대신 재항고는 할 수 없기 때문에 재항고권자는 형법 제123조 내지 제126조 이외의 죄에 대한 고발인에 한한다(검찰청법 제10조 제3항).

다. 불기소이유고지청구

피의자에 대하여 불기소처분이 내린 경우 먼저 고소(고발)인은 이의 이유를 알아야만 불복의 여부라던가 불복사유를 구성할 수 있게 된다. 따라서 항고제기 하기 전 처분 검찰청에 불기소이유고지신청을 할 필요가 있다.

[서식 136] 공소부제기이유고지청구서

공소부제기이유고지청구서

<table>
<tr><td rowspan="4">청
구
인</td><td>① 성　명</td><td>홍 길 동</td><td>② 주민등록번호</td><td colspan="2">000000-0000000</td></tr>
<tr><td>③ 주　소</td><td colspan="4">서울 ○○구 ○○로 ○○</td></tr>
<tr><td>④ 사건과의 관계</td><td colspan="4">고소인</td></tr>
<tr><td colspan="2">⑤ 사 건 번 호</td><td colspan="3">20○○년 형 제○○○○호</td></tr>
<tr><td rowspan="2">피 피
고 고
소 발
인 인</td><td>⑥ 성　명</td><td>김○○</td><td>⑦ 주민등록번호</td><td colspan="2">000000-0000000</td></tr>
<tr><td>⑧ 주　소</td><td colspan="4">서울 ○○구 ○○로 ○○</td></tr>
<tr><td colspan="2">⑨ 죄　　명</td><td colspan="4">사기</td></tr>
<tr><td colspan="2">⑩ 처분연원일</td><td colspan="4">20　 .　 .　 .</td></tr>
<tr><td colspan="2">⑪ 처분요지</td><td colspan="4">불기소(증거불충분)</td></tr>
<tr><td colspan="2">⑫ 용　　　도</td><td>열람용</td><td>⑬ 부　수</td><td colspan="2">1통</td></tr>
</table>

형사소송법 제259조에 의하여 위와 같이 송소제기 이유고지를 청구합니다.

20○○. ○. ○.

<table>
<tr><td colspan="4">가족대리인이 신청할 때</td></tr>
<tr><td>주소</td><td colspan="3">서울 ○○구 ○○로 ○○</td></tr>
<tr><td>주민등록번호</td><td>000000-0000000</td><td>관계</td><td>지인</td></tr>
</table>

청구인(신청인) 김○○

<table>
<tr><td>구비서류 : 없음</td><td rowspan="2">○○지방검찰청검사장 귀하</td><td rowspan="2">컴퓨터
대조자</td><td rowspan="2"></td></tr>
<tr><td>수수료 : 없음</td></tr>
</table>

작성·접수방법

1. 청구서는 검찰청 민원실에 비치되어 있어 이를 작성하여 신청서 1부를 제출하면 된다.
2. 신청권자는 피의자, 고소인, 고발인, 피해자, 피애자의 가족(주민등록등본으로 관계를 입증해야 함).
3. 대리인이 제출하는 경우에는 위임장 첨부해야 한다(일반적으로 인감증명서를 첨부하고 인간날인을 요구하고 있다).

라. 항고절차

(1) 기간 등

항고권자는 불기소처분의 통지를 받은 날로부터 30일 이내에 동 처분을 한 검사가 소속된 지방검찰청 또는 지청(원처분청)을 거쳐 관할 고등검찰청에 항고를 하는데 형식은 항고장을 원처분청에 제출함으로써 한다. 다만, 항고인에게 책임이 없는 사유로 위 기간 이내에 항고하지 못한 것을 소명하면 그 항고기간은 그 사유가 해소된 때로부터 기산한다(동조 제6항). 항고기간이 지난 후 접수된 항고는 기각하여야 한다. 다만 중요한 증거가 새로 발견된 경우에 고소인 또는 고발인이 그 사유를 소명하였을 때에는 예외로 한다(동조 제7항).

(2) 항고에 대한 판단

지방검찰청 또는 지청의 검사는 항고가 이유있다고 인정하는 때에는 그 처분을 경정하여야 한다(검찰청법 제10조 제1항). 구체적으로 ⅰ) 항고가 이유있는 것으로 인정되거나 재수사에 의하여 항고인의 무고혐의에 대한 판단이 다시 필요하다고 인정될 경우에는 불기소사건재기서에 의하여 재기수사한다. 그리고 ⅱ) 항고가 이유없는 것으로 인정될 경우에는 수리한 날로부터 20일 이내에 항고장, 항고에 대한 의견서 및 사건기록 등을 고등검찰청의 장에게 송부하여야 한다(검찰사건사무규칙 제90조 제1항). 고등검찰청 검사장은 항고가 이유있다고 인정하면 소속 검사로 하여금 지방검찰청 또는 지청 검사의 불기소처분을 경정하게 할 수 있다(검찰청법 제10조 제2항 전문). 구체적으로 ⅰ) 항고가 이유있는 것으로 인정되거나 재수사에 의하여 항고인의 무고혐의에 대한 판단이 다시 필요하다고 인정하는 경우에 직접 경정을 하는 때에는 소속 검사로 하여금 사건을 재기하여 공소를 제기하게 하거나 주문 또는 이유를 변경하게 할 수 있는데(검찰사건사무규칙 제91조 제1항 2호), 공소를 제기하는 때에는 불기소처분청에 공소장 등 공소제기에 필요한 서류와 사건기록을 송부하여야 하고(동항 3호), 주문 또는 이유를 변경하는 때에는 그에 따라 처리하고 관련서류 및 사건기록을 불기소처분청에 송부하여야 하고(동항 4호), 직접 경정을 하지 아니하고 재기수사명령, 공소제기명령 또는 주문변경명령 등의 결정을 한 때에는 항고사건결정서의 등본과 사건기록을 첨부하여 지방검찰청 또는 지청의 장에게 송부하여야 한다(동항 5호). 그리고 ⅱ) 항고가 이유없는 것으로 인정될 경우에는 항고사건기각결정서에 의하여 항고기각결정을 한다(동항 6호).

[서식 137] 항고장(사기)

항 고 장

사 건 20○○형제 ○○○○ 사기

항고인(고소인) ○ ○ ○

피 의 자 ○ ○ ○

위 피의자에 대한 ○○지방검찰청 20○○형 제○○○○호 사기 고소사건에 관하여 ○○지방검찰청 검사 김○○은 20○○. ○. ○.자로 위 피의자에 대한 증거불충분으로 불기소처분 결정을 한 바 있으나, 항고인은 이에 불복하여 항고를 제기합니다(불기소처분통지는 20○○. ○. ○.자로 송달받았음).

항 고 이 유

추후 제출하겠습니다.

첨 부 서 류

1. 불기소 이유 고지서

20○○. ○. ○.

위 항고인 ○ ○ ○ (인)

○○고등검찰청 귀중

작성·접수방법

1. 항고장은 불기소처분을 받은 30일 이내에 처분을 내린 검찰청 또는 지청(원처분청) 민원실에 1부를 제출한다. 제출은 직접제출뿐만 아니라 우편접수도 가능하다.
2. 항소는 불기소처분 통지를 받은 후 검찰청에 '불기소이유고지서'를 발부받아 그 처분사유가 부당하다고 여겨질 때 제기하므로 불기소이유고지서를 항고장에 첨부하는 것이 실무 관행이다. 그러나 첨부하지 않더라도 문제가 되는 것은 아니다.

항 고 장

항 고 인(고 소 인)   ○   ○   ○

피항고인(피고소인)   ○   ○   ○

   위 피의자에 대한 20○○형 제○○○호 사기 고소사건에 관하여 ○○지방검찰청 검사 ○○○은 20○○. ○. ○.자로 혐의가 없다는 이유로 불기소처분결정을 한 바 있으나, 그 결정은 다음과 같은 이유에 의하여 부당하므로 이에 불복하여 항고를 제기하는 바입니다.

항 고 이 유

   검사의 불기소 이유의 요지는 증거불충분 등의 이유로서 피의(고소)사실에 대한 증거가 없어 결국 범죄혐의가 없다는 것인바, 증인과 압수한 증거물 기타 제반사정을 종합검토하면 본건 고소사실에 대한 증거는 충분하여 그 증명이 명백함에도 불구하고 증거가 불충분하다는 이유로 불기소 처분한 것은 부당하다고 아니할 수 없으므로 재수사를 명하여 주시기 바랍니다.

첨 부 서 류

   1. 불기소처분통지서　　　　　　　　　　　1통

20○○.　○.　○.

위 항고인 ○ ○ ○   (인)

○○고등검찰청　귀중

1. 항고장은 불기소처분을 받은 날로부터 30일 내에 처분을 내린 검찰청 또는 지청 민원실에 1부를 제출한다. 우편접수도 가능하다.
2. 항고는 불기소처분통지를 받은 후 검찰청에 '불기소이유고지서'를 발부받아 그 처분사유가 부당하다고 여겨질 때 제기하므로, 불기소이유고지서를 항고장에 첨부하는 것이 실무관행이다. 그러나 반드시 첨부할 필요는 없다.
3. 간혹 항고장에 항고이유를 장황하게 기재하는 경우가 있으나 이를 지향하는 것이 좋다. 자칫 무고의 고의가 있다고 보아 역으로 입건될 수가 있기 때문이다.

[서식 139] 항고장(불기소처분에 대한 불복)

항 고 장

항 고 인(고소인)   ○   ○   ○

피항고인(피의자)   ○   ○   ○

   위 피의자에 대한 ○○지방검찰청 20○○형 제○○○호 사기 고소사건에 관하여 ○○지방검찰청 검사 ○○○은 20○○. ○. ○.자로 위 피의자에 대하여 증거불충분으로 불기소처분결정을 한 바 있으나, 항고인은 이에 불복하여 항고를 제기합니다(불기소처분통지는 20○○. ○. ○. 송달받았음).

항 고 이 유

  추후 제출하겠습니다.

첨 부 서 류

    1. 불기소이유고지서   1통

20○○.   ○.   ○.
위 항고인 ○ ○ ○   (인)

  ○○고등검찰청 귀중

[서식 140] 항고장(불기소처분에 대한 불복)

항 고 장

항 고 인(고소인)   ○   ○   ○

피고소인(피의자)   ○   ○   ○

　　피고소인 ○○○에 대한 ○○지방검찰청 ○○지청 2000형제000호 횡령죄 피의사건에 관하여 검사 ○○○은 피고소인에게 혐의가 없다는 이유로 20○○. ○○. ○○.자로 불기소처분결정을 한 바, 이에 대하여 고소인은 불복하여 항고를 제기합니다. (고소인은 위 불기소처분결정통지를 20○○. ○○. ○○. 수령하였습니다.)

항 고 이 유

추후 제출하겠습니다.

첨 부 서 류

　　1. 불기소처분통지서　　　　　　　　　　1통

20○○.   ○.   ○.

위 항고인   ○   ○   ○   (인)

○○지방검찰청   ○○지청 귀중

항 고 이 유 서

사   건   20○○불항○○○○   사기

항고인(고소인)   김 ○ ○

피   의   자   주 ○ ○

위 사건에 관하여 고소인(항고인)은 다음과 같이 항고이유서를 제출합니다.

다   음

1. 항고이유에 대해 자세히 기술한다.

20○○.   ○.   ○.

위 항고인   ○   ○   ○   (인)

○○고등검찰청   귀중

작성 · 접수방법

1. 항고장 제출이후 불기소처분 검찰청에서 고등검찰청으로 사건기록이 송부되므로 그 후 항고이유서를 항고
   담당 검찰청 민원실에 1부를 제출한다.
2. 고등검찰청에서는 항고인의 항고이유서 제출이 늦어지면 전화안내를 하고 있는데 민사법원과 달리 서면을
   발송하지는 않는다.

항 고 이 유 서

사   건   20○○불항 ○○○○   특정경제범죄가중처벌등에관한법률
위반(배임)

항고인(고소인)   ○ ○ ○

피 의 자   ○ ○ ○

위 사건에 관하여 항고인의 대리인은 다음과 같이 항고이유를 개진합니다.

다   음

1. 검사의 불기소이유의 요지

이 사건 외 ○○○이 피의자 ○○○을 상대로 본건과 동일한 내용으로 서울중앙
지방검찰청에 고소하여 불기소(혐의없음)결정을 받았고, 기 수사 종결없이 각하처
리하였다는 취지입니다.

2. 피의자를 범죄 혐의를 인정할 새로운 증거의 발견

가. 서울중앙지방검찰청 처분검사는 고소인이 고소한 사실이 이미 사건 외 ○○
○이 본건과 동일한 내용으로 고소한 사실에서 불기소(혐의없음)결정을 받았
다는 이유로 각하처리를 하였습니다.

나. 그러나 사건 외 ○○○이 고소할 당시에는 증거로 발견되지 아니하였던 사실
이 새롭게 발견되었음에도 불구하고 이미 처분이 있었다는 사실을 이유로 각
하처리를 하였습니다.

다. 신축된 건물의 매각 가격 증거자료

1) ○○○ 주식회사는 부동산투자회사법에 의하여 부동산의 취득, 관리, 개량, 처
분, 개발, 임대차 및 증권의 매매, 금융기관에의 예치 등의 업무를 담당하는

위탁관리부동산투자회사인 00호 위탁관리부동산투자회사[00동 및 판매시설 (이하 '00동'이라 합니다)의 처분을 위한 위탁관리부동산 투자회사] 및 0018호 위탁관리부동산투자회사[00동 및 판매시설(이하 '00동' 이라 합니다)의 처분을 위한 위탁관리부동산 투자회사]에 이 사건 도시환경정비사업에 의하여 신축된 건물 00동 및 00동에 관한 처분을 위탁하였습니다.

한편, 부동산투자회사법 제37조, 동법 시행령 제40조 및 부동산투자회사등에 관한 감독규칙 제7조의 규정에 의하면 위탁관리부동산투자회사는 분기별로 국토교통장관과 금융위원회 위원장에게 투자보고서를 제출하도록 규정하고 있습니다.

이에 따라 이 사건 도시환경정비사업에 의하여 신축된 오피스 00동 처분을 위탁받은 0018호 위탁관리부동산투자회사가 20○○년 00월 00일 ~ 20○○년 00월 00일을 제0기로 하여 제출한 투자보고서와 오피스 00동 처분을 위탁받은 00 19호 위탁관리부동산투자회사가 20○○년 00월 00일~ 20○○년 00월 00일을 제00기로 하여 제출한 투자보고서의 내용을 보면 아래와 같습니다. (증제0호증의1 투자보고서 발췌본 제9페이지 및 증제0호증의2 투자보고서 발췌본 제9페이지 각 참고, 본 증거는 사건 외 ○○○이 고소할 당시 발견되지 않았던 증거로서 새로운 증거에 해당합니다. 항고인은 고소 당시 위 증거를 증제0호증의 1내지2로 제출하였음에도 불구하고 검사는 이를 간과하고 동일한 내용으로 불기소(혐의없음)결정이 있었다는 이유로 각하처리를 하였던 것입니다. 따라서 항고심 검사님이 살피시기 용이하게끔 해당부분을 발췌하여 다시 첨부하여 드립니다)

투자보고서의 내용

이 사건 도시환경정비사업에 의하여 신축된 오피스 A동 처분을 위탁받은 0018호 위탁관리부동산투자회사가 20○○년 00월 00일 ~ 20○○년 00월 00일을 제00기로 하여 제출한 투자보고서 제0페이지(증 제0호증의 2 발췌본)
1. 부동산 거래내역
  ※ 당해 회사가 편입할 부동산은 00건설㈜이 서울 00구 00동 000번지 외

(00 12-16지구)에 건설 중인 업무시설 오피스 00동과 판매시설로 매매 계약 체결 후 약 0년간의 공사기간(소유권이전 준비기간 0개월 포함)이 소요될 예정이며 매매계약 체결 시 계약금(매매대금의 00%) 및 소유권 이전 등기하면서 잔금(매매대금의 00%)을 지급할 예정입니다.

※ 당 분기 현재 00,000백만 원을 회사가 매입하는 부동산의 매매계약금(매매대금의 00%)으로 지급 완료하였습니다.

이 사건 도시환경정비사업에 의하여 신축된 오피스 B동 처분을 위탁받은 0019호 위탁관리부동산투자회사가 20○○년 00월 00일 ~20○○년 00월 00일을 제1기로 하여 제출한 투자보고서 제0페이지(증제0호증의1 발췌본)

1. 부동산 거래내역

※ 당해 회사가 편입할 부동산은 00건설㈜이 서울 00구 00동 000번지 외 (00 00-00지구)에 건설 중인 업무시설 오피스 00동으로 매매계약 체결 후 약 0년간의 공사기간(소유권이전 준비기간 0개월 포함)이 소요될 예정이며 매매계약 체결 시 계약금(매매대금의 00%) 및 소유권 이전 등기하면서 잔금(매매대금의 00%)을 지급할 예정입니다.

※ 당 분기 현재 00,00백만 원을 회사가 매입하는 부동산의 매매계약금(매매대금의 10%)으로 지급 완료하였습니다.

3) 새롭게 발견된 증거인 위 투자보고서에 따르면00동의 경우 매매대금의 00% 가 00,000백만 원이므로 00동의 매매가는 000,000,000,000원임을 알 수 있고, 00동의 경우 매매대금의 00%가 00,000백만 원이므로 00동의 매매가는 000,000,000,000원임을 알 수 있습니다. 따라서 이 사건 도시환경정비사업으로 신축된 건물의 매매가는 00,000,000,000,000원 (0조 0000억 원)임이 명백히 확인이 됩니다.

4) 사건 외 ○○○이 고소할 당시에는 위 투자보고서를 제출하지 아니하여 매매가액을 정확히 확정할 수 없었던 사정이 있었습니다.

그러나 항고인은 앞에서 설명 드린 바와 같이 부동산투자회사법 등 관련 법규에 따라 국토해양부장관 및 금융위원장에게 제출하는 투자보고서를 입수하여 이를 증거로 제출함으로써 새로운 증거가 제출되었다고 할 것입니다.

3. ○○○ 및 피고소인의 횡령 내지 배임행위

이미 기제출한 고소(고발)장에서 설명드린 바와 같이 제3차 관리처분계획이 수립되어 인가를 거친 20○○. ○○. ○○. 이후 작성된 투자보고서에 의하면 이 사건 신축건물은 ○○자산신탁에 0조 0,000억 원에 매각되어 수입이 0조 0,000억 원이 현실적으로 발생하였음을 명백히 확인할 수 있습니다.(증제0호증 인터넷 보도자료 및 증제00호증의1내지2 각 투자보고서)

그렇다면 이러한 총수입을 반영하여 기존에 인가받았던 제0차 관리처분계획의 총 수입 역시 0조 0,000억원으로 하여 새롭게 관리처분계획을 수립하여 인가받은 뒤, 고소인(고발인)을 비롯한 토지등소유자들의 청산금(부담금)이 결정되어야 할 것입니다.

그럼에도 불구하고, ○○○과 피고소인(피고발인)은 20○○. ○○. 경 이 사건 건축물이 0조 0,000억원에 매각되어 수입이 현실적으로 발생한 시점으로부터 무려 0년 정도 경과한 20○○.○○.○○.에도 수입 추산액이 약 0,000억이라 주장하며(정확하게는 000,000,000,000원입니다. 증제0호증 관리처분계획 변경인가서), 그러한 수입을 전제로 수립되고, 결정되었던 이 사건 사업구역 내 토지등소유자들의 청산금 금원에 대한 납부의무를 고지하였습니다. (증제0호증 청산금 지급최고)

앞에서 설명드린 바와 같이 총 수입이 현실화 되었다면 그러한 수입은 이 사건 사업구역 내 토지등소유자들에게 귀속되어야 할 것임에도 불구하고, (즉, 개발이익의 상승으로 인한 토지등소유자들의 종후 자산 평가 상승) ○○○과 피고소인(피고발인)은 그 금원의 반환을 거부하였던 것입니다.

이는 특정경제범죄가중처벌등에관한법률 제3조, 형법 제356조, 제355조 제1항이 규정하고 있는 업무상 횡령죄에 해당합니다. 더 나아가 위와 같이 현실화된 분양수입을 기초로 새롭게 관리처분계획을 수립하여야 하여 토지등소유자들의 종후자산의 평가를 새롭게 하여 청산금의 부담을 감경시켜야하는 의무가 있음에도 불구하고 그 의무를 위배하여 ○○○ 및 피고소인(피고발인)은 약 0,000억 원에 상당하는 이익을 얻고, 이 사건 사업구역의 고소인(고발인)을 포함한 토지등소유자들은 청산금 감액(종후자산 평가의 증가)의 손해를 입게 하였습니다.

그렇다면 이는 특정경제범죄가중처벌등에관한법률 제3조, 형법 제356조, 제355조 제2항이 규정하고 있는 배임죄에 해당한다 할 것입니다.

4. 결론

이상에서 설명드린 바와 같이 이 사건에 관하여 피고소인에 대한 범죄 혐의를 인정할 수 있는 명백한 증거가 새롭게 발견되었음에도 불구하고, 서울중앙지방검찰청 처분검사는 기존에 사건 외 ○○○ 본건과 동일한 내용으로 고소한 사실에서 불기소(혐의없음)결정을 받았다는 이유로 각하처리를 하였습니다.

거듭 설명드리지만 위 ○○○이 고소할 당시에는 수입이 현실화 되었다는 점에 관한 증거를 제출하지 못하였습니다.

그러나 앞에서 설명드린 바와 같이 관련법규에 의하며 제출할 의무가 있는 투자보고서에 명백히 0조 0,000원의 현실적 수입이 발생하였음이 확인되는 바, 특정경제가중처벌등에관한법률위반(업무상횡령) 또는 특정경제범죄가중처벌등에관한법률위반(업무상배임)의 죄로 의율하여 다시 수사하여 기소하여 주시기 바랍니다.

첨 부 서 류

증제0호증의 1   투자보고서 발췌본

20○○. 00. 00.

위 항고인의 대리인

법무법인 ○○

담당변호사 ○○○

서울○○검찰청 ○○○ 부장 검사님 귀중

항 고 이 유 서

사　　　건　　　　　2000 고불항 000
항 고 인　　　　　　○ ○ ○
피항고인　　　　　　○ ○ ○외

　　위 항고인은 다음과 같이 항고이유를 진술합니다.

다　　　음

1. 업무상 횡령에 관하여

　　원 처분 검사는 "임차인들이 임차받은 점용부분 및 공용부분의 사용권능은 임차인들에게 있고, 임차인들이 임대한 공용부분에 대한 임대료 역시 임차인들의 소유로 봄이 타당하다"라는 경찰 의견서의 내용을 인용하면서 임차인의 소유인 이상 횡령이라고 볼 수 없다는 판단을 하고 있습니다.

　　그러나, 공용부분의 사용권능이 임차인들에게 있기 때문에 임차인들이 임대한 공용부분에 대한 임대료 역시 임차인들의 소유라는 것은 부당한 법률 판단입니다.

　　임대차는 소유권자가 가진 사용, 수익, 처분의 권능 중 사용 권능을 임차인에게 주는 것을 목적으로 하는 계약으로서 임차인은 임대차 당시의 상태대로 목적물을 사용하고 계약이 종료하면 원 상태대로 반환하여야 합니다. 따라서 임대차 계약 존속 중 자신이 직접 임차한 목적물(전유부분)조차도 임대인의 동의 없이는 제3자에게 전대하는 것이 금지되어 있습니다. 전유부분에 대한 전대조차도 금지되어 있는 마당에 임대차의 직접적인 목적물이 아닌 공용부분을 타에 임대하고 그 수익을 임차인의 몫으로 취할 수 있다는 것은 부당한 법률 판단입니다.

　　또, 원 처분 검사는 "가사 공용부분에 대한 임대료가 상가구분소유자의 것이라는 특별한 사정이 있다고 하더라도, 이를 피의자가 횡령하였다고 볼 아무런 증거가 없고, 수년간 그와 같은 임대료의 수금과 사용을 구분소유자들이 합의하고 사실상 용인한 상태에서 상가번영회가 관리하여 온 만큼 횡령 범의가 있다고도 할 수 없다"라고 하고 있습니다.

그러나, 상가구분소유자들이 임대료의 수금과 사용을 합의하였거나 용인한 사실은 없습니다. 상가구분소유자들은 임차인들이 공용부분을 임대하여 그 수익을 올리고 있는지, 그 수익이 얼마인지, 그 수익이 어디에 사용되는 지에 대하여 알지도 못하고 있었습니다.

한편, 가사 과거 수년 동안의 공용부분 차임의 수금 및 사용에 대하여 상가구분소유자들이 합의 내지 용인하였다고 보는 경우에도, 20○○. 00. 00. 관리단 집회에서 구분소유자들이 관리업무를 직접 수행하기로 한 이상 피고소인들은 기존에 관리하고 있던 관리비 통장 및 공용부분 임료 수익 등을 관리단에 인계하여야 하며, 과거 수금 및 사용권한에 대한 상가구분소유자들의 합의 여하에 불구하고 더 이상 수금 및 사용 권한이 없습니다.

그럼에도 불구하고 피고소인들은 계속하여 공용부분 임료를 수금하여 무단으로 사용하면서 그 인계를 거부하고 있는 바, 과거의 공용부분 차임의 수금 및 사용에 대한 상가구분소유자들의 합의 내지 용인 여하에 불구하고, 최소한 20○○. 00. 00. 관리단 집회 이후의 공용부분 임료 착복은 명백히 횡령이 된다고 할 것입니다.

따라서, 이 부분을 간과한 원 처분 검사의 불기소처분은 심히 부당합니다.

2. 업무방해에 관하여

원 처분 검사는, "관리단 구성의 적법성을 떠나 상가번영회에서 관리업무를 인계해야 할 책임도 있다고 볼 수 없으므로 단지 이에 응하지 않았다는 이유만으로 관리단의 업무를 방해했다고 볼 수 없다"라는 경찰 의견서의 내용을 그대로 인용하면서 불기소처분을 하고 있습니다.

그러나, 위 "관리단 구성의 적법성을 떠나 상가번영회에서 관리업무를 인계해야 할 책임이 있다고 볼 수 없다"라는 판단은 "집합건물의 소유 및 관리에 관한 법률" (이하 "집건법"이라고 합니다)과 정면으로 배치되는 판단으로 심히 부당한 법률 판단입니다.

집건법 제23조에 의하면, 집합건물에 대하여는 구분소유자 전원을 구성원으로 하여 건물과 그 대지 및 부속시설의 관리에 관한 사업의 시행을 목적으로 하는 관리단이 설립되는데, 이 관리단은 어떤 조직행위를 거쳐야 비로소 구성되는 것이 아니라 구분소유관계가 성립하는 건물이 있는 경우 당연히 그 구분소유자 전원을 구성원으로 하여 성립되는 것입니다.

대법원 역시 "건물의 영업제한에 관한 규약을 설정하거나 변경할 수 있는 관리단은 어떠한 조직행위를 거쳐야 비로소 성립되는 단체가 아니라 구분소유관계가 성립하는 건물이 있는 경우 당연히 그 구분소유자 전원을 구성원으로 하여 성립되고, 그 의결권도 구분소유자 전원이 행사한다고 할 것이며…"(대법원 2005.12.16. 자 2004마515 결정)라고 판시하고 있습니다.

고소인 상가의 경우에도, 상가 건물이 성립할 당시부터 구분소유자 전원을 구성원으로 하는 관리단이 당연 설립되어 있고, 관리업무는 원시적으로 관리단의 권한으로 귀속되어 있는 것이며 양도나 이전이 불가능한 고유권한입니다.

다만, 관리단의 업무는 관리단에서 직접 수행할 수도 있고, 관리단이 관리업체 등에 위임하여 관리단을 대리하여 수행하게 할 수도 있습니다. 후자의 경우 관리업체 등이 징수한 관리비 등의 소유권은 관리단에 귀속하는 것이고 관리단이 위임을 철회하여 직접 관리를 하겠다고 하는 경우 관리업무를 위임받은 자는 관리업무를 당연히 인계하여야 합니다.

고소인 상가의 경우 구분소유자 전원을 구성원으로 하는 관리단이 당연 구성된 상태에서 피고소인들(상가번형회)이 관리업무를 위임 받아 처리하여 온 것이고, 피고소인들은 관리단이 직접 상가관리업무를 맡을 것이며 더 이상 피고소인들에게 관리업무 대행을 맡기지 않겠다고 한 이상 당연히 관리업무를 인계하여야 합니다. 그

럼에도 불구하고 관리업무를 인계할 필요가 없다고 한 원 처분 검사의 판단은 집건
법에 배치되는 부당한 것입니다.

   한편, 원 처분 검사가 그대로 인용한 경찰 의견서를 보면, 피고소인들이 자신들
에게 유리한 자료라면서 구분소유자 7명의 확인서(상가 관리업무를 번영회에 위임
한다는 내용)를 제출하고 있는 것을 볼 수 있는데, 위 확인서들은 진정한 것이 아닙
니다. 그 예로, 확인서 중 00호 ○○○ 명의 확인서를 보면, ○○○이 작성한 것이
아니라 그 임차인인 ○○○이 작성한 것을 알 수 있는데, 이에 대하여 피고소인들은
구분소유자 ○○○의 딸인 ○○○로부터 ○○○이 위임을 받아 작성하였다고 주장
하였습니다. 하지만, ○○○는 ○○○에게 그러한 위임을 한 적이 없다고 하고 있
고, 또 딸인 ○○○가 ○○○의 일을 마음대로 위임할 수도 없을 것입니다. ○○○
은 20○○. 00. 00. 관리단집회 당시 관리단이 관리업무를 직접 수행하기로 하는
결의에 의결권을 행사한 자인데 이후에 그와 반대되는 내용의 확인서를 작성해 줄
리가 만무합니다.

3. 결론
   따라서, 이 사건 검사의 불기소처분은 마땅히 취소되어야 할 것이며, 고소인의
고소 취지에 따른 철저한 조사 및 기소가 이루어져야 할 것입니다.

20○○. 00. 00.

항고인 ○○○ (인)

서울○○검찰청 ○○○ 검사님 귀중

항 고 이 유 서

사　　　건　　　　　2000 고불항 000
항 고 인　　　　　○ ○ ○
피항고인　　　　　○ ○ ○외

위 항고인은 다음과 같이 항고이유를 진술합니다.

다 음

1. 업무상 횡령에 관하여

원 처분 검사는 "임차인들이 임차 받은 점용부분 및 공용부분의 사용권능은 임차인들에게 있고, 임차인들이 임대한 공용부분에 대한 임대료 역시 임차인들의 소유로 봄이 타당하다"라는 경찰 의견서의 내용을 인용하면서 임차인의 소유인 이상 횡령이라고 볼 수 없다는 판단을 하고 있습니다.

그러나 공용부분의 사용권능이 임차인들에게 있기 때문에 임차인들이 임대한 공용부분에 대한 임대료 역시 임차인들의 소유라는 것은 부당한 법률 판단입니다.

임대차는 소유권자가 가진 사용, 수익, 처분의 권능 중 사용 권능을 임차인에게 주는 것을 목적으로 하는 계약으로서 임차인은 임대차 당시의 상태대로 목적물을 사용하고 계약이 종료하면 원 상태대로 반환하여야 합니다. 따라서 임대차 계약 존속 중 자신이 직접 임차한 목적물(전유부분)조차도 임대인의 동의 없이는 제3자에게 전대하는 것이 금지되어 있습니다. 전유부분에 대한 전대조차도 금지되어 있는 마당에 임대차의 직접적인 목적물이 아닌 공용부분을 타에 임대하고 그 수익을 임차인의 몫으로 취할 수 있다는 것은 부당한 법률 판단입니다.

또, 원 처분 검사는 "가사 공용부분에 대한 임대료가 상가구분소유자의 것이라는 특별한 사정이 있다고 하더라도, 이를 피의자가 횡령하였다고 볼 아무런 증거가 없고, 수년간 그와 같은 임대료의 수금과 사용을 구분소유자들이 합의하고 사실상 용인한 상태에서 상가번영회가 관리하여 온 만큼 횡령 범의가 있다고도 할 수 없다"라고 하고 있습니다.

그러나 상가구분소유자들이 임대료의 수금과 사용을 합의하였거나 용인한 사실은 없습니다. 상가구분소유자들은 임차인들이 공용부분을 임대하여 그 수익을 올리고 있는지, 그 수익이 얼마인지, 그 수익이 어디에 사용되는 지에 대하여 알지도 못하고 있었습니다.

한편, 가사 과거 수년 동안의 공용부분 차임의 수금 및 사용에 대하여 상가구분소유자들이 합의 내지 용인하였다고 보는 경우에도, 200○. 00. 00. 관리단 집회에서 구분소유자들이 관리업무를 직접 수행하기로 한 이상 피고소인들은 기존에 관리하고 있던 관리비 통장 및 공용부분 임료 수익 등을 관리단에 인계하여야 하며, 과거 수금 및 사용권한에 대한 상가구분소유자들의 합의 여하에 불구하고 더 이상 수금 및 사용 권한이 없습니다.

그럼에도 불구하고 피고소인들은 계속하여 공용부분 임료를 수금하여 무단으로 사용하면서 그 인계를 거부하고 있는 바, 과거의 공용부분 차임의 수금 및 사용에 대한 상가구분소유자들의 합의 내지 용인 여하에 불구하고, 최소한 200○. 00. 00. 관리단 집회 이후의 공용부분 임료 착복은 명백히 횡령이 된다고 할 것입니다.

따라서 이 부분을 간과한 원 처분 검사의 불기소처분은 심히 부당합니다.

2. 업무방해에 관하여

원 처분 검사는, "관리단 구성의 적법성을 떠나 상가번영회에서 관리업무를 인계해야 할 책임도 있다고 볼 수 없으므로 단지 이에 응하지 않았다는 이유만으로 관리단의 업무를 방해했다고 볼 수 없다"라는 경찰 의견서의 내용을 그대로 인용하면서 불기소처분을 하고 있습니다.

그러나 위 "관리단 구성의 적법성을 떠나 상가번영회에서 관리업무를 인계해야 할 책임이 있다고 볼 수 없다"라는 판단은 "집합건물의 소유 및 관리에 관한 법률"(이하 "집건법"이라고 합니다)과 정면으로 배치되는 판단으로 심히 부당한 법률 판단입니다.

집건법 제23조에 의하면, 집합건물에 대하여는 구분소유자 전원을 구성원으로 하여 건물과 그 대지 및 부속시설의 관리에 관한 사업의 시행을 목적으로 하는 관리단이 설립되는데, 이 관리단은 어떤 조직행위를 거쳐야 비로소 구성되는 것이 아니라 구분소유관계가 성립하는 건물이 있는 경우 당연히 그 구분소유자 전원을 구성원으로 하여 성립되는 것입니다.

대법원 역시 "건물의 영업제한에 관한 규약을 설정하거나 변경할 수 있는 관리단은 어떠한 조직행위를 거쳐야 비로소 성립되는 단체가 아니라 구분소유관계가 성립하는 건물이 있는 경우 당연히 그 구분소유자 전원을 구성원으로 하여 성립되고, 그 의결권도 구분소유자 전원이 행사한다고 할 것이며…"(대법원 2005.12.16. 자 2004마515 결정) 라고 판시하고 있습니다.

고소인 상가의 경우에도, 상가 건물이 성립할 당시부터 구분소유자 전원을 구성원으로 하는 관리단이 당연 설립되어 있고, 관리업무는 원시적으로 관리단의 권한으로 귀속되어 있는 것이며 양도나 이전이 불가능한 고유권한입니다.

다만, 관리단의 업무는 관리단에서 직접 수행할 수도 있고, 관리단이 관리업체 등에 위임하여 관리단을 대리하여 수행하게 할 수도 있습니다. 후자의 경우 관리업체 등이 징수한 관리비 등의 소유권은 관리단에 귀속하는 것이고 관리단이 위임을 철회하여 직접 관리를 하겠다고 하는 경우 관리업무를 위임받은 자는 관리업무를 당연히 인계하여야 합니다.

고소인 상가의 경우 구분소유자 전원을 구성원으로 하는 관리단이 당연 구성된 상태에서 피고소인들(상가번영회)이 관리업무를 위임 받아 처리하여 온 것이고, 피고소인들은 관리단이 직접 상가관리업무를 맡을 것이며 더 이상 피고소인들에게 관리업무 대행을 맡기지 않겠다고 한 이상 당연히 관리업무를 인계하여야 합니다. 그럼에도 불구하고 관리업무를 인계할 필요가 없다고 한 원 처분 검사의 판단은 집건법에 배치되는 부당한 것입니다.

한편, 원 처분 검사가 그대로 인용한 경찰 의견서를 보면, 피고소인들이 자신들에게 유리한 자료라면서 구분소유자 7명의 확인서(상가 관리업무를 번영회에 위임한다는 내용)를 제출하고 있는 것을 볼 수 있는데, 위 확인서들은 진정한 것이 아닙니다. 그 예로, 확인서 중 00호 ○○○ 명의 확인서를 보면, ○○○이 작성한 것이 아니라 그 임차인인 ○○○이 작성한 것을 알 수 있는데, 이에 대하여 피고소인들은 구분소유자 ○○○의 딸인 ○○○로부터 ○○○이 위임을 받아 작성하였다고 주장하였습니다. 하지만, ○○○는 ○○○에게 그러한 위임을 한 적이 없다고 하고 있고, 또 딸인 ○○○가 ○○○의 일을 마음대로 위임할 수도 없을 것입니다. ○○○은 20○○. 00. 00. 관리단집회 당시 관리단이 관리업무를 직접 수행하기로 하는 결의에 의결권을 행사한 자인데 이후에 그와 반대되는 내용의 확인서를 작성해 줄 리가 만무합니다.

3. 결론

따라서, 이 사건 검사의 불기소처분은 마땅히 취소되어야 할 것이며, 고소인의 고소 취지에 따른 철저한 조사 및 기소가 이루어져야 할 것입니다.

20○○. 00. 00.

항고인 ○○○ (인)

서울○○검찰청 ○○○ 검사님 귀중

마. 항고에 대한 결정과 그에 대한 불복

항고가 제기되면 원처분청 검사는 항고에 대하여 이유 없는 것으로 인정할 경우는 항고장 수리한 날로부터 20일 이내에 수사기록을 고등검찰청에 송부한다. 만일 항고가 이유 있는 것으로 인정하거나 재수사에 의하여 항고인의 무고 혐의에 대한 판단이 다시 필요하다고 인정될 경우에는 불기소사건 재기수사를 한다.

[서식 145] 수사재기신청서(기소중지에 대한 불복)

수 사 재 기 신 청

사　　건　　20○○형 제○○○○호　업무방해

고 소 인　　○　　○　　○ (000000-0000000)

　　　　　　연락처 : 000-000-0000

피 의 자　　○　　○　　○ (000000-0000000)

　　　　　　연락처 : 000-000-0000

　위 피의자에 대한 절도죄 고소사건에 대하여 귀청은 ○○년 ○월 ○일자로 소재불명이라는 이유로 불기소처분을 한 바, 현재 피의자는 아래 주소에 있음이 확인되었기에 그에 대한 고소사건을 재기하여 주시기 바랍니다.

아　　래

　피의자 현재지 : ○○시 ○○구 ○○로 ○○ (○○동)

20○○.　○.　○.

고소인 ○　○　○　(인)

○○지방검찰청　귀중

1. 피의자로서 기소중지된 사건에 대한 수사를 재기하여 조사를 받겠다는 신청이다.
2. 이 경우 자수서를 함께 제출하도록 하여 형량에서 감면하도록 해야 할 것이다.
3. 실무상 수사재기신청서와 자수서를 수사관서에 함께 제출하며, 우편접수는 불가하다.
4. 재기신청서와 자수서에는 등에는 피의자의 전화번호를 기재한다.

[서식 146] 수사재기신청서(기소중지에 대한 불복)

수 사 재 기 신 청

사 건   20○○형 제○○○○호 업무방해

피 의 자   ○ ○ ○ (000000-0000000)
              연락처 : 000-000-0000

위 피의사건에 관하여 귀청 ○○○께서는 20○○. ○. ○. 피의자의 소재불명을 이유로 기소중지처분 결정을 한 바 있으나, 위 피의자는 아래 주소지에 거주하고 있고 자진 출두하여 사실대로 진술하고자 하오니 위 사건을 재기 수사하여 주시기 바랍니다.

아 래

성   명 : ○ ○ ○
주민등록번호 : 000000-0000000
주   소 : ○○시 ○○구 ○○로 ○○ (○○동)

첨 부 서 류

1. 주민등록등본   1통
1. 자수서   1통
1. 변호인선임신고서   1통

20○○.   ○.   ○.
위 피의자의 변호인 변호사 ○ ○ ○   (인)

○○지방검찰청 귀중

수 사 재 기 신 청

사　　건　　　　20○○형 제○○○○호　절도

피 의 자　　　　○　　○　　○ (000000-0000000)

　　　　　　　　○○시 ○○구 ○○로 ○○ (○○동)

　　　　　　　　연락처 : 000-000-0000

　위 사건에 관하여 귀청은 피의자의 소재불명을 이유로 20○○. ○. ○. 불기소(기소중지) 처분하였는바, 위 피의자는 잘못을 뉘우치고 자수하여 사실대로 진술하고자 하오니 위 사건을 재기 수사하여 주시기 바랍니다.

첨 부 서 류

　　1. 자수서　　　　　　　　　　　　　　　1통

　　　　　　　　　20○○.　○.　○.

　　　　　　　위 피의자　○　○　○　　(인)

○○지방검찰청　귀중

수 사 재 기 신 청

사   건   20○○고단 ○○○○   사기

피   의   자   ○   ○   ○ (000000-0000000)
                경기도 ○○구 ○○동 ○○

위 사건에 관하여 귀청은 피의자의 소재불명을 이유로 20○○. ○. ○. 불기소처분을 하였는바, 위 피의자는 자진 출두하여 사실대로 진술하고자 하오니 위 사건을 재기 수사하여 주시기 바랍니다.

20○○.   ○.   ○.

위 피의자 ○   ○   ○   (인)

○○지방검찰청   귀중

작성 · 접수방법

1. 수사재기신청서와 자수서를 수사관서에 함께 제출한다.
2. 피의자로서 기소중지된 사건에 대하여 수사를 재기하여 조사를 받겠다는 신청이며, 이 경우 자수서를 함께 제출하도록 한다.
3. 우편접수는 불가하다.

2. 재 항 고

가. 의 의

항고를 기각하는 처분에 대하여는 항고기각결정통지를 받은 날로부터 30일 이내에 재항고장을 작성하여 검찰총장에게 재항고 할 수 있다(검찰청법 제10조 제2항).

나. 절차

(1) 재항고장의 제출과 재항고기간

ⅰ) 항고를 기각하는 처분에 불복하거나 ⅱ) 항고를 한 날로부터 항고에 대한 처분이 이루어지지 아니하고 3개월이 지났을 때에는 그 검사가 속한 고등검찰청을 거쳐 서면으로 검찰총장에게 재항고할 수 있다(검찰청법 제10조 제3항 전문).

재항고기간은 ⅰ) 항고기각결정의 통지를 받은 날 또는 ⅱ) 항고 후 항고에 대한 처분이 이루어지지 아니하고 3개월이 지난 날부터 30일 이내에 하여야 하나(동조 제5항), 재항고인에게 책임이 없는 사유로 위 기간 이내에 재항고하지 못한 것을 소명하면 그 재항고기간은 그 사유가 해소된 때로부터 기산한다(동조 제6항). 재항고기간이 지난 후 접수된 재항고는 기각하여야 한다. 다만 중요한 증거가 새로 발견된 경우에 고소인 또는 고발인이 그 사유를 소명하였을 때에는 예외로 한다(동조 제7항).

(2) 재항고에 대한 판단

먼저 고등검찰청의 검사는 재항고가 이유있다고 인정하는 때에는 그 처분을 경정(更正)하여야 한다(검찰청법 제10조 제3항 후문). 구체적으로 ⅰ) 재항고가 이유있는 것으로 인정되거나 재수사를 통하여 재항고인의 무고혐의에 대한 판단이 다시 필요하다고 인정되면 재기수사명령, 공소제기명령 또는 주문변경명령 등의 결정을 한다. 그리고 ⅱ) 재항고가 이유없는 것으로 인정될 경우에는 수리한 날로부터 20일 이내에 재항고장, 재항고에 대한 의견서 및 사건기록 등을 검찰총장에게 송부하여야 한다(검찰사건사무규칙 제90조 제2항).

다음으로 검찰총장은 ⅰ) 재항고가 이유있는 것으로 인정되거나 재수사를 통하여 재항고인의 무고혐의에 대한 판단이 다시 필요하다고 인정되는 경우에는 재기수사명령, 공소제기명령 또는 주문변경명령 등의 결정을 한다(동 규칙 제91조 제2항 1호). 그리고 ⅱ) 재항고가 이유없는 것으로 인정될 경우에는 재항고기각결정을 한다(동항 2호).

재 항 고 장

사   건   20○○불항 ○○○○ 사기

재 항 고 인   ○ ○ ○
(고 소 인)   서울 ○○구 ○○동 ○○

피 고 소 인   ○ ○ ○ (000000-0000000)

　위 사건에 관하여 재항고인(고발인)은 피고소인을 상대로 고소제기한 교통사고처리특례법위반건에 대하여 항고제기를 하였는바, ○○지방검찰청 ○○지청에서 20○○. ○. ○.자로 위 건에 대하여 항고기각 처분을 하였습니다.

　그러나 재항고인은 항고검찰이(사건의 실체적 진실을 밝혀내지 못한 채 미온적이고 이에 왜곡된 진실에 재항고인의 원한만이 사무치는 상황인바) 위 처분에 대하여 전부 불복하기에 재항고를 제기합니다(위 처분은 20○○. ○. ○.자로 송달받았음).

재 항 고 이 유

　1. 추후 제출하겠습니다.

첨 부 서 류

　　1. 불기소 이유 고지서   1부
　　1. 항소기각 통지서   1부

20○○.   ○.   ○.

위 재항고인(고발인) ○ ○ ○

대검찰청 귀중

1. 재항고장은 항고에 대한 불기소처분을 내린 검찰청 또는 지청(불기소처분청) 민원실에 1부를 제출한다.
2. 재항고는 불기소처분 통지를 받은 후 검찰청에 '불기소이유고지서'를 발부받아 그 처분사유가 부당하다고 여겨질 때 제기하므로 불기소이유고지서를 재항고장에 첨부하는 것이 실무 관행이다. 그러나 첨부하지 않더라도 문제가 되는 것은 아니다.

[서식 150] 재항고장(항고기각결정에 대한 불복)

재 항 고 장

사　　　건　　　20○○불황 ○○○호(20○○형 제○○○호)　무고

재 항 고 인　　　○　　○　　○
(고　소　인)　　　○○시 ○○구 ○○로 ○○ (○○동)

피재항고인　　　1. ○　　○　　○
(피고소인)　　　　　○○시 ○○구 ○○로 ○○ (○○동)
　　　　　　　　2. ○　　○　　○○○시 ○○구 ○○로 ○○ (○○동)

재 항 고 대 상

　위 피재항고인에 대한 ○○고등검찰청 20○○불황 ○○○호 무고 고소사건에 관하여 ○○고등검찰청 ○○○ 검사는 20○○. ○. ○.자로 항고기각결정을 하였는바, 고소인(재항고인)은 이에 대하여 전부 불복이므로 재항고를 제기하는 바입니다.

재 항 고 취 지

　위 재항고대상 결정(항고기각결정)을 취소하고 피의자들은 무고죄로 재기수사를 명한다.
라는 결정을 구합니다.

재 항 고 이 유

　추후 제출하겠습니다.
　　　　　　　　　　20○○. ○. ○.
　　　　　고소인(재항고인)의 대리인 변호사 ○ ○ ○　(인)

대 검 찰 청　귀중

고등검찰청의 항고기각 결정에 대하여 고소인이 이의를 제기하는 방법으로 재정신청을 하도록 하였으므로 재항고를 작성하는 경우는 없을 듯하다. 그러나 실무에서는 재정신청을 하지 못한 고소인들이 재항고를 하고 있으며 고등검찰청에서 접수는 받고 있으나 그에 대한 결과는 고소인에게 불이익으로 돌아올 것이 명백하다 할 것이다.

[서식 151] 재항고장(항고기각결정에 대한 불복)

재 항 고 장

사   건   20○○노○○○호 00

재 항 고 인   ○   ○   ○
(고 소 인)   ○○시 ○○구 ○○로 ○○ (○○동)

    위 항고인에 대한 살인 피고사건에 대하여 20○○. ○. ○. ○○고등법원이 한 항고기각결정은 헌법 제○○조에 위반하는 것이라고 생각되어 불복이므로 다음과 같이 재항고를 제기합니다.

재 항 고 이 유

1. 원판시의 사실에 대하여는 전혀 다툼이 없으나 법의 해석을 잘못하고 있음으로 써 이것이 재산권을 침해하는 결과가 되며, 바로 헌법 제○○조에 위반하는 것이 라고 생각된다.
2. 이상과 같은 이유로 헌법위반인 원심결정을 속히 파기하여 주시기를 바랍니다.

20○○.   ○.   ○.

고소인(재항고인)의 대리인 변호사 ○ ○ ○   (인)

대법원 귀중

1. 의 의

재정신청이란 고소인 등이 검사의 불기소처분에 불복하여 그 당부에 관한 재정을 신청하여 법원의 심리에 의하여 공소제기여부를 결정하는 제도를 말한다. 법원의 결정에 의하여 공소제기가 의제되는 것이 아니라 검사에게 공소제기를 강제하는 제도이기에 기소강제절차라고도 한다. 검찰항고제도와는 검사의 불기소처분에 대한 불복으로 기소편의주의와 기소독점주의에 대한 통제수단이라는 점에서 같으나 검찰내부의 상급기관이 아니라 법원에 대하여 불복한다는 점에서 구별된다.

2. 연 혁

재정신청제도는 종래 형법 제123조 내지 제125조의 공무원의 직권남용범죄에 국한하여 고소인 또는 고발인의 재정신청에 의해 법원이 재정결정을 하면 공소제기를 의제하는 준기소절차로 운영되는 바람에 불복제도로서의 의미가 극히 적었다. 그러던 중 헌법재판소에서 검사의 불기소처분에 대한 헌법소원(헌법재판소법 제68조 제1항)이 가능하게 되자 검사의 불기소처분에 불복하는 고소인 등이 헌법소원을 청구하는 경우가 엄청나게 증가하는 비정상적인 상황이 계속되기도 하였다. 그리하여 재정신청의 대상을 모든 범죄로 확대할 필요성이 입법론으로 강력하게 주장되었고 2008년부터 시행된 개정 형사소송법을 통하여 모든 범죄의 고소인과 형법 제123조 내지 제125조의 고발인이 재정신청을 할 수 있도록 재정신청의 대상범죄가 전면 확대되고, 다만 재정신청을 위해서는 반드시 검찰항고를 거치도록 하는 항고전치주의를 도입하는 등으로 재정신청제도에 전면적인 변화가 생기게 되었다. 최근 수사기관의 공소제기 전 피의사실공표 논란이 제기되는 바람에 2012년부터 시행된 개정 형사소송법으로 형법 제126조 피의사실공표죄에 대한 고발인까지 재정신청을 할 수 있도록 대상범죄의 범위가 더욱 확대되었다.

3. 재정신청의 절차

가. 신청권자와 신청대상

재정신청의 신청권자는 검사로부터 공소를 제기하지 아니한다는 통지를 받은 ① 고소인 또는 ② 형법 제123조부터 제126조까지의 죄에 대한 고발인이다. 다만 형법 제126조의 피의사실공표죄에 대하여는 피공표자의 명시한 의사에 반하여 고발인이 재정신청을 할 수는 없다(형사소송법 제260

조 제1항). 형법 제123조부터 제126조까지의 죄 이외의 죄에 대한 고발인은 신청권자가 아니므로 검찰항고 이후에 재항고를 할 수 있을 뿐이다. 고소·고발을 취소한 자도 재정신청을 신청할 수 없으며, 피의자도 재정신청을 할 수 없다. 재정신청권자는 대리인에 의하여 재정신청을 할 수 있다(형사소송법 제264조 제1항).

재정신청의 신청대상은 검사의 불기소처분이다. 불기소처분이므로 기소유예 처분에 대하여도 당연히 재정신청을 할 수 있으며(대법원 1988.1.29.자 86모58 결정), 기소중지와 참고인중지 처분에 대하여는 ① 종국처분이 아닌 수사중지처분에 불과하다는 이유로 재정신청이 허용되지 않는다는 견해가 있으나(손동권 366면; 신양균 358면; 이은모 425면; 임동규 323면) ② 기소중지와 참고인중지가 중간처분이라고 하여도 형사소송법 제260조 제1항에서 '공소를 제기하지 아니하는 통지를 받은 때'라고 규정하여 이를 불기소처분의 통지로 본다면 기소중지 등도 이에 해당된다고 할 것이며 검찰항고의 대상과 동일하게 취급하는 것이 적절하다는 점에서 재정신청이 허용된다고 할 것이다(신동운 442면). 진정사건에 대한 검사의 내사종결처리는 재정신청의 대상이 되지 않으며, 재정신청의 제기기간이 경과된 후에는 재정신청의 대상을 추가할 수도 없다.

나. 항고전치주의

재정신청을 하려면 검찰청법 제10조에 따른 항고를 거쳐야 하는 것이 원칙이다(형사소송법 제260조 제2항). 항고전치주의를 통해 신청권자에게 재정신청 전에 신속한 권리구제의 기회를 제공하는 한편 검사에게도 자체시정의 기회를 갖도록 한 것이다. 이에 따라 항고 이후 재정신청을 할 수 있는 신청권자는 별도로 재항고를 할 수 없다(검찰청법 제10조 제3항).

다만, ① 항고 이후 재기수사가 이루어진 다음에 다시 공소를 제기하지 아니한다는 통지를 받은 경우, ② 항고 신청 후 항고에 대한 처분이 행하여지지 아니하고 3개월이 경과한 경우, ③ 검사가 공소시효 만료일 30일 전까지 공소를 제기하지 아니하는 경우의 어느 하나에 해당하는 때에는 예외적으로 항고를 거치지 않고 바로 재정신청을 할 수 있다(형사소송법 제260조 제2항 단서).

다. 재정신청의 기간과 방식

재정신청을 하려는 자는 항고기각결정을 통지받은 날로부터 10일 이내에 지방검찰청 검사장 또는 지청장에게 재정신청서를 제출하여야 한다. 다만 항고전치주의의 예외에 해당되어 항고절차를 거칠 필요가 없는 때에는 ① 항고 이후 재기수사가 이루어진 다음에 다시 공소를 제기하지 아니한다는 통지를 받은 경우 또는 항고 신청 후 항고에 대한 처분이 행하여지지 아니하고 3개월이 경과한 경우에는 그 사유가 발생한 날로부터 10일 이내에, ② 검사가 공소시효 만료일 30일 전까지 공소를 제기하지 아니하는 경우에는 공소시효 만료일 전날까지 위와 같이 재정신청서를 제출하여야 한다(형사소송법 제260조 제3항). 위와 같은 신청기간은 불변기간이므로 연장이 허용되지 아니한다.

재정신청서에는 재정신청의 대상이 되는 사건의 범죄사실 및 증거 등 재정신청을 이유있게 하는 사유를 기재하여야 한다(동조 제4항). 이와 같이 재정신청서에 재정신청의 근거를 명시하게 함으로써 법원으로 하여금 재정신청의 범위를 신속하게 확정하고 재정신청에 대한 결정을 신속하게 내릴 수 있도록 하며, 재정신청의 남발을 방지하려는 취지와 재정신청으로 인하여 이미 검사의 불기소처분을 받은 피고소인 또는 피고발인의 지위가 계속 불안정하게 되는 불이익을 고려한 것이기에 재정신청서에 위와 같은 사유를 기재하지 아니한 때에는 재정신청을 기각할 수 있다. 재정신청사건의 관할법원은 불기소처분을 한 검사 소속의 지방검찰청 소재지를 관할 하는 고등법원이다(형사소송법 제260조 제1항).

라. 재정신청의 효력과 취소

고소인 또는 고발인이 수인인 경우에 공동신청권자 중 1인의 재정신청은 그 전원을 위하여 효력을 발생한다(형사소송법 제264조 제1항). 그리고 재정신청이 있으면 재정결정이 있을 때까지 공소시효의 진행이 정지된다(형사소송법 제262조의4 제1항). 재정신청은 고등법원의 재정결정이 있을 때까지 취소할 수 있고 재정신청을 취소한 자는 다시 재정신청을 할 수 없다(형사소송법 제264조 제2항). 재정신청과 달리 재정신청의 취소는 다른 공동신청권자에게 효력이 미치지 않는다(동조 제3항). 재정신청의 취소는 관할 고등법원에 서면으로 하여야 한다. 다만, 기록이 관할 고등법원에 송부되기 전에는 그 기록이 있는 검찰청 검사장 또는 지청장에게 하여야 한다(형사소송규칙 제121조 제1항).

마. 지방검찰청 검사장 · 지청장의 처리

재정신청서를 제출받은 지방검찰청 검사장 또는 지청장은 재정신청서를 제출받은 날부터 7일 이내에 재정신청서 · 의견서 · 수사 관계서류 및 증거물을 관할 고등검찰청을 경유하여 관할 고등법원에 송부하여야 한다. 다만, 예외적으로 항고전치주의가 적용되지 않는 경우에는 지방검찰청 검사장 또는 지청장은 ① 재정신청이 이유있는 것으로 인정하는 때에는 즉시 공소를 제기하고 그 취지를 관할 고등법원과 재정신청인에게 통지하고, ② 재정신청이 이유없는 것으로 인정하는 때에는 30일 이내에 관할 고등법원에 송부한다(형사소송법 제261조).

4. 고등법원의 심리와 결정

가. 심리절차의 구조

재정신청 이유의 유무를 심사하는 절차인 고등법원의 심리절차에 대한 법적 성격 내지 구조에 대해 종래 여러 논의가 있어왔지만 심리절차는 공소제기 전의 절차로 수사와 유사한 성격을 가지기는 하지만 기본적으로 재판절차라는 점에서 형사소송유사의 재판절차로 파악하는 형사소송유사설(刑事訴訟類似說)의 입장이 일반적이고, 이 견해가 재정신청사건은 항고의 절차에 준하여 결정한다는 형사소송법의 태도에 비추어 보아도 타당하다고 하겠다.

나. 재정신청사건의 심리

(1) 재정신청의 통지

법원은 재정신청서를 송부받은 때에는 송부받은 날로부터 10일 이내에 피의자에게 그 사실을 통지하여야 한다(형사소송법 제262조 제1항). 또한 재정신청서를 송부받은 날로부터 10일 이내에 피의자 이외에 재정신청인에게도 그 사유를 통지하여야 한다(형사소송규칙 제120조).

(2) 심리기간과 방식

법원은 재정신청서를 송부받은 날로부터 3개월 이내에 재정결정을 하여야 한다(형사소송법 제262조 제2항). 이와 같은 심리기간은 법원에 충실한 심리를 가능하도록 하는 동시에 피의자가 장기간 불안정한 지위에 놓여 있다는 점을 고려한 것으로 일반적으로 훈시규정으로 보고 있기에 그 기간을 경과한 후에 재정결정을 하여도 위법하지는 않지만 원칙적으로 준수하여야 할 것이다. 재정신청사건의 심리는 항고의 절차에 준하므로(형사소송법 제262조 제2항) 구두변론에 의하지 않고 절차를 진행할 수 있으며, 필요한 경우에는 사실조사를 할 수도 있다(형사소송법 제37조 제2항, 제3항). 그리고 특별한 사정이 없는 한 심리는 공개하지 아니한다(형사소송법 제262조 제3항). 심리를 비공개로 한 것은 피의자의 사생활 침해, 수사의 비밀저해 및 민사사건에 악용하기 위한 재정신청의 남발 등을 막기 위한 것이다.

법원은 필요한 때에는 증거조사를 할 수 있으므로(형사소송법 제262조 제2항) 피의자신문, 참고인에 대한 증인신문, 검증, 감정 등을 할 수 있다. 증거조사의 방법은 공판절차가 아니므로 법원이 필요하다고 인정하면 법정에서 심리하지 않아도 무방하며 서면심리로도 가능할 것이다.

(3) 강제처분의 허용여부

심리절차에서 피의자 구속, 압수·수색·검증과 같은 강제처분이 허용되는 여부에 대해 논의가 되고 있다. 학설로 ① 강제처분허용설은 심리절차가 항고절차에 준하는 절차이므로 재정법원도 수소법원에 준하는 권한을 가지고 필요한 경우에 증거조사를 할 수 있으며 증거조사의 원활한 진행을 위하여 강제처분도 할 필요가 있다는 견해이고, ② 강제처분불허설은 피의자는 피고인이 아니어서 피고인 구속에 관한 규정을 적용할 수 없으며, 무엇보다도 재정신청사건의 심리절차에서 강제처분이 허용된다는 명문규정이 없으므로 강제처분이 허용되지 않는다는 견해이다. 검토해 보면 심리절차가 항고절차에 준하고 기소여부를 판단하기 위한 증거조사에서 필요한 경우에는 강제처분도 허용되어야 하므로 기본적으로 강제처분허용설이 타당하다. 다만 이미 불기소처분을 받은 사건에 대한 심리절차라는 성격상 강제처분을 할 경우는 거의 없을 것으로 보이고 또한 피의자에 대한 구속과 관련하여서는 ① 법원의 구속기간이 공소제기시부터 기산되고(형사소송법 제92조 제3항), ② 재정법원의 구속을 수사기관의 피의자에 대한 구속기간에 적용할 수도 없기 때문에 피의자신문을 위한 구인은 가능하지만 구금은 현실적으로 어렵다고 할 것이다.

(4) 기피신청의 허용여부

재정신청사건에서 재정신청을 한 고소인 또는 고발인은 심리절차에서 법관에 대하여 기피신청을 할 수 있는데, 피의자에게도 기피신청이 허용되는 여부에 대해 논의가 되고 있다. ① 재정신청은 검사의 불기소처분에 불복하여 고소인 또는 고발인이 하는 것이고, 이에 따른 재정결정은 당해 사건에 대한 실체판단이 아니므로 피의자에게는 기피신청이 허용되지 않는다는 소극설이 있으나 ② 재정신청사건의 심리와 결정도 재판의 일종이므로 공정성의 확보를 위하여 형사소송법 제18조를 유추적용하여 피의자에게 기피신청을 허용할 수 있다는 적극설이 타당하다고 판단된다.

(5) 기록의 열람·등사 제한

재정신청사건의 심리 중에는 관련 서류 및 증거물을 열람 또는 등사할 수 없다(법 제262조의2 본문). 이와 같은 열람·등사의 금지는 심리의 비공개 원칙과 같이 이미 불기소처분을 받은 피의자의 사생활 침해, 수사의 비밀저해 및 민사사건에 악용하기 위한 재정신청의 남발 등을 막기 위한 것이다(헌법재판소 2011.11.24.선고 2008헌마578 결정). 다만 재정신청사건의 심리 중에 증거조사를 행한 경우에는 증거조사과정에서 작성된 서류의 전부 또는 일부의 열람 또는 등사를 할 수 있다(형사소송법 제262조의2 단서). 법원의 증거조사과정에서 작성된 것이며, 검사나 재정신청인 등 이해관계 있는 자의 이익을 고려한 것이다.

다. 재정결정

(1) 기각결정

재정신청이 법률상의 방식에 위배되거나 이유 없는 때에는 신청을 기각한다(형사소송법 제262조 제2항 1호). 재정신청이 법률상의 방식에 위배된 때란 ① 신청권자가 아닌 자가 재정신청을 한 경우, ② 신청기간이 경과한 후에 재정신청을 한 경우, ③ 검찰항고를 거치지 아니하고 재정신청을 한 경우, ④ 재정신청서에 범죄사실과 증거 등 재정신청을 이유있게 하는 사유를 기재하지 않은 경우(대법원 2002.2.23.자 2000모216 결정) 등이다. 재정신청서를 직접 고등법원에 제출한 경우에는 신청방식이 법률에 위배된 때에 해당되긴 하지만 그 신청을 기각할 것이 아니라 재정신청서를 관할 지방검찰청 검사장 또는 지청장에게 송부하여야 할 것이다.

그리고 재정신청이 이유 없는 때란 검사의 불기소처분이 정당한 것으로 인정된 경우이다. 재정신청의 이유 유무는 불기소처분시가 아니라 재정결정시를 기준으로 하므로 불기소처분 후에 새로 발견된 증거를 판단의 자료로 삼을 수 있다. 검사의 혐의없음 처분에 대한 재정신청사건을 심리한 결과 범죄의 객관적 혐의는 인정되나 기소유예 처분을 할 만한 사건이라고 인정되는 경우에도 재정신청을 기각할 수 있으며, 검사의 불기소처분 당시에 공소시효가 완성되어 공소권이 없는 경우에도 불기소처분에 대한 재정신청은 허용되지 않는다.

법원은 기각결정을 한 때에는 즉시 그 정본을 재정신청인, 피의자와 관할 지방검찰청 검사장 또는 지청장에게 송부하여야 한다(형사소송법 제262조 제5항 전문). 기각결정이 확정된 사건에 대하여는 다른 중요한 증거를 발견한 경우를 제외하고는 소추할 수 없으므로(형사소송법 제262조 제4항 후문) 다른 피해자의 고소에 대하여 불기소처분이 있었고 재정신청이 기각된 이상 그 기각된 사건내용과 동일한 사실인 경우에도 마찬가지이다.

이는 법원의 판단에 의하여 재정신청 기각결정이 확정되었는데도 검사의 공소제기를 제한없이 허용하게 되면 피의자를 장기간 불안정한 상태에 두게 되므로 검사의 공소제기를 제한하면서 한편으로는 재정신청사건에 대한 법원의 결정에는 일사부재리의 효력이 인정되지 않으므로 피의사실을 유죄로 인정할 명백한 증거가 발견된 경우에도 검사의 공소제기를 금지하는 것은 사법정의에 반하는 결과가 된다는 점을 고려한 것이다.

(2) 공소제기결정

재정신청이 이유 있는 때에는 사건에 대한 공소제기를 결정한다(형사소송법 제262조 제2항 2호). 재정신청이 이유 있는 때란 공소를 제기하는 것이 상당함에도 소추재량의 한계를 넘어서 불기소처분한 위법이 인정되는 경우라 할 것이다(대법원 1988.1.29.자 86모58 결정). 공소제기를 결정하는 때에는 죄명과 공소사실이 특정될 수 있도록 이유를 명시하여야 한다(형사소송규칙 제122조). 그리고 즉시 그 정본을 재정신청인·피의자와 관할 지방검찰청 검사장 또는 지청장에게 송부하여야 하고, 관할 지방검찰청 검사장 또는 지청장에게는 사건기록을 함께 송부하여야 한다(형사소송법 제262조 제5항). 공소제기결정이 있는 때에는 공소시효에 관하여 그 결정이 있는 날에 공소가 제기된 것으로 본다(형사소송법 제262조의4 제2항). 공소제기결정에 따라 이후에 실제 검사가 공소를 제기한 시점과는 관계없이 법원이 공소제기결정을 한 날에 공소시효의 진행이 정지되어(형사소송법 제253조 제1항 참조) 결과적으로 재정신청에 의하여 정지된 공소시효(형사소송법 제262조의4 제1항)는 계속 정지되는 것이다.

5. 재정결정에 대한 불복

재정결정에 대하여는 원칙적으로 불복할 수 없다(법 제262조 제4항). 이에 따라 법원의 공소제기결정에 불복할 수 없으므로 공소제기결정에 잘못이 있는 경우라도 이러한 잘못은 본안사건에서 공소사실 자체에 대하여 무죄, 면소, 공소기각 등을 할 사유에 해당하는지를 살펴서 무죄 등의 판결을 함으로써 그 잘못을 바로잡을 수 있는 것이다.18) 그러나 재정신청 기각결정에 대해서는 헌법재판소에서 형사소송법 제262조 제4항에서 규정하고 있는 재정신청 기각결정에 대한 '불복'에 형사소송법 제415조의 '재항고'가 포함되는 것으로 해석하는 한 합리적인 입법재량의 범위를 벗어나 재정신청인의 재판청구권과 평등권을 침해하는 것으로 헌법에 위반된다고 결정하였다(헌법재판소 2011.11.24.선고 2008헌마578, 2009헌마41·98(병합) 결정). 이에 따라 재정신청 기각결정에 대해서는 예외적으로 재판에 영향을 미친 헌법·법률·명령 또는 규칙의 위반이 있음을 이유로 하는 때에 한하여 대법원의 최종적 심사를 받기 위하여 재항고를 할 수 있다(형사소송법 제415조).

6. 비용부담

법원은 재정신청 기각결정을 하거나 재정신청의 취소가 있는 경우에는 결정으로 재정신청인에게 신청절차에 의하여 생긴 비용의 전부 또는 일부를 부담하게 할 수 있다(형사소송법 제262조의3 제1항). 또한 법원은 직권 또는 피의자의 신청에 따라 재정신청인에게 피의자가 재정신청 절차에서 부담하였거나 부담할 변호인선임료 등 비용의 전부 또는 일부의 지급을 명할 수 있다(형사소송법 제262조의3 제2항). 재정신청의 대상을 모든 범죄로 확대하면서 재정신청이 남발되는 것을 방지하기 위하여 마련된 제도이지만 아직은 경고적 의미가 강하고 실효적으로 적용되고 있지는 않고 있다.

7. 기소강제와 공소유지

고등법원의 공소제기결정에 따른 재정결정서를 송부받은 관할 지방검찰청 검사장 또는 지청장은 지체없이 담당 검사를 지정하고 지정받은 검사는 공소를 제기하여야 한다(형사소송법 제262조 제6항). 이와 같이 법원의 공소제기결정에 의해 공소제기가 의제되는 것이 아니라 검사에게 공소제기를 강제하게 되므로 검사는 공소제기를 위하여 관할 지방법원에 공소장을 제출하여야 하며 공소유지도 검사가 담당하게 된다. 공소를 제기한 검사는 통상의 공판절차에 따라 권한을 행사하므로 공소유지를 위하여 공소장변경을 할 수도 있고 상소를 제기할 수도 있다. 다만 공소제기결정의 취지에 따라 검사는 공소를 유지할 권한만을 가지고 있다고 할 것이므로 공소를 취소할 수는 없다(형사소송법 제264조의2).

[서식 152] 재정신청서(1)

재 정 신 청 서

사　　건　　　　20○○형 제○○○○호　강도상해

피 의 자　　　　　○　　○　　○

　위 피의사건에 관하여 고소인인 신청인은 귀청으로부터 20○○. ○. ○. 공소를 제기하지 아니한다는 불기소처분의 통지를 받았는바, 다음과 같은 이유로 재정신청을 하오니 그 사건을 관할 지방법원의 심판에 부하는 결정을 하여 주시기를 바랍니다.

신 청 이 유

　위 고소사건에 대한 검사의 불기소이유의 요지는 "피의사실에 대하여는 모든 증거가 인정되기는 하나 개전의 정이 현저하므로 불기소처분을 한다."는 것인바, 이를 검토하건대 피의자(피고소인)는 수사사무에 종사하는 국가공무원으로서 누구보다도 솔선하여 인권을 옹호하여야 할 의무가 있음에도 불구하고, 이 임무를 벗어나서 직권을 남용하여 고소장에 기재되어 있는 바와 같은 경위와 방법으로 전치 1개월을 요하는 상해를 가하고도 피해자인 본건 고소인에게 치료비 등 피해변상을 하지

아니함은 물론 한 마디의 사과도 없이 오히려 의기양양하게 그 공무원의 자리에 머물러 있으면서 법을 비웃고 있습니다. 이러한 피의자에 대하여 검사는 뚜렷한 이유와 근거도 없이 막연히 개전의 정이 현저하다는 이유로 불기소처분을 하였다는 것은 검사의 공소권 행사에 있어 공정을 잃은 처사일 뿐 아니라, 검사의 기소독점주의를 남용한 것이라 아니할 수 없으므로 형사소송법 제260조에 의하여 재정신청에 이른 것입니다.

첨 부 서 류

1. 불기소처분통지서	1통
1. 불기소이유고지서	1통
1. 고소장 사본	1통
1. 진정서	1통

20○○.　○.　○.

위 신청인(고소인)　○　○　○　　(인)

○○고등법원　귀중

제출기관	불기소처분한 검사소속의 지방검찰청 또는 지청	제출기간	항고기각결정의 통지를 받은 날로부터 10일이내
신청인	• 고소권자로서 고소를 한 자 • 형법 제123조부터 제125조까지의 죄에 대하여는 고발한 자도 가능	관할	불기소처분한 검사소속의 고등검찰청에 대응한 고등법원
제출부수	• 신청서 1부	관련법규	형사소송법260~264조
불복방법	신청기각의 결정에 대하여는 형사소송법 제415조에 따른 즉시항고를 할 수 있고, 공소제기의 결정에 대하여는 불복할 수 없음. 신청기각의 결정이 확정된 사건에 대하여는 다른 중요한 증거를 발견한 경우를 제외하고는 소추할 수 없음(형사소송법 제262조 4항).		
공소제기결정효과	• 공소시효에 관하여는 공소제기결정이 있는 날에 공소가 제기된 것으로 간주(형사소송법 제262조의4 제2항) • 재정결정서를 송부받은 관할 지방검찰청 검사장 또는 지청장은 지체없이 담당검사를 지정하고 지정받은 검사는 공소를 제기하여야 함 (형사소송법 제262조 제6항)		

기 타	• 항고전치주의
	  – 재정신청을 하기 위해서는 검사의 불기소처분에 통지를 받은 날부터 30일 이내 항고를 하여야 하며, 이 항고에 대한 항고기각결정을 받은 날로부터 10일 이내 재정신청을 할 수 있음
	• 항고전치주의의 예외
	  – 항고 이후 재기수사가 이루어진 다음에 다시 공소를 제기하지 아니한다는 통지를 받은 경우
	  – 항고 신청 후 항고에 대한 처분이 행하여지지 아니하고 3개월이 경과한 경우
	  – 검사가 공소시효 만료일 30일 전까지 공소를 제기하지 아니하는 경우
	• 형법 제126조 피의사실공표죄에 대해서는 피공표자의 명시한 의사에 반하여 재정을 신청할 수 없음		

[서식 153] 재정신청서(2)

재 정 신 청 서

사　　건　　　　20○○형 제○○○○호　가혹행위

피고소인　　　　○　　○　　○ (000000-0000000)

　　　　　　　　○○시 ○○구 ○○로 ○○ (○○동)

　　　　　　　　직　업 : 경찰공무원

　신청인은 위 피고소인을 가혹행위죄로 20○○. ○. ○. 귀청에 고소하였으나 같은 해 ○. ○. 귀청으로부터 공소를 제기하지 아니한다는 불기소처분의 통지를 받았는바, 다음과 같은 이유로 재정신청을 하오니 그 사건을 관할 지방법원의 심판에 부하는 결정을 하여 주시기를 바랍니다.

신 청 이 유

위 고소사건에 대한 검사의 불기소이유의 요지는 "피의사실에 대하여는 사실이나 피고소인이 공직에 기여한 공이 크므로, 불기소처분을 한다."라는 것인바, 이는 고소장에 기재한 바와 같이 피고소인은 직권을 남용하여 여성의 성적 수치심을 고문수단으로 악용하였는바, 피고소인은 누구보다 인권을 보호하여야 할 의무가 있음에도 불구하고 성적인 고문을 하여 신청인으로 하여금 자살을 생각할 정도로 영혼과 인격에 엄청난 상처를 입혔음에도 이러한 피고소인에 대하여 검사는 공직에 기여한 공을 들어 불기소처분을 하였다는 것은 검사의 공소권 행사에 있어 공정을 잃는 처사라고 할 수 있어 형사소송법 제260조에 의하여 재정신청에 이른 것입니다.

첨 부 서 류

1. 불기소처분통지서   1통
1. 불기소이유고지서   1통
1. 고소장 사본   1통

20○○.   ○.   ○.
위 신청인(고소인)   ○   ○   ○   (인)

○○고등법원   귀중

작성·접수방법

1. 신청서 1부를 항고기각 결정을 통지받은 날로부터 10일 이내에 지방검찰청검사장 또는 지청장에게 제출하여야 한다.
2. 대리인에 대한 의한 신청이 가능하고, 신청서에는 범죄사실과 증거 등 신청이유를 기재하여야 한다.

재 정 신 청 서

사　　건　　　　20ㅇㅇ형 제ㅇㅇㅇㅇ호 사기

신 청 인　　　　1. 오　ㅇ　권 (000000-0000000) （전화 :　　　）
(고 소 인)　　　　　ㅇㅇ시 ㅇㅇ구 ㅇㅇ로 ㅇㅇ (ㅇㅇ동)
　　　　　　　　2. 염　ㅇ　근 (000000-0000000) （전화 :　　　）
　　　　　　　　　ㅇㅇ시 ㅇㅇ구 ㅇㅇ로 ㅇㅇ (ㅇㅇ동)

피신청인　　　　김　ㅇ　준 (000000-0000000)　　（전화 :　　　）
(피고소인)　　　　ㅇㅇ시 ㅇㅇ구 ㅇㅇ로 ㅇㅇ (ㅇㅇ동)

신 청 취 지

　위 피고소인에 대한 20ㅇㅇ형 제ㅇㅇㅇㅇ호 사기사건에 대하여 ㅇㅇ지방검찰청 검사 강ㅇ현은 20ㅇㅇ. ㅇ. ㅇ.자로 증거불충분 등의 이유로 불기소처분 결정을 하였고 이에 불복하여 항고(20ㅇㅇ불황 제ㅇㅇㅇㅇ호)하였으나 ㅇㅇ고등검찰청 검사 권ㅇ는 20ㅇㅇ. ㅇ. ㅇ.자로 항고기각 처분을 하였습니다. 신청인은 이이 불복하고 형사소송법 제260조에 따라 재정신청합니다(고소인은 20ㅇㅇ. ㅇ. ㅇ. 불기소처분 통지를 송달받았음).

신 청 이 유

1. 검사의 항소각하 이유

　ㅇㅇ고등검찰청에서는 이 항고사건의 피의사실 및 불기소처분 이유의 요지는 "불기소처분 검사의 불기소처분 결정서 기재와 같으므로 이를 원용하는바, 이 건은 원심청에서 자체 재기수사한 후 불기소 처리한 사건에 대하여 다시 항고한 사안이므로 항고기각처분을 하였다."라고 하고 있습니다.

2. 고소인 오ㅇ권에 대한 검사의 항소각하처분의 부당성

(피의자가 이 사건 토지주로부터 매매계약해지통고를 받아 이 사건 공사를 할 수 없음에도 불구하고 그 후 고소인에게 기망행위로 투자계약서를 작성·교부한 행위)

가. 고소인은 피의자의 감언이설에 속아 20ㅇㅇ. ㅇ. ㅇ.경 및 같은 달 ㅇ.경 두 차례에 걸쳐 1억 원을 피의자에게 투자한 후 고소인은 위 투자금에 대하여 어떠한 서류를 받은 바 없기에 피의자에게 고소인이 투자한 내용에 대하여 계약서를 작성해준 줄 것을 요구하여 이에 피의자는 20ㅇㅇ. ㅇ. ㅇ.에 투자 계약서를 작성·교부하였습니다.

나. 따라서 이 피의자는 이 사건 공사를 하기 위하여 토지소유자인 고소 외 장ㅇ 영에게 이 사건 토지의 계약금만을 지급한 이후 잔금을 지급하지 못하여 위 장ㅇ영으로부터 20ㅇㅇ. ㅇ. ㅇ. 매매계약해지 통지를 내용증명으로 받았고, 그 후 같은 해 ㅇ. ㅇ.경에는 피의자가 위 장ㅇ영에게 20ㅇㅇ. ㅇ. ㅇ.까지 위 토지 잔금을 지급하지 못할 경우에는 원상회복과 함께 사업을 포기한다는 포기각서를 작성·교부하였으며, 위 ㅇ. ㅇ.까지 잔금을 지급하지 못한 피의 자는 위 장ㅇ과의 포기각서의 내용에 따라 사업자체를 진행할 수 없어 같은 해 ㅇ. ㅇ. 시공사인 ㅇㅇ종합건설 주식회사가 위 장ㅇ영에게 공사포기각서 를 작성·교부하였고, 같은 날 설계·감리업체인 ㅇㅇ건축사사무소가 위 장 ㅇ영에게 건축설계·감리포기서를 작성·교부하였기에 피의자가 고소인에게 작성·교부하여 준 투자계약서를 작성할 당시인 20ㅇㅇ. ㅇ. ㅇ.경에는 피의 자는 이 사건 사업을 진행할 수 없었던 것입니다. 그럼에도 불구하고, 계속적 으로 기망행위를 하여 이에 속은 고소인을 안심시켜 투지계약서를 작성·교 부하여 주어 1억 원 상당의 금전을 편취한 것입니다(피의자는 고소인이 투자한 원금은 20ㅇㅇ. ㅇ.경 즉시 지급하여 주고, 나머지 이익금 7억 원은 순차로 지 급하여 준다고 기망행위를 하였음).그러므로 피의자는 고소인으로 하여금 1억 원을 지급받은 이후에도 기망행위로 사업이 잘 진행되고 있다고 거짓말을 하여 위 금원을 편취한 것이므로 사기죄의 범의가 있다고 할 수 있습니다.

3. 고소인 염ㅇ근에 대한 검사의 항소각하처분의 부당성

고소인 염ㅇ근의 불복 사유의 주된 논점은 첫째, 피의자는 고소인들이 대여한 금 전을 대여금이 아닌 투자금으로 거짓 주장을 하고 있으며, 둘째, 피의자가 고소인들로부터 차용한 금전을 수목원 경매물건을 처분하여 지급하기로 한 것은 고소인이 20○○. ○. ○. 낙찰을 받아 경락대금을 완납하였으나, 그 후 토지소유자가 채무금을 채권자에게 변제하여 경매가 취하되어 고소인은 같은 해 ○. ○.경 위 경락대금을 환불받았으나 피의자는 다시 ○○사우나 공사비로 빌려줄 것을 요구하여 위 금전을 빌려주었습니다. 피의자는 위 차용금을 ○○상호신용금고에서 23억 원을 대출을 받아 변제하기로 하였으나 변제하지 않았으며, 또한 수원시행 사업을 한다며 계약금 10억 원만 맞추면 은행에서 ○○자금이 나오니 그때 위 대여금을 모두 상환하기로 약정을 하였습니다. 당시 피의자는 처음부터 변제의사나 변제능력이 없음에도 불구하고 고소인을 기망하여 이에 속은 고소인으로부터 금 1,566,800,000원을 지급받아 동 금원을 편취하였기에 사기죄를 구성한다고 할 수 있습니다.

4. 결 론

위와 같이 피의사실에 대한 증거가 있음에도 증거가 없다는 이유로 불기소 처분을 한 것은 부당하므로 그 시정을 구하기 위하여 항고에 이르렀으나, 검사는 가장 주된 논점인 피의자의 대여금이 아닌 투자금이라는 일방적인 주장을 수용하여 본건 피의사실에 대한 증거가 불충분하자는 이유로 검사가 불기소처분 및 항소각하결정을 한 것은 부당하고 검사의 기소독점주의를 남용한 것이라 아니할 수 없으므로 재정신청에 이른 것입니다.

첨 부 서 류

1. 항고사건처분통지서   1통
1. 항고각하이유고지서   1통
1. 고소인 염○근의 불기소이유서에 대한 항변 및 증거서류

20○○.   ○.   ○.

위 신청인(고소인)   오   ○   권   (인)
                   염   ○   근   (인)

○○고등법원   귀중

[서식 155] 재정신청서(4)

재 정 신 청 서

신 청 인(고소인)   ○   ○   ○ (000000-0000000)

경기도 ○○시 ○○동 ○○○

연락처 : 010-123-4567

피신청인(피의자)   ○   ○   ○ (000000-0000000)

위 피의자에 대한 ○○지방검찰청 2014 형제 1234호 강간사건에 관하여 ○○지방검찰청 검사 ○○○은 2014. 2. 3.자로 위 피의자에 대한 증거불충분으로 불기소처분 결정을 하였고, 이에 신청인은 불복하여 ○○고등검찰청 20○○불항 제○○○○호로 항고제기 하였으나 ○○고등검찰청 검사 ○○○는 20○○. ○. ○.자로 항고기각 처분을 하였습니다. 신청인은 이에 불복하고 형사소송법 제260조에 따라 재정신청합니다(고소인은 20○○. ○. ○. 불기소처분통지를 송달받았음).

신 청 취 지

피의자 ○○○에 대한 ○○고등검찰청 20○○ 불항 제○○○○호 강간 피의사건에 대하여 피의자 ○○○을 ○○지방법원의 심판에 회부한다.
라는 재판을 구합니다.

신 청 이 유

1. 검사의 불기소 이유

서울고등검찰청에서의 항고사건의 피의사실 및 불기소처분 이유의 요지는 강간죄가 성립하려면 가해자의 폭행, 협박은 피해자의 항거를 불가능하거나 현저히 곤란하게 할 정도의 것이어야 하나 고소인이 피의자와 여관에 들어갈 때도 고소인의 의사에 반한 상태로 들어갔다고 볼 수도 없으며 저항을 포기할 정도로 고소인이 만취해 있었다고 보기 어려워 강간피해자의 행위로 보기 곤란하다고 하여 불기소 처분을 한 것입니다.

2. 검사의 불기소 처분의 부당성

그러나 ○○고등검찰청 검사는 피해자의 특수한 사정. 즉 약 6개월 동안 정신병원에 입원하여 치료를 받은 사실 및 위 사건 당시에는 집에서 요양중인 사실 및 피의자의 강간행위로 말미암아 임신을 하여 그 후 낙태를 한 사실 등을 전혀 고려하지 않고 수사를 하여 준강간죄 등으로 기소하여 처벌할 수 있음에도 불구하고 기소를 하지 않았기에 동 처분은 부당하다고 할 수 있습니다.

첨 부 서 류

1. 불기소 이유 고지서   1통
1. 고소처분결과통지서   1통
1. 입원진료확인서   1통

20○○. ○. ○.

위 재정신청인 ○ ○ ○ (인)

○○고등법원 형사과 귀중

작성·접수방법

1. 신청서 1부를 항고기각 결정을 통지받은 날로부터 10일 이내에 지방검찰청검사장 또는 지청장에게 제출하여야 한다.
2. 대리인에 대한 의한 신청이 가능하고, 신청서에는 범죄사실과 증거 등 신청이유를 기재하여야 한다.

8. 비용의 부담

재정신청이 전면 확대됨에 따라 제도의 남용을 억제할 수 있는 제도로서 비용의 부담이

도입되었다. 즉 법원의 재정신청에 대한 기각결정이 있거나 재정신청의 취소가 있는 경우 법원은 재정신청인에게 절차에서 생긴 비용의 전부 또는 일부를 부담하게 할 수 있다. 또한 피의자의 신청에 따라 법원은 재정신청인에게 피의자가 재정신청절차에서 부담하였거나 부담할 변호인 선임료 등 비용의 전부 또는 일부의 지급을 명할 수 있다. 위 비용부담에 관한 결정에 대하여는 3일 내에 즉시항고를 제기할 수 있다.

[서식 156] 재정신청비용지급신청서

재정신청비용지급신청서

신 청 인   김 ㅇ ㅇ (000000-0000000)
(피 의 자)   서울시 ㅇㅇ구 ㅇㅇ동 ㅇㅇ

피 신 청 인   박 ㅇ ㅇ (000000-0000000)
(재 정 신 청 인)   서울시 ㅇㅇ구 ㅇㅇ동 ㅇㅇ

신 청 취 지

　피신청인은 신청인에게 신청인이 귀 법원 20ㅇㅇ초재 ㅇㅇㅇ 재정신청사건에 관하여 부담하였거나 부담할 비용 금 ㅇㅇㅇ원을 지급하라.
라는 재판을 구합니다.

신 청 원 인

1. 신청인은 피신청인으로부터 강간죄로 고소제기를 당하였는바, 실상은 상호간 합의하에 이루어진 일임에도 불구하고 피신청인은 억측적으로 강간당하였다고 고소제기를 한 것입니다. 이에 ㅇㅇ지방검찰청에서 불기소처분 결정을 하였는데 피신청인은 항고제기를 하였고 이어 항고기각 당하자 귀 법원 20ㅇㅇ초재 ㅇㅇ ㅇ 재정신청을 제기한 것입니다만 기각된 것입니다.

2. 신청인은 부득불 진실규명과 변호를 위하여 변호인을 선임하였으며 선임비는 ㅇ ㅇㅇ만원이 소요되었습니다. 피신청인의 무리한 재정신청으로 인하여 수사의 장

기화에 따른 생활상의 불편이 이만저만이 아니었습니다.

3. 이에 피신청인은 무리한 재정신청에 따른 신청인의 소요비용은 위 선임비 중에
서 ○○○만원정도라 할 것인 바, 피신청인의 고소권 남용에 대하여 일부비용을
보전받기 위하여 이건 신청에 이른 것입니다.

소 명 방 법

1. 재정신청기각결정문	1통
1. 비용명세서	1통

20○○. ○. ○.

위 신청인 ○ ○ ○ (인)

○○고등법원 형사과 귀중

Ⅳ. 헌법소원

1. 의 의

헌법소원이란 공권력의 행사 또는 불행사로 인하여 헌법상 보장된 기본권을 침해받은 자가 권
리구제를 헌법재판소에 청구하는 제도이다. 검사의 불기소처처분에 의하여 행복추구권(헌법 제

10조), 평등권(헌법 제11조 제1항)이나 재판절차진술권(헌법 제27조 제5항) 등과 같은 헌법상 기본권을 침해받은 자는 헌법소원심판을 청구할 수 있는 것이다.

2. 요 건

청구대상은 협의의 불기소처분, 기소유예처분, 기소중지처분 등이 모두 해당된다. 또한 절차와 관련하여 헌법소원은 다른 법률의 구제절차를 모두 거친 후에만 청구할 수 있다. 따라서 항고, 재항고 또는 재정신청 등 다른 절차를 거친 후에 청구해야 한다.

3. 청구권자 및 청구절차

가. 청구권자

청구권자는 고소인이며 고발인은 청구권이 없다

① 고소인과 고발인　고소인은 불기소처분에 대하여 헌법소원을 청구할 수 없다. 고소인은 불기소처분에 대하여 항고를 거쳐 재정신청을 할 수 있기에(법 제260조) 먼저 재정신청절차를 거쳐야 하고 법원의 재정결정은 재판에 해당하므로 결국 헌법소원의 대상이 될 수 없기 때문이다. 그리고 고발인에 대해서는 헌법소원이 공권력의 행사 또는 불행사로 인하여 기본권의 침해가 있을 것을 필요로 하는데 고발인에게는 그 권리침해의 직접성이 인정되지 않으므로 헌법소원을 청구할 수 없다는 것이 헌법재판소의 입장이다.[9]
② 고소하지 않는 피해자　피해자의 고소가 아닌 수사기관의 인지 등에 의해 수사가 개시된 피의사건에서 검사의 불기소처분이 이루어진 경우에 고소를 하지 않은 피해자는 검사의 불기소처분으로 헌법상 평등권, 재판절차진술권을 침해받았으며, 고소인이 아니므로 검찰항고와 재정신청의 방법으로 불복할 수도 없기에 불기소처분의 취소를 구하는 헌법소원을 청구할 수 있다.[10] 피의자　피의자에게 혐의없음이 인정될 수 있는 피의사건에서 검사가 기소

---

9) 헌법재판소는 1989.12.22.선고 89헌마145 결정에서 '범죄피해자가 아닌 고발인에게는 개인적 주관적인 권리나 재판절차에서의 진술권 따위의 기본권이 허용될 수 없으므로 검사가 자의적으로 불기소처분을 하였다고 하여 달리 특별한 사정이 없으면 헌법소원심판청구의 요건인 자기관련성이 없다(재판관 2인의 반대의견 : 검사가 고발사건을 소홀히 다루었다면 검찰권을 행사함에 있어 당해 고발인 자신을 차별대우하여 평등권을 침해하는 것이 된다.)'고 하여 고소인과 달리 고발인은 권리침해의 직접성이 인정되지 않는다는 이유로 헌법소원을 청구할 수 없다는 입장이다. 따라서 형법 제123조부터 제126조까지의 죄 이외의 죄에 대한 고발인은 검찰항고 이후에 재항고를 할 수 있고 재항고가 기각되면 헌법소원 등 달리 불복방법이 없게 된다.
10) 헌법재판소 2010.6.24.선고 2008헌마716 결정,「피해자의 고소가 아닌 수사기관의 인지 등에 의해 수사가 개시된 피의사건에서 검사의 불기소처분이 이루어진 경우, 고소하지 아니한 피해자로 하여금 별도의 고소 및 이에 수반되는 권리구제절차를 거치게 하는 방법으로는 종래의 불기소처분 자체의 취소를 구할 수 없고 당해 수사처분 자체의 위법성도 치유될 수 없다는 점에서 이를 본래 의미의 사전권리구제절차라고 볼 수 없고, 고소하지 아니한 피해자는 검사의 불기소처분을 다툴 수 있는 통상의 권리구제수단도 경유할 수 없으

유예의 불기소처분을 한 경우에 피의자로서는 검사의 자의적인 수사권행사로 인하여 평등권과 행복추구권을 침해받았으며, 고소인이나 고발인이 아니어서 검사의 불기소처분에 대하여 검찰항고나 재정신청 등의 청구로 불복할 수도 없기에 불기소처분의 취소를 구하는 헌법소원을 청구할 수 있는 것이다.[11]

나. 청구서의 제출

항고 또는 재정신청에 대한 최종결정을 받은 후 30일 이내 헌법재판소에 제출해야 한다.

[서식 157] 헌법소원심판 청구서

헌법소원심판청구서

청 구 인   김 ○ ○ (000000-0000000)
               서울시 ○○구 ○○동 ○○
               대리인 변호사 ○○○

피 신 청 인   ○○지방검찰청 ○○지청 검사

청 구 취 지

피청구인이 20○○. ○. ○. ○○지방검찰청 ○○지청 20○○년 형 제 ○○○호

므로, 그 불기소처분의 취소를 구하는 헌법소원의 사전권리구제절차라는 것은 형식적·실질적 측면에서 모두 존재하지 않을 뿐만 아니라, 별도의 고소 등은 그에 수반되는 비용과 권리구제가능성 등 현실적인 측면에서 볼 때에도 불필요한 우회절차를 강요함으로써 피해자에게 지나치게 가혹할 수 있으므로, 고소하지 아니한 피해자는 예외적으로 불기소처분의 취소를 구하는 헌법소원심판을 곧바로 청구할 수 있다.」

11) 헌법재판소 0000.9.26.선고 2012헌마1022 결정,「이 사건 수사기록만으로는 청구인에게 재물강취의 범의를 인정하기에 부족하므로, 피청구인(고양지청 검사)으로서는 ① 청구인이 피해자를 폭행하게 된 동기 및 경위, ② 피해자의 동생 A가 강도상해가 아닌 단순폭행으로 신고한 이유, ③ 피해자가 진술서 작성 당시 폭행당한 점만을 언급한 이유, ④ 청구인과 피해자가 합의하면서 재물강취부분에 관하여는 언급이 없었던 이유, ⑤ 피해자가 5만원권 지폐에 대한 소유권을 포기하였는지 여부 등에 대하여 좀 더 면밀히 조사한 다음 청구인의 강도상해죄 범의를 인정하여야 함에도, 이에 이르지 아니한 채 청구인의 강도상해죄 범의를 인정하고 이를 전제로 이 사건 기소유예처분을 하였는바, 이는 그 결정에 영향을 미친 중대한 수사미진에 따른 자의적인 검찰권의 행사라 아니할 수 없고, 이로 말미암아 청구인의 기본권인 평등권과 행복추구권이 침해되었다고 할 것이다.」: 사건 발생 동기 및 경위, 사건 발생 후 신고 과정 및 합의 과정 등을 좀 더 면밀히 조사하지 아니한 채 청구인의 강도상해죄 범의를 인정한 검사의 기소유예처분이 청구인의 평등권 및 행복추구권을 침해하였다고 본 사례.

사건에 있어서 피의자 김○○의 사기의 점에 대하여 한 불기소처분은 청구인의 평등권을 침해한 것이므로 이를 취소한다.
라는 결정을 구합니다.

침 해 된 권 리

헌법 제11조 제1항 평등권
헌법 제27조 제5항 재판절차에서의 진술권

침 해 의 원 인

피청구인의 20○○. ○. ○.자 ○○지방검찰청 ○○지청 20○○년 형 제○○○호 사건의 피의자 김○○에 대한 무혐의 불기소처분

청 구 이 유

1. 심판청구에 이르게 된 경위(사건의 개요)
2. 심판대상조항 및 관련조항(법문 기재)
3. 적법요건의 충족 여부(예: 법적관련성, 청구기간 등)
4. 기본권을 침해하는 이유

첨 부 서 류

1. 불기소처분결과통지서	1통
1. 항고사건처분통지서	1통
1. 재항고사건처분통지서	1통
1. 소송위임장	1통

20○○. ○. ○.
위 신청인의 대리인 변호사 ○ ○ ○ (인)

헌법재판소 귀중

[서식 158] 헌법소원심판 청구서

헌법소원심판청구서

청 구 인   김 ○ ○ (000000-0000000)
　　　　　　서울시 ○○구 ○○동 ○○
　　　　　　대리인 변호사 ○○○

청 구 취 지

"국회가 국민이 안락사 시술을 받을 권리를 보장하는 법률을 제정하지 아니한부작위는 청구인의 행복추구권을 침해하는 것이므로 위헌임을 확인한다."라는결정을 구합니다.

침 해 된 권 리

헌법 제10조 행복추구권

침 해 의 원 인

국회가 국민이 안락사 시술을 받을 권리를 보장하는 법률을 제정하지 아니한부작위

청 구 이 유

1. 사건의 개요

가. 국회는 1948년 개원된 이후부터 현재까지 국민이 안락사 시술을 받을권리를 보장하는 법률을 제정하지 않음으로써 우리나라에서 안락사 시술이 불가능하게 만들었습니다. 안락사 시술이 형법 제20조의 정당행위로 인정받도록 법률을 제정하지 않았기 때문에 안락사 시술자는 형법 제252조의 촉탁, 승낙에 의한 살

인 등의 죄목으로 1년 이상 10년 이하의 징역에 처해집니다. 이러한 부작위로써 국회는 이미 수많은 국민들로 하여금 심각한 고통과 불행 속에서 삶을 마치게 하였고, 이제 청구인에게도 그러한 고통과 불행을 강요하고 있습니다.

나. 국회는 1953년 형법을 제정할 때 안락사 시술을 허용하는 예외규정을 두지 않았고, 안락사 시술에 관한 절차와 조건을 법률로 규정하지도 않음으로써 안락사 시술을 불가능하게 하였습니다. 반면 스위스는 1942년 제정한 연방 형법 제115조에서 이기적인 동기로 자살을 교사, 방조하는 자만을 처벌하는 규정을 두어 지금까지 계속하여 안락사 시술을 허용하고 있습니다. 안락사 시술은 이미 오래 전부터 의학기술의 발달로 가능한 것이었고, 19세기 후반부터 세계 각국에서 그 지지가 증가하여 1906년 미국 오하이오 주와 1936년 영국에서각각 심각한 고통을 겪는 불치의 환자에게 안락사 시술을 허용하자는 법안이 발의되었습니다. 독일 나치 정권이 기형아, 불치병 환자, 장애인 등에게 자애로운 죽음이란 명목으로 자행한 학살 행위(Aktion T4)로 인하여 안락사에 관한오해가 잠시 확산되었지만, 오랜 세월 계속하여 세계 각국에서 논의와 법안의발의가 진행되었기 때문에 국회가 헌법 전문의 다짐과 헌법 제10조에 규정된 의무를 충실히 따랐다면 충분히 안락사 시술을 받을 권리가 행복을 추구하기 위한 중대한 기본권임을 확인하고 입법으로 그 권리를 보장할 수 있었습니다.

다. 세계 각국에서는 안락사에 관한 논의와 지지운동이 활발히 전개되어1991년에는 미국 워싱턴 주, 1992년에는 미국 캘리포니아 주에서 각각 안락사법안이 발의되었고, 본격적으로 법이 제정되기에 이르러 1997년에는 미국 오리건 주, 1996년에는 호주 북부준 주(NT), 2002년에는 네덜란드, 2008년에는 룩셈부르크와 미국 워싱턴 주와 몬타나 주, 0000년에는 미국 바몬트 주, 2014년에는 벨기에, 2015년에는 미국 캘리포니아 주, 2016년에는 캐나다, 2017년에는 미국 워싱턴 DC와 호주 빅토리아 주에서 각각 안락사를 허용하는 법이 제정되었습니다. 이렇게 세계 각국이 자국 국민의 인권을 보장하기 위하여 안락사법을 제정하고 있는데도 불구하고, 국회는 입법부작위를 계속하고 있습니다.

2. 위 부작위의 위헌성

가. 헌법 제10조에 따라 청구인은 행복을 추구하기 위하여 안락사 시술을 받을 권리가 있고 국회는 이 권리를 법으로 보장해야 할 의무가 있는데 국회는 부작위로 일관하며 이 입법의무를 위반하고 있습니다. 헌법 제10조는 "모든 국민은 인간으로서의 존엄과 가치를 가지며, 행복을 추구할 권리를 가진다. 국가는 개인이 가지는 불가침의 기본적 인권을 확인하고 이를 보장할 의무를 진다."고 규정하고 있습니다. 청구인은 행복을 추구할 권리를 가지고 있기 때문에 행복을 추구하기 위하여 안락사 시술을 받을 권리도 가지고 있습니다. 그 이유는청구인이 치료할 수 없는 심각한 신체적, 정신적 고통으로 죽을 때까지 불행한삶을 살아야 하는 상태가 되면 오직 안락사 시술을 받는 것만이 행복을 추구할수 있는 유일한 방법이기 때문입니다. 호스피스, 완화의료는 임종을 얼마 남겨두지 않은 임종과정에 있는 환자만이 받을 수 있고, 모든 통증을 다 완화할 수도 없는 한계로 인하여 결코 안락사 시술의 대안이 될 수 없습니다. 오직 안락사 시술만이 치료할 수 없는 심각한 신체적, 정신적 고통으로 인한 불행한 삶에서 행복을 추구할 수 있는 유일한 길입니다. 국가에 안락사 시술을 신청한 후 곧 고통과 불행에서 해방된다는 확신 속에 행복할 수 있으며, 가족과 사회의 따뜻한 배웅 속에 원하는 때에 안락사 시술을 통하여 고통 없이 편안히 죽음에이를 수 있으므로 임종의 순간에도 행복할 수 있습니다. 그리고 안락사 시술에 관한 청구인의 의향을 국가에 사전 등록하여 안락사 시술을 받을 권리를 보장받음으로써 미래의 불행에 대한 염려 없이 현재를 보다 행복하게 살 수 있습니다. 이상과 같이 치료할 수 없는 심각한 신체적, 정신적 고통으로 죽을 때까지 불행한 삶을 살아야 하는 상태가 되면 안락사 시술만이 행복을 추구할 수 있는 유일한 방법이라는 점에서 안락사 시술을 받을 권리는 청구인이 반드시 보장받아야 할 불가침의 기본적 인권입니다. 이는 헌법 제10조의 해석상 발생하는 구체적인 기본권이므로 국회는 이를 보장하기 위한 입법의무를 지고 있습니다. 그러나 국회는 이 권리를 확인하지도 보장하지도 않음으로써 청구인의 행복추구권을 심각하게 침해하고 있습니다.

나. 과연 청구인에게 안락사 시술을 받음으로써 죽을 권리가 있는가 하는 문제에 관하여는 헌법 전문에서 답을 찾을 수 있습니다. 헌법 전문에서 대한국민이 궁

극적으로 추구하는 것은 안전과 자유와 행복인데, 그 중에 가장 근본은 행복이라 할 수 있습니다. 안전과 자유는 행복의 조건이며, 행복을 추구하는 것에 안전과 자유의 추구가 포함되기 때문입니다. 행복이 안전과 자유의 조건이 될 수 없고, 안전과 자유의 추구에 행복의 추구가 포함될 수 없습니다. 행복을 추구하며 나아갈 때 안전과 자유 또한 확보할 수 있습니다. 결국 헌법 전문은 우리 국민의 삶의 목적이 행복하기 위함이며, 모든 법의 궁극적 목적은 우리 국민의 행복을 확보하는데 있음을 보여주는 것입니다. 그러므로 청구인에게는 행복을 추구하기 위하여 안락사 시술을 받음으로써 죽을 권리가 있습니다. 그 권리의 행사가 타인의 행복추구권을 침해하는 경우라면 법률로써 제한할 수 있겠지만, 치료할 수 없는 심각한 신체적, 정신적 고통으로 죽을 때까지 불행한 삶을 살아야 하는 사람이 안락사 시술을 받는 것은 우리 국민의 행복을 전혀 침해하지 않으므로 제한할 이유가 없습니다. 오히려 그러한 상태에 있는 이가 안락사 시술을 원해도 받지 못하여 비참하고 불행한 삶을 계속하게 되면, 그것을 무기력하게 지켜보아야만 하는 사람들이 불행해질 수 있습니다. 행복하기 위하여 살아야 할 사람이 있고, 행복하기 위하여 편안한 죽음을 맞이해야 할 사람이 있는 것 입니다. 국가가 이 둘을 구분하지 못하고 생명을 보호한다는 미명 하에 후자에게 무조건적으로 불행이 계속되는 삶을 강요한 것은 국회가 안락사 시술에 관한 절차와 조건을 법률로 규정하지 않음으로써 기계적인 판단으로 안락사 시술이 살인과 같은 중범죄로 취급 받게 하였기 때문입니다. 그 결과 헌법 전문에서 우리 대한국민이 다짐한 우리들과 우리들의 자손의 행복을 확보하는 엄중한 과업은 달성되지 못하고 있습니다. 이는 매우 중대한 헌법 위반행위입니다.

다. 삶의 마지막까지 행복을 추구하기 위하여 안락사 시술을 받을 권리는 헌법 제10조로부터 확인되는 불가침의 기본적 인권이므로 국회는 안락사 시술을 받는데 필요한 사항을 법률로 규정하여 그 권리를 굳게 보장해주어야 할 의무가 있습니다. 국회의 입법부작위에 대한 헌법재판소의 재판관할권은 극히 한정적으로 인정할 수밖에 없는 것인데, 안락사 시술을 받을 권리를 보장하지 않음으로 청구인의 행복추구권과 나아가 우리 대한국민의 행복을 심각하게 침해하는 이 입법부작위 사건이 예외적으로 입법자의 헌법적 의무를 인정해야 하는 사건입니다. 이는 국회의 입법재량에 달린 일도 아니고 오랜 시간에 걸친 충분한 공론화 과정과 사회적 합의를 거쳐 비로소 필요성을 인식하고 법안을 검토할 한가한 사안도 아닙니다. 불행 속에서 삶의 마지막 행복을 추구하기 위하여 안락사 시술을 받는 문제는 종교적인 문제도, 철학적인 문제도, 윤리적인 문제도 아니고, 오직 법학의 문제입니다. 청구인은 오직 헌법에 규정된 대로 행복을 추구하기 위하여 안락사 시술을 받을 권리를 보장받고자 하는 것입니다. 헌법에 의하여 규정된 기본권을 보장하는데 종교, 철학, 윤리의 동의를 기다려야 할 이유는 없습니다. 우리 국민 모두는 헌법에 규정된 대로 양심과 종교의 자유를 가지고 있으므로 안락사 시술을 받는 것은 각자의 양심과 종교에 따라 자유롭게 결정하면 됩니다. 중요한 것은 누구에게도 안락사 시술을 강요해서는 안 되듯이 누구에게도 안락사 시술을 금지해서도 안 된다는 것입니다. 부작용 없는 입법은 국회의 재량에 달려 있습니다. 국회가 적극적이고 신속하게 입법조치를 취해야하는 이유는 안락사 시술이 필요한 이들은 우리 사회의 절대적인 약자들로서 생사의 기로를 넘나들게 하는 고통으로 인하여 권리 보장을 요구하는 것이 거의 불가능하기 때문입니다. 건강할 때는 안락사 시술의 필요성을 느끼지 못하고, 필요성을 느끼게 되면 이미 때는 늦게 됩니다. 가족이 대신하여 권리 보장을 요구해야 할 것인데, 사람이란 타인의 고통에는 둔감한 법이며 가족의 죽음을 위해 열심히 활동한다는 것도 쉬운 일이 아닙니다. 그렇게 죽음에 이르면 그것으로 모든 애원과 호소도 끝나버립니다. 죽은 사람은 말이 없고, 가족들은 망각하게 되며, 죽은 자의 침해된 권리는 영원히 구제받지 못합니다. 이런 상황이 반복되기 때문에 우리나라에서 안락사 시술에 관한 공론화와 사회적 합의가 이루어지지 못합니다. 그런데 국회는 이런 상황을 방치하면서 적극적으로 입법조치를 취하지 않음으로써 사회적 약자들의 기본권을 침해하고 있습니다.

3. 심판청구에 이르게 된 경위

가. 안락사 시술을 받을 권리는 국민의 행복을 위하여 반드시 보장받아야할 권리임에도 불구하고, 국회는 개원 이후 지금까지 오랜 기간에 걸쳐 입법부작위로 일관하며 안락사 시술을 받는 것을 불가능하게 하고 있고, 그 결과 헌법 제10조에 따른 행복추구권을 중대하게 침해하고 있습니다. 국회는 개원 이후부터 지금까지 안락사 시술에 관한 어떠한 논의도 하지 않았으며, 어떠한 법안도 발의하지 않았습니다. 현재 진행 중인 것도, 앞으로 예정된 것도 없습니다. 앞으로도 국

회의 입법부작위는 계속될 것입니다. 국회는 2016년 호스피스·완화치료및 임종과정에 있는 환자의 연명의료결정에 관한 법률을 제정하였습니다. 안락사 시술도 아니고 임종이 가까운 말기 환자가 치료의 효과가 전혀 없이 생명만 연장시키는 연명의료만을 중단할 권리를 보장하는 법인데도, 김 할머니의 연명의료 중단을 허용한 대법원 판결(2009다17417)이 있은 지 7년 만에 가까스로 제정되었습니다. 이를 볼 때 앞으로 국회가 스스로의 의지로 안락사 시술을 허용하는 법을 제정하여 청구인의 행복추구권을 보장해주리라고 기대하기는 매우 어렵습니다. 호스피스·완화치료 및 임종과정에 있는 환자의 연명의료결정에 관한 법률이 죽음의 주제를 부분적으로 다루고 있기 때문에 이 법이 시행을 앞두고 있는 상황에서 죽음의 주제를 다루는 더 이상의 입법을 회피할 것은 명약관화합니다. 국회는 헌법재판소의 위헌 결정이 없는 한 이 입법부작위를 계속할 것임에 틀림없습니다.

나. 국회의 입법부작위로 인하여 현재 청구인의 행복추구권은 심각하게 침해당하고 있습니다. 안락사 시술에 관한 의향을 국가기관에 사전 등록함으로써 미래의 불행에 대한 염려 없이 현재를 보다 행복하게 살 수 있는 권리를 침해당하고 있습니다. 그리고 청구인은 안락사 시술을 받을 권리를 보장받지 못한 상태에서 불시에 찾아오는 질병이나 사고로 인하여 죽을 때까지 고통 속에 불행한 나날을 보내게 될 것이니 앞으로 청구인의 행복추구권이 심각하게 침해받을 것을 현재의 시점에서 충분히 예측할 수 있습니다. 이렇듯 현재와 미래의침해가 확실하기에 청구기간의 산정은 문제가 되지 않습니다. 언제 안락사 시술이 필요한 상태가 될 지 알 수 없고, 청구인이 안락사 시술을 받지 못한 채 불행하고 고통스럽게 죽음에 이름으로써 청구인의 행복추구권을 침해 받으면 그 침해를 영원히 회복할 수 없다는 점에서 안락사 시술을 받을 권리의 보장은 매우 시급하며 절박합니다. 국회의 입법을 재량에 맡겨두면 법제화는 영원히 불가능하거나 매우 늦어질 것이고 청구인은 영원히 삶의 마지막까지 행복할 권리를 상실하게 될 것입니다. 청구인의 생명이 두 개인 것도 아닌데 국회의 기약 없는 입법을 기다리며 지체할 수가 없습니다. 안락사 시술을 받을 권리의 보장이 가장 필요한 이들은 우리 사회의 절대적 약자이고, 건강한 이들은 안락사 시술을 받을 권리의 필요성을 잘 느끼지 못한다는 점에서 국회는 충분한 공론화를 기다리지 않고

적극적인 입법조치를 취할 의무가 있습니다. 이러한 사건의 경위로 인하여 청구인은 국회가 국민이 안락사 시술을 받을 권리를 보장하는 법률을제정하지 아니한 부작위는 청구인의 행복추구권을 침해하는 것이므로 위헌임을 확인해 줄 것을 청구하기에 이른 것입니다.

20○○. 2. 12.

청구인 대리인 변호사 ○ ○ ○ (인)

헌법재판소 귀중

제4장

공판절차(법원의 재판)

제1절 총 설

Ⅰ. 공판절차(법원의 재판)

검사의 공소제기에 의하여 소송계속이 발생하면 수소법원은 피고사건의 심리와 패잔을 진행하게 되는데 이때 수소법원이

 피고사건을 심리하고 재판하는 절차를 공판절차라고 한다. 넓은 의미의 공판절차는 공소제기후 소송계속이 종료할 때까지 법원이 행하는 심리와 재판(공판준비절차와 법정외의 증인신문절차, 검증절차 등을 포함)의 전 과정을 가리킨다. 이에 대해 좁은 의미의 공판절차는 공판기일에 공판정에 행하는 심리와 재판만을 가리킨다.

공판절차는 재판장의 진술거부권 고지 및 인정신문, 모두진술, 쟁점 및 증거관계 등 정리, 피고인이 공소사실을 부인할 경우에는 증거조사 실시, 공소사실을 인정할 경우에는 간이공판절차회부, 피고인신문, 최종변론(검사, 변호인, 피고인), 변론종결, 선고의 단계를 거치게 된다.

Ⅱ. 공판의 대상 및 범위

1. 심판의 범위

심판의 범위는 공소의 범위와 일치하고 공소는 국가기관인 검사가 공소를 제기하여 수행한다. 공소장에 기재한 피고인 및 공소사실에 관하여는 사건의 단일성·동일성이 있는 한 그 전부에 미치고 그 이외에는 미치지 아니한다.

심판의 현실적인 대상은 공소장에 기재한 특정한 공소사실이라고 할 수 있다. 그러나 만약 다른 범죄사실에 관하여 심판을 구하려고 하는 때에는 검사는 다시 그 범죄사실에 대하여 공소를 제기하여야 하는데 이 경우에 형사소송법은 공소장변경의 절차에 의하도록 하고 있다. 그리고 공소사실로서 명시되어 있지 아니한 사실에 관하여는 검사의 공소장변경이 없는 한 판결은 할 수 없다.

2. 공소장의 변경

가. 공소장 변경

공소장의 변경이란 공소장에 기재된 공소사실 또는 적용법조의 추가, 철회 또는 변경(형소법 제298조)을 말한다.

공소장 변경의 주체는 검사이며 예외적으로 재판상 준기소절차에 의하여 재판에 회부된 사건의 지정변호사도 공소유지자이므로 공소장을 변경할 수 있다.

따라서 검사는 법원의 허가를 얻어 공소장에 기재된 공소사실 또는 적용법조의 추가, 철회 또는 변경을 할 수 있다(형소법 제298조 제1항).

공소장의 변경은, ① 공소사실 또는 적용법조의 추가 : 공소장에 기재된 종래의 것을 존치해 두고 새로이 별개의 소인을 추가하는 것 ② 공소사실 또는 적용법조의 변경 : 개개의 공소사실 또는 적용법조의 내용의 내용 ③ 공소사실 또는 적용법조의 철회 : 공소장에 기재된 수개의 공소사실 중 어느 것을 철회하는 것 ④ 추가, 철회, 변경허용의 범위 : 필요한 범위 내에서 법원은 검사의 신청에 따라 공소장에 기재된 공소사실 또는 적용범조의 추가, 철회 또는 변경을 공소사실과 동일성을 해하지 않는 범위 내에서 허가하여야 한다(형소법 제298조 제1항).

나. 공소장변경의 필요성

법원은 일정한 경우 공소사실과 동일성이 인정되는 범위 내에서 공소장변경절차를 거치지 않고 직권으로 다른 사실을 인정하여 유죄로 판단할 수 있다. 여기서 법원이 반드시 공소장변경 절차를 거쳐야 하는 경우와 그렇지 않아도 되는 경우에 관한 구별 기준이 문제 되는데, 이를 '공소장변경의 필요성' 또는 '공소장변경의 요부(要否)'의 문제라 한다.

공소장변경의 필요성에 관한 학설로는 구성요건동일설, 법률구성설, 사실기재설(실질적 불이익설) 등이 있으나 사실기재설이 통설이다.

(1) 동일벌조설

동일벌조설은 구체적 사실관계가 다를지라도 적용되는 처벌규정 또는 구성요건에에 변경이 없는 한 공소장을 변경할 필요가 없다는 견해이다.

(2) 법률구성설

법률구성설은 구체적 사실관계가 다를지라도 그 법률구성에 영향이 없을 때에는 공소장 변경을 요하지 아니하고 다른 사실을 인정할 수 있다는 견해이다.

(3) 사실기재설(통설, 판례)

사실기재설은 법률적 구성에 영향이 없는 경우에도 공소장에 기재된 사실과 다른 사실을 인정함에는 공소장 변경절차를 거쳐야 한다는 견해이다. 즉 사실변경이 피고인의 방어에 불이익을 초래하는 경우 공소장 변경이 필요하다.

(4) 판례 – 사실기재설

판례는 "법원이 공소장의 변경 없이 직권으로 공소장에 기재된 공소사실과 다른 범죄사실을 인정하기 위하여는 공소사실의 동일성이 인정되는 범위 내이어야 할 뿐더러 또한 피고인의 방어권 행사에 실질적 불이익을 초래할 염려가 없어야 한다(대법원 2010. 4. 29. 선고 2010도2414 판결)."라고 판시하여 사실기재설(실질적 불이익설)의 입장을 취하고 있다.

3. 공소장변경의 절차

가. 검사의 공소장변경

검사는 법원의 허가를 얻어 공소장에 기재한 공소사실 또는 적용법조의 추가·철회 또는 변경을 할 수 있다(형소법 제298조 제1항). 검사가 공소장을 변경하고자 할 때에는 그 취지를 기재한 공소장변경허가신청서를 법원에 제출하여야 하며 이 경우에 법원은 공소사실의 동일성을 해하지 아니하는 한도 내에서 허가하여야 한다. 그리고 법원은 심리의 경과에 비추어 공소장변경의 사유가 상당하다고 인정되는 때에는 공소사실 또는 적용법조의 추가 또는 변경을 요구하여야 한다.

나. 법원의 공소장변경의 요구

법원은 심리의 경과에 비추어 상당하다고 인정할 때에는 공소사실 또는 적용법조의 추가 또는 변경을 요구하여야 한다(형소법 제298조 제2항). 이와 같이 수소법원이 검사에게 공소장에 기재된 공소사실과 적용 법조를 추가 또는 변경할 것을 요구하는 것을 공소장변경의 요구하고 하며 공소장변경의 요구는 1심뿐만 아니라 항소심에서도 허용된다.

제2절 공소의 제기

Ⅰ. 총 설

공소란 법원에 대하여 특정한 사건의 심판을 구하는 검사의 법률행위적 소송행위를 말한다. 검사는 수사결과 범죄의 객관적 혐의가 인정되고 유죄의 판결을 받을 수 있다고 판단할 때에는 공소를 제기한다. 공소의 제기는 수사결과에 대한 검사의 판단에 의하여 결정되고, 공소제기가 없는 때에는 법원은 그 사건에 대하여 심판할 수 없다.

공소는 수사의 종결을 의미하는 동시에 공판절차의 개시를 의미한다. 공소에 의하여 특정된 피고인 및 범죄사실(공소사실)이 심판의 대상으로 된다. 이러한 의미에서 공소는 검사의 의사표시에 불과하나 중요한 공소행위이다.

Ⅱ. 공소의 제기

1. 국가소추주의

형사소송법 제246조에 의하면 "공소는 검사가 제기하여 수행한다"라고 규정하여 국가소추주의 · 기소편의주의를 채용하고 있다.

공소제기의 주체가 누구인가에 따라 국가소추주의와 사인소추주의로 구분되는데, 공소제기의 권한을 국가기관에게 전담하게 하는 것을 국가소추주의라고 하며, 사인의 공소제기를 인정하는 것을 사인소추주의라고 한다.

국가소추주의는 형벌권의 실현수단으로서 가장 적당한 방식이라고 할 수 있다. 왜냐하면 형벌이 피해자 기타 일부의 자의 감정, 이해관계 등에 좌우되는 것은 공형벌의 본질에 반하기 때문이다.

2. 기소편의주의

기소편의주의란 공소제기와 관련하여 검사에게 기소·불기소에 관한 재량을 인정하는 주의를 말한다. 반면에 검사가 수사의 결과 공소를 제기함에 충분한 범죄의 혐의가 있고, 공소조건을 구비하고 있는 경우에는 반드시 공소를 제기하여야 한다는 주의를 기소법정주의라고 한다. 형사소송법은 제247조에 "검사는 형법 제51조의 사항을 참작하여 공소를 제기하지 아니할 수 있다"라고 규정하여 기소편의주의를 채용하고 있다. 그리고 기소법정주의는 그 당연한 결론으로서 공소제기 후의 공소의 취소를 인정하지 않는 공소불변경주의를 인정하게 된다.

Ⅲ. 공소제기의 절차

1. 공소장의 제출

공소를 제기함에는 공소장을 관할법원에 제출하여야 한다(형소법 제254조 제1항). 검사에 의한 공소장의 제출은 공소제기라는 소송행위가 성립하기 위한 본질적 요소이므로, 공소장의 제출이 없는 경우에는 소송행위로서의 공소제기가 성립되었다고 할 수 없다.

현행 형사소송법 하에서는 불고불리의 원칙을 채용하여 법원은 공소제기가 있는 범죄사실에 관하여서만 심판할 수 있고, 또 당사자주의를 채용하고 피고인이 사건에 관하여 적극적으로 방어할 것을 요구하고 있다. 따라서 어떠한 범죄사실에 관하여 기소되고 있는가를 서면으로 명확히 하여 두는 것은 법원이 심판할 수 있는 범위를 인식하기 위해서 뿐만 아니라 피고인이 방어의 준비를 하기 위하여도 필요하다. 여기에 현행 형사소송법은 공소장에는 피고인 수에 상응한 부본을 첨부하여야 하고(형소법 제254조 제2항), 법원은 공소의 제기가 있는 때에는 지체 없이 공소장의 부본을 피고인 또는 변호인에게 송달하여야 한다고 규정하고 있다. 이것은 피고인에게 방어준비의 편의를 주기 위한 것이다.

2. 공소장의 기재사항

공소장에는 다음 사항을 기재하여야 한다.

> **제254조 (공소제기의 방식과 공소장)**
>
> ① 공소를 제기함에는 공소장을 관할법원에 제출하여야 한다.
> ② 공소장에는 피고인수에 상응한 부본을 첨부하여야 한다.
> ③ 공소장에는 다음 사항을 기재하여야 한다.
> 1. 피고인의 성명 기타 피고인을 특정할 수 있는 사항
> 2. 죄명
> 3. 공소사실
> 4. 적용법조
> ④ 공소사실의 기재는 범죄의 시일, 장소와 방법을 명시하여 사실을 특정할 수 있도록 하여야 한다.
> ⑤ 수개의 범죄사실과 적용법조를 예비적 또는 택일적으로 기재할 수 있다.

가. 필요적 기재사항

(1) 피고인의 특정

피고인의 특정을 요하는 점에서 고소와 다르다. 피고인의 특정 없는 공소의 제기는 무효이고 공소기각의 사유로 된다. 특정의 정도는 타인과 구별할 수 있으면 족하다. 따라서 성명이 후에 위명 또는 별명 등이었음이 판명되더라도 공소의 제기는 무효로 되지 아니한다. 특정하는 방법으로는 인상·체격 등을 기재하거나 사진을 첨부하는 등 어떠한 방법이건 괜찮다. 보통 피고인은 성명 외에 주민등록번호·직업·주거 및 등록기준지 등에 의하여 특정한다.

(2) 죄명

죄명은 범죄의 명칭이므로 예컨대 살인죄, 상해치사죄 등과 같이 특정한 구성요건에 해당하는 범죄라는 것을 단적으로 표현할 수 있어야 한다. 그러나 죄명의 기재가 틀린 경우에는 이로 인하여 피고인의 방어권행사에 실질적으로 영향을 미치지 않는 한 공소제기의 효력에는 영향이 없다.

(3) 공소사실

공소사실의 기재는 범죄의 일시·장소와 방법을 명시하여 사실을 특정할 수 있도록 하여야 한다(형소법 제254조 제4항). 공소사실의 특정은 공소제기된 범죄의 성격에 비추어 그 공소의 원인이 된 사실을 다른 공소사실과 구별할 수 있을 정도로 그 일시, 장소, 방법, 목적 등을 적시하여 특정하면 족하고, 그 일부가 다소 불명확하더라도 그와 함께 적시된 다른 사항들에 의하여 그 공소사실을 특정할 수 있고, 그리하여 피고인의 방어권 행사에 지장이 없으면, 공소제기의 효력에는 영향이 없다.

고소사실의 특정은 공소제기의 유효요건이므로 공소사실이 특정되지 아니하면 그 공소제기의

절차가 법률의 규정에 위반되므로, 형사소송법 제327조 제2호에 의하여 공소기각의 판결을 선고한다. 다만 공소사실이 특정되지 아니한 경우라면 법원은 바로 공소사실 불특정을 이유로 공소기각의 판결을 선고할 것이 아니라 검사에게 석명을 구하여 검사가 공소사실을 특정할 수 있는 기회를 주어야 한다.

여러 개의 범죄사실을 예비적 또는 택일적으로 기재할 수 있다(형소법 제254조 제5항).

(4) 적용법조(형사소송법 제254조 제3항 제4호)

공소장에는 죄명·공소사실 외에 적용 법조를 기재하여야 한다. 이는 공소사실의 법률적 구성을 분명히 함으로써 심판의 대상을 명확하게 하려는 취지이다.

다만 법률의 적용은 원래 법원의 권한에 속하는 사항이므로 적용법조의 기재에 오기가 있거나 누락된 경우라도 공소사실의 동일성이 인정되는 범위 내이고 피고인의 방어권에 실질적인 불이익을 초래할 염려가 없으면 법원은 공소장에 기재된 적용법조에 구애되지 않고 직권으로 법령을 적용할 수 있다.

여러 개의 적용 법조를 예비적 또는 택일적으로 기재할 수 있다(형소법 제254조 제5항).

나. 필요적 기재사항

공소장에 필수적 기재사항 이외의 여사기재는 원칙적으로 금지된다(규칙 제118조 제2항). 다만 형사소송법 제254조 제5항은 수개의 범죄사실과 적용법조를 예비적, 택일적으로 기재할 수 있다고 규정하고 있는 바. 이는 공소장 일본주의의 예외에 해당한다. 예비적 기재라 함은 수개의 범죄사실 또는 적용법조에 대하여 심판의 순위를 붙여 선순위의 범죄사실이 인정되지 않으면 후순위의 범죄사실의 심판을 구한다는 공소장의 기재방식을 말하고 택일적 기재라 함은 수개의 범죄사실을 기재하면서 심판의 우선순위를 정하지 않고 단지 그 가운데 어느 것을 심판해도 좋다는 취지의 기재를 말한다.

Ⅳ. 공소제기의 효과

1. 의 의

공소제기가 있어야 법원의 공판절차는 개시된다. 즉 법원의 심판은 공소제기에 의해 시작되고 피의자의 지위는 피고인으로 전환되며 강제처분의 주도권도 법원으로 넘어가게 된다. 또한 법원의 심판범위는 공소장에 기재된 공소사실로 한정되고 공소시효도 정지하게 되는데 이를 가리켜 공소제기의 소송법상 효과라고 한다.

2. 공소제기의 소송법상 효과

가. 소송계속

(1) 의의

소송계속이란 피고사건이 수소법원의 심리와 재판의 대상으로 되어 있는 상태를 의미한다. 공소제기에 의하여 소송계속이 발생하면 피의자는 피고인으로 그 법적 지위가 변화하게 되고 수소법원은 검사의 의견에 구속되지 않고 독자적인 판단에 의하여 심리와 재판을 진행하게 된다.

(2) 적극적 효과

공소의 제기되면 법원은 그 사건에 관하여 심리재판을 할 권한과 의무를 갖게 되고, 검사와 피고인은 당사자로서 그 사건에 관하여 소송을 수행하며 법원의 심판을 받아야 할 권리·의무를 갖게 되는 법률관계가 발생하는데 이를 소송계속의 적극적 효과라고 한다.

(3) 소극적 효과(이중기소의 금지)

공소가 제기된 사건에 관하여는 다시 이중으로 공소를 제기할 수 없다. 따라서 동일 사건이 같은 법원에 이중으로 공소가 제기되었을 때에는 후소에 대하여 공소기각의 판결을 하여야 한다(형소법 제327조 제3호).

동일사건이 여러 개의 법원에 이중 기소되었을 때는 이른바 관할의 정함의 경우로서 심판할 법원이 정해지면 그 나머지 법원은 공소기각의 결정을 하여야 한다(형소법 제328조 제3호, 제12조, 제13조).

나. 절차주재권의 이전

수사절차는 검사의 주재아래 행해지지만 공소가 제기되면 수사절차는 종결되고 법원이주재자로서 공판절차의 진행을 관장한다. 공소제기 이후에는 법원이 절차주재권을 갖는 바, 공소제기 이후에도 수사기관의 수사활동이 허용될 수 있는지 논의되고 있다.

다. 심판범위의 한정

공소는 검사가 지정한 피고인 이외의 사람에게는 그 효력이 미치지 않으므로(형소법 제248조

제1항), 법원은 검사가 공소장에 특정하여 기재한 피고인만 심판하여야 하며 그 이외의 자를 심판할 수 없다.

범죄사실의 일부에 대한 공소는 그 효력이 전부에 미친다. 즉 단일성과 동일성이 인정되는 사실의 전체에 대하여 공소제기의 효력이 미치는 것이고, 그것은 법원의 잠재적 심판의 대상이 된다.

라. 공소시효의 정지

공소가 제기되면 공소시효의 진행이 정지되며, 공소기각 또는 관할위반의 재판이 확정된 때로부터 진행한다(형소법 제253조 제1항). 공소시효 정지의 효력은 공소제기 자체의 유효·무효를 가리지 아니하고 공소제기가 있으면 공소시효는 정지된다. 따라서 고소제기가 위법·무효인 경우, 예를 들면 소송조건이 구비되지 아니하였음에도 불구하고 공소를 제기한 경우에도 공소시효의 진행이 정지된다.

공소시효정지의 효력은 공소제기된 피고인에 대해서만 미친다. 다만 공범의 1인에 대한 공소시효의 정지는 다른 공범자에 대하여 그 효력이 미치고 당해 사건의 재판이 확정된 때로부터 진행한다(형소법 제253조 제2항).

V. 공소시효

1. 공소시효의 의의

공소를 제기하기 위하여는 공소조건의 구비를 필요로 한다. 공소시효가 완성되어 있지 아니한 것도 중요한 소송조건의 하나이다. 또 공소시효는 공소의 제기에 의하여 진행이 정지된다. 이러한 의미에서 공소의 시효는 공소의 제기와 밀접한 관계를 갖고 있다.

공소시효란 확정판결 전에 일정한 사건의 경과에 의하여 형벌권이 소멸되는 것을 말한다. 공소시효도 형의 시효와 같이 형사시효의 하나이다. 확정판결 전에 발생한 실체법상의 형벌권을 소멸케 하는 점에서 확정판결 후의 형벌권을 소멸케 하는 형의 시효와 구별된다. 말하자면 공소의 시효나 형의 시효도 다 같이 실체법적인 형벌권을 소멸케 하는 것이나, 다만 형의 시효가 확정적 형벌권에 관한 것이라는 점에 대하여, 공소의 시효는 확정 전의 형벌권에 관한 것이라는 점에서 서로 다르다. 미확정의 형벌권의 소멸이라는 실체법상의 사유가 소송법에 반영되어 소극적 공소조건으로 된다. 따라서 이 소송조건은 실체적 소송조건이고, 공소시효가 완성되어 있음에도 불구하고 공소의 제기가 있으면 면소의 판결이 선고된다.

2. 공소시효의 기간

공소시효는 다음의 기간을 경과함으로서 완성한다(형소법 제249조제 1항).

① 사형에 해당하는 범죄에는 25년

② 무기징역 또는 무기금고에 해당하는 범죄에는 15년

③ 장기 10년 이상의 징역 또는 금고에 해당하는 범죄에는 10년

④ 장기 10년 미만의 징역 또는 금고에 해당하는 범죄에는 7년

⑤ 장기 5년 미만의 징역 또는 금고, 장기 10년 이상의 자격정지 또는 벌금에 해당하는 범죄에는 5년

⑥ 장기 5년 이상의 자격정지에 해당하는 범죄에는 3년

⑦ 장기 5년 미만의 자격정지, 구류, 과료 또는 몰수에 해당하는 범죄에는 1년

공소가 제기된 범죄는 판결의 확정이 없이 공소를 제기한 때로부터 25년을 경과하면 공소시효가 완성된 것으로 간주한다(형소법 제249조 제2항).

공소시효기간의 기준이 되는 형은 처단형이 아니라 법정형이다. 2개 이상의 형을 병과하거나 2개 이상의 형에서 그 1개를 과할 범죄에는 중한 형을 표준으로 하고(형소법 제250조), 형법에 의하여 형을 가중 또는 감경할 경우에는 가중 또는 감경하지 아니한 형을 기준으로 하여 각각 시효기간을 결정한다(형소법 제251조).

시효의 기산점은 범죄행위가 종료한 때부터 진행하고, 공범의 경우에는 최종행위가 종료한 때로부터 공범 전체에 대한 시효기간을 기산한다(형소법 제252조). 여기서 '범죄행위가 종료한 때'라 함은 구성요건에 해당하는 행위와 시(행위시설)가 아니라 구성요건에 해당하는 결과발생의 시를 의미한다(결과시설). 시효기간의 계산에 관하여는 초일은 시간을 계산함이 없이 1일로 산정하고, 기간의 말일이 공휴일이라도 기간에 산입한다.

3. 공소시효의 정지

현행법은 공소시효의 정지만을 인정하고 있고 공소중지는 인정하고 있지 않다. 시효의 중단의 경우에는 중단하면 중단한 때로부터 다시 새로이 시효의 전 기간이 진행된다. 이에 대하여 시효의 정지는 일시 시효기간의 진행을 정지한다. 즉, 정지의 기간이 종료되면 그때부터 남은 기간이 진행된다. 다만, 중단의 사유는 즉시적인 것이고 정지의 사유는 계속적인 것이어서 소송진행 중에는 시효의 진행이 정지된다. 따라서 법원이 사건을 심리하지 않고 몇 년간 방치하더라

도 시효가 완성되지 아니할 것이다. 이는 시효의 취지에 반하므로 현행 형사소송법은 제249조 제2항에서 "공소가 제기된 범죄는 판결의 확정 없이 공소를 제기한 때로부터 25년을 경과하면 공소시효가 완성된 것으로 간주한다"라고 규정하고 있다.

시효는 공소의 제기로 진행이 정지되고 공소기각 또는 관할위반의 재판이 확정된 때로부터 진행한다(형소법 제253조 제1항). 공소시효정지의 효력은 공소제기된 피고인에 대하여만 미친다. 따라서 진범이 아닌 자에 대한 공소제기는 진범에 대한 공소시효의 진행을 정지하지 않는다. 그러나 공범의 1인에 대한 시효정지는 다른 공범자에게 대하여 효력이 미치고, 당해 사건의 재판이 확정된 때로부터 진행한다(형소법 제253조 제2항).

준기소절차에 의한 재정신청이 있을 때에는 고등법원의 재정결정이 있을 때까지 공소시효의 진행을 정지한다.

또한 소년보호사건에 대하여 소년부 판사가 심리개시의 결정을 한 때에는 그 사건에 대한 보호처분의 결정이 확정될 때까지 공소시효의 진행이 정지된다.

			처리기간	
발행번호 제 호			1 일	
기소(참고인)중지사건 공소시효 완성증명원				

피의자	① 성 명	김 갑 동	② 주민등록번호	000000-0000000
	③ 주 소	○○시 ○○구 ○○로 ○○ (○○동)		
④ 사 건 번 호		20○○년 형 제○○○호		
⑤ 죄 명		사기		
⑥ 기소(참고인)중지처분일		20 . . .		
⑦ 공 소 시 효 완 성 일		20 . . .		
⑧ 송 치 관 서		경찰서 송치		
⑨ 용 도		열람용		

위와 같이 공소시효가 완성되었음을 증명하여 주시기 바랍니다.

20○○. ○. ○.

가족 또는 대리인이 신청할 때			
주 소	○○시 ○○구 ○○로 ○○ (○○동)		
주민등록번호	000000-0000000	관 계	아들

신청인 김 갑 동 (인)

구비서류		수수료
없 음	○○**지방검찰청 검사장 귀하**	없 음

위 사실을 증명합니다.

20○○. ○. ○.

○○**지방검찰청 검사장 귀하**

4. 공소제기의 효과

공소제기의 효과로서는 공소계속, 사건범위의 한정 및 공소시효진행의 정지를 들 수 있다. 공소의 제기에 의하여 종래 검사의 지배 아래에 있던 사건은 법원의 지배 아래로 옮겨지게 되며 사건이 법원에서 실제로 심리될 수 있는 사실상태를 소송계속이라고 한다. 공소의 제기에 의하여 사건의 범위는 한정된다. 즉, 공소장에 기재된 피고인과 공소사실에 대하여 사건의 단일성·동일성이 있는 한 그 전부에 대하여 불가분적으로 미치고, 그 이외에 대하여는 미치지 아니한다. 이를 공소불가분의 원칙이라고 한다. 공소는 검사가 지정한 피고인 이외의 다른 사람에게는 그 효력이 미치지 아니한다. 이점에서 고소의 효력과는 다르다. 고소에 있어서는 원칙적으로 주관적 불가분을 인정하고 있기 때문이다. 공소에 있어서는 설령 지정된 피고인과 공범관계에 있는 자라도 이에 대하여는 효력이 미치지 아니한다. 따라서 공소사실 중에 공범자의 성명이 기재되어있더라도 그 자가 피고인으로서 적시되어 있지 아니하는 한 이를 재판할 수는 없고, 이러한 공범자를 처벌하기 위하여는 별도로 피고인으로서 기소함을 요한다. 다만, 공소시효정지의 효력은 공범자에게도 미친다.

공소의 효력은 공소장에 기재한 공소사실 및 이와 단일성·동일성 있는 사실의 전부에 대하여 불가분적으로 미치고 그 이외에는 미치지 아니한다. 따라서 1개의 범죄에 대하여 그 일부만의 공소는 인정되지 아니한다. 다만, 범죄사실의 일부에 대한 공소는 그 효력이 전부에 미친다. 이를 공소불가분의 원칙이라고 한다. 그러나 이 경우에는 법원의 현실적 심판대상은 공소장에 기재된 1죄의 일부에 한정되며 나머지 부분은 공소장변경 등에 의해서만 현실적 심판대상으로 되기 때문에 공소의 효력이 미치지 아니하는 사건에 대하여는 법원은 심판할 수 없다. 이 원칙을 불고불리의 원칙이라고 한다.

5. 두 개 이상의 형과 시효기간

두 개 이상의 형을 병과(倂科)하거나 두 개 이상의 형에서 한 개를 과(科)할 범죄에 대해서는 무거운 형에 의하여 제249조를 적용한다.

6. 형법 죄명별 공소시효 일람표

※ 공소시효의 기간(형사소송법 제249조~제252조)

죄 명	공소시효	조문	죄 명	공소시효	조문
◇ 내란의 죄 ◇			외교사절에 대한 폭행, 협박죄	7년	108조 1항
내란수괴죄	25년	87조 1호	외교사절에 대한 모욕, 명예훼손죄	5년	108조2항
내란(모의참여, 중요임무종사, 실행)	25년	87조 2호	외국의 국기, 국장의 모독죄	5년	109조
내란부화수행죄	7년	87조 3호	외국에 대한 사전죄	10년	111조 1, 2항
내란목적의 살인죄	25년	88조	동 예비음모죄	5년	111조 3항
내란죄의 미수범	제87~8조 적용	89조	중립명령위반죄	5년	112조
내란죄의 예비, 음모, 선동, 선전죄	10년	90조	외교상기밀의 누설죄	7년	113조
◇ 외환의 죄 ◇			◇ 공안을 해하는 죄 ◇		
외환유치죄	25년	92조	범죄단체의 조직죄	목적한 죄의 공소시효	114조 1항
여적죄	25년	93조	병역 또는 납세의무 거부 목적의 범죄단체조직죄	10년	114조 2항
모병이적죄	25년	94조 1항	소요죄	10년	115조
모병이적에 응한 죄	15년	94조 2항	다중불해산죄	5년	116조
시설제공이적죄	25년	95조	전시공수계약불이행죄	5년	117조
시설파괴이적죄	25년	96조	공무원자격의 사칭죄	5년	118조
물건제공이적죄	15년	97조	◇ 폭발물에 관한 죄 ◇		
간첩죄	25년	98조	폭발물사용죄	25년	119조
일반이적죄	15년	99조	폭발물사용죄의 예비, 음모, 선동죄	10년	120조
외환죄의 미수범	제92~99조	100조	전시폭발물제조 등 죄	10년	121조
외환죄의 예비, 음모, 선동, 선전죄	10년	101조	◇ 공무원의 직무에 관한 죄 ◇		
전시군수계약불이행죄	10년	103조	직무유기죄	5년	122조
◇ 국기에 관한죄 ◇			직권남용죄	7년	123조
국기, 국장의 모독죄	7년	105조	불법체포감금죄	7년	124조
국기, 국장의 비방죄	5년	106조	특수공무원의 폭행가혹행위죄 1	7년	125조
◇ 국교에 관한 죄 ◇			피의사실공표죄	5년	126조
외국원수에 대한 폭행 등 죄	7년	107조	공무상비밀누설죄	5년	127조
선거방해죄	10년	128조	허위의 감정 · 통역 · 번역죄	7년	154조, 152조 2항
단순수뢰죄	7년	129조 1항	모해 허위의 감정 · 통역 · 번역죄	10년	154조, 152조 1항

죄 명	공소시효	조문	죄 명	공소시효	조문
사전수뢰죄	5년	129조 2항	협의의 증거인멸죄	7년	155조 1항
제3자뇌물제공죄	7년	130조	증인은닉죄	7년	155조 2항
수뢰후부정처사죄	10년	131조 1, 2항	모해증거인멸죄	10년	155조 3항
사후수뢰죄	7년	131조 3항	◇ 무고의 죄 ◇		
알선수뢰죄	5년	132조	무고죄	10년	156조
뇌물공여죄	7년	133조	◇ 신앙에 관한 죄 ◇		
◇ 공무방해에 관한 죄 ◇			장례식등의 방해죄	5년	158조
공무집행방해죄	7년	136조	사체등의 오욕죄	5년	159조
위계에 의한 공무집행방해죄	7년	137조	분묘의 발굴죄	7년	160조
법정 또는 국회의장 모욕죄	5년	138조	사체등의 영득죄	7년	161조 1항
인권옹호직무방해죄	7년	139조	분묘발굴 사체등의 영득죄	10년	161조 2항
공무상비밀표시무효죄	7년	140조	변사체검시방해죄	5년	163조
부동산강제집행효용침해죄	7년	140의 2	◇ 방화와 실화의 죄 ◇		
공용서류등의 무효죄	7년	141조 1항	현주건조물등에의 방화죄	15년	164조 1항
공용물의 파괴죄	10년	141조 2항	현주건조물방화치상죄	15년	164조 2항
공무상보관물의 무효죄	7년	142조	현주건조물방화치사죄	25년	164조 2항
특수공무방해치상죄	10년	144조 2항	공용건조물등에의 방화죄	15년	165조
특수공무방해치사죄	15년	144조 2항	일반건조물등에의 방화죄	10년	166조1항
◇ 도주와 범인은닉의 죄 ◇			자기소유일반건조물등에의 방화죄	7년	166조 2항
도주, 집합명령위반죄	5년	145조	일반물건에의 방화죄	10년	167조 1항
특수도주죄	7년	146조	자기소유일반물건에의 방화죄	5년	167조 2항
도주원조죄	10년	147조	연소죄	10년	168조 1항
간수자의 도주원조죄	10년	148조	연소죄	7년	168조 2항
도주원조죄의 예비음모죄	5년	150조	진화방해죄	10년	169조
범인은닉죄	5년	151조	실화죄	5년	170조
◇ 위증과 증거인멸의 죄 ◇			업무상실화중실화죄	5년	171조
위증죄	7년	152조1항	폭발성물건파열죄	10년	172조 1항
모해위증죄	10년	152조2항	폭발성물건파열치사상죄	15년	172조 2항
가스·전기 등 방류죄	10년	172조의 2 1항	수도음용수의 사용방해죄	10년	193조
가스·전기 등 방류치사상죄	15년	172조의 2 2항	음용수혼독치사상죄	15년	194조
가스·전기 등 공급방해죄	10년	173조 1항, 2항	수도불통죄	10년	195조
가스·전기등 공급방해치상죄	10년	173조 3항 전단	음용수에 관한 죄의 예비음모죄	5년	197조
가스·전기등 공급방해치사죄	15년	173조 3항 후단	◇ 아편에 관한 죄 ◇		

죄 명	공소시효	조문	죄 명	공소시효	조문
과실폭발물폭발등 죄	7년	173조의 2 1항	아편등의 제조등 죄	10년	198조
방화죄등의 예비음모죄	7년	175조	아편흡식기의제조등죄	7년	199조
◇ 일수와 수리에 관한 죄 ◇			세관공무원의 아편등의수입죄	10년	200조
현주건조물등에의 일수죄	15년	177조 1항	아편흡식 등 동 장소제공죄	7년	201조
현주건조물등에의 일수치상죄	15년	177조 2항	아편등의 소지죄	5년	205조
공용건조물등에의 일수죄	15년	178조	◇ 통화에 관한 죄 ◇		
일반건조물등에의 일수죄	10년	179조 1항	내국통화위조 등 및 동행사, 수입등 죄	15년	207조 1항, 4항
자기소유일반건조물등에의 일수죄	5년	179조 2항	외국통화위조 등 및 동행사, 수입 등 죄	10년	207조 2항, 3항, 4항
방수방해죄	10년	180조	위조통화의 취득죄	7년	208조
과실일수죄	5년	181조	위조통화취득후의 지정행사죄	5년	210조
일수죄의 예비음모죄	5년	183조	통화유사물의제조등죄	5년	211조
수리방해죄	7년	184조	통화에 관한 죄의 예비음모	7년	제213조
◇ 교통방해의 죄 ◇			◇ 유가증권, 우표와 인지에 관한 죄 ◇		
일반교통방해의 죄	10년	185조	유가증권의 위조등 죄	10년	214조
기차·선박등의 교통방해죄	10년	186조	자격모용에 의한 유가증권의 작성죄	10년	215조
기차등의 전복등 죄	15년	187조	허위유가증권의 작성등죄	7년	216조
교통방해치사상죄	15년	188조	우표, 인지의위조등 죄	10년	218조
과실, 업무상과실, 중과실에 의한 교통방해죄	5년	189조	위조우표, 인지등의 취득죄	5년	219조
교통방해죄의 예비음모죄	5년	191조	소인의 말소죄	5년	221조
◇ 음용수에 관한 죄 ◇			인지, 우표, 유사물의 제조등 죄	5년	222조
음용수의 사용방해죄	5년	192조 1항	유가증권, 우표와 인지에 관한 죄의 예비음모죄	5년	224조
독물등 혼입에 의한 음용수사용방해죄	10년	192조 2항	◇ 문서에 관한 죄 ◇		
공문서등의 위조, 변조, 및 동행사죄	10년	225조, 229조	◇ 살인의 죄 ◇		
자격모용에 의한 공문서등의 작성 및 동행사죄	10년	226조, 229조	살인, 존속살해죄	25년	250조
허위공문서등의 작성 및 동행사죄	7년	227조, 229조	영아살해죄	10년	251조
공전자기록위작·변작죄 및 동행사죄	10년	227조의 2, 229조	촉탁 승낙에 의한 살인등 죄	10년	252조
공정증서원본등의 불실기재 및 동행사죄	7년	228조 1항, 229조	위계등에 의한 촉탁살인등 죄	25년	253조

죄 명	공소시효	조문	죄 명	공소시효	조문
공정증서원본등의 불실기재 및 동행사죄	5년	228조 2항, 229조	살인죄의 예비음모죄	10년	255조
공문서등의 부정행사죄	5년	230조	◇ 상해와 폭행의 죄 ◇		
허위진단서등의 작성 및 동행사죄	7년	231조, 234조	상해죄	7년	257조1항
자격모용에 의한 사문서의 작성 및 동행사죄	7년	232조, 234조	존속상해죄	10년	257조2항
사전자기록위작변작죄 및 동행사죄	7년	232조의 2, 234조	(존속)중상해죄	10년	258조
허위진단서등의 작성 및 동행사죄	5년	233조, 234조	특수상해죄	10년	258조의 2
사문서의 부정행사죄	5년	236조	상해치사죄	10년	259조 1항
◇ 인장에 관한 죄 ◇			존속상해치사죄	15년	259조 2항
공인 등의 위조, 부정사용 및 동행사죄	7년	238조	폭행죄	5년	260조 1항
사인 등의 위조, 부정사용 및 동행사죄	5년	239조	존속폭행죄	7년	260조 2항
◇ 성풍속에 관한 죄 ◇			특수폭행죄	7년	261조
간통죄	5년	241조	폭행치상죄	7년	262조 257조 1항
음행매개죄	5년	242조	폭행중상해, 존속폭행중상해죄	10년	262조 258조
음화반포등 죄	5년	243조	폭행치사죄	10년	262조 259조 1항
음화제조등 죄	5년	244조	존속폭행치사죄	15년	262조 259조 2항
공연음란죄	5년	245조	◇ 과실치사상의 죄 ◇		
◇ 도박과 복표에 관한 죄 ◇			과실치사상죄	5년	266조
도박, 상습도박죄	5년	246조	과실치사죄	5년	267조
도박개장죄	7년	247조	업무상과실, 중과실에 의한 치사상죄	7년	268조
복표발매죄	7년	248조 1항	◇ 낙태의 죄 ◇		
복표발매중개죄	5년	248조 2항	낙태죄	5년	269조 1항, 2항
복표취득죄	5년	248조 3항			
촉탁·승낙낙태치상죄	5년	269조 3항, 전단	특수중체포감금죄	7년	278조, 277조 1항
촉탁·승낙낙태치상죄	7년	269조 3항, 후단	존속특수중체포감금죄	10년	278조, 277조 2항
의사등의 낙태, 부동의 낙태죄	5년	270조 1항, 2항	체포감금치상죄	10년	281조 1항 276조 1항
의사등의 낙태, 부동의 낙태치상죄	7년	270조 3항, 전단	존속체포감금치상죄	10년	281조 2항 276조 2항

죄 명	공소시효	조문	죄 명	공소시효	조문
의사등의 낙태, 부동의 낙태치사죄	10년	270조 3항, 후단	체포감금치사죄	10년	281조 1항 276조 1항
◇ 유기와 학대의 죄 ◇			존속체포감금치사죄	15년	281조 2항 276조 2항
유기죄	5년	271조 1항	◇ 협박의 죄 ◇		
존속유기죄 및 존속유기로 인한 생명에 위험을 초래한 죄	10년	271조 2항, 4항	협박죄	5년	283조 1항
단순유기로 인한 생명에 위험을 초래한 죄	7년	271조 3항	존속협박죄	7년	283조 2항
영아유기죄	5년	272조	특수협박죄	7년	284조
학대죄	5년	273조 1항	◇ 약취와 유인의 죄 ◇		
존속학대죄	7년	273조 2항	미성년자의 약취유인죄	10년	287조
영아혹사죄	7년	274조	추행 등 목적 약취, 유인 등 죄	10년	288조
(제271조 내지 제273조) 유기 등 치상죄	7년	275조 1항, 전단	인신매매 죄	7년, 10년	289조
(제271조 내지 제273조) 유기 등 치사죄	10년	275조 1항, 후단	약취, 유인, 매매, 이송 등 상해·치상	10년	290조
존속(제271조 내지 제273조)유기 등 치상죄	10년	275조 2항, 전단	약취, 유인, 매매, 이송 등 살인·치사	살인 : 25년 치사 : 15년	291조
존속(제271조 내지 제273조)유기 등 치사죄	15년	제275조 2항, 후단	약취, 유인, 매매, 이송된 사람의 수수·은닉 등 죄	7년	292조
◇ 체포와 감금의 죄 ◇			◇ 강간과 추행의 죄 ◇		
체포감금죄	7년	제276조 1항	강간죄	10년	297조
존속체포감금죄	10년	제276조 2항	유사강간	10년	297조의 2
중체포, 중감금죄	7년	제277조 1항	강제추행죄	10년	298조
존속중체포, 존속중감금죄	10년	제277조 2항	준강간, 준강제추행죄	10년	299조
특수체포, 감금죄	7년	제278조 제276조 1항	강간등에 의한 상해·치상죄	15년	301조
존속특수체포, 감금죄	10년	제278조 제276조 2항	강간등 살인죄	25년	301조의 2전단
강간 등 치사죄	15년	301조의 2 후단	강요죄	7년	324조 1항
미성년자에 대한 간음죄	7년	302조	특수강요죄	10년	324조 2항
업무상위력등에 의한 간음죄	7년	303조	인질강요죄	10년	324조의 2
미성년자(13세미만)에 대한 간음, 추행죄	10년	305조, 297조	인질상해·치상죄	15년	324조의 3
미성년자(13세미만)에 대한 간음, 추행상해, 치상죄	15년	305조, 301조	인질살해죄	25년	324조의 4 전단
◇ 명예에 관한 죄 ◇			인질치사죄	15년	324조의 4 후단

죄 명	공소시효	조문	죄 명	공소시효	조문
명예훼손죄	5년	307조 1항	점유강취, 준점유강취	7년	325조
허위사실적시명예훼손죄	7년	307조 2항	중권리행사방해죄	10년	326조
사자의 명예훼손죄	5년	308조	강제집행면탈죄	5년	327조
출판물등에 의한 명예훼손죄	5년	309조 1항	◇ 절도와 강도의 죄 ◇		
허위사실적시출판물등에 의한 명예훼손죄	7년	309조 2항	절도죄	7년	329조
모욕죄	5년	311조	야간주거침입절도죄	10년	330조
◇ 신용, 업무와 경매에 관한 죄 ◇			특수절도죄	10년	331조
신용훼손죄	7년	313조	자동차등 불법사용죄	5년	331조의 2
업무방해죄	7년	314조	강도죄	10년	333조
경매입찰방해죄	5년	315조	특수강도죄	15년	334조
◇ 비밀침해의 죄 ◇			준강도죄	10년	335조 333조
비밀침해죄	5년	316조	준특수강도죄	15년	335조, 334조
업무상비밀누설죄	5년	317조	인질강도죄	10년	336조
◇ 주거침입의 죄 ◇			강도상해, 치상죄	15년	337조
주거침입, 퇴거불응죄	5년	319조	강도살인죄	25년	338조 전단
특수주거침입죄	7년	320조	강도치사죄	15년	338조 후단
주거·신체수색죄	5년	321조	강도강간죄	15년	339조
◇ 권리행사를 방해하는 죄 ◇			해상강도, 해상강도상해 치상죄	15년	340조 1항, 2항
권리행사방해죄	7년	323조	해상강도살인, 치사죄	25년	340조 3항
◇ 사기와 공갈의 죄 ◇			상습강도, 상습특수절도, 상습인질강도, 상습해상강도등 죄	15년	341조
사기죄	10년	347조	강도죄의 예비음모죄	7년	343조
컴퓨터등 사용사기죄	10년	347조의 2	◇ 장물에 관한 죄 ◇		
준사기죄	10년	348조	장물의 취득, 알선등 죄	7년	제362조
편의시설부정이용죄	5년	348조의 2	상습장물의 취득, 알선등 죄	10년	제363조
부당이득죄	5년	349조	업무상과실, 중과실로 인한 장물취득등 죄	5년	제364조
공갈죄	10년	350조	◇ 손괴의 죄 ◇		
특수공갈죄	10년	350조의 2	재물 또는 문서의 손괴죄	5년	제336조
◇ 횡령과 배임의 죄 ◇			공익건조물 파괴죄	10년	제367조
횡령, 배임죄	7년	355조	중손괴죄	10년	제368조 1항
업무상의 횡령과 배임죄	10년	356조	재물손괴등 치상죄	10년	제368조 2항
배임수뢰죄	7년	357조 1항	재물손괴등 치사죄	10년	제368조 2항
배임증뢰죄	5년	357조 2항	특수손괴죄	7년	제369조 1항
점유이탈물횡령죄	5년	360조	특수손괴죄	10년	제369조 2항
			경계침범죄	5년	제370조

제3절 공소제기 후 공판기일 전의 절차(공판준비절차)

I. 총 설

1. 의 의

공판준비절차란 공판기일의 심리준비를 위해 수소법원이 행하는 일련의 절차를 말한다. 공판준비는 제1회 공판기일 전은 물론 제2회 이후의 공판기일에도 행할 수 있다. 수소법원이 하는 절차이므로 지방법원판사가 하는 증거보전절차, 증인신문절차, 각종영장발부절차는 공판준비에 포함되지 않는다.

[공판절차의 순서]

법원은 공소의 제기가 있는 때에는 지체 없이 공소장 부본을 피고인 또는 변호인에게 송달하여야 한다. 공판기일의 일반적인 순서는 다음과 같다.

1. 인정신문
인정신문은 피고인이 맞는지 확인하여 확정하는 절차이다. 즉 재판장은 피고인의 성명, 직업, 본적, 주소, 주민등록번호 등을 묻는다.

2. 검사의 모두진술
검사는 공소장에 의하여 기소의 요지를 진술하여야 한다. 검사의 출석 없이 개정하는 경우에는 공소장에 기재된 사항에 의하여 검사의 기소요지의 진술이 있는 것으로 간주한다. 이처럼 검사의 모두진술을 하도록 규정되어 있으나 실무에서는 이를 생략하고 판사가 피고인에게 진술거부권이 있음을 고지한 후에 바로 검사가 공소사실에 관하여 피고인을 신문한다.

3. 검사의 피고인 신문
피고인신문이란 피고인에 대하여 공소사실과 그 정황에 관한 필요한 사항을 신문하는 절차이다. 순서는 검사와 변호인이 순차로 피고인에 대하여 직접신문하고 재판장은 검사와 변호인이 신문을 마치면 신문할 수 있다. 따라서 피고인 신문은 재판장이 먼저 할 수 없다.

4. 증거조사

증거조사란 법원이 피고사건의 사실인정과 형의 양형에 관한 심증을 얻기 위하여 인증서증·물증 등 각종의 증거방법을 조사하여 그 내용을 감지하는 소송행위를 말한다. 증거조사는 피고인에 대한 신문이 종료한 후에 하여야 한다. 단 필요한 때에는 신문중에도 할 수 있다. 피고인이 자백한 때에는 간이공판절차에 의하여 조사하고 피고인이 부인할 경우에는 검사가 제출한 증거에 대하여 인부 또는 동의여부를 피고인 또는 변호인이 밝히면 된다.

5. 최종변론

피고인신문과 증거조사가 종료한 때에는 검사는 사실과 법률적용에 관하여 의견을 진술하여야 한다. 즉 검사의 구형이 있게 된다. 법원은 검사의 구형에 구속되지 않는다.

재판장은 검사의 의견을 들은 후 피고인과 변호인에게 최종의 의견을 진술할 기회를 주어야 한다. 피고인과 변호인에게 최종의견진술의 기회를 주지 않은 채 심리를 마치고 판결을 선고하는 것은 위법이라고 한다.

6. 결심(판결)

위와 같은 절차를 마치면 결심을 하고 선고기일을 정한 후에 선고기일에 이르러 피고인에 대한 판결을 선고하게 된다. 판결의 선고는 재판장이 하며 주문을 낭독하고 이유의 요지를 설명하여야 한다. 형을 선고하는 경우에는 재판장은 피고인에게 상소할 기간과 상소할 법원을 고지하여야 한다.

① 유죄판결

심리결과 피고인의 죄가 인정되면 유죄의 판결을 하게 된다. 이와 같이 정상에 따라 실형을 선고할 수도 있고 또한 집행유예, 선고유예를 할 수 있다.

가) 집행유예

형을 선고하되 일정기간 그 형의 집행을 미루어 두었다가 그 기간동안 재범을 하지 않고 성실히 살면 형의 선고를 실효시켜 아예 집행을 하지 않는 제도이다. 즉 3년 이하의 징역, 또는 금고의 형을 선고할 경우에 양형의 조건을 참작하여 그 정상에 참작할 만한 사유가 있는 때에는 1년 이상 5년 이하의 기간, 형의 집행을 유예할 수 있다.

나) 선고유예

형의 선고 자체를 미루어 두었다가 일정기간 무사히 경과하면 면소된 것으로 간주되는 제도이다. 즉 1년 이하의 징역이나 금고, 자격정지 또는 벌금의 형을 선고할 경우에 양형의 조건을 참작하여 잘못을 뉘우치고 마음을 바르게 고쳐먹음이 현저한 때에는 그 선고를 유예할 수 있다.

② 무죄판결

검사가 기소한 사건에 대하여 유죄로 인정할만한 증거가 없으면 판사는 무죄를 선고한다.

③ 면소판결

면소판결이란 확정판결이 있은 때, 사면이 있은 때, 공소시효가 완성되었을 때, 범죄 후 법령의 개 폐로 형이 폐지된 때 등 실체적 소송조건이 구비되지 않은 경우에 선고되는 종국판결이다.

④ 공소기각

공소기각의 재판은 관할권 이외의 형식적 소송조건을 구비하지 못한 경우에 공소를 부적법으로 기 각하는 종국재판이다. 공소기각은 결정으로 할 경우와 판결로 할 경우가 있다.

가) 공소기각의 결정사유

공소가 취소되었을 때, 피고인이 사망하거나 피고인 법인이 존속하지 아니하게 되었을 때, 동일사 건과 수개의 소송계속 또는 관할의 경합의 규정에 의하여 심판할 수 없을 때, 공소장에 기재된 사 실이 진실하다 하더라도 범죄가 될 만한 사실이 포함되지 아니한 때 결정으로 공소기각을 하여야 한다.

나) 공소기각의 판결사유

피고인에 대하여 재판권이 없는 때, 공소제기의 절차가 법률의 규정에 위반하여 무효인 때, 공소가 제기된 사실에 대하여 다시 공소가 제기 되었을 때, 공소취소와 재기소의 규정에 위반하여 공소가 제기되었을 때, 고소가 있어야 죄를 논할 사건에 대하여 고소의 취소가 있는 때, 피해자의 명시한 의사에 반하여 죄를 논할 수 없는 사건에 대하여 처벌을 희망하지 아니하는 의사표시가 있거나 처 벌을 희망하는 의사표시가 철회되었을 때 판결로서 공소기각의 선고를 한다.

2. 유 형

공판준비절차는 광의의 공판준비절차와 협의의 공판준비절차로 나누어 생각해 볼수 있다. 광의 의 공판준비절차란 공소장부본의 송달(법 제266조), 피고인의 의견서제출(법 제266조의2), 공판 기일의 지정(법 제267조 제1항), 피고인의 소환(법 제267조 제2항), 증거개시절차(법 제266조의 3), 협의의 공판준비절차(법 제266조의5) 등을 포괄하는 개념이고 이에 대한 협의의 공판준비절 차란 공판기일의 집중심리를 위하여 재판장이 특별히 시행하는 절차로서 개정법 제266조의5 이하가 도입한 제도를 말한다.

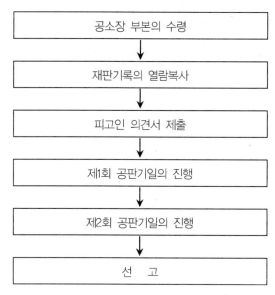

[공소제기 이후의 절차]

공소장 부본의 수령

↓

재판기록의 열람복사

↓

피고인 의견서 제출

↓

제1회 공판기일의 진행

↓

제2회 공판기일의 진행

↓

선   고

Ⅱ. 법원의 사전준비

1. 공소장부본의 송달

법원은 공소의 제기가 있는 때에는 공소장 부본을 피고인 또는 변호인에게 지체없이 송달해야
한다(법 제266조). 공소장에 기재된 사실은 법원의 심판범위의 대상을 한정한다는 의미에서
피고인의 방어권 행사와 직결된다. 이러한 점을 감안하여 형사소송법은 지체없이 피고인에게
공소장 부본을 송달하면서 최소한 제1회 공판기일 전 5일까지는 송달되도록 하고 있다(법 제
266조).

2. 국선변호인 선정에 관한 고지

법원에서는 공소장부본 발송시 까지 변호인이 선임되어 있지 않은 모든 피고인에게 공소장 부
본 송달과 함께 국선변호인선정청구를 하라는 내용의 국선변호인선정을 위한 고지서를 송달하
고 그 고지서 뒷면에 국선변호인 선정청구서 양식을 이용하여 청구하도록 편의를 제공하고 있
다. 그리고 필요적 국선사건의 경우에는 신속하게 국선변호인을 선정한 다음 지체없이 국선변

호인에게 선정결정등본 공소장부본을 송달하고 기일을 통지한다. 필요적 국선사건에 해당하는 지 여부는 통상 주임이 판단한다.

Ⅲ. 피고인(변호인)의 사전준비

1. 공소장 검토(사건의 쟁점 파악)

피고인은 공판준비의 첫 단계로 공소장을 검토하여야 사건의 쟁점을 파악해야 한다. 피고인은 일단 공소가 제기되면 유죄판결이 선고될 것이라고 속단하여 공소장의 검토를 소홀히 하는 경우가 있으나 피고인이 무죄를 주장하든 유죄를 시인하든 공소장에 기재된 공소사실과 죄명, 적용법조 등을 반드시 검토해서 대응 방법을 확정해야 한다.

2. 증거서류, 증거물의 사전열람(증거개시제도)

공판의 준비가 신속하고 적절하게 이루어지기 위해서는 검사와 변호인 쌍방이 지니고 있는 증거서류와 증거물을 사전에 열람할 필요가 있다. 종래 변호인이 검사가 아직 법원에 증거로 제출하지 아니한 관계서류나 증거물에 대해 열람등사 할 수 있는지에 대해 명문의 규정이 없어 실무상 혼선이 있었지만 현재는 명시적으로 피고인 및 변호인의 열람등사 신청을 할 수 있도록 하고 있다(법 제266조의11).

공소가 제기되면 바로 공소장과 수사기록을 열람 복사할 수 있다. 다만 공소제기기 되어 공소장이 검찰로부터 법원에 송부되었더라도 수사기록은 뒤 늦게 송부되어 피고인 또는 변호인이 법원에 기록의 열람등사신청을 하더라도 기록을 확보하지 못하는 경우가 많다. 따라서 이런 경우에는 직접 검사실을 방문하여 수사기록을 열람, 복사하면 된다.

재판기록 열람·등사 청구서				허	부
청 구 인	성 명	김 미 녀 (인)	·전화번호		
			담당사무원		
	자 격	피고인의 모	소명자료		
청구구분		☐ 열 람		☑ 등 사	
대상기록	사 건 번 호		사 건 명	재 판 부	
	20○○고합 ○○○		절도	형사 5부	
등사할 부분	공소장 및 수사기록 일체 (등사매수 : 매)				
등사방법	☐ 필 사 ☐ 변호사단체 복사기 ☑ 법원복사기				
청구수수료	☐ 500원 ☑ 면 제	(수입인지 첨부란)			
등사비용	원 (매×100)				
비 고					
영수일시	20○○. . . :		영수인		(인)

작성·접수방법

1. 청구인, 영수인 란은 서명 또는 기명날인한다.
2. 소송대리인·변호인의 사무원이 열람·등사하는 경우에는 담당사무원 란에 그 사무원의 성명을 기재한다.
3. 청구수수료는 1건당 500원(수입인지로 납부). 다만, 사건의 당사자 및 그 법정대리인·소송대리인·변호인 (사무원 포함)·보조인 등이 그 사건의 계속 중인 열람·등사하는 때에는 청구수수료 면제함.
4. 법원복사기로 등사하는 경우에는 1건당 100원의 등사비용을 수입인지로 납부한다.

3. 의견서 제출

형사소송법은 공소사실에 대한 피고인의 입장을 조기에 확인함으로서 심리계획의 수립을 용이하게 하고 피고인으로서도 공소장에 대응하는 의사표시를 할 기회를 활용함으로서 방어에 도움이 되도록 하기 위하여 의견서 제출제도를 도입하였다. 즉 피고인은 공소장 부본을 송달받은 날로부터 7일 이내에 공소사실에 대한 인정여부 등을 기재한 의견서를 법원에 제출하여야 한다. 다만 피고인이 진술을 거부하는 경우에 그 취지를 기재한 의견서를 제출할 수 있다(법 제

266조의2). 법원은 의견서가 제출된 때에는 이를 검사에게 송부하여야 한다.

[서식 161] 의견서(1)

의 견 서

사   건 : 20○○고단(합)   호

피 고 인 :

　이 의견서는 피고인의 진술권 보장과 공판절차의 원활한 진행을 위하여 제출하도록 하는 것입니다. 피고인은 다음 사항을 기재하여 이 양식을 송부받은 날로부터 7일 이내에 법원에 제출하시기 바랍니다. 진술을 거부하는 경우에는 진술을 거부한다는 내용을 기재하여 제출할 수 있습니다.

1. 공소사실에 대한 의견
　가. 공소사실의 인정 여부
　　⑴ 공소사실을 모두 인정함(　　)
　　⑵ 세부적으로 약간 다른 부분은 있지만 전체적으로 잘못을 인정함(　　)
　　⑶ 여러 개의 공소사실 중 일부만 인정함(　　)
　　⑷ 공소사실을 인정할 수 없음(　　)
　　⑸ 진술을 거부함(　　)
　나. 공소사실을 인정하지 않거나{1의 가. ⑶, ⑷ 중 어느 하나를 선택한 경우}, 사실과 다른 부분이 있다고 하는 경우{1의 가. ⑵를 선택한 경우}, 그 이유를 구체적으로 밝혀 주시기 바랍니다.

2. 절차진행에 대한 의견
　가. 이 사건 이외에 현재 재판진행 중이거나 수사 중인 다른 사건이 있다면, 해당 수사기관이나 법원과 그 사건명, 당사자 명을 기재하여 주시기 바랍니다.
　나. 이 사건 재판을 진행하기 전에 법원에 이야기하고 싶은 특별한 사정이 있습니까?

다. 이 사건 재판의 절차 진행에 있어, 법원에서 참작해 주기를 바라는 사항이
    있으면, 구체적으로 밝혀 주시기 바랍니다.

3. 성행 및 환경에 관한 의견
  가. 가족관계
    (1) 가족관계(사실상의 부부나 자녀도 기재하며, 중한 질병 또는 장애가 있는
        등 특별한 사정은 비고란에 기재)

관계	성명	나이	학력	직업	동거여부	비고
본인						

    (2) 주거사항자가 소유(시가 :   원) 전세(보증금 :   원)
        월세(보증금 :   , 월세 :   원), 기타(여인숙, 노숙 등)
    (3) 가족의 수입
  나. 피고인의 학력 · 직업 및 경력
    (1) 피고인의 학력
    (2) 과거의 직업, 경력
    (3) 현재의 직업 및 월수입, 생계유지 방법
    (4) 향후 취직을 하거나 직업을 바꿀 계획 유무 및 그 내용, 자격증 등 소지 여부
  다. 성장과정 및 생활환경(부모나 형제와의 관계, 본인의 결혼생활, 학교생활, 교
      우관계, 성장과정, 취미, 특기, 과거의 선행 등을 기재)
  라. 피고인 자신이 생각되는 자기의 성격과 장 · 단점

4. 정상에 관한 의견(공소사실을 인정하지 않는 경우 기재하지 않아도 됨)
  가. 범행을 한 이유
  나. 피해자와의 관계
  다. 합의 여부(미합의인 경우 합의 전망, 합의를 위한 노력 및 진행상황)
  라. 범행 후 피고인의 생활
  마. 현재 질병이나 신체장애 여부

바. 억울하다고 생각되는 사정이나 애로사항

사. 그 외 형을 정함에 있어서 고려할 사항

5. 양형을 위하여 조사해 주기를 바라는 사항

　가. 피고인의 부모, 형제, 친척, 친구 등 양형조사를 해주기 바라는 사람의 이름

　　과 연락처를 구체적으로 기재

　나. 피고인의 양형을 위하여 유리한 문서, 서류 기타 관련증거 등에 관하여 구체

　　적으로(소재지 등) 기재

6. 기　타{이 사건 양형심리를 위하여 필요하다고 생각되는 내용 등을 자유롭게 기재}

7. 법원조사관의 면담을 원하는지 여부법원조사관을 면담하여 양형에 관한 사실 및

　의견에 관하여 도움 받고 싶은가요?

　(1) 원한다(　　)　　　(2) 원하지 않는다(　　)　　　(3) 기타(　　)

20○○.　　○.　　○.

피고인　　　　　　　　　　(기명날인 또는 서명)

○○지방법원 형사 제○부　귀중

▌작성·접수방법

1. 위 의견서를 작성하여 위 양식을 송달받은 날로부터 7일 이내에 의견서 1부를 법원 형사과 접수실에 제출한다.
2. 각 사항은 사실대로 구체적으로 기재하여야 하며, 기억나지 않는 부분은 기재하지 않아도 무방하다.
3. 지면이 부족하면 별지에 첨부할 수 있으며, 참고할 만한 자료가 있으면 함께 제출하도록 한다.
4. 답변서는 피고인의 입장을 재판장이 사전에 헤아려 볼 수 있으므로 재판진행의 방향을 설정하는데 큰 도움
   을 준다. 예를 들어 답변서에 공소사실을 인정하는 방법이냐 아니냐에 따라 재판장은 간이공판절차 혹은
   증거조사를 하는 것으로 방향을 잡는다.

의 견 서

사　　　건　　　　　20○○고단 ○○○○　관광진흥법위반 등
피 고 인　　　　　　김　○　○

　　이 의견서는 피고인의 진술권 보장과 공판절차의 원활한 진행을 위하여 제출하도
록 하는 것입니다. 피고인은 다음 사항을 기재하여 이 양식을 송부받은 날로부터
7일 이내에 법원에 제출하시기 바랍니다. 진술을 거부하는 경우에는 진술을 거부한
다는 내용을 기재하여 제출할 수 있습니다.

1. 공소사실에 대한 의견
　가. 공소사실의 인정 여부
　　　(1) 공소사실을 모두 인정함(　　)
　　　(2) 세부적으로 약간 다른 부분은 있지만 전체적으로 잘못을 인정함(　　)
　　　(3) 여러 개의 공소사실 중 일부만 인정함(　　)
　　　(4) 공소사실을 인정할 수 없음(　○　)
　　　(5) 진술을 거부함(　　)
　나. 공소사실을 인정하지 않거나{1의 가. (3), (4) 중 어느 하나를 선택한 경우},
　　　사실과 다른 부분이 있다고 하는 경우{1의 가. (2)를 선택한 경우}, 그 이유를
　　　구체적으로 밝혀 주시기 바랍니다.
　　　① 본 피고인은 20○○. ○.경 같은 피고인 이○근으로부터 "요즘 같이 경기
　　　　 가 불황인데 은행에 돈을 넣어봐야 무슨 득이 있겠느냐. 나의 친형이 했
　　　　 던 신규업종에 투자하면 하루 상당한 수익을 거뜬히 얻을 수 있다고 제안
　　　　 한 것입니다.
　　　② 위 피고인 이○근을 알게 된 것은 위 투자제안을 받기 전 3개월 전인데,
　　　　 이○근은 본 피고인으로부터 일부 금전차용을 한바 있고 이를 성실히 갚
　　　　 은 바 있어 알게 된 것입니다. 그리고 본 피고인에게 투자할만한 약간의
　　　　 돈이 있음을 알고 있던 터였습니다.
　　　③ 결국 피고인은 같은 피고인 이○근의 투자제안에 솔깃하여 20○○. ○.경

투자금 OOO만 원을 마련하여 투자수익을 기재한 것입니다. 그러나 이후 카지노바 영업의 수익을 같은 피고인 김ㅇ태 혼자만이 독식하여 업무상 횡령죄로 고소제기한바 있습니다.

④ 피고인은 같은 피고인들이 하는 카지노바 영업에 관한 허가여부에 관하여 는 전혀 문외한일 뿐만 아니라 그 여부를 확인하지도 못했고 응당 카지노 바 영업을 어떻게 운영하는지 전혀 몰랐던 것입니다.

⑤ 따라서 공소장에 기재된 사업에 관한 투자와 그 수익배분에 관항 약정은 인정하지만, 카지노바 영업을 관할관청으로부터 허가를 받지 않고 하겠 다는 고의가 있었다든가 그 운영방식에 관하여는 탈법 내지 위법적 방식 내지 수단으로 하겠다는 고의는 전혀 없었던 것입니다.

⑥ 피고인은 김ㅇ태가 운영하는 카지노바에 들어갔다가 거의 몰매를 맞고 나 오는 등으로 카지노바 운영에 관하여는 완전히 배제되어 있던 것입니다.

2. 절차진행에 대한 의견
   가. 이 사건 이외에 현재 재판진행 중이거나 수사 중인 다른 사건이 있다면, 해당 수사기관이나 법원과 그 사건명, 당사자명을 기재하여 주시기 바랍니다.
   나. 이 사건 재판을 진행하기 전에 법원에 이야기하고 싶은 특별한 사정이 있습니 까?
   다. 이 사건 재판의 절차 진행에 있어, 법원에서 참작해 주기를 바라는 사항이 있으면, 구체적으로 밝혀 주시기 바랍니다.

3. 성행 및 환경에 관한 의견
   가. 가족관계
      (1) 가족관계(사실상의 부부나 자녀도 기재하며, 중한 질병 또는 장애가 있는 등 특별한 사정은 비고란에 기재)

관계	성명	나이	학력	직업	동거 여부	비고
본인	김갑동	58	고졸	공구상 운영 이후 뇌경색치 료중이며 현재는 무직		B형간염만성 으로 투병 중
아들	김성철	31	대졸	회사원	동거	미혼
딸	김영희	29	대졸	회사원	동거	미혼

(2) 주거사항 : 전세(보증금 : 30/3,500만원)

(3) 가족의 수입 : 아들 월수입 200만원, 딸 월수입 150만원

나. 피고인의 학력·직업 및 경력

　(1) 피고인의 학력 : 서울 ○○고등학교 졸업

　(2) 과거의 직업, 경력

　　① 청계천 기계공구상을 운영한바 있는데 간질환(B형간염) 투병으로 인하여 위 사업을 정리하였습니다.

　　② 일시 대부업 등록을 하고 대부업을 한 바 있습니다. 그러나 현재는 뇌경색치료중이며 실질상 무직입니다.

　(3) 현재의 직업 및 월수입, 생계유지 방법: 현재 뇌경색치료중임으로 특별한 직업은 없으며, 수입 있는 자녀들과 동거중입니다.

　(4) 향후 취직을 하거나 직업을 바꿀 계획 유무 및 그 내용, 자격증 등 소지 여부 : 자격증은 없습니다.

다. 성장과정 및 생활환경(부모나 형제와의 관계, 본인의 결혼생활, 학교생활, 교우관계, 성장과정, 취미, 특기, 과거의 선행 등을 기재)

　① ○○시 ○○동에서 출생하였으며, 그 소재 ○○중학교를 졸업하고 서울 ○○고등학교에 입학 및 졸업하였습니다.

　② 부친은 어려서 일찍 작고하시고 모친은 본인의 결혼 이후 돌아가셨습니다. 결혼을 하였지만 20○○년경 성격차이로 이혼하고 현재 거주지에서 자녀들과 함께 생활하고 있습니다.

라. 피고인 자신이 생각되는 자기의 성격과 장·단점

　① 장점 : 사람에 대하여 한번 신뢰를 주면 가급적 끝까지 신의를 지키고자 합니다. 불의를 보면 참지 못하고 나서는 성격입니다.

　② 단점 : 성격이 급합니다. 사람을 쉽게 믿은 경향이 있습니다.

4. 정상에 관한 의견(공소사실을 인정하지 않는 경우 기재하지 않아도 됨)[범행을 한 이유, 피해자와의 관계]

　① 피고인은 20○○년경부터 거래상 알게 된 같은 피고인 이○근으로부터 "요즘 같이 경기가 불황인데 은행에 돈을 넣어봐야 무슨 득이 있겠느냐. 나의 친형인 이○근이 했던 신규업종에 투자하면 하루 상당한 수입을 거뜬히 벌 수 있

다"고 아주 그럴듯한 투자 제안을 받은 것입니다.

② 이에 피고인은 관심을 보이니, 위 이○근의 친형인 이○수이라는 사람이 자기 동생이 운영하는 장안동 소재 카지노바를 데려가 손님이 꽉 찬 내부까지 구경해 주면서 돈을 많이 번다고 자랑을 한 것입니다. 당시 이○근은 자신 있으니 자신을 믿어달라고 하면서 우리도 함께 이 같이 해보자고 꾀었던 것입니다.

③ 이에 같은 피고인 이○근은 본 피고인에게 자신의 친형이 했던 방식으로 사업을 할 것이라고 하고 이에 투자를 수차 권유했던 것입니다. 그리고 이후 피고인 김○태를 데리고 와서는 함께 동업할 사람이라며 소개한 것입니다. 결국 공동으로 같은 금액인 000만 원씩을 투자하기로 한 것입니다. 이후 이○근과 김○태는 직접 운영하는 것으로 하고, 전혀 카지노바 영업에 관하여 식견이 전혀 없던 본 피고인은 운영권에서는 배제된 것입니다. 당시 피고인 이○근은 자신이 영업경험도 있다고 하니 믿고 투자만 해달라고 간청하던 상황이었습니다.

④ 이에 피고인은 200○. ○. 말경 본 피고인에게 분담된 000만 원을 투자금으로 피고인 이○근에게 건네 준 것입니다. 물론 본 피고인은 운영 카지노바에 간 바가 없으며, 전혀 운영에 관여한바 없습니다.

⑤ 그런데 피고인 이○근이 직접 카지노바를 운영할 줄로 기대하였는데 이○근은 피고인에게 애당초 말한 것과는 다르게 피고인 김○태에게 모종의 대가를 받고서 모든 운영권을 넘겨줘 버리는 일이 발생한 것입니다.

⑥ 피고인 이○은 그 자신의 경험과 노하우가 있다고 하는 통에 피고인은 이를 믿고 투자한 것이며 이후 별 면식이 없던 김○태가 카지노바 영업을 운영한 것으로 알고 있으며 고소인에 대한 신뢰를 완전히 저버리고 사업운영권을 김○태에게 넘겨주고 만 것입니다.

⑦ 피고인은 김○태가 운영하는 카지노바에 들어갔다가 거의 몰매를 맞고 나오는 등으로 영업 운영에 관하여서는 투자금의 수익배분에서 완전히 배제되어 있던 것으로, 처음 투자했던 ○○○만원의 피해를 본 것입니다.

[현재 질병 및 신체장애 여부]
⑧ 피고인은 현재 만성 B염간염 투병중이고, 뇌경색 요양중입니다.

[억울하다고 생각되는 사정]

⑨ 카지노바 영업에 관하여는 그 운영에서 완전 배제되었으며 따라서 카지노바 영업이 관청의 허가를 받아야 할 성질의 것이라든가 사업자등록을 했는지 여부 등은 본인과 관련이 없던 것입니다.

⑩ 또한 같은 피고인 김○태, 이○근으로 부터 영업수익금을 모두 독식하여 피해를 본 것으로 20○○. ○.경 이들을 상대로 ○○경찰서에 횡령의 고소를 제기한 적이 있습니다. 그러나 이후 피고인은 이○근과의 관계를 고려하여 고소를 취하였습니다.

5. 법원조사관의 면담을 원하는지 여부법원조사관을 면담하여 양형에 관한 사실 및 의견에 관하여 도움 받고 싶은가요?

　(1) 원한다(○)　　　(2) 원하지 않는다(　　)　　　(3) 기타(　　)

참 고 자 료

1. 투자약정서	1통
1. 입금증	1통
1. 주민등록등본	1통
1. 진단서	1통
1. 사실확인서	1통

20○○.　 ○.　 ○.

피고인　김　○　○　(인)

○○지방법원 형사 제○부　귀중

변 호 인 의 견 서

사   건   20○○고단 ○○○○   교통사고처리특례법위반

피 고 인   ○   ○   ○

　위 사건에 관하여 피고인의 국선변호인은 형사소송법 제266조의2 제1항에 의하여 다음과 같이 의견서를 제출합니다.

다   음

공소장에 대한 입장	피고인은 공소사실을 모두 인정합니다.
검사가 제출하려는 증거에 대한 의견	증거목록 중 피의자신문조서는 성립 인정, 임의성 인정하고, 나머지 증거도 전부 동의할 예정입니다.
신청할 근거	없습니다.
정상관계에 대한 의견	1. 피고인이 운전하던 차량은 피고인의 처(○○○) 소유의 차량으로, 동 차량은 종합보험에 가입되어 피해자는 보험회사로부터 손해를 배상받았습니다. 2. 피해자의 피해정도가 비교적 경미합니다.
재판 진행과 관련한 의견	피고인은 항소심에 계류중인 사건이 있는바, 항소심에서 병합을 위하여 선고기일을 속히 지정하여 주시기를 희망합니다(또는 피고인은 20○○. ○. ○. 집행유예 기간이 만료된다는 점을 감안하시어 선고기일을 여유 있게 정해 주시기 바랍니다).

20○○.   ○.   ○.

피고인의 국선변호인 변호사 홍 길 동   (인)

○○지방법원 귀중

작성 · 접수방법

변호인 의견서는 언제든지 제출할 수 있으며, 변론요지서는 대개 결심 이후에 선고를 10일 정도 남겨두고 제출한다.

공소장변경 허가신청에 대한 의견서

사 건   20○○고단 ○○○○ 청소년보호법위반

피 고 인   김 갑 동

이 사건에 관하여 피고인의 변호인을 피고인을 위하여 다음과 같이 의견을 개진합니다.

다   음

1. 검사는 당초 "피고인이 20○○. ○. ○. 24:10경 ○○시 ○○구 ○○로 ○○ (○○동)에 있는 ○○슈퍼 내에서 청소년인 공소외 1(남, 17세)에게 청소년 유해약물인 디스 담배 1갑을 판매하였다"는 범죄사실로 공소를 제기하였다가, 20○○. ○. ○. 제3회 공판기일에, "피고인이 20○○. ○. ○. 18:30경 위 ○○슈퍼 내에서 청소년인 공소외 2(남, 17세)에게 청소년 유해약물인 디스 담배 1갑을 판매하였다"는 것으로 범죄사실을 변경하는 내용이 이 사건 공소장변경신청을 하였습니다.

2. 공소장의 변경은 공소사실의 동일성이 인정되는 범위 내에서만 허용되고, 공소사실의 동일성이 인정되지 아니한 범죄사실을 공소사실로 추가하는 취지의 공소장변경신청이 있는 경우에는 법원은 그 변경신청을 기각하여야 하는바(형사소송법 298조 1항), 공소사실의 동일성은 그 사실의 기초가 되는 사회적 사실관계가 기본적인 점에서 동일하면 그대로 유지되는 것이나, 이러한 기본적 사실관계의 동일성을 판단함에 있어서는 그 사실의 동일성이 갖는 기능을 염두에 두고 피고인의 행위와 그 사회적인 사실관계를 기본으로 하되 규범적 요소도 아울러 고려하여야 합니다(대법원 2002. 3. 29. 선고 2002도587 판결; 대법원 2002. 1. 22. 선고 2001도5920 판결 참조).

3. 그런데 이 사건에서 피고인에 대하여 공소가 제기된 당초의 범죄사실과 검사가
   공소장변경신청을 한 범죄사실은 범행 일시와 상대방은 물론 그 수단·방법 등
   범죄사실의 내용이나 행위태양이 다르고 경합범 관계에 있으므로 그 기본적인
   사실관계가 동일하다고 할 수 없습니다.

4. 따라서 검사의 공소장변경 허가신청은 기각하여 주시기 바랍니다.

                    20○○.   ○.   ○.

                위 피고인의 변호인 ○ ○ ○   (인)

  ○○지방법원 형사 제○부   귀중

Ⅳ. 협의의 공판준비절차

1. 의 의

공판준비절차란 공판기일의 집중심리를 위하여 재판장이 특별히 시행하는 절차로서 법 제266
조의5 이하가 도입한 제도를 말한다. 종래의 재판실무는 피고인이 자백하는 사건이든 다투는
사건이든 간단한 사건이든 복잡한 사건이든 일률적으로 공판기일을 정하여 똑같은 방식으로
진행하는 것이었으므로 사건의 쟁점을 조기에 파악할 수 없고 공판기일이 공전되거나 부실하게
진행되는 경우가 없지 않았다. 이 같은 문제점을 개선하기 위해 공판준비절차를 도입하여 피고
인이 공소범죄사실을 자백하는 사건의 경우에는 간이공판절차로 신속히 이행할 수 있는 토대를
마련하여 신속하게 절차를 진행할 수 있도록 하는 한편 증거관계가 복잡하거나 다툼이 있는
사건의 경우에는 별도의 기일을 마련하여 쟁점을 정리한 후 공판기일을 진행할 수 있도록 함으
로서 재판의 신속을 도모하고 있다.

종래 형사소송법에서는 "공판준비절차"로서 아래의 5가지 정도의 제도를 운영하였다.

① 공소장부본의송달(형사소송법 제266조)
② 의견서의 제출(형사소송법 제266조의2)
③ 공판기일의 지정과 변경(형사소송법 제267조)
④ 공판기일의 통지와 소환(형사소송법 제267조)
⑤ 공판기일 전의 증거조사(형사소송법 제272조)

2. 공판준비절차의 구체적 내용

"공판 전 준비절차'에서는 아래와 같은 사항의 쟁점정리, 증거정리, 증거개시 및 심리계획의 책정이 각 행하여진다(형사소송법 제266조의 9).

▶ 쟁점정리에 관한 사항
• 공소사실 또는 적용법조를 명확하게 하는 행위
• 공소사실 또는 적용법조의 추가 · 철회 또는 변경을 허가하는 행위
• 공소사실과 관련하여 주장할 내용을 명확히 하여 사건의 쟁점을 정리하는 행위
• 계산이 어렵거나 그 밖에 복잡한 내용에 관하여 설명하도록 하는 행위

▶ 증거정리에 관한 사항
• 증거신청을 하도록 하는 행위
• 신청된 증거와 관련하여 입증취지 및 내용 등을 명확하게 하는 행위
• 증거신청에 관한 의견을 확인하는 행위
• 증거채부의 결정을 하는 행위
• 증거조사의 순서 및 방법을 정하는 행위

▶ 증거개시에 관한 사항
• 서류 등의 열람 · 등사와 관련된 신청의 당부를 결정하는 행위

▶ 심리계획에 관한 사항
• 공판기일을 지정 또 는 변경하는 행위
• 그 밖에 공판절차의 진행에 필요한 사항을 정하는 행위

가. 공판준비절차의 개시

재판장은 효율적이고 집중적인 심리를 위하여 사건을 공판준비절차에 부칠 수 있는 바, 공판준 비절차 회부여부는 재판장의 재량에 따라 결정된다(법 제266조의5 제1항). 공판준비절차는 서

면으로 준비하도록 하는 방법과 공판준비기일을 여는 방법으로 진행하는 방법이 있다(법 제266조의5).

나. 공판준비를 위한 서면의 제출

검사, 피고인 또는 변호인은 공판준비절차에서 법률상, 사실상 주장 및 입증취지 등이 기재된 서면을 제출할 수 있고 재판장은 그러한 서면의 제출을 명할 수도 있다(법 제266조의6). 재판장은 공소장 등 법원이 제출된 서면의 내용에 대한 설명을 요구하는 등 공판준비에 필요한 명령도 할 수 있다.

다. 공판준비기일

공판준비기일은 당사자의 협력이 없이는 그 목적을 달성할 수 없으므로 그 기일을 지정함에 있어서는 검사, 피고인 또는 변호인의 의견을 들어야 한다(법 제266조의7). 또한 검사, 피고인 또는 변호인은 공판준비기일의 지정을 신청할 수도 있는데 신청이 있는 경우 법원은 결정으로 기일을 지정한다. 법원의 결정에 대해서는 불복할 수 없다. 공판준비기일은 공개를 원칙으로 하되 공개로 인하여 절차의 진행이 방해될 우려가 있는 때에는 비공개로 하 수 있도록 하여 절차의 탄력성을 부여하였다(법 제266조의7).

라. 당사자의 출석

공판준비기일은 검사와 변호인이 출석하여야 진행할 수 있다. 따라서 원칙적으로 피고인의 출석은 의무사항이 아니다. 다만 법원은 필요하다고 인정할 경우 피고인을 출석하게 할 수 있고 피고인도 원하는 경우 스스로 출석할 수 있다. 공판준비기일이 지정된 사건에 변호인이 없는 경우 법원은 직권으로 변호인을 선정해야 한다(필요적변호사건).

3. 공판준비절차의 종결

가. 공판준비절차의 종결사유

쟁점 및 증거의 정리가 완료된 때, 사건을 공판준비절차에 부친 뒤 3개월이 경과하거나, 검사, 변호인 또는 소환받은 피고인이 출석하지 아니한 때에는 공판준비절차가 종결된다.

나. 종결의 효과

공판준비기일을 거쳐 쟁점정리 및 증거채부절차가 종결된 때에는 부득이한 사유가 없는 한 공판준비기일에서 신청하지 아니한 새로운 증거를 공판기일에 신청할 수 없도록 하였다. 다만 형사소송절차의 특수성을 고려하여 법원이 직권으로 증거조사를 할 수 있도록 근거규정을 두고 있다(법 제266조의13).

4. 변론의 재개와 공판준비절차

공판준비기이이 종결되더라도 특별한 사정이 있으면 변론을 재개하거나 공판준비절차를 다시 진행할 필요성이 있을 가능성이 있어 변론재개에 관한 규정을 공판준비기일에 준용하고 있고 (법 제266조의14), 제1회 공판기일 이후에도 공판준비절차에 부칠 수 있다(법 제266조의15).

V. 공판기일 전 증거조사

사건의 신속한 심리 등을 위하여 공판기일 전이라도 법원의 직권이나 검사, 피고인이나 변호인의 신청에 의하여 공판기일 외에서도 공무소 또는 공사단체에 필요한 사항을 조회하거나 보관서류의 송부를 요구할 수 있고 또는 검사, 피고인이나 변호인의 신청에 의해 피고인신문, 증인신문, 검증, 감정, 번역을 명할 수 있다. 기일 전 피고인 등을 신문한 경우에도 그 진술이 증거가 되는 것이 아니고 그 신문조서 등이 다음 공판기일에 서증으로 제출되어 개별적으로 지시설명되고 조사되어야 비로소 증거가 된다.

[서식 165] 사실조회촉탁신청서

사 실 조 회 신 청

사　　건　　　　　20○○고단 ○○○　사기미수 등

피 고 인　　　　　○　○　○

　위 사건에 관하여 피고인은 주장사실을 입증하기 위하여 다음과 같이 사실조회를 신청합니다.

다　　음

1. 조회할 곳○○은행서울 ○○구 ○○동 ○○

2. 조회할 사항

　(1) 귀 은행에서 발행한 아래의 수표에 관하여 현재 귀 은행이 아닌 타 은행이 아래의 수표를 회수하여 보관하고 있다면 해당 은행을 알려 주시기 바랍니다.

　(2) 귀 은행이 아래의 수표를 회수하여 보관하고 있다면 아래 각 수표의 앞, 뒷면 사본을 송부해 주시고, 만일 위 각 수표금이 계좌입금되었다면 입금된 계좌의 명의자에 관한 인적사항을 송부하여 주시기 바랍니다.

20○○.　　○.　　○.

피고인의 변호인변호사 ○　○　○　　(인)

○○지방법원 ○○지원 형사 제○단독　귀중

작성 · 접수방법

1. 사실조회촉탁이라고도 호칭되는 이 사실조회신청은 관공서, 금융기관, 기타의 단체에 대하여 특정사항에 관한 조사보고를 요구함으로서 증거를 수집하는 절차이다.
2. 신청서 1부를 공판기일 전 제출하여 공판기일에 촉탁 여부에 대하여 채택받도록 하여야 한다.

[서식 166] 사실조회신청서(사기)

사 실 조 회 신 청

사　　건　　　　20○○고단 ○○○○ 사기

피 고 인　　　　○　○　○

　위 사건에 관하여 피고인은 이 건 공소사실 중 피해금액이 다르다는 것을 입증하기 위하여 다음과 같은 사실조회를 신청합니다.

다　　음

1. 조회할 곳 ○○은행 ○○지점주　소 : ○○시 ○○구 ○○로 ○○ (○○동)

2. 조회할 사항
　가. 피고인 ○○○의 20○○. ○. ○. 당좌거래 후 20○○. ○. ○. 현재에 이르
　　　도록 피고인이 발행한 약속어음이 결제되었는지의 여부
　나. 결제되었다면 결제액과 미결제액의 금액

20○○.　　○.　　○.

피고인의 변호인변호사　○　○　○　　(인)

○○지방법원　귀중

작성 · 접수방법

1. 사실조회촉탁이라고도 호칭되는 이 사실조회신청은 관공서, 금융기관, 기타의 단체에 대하여 특정사항에 관한 조사보고를 요구함으로서 증거를 수집하는 절차이다.
2. 신청서 1부를 공판기일 전 제출하여 공판기일에 촉탁 여부에 대하여 채택받도록 하여야 한다.

사 실 조 회 신 청

사　　건　　　　20○○고단 ○ ○ ○ ○　　횡령

피 고 인　　　　　○　　○　　○

　위 사건에 관하여 피고인은 주장사실을 입증하기 위하여 다음과 같이 사실조회
신청을 합니다.

다　　　　음

1. 조회할 곳○○은행 ○○지점주　소 : ○○시　○○구　○○로　○○ (○○동)

2. 조회할 사항

　가. 귀 지점의 예금주 : ○○○, 계좌번호 000-00000-000의 입출금 내역 중
　　20○○. ○. ○.자 출금액이 얼마인지

　나. 출금액은 어떻게 출금되었는지(즉 수표인지 현금인지 수표라면 얼마짜리로
　　몇 장이 발행되었으며, 현금은 얼마나 출금되었는지)

　다. 위 예금주 명의로 귀 지점에 위 계좌 이외에 다른 계좌가 있는지

20○○.　　○.　　○.

위 피고인　○　○　○　　(인)

○○지방법원 형사 제3단독　귀중

작성 · 접수방법

1. 사실조회촉탁이라고도 호칭되는 이 사실조회신청은 관공서, 금융기관, 기타의 단체에 대하여 특정사항에 관
　한 조사보고를 요구함으로서 증거를 수집하는 절차이다.
2. 신청서 1부를 공판기일 전 제출하여 공판기일에 촉탁 여부에 대하여 채택받도록 하여야 한다.

사 실 조 회 신 청

사   건   20○○고단○○○○   상해

피 고 인   ○   ○   ○

    위 사건에 관하여 피고인의 변호인은 피고인을 위하여 다음과 같은 사실조회를 신청합니다.

다   음

1. 조회할 곳○○정형외과의원주   소 : ○○시 ○○구 ○○로 ○○ (○○동)

2. 조회할 사항

    가. 위 의원에서 ○○○{000000-0000000, ○○시 ○○로 ○○ (○○동)}이 20○○.
        ○. ○. 전에 무릎치료를 받은 전력이 있는지 여부, 있다면 그 시기, 병명,
        치료내용, 기왕증이 있었는지 여부 및 있었다면 그 정도,

    나. 위 의원에서 위 ○○○에게 2회에 걸쳐 진단서를 발부하였는데, 20○○. ○.
        ○.자와 같은 해 ○. ○.자의 진단서의 내용(상해부위와 정도 및 치료내용)이
        각각 다른 이유

3. 입증취지인과관계 유무

20○○.   ○.   ○.

위 피고인의 변호인 변호사   ○   ○   ○   (인)

○○지방법원   귀중

[서식 169] 병상일지조회신청서

병상일지조회신청

사　　건　　　20○○고단 ○○○○　사기

피 고 인　　　○　　○　　○ (000000-0000000)
　　　　　　　(수감번호 : ○○구치소 0000번)

　위 사건에 관하여 위 피고인의 변호인은 피고인의 건강이 극히 악화되어 아래와 같이 병상일지조회를 신청합니다.

아　　　래

1. 조회할 곳 ○○구치소
2. 조회사항피고인이 당뇨로 인한 건강상태 및 치료상황과 구금생활을 계속할 수 있는지 여부(피고인이 최근 여러 차례 혼수상태로 쓰러진 일이 있다고 하는데 사실인지 여부, 사실이라면 그 원인 및 횟수)

　　　　　　　　　20○○.　　○.　　○.

　　　　　　　위 피고인의 변호인 변호사　○　○　○　　(인)

○○지방법원　귀중

문서송부촉탁신청

사　　건　　　　20○○노○○○ 사기미수 등

피 고 인　　　　　○　　○　　○

　　위 사건에 관하여 피고인은 주장사실을 입증하기 위하여 다음과 같이 문서등본송부촉탁신청을 합니다.

다　　음

1. 문서등본송부촉탁할 장소① 춘천지방법원 제1민사부② 수원지방법원 민사 제24단독

2. 문서등본송부촉탁할 기록
　　① ○○지방법원 제1민사부에 대하여○○지방법원 20○○나○○○○ 소유권지분이전등기 청구사건에 대한 소송기록 일체
　　② ○○지방법원 민사 제○단독에 대하여○○지방법원 20○○가단 ○○○ 배당이의 청구사건에 대한 소송기록 일체

20○○.　　○.　　○.

피고인의 변호인 변호사　○　○　○　　(인)

○○지방법원 제○형사부　귀중

작성 · 접수방법

1. 문서송부촉탁신청서는 공공기관에 대하여 그 보관한 기록의 사본을 법원에 송부해 달라는 신청이다. 공판기일 전에 제출하여 공판기일에 재판장으로부터 채택을 받도록 하여야 할 것이다.
2. 신청서 1부를 형사과 접수처에 제출한다.

[서식 171] 문서송부촉탁신청서(사기)

문서송부촉탁신청

사 건   20○○고단 ○○○○ 사기

피 고 인   ○   ○   ○

　위 사건에 관하여 입증 및 심리상 다음 사건의 기록이 필요하오니 기록송부를 의뢰하여 주시기 바랍니다.

다   음

1. 기록 보관처○○지방검찰청 기록보존계

2. 송부할 기록○○지방검찰청 20○○형 제○○○호 사기 피고인 ○○○에 대한 수사 및 공판기록 일체

20○○. ○. ○.

위 피고인의 변호인 변호사 ○ ○ ○   (인)

○○지방법원 귀중

작성 · 접수방법

1. 문서송부촉탁신청서는 공공기관에 대하여 그 보관한 기록의 사본을 법원에 송부해 달라는 신청이다. 공판기일 전에 제출하여 공판기일에 재판장으로부터 채택을 받도록 하여야 할 것이다.
2. 신청서 1부를 형사과 접수처에 제출한다.

문서송부촉탁신청

사 건   20○○고단 ○○○○   외국환관리법위반 등

피 고 인   ○   ○   ○

위 사건에 관하여 입증 및 심리상 다음 사건의 기록이 필요하오니 기록송부를 의뢰하여 주시기 바랍니다.

다   음

1. 기록 보관처○○지방법원 형사 합의 12부

2. 송부할 기록○○지방법원 20○○고합 ○○○호 특정경제범죄가중처벌등에관한
   법률위반 등, 피고인 김갑동 외 1에 대한 수사 및 공판기록 일체

20○○.   ○.   ○.

위 피고인 ○   ○   ○   (인)

○○지방법원 형사 제○단독   귀중

작성 · 접수방법

1. 문서송부촉탁신청서는 공공기관에 대하여 그 보관한 기록의 사본을 법원에 송부해 달라는 신청이다. 공판기일 전에 제출하여 공판기일에 재판장으로부터 채택을 받도록 하여야 할 것이다.
2. 신청서 1부를 형사과 접수처에 제출한다.

문서송부촉탁신청

사　　　건　　　　20○○노○○○○　직무유기

피 고 인　　　　　○　　○　　○

　위 사건에 관하여 피고인의 변호인은 주장사실을 입증하기 위하여 다음과 같이 문서송부촉탁을 신청합니다.

다　　　음

1. 문서의 표시○○고등법원 20○○라 ○○○○호 직무집행정지가처분신청신청인
　(항고인) : 김 ○ ○피 신 청 인 : 이 ○ ○

2. 기록 보관처○○고등법원 민사 10부

3. 송부할 기록위 기록 일체

20○○.　　○.　　○.

위 피고인의 변호인 변호사　○　○　○　　(인)

○○고등법원 형사 제○부　귀중

작성 · 접수방법

1. 문서송부촉탁신청서는 공공기관에 대하여 그 보관한 기록의 사본을 법원에 송부해 달라는 신청이다. 공판기일 전에 제출하여 공판기일에 재판장으로부터 채택을 받도록 하여야 할 것이다.
2. 신청서 1부를 형사과 접수처에 제출한다.

금융거래자료 제출명령신청서

사　　건　　　　20○○노○○○○　배임

피 고 인　　　　　○　　○　　○

　위 사건에 관하여 피고인의 변호인은 피고인을 위하여 "금융실명거래및비밀보장
에관한법률" 제4조 제1항 제1호의 규정에 의하여 다음과 같이 금융거래자료에 대한
제출명령을 신청합니다.

다　　　　　음

1. 제출명령할 곳
　주식회사 ○○은행○○시 ○○로 ○○ (○○동) 대표이사 ○　○　○

2. 제출명령할 내용
　○○○(000000-0000000)이가 20○○. ○. ○.부터 20○○. ○. ○.까지 주식
회사 ○○은행에서 거래한 입·출금 내역

3. 입증취지변제내역 및 편취의사 유무

　　　　　　　　　　　　　20○○.　　○.　　○.

　　　　　　　　위 피고인의 변호인 변호사　○　○　○　　　(인)

　　○○지방법원　귀중

[서식 175] 참고자료제출(사기미수 등)

참고자료제출

사　　건　　　　20ㅇㅇ노ㅇㅇㅇ 사기미수 등

피 고 인　　　　ㅇ　　ㅇ　　ㅇ

위 사건에 관하여 피고인은 다음과 같이 참고자료를 제출합니다.

다　　　　음

1.

2.

3.

20ㅇㅇ.　ㅇ.　ㅇ.

피고인의 변호인 변호사　ㅇ　ㅇ　ㅇ　（인）

ㅇㅇ지방법원 제ㅇ형사부　귀중

제4절 공판기일의 절차

I. 총 설

법원의 공판절차는 공판정에 소송관계인이 출석한 후에 인정신문(형소법 제284조), 검사의
모두진술(형소법 제285조 제1항), 피고인 모두진술(형소법 제286조), 증거조사(형소법 제290
조), 변론(검사의 논고 및 피고인과 변호인의 최후진술 : 형소법 제303조), 판결의 순서로 이
루어진다.

II. 공판정의 구성

1. 공판기일의 지정 및 기일소환장 송달

재판장은 공판기일을 정하여야 한다(법 제267조 제1항). 공판기일은 공소장부본이 송달되고
국선변호인 선정 등의 절차가 완료되면 재판장이 공판기일을 지정한다. 공판기일에는 피고인,
대표자 또는 대리인을 소환하여야 하고, 공판기일은 검사, 변호인과 보조인에게 통지하여야
한다. 법원의 구내에 있는 피고인에 대하여 공판기일을 통지한 때에는 소환장송달의 효력이
있다.

2. 공판기일의 변경, 연기

가. 의의

재판장은 직권 또는 검사, 피고인이아 변호인의 신청에 의하여 공판기일을 변경할 수 있다(법
제270조 제1항). 일단 개정을 한 후 실질적 심리에 들어가지 않고 다음 기일을 지정하는 공판기
일의 연기도 변경과 같이 신청할 수 있다. 당사자의 소송활동에 지장을 초래하지 않고 원활한
심리를 위하여 필요한 경우에는 허용되지만 소송지연의 목적이 있는 경우에는 불허한다.

나. 사유

피고인 본인의 구체적 사유로는 질병, 존비속의 사망, 가정 내의 사고, 관혼상제, 변호인 선임을 위한 경우 허용된다.

라. 절차

신청서 1통을 작성하여 해당 법원 재판부에 제출한다. 인지 등 수수료는 없다.

[서식 176] 공판기일변경신청서(절도)

공판기일변경신청

사　　건　　　　20○○고단 ○○○○　절도

피 고 인　　　　○　　○　　○

　위 사건에 관하여 공판기일이 20○○. ○. ○. 00:00로 지정된바 있으나 피고인은 변호인을 선임하고자 준비중에 있으므로 위 공판기일을 변경하여 주시기 바랍니다.

20○○.　　○.　　○.

위 피고인　○　○　○　　(인)

○○지방법원　귀중

작성·접수방법

1. 공판기일변경신청서는 공판기일 전에 1부를 형사과 담당재판부에 제출한다.
2. 신청권자는 검사, 피고인, 변호인이다.
3. 새로운 기일을 지정해 달라고 하는 변경과 일단 기일이 도래하여 개정한 후 심리에 들어가지 않고 다음 기일을 지정하는 것(연기)까지도 포함한다.
4. 개정하여 실질적 심리에 들어간 후 심리를 계속하기 위하여 신기일을 지정하는 속행과는 구별된다.

[서식 177] 공판기일변경신청서(절도)

공판기일변경신청

사 건   20○○고단 ○○○○ 절도

피 고 인   ○   ○   ○

　　위 사건에 관하여 공판기일이 20○○. ○. ○. 00:00로 지정되었으나, 피고인의
변호인의 변호인은 금일 사건수임을 변론준비 관계(기록등사, 피고인 접견 등)로 위
공판기일변경을 신청하오니 허가하여 주시기 바랍니다.

　　　　　　　　20○○.   ○.   ○.

　　　　　위 피고인의 변호인 변호사 ○   ○   ○   (인)

○○지방법원 귀중

[서식 178] 공판기일변경신청서(횡령)

공판기일변경신청

사 건 　　　20○○고단○○○○ 횡령

피 고 인 　　　○　　○　　○

　위 사건에 관하여 공판기일이 20○○. ○. ○. 00:00로 지정되었으나, 피고인의 변호인은 같은 시각에 재판이 중복되어(○○고등법원 20○○) 위 기일을 변경하여 주실 것을 신청하오니 허가하여 주시기 바랍니다.

　　　　　　　　　　20○○.　　○.　　○.

　　　　　위 피고인의 변호인 변호사　○　○　○　　(인)

○○지방법원　귀중

공판시각변경신청

사　　건　　　　20○○고단 ○○○○　사기

피 고 인　　　　　○　　○　　○

　위 사건에 관하여 귀원은 20○○. ○. ○. 오전 10:00로 공판기일로 지정하였으나 위 피고인의 변호인은 같은 시각에 다른 소송수행건이 있어 위 준비절차 시각에 출석이 불가능하여, 공판 시각의 변경을 신청하오니 기일 시각을 같은 날 오후 2:00로 변경하여 주시기 바랍니다.

　　　　　　　　　　20○○.　　○.　　○.

　　　　　　　　위 피고인　○　○　○　　(인)

○○지방법원　귀중

작성 · 접수방법

기일에는 담당재판부가 하루 종일 재판을 진행하므로, 필요한 경우 공판기일변경이 아닌 공판시각변경신청서를 제출하되 1부를 법원 형사과 담당재판부에 제출하도록 한다.

3. 법원의 강제처분

가. 피고인의 소환, 출석명령, 동행명령

소환이란 특정인에 대하여 일정한 일시에 일정한 장소로 출석할 것을 명하는 법원의 재판을 말한다. 그리고 소환에 준하는 출석명령, 동행명령도 법원이 피고인에 대하여 일정한 장소를 지정하여 출석 또는 동행을 명하는 재판을 의미하는 것이다. 소환, 출석명령, 동행명령에 불응한 경우에는 무조건 구인의 사유가 되지 아니하고 피고인이 증거를 인멸할 염려가 있는 때나 피고인이 도망하거나 도망할 염려가 있는 때에 한하여 구인할 수 있다.

나. 피고인의 법정구속

(1) 의의

구속은 법원에 의한 피고인의 구속을 말한다. 즉 수사단계에서 불구속으로 수사를 받으면서 검사의 공소제기로 재판 받을 시 재판단계에서 판사에 의하여 법정 구속된 경우를 말한다.

(2) 구속의 사유

법정구속은 불구속 상태에서 재판을 받던 피고인이 1심 또는 2심에서 집행유예 없는 실형 선고를 받았을 때, 재판장이 선고 직후 현장에서 구속영장을 발부해 피고인을 구속하는 것을 말한다. 형사소송법 제70조는 '피고인이 죄를 범하였다고 의심할 만한 상당한 이유가 있고, 피고인이 일정한 주거가 없거나, 피고인이 증거를 인멸할 염려가 있는 때, 피고인이 도망하거나 도망할 염려가 있는 때 피고인을 구속할 수 있다. 법원은 구속사유를 심사함에 있어서 범죄의 중대성, 재범의 위험성, 피해자 및 중요 참고인 등에 대한 위해우려 등을 고려하여야 한다'고 규정하고 있다. 다만 다액 50만 원 이하의 벌금, 구류 또는 과료에 해당하는 사건에 관하여는 형사소송법 제70조 제1항 제1호의 경우를 제한 외에는 구속할 수 없다.

(3) 구속시기

주로 판결선고시에 실형을 선고하면서 법정구속을 하는데 특별한 사정이 있는 경우에는 선고기일 이전에도 구속을 할 수 있다. 예를 들어 재판진행 중에 피고인이 반복되는 소환에도 불구하고 합리적 이유 없이 출석하지 아니하다가 구인영장에 의하여 구인된 경우, 조직폭력이나 성폭력범죄 등에 있어서 피고인이나 그 가족 또는 공범들이 증인의 출석을 방해하거나 적극적으로 증거를 인멸하는 행위를 하고 있다고 볼 상당한 근거가 있는 경우에는 그 시점에서 법정 구속할 수 있다.

(4) 구속기간

(가) 구속기간

법원에 의한 피고인의 구속기간은 2개월로 한다. 기산일은 체포, 구속된 날이 아니라 공소제기일이다. 갱신은 각 심급마다 2개월 단위로 2차에 한하여 결정으로 갱신할 수 있다. 다만, 상소심은 피고인 또는 변호인이 신청한 증거의 조사, 상소이유를 보충하는 서면의 제출 등으로 추가심리가 필요한 부득이한 경우에는 3차에 한하여 갱신할 수 있다(형사소송법 제92조 제2항). 결국 제1심에서의 구속기간은 공소제기일로부터 최장 6개월까지 가능하고, 제2심 및 제3심에서의 구속기간은 각각 4개월을 초과하지 못하지만 추가 심리가 부득이한 경우에는 각각 6개월까지 연장될 수 있다. 다만, 갱신절차 없이 구속기간 경과하면 구속영장의 효력이 상실되므로 피고인은 당연히 석방되어야 할 것이다.

(나) 2개월의 계산 방법

공소제기 전에 체포·구인·구금된 기간은 법원의 구속기간에 산입되지 않는다(형사소송법 제92조 제3항). 따라서 공소제기 전부터 구속상태에 있었다 하더라도 법원의 구속기간은 공소제기일로부터 기산한다. 구속기간의 초일은 시간을 계산함이 없이 1일로 산정하며, 구속기간의 말일이 공휴일 또는 토요일에 해당하는 경우에는 구속기간에 산입한다(형사소송법 제66조 제1항 단서, 제3항 단서). 2개월의 계산은 역서에 따라서 계산한다(형사소송법 제66조 제2항 참조). 그러나 현실적으로 구속되지 아니한 일수(도망 중의 기간, 보석·구속집행정지, 감정유치 중의 기간 등)는 피고인의 구속기간에 산입되지 아니한다.

한편, 피고인의 심신상실 또는 질병에 의한 출석불능으로 공판절차가 정지된 경우(형사소송법 제306조 제1항, 제2항), 기피신청으로 소송진행이 정지된 경우(형사소송법 제22조), 공소장변경으로 공판절차가 정지된 경우(형사소송법 제298조 제4항), 그 정지기간 중의 일수도 구속기간에 산입하지 아니한다(형사소송법 제92조 제3항). 또한 수소법원이 헌법재판소에 법률의 위헌 여부의 심판을 제청하여 재판절차가 정지되는 경우(헌재법 제42조 제1항)에도 그 재판정지기간은 구속기간에 산입하지 않는다(헌재법 제42조 제2항)

4. 보 석

가. 보석제도

보석이란 법원이 보증금의 납부 또는 다른 적당한 조건을 붙여 구속의 집행을 해제하는 재판 및 그 집행을 말한다. 피고인이 도망하거나 지정된 조건을 위반할 경우에 보석을 취소하고 보증금을 몰취하거나 과태료 또는 감치에 처할 수 있다는 등의 심리적 강제를 가하여, 공판절차에의 출석 및 나중에 형벌의 집행단계에서의 신체확보를 기하고자 하는 제도이다. 신체를 구속하지 않으면서도 구속과 동일한 효과를 얻을 수 있게 함으로써 불필요한 구속을 억제하고 이로 인한 폐해를 방지하려는 데 그 존재의의가 있다.

나. 절 차

(1) 보석의 청구

보석의 청구권자는 피고인, 변호인, 법정대리인, 배우자, 직계친족, 형제자매, 가족, 동거인, 또는 고용주이다(형소법 제94조). 이는 체포·구속적부심사의 청구권자와 동일하다(형소법 제214조의2 제1항). 보석청구서에는 사건번호, 구속된 피고인의 성명·주민등록번호 등·주거, 청구의 취지 및 청구의 이유, 청구인의 성명 및 구속된 피고인과의 관계 등을 기재하여야 한다(형소규 제53조 제1항).

(2) 의견 등의 제출

보석의 청구인은 적합한 보석조건에 관한 의견을 밝히고 이에 관한 소명자료를 낼 수 있다(형소규 제53조의2 제1항). 또한, 보석의 청구인은 보석조건을 결정함에 있어 형사소송법 제99조 제2항에 따른 이행가능한 조건인지 여부를 판단하기 위하여 필요한 범위 내에서 피고인(피고인이 미성년자인 경우에는 그 법정대리인)의 자격 또는 자산 정도에 관한 서면을 제출하여야 하고(형소규 제53조의2 제2항), 보석청구서를 접수한 법원사무관 등은 청구인이 위 서면을 제출하지 아니한 경우에 진술서를 작성하여 제출하게 한다(보석등예규 제5조 제3항).

(3) 보석의 사유

법원은 다음 중 어느 하나에 해당하는 경우 외에는 보석신청을 허가해야 한다(「형사소송법」 제95조).

ⅰ) 피고인이 사형, 무기 또는 장기 10년이 넘는 징역이나 금고에 해당하는 죄를 범한 경우

ⅱ) 피고인이 누범에 해당하거나 상습범에 해당하는 죄를 범한 경우

ⅲ) 피고인이 죄증을 인멸하거나 인멸할 염려가 있다고 믿을 만한 충분한 이유가 있는 경우

ⅳ) 피고인이 도망하거나 도망할 염려가 있다고 믿을 만한 충분한 이유가 있는 경우

ⅴ) 피고인의 주거가 분명하지 않은 경우

ⅵ) 피고인이 피해자, 해당 사건의 재판에 필요한 사실을 알고 있다고 인정되는 사람 또는 그 친족의 생명·신체나 재산에 해를 가하거나 가할 염려가 있다고 믿을만한 충분한 이유가 있는 경우

다만, 법원은 위의 경우에 해당한다고 하더라도 상당한 이유가 있는 때에는 직권이나 보석청구권자의 청구에 따라 결정으로 보석을 허가할 수 있다(형사소송법 제96조).

다. 보석의 재판

(1) 검사의 의견

재판장은 보석에 관한 결정을 하기 전에 검사에게 의견을 물어야 한다(형소법 제97조 제1항). 검사는 위 의견요청에 대하여 지체 없이 의견을 표명하여야 하고(형소법 제97조 제3항), 의견표명시에는 의견서를 제출함과 아울러 소송서류 및 증거물이 법원에 제출되기 전이라면 그 소송서류 등도 함께 제출하여야 하는데 특별한 사정이 없는 한 의견요청을 받은 날의 다음날까지 의견서와 소송서류 등을 제출하여야 한다(형소규 제54조 제1항).

(2) 보석의 심리

법원은 보석에 관한한 심리를 진행함에 있어 필요적 보석의 제외사유 유무 및 보석조건에 집중하여야 하며, 필요한 경우 피고인 외에 제3자를 심문하거나 의료기간 등에 피고인의 건강상태 등에 관한 감정을 명할 수 있다(보석등예규 제7조 제1항, 제3항).

심문기일을 정한 후에는 즉시 검사, 변호인 보석청구인 및 피고인을 구금하고 있는 관서의 장에게 심문기일과 장소를 통지하여야 하고, 피고인을 구금하고 있는 관서의 장은 위 심문기일에 피고인을 출석시켜야 한다(형소규 제54조의2 제2항).

피고인, 변호인, 보석청구인은 피고인에게 유리한 자료를 낼 수 있고(형소규 54조의2 4항), 검사, 변호인, 보석청구인은 심문기일에 출석하여 의견을 진술할 수 있다(형소규 제54조의2 제5항).

(3) 보석허부의 결정

법원은 특별한 사정이 없는 한 보석의 청구를 받은 날은 날부터 7일 이내에 그에 관한 결정을 하여야 한다(형소규 제55조). 보석허가결정이 있으면, 법원사무관 등은 기록에 의하여 확인되는 친족 등 관계인에게 즉시 전화, 모사전송, 전자우편, 휴대전화 문자전송 그 밖에 적당한 방법으로 그 결정사실을 통지하여야 한다(보석등예규 제2조 제1항).

보석을 허가하지 아니하는 결정을 하는 때에는 결정이유에 형사소송법 제95조 각 호 중 어느 사유에 해당하는지를 명시하여야 한다(형소규 제55조의2).

라. 보석의 조건

(1) 종전에는 보석을 허가하는 경우 보증금 납입을 본래적인 조건으로 부과하고 이에 덧붙여 주거제한이나 그 밖에 적당한 조건을 추가로 정하였다. 그러나 보증금을 주된 조건으로 하는 종전 보석제도는 보증금을 납입할 자격이 없는 사람에게는 보석을 통한 석방기회가 부여되기 어렵고, 이를 시정하기 위하여 보증금의 액수를 낮추거나 보석보험증권의 제출을 허가할 경우 출석담보 기능이 현저히 떨어져 석방제도로서의 역할을 제대로 하지 못한다는

지적이 있었다.

(2) 법원은 보석을 허가하는 경우에는 필요하고 상당한 범위 안에서 형사소송법 제98조 각 호의 조건 중 하나 이상의 조건을 정하여야 한다. 구속의 목적이 증거인멸 및 도주의 방지에 있으므로 구속에 갈음하는 보석의 조건은 위와 같은 목적을 달성하기 위한 실효성 있는 수단이 되어야 함과 아울러 그와 같은 목적을 달성하기 위한 범위를 벗어나지 않아야 한다. 구체적으로 법원은 형사소송법 제98조의 보석조건을 정함에 있어서, 범죄의 성질 및 죄상, 증거의 증명력, 피고인의 전과·성격·환경 및 자산, 피해자에 대한 배상 등 범행 후의 정황에 관련된 사항을 고려하여야 하고, 피고인의 자력 또는 자산 정도로는 이행할 수 없는 조건을 정할 수 없다(형소법 제99조).

(3) 형사소송법 제98조가 각 호가 정하고 있는 보석조건은 ① 법원이 지정하는 일시·장소에 출석하고 증거를 인멸하지 아니하겠다는 서약서를 제출할 것(제1호), ② 법원이 정하는 보증금 상당의 금액을 납입할 것을 약속하는 약정서를 제출할 것(제2호), ③ 법원이 지정하는 장소로 주거를 제한하고 이를 변경할 필요가 있는 경우에는 법원의 허가를 받은 등 도주를 방지하기 위하여 행하는 조치를 수인할 것(제3호), ④ 피해자, 당해 사건의 재판에 필요한 사실을 알고 있다고 인정되는 자 또는 그 친족의 생명·신체·재산에 해를 가하는 행위를 하지 아니하고 주거·직장 등 그 주변에 접근하지 아니할 것(제4호), ⑤ 피고인 외의 자가 작성한 출석보증서를 제출할 것(제5호), ⑥ 법원의 허가 없이 외국으로 출국하지 아니할 것을 서약할 것(제6호), ⑦ 법원이 지정하는 방법으로 피해자의 권리회복에 필요한 금원을 공탁하거나 그에 상당한 담보를 제공할 것(제7호), ⑧ 피고인 또는 법원이 지정하는 자가 보증금을 납입하거나 담보를 제공할 것(제8호), ⑨ 그 밖에 피고인의 출석을 보증하기 위하여 법원이 정하는 적당한 조건을 이행할 것(제9호)이다.

(4) 위의 여러 보석조건 중 제8호의 보석조건은 전형적인 보석조건으로서 현행 형사소송법은 보증금 납입 외에 담보제공을 추가함으로서 질권이나 저당권 등 다양한 방법으로 담보제공을 할 수 있게 되었다.

마. 보석의 집행

(1) 보석조건의 이행과 보석 집행

보석허가결정의 집행은 재판의 집행이므로 재판집행의 일반원칙에 따라 검사가 그 집행을 지휘한다(형소법 제460조). 제98조 제1호(본인서약서)·제2호(보증금 약정서)·제5호(출석보증서)·제7호(피해 공탁 및 담보제공) 및 제8호(보증금 및 담보제공)의 조건은 이를 이행한 후가 아니면 보석허가결정을 집행하지 못하며,[12] 법원은 필요하다고 인정하는 때에는 다른 조건에 관하여도 그 이행 이후 보석허가결정을 집행하도록 정할 수 있다(형소법 제100조 제1항).

(2) 보증금의 대납 등

법원은 보석청구자 이외의 자에게 보증금의 납입을 허가할 수 있다(형소법 제100조 제2항). 또한, 법원은 앞서 본 바와 같이 유가증권 또는 피고인 외의 자가 제출한 보증서로써 보증금에 갈음함을 허가할 수 있는데(형소법 제100조 제3항), 위 보증서에는 보증금액을 언제든지 납입할 것을 기재하여야 한다(형소법 제100조 제4항).

(3) 관공서 등에 대한 조치청구

법원은 보석허가결정을 할 때 형사소송법 제98조의 보석조건이 피고인의 출석을 실질적으로 담보할 수 있도록 필요한 조치를 강구하여야 할 필요가 있으므로, 보석허가결정에 따라 석방된 피고인이 보석조건을 준수하는데 필요한 범위 안에서 관공서나 그 밖의 공사단체에 대하여 적절한 조치를 취할 것을 요구할 수 있다(형소법 제100조 제5항).

바. 보석조건의 변경 및 보석의 취소

(1) 보석허가결정 후 법원은 직권 또는 형사소송법 제94조에 규정된 자(보석청구권자)의 신청에 따라 결정으로 보석조건을 변경하거나 일정기간 동안 당해 조건의 이행을 유예할 수 있다(형소법 제102조 제1항).

(2) 법원은 ① 피고인이 도망한 때, ② 도망하거나 죄증을 인멸할 염려가 있다고 믿을 만한 충분한 이유가 있는 때, ③ 소환을 받고 정당한 사유 없이 출석하지 아니한 때, ④ 피해자, 당해 사건의 재판에 필요한 사실을 알고 있다고 인정되는 자 또는 그 친족의 생명·신체·재산에 해를 가하거나 가할 염려가 있다고 믿을 만한 충분한 이유가 있는 때, ⑤ 법원이 정한 조건

---

12) 다음에 해당하는 보석 조건은 이를 이행한 후가 아니면 보석허가 결정을 집행하지 못하고, 법원이 필요하다고 인정하는 경우에는 다른 조건에 대해서도 그 이행 이후 보석허가결정을 집행하도록 정할 수 있습니다(「형사소송법」제100조제1항).
   - 법원이 지정하는 일시·장소에 출석하고 증거를 인멸하지 않겠다는 서약서를 제출할 것
   - 법원이 정하는 보증금 상당의 금액을 납입할 것을 약속하는 약정서를 제출할 것
   - 피고인 외의 사람이 작성한 출석보증서를 제출할 것
   - 법원이 지정하는 방법으로 피해자의 권리회복에 필요한 금원을 공탁하거나 그에 상당한 담보를 제공할 것
   - 피고인 또는 법원이 지정하는 사람이 보증금을 납입하거나 담보를 제공할 것
   법원은 보석청구자 외의 사람에게 보증금의 납입을 허가할 수 있으며, 유가증권 또는 피고인 외의 사람이 제출한 보증금액을 언제든지 납입할 것을 기재한 보증서로써 보증금에 갈음하는 것을 허가할 수 있습니다(「형사소송법」제100조제2항부터 제4항까지).
   법원은 보석허가결정에 따라 석방된 피고인이 보석조건을 준수하는데 필요한 범위에서 관공서나 그 밖의 공사단체에 대해 적절한 조치를 취할 것을 요구할 수 있습니다(「형사소송법」제100조제5항).

을 위반한 때 중 어느 하나에 해당하는 경우에는 직권 또는 검사의 청구에 따라 보석을 취소할 수 있다(형소법 제102조 제2항). 법원은 보석을 취소하는 때에는 직권 또는 검사의 청구에 따라 결정으로 보증금 또는 담보의 전부 또는 일부를 몰취할 수 있다(형소법 제103조 제1항).

사. 보석조건 위반에 따른 과태료 및 감치

법원은 피고인이 정당한 사유 없이 보석조건을 위반한 경우에는 결정으로 1천만원 이하의 과태료를 부과하거나 20일 이내의 감치에 처할 수 있다. 출석보증서를 제출하고 석방된 피고인이 정당한 사유 없이 기일에 불출석하는 경우에도 그 출석보증인에게 500만원 이하의 과태료를 부과할 수 있다.

아. 보석의 효력상실

구속영장의 효력이 소멸된 경우에는 그 즉시 보석조건의 효력은 상실되고, 구속 또는 보석이 취소되거나, 구속영장의 효력이 소멸되면 몰취하지 않은 보증금 또는 담보를 청구한 날부터 7일 이내에 피고인에게 환급해야 한다(형사소송법 제104조 및 제104조의2제1항).

[서식 180] 보석허가(강제추행)

보석 허가 청구서

사   건   2000노0000 강제추행
피 고 인   ○○○

　　위 사건에 관하여 피고인은 현재 ○○구치소에 수감 중입니다. 피고인의 변호인은 다음과 같이 보석을 청구하오니 허가하여 주시기 바랍니다.

청 구 취 지

1. 피고인 ○○○에 대한 보석을 허가한다.
2. 보증금은 피고인의 동생 ○○○(000000-000000, 주소 : 서울 관악구 ○○로 ○○○)가 제출하는 보석보증보험증권 첨부의 보증서로 갈음할 수 있다.

라는 재판을 구합니다.

청 구 이 유

1. 필요적 보석허가사유의 구비

가. 이 사건 공소사실은 형사소송법 제95조 제1, 2호 소정의 죄에 해당하지 아니합니다.

나. 이 사건이 기소되기 전 수사기관에서 이 사건 공소사실에 관한 증거를 충분히 조사하였으므로 피고인이 죄증을 인멸하거나 인멸할 염려가 없습니다.

다. 피고인은 주거지에서 거주하며 일정한 주거가 있고, 특히 도망하거나 도망할 염려가 있다고 볼 수 없으며, 그 외 이 사건에서 피고인이 피해자나 이 사건 재판에 필요한 사실을 알고 있다고 인정되는 자 또는 그 친족의 생명ㆍ신체나 재산에 해를 가하거나 가할 염려가 있다고 볼만한 특별한 사정도 존재하지 아니하는 등, 위 법조가 정한 필요적 보석의 제외사유가 없으므로, 피고인에 대하여 보석을 구하는 것입니다.

2. 보석 허가의 필요성

가. 피고인의 한 가정의 가장으로서 처가 있고, 두 아이의 아버지입니다. 주소지로 항상 연락이 되며, 지정된 공판 기일에 바로 출석하여 재판을 받을 준비가 되어 있습니다.

집안 경제를 책임지고 있던 피고인이기에 이번 사건으로 인한 경제적 어려움으로 올해 대학에 입학한 아들이 휴학을 한다고 합니다. 피고인의 처 역시 매일 밤 눈물을 흘리며 밤을 새운다고 합니다. 피고인은 가족에게도 크나큰 상처를 주게 된 것을 반성하고 다시는 법에 어긋나는 행위를 하지 않을 것을 굳게 다짐하고 있습니다.

나. 피해보상금 일부를 공탁하였습니다.

피고인은 피해보상금의 일부 명목으로 금전을 공탁한 것과는 별개로 피해자에게 진심으로 사과의 말을 전하고자 합니다. 피고인은 피해자에게 사과의 마음을 진심을 담아 전하며 피해보상을 위해 노력하겠습니다. 어떠한 것으로도 피해자에게 상처를 준 것이 회복되지는 않겠지만 피고인이 할 수 있는 최대한의 진심을 담아 직접 사과하겠습니다.

다. 전과가 전혀 없습니다.

피고인은 초범이고 정상적인 사회생활을 하며 예술계에서 입지를 쌓아 가던 사진작가입니다. 피고인은 순간 이성을 잃고 이 사건 범행을 저지른 것을 깊이 반성하고 있습니다. 피고인의 사회 경력이 단절되어 작가로서의 생명이 끊어질 위기에 처하였습니다.

라. 20○○. 00. 00.부터 지금까지 구금되어 있으면서 응분의 고통과 제재를 받았다고 사료됩니다.

피고인은 수감된 지 두 달이 되어가고 있습니다. 그 동안 변호인이 교도소에서 만나보며 느낀 바로는 이 건에 대하여 자신이 정말 잘못했고, 스스로를 통제하지 못한 나머지 이 사건과 같이 부끄러운 짓을 저질러 스스로도 면목이 없다는 것을 통감하고 있습니다. 피고인은 정말로 깊이 반성하고 있습니다.

마. 이 사건 잘못을 뼈저리게 반성하고 있습니다.

피고인은 이 사건으로 수감생활을 하면서 타인에 대한 순간적인 접촉이라 하여도 법이 얼마나 무서운지 이미 절감하였습니다. 피고인 스스로도 많이 놀라고 겁을 먹어 이제 충분히 정신을 차려 앞으로 절대 그러한 행위를 하지 않으리라고 다짐하고 있습니다.

3. 결론

위와 같은 여러 사정을 참작하시어 피고인이 불구속 상태에서 가정과 사회의 일원으로서 재판을 받을 수 있도록 석방의 은전을 베풀어주시기를 간절히 청원드립니다.

첨 부 서 류

1. 금전공탁서   1통

20○○. 00. 00.

피고인의 변호인
법무법인 ○○
담당변호사 ○○○

서울○○지방법원 제○○형사부 귀중

보석허가청구서

사　　　건　　2000고합0000　　　　　특수강도

피 고 인　　○　○　○

　　　　　　주 거 : 서울 ○○구 ○○로 000

　　　　　　(현재 ○○구치소 수용 중 : 수용번호 0000)

　위 피고인의 변호인은 다음과 같은 사유로 보석허가를 신청하오니, 아래와 같은 사정을 혜량하시어 청구취지와 같은 보석허가를 하여 주시기를 바랍니다.

청 구 취 지

1. 피고인의 보석을 허가한다.
2. 피고인에 대한 보석보증금은 현금 또는 현금에 갈음하여 피고인의 동생 ○○○ (000000-0000000, 서울 ○○구 ○○로 000)이 제출하는 보증보험회사와 체결한 보석보증보험증권으로 대신한다.

라는 결정을 구합니다.

1. 범죄사실의 요지

피고인에 대한 범죄사실의 요지는 공소장 기재와 같으므로 이를 원용합니다.

2. 필요적 보석 해당성

　피고인에 대한 범죄사실은 공소장 기재와 같은 바,

　가. 피고인은 형사소송법 제95조에 규정된 필요적 보석사유에 해당하는 즉, 사형, 무기, 또는 장기 10년 이상의 징역에 해당되지 아니하고, 상습범이나 누범도 아닙니다.

　나. 피고인은 이 사건 범행을 모두 자백하였고, 그에 대한 모든 증거는 이미 수사기관에서 모두 수집, 보관되어 있는바, 죄증인멸의 우려가 없고, 인멸할 증거조차도 없습니다.

다. 피고인은 주거가 일정하고, 주거지에서 부모님을 부양하고 있고 또한 정수기 판매 영업을 하면서 회사원으로 생활하고 있는 가정형편상 도망할 염려가 전혀 없습니다.

라. 피고인은 아래와 같이 피해자와의 합의를 하였습니다. 또한 범행사실을 모두 자백하고 있습니다. 그와 같은 상황에서 피고인이 이 사건 피해자 및 당해 사건의 재판에 필요한 사실을 알고 있다고 인정되는 자 또는 그 친족의 생명, 신체나 재산에 해를 가하거나 가할 염려가 전혀 없습니다.

마. 피고인은 불구속으로 재판을 받더라도 법원에서 하명하는 경우 언제든지 성실하게 출석할 것을 다짐하고 있습니다.

3. 공소사실에 대한 자백

피고인은 00년 함께 살았고 두 사람 사이에 자녀가 0명이나 되던 사실혼의 처 ○○○이 외도를 하는 사실을 알고, 화가 나서 위 ○○○과 피해자를 함께 폭행하고, 피해자로부터 가정파탄에 대한 손해배상을 받고자 금원 요구를 하는 과정에서 이 사건이 발생한 것입니다. 당시 화가 나서 법적 소송절차를 무시하고 우발적으로 폭행도 하고 돈도 요구한 것으로서, 이 사건 공소사실을 모두 자백하고 있으며, 구속된 이래 현재까지 수감생활을 통해 피고인이 저지른 범죄가 얼마나 무거운 것이었는지 새삼 깨달으며, 깊이 뉘우치고 반성하고 있습니다.

4. 피해자와의 원만한 합의 성사 및 피해자의 선처 탄원

피해자는 검찰 수사 단계에서 직접 검찰에 출석하여 진술도 하고 선처를 탄원하고 처벌불원의사를 검사에게 밝혔으며, 또 합의서도 작성하여 제출해 주었습니다.

5. 피해자의 범행 유발 내지 원인 기인을 참작하여 주시기 바랍니다

피고인은 불화로 인하여 처와 함께 사실혼 생활을 영위하던 이 사건 주택을 자주 가지 아니한 채 가끔 방문하는 상황이었습니다. 그런데 어느 날 집에 가서 처의 핸드폰을 보니 잠금장치가 되어 있어 바람을 피운다고 직감하고 비밀번호를 풀라고 하였습니다. 그리고 문자메시지를 보자 많은 부정한 내용의 문자메시지가 있었습니다. 그리하여 부정한 행위를 하는 상대 남자와 처를 혼내 주고자 부르려고 하였던 것입니다.

그리고 피해자가 처의 연락을 받고 집에 들어오자 피고인이 집으로 들어와 폭행을 하고 또 손해배상을 요구하였던 것입니다. 그런데 이러한 배상청구의 행동은 얼마든지 있을 수 있는 일입니다. 이미 그 전부터 피고인과 처 사이에는 불화가 있었고 다만 애들 때문에 미처 헤어지지 못한 채 피고인이 본가와 처의 집을 왔다 갔다 하는 상황이었기 때문에, 통상의 정상적 부부의 경우와 같이 보아서는 당시 상황이 제대로 파악될 수 없습니다. 어차피 장차 헤어져야 할 상황이었는데 마침 이 사건이 결정적 이혼의 계기가 되었고, 이 기회에 일부 파탄에 기여한 책임자인 피해자에게 손해의 배상을 요구하였던 것입니다.

실제로 이 사건 직후 피고인과 처는 완전한 결별을 하였습니다. 피고인의 짐은 피고인 어머니가 피고인 자녀들을 돌보고 있던 본가로 보내어 졌고, 처는 자신의 짐을 싸서 일단 ○○○ 소재 언니 집으로 가게 되었던 것입니다. 이 사건을 계기로 서로 완전히 헤어진 것이며, 처음부터 피고인과 처가 공모하여 처가 남자를 유혹하고 피고인이 강취하고 한 것이 결코 아닙니다.

결국, 이 사건 양형판단에 있어서 가장 중요한 것은 처음부터 공모한 후 남자를 유혹한 것인지, 아니면 일부 불화상태에 있던 남편인 피고인이 부정행위 사실을 알고 화가 나서 상간남인 피해자와 처를 폭행하고 돈을 받은 것인지 여부라 할 것입니다. 경찰에서는 실적 때문인지 처음부터 공모한 부부 공갈단으로 조서를 꾸미고 사건을 이끌어 갔습니다. 그러나 검찰에 가서 어느 정도 왜곡된 부분이 시정되긴 하였으나, 아직도 미진한 상황입니다. 만일 진정으로 부부가 공모하였다면, 통상 다른 공범자인 남자 한 두 명도 더 있었을 것이고, 또한 000만 원만 받고 피해자를 놓아 주지 않았을 것이며, 그 이후에도 몇 차례 돈을 더 달라고 요구하다가 피해자가 피하자 더 이상 요구하지 않고 포기하지도 않았을 것입니다. 더 나아가 부부 공모의 강도범죄가 안되도록 더욱더 치밀하게 상황을 구성하고, 과거에 간통 횟수에 관한 자술서도 작성케 하고 또 향후 민형사 이의를 안 한다는 포기서도 작성케 하는 등 법률적인 사항을 미리 알아본 후 그에 대비한 서류 등 조치를 취하였을 것입니다. 또한 그 자리에서 처를 죽게 때리고 또 소주병을 던져서 발에 피가 나도록 하지는 않았을 것입니다. 특히 전과까지 있는 어느 강도범이 은행 CCTV앞에서 자신의 얼굴이 노출되도록 하면서 강도범행을 저지르겠습니까? 당시 피고인 입장에서는 부부 공모에 의한 강도의 고의가 전혀 없었던 것입니다.

피고인은 과거 운동을 한 사람으로서 운동을 한 사람들이 보통 하는 행동과 마찬가지로 차분하고 깊이 생각을 하지 않고 욱하는 심정에 폭행도 하고 돈도 요구한 것에 불과합니다.

당시, 피고인도 전과가 있어 바람을 피우는 경우 처뿐만 아니라 상간남도 손해배상책임이 있다는 것을 어느 정도 알고 있었기에 권리행사로서 배상청구를 한 것뿐입니다.

향후 변론 과정에서 이러한 범행의 경위 부분, 부부 공모의 부분을 구체적 증거와 날카로운 논리로서 자세히 변론하도록 하겠습니다.

마지막으로, 중요한 양형인자 중 하나가, 피고인이 나중에 돈을 더 요구하지만 않았어도 이 사건은 사건화가 되지 않았었습니다. 그런데 피고인이 피해자가 처음에는 반성을 하다가 나중에는 전화를 피하자 화가 나서 계속 돈 OOO만 원만을 추가로 더 줄 것을 요구한 것인바, 이러한 행위를 하지 않았다면, 피고인의 집 안에서 있었던 폭행이나 당시의 현금인출금 OOO만 원 수수 행위는 아무런 사건화가 되지 않았을 것입니다. 피해자가 추가로 돈 OOO만 원을 요구받자, 자신이 아는 형사에게 가서 사정설명을 하였고, 이에 그 형사가 좋은 사건, 즉 실적을 올릴 수 있는 부부 공모의 강도사건이라고 추단하여 고소장을 접수하도록 안내하면서 사건화를 시킨 것입니다.

결국 피해 금액은 OOO만 원에 불과합니다.

6. 기타 정상관계
가. 전과관계
피고인의 과거 특수강간 전과는 20ㅇㅇ년의 것으로서 오래 전의 것이며, 이 사건과의 연관성이 없습니다.

나. 피고인 가족의 탄원

피고인의 가족들은 처의 부정한 행위를 알게 된 피고인이 흥분상태에서 한순간의 판단착오로 인하여 피해자에게 고통을 준 데 대하여는 그 어떠한 처벌도 달게 받아야 하지만 이번 일을 거울삼아 다시는 이러한 일이 발생하지 않도록 최선을 다할 것이라며 피고인이 선처되기를 간절히 탄원하고 있습니다.

다. 피고인의 반성 및 다짐

피고인은 자신의 취중 행동으로 인하여 피해자에게 고통을 드린 사실에 대하여는 무어라 변명할 여지없이 깊이 반성하며, 이 사건을 계기로 마음을 새로이 하여 앞으로는 술도 끊고 건실한 삶을 살려고 굳게 다짐하고 있습니다.

라. 이 사건은 작년 0월에 발생한 사건이고, 이미 가해자나 피해자 모두 일상생활을 평온하게 영위하던 중 약 00년이 지난 현시점에서 부부가 구속이 되는 등 시간적 가벌성도 현저히 저감된 상태입니다.

7. 결론

피고인의 범행 경위가 처의 부정한 행위를 알게 되어 흥분상태에서 우발적으로 저지른 것이라는 점, 손해배상청구권의 행사 의사로 돈을 요구한 것으로서 범행의 고의가 약하다는 점, 피해액이 불과 000만 원에 불과하고, 이미 피해자와 원만히 합의하였다는 점, 피고인과 처 이○○는 현재 그들 부부 사이에서 태어난 00명의 아이들을 부양해야 한다는 점 등을 참작하시어, 보석을 허가하여 주시기를 바라옵니다.

20○○. 00. 00.

피고인의 변호인
법무법인 ○○
담당변호사 ○○○

서울○○지방법원 제○○형사부 귀중

보석허가청구서

사 건 2000고단0000 직업안정법위반등

피 고 인 ○ ○ ○

위 사건에 관하여 피고인의 변호인은 다음과 같은 이유로 보석을 청구하오니 청구취지와 같이 결정하여 주시기 바랍니다.

다 음

청 구 취 지

1. 피고인에 대한 보석청구를 허가한다.
2. 피고인에 대한 보석보증금은 현금 또는 현금에 갈음하여 피고인의 동생 ○ ○ ○ (000000-0000000, 서울 ○○구 ○○로 000)이 제출하는 보증보험회사와 체결한 보석보증보험증권으로 대신한다.

라는 결정을 구합니다.

청 구 원 인

1. 피고인은 잘못을 깊이 반성하고 있고, 다시는 이러한 범행을 하지 않겠다고 다짐하고 있습니다.

   피고인은 관할당국의 허가 없이 직업소개를 하거나 근로자를 공급하여서는 아니됨에도 이러한 잘못을 저질렀습니다. 이점 깊이 반성하오며 다시는 이러한 잘못을 저지르지 않겠다고 약속드립니다.

2. 피고인은 부모의 사랑을 받는 건강한 환경에서 자랐으나 ○ ○ ○ 형들의 일수돈을 갚기 위하여 ○○방을 하게 되었고, 기간이나 이득액도 극히 미미합니다.

   피고인은 00세로서 체구도 왜소하고 외모도 여자처럼 유약하게 생겼습니다. 군대를 제대하고 다시 대학진학을 위하여 공부하던 중 같은 동네의 술집 ○ ○ ○ 하는 형들을 알게 되었고 위 형들의 권유로 피고인도 ○ ○ ○ 생활을 시작하였습니다. 그런데 버는 것은 적고 쓰는 것은 많아지고 특히 아가씨들이 빚을 지고 도망을 가는 경우에 그로 인한 빚을 "○○부장"인 피고인이 관리를 잘못한 책임으로 떠안게 되어 ○○○ 형들로부터 돈을 조금씩 빌려 쓰게 되었는데 위 돈이 어느새 000만 원으로 불어나 있었습니다. 그리고 위 돈은 매일 일부씩 갚아나가야 하는 일명 "일수돈"이었습니다. 위 일수를 매일 "찍기"에는 ○○○를 하는 것만으로는 수입이 일정하지 않아 곤란하였기 때문에 매일 00만 원의 수입이 어느 정도 보장되는 ○○방을 시작하게 되었던 것이며, 그 기간 역시 0달 보름 정도에 불과합니다.

위와 같이 0달 보름정도의 기간 동안 매일 0만 원의 수입을 얻어 피고인이 총 얻은 이득액도 000만 원을 갓 상회할 정도에 불과합니다.

3. 여자들이 스스로 찾아와서 일을 시켜달라고 하였으며, 강요나 갈취가 전혀 없었습니다.
피고인이 아가씨들을 찾아 나서거나 접대를 강요하거나 갈취한 바가 전혀 없습니다(이 부분에 대한 경찰의 수사는 다분히 악의적입니다). 아가씨들은 대부분 인터넷의 "단란주점" 등 각종 웹사이트나 카페의 구인구직란을 보고 연락을 하거나 다른 아가씨들의 소개로 일을 하게 된 것입니다. 특히 접대나 술시중의 주체는 여자들 자신이며, 피고인이 시켜서 하는 일이 결코 아니었습니다. 요즈음 같이 직장을 구하기 어려운 때에 여자들이 돈을 벌어 생계를 마련하기 위하여 스스로 발 벗고 각종 직업을 구하는 것이며 피고인이 이를 강요한 바가 전혀 없습니다.

따라서 피고인의 행위가 약한 여성들을 돈벌이에 이용한 파렴치한 범죄는 결코 아니며, 청소년이 순간적인 방심 내지 양심의 무긴장으로 인하여 주변 형들의 권유에 따라 큰 범죄의식 없이 빠져든 것에 불과한 것입니다.

4. ○○○ 업주와의 형평성에 반합니다.
○○○ 업주와의 대화에서 나타나듯이 ○○○ 업주는 스스로 알선행위를 하였다고 인정하고 구속처벌을 기다리고 있었습니다. 그럼에도 불구하고 석연치 이유로 나이도 어리고 동종 초범인 피고인만 구속되고 ○○○ 업주와 ○○ 주인은 아무런 처벌도 받지 않고 있습니다.

그러나 이는 ○○○업주와 피고인의 행위를 비교해 볼 때 명백히 형평성에 반하는 것입니다. ○○○업주가 무허가로 근로자를 공급해 달라고 요청하였고 또 ○○○에게 윤락행위를 매개, 주선한 사람은 바로 ○○○ 업주임에도 그녀는 아무런 처벌을 받지 않고 피고인만 구속되어 있다는 것은 부당하다 아니할 수 없습니다. 또한 이 사건이 ○○○업주의 알선에서 비롯된 경위를 보더라도 피고인만 구속된 것은 부당합니다. 이러한 사정을 참작하여 주시기 앙망하옵니다.

5. 피고인의 가족관계가 안정되어 있고, 주거 또한 일정합니다.

피고인에게는 부모가 다 생존해 계시고, 특히 부모가 외아들인 피고인에 대한 기대가 큽니다. 피고인은 군대도 입영 날자보다 먼저 지원 입대할 정도로 성실한 청년입니다. 그러나 몸이 왜소하고 약하여 어려서부터 놀림의 대상이 되었으며, 군대를 마친 후에 대학진학에 실패하자 아버지로부터 맞게 되었습니다.

현재 피고인의 부모들이 매일 피고인을 면회하고 있으며, 그동안 피고인에게 따뜻한 사랑과 대화로 양육하지 못한 것을 사과하고 반성하고 있습니다. 또한 피고인의 사촌형도 ○○○의 초정으로 미국에서 연수 중이며, 피고인의 소식을 접하고 탄원서를 써서 보내주고 있습니다.

특히 피고인의 주거도 일정하여 도주나 증거인멸의 우려가 없습니다. 석방해주시면 반드시 법원의 소환에 성실히 응할 것을 약속드립니다.

피고인이 이번에 동네 형들의 권유로 큰 실수를 하였지만, 다시 이와 같은 실수를 할 가능성은 전혀 없다고 사료됩니다.

6. 맺음말

피고인은 자신의 잘못을 잘 알고 깊이 반성하고 있습니다. 다시는 이처럼 사회적으로 유해한 행위를 하지 않겠습니다.

피고인은 아직 00세로서 갓 성년이 되었으며, 엄한 아버지의 훈육으로 인하여 젊은 날에 일시적으로 방황을 하고 있는 것입니다. 그러나 이 사건을 계기로 마음을 다잡고 아버지가 하시는 건축업을 배워 정상적인 사회인으로 성장하겠다고 다짐하고 있습니다.

　이러한 모든 사정을 두루 참작하셔서, 피고인이 사회에서 정상적으로 생활하면서 재판에 임할 수 있도록 "보석"의 은전을 내려주시기를 간곡히 청원 드립니다.

20○○.　00.　.

피고인의　　변 호 인
법무법인　　○○
담당변호사 ○○○

○○지방법원 형사 제○○단독 귀중

[서식 183]　보석허가신청서(마약류관리에관한법률위반 - 향정)

보석허가청구서

사　　　건　　2000고단0000 마약류관리에관한법률위반(향정) 등
피 고 인　　○ ○ ○(000000-0000000)
　　　　　　주 거 : 서울 00구 00로 000
　　　　　　(현재 ○○구치소 수용 중 : 수용번호 0000　)

　위 피고인의 변호인은 다음과 같은 사유로 보석허가를 신청하오니, 아래와 같은 사정을 혜량하시어 청구취지와 같은 보석허가를 하여 주시기를 바랍니다.

청 구 취 지

1. 피고인의 보석을 허가한다.
2. 피고인에 대한 보석보증금은 현금 또는 현금에 갈음하여 피고인의 부 ○○○

(000000-0000000, 서울 ○○구 ○○로 000)가 제출하는 보증보험회사와 체결한 보석보증보험증권으로 대신한다.

라는 결정을 구합니다.

1. 공소사실의 요지
피고인에 대한 범죄사실의 요지는 공소장 기재와 같으므로 이를 원용합니다.

2. 필요적 보석 해당성
피고인에 대한 범죄사실은 공소장 기재와 같은 바,

가. 피고인은 형사소송법 제95조에 규정된 필요적 보석사유에 해당하는 즉, 사형, 무기, 또는 장기 10년 이상의 징역에 해당되지 아니하고, 상습범이나 누범도 아닙니다.

나. 피고인은 이 사건 범행을 모두 자백하였고, 그에 대한 모든 증거는 이미 수사기관에서 모두 수집·보관되어 있는바, 죄증인멸의 우려가 없고, 인멸할 증거조차도 없습니다.

다. 피고인은 주거가 분명하고, 주거지에서 부모님과 함께 거주하면서 부모님을 부양해온 평소의 가정형편상 도망할 염려가 전혀 없습니다.

라. 피고인은 피고인이 알선한 베트남여성들이 현재 어디에서 살고 있는지 전혀 아는 사실이 없는 등, 이 사건 피해자 및 당해 사건의 재판에 필요한 사실을 알고 있다고 인정되는 자 또는 그 친족의 생명·신체나 재산에 해를 가하거나 가할 염려가 전혀 없습니다.

마. 피고인은 불구속으로 재판을 받더라도 법원에서 하명하는 경우 언제든지 성실하게 출석할 것을 다짐하고 있습니다.

3. 공소사실에 대한 자백

피고인은 이 사건 공소사실을 모두 자백하고 있으며, 그 동안 약 00개월여의 수형생활을 통해 피고인이 저지른 범죄가 얼마나 무거운 것이었는지 새삼 깨달으며, 깊이 뉘우치고 반성하고 있습니다.

4. 이 사건의 경위

가. 공소사실 제1항에 관하여

피고인은 이 사건 당시 직업이 없던 차에 중학교 동창인 ㅇㅇㅇ의 수차례의 걸친 간곡한 부탁을 친구입장에서 차마 거절하기 어려워 응하였다가 이 사건 범행에 이르게 된 것입니다. 당시 월급 000만 원을 받기로 하고 일을 시작하였으나, 실제 수령한 급여는 0회분 밖에 수령하지 못하였습니다.

나. 공소사실 제2항에 관하여

마약류의 경우 소변검사에서는 음성으로 나왔으나, 피고인 스스로 자백하였습니다. 투약의 경위 역시 ㅇㅇㅇ에 간 기회에 ㅇㅇㅇ이 한번 해 보라고하여 호기심에 단 하루에 오용을 한 것이 전부입니다. 한국을 떠나 외국 생활에서 오는 정신적 이완감이나 해방감으로 행해진 치기어린 행동이고, 또 한국 영내가 아닌 ㅇㅇㅇ에서 호기심으로 단 하루에 0회적으로 한 행위이며, 한국에 귀국하여서는 전혀 하지 않았다는 점에서 국내 사회질서를 어지럽히는 행위는 아니라고 할 것입니다. 즉 중독된 투약자나 상습 투약자가 아닙니다.

5. 기타 정상관계

가. 전과관계

피고인은 과거 ㅇㅇㅇ를 무면허로 운전한 벌금전과 외에 다른 전과가 없는 동종 초범입니다

나. 피의자가 취득한 이득액은 소액입니다

피고인이 이 사건으로 송금 받은 총액은 약 0,000만 원정도 이고, 그 중 피고인이 개인적으로 이득을 얻은 금액은 0개월분 월급 000만 원 내지 0,000만 원에 불과합니다. 나머지 금액은 피고인이 업무처리를 하면서 지출한 금액이 약 0,000만

원정도이고, 그 외 0,000만 원 다른 ○○○들의 커미션, 위장 결혼한 한국 남성에게 지급되는 돈 등으로 전부 소비되었습니다.

다. 가담의 정도

이 사건 실제 주도한 주범은 피고인의 중학교 동창인 ○○○입니다. 피고인이 위 ○○○의 계속된 부탁에 이를 거절치 못하고 결국 이 사건에 가담한 것에 대하여는 무어라 변명의 여지도 없는 것이지만, 이 사건은 ○○○이 모두 기획한 것이고, 피고인은 다만 ○○○이 지시에 따라 동인이 시키는 데로 심부름이나 하였을 정도로 그 가담의 정도가 경미합니다.

라. 피고인이 알선한 ○○○여성 중 한국에서 학대를 받거나 사회문제가 된 경우는 없었습니다.

마. 피고인은 지체(상지관절) 00급의 장애인입니다

바. 피고인 가족의 탄원

피고인의 가족들은 피고인이 그 어떠한 처벌도 달게 받아야 하지만 이번 일을 거울삼아 다시는 이러한 일이 발생치 않도록 최선을 다할 것이라며 피고인이 선처되기를 간절히 탄원하고 있습니다.

사. 피고인의 반성 및 다짐

피고인은 이 사건을 계기로 마음을 새로이 하여 건실한 삶을 살려고 굳게 다짐하고 있습니다. 피고인은 존경하는 재판장님께서 이 번에 한하여 관대하게 처벌을 하여 주신다면, 다시는 이 사건과 같은 잘못을 저지르지 않기 위해 건전한 일자리를 찾아 건실하게 살아갈 것을 다짐하고 있는바, 재범의 우려는 전혀 없다 할 것입니다.

6. 결 어

존경하는 재판장님!

피고인의 이 사건 범죄는 처벌을 받아야 마땅하고, 그 어떠한 변명으로도 이를 합리화 시킬 수 없다는 것을 잘 알고 있습니다. 사람은 누구나 잘못을 저지를 가능성이 있습니다. 그러나 누구에게든 한번의 실수는 용서로서 다스리는 것이 형사정책상 피고인 개인이나 가정 국가 사회에 도움이 되지 않을까 생각합니다.

위와 같은 사건 경위 및 제반 정상을 참작하시고, 특히 피고인이 그 동안 약 ○개월여의 구금생활을 통하여 그 잘못을 뼈저리게 뉘우치고 있는 점, 무엇보다도 이 사건을 모두 자백하고 있는 점, 피고인은 과거 ○○○를 무면허로 운전한 벌금전과 외에 다른 전과가 없는 동종 초범인 점, 피고인이 앞으로 건전한 일자리를 찾아 건실하게 살아갈 것을 다짐하고 있는바, 재범의 우려가 없는 점 등을 헤아리시어 피고인으로 하여금 이 번 사건을 계기로 삶의 희망을 버리지 않고 다시 한 번 성실한 삶을 살아 갈 수 있도록 최대한의 선처를 베풀어 불구속상태에서 가정에 복귀하여 부모님들을 부양하면서 재판을 받을 수 있도록 주거제한 등 상당한 조건을 붙여서라도 보석을 허가하여 주시기를 바라옵니다.

20○○. ○○. ○○.

피고인의 변호인 법무법인 ○○

담당변호사 ○○○

서울○○지방법원 형사 제○○단독   귀중

작성 · 접수방법

1. 보석청구의 1부(참고자료 첨부)와 부본 1부(참고자료 미첨, 검사에게 보낼 것임)를 작성하여 관할 형사재판부에 제출한다.
2. 보증인의 자격에는 제한이 없다. 실무상 배우자, 직계친족, 형제자매, 변호인 등이 보증을 선다.
3. 피고인이 인적사항, 청구하는 취지와 원인을 기재하고, 증거인멸, 도주염려가 없는 것을 중심으로 구속의 부당성을 지적한다. 첨부서류란에는 청구이유에 관한 소명자료(합의서, 재직증명서, 사실확인서, 탄원서 등)와 청구인의 주민등록등본 또는 가족관계증명서 등을 첨부한다.
4. 보석허가결정이 내린 경우의 처리방법
   가. 보석허가 결정이 나면 바로 해당 재판부에 가서 보석허가결정문을 받는다.
   나. 기소 후의 보석결정은 보석금납입에 갈음하여 보증보험증권으로도 제출하도록 허가하고 있으므로 이 경우 위 보석허가결정문(사본)을 지참하고 서울보증보험(대리점)을 방문하여 증권을 발급받는다. 만일 청구인(보증인)이 금융신용관리대상자(구, 신용불량자)로 등록이 되어 있다면 증권발급이 불가하므로 보석

허가 청구시 신용관리대상자인지 여부를 미리 확인하여 청구인을 정하여야 할 것이다.

다. 발부받은 보증보험증권(또는 보석금)을 검찰청(주로 공판과)에 제출하면(보석보증금이 현금인 경우는 검찰청 징수계에 제출), 통보를 받은 검사는 석방지휘를 하고 이에 피고인은 당일 오후 늦게 석방되는 것이 일반적이다.

라. 검찰청에 갈 때는 ① 보석보증보험증권 또는 현금공탁서, ② 보석결정에 따라서는 서약서가 필요 ③ 보증인의 보증서 및 신분증 사본을 갖추어야 한다.

5. 검찰에 가져갈 서류

가. 보석보증보험증권 또는 현금공탁서

나. 보증인의 보증서 및 신분사본증

다. 보석결정에 따라서는 서약서가 필요함

[서식 184] 보석허가청구서(장물알선)

보 석 허 가 청 구 서

사　　　건　　　　　20○○고단0000　장물알선

피 고 인　　　　　○　○　○ (000000-0000000)

　　　　　　　　　○○시 ○○구 ○○로 ○○ (○○동)

　　　　　　　　　등록기준지 : ○○시 ○○구 ○○로 ○○ (○○동)

　위 사건에 관하여 피고인의 처는 다음과 같은 이유로 보석의 허가를 청구하오니 심리하시어 청구취지와 같이 결정하여 주시기 바랍니다.

청 구 취 지

　피고인 ○○○에 대한 보석을 허가한다.

　단, 보석보증금은 피고인의 처 ○○○{000000-0000000, ○○시 ○○구 ○○로 ○○ (○○동)}이 제출하는 보석보증보험증권 첨부의 보증서로서 갈음함을 허가한다. 라는 결정을 구합니다.

청 구 이 유

　본 청구인은 피고인의 처로서, 존경하는 재판장님께 남편의 잘못에 대하여 대신

용서를 구하오며, 다만 피고인이 저희 가정의 사랑하는 딸의 아버지로서 사랑하는 남편으로서 자리를 지켜온 점과 다음 아래의 점을 감안하시어 석방의 은전을 베풀어 주시기를 간청 드립니다.

1. 보석의 요건

피고인은 본건 공소사실에 관하여 모두 인정하고 있고, 경찰 및 검찰에서 충분한 조사가 되어 있으며, 지난 ○. ○. 구속된 지 2개월이 경과하여 충분한 죄의 대가를 치렀다고 보여지며, 이 사건에 관하여 더 이상 죄증 인멸의 우려가 없을 뿐 아니라, 현재 위 주소지에서 처와 고등학교 3학년생인 딸과 함께 거주하고 있는 등 주거가 일정하여 도주의 우려가 없습니다.

2. 사건 경위

이 사건 피고인이 장물알선죄로 기소된 사건의 발단은, 피고인이 지난 20○○. ○월경부터 고향선배인 상피고인 이○○이 운영하는 ○○시 ○○구 ○○로 ○○(○○동) 소재의 중고가전제품을 판매하는 고창냉동(대표 이ㄱ근)에 나가 일을 배우고 있던 중 20○○. ○. ○. 14:00경 상피고인 정○○이 중고가전 가게에 찾아와 벽산아파트 상가주차장에서 주웠다며 수표 5,900만 원권 1매, 500만 원권 1매, 100만원 2매, 10만 원권 7매, 현금 30만원, 미화 100불짜리 4장 등을 건네준 바 있습니다. 피고인은 위 수표 등을 맡아 가지고 있던 중 당시 중고가전 가게에 함께 있던 고향후배인 기○○이 "자신이 잘 알고 지내는 사람에게 환전해 올 수 있을 것 같다"고 말하길래 이○○에게 전화를 걸어 그러한 취지로 말하여 동의를 구한 후 "그렇게 하라"고 말하여 당일 15:00경 기○○이 상피고인 김○○에게 위 수표금 중 수표 5,900만 원권 1매, 500만 원권 1매, 100만 원 2매 도합 6,600만 원을 건네주고, 후에 김○○이 환전하면 다시 추가로 받기로 하고 일단 600만 원을 받아온 것입니다. 이 600만원 중 가게 주인이자 고향선배인 이○○에게 400만 원을 주고, 피고인이 100만 원을 취하고 기○○이 100만 원을 취한 것입니다. 이상과 같이 피고인이 정○○으로부터 수표 등이 든 가방을 받아 기○○으로 하여금 처분되도록 한 것은 잘못된 점이나, 사실 수표는 아주 오래전에 발행된 것(20○○. ○.경)으로 수표의 유통기간을 생각할 때 뭔가 문제 있는 수표라는 생각을 하고 쉽게 처분하도록 한 것입니다.

3. 피고인의 정상

가. 피고인은 전북 ○○ 산골마을에서 자라 지금은 고인이지만 당시 교회 목사이신 부친과 장한 어머니 상을 수상한바 있는 모친(현 ○○에서 기거 중) 사이에서 4남 1녀 중 셋째로 태어나 그곳에서 고등학교를 졸업한 후 사관생으로 군에 입대하여 장교로 군복무하던 중 19○○년 현재의 처 ○○○을 만나 결혼을 한 후 딸 ○○(당 10세, 고교 3년생)을 두었고 11년간 군 생활을 한 후 20○○년경에 대위로 전역하였습니다.

나. 피고인은 군복무중 어려서 목회를 하신 부친과 신앙심 두터운 모친의 영향을 받아 올바르게 자란 성품인지 거의 매년 표창장을 수여받았습니다. 피고인은 군 전역 후 세상물정을 몰라 퇴직금을 사업자금으로 썼다가 곧 실패하고, 다만 군에서 애완견을 다뤄본 경험을 살려 잠시 애견센타를 운영한 바도 없지만, 사업 형편이 좋지 않아 문 닫고는 이후 막노동판에서 일을 하며 가족을 부양하여 왔습니다. 그러다가 최근 20○○. ○.경 주위 아는 분의 소개로 고향선배인 상피고인 이○○을 알게 되었고, 나중에 중고가전제품 판매업을 해볼 목적으로 이○○ 아래서 일을 배우던 차에 이 건 일이 벌어진 것입니다.

다. 피고인은 비록 세상물정을 몰라 손해보기는 하지만 가정에서는 사랑받는 남편이요, 자상한 아빠였습니다. 청구인 가족은 ○○시 ○○동에 있는 ○○교회(담임목사 안○○)에 다니며 단란한 가정생활을 하여 왔습니다. 딸 ○○는 고등학교(○○여자고) 내내 공부를 잘하여 우등상을 줄곧 타며 도장학생으로도 선발이 되었고 명문대학 예능계열 학과 진학을 꿈꾸며 준비해왔는데, 지난 ○. ○.경 아빠의 구속으로 인하여 충격을 받고 ○. ○. 치러진 수능고사에서 실력에 훨씬 못 미치는 점수를 받은 일이 생겼습니다. 또 유치원에서 지금까지 아이 평생에 지각이라는 것을 모르다가 난생 처음으로 지각이며 결석까지 하는 일이 벌어졌습니다.

라. 그간 집이 없던 설움에서 벗어나 그간 모아둔 3,000만 원을 가지고 금년 10. 1. ○○시 ○○구 ○○로 ○○ (○○동) 다세대주택 지층 20평짜리(지하 1층 101호)를 은행으로부터 5,700만원을 대출받아 금 9,600만원에 지하방 집을 구입한 것인데, 내 집에 들어가기도 전에 이 건 사고가 발생한 것입니다.

마. 공 탁

피고인이 본건으로 취득한 돈은 기○○으로부터 받은 100만원뿐입니다. 피고인이 비록 기○○으로부터 장물알선의 대가로 받은 돈이나 결국 피해자의 돈이므로, 이 금액상당을 피해자에게 반환해 주는 것이 옳다고 생각하고 100만원을 공탁하였습니다.

4. 결 어

피고인은 기○○으로부터 100만원을 받기는 하였지만, 처음부터 적극적으로 장물을 취득하려고 처분을 알선할 생각이 아니었던 점, 피고인이 본 건으로 취한 돈이 100만원에 불과하여 액수가 경미하고 이를 공탁한 점, 피고인이 자신의 잘못을 뉘우치고 있는 점, 가족이 애타게 피고인의 석방을 고대하며 제자리로 돌아와 주기를 바라는 점 등 이상 제반사정을 참작하시어 피고인을 석방하여 주시기를 간청합니다. 석방 후에는 고향에 계신 모친을 뵙고 용서를 구한 후 본래의 신앙인 자세로 돌아가 한 치의 흐트러짐 없이 바르게 살도록 내조하겠습니다.

첨 부 서 류

1. 주민등록등본	1통
1. 탄원서	1통
1. 표창장	3통
1. 등기부등본	1통
1. 변제공탁서	1통
1. 회수제한신고서	1통

20○○. ○. ○.

위 피고인의 처 ○ ○ ○   (인)

○○지방법원 귀중

재 산 관 계 진 술 서

사건번호		20○○고단 ○○○○ 장물알선
피 고 인	성 명	이 몽 룡
	직 업	중고가전판매업
	주민등록번호	000000-0000000
	주 소	○○도 ○○시 ○○로 ○○ (○○동)
동 산 기 타	현 금	없음
	예 금	없음
	기 타	없음
부 동 산	부동산소유권	○○시 ○○구 ○○로 ○○ (○○동) 다세대주택지하 1층 101호
		시가총액 : 1억원(대출금 5,700만원)
	전세금, 보증금	
재산총액		4,300만원
월 수 입	금 액	없음
	내 역	현재는 중고가전판매업소가 폐쇄하여 특별한 수입은 없는 상태임

본인은 양심에 따라 사실대로 이 진술서를 작성하여 제출합니다.

20○○. ○. ○.

피고인의 처 ○ ○ ○ (인)

작성 · 접수방법

1. 위 진술서는 보석허가청구서에 반드시 첨부하여야 한다.
2. 법원에서는 진술서를 토대로 보석금을 현금으로 할지 보증보험증권으로 할지 또는 현금을 얼마로 하여야 할지 등을 판단한다.
3. 보석청구서를 접수한 경우 법원사무관은 보석청구인이 형사소송규칙 제53조의2에서 규정한 피고인의 자력 또는 자산정도에 관한 서면을 제출하지 아니한 경우에 위 재산관계진술서의 제출을 명할 수 있는데 이 경우 이를 작성하여 보정토록 한다.
4. 보석의 청구인은 보석결정을 결정함에 형사소송법 제99조 제2항에 따른 이행 가능한 조건인지 여부를 판단하기 위하여 필요한 범위 내에서 피고인(피고인이 미성년자인 경우에는 그 법정대리인 등)의 자력 또는 자산 정도에 관한 서면을 제출하여야 한다.

보 석 허 가 청 구 서

사   건   20○○고단 ○○○호 폭력행위등처벌에관한법률위반 등

피 고 인   ○   ○   ○ (000000-0000000)

○○시 ○○구 ○○로 ○○ (○○동)

등록기준지 : ○○시 ○○구 ○○로 ○○ (○○동)

직   업 : 회 사 원

　위 사건에 관하여 피고인의 변호인은 다음과 같은 이유로 보석의 허가를 청구하
오니 심리하시어 청구취지와 같이 결정하여 주시기 바랍니다.

청 구 취 지

1. 피고인 ○○○에 대한 보석을 허가한다.
2. 보석보증금은 피고인의 처 박○○(주소 : ○○도 ○○군 ○○면 ○○로 ○○)이
　 제출하는 보증보험증권 첨부의 보증서로 갈음할 수 있다.

라는 결정을 구합니다.

청 구 이 유

1. 피고인에 대한 공소사실은 공소장 기재와 같고,

2. 피고인은 도주할 염려가 없습니다. 피고인은 주거가 일정하고 ○○주식회사에
　 서 자기비피괴검사기능사로 재직 중이고 처와 자녀 1명이 있는 가장입니다. 한
　 편, 피고인의 신원을 보증하기 위하여 신원보증인 2명이 신원보증을 한 바 있
　 습니다.

3. 피고인은 증거인멸의 우려가 없습니다. 공소단계에서 검사가 피고인에 대한 증
　 거를 모두 확보하고 있고, 피고인이 모두 범행을 자백하고 있으므로 증거인멸의
　 우려가 없습니다.

4. 개전의 정 및 정상참작사유에 관하여피고인은 본 건 범행에 관하여 깊이 뉘우치고 있으며 피해자들과 원만히 형사부문 합의를 하였고 피해자들도 피고인의 처벌을 원하지 않고 있습니다.

5. 이와 같은 여러 가지 사정을 참작하시어 피고인으로 하여금 불구속상태에서 재판을 받을 수 있도록 보석을 허가하여 주시기 바랍니다.

6. 피고인은 경제적 여유가 없으므로 피고인의 처 ○○○가 보석보증보험증권을 첨부한 보증서를 제출하여 보증금에 갈음하도록 허가하여 주시기 바랍니다.

첨 부 서 류

1. 신원보증서	1통
1. 주민등록등본	3통(청구인의 것, 신원보증인 2명의 것)
1. 합의서 사본	2통
1. 재직증명서 사본	1통
1. 재산관계진술서	1통
1. 피고인진술서	1통
1. 변호인선임신고서	1통

20○○. ○. ○.

위 피고인의 변호인 변호사 ○ ○ ○ (인)

○○지방법원 귀중

1. 보석청구의 1부(참고자료 첨부)와 부본 1부(참고자료 미첨, 검사에게 보낼 것임)를 작성하여 관할 형사재판부에 제출한다.
2. 보증인의 자격에는 제한이 없다. 실무상 배우자, 직계친족, 형제자매, 변호인 등이 보증을 선다.
3. 피고인이 인적사항, 청구하는 취지와 원인을 기재하고, 증거인멸, 도주염려가 없는 것을 중심으로 구속의 부당성을 지적한다. 첨부서류란에는 청구이유에 관한 소명자료(합의서, 재직증명서, 사실확인서, 탄원서 등)와 청구인의 주민등록등본 또는 가족관계증명서 등을 첨부한다.
4. 보석허가결정이 내린 경우의 처리방법
   가. 보석허가 결정이 나면 바로 해당 재판부에 가서 보석허가결정문을 받는다.
   나. 기소 후의 보석결정은 보석금납입에 갈음하여 보증보험증권으로도 제출하도록 허가하고 있으므로 이 경우 위 보석허가결정문(사본)을 지참하고 서울보증보험(대리점)을 방문하여 증권을 발급받는다. 만일 청구인(보증인)이 금융신용관리대상자(구, 신용불량자)로 등록이 되어 있다면 증권발급이 불가하므로 보석허가 청구시 신용관리대상자인지 여부를 미리 확인하여 청구인을 정하여야 할 것이다.
   다. 발부받은 보증보험증권(또는 보석금)을 검찰청(주로 공판과)에 제출하면(보석보증금이 현금인 경우는 검찰청 징수계에 제출), 통보를 받은 검사는 석방지휘를 하고 이에 피고인은 당일 오후 늦게 석방되는 것이 일반적이다.
   라. 검찰청에 갈 때는 ① 보석보증보험증권 또는 현금공탁서, ② 보석결정에 따라서는 서약서가 필요 ③ 보증인의 보증서 및 신분증 사본을 갖추어야 한다.
5. 검찰에 가져갈 서류
   가. 보석보증보험증권 또는 현금공탁서
   나. 보증인의 보증서 및 신분사본증
   다. 보석결정에 따라서는 서약서가 필요함

[서식 187] 보석허가청구서(폭행)

보 석 허 가 청 구 서

사 건   20○○고단 ○○○호 폭행

피 고 인   ○ ○ ○ (000000-0000000)
           ○○시 ○○구 ○○로 ○○ (○○동)
           등록기준지 : ○○시 ○○구 ○○로 ○○ (○○동)
           직   업 : 회 사 원

  위 사건에 관하여 피고인의 처는 다음과 같은 이유로 보석의 허가를 청구하오니 심리하시어 청구취지와 같이 결정하여 주시기 바랍니다.

청 구 취 지

피고인 ○○○에 대한 보석을 허가한다.

라는 결정을 구합니다.

청 구 원 인

1. 피고인은 공소사실을 모두 자백하고 주거가 일정하여 도주의 우려가 없을 뿐만 아니라 죄증을 인멸할 염려가 없는 등, 형사소송법이 정한 필요적 보석의 요건을 모두 갖추고 있습니다.

2. 피고인은 초범이고 피해자에게 용서를 빌고 원만히 합의하였으며, 그동안의 구금생활을 통하여 깊이 반성하고 있습니다. 이러한 점들을 참작하시어 피고인으로 하여금 불구속상태에서 재판을 받을 수 있도록 보석을 허가하여 주시기 바랍니다.

3. 보석보증금은 신청인이 보증보험회사와 체결한 보증보험증권으로 대체할 수 있도록 하여 주시기 바랍니다.

첨 부 서 류

1. 가족관계증명서	1통
1. 주민등록등본	1통
1. 합의서	1통

20○○. ○. ○.

위 피고인의 처 ○ ○ ○ (인)

○○지방법원 귀중

1. 보석청구의 1부(참고자료 첨부)와 부본 1부(참고자료 미첨, 검사에게 보낼 것임)를 작성하여 관할 형사재판부에 제출한다.
2. 보증인의 자격에는 제한이 없다. 실무상 배우자, 직계친족, 형제자매, 변호인 등이 보증을 선다.
3. 피고인이 인적사항, 청구하는 취지와 원인을 기재하고, 증거인멸, 도주염려가 없는 것을 중심으로 구속의 부당성을 지적한다. 첨부서류란에는 청구이유에 관한 소명자료(합의서, 재직증명서, 사실확인서, 탄원서 등)와 청구인의 주민등록등본 또는 가족관계증명서 등을 첨부한다.
4. 보석허가결정이 내린 경우의 처리방법
   가. 보석허가 결정이 나면 바로 해당 재판부에 가서 보석허가결정문을 받는다.
   나. 기소 후의 보석결정은 보석금납입에 갈음하여 보증보험증권으로도 제출하도록 허가하고 있으므로 이 경우 위 보석허가결정문(사본)을 지참하고 서울보증보험(대리점)을 방문하여 증권을 발급받는다. 만일 청구인(보증인)이 금융신용관리대상자(구, 신용불량자)로 등록이 되어 있다면 증권발급이 불가하므로 보석허가 청구시 신용관리대상자인지 여부를 미리 확인하여 청구인을 정하여야 할 것이다.
   다. 발부받은 보증보험증권(또는 보석금)을 검찰청(주로 공판과)에 제출하면(보석보증금이 현금인 경우는 검찰청 징수계에 제출), 통보를 받은 검사는 석방지휘를 하고 이에 피고인은 당일 오후 늦게 석방되는 것이 일반적이다.
   라. 검찰청에 갈 때는 ① 보석보증보험증권 또는 현금공탁서, ② 보석결정에 따라서는 서약서가 필요 ③ 보증인의 보증서 및 신분증 사본을 갖추어야 한다.
5. 검찰에 가져갈 서류
   가. 보석보증보험증권 또는 현금공탁서
   나. 보증인의 보증서 및 신분사본증
   다. 보석결정에 따라서는 서약서가 필요함

[서식 188] 보석허가청구서(교통사고처리특례법 위반)

보 석 허 가 청 구 서

사　　건　　　　20○○고단 ○○○　교통사고처리특례법 위반

피 고 인　　　　○　○　○ (000000-0000000)

　　　　　　　　○○시 ○○구 ○○로 ○○ (○○동)

　　　　　　　　등록기준지 : ○○시 ○○구 ○○로 ○○ (○○동)

　　　　　　　　직　　　　업 : 회 사 원

　　위 사건에 관하여 피고인의 변호인은 아래와 같은 이유로 보석을 청구합니다.

청 구 취 지

피고인 ○○○에 대한 보석을 허가한다.

라는 결정을 구합니다.

청 구 이 유

1. 피고인은 형사소송법 제95조에 규정된 필요적 보석의 예외사유, 즉, 사형, 무기, 또는 10년 이상의 징역에 해당하는 범죄를 범하지 아니하였으며, 또한 피고인은 모든 범죄사실을 시인하고 있을 뿐만 아니라 이에 대하여 충분한 조사가 완료되어 증거인멸의 우려가 없습니다. 더구나 피고인은 1남 3녀를 둔 가정의 세대주로서 주거가 분명하여 도주의 우려도 없습니다.

2. 피고인의 이 사건 범죄사실은 피고인의 고의에 의한 것이 아니고, 작은 과실에서 비롯하여 악천후 속에서 이처럼 큰 결과를 가져온 것입니다. 사고 발생일인 20○○. ○. ○. 12:30경 갑자기 쏟아진 우천으로 인하여 도로가 미끄러웠을 뿐만 아니라, 전방의 시야마저 확보되지 못한 상황이었습니다. 당시 피고인은 앞서가던 봉고승합차의 뒤를 따라 진행하고 있었는데, 앞서가던 승합차가 왕복 2차선의 좁은 교량 상에서 갑자기 급제동을 하는 것을 보고 추돌을 피하기 위하여 피고인도 순간적으로 급제동 조치를 취하였던 것입니다. 도로가 미끄러운 상태에서의 급제동이 위험한 것은 익히 알고 있었으나, 앞서가던 차량과의 추돌을 방지하기 위해서는 불가피한 것이었습니다. 이러한 순간적인 과실이 화근이 되어 차가 빗길에 미끄러지면서 오른쪽 다리난간을 충격하고는 바로 중앙선을 침범하여 피해자들이 타고 있던 승용차가 피고인 운전의 화물차의 측면을 들이받았던 것입니다. 더구나 당시 폭우로 인하여 반대방향에서 오던 피해차량을 발견하지 못한 것이 원인이 되기도 하였습니다. 이러한 사고 당시의 정황을 잘 살펴주시기 바랍니다.

3. 또한 피고인은 피해자의 유가족에게 피고인의 사정이 허락하는 최대한의 성의를 들여 그 유가족들 및 피해자 이○○와 원만히 합의하였고, 이에 피해자 이○○, 전○○의 유가족 및 위 이○○도 피고인의 관대한 처벌을 탄원하고 있습니다.

4. 한편 피고인 ○○○는 단 한 번의 전과도 없는 초범입니다. 즉, 피고인은 아버지를 전장에서 잃은 국가유공자의 자녀(전몰군경유족)로서, 가난 속에서 어렵게 성장하였습니다. 그러나 피고인은 그 어려운 환경 속에서도 성실히 성장하여 그동

안 단 한 번의 처벌도 받은 사실이 없습니다.

5. 피고인 ○○○는 현재 1남 3녀의 자녀를 둔 한 가정의 가장입니다. 지난 22년간 피고인은 ○○시 ○○구 ○○로 ○○ (○○동)에 소재한 주식회사 ○○에서 근속하였고, 위 회사의 소유주가 바뀌면서 20○○. ○. ○. 현재의 근무지인 ○○제재소로 직장을 바꾸게 되었습니다. 위 ○○제재소의 운전기사로 근무하면서 ○○○원이 조금 넘지 않은 급여를 가지고 1남 3녀를 양육하는 등 근근이 가계를 이끌어 왔고, 큰 딸은 출가도 시켰습니다. 그런데 이제 이 사건으로 인하여 피해자들에게 속죄하기 위하여 그동안 피고인이 모은 재산의 대부분을 지급하였을 뿐만 아니라, 더구나 이제는 피고인의 구속이 장기화되면서 나머지 가족들의 생계마저 위협받는 상황이 되었습니다.

6. 경위야 어떻든 피고인 ○○○는 지난 40여일의 긴 구속기간 동안 자신의 잘못을 깊이 뉘우치고 있을 뿐만 아니라, 다시는 자신의 생업인 운전업무에 있어서 작은 실수도 저지르지 않겠다고 다짐하고 있습니다. 이상과 같은 사실을 참작하여 상당한 보석보증금과 기타 적당한 조건을 붙여 보석을 허가하여 주시기 바랍니다.

첨 부 서 류

1. 합의서	1통
1. 탄원서	1통
1. 탄원인명부	1통
1. 국가유공자증명서	1통
1. 변호인선임신고서	1통

20○○. ○. ○.

위 피고인의 변호인 변호사 ○ ○ ○   (인)

○○지방법원 귀중

1. 보석청구의 1부(참고자료 첨부)와 부본 1부(참고자료 미첨, 검사에게 보낼 것임)를 작성하여 관할 형사재판부에 제출한다.
2. 보증인의 자격에는 제한이 없다. 실무상 배우자, 직계친족, 형제자매, 변호인 등이 보증을 선다.
3. 피고인이 인적사항, 청구하는 취지와 원인을 기재하고, 증거인멸, 도주염려가 없는 것을 중심으로 구속의 부당성을 지적한다. 첨부서류란에는 청구이유에 관한 소명자료(합의서, 재직증명서, 사실확인서, 탄원서 등)와 청구인의 주민등록등본 또는 가족관계증명서 등을 첨부한다.
4. 보석허가결정이 내린 경우의 처리방법
   가. 보석허가 결정이 나면 바로 해당 재판부에 가서 보석허가결정문을 받는다.
   나. 기소 후의 보석결정은 보석금납입에 갈음하여 보증보험증권으로도 제출하도록 허가하고 있으므로 이 경우 위 보석허가결정문(사본)을 지참하고 서울보증보험(대리점)을 방문하여 증권을 발급받는다.만일 청구인(보증인)이 금융신용관리대상자(구, 신용불량자)로 등록이 되어 있다면 증권발급이 불가하므로 보석허가 청구시 신용관리대상자인지 여부를 미리 확인하여 청구인을 정하여야 할 것이다.
   다. 발부받은 보증보험증권(또는 보석금)을 검찰청(주로 공판과)에 제출하면(보석보증금이 현금인 경우는 검찰청 징수계에 제출), 통보를 받은 검사는 석방지휘를 하고 이에 피고인은 당일 오후 늦게 석방되는 것이 일반적이다.
   라. 검찰청에 갈 때는 ① 보석보증보험증권 또는 현금공탁서, ② 보석결정에 따라서는 서약서가 필요 ③ 보증인의 보증서 및 신분증 사본을 갖추어야 한다.
5. 검찰에 가져갈 서류
   가. 보석보증보험증권 또는 현금공탁서
   나. 보증인의 보증서 및 신분사본증
   다. 보석결정에 따라서는 서약서가 필요함

[서식 189] 보석허가청구서(절도 등)

보 석 허 가 청 구 서

사　　건　　　　20○○고단 ○○○　절도 등

피 고 인　　　　○　○　○ (000000-0000000)
　　　　　　　　○○시 ○○구 ○○로 ○○ (○○동)
　　　　　　　　등록기준지 : ○○시 ○○구 ○○로 ○○ (○○동)
　　　　　　　　직　　　　업 : 회 사 원

　위 사건에 관하여 피고인의 변호인은 다음과 같은 이유로 보석을 청구하오니 허가하여 주시기 바랍니다.

청 구 취 지

1. 피고인 ○○○에 대한 보석을 허가한다.
2. 보석보증금은 피고인의 처 박○○(주소 : ○○도 ○○군 ○○면 ○○로 ○○)이 제출하는 보증보험증권 첨부의 보증서로 갈음할 수 있다.
라는 결정을 구합니다.

청 구 이 유

1. 공소사실의 요지피고인에 대한 이 사건 공소사실의 요지는, 피고인은 20○○. ○. ○. 15:00경 ○○도 ○○군 ○○읍 ○○ 소재 국유지 내에 위치한 ○○남도 문화재자료 제75호인 "○○○ 최선생 신도비" 보호책 설치공사를 하던 중 지표면으로부터 40㎝ 지점에 매장되어 있던 국가 소유의 금동보살입상 1점, 금동불좌상 1점, 아미타여래입상 1점, 관음보살좌상 1점, 여래좌상 1점 등 총 5점의 불상을 꺼내어 가 절취한 것이다.라는 것입니다.

2. 이 사건의 경위피고인은 이 건 당시 ○○건설주식회사에서 화물차 운전 일을 하며 위 보호책 설치공사를 하고 있었습니다. 피고인은 위 보호책 설치공사의 기초공사 과정에서 땅속에 매장되어 있던 위 물건 5점을 발견하였습니다. 이에 피고인은 물욕을 이기지 못하고 이 건에 이르게 된 것입니다.

3. 정상에 관한 주장
   가. 자백과 반성
   (1) 피고인은 이 사건 범행 후 자신의 잘못을 깊이 뉘우치며 수사기관 및 법정에서 이 건 공소사실에 대한 기초사실을 모두 인정하고 있습니다.
   (2) 더욱이, 피고인은 고향 문화재를 절취한 자신의 행동에 대해 양심의 가책을 느끼고 그 다음 날 2점을 군 문화체육과에 신고하였습니다. 또한 양심의 가책을 이기지 못하고 위 범행 얼마 후 피고인이 태어나고 자란 고향을 떠나 타향에서 지내기까지 하였습니다.

   나. 불법의 경미성
   (1) 피고인의 행위는 우연히 땅 속에 묻혀있던 물건을 발견하고 순간적인 물욕을

이기지 못하고 이를 가져가고 그중 2점을 매도하려 했던 것뿐입니다.

(2) 피고인은 위 물건의 매도과정에 대해 전혀 아는 바가 없었고 매수가격, 수수, 매수자 결정 등에 전혀 관여한 바 없습니다.

(3) 피고인은 위 매도로 금 ○○○원을 수수하고 그중 ○○○원은 위 김○○에게 돌려주었습니다. 피고인이 실제로 이득을 취한 금원은 ○○○뿐이며 이도 채무변제, 조그만 구멍가게 인수계약금 등 생활비조로 사용하였습니다.

다. 동기의 참작성

(1) 피고인은 자신이 운영하던 카센터가 망한 후 막노동, 화물차 운전 등의 일을 하며 처와 초등학교에 다니는 두 자녀를 부양하고 있었던 가장입니다. 그나마 일거리가 많지 않아 피고인의 가정은 경제적으로 매우 어려운 상황이었습니다.

(2) 피고인의 가정은 조석을 잇기가 어려울 정도로 빈한하여 기초생활수급대상자로 지정되어 있을 정도입니다. 피고인이 이 건에 이르게 된 것도 자녀들의 양육비 문제로 얼마간의 빚을 진 피고인이 매일 이를 걱정하던 중 이 건 물건들을 발견하고 순간적으로 욕심이 생겼기 때문이었습니다.

(3) 피고인의 구속으로 인해 피고인의 가정은 현재 피고인의 처가 일당을 받고 하우스에서 노동일을 하며 자녀들을 부양하고 있는 형편입니다.

4. 보석사유에 관한 주장

가. 피고인의 전과 및 예외사유 해당 여부피고인은 이 사건 범죄를 저지르기 이전에는 철없던 10대 시절 집행유예를 선고받은 이외에는 특별한 전과가 없고, 형사소송법 제95조 제1호에 규정한 필요적 보석의 예외사유, 즉 사형, 무기 또는 10년이 넘는 징역형이나 금고형에 해당하는 범죄를 저지르지 아니하였습니다.

나. 피고인은 주거가 분명하며 도주할 염려가 없습니다. 피고인은 ○○도 ○○군 ○○면 ○○로 ○○에서 처 및 두 자녀와 거주하며 생활하고 있어 도주할 염려는 없습니다.

다. 피고인은 증거를 인멸할 우려도 없습니다. 피고인은 이미 수사기관 및 법정에서 자신의 범행사실을 있는 사실대로 모두 시인하였으므로 피고인이 증거를 인멸할 우려가 전혀 없습니다.

5. 결 론

　이상과 같은 사정 및 기타 기록에 현출된 제반 사정을 참작하시어 피고인의 행위
에 대한 선처를 통하여 그동안 성실하게 살아온 피고인이 다시 사회로 복귀하여 한
가정의 가장으로서 처자식을 부양하고 생업에 종사할 수 있도록, 이번에 한하여 적
당한 보증의 제공을 조건으로 하여 보석을 허가하여 주시기를 부탁드립니다.

6. 보석보증보험증권 첨부의 보증서제출허가신청

　피고인은 현재 국민기초생활보장수급대상자로 지정될 정도로 빈한한 형편이어서
경제적 여유가 없으므로, 피고인의 처 박○○가 보석보증보험증권을 첨부한 보증서
를 제출하여 보증금에 갈음하도록 허가하여 주시기 바랍니다.

첨 부 서 류

1. 탄원서(피고인의 처)	1통
1. 주민등록등본	1통
1. 재산관계진술서	1통
1. 지방세세목별 과세증명서	1통
1. 국민기초생활 수급대상자 증명서	1통
1. 변호인선임신고서	1통

20○○.　○.　○.

위 피고인의 변호인 변호사　○　○　○　　(인)

○○지방법원　귀중

1. 보석청구의 1부(참고자료 첨부)와 부본 1부(참고자료 미첨, 검사에게 보낼 것임)를 작성하여 관할 형사재판부에 제출한다.
2. 보증인의 자격에는 제한이 없다. 실무상 배우자, 직계친족, 형제자매, 변호인 등이 보증을 선다.
3. 피고인이 인적사항, 청구하는 취지와 원인을 기재하고, 증거인멸, 도주염려가 없는 것을 중심으로 구속의 부당성을 지적한다. 첨부서류란에는 청구이유에 관한 소명자료(합의서, 재직증명서, 사실확인서, 탄원서 등)와 청구인의 주민등록등본 또는 가족관계증명서 등을 첨부한다.
4. 보석허가결정이 내린 경우의 처리방법
   가. 보석허가 결정이 나면 바로 해당 재판부에 가서 보석허가결정문을 받는다.
   나. 기소 후의 보석결정은 보석금납입에 갈음하여 보증보험증권으로도 제출하도록 허가하고 있으므로 이 경우 위 보석허가결정문(사본)을 지참하고 서울보증보험(대리점)을 방문하여 증권을 발급받는다.만일 청구인(보증인)이 금융신용관리대상자(구, 신용불량자)로 등록이 되어 있다면 증권발급이 불가하므로 보석허가 청구시 신용관리대상자인지 여부를 미리 확인하여 청구인을 정하여야 할 것이다.
   다. 발부받은 보증보험증권(또는 보석금)을 검찰청(주로 공판과)에 제출하면(보석보증금이 현금인 경우는 검찰청 징수계에 제출), 통보를 받은 검사는 석방지휘를 하고 이에 피고인은 당일 오후 늦게 석방되는 것이 일반적이다.
   라. 검찰청에 갈 때는 ① 보석보증보험증권 또는 현금공탁서, ② 보석결정에 따라서는 서약서가 필요 ③ 보증인의 보증서 및 신분증 사본을 갖추어야 한다.
5. 검찰에 가져갈 서류
   가. 보석보증보험증권 또는 현금공탁서
   나. 보증인의 보증서 및 신분사본증
   다. 보석결정에 따라서는 서약서가 필요함

[서식 190] 보석허가청구서(도로교통법 위반)

보 석 허 가 청 구 서

사　　　건　　　　　20○○고단 ○○○○　　도로교통법 위반

피 고 인　　　　　○　　○　　○ (000000-0000000)
　　　　　　　　　　등록기준지 : ○○시 ○○구 ○○로 ○○ (○○동)
　　　　　　　　　　주　　　　거 : ○○시 ○○구 ○○로 ○○ (○○동)
　　　　　　　　　　현　　　　재 : ○○교도소 수감 중

　위 피고인에 대한 도로교통법위반 피고사건에 관하여 피고인의 변호인은 다음과 같은 이유로 보석을 청구하오니 청구취지와 같이 결정하여 주시기 바랍니다.

청 구 취 지

피고인 ○○○에 대한 보석을 허가한다.

단, 보석보증금은 ○○시 ○○구 ○○로 ○○ (○○동) 피고인의 처 ○○○가 제출하는 보석보증보험증권 첨부의 보증서로 갈음할 수 있다.

라는 결정을 구합니다.

청 구 원 인

피고인에 대한 공소사실은 공소장 기재 사실과 같은바,

1. 피고인은 도망할 염려가 없습니다. 피고인은 일정한 직업이 있고, 주거가 명확하여 처자식을 부양하여야 하는 가장으로서 가정환경으로 보아 도망할 염려는 전혀 없습니다.

2. 피고인은 죄증을 인멸한 염려가 없습니다. 본건 공소사실에 대한 증거는 이미 기소단계에서 검사에 의하여 모두 수집 보전되어 있고, 피고인 또한 사실 그대로를 진술하고 있으므로 증거를 인멸할 필요조차 느끼지 않고 있습니다.

3. 피고인에게는 아래와 같이 정상을 참작할 만한 특별한 사정이 있습니다.
   가. 피고인은 ○○시 ○○구 ○○동에서 가난한 집안의 아들로 태어나 가정형편이 어려워 ○○중학교를 중퇴하였으며, 그 후 계속해서 화물자동차 운전을 해왔습니다. 피고인은 20○○년 교통사고로 운전면허증이 취소되었으나, 가족들의 생계가 막연하여 다시 운전을 하다 이 건 사고를 야기하였습니다. 피고인은 이 건 사고 직전 처가 가출한 것에 상심한 나머지 소주를 약간 마신 것이 이 건 사고의 원인이 되었습니다. 피고인은 현재까지 구금되어 있는 동안 자신의 잘못을 깊이 참회하고 앞으로는 성실하게 살아갈 것을 맹세하고 있습니다.
   나. 피고인은 현재 가출했던 처가 돌아와서 아이들 둘을 돌보면서 피고인이 출감하기만을 학수고대하고 있으며, 또한 가족들의 생계조차 막연한 실정입니다.
   다. 피고인은 이 건으로 인해 구속됨으로서 자신의 생활을 깊이 반성하고 새사람이 태어날 것을 맹세하고 있으며, 앞으로 가족과 함께 착실히 살아가려고 하고 있으므로 재범의 우려는 전혀 없습니다.

4. 이상의 여러 사유를 종합하건대 피고인이 자신의 잘못을 깊이 뉘우치고 반성하고 있으며 다시는 법을 어기는 일은 하지 않을 것을 맹세하고 있으므로 피고인이 조속히 석방되어 생업에 종사할 수 있도록 보석의 은전을 베풀어 주심이 상당하다 할 것이므로, 보석을 허가하심에는 상당한 보증금, 기타 적당한 조건을 붙여 청구취지와 같은 결정을 하여 주시기 바랍니다.

5. 피고인의 보석보증금은 피고인의 모 ○○○{○○시 ○○구 ○○로 ○○ (○○동)}이 보석보험증권 첨부의 보증서로 갈음하여 제출하고자 하오니 허가하여 주시기 바랍니다.

첨 부 서 류

1. 가족관계증명서	1통
1. 주민등록등본(피고인)	1통
1. 합의서	1통
1. 인감증명서	1통
1. 변호인선임신고서	1통

20○○.   ○.   ○.

위 피고인의 변호인 변호사 ○ ○ ○   (인)

○○지방법원 귀중

1. 보석청구의 1부(참고자료 첨부)와 부본 1부(참고자료 미첨, 검사에게 보낼 것임)를 작성하여 관할 형사재판부에 제출한다.
2. 보증인의 자격에는 제한이 없다. 실무상 배우자, 직계친족, 형제자매, 변호인 등이 보증을 선다.
3. 피고인이 인적사항, 청구하는 취지와 원인을 기재하고, 증거인멸, 도주염려가 없는 것을 중심으로 구속의 부당성을 지적한다. 첨부서류란에는 청구이유에 관한 소명자료(합의서, 재직증명서, 사실확인서, 탄원서 등)와 청구인의 주민등록등본 또는 가족관계증명서 등을 첨부한다.
4. 보석허가결정이 내린 경우의 처리방법
   가. 보석허가 결정이 나면 바로 해당 재판부에 가서 보석허가결정문을 받는다.
   나. 기소 후의 보석결정은 보석금납입에 갈음하여 보증보험증권으로도 제출하도록 허가하고 있으므로 이 경우 위 보석허가결정문(사본)을 지참하고 서울보증보험(대리점)을 방문하여 증권을 발급받는다.만일 청구인(보증인)이 금융신용관리대상자(구, 신용불량자)로 등록이 되어 있다면 증권발급이 불가하므로 보석허가 청구시 신용관리대상자인지 여부를 미리 확인하여 청구인을 정하여야 할 것이다.
   다. 발부받은 보증보험증권(또는 보석금)을 검찰청(주로 공판과)에 제출하면(보석보증금이 현금인 경우는 검찰청 징수계에 제출), 통보를 받은 검사는 석방지휘를 하고 이에 피고인은 당일 오후 늦게 석방되는 것이 일반적이다.
   라. 검찰청에 갈 때는 ① 보석보증보험증권 또는 현금공탁서, ② 보석결정에 따라서는 서약서가 필요 ③ 보증인의 보증서 및 신분증 사본을 갖추어야 한다.
5. 검찰에 가져갈 서류
   가. 보석보증보험증권 또는 현금공탁서
   나. 보증인의 보증서 및 신분사본증
   다. 보석결정에 따라서는 서약서가 필요함

[서식 191] 보석허가청구서(사기)

보 석 허 가 청 구 서

사　　건　　　20○○고단 ○○○　사기

피 고 인　　　○　○　○ (000000-0000000)

　　　　　　　등록기준지 : ○○시 ○○구 ○○로 ○○ (○○동)

　　　　　　　주　　　소 : ○○시 ○○구 ○○로 ○○ (○○동)

　　　　　　　현　　　재 : ○○구치소 수감 중

　　위 피고인에 대한 사기 피고사건에 관하여 피고인의 변호인은 다음과 같은 이유로 보석을 청구하오니 청구취지와 같이 결정하여 주시기 바랍니다.

청 구 취 지

피고인 ○○○에 대한 보석을 허가한다.

라는 결정을 구합니다.

청 구 이 유

1. 이 건 공소사실의 요지는,

피고인은 20○○. ○. ○.경 주식회사 ○○○○ 공장에 기계납품계약을 체결한 사실이 없음에도 불구하고 피해자 ○○○에게 허위로 만든 주식회사 ○○○○ 명의의 부식납품계약서 1매를 제시하면서 납품계약을 체결한 사실이 있는 것처럼 위 피해자를 기망하여 위 피해자로부터 같은 해 ○. ○. ○○은행 온라인으로 현금 500만 원을 교부받은 것을 비롯하여 총 1,600만 원을 교부 받아 이를 편취한 것이라고 함에 있습니다.

2. 그러나 피고인은 자신이 주식회사 ○○○○ ○○공장 공장장 ○○○과 안면이 있는 것을 기계 도매업을 하는 위 피해자가 알고 위 공장에 기계를 납품할 수 있도록 하여 달라고 요청하여, 위 피해자가 2,000만 원을, 피고인이 2,500만 원을 각 투자하기로 하는 내용의 기계납품동업계약을 체결하였으나 3개월이 지나도 위 피해자가 보증금 2,000만 원을 주지 않아 동업계약을 상호해약하기로 한 다음, 위 피해자로부터 교부 받은 1,500만원을 반환한 것입니다. 따라서 피고인에게 처음부터 위 피해자를 속여 돈을 편취할 의사가 있었던 것은 아닙니다.

3. 가사 피고인의 범죄가 인정된다고 하더라도 피고인은 위 피해자로부터 교부 받은 돈을 모두 반환하여 피해 회복되었고, 또한 이 건 범행을 깊이 뉘우치고 있을 뿐만 아니라 한 가족의 가장인 점 등의 여러 정상을 참작하시어 도주의 염려가 없는 피고인에 대하여 불구속으로 재판을 받을 수 있도록 보석을 허가하여 주시기 바랍니다.

20○○. ○. ○.

위 피고인의 변호인 변호사 ○ ○ ○ (인)

○○지방법원 ○○지원 귀중

1. 보석청구의 1부(참고자료 첨부)와 부본 1부(참고자료 미첨, 검사에게 보낼 것임)를 작성하여 관할 형사재판부에 제출한다.
2. 보증인의 자격에는 제한이 없다. 실무상 배우자, 직계친족, 형제자매, 변호인 등이 보증을 선다.
3. 피고인이 인적사항, 청구하는 취지와 원인을 기재하고, 증거인멸, 도주염려가 없는 것을 중심으로 구속의 부당성을 지적한다. 첨부서류란에는 청구이유에 관한 소명자료(합의서, 재직증명서, 사실확인서, 탄원서 등)와 청구인의 주민등록등본 또는 가족관계증명서 등을 첨부한다.
4. 보석허가결정이 내린 경우의 처리방법
   가. 보석허가 결정이 나면 바로 해당 재판부에 가서 보석허가결정문을 받는다.
   나. 기소 후의 보석결정은 보석금납입에 갈음하여 보증보험증권으로도 제출하도록 허가하고 있으므로 이 경우 위 보석허가결정문(사본)을 지참하고 서울보증보험(대리점)을 방문하여 증권을 발급받는다. 만일 청구인(보증인)이 금융신용관리대상자(구, 신용불량자)로 등록이 되어 있다면 증권발급이 불가하므로 보석허가 청구시 신용관리대상자인지 여부를 미리 확인하여 청구인을 정하여야 할 것이다.
   다. 발부받은 보증보험증권(또는 보석금)을 검찰청(주로 공판과)에 제출하면(보석보증금이 현금인 경우는 검찰청 징수계에 제출), 통보를 받은 검사는 석방지휘를 하고 이에 피고인은 당일 오후 늦게 석방되는 것이 일반적이다.
   라. 검찰청에 갈 때는 ① 보석보증보험증권 또는 현금공탁서, ② 보석결정에 따라서는 서약서가 필요 ③ 보증인의 보증서 및 신분증 사본을 갖추어야 한다.
5. 검찰에 가져갈 서류
   가. 보석보증보험증권 또는 현금공탁서
   나. 보증인의 보증서 및 신분사본증
   다. 보석결정에 따라서는 서약서가 필요함

[서식 192] 보석허가청구서(교통사고처리특례법 위반)

보 석 허 가 청 구 서

사　　　건　　　　20○○노○○○○　교통사고처리특례법 위반

피 고 인　　　　○　　○　　○ (000000-0000000)

　　　　　　　　등록기준지 : ○○시 ○○구 ○○로 ○○ (○○동)

　　　　　　　　주　　　소 : ○○시 ○○구 ○○로 ○○ (○○동)

　　　　　　　　현　　　재 : ○○구치소 수감 중

　　귀원에 재판계속 중인 피고인(항소인)에 대한 교통사고처리특례법위반사건에 관하여 아래와 같이 피고인의 보석을 청구하오니 청구취지와 같이 결정하여 주시기 바랍니다.

청 구 취 지

피고인 ○○○의 보석을 허가한다.

라는 결정을 구합니다.

청 구 이 유

1. 피고인의 형사소송법 제95조에 규정한 필요적 보석의 예외사유, 즉 사형, 무기 또는 10년이 넘는 징역형에 해당하는 범죄를 저지르지 아니하였으며, 피고인은 원심에 이르기까지 그 범죄사실을 모두 시인하고 피해자와 원만히 합의하였을 뿐만 아니라 그의 직업과 주거가 일정하므로 증거를 인멸하거나 도주할 염려가 없다 할 것입니다.

2. 이 사건 사고의 경우에 관하여

피고인이 덤프트럭을 운전 중 소정의 제한 속도를 다소 위반한 것은 사실이나 사고 지점은 삼거리로서 경춘국도의 편도 2차선의 도로이고 우측으로 마석에서 나오는 좁은 도로가 있어 삼거리인 점과 신호체계가 있는 것은 사실이나 직진선이 우선도로이고, 피고인이 삼거리 약 100m 전방에서 직진신호를 보고 진행 중 삼거리 임박지점에서 신호가 변경된 것으로 보여지는바, 그렇다면 골목에서 좌회전하던 피해차량 등은 좌측 국도상의 직진차량에 우선 양보하여야 함에도 불구하고 만연히 좌회전한 과실도 없지 않습니다.

3. 사고 후의 정황

피고인은 사고 후 적절한 조치를 하였음은 물론 피해자 가족과 원만히 합의하여 피해자 측은 원심전후 피고인의 선처를 바라는 진정을 하고 있고 피고인 또한 깊이 뉘우치고 있습니다.

4. 피고인의 정상

피고인은 지금까지 처벌받은 전과가 전혀 없으며 그간의 구금생활을 통하여 깊이 반성하고 있고 피고인은 직원 2명을 두고 건강식품대리점을 경영하면서 부모와 동생 3명을 부양하고 있으므로 피고인의 구속이 장기화될 경우 대리점의 경영 및 가족들의 부양에 치명적인 타격을 받게 될 지경입니다. 이상의 여러 점을 참작하면 피고인에 대하여 석방의 조치로 자기 권익보호와 부당한 혐의의 해명을 위한 기회를 주어야 할 것이며 만의 하나 유죄의 심증이 이뤄진다고 하여도 과연 실형 등의 응징이 필요 없는 이 건에서 형사소송의 이념달성을 위해 피고인의 보석이 선행되어야 한다고 생각되어 이 건 청구에 이르게 된 것입니다.

5. 보석보증금
   피고인에 대한 보석보증금은 피고인의 처 윤○○{주소 : ○○시 ○○구 ○○로 ○○ (○○동)}가 제출하는 보석보증보험증권 첨부의 보증서를 제출하는 것으로 허가하여 주시기 바랍니다.

첨 부 서 류

1. 주민등록등본		3통
(청구인의 것, 신원보증인 2명의 것)		
1. 합의서 사본		2통
1. 가족관계증명서사본		1통
1. 재산관계진술서		1통
1. 피고인진술서		1통
1. 청구서부본		1통

20○○.　○.　○.

위 피고인의 대리인　모 ○ ○ ○ 　(인)

○○지방법원　귀중

[서식 194] 서약서(2) (보석허가시)

서 약 서

사 건   20○○고단○○○○ 사기

피 고 인   ○   ○   ○

　피고인은 보석기간 중 법원의 허가 없이 외국으로 출국하지 아니할 것을 서약합니다.

                    20○○.   ○.   ○.

                    위 서약인(피고인) ○   ○   ○ (무인)
                    ○○시 ○○구 ○○로 ○○ (○○동)
                    연락처 : 000-000-0000

　○○지방법원 귀중

작성 · 접수방법

1. 법원은 보석허가시 위 서약서의 제출을 조건으로 할 수 있다.
2. 연락처란에는 자택전화번호와 휴대전화번호를 모두 기재하여야 하고, 필요한 경우에는 그 밖에 피고인에게 연락할 수 있는 연락처를 기재한다.
3. 정당한 이유 없이 위 보석조건을 위반 경우에는 법원의 결정으로 보석을 취소하거나 피고인에 대하여 1천만원 이하의 과태료 부과 또는 20일 내의 감치를 명할 수 있다.

[서식 195] 약정서(보석허가시)

약 정 서

사 건   20○○고단 ○○○○ 사기

피 고 인   ○   ○   ○

보 증 금   오백만원정 (금 5,000,000원정)

　　피고인은 법원이 명하는 경우 법원이 정한 위 보증금 상당의 금액을 납부할 것을
약정합니다.

　　　　　　　　　　　　　　20○○.   ○.   ○.

　　　　　　　　　　　　위 피고인 ○   ○   ○ (무인)
　　　　　　　　　　　　○○시 ○○구 ○○로 ○○ (○○동)
　　　　　　　　　　　　연락처 : 000-0000-0000

　　○○지방법원 귀중

작성 · 접수방법

1. 법원은 보석허가시 위 약정서의 제출을 조건으로 할 수 있다.
2. 연락처란에는 자택전화번호와 휴대전화번호를 모두 기재하여야 하고, 필요한 경우에는 그 밖에 피고인에게
   연락할 수 있는 연락처를 기재한다.

[서식 196] 보증서(보석허가시)

보 증 서

사　　건　　　　20○○고단 ○○○○　사기

피 고 인　　　　○　○　○

보 증 금　　　　오백만원정(금 5,000,000원정)

　위 금액은 위 사람에 대한 20○○고합 ○○○○ 사기피고사건의 20○○. ○. ○. 자 보석 허가결정에서 정한 보석보증금으로서 본인이 제출하는 보석보증보험증권 첨부의 보증서로 갈음함을 허가받은 금액입니다.

　위 금액은 언제든지 법원의 명령에 따라 본인이 납부할 것을 서약하며, 법원의 보증금납부명령 또는 몰수결정이 있는 때에는 별첨 보석보증보험증권에 의하여 국가가 직접 이를 징수함에 아무런 이의가 없음을 확약하여 이 보증서를 제출합니다.

첨 부 서 류

　1. 보석보증보험증권　　　　　　　　　　　1통

20○○.　○.　○.

보증인 성　　　　명 : ○　○　○　　(인)
　　　　주민등록번호 : 000000-0000000
　　　　주　　　　소 : ○○시 ○○구 ○○로 ○○ (○○동)
　　　　관　　　　계 : 피고인의 누나

○○지방법원　귀중

작성 · 접수방법

법원은 보석허가시 위 보증서의 제출을 조건으로 할 수 있다.

출 석 보 증 서

사　　건　　　20○○고단 ○○○○　사기

피 고 인　　　김　○　○

　보증인은 피고인이 법원이 지정하는 일시와 장소에 출석하는 것을 보증하고, 만약 피고인이 출석하지 않을 때에는 형사소송법이 정한 제재를 받는데 이의가 없음을 확인합니다.

출석보증인 : 이 ○ ○
피고인과의 관계 : 배우자(처)
주민등록번호 : 000000-0000000
주　　　　소 : ○○시 ○○구 ○○로 ○○ (○○동)
연 락 처 : 000-0000-0000

20○○.　○.　○.

출석보증인　이 ○ ○　(인)

○○지방법원　귀중

작성 · 접수방법

1. 법원은 위 보증서의 제출을 조건으로 할 수 있다.
2. 석방된 피고인이 정당한 이유 없이 기일에 불출석하는 경우에는 법원의 결정으로 보증인에 대하여 500만원 이하의 과태료가 부과될 수 있다.
3. 연락처란에는 자택전화번호와 휴대전화번호를 모두 기재하여야 하고, 필요한 경우에는 그 밖에 보증인에게 연락할 수 있는 연락처를 기재한다.

[서식 198] 보석허가에 대한 신원보증서

보석허가에 대한 신원보증서

사   건   ○○고합 ○○ 사기 피고사건

피 고 인   ○   ○   ○ (000000-0000000)
              ○○시 ○○구 ○○로 ○○ (○○동)

  위 사람은 사기 피고 사건으로 현재 ○○구치소에 수감 중인바, 귀원에서 보석이
된 후 언제든지 출석에 응하여 재판진행에 지장을 주지 않도록 신원을 보증하겠습
니다.

                    20○○. ○. ○.

                 보증인 ○   ○   ○ (인)

  ○○지방법원 귀중

보석지정조건변경신청

사　　건　　　　20○○고단 ○○○○　사기

피 고 인　　　　　○　　○　　○

　위 사건에 관하여 피고인은 다음과 같이 보석지정조건변경신청을 합니다.

다　　　　음

　피고인은 보석결정 이후 그 지정조건에 따라 현재까지 ○○의료원에 입원치료 중인바 위 병원에서는 직원들이 파업 중이라 적절한 입원 치료가 어려울 뿐만 아니라 인력 때문에 다인실에 입원이 불가능하고 특실에만 입원이 가능하므로 20○○. ○. ○.부터 같은 해 ○. ○.까지 입원치료비만도 본인부담금 기준으로 900만 원 가까이 소요되는 사정이므로 위 파업이 끝날 때까지 통원치료가 가능하도록 보석지정조건변경을 신청합니다.

첨 부 서 류

　　　1. 주민등록등본　　　　　　　　　　　　　1통
　　　1. 신문기사　　　　　　　　　　　　　　　1통
　　　1. 입원중간계산서　　　　　　　　　　　　1통

20○○.　　○.　　○.

위 피고인　○　○　○　　(인)

○○지방법원　귀중

작성 · 접수방법

1. 신청서 1부를 공판진행 재판부에 제출한다.
2. 비용 : 없음
3. 실무상 제한주거변경허가신청서, 여행허가신청서라는 서식으로 제출하기도 한다.

보석보증금납입방법변경신청

사 건   20○○고단 ○○○ 사기

피 고 인   ○   ○   ○

위 피고 사건에 관하여 귀원의 20○○. ○. ○.자 보석보증금 금 ○○○원으로 하는 보석허가결정이 있었는바, 피고인은 현재 국민기초생활보장수급자로 가정형편상 동 보증금의 납입이 곤란하므로 동 납입방법을 보석보증보험증권을 첨부한 보증서 제출로 갈음할 수 있도록 변경하여 주시기 바랍니다.

20○○.   ○.   ○.

위 신청인 피고인 ○   ○   ○   (인)

○○지방법원   귀중

작성 · 접수방법

1. 신청서 1부를 공판진행 재판부에 제출한다.
2. 비용 : 없음

보 석 조 건 변 경 신 청

사   건   20○○고단 ○○○○   사기

피 고 인   ○   ○   ○

　 위 사건에 관하여 피고인은 현재 보석중인바, 다음과 같은 이유로 보석조건을 변경신청하오니 변경하여 주시기 바랍니다.

다   음

　 피고인은 현재 ○○병원에 입원 중에 있는바, 동 법원은 경제적 사정으로 부적당하여 같은 주거지로 보석조건의 변경을 결정하여 주시기 바랍니다.

　 주거제한지 : ○○시 ○○구 ○○로 ○○ (○○동)

20○○.　 ○.　 ○.

위 피고인의 변호인 변호사 ○ ○ ○   (인)

○○지방법원 귀중

작성 · 접수방법

1. 신청서 1부를 공판진행 재판부에 제출한다.
2. 비용 : 없음

보석조건변경신청서

사　　건　　　　　20○○고단○○○　절도

피고인　　　　　　○　○　○

　위 피고인은 전 주소지인 ○○시 ○○구 ○○로 ○○ (○○동)로 주거를 제한하는 조건으로 보석되어 있는바, 이번에 피고인의 거주지를 전거할 예정이므로, 아래 주거지로 주거제한의 보석조건변경을 허가하여 주시기 바랍니다.

　변경할 주거제한지주　　소 : ○○시 ○○구 ○○로 ○○ (○○동)

20○○.　　○.　　○.

위 신청인 피고인　○　○　○　　(인)

○○지방법원 ○○지원　귀중

작성 · 접수방법

1. 신청서 1부를 공판진행 재판부에 제출한다.
2. 비용 : 없음

보석허가결정에 대한 결정경정신청

사 건   20○○초보 ○○○ 보석

피 고 인   ○ ○ ○ (000000-0000000)
               주   거 : ○○시 ○○구 ○○로 ○○ (○○동)
               등록기준지 : ○○시 ○○구 ○○로 ○○ (○○동)

신 청 취 지

피고인에 대한 ○○지방법원 20○○초보 ○○○ 보석허가 결정 중 "피고인의 변호인 ○○○이 제출하는"을 "피고인의 친구인 ○○○{000000-0000000, 주소 : ○○시 ○○구 ○○로 ○○ (○○동)}이 제출하는"으로 경정한다.
라는 결정을 구합니다.

신 청 이 유

피고인의 변호인은 보석허가 신청서에서 "만약 보석을 허가하면서 보석보험증권 첨부의 보증서로 갈음하도록 허가하는 경우에는 피고인의 친구인 ○○○{000000-0000000, 주소 : ○○시 ○○구 ○○로 ○○ (○○동)}이 제출하는 보석보험증권 첨부의 보증서로 갈음하도록 하여 주시기 바랍니다"라고 신청하였는데, 보석허가 결정의 주문에는 "피고인의 변호인 ○○○이 제출하는"으로 기재되었는바, 이는 명백한 오류이므로 신청취지와 같이 경정결정하여 주시기 바랍니다.

20○○.   ○.   ○.

위 피고인의 변호인 변호사 ○ ○ ○   (인)

○○지방법원 귀중

[서식 204] 접수증명원(보석허가관련서류)

접 수 증 명 원

사 건   20○○고단 ○○○○ 특정범죄가중처벌법위반(뇌물)

피 고 인   ○   ○   ○

　위 사건에 관하여 보석허가청구보충서와 보석증거자료제출서가 귀원에 20　.
.　　. 접수되었음을 증명하여 주시기 바랍니다.

20○○. ○. ○.

위 피고인의 변호인 변호사 ○ ○ ○   (인)

○○지방법원 귀중

작성 · 접수방법

1. 법원 형사접수계에 2부를 제출한다.
2. 보석에 관한 서류는 신청사건이므로 본안의 기록과 분리되어 있어서 접수한 서류의 분실염려 때문에 접수
   증명원을 발급받아 놓은 경우가 있다.

[서식 205] 보석증거자료제출

보석증거자료제출

사　　건　　　　20○○고단 ○○○○　사기
피 고 인　　　　　○　○　　○

위 피고인에 대한 보석증거자료를 다음과 같이 제출합니다.

다　　　　음

1. 증 제6호의 1　사실조회에 대한 회신요청
1. 증 제6호의 2　사실조회에 대한 답변

20○○.　　○.　　○.

위 피고인의 변호인 변호사　○　○　○　　(인)

○○지방법원　귀중

작성 · 접수방법

보석허가청구서와 본안사건인 수사기록 및 공판기록이 따로 철해져 있으므로 보석허가청구를 한 때에는 증거
자료 및 첨부서류를 제출한 때 보석기록에 철해달라는 취지로 "보석증거자료"라는 제목으로 제출하여야 한다.

보 석 참 고 자 료

사   건   20○○노○○○○ 사기

피 고 인   ○   ○   ○

　위 피고인에 대한 사기 피고사건에 관하여 아래와 같이 보석참고자료를 제출합니다.

다   음

　1. 참고자료 1호   탄원서
　1. 참고자료 2호   합의서

20○○.   ○.   ○.

위 피고인의 변호인 변호사 ○ ○ ○   (인)

○○고등법원 귀중

[서식 207] 보석보증금환부청구서

보석보증금환부청구서

처리기간
즉　시

청구인	성　명	이 미 녀	주민등록번호	000000-0000000	전　화	(00) 000-0000
					팩　스	(　)
	주　소	○○시 ○○구 ○○로 ○○ (○○동)			사건과의 관계	피고인의 처

사건번호	20○○형 제○○○호	죄　명	사기죄
법원번호	20○○고단 ○○○○호		

피 고 인	김 갑 동	납입인	이 미 녀	납입일	20○○. ○. ○.

환부사유	선　고	20○○. ○. ○. ○○지방법원	확인인
	형명형기		
	확　정	20○○. ○. ○.	
	기　타		

청구금액	보증금 5,000,000원

환부금수령방법	① 직접수령	② 은　행무통장입금	은 행 명		③ 우편환급
			구좌번호		
			예 금 주		

형사소송법 제104조에 의하여 보석보증금의 환부를 청구합니다.

20○○.　○.　○.

대리인이 신청할 때			
주　　소	○○시 ○○구 ○○로 ○○ (○○동)		
주민등록번호	000000-0000000	관　계	지인

청구인(신청인) 대리인　○　○　○　(인)

수수료 : 없음	처 리 과 정			
구비서류 1. 납입인청구시 : 영수증 2. 대리인의 직접수령 청구시 : 위임장, 인감증명서 각 1통(은행 무통장 입금 신청서는 통장사본)	접수일시		입(송)금일시	
	결재일시		입(송)금금액	
	인계일시		수 수 료	
	통지일시		통 지 일 시	
	환부일시		완 결 일 시	

결재	담당	주무	과장

○○지방검찰청 검사장　귀하

1. 납입인 본인이 찾을 때에는 영수증, 신분증, 도장만 있으면 된다.
2. 변호인이 납입하였을 때에는 통상 사무직원이 찾게 되는데 이 경우, 변호사의 위임장, 변호사의 인감증명서, 변호인사용도장, 영수증, 사무원증복사, 통장입금시 통장사본 등이 필요하다.
3. 선고 후 결과가 공판사무과에 도착하는 선고 2일 후면 공판사무과에서 찾을 수 있다.

[서식 208] 위임장(보석보증금 · 출급수령행위)

위 임 장

○   ○   ○

(000000-0000000)

○○시 ○○구 ○○로 ○○ (○○동)

전화 : 000-000-0000

위 사람을 대리인으로 정하고 다음사랑의 권한을 위임한다.

다   음

1. 20○○형 제○○○호 사기사건 피고인 김○○에 대한 20○○. ○. ○. 납입한 보석보증금 5,000,000원(보관번호 : 000-0000호)의 출급 · 수령행위
1. 이에 부수하는 행위 일체

20○○.   ○.   ○.

위임인   ○   ○   ○   (인)

○○지방검찰청   귀중

1. 보석보증금환부청구인은 보석대상 피의자가 아니라 보석보증금 납입인이다. 따라서 위임인은 납입인이다.
2. 위임장에는 납입인의 인감날인과 인감증명서 1통을 첨부한다.

보석보증금몰수청구서

사　　건　　　　20○○노○○○○　사기

피 고 인　　　　○　○　○

　위 피고인에 대한 형의 집행을 위하여 소환을 하였으나 정당한 이유 없이 출석하지 아니하므로 형사소송법 제103조에 의하여 보증금 500만원 전부를 몰수한다는 결정을 하여 주시기 바랍니다.

20○○.　○.　○.

청구인 검사　○　○　○　　(인)

○○지방법원　귀중

항 고 장

사　　　　　건　　20○○고단 ○○○○　사기

피고인(항고인)　　　○　○　○

　위 사건에 관하여 ○○지방법원이 20○○. ○. ○. 피고인(항고인)의 보석허가청구를 기각하였는바, 동 결정에 불복하여 다음과 같은 이유로 항고를 제기하오니 항고취지와 같은 결정을 하여 주시기 바랍니다.

항 고 취 지

　원심법원의 20○○. ○. ○.자 보석청구기각 결정을 취소하고 피고인 ○○○의 보석을 허가한다.
라는 결정을 구합니다.

항 고 이 유

1. 피고인(항고인)은 ○○지방법원 20○○고단 ○○○○호 사기 피고사건으로 재판 계속 있는바, 위 피고인(항고인)이 20○○. ○. ○. 동 법원에 보석허가를 청구를 하였으나 20○○. ○. ○.자에 기각한다는 결정을 받은 바 있습니다.

2. 그러나 이 사건은 피해자와 합의가 이루어져 피해가 모두 회복되었고, 또한 피고인은 초범으로서 주거가 일정하여 도주의 우려가 없고, 증거를 인멸할 염려도 전혀 없는 등으로 보면 법률상 당연히 보석을 허가하여야 함에도 불구하고 이를 기각하였음은 심히 부당하다고 판단되어 이의 시정을 구하고자 이에 항고를 제기하는 바입니다.

20○○.　　○.　　○.

위 피고인(항고인)의 변호인 변호사　○　○　○　(인)

○○지방법원　귀중

[서식 211] 항고장(2) (보석허가청구기각)

항 고 장

사 건　　　20○○고단○○○○　횡령

피 고 인　　　　○　　○　　○

　위 사건에 관하여 피고인은 20○○. ○. ○. 귀원의 구속영장에 의하여 구속되어 현재 ○○구치소에 수감 중에 있는바, 그 구속의 사유가 소멸되었으므로 구속을 취소하여 주시기 바랍니다.

20○○.　　○.　　○.

위 피고인의 변호인 변호사　○　○　○　　(인)

○○지방법원　귀중

Ⅲ. 사건의 호명

1. 호 명

형사재판에서도 민사재판과 같이 사건번호와 피고인의 성명을 불러 사건을 호명하는 것이 필요하다. 사건의 호명은 재판장이 하는데 이 호명에 의하여 방청석 또는 피고인 대기실에서 대기하고 있던 피고인이 피고인 좌석에 자리 잡고 변호인도 피고인 좌석 옆의 변호인석에 자리 잡게 된다.

2. 소송관계인의 출석

가. 검사

검사의 출석은 공판개시의 요건이 된다. 검사가 2회[13] 이상의 기일 통지를 받고도 불출석 하는 경우에는 검사의 출석 없이 개정할 수 있다(법 제278조). 판결 선고기일에는 검사의 출석 없이 개정할 수 있다. 다만 신속한 석방지취와 법정구속의 지휘 등을 위하여 선고기일에 검사가 출석하는 것이 일반적이다.

나. 피고인

피고인은 공판기일에 출석하여 공소사실에 대하여 진술할 권리가 있으므로 공판기일에 출석하지 아니한 때에는 특별한 규정이 없으면 개정하지 못하므로(형사소송법 제276조 본문) 피고인의 출석도 검사의 출석과 같이 공판개정의 요건이다. 따라서 피고인에 대한 소환장이 송달불능이 된 경우에는 공판기일 전에 검사에게 서면으로 주소보정을 요구하고 기일을 변경하거나 제1회 공판기일에 검사에게 주소보정을 요구하여야 한다(법원실무제요 형사[III] 50면).   피고인의 출석은 권리인 동시에 의무이므로 출석을 강제하기 위한 강제처분이 허용된다. 그리고 피고인은 출석의무뿐만 아니라 재정의무도 있으므로 출석한 피고인은 재판장의 허가 없이 퇴정하지 못하고, 재판장은 피고인의 퇴정을 제지하거나 법정의 질서를 유지하기 위하여 필요한 처분을 할 수 있다(법 제281조) 한편, 공판정에서는 피고인의 신체를 구속하지 못한다. 단, 재판장은 피고인이 폭력을 행사하거나 도망할 염려가 있다고 인정하는 때에는 피고인의 신체의 구속을 명하거나 기타 필요한 조치를 할 수 있다(형소법 제280조). 또 피고인은 재판장의 허가 없이 퇴정하지 못한다(형소법 제281조 제1항).

그런데 현행법은 예외적으로 피고인의 출석 없이 재판할 수 있는 경우를 인정하고 있다.
① 피고인이 법인인 경우에는 그 대표자가 소송행위에 관하여 법인을 대표하는 것이나, 대표자가 스스로 출석할 필요는 없고 대리인을 출석하게 할 수 있다(형소법 제276조). 이러한 경우에는 법인은 그 대리인에게 대리권을 수여한 사실을 증명하는 서면을 법원에 제출하여야 한다.
② 피고인이 의사무능력자인 때에는 피고인 본인이 출석할 필요는 없고 그 소송행위를 대리하는 법정대리인 또는 특별대리인이 출석하면 된다.
③ 경미한 사건에 있어 다액 500만 원 이하의 벌금 또는 과료에 해당하거나 공소기각 또는 면소의 재판을 할 것이 명백한 사건에 관하여는 피고인의 출석을 요하지 아니한다(형소법 제277

---

13) 2회 불출석이란 연속불출석인가 아니면 연속되지 않더라도 충분한가가 문제되나 제도의 취지상 연속일 필요는 없다는 것으로 본다.

조). 다만, 이러한 사건이라도 피고인의 출석권이 상실되는 것이 아니므로 법원은 피고인을 소환하여야 한다. 또 이 경우에 피고인은 대리인을 출석하게 할 수 있다.

④ 피고인이 사물의 변별 또는 의사의 결정을 할 능력이 없는 상태에 있는 때는 법원은 검사와 변호인의 의견을 들어서 결정으로 그 상태가 계속하는 기간 공판절차를 정지하여야 한다(형소법 제306조). 그러나 위와 같은 자에 대한 피고사건에 대하여 무죄·면소·형의 면제 또는 소송기각의 재판을 할 것이 명백한 때에는 피고인의 출정 없이 재판할 수 있다.

⑤ 피고인이 진술하지 아니하거나 재판장의 허가 없이 퇴정하거나 재판장의 질서유지를 위한 퇴정명령을 받은 때에는 피고인의 진술 없이 판결할 수 있다(형소법 제330조).

⑥ 재판장은 증인 또는 감정인이 피고인 또는 어떤 재정인의 면전에서 충분히 진술할 수 없다고 인정할 때에는 그들 퇴정하게 하고 진술하게 할 수 있다. 피고인이 다른 피고인의 면전에서 충분한 진술을 할 수 없다고 인정한 때에도 같다(형소법 제297조 제1항).

⑦ 항소심에서는 피고인이 공판기일에 출정하지 아니한 때에는 다시 기일을 정하여야 하며, 피고인이 정당한 이유 없이 다시 정한 기일에 출정하지 아니한 때에는 피고인의 진술 없이 판결할 수 있다(형소법 제365조). 또 상고심에서는 변호인이 아니면 피고인을 위하여 변론하지 못하므로, 피고인의 출석은 요하지 않는다.

⑧ 즉결심판에 의하여 ⅰ) 피고인에게 벌금 또는 과료를 선고하는 경우는 피고인이 출석하지 않더라도 심판할 수 있으며, ⅱ) 피고인 또는 즉결심판출석통지서를 받은 자가 법원에 불출석심판을 청구하여 법원이 이를 허가한 때에는 피고인이 출석하지 않더라도 심판할 수 있다(즉결심판에관한절차법 제8조의 2).

한편, 공판기일에 피고인의 소환이 불능되면 수사기록 등에 의하여 송달가능한 주소를 파악하여 송달을 실시하여야 하고 그러함에도 불구하고 이사불명의 사유로 소환이 불능상태에 있다면 관할 경찰서장으로 하여금 피고인의 소재를 탐지하여 줄 것을 촉탁할 수 있다.

불출석사유신고서

사   건   20○○고단○○○○   사기

피 고 인   ○   ○   ○

　위 사건에 관하여 피고인은 20○○. ○. ○. 00:00에 출석하라는 소환장을 송달받은 바 있으나 갑작스런 교통사고로 인하여 출석할 수 없기에 신고합니다.

첨 부 서 류

　1. 진단서   1통

20○○.   ○.   ○.

위 피고인 ○   ○   ○   (인)

○○지방법원 귀중

작성 · 접수방법

공판기일에 소환 또는 통지서를 받은 자가 질병 기타의 사유로 출석하지 못할 때에는 의사의 진단서 기타의 자료를 제출하여야 한다(형소법 제271조).

불출석사유신고서

사   건   20ㅇㅇ고단 ㅇㅇㅇㅇ 사기

피 고 인   ㅇ   ㅇ   ㅇ

위 사건에 관하여 피고인은 20ㅇㅇ. ㅇ. ㅇ. 00:00에 출두하라는 소환장을 송달받았으나, 별첨 진단서 기재내용과 같이 질병으로 출석할 수 없기에 신고합니다.

첨 부 서 류

1. 진단서   1통

20ㅇㅇ.   ㅇ.   ㅇ.

위 피고인   ㅇ   ㅇ   ㅇ   (인)

ㅇㅇ지방법원 귀중

IV. 피고인의 진술거부권 고지

1. 진술거부권의 고지

피고인은 진술하지 않거나 개개의 질문에 대하여 진술을 거부할 수 있고 재판장은 피고인에게 진술을 거부할 수 있음을 고지하여야 한다(법 제283조의2). 진술거부권 등의 고지는 원칙적으로 매 사건마다 이루어져야 하고 피고인의 출석없이 개정하는 경우에 이 절차는 당연히 생략된다. 진술거부권은 두 가지로 구분된다. 하나는 전반적으로 모든 질문에 대하여 답변을 하지 않겠다는 것이고 다른 하나는 개개의 질문의 성격에 따라 답변 여부를 판단하겠다는 것이다. 피고인이 진술거부권을 행사하였다는 이유만으로 피고인에게 불리한 판결을 받지는 않는다.

2. 고지의 방법 등

진술거부권의 고지는 피의자나 피고인이 진술거부권에 대해 이해할 수 있도록 적극적이고 명시적으로 해야 한다. 먼저 피의자의 경우에는 검사 또는 사법경찰관이 피의자를 신문하기 전에 ⅰ) 일체의 진술을 하지 아니하거나 개개의 질문에 대하여 진술을 하지 아니할 수 있다는 것, ⅱ) 진술을 하지 아니하더라도 불이익을 받지 아니한다는 것, ⅲ) 진술을 거부할 권리를 포기하고 행한 진술은 법정에서 유죄의 증거로 사용될 수 있다는 것, ⅳ) 신문을 받을 때에는 변호인을 참여하게 하는 등 변호인의 조력을 받을 수 있다는 것을 알려주어야 한다(법 제244조의3 제1항). 그리고 수사기관은 진술거부권을 고지한 후 피의자가 진술거부권을 행사할 것인지를 질문하고 이에 대한 피의자의 답변을 조서에 기재하여야 한다(법 제244조의3 제2항). 동일한 수사기관의 일련의 수사과정에서는 신문할 때마다 고지를 해야 하는 것은 아니지만 신문이 상당한 기간 동안 중단되었다가 다시 개시되거나 조사자가 변경된 경우에는 다시 고지하여야 할 것이다.

다음으로 피고인의 경우에는 재판장이 인정신문을 하기 전에 피고인에게 진술을 하지 아니하거나 개개의 질문에 대하여 진술을 거부할 수 있고(법 제283조의2 제2항), 이익 되는 사실을 진술할 수 있음을 알려주어야 한다(규칙 제127조). 이와 같이 피고인에 대하여 인정신문 이전에 1회 고지하면 되지만 공판절차를 갱신(更新)하는 때에는 다시 고지해야 한다(규칙 제144조 제1항 제1호).

3. 불고지의 효과

피의자에게 미리 진술거부권을 고지하지 않은 때에는 그 피의자의 진술은 위법하게 수집된 증거로서 진술의 임의성이 인정되는 경우라도 증거능력이 부인되어야 한다.[14]

---

14) 대법원 2009.8.20.선고 2008도8213 판결.

V. 인정신문

1. 의 의

인정신문은 재판장이 피고인의 성명, 연령, 등록기준지, 주거와 직업을 물어서 피고인임에 틀림 없음을 확인하는 것이다(형소법 제284조). 이는 자연인을 전제로 한 규정이고 피고인이 법인인 때에는 출석한 대표자, 특별대리인 또는 대리인을 상대로 법인의 명칭, 사무소, 대표자의 성명, 주소, 대리인과 법인과의 관계 등을 물어서 확인한다.

인정신문 단계에서도 진술거부권이 인정되므로 진술이 거부된 경우에 재판장은 적당한 방법으로 피고인의 동일성을 확인하는 조치를 취하고 공판조서에 진술이 거부되었음과 조치의 내용을 기재한다.

2. 인정신문의 방법

인정신문의 방법으로는 재판장이 증인에게 직접 성명 등을 묻는 방법이 일반적이고 시간 등을 절약하기 위해 재판장이 증인신청서에 기재된 증인의 인적사항을 확인하는 방법도 사용되고 있으나 어느 방법을 하든지 무방하다. 다만 증인 등의 동일성을 확인하기 위해서 증인 등으로부터 주민등록 등 신분증을 제시 받아 재판부에서 동일인인지 확인하고 있다. 그러나 신분증을 지참 하지 않은 경우에는 상대방에게 동일인인지 여부를 확인한 뒤 상대방이 이의를 제기하지 않으면 증인신문을 허용하고 있다.

3. 주소변동사실의 보고명령

재판장은 피고인에 대한 인정신문을 마친 뒤 피고인에 대하여 그 주소의 변동이 있을 때에는 법원에 보고할 것을 명하고 피고인의 소재가 확인되지 않은 때에는 그 진술 없이 재판할 경우 가 있음을 경고하여야 한다. 불구속 피고인에 대하여는 주소변동을 보고하지 아니하여 소환 불 가능하게 하거나 정당한 이유 없이 출석 하지 아니한 경우 구인하거나 법정구속을 할 수 있고 양형에 있어서도 불리하게 반영될 수 있음을 주지한다.

Ⅵ. 모두진술

1. 검사의 모두진술

검사는 공소장에 의하여 공소사실, 죄명 및 적용법조를 낭독하여야 한다(형소법 제285조 제1항). 이를 이른바 모두진술이라고 하는데 검사는 이 절차를 통하여 사건의 심리에 들어가지 전에 사건의 내용과 입증의 방침을 명백히 하여 법원의 소송지휘를 가능하게 하고 피고인에 대하여는 충분한 방어 준비의 기회를 주게 된다.

2. 피고인의 모두진술

검사의 모두진술이 끝나면 재판장은 피고인에게 공소사실을 인정하는지 여부에 관하여 물어야 하고 피고인은 진술거부권을 행사하지 않는 이상 공소사실인정 여부를 진술하여야 한다(법 제286조). 소극적인 답변에 국한하는 것이 아니라 부가적으로 이익 되는 사실의 진술도 허용된다. 재판장은 피고인에게 그 이익되는 사실을 진술할 기회를 주어야 한다. 재판장은 피고인에 대하여 진술거부권과 진술권이 있음을 고지하여야 한다. 증거조사의 범위, 순서, 방법에 대하여 법원이 그 대강을 알 수 있게 한다. 관할위반의 신청(형소법 제320조), 공소장부본의 송달에 대한 이의신청(형소법 제269조) 또는 제1회 공판기일의 유예기간에 대한 이의신청(형소법 제266조 단서)은 적어도 이 단계까지에는 하여야 한다.

모두진술은 개개의 증거조사에 들어가기 전에 사건의 개요 및 입증의 방침을 명백히 함으로서 일반으로는 백지의 상태로서 공판에 임하는 법원으로 하여금 그 후의 소송지휘를 적절히 할 수 있도록 하며, 타방으로는 검사의 의도를 모르는 피고인 측으로 하여금 적절하고 충분한 방어의 태세를 갖추도록 함을 목적으로 하는 것이다.

Ⅶ. 쟁점정리 및 증거관계 진술

재판장은 피고인의 모두진술이 끝난 다음에 피고인 또는 변호인에게 쟁점의 정리를 위하여 필요한 질문을 할 수 있다(법 제287조 제1항). 재판장은 증거조사를 하기에 앞서 검사 및 변호인으로 하여금 공소사실 등의 증명과 관련된 주장 및 입증계획 등을 진술하게 할 수 있다. 다만 증거로 할 수 없거나 증거로 신청할 의사가 없는 자료에 기초하여 법원에 사건에 대한 예단 또는 편견을 발생하게 할 염려가 있는 사항은 진술할 수 없다. 이는 재판의 모든 절차에서 쟁점을 정리하고 향후 진행될 증거조사의 범위를 명확히 하기 위해서이다.

Ⅷ. 증거조사

1. 총 설

가. 의의

좁은 의미의 증거조사는 법원이 사건에 관한 사실인정과 양형에 관한 심증을 얻기 위하여 각종의 증거방법을 조사하여 그 내용을 감지하는 소송행위를 의미한다. 즉 각종의 증거방법(조사대상이 되는 유형물 또는 사람)으로부터 법에서 정해진 절차에 따라 증거자료(사실인정의 근거가 되는 내용, 문서의 내용, 증언 등)를 탐지하는 것을 말한다. 넓은 의미의 증거조사는 협의의 증거조사 외에 이와 밀접한 관계가 있는 소송행위, 즉 증거신청, 증거결정, 이의신청 등 관련된 절차를 포함한다.

나. 공판중심주의와 증거조사

형사소송법은 형사사건의 실체에 대한 유죄, 무죄의 심증 형성은 법정에서의 심리에 의하여야 한다는 공판중심주의의 한 요소로서 법관의 면전에서 직접 조사한 증거만을 재판의 기초로 삼을 수 있고 증명대상이 되는 사실과 가장 가까운 원본 증거를 재판의 기초로 삼아야 하며 원본 증거의 대체물 사용은 원칙적으로 허용되어서는 안 된다는 실질적 직접심리주의를 채택하고 있다.

다. 증거조사의 순서

증거조사는 원칙적으로 검사가 신청한 증거를 먼저 조사한 후 피고인 또는 변호인이 신청한 증거를 조사하고 법원은 검사와 피고인 또는 변호인이 신청한 증거에 대한 조사가 끝난 후에 직권으로 결정한 증거를 조사한다. 다만 법원은 직권이나 검사, 피고인 또는 변호인의 신청에 따라 증거조사의 순서를 변경할 수 있다(법 제291조의2).

라. 증거방법의 분류

(1) 인증

인증은 살아있는 사람이 증거방법이 된다. 구체적으로는 그 사람이 얻은 사실의 체험 또는 지식을 법관의 면전에 보고하게 하여 그 보고내용을 증거자료로 하는 증인, 감정인 등을 말한다.

(2) 증거서류

증거서류란 기재된 내용이 증거자료로 되는 것을 말한다. 반드시 종이에 기재된 내용에 한하지 아니하므로 나무, 피혁 등에 기재되어도 무방하고 사용된 언어의 종류를 묻지 아니한다. 기재의 내용도 증거자료가 되지만 동시에 기재된 물건의 존재 및 상태, 문자의 특징과 색채 등이 자료가 되는 경우도 있고 이를 증거물인 서면이라고 한다.

(3) 증거물

증거물이란 어떤 물건의 존재 및 상태가 증거자료로 되는 것을 의미한다. 예컨대 범행에 사용된 흉기, 범행으로 취득한 장물 등이며 증거조사는 신청인이 제시하여야 하고 법원이 직권으로 조사하는 경우에는 소지인 또는 재판장이 이를 제시하여야 한다(법 제292조의2).

(4) 증거물인 서면

종래 증거서류와 증거물인 서면과의 구분기준에 관하여 논의가 있었으나 서류의 내용만이 증거로 되는지 아니면 그 밖의 서류의 존재 또는 상태도 증거로 되는지를 기준으로 하여 구별하는 것이 확립된 실무이다. 서류의 내용이 증거로 되는 것은 증거서류이고 그 밖의 서류의 존재 또는 상태까지도 증거로 되는 것이 증거물인 서류이다.

(5) 도면, 사진, 디스크 등 정보를 담기위해 만들어진 물건

컴퓨터용 디스크 등 정보저장매체에 기억된 문자정보를 증거자료로 하는 경우에는 읽을 수 있도록 출력하여 인증된 등본으로 할 수 있고, 컴퓨터용 디스크 등에 기억된 정보가 도면, 사진인 경우에도 이를 준용하고 있으며, 녹음, 녹화매체 등에 대한 증거조사는 이를 재생하여 청취 또는 시청하는 방법으로 한다.

2. 증거신청

가. 의의

증거신청 또는 증거조사의 신청이란 법원에 대하여 특정한 증거조사의 시행을 구하는 당사자의 소송행위를 가리킨다. 증거신청은 서류나 물건을 증거로 제출하고, 증인, 감정인, 통역인 또는 번역인의 신문을 신청하는 것을 말하고 사실조회의 신청이나 공무소 등이 보관하고 있는 서류에 대한 송부요구의 신청 등도 포함된다. 이러한 증거신청은 공판기일에서는 물론 공판준비절차(기일 간 공판준비절차를 포함한다) 또는 공판기일 외에서도 가능하다.

나. 신청권자

신청권자는 검사, 피고인 또는 변호인이다(법 제294조). 법정대리인이나 보조인도 피고인을 위하여 피고인의 의사에 반하지 않는 한 독립하여 증거신청을 할 수 있다. 증거조사는 이들 신청권자에 의한 증거신청을 기다려 증거결정을 한 다음 시행하는 것이 원칙이지만 신청이 없어도 법원이 직권으로 증거결정을 하고서 증거조사를 할 수 있다.

3. 증거결정에 관한 의견진술

증거조사와 관련하여 법원이 당사자의 의견을 듣는 절차는 크게 두 가지의 경우가 있다. 법원이 증거결정을 함에 있어서 필요하다고 인정할 때에는 그 증거에 대한 검사, 피고인 또는 변호인의 의견을 들을 수 있다(임의적 의견진술). 그런데 서류 또는 물건이 증거로 제출 된 경우에 법원은 이에 관한 증거결정을 함에 있어서 제출한 자로 하여금 그 서류 또는 물건의 증거능력 유무에 관한 의견을 진술하게 하여야 한다(필요적 의견진술). 이는 당해 증거의 증거능력 유무의 인정 또는 앞으로 진행될 증거조사의 범위, 방향 등을 정하기 위해 필요불가결한 것이다.

4. 증거결정

법원은 증거신청에 대하여 결정을 하여야 하는데 이에는 신청된 증거조사를 하기로 하는 채택결정과 신청을 각하 또는 기각결정의 두 가지가 있다. 법원은 신청이 없더라도 직권으로 증거조사를 하는 결정을 할 수 있다(법 제295조).

5. 증거조사의 실시

가. 서류 및 물건

증거물, 증거서류, 증거물인 서류를 말한다. ① 증거물이란 어떤 물건의 존재 및 상태가 증거자료로 되는 것을 의미하는데 범행에 사용된 흉기, 범행으로 취득한 장물 등을 말한다. ② 증거서류란 기재된 내용의 의의가 증거자료로 되는 것을 말하는데 법원의 공판조서, 수사기관이 작성한 피의자신문조서, 진술조서, 감정서 등을 말한다. ③ 증거물인 서면이란 증거물 중에서 증거서류에 접근되어 양자의 중간 위치적 성격을 가지는 것을 통상의 증거물로부터 구분하여 증거물인 서면이라 하는데 위조문서, 허위고소장 음란문서 등을 말한다.

나. 증인신문

(1) 총설

증인이란 법원에 대하여 자기가 실제 체험한 사실을 진술하는 제3자를 말하고 증인으로부터 그 체험사실의 진술을 듣는 절차 즉 증인에 대한 증거조사절차를 증인신문이라 한다. 그 체험사실이 특별한 지식에 의하여 알게 된 것이라 하더라도 대체성이 없는 경우에는 감정인이 아니고 증인인데 이를 감정증인이라 부른다(법 제179조).

(2) 증인신문의 준비

(가) 증인의 소환 등

① 증인의 소환

증인의 소환은 소환장의 송달, 전화, 전자우편, 그 밖의 상당한 방법으로 할 수 있고 그 밖의 방법으로는 모사전송과 휴대전화 문자전송에 의한 소환이 가능하다(규칙 67조의2). 다만 증인의 불출석시 과태료나 소송비용 부담 및 감치의 제재를 가할 수 있는 것은 소환장을 송달받고 출석하지 아니한 증인에 한정된다.

② 동행명령

법원에 출석해 있는 증인에 대하여 법원 밖의 증인신문 장소까지 재판부 또는 수명법관과 함께 갈 것을 명하는 결정을 말한다. 당초에는 법원 안에서 신문할 예정으로 소환하였다가 재판부가 방침을 변경하여 법원 외에서 신문하기로 한 경우에만 활용할 수 있다.

③ 구인

증인을 구인할 수 있는 경우는 정당한 이유없이 소환에 불응하거나 동행명령에 따른 동행을 거부하는 때이다(법 제166조).

④ 과태료 및 소송비용의 부담

증인의 출석을 확보하기 위해 직접강제수단으로서 구인이 가능한 외에 간접 강제수단인 과태료 및 비용배상제도가 있다. 즉 소환장을 송달받은 증인이 정당한 사유 없이 불출석한 때에는 직권으로 그 불출석으로 인한 소송비용을 증인이 부담하도록 명하고 500만 원 이하의 과태료를 부과하는 결정을 할 수 있다.

⑤ 감치

증인이 정당한 사유 없이 출석하지 아니한 때에는 7일 이내의 감치에 처할 수 있도록 함으로서 증인의 출석 확보를 위한 장치를 마련하였다. 증인감치는 증인이 형사소송법 제151조 제1하어에 따른 과태료의 재판을 받고도 정당한 사유없이 다시 출석하지 아니한 때에 처할 수 있다(법 제151조 제2항).

(나) 신문사항을 기재한 서면의 제출명령

재판장은 피해자, 증인의 인적사항의 공개 또는 누설을 방지하거나 그 밖에 피해자, 증인의 안전을 위하여 필요하다고 인정할 때에는 증인의 신문을 청구한 자에 대하여 사전에 신문사항을 기재한 서면의 제출을 명할 수 있다.

(3) 증인신문의 실시

형사소송법은 교호신문 제도를 채택하고 있어 당사자가 신청한 증인의 경우에는 그 신청한 자가 최초로 신문하고, 그 상대방이 다음에 신문하며 그 다음에 재판장이 신문하는 것이 원칙이다. 다만 재판장은 필요하다고 인정하면 어느 때나 신문할 수 있으며 위의 신문순서를 변경할 수 있다. 증인신문은 각 증인에 대하여 따로 행하는 것이 원칙이며 신문하지 아니한 증인이 재정한 때에는 퇴정을 명하여야 한다. 위 개별신문의 원칙에 대한 예외로서 대질이 있다. 증인 상호간의 증언 또는 증인의 증언과 피고인의 진술이 일치하지 않고 어느 것을 믿을 것인지를 판단하기 위하여 필요한 경우에 증인 여러 명을 재정시키거나 증인과 피고인을 함께 재정시켜서 동시에 신문하는 방식의 신문을 말한다.

(4) 증인신문의 방식 등

① 방식

재판장은 증인신문을 행함에 있어서 증명할 사항에 관하여 가능한 한 증인으로 하여금 개별적이고 구체적인 내용을 진술하게 하여야 하며, 다음 각 호의 1에 규정한 신문을 하여서는 아니 된다. 다만, 제2호 내지 제4호의 신문에 관하여 정당한 이유가 있는 경우에는 그러하지 아니하다.

1. 위협적이거나 모욕적인 신문
2. 전의 신문과 중복되는 신문
3. 의견을 묻거나 의논에 해당하는 신문
4. 증인이 직접 경험하지 아니한 사항에 해당하는 신문

② 증인신문 순서

증인은 신청한 검사, 변호인 또는 피고인이 먼저 이를 신문하고 다음에 다른 검사, 변호인 또는 피고인이 신문한다. 재판장은 전항의 신문이 끝난 뒤에 신문할 수 있으며, 재판장은 필요하다고 인정하면 위 내용에도 불구하고 어느 때나 신문할 수 있으며 제1항의 신문순서를 변경할 수 있다. 또한, 법원이 직권으로 신문할 증인이나 범죄로 인한 피해자의 신청에 의하여 신문할 증인의 신문방식은 재판장이 정하는 바에 의한다.

한편, 주신문에 있어서는 유도신문을 하여서는 아니 된다. 다만, 다음 각호의 1의 경우에는 그러하지 아니하다.

1. 증인과 피고인과의 관계, 증인의 경력, 교우관계 등 실질적인 신문에 앞서 미리 밝혀둘 필요가 있는 준비적인 사항에 관한 신문의 경우
2. 검사, 피고인 및 변호인 사이에 다툼이 없는 명백한 사항에 관한 신문의 경우
3. 증인이 주신문을 하는 자에 대하여 적의 또는 반감을 보일 경우
4. 증인이 종전의 진술과 상반되는 진술을 하는 때에 그 종전 진술에 관한 신문의 경우
5. 기타 유도신문을 필요로 하는 특별한 사정이 있는 경우

다만, 반대신문에 있어서 필요할 때에는 유도신문을 할 수 있으며, 재판장은 유도신문의 방법이 상당하지 아니하다고 인정할 때에는 이를 제한할 수 있다.

[서식 214] 증인진술서

증 인 진 술 서

사   건   20○○고단 ○○○○ 특정범죄가중처벌법위반, 도로교통법위반

피 고 인   ○ ○ ○

진 술 인   ○ ○ ○
             ○○시 ○○구 ○○로 ○○ (○○동)
             전화 : 000-0000-0000

1. 진술인은 ○○시 ○○운수 택시기사로 일을 할 당시인 20○○. ○. ○. 새벽 00:00경 있었던 사고에 대하여 다음과 같은 사실을 진술합니다.

---

2. 이 시각경 본 진술인은 ○○예식장 앞에서 승객을 하차한 후 좌회전을 하였는데, 좌회전을 하자마자 갑자기 ○○역전 방면에서 직진하던 피고인 차량이 본 진술인 운전의 그랜져 차량 뒷부분을 긁고 지나갔습니다.

3. 사고 당시 본 진술인은 어떤 차량이 본인차량을 긁고 지나갔는지 몰라 차에서 내려 주위 성명불상 목격자에게 확인하여 보니 군청색의 마티즈 승용차라는 것을 알게 된 것입니다.

4. 사고 당시 가해 피고인 차량이 급히 지나간 것으로 봐서 쫓기는 듯 달아나는 중인 것으로 보여 졌으며, 당시 사정을 보면 본 진술인의 차량을 인지하지 못했을 수도 있다고 보여집니다.

5. 본 진술인의 피해는 극히 작은 피해에 불과하고 이미 합의가 잘 이루어졌으므로, 피고인에 대하여 법이 인정하는 최대한의 선처를 부탁드립니다.

이상의 내용이 모두 진실임을 서약하며, 이 진술서에 적은 사항의 신문을 위하여 법원이 출석요구를 하는 때에는 법정에 출석하여 증언할 것을 약속합니다.

첨 부 서 류

　　1. 신분증 사본　　　　　　　　　　　1통

20○○.　　○.　　○.

위 진술인　○　○　○　　(인)

○○**지방법원　귀중**

작성 · 접수방법

1. 입증을 위한 자료로서 목적자의 증인진술서 또는 사실확인서를 확보하는 것은 매우 중요하다. 작성시 특별한 형식은 없으나 진술자의 막도장을 단순히 날인하는 외에 신분증 사본을 첨부하여 제출하면 의심할 나위 없는 진정한 문서로 인정받을 것이다.
2. 필요하면 작성자가 법정에 출석하여 증인으로도 설 수도 있을 것이다.
3. 제출방식은 '참고자료'라는 겉표지를 두어서 이에 첨부하도록 한다.

증 인 신 청 서

사 건   20○○고단○○○○   사기

피 고 인   ○   ○   ○

  귀원에 재판 계속 중에 있는 위 사건에 관하여 공판기일이 지정되려면 상당기간
이 필요하고 증인이 해외출장을 계획하고 있어 아래와 같이 증인을 신청하오니 신
문하여 주시기 바랍니다.

아　래

1. 증인의 표시

   성 명 : ○　○　○

   주 소 : ○○시 ○○구 ○○로 ○○ (○○동)

   전 화 : 00-0000-0000

2. 증인신문사항

   별지 기재와 같음

   (또는 추후 제출하겠습니다)

20○○.　○.　○.

위 피고인의 변호인 변호사 ○ ○ ○   (인)

○○지방법원　귀중

작성 · 접수방법

1. 제목을 '증거신청서'라고 해야 할 것이나 실무에서는 사람 즉 증인을 신청할 때에는 '증인신청서'라는 제목
  으로 신청한다.
2. 증인신청서와 동시 증인신문사항을 제출하지 않고 추후 법정에서 이를 제출하여도 된다.

증 거 신 청 서

사 건   20○○고단○○○○ 사기

피 고 인   ○   ○   ○

　위 사건에 관하여 피고인의 이익 및 주장사실을 입증하기 하기 위하여 다음과 같이 증거(증인, 감정인, 통역인, 변역인의 신문)를 신청하오니 채택하여 주시기 바랍니다.

다   음

1. 증인의 성명 : ○   ○   ○
   주소 : ○○시 ○○구 ○○로 ○○ (○○동)

2. 증인신문사항별지 기재와 같음

20○○.   ○.   ○.

위 피고인의 변호인 변호사 ○   ○   ○   (인)

○○지방법원 귀중

증인 ○○○에 대한 신문사항

1. 증인은 20○○. ○. ○. 00:00경 ○○시 ○○구 ○○로 ○○ (○○동) 소재 피고인의 방에서 불이 난 것을 목격한 사실이 있지요.

2. 증인은 불이 난 것을 어떻게 알게 되었는가요.

3. 피고인의 방에는 불이 어느 곳에 어느 정도 붙어 있었는가요.

4. 당시 피고인의 방안에는 재떨이, 담배 꽁초, 라이터 등이 널려 있었지요.

5. 증인이 위 불을 끌 당시 피고인은 무엇을 하고 있던가요.

6. 증인이 보기에 당시 피고인의 상태는 어떠해 보이던가요.

7. 증인은 그 당시 피고인이 일주일 이상 집에 혼자 있으며 폭음을 하였다는 것에 대해 아는 바가 있는가요.

8. 증인은 그 전날 일어난 불도 직접 목격하였는가요.

9. 기타 신문사항

작성 · 접수방법

증인신청서를 먼저 제출하고 심문사항 4부를 심문기일 전까지 제출한다. 실무상 주로 법정에서 제출하고 있다.

사건 2000고정000 상해

증인 ○○○에 대한 신문사항

1. 증인은 현재 서울 ○○경찰서 형사과에서 형사로 근무하고 있지요?

2. 증인은 언제부터 현재 소속된 경찰서 형사과에서 근무해 왔나요?

3. 증인은 0000. 10. 19. 새벽 1시에서 2시 사이에 증인이 근무하고 있는 서울 ○○경찰서 형사과 형사1팀 사무실에서 피고인과 피해자 ○○○에 대하여 각 피의자 신문 절차를 진행하고, 각 피의자신문조서를 작성한 일이 있지요?

4. [피해자 ○○○에 대한 피의자신문조서 제4쪽 9행, 10행을 제시하며] 증인이 작성한 0000. 10. 19. 자 피해자 ○○○에 대한 피의자신문조서 제4쪽을 보면, 증인이 피해자 ○○○에게 피고인이 목 부위를 밀친 것 외에 다른 피해는 없느냐고 질문하자, 피해자 ○○○이 다른 피해는 없다고 답한 것으로 되어 있는데, 이 기재 사실은 사실인가요?

5. 증인이 0000. 10. 19. 피해자 000을 신문할 당시 피해자 ○○○이 피고인으로부터 폭행 당해 화장실 바닥에 넘어졌다고 진술한 적이 있나요?

6. [피고인의 상해진단서를 제시하며] 피고인이 제출한 상해진단서에는 발행일이 0000. 10. 19. 로 되어 있는데, 피고인으로부터 이 상해진단서를 제출 받은 날짜는 언제인가요?

7. 증인은 피고인으로부터 상해진단서를 제출 받은 후, 피해자 ○○○에게 피고인이 상해진단서를 제출한 사실을 알려주었지요?

8. 증인이 피해자 ○○○에게 피고인의 상해진단서 제출 사실을 알린 것은 언제인가요?

9. 피고인이 상해진단서를 제출한 사실을 피해자 ○○○에게 알려준 이유는 무엇인가요?

10. [피해자 ○○○의 상해진단서를 제시하며] 피해자 ○○○이 제출한 상해진단서에는 발행일이 0000. 10. 23. 로 되어 있는데, 피해자 ○○○이 증인으로부터 피고인이 상해진단서를 제출하였다는 사실을 통보 받고 난 후, 병원에 가서 이 상해진단서를 발급 받은 것이지요?

11. [수사결과보고 제2쪽 10행~12행을 제시하며] 증인이 작성한 0000. 11. 8. 자 수사결과보고서에는 피고인이 피해자 ○○○의 목을 손으로 쳐 넘어뜨려 상해를 가하였다고 기재되어 있는데, 피고인이 피해자 ○○○을 넘어뜨렸다는 부분은 0000. 10. 19. 자 피해자 ○○○에 대한 피의자 신문 당시 피해자 ○○○이 진술한 내용이 아니지요?

12. [피해자 ○○○의 상해진단서 상해의 원인 란을 제시하며] 그렇다면 증인이 작성한 수사결과보고서 상의 피고인이 피해자 ○○○을 넘어뜨렸다는 부분은 피해자 ○○○의 상해진단서 상의 상해 원인 란 기재를 보고 작성한 것이지요?

13. [피해자 ○○○에 대한 피의자신문조서 제4쪽 5행~8행을 제시하며] 증인은 0000. 10. 19. 피해자 000에 대한 피의자 신문 과정에서 피해자 ○○○에게 피고인에게 사과할 의사가 있느냐고 물은 것으로 기재되어 있는데, 그런 사실이 있나요?

14. 증인은 피해자 ○○○에 대한 피의자신문이 끝난 후 연이어서 진행된 피고인에 대한 피의자 신문과정에서는 피고인에게 사과 의사가 있는지 묻지 않았는데, 피해자 ○○○에 대해서만 사과 의사를 묻고 피고인에 대해서는 묻지 않은 이유가 무엇인가요?

15. 사건 당일 피해자 ○○○에게 외상이 있다거나, ○○○의 옷에 이물이 묻어 있었다거나, ○○○의 옷이 늘어져 있었다던가 하는 쌍방폭행의 외형적 증거가 있었나요?

16. 기타 신문사항

증인 ○○○에 대한 신문사항

1. 증인은 ○○동에서 뚝배기 집을 운영하고 있지요.

2. 20○○. ○. ○. 새벽 피고인이 증인의 가게에 들러 술을 마시다가 증인에게 증인이 피고인의 돈을 가져갔다고 따지면서 소란을 일으켜 함께 경찰서에 간 사실이 있지요.

3. 증인은 피고인과 동시에 경찰서에 도착하였나요.

4. 증인은 경찰서에서 피고인이 조사를 받으면서 담당경찰관을 폭행한 사실을 목격하였나요.

5. 피고인이 경찰관의 어느 부위를, 어떻게, 몇 회 때렸는지 기억합니까.

6. 증인은 경찰관들이 피고인을 조사실에서 다른 곳으로 데리고 가는 것을 보았나요.

7. 당시 경찰관들이 피고인에게 수갑을 채우지는 않았나요.

8. 경찰관들이 피고인을 얼마나 오래 격리하였나요?

9. 증인은 경찰관들 중 한 사람이 피고인에게 맞았다며 피를 흘리는 것을 보았나요.

10. 증인은 경찰관들이 CC-TV를 끄라고 소리치는 것을 들었나요?

11. 기타 신문사항

작성·접수방법

증인신청서를 먼저 제출하고 심문사항 4부를 심문기일 전까지 제출한다. 실무상 주로 법정에서 제출하고 있다.

[서식 220] 증거조사에 대한 이의신청서

증거조사에 대한 이의신청

사   건   20○○고단○○○○ 사기

피 고 인   ○   ○   ○

  위 사건에 관하여 20○○. ○. ○. 00:00의 공판기일에 검사가 제출한 증거를 조사함에 있어 증거물이 서류인 때에는 요지를 고지하지 아니함은 물론, 증거서류에 대한 낭독청구를 정당한 이유 없이 낭독해 주지 아니함으로써 증거조사에 관한 위법이 있다 할 것이므로 이의 시정을 구하기 위하여 이 신청에 이른 것입니다.

                20○○.   ○.   ○.

            위 피고인의 변호인 변호사 ○   ○   ○   (인)

  ○○지방법원 귀중

작성·접수방법

1. 검사, 피고인 또는 변호인은 증거조사에 관하여 이의신청을 할 수 있다.
2. 법원은 전항의 신청에 대하여 결정을 하여야 한다(형소법 296조).

[서식 221] 증거설명서

증 거 설 명 서

사　　건　　　　　20○○고단 ○○○○　횡령

피 고 인　　　　　○　　○　　○

　위 사건에 관하여 피고인의 변호인은 피고인이 제출한 증거에 대한 증거설명서를 별지와 같이 제출합니다.

별　　지 : 증거설명서 첨부

20○○.　　○.　　○.

위 피고인의 변호인 변호사 ○　　○　　○　　(인)

○○지방법원　귀중

[서식 222] 증거에 대한 의견서(1)

증거에 대한 의견서

사　건　　　　20○○고단○○○○　절도
피 고 인　　　　이　○　　○

위 사건에 관하여 피고인의 변호인은 다음과 같이 증거에 대한 의견을 개진합니다.

다　　　음

순번	증 거	작성자	의 견
1	범죄인지보고서	경찰	부동의
2	진술조서	정○석(피해자)	부동의
3	진술조서	박○영(목격자)	부동의
4	자술서	이○철(피의자, 경찰서 내에서 작성)	내용 부인
5	피의자신문조서	이○철	내용 부인
6	진단서	김○현(의사)	동의(단, 상해의 원인에 대한 전문진술부분은 부동의)
7	검증조서	경찰	- 피고인 진술부분 및 범행 재연사진 : 내용 부인 - 나머지 부분은 동의
8	피해자신문조서	검사	수사기록 80쪽 12행에서 25행까지는 실질적 진정성립 부인, 나머지 부분은 성립 인정, 임의성 인정
9	자술서	피의자	형식적 진정성립 부인(서명날인 없음)
10	합의서	피의자	실질적 진정성립 부인(위조)
11	증인신문조서	피의자	부동의

20○○.　○.　○.

위 피고인의 변호인 변호사　○　○　○　　(인)

○○지방법원　귀중

[서식 223] 증거에 대한 의견서(2) (증거인부)

증거에 대한 의견서

사　　건　　　　20○○고단 ○○○○　사기

피 고 인　　　　○　　○　　○

　위 사건에 관하여 피고인의 변호인은 검사신청의 증거에 대하여 별지와 같이 의견을 진술합니다.

별　　지 : 증거에 대한 의견서 첨부

20○○.　　○.　　○.

위 피고인의 변호인 변호사　○　○　○　　(인)

　　○○지방법원　귀중

[별　지]

증거에 대한 의견서

장수	증거방법	의견내용	의견의 취지
38장	경찰 피의자 신문조서	성립 인정, 임의성 및 내용부인	
46장	경찰진술조서(김갑동)	부동의	
72장	검사 피의자 신문조서)	진정성립 및 임의성 인정	
87장	검사 참고인 진술조서(김일섭)	동　의	
96장	고발장	부동의	
104장	범죄경력조회	동　의	
108장	검증조서	공소사실 1항 관계 동의 공소사실 2, 3항 관계 부동의	

증거에 대한 의견서

사 건   20○○고단 ○○○○ 사기

피 고 인   ○ ○ ○ 외 1

 위 사건에 관하여 피고인들의 변호인은 다음과 같이 증거에 대하여 의견을 진술합니다.

다   음

 피고인 홍길동은 검사 제출 증거에 대하여 전부 동의하고, 피고인 김갑동은 아래 증거에 대하여 부동의 하고, 나머지는 동의(피고인 김갑동에 대한 경찰 및 검찰 피의자신문조서는 성립 인정, 임의성 인정) 합니다.

 부동의 하는 부분 : 순번 2, 28, 34, 37, 52번29번 중 이몽령의 진술부분 45 내지 48번 중 홍길동의 진술부분

20○○.   ○.   ○.

위 피고인들의 변호인 변호사 ○ ○ ○   (인)

○○지방법원   귀중

[서식 225] 증거인부서(강도상해)

증 거 인 부 서

사 건 20○○고단 ○○○○ 강도상해

피 고 인 ○ ○ ○

위 사건에 관하여 피고인은 다음과 같이 증거서류에 대한 인부를 합니다.

문 서 표 목	면수	진 술 자	의 견
사실확인서	86	김승열	부동의
사실확인서	87	이영숙	동 의
확인서	94	피고인	동 의
피의자 신문조서	118	피고인	진정성립 임의성 각 인정
피의자 신문조서(2회, 대질)	126	피고인	진정성립 임의성 각 인정
		조영기 진술부분	부동의
		이주성 진술부분	부동의
무통장입금증	134		동 의
녹취록	143	강승기, 피고인	동 의
진술조서	148	김영철	부동의
상해진단서	156	의사	동 의
범죄경력조회	162		동 의

20○○. ○. ○.

피고인 ○ ○ ○ (인)

○○지방법원 형사 제3단독 귀중

1. 공소사실이 사실과 달라 진실규정이 필요한 경우, 유죄의 증거로 법원에 제출된 '수사기록'에 대하여 위 인부서를 제출함이 적당하다(공소사실을 인정한다면 제출 불필요).
2. 즉 공판검사가 유죄의 증거로 제출한 증거방법에 대하여 그 증거의 종류에 따라 피고인 자신에 대한 신문조서는 성립의 진정 여부와 임의성 여부에 대하여 답하고, 이외의 경우는 동의 · 부동의로 진술할 수 있다.
3. 형사수사기록을 열람한 후 제1회 공판기일 전에 혹은 공판기일에 이르러 위 인부서 2통을 제출한다.
4. 피고인이 공판검사 제출의 수사기록상 조서 등에 '부동의'하게 되면 증거의 증명력을 탄핵시키게 되므로 이에 검사는 증명력을 유지하고자 부동의 된 조서에 응한 자를 검찰측 증인으로 신청하여, 다음 기일을 증인심문기일로 진행하는 수가 많다.

[서식 226] 증거인부서(절도)

증 거 인 부 서

사　　건　　　　　20○○고단 ○○○○ 절도

피 고 인　　　　　이　○　○ 외 2

　위 사건에 관하여 피고인의 변호인은 다음과 같이 증거에 대한 의견을 개진합니다.

다　　음

순번	피고인 이○철	피고인 박○석	피고인 정○수
1	부동의	성립 인정, 임의성 인정	부동의
2	동의	동의	동의
3 내지 18	동의	동의	동의
19	동의	동의	성립 인정, 임의성 인정
20 내지 23	동의	내용 부인	동의
24	동의	동의	동의
25	동의	성립 인정, 임의성 인정	동의
26	성립 인정, 임의성 인정	부동의	부동의
27 내지 35	성립 인정, 임의성 인정	부동의	부동의

순번	피고인 이ㅇ철	피고인 박ㅇ석	피고인 정ㅇ수
36	동의	동의	부동의
37	동의	동의	– 성립 인정, 임의성 인정 – 박ㅇ석 진술부분은 부동의
	동의	동의	동의
38–42	형식적 진정성립 부인	성립 인정, 임의성 인정	동의
43	동의	부동의	동의
44	부동의	동의	부동의
45	동의	동의	동의

20ㅇㅇ.　ㅇ.　ㅇ.

위 피고인들의 변호인 변호사　ㅇ　ㅇ　ㅇ　(인)

ㅇㅇ지방법원　귀중

증 거 제 출

사　　건　　　　20○○고단 ○○○○　사기

피 고 인　　　　　○　　○　　○

위 사건에 관하여 피고인의 변호인을 위하여 다음과 같이 증거를 제출합니다.

다　　음

증거번호	증 거	입 증 취 지
증제1호증	차용증	피고인이 깁갑동으로부터 금 3,000만 원을 차용한 사실
증제2호증	지불각서	피고인이 김갑동으로부터 금 3,000만 원을 갚기로 하고 지불각서를 작성해 준 사실
증제3호증	확인서	피고인이 김갑동에게 금 2,000만 원을 변제한 사실
증제4호증	진술서	피고인과 홍길동의 과거 거래 관계

20○○.　　○.　　○.

위 피고자의 변호인 변호사　○　○　○　　(인)

○○지방법원　귀중

작성 · 접수방법

1. 형사사건에서는 필요에 따라 수시로 증거자료를 제출할 수 있다.
2. 증거제출서 또는 증거목록으로도 제출하기도 한다.
3. 검사 측이건 변호사 측이건 제○호증으로 제출한다.

증 거 제 출 서

사　　건　　　　20ㅇㅇ고단 ㅇㅇㅇㅇ　사기

피 의 자　　　　ㅇ　　ㅇ　　ㅇ

위 사건에 관하여 증거자료를 다음과 같이 제출합니다.

다　　음

1. 증 제1호 무통장입금증 1통

20ㅇㅇ.　ㅇ.　ㅇ.

위 피의자 변호인 변호사 ㅇ　ㅇ　ㅇ　(인)

ㅇㅇ지방법원　귀중

[서식 229] 증거목록

증 거 목 록

사　　건　　　　20○○고단 ○○○○　사기

피 의 자　　　　　○　　○　　○

위 사건에 관하여 증거자료를 다음과 같이 제출합니다.

다　　　음

1. 증 제1호 각서　　　　　　　　　　　1통
1. 증 제2호 최고서(내용증명)　　　　1통
1. 증 제3호 영수증　　　　　　　　　　1통

20○○.　　○.　　○.

위 피의자 변호인 변호사　○　○　○　　(인)

○○지방법원　귀중

작성 · 접수방법

영장실질심사 또는 구속적부심에서 증거자료를 제출할 때에 법정에서 직접 제출하는 경우가 많은데 이에 대한 설명을 하기 위하여 만든 양식이다.

[서식 230] 증인소환 및 구인신청서

증인소환 및 구인신청서

사 건   20○○고단 ○○○○ 횡령

피 고 인   ○   ○   ○

위 사건에 관하여 피고인의 변호인은 다음과 같이 증인소환 및 구인을 신청합니다.

다 음

1. 소환 및 구인신청사유검찰 측 증인으로 신청되었던 증인 ○○○은 여러 차례의 소환을 받고도 고의로 도피하여 증인으로 출석하지 아니하고 있습니다. 피고인으로서는 ○○○의 증언이 특히 중요하기 때문에 반드시 법정에서의 진술을 듣기 위하여 위와 같이 신청합니다.

2. 증 인 : ○   ○   ○ (000000-0000000)○○시 ○○구 ○○로 ○○ (○○동)

3. 증인신문일시 : 20○○. ○. ○. 00:00

20○○.   ○.   ○.

위 피고인의 변호인 변호사 ○ ○ ○   (인)

○○지방법원 귀중

작성·접수방법

피고인을 위하여 꼭 필요한 증인임에도 불구하고 법원의 증인출석요구에 응하지 않는 경우, 증인을 구인하기 위하여 제출하는 신청서이다.

증 언 거 부 사 유 서

사   건   20○○고단 ○○○○   횡령

피 고 인   ○   ○   ○

　위 피고사건에 관하여 본인은 증인으로 소환 받았는바, 본인은 ○○시 ○○구 ○
○동 소재 ○○초등학교 교사로서 피고인에 대하여는 아는 바가 전혀 없으므로 그
에 관한 사항에 대하여 증언을 거부합니다.

                    20○○.   ○.   ○.

                    성명 ○   ○   ○   (인)

○○지방법원   귀중

작성 · 접수방법

1. 법정에서 증언을 거부해야 하는 되는 경우, 사유를 구체적으로 기재하여 담당 재판부에 제출하여야 한다.
2. 증인소환을 받고도 상당한 이유 없이 불출석하게 되면 벌금처분을 받을 수 있다.

[서식 232] 증언거부사유서(절도 피고사건)

증 언 거 부 사 유 서

사   건   20○○고단○○○ 절도 피고사건

피 고 인   ○   ○   ○

증인의표시   ○ ○ ○ (000000-0000000)
                ○○시 ○○구 ○○로 ○○ (○○동)
                (검사측이 신청한 증인)

증 언 거 부 사 유

위 사건에 관하여 위 증인이 20○○. ○. ○. 제○차 공판기일에 증인으로 채택되어 있으나 다음과 같은 사유가 있어 위 기일에 증언을 할 수 없습니다.

즉, 위 증인이 위 사건에 관하여 증언을 할 경우 유죄판결을 받을 염려가 있는 사항에 관한 증언이 되어, 형사소송법 제148조에 의거하여 증언을 거부합니다.

20○○.   ○.   ○.

위 증인 ○ ○ ○   (인)

○○지방법원   귀중

[서식 233] 증인주소보정서(횡령)

증 인 주 소 보 정 서

사　　건　　　20ㅇㅇ고단ㅇㅇㅇㅇ　횡령

피 고 인　　　ㅇ　　ㅇ　　ㅇ

위 피고사건에 관하여 피고인의 변호인은 다음과 같이 증인의 주소를 보정합
니다.

다　　　　음

1. 증인 ㅇㅇㅇ의 변경된 주소
　　최후주소 : ㅇㅇ시 ㅇㅇ구 ㅇㅇ로 ㅇㅇ (ㅇㅇ동)

첨 부 서 류

　　1. 말소자 주민등록초본　　　　　　　　1통

20ㅇㅇ.　　ㅇ.　　ㅇ.

피고인의 변호인 변호사　ㅇ　ㅇ　ㅇ　(인)

ㅇㅇ지방법원　귀중

직무상비밀사실신고

사　　건　　　　20○○고단 ○○○호　위증

피 고 인　　　　○　○　○

　위 피고 사건에 관하여 본인은 20○○. ○. ○○. 00:00 증인으로 출석하라는 소환장을 받았으나 본인이 증언하여야 할 사항은 직무상 알게 된 비밀에 속하는 내용인바 형사소송법 제147조 제1항에 의하여 이를 신고합니다.

20○○.　 ○.　 ○.

위 신고인(증인)　○　○　○　　(인)

○○지방법원　귀중

피해자의 법정진술신청

사　　건　　　　20ㅇㅇ고단 ㅇㅇㅇㅇ　사기

피 고 인　　　　　ㅇ　　ㅇ　　ㅇ

　　위 사건에 관하여 피해자의 법정대리인은 수사기관에서 피해의 정도 및 결과, 처벌에 대한 의견 기타 위 사건에 관하여 충분히 진술하지 못한 점이 있으므로, 20ㅇㅇ. ㅇ. ㅇ. 00:00로 지정된 공판기일에 피해자를 증인으로 신문하여 주실 것을 신청합니다.

　　　　　　　　　　　　20ㅇㅇ.　　ㅇ.　　ㅇ.

　　　　　　　　피해자의 법정대리인 부 ㅇ　ㅇ　ㅇ　（인）

　　ㅇㅇ지방법원　귀중

작성 · 접수방법

1. 법원은 범죄로 인한 피해자 또는 그 법정대리인(피해자가 사망한 경우에는 배우자 · 직계친족 · 형제자매를 포함한다)의 신청이 있는 때에는 그 피해자 등을 증인으로 신문하여야 한다(형소법 294조의2 제1항).
2. 법원은 제1항에 따라 피해자 등을 신문하는 경우에는 피해의 정도 및 결과, 피고인의 처벌에 관한 의견 그 밖에 사건에 관한 의견을 진술할 기회를 주어야 한다(동조 2항).
3. 피해자의 법정진술권을 보장한다는 취지에서 당해 피해자 법정대리인 또는 검사의 신청에 따라 법원은 결정으로 심리를 공개하지 아니할 수 있다(형소법 294조의3 제1항).

다. 감정

(1) 총설

(가) 감정, 감정인의 의의

감정이라 함은 법원 또는 수사시관이 재판상 또는 수사상 필요한 실험치 등에 관한 전문 지식, 경험에 의하여서만 알 수 있는 법칙 또는 그 법칙을 구체적 사실에 적용하여 얻은 의견, 판단의 보고를 말한다.

법원으로부터 감정을 행하도록 명을 받은 전문적인 식견을 가진 자를 감정인이라고 한다. 감정인과 증인과의 구별에 관하여는 어려움이 있으나 기본적으로 증인은 자신이 체득한 사실을 법원에 알리는 것임에 반하여 감정인은 법원의 판단 보조자로서 전문지식을 제공하는 자라는 설명이 타당하다.

(나) 감정인의 적격

법원은 감정을 할 만한 학식, 경험이 있다고 인정하면 누구에게나 감정을 명할 수 있음이 원칙이나 증인적격 제한 및 증언거부권과 동일한 예외가 인정된다.

(2) 감정의 준비

(가) 감정인의 지정

현행 실무는 증거신청 및 증거결정 단계에서는 감정인을 특정하지 않은 채 추상적인 감정 그 자체를 신청하고 감정 그 자체를 결정할 뿐이며 감정인의 지정은 감정결정이 있은 후 감정의 절차로서 따로 행하고 있다. 감정인은 각 감정내용에 따라 필요한 학식, 경험이 있다고 인정되는 사람 중에서 법원이 적절히 지정하면 된다. 법원이 적당한 사람을 알고 있지 못한 때에는 유관단체 또는 관공서의 장에게 적당한 사람을 추천해서 통보해 주도록 서면으로 의뢰하는 것이 보통이다. 이러한 감정인의 지정은 법원의 직권사항으로서 당사자가 특정한 감정인의 지정을 희망하는 경우에도 이는 법원에 대한 요망을 표시한 것에 불과하고 이에 구애받지 않는다.

(나) 감정인의 소환 등

감정인이 지정되면 감정인의 신문을 위하여 감정인을 출석시키는 절차가 뒤따르게 된다. 감정인에 대하여는 소환, 동행명령을 할 수 있고 불응할 때에는 과태료 및 비용배상을 명할 수 있으나 구인을 행할 수는 없다.

(다) 당사자에 대한 참여의 기회부여

검사, 피고인, 변호인은 감정인신문에 참여할 권리가 있고 법원은 위 당사자등이 미리 참여하지 않겠다는 의사를 명시하지 아니한 반드시 감정인신문의 일시와 장소를 미리 통지하여야 한다.

(3) 감정인신문

감정인신문은 두 가지 의미가 있다. 하나는 감정인을 최초로 소환하여 선서를 시킨 후 감정사항을 알리고 감정을 명하는 것이고, 둘째는 위의 명령에 따라 감정서가 제출된 경우 감정인을 다시 출석시켜 설명을 시키는 일이다.

[서식 236] 신체감정 및 검진신청서

신체감정 및 검진신청

사   건   20○○고항 ○○○○   강간치상 등

피 고 인   ○   ○   ○

  위 사건에 관하여 다음과 같이 신체감정 및 검진을 신청하오니 감정인 ○○○로 하여금 감정하도록 촉탁하여 주시기 바랍니다.

다   음

1. 검증 및 검진대상자의 인적사항
   성   명 : ○   ○   ○
   주민등록번호 : 000000-0000000
   주   소 : ○○시 ○○구 ○○로 ○○ (○○동)

2. 감정 및 검진하여야 할 사항
   (1) 처녀막 파열의 여부
   (2) 파열되었다면 그 원인 및 수상일
   (3) 기타 필요사항

                    20○○.   ○.   ○.

               위 피해자의 변호인 변호사 ○   ○   ○   (인)

  ○○지방법원   귀중

필 적 등 감 정 신 청

사 건   20○○도○○○○ 사문서 위조 등

피 고 인   ○   ○   ○

　　위 사건에 대한 ○○사실을 입증하기 위하여 다음과 같이 필적 등에 관하여 감정을 신청합니다.

다　　음

1. 필적감정 하여야 할 사항
2. 기　타

20○○.　○.　○.

위 피고인의 변호인 변호사　○　○　○　　(인)

○○지방법원　귀중

검증및감정신청

사　　건　　　　20○○고단 ○○○○　사기 등

피 고 인　　　　　○　　○　　○

　위 사건에 관하여 피고인의 변호인을 피고인을 위하여 다음과 같이 검증 및 감정을 신청합니다.

다　　　음

1. 검증 및 감정의 대상녹음테이프 및 피해자 ○○○의 음성

2. 검증 및 감정할 사항
　가. 피고인이 피고인과 피해자 사이의 대화내용을 기록한 녹취서와 녹음테이프
　　　의 녹음내용이 동일한지 여부
　나. 녹음테이프의 음성이 피해자의 음성인지 여부

3. 입증취지피고인이 피해자에게 차용금을 변제한 사실

20○○.　○.　○.

위 피고인의 변호인 변호사　○　○　○　　(인)

○○지방법원　귀중

감 정 신 청

사　　　건　　　　20○○고단 ○○○○　무고 등

피 고 인　　　　　○　　○　　○

　위 사건에 관하여 피고인의 변호인을 피고인을 위하여 다음과 같이 감정을 신청합니다.

다　　음

1. 감정의 대상
　가. 고소장에 첨부된 부동산매매계약서 및 위임장
　나. 피고인의 인감증명서

2. 감정할 사항
　가. 고소장에 첨부된 부동산매매계약서의 매도인란과 위임장의 위임인란의 각 인영이 피고인의 인감증명서의 인영과 일치한지 여부
　나. 부동산매매계약서의 매도인란의 서명과 위임장의 서명이 각 피고인의 필적인지 여부

3. 입증취지 고소장에 첨부된 부동산매매계약서 및 위임장은 위조된 것입니다. 따라서 피고인이 고소인을 사문서 위조 및 동 행사로 고소한 것은 무고가 아닙니다.

20○○.　○.　○.

위 피고인의 변호인 변호사 ○　○　○　(인)

○○지방법원　귀중

[서식 240] 정신감정신청서

정 신 감 정 신 청

사   건   20○○고합○○○○   살인

피 고 인   ○   ○   ○

　위 사건에 관하여 피고인의 변호인을 피고인을 위하여 다음과 같이 정신감정을
신청합니다.

다   음

1. 감정의 대상피고인 ○ ○ ○ (000000-0000000)

2. 감정할 사항
　가. 피고인의 병명과 발병원인
　나. 이 사건 범행 당시 피고인이 사물을 변별하거나 의사를 결정할 능력이 있거
　　　나, 상실 또는 미약하였는지의 여부
　다. 피고인의 병명이 이 사건 영향에 미쳤는지 여부

3. 입증취지피고인의 심신상실 또는 미약상태에서의 범행이므로 책임이 없거나 형
　이 감경되어야 할 것임

20○○.   ○.   ○.

위 피고인의 변호인 변호사 ○ ○ ○   (인)

○○지방법원   귀중

라. 검증

(1) 총설

(가) 의의

법원은 사실을 발견함에 있어 필요한 경우 검증을 할 수 있다. 즉 검증이라 함은 오관(시각, 청각, 취각, 미각, 촉각)의 작용에 의하여 물건, 신체 또는 장소의 존재, 형태, 성질, 형상 등을 실험, 관찰하여 인식하는 강제처분을 말한다.

(나) 검증의 대상

검증의 목적물(검증물)에 대하여는 아무런 제한이 없으며, 오관의 작용에 의하여 실험, 인식할 수 있는 물건이면 되며, 유체물·무체물의 구별이 없고, 또 생물·무생물·동산·부동산을 불문하고 모두 검증의 대상이 될 수 있다.

장소·물건·서류는 물론 사람의 신체나 사체도 검증의 대상이 되고, 신체의 내부도 검증의 대상이 될 수 있다.

(다) 검증의 주체

검증에는 법원이 하는 검증, 수명법관·수탁판사가 하는 검증, 수사기관이 하는 검증이 있다. 형사소송법은 법원이 하는 검증을 원칙으로 하고, 기타의 검증에는 법원의 검증에 관한 규정을 준용한다.

(라) 검증의 성질

검증에 있어서는 검증물의 권리자의 권리를 배제하여야 할 경우가 많고, 증거물에 대한 권리자는 이 검증처분을 수인할 의무를 부담하여야 한다.

따라서 검증은 대물적 강제처분의 성격을 지니고 있다고 하겠으나, 법원 또는 법관이 검증을 행하는 경우에는 압수, 수색과는 달리 법원 또는 법관이 스스로 직접 오관의 작용에 의하여 행하기 때문에 영장이 없더라도 동일한 보장이 인정되므로 법률상 영장을 필요로 하지 아니한다. 이에 반하여 수사기관이 검증을 행하는 경우에는 영장주의의 요청에 기하여 원칙적으로 법관의 영장을 필요로 한다.

(2) 검증의 준비

(가) 기일의 지정

재판장이 지정권을 가진다. 수명법관, 수탁판사가 검증을 하는 경우에는 그 판사가 지정권을 가진다.

(나) 참여권자에 대한 통지

검사, 피고인 변호인은 검증에 참여할 권리가 있으며, 참여하지 않겠다는 의사를 명시한 경우나 급속을 요하는 경우가 아닌 한 검증의 일시와 장소를 통지하여야 한다.

(3) 검증의 실시

(가) 검증의 개시

검증현장에서는 참여권을 가진 자의 참여 여부를 확인 한 다음 재판장이 검증의 개시를 선언한다. 검사, 피고인, 변호인은 참여권이 있으나 참여의 의무는 없으므로 불출석하더라도 검증을 개시함에는 지장이 없다.

(나) 검증 중의 처분

검증을 함에는 신체의 검사, 사체의 해부, 분묘의 발굴, 물건의 파괴 기타 필요한 처분을 할 수 있다. '필요한 처분'에는 특별한 제한은 없으나 당해 검증의 목적상 필요한 최소한도의 처분에 그쳐야 한다고 본다. 사체의 해부 또는 분묘의 발굴을 하는 때에는 예를 잃지 아니하도록 주의하고 미리 유족에게 통지하여야 한다.

(다) 신체검사

신체검사는 특수한 검증의 형태로 행해지는 것이 보통이나 감정의 성격을 띠고 있는 것도 있다. 신체검사 중 피의자의 지문을 채취하거나 신체의 특징 등을 확인하는 것은 검증에 해당하고, 혈액검사나 방사선 촬영 등은 감정에 해당한다.

신체검사 중 특히 체내 검사가 문제가 되는데 음주운전 혐의자의 혈중알코올농도를 측정하기 위한 강제채혈이나 마약사범의 소변검사를 위한 강제채뇨가 대표적인 예이다. 증거보전의 필요성이 인정되고, 달리 증거를 수집·보전할 방법이 없으며, 전문가의 채취라는 방법의 상당성이 인정될 때 이러한 강제처분이 가능하다는 견해가 유력하다.

마. 증거조사에 관한 이의신청

(1) 의의

검사, 피고인, 변호인은 증거조사에 관하여 이의를 신청할 수 있다(법 제296조 제1항). 이의신청이란 당사자가 법원 또는 소송관계인의 소송행위가 위법 또는 부당함을 주장하여 그 시정 또는 다른 조치를 법원에 청구하는 의사표시를 말한다.

(2) 이의신청의 대상 및 사유

(가) 대 상

증거조사에 관하여 이의신청을 할 수 있다 함은 증거신청, 증거결정, 증거조사의 순서, 방법, 증거능력 등 널리 증거조사에 관한 모든 절차와 처분에 대하여 이의신청을 할 수 있다는 의미이다. 이의신청의 대상은 재판장의 행위이든 상대방 당사자의 행위이든 불문하고 작위든 부작위이든 가리지 아니한다.

(나) 사 유

이의신청의 사유는 법령의 위반이 있다는 것뿐만 아니라, 상당하지 아니함을 이유로 하는 것도 가능하지만 예외적으로 증거결정에 대한 이의신청은 법령위반을 이유로 하여서만 할 수 있다. 또한 재판장의 처분에 대한 이의신청도 법령위반의 경우로 한정하고 있어 절차의 안정을 도모하고 있다.

(3) 이의신청의 시기와 방법

이의신청은 개개의 행위, 처분 또는 결정시마다 그 이유를 간결하게 명시하여 즉시 이를 하여야 한다. 이의신청 시 이유를 간결하게 명시하되 서면 또는 구술에 의할 수 있다.

(4) 이의신청에 대한 결정

이의신청에 대해서는 그 신청이 있은 후 즉시 결정을 하여야 한다. 이는 이의신청제도의 본질에 유래한다.

(가) 기각결정

시기에 늦었거나 소송지연만을 목적으로 한 것임이 명백한 신청은 이유의 유무에 대하여 판단할 필요 없이 기각결정을 하며 신청의 이유가 없을 때에도 기각결정을 한다.

(나) 신청에 상응하는 결정

신청이 이유 있다고 인정되는 때에는 신청의 대상이 된 행위, 처분, 결정을 중지시키거나 철회, 취소, 변경하는 등 그 신청에 상응하는 조치를 취한다.

(다) 증거배제결정

이미 증거조사를 마친 증거가 증거능력이 없는 것으로 판명된 때에는 증거배제결정을 한다.

IX. 피고인 신문

1. 총 설

피고인신문은 원칙적으로 증거조사가 모두 끝난 후에 실시하여야 한다(법 제296조의2). 이는 구법하에서 증거조사를 하기 전에 피고인신문을 먼저 함으로서 피고인을 절차의 객체 또는 신문의 대상으로 보는 문제점을 개선한 것으로서 피고인을 명실상부하게 형사재판의 한 당사자로 인정한 것이다.

피고인신문은 임의적 절차이므로 생략할 수 있으나 검사나 변호인의 신청이 있는 경우 외에 재판장은 필요하다고 인정할 경우(주로 공소사실과 정상에 대한 피고인의 답변을 정리할 필요가 있을 경우가 될 것이다) 직권으로 피고인을 신문할 수 있다(법 제296조의2).

피고인신문의 순서는 검사와 변호인이 차례로 피고인에게 직접 신문하고 재판장은 검사와 변호인의 신문이 끝난 뒤에 신문을 한다. 다만 재판장은 필요하다고 인정하면 어느 때나 신문할 수 있으며, 신문순서도 변경할 수 있다.

2. 의의

피고인 신문이란 피고인에게 공소사실과 양형에 필요한 사항을 신문하는 절차를 말한다. 소송주체인 피고인에 대한 신문은 직권주의하의 형사소송제도에서 유래하는 제도이다. 이러한 점을 감안하여 형사소송법은 피고인의 당사자 지위가 약화되지 않도록 피고인신문절차의 각개신문에서 진술거부권을 인정하고 있으며(법 제283조의2), 장애인 등 특별히 보호를 요하는 피고인에 대하여는 직권 또는 피고인, 법정대리인, 검사의 신청에 따라 신뢰관계 있는 자의 동석을 허용할 수 있도록 하고 있다(법 제276조의2).

3. 신문의 방식

(1) 피고인 신문 시에는 피고인은 법대의 정면에 위치한 증인석에 좌석한다(법 제275조 제3항). 그렇다고 하여 피고인의 신분이 증인으로 바뀌는 것은 아니며 다만 변호인도 피고인을 신문하므로 신문의 편의를 위한 것일 뿐이다. 변호인은 피고인신문 중에도 피고인의 옆에 앉을 수 있고 변호인의 위치와 무관하게 피고인은 당연히 검사와 재판장의 신문 시에 변호인의 조언과 상당을 구할 수 있다.

(2) 현행 형사소송법에서의 피고인신문방식은 검사나 변호인의 신문이 끝난 뒤에 재판장(또는

합의부원)이 보충적 의미에서만 신문할 수 있게 하여 당사자변론주의를 채용하고 있다. 그러나 재판장은 필요하다고 인정하면 어느 때나 신문할 수 있으며 신문순서도 변경할 수 있다(법 제296조의2).

4. 검사 신문의 내용과 방법

검사의 피고인신문은 공소사실과 정상에 관한 필요한 사항에 관하여 할 수 있으며 신문에 있어서는 진술을 강요하거나 답변을 유도하거나 그 밖에 위압적 모욕적 신문을 해서는 안된다(규칙 제140조의2). 공소사실에 따라 신문하는 것이 아니므로 검사도 사전에 피고인신문사항을 작성, 제출하여 이에 따라 신문하도록 함이 바람직하다.

5. 검사의 구형

피고인신문 후 검사는 최종의견을 진술하는데, 이를 '구형'이라고도 한다. 이때 검사는 사안에 따라 '징역 1년의 형을 선고하여 주시기 바랍니다'라거나 '벌금 1,000만 원의 형을 선고하여 주시기 바랍니다' 등의 구체적인 형을 판사에게 구한다.

[서식 241] 피고인에 대한 반대 심문사항

사건 2000고단000

피고인 신문 사항

1. 피고인은 ○○○대학교 재학 중 미국으로 건너가 ○○대학교에서 ○○○를 전공한 다음 귀국하여 ○○○ 컨설팅본부장등을 거쳐 현재 ○○컨설팅 이라는 회사의 대표로 재직하며 기업 및 대학에 경영 컨설팅 서비스를 제공하고 있나요

2. 증인의 평소 주량은 어느 정도이며 사건 당일에는 술을 얼마나 마셨나요

3. 사건 당시 피고인은 손을 씻고 있던 피해자의 자세로 인해 지나갈 수 없자, "저 좀 지나가겠습니다"라고 말하면서 지나가려 하였지요

---

4. 그런데 갑자기 피해자가 "그냥 지나가면 되지 뭐가 문제냐, 뭘 꼬라보냐"라고 험한 말을 하여 피해자와 말다툼이 일게 되었나요

5. 시비하던 중 피고인이 "아 됐습니다. 그만 합시다."라고 하면서 지나가려 하였는데, 피해자가 갑자기 주먹으로 피해자의 얼굴을 가격하여 피고인은 화장실 양변기 쪽 문에 부딪혀 어깨 및 양 팔에 상해를 입게 된 것이지요

6. 피고인은 화장실 문에 부딪혀 쓰러진 후 일어나 바로 112에 전화 하였지요

7. 사건 당일 경찰 조사 과정에서 피해자가 피고인에게 사과의사를 밝힌 적이 있나요

8. 피해자가 어떻게 말하면서 사과하였나요

9. 피고인은 피해자로부터 가격당한 후 왜 반격을 하지 않았나요

10. 사건당일 바로 다음날인 ○○일에 ○○정형외과에서 어깨 및 양팔의 타박상으로 ○○주의 치료를 요하는 상해진단서를 발급받아 ○○○ 경사에게 제출하였지요

11. (수사기록 28면 제시하며) 그러자 ○○○ 경사는 상해 부위 사진을 자신의 휴대폰으로 사진 찍어 둔 것인가요

12. 진단서를 제출 받은 박영수 경사는 진단서 제출 사실을 ○○○에게도 알려주겠다고 하였나요

13. 피고인은 지금까지 살아오면서 누군가를 때리거나 폭력 사건에 휘말려 처벌을 받은 적이 있나요

14. 기타 신문사항

[서식 242] 피고인에 대한 반대 심문사항

0000고단 000 (형사 0단독)

피고인 ○○○에 대한 반대 신문사항

1. 피해자 ○○○은 "○○교회 홈페이지를 운영하여 왔고, ○○교단의 이단대책위원회 위원 등의 직위에 있던 사람으로, 특정 교단이나 인사를 이단으로 판단, 결정함에 있어 중대한 영향력을 행사해 온 것이 사실이지요?

2. 그런데 그 동안 ○○교단의 이단 판정기준이 지나치게 포괄적이고 모호한 면이 있어, 간혹 기독교의 근본가치를 부정하지 않는 교회임에도 일부 교리상 차이점을 이유로 이단으로 지목되는 경우도 있었지요 ?

3. 이 때문에 기독교계 내에서는 종래 이단 판정 및 정죄가 과다하거나 무분별하게 행하여지는 것에 대하여 수많은 비판적 의견이 제기되어 왔었지요?

4. 기독교계에서 이단으로 판정을 받은 교회의 경우 그 사회적 평가가 크게 실추됨은 물론, 선교 활동 등에 있어 중대한 제약을 받게 되고 기존의 교인들마저 해당 교회에서 이탈하게 되는 등 심각한 피해를 입게 되지요?

5. 피고인은 이단 정죄로 인하여 해당 교회나 소속 교인들이 입게 되는 피해가 심각하기 때문에 이단 여부 판정은 매우 신중하게 이뤄져야 하고 이단 판정을 내리는 주체에게 그에 걸 맞는 자격과 공정성이 있어야 한다고 여겨왔지요?

6. 또한 피고인은 이단 여부를 판정하는 목사에게 기본적인 정직성이 요구되므로, 자신의 학력 등 일신에 관한 사항의 공개에 있어 거짓이 있어서는 안 된다고 여겨왔지요?

7. 결국 피고인은 이러한 관점에서 기독교계의 공공의 이익을 위하여 피해자의 학력 의혹 문제에 대하여 본 건 보도를 하였던 것이지요?

8. 피해자는 ○○○ 목사가 ○○교단의 이단대책위원장으로 임명되었던 20○○. 00. 00.경부터 20○○. 00.경까지 사이에 ○○교단의 모든 위원직에서 배제되어 있는 상태였지요?

[공소사실 제1항 관련]

9. 피고인이 피해자가 위원직에서 배제되어 있던 기간 사이인 20○○. 00. 00. "피해자가 한기총에서 퇴출당했다"는 취지로 보도한 것은 진실에 부합하지요? 또한 피해자 역시 본 법정에서 위 기간 동안 한기총 임원직에서 배제되었음을 자인하였지요?

10. 피해자의 학력과 관련하여, 피해자가 다녔다는 ○○신학교의 경우 군 복무 기간 중에 학기를 이수할 방법이 없는데, 피해자의 성적표상 군 복무기간 중에 학기가 이수된 것으로 기재된 경위에 관하여 ○○신학교에서도 제대로 해명을 하지 못하고 있지요?

11. 피해자의 학적부 뒷면에 기재된 ○○신학교 성적표와 피해자가 ○○대학교에 편입할 때 제출하였던 ○○신학교 성적증명서 상의 기재 내용이 상당 부분 서로 일치하지 않았지요?

12. 이러한 사정에 비추어본 피해자는 ○○신학교를 전혀 다니지 않았거나 일부 다녔더라도 정상적인 수강을 하지 않은 채 형식적으로 학위만 취득한 것으로 보이지요?

13. 피고인 측은 교육부로부터 "피해자가 비인가학교인 ○○신학교 졸업학력을 가지고 4년제 학교였던 ○○대학교에 편입할 수는 없으므로, 피해자의 ○○대학교 학위는 무효"라는 취지의 회신을 받은 바 있지요?

14. 교육부 회신에 의할 때 피해자의 최종학력은 고등학교 졸업에 불과함에도 피해자는 4년제 대학교 학과 과정을 정상적으로 이수한 것처럼 행세하고 다녔던 것이지요?

15. 피고인은 이러한 피해자의 학력상 의문점을 가지고 있던 중, 피해자의 군복무 기간에 학기가 이수된 성적표를 입수하게 되었고 ○○신학교가 이에 대하여 제대로 해명하지 못함에 따라 본건 보도 내용의 진실성을 확신하고 기사를 작성하였던 것이지요?

16. 따라서 나머지 각 공소사실과 관련, 피해자의 학력위조 의혹에 관한 피고인의 본건 보도는 진실에 부합하거나 진실이라고 믿은 데 상당한 이유가 있지요?

17. 기타 신문 사항

[서식 243] 피고인에 대한 반대 심문사항

0000고단 00 (형사 0단독)

피고인 ○○○에 대한 변호인 반대신문사항

1. 피고인은 ○○○ 주식회사 등을 경영하면서 충청북도 ○○시에 ○○단지 개발을 진행 중 자금 부족으로 부도가 나 개발이 중단되었지요.

2. 피고인은 ○○○ 주식회사가 부도로 인하여 폐업하고 현재 서울 ○○동 소재 ○○주식회사에 입사하여 현재 ○○장으로 근무하고 있지요.

3. 피고인은 ○○○ 등을 경영하면서 0000. 00. 0. ○○은행 ○○지점 등에 당좌를 개설하여 거래 하였지요.

4. 그러던 중 위 ○○은행에서 당좌수표 마가 0000000 등 00매를 발급받아 0억 0천만 원을 법인 명의로 발행하여 지급제시 기일 내에 지급을 할 형편이 되자 변조된 수표라고 신고를 하였지요.

5. 피고인은 회사를 운영하면서 부도가 나면 피고인을 따르던 회사 직원들의 생계 등이 막연하고 피고인이 어렵사리 추진하던 사업이 일시에 물거품이 되는 등 어려운 점이 예상되어 부도만은 막아야겠다는 짧은 생각에 본의 아니게 허위신고를 하였던 것이지요.

6. 피고인은 운영하였던 ○○○ 주식회사 등 법인 명의로 발행하였던 당좌수표 00매 0억 0천만 원 중 0매인 0억 천만 원은 회수하고 0매만 아직 회수 못하였지요.

7. 피고인은 허위로 신고를 한 것은 보통 사업자들이 자금난의 위기에 빠지면 지급기일 연기의 의미로 흔히들 한다고 주변에서 그래서 하였던 것이지 고의로 부도를 내고 채무를 면탈하기 위하여 허위 신고한 것은 아니지요.

8. 피고인이 현재까지 회수 못한 ○○은행 ○○지점 발행 마가 0000000번 수표는 본인이 직접 사용한 것이 아니고 건설업에 종사하고 있는 공소 외 ○○○에게 할인을 하기 위하여 부탁하였지요.

9. 피고인은 사업을 하면서 ○○○를 통하여 수표 할인도 하고 자금을 융통해 와서 ○○○를 믿고 수표를 할인하여 달라고 하였던 것인데 ○○○가 할인한 돈을 개인적으로 사용하고 피고인에게는 위 수표를 회수하여 준다고 말만 할 뿐 아직까지 회수를 못하고 있지요.

10. 그래서 피고인은 ○○○를 서울 ○○경찰서에 고소하여 위 ○○○는 지명수배 상태이지요.

11. 기타 필요사항.

피고인 ○○○에 대한 반대 신문사항

1. 피고인은 이 사건 공소사실을 전부 시인하고 있지요.

2. 사고원인은 운전 중에 핸드폰을 떨어뜨렸기 때문인가요.

3. 사고원인을 졸음운전이라고 한 이유는 졸았다고 하면 상대방이 이해를 하여 줄 것이라고 생각해서 거짓말을 한 것인가요. 아침 출근길에 졸을 리가 없지요.

4. 이 사건으로 피해를 입은 피해자들에게 너무나 죄송한 마음을 가지고 있지요.

5. 그래서 정○○씨와는 이미 합의를 하였고, 다른 피해자인 강○○씨와도 합의를 시도하였으나 강○○씨가 3,500만 원을 정도를 요구하였고 돈이 없어 이에 응하지 못함에 따라 합의를 하지 못한 것인가요.

6. 피고인은 이혼도 하고 실직을 하였다가 다시 직장을 다니면서 월급이 평균 100만 원 정도여서 달리 저축한 돈이 없어 합의금을 지급하지 못한 것인가요.

7. 그래도 강○○씨를 위해서 돈 800만원을 공탁하였고 1심 판결 후에 그 돈을 피해자 강○○씨가 찾아간 것을 확인하였나요.

8. 공탁한 800만 원은 농사를 짓는 부모님이 주위에서 빌려온 돈으로 마련한 것인가요.

9. 피고인은 석방이 되어 돈을 벌면 언제라도 피해자가 입은 모든 피해를 갚을 생각이 있습니까.

10. 피고인은 10년 전에 도로교통법 위반으로 벌금을 한 번 낸 사실 외에 다른 전과는 없지요.

11. 피고인은 이제 차를 몰면 보험을 들어야 한다는 사실을 절감하고 있으며 보험을 들지 않는 점과 부주의하게 사고를 낸 점에 대해서 피해자에게 깊이 사과하고 항상 미안한 마음을 잊지 않고 있나요.

12. 기타 사항

[서식 245] 피고인에 대한 추가 심문사항

피고인 ○○○에 대한 추가 신문사항

1. 피고인은 지난번 이 법정에서 진술한 사실이 있지요.

2. 그때 사실대로 진술하였지요.

3. 피고인은 20○○. ○. ○. 제2회 진술서를 작성한 사실이 있지요.

4. 그때 피고인은 이미 제1회 진술서를 작성하고 제1회 피의자신문을 받은 직후로서, 수사관이 일부자백을 권유하고, 자백만 한다면 벌금형으로 석방될 수 있다고 하고 피고인의 명예를 위하여 언론에도 나지 않도록 하겠다고 하여 얼떨결에 작성된 것이 제2회 진술서이지요.

5. 이때 수사기록 76페이지 피고인 작성의 제2회 진술서를 제시하고 위 진술서를 보면 "나중에 진술과정에서 기억이 났지만 사무관 ○○○로부터 300만 원, ○○○서기관 ○○○으로부터 500만 원, ○○○ 주사로부터 200만 원은 받은 것이 인정됨"이라고 기재되어 있는데 이는 무슨 뜻인가요.

6. 기타 사항

작성·접수방법

피고인에 대한 반대신문사항을 작성한 이후에 추가로 묻고 싶은 사항이 있을 때 작성한 서류이다.

X. 변 론

1. 변론의 종결

공판이 진행되어 필요한 증거조사와 피고인신문이 종료한 때에는 검사의 의견진술 및 피고인과 변호인의 최종 의견진술이 있은 다음 변론을 종결하게 된다. 여기서 변론이라 함은 공판기일에 당사자를 관여시키거나 관여의 기회를 주어서 행하는 심리절차를 의미한다(강학상 이는 광의의 변론이라고 불리며 협의로는 심리의 최종단계에서 소송관계인이 행하는 의견진술만을 가리키는 경우도 있다). 때로는 변론종결을 결심이라고 부르기도 한다.

2. 절 차

변론단계에서, 우선 검사가 최종의견진술(논고)을 하고, 검사의 의견진술이 끝나면 재판장은 피고인과 변호인에게 최종의 의견을 진술할 기회를 주어야 한다(형소법 제303조).

가. 검사의 의견진술

검사는 사실과 법률적용에 관하여 의견을 진술하여야 한다. 다만 검사의 출석 없이 개정한 경우(법 278조)에는 공소장의 기재사항에 의하여 의견 진술이 있는 것으로 본다(법 302조). 의견진술의 내용은 위와 같이 사실과 법률적용에 관하여 할 것으로 되어 있으나 실무에서는 양형에 관한 의견진술(이른바 구형)을 하는 것이 관례이다.

검사에게 의견진술의 기회를 주면 족하고 반드시 의견진술이 있어야 하는 것이 아니며, 검사의 양형에 관한 의견을 초과하여 형을 양정하여도 위법이 아님은 물론이다.

나. 피고인 등의 최종의견진술

재판장은 검사의 의견을 들은 후 피고인과 변호인에게 각각 별도의 기회를 주어야 하며, 재량으로 기회를 박탈할 수 있는 것은 아니고, 이러한 기회를 주지 아니하면 법령위반이 된다.[15] 진술의 순서는 변호인에 이어 마지막으로 피고인이 하는 것이 관례이고, 기회를 일단 준 이상 피고인이 최후진술을 하지 않더라도 변론종결을 할 수 있다.

---

15) 대법원 1977. 2. 2. 선고 76도4376 판결.

변 론 요 지 서

사　　　건　　　　　2000고단 0000 사기
　　　　　　　　　　　2000고단 0000(병합) 사기
피　고　인　　　　　○ ○ ○

　위 사건에 관하여 피고인의 변호인은 다음과 같이 변론합니다.

다　음

1. 피해자 ○○○에 대한 사기의 점

　가. 사기죄의 객관적 구성요건 요소

　　　사기죄는 타인을 기망하여 착오에 빠뜨리고 처분행위를 유발하여 재물을 교부 받거나 재산상 이익을 얻음으로써 성립하는 것으로서, 기망, 착오, 재산적 처분행위 사이에 인과관계가 있어야 하고, 한편 어떠한 행위가 타인을 착오에 빠지게 한 기망행위에 해당하는지 및 그러한 기망행위와 재산적 처분행위 사이에 인과관계가 있는지는 거래의 상황, 상대방의 지식, 성격, 경험, 직업 등 행위 당시의 구체적 사정을 고려하여 일반적·객관적으로 판단하여야 할 것입니다(대법원 2011. 10. 13. 선고 2011도8829 판결).

　나. 피고인의 기망행위가 없습니다.

　　　이 사건에서 피해자 ○○○은 경매로 낙찰 받은 부동산의 미등기건물의 해결 문제를 처리하는 사무를 피고인에게 위임하였고 피고인은 이와 같은 사무처리를 수임하면서 사무 처리에 소요되는 비용 명목으로 금원을 교부 받은 것입니다.

　　　피고인은 명성부동산에서 ○○○ 외에도 다수의 의뢰인에게 경매물건을 소개하여 주고 후속 절차로 유치권 등의 권리관계를 실제로 원만히 해결하여 주고 있었습니다. 피고인은 경매로 낙찰 받은 ○○○의 부동산에 대한 유치권 등 미등기 건물 문제를 해결할 의사와 능력이 충분하였습니다. 미등기 건물 문제를 해결할 의사나 능력이 없는데도 마치 있는 것처럼 ○○○을 속인 것이 아닙니다.

○○○ 역시 이 사건 공판기일에서 검사의 「피고인이나 000이 미등기건물의 보존등기, 명도, 임대를 할 수 있는 사람들이었나」라는 신문에, 「그 당시에는 할 수 있다고 느꼈다. 그런데 시간이 너무 오래 걸려 지금 와서 생각해 보니 사기가 아닌가 생각한다」고 진술하여 금원 교부 당시에는 피고인이나 ○○○로부터 기망 당한 사실이 없음을 인정하였습니다.

다. 피해자가 착오에 빠져 재산적 처분행위를 한 사실이 없습니다.
　　○○○은 000,000,000의 금원에 대한 종국적 처분행위를 한 것이 아니라 미등기 건물 문제 해결을 위한 사무 처리를 위임한다는 피고인과의 일치된 의사에 기하여 위임사무 처리 비용 명목으로 위 금원을 교부한 것입니다. 피고인 역시 위와 같은 위임계약에 따라 금원을 수령하여 실제 위임사무 처리 비용으로 사용하였으며, 둘 사이에 위임계약이 해지되거나 종료되면 실제 위임사무에 소요된 비용을 공제하고 남은 것이 있다면 반환할 의무가 발생할 뿐입니다.

　　○○○은 이 사건 공판기일에서 「자신의 이름으로 낙찰 받고 대금까지 지급하여 자신의 명의로 소유권이전등기까지 마친 자신의 위 부동산에 대하여 자신의 소유물에 대한 완전한 권리를 확보하는 것은 원래 자신이 할 일이지만, 자신의 그러한 일에 경험도 없고 잘 모르는 관계로 경매 컨설팅을 하는 피고인에게 맡겨 일을 처리하게 할 생각으로 피고인에게 미등기 건물 해결 사무의 처리를 위임한 것인가」라는 물음에 「그렇다」고 답하여 위임계약임을 분명히 밝히고, 위임사무처리비용 및 수고비 명목으로 000,000,000원을 지급한 것이라고 진술하였습니다.

라. 실제로 위임 받은 미등기 건물 문제를 해결하는 사무를 처리하여 오고 있습니다.
　　피고인은 자신이 직접 또는 직원인 ○○○과 함께 1,000만원을 들여 변호사를 선임하여 미등기 건물 철거 소송을 진행하였습니다.

피고인은 ○○○과 함께 현재에도 위임 사무를 처리하여 오고 있습니다. 다만 미등기 건물인 관계로 소유자로 주장하는 사람이 다수가 나타나서 자신의 권리를 주장하며 터무니없이 높은 금액의 비용을 요구하여 해결에 어려움을 겪으면서 신속하게 해결되지 못하고 있는 사정이 있을 뿐입니다.

○○○ 역시 공판기일에서, 1) 피고인이 ○○○을 시켜 변호사를 선임하여 미등기 건물의 점유자 ○○○을 상대로 건물 철거 소송을 제기하고 승소하여 대체집행결정까지 받은 사실, 2) 당시 철거 소송의 대리인이었던 법무법인 ○○○의 ○○○ 변호사로부터 직접 전화를 받아, 건물 점유자인 ○○○씨와 원만하게 합의가 될 상황이니 합의를 하는 게 합리적이라고 권유 받은 사실, 3) ○○○ 변호사는 ○○○의 고소대리인인 법무법인 ○○의 담당변호사에게 전화를 직접 두 세 차례 하여 소송진행상황 및 합의의 필요성도 설명 한 바 있고, 그리하여 법무법인 ○○의 담당변호사과 합의 여부 문제를 상의한 적도 있다, 4) 건물 점유자 ○○○과의 원만한 합의를 위해 직접 그 사람이 ○○○변호사의 법인 사무실로 와서 ○○○ 변호사와 함께 상의하고, 합의안도 작성한 사실도 알고 있다, 5) 피고인로부터 ○○○ 변호사에게 의뢰하여 1,000만 원이 소요되었다고 보고 받은 사실 있다, 6) 지금도 피고인이 ○○○을 시켜 미등기건물 문제를 해결하기 위하여 ○○○ 자신은 ○○○과 계속 휴대폰으로 연락하고 있다, 7) 20○○. 00. 00. 경 ○○○과 같이 위 미등기 건물 현장에 가보니 문이 잠겨 있어 집 문 앞에 전화번호를 남기고 오자, 집 주인이라고 하는 사람이 전화가 와서 건물 철거나 타에 임대 등 될 때까지는 자기가 임료를 내로 살았으면 한다고 연락 받은 사실이 있다고 진술하여 피고인 및 ○○○에 의하여 위임사무처리가 계속되고 있음을 인정하였습니다.

마. 위임계약이 해지되면 비로소 위임사무처리상 금전 등의 반환의무가 발생할 뿐입니다.

위임계약이 해지되면 장래에 미치는 해지의 효과로서 수임인은 위임사무를 처리하기 위하여 위임인으로부터 받은 물건이 있으면 이를 모두 위임인에게 돌려주어야 하는 정산의무만 남게 된다고 할 것입니다. 이 사건에서 피고인은 ○○○과의 위임계약에 따라 위임사무처비용을 받아, 실제 위임사무를 처리하는 데 사용하였습니다.

판례도, 「민법 제684조 제1항 에 의하면 수임인은 위임사무의 처리로 인하여 받은 금전 기타의 물건 및 그 수취한 과실이 있을 경우에는 이를 위임인에게 인도하여야 한다고 규정하고 있는바, 이때 인도 시기는 당사자 간에 특약이 있거나 위임의 본뜻에 반하는 경우 등과 같은 특별한 사정이 있지 않는 한 위임계약이 종료된 때라 할 것이므로, 수임인이 반환할 금전의 범위도 위임 종료시를 기준으로 정해진다」고 판시하고 있습니다(대법원 2007. 2. 8. 선고 2004다64432 판결).

이 사건에서 ○○○의 진술에 의하더라도 피고인은 위임의 본지에 따라 계속적으로 사무를 처리하고 있음이 인정되고, 달리 ○○○이 위임인으로서 위임계약을 해지하였거나 특별히 묵시적으로 해지되었다고 볼 만한 사정이 있다고도 볼 수 없습니다.

바. 소결
피고인은 법률적으로 정당한 권원에 의하여 금원을 수령하였고 위임관계는 존속하고 있습니다.

피고인이 실제로는 위임 사무를 처리할 의사나 능력이 없이 다른 데 쓸 생각으로 ○○○로부터 금원을 교부 받은 것이 아니라 실제로 위임 사무를 처리하는 데 드는 비용으로 받은 것에 양자의 의사가 일치하고 있습니다. ○○○은 기망에 의하여 착오에 빠져 재산 처분 행위를 한 사실이 없습니다.

피고인은 ○○○로부터 위임사무 처리비용으로 금원을 수령하였고, 현재도 위임사무는 계속 처리중입니다. 달리 피해자와의 사이에서 위임계약이 해지되거나 종료된 사실이 없습니다.

사. 정상관계

가사 피고인의 행위를 사기라고 판단하시더라도, ○○○ 본인이 수사기관에서부터 공판기일에 이르기까지 적정 수수료는 00%에 불과하다고 일관되게 진술하고 있는 바와 같이 이 사건 부동산 경매 낙찰 금액인 000,000,000원의 00%에 해당하는 00,000,000원은 ○○○ 자신도 피고인에게 정당하게 귀속되어야 할 금액으로 인정하므로 이를 제외한 피해금액은 00,000,000원이 되어야 할 것입니다.

또한 사기라고 판단하시더라도 000이 이미 반환 받은 금액이 2,000만원에 상당하는 점이 참작되어야 할 것입니다).

2. 피해자 ○○○에 대한 사기의 점

가. ○○○이 원래 주려고 했던 수수료 금액은 피해금액에서 제외되어야 합니다. 피고인이 ○○○로부터 0,000만원을 수령한 사실은 있으나, 그 중 000만 원은 이 사건 공판기일에서 검사의 신문에 ○○○ 자신이 증언한 바와 같이 원래 자신이 수고비로 주려고 했었던 금액이므로 피해금액에서 제외되어야 할 것입니다.

나. 기타 정상관계

피고인은 대부분의 다른 경매 컨설팅 의뢰건들과 마찬가지로 000의 낙찰 부동산에도 유치권이나 임차권 등의 대항력 있는 권리가 있을 것으로 믿고, 문제 해결을 위한 위임사무 처리 명목으로 수령한 것입니다. 다만, 매우 드문 경우로서 다른 경매 물건들과는 달리 별다른 마찰 없이 비교적 평온하게 소유권이 이전된 경우입니다.

다만, ○○○이 법정에서 한 다음과 같은 진술 즉, 해당 경매물건에 대한 응찰자수는 0명이나 되고 피고인이 조언해 준 낙찰 금액은 0위 응찰액 000,000,000원과 불과 약 00여만 원 차이로 매우 근소한 차이로 낙찰 받았다, 그리하여 매우 기뻐하였다. 낙찰 받은 부동산에 대하여 200○.00. 00. 본인 앞으로 소유권이전등기를 마친 후, 200○. 00. 00.경 까지 스스로 실

제 거주하였다는 진술을 피고인에게 유리한 양향요소로서 참작하여 주시기를 간곡히 청원 드립니다.

3. 피해자 ○○○에 대한 사기의 점

　　○○○은 피고인의 이모부로서, 피고인이 경매 컨설팅 업무 등을 하는 것을 알고서는 ○○○이 먼저 자신이 살 집을 한번 알아봐 달라고 의뢰하여 경매 물건을 추천하고 낙찰까지 받아 준 점, 해당 부동산에 ○○○이 지금까지 실제로 거주하고 있는 점, 당시 ○○○은 친척관계인 피고인이 노모를 모시고 힘들게 생활하고 있는 점을 고려하여 경매 수수료 명목으로 돈을 넉넉히 준 점, 실제 낙찰 부동산의 대지권 문제 해결을 위하여 ○○ 법률사무소 ○○○ 변호사 수임 ○○○만원 사용한 점 등을 참작하여 주시기 바랍니다.

　　또한 현재 피고인의 노모가 ○○○과 피해 금액을 변제하고 합의를 위하여 백방으로 노력하고 있는 실정입니다.

4. 기타 정상 관계

　가. 피고인은 잘못을 깊이 뉘우치고 있습니다.

　　　피고인은 경찰조사 단계에서부터 법정에 이르기까지 자신의 범행사실을 모두 시인하고 있으며, 경매 컨설팅 수수료 명목으로 과다하게 금원을 수령한 사실을 깊이 반성하고 있습니다.

　나. 동종 전과가 없습니다.

　　　피고인은 ○○년 전 대학생 시절인 20○○년에 친구들과 어울려 거리에서 주운 신용카드를 호기심에 사용해 보려다 즉시 도난카드라고 하여 적발되어 사기미수로 집행유예를 선고받은 것 이외에는 같은 종류의 전과는 없습니다.

　다. 피고인의 노모가 합의를 위하여 백방으로 노력 중입니다.

　　　피고인은 경제적으로 어렵게 생활하여 온 관계로 특별히 모아 놓은 돈이 없어 피해자들에게 피해를 변상하지 못하고 있음을 안타까워하고 있습니다. 연로하신 피고인의 모친은 자신 소유의 자그마한 단칸방을 팔아서라도 합의하려고 백방으로 노력하고 있습니다.

라. 기타 정상

피고인은 ○○센터를 운영하면서 작업 중 왼쪽 발목을 크게 다쳐 거동이 불편한 상태입니다. 피고인의 어머니 그리고 피고인만을 바라보고 살아온 처와 아들, 딸이 있는데 이들은 피고인의 구속으로 인하여 생계유지조차 위협을 받고 있는 실정입니다.

피고인은 아직은 경제활동을 왕성하게 할 수 있는 나이입니다. 모친과 처와 아이들을 부양하며 남은 생을 성실하게 살아가고자 합니다. 열심히 일하여 피해자들에게 입힌 손해도 반드시 배상할 것입니다.

피고인은 20○○. ○○. ○○. 구속된 이후 현재까지 구치소에서 생활하며 다시 한번 깊이 죄를 반성하고 있으며 다시는 이러한 일을 저지르지 않겠다고 다짐하고 있습니다.

5. 맺음말

이상과 같은 사건의 경위와 여러 정상들을 참작하시어 이 사건 공소사실 중 ○○○, ○○○에 대한 사기의 점에 대해서는 피고인에게 무죄를 선고하여 주시고, 가사 견해를 달리하시더라도 위 공소사실을 포함한 이 사건 공소사실 전체에 대하여 피고인에게 집행유예의 관대한 처분을 하여 주시기를 간곡히 청원 드리옵니다.

입 증 자 료

증제1호증   판결서

20○○. 00. 00.

피고인의 변호인

법무법인 ○○

담당변호사 ○○○

서울○○지방법원 형사 제○○단독 귀중

[서식 247] 변론요지서(강제추행)

변 론 요 지 서

사　　건　　　　　2000노0000 강제추행

피 고 인　　　　　○ ○ ○

　　위 사건에 관하여 피고인의 변호인은 다음과 같이 변론의 요지를 제출합니다.

다　음

1. 피고인은 모든 공소사실을 자백하고, 피해자에게 진심으로 사죄드리며, 반성하고 있습니다.

2. 피고인은 중견작가로서 작품과 봉사활동에 전념해 온 인생을 영위하였습니다.

　　피고인은 ○○대학을 졸업한 이후 00년 넘게 세계 각국과 우리나라 전국 방방곡곡을 돌아다니며 카메라를 메고 촬영하면서 오직 작품활동에만 전념하며 살았습니다.

　　피고인이 전문사진작가를 직업으로 영위하면서 ○○항공 기내지, ○○그룹 ○○

년사, ○○공항 ○○년사, ○○병원 ○○년사 등 국내 굴지의 기업 및 공공기관 출판물 등을 촬영하였습니다. 또한 ○○전력, ○○중공업, ○○인프라코어, ○○건설, ○○그룹 등 헤아릴 수 없을 만큼 많은 기업체의 의뢰를 받아 촬영 일을 하였습니다(증 제1호증).

최근 5~6년간은 비록 돈이 되지는 않으나 가장 한국적인 것이 무엇인가를 고민하며 전국 각지의 문화유적들을 촬영하며 다녔고, 개인작품활동도 한국적인 것들을 담아왔습니다.

○○○청 의뢰로 2년간에 걸쳐 국가지정명승과 국보목조문화재 촬영 등을 하였고, ○○ 국제마임축제, ○○○교 체육검정교과서, ○○○ 야생차 문화축제와 ○○구청 의뢰로 ○○관광특구 ○○촬영 등 많은 문화 행사 홍보촬영도 다년간 하였습니다. 그리고 인문컨텐츠 학회에서 산학이사로 있으면서 인문학을 기본으로 하여 한국적인 이미지를 찾고자 노력 하고 있습니다.

피고인 자신이 한국인이기에 가장 한국적인 이미지가 무엇인가 많은 고민을 하였고 선택했던 과정과 결과물들이었습니다.

그리하여 20○○. 00. 00. 부터 같은 달 00.까지는 갤러리 이룸에서 「○○원도」라는 주제로 우리나라 00대간의 겨울풍경을 촬영하여 개인전을 열기도 하였습니다(증 제2호증).

피고인은 지난 00년간 정말 열심히 겨우내 ○○대간 중 ○○도 산골을 누비며 준비하여 갤러리 이룸의 초대로 20○○. 00. 00.부터 같은 달 00.까지 초대전시회가 예정되어 있었으나, 이번 일로 무기한 연기되었습니다.

피고인은 올해 00월부터는 ○○○ 입주작가로 선정되어 올해 00월 중으로 입주하여 창작활동에 전념하기로 예정되었으나 이번 일로 인하여 불투명하게 되었습니다(증 제3호증)

이 모든 일이 피고인의 죄로 인하여 벌어진 일들이고, 피고인의 잘못으로 수많은 작품 활동 및 사회활동의 기회가 사라지게 되어 안타까운 마음입니다. 피고인은 구치소 안의 세평 공간에서 뼈를 깎는 후회와 반성의 나날을 보내고 있습니다. 피고인은 이번 일을 계기로 많은 것들을 반성하고 죄의 대가가 얼마나 혹독하고 엄중하다는 것을 뼛속 깊이 느끼고 있습니다.

3. 피고인과 가족은 피해자의 피해회복을 위하여 노력 중입니다.

피고인은 무엇보다도 피해자에게 진심으로 사죄의 마음을 전하며 피해보상을 하고자 많은 노력을 하고 있습니다. 그 어떠한 것으로도 피해자에게 상처를 준 것이 회복되지는 않겠지만 피고인이 할 수 있는 최대한의 노력을 기울이고 있습니다.

4. 사회봉사활동에 힘을 보태고 있습니다.

피고인은 약소하지만 수년전부터 동남아 국가인 ○○○의 법무부차관을 통해 현지의 불우한 환경에서 공부하는 학생들 학자금을 지원해주는 누리두레라는 자선단체에 매달 일정금액을 후원하고 있습니다(증 제4호증).

5. 부양할 가족이 있습니다.

피고인은 20○○. ○○. ○○. 판결 선고 이후 지금까지 구금되어 있습니다. 한 가정의 가장이자 어린 두 자녀의 아버지로서 응분의 고통과 제재를 받으며 뼈저리게 반성하고 있습니다. 집안 경제를 책임지고 있던 피고인이기에 이번 사건으로 인한 경제적 어려움으로 올해 대학에 입학한 아들이 휴학을 한다고 합니다. 피고인의 처 역시 매일 밤 눈물을 흘리며 밤을 세운다고 합니다. 피고인은 가족에게도 크나큰 상처를 주게 된 것을 반성하고 다시는 법에 어긋나는 행위를 하지 않을 것을 굳게 다짐하고 있습니다.

6. 피고인은 난생 처음 수감생활로 뼈아픈 반성과 속죄를 하고 있습니다.

피고인은 수감된 지 ○○달이 되어가고 있습니다. 그 동안 변호인이 구치소에서 만나보며 느낀 바로는 이 건에 대하여 자신이 정말 잘못했고, 스스로를 통제하지 못한 나머지 이 사건과 같이 부끄러운 짓을 저질러 스스로도 면목이 없다는 것을 통감하고 있습니다. 피고인은 난생 처음 진정한 고통을 겪고 있습니다. 구치소나 교도소는 사람이 올 곳이 못되고, 앞으로 절대로 범죄를 저질러서는 아니 되겠구나라고 하루 수차례 다짐, 또 다짐하고 있습니다.

피고인은 이 사건으로 수감생활을 하면서 타인에 대한 순간적인 접촉이나 농담이라 하여도 법이 얼마나 무서운지 이미 절감하였습니다. 피고인 스스로도 많이 놀라고 겁을 먹어 이제 절실히 정신을 차려 앞으로 절대 그러한 행위를 하지 않으리라고 다짐하고 있습니다.

7. 초범이며, 우발적 범죄이고, 다른 전과가 없습니다.
피고인은 초범이고 정상적인 사회생활을 하며 문화 예술계에서 입지를 쌓아 가던 사진작가입니다. 피고인은 순간 이성을 잃고 이 사건 범행을 저지른 것을 깊이 반성하고 있습니다. 피고인의 사회 경력이 단절되어 작가로서의 생명이 끊어질 위기에 처하였습니다.

8. 결론
피고인은 모든 공소사실을 자백하고, 참회하고 있습니다.

위와 같은 여러 사정을 참작하시어 피고인이 사진작가로서의 생활이 단절되지 않고 사회 구성원으로서 살아갈 수 있도록 부디 이번 한 번에 한하여 집행유예의 은전을 베풀어 주시기를 삼가 청원 드리옵니다.

피고인이 수개월째 연락 두절로 00년을 고스란히 복역해야 한다면 그것은 사진작가로서 00년 생에 사형선고나 다름없어 한 작가로서 삶은 물론 건실한 한 가정이 무너지고 말 것이라는 사정을 아울러 참작하여 주시기를 다시 한번 청원드립니다.

20○○. ○○. ○○.
피고인의 변호인
법무법인 ○○
담당변호사 ○○○

서울○○지방법원 제○○형사부 귀중

변론요지서

사　　건　　2000노0000 특정범죄가중처벌등에관한법률위반(횡령)
피고인　　○　○　○

위 사건에 관하여 피고인의 변호인은 다음과 같이 변론합니다.

다　　음

1. 무죄의 변론

피고인이 이 사건 기소에 이른 이유는, 회계업무를 정식으로 공부하지 않은 사람으로서, 주먹구구로 회계관리를 하였기 때문입니다. 그러나 개인적 이익을 위하여 회사의 돈을 사용한 사실은 없기에, 징역 00년의 유죄판결은 부당한 것입니다.

법인기업들이 개인 통장계좌를 사용한 이유는 세무처리 때문입니다. 이는 대부분의 법무법인들도 마찬가지입니다. 세무사 사무실에 제출되어야 하는 법인의 장부와 법인의 통장은 내역이 일치해야 합니다. 그런데 회사의 매출이나 회사의 비용이 아니어서 그대로 세금신고를 하는 것이 부적당한 경우, 또는 현금 수입이 있는데 이를 그대로 매출신고하지 아니한 채 일부 탈세를 하고자 하는 경우 등에 있어서는 개인 통장을 사용하는 것이 우리 사회의 실정입니다.

대부분의 법무법인들 역시 매출이 아니고 의뢰인의 패소금을 승소한 상대방에게 전달만 해주는 승소전달금 등의 경우에 있어서는 법인의 매출이 아니기에 법인 계좌에 기록이 남아 있는 것이 부적절한 경우가 많습니다. 또 대표이사 개인 건물의 수리나 개인적 지출의 경우 이 기록을 법인 통장에 남기면 부적절하기 때문에 개인 통장을 만들어 용이하게 사용하는 것입니다. 더 나아가 예컨대 변호사가 현금으로 매출이 0,000만 원이 있는데 이 중에서 000만 원만 매출로 세무신고 하고자 하는 경우에는, 일단 현금으로 0,000만원을 수령한 후 이 중 000만원은 법인의 계좌로, 나머지 000만 원은 개인 계좌로 입금하는 것입니다. 그리고 개인계좌 입금 000만원은 세무신고를 하지 아니한 채 개인적 비용이나 기타 경비로 사용하는 것이 우리 사회의 많은 실정입니다.

이 사건의 경우에도, 세무신고나 회계처리의 지식이 없는 피고인이 대표이사의 명시적, 묵시적 지시 하에 개인계좌를 만들어 법인의 비용이 아닌 개인적 비용, 법인의 매출이 아닌 비용, 세무신고를 누락하려고 의도한 현금매출 등을 위 개인계좌에 넣어 놓고 활용하였던 것입니다. 피고인은 대표이사의 지시와 용인 하에 업무처리를 하였는데, 다만 피고인이 세무지식이 없기에 위와 같이 하는 행동이 세금을 탈세하거나 기타 법인의 세무처리와 관련이 있다는 점을 명백하고 인식하고 행동한 것은 아니었습니다.

변호사들 역시 입주해 있는 사무실에서 선배들이 하던 바와 같이 기존 관행대로 회계업무를 처리하거나 사무실의 직원이 처리하는 대로 맡긴 채 자세하게 모르고 있다가, 수년이 지나 세무조사를 직접 받는 과정에서 비로소 세무처리의 절차, 회계지식, 중요성 등을 파악하고 알게 되는 것입니다. 그러면서 큰 자괴감, 깨달음, 사고의 전환, 법인계좌와 개인계좌의 관리를 엄격하게 하고 매출은 전부 세무신고를 해야 하며 이를 위해서는 매출은 전부 법인계좌로만 받아야겠다는 결단 등을 겪게 되는 것이 현실입니다.

고소인 회사를 인수한 현재의 경영진이 이 사건 고소를 한 이유도 현실과 기존 세무처리 자료가 맞지를 아니하여 누락이 된 많은 자금을 세무적으로 맞춤으로써 조세를 포탈하였다는 혐의를 벗고자 이 사건 고소를 하게 된 것입니다.

피고인이 개인계좌를 사용한 것은 불법 영득의 의사를 가지고 한 것이 아니며, 비용지출의 편의성, 매출의 일부를 누락하는 업무처리 관행 등에 기하여 행해진 것이므로, 횡령죄의 죄책을 부담하는 것은 사실이 아니며 부당한 것입니다. 피고인이 회계담당자로서 아주 조심스럽고 신중해야 할 회계나 세무처리를 주먹구구로 처리한 것이 잘못이라면 큰 잘못이며, 그럼에도 불구하고 이는 과실일 뿐이지 불법영득의 횡령죄까지는 아니라고 삼가 사료됩니다.

우리나라의 어느 법인이든, 현실적으로 법인 회계처리와 현실적 문제점 사이의 괴리 때문에 개인계좌를 사용하지 않는 법인은 없을 것이라고 삼가 사료됩니다.

부끄럽습니다만, 이 사건 변호인 역시 변호사 업무의 초반에는 깊은 고민이나 지식 없이 회계업무를 직원에게 맡겨 처리해 오던 중 직접 세무조사를 당하기도 하고, 또 점차 일반 기업과 개인의 탈세사건, 조세불복사건을 선임하여 수행하게 되면서 법인 회계처리의 불투명한 관행이 우리 사회 전반에 널리 퍼져있음을 알게 되었습니다. 또한 회계업무가 매우 중요하고 또 많은 지식을 요하며, 이로써 사업자의 공적인 책임과도 연결이 된다는 큰 깨달음도 얻게 되었습니다.

이처럼 사회 전반에 회계의 불투명성, 조세의 누락과 포탈 등이 만연하므로, 최근 정부에서는 보다 많은 세무조사를 강행하고 있고, 그리하여 그에 대한 불복사건도 많아졌으며, 또 무리한 세무조사나 강제징수도 많아진 형편입니다. 이에 변호사들 역시 조세 불복사건을 과거보다 많이 수임하게 되고, 또 조세에 대한 실체적, 절차적 실무 파악도 더 높은 정도로 하게 되고 있는 실정입니다.

기본적으로는 신중하지 못한 채 함부로 법인의 자금을 운용한 피고인에게 잘못이 있겠습니다만, 불법영득의 의사나 행위가 없었다는 점을 참작하시어 무죄의 판결을 내려 주실 것을 삼가 청원드립니다.

2. 예비적으로, 양형과중의 변론

실무상 횡령죄는 다른 재산범죄에 비하여 보다 쉽게 인정되는 구성요건이라고 사료됩니다. 명백한 영득의 의사가 없더라도 법인 계좌의 돈을 개인 계좌로 옮기는 순간 불법영득의 의사가 추정되는 경우도 다수 있다고 하겠습니다. 그리하여 변호인들 입장에서는 법인 자금에 대한 횡령죄 변론에 어려움이 큰 것이 현실입니다.

수개월의 구속으로 인하여 피고인에게 큰 반성의 시간이 되었습니다. 이 사건에서 가사 유죄가 인정된다고 하더라도, 피고인이 초범이고, 현재 피고인에게 모아 놓거나 숨겨 놓은 아무런 재산이 없어 합의에도 큰 어려움이 있으며, 20○○. 전처와 사별한 후 ○○세인 노모와 아들을 부양하며 임대차보증금 ○,○○○만 원에 불과한 아파트에서 힘들게 살고 있는 사정 등을 감안하시어, 집행유예의 은전을 베풀어 주실 것을 삼가 간곡히 청원드립니다.

20○○ . 00. 00.

위 피고인의 변호인
법무법인 ○ ○
담당변호사 ○ ○ ○

서울○○법원 제○○형사부 귀중

[서식 249] 변론요지서(폭처법위반)

변 론 요 지 서

사　　건　　0000고단468
　　　　　　폭력행위등처벌에관한법률위반(집단. 흉기등협박), 폭행
피 고 인　　○ ○ ○

위 사건에 관하여 피고인의 변호인은 다음과 같이 변론합니다.

다 음

1. 피고인은 공소사실을 인정하고, 깊이 반성하고 있습니다.

　피고인은 공소사실을 인정하고, 처인 피해자와 특히 아직 나이어린 딸 000에게 미안하게 생각하며, 깊이 반성하고 있습니다.

2. 피고인은 이혼사건에서 대폭 양보하여 원만한 조정으로 종결을 하였고, 이 형사

사건에 관해서도 합의를 하여 처벌불원서를 피해자가 제출한 바 있습니다.

피고인은 관련 ○○사건에서 피해자의 요구에 응하여 0,000만 원을 지급하고 이혼하는 것으로 원만한 조정을 하였습니다.

그리고 이 형사사건에 관해서도 합의를 하였고, 관대한 처분을 바란다는 요지의 피해자의 처벌불원서를 이미 법원에 제출한 바 있습니다.

3. 이 사건은 평소 부부 사이의 불화와 갈등이 커지는 상황에서 우발적, 우연적으로 일어난 것으로서, 피고인에게는 아무런 전과나 폭력의 성향이 없습니다.

피고인과 피해자는 평소 성격과 가치관, 생활방식, 양가 어른들에 대한 관계설정 등에 있어서 큰 차이를 보여 왔습니다. 그로 인하여 점차 갈등의 골이 깊어져 갔었고, 급기야 이미 20○○년 중반 무렵부터 이혼을 예정한 대화나 절차를 알아보는 등 헤어짐의 과정에 있었습니다. 피해자의 검찰진술조서의 기재에 의하더라도, 피해자와 피고인은 20○○. ○○. 중순경 법원 앞의 변호사사무실에서 협의이혼을 상담받기까지 하였던 것입니다. 이처럼 이미 어느 정도 파탄이 난 상태에서 헤어짐의 과정 중에 우발적으로 발생한 사건이라는 점, 사전에 이혼의 과정에서 무슨 이득을 염두에 두고 저지른 계획적 범죄가 아니라는 점 등을 양형에 고려해 주실 것을 삼가 청원드립니다.

피고인에게는 아무런 전과가 없으며, 이 사건으로 난생 처음 수사기관 및 법원에 와서 고통스러운 경험을 하고 있습니다. 피고인뿐만 아니라 아버지, 어머니, 형, 남동생 등 온 가족들이 형사피고인의 가족, 주변인물이 되어 크나큰 고통을 겪고 있습니다. 이로써 피고인(과 그 가족들)에 대한 응분의 처벌은 이미 행해졌다고 보아도 과언이 아닙니다.

4. 주식회사 ○○○의 해외영업부 부장으로 ○○년 가까이 근무하면서 회사의 성장과 발전에 크게 기여해 왔습니다.

피고인이 재직하고 땀 흘려 일해 온 주식회사 ○○○은 국내 회사로서 국내 직원 ○○인, ○○○ 현지 직원 ○○명 등, ○○○ 현지에 공장을 두고 질 높은 ○○○를 생산하여 미주, 유럽 등지에 수출하는 회사입니다.

피고인은 해외영업부 부장으로서 해외영업을 담당하는 유일한 직원입니다. 피고인은 헌신적으로 00년 가까이 해외 수출판로의 개척에 매진하였고, 나름대로 성과를 거두어 입사 당시와 비교하여 현재는 매출액이 ○○배 신장된 상태입니다. 따라서 회사에서는 피고인의 존재가 반드시 필요한 상황이며, 이에 피고인의 딱한 사정을 들은 대표이사가 관대한 처분을 구하는 탄원서를 써 주기까지 하였습니다.

5. 피고인은 이 사건 직후, 변호인의 권유로 00 소재 심리상담센터에 등록하여, 총 00회에 걸쳐 심리상담, 심상수련 등 심리치료절차를 이수하였습니다. 그 과정에서 아내, 딸, 대인관계의 상대방 등에 대한 여러 가지 새로운 내용을 인식하고 이해할 수 있었습니다.
피고인은 공소사실 중 일부 지엽적인 사실에 관하여 억울한 면이 있어 다툴 의사도 있었으나, 사건의 원만한 해결과 딸의 건강한 성장, 피해자에 대한 사죄의 뜻으로 다툼을 포기하고, 공소사실을 폭넓게 수용하였습니다. 그리고 새로운 인생을 살고자 출발선에 서 있는 상태입니다.

총 00회의 고급 심리상담과정을 통하여 피고인은 상대방에 대한 이해, 상대방의 입장에 서서 생각해보기, 상대방의 입장이 되어서 느끼고 반응하기 등등 여러 가지 훈련을 받았습니다.

향후, 하나뿐인 딸의 건강한 성장을 옆에서 지켜보고 또 정기적인 면접교섭을 통하여 든든한 후원자가 되어 줄 것이며, 딸의 양육에 몸과 마음으로 힘쓸 전처인 피해자에게 양육비도 넉넉하게 지급할 계획으로 있습니다.

손에서 잃어야 소중하다는 것을 깨닫게 되는 것이 사람인 것처럼, 피고인 역시 막상 가정을 지키지 못하고 잃게 되자 가정의 소중함을 매일매일 절감하며 생활하고 있습니다. 피고인으로서는 수년 동안 성실하고 건전하게 생활하다가 피해자인 전처와 다시 원만한 신뢰회복의 기회가 생기면 딸을 위해서도 다시 재결합할 의지를 가지고 준비하고 있습니다. 현재 피고인으로서는, 매일매일 힘들게 일하고 밤

늦게 집에 들어가서 딸을 안을 수 있었던 그동안의 평범한 일상의 행복이 얼마나 소중하고 감사했는지를 깨닫고 반성하는 시간이 되고 있습니다.

이처럼 미래의 화목하고 원만한 가정을 위해 다시 신중하고 자중하며 용기를 내어 새출발하는 피고인에게 부디 관대한 선처를 베풀어 주실 것을 삼가 청원드립니다.

7. 사건의 우발적 발생경위, 직장과 사회에서 중책을 맡고 있다는 사정, 과거 아무런 전과가 없는 초범이라는 점, 피해자와 원만히 합의하였고 이혼소송도 종결하였다는 점 등을 두루 종합적으로 참작하시어, 부디 집행유예의 관대한 처분을 내려 주실 것을 삼가 청원드립니다.

양형증거자료 제출

1. 증 제2호증   탄원서

20○○. 00. 00.   .
피고인의 변호인
법무법인 00
담당변호사 000

○○지방법원 ○○지원 형사 제○단독 귀중

변론요지서

사　　건　　2000고단0000 사문서위조 등

피 고 인　　○　○　○

위 사건에 관하여 피고인의 변호인은 다음과 같이 변론합니다.

다　음

1. 공소사실의 자백

피고인의 잘못에 대하여는 무어라 변명의 여지가 없사오나, 피고인은 이 사건들에 관하여 그 죄가를 달게 받고자 수사기관이래 당심에 이르기까지 자신의 잘못을 모두 순순히 시인하며, 참회, 반성하고 있습니다.

2. 피고인은 약 00년여 전부터 이 사건 당시는 물론 현재까지도 피해망상 등 심각한 우울증 증세로 치료를 받고 있는 환자입니다

피고인은 약 00년여 전부터 저녁에 잠을 잘 들지 못하는 등 우울 증세가 있어 신경정신과 상담을 받고 치료를 받아 왔습니다. 위 치료를 받을 당시 피고인은 옆사람이 자신에게 뭐라고 한다며 이유 없이 크게 웃기도 하고, 또 눈앞에 점들이 왔다 갔다 하며, 귀에서는 징과 꽹가리 소리가 난다는 등의 피해망상 증세까지 보여 응급실에 내원하여 치료를 받았을 만큼 심각한 상태였습니다. 현재도 정도의 차이는 있지만 밤에 잠을 잘 들지 못하고, 특히 충동조절에 문제가 있어 자살 충동을 느끼는 날이 많을 만큼 정신적으로 불안전한 상태이기는 마찬가지 입니다. 이렇듯 피고인이 이 현재 앓고 있는 정신과적 병증은 그 자체만으로도 아주 심각한 상태입니다.

피고인은 이 사건 직후에도 위 병증의 치료를 위하여 병원을 오가고 있으며(이 사건 당시 피고인은 남편과의 불화 및 가정경제가 파탄날 정도로 어려운 상태에 놓여 있었던 터라 한동안 제대로 된 치료조차 받지 못하였던 상태였습니다), 현재는 위와 같은 치료를 통하여 피고인의 상태가 어느 정도 안정된 상태이지만, 그와 같은 병증의 완치를 위해서는 앞으로도 계속적인 약물치료 등이 필요한 상황입니다.

3. 이 사건의 경위

피고인의 이 사건 범행들은 피고인이 위 제2항과 같은 상황에서 우발적 · 충동적으로 저지른 범죄입니다. 수사기록에서도 나타나듯이 피고인의 이 사건 범행은 처음부터 계획적인 것도 아니었습니다. 충동적으로 절도행각을 한 후 그 사실이 가족들에게 알려질까 두려운 나머지 우발적으로 타인명의를 모용하는 어리석은 범행에까지 이어진 것임을 알 수 있습니다.

바로 이와 같은 사유로 피고인은 비록 피고인의 이 사건 잘못이 용서를 받을 수 없는 것임을 잘 알면서도, 현재 피고인에게 가장 절실한 것이 위 병증에 대한 제대로 된 치료를 받고 정상적인 생활을 할 수 있느냐 여부라고 사료되어, 피고인의 안정된 치료를 위하여 존경하는 재판장께서 관대한 처분을 하여 주실 것을 바랄 뿐입니다.

4. 정상관계에 대하여

가. 피고인은 과거에 어떠한 전과전력도 없는 초범입니다

피고인은 한 가정의 평범한 주부이며, 지금껏 어떠한 범죄도 저지르지 않고 살아온 초범입니다.

나. 이 사건 피해는 모두 회복된 상태입니다

절도의 공소사실 중 제4,5,6항의 각 피해자들에 대해선 피해금액을 모두 변제하였으며, 나머지 피해자들에 대한 피해품도 수사기관에 압수된 후 피해자들에게 반환되어 실질적인 피해는 모두 회복된 상태입니다.

또한, 제4,5,6항의 피해에 대해서는 피고인의 처벌을 원하지 않는다는 내용의 탄원서도 제출되었습니다.

다. 피고인의 반성

피고인 슬하에 1남 1녀를 두고 있고, 두 아이의 엄마로서, 이러한 잘못을 저지른 사실을 매우 부끄럽게 생각하며 미안한 마음뿐 입니다.

피고인은 혹여 자신의 이러한 잘못이 사춘기에 접어든 두 아이에게 나쁜 영향을 끼치지 않을까 매일 매일을 뜬 눈으로 지새우고 있습니다. 고등학교 0학년에 접어

든 큰 아이는 특히 엄마의 보살핌이 절실히 필요한 시기이고, 피고인 또한 두 아이의 엄마로서 역할을 다하고 싶습니다.

라. 피고인은 현재 우울증의 정신과적 질병 이외에도 녹내장, 상세불명의 망막장애, 기타 눈물계통의 장애 등의 각종 질병으로 치료를 받고 있는 환자로서, 앞으로도 이에 대한 지속적인 치료가 필요한 상황이기도 합니다.

5. 결 어
존경하는 재판장님!

　경위야 어찌되었던 피고인이 이 사건 잘못에 까지 이른 것에 대하여는 그 어떠한 변명으로도 합리화 시킬 수 없고, 처벌을 받아야 마땅하다는 것을 잘 알고 있습니다.

　다만, 위와 같은 저간의 사정을 두루 살피시고 특히, 피고인이 피해자 중 ○○○ 등과는 원만한 합의를 이루었고, 나머지 피해자의 경우에는 피해물품이 모두 피해자에게 반환되어 실질적인 피해가 없는 점, 피해자 중 의자가 피해자와 원만한 합의를 이룬 점, 피해자 중 ○○○은 처벌을 원치 않고 선처되기를 탄원하고 있는 점, 피고인이 초범인 점, 피고인이 이 사건 잘못을 모두 자백하고 반성하고 있는 점 등을 참작하시어, 평범한 주부이자, 고등학교 0학년인 딸을 둔 피고인이 조속히 본업에 충실할 수 있도록 최대한의 관용을 베풀어 주시기 바랍니다.

양 형 자 료
　1. 증 제1호증　　　　　　　　　　　　0000

2000. 00. 00.
위 피고인의 변호인
법무법인 ○○
담당변호사 ○○○

서울○○지방법원 형사 제○○단독　　귀중

변론 요지서

사 건   2000노0000호   사기 등
피고인   ○ ○ ○

위 사건에 관하여 변호인은 다음과 같이 항소이유 보충 및 변론을 개진합니다.

다   음

1. 사실 오인에 관하여

피해자 ○○○에게 공갈을 하여 피해자 ○○○ 소유의 ○○○ 차량을 갈취하였다는 공소사실에 대하여서는, 피고인은 다투는 바입니다.

그 외에 다른 공소사실에 대해서는, 이미 1심에서 자백하였습니다. 다만, 경위에 아래 2.항과 같은 정상 참작 사유가 존재합니다.

2. 양형 부당에 관하여

가. 공소장의 피해금액 및 합의된 금액을 고려하면, 원심의 0년 0월의 형은 과중합니다.

나. 원심은 피고인이 재판 중 출석에 불응하고 도주한 사정을 가중사유로 보아 형을 정하였으나, 현재는 피고인이 난생 처음으로 구속(법정구속)되어 참회의 시간을 수개월 보내고 있으며, 위 도주한 사정이 이미 해소되었으므로, 이에 따른 적정한 형을 항소심에서 다시 정해 주실 것을 삼가 청원드립니다.

다. 1심에서 피해자 ○○○ 등과 합의하였습니다. 미합의된 피해자는 ○○○ 등이며, ○○○은 아래 라.항과 같은 사정이 있습니다. 항소심에서도 나머지 피해자들을 위하여 가족들이 합의를 노력 중에 있습니다.

라. 피해자 고○○의 경우 피해액이 0,000만원입니다. 그런데 공소사실에 등장하는 ○○승용차를 ○○○이 처분하여 위 피해액에 상당하는 대금을 회수하였으므로 실질적으로는 피해가 회복되었습니다(합의가 된 것과 마찬가지입니다). 이러한 사정이 1심에서 주장되지 못하여, 양형에 반영되지 못하였습니다.

마. 가장 큰 피해자인 ○○○에 대하여서는, 피고인이 실제로 ○○사업을 영위하였고 이를 ○○○도 인지하고 있었습니다. 따라서 사업조차 영위하지 않은 채 기망을 한 사기와 다릅니다. 또한 위 사업에서 발생한 수익으로 피해자 ○○○에게 00개월 동안 월 00%의 고리를 지급한 사실도 있습니다. 따라서 게임사업 관련하여 돈을 차용한 행위가 완전한 무자력자의 전형적인 사기는 아니며, 편취범의가 매우 약합니다.

바. 피해자 ○○○ 등은 대부업자이며, 피고인과 이들은 함께 대부업사무실을 운영한 적도 있었습니다. 이들은 고위험 고수익을 추구하는 자들이며, 위험이 높은 상황임을 잘 알면서도 월 00%의 고리를 받기 위하여 위험을 감수한 것입니다.

사. 피해자 ○○○, ○○○은 피고인에 대하여 채무자들이며, 이들이 이자를 연체하고 원리금을 변제하지 아니하여 담보 목적 내지 원리금회수 목적으로 차량을 가져오게 된 것입니다. 피고인 입장에서 위 피해자들로 인하여 경제적 손해가 발생하는 상황에서 그 손해를 줄이고자 한 행위임을 참작하여 주시기 바랍니다. 절차적 불법이라는 비난은 감수하겠으나, 실체적 권리관계의 면에서는 불법성이 저감됩니다.

아. 피고인은 난생 처음 구속되어 인생을 뒤돌아 보고 깊이 반성하고 있습니다.

자. 피고인에게는 피부양가족으로, 노모, 처 그리고 고0과 중0인 두 아들이 있습니다.

3. 항소심의 변론 내용 및 증거제출에 관하여

　가. 증인신청 - ○○○

　피해자 ○○○가 ○○○차량을 처분하여 스스로 상당금액을 회수한 사실을 입증하고자 합니다.

　나. ○○지법에 형사기록 문서송부촉탁신청 - 피고인에 대한 절도교사죄사건

　피고인의 ○○지법의 ○○사건에서 ○○차량 소유자인 피해자 ○○에게 피고인이 별도로 돈을 지급하고 합의한 사실 및 그로 인하여 ○○○이 ○○차량의 명의이전서류를 ○○○에게 교부해 주어 ○○○수가 이를 처분할 수 있었다는 사실을 입증하고자 합니다.

　다. 피해자 ○○○에게 이자를 일부 지급한 금융거래내역을 제출하겠습니다.

4. 결론

　피고인에 대하여 1심의 사정 및 항소심에서의 추가 합의되거나 피해회복된 것으로 밝혀진 사정 등을 참작하셔서, 집행유예의 관대한 처분을 삼가 청원드립니다.

　피고인과 가족들은 합의 및 피해회복을 위하여 노력하겠습니다.

0000. 1. .

피고인의 변호인

법무법인 ○○

담당변호사　○○○

서울○○지방법원　제00형사(항소)부　귀중

작성 · 접수방법
1. 변론요지서 2부를 법원형사과 접수계에 제출한다.
2. 유리한 자료는 '참고자료'로 첨부하여 제출한다.

변 론 요 지 서

사　　건　　　　20○○노 ○○○○　폭력행위등처벌에관한법률위반

피 고 인　　　　○　○　○

　귀원에 재판 계속 중인 피고인에 대한 폭력행위등처벌에관한법률위반 피고사건에 관하여 피고인의 변호인은 아래와 같이 변론을 개진합니다.

아　　래

1. 피고인은 당심에 이르기까지 이 건 공소사실을 모두 자백하면서 그 잘못을 깊이 뉘우치고 피해자와 원만히 합의하는 등 개전의 정이 현저하여, 특히 당심에서 피해자인 정○○가 직접 출두하여 피고인의 선처를 갈망하고 있습니다.

2. 피고인은 이 건 범행 시에 음주 만취하여 심신을 상실하였거나 적어도 의사를 제대로 결정하기에는 그 심신이 미약한 상태였으므로 이는 법률상 마땅히 감정 사유로서 판단되어야 할 것입니다. 즉, 피고인은 피해자와 사건 약속에 의하여 피해자의 집에 찾아가기 전에 이미 소주와 맥주 등을 혼음하여 많이 취한 상태에서 피해자의 집에 갔다가 04:00경까지 기다리다 지치고 화가 난 나머지 그 집 냉장고에 있는 맥주를 다시 마셔 숙취된 상태에서 격앙심을 일으켜 이 건 범행을 저질렀음은 피해자의 진술에 의하여도 충분히 이를 인정할 수 있다 할 것입니다.

3. 이 건 범행의 경위에 관하여 보면 3년 전에 이혼한 이 건 피해자와 별거 중 금번에 피해자가 먼저 두 아이의 문제로 재결합을 희망하므로 다시 만나게 된 것이고 이에 터잡아 피해자에 대한 피고인의 질투심이 폭발하여 심신이 미약한 상태에서 이 건 범행을 저질렀고, 그 경중 또한 사고 직후 피고인과 피해자는 근처 다이아모텔로 옮겨 성관계까지 맺고 잠을 잤으며 아침에 둘이서 식사까지 한 점에

서 비추어 피해가 경미하고 상호 간에 악의가 없었던 것이 분명하므로 가벌성이 적다 할 것입니다.

4. 피고인은 동종의 전력이 없고 피해자와 다시 결합하여 새로운 가정을 이끌기로 다짐하며 고령의 할머니에게 맡긴 두 아이들을 잘 키우기로 약속하므로 한 가정의 재건을 위하여 법도 이에 협력하여 행복을 기원하여야 하리라고 믿어 마지않아 크게 뉘우치는 피고인에 대하여 이번에 한하여 법이 허용하는 범위 내에서 관대한 처분을 바랍니다.

20○○.　　○.　　○.

위 피고인의 변호인 변호사　○　○　○　　(인)

○○지방법원　귀중

[서식 253] 변론요지서(범죄사실인정, 불구속피고인)

변 론 요 지 서

사　　　건　　　　20○○고단 ○○○○　폭력행위등처벌에관한법률위반

피 고 인　　　　○　　○　　○

위 사건에 관하여 피고인은 다음과 같이 변론요지서를 제출합니다.

다 　 음

1. 사건의 경위

가. 피고인은 사건당일 일과가 끝난 뒤 한국정보통신기술협회 직원 4명과 함께 협회 근처인 광화문 종합청사 뒤에서 고기를 안주로 소주를 마셨고 당시 피고인은 소주 1병 가량을 마셨으며 이어 피고인 일행은 근처의 카페에서 양주를 마셨는데 피고인은 양주 5잔 가량을 마셨던바 피고인이 택시를 타고 귀가할 당시 술에 취하기는 하였으나 평소 주량이 소주 1병 정도이므로 많이 취하지는 않았습니다.

나. 그런데 택시기사가 목적지에 도착하였다고 하여 택시에서 내려보니 피고인의 집 앞이 아닌 아파트의 다른 동 앞이라 피고인이 거주하는 아파트 동 앞으로 가자고 하였던바 피고인의 생각으로는 앞서 택시에서 내릴 때 당연히 택시비를 지불한 것으로 알았는데(당시 피고인의 지갑에 5만원 상당의 돈이 있었음) 피고인이 아파트 앞에 와서 택시기사가 다시 택시비를 달라고 하여 순간 생각에 술에 취한 사람이라 하여 이중으로 택시비를 받아내려는 것으로 알고 화가 났고 파출소에서도 피고인은 억울하다는 생각과 취기에 범인 취급하는 경찰관이 야속하다고 판단하여 다소 이성을 잃고 과격하게 행동하였습니다.

2. 정상관계

가. 피고인은 공소사실을 모두 인정합니다.

나. 피고인은 파출소의 집기를 변상하였고 택시기사에게도 택시비보다 많은 50,000원을 지급하고 합의하였습니다.

다. 피고인은 19○○. ○. 경기도 ○○군 소재 ○○고등학교를 졸업하였고, 19○○. ○. ○.부터 20○○. ○. ○.까지 정부출현기관으로 ○○에 있는 한국전자통신연구원에서 기술기능원으로, 그 다음날부터 20○○. ○. ○.까지는 위촉연구원으로 근무하였고, 피고인은 위 연구원에 근무하면서도 19○○. ○. ○○공업대학을, 19○○. ○. ○. ○○대학교 대학원 전자계산공학과를 수료하고 석사학위를 취득하였으며 ○○대학과 ○○공업대학, ○○대학 등에서 정보처리 등과 관련된 강의를 하기도 하였고, 그 후 피고인은 20○○. ○. ○.부터 20○○. ○. ○.까지 주식회사 ○○○정보통신연구소의 책임연구원으로 근무하였고, 2009. 7. 1.부터 현재까지 정부출현기관인 한국정보통신기술협회의 표준화 본부 팀장으로 근무하고 있습니다.

라. 피고인은 과거 한국전자통신연구회 근무 시 "송신기 데이터 패킷의 처리 방법" 등을 공동 연구하여 8건의 발명특허에 있어 발명자이기도 하며 또한 피고인은 "이동통신교환기 초기 데이터 입력파일 검증기" 등 13건의 프로그램을 공동 창작하여 한국정보산업연합회와 한국프로그램보호회에 등록하기도 하였습니다.

마. 피고인은 처와 초등학교에 다니는 두 자녀를 부양하고 있는바 피고인이 근무하는 한국정보통신기술협회는 정부 출연기관으로 전기통신기본법 제30조에 의하여 설립되었는데 인사규정 제8조 제3호에 따르면 "금고 이상의 형을 선고받고 그 집행유예기간이 종료된 날로부터 2년을 경과하지 아니한 자"는 임용이 제한되고 같은 규정 제31조에 따르면 임용 중 앞서 본 사유가 발생하였을 경우에는 직권면직될 수가 있습니다.

바. 피고인은 전에 처벌받은 전력이 없습니다.

3. 결 론

앞서 본 사안과 정상관계를 종합 고려하시어 피고인이 가정을 지키고 직장과 사회에 기여할 수 있도록 관대한 처벌을 구합니다.

20○○. ○. ○.

위 피고인 ○ ○ ○ (인)

○○지방법원 귀중

변 론 요 지 서

사　　건　　　　　20○○고단 ○○○○　통신비밀보호법위반

피 고 인　　　　○　○　○

　위 사건에 관하여 피고인의 변호인은 피고인을 위하여 다음과 같이 변론을 개진합니다.

다　　음

1. 공소사실의 요지

　이 사건 공소사실의 요지는 "피고인은 20○○. ○. ○. 00:00경 ○○○의 사무실에서 공소 외 ○○○와 ○○○가 함께 한 자리에서 소형녹음기를 이용하여 공소 외 ○○○와 ○○○ 사이의 공개되지 아니한 타인 간의 대화를 녹음하였다"는 것입니다.

2. 무죄 주장

　그러나 공소사실은 통신비밀보호법 제3조 제1항에 대한 법리를 오해한 위법이 있습니다. 통신비밀보호법 제3조 제1항이 "공개되지 아니한 타인간의 대화를 녹음 또는 청취하지 못한다."라고 정한 것은, 대화에 원래부터 참여하지 않는 제3자가 그 대화를 하는 타인들 간의 발언을 녹음해서는 아니 된다는 취지입니다. 3인간의 대화에 있어서 그중 한 사람이 그 대화를 녹음하는 경우에 다른 두 사람의 발언을 그 녹음자에 대한 관계에서 '타인간의 대화'라고 할 수 없으므로, 이와 같은 녹음행위가 통신비밀보호법 제3조 제1항에 위배된다고 볼 수는 없습니다. 따라서 피고인에 대하여 무죄를 선고하여 주시기 바랍니다.

20○○.　○.　○.

위 피고인의 변호인 변호사 ○　○　○　　(인)

○○지방법원　귀중

변 론 요 지 서

사   건   20○○고합 ○○○   강도

피 고 인   ○   ○   ○

위 사건에 관하여 피고인의 변호인은 다음과 같이 변론합니다.

다   음

1. 피고인은 경찰, 검찰 및 당심 법정에 이르기까지 일관하여 피고인에 대한 이 건 공소사실을 부인하고 있습니다. 또한 공소외 박○○을 제외한 나머지 공범자들 모두 범행을 부인하고 있습니다. 그리고 피고인에게 이 건 공소사실을 인정하여 유죄로 인정할 만한 증거로는 피해자 하○○의 진술 및 증언과 공소외 박○○의 진술 및 증언뿐입니다.

2. 피해자 하○○의 진술 및 증언은 피고인에 대한 공소사실을 인정할 만한 증거가 될 수 없습니다. 즉 피해자가 진술하고 있는 사건 당시 강도범인의 인상착의는 범인을 식별할 만한 정도의 특정성을 결하였습니다(키가 크고 말랐다, 조금 뚱뚱했다, 양털 잠바를 입었다는 등의 진술만으로는 범인을 특정할 수 없다고 판단됩니다). 다만, 범인 중 1인의 오른 쪽 볼 밑 부분에 약 5바늘 정도 꿰맨 상처가 있었던 것으로 기억한다는 위 피해자의 진술만이 범인을 특정할 만한 유일한 단서인데 이것만으로는 피고인에게 공소사실을 인정시킬 수 없을 듯합니다(피고인에게는 위와 같은 상처 또는 흉터가 없으며 또한 상피고인 이○○에게 피해자 진술과 유사한 상처 또는 흉터가 있으나 반드시 위 피해자의 진술과 일치하는 것이 아니어서 신빙하기 어렵습니다).

3. 공소외 박○○의 진술 및 증언은 위 공소외인이 상피고인 이○○와 이혼 및 재산 문제로 개인적인 악감정을 가지고 있었고 또한 위 공소외인이 평소 위 상피고인

이○○와 피고인 및 다른 상피고인들과의 불륜을 의심하여 왔다는 점 등에 비추어 신빙할 수 없습니다.

4. 피고인이 상피고인들 및 위 공소외인과 이 사건과 유사한 방법으로 처벌받은 전력이 있다는 전과 역시 피고인에 대한 이 사건 공소사실을 인정할 만한 증거가 될 수 없습니다.

5. 따라서 피고인에게 유죄를 인정할 만한 증거가 부족하므로 피고인에게 무죄를 선고하여 주시기를 바랍니다. 가사 피고인에게 유죄가 인정된다고 하더라도 피고인이 이미 다른 사건으로 인해 장기간 교도소 생활을 해야 할 처지에 있다는 점을 참작하시어 법이 허용하는 최대한의 관용을 베풀어 주시기를 바랍니다.

20○○.   ○.   ○.

위 피고인의 변호인 변호사   ○   ○   ○   (인)

○○지방법원   귀중

변 론 요 지 서

사   건   20○○노○○○ 업무방해

피 고 인   ○   ○   ○

위 사건에 관하여 피고인의 변호인은 다음과 같이 변론을 준비합니다.

다   음

1. 공소사실의 요지

피고인에 대한 이 사건 공소사실의 요지는, 피고인은 20○○. ○. ○. 00:30경 ○○시 ○○구 ○○로 ○○ (○○동) 소재 피해자 최○○ 운영의 ○○병원 1층 로비에서, 위 병원측에서 피고인에게 불친절하게 대하였다는 이유로 그곳 원무과 안내 데스크 위에 있는 진료 기록함에 머리를 4, 5회 들이받고 심한 욕을 하면서 위 병원 직원인 공소외 지○○ 등에게 주먹을 휘두르는 등 약 30분간 행패를 부려 위력으로써 위 병원 업무를 방해하였다 라는 것입니다.

2. 피고인에 대한 정상

가. 이 건 범행 경위

(1) 피고인은 10여 년 전 처가 위암으로 사망하기 전까지는 가방을 제조하는 조그마한 공장을 운영하며 두 딸을 키우는 평범한 가장이었습니다. 그러던 중 피고인의 처가 위암판정을 받고 투병하였고 피고인은 전 재산을 처의 병원비에 투자하였습니다. 그러나 피고인의 처는 피고인과 5세, 2세 된 두 딸만을 남긴 채 사망하였습니다.

(2) 처가 사망한 후부터 피고인은 자신의 처지를 비관하여 거의 매일 술을 마시며 지냈습니다. 자살을 결심하고 또 실행에 옮긴 것도 한 두 번이 아니었습니다. 다만, 어린 두 딸들을 생각하여 모질게 세상을 떠나지를 못했던 것입니다.

(3) 그렇게 술과 어린 두 딸만을 의지하며 10여 년 살아온 피고인에게 남은 것은

현재 국민기초생활수급자로서 국가에서 매월 30여만 원씩 나오는 돈과 배에서 주기적으로 복수를 빼내야 목숨을 부지할 수 있을 정도로 악화된 간경화와 만성췌장염 등 병뿐입니다.

(4) 피고인은 이 건 범행 얼마 전 자신이 죽은 후를 생각하여 장기기증을 약속한 사실이 있습니다. 그리고 피고인은 이 건 범행 이틀 전 이를 형에게 알리게 되었는데 이 소식을 전해들은 피고인의 형이 피고인을 나무라며 듣기에 매우 서운한 말을 하였습니다. 이에 자신의 인생을 비관한 피고인은 술을 마신 후 칼로 자신의 팔뚝을 자해하여 자살을 시도하였습니다.

(5) 그러나 결국 위 자살시도도 실패하고 응급실에 실려 가게 되었습니다. 이 건 범행 당일도 피고인은 술에 취하여 병원에 갔다가 병원직원들이 욕을 하며 그만 다른 곳으로 가보라고 하여 순간적으로 범한 것입니다. 당시 술에 취해 있었던 피고인으로서는 아무리 무료치료를 받는 사람일지라도 인간으로 취급하지 않고 무슨 쓰레기 보듯 대하는 병원직원들이 야속하였던 것입니다.

나. 반 성

피고인은 제1심 재판과정을 통해 자신이 잘못을 깨닫게 되었습니다. 이에 현재 피고인은 자신의 범행을 깊이 뉘우치고 있습니다.

다. 가족 및 경제상황

(1) 피고인에게는 현재 보살펴야 할 두 딸이 있습니다. 비록 피고인이 경제활동을 하지 못하는 죽기 직전의 몸이고 또 일정한 직업이 없지만 피고인의 두 딸에게는 믿고 의지할 수 있는 유일한 혈육입니다.

(2) 피고인은 국가에서 지급해 주는 돈으로 단칸방에서 딸들과 생활하고 있습니다.

3. 결 론

피고인의 범행 정도를 보아 제1심 판결이 결코 중하다고는 할 수 없을 것입니다. 피고인의 위와 같은 사정들을 감안하여 원심법원에서 최대한의 관용을 베풀어주신 것으로 생각되나, 피고인이 현재 이 건 벌금을 낼 수 있는 상황이 아니라는 점을 참작하시어 한 번만 더 관용을 베풀어 주시어 피고인에게 원심판결보다 관대한 처벌을 바랍니다.

참 고 자 료

1. 진단서(피고인)   3통
1. 수급자 증명서   1통

20○○. ○. ○.

위 피고인의 변호인 변호사 ○ ○ ○   (인)

○○지방법원 귀중

2. 변론의 속행

공판기일에 변론을 종결하지 않고 다음 공판기일에 변론을 계속 진행하는 것을 변론의 속행이라 한다. 다음 공판기일 또는 공판외의 기일에 증거조사 기타 필요한 절차를 행하기로 예정한 경우에는 변론을 종결할 수 없으므로 다음 기일을 지정하여 속행할 뜻을 고하고 그 공판기일의 절차를 마무리 하게 된다.

이와 같이 속행은 당해 공판기일에 절차를 진행하였으나 마무리 하지 못하고 다음 기일에 변론을 진행하겠다는 뜻이므로 당해 기일에 아무런 절차를 진행하지 아니하고 다음 기일로 변론을 미루는 연기와 다르다.

3. 변론의 재개

변론의 재개란 일단 종결한 변론을 다시 여는 것을 뜻하며 변론의 재개가 있으면 변론은 종결 이전의 상태로 되돌아가서 앞서의 변론과 일체를 이루게 된다. 변론의 재개는 직권 또는 검사, 피고인이나 변호인의 신청(서면 또는 구술)에 의하여 결정으로서 이를 한다(법 제305조). 다만 변론의 재개는 판결의 선고가 완료된 이후에는 하지 못한다.

한편, 당사자가 새로운 증거를 제출하기 위하여 변론재개신청을 하더라도 이를 받아들이느냐의 여부는 법원의 재량에 속하는 사항이므로 직권발동을 촉구하는 의미로서 성격을 갖는다.

[서식 257] 변론재개신청서(사기)

변 론 재 개 신 청

사　　건　　　　20○○고단 ○○○○　사기

피 고 인　　　　○　○　○

　귀원에 재판 계속 중인 위 피고인에 대하여 20○○. ○. ○. 00:00에 변론을 종결하여 선고공판기일을 20○○. ○. ○. 00:00로 지정한바 있으나, 위 피고인의 변호인은 새로운 증거 등의 변론을 하고자 하오니 종결된 변론을 재개하여 주시기를 바랍니다.

　　　　　　　　　　　　20○○.　　○.　　○.

　　　　　　　위 피고인의 변호인 변호사　○　○　○　　(인)

○○지방법원　귀중

작성 · 접수방법

법원은 필요하다고 인정한 때에는 직권 또는 검사, 피고인이나 변호인의 신청에 의하여 결정으로 종결한 변론을 재개할 수 있다(형소법 제305조).

[서식 258] 변론재개신청서(절도)

변 론 재 개 신 청

사　　건　　　20○○고단 ○○○호　절도
피 고 인　　　○　○　○

　위 피고인에 대한 절도사건에 관하여 피고인은 무죄를 입증할 수 있는 유력한 증거를 확보하였는바, 종결된 변론을 재개하여 주시기 바랍니다.

20○○.　　○.　　○.

위 피고인　○　○　○　(인)

○○지방법원　귀중

[서식 259] 변론재개신청서(사기)

변 론 재 개 신 청

사 건   20○○고단 ○○○○ 사기

피 고 인   ○   ○   ○

　　위 사건에 관한 선고기일이 20○○. ○. ○. 00:00로 지정되었으나, 피고인에 대
한 ○○지방법원 20○○년형 제○○○○호 사기 사건이 조만간 기소될 예정이므
로, 피고인은 동 사건과 병합심리하여 바라와 변론재개신청을 합니다.

　　　　　　　　　　　　20○○.　　○.　　○.

　　　　　위 피고인의 변호인 변호사　○　○　○　　(인)

○○지방법원　귀중

변 론 재 개 신 청

사   건   20○○가단 ○○○(본소)   토지인도 등

20○○가단 ○○○(반소)   건물매수 등

원고(반소피고)   ○   ○   ○ 외 3

피고(반소원고)   ○   ○   ○

　　위 당사자 간 토지인도 등 청구사건에 관하여 원고(반소피고)측 증인으로 증언한 소외 ○○○의 위증죄 20○○고단 ○○○호 형사사건이 20○○. ○. ○. 변론이 종결되었다가 재개되어 20○○. ○. ○.로 공판기일이 지정되었으니, 종결된 변론을 재개하여 주시기 바랍니다.

20○○.   ○.   ○.

위 피고(반소원고) ○   ○   ○   (인)

○○지방법원   귀중

소 송 계 속 증 명 원

사   건   20○○고합 ○○○호 상해치사

피 고 인   ○   ○   ○

  위 사건에 관하여 귀원에 계속 중임을 증명하여 주시기 바랍니다.

                    20○○.   ○.   ○.

                          위 피고인(청구인)의 변호인
                            변호사 ○   ○   ○   (인)

○○지방법원 ○○지원 귀중

위 증명합니다.

                    20○○.   ○.   ○.

                          ○○지방법원 ○○지원법원
                          사무관(주사)   ○   ○   ○   (인)

참 고 자 료 제 출

사   건   20○○고단 ○ ○ ○ ○   절도

피 고 인   ○   ○   ○

   위 사건에 관하여 첨부와 같이 참고자료를 제출하오니 정상을 참작하여 주시기 바랍니다.

첨 부 서 류

     1. 합의서   1통

     1. 고소취하서   1통

     1. 탄원서(고소인)   1통

     1. 탄원서(피고인 측)   1통

     1. 재학증명서   1통

     1. 표창장   1통

20○○.   ○.   ○.

제출인 피고인과의 관계 : 부

성   명 : ○   ○   ○   (인)

주민등록번호 : 000000-0000000

위 사람의 신분을 확인하였음, 확인자 ○   ○   ○   (인)

○○지방법원 귀중

1. 피고인에게 유리한 탄원서, 사실확인서, 인우보증서, 사진, 녹취록, 신분증사본 등을 참고자료라는 서면에 첨부하여 1부를 법원 형사과 접수계에 수시 제출한다.
2. 유·무죄를 다투거나 또는 양형에 관한 자료라고 주장하면서 법정 또는 법정 외에서 서류를 제출하는 경우가 종종 있다. 이러한 서류에는 "증제○호증", "소제○호증" 등으로 표시하며 일련번호로 진행해 나가거나 또는 단지 "참고자료"라고 표시하기도 한다.

[서식 263] 참고자료제출(특수폭행)

참 고 자 료 제 출

사   건   20○○고단○○○○ 특수폭행
피 고 인   ○   ○   ○

위 사건에 관하여 피고인의 변호인은 피고인을 위하여 다음과 같이 참고자료를 제출합니다.

다   음

참 고 자 료		소 명 취 지
1. 재학증명서	1통	정상자료
1. 표창장	1통	
1. 탄원서	1통	
1. 무통장입금증	1통	피고인의 아버지인 ○○○가 치료비로 피해자의 어머니인 ○○○의 통장계좌로 3회에 걸쳐 총 1,000만원을 보내준 사실
1. 공탁서	1통	피고인이 김갑동에게 금 30,000,000원을 변제공탁한 사실
1. 공탁통지서	1통	
1. 공탁금회수제한신고서	1통	
1. 가석방 허가결정서	1통	피고인이 본 사건과 관련하여 ○○국에서 복역한 사실
1. 가석방증명서	1통	
1. 인정통지서	1통	
1. 안내문	1통	

20○○. ○. ○.

위 피고인의 변호인 ○ ○ ○   (인)

○○지방법원 귀중

선고기일연기신청

사　　건　　　　20○○고단 ○○○○　사기

피 고 인　　　　　최　○　○

　위 사건에 관하여 선고기일이 20○○. ○. ○. 00:00로 지정되었으나, 피고인의 고모 최○○와 여자친구 성○○은 피해자와 합의하기 위하여 모은 돈 2,500만원을 피고인의 작은 아버지 최○○에게 피해자와 합의하라고 주었는데, 위 최○○이 위 돈으로 피해자와 합의를 진행하던 중 위 돈 중 2,350원만을 가지고 잠적하여 현재까지 연락이 두절되어 피해자에 대하여 공탁도 하지 못하고 있는 상황입니다.

따라서 피고인의 작은아버지로부터 위 돈을 반환받아 공탁할 수 있도록 기간을 주시는 의미에서 이번의 선고기일을 연기하여 주시기 바랍니다.

첨 부 서 류

　1. 통장표지 및 내용　　　　　　　　　　각 2부

20○○.　　○.　　○.

위 피고인의 변호인 변호사　○　○　○　　(인)

○○지방법원　귀중

작성 · 접수방법

1. 선고기일의 연기는 재판장의 소송지휘권이 있는 재판장의 권한이므로 위 신청은 직권발동 촉구의 의미이다.
2. 신청서 1부를 담당 재판부에 제출한다.

4. 변론의 분리와 병합

변론의 병합이란 여러 개의 관련사건이 사물관할을 같이 하는 동일한 법원에 계속되어 있는 경우에 이들 사건을 하나의 공판절차에서 한 사건으로서 심리하는 것을 말한다.

변론의 분리란 변론이 병합되어 있던 여러 개의 관련사건을 각각 별도의 공판절차에서 따로 심리하는 것을 말한다.

[서식 265] 변론병합신청서(상해치사 등)

변 론 병 합 신 청

사   건   20○○노 ○○○○   상해치사 등

피 고 인   ○   ○   ○

　　귀원에 재판 계속 중인 위 피고인에 대한 상해치사 등 피고사건은 현재 ○○지방법원 항소심에 재판 계속 중인 피고인에 대한 업무방해 피고사건과 피고인 및 피고인의 변호인이 동일하므로 신속한 재판 등, 피고인의 이익을 위하여 동 사건을 귀원 사건과 병합 심리하여 주시기 바랍니다.

다   음

1. 병합할 사건의 표시

　　사   건 : ○○지방법원 항소 제2부 (20○○노 2345호)

　　사 건 명 : 업무방해

　　피 고 인 : ○   ○   ○ (000000-0000000)

20○○.   ○.   ○.

위 피고인의 변호인 변호사   ○   ○   ○   (인)

○○고등법원   귀중

---

1. 신청서 1부를 신청하는 피고인 재판부에 제출한다.
2. 법원은 필요하다고 인정한 때에는 직권 또는 검사, 피고인이나 변호인의 신청에 의하여 결정으로 변론을 분리하거나 병합할 수 있다(형소법 제300조).

[서식 266] 변론병합신청서(사기)

변 론 병 합 신 청

사   건   20○○고합 ○○○○   사기

피 고 인   ○   ○   ○

　　위 피고인에 대한 20○○고합 ○○○○호 사기 피고사건(귀원 ○부)과 20○○고단 ○○○○ 절도 피고사건(귀원 ○단독)은 모두 귀원에 계속 중인바, 위 사건은 서로 관련이 있는 사건으로 피고인의 편의를 위하여 각 사건을 병합하여 주시기 바랍니다.

　　　　　　　　　　　　　20○○.   ○.   ○.

　　　　　　　　　위 피고인의 변호인 변호사 ○ ○ ○   (인)

　　○○지방법원 형사8부   귀중

변 론 분 리 신 청

사   건   20○○고단 ○○○○   상해치사 등

피 고 인   1. ○   ○   02. ○   ○   ○

　　위 사건에 관하여 피고인 이몽룡은 병합할 사건이 있는 등으로 변론을 종결하면
서 상당한 시일이 소요될 것이므로 구속 중인 피고인 홍길동을 위하여 변론을 분리
하여 주시기 바랍니다.

20○○.   ○.   ○.

위 피고인의 변호인 변호사 ○   ○   ○   (인)

○○지방법원   귀중

작성 · 접수방법

공동피고인이 여러 명일 때, 그중 죄를 인정하고 다른 피고인과는 관련되어 있지 않는 피고인이 다른 피고인
들은 무죄를 주장하는 등으로 많은 기간을 요하는 경우 불필요하게 구속기간이 길어짐으로 신청할 수 있다.

[서식 268] 변론분리신청서(절도 등)

변 론 분 리 신 청

사   건   20○○고합○○○○호   절도 등

피 고 인   ○   ○   ○

　위 피고인에 대한 절도와 사기사건을 피고인의 편의를 위하여 절도사건과 사기사건의 변론을 분리하여 주시기 바랍니다.

20○○.   ○.   ○.

위 피고인의 변호인 변호사   ○   ○   ○   (인)

○○지방법원   귀중

[서식 269] 변론분리신청서(절도 등)

변 론 분 리 신 청

사　　　건　　　20○○고합○○○○호　절도 등

피 고 인　　　　○　○　○

　위 사건에 관하여 사기범죄의 피고인은 변론 종결하였고, 더 이상의 공판이 불필요한 반면, 상피고인 ○○○는 아직도 공판이 여러 차례 열어야 하는바, 위 사건의 변론을 분리하여 주시기 바랍니다.

20○○.　　○.　　○.

위 피고인의 변호인 변호사　○　○　○　　(인)

○○지방법원　귀중

XI. 공판조서

1. 의 의

공판조서는 공판기일의 소송절차를 기재한 서류로서 작성은 공판기일의 소송절차에 참여한 법원사무관 등이 작성하여야 한다(형소법 51조 1항).

공판조서에 기재하여야 할 사항은 형사소송법 제51조 제2항 제1호 내지 제14호에 규정한 사항(법정기재사항), 기타 공판기일의 모든 소송절차를 기재하여야 하고 그 필요적 기재사항은,

① 공판을 행한 일시와 법원

② 법관, 검사, 법원사무관 등의 관직, 성명

③ 피고인, 대리인, 대표자, 변호인 보조인과 통역인의 성명

④ 피고인의 출석 여부

⑤ 공개 여부와 공개를 금지한 때에는 그 이유

⑥ 공소사실의 진술 또는 그를 변경하는 서면의 낭독

⑦ 피고인에게 그 권리를 보호함에 필요한 진술의 기회를 준 사실과 그 진술한 사실

⑧ 형사소송법 제48조 제2항에 기재된 사항, 즉 조서의 기재사항

⑨ 증거조사를 한 때에는 증거될 서류, 증거물과 증거조사의 방법

⑩ 공판정에서 행한 검증 또는 압수

⑪ 변론의 요지

⑫ 재판장이 기재를 명한 사항 또는 소송관계인의 청구에 의하여 기재를 허가한 사항

⑬ 피고인 또는 변호인에게 최종 진술할 기회를 준 사실과 그 진술한 사실

⑭ 판결 기타의 재판을 선고 또는 고지한 사실 등이다.

2. 기명날인

공판조서에는 재판장과 참여한 법원사무관 등이 기명날인 또는 서명하여야 한다. 재판장이 서명 날인할 수 없을 때에는 공판에 참여한 다른 법관이 그 사유를 부기하고 기명날인 또는 서명하여야 한다.

공판조서는 각 공판기일 후 신속히 정리되어야 하며(형소법 제54조 제1항), 공판조서에 기재된 판결선고일자와 판결서 말미에 기재된 일자가 상위할 경우에 상소제기기간은 공판조서 기재일자(형소법 제51조 제2항)를 기준으로 한다.

공판기일의 소송절차로서 공판조서에 기재된 것은 그 조서만으로서 증명한다(형소법 제56조).

XII. 공판진행상의 특수문제

1. 공판절차의 정지

가. 개념

공판절차의 정지란 일정한 사유가 발생(피고인이 사물의 변별 또는 의사의 결정을 할 능력이 없는 상태)한 경우에 결정으로 공판절차의 진행을 중지하는 것을 말한다(법 제306조). 주로 피고인의 방어권 행사를 보장하기 위하여 인정되는 제도이다. 이러한 공판절차가 정기된 기간은 법원의 구속기간에 산입하지 않는다(법 제92조 제3항).

나. 공판정지 사유

공판정지 사유는 ① 피고인이 심신상실 상태에 있는 때(법 306조 1항), ② 피고인이 질병으로 인하여 출정할 수 없는 때(법 306조 2항). 다만, 위 ①, ②의 경우에도 무죄, 면소, 형 면제, 공소기각의 재판을 할 사유가 명백하거나 대리인이 출석할 수 있는 때(법 277조)에는 정지 사유에서 제외된다(법 306조 4항, 5항). 그 외 ③ 공소장 변경으로 피고인의 불이익이 증가할 염려가 있어 방어준비기간을 부여할 필요가 있을 때(법 298조 4항) 등이다.

다. 정지절차

(1) 심신상실 또는 질병으로 인한 경우

심신상실 또는 질병을 정지사유로 하는 경우 공판절차를 정지할 것인지 여부는 법원의 직권사항이고 소송관계인의 신청권은 인정되지 아니한다. 결정의 고지는 통상의 경우와 같이 결정서 등본을 소송관계인에게 송달한다(법 42조).

(2) 공소장 변경에 의한 경우

공소장 변경에 따른 방어준비기간 부여의 필요를 정지사유로 하는 경우의 정지결정은 직권 또는 피고인이나 변호인의 청구에 의하여 할 수 있다(법 298조 4항). 이 정지결정에 있어서는 검사의 의견을 들을 필요가 없다.

라. 정지의 종료

정지결정의 효력은, 주문에 기간이 명시된 경우에는 그 기간 만료시까지, 기간이 명시되지 않은 경우에는 정지결정이 취소될 때까지 존속된다(물론 정지의 사유가 소멸한 때에는 기간 만료 전이어도 수시로 결정을 취소할 수 있다). 한편 공판절차 정지기간은 피고인의 구속기간에 산입하지 아니한다(법 92조 3항).

마. 정지종료 후 공판절차갱신을 요하는 경우

공판개정 후(실체심리에 들어간 후) 형사소송법 제306조 제1항의 규정, 즉 심신상실의 사유로 공판절차가 정지된 경우에는 그 정지사유가 소멸한 후 속행되는 공판기일에 공판절차를 갱신하여야 한다(규 143조).

[서식 270] 공판절차정지신청서(상해)

공판절차정지신청서

사   건   20○○고단 ○○○○   상해

피 고 인   ○   ○   ○

　위 피고사건에 관하여 검사는 공소장을 변경하였는바, 이는 피고인의 불이익이 증가될 염려가 있으므로 필요한 방어의 준비가 필요하오니 준비를 위하여 20○○. ○. ○.까지 공판절차를 정지하여 주시기 바랍니다.

　　　　　　　　　　20○○.   ○.   ○.

　　　　　　위 피고인의 변호인 변호사 ○ ○ ○   (인)

○○지방법원   귀중

작성 · 접수방법

공판절차정지신청은 위와 같이 공소장변경이 있어 그에 대한 준비가 필요할 때 제출하기도 하지만, 기피신청에 대하여 기각결정이 났을 때 즉시 항고하게 되면 공판은 재판부에 의하여 자동 정지될 수 있다.

2. 공판절차의 갱신

재판 진행 도중 법관의 전보·사직·휴직 등으로 재판부 구성에 변경이 발생하거나 간이공판절차가 취소될 경우 해당 재판을 다시 심리하는 것을 말한다. 이미 행하여 온 공판절차를 일단 무시하고 이를 다시 하는 것을 공판절차의 갱신이라고 한다. 공판절차의 갱신은 구두변론주의와 직접주의의 원칙에 따른 것이다.

3. 간이공판절차

간이공판절차란 제1심 단독판사관할사건의 공판정에서 피고인의 자백에 의해 제1회 공판에서 판결을 내리는 것으로 공판절차를 간이화함으로써 소송경제와 재판의 신속을 기하고자 하는 제도이다.

간이공판절차가 통상의 절차와 다른 것은 증거능력제한(보강증거되는 전문증거의 증거능력제한)의 완화와 증언조사의 절차의 엄격성의 간이화에 있다. 간이공판절차에 의해서 심판할 취지의 결정이 있는 사건의 증거에 관해서는 제310조의2, 제312조 내지 제314조 및 제316조의 규정에 의한 증거에 대해서 제318조 제1항의 동의가 있는 것으로 간주를 한다.

그러나 검사나 피고인 및 변호인이 증거로 함에 이의가 있는 경우에는 그렇지 않다. 더구나 간이공판절차에 의해서 심판할 취지의 결정이 있는 사건에 대해서는 제161조의2(증거조사의 시기, 당사자의 증거제시설명, 증거조사 방식, 증거조사결과와 피고인 의견) 및 제297조(피고인 등의 퇴정)의 규정을 적용하지 않고, 법원이 상당하다고 인정하는 방법으로 증거조사를 할 수 있다.

4. 국민참여재판

국민참여재판제도는 "국민의형사재판참여에관한법률" 제8495호에 따라 2008. 1. 1.부터 국민을 배심원으로 형사재판에 참여케 한 새로운 형사재판제도이다.

배심원이 된 국민은 법정 공방을 지켜본 후 피고인의 유·무죄에 관한 평결을 내리고 적정한 형을 토의하면 재판부가 이를 참고하여 판결을 선고하게 된다.

배심원으로 선정된 국민은 피고인의 유무죄에 관하여 평결을 내리고, 유죄 평결이 내려진 피고인에게 선고할 적정한 형벌을 토의하는 등 재판에 참여하는 기회를 갖게 됨으로서 국가권력의 한 부분인 사법권의 영역에서 국민의 참여를 확대하여 국민의 재판절차와 법제도를 보다 가까이 접하고 이해할 수 있도록 하여 법치주의를 실현하는 것이다.

참여법률에서 규정하는 국민참여재판은 배심제와 참심제 등 어느 한 제도를 그대로 도입하지 아니하고 양 제도를 적절하게 혼합하였을 뿐 아니라, 우리의 현실을 고려하여 양 제도의 일정한 수정을 가하였다는 점에 특색이 있다.

'배심제'는 일반 국민으로 구성된 배심원이 재판에 참여하여 직업법관으로부터 독립하여 유ㆍ무죄의 판단에 해당하는 평결을 내리고, 법관은 그 평결에 기속되는 제도를 의미하고, '참심제'는 일반 국민인 참심원인 직업법관과 함께 재판부의 일원으로 참여하여 직업법관과 동등한 권한을 가지고 사실문제 및 법률문제를 판단하는 제도를 말한다.

예를 들어 ① 배심원은 원칙적으로 법관의 관여 없이 평의를 진행한 후 만장일치로 평결에 이르러야 하는데(배심제적 요소), 만약 만장일치의 평결에 이르지 못한 경우 법관의 의견을 들은 후 다수결로 평결을 할 수 있다(참심제적 요소). ② 배심원은 심리에 관여한 판사와 함께 양형에 관하여 토의를 하면서도(참심제적 요소) 표결을 통하여 양형결정에 참여하는 것이 아니라 단지 양형에 관한 의견만을 개진할 수 있을 뿐이다(배심제적 요소).

③ 배심원의 평결은 법원을 기속하지 않고 단지 권고적 효력만을 가진다(배심제적의 수정).

제5절 공판기일의 재판

Ⅰ. 총 설

1. 재판의 의의

재판이란 사건에 법령을 적용하여 이를 공권적으로 해결하는 법원의 의사표시로서 고유의 의미에 있어서는 피고사건에 법령을 적용하고 그 실체에 관하여 법원이 내리는 공권적인 판단을 의미하여, 광의로서는 법원 또는 법관의 의사표시적인 소송행위를 의미한다.

이와 같이 재판은 법원 또는 법관의 소송행위라는 점에 있어서 법원사무관 등이나 검사의 소송행위와 구별되고, 또 의사표시적 소송행위이기 때문에 법원·법관의 사실행위적 소송행위(증거조사 등)와도 구별하며, 공판에 있어서의 재판이란 피고사건에 대한 당해사건을 종결시키는 종국재판을 말한다. 이 종류의 재판으로는 형식재판인 관할위반의 판결, 공소기간의 판결, 결정, 면소의 판결과 실체재판인 유죄의 판결, 무죄의 판결이 있다.

2. 재판의 종류

가. 판결, 결정, 명령

판결과 결정은 법원이 행하는 재판이고, 명령은 법관이 행하는 재판이다. 다만 수명법관, 수탁판사의 직무집행에 관하여 법원의 직무를 행할 수 있도록 되어 있는 경우에는 수명법관, 수탁판사도 결정할 수 있다. 법원이 행하는 재판 중 판결과 결정은 법의 규정에 따라 사유가 구별되는바 종국재판은 원칙적으로 판결사항으로 되고 종국적 재판은 결정사항이다(다만, 공소기각결정은 종국재판이다). 판결은 법률에 다른 규정이 없으면 구두변론에 의하여야 하고, 판결에 이유를 명시하여야 함에 대하여 결정·명령은 구두변론에 의하지 않을 수 있고, 상소할 수 없는 결정·명령인 때에는 이유를 명시할 필요가 없다. 또 불복의 방법에 있어서도 판결에 대하여는 항소 또는 상고이고, 결정에 대하여는 항고이며, 명령에 대하여는 명문이 있을 경우에 한하여 준항고가 가능할 뿐이다. 다만, 증거조사에 관한 결정이나 재판장의 처분(명령)에 대하여는 법령위반이 있는 경우에 이의신청만이 가능하다.

나. 종국재판, 종국전의 재판

종국재판이란 피고사건의 소송을 그 심급에서 종료시키는 재판을 말하고 종국전의 재판이란 피고사건의 소송을 계속하여 진행시키기 위하여 절차상의 문제를 해결하는 재판을 말한다. 한편 이송결정은 이론상은 종국 전의 재판이지만 실무상으로는 당해 수소법원에서의 소송절차가 종결된다는 점에서 종국재판과 유사하다. 종국재판에는 원칙적으로 상소가 허용되나, 종국 전의 재판은 독자적인 의미를 가지지 아니하므로 원칙적으로 상소(항고)가 허용되지 않는다.

다. 실체재판, 형식재판

(1) 형식재판

종국재판은 다시 실체재판과 형식재판의 두 가지로 나눌 수 있는데 형식재판이란 피고사건의 실체에 대하여 판단하지 않고 절차상 이유로써 사건을 종결시키는 재판이다. 예를 들면 공소기각의 판결과 결정, 관할위반의 판결, 면소판결이 형식적 재판에 속한다.

(2) 실체재판

실체재판이란 피고사건의 실체 즉 범죄의 성부, 형벌권의 존부를 판단하는 재판을 의미한다. 예를 들면 유죄판결과 무죄판결이 실체적 재판에 속한다.

3. 각 종국재판의 사유

가. 유죄판결

피고사건에 대하여 범죄의 증명이 있는 때에 선고하는 것이 유죄판결이다.

범죄의 증명이 있다 함은 법원이 공소범죄사실의 존재에 관하여 심증을 형성한 것을 말한다. 유죄판결의 판결이유에는 범죄사실, 증거의 요지와 법령의 적용을 명시하고, 법률상 범죄의 성립을 조각하는 이유 또는 형의 법률상 가중, 감면의 이유되는 사실의 진술이 있는 때에는 이에 대한 판단을 명시하여야 한다.

유죄판결에는 형 선고의 판결, 형 면제의 판결, 선고유예의 판결이 있으며, 그 내용은 다음과 같다.

(1) 형 선고의 판결

범죄의 증명이 있는 때에는 형의 면제 또는 선고유예의 경우 이외에는 형의 선고의 판결을 하여야 하며, 형의 집행유예, 판결선고 전 구금일수의 산입, 노역장유치기간은 형의 선고의 판결과 동시에 선고하여야 한다.

(2) 형 면제의 판결

형의 면제할 수 있는 경우에 관하여는 각 형벌법규에 따로 규정되어 있다. 예컨대 과잉방어, 과잉긴급피난, 과잉자구행위, 중지범, 친족 간의 재산범죄, 자수나 자복 등이다. 형 면제의 주문은 '피고인에 대한 형을 면제한다'로 되며, 후술 선고유예의 경우와 달리 나중에 면제형을 다시 선고하는 경우는 없으므로 면제할 형의 종류나 양을 판결에 기재할 필요도 없게 된다.

(3) 선고유예의 판결

자격정지 이상의 형을 받은 전과가 전혀 없는 자에 대하여 1년 이하의 징역, 금고, 자격정지 또는 벌금의 선고를 할 경우에 양형의 기준사항을 참작하여 개전의 정상이 현저할 때에는 판결로써 형의 선고를 유예할 수 있다. 선고유예판결의 주문은 '피고인에 대한 형의 선고를 유예한다'로만 표시하면 되나, 이유에서는 나중에 선고유예의 실효로 형을 선고할 경우에 대비하여 유예한 형 및 부수처분을 명시해 놓아야 한다.

나. 무죄판결

무죄의 판결은 피고사건이 범죄로 되지 아니하거나 범죄사실의 증명이 없는 때에는 판결로써 무죄를 선고하여야 한다(형소법 제325조).

무죄판결은 실체적 종국판결이다. 무죄판결은 원칙적으로 형사보상의 사유가 되며 피고인은 무죄판결에 대하여 유죄판결을 주장하여 상소할 수 없다.

재심에서 무죄의 선고를 한 때에는 그 판결을 관보와 그 법원소재지의 신문지에 기재하여 공고하여야 한다.

다. 면소판결

① 동일사건에 대하여 이미 확정판결(유죄, 무죄, 면소판결에 한하며, 약식명령, 즉결심판, 통고처분에 의한 범칙금 납부를 포함한다)이 있었던 때, ② 사면(일반사면에 한함)이 있는 때, ③ 공소시효가 완성되었을 때, ④ 범죄 후에 법령의 개정·폐지로 형이 폐지되었을 때에는 각각 판결로써 면소를 선고하여야 한다(형소법 제326조).

면소판결은 형식재판이면서도 기판력이 발생한다는 점에 특색이 있다.

라. 공소기각의 판결

① 피고인에 대하여 재판권이 없을 때, ② 공소제기의 절차가 법률규정에 위반하여 무효인 때, ③ 이중기소인 때, ④ 공소취소 후 다른 중요한 증거를 발견하지 않고서도 재기소를 한 때, ⑤

친고죄의 고소취소, ⑥ 반의사불벌죄에서 피해자의 처벌 불희망 등의 사유가 있으면, 각각 판결로서 공소기각을 선고하여야 한다.

마. 공소기각의 결정

① 공소가 취소되었을 때, ② 피고인이 사망하거나 또는 피고인과 법인이 존속하지 아니하게 된 때, ③ 동일 사건이 수개의 법원에 이중 계속되어 어느 한 법원이 심판하게 되었을 때, 나머지 법원의 경우, ④ 공소사실이 진실하다 하더라도 범죄가 될 만한 사실이 포함되지 아니한 때에는, 공소기각의 결정을 하여야 한다.

바. 관할위반의 판결

피고사건이 수소법원의 관할에 속하지 아니할 때에는 판결로써 관할위반의 선고를 하여야 한다. 원래 관할은 법원의 직권조사사항이므로 사물관할, 심급관할 등을 법원이 조사하여 사물관할, 심급관할이 없으면 관할위반의 판결을 하고, 토지관할이 없으면 피고인이 피고사건에 대한 진술하기 전에 관할위반의 판결이 선고되더라도 구속영장의 효력은 상실되지 않으며, 관할법원에 재기소하는 데에도 아무런 지장이 없다.

4. 재판의 선고·고지

가. 의 의

재판은 선고 또는 고지에 의하여 외부적으로 성립하여 공표된다. 다시 말하면 재판의 외부적 성립절차는 선고 또는 고지이다. 선고란 공판정에서 재판의 내용을 구술로 선언하는 행위이고, 고지란 선고외의 적당한 방법으로 재판 내용을 관계인에게 알려 주는 행위이다.

나. 판결의 선고
(1) 필요적 공개

판결의 선고는 반드시 공개하여야 하며, 공개정지사유가 있어 심리를 비공개로 한 경우라도 판결선고기일에는 공개를 정지해서는 안 된다.

(2) 판결선고의 방식

변론을 종결한 기일에 판결을 선고함이 원칙이다(법 제318조의4). 특별한 사정이 있는 때에는 따로 선고기일을 지정할 수 있지만 그 선고기일은 변론종결 후 14일 이내로 지정되어야 한다(법 제318조의4).

판결을 선고함에는 재판장이 판결서에 의하여 주문을 낭독하고 이유의 요지를 설명하여야 한다.

다. 상소에 관한 고지

유죄판결을 선고할 때에는 피고인에게 상소기간과 상소법원을 알려주어야 한다(법 제324조). 상소할 기간과 상소할 법원에 관한 고지는 매 사건마다 이를 시행함이 원칙이다.

5. 종국판결의 효과

구속피고인에 대하여 무죄, 면소, 형의 면제, 형의 선고유예, 형의 집행유예, 공소기각 또는 벌금이나 과료를 과하는 판결이 선고된 때에는 구속영장은 그 효력을 잃는다(형소법 제331조). 압수한 서류 또는 물품에 대하여 몰수의 선고가 없는 때에는 압수를 해제한 것으로 간주한다(형소법 제332조).

Ⅱ. 재판의 확정

1. 재판확정의 의의

재판의 확정이란 재판이 통상의 불복방법에 의하여 다툴 수 없게 되어 그 내용을 변경할 수 없게 된 상태를 말한다.

재판확정의 시기는 불복신청이 허용되지 않는 재판은 선고 또는 고지와 동시에 확정된다. 법원의 관할 또는 판결 전의 소송절차에 관한 결정(형소법 제403조) 또는 고등법원의 결정(형소법 제415조), 대법원의 결정에 대하여는 불복이 허용되지 않는다.

2. 재판의 확정력

재판의 확정력은 형식적 · 내용적으로 구분되며 형식적 확정력이란 재판의 형식적 확정에 의한 불가항력적 효력이다. 절차면에서의 효력으로 모든 재판에 대하여 발생하는 것이며, 내용적 확정력이란 재판의 확정에 따라 그 의사표시적 내용도 확정되는 것이다. 실체 · 형식 모든 재판에 대해 인정된다.

확정된 재판은 기판력이 있는바 그 본질은 확정판결에 의하여 실체법률관계를 형성 · 변경하는 효력이 있으며 기판력은 실체법률관계에 영향이 없다.

3. 재판의 구속력

재판이 확정되면 다른 법원에서 동일한 사정에서 동일사항에서 대하여는 다른 판단을 할 수 없으며 기판력은 실체적 확정력의 대외적 효과인 일사부재리의 효력으로 실체재판에만 기판력이 인정된다.

친고죄에서 고소 없음을 이유로 한 공소기간의 유효한 고소가 있는 경우에는 재소가 허용되며 관할위반의 판결확정 후 관할권 있는 다른 법원에의 공소제기는 유효하다.

4. 일사부재리의 효력

유·무죄의 실체판결이나 면소판결이 확정된 때에 동일사건에 대하여 다시 심리 판단하는 것은 허용되지 않는다는 것이다.

일사부재리의 효력이 인정되는 재판은 모든 실체재판, 약식명령, 즉결심판, 소년의 보호처분결정이 있으며 면소판결을 제외한 형식재판에는 효력이 인정 안 되고, 당연무효의 판결은 효력발생을 부인하는 논란도 있으나, 당연무효의 판결은 법원이 심리를 종결하여 최종적 판단을 한 것으로 피고인은 처벌의 위험에 있었다고 할 것이므로 효력을 인정하는 것이 타당하다.

일사부재리의 효력은 법원이 현실적 심판의 대상인 당해 공소사실 및 그 공소사실과 단일하고 동일한 관계에 있는 사실전부 포괄일죄나 과형상의 일죄의 일부분에 대한 기판력은 현실적 심판의 대상으로 되지 아니한 부분에까지 미친다.

5. 확정력의 배제

상소권의 회복제도, 재심제도, 비상상고제도 등이 확정력을 배제하는 형사소송법상의 제도가 있다.

[서식 271] 판결확정증명원

판 결 확 정 증 명 원

사 건   20○○고단 ○○○○   교통사고처리특례법위반

피 고 인   ○   ○   ○

위 사건에 관하여 ○○지방법원에서 20○○. ○. ○. 선고한 판결이 20○○. ○. ○.자로 확정되었음을 증명하여 주시기 바랍니다.

20○○.   ○.   ○.

신청인(피고인) ○ ○ ○   (인)

○○지방법원 귀중

Ⅲ. 재판서

1. 재판서의 방식

재판은 법관이 작성한 재판서에 의하여야 한다. 다만 판결 이외의 재판, 즉 결정이나 명령을 함에는 재판서를 작성하지 아니하고 조서에만 기재하여 할 수 있다. 재판서는 재판형식에 따라 판결서, 결정서, 명령서라고도 불려진다.

판결에는 일정한 기재요건이 있다. 즉, 재판서에는 법률에 다른 규정이 없으면 재판을 받는 자의 성명, 연령, 직업과 주거를 기재하여야 한다.

재판을 받는 자가 법인인 때에는 그 명칭과 사무소를 기재하여야 한다. 또 재판서에는 공판기일에 출석한 검사의 관직, 성명과 변호인의 성명을 기재하여야 한다.

그리고 유죄판결의 이유는 형사소송법 제323조 제1항이 정하는 범죄사실, 증거의 요지와 법령의 적용 등 3개 항으로 나누고 같은 조 제2항이 정하는 법률상 범죄의 성립을 조각하는 이유 또는 형의 가중·감면의 이유되는 사실의 진술이 있는 때에는 이를 피고인 또는 변호인의 주장에 대한 판단으로 하여, 판결 이유의 적절한 부분에 기재할 수 있다.

2. 재판의 선고와 고지의 방법

재판의 선고 또는 고지는 공판정에서는 재판서에 의하여야 하고, 기타의 경우에는 재판서의 등본의 송달 또는 다른 적당한 방법으로 하여야 한다. 단 법률에 다른 규정이 있는 때에는 예외로 한다.

재판의 선고 또는 고지는 재판장이 행하고, 또 판결을 선고함에는 주문을 낭독하고 그 이유의 요지를 설명하여야 한다.

3. 피고인에 대한 판결등본 송부

판결선고 당시 구속되어 있는 피고인에 대하여 실형이 선고된 경우에는 피고인의 신청에 관계 없이 판결등본을 송달한다. 피고인이 당해 사건에서는 불구속이지만 별건으로 구속되어 수감 중인 경우 또는 실형선고를 받음과 동시에 법정구속되거나 보석 또는 구속집행정지결정이 취소된 경우에도 같다.

그 외, 불구속 기소된 피고인, 약식명령, 즉결심판에 대하여 정식재판을 청구하거나 약식기소되었다가 통상회부된 피고인, 구속되었다가 보석·구속취소·구속집행정지결정 등으로 석방된 피고인, 구속 기소되었다가 형사소송법 제331조의 규정에 의하여 구속영장의 효력이 상실된 피고인 등과 같이 신체가 구금되어 있지 않는 피고인의 경우에는 피고인이 판결문 송달을 신청한 경우에 한하여 판결등본을 송달한다.

4. 집행용 판결등본 송부 완결기록의 인계

검사의 집행지휘를 요하는 재판은 그 재판의 선고 또는 고지일로부터 10일 이내에 그 재판서의 등본 또는 초본(또는 재판을 기재한 조서의 등·초본)을 검사에게 송부하여야 한다. 검사의 집행지휘에는 그 재판서 등본 또는 초본이 필요하기 때문이다.

5. 재판일부확정통보

형집행의 정확과 신속을 기하기 위하여 다음과 같이 1건 수명의 피고인 중 일부 피고인에 관하여서만 형이 확정되었을 경우에는 소정 양식에 의하여 검찰청에 재판의 일부 확정통보를 하도록 정하고 있다.

6. 무죄, 면소판결의 공시

형법 제58조 제2항은 피고사건에 대하여 무죄 또는 면소의 판결을 선고할 때에는 판결공시의 취지를 선고할 수 있도록 규정하고 있는바, 이 판결공시의 사무처리절차는 판결공시절차에 관한 지침(재형 83-3)에 상세히 규정되어 있다.

판결공시선고의 방식은 무죄판결시에 피고인의 명예회복을 위하여 필요하다고 인정되는 경우에는 주문 뒤에 '피고인에 대한 판결의 요지를 공시한다'고 표시하고 판결주문과 함께 이를 선고하게 되어 있다. 한편 피고인의 판결공시에 대한 의견을 물어 판결공시의 선고 여부를 결정할 수 있다.

7. 판결 또는 재판서의 경정

재판의 외부적 성립, 즉 선고 또는 고지 후 명백한 오류를 발견한 경우에 이를 시정할 수 있는가가 경정의 문제이다.

형사소송에서는 민사소송의 경우와는 달리 원칙적으로 판결선고시에 피고인 출석을 요하고, 상소기간도 선고일로부터 기산되는 등 민사소송의 경우에 비하여 공개주의, 구술주의, 공판중심주의가 훨씬 선명한 형태로 규정되어 있으므로, 경정의 문제를 고찰함에 있어서도 민사판결 경정의 경우와 달리 재판의 경정과 재판서의 경정의 문제를 구별하여야 할 것이다.

우선 경정은 법원의 진의와 표시와의 사이에 불일치가 있는 경우에 있어서만 문제로 된다. 따라서 법원이 의도한 그대로를 선고한 이상 후에 그 내용이 법원의 법규 등에 대한 오해에 기한 것임이 명백하다 하더라도 경정을 할 수는 없다.

8. 재판서의 등·초본 작성, 청구 교부

법관이 작성한 재판서 또는 재판을 기재한 조서의 등본이나 초본은 원본에 의하여 작성함이 원칙이고, 부득이한 경우에는 등본에 의하여도 작성할 수 있으며, 피고인 및 소송관계인은 등·초본 교부비용을 납부하고, 재판서 또는 재판을 기재한 조서의 등본이나 초본의 교부를 청구할 수 있다.

판결등본 송달신청서

사건번호	20○○노○○○○	죄 명	무 고
피 고 인	성 명	○ ○ ○	
	주민등록번호	000000-0000000	
	송달받을 주소	○○시 ○○구 ○○로 ○○ (○○동)	

위 사건 판결등본의 송달을 신청합니다.

20○○. ○. ○.

피고인 ○ ○ ○ (인)

○○지방법원 귀중

작성 · 접수방법

1. 판결선고받은 당일 법정에서 송달신청서를 제출하거나 선고받은 7일 이내에 신청할 수 있다.
2. 신청서 1부를 제출한다.
3. 인지 등 비용 없음.
4. 이후는 판결등본교부신청서(인지 1,000원)에 의해 발급받을 수 있다.

[서식 273] 판결등본교부신청서

판결등본교부신청

사　　건　　　　　20○○고단○○○○　사기

피 고 인　　　　○　○　○

　위 사건에 관하여 피고인은 20○○. ○. ○. 선고한 판결문 등본 1통을 교부하여 주시기 바랍니다.

　　　　　　　　　　20○○.　　○.　　○.

　　　　　　위 피고인의 변호인 변호사　○　○　○　　(인)

○○지방법원　귀중

작성 · 접수방법

인지 1,000원을 납부해야 한다.

1. 의 의

소송비용이란 형사소송에 관하여 지출된 비용으로서 형사소송비용등에관한법률에 규정되어 있다. 즉, 공판에서 소환한 증인·통역인과 감정인의 일당·여비·숙박료와 보수, 감정인·통역인·번역인의 특별요금, 법원이 선임한 국선변호인의 일당·여비·숙박료, 무죄나 면소판결의 공시를 위하여 관보와 신문지에 공고한 비용 등이다.

2. 소송비용의 부담자

소송비용은 모두 국가가 이를 부담하는 것을 원칙으로 하나 각 심급에서 소송절차가 종료하는 경우 일정한 조건하에 피고인 또는 기타의 자에게 부담하게 할 수도 있다.

형의 선고를 하는 때에는 피고인에게 소송비용의 전부 또는 일부를 부담하게 하여야 한다. 다만 피고인의 경제적 사정으로 소송비용을 납부할 수 없는 때에는 그러하지 아니하다.

피고인의 부담능력 여부를 불문하고 소송비용부담의 재판이 행하여진 사례가 적은 것 같으나, 소송비용액이 다액이고 피고인의 자력이 있다면 필요적으로 소송비용을 피고인에게 부담하도록 명하여야 할 것이다.

형의 선고를 하지 않을 때라도(무죄, 선고유예 등) 피고인의 귀책사유로 발생된 비용(피고인 불출석으로 증인 여비가 이중 지출된 때 등)은 피고인에게 부담시킬 수 있다.

3. 소송비용부담의 절차

가. 종국재판으로 소송절차가 종료되는 경우에 피고인에게 소송비용을 부담시키려는 경우

피고인에게 소송비용을 부담하게 하는 때에는 직권으로 재판하여야 한다. 불복은 본안의 종국재판에 대한 상소와 함께만 상소할 수 있다.

나. 종국재판으로 소송절차가 종료되는 경우에 제3자에게 소송비용을 부담시키려는 경우

제3자에게 소송비용을 부담하게 하는 때에는 직권으로 별도의 결정에 의하여 부담의 재판을 하여야 한다. 즉 종국재판의 주문에서 선고하는 것이 아니라 따로 결정을 하여야 한다. 이 결정에 대하여는 즉시항고할 수 있다.

다. 소송절차가 종국재판에 의하지 않고 종료되는 경우

종국재판에 의하지 아니하고 소송절차가 종료되는 경우는 상소 또는 정식재판의 청구가 취하되는 경우를 말한다.

이 경우 소송비용을 피고인에게 부담시키든 제3자에게 부담시키든 언제나 직권으로 독립한 결정을 해야 한다. 이 결정에 대하여는 즉시항고를 할 수 있다.

4. 소송비용 산정

소송비용의 부담액에 관하여는 법원은 소송비용의 액을 산정하여 표시하거나 추상적으로 부담자 및 부담부분(비율 또는 항목)만을 정할 수도 있는데, 후자의 경우에는 집행을 지휘하는 검사가 그 금액을 산정한다. 다만, 소송비용의 부담을 명하는 재판서에 그 금액을 표시하지 아니한 때에는, 법원사무관 등은 소송비용명세서를 작성하여 기록표지 다음에 철하여야 한다. 하급심에서 하지 아니한 소송비용부담의 재판을 상소심에서 한 때에는 상소심 법원사무관 등이 하급심 소송비용명세서를 작성하여 하급심 기록표지 다음에 철한다.

5. 소송비용재판의 집행

소송비용부담 재판의 집행도 통상의 재판의 집행과 마찬가지로 검사가 집행한다. 검사는 소송비용부담의 재판을 집행하기 위하여 필요한 조사를 할 수 있고, 조사에 관하여는 공무소 기타 공사단체에 조회하여 필요한 사항의 보고를 요구할 수 있다.

검사의 집행명령은 집행력 있는 집행권원과 동일한 효력이 있다. 소송비용부담의 재판의 집행에는 민사집행법의 집행에 관한 규정을 준용하지만, 집행 전에 재판의 송달을 요하지 아니한다. 그 외, 소송비용부담의 재판은 국세징수법에 따른 국세체납처분의 예에 따라 집행할 수도 있다. 즉, 집행담당 공무원은 개개의 경우 필요에 따라 집행의 신속성, 효율성을 고려하여 민사집행법상의 강제집행절차와 국세징수법상의 체납처분절차 중 1개를 택일하여 활용할 수 있는 것이다.

제5장

상 소

제1절 총 설

Ⅰ. 상소제도

1. 상소의 의의

형사소송에 있어 상소란 미확정의 재판에 대하여 상급법원의 심판에 의한 구제 내지 시정을 구하는 불복신청제도를 말한다. 따라서 확정판결에 대한 구제절차인 재심의 청구(법 제420조)나 비상상고(법 제441조)는 상고가 아니며, 동일 또는 동급법원에 대한 불복신청인 약식명령 또는 즉결심판에 대한 정식재판의 청구(법 제453조), 법원의 증거결정 또는 재판장의 처분에 대한 이의신청(법 제296조), 상고심판결에 대한 정정신청(법 제400조) 역시 상소가 아니다. 재판을 한 당해 법원에 불복 신청하는 준항고도 상소가 아니지만 상소(항고)에 준하는 성질이 있으므로 상소(항고)의 절차를 운영하도록 하고 있다(법 제419조).

2. 상소제도의 필요성

형사소송법에 의한 재판이 있으면 이에 의하여 공권적으로 일정한 법률관계가 결정되는 것으로 이를 함부로 결정한다면 재판의 권위와 당사자의 권익을 침해하는 등 이익을 해한다. 그러므로 일단 재판이 있으면 법적 안정이 요구되는 것이다. 그러나 재판도 법관인 인간이 행하는 절차이므로 오판이 전혀 없을 수는 없는 것이므로 이러한 오판이 있는 것을 다시금 재판에 의하여 침해된 이익을 구제하기 위한 제도가 상소제도인 것이다.

3. 상소의 종류

형사소송법상 상소에는 항소, 상고, 항고의 제3종류가 있으며 항소는 제1심 판결에 대한 불복이고 상고는 제2심 판결에 대한 상소이다. 다만, 제1심판결에 대하여 직접 상고심에 상고할 수 있는 경우도 있는데 이를 비약상고라 하며 항고는 결정에 대한 불복의 상소인데, 통상항고(법 제402조)와 즉시항고(법 제405조)로 구분된다. 대법원에 제기하는 항고를 재항고라고 하는데 재항고는 모두 즉시항고이다(법 제415조).

4. 상소권자

가. 의의

검사 또는 피고인은 상소를 할 수 있다(형소법 제338조).

상소권이란 일정한 재판에 대하여 상소를 제기할 수 있는 소송법상의 권리를 말하며 항소권자란 법률상 당사자인 피고인 또는 검사 이외의 자로서 결정을 받은 자(형소법 제339조)를 말한다.

나. 당사자인 상소권자

(1) 피 고 인

피고인은 자기에게 불리한 재판에 대하여만 상소를 할 수 있고(법 제338조 제1항), 무죄, 면소, 공소기각의 판결 및 공소기각의 결정에 대하여 무죄판결을 구하는 피고인의 상소가 허용되느냐에 관하여 학설은 대립하고 있으나 판례는 부정하고 있다(대판 1987. 6. 9. 87도941).

(2) 검 사

검사는 피고인의 이익, 불이익에 관계없이 상소를 할 수 있으며 준기소절차에 의하여 심판에 부하여진 사건의 공소유지 변호사도 당해사건의 검사로서 상소권이 있다.

(3) 피고인 이외의 자로서 결정을 받은 자

검사 또는 피고인이 아닌 자가 결정을 받은 때에는 항고를 할 수 있다(법 제339조). 과태료, 비용배상의 재판을 받은 증인, 감정인 등, 소송비용부담의 재판을 받은 제3자, 보석보증금몰수결정이 있는 경우 보증금 납부자 등이 이에 속한다.

다. 당사자가 아닌 상소권자

(1) 변호인, 대리인

원심의 변호인이나 대리인은 특히 피고인의 의뢰나 수권이 없더라도 그 명시한 의사에 반하지 않는 한 상소할 수 있다(법 제341조). 원심의 변호인이 아니었던 변호사는 상소권이 없으나 변호인 선임서의 제출과 동시에 상소장을 제출하면 그 변호인의 상소는 유효한 것으로 인정된다.

(2) 특정범위의 친족

피고인의 배우자, 직계친족, 형제자매는 피고인의 명시한 의사에 반하지 않는 한 상소할 수 있다(법 제314조).

(3) 법정대리인

피고인이 미성년자, 피성년후견인, 피한정후견인인 경우에 그 법정대리인(친권자 또는 후견인)은 상소할 수 있다(법 제340조). 이 경우에는 피고인의 의사에 구애받지 아니한다.

Ⅱ. 상소의 제기

1. 서면제출의 원칙

상소의 제기는 원칙적으로 서면에 의하여야 하고 구술에 의한 제소는 허용되지 않는다. 전보는 서면이 아니기 때문에 전보에 의한 상소는 부적법하다.

2. 상소제기 기간

가. 기간 및 기산점

상소장을 원심법원에 제출하여야 한다(형소법 제343조 제1항). 상소제기 기간은 재판을 선고 또는 고지한 날로부터 진행하며(형소법 제343조 제2항) 항소와 상고의 기간은 판결선고일로부터 7일(형소법 제343조 제2항, 제358조, 제374조)이다.

다만, 교도소 또는 구치소에 있는 피고인에 대하여는 피고인이 상소제기 기간 내에 상소장을 교도소장 또는 구치소장 또는 그 직무를 대리하는 자에게 제출한 때에는 상소의 제기기간 내에 상소한 것으로 간주하며(형소법 제344조 제1항) 구금중인 피고인이 문맹 등의 사유로 상소장을 작성할 수 없는 경우에는 교도소장 또는 구치소장은 소속공무원으로 하여금 대서하게 하여야 한다(형소법 제344조 제2항).

통상의 항고는 기한의 제한이 없으나 취소할 실익이 존재하는 동안에 한하며 즉시항고, 준항고는 재판고지일로부터 3일이다(형소법 제343조 제2항, 제405조, 제416조 제3항).

나. 도달주의 원칙

상소는 상소장이 상소기간 내에 제출처인 원심법원에 도달하여야만 효력이 있다 상소기간 경과 후에 도달하게 되면 상소권은 소멸 후의 상소가 되어 원심법원에서 상소기각결정을 하여야 한다. 따라서 상소장을 원심법원이 아닌 상급법원에 잘못 제출한 경우에는 상급법원으로부터 원심법원에 송부되어 도달한 때에 상소장이 제출된 것으로 보기 때문에 기간이 도과하지 않도록 주의해야 한다.

3. 상소의 범위

상소는 재판의 일부에 대하여 할 수 있다(형소법 제342조 제1항). 일부상소는 사건의 단일성을 해하지 않는 범위 내에서만 가능하다. 따라서 포괄적 일죄나 과형상 일죄의 일부에 대한 상소의 효력은 그 전부에 미치며 경합범인 경우에도 한 개의 형이 선고된 때에는 불가분적으로 효력이 미친다(형소법 제342조 제2항).

경합범의 일부는 유죄, 일부는 무죄의 선고가 된 경우에 피고인만이 유죄부분에 대하여 상소한 때에는 무죄부분은 확정되고 유죄부분만이 상소심에 이심되며 이는 피고인에게 있어 무죄부분에 대한 상고권이 없기 때문이고 검사가 무죄부분만 상소한다면 이는 일부상소로 보아야 할 것이다.

4. 상소심의 심리범위

상소심의 심판은 제1심과 같이 공소장에 기재된 공소사실에 한한다. 다만, 일부 상소가 있는 경우에는 상소심의 심판범위는 상소를 제기한 범위에만 미치므로 상소가 없는 부분의 재판은 확정된다.

Ⅲ. 상소권의 회복절차

1. 상소권의 회복청구

상소할 수 있는 자는 자기 또는 대리인이 책임질 수 없는 사유로 인하여 상소의 제기를 하지 못한 때에는 상소회복의 청구를 할 수 있다(형소법 제345조).

형사소송에서의 상소권은 재판의 선고·고지에 의하여 발생하고 상소기간의 경과에 의하여 소멸한다. 그러나 형사소송법은 상소권자가 자기 또는 대리인의 귀책사유 아닌 사유로 말미암아 상소기간 내에 상소를 할 수 없었던 때에는 원심법원에 상소권회복청구를 할 수 있는 길을 열어놓고 있다. 이는 당사자가 책임질 수 없는 사유가 있을 때에는 소송절차의 안정성보다는 당사자의 권리구제를 중요히 하여야 한다는 고려에서 입각한 것이다. 여기에서 대리인이라 함은 상소권자의 하나인 원심의 대리인이 아니라 본인의 보조기관으로서 본인의 의뢰에 따라 상소제기에 필요한 사실행위를 대항하는 자를 말한다.

2. 청 구

상소권회복의 청구는 사유(상소를 할 수 없었던 책임질 수 없는 사유)가 끝난 날로부터 상소기간에 상당한 기간(항소 · 상고는 7일, 즉시항고 · 준항고는 3일) 내에 청구서를 원심법원에 제출하여야 한다(형소법 제346조 제1항). 사유발생 전에 상소기간 일부가 경과되었더라도 청구기간은 사유종지일로부터 새로 계산된다. 기록이 원심법원에 있건, 검찰청으로 인계되었건, 상대방의 상소로 상소법원에 가 있건 언제나 원심법원에 제출한다.

청구를 할 때에는 원인된 사유를 소명하여야 하고 동시에 상소장을 원심법원에 제출하여야 하고 상소회복을 청구한 자는 그 청구와 동시에 상소를 제기하여야 한다.

3. 법원의 절차 및 결정

가. 통지 및 집행정지

상소권회복청구가 있을 때는 법원은 지체 없이 상대방에게 그 사유를 통지하여야 한다(형소법 제356조).

상소권회복청구가 있으면 법원은 청구에 관한 결정을 할 때까지 재판의 집행을 정지하는 결정을 할 수 있다(형소법 제348조 제1항). 이 집행정지결정은 필요적으로 하여야 하나, 상대방의 상소가 있어 아직 재판이 미확정인 때는 재판이 아직 집행될 수 없는 상태이므로 집행정지결정 역시 할 필요가 없다. 즉, 사건이 외형상 확정되어 재판이 집행단계에 들어갔거나 들어갈 수 있는 때에만 위 집행정지결정을 하게 된다.

집행정지결정으로 인하여 징역형의 집행이 정지되어 피고인이 석방될 경우가 있는데 이 경우 구금할 필요와 구금의 사유(형소법 제70조)가 있는 때에는 구속영장을 발부하여야 한다(형소법 제348조 제2항).

나. 결 정

상소권회복 허부의 재판은 결정으로 한다(형소법 제347조 제1항). 결정에 대하여는 신청인 또는 상대방이 즉시항고를 할 수 있다(형소법 제347조 제2항).

상소권회복 허부의 재판결과 상소권회복결정이 확정된 경우에는 청구서와 함께 제출된 상소장에 의한 상소가 유효하게 되므로 그 후에는 통상의 상소의 경우와 같이 처리된다.

상 소 권 회 복 청 구

사   건   20○○고단 1234   무고

피고인겸청구인   ○   ○   ○ (000000-0000000)

　　　　　　　　주   소 : ○○시 ○○구 ○○로 ○○ (○○동)

　　　　　　　　등록기준지 : ○○시 ○○구 ○○로 ○○ (○○동)

위 피고인의 변호인 변호사 ○   ○   ○

　　　　　　　　○○시 ○○구 ○○로 ○○ (○○동)

청 구 취 지

　피고인에 대한 귀원 20○○고단 1234호 무고사건에 관하여 피고인의 상소권을 회복한다.

라는 결정을 구합니다.

청 구 이 유

1. 귀원에서는 위 사건에 관하여 20○○. ○. ○. 공시송달에 의하여 피고인(청구인)에게 징역 1년을 선고하였고, 위 판결은 같은 해 ○. ○. 항소기간 경과로 확정된 바 있습니다.

2. 피고인은 이 사건에 관하여 검찰에서의 수사를 마친 다음 불구속 상태에서 귀원에 구 공판(기소)으로 넘겨진 바 있습니다.그 후 피고인은 공소장 주소지에서 이사를 하여 주민등록 등의 이전신고 없이 여러 곳으로 이사를 다닌바 있습니다.

3. 이에 대해 귀원에서는 여러 차례 송달을 하였으나 송달불능되었고 관할경찰서에 소재탐지를 촉탁하는 등 필요한 조치를 취하였으나 소재수사불능의 회보가 된 바 있어 부득이 공시송달에 의한 소송진행 끝에 피고인에게 징역 1년의 실형에

처한바 있습니다.

4. 그러나 피고인은 딸이 있고 그의 딸의 주거지가 진술조서 등에 나타나 있어 이에 대한 주소로 송달 등을 실시하여 보지 아니한 채 공시송달의 방법으로 선고를 하였으므로 이는 공시송달의 요건미비라 할 것입니다.

5. 따라서 피고인은 이러한 사실을 모른 채 상소기간이 도과되었다면 이는 피고인이 책임질 수 없는 사유로 인한 것이므로 피고인은 부득이 청구취지와 같은 결정을 구하고자 이 건 청구에 이른 것입니다.

20○○.   ○.   ○.

위 피고인(청구인)의 변호인 변호사 ○ ○ ○   (인)

○○지방법원   귀중

작성 · 접수방법

1. 상소할 수 있는 자는 자 또는 대리인이 책임질 수 없는 사유로 인하여 상소의 제기기간 내에 상소를 하지 못한 때에는 상소권회복의 청구를 할 수 있다(형소법 345조).
2. 상소권회복의 청구는 사유가 종지한 날로부터 상소의 제기기간에 상당한 기간 내에 서면으로 원심법원에 제출하여야 한다(형소법 346조).

[서식 275] 상소권회복청구서(절도)

상 소 권 회 복 청 구

사　　건　　　20○○고단 ○○○호 절도

피 고 인　　　○　　○　　○

청 구 취 지

피고인에 대한 귀원 20○○고단 ○○○호 ○○사건에 관하여 피고인의 상소권을 회복한다.
라는 재판을 구합니다.

청 구 이 유

1. 피고인은 20○○. ○. ○. ○○지방법원 ○○지원에서 징역 ○월에 집행유예 ○년의 선고를 받고, 20○○. ○. ○. 항소기간 경과로 그 형이 확정된 바 있습니다.

2. 동일 석방되어 등록기준지인 ○○시 ○○구 ○○로 ○○ (○○동)에 귀가하였는데 그 다음날 갑자기 내리기 시작한 폭우로 교통과 일체의 통신이 두절되어 항소를 제기하려고 백방으로 노력하였으나 불가항력으로 항소기간이 경과되었습니다.

3. 이러한 사실은 이미 신문이나 방송을 통하여 보도된 바 있고 이는 형사소송법 제345조 소정의 자기 또는 대리인이 책임질 수 없는 사유에 해당함이 명백하므로 피고인은 부득이 청구취지와 같은 결정을 구하고자 이 청구에 이르게 되었습니다.

20○○.　　○.　　○.
위 청구인(피고인)　○　○　○　　(인)

○○지방법원　귀중

상 소 권 회 복 청 구

사   건   20○○고단 ○○○호   사기

피 고 인   ○   ○   ○

청 구 취 지

피고인에 대한 귀원 20○○고단 ○○○호 ○○사건에 관하여 피고인의 상소권을 회복한다.

라는 재판을 구합니다.

청 구 이 유

1. 위 피고인에 대한 귀원 20○○고단 ○○○호 사기사건에 관하여 20○○. ○. ○. 공시송달에 의한 징역 1년의 판결선고가 있었는바, 그 효력이 발생되어 20○○. ○. ○. 항소기간 경과로 원 판결이 확정되었습니다.

2. 공시송달의 요건미비
   (생 략)

3. 따라서 위 피고인이 이러한 사실을 모른 채 상소기간이 도과 되었다면 이는 피고인이 책임질 수 없는 사유로 인한 것이므로, 피고인은 부득이 청구취지와 같은 이 건 청구에 이른 것입니다

20○○.   ○.   ○.

위 청구인(피고인)   ○   ○   ○   (인)

○○지방법원   귀중

[서식 277] 상소권회복청구서(사기)

상 소 권 회 복 청 구

사   건   20○○고단 ○○○호 사기

피 고 인   ○   ○   ○

청 구 취 지

피고인에 대한 귀원 20○○고단 ○○○호 ○○사건에 관하여 피고인의 상소권을 회복한다.
라는 재판을 구합니다.

청 구 이 유

피고인은 ○○년 ○월 ○일 ○○지방법원에서 징역 ○○년의 선고를 받고 그만 충격을 받은 나머지 기절, 병고에 시달리다 상소제기기간을 경과하였습니다.

본 피고인은 부모 형제와 일가 친척이 없는 고아로서 위와 같은 사실은 형사소송법 제345조에 해당된다고 사료되므로 본 청구에 이르렀습니다.

20○○.   ○.   ○.
위 청구인(피고인) ○   ○   ○   (인)

○○지방법원 귀중

Ⅳ. 상소의 포기 · 취하

1. 상소의 포기

가. 의의

상소의 포기란 상소권자가 상소기간 내에 상소권을 스스로 소멸시키는 소송행위를 말한다. 재판의 선고 또는 고지 전에 미리 상소의 포기를 할 수는 없다.

상소의 포기는 상소기간 만료 전에 당해 재판을 확정시키는 제도이지만, 피고인이 이 상소를 포기하더라도 검사가 포기하지 않는 한 재판은 확정되지 않는다. 또한 검사나 피고인 또는 항고권자는 상소의 포기 및 취하를 할 수 있으나 사형, 무기징역, 무기금고가 선고된 판결에 대하여는 피고인 쪽에서 상소의 포기를 하지 못한다(형소법 제349조 단서).

한편 상소를 취하한 자 또는 상소의 포기나 취하에 동의한 자는 다시 상소를 하지 못한다(형소법 제354조).

나. 상소포기권자

상소의 포기를 할 수 있는 자는 상소권자 중에서 검사, 피고인 및 직접 결정을 받은 자(법 제339조)이다. 즉 재판의 직접 당사자가 된 상소권자만이 상소포기를 할 수 있을 뿐이고 그 밖에 변호인이나 친족 등 형사소송법 제341조의 규정된 다른 상소권자는 상소포기를 할 수 없다.

다. 방식

법정대리인이 있는 피고인 즉 미성년자, 피성년후견인, 피한정후견인이 상소의 포기를 함에는 법정대리인의 동의를 얻어야 하는데 위 동의는 상소 포기의 유효요건이다. 변호인이 상소의 포기서를 제출하고자 할 경우에는 피고인의 동의가 필요하며 구속되어 있는 경우는 피고인이 직접 상소포기서를 제출하면 될 것이나 불구속된 자의 상소포기는 당사자 본인이 직접 제출할 수 없을 때에는 상소포기의 용도를 기재한 인감증명서를 첨부하고 포기사실을 위임한 내용의 위임장을 첨부한 상소포기서를 제출하면 될 것이다.

2. 상소의 취하

가. 의의

상소의 취하란 상소를 한 자가 상소를 철회하는 소송행위를 말한다. 상소의 대상인 원재판이 일부상소를 할 수 있는 것이었다면 일부의 취하도 가능하다. 따라서 상소의 취하를 할 때에는 그 범위를 명확히 표시하여야 한다.

상소의 취하는 상소심의 재판이 선고 또는 고지되기 이전까지만 할 수 있다. 상소를 취하했거나 상소취하에 동의한 자는 다시 상소하지 못한다(형소법 제354조). 또 피고인이 상소취하를 한 후에는 다른 상소권자도 상소를 할 수 없다.

나. 상소취하권자

상소를 취하할 수 있는 자는 상소포기권자보다 그 범위가 넓다. 즉 검사, 피고인 또는 결정을 받은 자(형소법 제339조)는 물론이고(형소법 제349조), 법정대리인 또는 형사소송법 제341조에 규정한 변호인, 직계친족 등도 피고인의 동의를 얻는 한 상소취하를 할 수 있다(형소법 제351조). 피고인의 동의는 서면으로 취하서만 함께 제출하여야 한다.

3. 상소의 포기 또는 취하의 효력을 다투는 절차

가. 의의

상소의 포기, 취하가 없음에도 불구하고 있는 것으로 오인되거나 그 효력이 없음에도 그 효력이 있는 것으로 간과되어 사건이 종국 처리된 경우에 그 포기, 취하의 부존재 무효를 주장하는 자는 '절차속행의 신청'을 할 수 있다. 이러한 상소절차속행신청은 상소가 제기된 후 피고인 등이 상소를 포기하거나 취하하는 내용의 서면을 제출하거나 또는 공판정에서와 같은 내용의 진술을 하였다는 이유로 재판 없이 상소절차가 종결처리 된 경우에 상소포기 또는 취하의 부존재 또는 무효를 주장하여 구제받을 수 있도록 한 제도이다.

나. 신청

취하의 효력을 다투고자 할 때에는 절차속행 신청만을 하면 되나, 포기의 효력을 다투려고 할 때에는 상소기간 내에 신청을 하되 상소장을 동시에 제출하여야 한다. 제출처는 신청의 대상인 포기 또는 취하 당시 기록이 있던 법원 즉 사건을 종국 처리한 법원(포기의 경우는 원심, 취하의 경우는 원심 또는 상소심)이다.

다. 심리 및 결정

절차속행신청이 이유 있다면 신청을 인용한다는 결정을 하고, 그 이유가 없다면 신청을 기각하는 결정을 한다.

항소(상고)포기서

사　　건　　　　20○○고단 ○○○　사문서 위조 등

피 고 인　　　　　○　　○　　○

　위 사건에 관하여 ○○지방법원의 20○○. ○. ○.에 선고한 징역 ○년에 집행유예 ○년을 선고한 판결에 대하여 피고인은 항소(상고)권을 전부 포기합니다.

20○○.　　○.　　○.

위 피고인　○　○　○　　(인)

○○지방법원　귀중

작성·접수방법

1. 검사나 피고인 또는 결정을 받은 자는 상소의 포기 또는 취하를 할 수 있다. 단, 피고인 또는 피고인의 배우자, 직계친족, 형제자매 또는 원심의 대리인이나 변호인은 사형 또는 무기징역이나 무기금고가 선고된 판결에 대하여는 상소의 포기를 할 수 없다(형소법 제349조).
2. 피고인의 변호인은 피고인의 동의 없이 임의로 항소(상고)를 포기할 수 없고 변호인이 항소(상고)포기서를 제출할 시는 피고인의 인감이 첨부된 동의서를 첨부하여야 한다.

[서식 279] 항소(상고)포기서(사기)

항소(상고)포기서

사　　건　　　　2000고단 0000　사기

피 고 인　　　　　0　　0　　0

　위 사건에 관하여 귀원에서는 2000. 0. 0. 피고인을 징역 1년에 처하고 다만 그 형의 집행을 2년간 유예하는 판결을 선고하였는바, 피고인은 위 판결선고결과에 승복하여 항소(상고)의 전부를 포기합니다.

　　　　　　　　　　2000.　　0.　　0.

　　　　　　　　위 피고인　0　0　0　　(인)

○○지방법원　귀중

항소(상고)권포기동의서

사　　건　　　　20○○고단 ○○○○　사기

피 고 인　　　　　○　　○　　○

　위 사건에 관하여 피고인은 항소(상고)의 전부를 포기하며, 피고인의 변호인이 항소(상고)권을 포기함에 동의합니다.

첨 부 서 류

　　　1. 인감증명서　　　　　　　　　　　　　　1통

　　　　　　　　　　20○○.　　○.　　○.

　　　　　　　　위 피고인　○　○　○　　(인)

○○지방법원　귀중

작성 · 접수방법

변호인에게 동의하여 변호인의 상소포기서를 제출하는 경우이다.

항 소 권 포 기 동 의 서

사   건   20○○고단 ○○○○   사기
피 고 인   ○   ○   ○

　위 사건에 관하여 피고인이 항소권을 포기하는데 대하여, 피고인의 친권자 부 ○○○와 모 ○○○은 동 포기에 동의합니다.

첨 부 서 류

　1. 인감증명서   2통

20○○.   ○.   ○.

위 피고인의 법정대리인친권자 부 ○   ○   ○   (인)
　　　　　　　　　　　　　　　　모   ○   ○   ○   (인)

○○지방법원 귀중

작성 · 접수방법

미성년자인 피고인에 대하여 법정대리인이 포기를 동의하는 경우이다.

상 소 권 포 기 동 의 서

사   건   20○○고단○○○○   사기

피 고 인   ○   ○   ○

   위 사건에 관하여 피고인이 상소권을 포기하는데 대하여 피고인의 법정대리인 친권자 부 ○○○, 모 ○○○는 위 포기에 동의합니다.

첨 부 서 류

    1. 인감증명서   2통

20○○.   ○.   ○.

위 피고인의 법정대리인

친권자 부 ○ ○ ○   (인)

모 ○ ○ ○   (인)

○○지방법원   귀중

작성 · 접수방법

미성년자인 피고인에 대하여 법정대리인이 포기를 동의하는 경우이다.

[서식 283] 항소(상고)취하서

항소(상고)취하서

사　　　　건　　20○○고단 ○○○○　사기

피고인(항소인)　　○　　○　　○

　위 사건에 관하여 피고인은 원심판결에 불복하여 항소(상고)를 제기한바 있으나
항소(상고)의 이유가 없어 항소(상고)의 전부를 취하합니다.

　　　　　　　　　20○○.　　○.　　○.

　　　　　　　　　위 피고인(항소인)　○　○　○　　(인)
　　　　　　　　　　　　　　　　　　(전화 : 000-000-0000)

○○지방법원　귀중

작성 · 접수방법

검사나 피고인 또는 결정을 받은 자는 상소의 포기 또는 취하를 할 수 있다.

미성년자의 항소(상고)취하서

사　　건　　　　　20○○고단 ○○○○　 절도

피 고 인　　　　　○　　○　　○

　위 피고사건에 관하여 ○○지방법원에서 20○○. ○. ○. 피고인에게 징역 1년에
처한다는 판결에 대하여 같은 달 ○. 이에 불복하여 항소를 제기하였으나 사정에
의하여 이를 취하합니다.

　　　　　　　　　　20○○.　　 ○.　　 ○.

　　　　　　　　　　위 피고인　○　 ○　 ○　　(인)

위 취하에 동의함.

　　　　　　　　　　위 피고인의 법정대리인
　　　　　　　　　　　친권자 부　○　 ○　 ○　　(인)
　　　　　　　　　　　　　　　모　○　 ○　 ○　　(인)

　　　○○지방법원 항소부　 귀중

항고(상고)절차속행신청

사　　건　　　　20○○고단 ○○○○　절도

피 고 인　　　　　○　　○　　○

　위 사건에 관하여 ○○지방법원에서 20○○. ○. ○.에 징역 1년에 집행유예 2년을 선고한 판결에 대하여 피고인은 20○○. ○. ○. 상소권을 포기하였으나, 동 피고인은 미성년자이므로 동 포기를 함에 있어서는 법정대리인의 동의를 얻어야 하는 바 법정대리인은 동 포기를 동의한 사실이 없어 동 포기는 적법한 것이 아니므로 피고인의 법정대리인 친권자 부 ○○○ ○○○은 위 피고사건의 상소(항소, 상고)절차를 속행하여 줄 것을 신청합니다.

20○○.　　○.　　○.

위 피고인의 법정대리인
친권자 부 ○　　○　　○　　(인)

○○지방법원　귀중

작성 · 접수방법

1. 상소의 포기 또는 취하가 부존재 또는 무효임을 주장하는 자는 그 포기 또는 취하 당시 소송기록이 있었던 법원에 절차속행의 신청을 할 수 있다(형소규 154조 1항).
2. 무효인 전형적인 예로는 강박에 의한 경우를 들 수 있다. 착오에 의한 경우 피고인에게 책임질 수 없는 사유로 발생한 것이 아닌 한 이를 무효로 볼 수 없다.

제2절 항 소

I. 항소의 개념

1. 항소의 의의 및 사유

항소는 상소의 일부제도로서 미확정 재판에 대하여 상급법원에 심판에 의한 구제를 구하는 불복신청의 제도이며, 제1심 판결에 대한 상소를 항소라고 한다. 우리 형사소송법은 형사소송법 제361조의5에서 제한적으로 항소사유를 열거하고 있다.

형사소송법 제361조의5에서 규정한 항소사유는, 판결에 영향을 미친 헌법·법률·명령 또는 규칙의 위반이 있는 때, 판결 후 형의 폐지나 변경 또는 사면이 있는 때, 관할 또는 관할위반의 인정이 법률에 위반한 때, 판결법원의 구성이 법률에 위반한 때, 법률상 그 재판에 관여하지 못할 판사가 그 사건의 심판에 관여한 때, 사건의 심리에 관여하지 아니한 판사가 그 사건의 판결에 관여한 때, 공판의 공개에 관한 규정에 위반한 때, 판결에 이유를 붙이지 아니하거나 이유에 모순이 있는 때, 재심청구의 사유가 있는 때, 사실의 오인이 있어 판결에 영향을 미칠 때, 형의 양정이 부당하다고 인정할 사유가 있는 때 등이다.

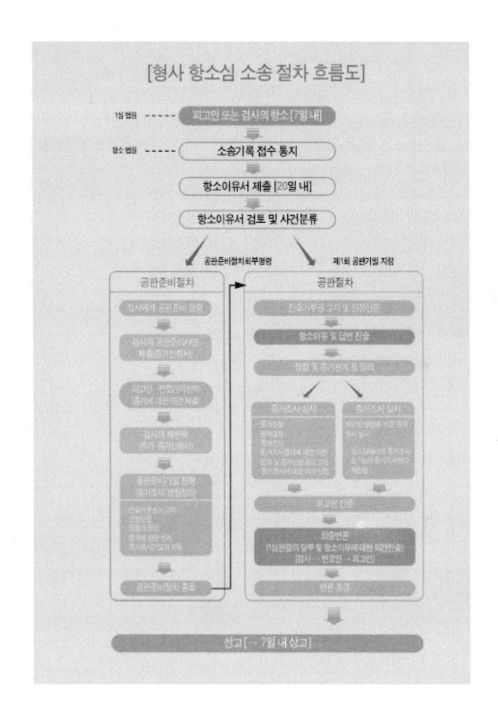

[형사 항소심 소송 절차 흐름도]

2. 항소장의 제출기간 등

제1심판결에 대하여 불복이 있으면 지방법원 단독판사가 선고한 것은 지방법원 합의부(항소부)에 항소할 수 있으며, 지방법원 합의부가 선고한 것은 고등법원에 항소할 수 있다(형소법 제357조).

항소를 함에는 항소의 제기기간 내에 항소장을 재판을 한 원심법원에 제출하여야 하며(형소법 제359조), 선고한 날로부터 7일 내에 항소장을 제출하여야 한다(형소법 제358조).

항소장에 기재할 제출처는 상소법원으로 기재하여야 한다. 항소장에 항소법원을 잘못 기재한 경우(예컨대 합의사건에 대한 항소장에 항소법원의 표시를 지방법원 항소부로 한 경우)에는 단순한 오기로 보아 그 표시에 관계없이 정당한 관할권 있는 항소법원으로 기록을 송부한다.

항소가 제기되면 법원은 상대방에게 항소가 제기되었음을 통지하여야 한다. 일부상소인 경우에는 그 상소의 범위를 명기하여야 한다. 검사 항소시 항소제기통지서가 피고인에게 송달불능되면 공시송달로서 송달에 갈음한다.

3. 새로운 증거제출

항소심 재판은 원칙적으로 이미 선고된 1심 재판의 옳고 그름을 따지는 재판이고, 항소법원은 1심 재판에서 이미 제출된 증거를 모두 검토하기 때문에 항소심재판에서는 1심 재판에 비하여 새로운 증거신청이 제한되는 경우가 많다. 형사소송규칙 제156조의5는 항소심에서 새로이 증인을 신청할 수 있는 경우를 다음과 같은 세 가지 경우로 제한하고 있다.

① 1심 재판에서 증인신청을 하지 않은데 고의나 중대한 과실이 없고 증인신문으로 인해 소송을 현저하게 지연시키지 않는 경우
② 1심에서 이미 신문한 증인은 새로운 증거가 발견되어 부득이 다시 신문할 필요가 있는 경우
③ 항소의 당부를 판단하기 위하여 반드시 필요한 경우

4. 원심법원의 항소기각결정

항소의 제기가 법률상의 방식에 위배하거나 항소권소멸 후인 것이 명백한 때에는 원심법원은 결정으로 항소를 기각하여야 한다(형소법 제360조 제1항). 이 결정에 대하여는 즉시항고를 할 수 있다(형소법 제360조 제2항).

[서식 286] 항소장(사기)

항 소 장

사 건　　　20○○고단○○○○　사기

피 고 인　　　○　○　○

　위 사건에 관하여 ○○지방법원은 20○○. ○. ○. 피고인에 대하여 징역 1년에 처하고 다만 그 형의 집행을 2년간 유예하는 판결선고를 한 바 있으나, 피고인은 위 판결에 불복이므로 항소를 제기합니다.

20○○.　○.　○.

위 피고인의 형사보조인　○　○　○　(인)
(또는 피고인 ○　○　○)

○○지방법원　항소부　귀중

작성 · 접수방법

1. 항소장은 판결선고한 날로부터 7일 내에 항소장을 제출하여야 한다(형소법 제358조).
2. 항소장 2부를 제1심이 진행된 원심법원에 제출한다.
3. 1심이 합의사건일 때의 항소장은 ○○고등법원 귀중으로 표시하여야 한다.
4. 1심의 변호인의 권한은 항소장 제출까지 가능하므로, 항소장 말미에 "원심 피고인의 변호인 ○○○ (인)"으로 기재함이 실무이다.
5. 항소심을 선임한 변호인이라면 항소장에 항소심 변호인 선임계를 첨부하고 항소장 말미에 "피고인(항소인)의 변호인 변호사 ○○○ (인)"으로 기재하면 된다.

항 소 장

사   건   20○○고단 ○○○○ 폭력행위등처벌에관한법률위반 등

피고인(항소인)   김 ○ ○

피고인(항소인)   이 ○ ○

피고인(항소인)   박 ○ ○

위 사건에 관하여 ○○지방법원은 20○○. ○. ○. 피고인 김○○에게 벌금 3,000,000원, 피고인 이○○에게 벌금 3,000,000원, 피고인 박○○에게 벌금 4,000,000원에 각 처하는 판결선고를 한바 있으나, 피고인들은 이에 모두 불복이 므로 항소를 제기합니다.

첨 부 서 류

1. 선임신고서(항소심)   1통

20○○.   ○.   ○.

위 피고인 김○○, 이○○, 박○○의 변호인

변호사 ○ ○ ○   (인)

○○지방법원 항소부   귀중

[서식 288] 항소장(사기)

항 소 장

사   건   20○○고단 ○○○○ 폭력행위등처벌에관한법률위반 등

피고인(항소인)   김 ○ ○

　위 피고인에 대한 ○○지방법원 ○○고합 ○○사기 피고사건에 대하여 ○○년 ○월 ○일당 법원에서 징역 ○년 ○월에 처한다는 판결을 선고받았으나 그 판결은 모두 불복이므로 항소를 제기합니다.

첨 부 서 류

　1. 선임신고서(항소심)   1통

20○○.   ○.   ○.

위 피고인 김○○, 이○○, 박○○의 변호인
　　　　　변호사 ○ ○ ○   (인)

○○지방법원 항소부   귀중

1. 소송기록 접수와 통지

항소법원은 항소된 소송기록이 원심법원으로부터 원심 대응검찰청, 항소심 대응검찰청을 경유하여 항소법원에 도착하면 사건번호를 부여하고 사건을 심리할 재판부를 배당한다.

2. 항소기각의 결정

항소인이나 변호인은 항소법원의 소송기록 접수통지를 받은 날로부터 20일 이내에 항소이유서를 제출하여야 하며, 위 기간 내 이를 제출하지 아니한 때에는 항소기각결정을 하여야 한다(형소법 제361조의4 제1항). 단 직권조사사유가 있거나 항소장에 항소이유의 기재가 있는 때에는 예외로 하며(형소법 제361조의4 제2항). 이 결정에 대하여는 즉시항고를 할 수 있다(형소법 제361조의4 제2항).

항소사건에 관하여 공소기각결정을 할 사유가 있는 때에는 항소법원은 결정으로 공소를 기각하여야 한다.

항소이유서가 적법기일 내에 제출되면 공판기일을 지정하여 피고인을 소환하고 검사, 변호인, 보조인 등에게 공판기일을 통지하여야 하며 그 외 나머지는 제1심에서의 절차와 같다.

항소심에서 공판기일 소환장이 피고인에게 송달되지 않는 때에는 바로 공시송달을 할 수 있고 피고인이 외국인의 경우 통역인을 선정하여야 한다.

3. 항소이유서의 제출 및 부본송달

항소인 또는 변호인은 위의 항소소송기록접수통지를 받은 날로부터 20일 안에 항소이유서 1통과 그 부본 1통을 항소법원에 제출하여야 한다(형소법 제361조의3).

항소이유서란 원심판결에 대한 불복의 이유를 기재한 서면을 말한다. 항소법원에서 심판을 받기 위하여는 위의 기간 내에 항소이유서를 제출하여야 하며 이를 제출하지 않으면 항소기각의 결정을 할 수도 있다.

항 소 이 유 서

사 건 　　　20○○노○○○○　상해 등
피 고 인 　　　○　　○　　○

　위 관하여 피고인(항소인)의 변호인은 다음과 같이 항소이유를 개진하오니 관대한 처분을 바랍니다.

다 음

1. 원심판결 및 항소이유 요지

　원심은 피고인에 대한 고소사실을 모두 유죄로 인정하여 징역 3년의 형을 선고하였습니다.

　그러나 원심판결은 사실관계를 오인한 잘못이 있고, 그 형이 지나치게 무거워 부당합니다.

2. 사실오인의 점

　가. 공소소실 1의 가항 ○○○에 대하여

　원심은 피고인이 밥을 먹고 있던 피해자의 밥상을 차 피해자에게 췌장가성농양상을 가하였다고 인정하였으나, 기록상 피고인이 밥상을 찬 사실에 대한 증거가 없고, 설령 밥상을 찼다고 하더라도 이것과 췌장농양상과의 인과관계를 인정할 수 없습니다.

　검찰이 ○○○을 기소한 근거는 피해자가 포크로 아들인 ○○의 눈을 찌르려고 하는 것을 보고 피고인이 화가나 피해자의 앞에 있던 밥상을 밀어 방상의 모서리 부분이 피해자의 배에 부딪쳤다는 피고인의 진술 때문이었습니다.

　원래 피고인은 피해자가 포코로 ○○를 찌르려고 하여 급한 김에 이를 뺏으려고 하다가 밥상이 피해자 쪽으로 밀려가 피해자에게 부딪친 것이다라고 진술을 하였는데, 검찰은 마치 피고인이 고의로 밥상을 밀었던 것으로 조서에 지재하였고, 나중에 밥상을 찬 것으로 기소하였습니다.

따라서 피고인이 발로 밥상을 차서 피해자에게 상해를 가하였다는 부분은 아무런 증거가 없는 것입니다.

또한 설령 피고인이 밥상을 밀었거나 찼다고 하더라도 밥상의 높이가 피해자의 가슴높이와 비슷하기 때문에 그로 인하여 충격을 받은 부위는 피해자의 가슴 주의가 되어야 하고 하복부에 있는 췌장에 아무런 충격을 가할 수는 없는 것이 명백합니다.

나아가 피해자를 수술한 의사 ○○○의 증언에 의하면 처음에는 피해자를 맹장으로 알고 수술을 하였으나, 개복결과 췌장염으로 판명되었는데, 현재 췌장염의 발생 원인은 의학적으로 규명된 바가 없으며, 피해자의 발병원인도 알 수 없다고 증언하고 있습니다.

따라서 피해자가 피고인으로부터 폭행을 다하였다고 하더라도 폭행과 상해와는 아무런 인과관계를 인정할 수 없으므로, 단순 폭행이라면 모를까, 사행의 부분에 대하여는 마땅히 무죄가 선고되어야 할 것입니다.

나. 공소사실 1의 다 감금에 대하여
원심은 피고인이 집의 출입문을 고쳐 항상 문을 시정하여 피해자가 문밖으로 나오지 못하게 하였고, 가족들과 외출을 하면서도 피해자를 집안에 가두어 두는 등 약 1개월간에 걸쳐 피해자를 감금하였다고 인정하였습니다.

원래 이건 출입문은 피해자가 가족들 몰래 밖으로 나돌아 다니다가 행인들의 신고로 지구대에 가서나, 이웃주민들에게 피고인들이 자신을 학대한다는 헛소문을 퍼뜨리고 다니자 상피고인이피해자의 외출을 통제하기 위하여 고치게 되었던 것입니다.

그러나 피고인이 상피고인에게 문을 고치자고 제의하거나 직접 문을 고친 사실이 없고 문을 고친 후 피해자를 방안에 가두거나 피해자만을 두고 외출을 한 적이 없습니다.

물론 피고인이 상피고인이 문을 고칠 때 이를 만류하지 못하였고, 피고인이 피아노 교습을 할 때, 상피고인이 피해자를 보다가 일이 있어 피해자만을 두고 외출하는 것을 만류하지 못한 점에 대하여 죄책감을 느끼고 있습니다.

또한 피고인 부부가 피해자를 혼자 집안에 가두고 ○○○과 ○○○을 데리고 외출을 한 적은 없고, 더욱이 피해자를 1개월이란 장기간에 걸쳐 피해자를 감금한 사실은 물론 없습니다.

따라서 상피고인에게 감금죄의 죄책을 물을 수 있을지언정 피고인을 감금죄로 처벌할 수는 없는 것입니다.

3. 양형부당의 점

가. 사기죄

피고인은 사기죄에 대하여는 전부 범행을 자백하고, 잘못을 깊이 뉘우치고 있을 뿐만 아니라 피해금액이 000원으로서 사안이 매우 중하지도 않습니다.

공소사실 3의 가항은 피고인이 학원을 그만두어 수입이 없고, 상피고인도 아무런 직장이 없어 경제적으로 어려운 처지에서, 딸 ○○○이 상처를 입어 병원치료를 위하여 저지른 것이고, 편취금액 000만 원은 모두 ○○○의 치료비료 사용한 점 등 정상에 참작할 사유가 있습니다.

공소사실 3의 나항에 대하여는 남편인 상피고인이 시키는 대로 소극적으로 가담을 하였을 뿐 상피고인이 보험금을 얼마를 수령하여 어떻게 하였는지 전혀 아는 바가 없고, 그 돈을 사용한 적도 없습니다.

나. 반성의 정도

피고인은 구속기간을 통하여 자신과 가족들의 과거를 보다 객관적으로 뒤돌아보고, 너무나 부끄러운 자신을 발견하였습니다.

비록 계모이기는 하였지만 나름대로 마음을 추스르고, 피해자에게 사랑을 베풀기도 하였으나 상피고인과의 원만치 못한 관계로 자포자기함으로 인하여 결국 이와 같은 불행한 사태를 초래하고 말았습니다.

이는 피고인이 화상을 입은 이후 상피고인은 계속 피해자를 학대하였어나 피고인은 피해자를 학대한 사실이 없었던 점에 비추어 나름대로 노력을 하였음을 랄 수 있습니다.

피고인과는 감정적으로 적대적인 관계에 있는 피해자의 큰어머니 OOO도 피해자가 피고인과 함께 살기를 바랐고, 화상치료를 이하여 나름대로 노력을 하였다는 점을 인정하고 있습니다.

또한 결코 짧지 않는 구금생활을 통하여 자신의 잘못을 깊이반하고 있는 점을 참작하여 주시기 바랍니다.

다. 아직도 양육해야할 자녀가 있습니다
피고인은 피해자를 학대한 사실이 인정된다고 하더라도 피고인에게는 아직 젓먹이 어린두 아이들이 있습니다.
이 아이들은 피고인이 아니라면 어느 누구도 제대로 돌보아 줄 수가 없는 딱한 처지에 있습니다.

재판장님께서 비록 피고인의 범행이 용서받을 수 없다고 하더라도, 나머지 두 아이의 장래를 위하여 마지막으로 관대한 처분을 하여 주실 것을 바랍니다.

4. 결론
이상에서 살펴본 바와 같이 검찰의 공소사실은 대부분 실체적인 진술이 아닌 단순한 추측에 의한 것임에도 원심은 사실관계를 오인하여 부당한 판결을 하였습니다.

또한 사실관계가 전부 유죄로 인하여 인정된다고 하더라도 이 사건의 경위, 동기, 범행후의 정황 등을 종합적으로 고려하여 볼 때 징역0년의 형은 과도한 것이라고 사료되어 이의 시정을 구하고자 이건 항소에 이르게 된 것입니다.

20○○. 00. 00.
위 피고인의 변호인
변호사 　○　○　○　　(인)

서울○○지방법원 제 1형사부　　귀 중

[서식 290]　항소이유서(사실오인)

항 소 이 유 서

사 　　건　　　20○○노 ○○○○　특정경제범죄가중처벌등에관한법률위반
피 고 인　　　○　○　○

　위 관하여 피고인의 변호인은 다음과 같이 항소이유를 개진하오니 관대한 처분을 바랍니다.

다　　음

1. 피고인의 검찰에서의 자백 경위

　피고인은 검찰에 출두하여 처음에 상피고인 ○○○으로부터 뇌물수수 사실을 부인하였습니다. 그러나 담당검사는 위 ○○○의 진술에 의하면 피고인이 위 ○○○으로부터 0회에 걸쳐 합계 금 000만 원을 받은 것으로 인정되니 피고인이 시인하지 아니하면 구속할 수밖에 없다고 하며 ○○지부장까지 지내고 나이도 많은 분이 유

치장에서 잡범들과 함께 지낼 수 있느냐고 협박과 회유를 거듭하였습니다.

피고인은 다른 사람들이 이미 구속된 후 뒤늦게 검찰에 소환되었는던바, ○○에서 이미 퇴직하여 시골에서 농사나 짓고 있던 터에 아니도 많은 사람이 구속되어서는 안 되겠다는 생각에 위 ○○○이 진술한 대로 그래도 사실임을 인정하고 말았습니다. 그래서 피고인은 구속을 면하고 원심과 같이 재판을 받게 되었으나 그 후 명예롭게 퇴직하여 시골에서 조용히 지내고 있던 피고인에게는 큰 불명예가 아닐 수 없다는 생각이 들어 원심 법정에서 피고인에 대한 공소사실은 사실이 아님을 다투게 되었습니다. 따라서 피고대한 검찰에서의 진술서, 피의자신문조서도 임의성 없이 작성된 것이라고 주장하게 되었습니다. 검사실에서 피고인과 감서 사이에 일어난 일을 피고인이 주장한들 이를 증명할 방법이 없음은 안타까울 뿐이라는 사실을 피고인 자신도 너무도 잘 알고 있을 따름입니다.

2. 사건의 경위 및 내용

가. 피고인은 20○○. 00. 00.자로 ○○농협 ○○시 지부장으로 발령받아 같은 날 부임하여 20○○. 00.00.까지 약 8개월간 근무하였습니다.

나. 위 ○○○은 20○○. 00.00. 00:00경 지부장 사무실에서 지부장이 대출 결제를 지연하고 있어 결재를 빨리 해달라는 취지로 피고인에게 금000원을 주었더니 그 날 오후에 바로 대출금이 나왔고, 같은 해 00. 00. 00으로부터 재정운영자금으로 0억 0,000원을 대출받은데 대한 사례금으로 그 날 오후 금 000만원을 주었으며, 20○○. 00. 하순 경 피고인이 다른 곳으로 전출간다는 말을 듣고 전별금 명목으로 금 000만 원을 주었다고 주장합니다.

다. 피고인에 대한 원심인정 범죄 사실은 피고인이 20○○. 00.경 ○○농협 ○○시 지부 사무실에서 위 ○○○으로부터 향후 있게될 대출에 대한 청탁 및 부임인사 명목으로 금 000만 원을 교부받고 같은 해 00.말경 같은 달 00. 위 ○○종합식품에게 재정 운영자금 0억 0,000만 원을 대출해준데 대한 사례비 명목으로 금 000만 원을 교부받고 20○○. 00.하순 경 그동안 대출 등 업무상 편의를 제공해준데 대한 사례 및 전별금 명목으로 금 100만 원을 교부받았다고 되어 있습니다.

라. 원심인정 범죄사실의 일시 장소 등은 피고인이 검찰에서의 진술을 토대로 한 것인바, 앞서와 같이 피고인의 진술은 검사의 구속 협박 및 회의에 의한 것으로 임의성이 없는 것이고, 한편 피고인에 대한 유일한 증거로서의 위 ○○○의 진술에 의하면 범죄일시 장소가 서로 달라 원심은 범죄일시 장소는 피고인의 진술을 토대로 하고 돈을 주고받은 경위 및 액수는 위 ○○○의 진술을 토대로 한 것으로 결국 짜맞추기식 사실인정을 한 것입니다.

마. 위 ○○○은 20○○. 00. 00. 농협 00지부로부터 0억 0,000만 원의 대출을 받고 그 날 피고인에게 금 000만원을 주었다고 하고 있으나 피고인은 같은 달 8. 00.자로 농협 00지부장으로 발령 받고 그 달 00.에야 부임하였던 바, 위 ○○○은 전임지부장에게 돈을 준 것을 피고인에게 주었다고 하고 있거나 돈을 준 사실이 전혀 없음에도 자신의 횡령 사실을 숨기기 위하여 피고인을 비롯한 다른 사람에게 돈을 주었다고 하고 있는 것으로 밖에 볼 수 없습니다. 또한 위 000은 같은 해 00. 00. 재정운영 자금 0억 0,000만 원을 대출 받고 바로 그날 오후에 피고인에게 금000만 원을 주었다고 하고 있으나 피고인은 20○○. 00. 00 부임 후 0개월 후에서야 비로소 위 ○○○을 처음 보게 되었던 것이여 위 ○○○에 대한 대출금 및 재정운영 자금은 피고인이 부임하기 전에 이미 승인나 있었거나 중소기업 진흥청에서 배정해 주는 것으로 피고인의 결재와는 아무런 사관이 없었던 것으로 위 ○○○이 피고인에게 돈을 줄 아무런 이유가 없었던 것입니다.

바. 또한 위 ○○○은 20○○. 00. 00. 피고인에게 전별금으로 금 000만 원을 주었다고 하고 있으나 피고인은 발령 받은 날 저녁 직원들과 송별회를 하고 다음 날 바로 ○○로 떠나왔기 때문에 위000을 만난 일도 없고 또 위 ○○○선은 피고인이 발령 받은 사실을 알 수도 없었던 것입니다.

사. 위와 같이 피고인은 위 ○○○으로부터 전혀 돈을 받은 사실이 없음에도 원심은 오로지 위 ○○○의 진술에만 의존하여 이건 범죄사실을 인정하였습니다. 그러나 위 ○○○의 진술은 이건으로 조사 받기 전 약 0전의 일로서 장부나 메모에 의한 아무런 자료 없이 오로지 기억에 의하였던 것으로 경험칙상 도

저히 정확한 내용이라고는 믿을 수가 없는 것입니다.

3. 결어

이상과 같이 원심은 증거 채부를 잘못하여 피고인에게 유죄판결을 하였던 바, 범죄의 증명 없이 피고인에게 유죄를 선고한 원심판결을 파기하여 피고인에게 무죄를 선고하여 주실 것을 바라면서 항소이유서를 제출합니다.

20○○. 00. 00.

위 피고인의

변호인 변호사 ○ ○ ○ (인)

서울○○지방법원 제1형사부　귀 중

[서식 291] 항소이유서(양형부당)

항 소 이 유 서

사　　건　　　20○○노○○○○ 사기
피 고 인　　　　○　　○　　○

위 관하여 피고인의 변호인은 다음과 같이 항소이유를 개진하오니 관대한 처분을 바랍니다.

다　　음

1. 원심은 사실을 오인하였습니다.

피고인에게는 기망행위가 없었거나 편취의 범의가 없었습니다. 워낙 부동산경기가 침체된 상황에서 사업을 영위하다 보니 예기치 않게 자금경색이 되어, 결제가 늦어진 것에 불과합니다.

2. 원심의 형은 그 양형이 과중하여 부당합니다. 벌금액의 감액을 삼가 청원드리는 바입니다.

   피고인은 현재 부동산사업을 여러 사업지에서 영위하고 있습니다. 미국에서는 부동산과 주식 등 경기전반의 훈풍이 불고 있다고 합니다. 그러나 우리나라에서는 아직 요원한 상황이며, 특히 세월호 등 여러 사회경제적 여건으로 인하여 분양시장을 포함한 부동산시장에 냉기류가 여전히 상존한 상태입니다.

   부동산시장의 장기적이고 구조적인 위축으로 인하여 관련 사업 관계자들 사이에 오해와 이해충돌이 발생하고 서로 소송과 경매 등 분쟁이 과거보다 최근 수년 사이에 훨씬 더 많이 진행되고 있습니다. 피고인의 경우에도 여러 사업지의 분양과 공사 등이 아직도 어려운 상태이므로, 존경하는 재판장님께, 벌금액의 감액을 삼가 두손 모아 간곡히 청원드리는 바입니다.

20○○. 00. 00.

위 피고인의 변호인 변호사 ○ ○ ○   (인)

서울○○지방법원 제1형사부   귀 중

작성 · 접수방법

1. 항소이유서 안내서를 받은 항소인 또는 변호인은 항소법원으로부터 소송기록 접수의 통지를 받은 날로부터 20일 이내에 반드시 항소이유서를 항소법원에 제출하여야 하며 위 기일을 도과시에는 항소심을 진행하여도 항고기각의 판결을 받을 수 있다.
2. 사실관계와 정상관계를 구분하여 기재함이 피고인 방어에 효율적이다.
3. 항소이유서 2부를 항소심 진행 법원에 제출한다.

항 소 이 유 서

사 건   20○○고단 ○○○○   부정수표단속법위반

피 고 인   ○   ○   ○

   귀원에 재판 계속중인 피고인에 대한 부정수표단속법 위반 피고(항소)사건에 관하여 피고인의 변호인은 아래와 같이 항소이유를 개진하오니 관대한 처분을 바랍니다.

아   래

1. 원심은 피고인에 대한 공소사실을 모두 유죄로 인정하면서 피고인에 대하여 징역 1년에 처한다는 판결을 선고하였는바, 이는 다음에서 보는 여러 자료를 종합하면 그 형이 너무 무거워 부당하다 할 것입니다.

2. 이 건 부도의 경위에 관하여 보면, 이 건 부도는 소위 계획적인 부도가 아닐 뿐만 아니라 발행 교부 전후를 거쳐 어떠한 사위의 방법으로 사용한 것이 아니고 피고인이 일찍이 십여 년간 타월 대리점을 경영하여 오면서 20○○년도 광역의회 선거철에 대비하여 그 수요를 예감하고 많은 물량을 확보하는 과정에서 물품대금으로 이 건 수표를 발행하였는바, 본의 아니게 선거열풍이 진정되고 타월 등의 선물수요가 격감하면서 매출이 부진하고 이에 따라 자금회전이 되지 아니하여 부득이 결제를 할 수 없게 된 것으로서 소위 물품대금의 지급이 지연된 것으로 엄격히는 채무불이행이라 하지 않을 수 없는 것입니다.

3. 그럼에도 불구하고 피고인은 가족을 통하여 백방으로 노력하여 원심에 이르기까지 약 2억 원을 회수한 외에 당심에 이르기까지 다시 별첨과 같이 수표 3매를 회수한 사실이 있으므로 그의 범의는 앞서와 같이 중하지 아니하고 그간 4개월간의 구금생활을 통하여 깊이 반성하였음은 물론 이 건 사안이 피고인이 주축이

되어 활동 중 발생한 것으로 피고인의 구금은 응징 외에 이에 따로 정당한 피해회복을 위하여서는 방해사유라 할 것입니다. 이상의 여러 점을 참작하면 피고인에 대한 계속적인 응징보다는 이번에 한하여 관대한 집행유예로서 마지막 뒤처리를 원만히 할 수 있도록 함이 상당하다 할 것이므로 이 건 항소에 이르렀습니다.

첨 부 서 류

　　1. 수표 사본(앞, 뒷면)　　　　　　　　　3매

20○○.　○.　○.

위 피고인의 변호인 변호사　○　○　○　　(인)

○○지방법원 항소부　귀중

항 소 이 유 서

사　　건　　　　20○○노○○○○　사기
피 고 인　　　　　○　　○　　　○

　위 관하여 피고인의 변호인은 다음과 같이 항소이유를 개진하오니 관대한 처분을
바랍니다.

다　　음

1. 원심 판결의 내용과 항소이유의 요지

　원심은 거시증거에 의하여 피고인의 이 사건 공소사실 유죄를 인정하고 피고인에
게 벌금 ○○○만 원을 선고하였습니다. 그러나 원심은 심리를 제대로 하지 아니한 잘
못으로 인하여 존속상해의 점에 관한 사실관계를 오인하였을 뿐만 아니라, 피고인
○○○가 이 사건에 이른 경위, 정상참작 사유 등에 비추어 지나치게 그 형이 무거
워 부당하다고 할 것입니다.

2. 사실오인의 점

　- 피고인은 고소인을 폭행을 가하거나 상해를 가한 사실이 없습니다.

　고소인은 20○○. ○○. ○○. ○○:○○경 고소인의 핸드폰을 가지고 나가는 피고인을
잡자 피고인이 고소인의 손을 뿌리치고 엘리베이터를 탔고, 고소인이 엘리베이터
단추를 눌러 피고인이 내려가지 못하도록 하였더니, 피고인이 엘리베이터에서 내려
갑자기 주먹과 발로 ○○분 동안 고소인의 머리부위와 몸통부위를 수십 차례 폭행을
가하였다고 주장하지만 이는 사실이 아닙니다.

　피고인이 핸드폰을 가지고 아파트 현관을 나오자 고소인이 핸드폰을 되찾기 위해
달려 나와 뒤에서 피고인을 벽에 밀치고 피고인의 오른 쪽 목부위를 입으로 물어
피고인에게 상해를 가한 것이고, 고소인이 자신의 휴대폰을 찾기 위한 몸싸움을 하
던 중 피고인의 외투를 잡아 댕기는 바람에 피고인의 외투 단추와 피고인 외투의
주머니에 있던 피고인의 리모컨 차 키가 복도에 떨어졌으며, 피고인은 이를 줍기

위하여 내린 것입니다. 그리고 고소인이 피고인보다 먼저 떨어진 리모컨 차키를 줍자 피고인은 고소인이 가지고 있던 리모컨 차 키를 되찾았을 뿐이고, 그 과정에서 피고인은 고소인을 폭행하였거나 상해를 가한 사실이 전혀 없습니다.

고소인은 피고인이 엘리베이터에서 내려 00분 동안 수십 차례 폭행을 가하였다고 주장하지만, 이 사건 사고 현장 엘리베이터 CCTV를 분석한 결과에서도 피고인이 엘리베이터에서 내려 00분 동안 수십 차례 폭행을 가하였다는 고소인의 주장은 사실이 아닌 허위임을 알 수 있습니다. 그리고 만약 실제로 고소인이 상해를 당했다면 당시 사진을 그 증거로 보관함이 일반적임에도 불구하고, 고소인은 상해를 당했다고 주장하면서도 상해에 관한 사진을 제시하지 못하고 있는 바, 이에 의하여도 고소인의 주장이 거짓임을 충분히 짐작할 수 있습니다.

그리고, 이 사건 현장 출동한 ○○파출소 ○○○순경의 수사보고(현장상황 및 피의자 진술관련) 상에도 "외관상으로는 특별한 상처부위를 발견치 못하였으며"라고 기재되어 있고, 상식적으로 00세의 고소인이 00세의 피고인에게 폭행으로 인한 상해를 입었다면, 현장 출동한 경찰에게 폭행으로 인해 상해를 입었다는 사실을 말하였을 것이 분명함에도 불구하고 상해에 관하여 ○○○순경에게 한 마디의 언급도 없었습니다. 이와 같은 정황으로 볼 때 피고인으로부터 폭행을 당해 상해를 입었다는 고소인의 주장은 전혀 사실이 아님을 알 수 있습니다.

또한, 피고인이 이 사건 다음 날 2013. 2. 26. 피고인이 집에 가서 고소인을 만났을 때에도 고소인이 주장하는 피고인의 전날 행위에 대하여 언급이 전혀 없었던 점에 의하더라도 고소인의 주장은 전혀 사실이 아님을 충분히 짐작할 수 있습니다.

이와 같이 피고인 ○○○는 고소인에 대한 상해 사실이 없음에도 불구하고 원심은 사실관계를 오인하여 유죄를 인정하는 잘못을 범하였습니다.

3. 양형부당의 점

고소인은 고소인의 딸이자 피고인의 배우자인 ○○○와 피고인은 이혼소송 진행 중에 고소인이 피고인을 상대로 고소한 이유는 위 이혼소송에 있어 유리한 자료를 확보하기 위함이었습니다(참고자료 1. ○○○과 고소인간 문자메세지 참조). 고소인은 피고인과 고소인의 딸인 ○○○의 이혼소송에서 더 많은 경제적 이득을 취하기 위해 전략적인 행위를 하고 있었고, 이에 비추어 보면 이 사건 고소 역시 같은 목적으로 이혼소송에 있어 유리한 자료를 확보하기 위한 허위 주장임을 충분히 짐작할 수 있습니다.

위에서 살펴본 바와 같이 피고인은 고소인을 폭행을 가하거나 상해를 가한 사실이 없으나, 가사 피고인이 고소인에게 상해를 가하였다고 가정하더라도, 이는 고소인이 피고인과 고소인의 딸이 현재 진행 중인 이혼소송에서 유리한 자료를 확보하기 위하여 만든 함정에 빠졌기 때문이라는 점을 감안하여 보면 원심이 피고인에게 벌금 000만 원을 선고한 것은 과중하다 할 것입니다.

또한, 고소인의 딸이자 피고인의 배우자인 ○○○와 피고인은 2000드단000(본소) 및 2000드단000(반소) 이혼 등 사건에서 서로 원만하게 합의해서 조정이 성립된 상태이고, 본 사건과 관련하여서도 고소인과 피고인은 위 조정에서 모두 고소를 취하하기로 합의하였는 바, 당사자들 간 원만하게 합의된 상태이므로 이를 감안한다면 원심이 피고인에게 벌금 −00만원을 선고한 것은 과중하다 할 것입니다(증 제3호증 조정조서 참조).

4. 결 론
위에서 살펴본 바와 같이 원심은 상해의 점에 대하여 사실 오인을 하여 피고인 ○○○에게 유죄를 선고한 잘못이 있고, 설령 유죄로 인정된다 하더라도 피고인 ○○○가 고소인의 전략에 말려들어 이 사건이 발생한 점을 종합하면 선고형은 너무 과중하다고 할 것이므로 이를 시정하여 주시기를 바라와 이 사건 항소에 이르렀습니다.

20○○. 00. 00.

위 피고인의 변호인

변호사 ○ ○ ○   (인)

○○지방법원 제1형사부   귀 중

항 소 이 유 서

사   건   20○○노 ○○○○호 공문서위조등

피 고 인   ○   ○   ○

　위 사건에 관하여 피고인의 형사보조인(또는 변호사) 다음과 같이 항소이유서를 제출합니다.

다   음

1. 원심은 피고인에 대하여 공소사실을 모두 인정하여 징역 3년의 실형을 선고하였으나 다음에서 보는 바와 같이 원심은 일부 사실오인과 양형부당의 위법이 있습니다.

　가. 사실오인

　　(1) 원심 판시 제2범죄사실의 공모부분과 2의 가 (1)항 부분은 사실과 다릅니다. 피고인은 주민등록등본과 인감증명을 공소 외 송○○ 사장에게 부탁하여 위조한 것은 사실이나 주민등록증을 위조하는데 가담한 사실이 없습니다. 이 사건을 주도한 자는 상피고인 정○○인데 원심판시 범죄사실 제1항, ○○동 토지사건에서는 상피고인 정○○이 채○○에게 돈 300만 원을 주고 주민등록증의 위조를 부탁하였는데, 비슷한 시점에서 비슷한 범행수법으로 범행을 주도한 정○○이가 기이 위조를 부탁한 채○○ 이외에 다른 사람이 다른 사람(즉, 피고인)에게 주민등록증의 위조를 부탁할 리가 없습니다.

　　(2) 피고인은 수사기관에서 일관되게 이를 부인하였으나 원심에서 변호인이 굳이 일부만 부인하여 정상관계만 좋지 않게 할 필요가 있느냐고 하여 자백하였다고 합니다.

　나. 양형부당(정상관계)

　　(1) 이 사건을 주도한 것은 상피고인 정○○이고 피고인은 유○○를 통하여 상피고인 박○○을 소개받은 것입니다.

(2) 피고인은 판시 제1범죄사실에 있어 주민등록등본과 인감증명서를 위조하여 전달한 후 불안하여 유○○와 함께 정○○과 박○○에게 하지 말자고 하였고, 두 사람이 승낙하여 위조서류를 범행에 사용하지 않는 것으로 알았습니다.

(3) 피고인은 판시 제2범죄사실에 가담한 자 중 상피고인 정○○만 아는 사이였습니다.

(4) 피고인은 19○○년부터 20○○년까지 주식회사 ○○코리아에서, 20○○년부터 20○○년까지 ○○ ENG에서 각 근무하다가 이후부터 현재까지 '기업물가'라는 물가정보지 회사를 운영하였는바 영업부진으로 부모의 집까지 처분하고도 휴간을 하고 말아 그 후에는 무역업에 종사하였으나, LC오픈을 위하여 은행에 제공할 담보를 찾다가 이 사건 관련자들을 만나게 됨으로서 이 사건에 개입하게 되었습니다.

(5) 피고인은 20○○. ○. ○. ○○지방법원에서 조세범처벌법 위반으로 징역 1년, 집행유예 2년 및 벌금형을 선고받은 외 한차례 벌금형 전과 이외에는 달리 전과가 없습니다.

(6) 피고인은 이 사건에 관여하게 된 것을 깊이 뉘우치고 있습니다.

2. 결 론

앞서 본 사실관계와 제반정상을 보아 원심 판시 제2의 가.(1)항 범죄 사실은 무죄이고 가사 견해를 달리 하더라도 앞서 본 정상관계를 고려하시어 관대한 처벌을 바랍니다.

20○○. ○. ○.

위 피고인의 형사보조인 ○ ○ ○ (인)

○○지방법원 항소부 귀중

항 소 이 유 서

사 건   20○○노 ○○○ 특정범죄가중처벌등에관한법률위반(절도)

피 고 인   ○   ○   ○

위 피고인에 대한 특정범죄가중처벌등에관한법률위반(절도) 피고사건에 관하여 위 피고인의 변호인은 다음과 같이 항소이유를 개진합니다.

다   음

1. 사실오인의 점 피고인은 이 사건 범행을 부인합니다. 피고인이 ○○○역에서 ○○역으로 진행하는 전동차에 승차하였다가 이 사건 범행 시각 즈음 ○○역에서 하차한 것은 사실이나, 피고인은 원심 판시와 같이 피해자 김○○ 소유의 손지갑을 절취한 사실이 없습니다.

2. 재범의 위험성 원심은 피고인이 이 사건과 동종범죄로 실형 및 보호감호처분을 받은 전력이 4회나 있고, 출소한지 2개월도 되지 않아 다시 같은 종류의 이 사건 범행을 저지른 점에 비추어 습벽 및 재범의 위험성이 있다고 인정하였습니다. 그러나 피고인의 최종 절도 전과는 19○○. 전과로서 이미 00년이 더 지난 일이고 원심이 지적하고 있는 최종전과는 이 사건과 동종이 아닌 대마관리법위반 전과입니다. 나아가 대법원 판례는 "사회보호법 제5조에 규정된 보호감호요건인 재범의 위험성이라 함은 재범의 가능성만으로는 부족하고, 피감호청구인이 장래에 다시 죄를 범하여 법적 평온을 깨뜨릴 고도의 개연성이 있어야 하고, 그 판단기준은 피감호청구인의 직업과 환경, 연령, 가족관계, 당해 범행 이전의 행적, 그 범행의 동기, 회수, 수단, 범행 후의 정황, 개전의 정 등 제반 사정을 종합하여 판단하여야 하고, 또 당해 범행이 상습의 습벽에 의한 것이라 하여 재범의 위험성이 반드시 있다고 할 수 없다"라고 보고 있는 바(19○○. ○. ○. 선고 ○○도○○○ 등), 원심은 오로지 피고인의 범죄전력에만 착안하여 상습성을 인정

하고 아울러 재범의 위험성도 인정한 것이 아닌가 하는 의심이 듭니다.

3. 양형부당의 점가사 원심과 같이 피고인을 유죄로 인정한다 하더라도 피고인에게
   는 다음과 같은 정상이 있습니다.
   가. 이 사건 피해품은 현장에서 즉시 소유자에게 회복되었습니다.
   나. 피고인은 심장이 좋지 않아 수년 전부터 ○○대학병원 등에서 입원 및 통원
       치료를 받은 전력이 있습니다.
   다. 피고인은 국민기초생활보장법 제2조 제2호의 규정에 의한 수급자입니다.
   라. 피고인은 건축목공 2급 자격증을 소지하고 있습니다.
   마. 피고인은 19○○. 이래 ○○년 이상의 수감생활을 하였습니다.

   위와 같은 사정에 비추어 보면, 피고인은 경제적 궁핍을 타개하기 위해 어쩔 수
   없이 재범에 이른 것으로 보입니다.

                            20○○.   ○.   ○.

                    위 피고인의 변호인 변호사 ○ ○ ○   (인)

○○고등법원   귀중

[서식 296] 항소이유서(상해)

항 소 이 유 서

사 건   20○○노○○○ 상해

피 고 인   ○   ○   ○

　위 사건에 관하여 피고인의 변호인은 다음과 같이 항소이유서를 제출합니다.

다   음

1. 피고인은 이 사건 공소사실을 모두 인정하며 자신의 잘못을 깊이 반성하고 있습니다.

2. 피고인의 이 사건 범행은 젊은 혈기에 취중에 우발적으로 저질러진 범행입니다. 피고인은 오랜만에 만난 친구인 공소 외 ○○○가 피해자와 시비가 붙어 피해자 일행으로부터 폭행을 당하는 것을 보고 순간적으로 격분하여 이 건 범행에 이르게 된 것으로 그 동기에 참작할 만한 점이 있습니다. 당시 피고인은 상당량의 술을 마셔 만취된 상태여서 경솔하게도 이 건 범행에 이르게 된 것입니다.

3. 피고인의 범행 정도에 비추어 제1심에서 선고된 형이 결코 중하다고는 할 수 없을 것입니다. 그러나 피고인은 이 건 범행 전에 아무런 범법행위를 저지른 바 없는 초범이고 자신의 잘못을 깊이 뉘우치고 있으며 또한 대학교에 재학 중인 학생입니다. 또한 이 건으로 피고인도 상해를 입었습니다. 피고인은 어려운 가정 형편 속에서도 나름대로 성실히 살아오던 학생이었습니다. 이러한 점을 참작하시어 법이 허용하는 한 최대한의 관용을 베풀어 주시기를 바랍니다.

20○○. ○. ○.

위 피고인의 변호인 변호사 ○ ○ ○   (인)

○○지방법원 형사항소○부 귀중

항 소 보 충 이 유 서

사　　건　　　　20○○노○○　상해

피 고 인　　　　○　　○　　○

　위 피고인에 대한 상해 피고사건에 관하여 위 피고인의 변호인은 다음과 같이 항소이유를 보충합니다.

다　　　음

1. 원심 판시 범죄사실의 인부피고인은 원심 판시 범죄사실은 모두 시인합니다.

2. 양형부당의 점
　가. 피고인은 정신분열증 진단을 받아 병원에서 입원치료를 받은 적이 있고 지금도 약을 복용하고 있으며 장애인복지법에 따른 정신지체 3급의 장애인입니다. 피고인은 고등학교 1학년 때부터 갑자기 학교를 나가지 않는 등 정상인과 같은 정도의 사회적응력을 갖추지 못하고 있습니다. 이 사건 범행도 특별한 동기 없이 범행 당시의 기분에 따라 우발적으로 행한 것입니다.
　나. 이 사건 피해자는 피고인의 아버지가 운영하는 정육점에 자주 들러 피고인 부모님과 알고 지내는 사이입니다. 피고인의 어머니는 피해자에게 치료비 조로 금 100만 원을 주려하였으나 피해자가 금 500만 원을 요구하여 합의에는 이르지 못하였습니다.
　다. 피고인에게는 폭력행위로 인하여 벌금 100만 원을 선고받은 외에는 다른 범죄전력이 없으며 5개월이 넘는 미결구금기간을 통해 본 건 범행을 깊이 반성하고 있습니다.

3. 결　론
　이상의 정상과 기타 기록상 드러나는 자료를 참작하시어 피고인에게 원심보다 관대한 형을 선고하여 주시기를 바라며, 항소보충이유서를 제출합니다.

20○○. ○. ○.

위 피고인의 변호인 변호사 ○ ○ ○   (인)

○○지방법원 형사항소 제○부   귀중

[서식 298] 항소보충이유서(강도상해 등)

항 소 보 충 이 유 서

사   건   20○○노○○○   강도상해

피 고 인   ○   ○   ○

위 피고인에 대한 강도상해 등 피고사건에 관하여 위 피고인의 변호인은 다음과 같이 항소이유를 보충합니다.

다   음

1. 피고인은 원심 판시 범죄사실을 자백하며, 피해자들에게 사죄드립니다.
  피고인은 원심 판시 범죄사실을 모두 자백하고, 깊이 반성하고 있습니다. 현재 ○○구치소에 수감되어 있으면서, 피해자들에게 매일 사죄하는 기도를 올리고 있습니다.

2. 원심의 형은 너무 무거워서 부당합니다.
  피고인의 범죄 사실이 중하나, 피고인에 대하여 원심 법원이 선고한 형은 지나치

게 과중하므로, 다음과 같은 사정을 참작하여 주시기 바랍니다.

가. 피고인은 이 사건 범행을 하기 전까지는, 여러 차례의 사업 실패에도 불구하고 두 딸과 아내를 부양하기 위하여 성실히 일해 왔던 가장이었습니다.

피고인은 두 딸을 둔 아버지로서, 이 사건 범행에 이르기 전까지만 하더라도 자동차 부품 제조업, 출판사업, 기숙형 과외사업 등 여러 사업을 시도하면서 가족을 부양하기 위해 무진 애를 써왔던 성실한 가장이었습니다.

그러나 연이은 사업 실패로 인한 경제적 어려움과 그로 인한 가족관계 등 인간관계의 단절로 인해 벼랑 끝에 내몰린 피고인이 가정과 사회로부터 완전히 고립된 생활을 이어나가다가 결국 잘못된 선택을 하고 만 것입니다.

나. 검거 이후 피고인은 자살을 기도하였으나, 마음을 고쳐먹은 지금은 자신의 과오를 깊이 반성하고 있으며, 속죄하는 심정으로 살기로 마음먹었습니다.

피고인은 자신에 대한 후회와 원망으로 모든 것을 체념하고 자살을 기도하였었으나, 부모님과 가족들의 간곡한 설득으로 인해 다시 삶을 이어가기로 마음을 고쳐먹었습니다.

피고인은 앞으로의 삶은 추가적으로 주어진 삶이라고 생각하고 성실하게 영위하고자 다짐하고 있습니다. 자신의 행동으로 인해 피해를 입은 피해자와 그 가정, 국가와 사회, 피고인의 가족들에게 끼친 잘못과 해악을 속죄하라는 의미에서 추가적으로 주어진 것이라 생각하고 있습니다.

다. 다른 유사한 사건들과 비교하더라도 피고인에 대한 원심의 형은 과중합니다.

서울고등법원은, ○인이 함께 피해자 두 명을 구타하여 금품을 강취하고 그 과정에서 피해자들에게 각 상해를 입히고, 그 중 한 명의 피해자가 사망에 이르게 된 경우에서도, 강도치사와 강도상해의 죄를 범한 피고인들에게 각각 징역 6년과 징역 5년을 선고한 바 있습니다(서울고등법원 1998. 9. 10. 선고 98노1403 판결 참조).

피고인의 범죄 사실도 매우 중하나, 위 판결의 경우 피해자가 사망에 이르렀음에도 징역 5년 내지는 징역 6년이 선고된 점을 고려하면, 이 사건의 원심이 피고인에게 선고한 12년의 징역형은 너무 무겁다 할 것입니다.

3. 결 론

위에서 설명드린 정상참작사유 및 그 외에 이 사건 범행의 경위, 전후 사정, 수법, 피해액, 피고인의 이득액, 피고인의 자라난 과정과 살아온 여정, 두 딸의 아빠 겸 가장으로서 그들의 양육비와 교육비를 벌어야 한다는 사정, 범행 후의 정황, 일부 피해자와 합의한 사정, 현재 구속되어 반성과 참회의 나날을 보내고 있는 점 등을 종합하여 고려하여 주시기 바랍니다.

피고인에게 원심보다 관대한 형으로 감형하는 판결을 선고하여 주시기를 바라며, 항소이유보충서를 제출합니다.

20○○. ○. ○.

위 피고인의 변호인
변호사 ○ ○ ○   (인)

○○고등법원 제12형사부 귀중

항 소 보 충 이 유 서

사　　건　　　　20○○노○○○　폭력행위등처벌에관한법률위반 등

피 고 인　　　　　○　○　○

　　위 피고인에 대한 폭력행위등처벌에관한법률위반 등 피고사건에 관하여 위 피고
인의 변호인은 다음과 같이 항소이유를 보충합니다.

다　　음

1. 원심 판시 범죄사실에 대한 인부 및 항소이유의 요지피고인은 원심 판시 범죄사
   실 중 제1항 및 제2의 가.항 범죄사실은 이를 시인하나, 제2의 나.항 범죄사실은
   부인합니다. 나아가 가사 제2의 나.항 범죄사실이 유죄로 인정된다고 하여도 원
   심이 선고한 ○년 ○월의 징역형은 제반정상에 비추어 과하다 할 것이므로 그
   감형을 구합니다.

2. 사실오인의 점피고인은 수사기관에서부터 일관하여 피해자 ○○○ 경장에 대한
   상해사실을 부인하고 있습니다. 원심판결은 이 부분 유죄의 증거로서 증인 ○○
   ○의 법정진술과 동인에 대한 경찰진술조서, 김○○, 박○○에 대한 각 검찰진
   술조서를 거시하고 있으나 이하에서와 같은 이유에서 과연 이들 증거만으로 피
   고인을 유죄로 인정할 수 있는지 의심이 갑니다.

   가. ○○○ 경장의 진술○○○ 경장이 주장하는 피해부위와 진단서상의 기재가
   　　일치하지 않습니다. ○○○ 경장에 대한 경찰진술조서를 보면, ○○○ 경장
   　　은 피고인이 "발로 저의 왼쪽 허벅지를 1회 차고 저의 낭심을 1회 찼으며",
   　　"무전실에서 저의 왼쪽 얼굴을 세게 1회 때린 후", "저의 입술을 주먹으로 1
   　　회 때리고 저를 밀쳐서 옷장에 팔이 부딪히게 하여 오른쪽 팔꿈치에 피부가
   　　벗겨지는 상처가 난 것이다"라고 진술하고 있습니다. 또한 ○○○ 경장은 원
   　　심 법정에서 "피고인이 주먹으로 증인의 입술을 때려 아래 입술 속이 찢어져
   　　붓고 피가 났습니다"라고 증언하였습니다. 그러나 의사 김○○ 작성의 ○○

○ 경장에 대한 진단서를 보면, 상해부위는 안면부 및 우측관절부만이 있을 뿐이고 외관으로도 쉽게 확인할 수 있을 것으로 보이는 입술부위 상해에 관하여는 기재가 없습니다. 피고인은 자신이 ○○○ 경장을 폭행하고 상해를 가하였다면 파출소 CC-TV에 그 범행 장면이 녹화되어 있을 것이므로 이를 확인하여 자신의 변소가 진실임을 밝혀달라고 주장하고 있습니다. ○○○ 경장은 원심 법정에서 자신이 동료 경찰관에게 CC-TV를 끄라고 소리친 사실이 있다고 실토하면서 그 이유는 피고인을 무전실로 데리고 갔기 때문에 피고인이 소내에 없어서 끄라고 하였던 것이라고 변명하고 있으나, 피고인을 무전실로 데리고 들어가기 전에 이미 CC-TV를 끄라고 이야기하였다고 진술하고 있고 CC-TV는 특별한 사정이 없는 한 상시 켜놓는다고 진술하였으며, 이○○ 순경이 기계를 잘못 조작하여 녹화가 되지 않았다고 진술하는 등 앞뒤가 맞지 않거나 설득력이 없는 설명을 하고 있습니다. 또한 경찰 작성 피의자신문조서 중 ○○○ 경장과의 대질부분을 보면, ○○○ 경장은 피고인이 "계속 사무실에 있는 동안에 박○○에게 욕하고 저의 경찰관에게 욕을 하여 업무를 할 수가 없어서 CC-TV를 크고 무전실로 격리시켰는데"라고 진술하고 있습니다("크고"는 "끄고"의 오기로 보입니다). 피고인이 공무집행을 방해하고 있다면 오히려 CC-TV가 켜있는지를 확인하여 증거를 확보할 수 있는 조치를 취하고 수갑 등을 채워 범행을 저지해야 할 터인데, 반대로 CC-TV를 끄고 피고인을 엉뚱한 곳으로 데리고 갔다는 것이 석연치 않습니다. 그리고 무전실은 아마도 일반인들의 출입이 통제되어 그 이목으로부터 차단되는 장소인 것으로 보이는데, 피고인을 무전실에 격리한다는 것이 피고인을 홀로 무전실에 가두어 둔다는 뜻인지, 무전실 내에서는 피고인을 어떻게 개호하였는지, 결국 피고인을 어떻게 제압하였는지 등의 의문이 제기되고 피고인이 소란을 피워 업무에 차질을 빚게 되므로 격리하였다는 경찰진술조서상의 기재나 원심에서의 증언만으로는 이러한 의문에 답할 수 없습니다. 이 부분은 오히려 자신이 ○○○ 경장 등으로부터 구타를 당하였다는 피고인의 주장이 사실일 수도 있다는 의심을 불러일으키는 대목으로서, 이에 관한 ○○○ 경장의 진술은 CC-TV 녹화테이프가 존재하지 않는 상황에서 피고인 변소를 입증할 수 있는 거의 유일한 자료에 해당합니다.

나. 김○○, 박○○의 진술경찰 피의자신문조서 중 김○○에 대한 대질부분을 보

면, 김○○은 피고인이 "경찰관의 다리를 2~3회 가량 차고, 주먹으로 ○○○ 경장의 얼굴을 때린 것이고, ○○○ 경장의 얼굴에 침을 뱉은 것입니다"라고 진술하고 있어 피고인이 ○○○ 경장의 얼굴을 때리는 것을 보았다는 취지입니다. 그런데 ○○○ 경장에 대한 경찰 진술조서를 보면, ○○○ 경장은 피고인이 "무전실에서 저의 왼쪽 얼굴을 세게 1회 때린 후", 계속하여 "저의 입술을 주먹으로 1회 때리고"라고 진술하였고 원심 법정에서도 "증인이 피고인을 탈의실 안으로 데리고 들어가서 앉히려고 하자 피고인이 주먹으로 증인의 입술을 때려 아래 입술 속이 찢어져 붓고 피가 났습니다"라고 진술하고 있어 피고인이 자신의 얼굴을 때린 것은 무전실 내에서라는 취지입니다. 그렇다면 김○○은 어떻게 피고인이 ○○○호 경장의 얼굴을 때리는 것을 목격하였는지 의문입니다. 검찰 피의자신문조서 중 박○○ 및 김○○에 대한 대질부분을 보면, 박○○는 피고인이 "주먹으로 얼굴을 툭 때렸다"고 진술하고 있고 김○○도 피고인이 "주먹으로 경찰관의 볼을 툭 쳤습니다"라고 진술하고 있기는 하나, "툭 쳤다"는 표현이 반복되고 있는 것으로 보아 원심 판시 범죄사실상 "주먹으로 동인의 얼굴을 때리고"라는 부분과 무전실에서 얼굴을 폭행당하였다는 ○○○ 경장의 진술에서와는 별개의 다른 행위를 지목한 것으로 보입니다. 나아가 검찰 피의자신문조서 중 박○○에 대한 대질부분을 보면, 박○○는 "경찰관도 싫은 소리를 하여", 경찰관이 "최○○의 머리를 손으로 밀쳐 소파에 앉히자"라는 등 일부 피고인의 변소에 부합하는 듯한 진술을 하고 있고 김○○도 마찬가지입니다. 박○○는 또한 같은 곳에서 피고인의 주장에 따라 파출소에서 자신의 소지품을 검사하였으나 피고인이 이야기하는 돈을 찾을 수 없었다는 취지로 진술하고 있으나, 박○○는 어디까지나 폭행사건의 피해자로서 참고인진술을 위하여 파출소에 임의 동행한 것이므로 피고인으로부터 빼앗은 돈을 다른 곳에 두고 올 수 있는 충분한 시간적 여유가 있었을 것입니다.

3. 양형부당의 점피해자 박○○는 이미 경찰에서 피고인에 대한 처벌을 원하지 않는다고 진술한 바 있습니다. 피고인은 ○○○ 경장에 대한 상해사실을 완강히 부인하면서도 다수의 전과가 있음에도 불구하고 다시 처신을 그르쳐 술을 마시고 물의를 빚은 점에 대하여 깊이 반성하고 있음을 밝히고 있습니다. 피고인은

나아가 다시는 이와 같은 실수를 되풀이하지 않기 위해 어머니가 계신 ○○으로 내려가 농사를 지으면서 살겠다고 합니다. 또한 피고인은 원심 법정에서 ○○○ 경장이 사실과 다르게 진술하는 것을 참지 못하여 소란을 피워 감치명령을 받았던 점에 관하여도 뉘우치고 있습니다.

4. 결 론

지금까지 피고인의 성행이 바르지 못하였고 파출소에서도 차분하게 조사에 응하지 않고 다소 소란을 야기한 점은 사실입니다. 그러나 피고인은 절대로 원심 판시와 같이 ○○○ 경장에게 상해를 가한 사실이 없다고 부인하고 있고 원심이 거시한 유죄의 증거들에도 그 신빙성에 의심이 가는 부분이 존재합니다. 이러한 점을 살펴 ○○○ 경장에 대한 폭력행위등처벌에관한법률위반의 점 및 공무집행방해의 점에 대하여 형사소송법 제325조 후단을 적용하여 무죄를 선고하여 주시고, 가사 피고인을 유죄로 인정하시더라도 원심보다 경한 형을 선고하여 주시기를 바랍니다.

20○○.   ○.   ○.

위 피고인의 변호인 변호사 ○ ○ ○   (인)

○○지방법원 형사항소○부 귀중

4. 답변서의 제출 및 부본송달

항소이유서의 제출을 받은 항소법원은 지체없이 그부본 또는 등본을 상대방에게 송달하여야 하며, 항소이유서의 부본 또는 등본을 송달받은 상대방은 송달일로부터 10일 내에 답변서를 항소법원에 제출하여야 한다. 답변서란 항소이유에 대한 상대방의 반론을 기재한 서면을 말한다. 위 조항은 상대방의 답변서 제출을 의무처럼 규정하고 있으나, 사실 답변서는 항소이유서와 달라서 항소법원의 심판범위를 정하는 효력도 없고 그 부제출에 대한 불이익도 없다. 따라서 이는 상대방에게 답변서 제출권을 부여하면서 그 제출기간을 10일로 제한한 규정으로 보아야 할 것이다.

답변서가 제출된 때에는 지체 없이 그 부본 또는 등본을 항소인 또는 그 변호인에게 송달하여야 한다(법 제361조의3).

[서식 300] 답 변 서

답 변 서

사　　건　　　　20○○노 ○○○○　특정범죄가중처벌에관한법률위반

피 고 인　　　　○　　○　　○

　위 피고사건에 관하여 피고인의 변호인은 20○○. ○. ○.자 검사의 항소이유에 대하여 다음과 같이 답변합니다.

다　　음

1. 검사는 원심법원에서는 피고인에게 선고한 징역 1년 6월은 그 형이 너무 가볍다고 항고하고 있으나 원심 형량은 피고인이 범한 범죄내용이나 범행 후의 경과 등에 비추어 보면 결코 가벼운 것이 아닙니다.

2. 피고인은 20○○. ○. ○. ○○지방법원 ○○지원에서 절도미수죄로 징역 2년을 선고받고 복역하다가 20○○. ○. ○. 만기 출소한 후 다시는 범행을 저지르지 않을 것을 다짐하고 6년 동안을 고물행상을 하면서 살아왔고 그 후 다시 범행을 저지른 일이 없이 착실하게 살아오고 있었습니다.

3. 본건 범행 당시에도 피고인은 수하차를 몰고 폐품을 수집하러 다니다가 마침 범행장소에 이르렀을 때 쓰레기 더미 옆에 고철철판이 놓여 있어서 못 쓰는 물건으로 버리는 것으로 알고 그 물건을 들고 수하차에 와서 실으려 하는데 방범대원이 숨어서 지켜보고 있다가 쫓아와서 절도범으로 체포하여 경찰에 인계한 것으로서 당초 피고인은 남의 물건을 훔치려는 의도는 추호도 없었고 고물인 줄만 알고 들고 나오게 된 것이어서 범행동기나 수단에 참작할 사유가 많고 범행현장에서

물건을 압수당하여 피해자에게 반환되었고 피해자와 원만히 합의하여 피해자는 피고인의 처벌을 원치 않고 있습니다.

4. 피고인은 처와 단둘이서 고물행상으로 단란하게 살아왔는데 피고인의 처는 병으로 입원 치료까지 받고 있는 실정으로 피고인이 없으면 병을 간호할 사람조차도 없는 딱한 실정입니다.

5. 이상과 같은 피고인에 대한 여러 정상을 참작하여 볼 때 검사의 항소는 그 이유가 없으므로 기각되어야 할 것입니다.

20○○. ○. ○.

위 피고인의 변호인 변호사 ○ ○ ○   (인)

○○고등법원 귀중

작성 · 접수방법

1. 항소이유서를 제출받은 항소법원은 지체 없이 그 부본 또는 등본을 상대방에게 송달하여야 한다.
2. 상대방은 전항의 송달을 받은 날부터 10일 이내에 답변서를 항소법원에 제출하여야 한다(형소법 361조의3).

Ⅲ. 항소심의 공판절차

항소법원은 항소이유에 포함된 사유에 관하여 심판하여야 한다. 피고인이나 변호인이 항소이유서에 포함시키지 아니한 사항을 항소심 공판정에서 진술한다고 하더라도 그러한 사정만으로 그 진술에 포함된 주장과 같은 항소이유가 있다고 볼 수는 없다. 그러나 판결에 영향을 미친 사유에 관하여는 항소이유서에 포함되지 아니한 경우에도 직권으로 심판할 수 있다(형사소송법 제364조). 여기에서 판결에 영향을 미친 사유란, 널리 항소이유가 되는 사유 중에서 판결에 영향을 미친 사유를 포함한다(대법원 1976, 3, 23, 선고 76도437 판결 참조).

1. 피고인 출석 및 완화

항소심의 공판절차에 관하여는 특별한 규정이 없는 한 제1심 공판절차에 따르도록 되어 있다. 그러나 몇 가지 특례규정이 있는 경우와 항소심의 성질에 부합하지 않는 부분이 있다.

즉, 피고인이 공판기일에 출석하지 아니하는 때에는 다시 기일을 정하여야 하나(형소법 제365 조 제1항), 피고인 출석요건의 완화로서 피고인이 공판기일에 출석하지 아니한 때에는 다시 공판기일을 정하여야 하며, 피고인의 정당한 이유 없이 다시 정한 공판기일에도 출석하지 아니한 때에는 피고인의 진술 없이(즉, 불출석 상태로) 판결할 수 있다(형소법 제365조 2항). 따라서 피고인의 불출석이 2회 이상 계속되면 그의 출석 없이 개정할 수 있고 진술 없이 판결을 할 수 있는 것이다.

2. 인정신문

피고인 출석으로 개정한 첫 기일에는 1심의 경우와 마찬가지로 진술거부권을 고지하고 인정신문을 행한다. 다만 재판장의 인정신문 내용이 원시판결의 기재와 같은 경우에는 그 해당란을 묶어서 원심판결 기재와 같음이라고 표시할 수 있다. 피고인 불출석으로 개정한 때에는 물론 인정신문을 행하지 않는다.

3. 무변론 항소기각판결의 선고

불출석 무변론으로 항소이유가 없음이 명백한 때에는 항소장, 항소이유서 기타의 항소기록에 의하여 변론 없이 항소기각의 판결을 선고할 수 있다(형소법 제365조 제2항).

무변론 항소기각판결도 반드시 공판정에서 선고할 것을 요하며 개정 자체를 생략할 수 있는 것은 아니므로, 피고인이 공판기일에 출석하였거나 2회 이상 계속 불출석한 때에 한하여 선고할 수 있다. 피고인이 출석한 때에는 인정신문을 하고 나서 무변론 항소기각판결을 선고함이 관례이다.

4. 사실심리

변론에 들어가게 되면 항소이유와 답변의 진술, 쟁점의 정리, 증거조사, 피고인신문, 의견진술의 순서로 진행한다. 항소법원은 항소이유에 포함된 사유에 관하여 심판하여야 하고, 다만 판결에 영향을 미친 사유에 관하여는 항소이유서에 포함되지 아니한 경우에도 직권으로 심판할 수 있다(법 제364조 제1항).

항소심의 심리에 있어서 항소인은 항소이유를 구체적으로 진술하고, 상대방은 항소인의 항소이유에 대한 답변을 구체적으로 진술하여야 하며, 피고인 및 변호인은 이익이 되는 사실 등을 진술할 수 있다. 법원은 항소이유와 답변에 터잡아 해당 사건의 사실상, 법률상 쟁점을 정리하여 밝히고 그 증명되어야 하는 사실을 명확히 하여야 하며, 항소심의 심판에 대하여는 제1심 공판절차에 관한 규정이 원칙적으로 준용된다(형사소송법 제370조).

한편, 제1심의 증인신문조서 기재 자체에 의하여 증인의 진술을 믿기 어려운 사정이 보이는 경우에는 항소심은 그 증인을 다시 신문하여야 한다(대법원 2005. 5. 26. 2005도130). 그러나 제1심 증인이 한 증언의 신빙성에 대한 제1심의 판단은 존중되어야 하고, 항소심에서 이를 뒤집을 경우에는 납득할만한 특별한 사정이 있어야 한다(대법원 2006. 11. 2. 2006도4994). 항소심의 심리 결과 일부 반대되는 사실에 관한 개연성 또는 의문이 제기되더라도 제1심이 일으킨 합리적인 의심을 충분히 해소할 수 있을 정도까지 이르지 않으면 그와 같은 사정만으로 제1심과 다른 판단을 해서는 안 된다(대법원 2016. 4. 15. 2015도8610).

5. 증거조사

원심법원에서 증거로 한 증거는 항소법원에서도 증거로 할 수 있으며, 제1심 법원에서 증거능력이 있었던 증거는 항소법원에서도 증거능력이 유지되고 재판의 기초가 된다. 그러나 1심의 증거 외에 항소심에서 새로운 증거조사를 하고 이를 기초로 재판할 수 있다. 따라서 재판장은 증거조사절차에 들어가기에 앞서 제1심의 증거관계와 증거조사결과의 요지를 고지하여야 한다.

6. 최종진술

최종진술은 1심에서와 마찬가지로 검사, 변호인, 피고인의 순서로 최종의 의견을 진술하게 되며, 항소당사자가 변호인 및 피고인인 경우는 원심판결의 부당성 등의 의견을 진술할 수 있고 상대방인 검사는 항소기각의 의견을 진술하는 것이 통례이다.

7. 항소심의 특칙

(1) 항소이유서를 제출한 자는 항소심의 공판기일에 항소이유서에 기재된 항소이유의 일부를 철회할 수 있으나 항소이유를 철회하면 이를 다시 상고이유로 삼을 수 없게 되는 제한을 받을 수 있으므로 항소이유의 철회는 명백히 이루어져야만 그 효력이 있다(대판 2010. 9. 30. 2010도8477).

(2) 항소심에서도 공소장의 변경은 가능하다. 공소장이 변경되면 변경 전의 공소를 전제로 한 1심판결은 당연히 파기된다.

그러나 항소심에서의 공소취소는 불가능하며 1심에서 간이공판절차에 의하여 심판된 사건이더라도 항소심의 심리에서는 아무런 특수성이 인정되지 않는다.

(3) 영구미제사건은 항소심에서는 발생될 여지가 없다. 소재불명이 되더라도 1심에서 송달 가능하였던 마지막 주거를 근거로 공시송달을 하여 불출석재판을 행할 수 있기 때문이다. 1심에서 공시송달을 하여 불출석재판을 한 사건이면 항소심에서도 계속 공시송달을 할 수 있다.

Ⅳ. 항소심 재판

1. 재판의 방법

항소심의 재판에 있어 재판의 방법은 부적법한 항소의 기각결정, 공소기각결정, 항소이유서 부제출에 의한 항소기각결정, 무변론 항소기각판결이 있으며, 이 중 부적법한 항소기각결정의 사유 또는 공소기각결정의 사유를 공판개시 후 뒤늦게 발견한 경우 또는 그 사유가 공판개시 후에 발생한 경우에는 공판진행도중 또는 변론종결 후에 지정된 판결선고기일에도 그 결정을 고지할 수 있다.

2. 항소기각판결

변론을 열어 심리하였으나 항소가 이유 없다고 인정될 때에는 판결로 항소를 기각하여야 한다(법 제364조 제4항). 소송비용의 부담에 관하여는 불이익변경금지원칙의 적용이 없으므로 피고인만이 항소한 사건이라도 항소심뿐만 아니라 제1심의 소송비용의 부담을 명할 수 있으며 이는 남상소를 억제하기 위한 제재의 일종으로 활용될 수 있다. 제1심 판결에 잘못된 계산이나 기재 그 밖에 이와 비슷한 잘못이 있음이 분명한 때에는 항소심에서 항소기각판결을 선고하면서 제1심 판결을 경정할 수 있다(규칙 제25조 제1항). 다만 그 방법으로 경정의 표시와 경정의 사유를 이유에서만 기재하는 실무례와 경정의 표시를 주문에도 기재하는 실무례가 병존하고 있다.

3. 원심판결의 파기판결

(1) 원심판결 파기의 판결은 변론을 열어 심리한 결과 항소가 이유 있다고 인정될 때에는 원심판결을 파기하고 다시 판결하게 된다(법 제364조 제6항). 항소가 이유 있다 함은 항소이유로서 주장된 사항이 정당하다고 인정되는 경우와 직권조사 결과 판결에 영향을 미친 사유가 있다고 인정되는 경우이다.

한편 피고인을 위하여 즉 피고인에게 유리하게 원심판결을 파기하는 경우에 파기이유가 항소한 피고인에게 공통되는 때에는 그 공동피고인에 대하여도 함께 원심판결을 파기하여야 한다.

(2) 원심판결을 파기하고 다시 판결함에 있어서는 원심판결을 없었던 것으로 돌리고 원심 및 항소심의 변론결과를 총결산하여 새로운 판결을 하게 된다. 이를 실무상 파기자판이라고 부른다.

구속피고인에 대하여 파기자판을 하고 형을 선고할 때에는 원심판결 선고 전의 구금일수 중 전부 또는 일부를 위 형에 산입하는 선고를 하여야 한다.

그러나 파기한 후 항소법원이 직접 판결을 하지 않고 원심법원 또는 다른 법원으로 사건을 보내어 그 법원으로 하여금 재판하게 하는 경우가 있는데 먼저 파기이송은 원심법원에 관할이 없음에도 불구하고 관할을 그릇 인정하여 재판한 경우에 이를 이유로 원심판결을 파기한 때에는 판결로서 사건을 관할법원에 이송하여야 하는 것이며(형소법 제367조), 다음으로 파기환송은 공소기각의 사유가 없음에도 불구하고 공소기각의 판결을 한 경우 또는 관할이 있음에도 불구하고 관할위반의 판결을 한 경우에 이를 이유로 원심판결을 파기한 때에는 판결로써 사건을 원심법원으로 환송하는 것을 말한다(형소법 제366조).

[서식 301] 공소기각결정신청서

공소기각결정신청

사　　건　　　　　20○○노○○○○호　무고

피 고 인　　　　　○　　○　　○

　위 사건에 관하여 피고인은 20○○. ○. ○. 00:00경 ○○시 ○○구 ○○동 ○○
○ 안전교통도로신설 공사장 공터에서 전신소각상태(분신자살)로 사망하였는바, 위
피고인에 대한 사건의 공소를 기각하는 결정(형사소송법 제328조)을 하여 주시기
바랍니다.

입 증 서 류

　　1. 사체검안서(○○○의원)　　　　　　　　　1통

20○○.　　○.　　○.

위 피고인의 변호인 변호사　○　○　○　　(인)

○○지방법원　귀중

작성 · 접수방법

항소심진행 중 피고인이 사망한 경우이다.

1. 파기환송사건의 처리절차

상고심에서 항소심판결을 파기하고 원심(항소심)법원으로 환송하거나 다른 법원으로 이송한 경우 그 환송 또는 이송을 받은 법원의 처리절차에 관하여는 명문의 규정이 불비하여 실무상 의문되는 점이 많은데 이론상으로는 상고심판결에 설시된 파기이유에 의하여 단순히 파기 전의 항소심 절차를 속행하는 경우로부터 항소심의 절차를 처음부터 다시 행해야 하는 경우까지 여러 형태가 있다고 설명되고 있다.

2. 파기환송 전 변호인 선임의 효력

파기환송 전 원심에서의 변호인 선임의 효력은 파기환송 후에 부활되며, 사선이든 국선이든 환송 후의 절차에서 변호인의 권한을 행사할 수 있게 된다.

3. 기록접수 통지 및 항소이유서 제출 불요

상고심에서의 파기이유가 바로 항소이유서 제출에 관한 절차의 위법에 관한 것이었을 경우를 제외하고는 새로운 기록접수통지를 할 필요가 없으며 항소이유서를 새로 제출받을 필요가 없다. 설령 새로운 항소이유가 제출된다 하더라도 본래의 항소이유서가 아니라 당사자의 주장을 기재한 서면 정도의 의미(참고 정도의 의미)로 볼 수밖에 없다. 항소이유서 제출절차의 위법이 파기이유로 된 때란 필요적 변호사건에서 변호인이 없는데도 국선변호인 선정 없이 절차를 진행한 경우가 이에 해당할 것인바, 이때는 국선변호인을 선정하여 그에게 소송기록접수통지(파기환송 전의 항소기록을 접수하였다는 내용)를 한 후 항소이유서를 제출한 다음 이후의 절차를 모두 새로 행하여야 한다.

4. 공판절차

가. 종전 절차가 위법이 아닌 경우

사실오인 또는 법리오해 등을 이유로 파기환송된 경우에는 종전 절차를 새로 반복할 필요 없이 속행적 의미의 공판절차를 거쳐 재판을 하면 된다.

나. 종전 절차 전부가 위법인 경우

필요적 변호사건에서 국선변호인은 선정되었으나 시종 그의 출석 없이 개정한 경우, 법률상 사건에 관여하지 못할 판사가 시종 관여하여 재판까지 한 경우 등이 이에 해당한다. 이 경우에는 환송 전 제1호 공판기일 이후의 절차가 모두 위법이므로 유지될 수가 없고 제1회 공판기일로부터 항소심공판절차를 모두 새로 행하여야 한다.

다. 종전 절차 중 일부가 위법인 경우

필요적 변호사건에서 특정의 공판기일에서만 변호인의 출석 없이 개정한 경우 또는 특정의 증거조사절차만이 위법이라고 판시된 경우인데, 이때는 위법이라고 판시된 그 부분의 절차만 새로 행하고 그 나머지 절차는 종전의 것을 유지하면 된다.

제3절 상 고

I. 상고심의 의의

1. 의 의

상고한 판결에 대하여 대법원에 재판을 구하는 상소를 말하며, 원칙적으로 제2심 판결에 대하여 허용된다(형소법 제371조). 그러나 예외적으로 원심판결이 인정한 사실에 대하여 법령을 적용하지 아니하였거나 법령의 적용에 착오가 있는 때와 원심판결이 있은 후 폐지나 변경 또는 사면이 있는 때에는 제1심 판결에 대하여 항소를 제기하지 아니하고 상소를 할 수 있는데 이를 비약적 상고라 한다(형소법 제372조).

2. 상고심의 구조

가. 법률심

상고심은 원칙적으로 법률문제를 심리, 판단하는 법률심이다. 그러나 예외적으로 사실오인과 양형부당을 상고이유로 하고 있고 상고심에서도 사실심으로서의 파기자판을 할 수도 있다.

나. 사후심

(1) 원칙적 사후심

형사소송법은 상고심을 사후심으로 규정하고 있다. 상고심은 원칙적으로 상고이유서에 포함된 사유에 관하여 심판하여야 하고, 상고이유는 원칙적으로 법령위반에 엄격히 제한되어 있으며, 상고법원의 심리는 변론 없이 서면심리에 의하는 것이 원칙이며, 원심판결을 파기한 때에는 파기환송 또는 이송하는 것이 원칙이다.

(2) 예외적 속심

상고심은 원칙적으로 사후심이지만 예외적으로 속심적 성격도 가지고 있다. 판결 후 형의 폐지, 변경이나 사면이 있는 경우, 원심판결 후에 재심청구의 사유가 판명된 경우 등에는 상고심은 원심판결 후에 발생한 사실이나 증거도 심판대상으로 하게 된다. 이러한 의미에서 상고심은 속심으로서의 성격도 가지고 있다.

3. 상고이유

가. 의의

상고이유는 원칙적으로 법령위반에 엄격이 제한되어 있으며 그 이유로는 판결에 영향을 미친 헌법·법률·명령 또는 규칙이 위반이 있는 때, 판결 후 형의 폐지·변경·사면이 있는 때, 재심청구의 사유가 있는 때, 사형·무기 또는 10년 이상의 징역이나 금고가 선고된 사건에 있어서 중대한 사실의 오인이 있어 판결에 영향을 미친 때 또는 형의 양정이 심히 부당하다고 인정할 현저한 사유가 있는 때에 원심판결에 대한 상고이유로 할 수 있다(형소법 제383조).

나. 상고이유와 직권조사사유

상고법원은 상고이유서에 포함된 사유에 관하여 심판하여야 한다(법 제384조). 그러나 판결에 영향을 미친 법령위반의 경우, 판결 후 형의 폐지나 변경 또는 사면의 경우, 재심청구의 사유가 있는 때에는 상고심은 상고이유서에 포함되어 있지 않더라도 직권으로 심판할 수 있다. 상고심은 원칙적으로 법률심이므로 항소심과 달리 사실오인과 양형부당은 상고법원의 직권조사사유에 포함되지 않는다(법 제364조 제2항).

Ⅱ. 상고심의 심리절차

1. 상고의 제기

가. 상고 제기의 방식

제2심판결에 대하여 불복이 있으면 대법원에 상고를 할 수 있다. 상고는 원심판결 선고일로부터 7일 이내에 상고장을 원심법원에 제출하여야 하며(형소법 제375조). 민사소송과 달리 판결 송달일은 아무 관계가 없다. 주의할 것은 상소제기기간 내에 포함된 공휴일 또는 토요일까지 모두 계산하여 7일 이내에 상소를 제기하여야 한다는 점이다. 다만, 상소제기기간의 마지막날이 공휴일인 경우에는 그 다음날까지, 토요일인 경우에는 그 다음주 월요일까지 상소하면 된다. 또한 상소는 상소장이 상소기간 내에 제출처인 법원에 도달하여야만 효력이 있다. 다만 교도소 또는 구치소에 있는 피고인이 상소의 제기기간 내에 상소장을 교도소장 또는 구치소장 등에게 제출한 때에는 상소장이 상소의 제기기간 후에 법원에 도달되었더라도 상소의 제기기간 내에 상소한 것으로 간주된다.

나. 원심법원의 조치

상고가 제기되었으나 법률상의 방식에 위반하거나 상고권소멸 후인 것이 명백한 때에는 원심법원은 결정으로 상고를 기각하여야 하며(형소법 제376조 제1항) 이 결정에 대하여는 즉시항고를 할 수 있다(형소법 제376조 제2항).

원심법원은 위와 같은 상고기각결정을 하는 경우를 제외하고 상고장을 받은 날로부터 14일 이내에 소송기록과 증거물을 상고법원에 송부하여야 한다(형소법 제377조).

다. 상고법원의 조치

상고법원은 소송기록의 송부를 받으면 즉시 상고인과 상대방에게 그 사유를 통지하여야 하며(형소법 제378조 제1항) 이러한 통지 이전에 변호인의 선임이 있는 때에는 변호인에 대하여도 그 사유를 통지하여야 한다(형소법 제378조 제2항).

라. 상고이유서와 답변서의 제출

(1) 상고이유서의 제출

상고인 또는 변호인이 소송기록접수의 통지를 받은 날로부터 20일 이내에 상고이유서를 상고법원에 제출하여야 한다(형소법 제379조 제1항).

상고이유서에는 소송기록과 원심법원의 증거조사에 표현된 사실을 인용하여 그 이유를 명시하여야 한다(형소법 제379조 제2항). 상고인이나 변호인이 상고이유서를 제출기간 내에 상고이유서를 제출하지 아니한 때에는 결정으로 상고를 기각하여야 한다. 다만 상고장에 이유의 기재가 있는 경우에는 예외로 한다.

(2) 상고이유서의 송달 및 답변서의 제출

상고법원은 이러한 상고이유서를 접수한 때에는 지체 없이 그 부본 또는 등본을 상대방에게 송달하여야 하고(형소법 제379조 제3항) 상대방은 상고이유서의 부본을 송달받은 날로부터 10일 이내에 답변서를 상고법원에 제출할 수 있고(형소법 제379조 제4항) 이를 접수받은 상고법원은 그 부본 또는 등본을 상고인 또는 변호인에게 송달하여야 한다(형소법 제379조 제5항).

마. 변호인의 선임 등

상고심에서는 변호사가 아닌 자를 변호인으로 선임하지 못한다(법 제386조). 또한 변호인이 아니면 피고인을 위하여 변론하지 못한다(법 제387조). 상고심의 변론은 법률문제를 주로 하는 것이기 때문에 전문지식을 가진 자에게 제한한 것이다. 원심에서 선임된 변호인은 상고제기에 따른 원심법원의 소송계속 종료와 함께 그 권한이 종료된다. 따라서 국선변호인이 필요한 경우에 상고법원은 새로이 국선변호인을 선정하여야 한다.

2. 상고심의 심리

상고심 절차는 특별한 규정이 없는 한 항소심에 관한 규정이 준용된다. 그러나 상고심은 법률심이라는 점에서 여러 가지 특칙이 인정된다.

가. 심리의 원칙

판결은 구두변론에 의하는 것이 원칙이다. 상고심의 공판절차 역시 변론에 의하여야 하고 예외적으로 서면심리의 방식이 허용된다. 상고법원은 상고장, 상고이유서 기타의 소송기록에 의하여 변론 없이 판결을 할 수 있다. 그러나 상고심의 실제에서는 상고법원이 공판기일을 열어 변론을 듣는 경우는 매우 드물고 서면심리에 의하는 것이 대부분이다.

나. 변론절차의 진행

상고법원이 공판기일을 열어 상고이유에 대한 변론을 듣기로 결정한다면 공판기일을 지정해야 한다. 상고심에서는 변호인이 아니면 피고인을 위하여 변론하지 못한다. 검사와 변호인은 상고이유서에 의하여 변론하여야한다. 변호인의 선임이 없거나 변호인이 공판기일에 출정하지 아니한 때에는 직권으로 변호인을 선임해야 하는 경우를 제외하고는 검사의 진술을 듣고 판결을 할 수 있다. 상고심의 공판기일에는 피고인의 소환을 요하지 않는다.

[서식 302] 상고장(선고된 판결에 대한 불복)

상 고 장

사 건   20○○노○○○○   강도상해

피 고 인   ○   ○   ○

위 사건에 관하여 20○○. ○. ○. ○○고등법원에서 징역 5년에 처한다는 판결 선고를 받았는바, 피고인은 동 판결에 모두 불복이므로 상고를 제기합니다.

20○○.   ○.   ○.

위 피고인 ○   ○   ○   (인)

대 법 원 귀중

작성 · 접수방법

1. 판결선고 후 7일 이내에 상고장을 부본과 함께 원심법원에 제출하여야 한다(예컨대 화요일에 선고기일이 있었다면 다음 주 화요일까지 상고장을 제출하여야 한다).
2. 변호인은 상고장을 제출할 권한이 있다.

상 고 장

사   건   20○○도 ○○○○   특정범죄가중처벌에관한법률위반

피 고 인   ○   ○   ○

위 사건에 관하여 20○○. ○. ○. ○○고등법원에서 징역 0년에 처한다는 판결 선고를 받았는바, 피고인은 동 판결에 모두 불복이므로 다음과 같이 상고를 제기합니다.

다   음

1. 원심판결의 법령위반의 점에 관하여, 원심법원에서는 증거능력 없는 증거를 유죄의 증거로 채택한 위법을 범하여 판결에 영향을 미치고 있습니다.

　가. 원심법원에서는 피고인에 대한 공소사실을 인정하는 증거로서 증인 조○○의 피고인이 범행을 자백하더라는 취지의 증언을 인용하고 있으나 증인 조○○의 증언은 형사소송법 제316조 제1항의 전문진술에 해당하며, 전문진술의 경우에는 그 진술이 특히 신빙할 수 있는 상태 하에서 이루어졌을 때에 한하여 증거로 할 수 있는 것이고 그 특신상태의 인정여부는 진술당시의 피고인의 상태 등이 참작되어야 하는 것입니다.

　나. 그런데 증인 조○○의 증언내용에 의하면 20○○. ○. ○. 밤에 피고인이 주민등록증을 찾기 위해서 남의 물건을 훔쳤다고 하면서 흰 보따리를 들고 와서 전화기 등을 꺼내 보였다는 취지의 증언을 하고 있는바, 그 증언 중 주민등록증을 찾기 위하여 남의 물건을 훔쳤다는 진술부분은 원 진술자가 피고인이고 증인 조○○는 피고인의 진술을 법정에서 증언한 것이어서 이는 전문진술에 해당하는바, 피고인은 그와 같은 말을 한 사실이 없다고 부인하고 있는데다가 그 당시 피고인이 몹시 술에 취해 있었다는 점은 증인 조○○의 진술

에 의해서도 인정되고 있는 바이며, 피고인이 설사 남의 물건을 훔쳤다 하더라도 자기를 길러준 양모에게 훔친 사실을 말한다는 것은 우리의 경험칙상 이례에 속하는 일이요, 통상은 다른 핑계를 대는 것이 상식이라는 점 등을 종합해 보면 위 전문진술은 특신상태를 인정하기 어렵고 달리 특신상태를 인정할 만한 자료가 없는 본건에서 피고인이 범행을 부인하고 있는 상태에서 위 전문진술만을 근거로 범죄사실을 인정한 것은 전문진술의 증거능력에 관한 법리를 오해한 위법을 범하고 있는 것입니다.

다. 그리고 원심에서 인용한 다른 증거를 보면, 증인 하○○의 증언, 압수조서, 압수물 등을 들고 있으나 증인 하○○는 피해자이긴 하나 범행을 목격한 일이 없어 그 증언은 직접 증거가 될 수 없고, 압수조서나 압수물도 역시 범죄사실에 대한 직접적인 증거는 아니며 모두 간접증거를 뿐이어서 증인 조○○의 전문진술 이외에는 직접증거가 전혀 없는 것이고 위 전문진술은 이를 유죄의 증거로 할 수 없는 것이므로 피고인에 대한 공소사실은 전혀 증거가 없는 것임에도 불구하고 원심은 증거없이 사실을 인정한 위법을 범하고 있는 것입니다.

이상과 같은 이유로 원심판결은 파기를 면치 못할 것입니다.

20○○.   ○.   ○.

위 피고인의 변호인
변호사   ○   ○   ○   (인)

대 법 원 귀중

상 고 이 유 서

사 건   20○○도○○○ 재물손괴 등

피 고 인   ○   ○   ○

위 사건에 관하여 피고인은 다음과 같이 상고이유를 개진합니다.

다   음

1. 원심판결의 법령위반의 점에 대하여

원심법원에서는 업무상횡령죄의 범죄를 오해하여 피고인에게 유죄를 인정한 위범을 범하여 판결에 영향을 미치고 있습니다

가. 업무상횡령죄의 잘못 적용

원심은 피고인이 ○○상가 조합의 조합원을 대신하여 관할 세무서에 부가가치세 신고, 납부를 대행해준다는 명목으로 받은 금원을 피해자들을 위하여 보관 중 00상가 공사대금결제 등의 용도로 소비하여 이를 횡령하였다고 피고인에게 업무상횡령죄를 적용하여 유죄로 인정하였습니다.

그러나 원심은 업무상횡령죄를 잘못 적용한 것으로서 아래와 같은 이유에서 파기되어야 합니다.

(1) 원심은 그 판결이유에서 이 사건 공사대금은 피고인이이를 미리 지급하고 나중에 피해자들로부터 위 부담금액을 받는 것으로 정산하여야 할 것이므로 결국 피고인이 지급한 공사대금채무는 그 당시까지 자신의 채무로 보아야 할 것이라고 하였습니다.

그러나 이 사건 조합의 조합원은 피고인이 조합원들로부터 받은 부가가치세용 금원을공사대금 등으로 사용하기 이전에 이미 그 출자를 지연하고 있었으

므로 원심은 민법상 조합이 조합원의 출자의무의 이행시기를 잘못 해석한 잘 못이 잇습니다.

(2) 불법영득의사의 부존재

원심은 이 금원이 부가가치세납부에 한하여 사용하도록 용도가 정해진것인데 이를 다른 용도에 소비하였으므로 횡령죄를 구성한다고 하였습니다.

그러나 피고인은 피해자들이 최종적으로 부담하여야 할 공사대금을 피해자들이 맡긴 부가가치세용 금원으로 지급한 것으로서 피고인에게 불법영득의 의사가 있다고 할 수 없습니다.

즉, 피해자들이 가사 특정 용도를 지정하여 위 금원을 피고인에게 맡겼다고 하더라도 피고인이 이 금원을 피해자들을 위하여 사용한 것은 사실이므로 피고인에게는 불법영득의 의사가 없는 것입니다.

더구나 피고인은 피해자들의 이익을 위하여 이를 지출한 것이므로 피고인에게 불법영득의 의사가 있다고 할 수 없는 것입니다. 즉, 피해자들을 위하여 보관중인 금원을 피해자들을 위하여 사용한 이 사건에 있어서 단지 그 금원의 용도가 특정되었다는 이유만으로 피고인에게 불법영득의 의사가 있었다고 단정할 수는 없다할 것입니다.

특히 그 용도에 관ᅡ여는 간단힌 임원회의 사건결의 등 필요한 절차만 거치면 그 지출이 허용되는 이 사건에서는 피고인이 피해자들을 위하여 시급한 피해자들의 공사대금용으로 금원의 용도를 전용하였다 하더라도 이는 단지 그 시간적 가격을 메우기 위한 것으로서 불법영득의 의사가 있다고 할 수 없는 것입니다.

더누가 업무대행계약서에 의하면 이 금원의 지출은 피고인의 권한내의 지출로서 불법영득의 의사가 없다고 할 것입니다.즉, 업무대행계약서에 의하면 사업과 관련된 모든 의사결정권은 피고인 운영의 ○○컨설팅이 갖기도 한바 있으므로 피고인이 업무대행계약에 따라 조합원들로부터 받은 부가가치세용금원을 조합원들을 위하여 공사대금으로 전용하더라도 이는 피고인의 권한내의 행위로서 피고인에게는 불법영득의 의사가 없습니다.

　(나) 공소장변경에 관하여
　원심은검사가 공소장을 변경하고 법원이이를 허가하였으므로 당초의 공소제기를 전제로 하는 원심판결은 더 이상 유지할 수 없게 되었으므로 변호인의 항소이유에 관하여 나아가 판단할 필요가 없다고 하고 있으나 검사의 공소장변경이 있었다 하더라도 피고인의 불법형득의 의사가 없는 점은 변함이 없습니다.

　즉 이 사건 ○○상가 건축과 관련하여 그 부가가치세를 납부하여야 할 형식상 의무자는 이 사건 조합이나 이 조합은 법인격이 없는 동업자조합에 불과하여 실질적으로는 각 조합원이 그 부가가치세를 납부하여야 하는 것입니다.

　또한 ○○상가의 공사대금지불의무자도 형식으로는 이 사건 조합이나 실질적으로 그 의무를 부담하는 것은 각 조합원들입니다. 즉, 공사업자와 이 사건 조합과의 계약서상으로도 도급업자는 모두 조합원인 ○○○외 ○○인으로서 그 대금 지불의자는 각 조합원들인 것입니다.

　따라서 부가가치세 납부의 실질적 의무자도 각 조합원들이고 공사대금을 납부하여야 할 실질적 의무자도 각 조합원들입니다. 그러므로 공소장변경여부에 관계없이 피고인은 피해자라는 조합원들이 맡긴 돈을 조합원들을 위해 사용한 것이므로 피고인에게는 불법영득의 의사가 없는 것입니다.

　(다) 채증법칙위반
　원심은 증거판단을 잘못하여 채증법칙을 위반한 잘못이 있습니다.
　즉, 증인 ○○○의 증언 및 ○○○의 진술서에 의하여 이 사건 금원의 지출 및 그 용도의 변경에 관하여는 이 사건 피해자들인 조합원들의 사전동의가 있었음이 명백함에도 불구하고 원심은 아무런 증거도 없이 피해자들이 동의가 없었다고 사실을 오인하여 채증법칙을 위반한 잘못이 있습니다.

2. 결론

이상과 같은 이유로 원심판결은 파기를 면치 못할 것이므로 이 사건 상고에 이르게 된 것입니다.

첨 부 서 류

1. 상고이유서 부본   5통

20○○.   ○.   ○.

위 피고인의 변호인

변호사   ○   ○   ○   (인)

대 법 원 귀중

상 고 이 유 서

사　　건　　　　20○○도 ○○○　재물손괴 등

피 고 인　　　　　○　　○　　○

위 사건에 관하여 피고인은 다음과 같이 상고이유를 개진합니다.

다　　음

1. 형법 제185조 일반교통방해죄의 육로라 함은 일반공중의 왕래에 공용되는 육상의 통로를 말하는 것으로 일반공중이란 불특정 다수인을 지칭하는 것인데 위에서 본 바와 같이 원심법원은 통행인의 다과는 묻지 않는 것이라고 설시하고 있어 육로에 대한 법리를 오해하고 있으며 본건 문제가 된 토지부분은 피고인이 거주하는 ○○시 ○○구 ○○동 ○○번지의 택지 중 건물이 점하는 부분을 제한 나머지 마당의 일부로서 통로가 아닌 마당이며 원심판결이 설시하고 있는 ○○시 ○○구 ○○동 ○○번지에 거주하는 10세대 주민들이란 고소인 박□□ 소유의 위 ○○동 ○○번지 지상주택 2동에 거주하고 있는 주민들로서 질지 10세대가 아닌 4세대에 불과한불특정인이 아닌 특정인들인 것입니다. 따라서 위 특정인들인 등촌동 403의 3지상주택 거주의 주민들이 본건 문제의 마당부분을 통행하였다고 하여 본건 문제의 토지부분을 육로라 볼 수 없는 것입니다.

2. 그리고 원심판결은 본건 문제의 토지부분을 피고인이 배타적으로 관리하였다고 설시하면서 피고인이 이 사건 문제의 토지부분과 대도를 잇는 입구부위에 대문을 설치하여 통행을 차단한 소위로 형법 제185조 일반교통방해죄가 성립한다고 판시하고 있는데 피고인이 이사건 문제의 토지부분을 배타적으로 관리한다는 것은 합법적으로 타인의 통행을 차단할 정당한 권리에 기한 적법행위라는 뜻인데 그렇다면서 대문을 설치하여 통행을 차단하였으니 위법이라는 논리는 자가당착에 빠진 어불성설인 것입니다. 원심판결은 피고인 ○○○가 언제 대문을 설치하

여 통행을 차단하였다는 행위 일시를 밝힘이 없이 막연히 통행을 차단 하였다고만 판시하고 있어 또한 심리미진의 위법을 저지르고 있는 것입니다.

이상의 이유로 원판결은 마땅히 파기되어야 할 것으로 사료되어 이 건 상고에 이른 것입니다.

첨 부 서 류

1. 상고이유서 부본   5통

20○○. ○. ○.

위 피고인의 변호인 변호사 ○ ○ ○   (인)

대 법 원 귀중

[서식 306] 상고이유서(절도)

상 고 이 유 서

사   건   20○○도○○○ 절도

피 고 인   ○   ○   ○

위 사건에 관하여 피고인의 변호인은 다음과 같이 상고이유를 개진합니다.

다   음

원심판결은 형의 양정이 심히 부당하다고 인정할 현저한 사유가 있습니다. 그 경

위와 정상관계는 다음과 같습니다.

1. 이 사건의 경위

가. 피고인의 아버지는 ○○년이 넘도록 기관지 천식으로 고생하다가 20○○년 초에 사망하고 홀로 농사를 짓는 어머니는 어렵게 자식들을 부양하였습니다. 피고인은 어려운 가정형편에도 우수한 성적을 거두었으나 결국 대학진학을 못하고 방황하며 친구들과 어울리다가 특수강도 등의 죄를 짓고 20○○. ○. ○. ○○지원에서 징역 ○년에 집행유예 ○년을 선고받았습니다.

나. 피고인은 이후 가족들의 도움으로 모범적인 생활을 하였고, 재수를 하여 ○○대학교 자동차학과에 장학생으로 진학하였습니다. 이 사건 범행일에는 학교에 늦게까지 있다가 귀가하려고 하였으나 이미 버스가 끊겨서 시내에서 귀가할 방법을 찾다가 우연히 피해자가 차량의 시동을 걸어 놓은 채 자리를 비운 것을 발견하고 피곤한 마음에 경솔하게 차량을 타고 간 것입니다.

다. 피고인은 범행 직후 자신의 잘못을 깨달았으나, 자신이 집행유예기간 중이어서 용서받지 못할 것으로 생각되어 그대로 귀가한 후 차량을 ○○시내에 방치하였습니다. 그러나 자신의 잘못이 발각될까 두려운 마음에 하루하루를 보내다가 결국 구속에 이르게 되었습니다.

2. 피고인의 정상관계

가. 피고인은 이 사건으로 20○○. ○. ○. 구속되어 지금까지 ○개월이 넘는 구금생활을 통하여 이 사건 범행을 깊이 반성하고 있으며 다시는 이와 같은 범행을 저지르지 않을 것을 다짐하고 있습니다.

나. 피해차량은 피해자에게 반환되었으며 피해의 정도가 비교적 가볍다고 할 것입니다. 피고인은 아직까지도 어려운 가정형편으로 인하여 피해자와 합의를 하지 못하고 있으나 피해자의 누나 ○○○가 합의를 위하여 계속 노력하고 있습니다.

다. 피고인이 장기간 수형생활을 하게 된다면 사회에 나가 활동할 준비를 하여야 할 나이 ○○세의 대학생으로서는 너무도 큰 형벌이 될 것입니다.

라. 피고인은 현재 집행유예기간에 있는데 그 만료일이 20○○. ○. ○.입니다. 가사 원심의 양형이 타당하다고 인정하시더라도 위 기간 이후에 판결을 선고

하시어 유예된 형을 집행받지 않도록 관대한 처분을 하여 주시기를 바랍니다.

3. 결 론

이상과 같은 정상을 참작하시어 본 건 상고가 이유 없다고 인정하시더라도 집행유예기간 만료일인 20○○. ○. ○. 이후에 판결을 선고하여 주시기 바랍니다.

첨 부 서 류

1. 상고이유서 부본   5통

20○○. ○. ○.

위 피고인의 변호인 변호사 ○ ○ ○   (인)

대 법 원 귀중

작성 · 접수방법

1. 상고인 또는 변호인은 상고심(대법원)으로부터 기록접수의 통지를 받은 날로부터 20일 이내에 상고이유서 원본 1부와 부본 5부, 도합 6부를 대법원 형사과에 접수한다(야간당직 접수 가능).
2. 상고이유서에는 그 이유를 명시하여야 하고, 상고법원은 이유서의 부본을 지체 없이 상대방에게 송달하여야 한다.
3. 이유서를 송달받은 상대방은 10일 이내에 제출하여야 한다.

상 고 이 유 서

사　　건　　　　20○○도 ○○○○　강제추행

피 고 인　　　　　○　　○　　○

　위 사건에 관하여 피고인(상고인)의 변호인은 다음과 같이 상고이유서를 제출합니다.

다　　　음

1. 원심판단원심은 피고인(상고인, 이하 "피고인"이라고만 합니다)이 피해자를 추행한 사실이 없음에도 불구하고 심리미진 또는 채증법칙 위반으로 사실을 오인하여 판결결과에 영향을 미친 위법이 있습니다.

2. 피고인의 변소요지

　가. 피고인은 사건 당일인 20○○. ○. ○. 00:00경부터 00:00경까지 피고인이 운영하고 있는 '○○○ 레스토랑'에서 술을 마신 후, 숙취 해소를 위해 같은 날 00:00경 ○○시 ○○구 ○○로 ○○ (○○동) 소재 ○○○찜질방에 갔습니다.

　나. 피고인은 위 찜질방에서 샤워 등을 한 후 불가마 맥반석 사우나실에서 수면을 취하다가 같은 날 00:00경 위 찜질방 내 남녀 대나무방 휴게실로 자리를 이동하여 수면을 취하려 하였습니다. 이는 당시 피고인이 수면을 취하고 있던 위 맥반석 사우나실이 실내 환기를 위해 출입문을 열게 되었는데 이 때문에 수면에 장애가 될 듯하여 조용한 방으로 이동한 것이었습니다.

　다. 당시 위 남녀 대나무방 휴게실은 사물을 겨우 분별할 수 있을 정도로 어두웠고 이에 피고인은 잠자리를 살피기 위해 두리번거리게 되었습니다(휴면을 취하는 곳이라 휴게실 안은 소등된 상태였고 밖에서 들어오는 희미한 빛으로 사물을 겨우 분별할 수 있을 정도였습니다). 휴게실 방안을 살피던 피고인은 휴게실 양쪽 끝에 여자 두 명이 누워 수면을 취하고 있는 것을 발견하였고 이에 피고인은 위 두 명의 여자 사이의 빈 공간에 눕게 되었습니다. 그리고 얼마 후 기지개를 펴게 되었는데 이때 피고인의 양팔이 피해자의 신체에 접촉하였고 그 얼마 후 공소외 김○○의 고함소리를 듣게 된 것입니다.

3. 사실오인 및 채증법칙 위반의 점

가. 원심은 피해자 및 피해자의 언니인 공소외 김○○의 진술만으로 피고인을 강제추행죄로 의율하였습니다.

나. 경찰조사당시 피해자의 진술은 '피의자 ○○○이 제 옆에 누워서 저의 신체를 만지는 느낌이 들어 눈을 떠보니……'(수사기록 11쪽) 등으로 피해자가 피고인의 추행에 대하여 인식하고 있는 듯 기술되어 있으나, '저는 잠이 들어서 구체적으로 어떠한 방법으로 강제추행을 당하였는지는 모르지만 언니가 목격하였다고 하는데……'(수사기록 38쪽)라고 진술한 검찰조사 당시 피해자의 진술 등을 종합하여 볼 때 피해자는 당시 피고인과의 신체접촉 사실에 대한 인식이 없었고 다만, 추행현장을 목격하였다는 피해자의 언니인 위 공소외인의 말과 행동으로 그렇게 추정하는 듯합니다.

다. 즉, 피고인에게 이 건 강제추행 혐의를 인정할 수 있는 증거로는 위 공소외인의 진술뿐입니다. 그러나 첫째, 당시 위 휴게실 방안은 소등된 상태로 어두웠는데 위 공소외인이 피고인의 행동을 정확하게 식별할 수 있다는 것은 의문이며 둘째, 위 공소외인은 피고인이 1~2분에 걸쳐 피해자를 3번에 걸쳐 겨드랑이부터 엉덩이까지 쓰다듬는 것을 보았다고 진술하였는데(수사기록 6쪽, 40쪽), 피고인이 위와 같이 피해자를 추행하였다면 피해자가 이를 전혀 인식하지 못했다는 것도 의문입니다. 만약 피고인이 위와 같은 추행을 하였다면 피해자가 먼저 위 행동을 인식했어야 할 것으로 보입니다.

라. 또한 피고인이 처와 두 자녀를 두고 레스토랑을 운영하며 사는 평범한 시민으로 숙취해소를 위해 찜질방에 갔다가 이 건과 같은 추행을 한다는 것은 납득할 수 없으며 또한 당시 위 휴게실 안에는 피해자 혼자만이 있었던 것이 아니고 위 공소외인도 함께 있었는데 피고인이 위와 같은 행동을 감행할 수 있었느냐도 의문입니다.

4. 법리오해의 점

가. 가사 피고인이 잠을 자고 있는 피해자의 옆에 누워 손으로 피해자의 옆구리와 엉덩이를 수차 쓰다듬는 행동을 하였다고 하더라도 이러한 피고인의 행동은 강제추행의 정도에 이르지는 않았던 것으로 보입니다. 강제추행죄에 있어 폭행이란 반드시 상대방의 의사를 억압할 정도의 것임을 요하지 않지만 최소한 상대방의 의사에 반하는 유형력의 행사가 있어야 하는데 피고인의 위 행동이 어떠한 유형력의 행사로 볼 수 있을지 의문입니다.

나. 이 건 기록을 살펴볼 때 피해자는 위와 같이 이 건 당시 피고인의 신체접촉을 전혀 의식하지 못하고 있었던 것으로 보이는데 이는 피고인의 위 행동이 강제력을 동반한 유형력의 행사가 아니었음을 나타내는 것으로 보입니다. 따라서 피고인을 강제추행죄로 의율할 수는 없다고 판단됩니다.

5. 결 론

이상의 이유로 상고이유를 개진하오니 피고인(상고인)에게 강제추행죄를 인정한 원심판결을 파기하고 피고인에게 무죄를 선고하여 주시기 바랍니다.

20○○.   ○.   ○.

피고인(상고인)의 변호인 변호사   ○   ○   ○   (인)

대 법 원 귀중

상 고 이 유 서

사 건   20○○도 ○○○호 배임

피 고 인   ○   ○   ○

위 사건에 관하여 피고인의 변호인은 다음과 같이 상고이유서를 제출합니다.

다   음

1. 원심판결은 배임죄의 법리를 잘못 해석한 것입니다.

   배임죄는 타인의 사무를 처리하는 자가 그 임무에 위배하여 재산상의 이익을 취하거나 제3장에게 이득을 취하게 하여 본인에게 손해를 가한 경우를 말하는 바, 피고인은 이 건 피해자와의 사이에 성립한 화해 조항에 의하여 ○○년 ○월 ○일까지 채무이행을 않을 시는 본등기절차를 담보목적으로 이행하고 그 부동산을 인도 및 명도 한다고 하였으므로 ○○년 ○월 ○일이 경과하여 ○○년 ○월 ○일 화해조서에 집행문을 붙여 ○○년 ○월 ○일 피고인 명의로소유권이전등기를 하였으므로 피고인은 자기 사무를 처리하는 자로서 타인의 사무처리 하는 자가 아니며 다만 담보목적물에 관한 잉여금이 있다면 동 금 원의 채무이행 문제만 남고 형사처분을 받을 성질의 것이 아닙니다.

2. 배임사실이 없습니다.

   피고인은 가옥 매도 대금 3,500만원을 받고도 피고인의 채무 1,700만원과 등기이전비 및 명도비용을 공제한 나머지 돈을 소비하였다 함에 있으나,

   (가) 피고인이 피고인의 채권의 실행방법으로 ○○년 ○월 ○일 이 건 부동산에 대한 경매당시 금1,870만원의 채권이 있었으며 위 부동산이 ○○년 ○월 ○일 공소외 ㅁㅁㅁ에게 금2,270만원에 경락 되었고 피고인은 ○년 ○월 ○일

에 경락대금 수령통지를 받아 피고인의 채권을 받으면 끝이 날 것이나 공소외 ☆☆☆으로부터 위 돈을 받기 위하여 상당한 손해가 발생되었으므로 위 채권 금1,870만원에 그 손해금으로 금1,500만원을 가산지급하겠다고 하여 피고인은 이를 믿고 6개월간을 연장하고 위 ☆☆☆의 아버지 공소외 ♡♡♡ 소유 부동산의 가등기 및 화해 조서를 작성하였던 것으로 이건 형사건에 있어서 피고인은 위 ☆☆☆이가 인정한 피고인의 채권 금3,370만원을 인정받지 못하였고,

(나) 공소외 ♧♧♧이가 피고인에게 금3,500만원을 지불하였다고 하나 그 영수증 중 재 발행된 650만원은 그 중 사용된 것이며 실제로 피고는 1,050만원을 수령하지 못 하였는바, 피고인은 공소외 ♧♧♧과 仕仕仕를 상대로 사문서 위조, 사기, 위증죄로 ○○지방검찰청 ○○지청에 형사고소장을 제출하여 접수번호 85형 ○○호로 접수되어 현재 사건 계류중에 있습니다.

(다) 위와 같이 피고인은 부동산에 관계된 능한 사람에게 휘말려 피고인의 채권은 그대로 계산되지 못하고 돈을 다 받지 못한 채 돈을 받은 것과 같이 인정되어 양면으로부터 지능적 공격을 받아 억울하게 유죄 처분을 받아야 하는지 너무 억울하여 이에 상고 이유를 제출합니다.

20○○. ○. ○.

상고인의 변호인 변호사 ○ ○ ○ (인)

대 법 원 귀중

상 고 이 유 서

사　　건　　　　20○○도 ○○○호(20○○감도 ○○○)
　　　　　　　　　　특정범죄가중처벌등에관한법률위반(절도) 등

피 고 인　　　　○　○　○

위 사건에 관하여 피고인의 변호인은 다음과 같이 상고이유서를 제출합니다.

다　　음

원심판결은 피고인에게 재범의 위험성이 없음에도 불구하고 채증법칙에 위반하였거나 심리미진으로 사실을 오인하여 판결결과에 영향을 미친 위법이 있습니다.

1. 원심판단원심은 피고인 겸 피감호청구인(이하 "피고인"이라고만 합니다)이 원심판시 범행을 저질렀고, 범행의 동기와 경위 등을 종합하면 피고인에게 재범의 위험성이 있다고 인정하고 있습니다. 그러나, 범행동기 등 다음의 사정을 참작할 때 피고인에게는 재범의 위험성이 없는 것으로 판단됩니다.

2. 재범의 위험성
　가. 피고인의 이 사건 범행은 그 범행 회수나 범행방법을 볼 때 어느 정도 절도의 습벽이 있다고 판단되나 치료감호법 제2조에 규정된 치료감호요건인 '재범의 위험성'은 장래에 다시 죄를 범할 고도의 개연성이 있어야 하며 단순히 범행이 상습의 습벽에 의한 것이라는 것만으로는 부족합니다.

　나. 피고인이 비록 마지막 출소 직후부터 이 사건 범행에 이르게 되었으나, 피고인이 위 출소 직후 구직을 위해 노력하며 인력시장을 통해 노동일도 하며 열심히 살아보려고 한 점, 생계가 막막하여 이 건 범행에 이르게 되었다는 점, 피고인에게는 가족으로 처와 자식이 있는 점, 피고인이 다시는 이 건과 같은

범행을 하지 않겠다고 맹세하고 있는 점, 피고인이 현재 58세의 고령인 점 등을 고려한다면 피고인에게는 재범의 위험성이 없다고 판단됩니다.

3. 이상의 이유로 상고이유를 개진하오니 피고인에게 보호감호처분을 내린 원심판결을 파기하여 주시기를 바랍니다.

20○○. ○. ○.

상고인의 변호인 변호사 ○ ○ ○   (인)

대 법 원 귀중

[서식 310] 보충상고이유서

보 충 상 고 이 유 서

사   건   20○○도○○○○호 강도상해

피 고 인   ○   ○   ○

위 사건에 관하여 피고인의 변호인은 다음과 같이 보충 상고이유서를 제출합니다.

다   음

1. 원심은 피고인이 공소외 강○○과 이 사건 강도범행을 공모하여 원심판시 강도상해 범행을 하였다고 판단하고 있습니다. 그러나 피고인은 단지 공소외 강○○과 피해자 ○○○이 서로 뒤엉켜 싸우는 것을 발견하고는 이를 말린 사실밖에는 없습니다.

2. 원심은 피해자 ㅇㅇㅇ의 진술만으로 피고인에게 원심 판시 강도상해 범행을 하였다고 판단하였으나, 이 사건 강도상해 범행의 주도적 역할을 한 공소외 김ㅇㅇ에 대한 증거조사가 이루어지지 않았습니다.

3. 현재, 위 공소외 김ㅇㅇ은 이 사건과 같은 범죄사실로 기소되어 ㅇㅇㅇㅇ지방법원 형사합의ㅇ부에서 제1심 재판을 받고 있습니다. 피고인은 이 사건 항소심 판결 선고 후인 20ㅇㅇ. ㅇ. ㅇ. 위 공소외인의 재판과정에 증인으로 출석하여 증언한 바 있습니다. 위 재판과정에서 위 공소외인은 범행 당시 술에 매우 취해 있어 범행상황을 기억하지 못하며 피고인이 함께 있었는지도 기억하지 못한다고 진술하고 있습니다. 또한 피고인 역시 위 재판과정에서 위 공소외인의 변호인의 물음에 따라 위 공소외인이 이 사건 범행 당시 상당히 취해 있었다는 취지의 증언을 한 바 있습니다. 따라서, 피고인에 대한 유무죄 판단 및 양형사유 판단을 위해서는 위 공소외인에 대한 증거조사가 불가피한바, 위 공소외인에 대한 증거조사 없이 피고인에게 원심판시 강도상해 범행을 인정한 것은 심리미진에 기한 사실오인으로 원심판결 결과에 영향을 미친 중대한 위법이라고 판단됩니다.

4. 또한 원심 거시 증거만으로는 피고인에 대하여 원심판시 강도상해 범행을 인정할 만한 증거가 부족하여 형사소송법 제325조의 '범죄사실의 증명이 없는 때'에 해당한다고 판단됩니다.

5. 이상의 이유로 보충 상고이유를 개진하오니 피고인을 강도상해죄로 의율한 원심판결을 파기하고 환송판결 또는 무죄판결을 선고하여 주시기를 바랍니다.

20ㅇㅇ. ㅇ. ㅇ.

상고인의 변호인 변호사 ㅇ ㅇ ㅇ (인)

대 법 원 귀중

Ⅲ. 상고심 재판의 종류

1. 상고기각 결정

사고제기가 법률상의 방식에 위반하거나 상고권소멸 후인 것이 명백한 경우로서 원심법원이 상고기각의 결정을 하지 아니한 때에는 상고법원이 결정으로 상고를 가각하여야 한다(법 제381조).

2. 상고심의 공소기각결정

공소기각결정의 사유가 있는 때에는 상고법원은 결정으로 공소를 가각하여야 한다(법 제382조). 공소기각결정은 원심판결의 당부에 대한 것이 아니라 피고사건 자체와 관련된 판단이다.

3. 상고기각판결

상고제기가 적법요건이 구비되었으나 상고가 이유 없다고 인정된 때에는 상고기각이 선고된다.

4. 파기판결

상고가 이유 있는 때에는 상고법원은 판결로써 원심판결을 파기하여야 한다. 상고심에서 원심판결을 파기한 때에는 판결로서 사건을 원심법원에 환송하거나 그와 동등한 다른 법원에 이송하여야 하는 것이 원칙이다. 상고심은 기본적으로 사후심이기 때문이다. 그러나 상고법원은 원심판결을 파기한 경우에 그 소송기록과 원심법원과 제1심법원이 조사한 증거에 의하여 판결하기 충분하다고 인정한 때에는 피고사건에 대하여 직접 재판을 할 수 있다(법 제396조).

Ⅳ. 상고심판결의 선고와 경정

1. 상고심 판결의 선고

상고법원의 판결서에는 상고이유에 관한 판단을 기재하여야 한다. 대법원 재판서에는 합의에 관여한 모든 대법관의 의견을 표시하여야 한다.

2. 판결의 정정

가. 의의

상고법원은 그 판결의 내용에 오류가 있음을 발견한 때에는 직권 또는 검사, 상고인, 변호인의 신청에 의하여 판결로써 이를 정정할 수 있다(형소법 제400조 제1항). 원래 상고심판결은 최종심의 판결로서 상소에 의하여는 그 오류를 시정할 방법이 없으므로 내용에 오류가 있음이 분명한 때에는 이를 자체적으로 시정할 수 있다고 하나 이는 판결내용의 위산, 오기 기타 유사한 것이 있는 경우를 의미하며 유죄확정 판결을 무죄판결로 정정하여 달라는 취지의 판결정정신청은 허용되지 아니한다.

나. 판결경정의 절차

판결정정의 신청이 있으면 즉시 상대방에게 통지하여야 하고, 정정의 신청은 판결의 선고가 있는 날로부터 10일 내에 하여야 하며(형소법 제400조 제2항) 이에 대한 신청은 이유를 기재한 서면으로 하여야 한다(형소법 제400조 제3항).

판결의 정정은 변론 없이 할 수 있으며(형소법 제401조 제1항) 정정할 필요가 없다고 인정한 때에는 지체 없이 결정으로 신청을 기각하여야 한다(형소법 제401조 제2항).

정정을 허가하거나 기각하는 판결에 대하여는 재도(再度)의 정정이나 이의신청을 하지 못한다.

3. 불이익변경의 금지

검사는 상소하지 않고 피고인만이 상소한 경우에는 상소심 법원은 피고인에게 원심판결의 형보다 중한 형을 선고할 수 없다.

판 결 정 정 신 청

위 피고인에 대한 20○○도 ○○○호 사기 피고사건에 관하여 20○○. ○. ○. 상고기각 판결이 있었는바, 동 판결 내용에는 다음과 같은 잘못이 있다고 할 것이므로 형사소송법 제400조에 의하여 판결정정의 신청을 합니다.

다   음

상고논지 제2에 대한 판결문에 '소론은 단지 소송법 위반의 주장이므로'라고 기재되어 있으나 위 소론은 물론 그 점에 대해서도 문제로 하고 있는 것이기는 하나, 그 외에도 도로교통법 위반에 관한 부분의 피고인의 진술내용이 범죄사실의 자백을 한 것이 아니라 죄가 되지 않는다는 점을 주장하고 있는 것이다. 따라서 단순한 소송법 위반의 주장이라는 점은 정정이 되어야 할 것이므로 위 변호인 주장에 대한 판단을 하여 주시기 바랍니다.

20○○.   ○.   ○.

위 피고인 변호인 변호사   ○   ○   ○   (인)

○○지방법원   귀중

[서식 312] 판결정정신청서(고문에 의한 강요된 진술)

판 결 정 정 신 청

사   건   20○○도 ○○○○호   특정범죄가중처벌에관한법률위반

피 고 인   ○   ○   ○

위 피고사건에 관하여 20○○. ○. ○. 상고기각의 판결의 선고가 있었는바, 동 판결의 내용에는 다음과 같은 오류가 있다고 할 것이므로 형사소송법 제400조에 의거 판결정정의 신청을 합니다.

다   음

위 피고인에 대한 상고기각 이유를 보면 원심의 유죄판결의 증거로 인정한 검찰의 진술내용에 있어 원심이 채증법칙을 위배하거나 사실오인의 점이 없다고만 판단하였으나 피고인은 상고이유에서 분명히 고문에 의한 강요된 진술로서 이는 고문에 관계된 과학수사연구소의 사실회보에 의해 밝혀졌으므로 이를 유죄의 증거로 할 수 없음에도 이를 유죄의 증거로 삼아 자백한 것으로 인정한 것은 잘못된 것이므로 무죄 부분주장에 대하여 판단을 하여 주시기 바랍니다.

20○○.   ○.   ○.

위 피고인의 변호인 변호사   ○   ○   ○   (인)

대 법 원 귀중

재 판 서 경 정 신 청

사   건   20○○고단 ○○○호 사기

신청인(피고인)   ○   ○   ○ (000000-0000000)
                    ○○시 ○○구 ○○로 ○○ (○○동)

  위 사건에 관하여 ○○지방법원이 20○○. ○. ○. 선고한 판결은 명백한 오류가
있어 판결경정을 신청하오니 신청취지와 같은 결정을 하여 주시기 바랍니다.

신 청 취 지

○○지방법원이 20○○. ○. ○. 선고한 판결 중 피고인 "○○○"을 "○○○"으로
경정한다.
라는 결정을 구합니다.

신 청 이 유

  신청인은 20○○고단 ○○○호 사기 피고사건으로 귀원에서 20○○. ○. ○. 징
역 8월에 2년간 집행유예의 선고를 받았는바, 동 판결서에는 피고인의 성명이 "○
○○"으로 기재되어 있습니다. 그러나 관계기록에 첨부된 주민등록표등본 등 기록
에 의하면 피고인의 성명이 "○○○"이 아닌 "○○○"임이 명백하므로 신청취지와
같은 결정을 구합니다.

첨 부 서 류

1. 판결문등본   1통
1. 공소장부본사본   1통
1. 주민등록표등본   1통

            20○○. ○. ○.
        위 신청인 피고인 ○ ○ ○   (인)

○○지방법원 귀중

V. 비약상고

1. 개념 등

비약적 상고(飛躍的 上告)란 1심 판결에 불복해 항소심을 거치지 않고 곧바로 대법원에 판단을 구하는 상소를 뜻한다. 형사소송법 제372조는 ⅰ) 1심 판결이 인정한 사실에 대해 법령을 적용하지 않았거나 법령의 적용에 착오가 있는 때 ⅱ) 1심 판결이 있은 후 형의 폐지나 변경 또는 사면이 있는 때에는 비약적 상고를 할 수 있도록 규정하고 있다.

같은 법 제373조는 1심 판결에 대한 비약적 상고는 그 사건에 대한 항소가 제기된 때에는 효력을 잃는다(단, 항소의 취하 또는 항소기각의 결정이 있는 때에는 예외)고 규정하고 있다.

한편, 비약적 상고는 제 1심판결에 대하여만 할 수 있는 것이고 판결이 아닌 제1 심법원의 결정에 대하여는 할 수 없다.

2. 피고인의 비약적 상고와 검사의 항소 경합

1심 판결에 대해 피고인의 비약적 상고와 검사의 항소가 경합한 경우 피고인의 비약적 상고에 항소로서의 효력이 인정된다.

[서식 314] 비약상고장(법령적용의 착오)

비 약 상 고 장

사 건   20○○고합 ○○○○호   강도상해

피 고 인   ○   ○   ○

위 피고사건에 관하여 20○○. ○. ○. ○○지방법원의 징역 3년에 처한다는 유죄판결의 선고가 있었으나 이 판결의 유죄의 근거는 법령적용에 착오가 있는 때에 해당하는 것으로서 형사소송법 제372조에 의하여 이 상고를 제기하기에 이른 것입니다.

20○○.   ○.   ○.

위 피고인의 변호인 변호사   ○   ○   ○   (인)

대 법 원 귀 중

작성 · 접수방법

원심판결이 인정한 사실에 대하여 법령을 적용하지 아니하였거나 법령의 적용에 착오가 있는 때와 원심판결이 있은 후 형의 폐지나 변경 또는 사면이 있는 때에 비약상고의 이유가 된다.

[서식 315] 비약상고장(법적용 착오)

비 약 상 고 장

사　　건　　　　20○○고합 ○○○○　폭력행위등처벌에관한법률위반

피 고 인　　　　　○　　○　　○

　위 피고인에 대한 ○○고단 ○○호 폭력행위등처벌에관한법률 위반 피고사건에
관하여 ○○년○월 ○일 ○○지방법원에서 폭력행위등처벌에관한법률 위반죄로 벌
금 300,000원에 처한다는 유죄의 선고를 받았는 바, 위 판결에서 유죄의 근거로써
○○법을 적용하였음은 법령적용에 착오가 있는 때에 해당하므로 형사소송법 제
372조에 의하여 본 상고를 제기하는 바입니다.

　　　　　　　　　　　　20○○.　　○.　　○.

　　　　　　　　　위 피고인　○　　○　　○　　(인)

대　법　원　귀중

비 약 상 고 장

사   건   20○○고합 ○○○○   강도상해

피 고 인   ○   ○   ○

위 피고사건에 관하여 20○○. ○. ○. ○○지방법원에서 강도상해죄로 징역 3년에 처한다는 유죄판결의 선고가 있었으나 이 판결 선고 후 ○○법률의 제정으로 그 형의 폐지가 있었으므로 형사소송법 제372조에 따라 비약상고를 제기합니다.

20○○.   ○.   ○.

위 피고인 ○   ○   ○   (인)

대 법 원 귀중

제4절 항 고

I. 총 설

1. 항고의 의의

항고란 결정에 대한 상소를 말한다. 결정은 일반적으로 수소법원이 판결에 이르는 과정에서 문제되는 절차적인 사항에 관하여 행하는 재판을 의미하지만 공소기각결정과 같이 종국재판인 경우도 있다. 형사소송법은 결정에 대한 상소는 법이 특별하다고 인정하는 일정한 경우에 한하여 허용하고 있으며 판결에 비해 그 절차도 간화하고 있다.

2. 항고의 종류

항고에는 보통항고, 즉시항고, 재항고, 준항고가 있다.

가. 보통항고

법원의 결정에 대하여 불복이 있으면 항고할 수 있다(법 제402조). 원 결정을 취소할 실익이 존속하는 이상 기간에 제한 없이 언제든지 할 수 있다(형소법 제404조). 다만, 보통항고의 대상에 관하여는 형사소송법상 제한이 있다. 즉, 법원의 관할에 관한 결정(이송, 병합심리, 관할의 지정 이전 등) 또는 판결 전의 소송절차에 관한 결정 중 구금, 보석, 압수물환부, 감정유치에 관한 것을 제외한 결정에 대하여는 특히 즉시항고를 할 수 있는 경우가 아닌 한 항고를 하지 못한다(형소법 제403조). 다만, 구금(법원의 구속, 접견금지, 구속기간갱신 등), 보석(보석취소, 보증금 몰수 등), 압수(법원의 압수, 제출명령 등), 압수물환부(압수물환부결정, 압수물환부청구 기각 등), 감정유치(법원의 감정유치, 기간의 연장 등)에 관한 결정에 대하여는 보통항고를 할 수 있다.

보통항고가 있더라도 원재판의 집행은 정지되지 않는다(형소법 제409조).

다만, 원심법원 또는 항고법원은 보통항고에 대한 결정이 있을 때까지 원재판의 집행을 정지하는 결정을 할 수 있다(형소법 제409조 단서).

나. 즉시항고

즉시항고란 제기기간이 3일로 제한되어 있는 항고를 말한다(법 제405조). 그 3일의 기간 및 즉시항고에 대한 재판이 있기까지는 원재판의 집행이 정지된다. 즉시항고는 즉시항고를 할 수 있다는 명문규정이 있는 때에만 허용된다. 공소기각결정. 상소기각결정 등의 종국재판과 기피신청기각결정, 구속의 취소와 집행정지결정, 소송비용부담결정 등과 같이 신속한 구제를 요하는 결정에 즉시항고가 허용되고 있다.

다. 재항고

항고법원의 항고에 대한 결정 및 고등법원(항소심인 지방법원 본원합의부를 포함한다)의 제1심 결정에 대하여는 재항고로써만 불복할 수 있는바, 재항고란 위의 각 결정이 위법(헌법, 법률, 명령, 규칙에 위반)임을 이유로 하여 대법원에 제기하는 즉시항고를 말한다(형소법 제415조).

라. 준항고

재판장 또는 수명법관이 기피신청을 기각한 재판, 구금 · 보석 · 압수 또는 압수물 환부에 관한 재판, 감정하기 위하여 피고인의 유치를 명령한 재판, 증인 · 감정인 · 통역인 또는 번역인에 대하여 과태료 또는 비용의 배상을 명한 심판에 해당하는 재판을 고지한 경우에 불복이 있으면 그 법관소속의 법원에 재판의 취소 또는 변경을 청구할 수 있는 것이다(형소법 제416조 1항). 또한 검사 또는 사법경찰관의 구금, 압수 또는 압수물의 환부에 관한 처분에 대하여 불복이 있으면 그 직무집행의 관할법원 또는 검사의 소속검찰청에 대응한 법원에 그 처분의 취소 또는 변경을 청구할 수 있다(형소법 제417조). 준항고의 청구는 서면으로 관할법원에 제출하여야 한다(형소법 제418조).

[서식 317] 즉시항고장(보석허가청구 기각)

항　　고　　장

사　　　　건　　20○○고단 ○○○호　○○절도

피고인(항고인)　　○　　○　　○

　위 사건에 관하여 귀원에서 20○○. ○. ○.에 항고인의 보석허가청구를 기각결정을 하였으나 항고인은 이에 불복하여 다음과 같은 이유로 항고를 제기하오니 항

고취지와 같은 결정을 하여 주시기 바랍니다.

항 고 취 지

원심법원의 20○○. ○. ○.자 보석청구기각 결정을 취소하고 피고인 ○○○의 보석을 허가한다.

라는 결정을 구합니다.

항 고 이 유

1. 항고인은 귀원 20○○고단 ○○○호 ○○ 피고사건으로 재판 계속 중에 있는바, 항고인이 20○○. ○. ○. 귀원에 보석허가청구를 하였으나 20○○. ○. ○.자에 기각한다는 결정을 받았습니다.

2. 그러나 이 사건은 피해자와 합의가 이루어져 피해가 모두 회복되었고 또한 피고인은 초범으로서 주거가 일정하여 도주의 우려가 없고, 증거를 인멸할 염려가 전혀 없으므로 법률상 당연히 보석을 허가하여야 함에도 불구하고 이를 기각하였음은 심히 부당하다고 생각되어 이 건 항고에 이른 것입니다.

20○○. ○. ○.

위 피고인(항고인)의 변호인 변호사 ○ ○ ○ (인)

○○지방법원 귀중

작성·접수방법

1. 항고는 즉시항고 외에는 재판의 집행을 정지하는 효력이 없다. 단 원심법원 또는 항고법원은 결정으로 항고에 대한 결정이 있을 때까지 집행을 정지할 수 있다.
2. 법원의 관할에 관한 결정(예 : 분리이송결정, 병합심리결정 등), 판결 전의 소송절차에 관한 결정(예 : 위헌제청신청기각, 국선변호인 선정청구기각, 공소장 변경허가결정)에 대해서는 즉시항고를 할 수 있는 경우 외에는 항고할 수 있다. 다만, 구금·보석·압수나 압수물의 환부에 관한 결정, 피고인에 대한 감정유치결정에 대하여는 보통항고를 할 수 있다(형소법 제403조 제2항).

즉 시 항 고 장

사   건   20○○초 ○○○   상소권회복

피고인(항고인)   ○   ○   ○ (000000-0000000)○○시 ○○구 ○○로 ○○
(○○동)전화 : 000-00 0-0000

위 사건에 관하여 20○○. ○. ○. ○○지방법원에서 행한 항고인신청의 상소권
회복청구기각의 결정에 대하여 불복이므로 즉시항고를 제기합니다.

항 고 취 지

1. 원결정을 취소한다.
2. 피고인에 대한 ○○지방법원 20○○. ○. ○. 선고 20○○고단 ○○○○ 판결에
   관하여 피고인의 항소권을 회복한다.
라는 결정을 구합니다.

항 고 이 유

1. 즉시항고인(피고인, 이하 "피고인"이라 한다)은 원판결이 언제 어떤 경위로 확정
   되었는지 몰라 항고를 제기하지 못하였는데, 판결이 확정되어 벌금형이 나왔다
   하여 바로 그날 상소권회복신청을 하였던바, 원결정은 적법한 공시송달에 의하
   여 판결이 선고 되었다는 이유로 상소권회복청구를 기각하였습니다.

2. 그러나 검찰 피의자신문조서에 의하면 피고인의 주소와 전화번호를 쉽게 확인할
   수 있는데도 ○○지방법원은 이를 확인하지도 않고 공시송달을 하였습니다.

3. 그렇다면 이는 피고인이 책임질 수 없는 사유로 판결이 확정되고 항소기간이 도
   과한 것이므로, 피고인은 원결정을 취소하여 주시기를 바라와 이 건 즉시항고에
   이른 것입니다.

20○○.　○.　○.

피고인(즉시항고인)　○　○　○　　(인)

○○지방법원　귀중

[서식 319] 즉시항고장(상소권회복청구 기각)

<h1 style="text-align: center">즉 시 항 고 장</h1>

사　　　건　　20○○초 ○○○호　강도

피고인(항고인)　　○　　○　　○

　위 사건에 관하여 20○○. ○. ○. ○○지방법원 형사합의부에서 행한 항고인신청의 상소권회복청구기각의 결정에 대하여 불복이므로 다음과 같은 이유로 즉시항고를 제기합니다.

항 고 이 유

1. 원심결정은 상고권 불행사의 책임은 모두 피고인 측에 있다고 하여, 그 신청의 주장을 배척하고 있으나, 그 결정에는 다음과 같은 위법이 있으므로 당연히 취소되어야 할 것입니다.

2. 기각 결정을 한 법원은 그 결정을 함에 있어서 항고인이 열거한 참고인 전부를 조사하지도 않고 그중 ○○○○에 대해서 극히 간단하게 사정을 물어 보았을 뿐, 이것만으로는 가장 중요한 문제에 대한 판단을 하기 어려우므로 위 항고인이 신청한 참고인 전원에 대하여 다시 사정을 청취하여 종합적인 판단을 하여 주시기 바랍니다.

3. 따라서 위 결정은 심리미진으로 사실을 오인하고 있는 것이므로 취소하여 주시기 바랍니다.

20○○. ○. ○.

위 항고인 ○ ○ ○ (인)

○○고등법원 귀중

[서식 320] 항고장(기피신청기각결정에 대한 불복)

항 고 장

사　　　　　건　　20○○초 ○○○호　기피신청

항고인(피고인)　　○　○　　○○○시 ○○구 ○○로 ○○ (○○동)

항 고 취 지

피고인 ○○○에 대한 사기사건에 관하여 20○○. ○. ○. ○○지방법원(형사 ○○부)에서 행한 항고인 신청의 기피신청에 대한 기각결정에 대하여 불복이므로 다음과 같은 이유로 항고합니다.

항 고 이 유

1. 원 결정은 항고인의 기피신청이 아무런 이유 없다 하여 기각하였으나 이는 사실에 대한 조사의 불철저에서 오는 사실판단의 잘못이라 하겠습니다. 즉 이 건 기피신청의 이유인 사실은 신청인이 제출한 증거들에 의하여 충분히 인정되는 것임에도 이에 대한 조사를 제대로 하지 아니하고 성급하게 이유 없다는 결론에 이른 것입니다.

2. 따라서 이러한 조사방법을 근거로 한 원결정의 사실판단은 전혀 진실을 외면한 결론이라 하겠으므로, 이와 같이 부당한 원결정의 취소를 구하고자 이 항고에 이르렀습니다.

20○○.　○.　○.

위 항고인 ○　○　○　(인)

○○고등법원　귀중

[서식 321] 재항소장(항고기각결정에 대한 불복)

재 항 고 장

사　　　　　건　　20○○초 ○○○호

피고인(항고인)　　○　　○　　○

　　위 사건에 대한 ○○고등법원의 항고기각결정은 아래와 같은 이유로 불복이므로 재항고를 제기합니다.

재 항 고 취 지

　　원심판결은 파기한다.
라는 재판을 구합니다.

재 항 고 이 유

　　재항고인은 원심의 결정에 대하여 항고를 제기하였으나 다시 항고를 기각하였고 그 이유는 법률이 정한 기간을 도과하였다는 것입니다. 재항고인이 한 이 사건 즉시 항고는 법률이 정한 기한 내에 한 적법한 재항고라고 할 것임에도 불구하고 이를 기간도과 후의 즉시항고라 하여 재항고를 기각한 원심결정은 형사소송법의 법리를 오해한 위법이 있으므로, 원심결정을 파기하여 주시기 바랍니다.

20○○.　　○.　　○.

위 피고인(재항고인)　○　　○　　○　　(인)

　대 법 원 귀중

작성·접수방법

항고법원 또는 고등법원의 결정에 대하여는 재판에 영향을 미친 헌법·법률·명령 또는 규칙의 위반이 있음을 이유로 하는 때에 한하여 대법원에 즉시항고를 할 수 있다(형소법 415조). 이를 재항고라 한다.

[서식 322] 재항고장(헌법위반인 원심결정에 대한 불복)

재 항 고 장

사   건   20○○노○○○ 살인

피고인(항고인)   ○   ○   ○

위 항고인에 대한 살인 피고사건에 대하여 20○○. ○. ○. ○○고등법원이 한 항고기각 결정은 헌법 제○○조에 위반하는 것이라고 생각되어 불복이므로 다음과 같이 재항고를 제기합니다.

재 항 고 의 이 유

1. 원판시의 사실에 대하여는 전혀 다툼이 없으나 법의 해석을 잘못하고 있음으로써 이것이 재산권을 침해하는 결과가 되며, 바로 헌법 제○○조에 위반하는 것이라고 생각된다.

2. 이상과 같은 이유로 헌법위반인 원심결정을 속히 파기하여 주시기를 바랍니다.

20○○. ○. ○.

위 항고인의 변호인 변호사 ○ ○ ○   (인)

대 법 원 귀중

준 항 고 장

사   건   20○○형 제○○○호

피의자(항고인)   ○   ○   ○

준 항 고 취 지

　○○지방검찰청이 20○○. ○. ○.에 한 가환부처분의 결정은 이를 취소한다.
라는 재판을 구합니다.

준 항 고 이 유

1. 위 항고인은 ○○지방검찰청에서 사기 피의사건으로 수사를 받고 있는 자인바,
   20○○. ○. ○. 수사 검사로부터 증거품으로 당좌수표 및 약속어음 8매를 압수
   당한 바 있습니다.

2. 그런데 검사는 20○○. ○. ○. 수사도 종결하기 전에 위 압수한 증거물을 고소
   인에게 가환부처분을 한 바 있으나, 위 가환부처분한 압수물은 항고인이 본건
   고소인으로부터 물품대금조로 받은 것이 명백하여 항고인 소유임에도 불구하고
   수사 중에 고소인에게 위 압수물품을 가환부하였음을 매우 부당하다 아니할 수
   없어 이 건 준항고에 이른 것입니다.

20○○.   ○.   ○.

위 항고인의 변호인 변호사   ○   ○   ○   (인)

○○**지방법원　귀중**

Ⅱ. 항고심의 절차

1. 항고의 제기

보통항고에는 기간의 제한이 없으므로 언제든지 할 수 있다(법 제404조). 단 원심결정을 취소하여도 실익이 없게 된 때에는 예외로 한다. 즉시항고의 제기기간은 3일이다. 항고를 함에는 항고장을 원심법원에 제출하여야 한다(형소법 제406조). 항고장에 기재할 제출처는 항고법원으로 기재하여야 하나, 그 표시가 잘못되었더라도 이를 오기로 보아 바른 항고법원으로 기록을 송부하여야 하며, 상대방에게 항고제기통지를 하여야 한다.

2. 원심법원의 조치

가. 항고기각결정

항고의 제기가 법률상의 방식에 위배하거나 항고권 소멸 후의 것임이 명백한 때에는 원심법원은 결정으로 항고를 기각하여야 한다(형소법 제407조 제1항).

이 원심기각 결정에 대하여는 당초의 항고가 본항고였건 즉시항고였건 가리지 않고 즉시항고를 할 수 있다(형소법 제407조 제2항). 그러나 항고가 재항고였을 때는 그 원심기각결정이 위법임을 주장하는 때에 한하여 재항고를 할 수 있을 뿐이다(형소법 제415조).

나. 경정결정

항고장을 접수한 원심법원이 항고가 이유 있다고 인정한 때에는 원결정을 스스로 경정하여야 한다(형소법 408조 1항).

다. 소송기록의 송부

원심법원은 필요하다고 인정한 때에는 소송기록과 증거물을 항고법원에 송부하여야 한다. 항고법원도 별도로 소송기록과 증거물의 송부를 요구할 수 있다. 항고법원은 소송기록과 증거물을 송부받은 날로부터 5일 이내에 당사자에게 그 사유를 통지하여야 한다.

라. 집행정지결정

보통항고는 집행정지의 효력이 없으므로 재판이 고지되면 바로 집행기관에 의하여 그 집행이 개시된다. 이때 원심법원의 판단으로 항고가 이유 있다고 생각되지 않으나 항고심의 재판결과를 기다려서 집행함이 옳다고 판단되는 경우에는 원재판의 집행정지결정을 할 수 있다(형소법 제409조 단서).

Ⅲ. 준항고

1. 의 의

준항고란 재판장 또는 수명법관의 재판과 검사 또는 사법경찰관의 처분에 대하여 그 소속법원 또는 관할법원에 취소 또는 변경을 청구하는 불복신청방법을 말한다(법 제416조). 준항고는 상급법원에 대한 불복신청이 아니라는 점에서 엄밀한 의미의 항고에 포함되지 않는다. 그러나 형사소송법은 항고와의 유사성에 주목하여 준항고를 항고의 절차에 준하여 심판하도록 하고 있다(법 제419조).

2. 준항고의 대상

가. 재판장 또는 수명법관의 재판

법관이 행하는 재판을 명령이라고 한다. 형사소송법은 법관이 행하는 명령에 대해서는 일반적인 불복방법을 인정하고 있지 않다. 그 대신 재판장 또는 수명법관이 일정한 재판을 고지하는 경우에 한하여 준항고를 인정하고 있다. 재판장 또는 수명법관이 ① 기피신청을 기각한 재판, ② 구금, 보석, 압수 또는 압수물반환에 관한 재판 ③ 감정하기 위하여 피고인의 유치를 명한 재판 ④ 증인, 감정인, 통역인 또는 번역인에 대하여 과태료 또는 비용의 배상을 명한 재판을 고지한 경우만이 준항고의 대상이 된다(법 제416조 제1항). 다만 보석에 관한 재판 및 압수물에 관한 재판은 재판장이 아니라 수소법원이 행하는 재판이므로 준항고의 대상이 아니라 일반항고의 대상이 된다고 보아야 한다.

나. 수사기관의 처분

검사 또는 사법경찰관의 구금, 압수 또는 압수물의 환부에 관한 처분과 제243조의2에 따른 변호인의 참여 등에 관한 처분에 대하여 불복이 있으면 그 집무집행정지의 관할법원 또는 검사의 소속 검찰청에 대응하는 법원에 그 처분의 취소 또는 변경을 청구할 수 있다. 이를 수사기관의 처분에 대한 준항고라고 한다.

3. 관할법원

법관의 재판에 대한 준항고는 그 법관이 소속된 합의부에서 관할한다(다만, 유치명령에 대한 준항고는 그 법관 소속 합의부일 필요가 없고 조직법상 의미의 법원에 설치된 합의부가 관할한다).

수사기관의 처분에 대한 준항고는 그 직무집행정지의 법원 또는 검사의 소속 검찰청에 대응한 법원에서 관할하는데 명문규정이 없으므로 단독판사가 관할한다.

4. 준항고 제기방법

준항고는 그 이유를 기재한 서면을 관할법원에 제출하여야 한다.

법관의 재판에 대한 준항고는 재판의 고지가 있는 날로부터 3일 내에 하여야 하며 수사기관의 처분에 대한 준항고는 기간제한이 없다.

준항고는 증인, 감정인에 대한 과태료, 비용배상의 재판에 대한 경우 외에는 집행정지의 효력이 없다. 준항고의 절차 및 재판의 형태에 관하여는 일반적인 항고의 규정이 준용된다.

5. 불복방법

준항고에 대한 법원의 결정에 대하여 법령위반을 이유로 대법원에 재항고를 할 수 있다고 보는 것이 지배적이다. 따라서 법관의 재판에 대한 소속 합의부의 결정 또는 수사기관의 처분에 대한 법원(단독판사)의 결정은, 그 결정에 대한 별도의 항고를 거쳐 재항고를 할 수 있는 것이 아니고, 그 자체가 바로 재항고의 대상이 된다.

제6장

재판의 집행

제1절 총 설

I. 재판집행의 의의

재판의 집행은 재판(판결, 결정, 명령)의 내용인 의사표시를 국가의 강제에 의하여 구체적으로 실현하는 것을 말한다. 여기에는 원래 형벌 이외의 제재나 강제처분을 위한 영장의 집행도 포함되나, 가장 중요한 것은 유죄판결에 따른 형의 집행이다. 이 단계의 절차에서는 법원은 원칙적으로 관여하지 아니한다.

II. 형의 집행

1. 의 의

형의 집행은 사형, 자유형, 자격형, 재산형의 집행, 기타의 처분으로 나눌 수 있다. 집행형의 순서로서는 2개 이상의 형의 집행은 자격상실, 자격정지, 벌금, 과료와 몰수 외에는 그 중한 형을 먼저 집행한다. 단, 검사는 소속장관의 허가를 얻어 중한 형의 집행을 정지하고 다른 형의 집행을 할 수 있다(형소법 제462조).

2. 사형의 집행

사형은 법무부장관의 명령에 의하여 집행한다(형소법 제463조). 사형을 선고한 판결이 확정된 때에는 검사는 지체 없이 소송기록을 법무부장관에게 제출하여야 한다(형소법 제464조).
사형집행의 명령은 판결이 확정된 날로부터 6월 이내에 하여야 한다(형소법 제465조 제1항). 상소권회복의 청구, 재심의 청구 또는 비상상고의 신청이 있는 때에는 그 절차가 종료할 때까지의 기간은 이 기간에 산입하지 아니한다(형소법 제465조 제2항).
법무부장관이 사형의 집행을 명한 때에는 5일 이내에 집행하여야 한다(형소법 제466조). 사형은 형무소 내에서 교수하여 집행한다(형법 제66조). 사형의 집행에는 검사, 검찰청 서기관과 교도소장 또는 구치소장이나 그 대리자가 참여하여야 한다(형소법 제467조 제1항). 검사 또는 교도소장 또는 구치소장의 허가가 없으면 누구든지 형의 집행장소에 들어가지 못한다(형소법 제467조 제2항).

사형의 집행에 참여한 검찰청 서기관은 집행조서를 작성하고 검사와 교도소장 또는 구치소장이나 그 대리자와 함께 기명날인 또는 서명하여야 한다(형소법 제468조).

사형의 선고를 받은 자가 심신장애로 의사능력이 없는 상태에 있거나 잉태 중에 있는 여자인 때에는 법무부장관의 명령으로 집행을 정지한다(형소법 제469조 제1항). 형의 집행을 정지한 경우에는 심신장애의 회복 또는 출산 후 법무부장관의 명령에 의하여 형을 집행한다(형소법 제469조 제2항).

3. 자유형의 집행

자유형, 즉 징역·금고 또는 구류는 형무소에 구치하여 집행한다(형법 제67조, 제68조). 자유형의 집행에 관한 것은 행형법에 상세히 규정되어 있다.

자유형의 집행도 정지되는 경우가 있다. 즉, 징역·금고 또는 구류의 선고를 받은 자가 심신장애로 의사능력이 없는 상태에 있는 때에는 형을 선고한 법원에 대응한 검찰청 검사 또는 형의 선고를 받은 자의 현재지를 관할하는 검찰청 검사의 지휘에 의하여 심신장애가 회복될 때까지 형의 집행을 정지한다(형소법 제470조 제1항). 이 경우에는 검사는 형의 선고를 받은 자를 감호의무자 또는 지방공공단체에 인도하여 병원 기타 적당한 장소에 수용하게 할 수 있다(형소법 제470조 제2항, 이것은 인도주의라는 견지보다도 자유형의 집행은 수형자의 개선을 목적으로 하므로 심신장애자에 대한 형의 집행은 무의미하기 때문이다). 형의 집행이 정지된 자는 위의 처분이 있을 때까지 교도소 또는 구치소에 구치하고 그 기간을 형기에 산입한다(형소법 제470조 제3항).

또 다음과 같은 사유가 있는 때에는 검사의 지휘에 의하여 형의 집행을 정지할 수 있다(형소법 제471조 제1항). 검사가 이 지휘를 함에는 소속 고등검찰청 또는 지방검찰청검사장의 허가를 얻어야 한다(형소법 제471조 제2항).

① 형의 집행으로 인하여 현저히 건강을 해하거나 생명을 보전할 수 없을 염려가 있는 때

② 연령 70세 이상인 때

③ 잉태 후 6월 이상인 때

④ 출산 후 60일을 경과하지 아니한 때

⑤ 직계존속이 연령 70세 이상 또는 중병이나 장애인으로 보호할 다른 친족이 없는 때

⑥ 직계비속이 유년으로 보호할 다른 친족이 없는 때

⑦ 기타 중대한 사유가 있는 때

4. 사형, 자유형을 집행하기 위한 소환

사형, 징역, 금고 또는 구류의 선고를 받은 자가 구속되지 아니한 때에는 검사는 형을 집행하기 위하여 이를 소환하여야 한다(형소법 제473조 제1항). 이 경우에 소환에 응하지 아니한 때에는 검사는 형집행장을 발부하여 구인하여야 하며(형소법 제473조 제2항), 또 형의 선고를 받은 자가 도망하거나 도망할 염려가 있는 때 또는 현재지를 알 수 없는 때에는 소환함이 없이 형집행장을 발부하여 구인할 수 있다(형소법 제473조 제3항). 이 경우의 형집행장에는 형의 선고를 받은 자의 성명, 주거, 연령, 형명, 형기 기타 필요한 사항을 기재하여야 한다(형소법 제474조 제1항). 형집행장은 구속영장과 동일한 효력이 있다(형소법 제474조 제2항). 그리고 형집행장의 집행에는 피고인의 구속에 관한 규정을 준용한다(형소법 제475조).

5. 자격형의 집행

자격상실 또는 자격정지의 선고를 받은 자에 대하여는 이를 수형자원부에 기재하고, 지체 없이 그 등본을 형의 선고를 받은 자의 등록기준지와 주거지의 시·구·읍·면장에게 송부하여야 한다(형소법 제476조).

6. 재산형 등의 집행

벌금, 과료, 몰수, 추징, 과태료, 소송비용, 비용배상 또는 가납의 재판은 검사의 명령에 의하여 집행한다(형소법 제477조 제1항). 이 명령은 집행력 있는 집행권원과 동일한 효력이 있다(형소법 제477조 제2항). 또 그 집행에 관하여는 민사집행법의 집행에 관한 규정을 준용한다. 단, 집행 전에 재판의 송달을 요하지 아니한다(형소법 제477조 제3항).

재산형의 재판집행비용은 집행을 받은 자의 부담으로 하고 민사집행법의 규정에 준하여 집행과 동시에 징수하여야 한다(형소법 제493조).

몰수 또는 조세, 전매 기타 공과에 관한 법령에 의하여 재판한 벌금 또는 추징은 그 재판을 받은 자가 재판확정 후 사망한 경우에는 그 상속재산에 대하여 집행할 수 있다(형소법 제478조). 또 법인에 대하여 벌금, 과료, 몰수, 추징, 소송비용 또는 비용배상을 명한 경우에 법인이 그 재판확정 후 합병에 의하여 소멸한 때에는 합병 후 존속한 법인 또는 합병에 의하여 설립된 법인에 대하여 집행할 수 있다(형소법 제479조).

Ⅲ. 재판집행에 대한 구제방법

1. 의 의

재판의 집행과 관련하여 불복이 있는 경우에 그 구제를 구하는 방법으로 의의신청(법 제488조)과 이의신청(법 제489조) 두 가지가 있다. 양자는 모두 재판을 선고한 법원에 대하여 제기한다는 점에서 공통된다. 그렇지만 재판집행에 대한 의의신청은 확정재판에 있어서 주문의 취지가 불명확하여 주문의 해석에 의문이 있는 경우에 제기하는 불복방법임에 대하여 재판집행에 대한 이의신청은 확정재판의 집행기관인 검사가 그 집행과 관련하여 행하는 처분이 부당함을 이유로 제기하는 불복방법이라는 점에서 구별된다.

2. 재판의 해석에 대한 이의신청

형의 선고를 받은 자는 집행에 관하여 재판의 해석에 대한 의의(疑義)가 있는 때에는 재판을 선고한 법원에 의의신청을 할 수 있다(법 제488조). 재판해석에 대한 의의신청은 확정판결에 기재된 판결주문의 취지가 불명확하여 주문의 해석에 의문이 있는 경우에 한하여 제기할 수 있다. 따라서 판결이유의 모순, 불명확 또는 부당을 주장하는 의의신청은 허용되지 않는다. 재판해석에 대한 의의 신청은 재판을 선고한 법원의 관할이다. 이때 재판을 선고한 법원이란 피고인에게 형을 선고한 법원을 말한다.

3. 재판집행에 대한 이의신청

재판의 집행을 받은 자 또는 그 법정대리인이나 배우자는 집행에 관한 검사의 처분이 부당함을 이유로 재판을 선고한 법원에 이의신청을 할 수 있다. 부적법은 당연히 포함된다고 보아야 할 것이므로 재판집행의 부적법, 부당이 이의신청사유가 된다.

Ⅳ. 형집행의 부수적 처분

1. 구금일수산입

상고제기 후의 판결선고 전 구금일수는 다음 경우에는 그 전부를 본형에 산입한다(형소법 제482조 제1항).

① 검사가 상소를 제기한 때

② 검사가 아닌 자가 상소를 제기한 경우에 원심판결이 파기된 때

상소제기기간 중의 판결확정 전 구금일수(상소제기 후의 구금일수를 제외한다)는 전부 본형에 산입한다.

상소기각 결정 시에 송달기간이나 즉시항고기간 중의 미결구금일수는 전부를 본형에 산입한다. 위 각 경우의 구금일수의 1일을 형기의 1일 또는 벌금이나 과료에 관한 유치기간의 1일로 산입한다.

상소법원이 원심판결을 파기한 후의 판결선고 전 구금일수는 상소 중의 판결선고 전 구금일수에 준하여 통산한다.

2. 몰수물의 처분

몰수물은 검사가 공매에 의하여 처분하여야 한다(형소법 제483조). 몰수를 집행한 후 3월 이내에 그 몰수물에 대하여 정당한 권리 있는 자가 몰수물의 교부를 청구한 때에는 검사는 파양 또는 폐기할 것이 아니면 이를 교부하여야 한다(형소법 제484조 제1항). 몰수물을 처분한 후 전기의 청구가 있는 경우에는 검사는 공매에 의하여 취득한 대가를 교부하여야 한다(형소법 제484조 제2항).

3. 위조, 변조물의 처분

위조 또는 변조한 물건을 환부하는 경우에는 그 물건의 전부 또는 일부에 위조나 변조인 것을 표시하여야 한다(형소법 485조 1항). 위조 또는 변조한 물건이 압수되지 아니한 경우에는 그 물건을 제출하게 하여 위의 처분을 하여야 한다. 단, 그 물건이 공무소에 속한 것인 때에는 위조나 변조의 사유를 공무소에 통지하여 적당한 처분을 하게 하여야 한다(형소법 485조 2항).

4. 환부불능압수물의 처분

압수물의 환부를 받을 자의 소재가 불명하거나 기타 사유로 인하여 환부를 할 수 없는 경우에는 검사는 그 사유를 관보에 공고하여야 한다(형소법 제486조 제1항). 공고한 후 3월 이내에 환부의 청구가 없는 때에는 그 물건은 국고에 귀속한다(형소법 제486조 제2항). 전기의 기간 내에도 가치 없는 물건은 폐기할 수 있고 보관하기 어려운 물건은 공매하여 그 대가를 보관할 수 있다(형소법 제486조 제3항).

5. 가납집행의 조정

제1심 가납의 재판을 집행한 후에 제2심 가납의 재판이 있는 때에는 제1심 재판의 집행은 제2심 가납금액의 한도에서 제2심 재판의 집행으로 간주한다(형소법 제480조). 또 가납의 재판을 집행한 후 벌금, 또는 추징의 재판이 확정한 때에는 그 금액의 한도에서 형의 집행이 된 것으로 간주한다(형소법 제481조).

6. 노역장유치의 집행

벌금 또는 과료를 완납하지 못한 자에 대한 노역장유치의 집행(형법 제69조)에는 형의 집행에 관한 규정을 준용한다(형소법 제492조).

제2절 형의 소멸

Ⅰ. 형의 실효

1. 의 의

형법 제81조는 "징역 또는 금고의 집행을 종료하거나 집행이 면제된 자가 피해자의 손해를 보상하고 자격정지 이상의 형을 받음이 없이 7년을 경과한 때에는 본인 또는 검사의 신청에 의하여 그 재판의 실효를 선고할 수 있다."라는 규정이다.'형의 실효'라고 하지만 "그 재판의 실효를 선고할 수 있다"라고 했으므로 실효되는 것은 '형'이 아니고 형을 선고한 '재판'이다. 형은 집행이 종료되거나 집행이 면제된 후이므로 형의 효력이 이중으로 소멸되는 것이 아니고 형을 선고한 재판이 실효되는 것이다. 그리고 형법상의 '형의 실효'는 본인 또는 검사의 신청에 의해 재판의 실효를 선고하는 법원의 결정이 있어야 한다.

2. 청 구

재판이 확정된 관할의 법원에 형의 실효선고 신청을 제기하여야 하며 피해변상 등의 증거자료도 함께 제출하여야 할 것이다.

[서식 324] 형의 실효선고신청서

형 의 실 효 선 고 신 청

신청인(피고인) 성   명 : ○   ○   ○
　　　　　　　　주민등록번호 : 000000-0000000
　　　　　　　　주　　　　소 : ○○시 ○○구 ○○로 ○○ (○○동)
　　　　　　　　등록기준지 : ○○시 ○○구 ○○로 ○○ (○○동)

　1. 사　　　건 : 20○○고단 ○○○○호　횡령 피고사건

---

1. 기록보관청 : ○○지방검찰청

신 청 취 지

○○지방법원 20○○고단 ○○○○호 횡령 피고사건에 관하여 피고인 ○○○에 대한 형(징역 ○년 ○월)은 실효된다.
라는 재판을 구합니다.

신 청 이 유

위 사건에 관련하여 신청인은 20○○. ○. ○. ○○지방법원에서 횡령죄로 징역 ○년 ○월을 선고받고 형이 확정되어 ○○교도소에서 형의 집행을 종료하고 20○○. ○. ○.에 출소하였는바, 피해자의 피해를 보상하고 자격정지 이상의 형의 받음이 없이 7년을 경과하였음으로 형법 제81조에 따라 형의 실효선고를 신청합니다.

첨 부 서 류

1. 판결문등본	1통
1. 피해자의 합의서 및 피해변상영수증	1통
1. 인감증명(피해자의 것)	1통
1. 출소증명원	1통

20○○. ○. ○.

신청인(피고인) ○ ○ ○ (인)

○○지방법원 귀중

형 의 실 효 선 고 신 청

신청인(피고인)　　성　　　명 : ○　　○　　○

　　　　　　　　　주민등록번호 : 000000-0000000

　　　　　　　　　주　　　소 : ○○시 ○○구 ○○로 ○○ (○○동)

　　　　　　　　　등록기준지 : ○○시 ○○구 ○○로 ○○ (○○동)

1. 사　　　건 : 20○○고단 ○○○○호　절도 피고사건
1. 기록보관청 : ○○지방검찰청

신 청 취 지

　○○지방법원 20○○고단 ○○○○호 절도 피고사건에 관하여 피고인 ○○○에
대한 형(징역 ○년 ○월)은 실효된다.
라는 재판을 구합니다.

신 청 이 유

1. 위 사람은 20○○. ○. ○. ○○지방법원에서 절도죄로 징역 2년을 선고 받고
　 형이 확정되어 청주교도소에서 위 형기를 마치고 출소하였으며 피해자에게 피해
　 도 모두 변상하고 오늘에 이르기까지 다른 아무런 죄를 지은 바도 없습니다.

2. 그러므로 형법 제81조에 의하여 형의 실효선고를 받고자 이 신청에 이른 것입니다.

첨 부 서 류

　　　1. 판결문등본　　　　　　　　　　　　1통
　　　1. 피해자의 합의서 및 피해변상영수증　　1통
　　　1. 인감증명(피해자의 것)　　　　　　　1통
　　　1. 출소증명원　　　　　　　　　　　　1통

　　　　　　　　　　20○○.　　○.　　○.

　　　　　　　　신청인(피고인)　○　　○　　○　　(인)

○○지방법원　귀중

Ⅱ. 복 권

1. 의 의

형법상의 복권이란 자격정지의 선고를 받은 자가 피해자의 손해를 보상하고 자격정지 이상의 형을 받음이 없이 정지기간의 2분의 1을 경과한 때에는 본인 또는 검사의 신청에 의하여 자격의 회복을 선고하는 것을 말한다.

2. 청 구

형을 선고한 법원에 복권신청서와 피해보상의 사실 등을 입증하여 제기하여야 할 것이다.

[서식 326] 복권신청서

복 권 신 청

신 청 인　　　성　　　명 : ○　○　○ (000000-0000000)
　　　　　　　등록기준지 : ○○시 ○○구 ○○로 ○○ (○○동)
　　　　　　　주　　　소 : ○○시 ○○구 ○○로 ○○ (○○동)

신 청 취 지

　위 사람에 대하여 ○○지방법원에서 ○○년 ○월 ○일 살인혐의로 선고한 징역 3년의 판결의 실효를 선고한다.라는 재판을 구함.

신 청 이 유

1. 신청인은 ○○년 ○월 ○일 ○○시 ○○구 ○○동 ○○번지 텍사스주점에서 술을 마시다가 술집에서 일하고 있는 여급과 언쟁 끝에 흥분하여 재크나이프로 찔러 위 여급을 살해한 죄로 귀원에서 ○○년 ○월 ○일 징역 3년의 형을 받고 ○○교도소에서 복역을 마친자입니다.

---

2. 신청인은 당시 피해자의 부모에게 합의금과 장례비조로 금 ○○만원을 배상하고 진심으로 속죄하고자 결심하였습니다.

3. 신청인은 ○○년 ○월 ○일에 만기 출소한 이래 가사에 종사하고 있으며 현주소지에서가족들과 평온하게 지내고 있을 뿐만 아니라 과거의 잘못을 뉘우치고 지금까지 자격정지이상의 형벌을 받음이 없이 8년을 무사히 경과하였으나 전과자라는 낙인 때문에 자녀의 교육 및 사회생활에 가혹한 영향을 받고 있으므로 내일의 광명과 행복을 찾고 건전한 사회인으로서 삶을 유지하기 위해 형법 제81조에 따라 전과의 실효선고를 구하는 바입니다.

첨 부 서 류

1. 피해자 유족진술서

20○○. ○. ○.

위 신청인 ○ ○ ○ (인)

○○지방법원 귀중

[서식 327] 복권신청서

복 권 신 청

신 청 인   성   명 : ○   ○   ○ (000000-0000000)

등록기준지 : ○○시 ○○구 ○○로 ○○ (○○동)

주   소 : ○○시 ○○구 ○○로 ○○ (○○동)

위 사람은 20○○. ○. ○. ○○지방법원에서 업무상 배임죄로 자격정지 1년의 선고를 받았고 피해자에 대한 손해도 모두 보상하였으며 현재까지 아무런 죄도 지은 바 없이 자격정지기간 2분의 1을 경과한 바 있으므로 자격회복을 선고하여 주시기 바랍니다.

첨 부 서 류

1. 피해변상증명서   1통
1. 인감증명서   1통

20○○.   ○.   ○.

위 신청인   ○   ○   ○   (인)

○○지방법원   귀중

[서식 328] 피해자 재판기록 열람 · 복사신청서

피해자 재판기록 열람 · 복사 신청서				허	부

신 청 인	성 명		전화번호 (팩스번호)	
	전자우편		팩 스	
	피해자와의 관계		소명자료	

신 청 구 분	☐ 열람	☐ 복사

대 상 기 록	사 건 번 호	사 건 명	재 판 부

복사할 부분	(복사매수 매)

사 용 용 도	

복 사 방 법	☐ 필사 ☐ 변호사단체복사기 ☐ 법원 복사기

신청 수수료	500원	(수 입 인 지 첩 부 란)
복 사 비 용	원 (매×50)	

사용목적의 제한 또는 조건의 부과	20 . . . 재판장 판사

영 수 일 시	20 . . . :	영 수 인	

작성 · 접수방법

1. 영수인란은 서명 또는 기명날인하여야 한다.
2. 법원복사기로 복사하는 경우에는 1장당 50원의 복사비용을 수입인지로 납부하여야 한다.
3. 재판장의 열람 및 등사허가 · 불허가, 사용목적 제한이나 조건 부과에 대하여는 불복할 수 없다.

재판기록열람·등사청구권 위임장

사　　건　　　　20○○고단○○○○　사기

피 고 인　　　　　○　　○　　○

구금장소　　　　　○○구치소(수감번호 0000)

　귀원에 재판계속중인 위 피고사건에 관하여 구속피고인은 재판기록의 열람·등사청구권 등의 일체권한을 다음 사람에게 위임합니다.

　수임인　성　명 : ○　　○　　○
　　　　　주　소 : ○○시 ○○구 ○○로 ○○ (○○동)
　　　　　관　계 : 형제

　　　　　　　　　　20○○.　　○.　　○.

　　　　　　　　위 피고인　○　○　○　　(무인)

위 피고인 본인의 무인임을 증명함.

　　　　　　　　○○구치소 교사　○　○　○　　(인)

○○지방법원　귀중

출국가능사실 확인신청

사 건   20○○노 ○○○○ 폭력행위등처벌에관한법률위반

피 고 인   ○   ○   ○

　귀원에 재판 계속 중인 위 피고인에 대하여 위 피고인은 주식회사 ○○○○의 생산관리이사로 재직하고 있는바, 회사 업무관계로 아래와 같이 출국하고자 하오니 위 피고인이 출국하여도 재판에 지장이 없음을 확인하여 주시기 바랍니다.

1. 인적사항
　　피 고 인 : ○   ○   ○ (000000-0000000)
　　직　　업 : 회사원(생산관리이사)
　　주　　거 : ○○시 ○○구 ○○로 ○○ (○○동)
　　등록기준지 : ○○시 ○○구 ○○로 ○○ (○○동)

2. 출국내용
　　출 국 지 : 일본(미쓰비시 조선소)
　　출국기간 : 20○○. ○. ○.부터 20○○. ○. ○.까지(○박 ○일)
　　출국사유 : 미쓰비시 조선소 공장견학

첨 부 서 류

　　1. 출장명령서　　　　　　　　　　　　1통
　　1. 기타 증명서류　　　　　　　　　　　1통

20○○.　○.　○.

위 피고인의 변호인 변호사 ○　○　○　 (인)

○○지방법원　귀중

[서식 331] 위임장(검찰민원서류신청, 교부위임)

위 임 장

성　　　　명 : ○　　○　　○

주민등록번호 : 000000-0000000

주　　　　소 : ○○시 ○○구 ○○로 ○○ (○○동)

위 사람을 대리인으로 정하고 다음 사항의 권한을 위임한다.

다　　음

1. 발급받고자 하는 서류 명칭(출국가능사실증명원)의 발급신청과 이를 교부받는 행위

20○○.　　○.　　○.

위임인 성　　　　명 : ○　○　○　(인)

주민등록번호 : 000000-0000000

주　　　소 : ○○시 ○○구 ○○로 ○○ (○○동)

○○지방검찰청 검사장　귀하

기 록 환 부 신 청

사　　건　　　　20○○초○○○○

피 의 자　　　　　○　　○　　○

　위 피의자에 대한 귀원 폭력행위등처벌에관한법률위반에 대한 구속적부심의 청구사건에 관하여 위 피의자의 변호인은 변론준비 등의 관계로 다음의 서류를 환부하여 주실 것을 신청하오니 환부하여 주시기 바랍니다.

다　　　음

　　1. 합의서, 인감증명서(피해자 이○○)　　각 1통
　　1. 합의서, 인감증명서(피해자 정○○)　　각 1통
　　1. 재학증명서(피의자 김○○)　　　　　　1통

　　　　　　　　20○○.　　○.　　○.

　　　　위 피의자의 변호인 변호사　○　○　○　（인）

○○지방법원　귀중

금 전 공 탁 서(변제 등)

공 탁 번 호	년 금 제 호		년 월 일 신청	법령조항	민법 제487호
공 탁 자 성 명 (상호, 명칭)	○ ○ ○	**피 공 탁 자** 성 명 (상호, 명칭)		○ ○ ○	
주민등록번호 (법인등록번호)	000000-0000000	주민등록번호 (법인등록번호)		0000000-0000000	
주 소 (본점, 주사무소)	전남 ○○군 ○○읍 ○○로 ○○	주 소 (본점, 주사무소)		서울시 ○○구 ○○로○○(○○동)	
전화번호	061) 000-0000	전화번호		02) 000-0000	

공 탁 금 액	한글 이백만원정	보 관 은 행	○○은행 ○○지점
	숫자 2,000,000원		

공탁원인사실	공탁자는 20○○. ○. ○. 10:00경 서울시 ○○구 ○○동 소재 공탁자의 아파트에서 피공탁자를 유인하여 추행한 사건에 대하여 피공탁자에게 잘못을 사과하는 한편 상당한 위로금을 주고 합의를 보고자 하였으나 위자료의 액수가 적다는 이유로 수령을 거절하므로 공탁자가 마련할 수 있는 최선의 금액에 해당하는 금 2,000,000원을 위자료로써 공탁함.
비고(첨부서류 등)	1. 위임장 1통 2. 주민등록등본 3. 회수제한신고서 1통 □ 계좌납입신청

1. 공탁으로 인하여 소멸하는 질권, 전세권 또는 저당권 2. 반대급부 내용	없 음

위와 같이 신청합니다.

공탁자 성명 ○ ○ ○ (인)

대리인 주소 : 전남 ○○군 ○○읍 ○○로 ○○
전화번호 : 061) 000-0000
성명 : 법무사 홍길동 사무소
법무사 ○ ○ ○ (인)

위 공탁을 수리합니다.
공탁금을   년   월   일까지 위 보관은행의 공탁관 계좌에 납입하시기 바랍니다.
위 납입기일까지 공탁금을 납입하지 않을 때는 이 공탁 수리결정의 효력이 상실됩니다.

년   월   일

○○지방법원 ○○지원 공탁관   (인)

(영수증) 위 공탁금이 납입되었음을 증명합니다.

년   월   일

공탁금 보관은행(공탁관)   (인)

※ 1. 도장을 날인하거나 서명을 하되, 대리인이 공탁할 때에는 대리인의 주소, 성명을 기재하고 대리인의 도장을 날인(서명)하여야 합니다.

2. 공탁당사자가 국가 또는 지방자치단체인 경우에는 법인등록번호란에 '사업자등록번호'를 기재하시기 바랍니다.

3. 공탁금 회수청구권은 소멸시효완성으로 국고에 귀속될 수 있으며, 공탁서는 재발급 되지 않으므로 잘 보관하시기 바랍니다.

4. 공탁원인사실 기재례

가. 공탁자는 20○○. ○. ○. 00:00경 ○○시 ○○구 ○○로 ○○ (○○동) 소재 '○○○' 유흥주점에서 함께 술을 마시던 피공탁자가 버릇없이 행동한다는 이유로 화가 나서 주먹으로 피공탁자의 턱 부위를 1회 때려 피공탁자에게 약 6주간의 치료를 요하는 하악골 골절상 등의 상해를 입게 하였는바, 공탁자는 수차례에 걸쳐 피공탁자를 찾아가 사죄하며 용서를 구하고 금 10,000,000원을 치료비 및 위자료 등으로 지급하며 원만히 합의하고자 하였으나, 피공탁자는 이에 불응하여 수령을 거절하므로 이에 변제공탁을 하는 바입니다.

나. 공탁자는 20○○. ○. ○. 00:00경 택시운전을 하다가 ○○시 ○○구 ○○로 ○○ (○○동) ○○백화점 앞 노상에서 도로를 횡단 중인 피공탁자를 들이받아 우측발목에 전치 4주일을 요하는 상해를 입혔는바, 그 후 공탁자는 수차례에 걸쳐 피공탁자를 찾아가 사죄하며 용서를 구하고 금 5,000,000원을 치료비 및 위자료 등으로 지급하며 원만히 합의하고자 하였으나, 피공탁자는 이에 불응하여 수령을 거절하므로 이에 변제공탁을 하는 바입니다.

다. 공탁자는 20○○. ○. ○. 00:00경 ○○시 ○○구 ○○동 소재의 홍길동 운영의 중고가전 가게에다 김갑동이 습득하여 갖다놓은 금 600만원의 자기앞수표를 이몽룡이 타인에게 주고 현금 500만원으로 바꿔온 금전 중 금 20,000원을 취득한 바 있어, 동 금액의 피해자인 피공탁자에게 배상하고자 현실 제공하려 하였으나 피해자가 이를 수령을 거부하므로 이에 변제공탁합니다.

[서식 334] 위임장(금전공탁서)

위 임 장

법무사 ○ ○ ○

　　　　○○군 ○○읍 ○○로 ○○

　　　　(전화 000-0000, 팩스 000-0000)

위 사람을 대리인으로 정하고 다음 사항의 권한을 위임한다.

다 음

1. 공탁서(변제) 작성, 제출과 이를 교부받는 행위
1. 이에 부수하는 행위

　　　　　　　　20○○.　○.　○.

　　　　　　위임인 공탁자 ○ ○ ○ 　(인)

[서식 335] 공탁금회수제한신고서

공탁금회수제한신고서

사 건   20○○년 금제   호

공 탁 자   ○   ○   ○
               주 소 : 서울시 ○○구 ○○로 ○○(○○동)

피공탁자   ○   ○   ○
               주 소 : 서울시 ○○구 ○○로 ○○(○○동)

  귀원의 위 공탁사건에 관하여 공탁자는 피공탁자의 동의가 없으면 다음의 형사사
건에 대하여 불기소결정(단, 기소유예는 제외)이 있거나 무죄판결이 확정될 때까지
공탁금에 대한 회수청구권을 행사하지 않기로 신고합니다.

형 사 사 건 의 표 시

1. 사건번호 : ○○지방검찰청 ○○지청 2011형 제○○○호
1. 사 건 명 : 성폭력범죄의 처벌 및 피해자보호등에관한법률위반
              (장애인에 대한 준강간 등)
1. 피의자(피고인) : ○   ○   ○
                 주민등록번호: 000000-0000000

               20○○.   ○.   ○.

           신고인(공탁자) ○   ○   ○   (인)
           ○○지방법원 ○○지원 공탁관   귀중

        공탁   년 금 제   호 사건에 관하여
     20○○년 ○월 ○일 접수된 서면임을 확인함

  ○○지방법원 ○○지원 공탁관   (인)

피공탁자가 공탁금을 안 찾아갈 경우, 공탁금회수제한신고를 한 공탁자는 불기소처분 또는 무죄의 확정판결을 받은 경우는 임의로 공탁금을 '회수' 청구할 수 있지만 유죄확정인 경우에는 상대방 피공탁자의 인감날인된 동의서가 있어야만 공탁금을 '회수' 청구할 수 있다. 공탁자가 유죄확정된 경우에는 피공탁자가 안 찾아가는 공탁금은 공탁자가 회수할 길어 없어 결국 10년이 경과되면 국고로 귀속될 것이다.

[서식 336] 위임장(공탁금회수제한신고서)

위 임 장

법무사 ○   ○   ○

　　　　○○군 ○○읍 ○○로 ○○

　　　　(전화 000-0000, 팩스 000-0000)

　위 사람을 대리인으로 정하고 다음 사항의 권한을 위임한다.

다　　음

1. 공탁금회수제한신고서 작성, 제출과 이를 교부받는 행위
1. 이에 부수하는 행위

　　　　　　　　　　20○○.　　○.　　○.

　　　　　　위임인 공탁자 ○　○　○　(인)

금전공탁통지서(형사사건용)

공 탁 번 호	20○○년 금 제 호	년 월 일 신청	법령조항	민법 제487조
공 탁 자	성 명 (상호, 명칭)	○ ○ ○	피 공 탁 자	성 명 (상호, 명칭)	○ ○ ○
	주 소 (본점, 주사무소)	서울시 ○○구 ○○로 ○○(○○동)		주 소 (본점, 주사무소)	전남 ○○군 ○○읍 ○○로 ○○
				주민등록번호 (법인등록번호)	000000-000000

공탁금액	한글 이백만원정	보 관 은 행	○○은행 ○○지점
	숫자 2,000,000원		

형사사건	사건번호	경찰서 년제 호 지방검찰청 지청 년 형 제 호 지방법원 지원 년 고단(합) 제 호
	사건명	

공 탁 원 인 사 실	공탁자는 20○○. ○. ○. 10:00경 서울시 ○○구 ○○동 소재 공탁자의 아파트에서 피공탁자를 유인하여 추행한 사건에 대하여 피공탁자에게 잘못을 사과하는 한편 상당한 위로금을 주고 합의를 보고자 하였으나 위자료의 액수가 적다는 이유로 수령을 거절하므로 공탁자가 마련할 수 있는 최선의 금액에 해당하는 금 2,000,000원을 위자료로써 공탁함

1. 공탁으로 인하여 소멸하는 질권, 전세권 또는 저당권 2. 반대급부 내용	없 음

위와 같이 통지합니다.   대리인 주소 ○○시 ○○구 ○○로 ○○ (○○동)

　　　　　　　　　　　　　　　　　성명 법무사 홍길동 사무소

　　　공탁자 성명 ○ ○ ○ (인)　　　　　　　법무사 ○ ○ ○ (인)

1. 위 공탁금이   년 월 일 납입되었으므로 [별지] 안내문의 구비서류 등을 지참하시고,우리 법원 공탁소에 출석하여 공탁금 출급청구를 할 수 있습니다.
2. 공탁자가 회수제한신고를 한 경우에는 공탁자는 귀하의 동의가 없으면 위 형사사건에 대하여 불기소결정(단, 기소유예는 제외)이 있거나 무죄판결이 확정된 때까지 공탁금에 대한 회수청구권을 행사할 수 없습니다.그러나, 공탁자가 회수제한신고를 하지 않은 경우에는 귀하가 공탁금 출급청구를 하거나, 공탁을 수락한다는 내용을 기재한 서면을 우리 공탁소에 제출하기 전에는 공탁자가 공탁금을 회수할 수 없습니다.
3. 공탁금은 그 출급청구권을 행사할 수 있는 때로부터 10년 내에 출급청구를 하지 않을 때에는 특별한 사유(소멸시효 중단 등)가 없는 한 소멸시효가 완성되어 국고로 귀속되게 됩니다.
4. 공탁금에 대하여 이의가 있는 경우에는 공탁금 출급청구를 할 때에 청구서에 이의유보 사유(예컨대 "손해배상금 중의 일부로 수령함" 등)를 표시하고 공탁금을 지급받을 수 있으며, 이 경우에는 후에 다른 민사소송 등의 방법으로 권리를 주장할 수 있습니다.
5. 공탁통지서는 재발급 되지 않으므로 잘 보관하시기 바랍니다.

　　　　　　　　　　　　　　　년　　　월　　　일 발송

　　　　　　법원　　　 지원 공탁관　　　　　　(인)
　　　　　　　(문의전화 :　　　　　　　　　　)

[서식 338] 위임장(금전공탁통지서)

위 임 장

법무사 ○　　○　　○

　　　○○군 ○○읍 ○○로 ○○

　　　(전화 000-0000, 팩스 000-0000)

　위 사람을 대리인으로 정하고 다음 사항의 권한을 위임한다.

다　　음

1. 금전공탁통지서(형사사건) 작성, 제출과 이를 교부받는 행위
1. 이에 부수하는 행위

　　　　　　　　　　20○○.　 ○.　 ○.

　　　　　　　위임인 공탁자 ○　 ○　 ○　 (인)

접 수 증 명 원

인지 500

사　　건　　　　20○○고단 ○○○호　횡령

피 고 인　　　　○　　○　　○

위 사건에 관하여　　　이 20○○.　　.　　. 접수되었음을 증명하여 주시기
바랍니다.

　　　　　　　　　　20○○.　○.　○.

　　　　　　　　　　신청인　○　○　○　（인）

　○○지방법원　귀중

제7장

특별절차

제1절 재 심

I. 재심의 의의

1. 의 의

재심이란 유죄의 확정판결에 사실오인의 오류가 있는 경우에 이를 바로잡아 무고한 시민의 인권침해를 구제하기 위한 비상구제절차이다. 재심은 확정판결에 내재하는 사실인정의 잘못을 바로잡는 구제장치라는 점에서 법령위반의 잘못을 시정하는 비상구제절차인 비상상고와 구별된다.

2. 재심의 대상

가. 유죄의 확정판결

형사소송법은 재심선고가 있는 때에 그 선고를 받은 자의 이익을 위해서만 재심을 청구할 수 있도록 하여(이익재심의 원
칙) 재심의 대상을 원칙적으로 유죄의 확정판결로 한정하고 있다.

나. 항소, 상소기각 판결

항소, 상고의 기각판결은 유죄판결 자체는 아니지만 그 확정에 의하여 원심의 유죄판결이 확정되는 효과를 발생시키므로 유죄판결과 별개의 재심대상으로 인정된다. 항소기각판결 또는 상고기각판결이라 함은 상소기각판결에 의하여 확정된 하급심판결을 의미하는 것이 아니라 하급심판결을 확정에 이르게 한 항소기각판결 또는 상고기각판결 그 자체를 말한다.

다. 판결이외의 재판

재심은 피고인이었던 자의 이익을 위해서만 인정되는 비상구제 절차이므로 약식명령이나 즉결심판은 유죄의 확정판결과 동일한 효력이 있어 재심의 대상이 되나, 무죄·면소·공소기각의 판결은 재심의 대상이 되지 않는다.

3. 재심의 기능

형사소송에 있어 재심은 법적 안정성과 정의의 이념이 대립되는 경우 정의를 위하여 법적 안정

성을 해칠 수 있다는 논리로서 판결의 정의에 비추어 용납될 수 없을 정도로 허위임이 인정되는 경우 비록 법적 안정성을 해한다 할지라도 실질적 정의를 실현하고자 하는 것이 재심의 제도이다.

Ⅱ. 재심 사유

1. 유죄확정판결에 대한 재심

재심은 유죄의 확정판결에 대하여 그 선고를 받은 자의 이익을 위해서만 청구할 수 있다. 유죄의 확정판결에는 제1심법원이 선고한 유죄의 확정판결, 항소심·상고심이 파기자판하여 선고한 유죄의 확정판결 및 확정판결과 동일한 효력이 있는 약식명령, 즉결심판이 포함된다.

2. 유죄확정판결에 대한 재심의 사유

① 원판결의 증거된 서류 또는 증거물이 확정판결에 의하여 위조 또는 변조된 것으로 증명된 때, ② 원판결의 증거된 증언, 감정, 통역 또는 번역이 확정판결에 의하여 허위인 것이 증명된 때, ③ 무고로 인하여 유죄의 신고를 받은 경우에 그 무고의 죄가 확정판결에 의하여 증명된 때, ④ 원판결의 증거된 재판이 확정재판에 의하여 변경된 때, ⑤ 유죄의 선고를 받은 자에 대하여 무죄 또는 면소를 선고할 명백한 증거 또는 형의 선고를 받은 자에 대하여 형의 면제 또는 원판결이 인정한 죄보다 경한 죄를 인정할 명백한 증거가 새로 발견된 때, ⑥ 저작권, 특허권, 실용신안권, 의장권 또는 상표권을 침해한 죄로 유죄의 선고를 받은 사건에 관하여 그 권리에 대한 무효의 심결 또는 무효의 판결이 확정된 때, ⑦ 원판결, 전심판결 또는 그 판결의 기초된 조사에 관여한 법관, 기소 또는 수사에 관여한 검사나 사법경찰관이 그 직무에 관한 범죄를 범하였음이 확정판결에 의하여 증명된 때, 단, 원판결의 선고 전에 그 직무범죄에 관한 공소가 제기되었을 경우에는 원판결의 법원이 그 사유를 알지 못한 때에 한한다.

3. 유죄판결에 대한 상소를 기각한 확정판결의 재심

상소법원이 원심의 유죄판결을 유지하여 상소를 기각한 판결에 대하여도 재심의 청구를 할 수 있는바, 재심사유는 위 2.의 경우에 비하여 제한되며, 재심사유가 인용되어 재심개시결정이 확정되더라도 상소심의 심리절차가 진행될 뿐이며 그 효과가 바로 원심의 유죄판결에 미치지는 않는다.

4. 유죄판결에 대한 상소를 기각한 확정판결의 재심의 사유

유죄판결에 대하여 상소를 기각한 확정판결에 대한 재심은 아래 사유를 근거로 하여 재심을 청구할 수 있고 나머지 사유에 의하여는 원심의 유죄판결에 대하여만 재심청구를 할 수 있다. ① 원판결의 증거로 된 증거서류 또는 증거물이 확정판결에 의하여 위조 또는 변조임이 증명된 때(형소법 제420조 제1호), ② 원판결의 증거로 된 증언, 감정, 통역, 번역이 확정판결에 의하여 허위임이 증명된 때(형소법 제420조 제2호), ③ 원판결, 전심판결 또는 그 판결의 기초된 조사에 관여한 법관, 기소 또는 수사에 관여한 검사나 사법경찰관이 그 직무에 관한 범죄를 범하였음이 확정판결에 의하여 증명된 때, 다만 원판결이 선고 전에 그 직무범죄에 관한 공소가 제기되었을 경우에는 원판결의 법원이 그 사유를 알지 못한 때에 한한다(형소법 제420조 제7호).

Ⅲ. 재심의 청구

1. 청구권자

재심의 청구권자로는 ① 공익의 대표자로서 피고인의 이익을 위하여 재심의 청구를 할 수 있는 검사, ② 피고인이었던 자로 유죄를 선고받은 자, ③ 친권자, 후견인으로서 유죄의 선고를 받은 피고인이었던 자의 법정대리인, ④ 유죄를 선고받은 피고인이었던 자가 사망하거나 심신장애가 있는 경우에는 그 배우자, 직계친족, 형제자매, ⑤ 피고인이었던 자 및 그의 친권자, 후견인, 배우자, 직계친족, 형제자매가 선임한 변호인 등이 있다(형소법 제424조). 다만, 검사를 제외한 자(위 ② 내지 ⑤의 자)의 청구권에 관하여는 제한이 있다. 즉, 법관 등의 직무범죄를 사유로 하는 경우에 피고인이었던 자가 그 직무범죄를 범하게 한 때에는 청구권이 없다.

2. 재심의 관할

재심의 청구는 원판결의 법원이 관할한다(형소법 제423조). 여기서 원판결이란 재심청구인이 재심사유 있음을 주장하여 재심청구의 대상으로 삼은 판결을 말한다.

3. 재심청구의 시기

재심청구의 시기에는 제한이 없다. 즉 재심의 청구는 피고인이었던 자의 사망 후에도 할 수 있고, 형의 집행이 종료되거나 그 집행을 받지 않기로 된 후에도 할 수 있다. 사망자의 경우에 재심청구를 허용한 것은 무죄판결의 공시를 통하여 명예를 회복할 수 있고 형사보상을 위시하여 집행된 벌금, 몰수 된 물건이나 추징금의 환수 등과 같은 사실상, 법률상 이익이 있기 때문이다.

4. 재심청구의 방식

재심의 청구를 함에는 재심청구서에 재심청구의 취지와 이유를 구체적으로 기재하고, 여기에 원판결의 등본 및 증거자료를 첨부하여 관할법원에 제출하여야 하며 구술신청은 허용되지 않는다.

5. 재심청구의 효과

재심의 청구는 형의 집행을 정지하는 효력이 없다. 단 관할법원에 대응한 검찰청검사는 재심청구에 대한 재판이 있을 때 까지 형의 집행을 정지할 수 있다(법 제428조).

6. 청구의 취하

재심청구는 취하할 수 있다(형소법 제429조 제1항). 취하는 서면에 의하여야 하며, 다만 공판정에서는 구술로도 할 수 있다. 재심청구취하서의 제출은 원심법원에 제출하여야 하지만 취하서의 제출에 있어서도 재소자특칙은 적용된다.

일단 취하한 자는 동일한 사유로 다시 재심의 청구를 하지 못한다(형소법 제429조 제2항). 법원은 취하사실을 상대방에게 통지하여야 한다. 그리고 교도소에 있는 자에 대하여는 재심의 청구와 취하에 특별한 편의를 인정하고 있다(형소법 제344조, 제430조).

재 심 청 구 서

재심청구인   ○ ○ ○ (000000-0000000)
(피 고 인)   주   소 : ○○시 ○○구 ○○로 ○○ (○○동)
                  등록기준지 : ○○시 ○○구 ○○로 ○○ (○○동)
                  직   업 : 무직

재 심 청 구 취 지

  이 사건의 재심을 개시한다.
라는 결정을 구합니다.

재 심 청 구 이 유

1. 재심청구인은 ○○지방법원 20○○고합 ○○○호 강도상해 피고사건에 관하여
   20○○. ○. ○. 같은 법원에서 징역 3년 6월의 선고를 받고 위 판결에 불복하여
   항소를 제기하여 동 항소심인 ○○고등법원에서 20○○. ○. 항소기각의 판결을
   하였고 이에 대해 재심청구인은 상고를 제기하지 아니하여 20○○. ○. ○. 위
   사건은 확정된 바 있습니다.

2. 피고인(재심청구인)의 범죄사실을 보면 피고인이 20○○. ○. ○. 00:00경 ○○
   시 ○○구 ○○동 소재 노상에서 술에 취해 길을 가던 피해자를 발견하고 이를
   뒤쫓아가 칼을 옆구리에 대고 현금 300만원과 목걸이 1점을 강취하고 칼로 옆구
   리를 찔러 8주간의 상해를 입혔다는 것으로 징역 3년 6월의 형이 확정된 바 있
   습니다.

3. 그러나 당시 목격자 1인에 의해 범행현장 부근을 지나던 피고인이 인상착의가
   비슷하다는 이유로 피고인이 범인으로 지목되어 검거되었으나 피고인이 완강하
   게 부인하여 결백을 주장하였음에도 이를 받아들이지 아니하고 목격자와 현장부
   근에 떨어진 칼 등을 증거로 채택하여 징역 3년 6월의 형을 선고하였던 것이나

위 사건의 진범이 다른 강도사건으로 검거되어 조사하는 과정에서 밝혀졌고 형이 확정됨으로서 새로운 명백한 증거가 발견되었으므로 재심의 사유가 있다 할 것이므로 재심의 개시를 결정하는 재판을 하여 주시기 바랍니다.

첨 부 서 류

1. 판결문 등본(피고인 홍길동)   1통
1. 위 확정증명원   1통
1. 판결문 등본(피고인 김갑동)   1통
1. 위 확정증명원   1통

20○○.   ○.   ○.

위 재심청구인(피고인)   ○   ○   ○   (인)

○○지방법원   귀중

재 심 청 구 서

재심청구인   ○   ○   ○ (000000-0000000)

(피 고 인)   주   소 : ○○시 ○○구 ○○로 ○○ (○○동)

등록기준지 : ○○시 ○○구 ○○로 ○○ (○○동)

전   화 : 000-000-0000

원 판 결 의 표 시

○○지방법원 20○○고단 ○○○○ 사기 (20○○. ○. ○. 선고)

재 심 청 구 취 지

재심청구인은 20○○. ○. ○. ○○시 ○○구 ○○로 ○○ (○○동)에서 피해자 ○○○에게 "○○회사에게 투자할 일이 있는데 돈을 빌려 달라. 8천만 원을 빌려주면 매달 3%의 이자를 주고 원금은 6개월이 지난 즉시 갚아주겠다"라고 거짓말하여 이에 속은 피해자로부터 차용금 명목으로 8,000만 원을 교부받아 이를 편취하였다. 라는 이유로 구속 수감되어 20○○. ○. ○. ○○지방법원에서 징역 1년에 집행유예 2년을 선고받고 그 판결이 확정되었으나, 원판결에서 유죄의 증거로 사용된 고소인 ○○○과 ○○○의 증언의 위증으로 밝혀져 그들이 형사 판결을 받고 동 판결이 확정되었으므로 피고인이 받은 원판결은 재심사유가 있어 재심청구를 하오니 재심개시결정을 하고 다시 재판하여 무죄를 선고하여 주시기 바랍니다.

재 심 청 구 이 유

1. 원판결과 증거의 요지원판결은 「재심청구인은 20○○. ○. ○. ○○시 ○○구 ○○로 ○○ (○○동)에서 피해자 ○○○에게 "○○회사에게 투자할 일이 있는데 돈을 빌려 달라. 8,000만 원을 빌려주면 매달 3%의 이자를 주고 원금은 6개월이 지난 즉시 갚아주겠다"라고 거짓말을 하여 이에 속은 피해자로부터 차용금명목으로 8,000만 원을 교부 받아 이를 편취하였다」라는 공소사실에 대하여 유죄를 인정하여 20○○. ○. ○. 징역 1년에 집행유예 2년을 선고하였고 그 판결은

재심청구인의 항소포기로 확정되었습니다. 원판결은 피고인에 대한 유죄의 증거로 고소인 ○○○과 참고인 ○○○의 각 증언과 차용증서를 거시하였습니다.

2. 고소인 ○○○과 ○○○의 증언과 차용증서의 위조 그러나 재심청구인은 고소인으로부터 돈을 차용한 사실이 없으므로 고소인 ○○○를 사문서 위조죄로 형사고소를 하였고, 아울러 고소인 ○○○과 ○○○를 위증으로 형사고소를 하여, 고소인 ○○○과 ○○○는 기소되어 고소인 ○○○는 징역 1년 6월, ○○○는 징역 1년의 확정판결을 받았습니다. 이는 형사소송법 제420조 제1호 및 제2호의 재심사유에 해당합니다.

3. 따라서 재심청구인은 재심을 통하여 그동안의 억울함을 밝히고저 하오니 재심개시결정을 하여 주시기 라랍니다.

첨 부 서 류

1. 판결등본   6통
1. 기타 서류

20○○.   ○.   ○.

위 재심청구인   ○   ○   ○   (인)

○○지방법원   귀중

[서식 342] 재심청구취하서(강도상해)

재 심 청 구 취 하 서

사   건   20○○고합 ○○○호   강도상해

피의자(재심청구인)   ○   ○   ○

　　위 재심청구사건에 관하여 재심청구인은 사정에 의하여 재심청구의 모두를 취하
합니다.

　　　　　　　　　　　　20○○.　○.　○.

　　　　　　　위 재심청구인(피고인)　○　○　○　　(인)

　　○○지방법원　귀중

[서식 343] 재심청구취하서(사기)

재 심 청 구 취 하 서

사   건   20○○고단 ○○○   사기

재심청구인(피고인)   ○   ○   ○

　　위 피고인에 대한 절도 피고사건에 관하여 20○○.　○.　○.　○○지방법원으로부
터 징역 2년에 처한다는 선고를 받고 20○○.　○.　○. 재심의 청구를 한 바 있으나
본 재심청구인은 사정에 의하여 재심청구의 모두를 취하합니다.

20○○. ○. ○.

위 재심청구인(피고인) ○ ○ ○   (인)

○○지방법원 귀중

Ⅳ. 재심청구에 대한 심리와 재판

1. 재심청구에 대한 심리

가. 재심절차의 구성

재심절차는 재심개새결정을 목표로 하는 재심청구절차와 재심개시결정이 내려진 이후에 진행하는 재심공판절차로 구성된다.

나. 사실조사

재심의 청구를 받은 법원은 필요하다고 인정한 때에는 합의부원에게 재심청구의 이유에 대한 사실조사를 명하거나 다른 법원의 판사에게 이를 촉탁할 수 있다(형소법 제431조 제1항). 이 경우에는 수명법관 또는 수탁판사는 법원 또는 재판장과 동일한 권한이 있다(형소법 제431조 제2항).

다. 의견진술기회 부여

재심의 청구에 대하여 결정을 함에는 청구한 자와 상대방의 의견을 들어야 한다. 단, 유죄의 선고를 받은 자의 법정대리인이 청구한 경우에는 유죄의 선고를 받은 자의 의견을 들어야 한다(형소법 제432조). 의견진술의 기회를 주지 않고 재심청구기각결정을 한 경우는 결정에 영향을 미치는 중대한 법령위반에 해당하므로 즉시항고 및 재항고의 대상이 된다.

2. 재심청구에 대한 재판

가. 재심청구기각 결정

재심의 청구가 법률상의 방식에 위반하거나 청구권의 소멸 후인 것이 명백한 때에는 결정으로 재심청구를 기각하여야 한다(형소법 제433조).

재심의 청구가 이유 없다고 인정한 때에는 결정으로 재심청구를 기각하여야 하며(형소법 제434조 제1항) 이 결정이 있는 때에는 누구든지 동일한 이유로 다시 재심청구를 하지 못한다(형소법 제434조 제2항). 누구든 지란 의미는 예컨대 피고인이었던 자의 재심청구가 이유 없는 것으로서 기각된 경우에 그 자의 법정대리인 또는 검사도 동일 이유로 재심청구를 하지 못한다는 것이다.

나. 재심개시의 결정

재심의 청구가 이유 있다고 인정한 때에는 재심개시의 결정을 하여야 한다(형소법 제435조 제1항). 경합범의 일부에 대해서만 재심의 이유가 있는 경우에도 일개의 형이 선고된 경우에는 그 전부에 대하여 재심개시결정을 하여야 한다고 본다.

재심개시의 결정을 할 때에는 결정으로 형의 집행을 정지할 수 있다(형소법 제435조 제2항).

다. 즉시항고

재심청구기각결정과 재심개시결정에 대하여는 즉시항고를 할 수 있다(형소법 제437조). 그러나 최종심인 대법원의 재심청구에 관한 결정에 대해서는 즉시항고 할 수 없다.

3. 재심의 심판

가. 일반원칙

재심개시의 결정이 확정한 사건에 대하여는 형사소송법 제436조(청구의 경합과 청구기각)의 경우 외에는 법원은 그 심급에 따라 다시 심판하여야 한다(형소법 제438조 제1항). 그 심급이라 함은 제1심의 확정판결에 대한 재심의 경우에는 제1심의 절차에 의하여, 그리고 항소기각 또는 상고기각의 확정판결에 대한 재심의 경우에는 항소심 또는 상고심의 절차에 따라 심판하여야 한다. 따라서 재심의 판결에 대하여는 일반원칙에 따라 상소가 허용된다 할 것이다.

나. 공판절차정지와 공소기각결정의 적용배제

사망자 또는 회복할 수 없는 심신장애자를 위하여 재심의 청구가 있는 때, 유죄의 선고를 받은 자가 재심의 판결 전에 사망하거나 회복할 수 없는 심신장애자로 된 때에도 공판절차정지와 공소기각의 결정에 관한 규정은 적용되지 아니한다(형소법 제438조 제2항). 이 경우에는 피고인이 출정하지 아니하여도 심판을 할 수 있으나 변호인이 출정하지 아니하면 개정하지 못한다(형소법 제438조 제3항). 그러므로 재심을 청구한 자가 변호인을 선임하지 아니한 때에는 재판장은 직권으로 변호인을 선임하여야 한다(형소법 제438조 제4항).

다. 불이익 변경의 금지

재심에는 원판결의 형보다 중한 형을 선고하지 못한다(형소법 제439조). 재심에 있어서 불이익 변경금지의 원칙은 유죄의 선고를 받은 자의 이익을 위하여서만 허용되는 재심제도의 본질상 당연한 것이다.

라. 무죄판결의 공시

재심에서 무죄의 선고를 한 때에는 그 판결을 관보와 그 법원소재지의 신문지에 기재하여 공고하여야 한다(형소법 제440조).

마. 재심판결와 원판결의 효력

재심판결이 확정된 때에는 유죄의 원판결은 당연히 효력을 잃는다. 재심판결의 확정판결에 의한 형의 집행까지 무효로 되는 것은 아니다. 따라서 원판결에 의해 자유형이 집행된 경우 그 집행부분은 재심판결에 의한 자유형의 집행에 통산된다.

4. 재심판결 후 형사보상청구

가. 형사보상청구권

형사소송법에 따른 일반절차 또는 재심이나 비상상고 절차에서 무죄판결을 받아 확정된 사건의 피고인이 미결구금을 당하였을 때에는 이 법에 따라 국가에 대하여 그 구금에 대한 보상을 청구할 수 있다(형사보상 및 명예회복에 관한 법률 제2조 제1항)

나. 형사보상금액 산정

형사보상은 구금일수에 따라 지급된다. 이때 보상금은 구금일수 1인당 보상청구의 원인이 발생한 연도의 최저임금법에 따른 최저임금액 이상, 구금 당시의 최저임금액의 5배 이하의 비율에 의한 금액으로 결정된다.

다만, 보상금 산정시 구금의 종류, 구금기간의 장단, 재산상 손실과 얻을 수 있는 이익, 정신적 고통과 신체적 손상, 관계공무원의 고의과실 유무, 그밖의 모든 사정을 고려하여 결정된다.

다. 절차

무죄판결을 받은 사람은 무죄재판이 확정된 사실을 안날부터 3년, 무죄재판이 확정된 때부터 5년 이내에 형사보상청구서, 무죄재판서의 등본, 무죄재판의 확정증명서 등을 무죄판결을 한 법원에 제출하여야 한다. 그 후 법원으로부터 보상결정이 송달된 후 2년 이내에 검찰청에 보상금지급청구서와 법원의 보상결정서를 제출하면 된다.

[서식 344] 형사보상청구서

형 사 보 상 청 구 서

청구인   ○ ○ ○(000000-0000000)

        주소 :

        등록기준지 :

        연락처 :

청 구 취 지

청구인에게 금 ○○○원을 지급하라.

라는 결정을 구합니다.

청 구 원 인

1. 청구인은 20○○. 5. 2. 무고 피의사건으로 구속되어 같은 해 5. 11. ○○지방법원에 기소되어 20○○. 10. 1. 같은 법원에서 징역 1년의 선고를 받았으며, 이에 대하여 청구인이 항소를 제기하여 항소심인 ○○지방법원 20○○노 ○○○○호 사건에서 20○○. 1.29. 원심을 파기하고 무죄의 판결을 받았으며, 이에 대한 검사의 상고가 있었으나 대법원 20○○도 ○○○호 사건에서 20○○. 5. 29. 동 상고를 기각함으로서 위 무죄의 판결을 확정되었습니다.

2. 그러므로 청구인은 형사보상법에 의하여 청구인이 20○○. 5. 2. 구속되어 20○○. 1.29. 석방됨으로서 273일 동안 구금되어 그 구금에 관한 보상을 청구할 수 있다 할 것입니다.

3. 청구인은 구금되기 전 ○○아파트재건축주택조합의 조합원으로 재직 중이었으며 동 조합은 여러 가지 복잡한 조합청산절차의 업무 및 송사의 처리를 위하여 바쁜 나날을 보내고 있을 때 이와 같이 구금당함으로써 막대한 재산상 손해는 물론 그 정신적 피해는 이루 말할 수 없다 할 것이므로, 동법 소정의 범위 내인 1일 금 72,415원(2011년 상반기 1일 도시 보통인부 노임단가)의 비율에 따라 산정하면 금 19,769,295원(72,415원×273원)이 되므로 청구취지와 같이 형사보상청구를 하게 되었습니다.

첨 부 서 류

1. 판결등본	1통
1. 확정등본	1통
1. 가족관계증명서	1통
1. 시중노임단가표	1통

20○○년 ○○월 ○○일

청구인 ○ ○ ○　　　(인)

○○지방법원 귀중

형 사 보 상 청 구 서

청구인   ㅇ ㅇ ㅇ(000000-0000000)
　　　　주소 :
　　　　등록기준지 :
　　　　연락처 :

청 구 취 지

　청구인에게 금 ㅇㅇㅇ원을 지급하라.
라는 결정을 구합니다.

청 구 원 인

1. 청구인은 20ㅇㅇ. ㅇ. ㅇ. 위증 피의사건으로 구속되어 같은 달 ㅇ. ㅇㅇ지방법
   원 ㅇㅇ지원에 기소되어, 20ㅇㅇ. ㅇ. ㅇ. 동원에서 징역 ㅇ월 처한다는 선고를
   받고 불복하여 항소심 공판 도중 구속만기로 20ㅇㅇ. ㅇ. ㅇ. 석방되고, 20ㅇㅇ.
   ㅇ. ㅇ. ㅇㅇ지방법원에서 무죄의 판결을 선고받았으며, 이에 대한 검사의 상고
   가 있었으나 대법원에서 20ㅇㅇ. ㅇ. ㅇ. 동 상고가 기각됨으로써 위 무죄판결은
   확정되었습니다.

2. 그러므로 청구인은 형사보상법에 의하여 청구인이 20ㅇㅇ. ㅇ. ㅇ. 구속되어 20
   ㅇㅇ. ㅇ. ㅇ. 석방됨으로써 ㅇㅇ일 동안 구금되어 그 구금에 관한 보상을 청구할
   수 있다 할 것이므로, 위 보상 금원에 대하여 보건대 청구인이 구금되기 전 중견
   기업체의 사원으로서 정상적인 사회생활을 하고 있었으며, 이와 같이 구금당함
   으로 인한 막대한 재산상 손해는 물론 그 정신적 피해는 이루 말할 수 없다 할
   것이므로, 동 법 소정의 보상금액의 범위 내인 1일 금 50,000원의 비율에 따라
   산정하면 금 ㅇㅇㅇ(ㅇㅇ일×50,000원)이 되므로 청구취지와 같이 본 건 청구를
   하는 바입니다.

첨 부 서 류

1. 판결등본   2통
1. 확정증명서   1통
1. 주민등록등본   1통

20○○년 ○○월 ○○일

청구인 ○ ○ ○   (인)

○○지방법원 귀중

[서식 346] 형사보상청구서

형 사 보 상 청 구 서

청구인   박 ○○(000000-0000000)
          주소 :
          등록기준지 :
          연락처 :

1. 청 구 금 액
   ○○○○○○ 원

2. 청구원인사실
   (가) 구속년월일 :

(나) 구 속 장 소 :

(다) 석방년월일 :

(라) 구 금 일 수 :

(마) 재판진행상황

　　심　　　급 :

　　사 건 번 호 :

　　법　　　원 :

　　선고년월일 :

　　재 판 결 과 :

　　확정년월일 :

3. 청구인은 위 2항과 같이 구속되었다가 무죄판결을 선고받고 석방된 사실이 있
　는 바, 판결이 확정된 사실을 안 날부터 3년이 경과하지 않았고, 판결이 확정
　된 날부터도 5년이 경과하지 않았기에 형사보상 및 명예 회복에 관한 법률 제2
　조(3조)에 의하여 위 1항 청구금액과 같이 형사보상청구를 합니다.

4. 첨부서류
　(가) (무죄) 판결등본 각 1통.
　(나) 판결 확정증명 1통.

20○○년 ○○월 ○○일

청구인 박 ○ ○　　　(인)

○○지방법원 귀중

형사보상 및 무죄판결 비용보상 지급청구서

청구인	① 성 명		② 주민등록번호		③ 지급대상자와 관계	
	④ 주 소			⑤ 전화번호		
⑥ 무 죄 판 결 사 건 번 호						
결정	⑦ 지급대상자 성 명			⑧ 주민등록번호		
	⑨ 결정일자					
	⑩ 보상결정 사 건 번 호					
	⑪ 보 상 금 액		형사보상　　　　원 / 무죄판결 비용보상			
수 령 인 은 행 계 좌 번 호	은 행 명			예 금 주		
	계 좌 번 호					

형사보상 및 명예회복에 관한 법률 및 형사소송법 제194조의2에 의하여
위와 같이 형사보상금 및 무죄판결 비용보상금의 지급을 청구합니다.
20○○. . .

의정부지방검찰청 검사장 귀하

구 비 서 류	수 수 료 : 없 음

1. 법원의 보상결정서 정본 및 확정증명서 각 1통
2. 신분증(주민등록증 또는 운전면허증) 사본
3. 입금받을 계좌의 통장 사본
4. 법인인 경우 법인등기부등본 및 법인인감증명서, 사업자등록증 사본 각 1통
5. 위임된 사건인 경우 위임장 및 인감증명서 각 1통

210mm×297mm 신문용지 54g/㎡

라. 보상을 받을 수 없는 경우

무죄판결을 받은 경우라도 형사미성년자라는 이유로 무죄판결을 받은 경우, 심신장애를 이유로 무죄판결을 받은 경우, 기소·미결구금 또는 유죄재판을 받게 된 이유가 본인이 수사나 재판을 그르칠 목적으로 거짓 자백을 하거나 자백 외 다른 유죄증거를 만든 것 때문인 것으로 인정되는 경우, 1개의 재판에서 경합범 중 일부는 유죄판결을 받고 일부는 유죄받결을 받은 경우에는 법원은 보상을 하지 않거나 금액을 일부 감액할 수 있다.

제2절 비상상고

I. 비상상고의 의의

1. 의 의

비상상고란 확정판결에 대하여 그 심판의 법령위반을 바로잡기 위하여 인정되는 비상구제 절차이다. 비상상고는 확정판결의 오류를 시정하기 위한 제도라는 점에서 미확정판결의 시정방법인 상소와 구별된다.

한편 비상상고는 확정판결의 오류를 시정하기 위한 비상구제절차라는 점에서 재심과 공통되지만 ① 신청의 이유가 확정판결의 법령위반에 제한되고, ② 신청권자는 검찰총장에 국한되며, ③ 관할법원이 대법원이며, ④ 비상상고절차에 의한 판결의 효력이 원칙적으로 확정판결이 선고된 자에게 미치지 않는다는 점 등에서 재심과 구별된다.

2. 관 할

비상상고는 재심과 달리 검찰총장만이 신청할 수 있으며 관할은 대법원이다(형소법 제441조). 검찰총장은 판결이 확정된 후 그 사건이 심판이 법령에 위반한 것을 발견한 때에는 대법원에 비상상고를 할 수 있다.

3. 비상상고의 대상

가. 확정판결

비상상고는 대상은 모든 확정판결이다. 재심의 대상인 유죄의 확정판결과 공소기각, 관할위반, 면소의 형식재판도 그 대상이 되며 심급의 여하를 묻지 않는다.

나. 결정 기타의 형식에 의한 종국재판 등에의 확대

판결의 형식을 취하고 있지 않지만 공소기각의 결정, 항소기각의 결정, 관할위반의 결정 등도 그 사건에 대한 종국재판이라는 점에서 비상상고의 대상이 된다. 기타 확정판결의 효력이 부여되는 약식명령, 즉결심판, 경범죄처벌법, 도로교통법상의 범칙금의 납부 등과 같은 이유에서 비상상고의 대상이 된다.

Ⅱ. 비상상고의 이유

1. 의 의

비상상고는 '판결이 확정된 후 그 사건의 심판이 법령에 위반한 것을 발견한 때'에 이를 이유로 제기할 수 있다(법 제441조). 사건이 법령에 위반하였다라고 함은 사건의 심판에 절차상의 위반이 있거나 실체법상의 적용에 위법이 있는 것을 말한다.

2. 사실오인과 비상상고

비상상고의 이유는 법령위반에 제한된다. 따라서 원칙적으로 사실오인은 비상상고의 이유가 될 수 없다. 다만 사실오인의 불가피한 결과로 법령위반의 오류가 발생하는 경우 이를 비상상고의 이유로 볼 수 있는지에 대해서는 대법원의 입장은 분명하지는 않다.

Ⅲ. 비상상고의 절차

1. 비상상고의 신청

비상상고의 주체는 검찰총장에 한정된다. 검찰총장은 판결이 확정된 후 그 사건의 심판이 법령에 위반한 것을 발견한 때에는 비상상고를 할 수 있다. 비상상고를 제기함에는 그 이유를 기재한 신청서를 대법원에 제출하여야 한다(형소법 제442조).
신청의 시기는 제한이 없으므로 확정판결 후면 언제든지 할 수 있고 형의 시효가 완성되었거나 형이 소멸하였거나 판결을 받은 자가 사망한 경우에도 가능하다.

2. 비상상고의 심리

가. 공판의 개정
비상상고 사건을 심리하기 위하여는 공판기일을 열어야 하며 공판기일에는 검사는 신청서에 의하여 진술하여야 한다(형소법 제443조).

비상상고 공판기일에는 피고인을 소환할 필요는 없다. 다만 변호인에게 공판기일 출석권이 긍정되는지에 대해서는 견해가 대립하고 있다.

나. 사실조사

비상상고신청이 있으면 대법원은 비상상고 신청서에 포함된 이유에 한하여 조사하여야 하고(형소법 제444조 제1항) 직권조사는 인정되지 아니한다.

그러나 법원의 관할, 공소의 수리와 소송절차에 관하여는 사실조사를 할 수 있다(형소법 제444조 제2항).

Ⅳ. 비상상고에 대한 재판

1. 기각판결

비상상고를 심리한 결과 이유가 없다고 인정되는 때에는 판결로써 이를 기각하여야 한다(형소법 제445조).

2. 파기의 판결

비상상고가 이유있다고 인정할 때에는 대법원은 법령위반의 부분을 파기하게 된다.

가. 부분파기

원판결이 법령에 위반된 때에는 원칙적으로 그 위반된 부분을 파기 하여야 한다. 소송절차가 법령에 위반한 때에도 그 위반된 절차를 파기한다. 모든 경우 원판결 자체는 유지되고 위반된 부분만 파기된다.

나. 파기자판

원판결이 법령에 위반함을 이유로 파기하는 경우에 원판결이 피고인에게 불이익한 때에는 대법원은 원판결을 파기하고 피고사건에 대하여 다시 판결을 하여야 한다.

다. 비상상고 확정시 판결의 효력

비상상고의 판결은 파기자판의 경우 이외에는 그 효력이 피고인에게 미치지 아니한다(법 제477조). 따라서 일부파기가 있는 경우에는 확정판결자체는 그대로 유지되며 종결된 소송계속은 부활하지 않는다. 이러한 의미에서 비상상고의 판결은 원칙적으로 이론적 효력 또는 논리적 효력이 있을 뿐이다.

[서식 348] 비상상고장(도로교통법위반)

비 상 상 고 장

사　　건　　　20○○고단 ○○○　도로교통법위반

피 고 인　　　　○　　○　　○

　위 사건에 관하여 ○○지방법원이 20○○. ○. ○. 선고한 벌금 2,000,000원에 처한다는 유죄 선고를 받고 판결이 확정되었는바 위 판결에서 유죄의 근거로서 도로교통법을 적용하였음은 법령적용에 위반이 있는 때에 해당하므로 형사소송법 제441조에 의하여 본 상고를 제기하는 바입니다.

20○○.　　○.　　○.

검찰총장　○　　○　　○　　(인)

대 법 원 귀중

제3절 약식절차

Ⅰ. 약식절차의 의의

1. 의 의

약식절차란 공판절차를 거치지 아니하고 원칙적으로 서면심리만으로 피고인에게 벌금·과태료를 과하는 간이한 형사절차를 말하며 이러한 약식절차에 의하여 재산형을 과하는 재판을 약식명령이라고 한다.

2. 취 지

약식절차는 형사재판의 신속을 기하는 동시에 공개재판에 따르는 피고인의 심리적·사회적 부담을 덜어둔다는 점에 그 존재의의가 있다. 간략한 서면심리에 의하여 생길 수 있는 부당함은 법원의 공판절차에 의한 심리(형소법 제450조) 및 피고인의 정식재판청구(형소법 제453조)에 의하여 제거될 수 있다.
약식사건은 단순히 경미사건으로 가볍게 다룰 것이 아니라 국민생활에 직결되어 있는 사건들로서, 기록의 검토는 철저히 이루어져야 하며 소신 있는 처리가 요구된다.

Ⅱ. 약식명령의 청구

1. 청구의 대상

약식명령을 청구할 수 있는 사건은 지방법원의 관할에 속하는 사건으로서 피고인을 벌금·과료 몰수에 처할 수 있는 사건이다(형소법 제448조 제1항). 따라서 벌금·과료가 법정형에 선택적으로 포함되어 있음을 요한다. 법정형에 징역이나 금고가 병과형으로 규정된 경우에는 약식명령을 청구할 수 없다.

2. 약식명령청구의 방식

약식명령의 청구는 검사가 공소제기와 동시에 서면으로 하여야 한다(형소법 제449조). 약식명령의 청구와 공소제기는 이론상 별개의 소송행위이지만, 실무에서는 두 서면이 따로 작성되지 않고 한 개의 서면에 의하고 있으며, 약식명령청구서에는 부본을 첨부할 필요가 없고 이를 피고인에게 송달할 필요도 없다. 검사가 약식명령의 청구를 함에는 필요한 증거서류와 증거물을 동시에 제출하여야 한다. 즉 공소장 일본주의가 적용되지 않는다.

Ⅲ. 약식명령청구사건의 진행

1. 관할법원

약식명령이 청구된 사건은 사건의 경중에 따라 지방법원 합의부 또는 지방법원단독판사의 관할에 속하게 된다.

2. 서면심리의 원칙과 사실조사의 한계

법원은 검사로부터 약식명령의 청구가 있으면 검사가 제출한 서류 및 증거물에 대한 서면심사에 의해 심리함이 원칙이다. 그러나 약식명령은 결정은 아니지만, 결정에 준하는 것이므로 법원이 필요한 때에는 간단한 사실조사를 할 수 있다.

3. 공판절차에의 회부

가. 공판절차 회부사유

법원은 약식명령의 청구가 있는 경우에 그 사건이 약식명령을 할 수 없거나 약식명령을 하는 것이 부적당하다고 인정된 때에는 공판절차에 의하여 심판하여야 한다(형소법 제450조). 약식명령을 할 수 없는 경우라 함은 법정형에 벌금이나 과료가 규정되어 있지 않거나 병과형으로 규정되어 있는 경우, 소송조건이 결여되어 면소·공소기각·관할위반 등의 재판을 하여야 하는 경우, 형의 면제나 무죄의 재판을 하여야 할 경우 등을 말한다. 약식명령을 하는 것이 부적당한 경우라 함은 법률상으로는 약식명령을 하는 것이 가능하나 사건의 성질상 공판절차에 의한 신중한 심리가 상당하다고 인정되는 경우 등을 말한다.

나. 절차

이와 같은 경우 별도로 결정 등의 절차는 필요하지 않으며 당연히 정식재판절차로 이행한다.

4. 약식명령의 발령

가. 약식명령의 발령과 고지

법원은 심사의 결과 정식재판절차로 이행하는 경우를 제외하고는 그 청구가 있는 날로부터 늦어도 14일 이내에 약식명령을 하여야 한다(소송촉진등에관한특례법 제22조). 약식명령의 고지는 검사와 피고인에 대한 재판서의 송달에 의하여 한다(형소법 제452조).

나. 약식명령의 기재방식

약식명령에는 범죄사실, 적용법령, 주형, 부수처분과 약식명령의 고지를 받은 날로부터 7일 이내에 정식재판을 청구할 수 있음을 명시하여야 한다(형소법 제451조).

다. 약식명령의 확정과 효력

약식명령은 형식적으로는 결정과 유사하면서도 실질적으로는 형을 선고하는 판결이라 할 수 있다. 따라서 약식명령은 결정도 판결도 아닌 특별한 형식의 재판으로서 결정에 준하는 것으로 해석하고 있다.

약식명령은 정식재판의 청구에 의한 판결이 있는 때에는 그 효력을 잃는다(형소법 제456조). 그러나 약식명령은 정식재판의 청구기간이 경과하거나, 그 청구의 취하 또는 청구기각의 결정이 확정한 때에는 확정판결과 동일한 효력이 있다(형소법 제457조). 따라서 유죄의 확정판결과 동일한 효력이 있으므로 기판력과 집행력을 발생하며 재심 또는 비상상고의 대상이 될 수 있는 것이다.

Ⅳ. 정식재판청구

1. 의 의

정식재판청구란 약식명령이 발하여진 경우 그 재판에 불복이 있는 자가 법정기간 내에 통상의 절차에 의한 심판을 청구하는 소송행위를 말한다.

2. 정식재판청구의 절차

가. 청구권자

정식재판의 청구권자는 검사와 피고인이다(형소법 제453조 제1항).

나. 청구의 기간

정식재판의 청구는 약식명령의 고지를 받은 날로부터 7일 이내에 약식명령을 한 법원에 서면으로 하여야 한다(형소법 제453조).

재소자에 관한 특례규정(형소법 제344조)은 정식재판청구에 준용되지 않으나, 구속된 피의자에 대하여 약식명령을 청구하는 경우에는 검사가 그 피의자의 구속을 취소하는 것이 통례이므로 별 문제는 없을 것이다.

정식재판의 청구가 있는 때에는 법원은 지체 없이 검사 또는 피고인에게 그 사유를 통지하여야 한다(형소법 제453조 제3항). 피고인에게 변호인이 선임되어 있는 경우라도 검사의 정식재판청구 사실을 피고인에게만 통지하면 된다.

3. 정식재판청구에 대한 재판

가. 기각결정

정식재판의 청구가 법령상의 방식에 위반하거나 청구권의 소멸후인 명백한 때에는 결정으로 기각하여야 한다.

이 결정은 약식명령을 발한 판사가 할 수도 있고 공판재판부가 할 수도 있으며, 결정은 청구인 및 통지를 받은 상대방에게만 고지하면 된다. 방식위반의 이유로 정식재판청구가 기각된 경우에는 정식재판청구기간 내에 한하여 다시 청구할 수 있다. 이 결정에 대해서는 즉시항고 할 수 있다.

나. 정식재판의 개시

정식재판의 청구가 적법한 때에는 통상의 공판절차에 의하여 심판하여야 한다(형소법 제453조 제3항). 공소장의 부본을 송달할 필요는 없는데 그 이유는 약식명령의 기재사항에 범죄사실과 적용법조가 기재되어 있기 때문이다(형소법 제451조).

국선변호인의 선정을 위한 고지는 하여야 하며 이때에도 불이익변경금지의 원칙은 적용되지 않는다.

판결(공소기각결정 포함)이 확정되면 약식명령은 그 효력을 잃는다(형소법 제456조). 정식재판청구가 부적법하더라도 일단 판결이 확정되면 약식명령은 효력을 잃는다.

4. 정식재판 청구의 취하

정식재판의 청구는 제1심판결 선고 전까지 취하할 수 있다(형소법 제454조).

[서식 349] 정식재판청구서(교통사고처리특례법위반)

<h1 style="text-align:center">정 식 재 판 청 구 서</h1>

사   건   20○○고약 ○○○호   교통사고처리특례법위반

피 고 인   ○   ○   ○ (000000-0000000)
           (전화 : 000-000-0000)

  위 사건에 관하여 피고인은 벌금 2,000,000원에 처한다는 약식명령 정본을 20○
○. ○. ○. 송달받았는바 피고인은 이 명령에 불복이므로 정식재판을 청구합니다.

<h2 style="text-align:center">청 구 이 유</h2>

추후 제출하겠습니다.

20○○. ○. ○.

위 피고인 ○ ○ ○   (인)

○○지방법원   귀중

작성·접수방법

1. 약식명령등본을 송달받은 날로부터 7일 이내에 형사법원 종합접수실에 정식재판청구서 1부를 제출한다.
2. 청구이유로 청구인이 경제적 형편이 어렵다거나 벌금형량이 과다하다는 이유를 들어 벌금을 감액해 달라고 하거나, 범죄사실이 실제와 다르므로 사실을 밝혀 무죄함을 주장하는 내용으로 이유를 기재하면 된다.
3. 위 정식재판청구서를 제출한 이후 공판기일에 대비하기 위하여는 약식명령결정사건의 수사기록과 재판기록을 복사할 필요가 있다. 법원 형사과에 '재판기록열람등사신청'을 하여 기록을 복사한다.
4. 공판기일 이전에 불복이유(정식재판청구이유서)를 기재한 서면과 증거자료 등을 제출하는 것이 바람직하다.

정식재판청구권 회복청구

사   건   20ㅇㅇ고약 ㅇㅇㅇ호   교통사고처리특례법위반

청 구 인   ㅇ   ㅇ   ㅇ

(피 고 인)   주   소 : ㅇㅇ시 ㅇㅇ구 ㅇㅇ로 ㅇㅇ (ㅇㅇ동)

                  전   화 : 000-000-0000

   위 사건에 관하여 피고인은 20ㅇㅇ. ㅇ. ㅇ. ㅇㅇ지방법원으로부터 벌금 1,500,000원을 처한다는 약식명령 정본을 받았는바, 피고인은 소정의 기간 내에 정식재판을 하지 못하였으므로 다음과 같은 이유로 동 청구권의 회복신청을 합니다.

청 구 취 지

   피고인에 대한 ㅇㅇ지방법원 20ㅇㅇ고약 ㅇㅇㅇ호 교통사고처리특례법위반사건의 약식명령에 관하여 청구인의 정식재판청구권을 회복한다.

라는 결정을 구합니다.

청 구 원 인

1. ㅇㅇ지방법원은 청구인인 피고인에 대한 교통사고처리특례법위반사건(20ㅇㅇ고약 ㅇㅇㅇ호)에 대한 약식명령을 고지함에 있어서 약식명령등본을 공시송달하여, 청구인은 약식명령등본을 송달받지 못하였습니다.

2. 그런데 공시송달은 피고인의 주거, 사무소와 현재지를 알 수 없는 때에 한하여 이를 할 수 있을 뿐이고 피고인의 주거, 사무소, 현재 등이 기록상 나타나 있는 경우에는 이를 할 수 없는 것인바, 수사기록에 편철된 교통사고보고서와 피고인에 대한 피의자신문조서의 기재 등에 의하면 피고인은 ㅇㅇ시 ㅇㅇ구 ㅇㅇ로 ㅇㅇ (ㅇㅇ동)에 소재하는 유한회사 ㅇㅇ택시 소속 운전사로서 근무하고 있었음을 알 수 있을 것입니다.

3. 그런데 ○○지방법원이 그 사무소로 소송서류를 송달하여 보지도 않은 채 위와 같이 만연히 공시송달방법을 취한 것은 공시송달의 요건을 흠결한 것이며 그로 인하여 피고인이 정식재판청구기간을 도과하게 되었으므로 이는 피고인이 책임질 수 없는 사유에 해당한다고 할 것입니다.

4. 이에 청구인은 정식재판청구권이 회복되기를 희망하여 정식재판청구와 동시에 이 건 청구에 이르렀습니다.

첨 부 서 류

1. 정식재판청구서 접수증명원　　　　　　　　1통
1. 주민등록등본　　　　　　　　　　　　　　1통

20○○.　○.　○.

위 청구인　○　○　○　(인)

○○지방법원　귀중

작성 · 접수방법

1. 약식명령결정 사실을 알게 된 날로부터 7일 이내에 위 정식재판회복청구서 1부를 약식명령을 내린 법원 형사과 접수실에 접수한다.
2. 위 약식명령결정의 내용을 모를 경우 법원 형사과 또는 검찰청 기록보존계(사건종결된 수사기록과 재판기록은 종국에 검찰청 기록보존계에서 보관한다)에 '재판기록열람등사신청"을 하여 재판과정의 내용을 열람할 필요가 있다.

[서식 351] 정식재판청구권 회복청구서(도로교통법위반)

정식재판청구권 회복청구

사   건   20ㅇㅇ고약 ㅇㅇㅇ호   도로교통법위반

피 고 인   ㅇ   ㅇ   ㅇ
                          ㅇㅇ시 ㅇㅇ구 ㅇㅇ로 ㅇㅇ (ㅇㅇ동)
                          (전화 : 000-000-0000)

  위 사건에 관하여 피고인은 20ㅇㅇ. ㅇ. ㅇ. ㅇㅇ지방법원으로부터 벌금 1,000,000원을 처한다는 약식명령 정본을 받았는바, 피고인은 소정의 기간 내에 정식재판을 하지 못하였으므로 다음과 같은 이유로 동 청구권의 회복신청을 합니다.

이   유

1. 본건 피고인에 대한 약식명령의 송달을 받은 것은 정식재판청구기간이 지난 후에 수령하였으므로 실기하였습니다.

2. 피고인에 대한 이 사건 약식명령은 가정 사정으로 피고인이 지방에 장기출타 중에 집에서 가정부가 받아 놓아 건네줌으로써 피고인은 기간이 경과한 후에 수령한 것이 사실이며, 범죄사실의 내용도 피고인과 하등의 관련이 없는 것입니다.

3. 그러므로 피고인은 피고인이 책임질 수 없는 사유로 인하여 위 약식명령에 대한 정식재판을 소정기간 내에 청구하지 못하였으므로 형사소송법 제345조에 의하여 이 건 청구를 하는 바입니다.

첨 부 서 류
　　　　1. 주민등록등본　　　　　　　　　　1통
　　　　1. 확인서　　　　　　　　　　　　　1통

　　　　　　　　　20ㅇㅇ.　ㅇ.　ㅇ.
　　　　　　　위 피고인 ㅇ ㅇ ㅇ   (인)

ㅇㅇ지방법원 귀중

[서식 352] 정식재판청구권 회복청구서(폭력행위등처벌에관한법률위반)

정식재판청구권 회복청구서

사 건	20ㅇㅇ고약 ㅇㅇㅇㅇ (죄명) 폭력행위등처벌에관한법률위반	
피고인	성 명 : ㅇ ㅇ ㅇ 송달가능한 주소 : ㅇㅇ시 ㅇㅇ구 ㅇㅇ로 ㅇㅇ (ㅇㅇ동) 전화번호 : 000-000-0000 휴대전화 : 000-0000-0000 이메일주소 :	
약식 명령	벌금액	금 1,500,000원
	약식명령일자	20ㅇㅇ. ㅇ. ㅇ.
	약식명령등본	☐ 수령하지 못함(약식명령이 있음을 20ㅇㅇ. ㅇ. ㅇ.에 알았음) ☐ 수령하였음(일자 : 20 . . .)
신청 이유	위 약식명령에 대하여 아래와 같은 이유로 기간 내에 정식재판청구를 하지 못하였으므로 정식재판청구권의 회복을 청구합니다. [피고인이 정식재판청구기간(약식명령 송달일로부터 7일 이내)을 준수하지 못한 정당한 사유를 기재]	
첨부 서류	☐ 정식재판청구서 ☐ 기타 소명자료( )	
접수인	20ㅇㅇ. ㅇ. ㅇ. 청구인 (인) (피고인과의 관계 :)	

작성 · 접수방법

1. 정식재판청구권 회복신청시에는 정식재판청구서를 함께 제출하여야 한다.
2. 피고인이 정식재판청구기간(약식명령 송달일로부터 7일 이내)을 준수하지 못한 정당한 사유를 소명할 수 있는 자료를 첨부할 수 있다(참조 : 형사소송법 제458조, 제345조, 제346조).

정 식 재 판 청 구 취 하

사   건   20○○고약 ○○○호   교통사고처리특례법위반

피 고 인   ○   ○   ○

　위 피고사건에 관하여 피고인은 귀원에서 선고한 약식명령에 대하여 20○○. ○. ○. 정식재판을 청구하였는바, 피고인은 사정에 의하여 동 청구를 모두 취하합니다.

                    20○○.   ○.   ○.

                    위 피고인 ○   ○   ○   (인)

　　○○지방법원 귀중

작성 · 접수방법

정식재판청구는 제1심 판결선고 전까지 취하할 수 있다(형소법 454조).

제4절 즉결심판

I. 즉결심판절차의 의의

1. 의 의

즉결심판법이란 법원조직법 제33조에 의하여 시·군법원의 판사가 경미한 범죄, 즉 20만원 이하의 벌금 또는 구류나 과료에 처할 범죄사건에 대하여 형사소송법에 규정된 통상의 공판절차에 의하지 않고 즉결하는 심리절차를 말한다(법원조직법 제34조). 즉결심판의 간이성은 심판의 청구, 심리의 절차, 증거조사 등 여러 면에서 나타나는데 부당한 즉결심판에 대한 구제를 위하여 피고인에게는 정식재판청구권이 보장된다(법원조직법 제35조).

2. 즉결심판청구

가. 즉결심판의 대상

즉결심판의 대상은 20만원 이하의 벌금 또는 구류나 과료에 처할 범죄사건이다(법원조직법 제34조). 이는 법정형이 아니라 선고형을 의미하므로 법정형에 위 형 외의 다른 형이 규정되어 있더라도 선고형이 위의 형에 해당하는 한 즉결심판의 대상이 될 수 있다.

나. 청구권자 및 청구의 방식
(1) 청구권자

즉결심판의 청구권자는 경찰서장이다. 경찰서장은 관할경찰서장과 관할해양경비안전서장을 포함한다(즉결심판에관한절차법 제3조).

(2) 청구의 방식

청구는 관할경찰서장 또는 관할해양경비안전서장이 서면(즉결심판청구서)으로 한다(즉결심판에관한절차법 제2조, 제3조). 그리고 필요한 서류와 증거물도 함께 제출하여야 한다(동법 제4조).

다. 관할법원

법원조직법에 의해 시·군법원이 설치됨에 따라 즉결심판사건은 시·군법원의 관할에 속하고,

시·군법원의 심판은 그 지역을 관할하는 지방법원 또는 그 지원 소속 판사 중에서 대법원장이 지명하는 판사가 한다.

Ⅱ. 즉결심판청구사건의 심리와 재판

1. 즉결심판기각결정 및 사건송치

판사는 접수된 즉결심판청구사건이 즉결심판을 할 수 없거나 즉결심판절차에 의하여 심판함이 부적당한 때에는 즉결심판의 청구기각결정을 하여야 한다(즉결심판에관한절차법 제5조 제1항). 청구기각결정이 있으면 법원은 즉결심판청구기각결정을 첨부하여 경찰서로 반환한다. 청구기각결정이 있는 때에는 경찰서장은 지체 없이 사건을 관할지방검찰청 또는 지청의 장에게 송치하여야 하고(동법 제5조 제2항), 검사는 기소 여부를 결정한다. 따라서 청구기각결정에 의하여 송치된 사건을 공소장의 제출 없이 송부서만 첨부하여 법원에 기록을 송부할 수 없고 공소장에 의하여 기소하여야 한다.

2. 즉결심판의 심리

심리는 청구 즉시 하여야 하며 공개된 법정(경찰서는 제외)에서 행한다.
판사와 법원사무관 등이 열석하여 개정하는 것이 원칙(즉결심판에관한절차법 제7조 제1항·제2항)이나 상당한 이유가 있는 경우에는 피고인의 진술서와 증거물 등에 의하여 개정 없이 심판할 수 있다(동법 제7조 제3항). 단, 구류에 처하는 경우에는 개정하여야 한다.

3. 즉결심판의 선고

즉결심판으로 유죄를 선고할 때에는 형, 범죄사실과 적용법조를 명시하고 피고인은 7일 이내에 정식재판을 청구할 수 있다는 것을 고지하여야 하며(즉결심판에관한절차법 제11조 제1항) 참여한 법원사무관 등은 그 선고의 내용을 기록하여야 한다(동법 제11조 제2항). 피고인이 판사에게 정식재판청구의 의사를 표시하였을 때에는 이를 기록에 명시하여야 한다(동법 제11조 제3항). 즉결심판에 의하여 선고할 수 있는 형은 20만원 이하의 벌금, 구류 또는 과료에 한한다. 벌금형의 선고유예와 면소도 허용된다. 판사는 사건이 무죄·면소 또는 공소기각을 함이 명백하다고 인정할 때에는 이를 선고·고지할 수 있다(동법 제11조 제5항).

판사는 구류의 선고를 받은 피고인이 일정한 주거가 없거나 또는 도망할 염려가 있는 때에는 5일을 초과하지 아니한 기간 경찰서유치장에 유치할 것을 명령할 수 있다. 다만, 그 기간은 선고기간을 초과할 수 없다(동법 제17조 제1항). 집행된 유치기간은 본형에 산입한다(동법 제17조 제2항). 판사가 벌금·과료의 선고를 하였을 때에는 형사소송법 제334조(재산형의 가납판결)를 준용한다(즉결심판에관한절차법 제17조 제3항).

4. 즉결심판의 효력

즉결심판은 정식재판의 청구에 의한 판결이 있는 때에는 그 효력을 잃는다(동법 제15조). 그러나 즉결심판은 정식재판청구기간의 경과, 정식재판청구권의 포기 또는 그 청구의 취하에 의하여 확정판결과 동일한 효력이 있고 정식재판청구를 기각하는 재판이 확정된 때에도 같다(동법 제16조). 확정되면, 일반 형사재판의 확정판결과 동일한 효력을 가지므로, 동일한 사건으로 또다시 처벌받지 않는 "일사부재리"의 원칙이 적용된다.

5. 불복절차

즉결심판결과에 대해 이의가 있는 사람은 선고를 받은 날로부터 7일 이내에 관할 경찰서장에게 정식재판청구서를 제출함으로써 정식재판을 청구할 수 있고, 이 경우 즉결심판의 효력은 정지되고 정식재판절차에 따라 재판을 받을 수 있다. 단, 가납명령이나 유치명령이 있는 경우에는 확정 여부와는 상관없이 일단 그 형을 집행하게 된다.

Ⅲ. 정식재판의 청구

1. 정식재판의 청구절차

가. 청구권자

즉결심판을 받은 피고인과 경찰서장은 정식재판을 청구할 수 있다.

(1) 피고인의 정식재판 청구

피고인은 즉결심판의 선고·고지를 받은 날로부터 7일 이내에 정식재판청구서를 경찰서장에게 제출하여야 하며 경찰서장은 지체 없이 판사에게 이를 송부하여야 한다(즉결심판절차법 제14조 제1항).

(2) 경찰서장의 정식재판청구

경찰서장은 무죄·면소·소송기각의 선고·고지가 있을 때에는 그 선고·고지가 있는 날부터 7일 이내에 정식재판을 청구할 수 있는데, 이 경우 경찰서장은 관할지방검찰청 또는 지청의 검사의 승인을 얻어 정식재판청구서를 판사에게 제출하여야 한다(동법 제14조 제2항).

나. 정식재판 청구 후의 절차

판사는 정식재판청구서를 받은 날로부터 7일 이내에 경찰서장에게 정식재판청구서를 첨부한 사건기록과 증거물을 송부하고, 경찰서장은 지체 없이 관할지방검찰청 또는 지청의 장에게 이를 송부하여야 하며, 그 검찰청 또는 지청의 장은 지체 없이 관할법원에 이를 송부하여야 한다(동법 제14조 제3항).

다. 정식재판청구의 포기 및 취하

즉결심판에 대한 정식재판청구는 상소의 경우에 준하여 청구권의 포기나 청구의 취하가 가능하다. 또한 정식재판의 청구의 회복도 상소에 준하여 허용된다.

Ⅳ. 형의 집행

재판의 집행은 원칙적으로 검사가 지휘한 것이지만(형소법 460조 1항), 즉결심판에 의한 형의 집행은 경찰서장이 하고 그 집행결과를 지체 없이 관할검사에게 보고하여야 한다(즉결심판에관한절차법 18조 1항). 구류는 경찰서유치장·구치소 또는 교도소에서 집행하되, 구치소 또는 교도소에서 집행할 경우에는 검사가 이를 집행한다(동법 제18조 제2항). 벌금, 과료와 몰수는 그 집행이 종료하면 지체 없이 관할검사에게 인계하여야 한다(동법 제18조 제3항). 그리고 경찰서장이 형의 집행을 정지하고자 할 때에는 사전에 관할검사의 허가를 얻어야 한다(동법 제18조 제4항).

불 출 석 심 판 청 구 서

통고서번호   제○○○호

청 구 인   성   명 : ○   ○   ○
                  주민등록번호 : 000000-0000000
                  주   거 : ○○시 ○○구 ○○로 ○○ (○○동)
                  전   화 : 000-000-0000

통고처분받은 범칙금액 : 금   50,000원
예납일자 및 금액 : 20○○. ○. ○.

   즉결심판에 관한 절차법 제8조의2 제2항의 규정에 의하여 불출석으로 심판하여
줄 것을 청구합니다.
   즉결심판서등본의 송달을 요하지 아니합니다.

              20○○.   ○.   ○.

                청구인 ○   ○   ○   (인)

- -

위와 같이 예납금을 영수하였음을 확인합니다.

              20○○.   ○.   ○.

        소속 :   직위 :   성명 :

○○지방법원 귀중

벌금 또는 과료를 선고하는 경우에는 피고인이 출석하지 아니하더라도 심판할 수 있다. 피고인 또는 즉결심판
출석통지서를 받은 자는 법원에 불출석심판을 청구할 수 있고, 법원이 이를 허가한 때에는 피고인이 출석하지
아니하더라도 심판할 수 있다(즉심법 8조의2).

[서식 355] 정식재판청구서(즉결심판결정에 대한 불복)

정 식 재 판 청 구 서

사   건   20○○조 ○○○호

피 고 인   ○   ○   ○

위 사람에 대한 경범죄처벌법 위반 피고사건에 관하여 20○○. ○. ○. ○○지방
법원으로부터 과료 50,000원에 처한다는 즉결심판의 선고를 받았는바, 피고인은
이 심판에 불복하여 정식재판을 청구합니다.

20○○.   ○.   ○.

위 피고인 ○   ○   ○   (인)

○○지방법원 귀중

정식재판을 청구하고자 하는 피고인은 즉결심판의 선고 · 고지를 받은 날부터 7일 이내에 정식재판청구서를
경찰서장에게 제출하여야 한다. 정식재판청구서를 받은 경찰서장은 지체 없이 판사에게 이를 송부하여야 한다
(즉심법 14조).

준 항 고 장

사   건   20ㅇㅇ조 ㅇㅇㅇ호

피고인(범칙자)   ㅇ   ㅇ   ㅇ

　위 피고인에 대한 경범죄처벌법위반 피고사건에 관하여 20ㅇㅇ. ㅇ. ㅇ. ㅇㅇ지방법원으로부터 구류 7일에 처한다는 즉결심판의 선고를 받았는바, 항고인은 이 심판에 불복하여 다음과 같은 이유로 준항고를 제기합니다.

준 항 고 이 유

1. 피고인은 경범죄처벌법의 음주소란으로 입건되어 구류 7일의 처분을 받았습니다.

2. 피고인은 음주를 한 사실은 있으나 결코 여러 사람이 모이거나 다니는 곳 또는 주거지역에서 주위를 시끄럽게 한 사실이 없고, 단지 목소리가 남달리 커서 같이 대화를 하면 싸우는 것으로 오인되는 경우가 많고 범죄 당일에도 친구와 심야에 조금 크게 대화를 한 사실밖에 없는데 단속경관과 다소의 시비가 있었던 것이 화근이 되어 강제적으로 즉결처분을 받게 된 것에 불과합니다.

3. 따라서 경찰관작성의 조서 등의 기록은 피고인의 변명기회 등을 부여하지 아니하고 작성된 것으로 이를 증거로 할 수 없는 등 범죄사실을 오인한 잘못이 있으면 구류처분은 마땅히 취소되어야 할 것입니다.

첨 부 서 류

　　　1. 정식재판청구서 접수증명원　　　　　1통
　　　1. 즉결심판서등본　　　　　　　　　　1통

20○○.　○.　○.

위 피고인　○　○　○　(무인)

위 본인(피고인)의 무인임을 증명함.

○○경찰서 순경　○　○　○　(인)

○○지방법원　귀중

[서식 357]　준항고장(즉결심판불복)

준　항　고　장

사　　　　　건　　20○○조 ○○○호

피고인(범칙자)　　○　○　○

　　위 피고인에 대한 경범죄처벌법위반 피고사건에 관하여 20○○. ○. ○. ○○지방법원으로부터 구류 8일에 처한다는 즉결심판의 선고를 받았는바, 항고인은 이 심판에 불복하여 다음과 같은 이유로 준항고를 제기합니다.

준　항　고　이　유

1. 위 피고인에 대한 원 심판은 범의에 대한 적정한 조사를 결여하고 있으므로 부당한 선고를 하였습니다. 그 이유는 피고인은 20○○. ○.에 불의의 사고로 정신분열증이 발병하여 약 5개월 정도 ○○병원에서 입원가료를 받다가 20○○. ○.자로 퇴원하여 현재도 계속 병원 가료 중에 있습니다.

2. 본건 심판에 부하여진 범죄사실인 노상방뇨는 바로 정신분열증으로 사물에 대한

판단을 하지 못하는 가운데 범하여진 것이며 피고인의 병증은 외모를 보아도 충분히 알 수 있습니다.

3. 노상방뇨를 하였다고 하여 구류 10일과 유치명령 10일을 선고하였음은 심히 중한 양형이라 하겠습니다.

4. 그러므로 유치명령 10일을 선고한 원 심판은 마땅히 취소되어야 할 것입니다.

첨 부 서 류

1. 진단서	1통
1. 정식재판청구서 접수증명원	1통
1. 즉결심판서등본	1통

20○○. ○. ○.

위 피고인 ○ ○ ○ (무인)

위 본인(피고인)의 무인임을 증명함.
○○경찰서 순경 ○ ○ ○ (인)

○○지방법원 귀중

제5절 기타 구제절차

Ⅰ. 재판의 해석에 관한 의의신청

1. 의 의

형의 선고를 받은 자는 집행에 관하여 재판의 해석에 관한 의의(의문)가 있는 때에는 형을 선고한 법원에 의의신청을 할 수 있다(형소법 제488조). 이 의의신청은 재판의 주문의 취지가 불명하여 주문의 해석에 의문이 있는 경우에 한정되고 이유에 관하여는 이 신청이 허용되지 않는다.

실무상 판결주문이 불분명한 예 자체가 거의 없을 뿐 아니라 만일 있다 하여도 상소에 의하여 시정될 것이고 형의 집행단계까지 그러한 판결주문이 유지되는 경우는 더욱 없을 것이므로 이 신청은 극히 예외적인 경우에나 있을 수 있다.

2. 신청권자

신청권자는 형의 선고를 받은 자 본인으로 제한되며 그 법정대리인이나 검사는 신청권이 없다.

형을 선고한 법원이라 할 때는 상소기각법원은 포함되지 않는다.

신청이나 그 취하(형소법 제490조)는 반드시 서면에 의하여야 하며 재소자의 특칙이 준용된다.

신청기간은 재판이 확정한 후부터 집행을 종료하기 전까지로 본다.

3. 재 판

의의신청이 있으면 법원은 결정을 하여야 한다(형소법 491조 제1항). 이 결정에 대하여는 즉시항고를 할 수 있다(형소법 제491조 제2항).

[서식 358] 의의신청서(횡령)

의 의 신 청

사   건   20○○고단 ○○○ 횡령

피 고 인   ○   ○   ○

　　위 사건에 관하여 귀원에서는 피고인을 징역 2년 및 자격정지 4년에 각 처한다는 판결선고를 한 바 있는데, 자격정지에 대한 의문이 있으므로 이에 대한 해석을 받고자 의의신청에 이르렀습니다.

첨 부 서 류

　　1. 판결문 등본   1통
　　1. 사립학교법시행령 사본   1통

20○○.   ○.   ○.

위 피고인 ○   ○   ○   (인)

○○지방법원 귀중

Ⅱ. 재판의 집행에 관한 이의신청

1. 의 의

재판의 집행을 받은 자 또는 그 법정대리인이나 배우자는 집행에 관한 검사의 처분이 부당함을
이유로 재판을 선고한 법원에 이의신청을 할 수 있다(형소법 489조). 검사의 처분에는 검사가
형사소송법의 규정에 의하여 행하는 재판의 집행에 관한 처분이 모두 포함된다.

2. 신청권자

신청권자는 재판의 집행을 받은 자(즉, 검사의 집행처분의 대상이 된다)와 그 법정대리인 및
배우자이다.

3. 재 판

법원은 이의신청이 있는 때에는 결정을 하여야 하며 이 결정에 대하여는 즉시항고를 할 수 있
다(형소법 491조 1항·2항).

[서식 359] 재판집행에 대한 이의신청서

재판집행에 대한 이의신청

신 청 인   성   명 : ○   ○   ○ (000000-0000000)

　　　　　　 주   소 : ○○시 ○○로 ○○(○○동)

　　　　　　 등록기준지 : ○○시 ○○로 ○○(○○동)

신 청 취 지

　○○지방검찰청 검사가 ○○지방법원 20○○. ○. ○. 20○○고단 ○○○ 상해
사건에 관한 벌금과 몰수선고에 기하여 한 ○○지방검찰청 20○○년 압제○호(가
위)에 대한 몰수 처분은 이를 취소한다.
라는 결정을 구합니다.

신 청 이 유

1. 신청인은 20○○. ○. ○. ○○지방법원 20○○고단 ○○○ 상해사건으로 같은 법원으로부터 벌금 2,000,000원 및 ○○지방검찰청 20○○년 압제○호 내지 제 ○호, 제○호에 대한 몰수의 판결을 선고받았습니다.

2. 위 몰수를 집행함에 있어 검사는 판결 주문 기재의 ○○지방검찰청 압제○호 내 지 제○호 및 제○호를 몰수 처분하여야 할 것임에도 불구하고, 압제○호(가위) 를 몰수 처분하였습니다.

3. 위 압제○호(가위)는 사건 전부터 신청인이 집에서 사용하고 있던 것으로 본 사 건과는 아무런 관계가 없으며, 다만 경찰에서의 수사과정에서 참고용으로 제출 하였던 것이 압수되었던 것이므로 재판 종료 후에는 신청인에게 환부되어야 마 땅하며 판결주문에도 몰수의 선고가 없는 것입니다.

4. 그렇다면 위 압제○호에 대하여 검사가 몰수 처분을 하였음은 부당하므로 이의 시정을 구하고자 본 신청을 하게 된 것입니다.

첨 부 서 류

1. 판결(20○○고단 ○○○호)   1통

20○○.   ○.   ○.

위 신청인   ○   ○   ○   (인)

○○지방법원 귀중

Ⅲ. 소송비용의 집행면제신청

1. 의 의

소송비용부담의 재판을 받은 자가 빈곤으로 인하여 이를 완납할 수 없는 때에는 그 소송비용부담재판을 선고한 법원에 그 전부 또는 일부에 대한 집행의 면제를 신청할 수 있다(형소법 제487조).

2. 신청권자

신청권자는 소송비용부담의 재판을 받은 자 본인이다. 이는 피고인뿐 아니라 고소인(형소법 제188조), 제3자(형소법 제190조) 등도 포함된다.

신청기간은 재판의 확정 후 10일 이내이다.

법원은 신청서가 접수되면 즉시 검사에게 그 취지를 통지하여야 하며 그 이유는 소송비용부담재판의 집행을 정지시키는 효력이 있기 때문이다.

3. 재 판

법원은 소송비용의 집행면제신청이 있으면 결정으로 하여야 하고(형소법 제491조 제1항), 신청이 이유 있으면 당해 재판을 표시하고 그 집행을 어느 범위에서 면제할 것인지를 명시하여 면제결정을 한다.

결정에 대하여는 즉시항고를 할 수 있다(형소법 제491조 제2항).

제8장

형사특별사건

제1절 가정보호사건

Ⅰ. 총 설

1. 의 의

가정보호사건이라 함은 가정폭력범죄로 인하여 가정폭력범죄의처벌등에관한특례법(이하 '특례법'이라 한다)에 의한 보호처분의 대상이 되는 사건을 말한다(특례법 제2조 제6호).

특례법은 가정폭력범죄의 형사처벌절차에 관한 특례를 정하고 가정폭력범죄를 범한 자에 대하여 환경의 조정과 성행의 교정을 위한 보호처분을 행함으로서 가정폭력범죄로 파괴된 가정의 평화로 안정을 회복하고 건강한 가정을 가꾸며 피해자와 가족구성원의 인권을 보호함을 목적으로 한다(특례법 제1조).

특례법 제2조에서는 '가정폭력', '가족구성원', '가정폭력범죄', '가정폭력행위자', '피해자' 등 용어의 정의를 아울러 규정하고 있다.[16)]

2. 가정폭력이란

가정구성원 사이의 신체적, 정신적 또는 재산상 피해를 수반하는 행위를 말한다(특례법 제2조).

---

16) "가정보호사건"이라 함은 가정폭력범죄로 인하여 「가정폭력범죄의 처벌 등에 관한 특례법」에 의한 보호처분의 대상이 되는 사건을 말하는데, 그 구체적인 개념요소로서 '가정폭력', '가정구성원', '가정폭력범죄'의 의미는 아래와 같다.
   - "가정폭력"이라 함은 가정구성원 사이의 신체적, 정신적 또는 재산상 피해를 수반하는 행위를 말한다.
   - "가정구성원"이라 함은 배우자(사실상 혼인관계에 있는 자를 포함) 또는 배우자관계에 있었던 자, 자기 또는 배우자와 직계존비속관계(사실상의 양친자관계를 포함)에 있거나 있었던 자, 계부모와 자의 관계 또는 적모와 서자의 관계에 있거나 있었던 자, 동거하는 친족관계에 있는 자에 해당하는 자를 말한다.
   - "가정폭력범죄"라 함은 가정폭력으로서 형법 제257조(상해, 존속상해), 제258조(중상해, 존속중상해), 제260조(폭행, 존속폭행) 제1항·제2항, 제261조(특수폭행), 제264조(상습범), 제271조(유기, 존속유기) 제1항·제2항, 제272조(영아유기), 제273조(학대, 존속학대), 제274조(아동혹사), 제276조(체포, 감금, 존속체포, 존속감금), 제277조(중체포, 중감금, 존속중체포, 존속중감금), 제278조(특수체포, 특수감금), 제279조(상습범, 제276조 내지 제277조의 죄에 한한다), 제280조(미수범, 제276조 내지 제279조의 죄에 한한다), 제283조(협박, 존속협박) 제1항·제2항, 제284조(특수협박), 제285조(상습범, 제283조의 죄에 한한다), 제286조(미수범), 제307조(명예훼손), 제308조(사자의 명예훼손), 제309조(출판물등에 의한 명예훼손), 제311조(모욕), 제321조(주거·신체 수색), 제324조(강요), 제324조의5(미수범, 제324조의 죄에 한한다), 제350조(공갈), 제352조(미수범, 제350조의 죄에 한한다), 제366조(재물손괴등), 위 형법 소정의 죄로서 다른 법률에 의하여 가중 처벌되는 죄에 해당하는 죄를 말한다.

3. 관 할

가정보호사건은 행위자의 행위지, 거주지 또는 현재지를 관할하는 가정법원 및 지방법원과 그 지원의 관할에 속하고, 그 심리와 결정은 단독판사가 행한다(특례법 제10조).

Ⅱ. 가정폭력범죄의 발생과 신고

1. 가정폭력행위자

가정폭력행위자라 함은 가정폭력범죄를 범한 자 및 가정구성원인 공범을 말한다. 행위자는 자신의 가정보호사건에 대한 보조인을 선임할 수 있다(특례법 제28조). 변호사, 행위자의 법정대리인, 배우자, 직계친족, 형제자매, 상담소 등의 상담원과 그 장은 보조인이 될 수 있다.

2. 가족폭력범죄의 고소

가. 피 해 자

가정폭력범죄로 인하여 직접적으로 피해를 입은 자는 행위자를 직접 고소를 할 수 있다(특례법 제6조). 피해자는 원칙적으로 자기 또는 배우자의 직계존속을 고소하지 못하지만 가정폭력의 경우에는 행위자가 자기 또는 배우자의 직계존속이니 경우에도 고소할 수 있다.

나. 피해자의 법정대리인

피해자의 법정대리인도 가정폭력행위자를 고소할 수 있다(특례법 제6조).

다. 신고의무

누구든지 가정폭력범죄를 알게 된 때에는 이를 수사기관에 신고할 수 있고(특례법 제4조 제1항), 아동의 교육과 보호를 담당하는 기관의 종사자와 그 장 등이 직무를 수행하면서 가정폭력범죄를 알게 된 경우에는 정당한 사유가 없는 한 이를 즉시 수사기관에 신고하여야 하며(같은 조 제2항), 아동복지법에 따른 아동상담소 등에 근무하는 상담원 및 그 장은 피해자 또는 피해자의 법정대리인 등과의 상담을 통하여 가정폭력범죄를 알게 된 경우에는 이를 즉시 신고하여야 한다(같은 조 제3항).

1. 경찰단계

가. 응급조치

진행 중인 가정폭력범죄에 대하여 신고를 받은 사법경찰관리는 즉시 현장에 임하여 폭력행위의 제지, 행위자와 피해자의 분리 및 범죄수사, 피해자의 동의가 있는 경우 피해자의 가정폭력 관련상담소 또는 보호시설 인도, 긴급치료가 필요한 피해자의 의료기관 인도, 폭력행위의 재발시 특례법 제8조의 규정에 의하여 임시조치를 신청할 수 있음을 통보하는 각 조치를 취하여야 한다(특례법 제5조).

나. 사법경찰관의 임시조치

사법경찰관은 위 응급조치에도 불구하고 가정폭력범죄가 재발될 우려가 있다고 인정할 때에는 가정폭력범죄의 처벌 등에 관한 특례법 제8조 제1항에 따라 검사에게 임시조치를 법원에 청구할 것을 신청할 수 있다.

> ▶ 응급조치
>
> 진행 중인 가정폭력범죄에 대해 신고를 받은 사법경찰관리는 즉시 현장에 나가서 다음 어느 하나에 해당하는 조치를 해야 한다(「가정폭력범죄의 처벌 등에 관한 특례법」 제5조).
> 폭력행위의 제지, 가정폭력행위자 · 피해자의 분리 및 범죄수사
> 피해자를 가정폭력관련상담소 또는 보호시설로 인도(피해자가 동의한 경우만 해당함)
> 긴급치료가 필요한 피해자를 의료기관으로 인도
> 폭력행위 재발 시 임시조치(「가정폭력범죄의 처벌 등에 관한 특례법」 제8조)를 신청할 수 있음을 통보
>
> ▶ 긴급임시조치
>
> 사법경찰관은 응급조치에도 불구하고 가정폭력범죄가 재발될 우려가 있고, 긴급을 요하여 법원의 임시조치 결정을 받을 수 없을 때에는 직권 또는 피해자나 그 법정대리인의 신청에 따라 다음의 어느 하나에 해당하는 조치(이하 "긴급임시조치"라 함)를 할 수 있다(「가정폭력범죄의 처벌 등에 관한 특례법」 제8조의2제1항 및 제29조 제1항 제1호 · 제2호 · 제3호) · 피해자 또는 가정구성원의 주거 또는 점유하는 방실(房室)로부터의 퇴거 등 격리 · 피해자 또는 가정구성원의 주거, 직장 등에서 100미터 이내의 접근 금지 · 피해자 또는 가정구성원에 대한 전기통신(「전기통신기본법」 제2조제1호)을 이용한 접근 금지
> 사법경찰관은 긴급임시조치를 한 때에는 즉시 범죄사실의 요지, 긴급임시조치가 필요한 사유 등을 기

재한 긴급임시조치결정서를 작성해야 한다(「가정폭력범죄의 처벌 등에 관한 특례법」 제8조의2제2항 및 제3항).

▶ **사건송치**

사법경찰관은 가정폭력범죄를 신속히 수사해서 사건을 검사에게 송치해야 한다(「가정폭력범죄의 처벌 등에 관한 특례법」 제7조 전단).

2. 검찰단계

가. 임시조치

특례법 제8조에서 검사는 가정폭력범죄가 재발할 우려가 있다고 인정하는 때에는 직권 또는 사법경찰관의 신청에 의하여 법원에 피해자 또는 가정구성원의 주거 또는 점유하는 방실로부터 의 퇴거 등의 격리, 접근금지 임시조치를 법원에 청구할 수 있다고 하여 송치 전 수사단계의 임시조치에 관하여 별도로 규정하고 있다.

나. 검사의 송치

검사는 가정보호사건으로 처리하는 경우에는 그 사건을 관할 가정법원 또는 지방법원에 송치하 여야 한다.

▶ **임시조치의 청구**

검사는 가정폭력범죄가 재발될 우려가 있다고 인정하는 경우에는 직권으로 또는 사법경찰관의 신청에 의해 다음의 임시조치를 해 줄 것을 법원에 청구할 수 있다(「가정폭력범죄의 처벌 등에 관한 특례법」 제8조제1항 및 제29조제1항제1호 · 제2호 · 제3호).
1. 피해자 또는 가정구성원의 주거 또는 점유하는 방실(房室)로부터의 퇴거 등 격리
2. 피해자 또는 가정구성원의 주거. 직장 등에서 100미터 이내의 접근금지
3. 피해자 또는 가정구성원에 대한 전기통신(「전기통신기본법」 제2조제1호)을 이용한 접근금지

검사는 가정폭력행위자가 위의 임시조치를 위반해서 가정폭력범죄가 재발될 우려가 있다고 인정하는 경우에는 직권으로 그 가정폭력행위자를 국가경찰관서의 유치장 또는 구치소에 유치하는 임시조치를 법원에 청구할 수 있다(「가정폭력범죄의 처벌 등에 관한 특례법」 제8조제2항).

▶ **사법경찰관의 긴급임시조치에 따른 임시조치 청구**

사법경찰관이 긴급임시조치를 한 때에는 지체 없이 검사에게 임시조치를 신청해야 한다(「가정폭력범

죄의 처벌 등에 관한 특례법」 제8조의3제1항), 사법경찰관으로부터 임시조치의 신청을 받은 검사는 사법경찰관이 긴급임시조치를 한 때부터 48시간 이내에 긴급임시조치결정서를 첨부하여 법원에 임시조치를 청구해야 한다(「가정폭력범죄의 처벌 등에 관한 특례법」 제8조의3제1항).

▶ 검사가 임시조치를 청구하지 않거나 법원이 임시조치의 결정을 하지 않은 때에는 즉시 긴급임시조치를 취소해야 한다(「가정폭력범죄의 처벌 등에 관한 특례법」 제8조의3제2항).

▶ 수사종결 및 기소 등
검사는 가정폭력범죄 사건의 성질, 동기 및 결과, 가정폭력행위자의 성행(性行) 등을 고려해서 사건을 다음과 같이 처리한다.

상담조건부 기소유예	가정폭력범죄 사실은 인정되지만 형사처벌을 받을 정도는 아니며, 가정폭력행위자의 성행(性行)교정을 위해 필요하다고 인정하는 경우(「가정폭력범죄의 처벌 등에 관한 특례법」 제9조의 2).
형사기소	형사처벌을 받아야 할 사안인 경우(「형사소송법」 제246조) ※ 사안의 중대성에 따라 벌금형 등 약식명령을 청구할 수 있음(「형사소송법」 제448조 및 제449조)
가정보호사건 처리	다음 사안에서 사건의 성질·동기 및 결과, 가정폭력행위자의 성행 등을 고려해서 「가정폭력범죄의 처벌 등에 관한 특례법」에 따른 보호처분을 하는 것이 적절하다고 인정하는 경우(「가정폭력범죄의 처벌 등에 관한 특례법」 제9조). 1. 피해자의 고소가 있어야 공소를 제기할 수 있는 가정폭력범죄에서 피해자의 고소가 없거나 취소된 경우 2. 피해자의 명시적인 의사에 반해 공소를 제기할 수 없는 가정폭력범죄에서 피해자가 처벌을 희망하지 않는다는 명시적 의사표시를 하였거나 처벌을 희망하는 의사표시를 철회한 경우

Ⅳ. 가정폭력범죄의 법원에서의 처리절차

1. 임시조치

판사는 가정보호사건의 원활한 조사, 심리 또는 피해자의 보호를 위하여 필요하다고 인정한 때에는 결정으로 행위자에게 임시조치를 할 수 있다.

2. 송치 후의 임시조치

검사 또는 행위자에 대한 형사피고사건을 심리하던 법원이 가정폭력사건을 가정보호사건으로 송치(특례법 제11조, 제12조)한 이후에는 판사가 가정보호사건의 원활한 조사·심리 또는 피해자의 보호를 위하여 필요하다고 인정한 때에 직권으로 행위자에게 피해자 또는 가정구성원의 주거 또는 점유하는 방실로부터의 퇴거 등의 격리, 접근금지, 의료기관 등에의 위탁 및 유치장 또는 구치소에의 유치 등 임시조치결정을 할 수 있다(특례법 제29조 제1항).

▶ 조사·심리

판사는 가정보호사건의 조사·심리에 필요하다고 인정하는 경우에는 기일을 정해 가정폭력행위자, 피해자, 가정구성원이나 그 밖의 참고인을 소환할 수 있으며, 행위자가 정당한 이유 없이 소환에 응하지 않으면 동행영장을 발부할 수 있다(「가정폭력범죄의 처벌 등에 관한 특례법」 제24조).
가정보호사건의 심리는 비공개로 진행될 수 있으며(「가정폭력범죄의 처벌 등에 관한 특례법」 제32조), 특별한 사유가 없으면 송치받거나 이송받은 날부터 3개월 이내에 처분을 결정해야 한다(「가정폭력범죄의 처벌 등에 관한 특례법」 제38조).

▶ 임시조치

판사는 가정보호사건의 원활한 조사·심리 또는 피해자 보호를 위해 필요하다고 인정하는 경우에는 결정으로 가정폭력행위자에게 다음의 어느 하나에 해당하는 임시조치를 할 수 있다(「가정폭력범죄의 처벌 등에 관한 특례법」 제29조제1항).
1. 피해자 또는 가정구성원의 주거 또는 점유하는 방실(房室)로부터의 퇴거 등 격리
2. 피해자 또는 가정구성원의 주거, 직장 등에서 100미터 이내의 접근 금지
3. 피해자 또는 가정구성원에 대한 전기통신(「전기통신기본법」 제2조제1호)을 이용한 접근금지
4. 의료기관이나 그 밖의 요양소에의 위탁
5. 국가경찰관서의 유치장 또는 구치소에의 유치
※ 위 1.부터 3.까지의 임시조치기간은 2개월(2회 연장, 최장 6개월까지 가능), 4. 및 5.의 임시조치기간은 1개월(1회 연장, 최장 2개월까지 가능)을 초과할 수 없다(「가정폭력범죄의 처벌 등에 관한 특례법」 제29조제5항 본문).

▶ 불처분 결정

판사는 심리 결과 다음 어느 하나에 해당하는 경우 처분을 하지 않는다는 결정을 해야 한다(「가정폭력범죄의 처벌 등에 관한 특례법」 제37조제1항).

1. 보호처분을 할 수 없거나 할 필요가 없다고 인정하는 경우
2. 사건의 성질·동기 및 결과, 행위자의 성행·습벽(習癖) 등에 비추어 가정보호사건으로 처리하는 것이 적당하지 않다고 인정하는 경우 보호처분 판사는 심리 결과 보호처분이 필요하다고 인정하는 경

우에는 결정으로 다음의 어느 하나 또는 둘 이상에 해당하는 처분을 할 수 있다(「가정폭력범죄의 처벌 등에 관한 특례법」 제40조).

3. 가정폭력행위자가 피해자 또는 가정구성원에게 접근하는 행위의 제한
4. 가정폭력행위자가 피해자 또는 가정구성원에게 전기통신(「전기통신기본법」 제2조제1호)을 이용해서 접근하는 행위의 제한
5. 가정폭력행위자가 피해자의 친권자인 경우 피해자에 대한 친권 행사의 제한(이 경우에는 피해자를 다른 친권자나 친족 또는 적당한 시설로 인도할 수 있음)
6. 「보호관찰 등에 관한 법률」에 따른 사회봉사·수강명령
7. 「보호관찰 등에 관한 법률」에 따른 보호관찰
8. 「가정폭력방지 및 피해자 보호 등에 관한 법률」에서 정하는 보호시설에의 위탁감호
9. 의료기관에의 치료위탁
10. 상담소등에의 상담위탁

※ 위 4.를 제외한 나머지 보호처분의 기간은 6개월(1회 연장, 최장 1년까지 가능)을 초과할 수 없으며, 위 4.의 사회봉사·수강명령의 시간은 각각 200시간(1회 연장, 최장 400시간까지 가능)을 초과할 수 없다(「가정폭력범죄의 처벌 등에 관한 특례법」 제41조 및 제45조).
위 1.부터 3.에 해당하는 보호처분을 받고도 이를 이행하지 않으면 2년 이하의 징역이나 2천만 원 이하의 벌금 또는 구류에 처해진다(「가정폭력범죄의 처벌 등에 관한 특례법」 제63조제1항 제1호).

V. 조 사

1. 의 의

가정보호사건의 심판절차는 조사단계와 심리단계로 구분된다. 조사는 주로 가정폭력행위 및 보호처분의 필요성에 관한 사회적 자료를 수집·분석하는 것으로서 조사된 자료는 심리의 기초가 된다.

2. 조사관에 의한 조사

가정보호사건의 조사·심리를 위하여 법원에 조사관을 두되, 그 자격, 임면 기타 필요한 사항은 대법원규칙으로 정하도록 되어 있다(특례법 제20조).

가정보호사건의 심판절차 전반을 주도하는 판사가 넓은 의미의 조사를 담당하는 것이지만, 좁

은 의미의 조사란 법원 소속 조사관이 판사의 조사명령에 의하여 과학적·전문적 지식을 이용하여 독자적으로 소환 또는 출장 방문을 통한 면접·관찰·심문 등 임의의 조사방법에 의하여 하는 조사활동을 의미한다.

3. 전문가에 대한 의견조회

법원은 정신과의사·심리학자·사회학자·사회복지학자 기타 관련 전문가에게 행위자·피해자 또는 가정구성원의 정신·심리상태에 대한 진단소견 및 가정폭력범죄의 원인에 대한 의견을 조회할 수 있고, 가정보호사건을 조사·심리함에 있어 그와 같은 의견조회의 결과를 참작하여야 한다(특례법 제22조).

Ⅵ. 심 리

1. 심리기일의 지정 및 소환

판사는 심리기일을 지정하고 행위자를 소환함은 물론 보조인과 피해자에게도 이를 통지하여야 한다(특례법 제30조).

2. 심리의 방식

가. 심리의 비공개
판사는 가정보호사건을 심리함에 있어 사생활보호나 가정의 평화와 안정을 위하여 필요하거나 선량한 풍속을 해할 수 있다고 인정할 때에는 결정으로 이를 공개하지 아니할 수 있다(특례법 제32조 제1항).

나. 피해자의 진술권 보장
법원은 피해자의 신청이 있는 경우에는 그 피해자를 증인으로 신문하여야 하고, 당해 가정보호사건에 관한 의견을 진술할 기회를 주어야 한다(특례법 제33조 제1항, 제2항).

1. 종국결정

가. 개요

가정보호심판절차에서 중요한 판단은 법원의 결정에 의하여 행하여진다. 그중 '종국결정'은 가정보호심판절차를 종료시킨다는 점에서 임시조치 등 '중간결정'이나 보호처분의 변경·처분·종료결정과 같은 '종국 후 결정'과 구분된다. 종국결정에는 관할법원으로의 이송결정(특례법 제15조)과 불처분결정(특례법 제37조) 및 보호처분결정(특례법 제40조)이 있다.

나. 이송결정

가정보호사건을 송치받은 법원은 사건이 그 관할에 속하지 아니하거나 적정한 조사·심리를 위하여 필요하다고 인정한 때에는 결정으로 당해 사건을 즉시 다른 관할법원에 이송하여야 하고, 지체 없이 그 사유를 첨부하여 행위자와 피해자 및 검사에게 통지하여야 한다(특례법 제15조).

다. 불처분결정

(1) 판사는 가정보호사건을 심리한 결과 다음 각 호의 1에 해당하는 때에는 처분을 하지 아니한다는 결정을 하여야 한다(특례법 제37조 제1항).

① 보호처분을 할 수 없거나 할 필요가 없다고 인정한 때
② 사건의 성질·동기 및 결과, 행위자의 성행·습벽 등에 비추어 가정보호사건으로 처리함이 적당하지 아니하다고 인정한 때

(2) 보호처분을 할 수 없거나 필요가 없는 경우

보호처분을 할 수 없는 경우로는, 행위자가 사망한 경우 및 범죄사실이 인정되지 아니하는 경우를 예로 들 수 있다. 실무상 불처분결정을 하는 대표적인 사유는 보호처분을 할 필요가 없는 경우이다. 보호처분의 필요성에 관한 심리 결과 가정폭력행위가 우발적으로 야기되어 1회성을 띠는 것으로서 피해자와 합의하여 심리 당시 원만한 관계를 유지하고 있어 폭력행위의 재발위험이 적다고 보이는 경우라면, 그러한 행위자에 대하여 보호처분을 하기보다는 어떠한 이유로도 폭력행위가 용인될 수 없는 것임을 다짐하고 향후 범행이 재발되지 않도록 경고한 후 불처분결정을 하는 편이 당사자의 원만한 가정생활에 도움이 될 수도 있는 것이다.

(3) 가정보호사건으로 처리함이 적당하지 않은 경우

송치된 범행내용이 중한 경우뿐만 아니라 그것이 비교적 경미한 것이라도 그 이후 갈등이 해소되지 않은 채로 피해자에 대하여 폭력, 위협 등 가해행위를 계속하고 행위자의 성행, 습벽 등에 비추어 범행의 재발가능성이 매우 크다고 보이는 한편, 피해자도 행위자에 대하여 강력한 형사처벌을 희망하고 있다면 행위자에 대하여 단순한 접근금지명령이나 가정의 유지를 전제로 한 보호처분보다는 형사처벌을 받게 하는 편이 효과적일 것이다.

그 밖에 행위자와 피해자가 이미 상대방에 대하여 가사소송 또는 민사소송을 제기한 상태에서 그 책임의 전제가 되는 가정폭력행위 전부 또는 일부의 존부에 관하여 격렬히 다툴 뿐 아니라, 피해자는 물론 행위자 스스로도 이에 관한 명확한 사실확정을 바라고 있는 경우에 이를 위하여 가정보호사건의 절차를 지연시키기보다 사건을 형사절차로 되돌려 엄격한 증거에 의한 사실인정을 하도록 하는 편이 바람직한 것으로 보이는 사례도 있다.

라. 보호처분
(1) 보호처분의 종류

판사는 심리 결과 보호처분이 필요하다고 인정한 때에는 결정으로 다음 각 호의 1에 해당하는 처분을 할 수 있다(특례법 제40조 제1항).

① 행위자가 피해자 또는 가정구성원에게 접근하는 행위의 제한
② 행위자가 피해자 또는 가정구성원에게 "전기통신기본법" 제2조 제1호의 전기통신을 이용하여 접근하는 행위의 제한
③ 친권자인 행위자의 피해자에 대한 친권행사의 제한
④ 보호관찰 등에 관한 법률에 의한 사회봉사·수강명령
⑤ 보호관찰 등에 관한 법률에 의한 보호관찰
⑥ 가정폭력방지 및 피해자보호 등에 관한 법률이 정하는 보호시설에의 감호위탁
⑦ 의료기관에의 치료위탁
⑧ 상담소 등에의 상담위탁

위 각호의 처분은 이를 병과할 수 있고(같은 조 제2항), 제1호부터 제2호까지 및 제5호부터 제8호까지의 보호처분의 기간은 6개월을 초과할 수 없으며, 제4호의 사회봉사·수강명령의 시간은 200시간을 각각 초과할 수 없다(특례법 제41조). 법원은 보호처분이 진행되는 동안 필요하다고 인정하는 때에는 직권, 검사, 보호관찰관 또는 수탁기관의 장의 청구에 따라 결정으로 1회에 한하여 보호처분의 종류와 기간을 변경할 수 있고(특례법 제45조 제1항), 그 경우 종전의 처분기간을 합산하여 제1호부터 제3호까지 및 제5호부터 제8호까지의 보호처분의 기간은 1년을, 제4호의 사회봉사·수강명령의 시간은 400시간을 각각 초과할 수 없다(같은 조 제2항).

(2) 1호 처분

행위자가 피해자 또는 가정구성원에게 접근하는 행위의 제한을 명하는 것이다. 임시조치로서 행하는 피해자 또는 가정구성권의 주거 또는 점유하는 방실로부터의 퇴거 등 격리조치 및 피해자의 주거, 직장 등에서 100m 이내의 접근금지조치와 같은 내용의 금지의무를 명하는 것이나 그 기간이나 불이행시의 제재수단의 유무 등에서 차이를 보인다.

(3) 2호 처분

행위자가 피해자 또는 가정구성원에게 "전기통신기본법" 제2조 제1호의 전기통신을 이용하여 접근하는 행위의 제한을 명하는 것이다. 이는 유선·무선·광선 및 기타의 전자적 방식에 의하여 부호·문언·음향 또는 영상을 송신하거나 수신하는 방법을 이용하여 피해자 또는 가정구성원에게 접근하는 행위를 제한하는 것을 말한다.

(4) 3호 처분

친권자인 행위자의 피해자에 대한 친권행사의 제한을 명하는 것이다.

3호 처분을 하는 경우에는 피해자를 다른 친권자나 친족 또는 적당한 시설로 인도할 수 있다(특례법 제40조 제3항).

가정보호사건의 피해자를 '가정폭력행위로 인하여 직접적으로 피해를 입은 자'로 한정하여 규정하고 있으므로(특례법 제2조 제5호), 3호 처분을 하기 위하여는 부모인 행위자가 자신의 친권에 복종하는 미성년자인 자에 대하여 직접적인 가해행위를 한 경우라야만 한다.

(5) 4호 및 5호 처분

보호관찰 등에 관한 법률에 의한 사회봉사·수강명령(4호 처분)과 보호관찰(5호 처분)을 명하는 것이다. 4호 처분에 의한 사회봉사·수강명령은 그 효과적인 집행을 위하여 집행기관인 보호관찰소가 대상자를 장악할 필요가 있다는 점에서 실무상 5호 처분인 보호관찰을 병과하고 있다. 앞서 본 1호 처분을 하는 경우에도 행위자의 폭력 성향이 두드러지는 경우에는 단순히 접근금지의무를 명하는 것보다 5호 처분을 병과하여 보호관찰소의 감시, 감독을 받게 하는 편이 효과적이다.

(6) 6호 처분

가정폭력방지및피해자보호등에관한법률이 정하는 보호시설에 감호위탁하는 처분이다.

가정폭력행위자를 본인의 의사와 관계없이 강제로 시설 내에 수용하는 것이므로 보호처분 중 가장 강력한 제재수단이다.

(7) 7호 처분

의료기관에 6월의 기간 범위 내에서 치료위탁하는 처분이다.

(8) 8호 처분

상담소 등에 6월의 기간 범위 내에서 상담위탁하는 처분이다. 상담위탁 처분은 상담소의 상담 활동을 통하여 가정폭력행위자의 성행을 개선함으로써 가정의 평화와 안정을 회복하려는 것이 므로, 원칙적으로 피해자가 행위자와의 혼인 또는 동거관계를 지속할 것을 희망하는 사건에서 행위자에게 폭력행위의 습벽 또는 성향이 인정되는 경우에 상담위탁 처분을 선택하게 되고, 쌍 방이 상대방의 잘못을 지적하며 이혼을 바라고 있는 경우라도 상담소의 중재에 의하여 갈등의 해소가 기재되는 때에는 8호 처분을 하여 상담을 받을 것을 권유하기도 한다.

2. 기 타

가. 보호처분의 집행 및 변경

법원은 조사관, 법원공무원, 사법경찰관리, 보호관찰관 또는 수탁기관 소속 직원으로 하여금 보호처분의 결정을 집행하게 할 수 있다(특례법 제43조 제1항). 이에 따라 법원은 보호관찰관 또는 수탁기관의 장에 대하여 행위자에 관한 보고서 또는 의견서의 제출을 요구할 수 있고, 그 집행에 대하여 필요한 지시를 할 수 있다(특례법 제44조). 또한, 보호처분이 진행되는 동안이라도 필요하다고 인정할 경우에는 직권, 검사, 보호관찰관 또는 수탁기관의 장의 청구에 따라 1회에 한하여 보호처분의 종류와 기간을 변경할 수 있다(특례법 제45조 제1항).

나. 보호처분의 불이행

행위자가 특례법 제40조 제1항 1호 내지 3호의 보호처분을 받고 그 보호처분이 확정된 후에 이를 이행하지 아니하는 경우에는 별도의 추가범행이 없더라도 그 자체로 '보호처분의 불이행죄'를 구성하여 2년 이하의 징역이나 2,000만원 이하의 벌금 또는 구류에 처하도록 규정되어 있고(특례법 제63조), 행위자가 특례법 제40조 제1항 4호부터 8호까지의 보호처분을 받고 이를 이행하지 아니하거나 그 집행에 따르지 아니하는 때에는 직권, 검사, 피해자, 보호관찰관 또는 수탁기관의 장의 청구에 의하여 결정으로 그 보호처분을 취소하도록 규정되어 있다(특례법 제46조).

다. 배상명령

특례법 제3장 '민사처리에 관한 특례'에서 배상명령에 관하여 자세히 규정하고 있는바, 형사절차에서의 배상명령과 달리 가정보호사건으로 인하여 발생한 직접적인 물적 피해 및 치료비손해의 배상 이외에도 피해자 또는 가정구성원의 부양에 필요한 금전의 지급을 명할 수 있도록 되어있고, 피해자의 신청이 없더라도 직권으로 배상명령을 선고할 수 있다(특례법 제57조).[17] 특히 가계의 주 수입원인 행위자에 대하여 피해자에 대한 접근금지를 명하게 될 경우 그 기간 중의 부양료 지급을 명할 필요도 없다. 적정한 배상액을 정하기 위하여서는 행위자의 수입 등에 관한 증거조사가 불가피하여 심리를 속행하여야 하는 난점이 있다.

라. 불복절차

(1) 항고

임시조치, 보호처분, 보호처분의 변경 및 보호처분의 취소에 있어서 그 결정에 영향을 미칠 법령위반이 있거나 중대한 사실오인이 있는 때 또는 그 결정이 현저히 부당한 때는 검사, 행위자, 법정대리인 또는 보조인은 가정법원 본원 합의부에 항고할 수 있다. 다만, 가정법원이 설치되지 아니한 지역에서는 지방법원 본원 합의부에 하여야 한다(특례법 제49조 제1항). 법원이 불처분의 결정을 한 경우 그 결정이 현저히 부당한 때에는 검사, 피해자 또는 그 법정대리인은 항고할 수 있다(같은 조 제2항). 항고의 제기기간은 그 결정을 고지받은 날부터 7일이며(같은 조 제3항), 항고의 제기가 있다고 하여 결정의 집행이 정지되지는 않는다(특례법 제53조).

항고사유	
임시조치, 보호처분, 보호처분의 변경·취소에 있어 그 결정에 영향을 미칠 법령위반이 있거나 중대한 사실 오인(誤認)이 있거나 그 결정이 현저히 부당한 경우	검사, 가정폭력행위자, 법정대리인 또는 보조인
법원의 불처분 결정이 현저히 부당한 경우	검사, 피해자 또는 그 법정대리인

(2) 재 항 고

항고의 기각 결정에 대하여는 그 결정이 법령에 위반한 때에 한하여 대법원에 재항고를 할 수 있다. 재항고는 결정을 고지받은 날부터 7일 이내에 제기하여야 한다(특례법 제52조).

---

17) 피해자는 가정보호사건이 계속(繫屬)된 제1심 법원에 다음의 금전 지급이나 배상명령을 신청할 수 있고, 피해자의 신청이 없더라도 법원이 직권으로 위 배상명령을 내릴 수도 있다(「가정폭력범죄의 처벌 등에 관한 특례법」 제56조 및 제57조).
   1. 피해자 또는 가정구성원의 부양에 필요한 금전의 지급
   2. 가정보호사건으로 인해 발생한 직접적인 물적 피해 및 치료비 손해의 배상 배상명령은 보호처분의 결정과 동시에 해야 하며, 가집행(假執行)할 수 있음을 선고할 수 있습니다(「가정폭력범죄의 처벌 등에 관한 특례법」 제58조). 확정된 배상명령 또는 가집행선고 있는 배상명령이 기재된 보호처분결정서의 정본은 「민사집행법」에 따른 강제집행에 관해 집행력 있는 민사판결의 정본과 동일한 효력을 가지므로(「가정폭력범죄의 처벌 등에 관한 특례법」 제61조제1항), 가정폭력행위자가 배상명령을 이행하지 않으면 강제집행을 통해 권리를 실현할 수 있다.

제2절 소년보호사건

Ⅰ. 총 설

1. 의 의

소년보호사건이란 반사회성 있는 소년에 대하여 곧바로 형사처벌을 가하는 대신 미성년자라는 특수성을 감안하여 그 환경의 조정과 품행 교정을 위한 보호처분 등의 필요한 조치를 하고, 형사처분에 관한 특별조치를 행함으로서 소년의 건전한 육성을 기하는데 있다(소년법 제1조).

[소년보호사건 처리절차]

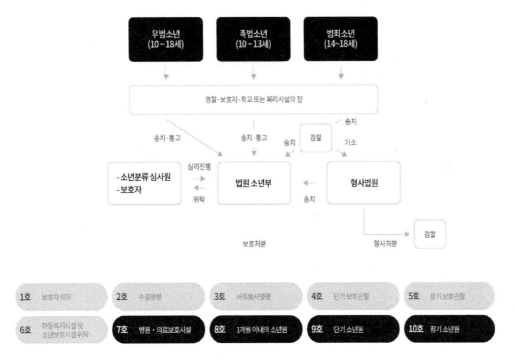

2. 보호처분의 성격

보호처분은 반사회적행위를 하거나 할 우려가 있는 소년에 대하여 비행사실을 기준으로 사법적 절차 및 판단에 의하여 행해지는 처분이라는 점에서 사법적 처분이지만 그 목적이 징벌에 있기

보다는 소년을 육성 교육하는데 있다는 점에서 교육적, 복지적 성격을 갖는 처분이다. 따라서 형사처분과는 달리 소년의 장래에 부정적인 영향을 미치지는 아니한다.

Ⅱ. 관할법원

1. 소년법원

가. 관할

소년보호사건은 서울가정법원 소년부(서울), 지방법원 가정지원 소년부[대전(충청남도 포함), 대구(경상북도 포함), 부산(울산광역시와 양산시 포함), 광주(전라남도 포함)], 지방법원 소년부(그 외의 지역)의 단독판사가 관할한다(소년법 제3조). 소년보호사건의 관할기준은 소년의 행위지, 거주지 또는 현재지이고, 그 기준시는 원칙적으로 사건 수리시이지만 처리시도 기준으로 될 수 있다.

나. 이 송

보호사건을 송치받은 소년부는 보호의 적정을 기하기 위하여 필요하다고 인정한 때에는 결정으로써 사건을 다른 관할 소년부에 이송할 수 있다(소년법 제6조 제1항). 예컨대 가출소년의 경우 보호자가 있는 소년의 주소지 관할법원에서 사건을 조사·심리하는 것이 소년보호를 위하여 보다 적절하다고 인정되면 소년의 현재지 관할소년부는 사건을 소년의 주소지 관할소년부로 이송할 수 있다(소년법 제6조 제2항).
사건을 조사한 결과 당해 소년부에 관할권이 없다고 인정될 때에는 그 소년부는 결정으로서 사건을 관할권이 있는 소년부로 이송하여야 한다(소년법 제6조 제2항).

2. 항고 및 재항고 법원

가. 관할 가정법원 또는 지방법원 본원 합의부

소년보호사건의 항고법원은 관할 가정법원 또는 지방법원 본원 합의부이다(소년법 제43조 제1항). 항고심은 소년부와 마찬가지로 사실심이지만 원심결정의 당부만을 판단하는 사후심이므로 항고심을 위한 조사기구는 설치되어 있지 않다. 그리고 항고법원의 사무국 사무분담은 소년부의 경우에 준하여 행하여지고 있다.

(2) 대 법 원

소년보호사건의 재항고법원은 대법원이다. 재항고심은 법률심이며 사후심이므로 항고법원과 마찬가지로 재항고심을 위한 조사기구가 설치되어 있지 않다. 그리고 재항고사건에 관한 사법 행정사무는 법원행정처 재판사무국 민사과에서 관장한다(법원사무기구에관한규칙 제2조 별표 1의 4).

[서식 360] 이송신청서

이 송 신 청 서

사　　　건　　　　　20○○푸 ○○○호

보호소년　　　　　성　　　　명 : ○　○　○
　　　　　　　　　　주민등록번호 : 000000-0000000
　　　　　　　　　　주　　　　소 : ○○시 ○○구 ○○로 ○○ (○○동)

신 청 취 지

　이 사건을 ○○지방법원 소년부로 이송한다.
라는 결정을 구합니다.

신 청 이 유

　위 보호소년의 주소 및 주거지는 ○○시 ○○구 ○○로 ○○ (○○동)이고, 재학 중인 학교 및 부모들의 주소지도 ○○시에 소재하고 있는 등 보호소년에 대한 보호 의 적정을 기하여 위하여 주소지 관할법원에서 심판함이 상당하다고 할 것이므로 소년법 제6조 제1항에 의하여 이송신청을 합니다.

　　　　　　　　　　　2000.　○.　○.

　　　　　　위 보호소년의 보조인변호사　○　○　○　　(인)

　○○가정법원　귀중

---

1. 비행소년

가. 의의

소년보호의 대상은 반사회성 있는 소년(소년법 제1조), 즉 비행이 있는 소년이다. "비행"이란 사회적으로는 사회규범의 일탈행위이고 심리학적으로는 환경에 대한 부적응행위의 일종이지만 소년보호대상에서의 비행이란 이러한 사회학적 · 심리학적 개념을 기초하되 형벌법 위반 또는 그 위반의 우려가 있는 소년법 제4조 각호에 해당하는 경우를 대상으로 한다.

나. 대상

소년법에서 "소년"이라 함은 19세 미만의 자를 말하며 "보호자"라 함은 법률상 감호교육의 의무가 있는 자 또는 현재 감호하고 있는 자를 가리킨다(소년법 제2조).

[대상 구분표]

구분	대상자	연령
범죄소년	▶ 죄를 범한 소년 친고죄에서 고소가 없거나 고소가 취소된 경우, 반의사불벌죄에서 처벌을 희망하지 아니하는 의사표시가 있거나 처벌을 희망하는 의사표시가 철회된 경우, 친족상도례에 의하여 형이 면제되는 경우에 해당하는 소년이더라도 보호처분은 가능하다	행위당시 : 14세 이상 보호처분시 : 19세 미만
촉법소년	형벌법령에 저촉되는 행위를 한 소년	행위당시 10세 이상 14세 미만
우범소년	그 성격 또는 환경에 비추어 형벌법령에 저촉되는 행위를 할 우려가 있는 소년 중,– 집단으로 몰려다니며 주위에 불안감을 조성하는 성벽이 있을 것, – 정당한 이유없이 가출하는 것, – 술을 마시고 소란을 피우거나 유해환경에 접하는 성벽이 있을 것	보호처분시 10세 이상 19세 미만

다. 종 류

(1) 범죄소년

범죄소년이란 14세 이상 19세 미만의 죄를 범한 소년 중 벌금형 이하 또는 보호처분 대상 소년을 말한다.

(2) 촉법소년

촉법소년이란 형벌법령에 저촉되는 행위를 한 10세 이상 14세 미만의 소년을 말한다(소년법 제4조 제1항 제2호). 형사책임능력(형법 제9조)을 결한 점에서 범죄소년과 구별되지만 그 밖에 요건은 범죄소년과 같다.

(3) 우범소년

우범소년이란 그 성격 또는 환경에 비추어 형벌법령에 저촉되는 행위를 할 우려가 있는 10세 이상 19세 미만의 소년 중 집단으로 몰려다니며 주위에 불안감을 조성하는 성벽이 있거나, 정당한 이유없이 가출하거나, 술을 마시고 소란을 피우거나 유해환경에 접하는 성벽이 있는 소년을 말한다.

Ⅳ. 관계기관 및 관계인

가. 의의

소년보호절차에 관계하는 기관 등을 단계적으로 구분하여 본다면 우선 비행소년을 발견하여 소년부로 보내는 기관 등으로는 경찰서장, 검사, 법원이 있고 그 외에도 보호자 또는 학교와 사회복리시설의 장이 등이 있다.

다음으로 보호사건의 조사, 처리단계에 관여하는 기관 등으로는 우선 소년분류심사원이 있고 그 밖에도 소년감호에 관한 임시조치에 의하여 소년을 위탁받은 보호자, 학교장, 병원 등이 있으며 끝으로 보호실시단계에 관여하는 기관 등으로는 소년원과 그 외에 각종 소년보호단체, 사원, 교회, 병원 기타 요양소, 보호자 기타 적당한 자 등이 있다.

나. 종 류

(1) 검사

소년에 대한 피의사건을 수사한 검사는 소년에 대한 피의사건을 수사한 결과 보호처분에 해당하는 사유가 있다고 인정한 때에는 사건을 관할 소년부에 송치하여야 한다(소년법 제49조 제1항).

소년 피의사건을 수사하는 검사는 범죄혐의사실이 인정되지 아니한 경우 등에는 불기소처분을 하고, 범죄혐의사실이 인정되는 경우에는 양형조건 등을 참작하여 기소유예처분, 선도조건부 기소유예처분, 약식명령청구, 소년부 송치, 구공판 중 하나를 택할 수 있다.

(2) 법원

법원은 소년에 대한 피고사건을 심리한 결과 보호처분에 해당할 사유가 있다고 인정한 때에는 결정으로서 사건을 관할법원 소년부에 송치하여야 한다(소년법 제50조).

(3) 경찰서장

경찰서장은 촉법 또는 우범에 해당하는 소년이 있을 때에는 직접 관할 소년부에 사건을 송치하여야 한다(소년법 제4조 제2항). 경찰서장이 비행소년에 대한 경찰직무를 효과적으로 수행할 수 있도록 하기 위하여 소년경찰직무요강이 마련되어 있다.

(4) 소년분류심사원

소년분류심사원은 소년법 제18조 제1항 제3호에 의하여 법원소년부로부터 위탁된 소년을 수용하고 의학 · 심리학 · 교육학 · 사회학 기타 전문지식에 의하여 소년의 자질을 분류심사하기 위하여 설치된 법무부장관 관장의 기관이다(보호소년등의처우에관한법률 제2조 제1항 1호, 제3조 제1항).

소년분류심사원은 법원 소년부로부터 위탁된 소년을 임시 수용하여 성격, 소질, 환경, 학력 및 경력 등을 조사 분류하여 그 결과와 의견을 소년부에 통지하고 있다.

(5) 소년원

소년원은 가정법원소년부 또는 지방법원소년부로부터 보호처분에 의하여 송치된 소년을 수용하고 이들에게 교정교육을 행하기 위하여 설치된 법무부장관 관장의 기관이다(보호소년등의처우에관한법률 제2조 제1항, 제3조).

소년원에서의 소년원생에 대한 처우의 기본원칙은 심신발달과정에 알맞은 환경 조성과 성장 가능성의 조장을 통하여 사회적응력을 배양시켜 사회에 복귀할 수 있게 하는 데에 있다.

(6) 보호자

소년법상 보호자란 소년에 대하여 법률상 감호교육의 의무있는 자(법률상 보호자) 또는 현재 소년을 감호하는 자(사실상 보호자)를 말한다(소년법 제2조 후단). 법률상 보호자로서 친권자, 후견인, 이혼한 부부 중 자의 양육책임자, 후견인의 직무를 행하는 보호시설의 장 등이 있다.

(7) 보조인

소년법상 보조인은 형사소송에서의 변호인에 해당한다. 그러나 소년심판은 형사소송절차와 같은 대심적 구조를 갖는 것은 아니고 법원을 중심으로 하는 직권주의 구조를 가지고 있으며 사법적 성격 외에 복지적 성격을 동시에 갖고 있으므로 소면심판에서의 보조인은 형사변호인과는 달리 소년의 권리옹호 및 대변자의 지위 외에 보호처분의 목적이 적정하게 실현되도록 소년법원에 협력할 의무도 아울러 가지고 있다.

본인 또는 보호자는 소년부판사의 허가를 얻어 보조인을 선임할 수 있다. 다만, 보호자 또는 변호사를 보조인으로 선임하는 경우에는 허가를 요하지 아니한다(소년법 제17조).

[서식 361] 보조인선임신고서(유해화학물질관리법위반)

보 조 인 선 임 신 고

사 건　　　　20○○푸 ○○○　○○○　○○○호　유해화학물질관리법위반

보호소년　　　　○　○　○

　이 사건에 관하여 ○○지방변호사회 소속 변호사 ○○○을 보조인으로 선임하고 연서하여 이에 신고합니다.

20○○.　○.　○.

선임인　보호소년의 부　○　○　○　(인)

○○시 ○○구 ○○로 ○○ (○○동)

위 본인의 무인임을 증명한 교도

위 보조인 변호사 ○ ○ ○ (인)

○○시 ○○구 ○○로 ○○ (○○동)

전화 : 00-000-0000

팩스 : 00-000-0000

○○가정법원 소년부 귀중

작성 · 접수방법

1. 소년보호사건에 대하여는 변호인이란 용어를 사용하지 않고 보조인이 된다.
2. 보조인은 소년보호사건을 수임하게 되면 보조인선임신고서를 작성하여 변협을 경유하여 가정법원에 제출하여야 한다.

[서식 362] 보조인선임신고서(절도 보호사건)

보 조 인 선 임 신 고

사　　건　　　　20○○푸 123호　 절도 보호사건

보호소년　　　　○　　○　　○

위 사건에 관하여 변호사 ○○○을 보조인으로 선임하고 이에 연서하여 신고합니다.

20○○.　○.　○.

위 선임인 보호소년의 부 ○ ○ ○ (인)

위 보조인 변호사 ○ ○ ○ (인)

○○가정법원　 귀중

보 조 인 신 고 서

사　　건　　　　20○○고단 ○○호　사기

피 고 인　　　　　○　　○　　○

　위 사건에 관하여 신고인은 피고인 ○○○의 처로서 보조인이 되고자 하므로 신고합니다.

소 명 자 료

　1. 가족관계증명서　　　　　　　　　　　　1통

20○○.　　○.　　○.

위 신고인 피고인의 처　○　　○　　○　　　(인)

○○지방법원　귀중

Ⅴ. 보호소년의 신병에 관한 절차

1. 보호소년에 대한 구속영장의 효력

가. 의의

구속된 피고인 또는 피의자가 법원이나 검찰에서 소년부 송치로 소년부에 접수되면 형사피고인 (피의자)의 형사절차는 잠정적으로 소멸하게 되고 피고인이 명칭이 보호소년으로 바뀌게 되는

바, 소년보호사건의 조사·심리를 효율적으로 행하고 또한 소년을 주위의 나쁜 상황에서 분리·보호하기 위하여 소년의 신병조치를 취하고 종전의 형사절차는 잠정적으로 소멸하게 되므로 구속영장의 효력도 없어지게 되는데, 다만 이 경우 구속영장의 실효시점을 보면 아래와 같다.

나. 검사가 송치하는 사건

검사가 송치하는 사건에 있어서는 이론상으로는 법원이 현실적으로 그 사건을 송치받을 때까지 아직 형사절차가 계속되는 것으로 볼 수 있으므로 소년부의 사건접수시까지 영장의 효력이 유지된다고도 볼 수 있다. 그러나 검찰사무규칙에는 검사가 소년부 송치결정시 석방지휘서에 의하여 피의자를 석방하도록 규정하고, 다만 석방지휘서에 소년부 송치의 뜻을 기재하도록 함으로써 후에 소년부로 하여금 수용시설의 가위탁조치를 함에 있어 참고로 하도록 하고 있고, 이에 따라 검사는 소년부송치시 구속취소를 한 뒤 사실상 소년을 경찰관과 동행시켜 소년부에 보내고 있으므로 이러한 경우 구속영장의 효력은 검사의 구속취소시 이미 소멸하게 된다.

다. 법원이 송치하는 사건

법원이 송치한 사건에 있어서는 송치결정도 하나의 재판이므로 그 재판의 확정시기와 관련하여 구속영장의 효력소멸시기에 대하여 견해가 갈린다.

법원의 소년부 송치결정에 대하여는 항고가 인정되지 않는다는 입장에 서서 송치결정이 고지와 동시에 확정되는 것이므로 그 구속영장의 효력도 그때에 소멸한다고 하는 즉시실효성과 재판선고와 동시에 구속영장의 효력이 상실되는 경우를 규정한 형사소송법 제331조에 소년부 송치결정이 들어있지 않고, 구속영장의 실효 여부는 재판의 확정 여부보다는 재판의 성질, 내용 등을 고려하여 결정하여야 한다는 것 등을 이유로 하여 송치결정의 집행완료시까지 구속영장의 효력이 유지된다는 송치결정집행완료설이 있다. 후설은 다시 소년법 제18조 제2항에 규정된 24시간 내의 신병조치와 관련하여 구속영장의 효력은 소년부가 사건을 수리하였을 때에 소멸하고 위의 신병조치는 위 조항에 의하여 특별히 인정된 것이라는 견해와 위 신병조치도 구속영장의 효력에 의한 것이므로 구속영장의 효력은 위 24시간의 경과시까지 또는 그 안에 감호조치가 이루어진 때에는 그 감호조치시까지 존속한다는 견해로 구분되고 있다.

2. 감호에 관한 임시조치(가위탁)

가. 의의

사건의 조사·심리의 필요에 의하여 소년의 신병을 확보하는 임시조치를 가위탁이라고 한다. 소년법 제18조 제1항에서는 이러한 소년을 보호자, 소년을 보호할 수 있는 적당한 자 또는 시설에 위탁하는 것, 병원이나 그 밖의 요양서에 위탁하는 것, 병원이나 그 밖의 요양소에 위탁하는 것, 소년분류심사원에 위탁하는 것을 인정하고 있는데 그중 소년분류심사원에 위탁하는 것은 강제력에 의하여 소년을 수용하는 것이므로 구속과 같은 성질을 갖는다. 실무상 임시조치로는 주로 소년분류심사원에 위탁하는 것이 행하여지고 있는데, 이것을 보호처분으로서의 위탁과 구별하기 위하여 "가위탁"이라고 부른다. 또 분류심사원에서는 소년의 신병을 확보할 뿐 아니라 조사, 분류심사도 행하여지고 있다.

나. 가위탁의 요건

가. 심리조건이 있을 것
나. 소년이 범행을 범하였다고 의심할 만한 상당한 이유가 있을 것
다. 심리개시의 개연성이 있을 것
라. 소년의 신병을 확보할 필요가 있을 것
마. 소년이 긴급한 보호를 필요로 할 것
바. 소년을 수용하여 심신감별을 할 필요가 있을 것

다. 가위탁의 시기 · 내용

임시조치는 사건이 계속되어 있는 이상 어느 때나 할 수 있다.

다만, 소년법 제18조 제2항에서는 사건의 송치와 동시에 동행된 소년에 대하여 도착한 때로부터 24시간 이내에 임시조치를 하여야 한다고 규정하고 있다. 이 규정의 취지는 동행된 소년에 대하여 임시조치를 할 것인가를 검토하는 동안 적어도 24시간은 소년의 신병을 확보할 수 있게 하려는 것으로 풀이된다.

동행된 소년에 대하여 도착한 때로부터 24시간 이내에 임시조치를 하지 않는 경우에는 소년의 신병을 풀어주어야 한다.

임시조치의 내용으로는 앞에서 본 바와 같이 소년을 보호자, 소년을 보호할 수 있는 적당한 자 또는 시설에 위탁하는 것, 병원이나 그 밖의 요양소에 위탁하는 것, 소년분류심사원에 위탁하는 것이 있다(소년법 제18조 제1항).

라. 가위탁의 집행

보호자 또는 학교장에게 위탁하는 임시조치는 소년부판사의 지휘에 의하여 법원주사 등이 소년을 수탁자에게 인계하고 보통은 신병인수서를 받음으로써 집행되는 것이지만, 소년법 제18조 제1항 제1호 내지 제3호의 결정(병원, 소년분류심사원, 적당한 시설에의 위탁)은 소년부판사의 지휘에 의하여 법원주사 등, 소년분류심사원 소속 공무원, 교도소 또는 구치소 소속 공무원, 보호관찰관 또는 사법경찰관리에게 집행하게 할 수 있다.

마. 가위탁의 취소, 변경, 불복

소년부판사는 위 가위탁조치로 보호소년을 소년분류심사원에 위탁하고 난 후 직권 또는 보호소년 또는 보호자 등의 신청에 의하여 위탁취소 또는 변경할 수 있는바(소년법 제18조 제6항), 실무상 가위탁 취소신청은 예를 보기 힘들고 주로 위탁변경신청이 많다. 소년 또는 보호자의 신청은 직권발동을 촉구하는 것에 불과하므로 그 신청을 들어 주지 않았다 하여 이에 대하여 불복할 수는 없다.

가위탁조서는 취소에 의하여 효력이 상실되는데 그 밖에도 보호처분, 심리불개시, 불처분 등의 종국결정 또는 기간만료에 의하여 그 효력은 당연히 상실한다.

임시조치가 실효된 뒤에는 동일한 사건에 대하여 다시 임시조치를 할 수 없지만, 다른 죄에 대한 사건이 추송되어 왔다면 추송된 부분 때문에 임시조치가 필요한 경우에는 다시 이를 할 수 있다. 가위탁취소·변경신청권자는 보호소년, 보호소년의 보호자, 보호소년의 보조인이다.

바. 가위탁의 변경 등의 결정 및 고지

법원에서 위탁변경이 되면 위탁변경 결정문을 신청인에게 송부하는바 실무상 위탁변경허가시에는 보조인에게는 전화로 통보해준 후 수서(영수)를 받고 있다.

따라서 보조인은 보호소년의 보호자(위탁변경결정서에 지정된 위탁서)에게 연락하여 주민등록증과 인장을 지참하고 법원 소년부에 가서 보호소년을 인수받고도 하고 후일에 심리절차가 남아 있다는 사실을 고지해준다.

위탁소년의 소년분류심사원의 퇴원은 법원소년부의 결정서에 의하도록 되어 있다(보호소년등의처우에관한법률 제43조 제4항).

[서식 364] 위탁변경신청서(절도)

위 탁 변 경 신 청

사   건   20○○푸 123호 절도

보호소년   김 ○ 수 (000000-0000000)
               ○○소년분류심사원 위탁 수용 중

보 호 자   김 ○ 호 (000000-0000000)
               소년과의 관계 : 보호소년의 부
               주 소 : ○○시 ○○구 ○○로 ○○ (○○동)

위 소년에 대한 절도 보호사건에 관하여 20○○. ○. ○. 귀원의 결정에 의하여 현재 ○○소년분류심사원에 위탁 수용중인바, 보호소년의 보조인(또는 보호자)은 다음과 같은 이유로 위탁변경을 신청하오니 신청취지와 같이 결정하여 주시기 바랍니다.

신 청 취 지

위 소년을 보호자 김○호의 감호에 위탁하는 것으로 변경한다.
라는 결정을 구합니다.

신 청 이 유

1. 본건 보호소년은 당 18세의 미성년자로서 보호인 집에 동거하면서, 대학입시학원에 재학 중 20○○. ○. ○.경 종로 1가 학원부근 책방에서 책 1권을 절취하였다 하여 가위탁되었는바, 위 범행은 전혀 우발적이고 때마침 책값은 없는데 시험이 급하여 나중에 책값을 주려는 순진한 생각으로 이루어졌고,

2. 본건 사고발생 후 보호자 측에서 피해자의 재산상 손해금을 변상하고 원만히 합의까지 보았으며,

3. 본건 보호소년은 평소 착하고 성실한 소년으로서 동료학생들 사이에서나 학원 교사들에게서 칭찬의 대상으로서 보호자에게 위탁하여 주신다면 적절한 지도와 감독으로서 보호하여 또 다시 과오를 저지르지 않도록 선도하겠습니다.

첨 부 서 류

   1. 보조인 선임신고서   1통
   1. 합의서   1통
   1. 주민등록등본   1통

20○○.　○.　○.

신청인　보호소년의 보조인
변호사 ○ ○ ○ （인）

○○가정법원　귀중

1. 가정법원의 소년부로 송치되어 온 보호소년에 대하여 가정법원판사는 임시조치로 대개 소년분류심사원에 위탁하게 된다.
2. 이 경우, 보호소년의 보조인인 변호사는 소년의 보호자(부모등)에게 위탁을 변경해 달라고 하는 위탁변경신 청서를 제출한다. 그러면 심리기일이 지정되고 검사가 없는 편안한 분위기에서 보호자와 함께 심리를 하게 된다. 이때 보호소년 ○○○에 대한 신문사항을 미리 작성하여 가면 좋을 것이다.

[서식 365] 위탁변경신청서(강도상해 보호사건)

위 탁 변 경 신 청

사　　건　　　　　20○○푸 ○○○호

보호소년　　　　　○　　○　　○ (000000-0000000)
　　　　　　　　　○○소년분류심사원 위탁수용 중

보 호 자　　　　　○　　○　　○ (000000-0000000)
　　　　　　　　　소년과의 관계 : 보호소년의 모
　　　　　　　　　주　 소 : ○○시 ○○구 ○○로 ○○ (○○동)

　위 소년에 대한 강도상해 보호사건에 관하여 20○○. ○. ○. 귀원의 결정에 의하여 현재 ○○소년분류심사원에 위탁수용 중인바, 보호소년의 보호자는 다음과 같은 이유로 위탁변경을 신청하오니 신청취지와 같이 결정하여 주시기 바랍니다.

신 청 취 지

　위 보호소년을 보호자 ○○○의 감호에 위탁하는 것으로 변경한다.
라는 결정을 구합니다.

신 청 이 유

1. 본건 보호소년은 당 17세의 미성년자로서 보호인 집에서 동거하면서, ○○고등 학교 ○○과 ○학년에 재학 중인 학생인바, 이 건 범행은 친구들과 어울리다가

배가 고파서 순간적으로 휩쓸려 잘못을 저지르게 된 것이며, 보호소년은 이 건 이외에는 달리 처분이나 형벌을 받은 전력도 없습니다.

2. 피해자와도 원만히 합의를 하였으며, 보호소년도 2달여간의 구금생활 동안 깊이 반성하고 앞으로는 성실하게 생활을 할 것을 다짐하고 있습니다.

3. 보호소년은 현재 ○○고등학교 ○학년에 재학 중이며, 본 학교의 학칙에 따르면, 수업일수를 채우지 못하는 학생에 대하여는 퇴학조치를 하도록 되어 있는바 보호소년은 현재 수업일수를 채우지 못하여, 위와 같은 퇴학조치를 당할 처지에 놓여 있습니다.

4. 따라서 보호소년을 보호자에게 위탁하여, 보호소년이 학업을 계속할 수 있도록 하여 주시기를 바라며, 위탁변경신청을 하게 되었습니다.

첨 부 서 류

1. 주민등록등본	1통
1. 진정서	2통
1. 탄원서	1통
1. 재학증명서	1통

20○○. ○. ○.

위 신청인 보호자 ○ ○ ○   (인)

○○지방법원 소년부지원   귀중

위 탁 변 경 신 청

사건번호   20○○푸 ○○○호 특수절도 등

보호소년   ○   ○   ○ (000000-0000000)

신 청 취 지

  보호소년의 위탁처분을 변경한다.
라는 취지의 결정을 구합니다.

신 청 이 유

1. 보호소년 ○○○은 20○○. ○. ○. ○○지방법원 소년부지원에서 5호 처분을 받아 현재 ○○ ○구 ○○로 ○○(○○동)에 있는 ○○병원에 위탁되어 있습니다.

2. 그러나 위 ○○병원은 사립인 관계로, 보호자의 형편으로는 엄청난 병원비를 감당하기가 힘이 드는 상황이며, 위탁장소도 보호소년과 그 보호자의 주소지인 ○○과는 멀리 떨어진 ○○여서 자주 만날 수도 없는 상황입니다.

3. 이에 ○○○의 위탁처분을 변경하여 주었으면 하여 직권발동을 촉구하는 의미에서 신청하게 되었습니다.

20○○.   ○.   ○.

신 청 인 ○ ○ ○   (인)

○○지방법원 소년부지원   귀중

[서식 367] 위탁변경신청서(비행소년)

위 탁 변 경 신 청

사 건   20○○푸 ○○○호

보호소년   ○ ○   ○ (000000-0000000)
            소년분류심사원 수용 중

보 호 자   ○ ○   ○ (000000-0000000)
            소년과의 관계 : 보호소년의 모
            주 소 : ○○시 ○○구 ○○로 ○○ (○○동)

　위 보호소년에 대한 귀원 20○○푸 ○○○호 소년보호사건에 관하여 보호소년의
보호자(또는 보조인)는 다음과 같이 위탁변경결정을 신청합니다.

신 청 취 지

　위 사건에 관하여 20○○. ○. ○.에 한 소년분류심사원(또는 ○○시설) 위탁을
보호자 ○○○의 감호에 위탁하는 것으로 변경한다.
라는 결정을 구합니다.

신 청 이 유

1. 비행소년에 대하여 귀원에서 소년법 제18조 1항에 따라서 20○○. ○. ○. 임시
   조치로서 소년분류심사원에 위탁결정을 한 바 있습니다.

2. 비행소년은 자신의 비행을 깊이 뉘우치고 있으며, 현재 ○○중학교 재학 중이고
   방학이 끝나서 개학예정이므로 등교를 하여야 할 사정이며, 비행소년의 보호자
   부 ○○○이 노력하여 피해자들의 피해를 모두 변상하여 피해자들과 원만하게
   합의가 되었고, 학교 담임교사 및 보호자가 보호소년을 철저히 관리 · 감독 · 교
   육할 것을 약속하는 바이므로, 비행소년에 대한 감호의 적정을 기하기 위하여
   보호자 감호위탁으로 변경하여 주시기 바랍니다.

첨 부 서 류

1. 피해자 합의서   1통
1. 학교담임선생의 지도계획서   1통
1. 보호자 부·모의 서약서   1통
1. 가족관계증명서(보호자의 것)   1통

20○○.   ○.   ○.

보호소년   ○   ○   ○
위 보호자 ○ ○ ○   (인)
(또는 보조인 변호사 ○ ○ ○   (인))

○○지방법원 귀중

VI. 소년보호사건의 조사와 심리

1. 조 사

가. 의의

소년사건에 있어 범죄사실에 대한 조사는 주로 소년의 비행 및 요보호성에 관한 사회적 자료를 수집·분석하는 것으로서 케이스·워크의 기능을 가지고 있음에 대하여, 심리는 조사된 자료를 기초로 하여 비행 및 요보호성의 존부를 판단하고 적절한 보호처분을 결정하는 것으로서 사법적 기능을 가진다. 넓은 의미에서 조사활동은 소년부판사가 지배하는 것이지만 조사의 특성을 살리기 위하여는 조사는 전문가인 조사관이 하는 것이 원칙이다. 그러므로 좁은 의미의 조사란 조사관이 판사의 명에 의하여 행하는 조사활동을 말한다. 조사관의 조사는 제과학의 전문적 지

식을 이용하여 소년의 성행을 중심으로 한 사회적 자료를 조사하는 것으로서 임의적인 방법에 의한다는 점에서 심리중에 판사가 행하는 강제조사와 다르다.

나. 조사명령

조사관의 조사는 소년부판사의 조사명령에 의하여 개시된다(소년법 11조 1항).

조사는 소년 개인의 사적생활에 깊이 관여하는 것이므로 비행사실의 존부가 불명확한 상태에서 조사를 명하는 것은 적당치 아니하다. 따라서 판사가 조사명령을 발함에 있어서는 적어도 비행사실의 존재에 대하여 개연적 심증을 갖는 것이 필요하다. 만일 비행사실에 대한 개연성이 없다면 조사절차를 거칠 필요 없이 바로 심리불개시결정을 하여야 한다.

다. 조사의 대상과 조사사항

소년보호의 대상은 비행 자체가 아니고 비행을 한 소년인 것이므로 조사관의 조사대상도 비행행위뿐 아니라 사건에서 나타난 소년의 반사회성, 그리고 그 반사회성을 교정하기 위한 요보호성 등이다.

반사회성이란 소년의 성행과 환경에 얽힌 반사회적인 속성으로서 그것이 행동으로 나타난 것이 곧 비행행위이다. 그러므로 조사관은 소년의 반사회성을 밝히기 위하여 소년이 반사회적 성격을 갖게 된 원인, 반사회성의 정도 등을 조사하여야 한다.

요보호성 조사란 소년의 성행과 환경에 비추어 재비행가능성 및 교정가능성의 존부, 그리고 이에 대한 적절한 보호처분의 내용 등을 밝히는 것이며 이러한 조사대상을 밝히기 위하여 소년의 비행사실, 그 동기와 비행기의 정황 및 비행전력, 소년과 보호자의 교육정도, 직업, 소년과 보호자의 관계, 소년의 교우관계 및 소년의 가정환경, 소년비행화의 경위 및 보호자의 소년에 대한 관계 보호감독상황과 향후의 보호능력, 피해자에 대한 관계 및 비행의 위험성과 정도, 소년의 심신상태 기타 심리와 처분을 함에 필요한 사항 등을 조사하여야 할 것이다.

2. 심 리

가. 의의

심리란 심리기일에 소년부판사가 소년과 보호자, 참고인 등을 직접 조사하는 절차로서 소년보호절차의 핵심을 이루고 있다. 심리절차에서 소년과 보호자는 판사에게 직접 진술할 기회를 갖게 되고, 판사는 정확한 심증을 얻음과 동시에 소년과 보호자에게 처우의 방침을 이해시키고 협력을 구하여 교육적, 치료적인 역할을 하는 데 그 존재의의가 있는 것이다.

나. 심리의 개시결정

소년부판사는 송치서와 조사관의 조사보고에 의하여 사건을 심리할 필요가 있다고 인정할 때에는 심리개시결정을 하여야 한다(소년법 제20조 제1항). 그러나 실제로는 소년이 비행사실을 부인하여 그 존부를 분명히 할 필요가 있는 경우 또는 보호처분을 할 가능성이 적지만 소년을 훈계하여 교육적 효과를 바라는 경우에도 심리를 개시하는 수가 있다.

판사는 심리개시 결정 후에도 소년법 제23조에 의한 심리개시 전까지는 결정으로써 이를 언제든지 취소할 수 있다.

다. 심리의 관계인 소환통지

소년부판사는 심리기일을 지정한 후 본인과 보호자를 소환하고 또 보조인이 선정된 경우에는 그 보조인에게 기일의 통지를 하여야 한다(소년법 제21조). 또 필요한 경우에는 참고인을 소환할 수 있다(동법 제13조).

그러나 보호자는 필요가 없다고 인정할 때(예컨대 사안경미, 보호자 소재불명 등)에는 이를 소환하지 아니할 수 있다(동법 제21조 제1항 단서).

본인 또는 보호자가 정당한 이유 없이 소환에 응하지 아니할 때에는 소년부 판사는 동행영장을 발부할 수 있다(동법 제13조 제2항).

라. 심리의 개정

심리기일에는 판사와 서기가 참석하여야 하고(소년법 제23조 제1항), 소년은 반드시 출석하여야 한다. 조사관, 보호자 및 보조인은 심리기일에 출석할 있고 또 심리에 관하여 의견을 진술할 수 있으며, 이 경우 판사는 필요하다고 인정하는 때에는 본인의 퇴장을 명할 수 있다(동법 제23조 제2항, 제25조 제1항·2항).

소년심판에서의 심리는 대립당사자를 전제로 하지 아니하고 오로지 판사가 직권으로 비행사실과 요보호성의 존부를 발견하고 어버이가 자식을 권고, 훈계하는 것과 같은 교육적, 치료적인 방법으로 보호처분을 행하는 절차이므로 형사소송에서와 같은 엄격성은 요구되지 않는다.

이때 심리는 보통 다음과 같은 순서로 진행된다.

> 불리한 진술을 거부할 수 있는 권리가 있다는 점 고지 ▶ 소년, 보호자 등의 인적 사항 등을 확인하는 인정신문 ▶ 어떤 비행을 하였다는 의심을 받는지를 알리고 소년의 변명 청취 ▶ 비행을 하였는지 여부에 대하여 심리 ▶ 보호처분을 할 필요성이 있는지와 관련된 사실에 대하여 심리 ▶ 조사관과 보조인이 소년에게 적절한 보호처분이 어떤 것인지에 관한 의견개진(조사관이 제출한 조사보고서나 보조인이 제출한 의견서로 대신할 수 있고, 사건에 따라서는 이러한 절차가 생략될 수 있음) ▶ 소년부 판사가 최종적인 결정을 한 다음 이를 고지

마. 진술거부권의 고지

소년부 또는 조사관이 범죄사실에 관하여 소년을 조사할 때에는 미리 소년에게 불리한 진술을 거부할 수 있음을 알려야 한다(동법 제10조).

바. 비행사실고지 및 변명기회부여

소년부판사가 심리를 함에는 비행사실의 내용을 고지하고 변명의 기회를 주어야 한다. 이것은 소년의 인권보장을 위한 적정절차의 요청일 뿐 아니라 진실발견과 치료교육을 위하여서도 필요한 것으로서 심리의 중심적 부분에 해당한다.

사. 항고권

소년보호자와 그 법정대리인은 보호처분의 결정에 대하여 항고권, 재항고권이 있고 항고취하에 대한 동의권과 항고취하권이 있다.

아. 증거의 조사

소년보호사건에 있어서도 명문의 규정은 없으나 판사가 비행사실 및 요보호성의 존재를 인정함에 있어서는 논리법칙과 경험법칙에 따라 자유로운 심증에 의하여야 할 것이며 소년의 자백이 중요한 증거자료가 된다.

또 증인, 감정인, 통역인 및 번역인에게 지급하는 비용, 숙박료 그 밖의 비용에 대하여는 형사소송법 중 비용에 관한 규정을 준용하며 이것은 참고인에게 지급하는 비용에 관하여도 동일하다(동법 제42조 제1항·2항).

[서식 368] 보조인의견서(절도 등 보호사건)

보 조 인 의 견 서

사   건   20○○푸 ○○○호 절도 등 보호사건

보호소년   ○   ○   ○

　위 보호소년에 대한 절도 등 보호사건에 관하여 위 보호소년의 보조인은 다음과 같이 의견을 개진합니다.

<h1>다　음</h1>

1. 성장과정

　보호소년 ○○○(이하 "보호소년"이라고만 합니다)은 부 김○○, 모 이○○의 1남 2녀 중 막내로 태어났습니다. 넉넉하진 않지만 단란한 가정의 외아들로 태어난 보호소년은 초등학교와 중학교를 같은 나이 또래의 다른 청소년들처럼 별 탈 없이 무사히 마쳤습니다. 비록 학교 성적은 중간 이하였으나 성격이 온순하고 대인관계도 원만하여 부모님과 누나들의 사랑을 독차지하며 자랐습니다. 그런데 보호소년은 고등학교에 진학한 후부터 공부에 점점 흥미를 잃으며 학교생활에 적응하지 못하게 되고 말았습니다. 보호소년은 학교에 지각하거나 결석하는 날이 많아지더니 결국 고등학교 1학년을 채 마치지 못하고 출석일수 미달로 자퇴를 하게 되었습니다. 학교를 자퇴한 후 보호소년은 오토바이 운전면허증을 취득한 후 오토바이 배달 아르바이트 등을 하며 지내오던 중 이 건 절도 등 범행에 이르게 되었습니다.

2. 보조인 의견

가. 보호소년의 성행

　보호소년은 고등학교를 자퇴하기 전까지는 아무런 말썽도 일으키지 않던 착한 학생이었습니다. 그런데 학교를 그만둔 후 가정형편상 식당 등에서 아르바이트를 하며 비슷한 처지에 있는 선배, 후배들과 어울리면서 이 건에 이르게 된 것입니다. 보조인이 접견한 결과 보호소년은 철이 없기는 하나 아직 악성에 물들지는 않은 것 같아 보였습니다. 오히려 막내이자 외아들로 태어나 부모님과 두 누나들의 귀여움을 독차지하며 자란 가정환경 때문인지 같은 나이 또래의 다른 아이들보다 철이 없어 보였으며, 접견 내내 눈물을 흘리는 등 성격이 다소 연약해 보였습니다. 또한 이번 사건으로 체포되기에 이르자 자신의 행동에 대한 사회적 의미를 다소나마 깨닫고 반성하는 빛이 역력하였습니다.

나. 보호소년의 가정환경

　보호소년은 부모님과 두 누나와 함께 생활하고 있습니다. 보호소년은 태어나서 지금까지 집을 가출하여 친구들과 어울리는 등의 행동은 한 번도 한 사실이 없으며, 학교의 보호범위에서 벗어난 고등학교 자퇴시부터 지금까지도 계속하여 부모님과 두 누나들의 보호 하에 함께 생활하여 왔습니다. 보호소년의 아버님은 타이루공으로 일하고 있고, 보호소년의 어머님은 빌딩 청소일을 하고 있습니다. 또, 보호소년의 큰 누나는 회사원으로 일하고 있으며, 작은 누나는 대입시험을 준비 중입니다. 비록 넉넉하지는 않지만 단란한 가족환경 속에서 보호소년은 생활하고 있습니다. 보조인이 보호소년의 가족들을 면담한 결과, 보호소년의 가족들은 이번 보호소년의 행동에 대해 매우 놀라고 있으며 앞으로 보호소년의 보호, 양육에 최선을 다할 것임을 재차 다짐하고 있습니다.

다. 보호소년의 범행전력

보호소년은 이 건 범행 전에 자동차관리법위반으로 기소유예를 받은 사실이 있습니다. 이는 보호소년이 오토바이 면허취득 후 구입한 오토바이를 불법 개조한 것에 대해 담당 검사님으로부터 용서를 받은 것입니다. 보호소년의 이 건 범행도 평소 친하게 지내던 선배가 알려준 방법대로 별 생각 없이 저지른 행동이었습니다. 보호소년은 위와 같이 자신의 범행에 대한 뚜렷한 죄의식이 없는 상태에서 한 행동입니다. 이제 보호소년은 이 건으로 자신의 행위가 가져올 결과에 대해 그 의미를 충분히 이해한 듯 보입니다.

라. 의 견

위와 같은 사유로 보조인은 보호소년을 소년원에 송치하는 것보다는 하루빨리 가족의 품에서 새로운 마음으로 자신의 잘못을 반성하는 삶을 영위할 수 있도록 보호소년에 대하여 1호, 3호 처분과 함께 사회봉사명령을 내려주시는 것이 타당하다고 사료되어 의견서를 제출합니다.

20○○.   ○.   ○.

위 보호소년의 보조인 변호사   ○   ○   ○   (인)

○○가정법원 소년제○단독   귀중

변 론 요 지 서

사　　건　　　　 20○○푸○○○○호　특수절도

보호소년　　　　　김　○　수

　귀원에 재판 계속 중인 위 보호소년에 대한 특수절도사건에 관하여 위 보호소년의 보조인은 다음과 같은 변론을 진술하오니 선처하여 주시기 바랍니다.

다　　음

1. 이 건 사안은 그다지 중하지 아니합니다.
　보호소년 김○수는 시내버스에서 핸드백을 열어 지갑을 절취하는 방법으로 절도를 하였다는 것이나, 그 피해액이 경미하고 피해품은 모두 피해자에게 돌아가 피해가 회복되었으며, 그 경위에 관하여 보면 방학을 맞아 같은 반의 친구 이○현과 안양에 갔다가 서울 방면으로 가는 버스를 타고 가게 되었는데 마침 차비조차 제대로 없자 이○현의 지시와 조력으로 본의 아니게 이 건 범행에 이른 것으로 그 동기 또한 우발적이었습니다.

2. 정상참작의 여지가 있습니다.
　보호소년 김○수는 12살 되던 때에 어머님이 교통사고로 뇌를 심하게 다쳐 투병하다 20○○. ○. ○.에 사망하기에 이르렀고, 아버지는 어머니의 교통사고의 충격으로 간호를 하다가 이를 이기지 못하고, 어머니보다 먼저인 20○○. ○. ○.에 사망에 이르게 된바 있고, 이때부터 보호소년은 보일러공으로 어렵게 살아가는 형 집으로 가 그곳에서 부양받으며 학교를 다녔던 것입니다. 그런데 형님의 가정이 매우 어렵다보니 학용품은 물론 교통비조차 제대로 쓸 수 없는 매우 어려운 사정관계로 너무 궁핍한 나머지 버스를 타고 가다 차비가 없어 우발적으로 이 건 범행을 하기에 이른 것이나, 이 사건을 계기로 보호소년의 모든 형제, 누나들이 나서서 보호소년을 보살피기로 약속하고, 특히 누나 이○민(19○○.

○. ○.생)이 착한 학생이 되도록 선고를 굳게 다짐하고 있습니다. 그리고 보호소년 김○수는 18세의 미성년자로서 ○○공업고등학교 건축과 2학년에 재학 중인 학생으로서 이번이 초범이며, 이 건 범행에 대하여 그간 50여일의 구금생활을 통하여 깊이 반성하고, 다시는 잘못을 하지 않기로 눈물로서 굳게 맹세하고 있습니다. 특히 보호소년은 20○○. ○. ○. 개학일자인 관계로 하루빨리 보호자에게 돌아가 정상적인 학교수업을 받으며, 선도되어져야 할 특별한 사정이 있습니다. 따라서 보호소년 김○수에게 한하여 선처를 베풀어 주시기를 간곡히 바라는 바입니다.

20○○.　○.　○.

위 보호소년의 보조인　변호사　○　○　○　(인)

○○가정법원　귀중

심 리 기 일 변 경 신 청

사　　건　　　　20○○푸○○○○호　절도

보호소년　　　　　김　○　수

　위 사건에 대한 심리기일이 20○○. ○. ○. 00:00로 지정된바 있으나, 위 보호소년의 보조인은 지방출장 등 부득이한 사정으로 인하여 위 기일에 출석할 수 없사오니 위 심리기일을 변경하여 주시기 바랍니다.

　　　　　　　　　　20○○.　　○.　　○.

　　　　　위 보호소년의 보조인 변호사 ○ ○ ○ (인)

○○가정법원　귀중

[서식 371] 주소변경신고서(절도)

주 소 변 경 신 고

사   건   20○○푸○○○○호 절도

보호소년   김   ○   수

  위 사건에 관하여 위 보호소년의 보호자 주소가 다음과 같이 변경되었기에 이에
신고합니다.

다   음

변경된 주소 : ○○시 ○○구 ○○로 ○○ (○○동)
변 경 일 시 : 20○○. ○. ○.

첨 부 서 류

   1. 주민등록표 등본   1통

20○○.   ○.   ○.

위 보호소년의 보호자 부 ○   ○   ○   (인)

○○가정법원 귀중

1. 총 설

가. 의의

소년보호절차에서 중요한 판단은 결정에 의하여 행하여진다. 결정에서 소년보호절차를 종결시키는 종국결정과 사건의 조사·심리도중에 하는 중간결정 및 사건이 종결된 뒤에 하는 종국후결정이 있다. 중간결정의 예로는 사건의 이송(소년법 제6조), 임시조치(동법 제18조) 등을 들 수 있으며, 종국결정으로는 보호처분의 취소, 변경(동법 제37조, 제38조)을 들 수 있다. 여기서 실무상 주로 접하게 되는 결정을 보면 위 임시조치결정과 종국적 결정인 보호처분의 결정이다.

나. 결정서의 작성 및 고지

소년부판사가 결정을 함에는 원칙으로 결정서를 작성하여야 한다. 다만, 상당하다고 인정할 때에는 결정의 내용을 조서에 기재하게 하여 결정서의 작성에 갈음할 수 있다. 결정은 원칙으로 고지되어야 한다. 고지는 심리기일에서 이루어지는 경우와 심리기일 외에 송달 기타 적당한 방법에 의하여 이루어지는 경우가 있다. 보호처분결정은 심리기일에서 결정서에 의하여 고지하여야 하며, 소년부판사는 이 고지를 함에 있어서 소년 및 출석한 보호자에 대하여 보호처분의 취지를 이해할 수 있도록 친절이 설명하여야 하고 아울러 항고기간과 항고법원을 알려주어야 한다. 보호처분 외의 결정의 고지는 보통 통지에 의한다.

2. 심리불개시결정

가. 요건

소년부 판사는 송치서와 조사관의 조사보고에 의하여 사건의 심리를 개시할 필요가 없다고 인정한 때에는 심리를 개시하지 아니한다는 결정을 하여야 한다(소년법 제19조 제1항). 이러한 결정은 소위 심리불개시결정이라고 한다.

심리조건이 결여된 경우, 즉 심판권이 없을 때, 소년이 실존해 있지 않을 때, 송치 및 통고가 절차법규에 위반되어 무효인 때, 동일사건에 대하여 이미 보호처분의 결정이 확정되어 일사부재리의 효력이 있을 때, 연령이 10세 이상 19세 미만이어야 되는데 이에 미달한 경우가 판명되었으면 그 보호처분을 취소하고 심리불개시결정을 하여야 한다.

심리불개시결정은 본인과 보호자에게 통지하여야 하고, 훈계와 보호자에 대하여 엄격한 관리나 교육을 시키도록 고지할 수 있다.

나. 결정방식, 효력

심리불개시결정은 심리개시 전에 하는 것이지만 이미 심리개시결정이 있더라도 실제로 심리기일을 개시하기 전까지는 그 심리개시결정을 취소할 수 있으므로 심리기일 개시 전에 심리조건 흠결 등의 사유가 밝혀진 경우에는 심리개시결정을 취소하고 심리불개시결정을 한다.

심리불개시결정은 결정서에 의하여 행한다.

심리불개시결정도 종국결정이므로 이것에 의하여 소년보호사건이 종결된다. 따라서 사건의 계속을 전제로 정지한 공소시효가 다시 진행되고 감호에 관한 임시조치는 취소된 것으로 보게 된다(소년법 제18조).

3. 불처분결정

가. 요건

소년부판사는 심리의 결과 보호처분의 필요가 없다고 인정한 때에는 처분을 하지 아니한다는 결정을 하여야 하는데(소년법 제29조 제1항) 이것을 불처분결정이라고 한다.

법문상으로는 보호처분이 필요 없는 경우에 불처분결정을 하도록 규정되어 있으나 불처분결정의 경우에도 엄밀히 말하면 보호처분을 할 수 없으므로 불처분결정을 하는 경우(형식적 불처분)와 보호처분을 할 수는 없으나 그것이 적당치 않아 불처분을 하는 경우(실질적 불처분)로 나누어 볼 수 있다.

나. 형식적 불처분

일단 심리기일이 개시된 후에 심리조건의 부존재가 밝혀진 경우에 불처분결정을 할 것인지, 아니면 심리개시결정을 취소하고 심리불개시결정을 할 것인지가 문제가 된다. 심리불개시결정이나 불처분결정은 실질상으로 별 차이가 없으므로 그 어느 쪽이나 상관이 없을 것으로 보이지만, 규명상으로는 심리개시결정의 취소는 심리기일개시 전까지 가능하다고 되어 있는 반면 본인이 10세 미만임이 밝혀진 경우에는 심리개시결정을 취소하고 심리불개시결정을 하도록 규정되어 있다. 연령미달 외의 경우에는 일단 심리개시가 있는 뒤에는 불처분결정을 하는 것이 옳을 것이다.

다. 실질적 불처분

이는 심리의 결과 비행사실이나 요보호성이 인정되지 않는 경우에 하는 불처분결정이다.

보호처분을 하기 위한 비행사실에 대한 심증의 정도는 합리적인 의심의 여지가 없는 정도, 즉 확신의 정도이어야 하고 이에 미달인 때에는 불처분결정을 하여야 하고 불처분의 결정은 본인과 보호자에게 통지하여야 한다.

4. 검사에의 송치결정

가. 의의

소년보호사건이 법원으로부터 송치되어 온 경우를 제외한 나머지 경우, 즉 보호자 등의 통고, 경찰서장 또는 검사의 송치에 의한 경우에 조사 또는 심리한 결과 사안이 금고 이상의 형사처분을 할 필요가 있다고 인정되는 경우 또는 범죄소년의 연령이 19세 이상이 된 경우에는 이를 보호절차에서 처리할 수 없으므로 사건을 검사에게 송치하여 형사절차에서 처리하게 할 필요가 있다. 이와 같이 사건을 검사에게 송치하는 것을 말하며 송검이라고 한다(소년법 7조).

나. 요건

사건이 통고 또는 경찰서장의 송치에 의한 것인 경우 소년부판사는 조사 또는 심리결과 금고 이상의 형에 해당하는 범죄사실이 발견된 경우에 그 동기와 죄질이 형사처분의 필요가 있다고 인정할 때에는 사건을 관할지방법원에 대응한 검찰청 검사에게 송치하여야 하고(소년법 제7조 제1항), 또 검사로부터 송치된 사건에서 역시 조사 또는 심리한 결과 그 동기와 죄질이 금고 이상의 형사처분을 할 필요가 있다고 인정할 때에는 소년부판사는 사건을 당해 검찰청 검사에게 송치할 수 있다(동법 제49조 제2항). 보호절차의 대상소년은 19세 미만이어야 하므로 소년부는 조사 또는 심리의 결과 본인이 19세 이상임이 판명된 때에는(사건접수시에 이미 19세 이상이건 그 후에 19세를 넘었건 불문한다) 결정으로써 법원으로부터 송치받은 사건 이외의 경우에는 관할 지방법원에 대응하는 검찰청 검사에게, 법원으로부터 송치받은 사건의 경우에는 그 법원으로 사건을 각 송치한다. 또 이미 보호처분의 결정이 있은 후에 그 보호처분 당시 19세 이상이었음이 판명되었을 때에는 아직 그 집행이 종료되지 않은 이상 역시 사건을 관할지방법원에 대응하는 검찰청 검사 또는 사건을 송치한 법원에 송치 또는 이송하여야 하며 이 경우에는 이미 행하여진 보호처분을 송치결정전에 취소하여야 한다.

다. 결정방식, 효력

검사송치결정도 결정시에 의하여 행하는데 통고된 사건 또는 경찰서장으로부터 송치된 사건에 대한 실질적 검사송치에 있어서는 결정서에 일반적인 기재사항 외에 범죄사실과 적용법조를 명시하여야 한다. 위의 경우에는 통고 또는 송치만으로는 범죄사실과 그 법률적 평가가 불분명하므로 소년부가 조사·심리를 의결에 의하여 송치되는 사건의 범위를 명확히 하여 공소제기의 기초를 확실히 할 필요가 있기 때문이다.

소년부는 검사송치결정이 있으면 관계되는 서류와 증거물 전부를 검사에게 송부하여야 한다. 다만, 공범이 있거나 기타의 사유로 이를 송부할 수 없을 때에는 송치하는 사건과 관련되는 부분의 등본을 송부하여야 한다.

5. 법원으로의 이송

가. 의의 및 요건

소년부판사는 법원으로부터 송치받은 사건을 조사·심리한 결과 본인이 19세 이상임이 판명되면 결정으로서 송치한 법원에 사건을 다시 이송하여야 한다(소년법 제51조).

본인이 19세 이상이라면 이에 대한 심판을 할 수 없으므로 사건을 다시 형사절차에서 처리할 필요가 있기 때문이다. 이 경우 이송은 관할법원 간의 이송과 같은 중간결정이 아니고 보호절차를 종결시키는 종국결정이다. 본인이 19세 이상인지의 여부는 결정서를 기준으로 하여 판단할 것이며 19세 이상임을 간과하고 보호처분을 한 경우에도 19세 이상이었음이 판명되면 결정으로써 그 보호처분을 취소하고 사건을 송치한 법원에 다시 이송하도록 규정되어 있다.

나. 결정방식 및 고지

법원에의 이송결정의 방식 및 고지방법에 관하여는 특별한 규정이 없으나 일반적인 방식에 따라 결정서를 작성하고 결정서를 본인과 보호자에게 통지하여야 하도록 규정하고 있다.

다. 이송절차

이송결정이 있으면 소년부는 송검의 경우에 준하여 관계되는 서류와 증거물 전부를 이송받을 법원으로 송부한다. 이때에 검찰청을 경유시킬 필요가 없으므로 이를 이송받을 법원으로 직접 송부하고, 다만 이송받을 법원에 대응하는 검찰청 검사에게 이송결정등본을 송부하는 등의 방법으로 그 결정을 통지하여야 한다.

6. 보호처분의 결정

가. 의의 및 요건

보호처분의 결정이란 비행소년에 대하여 환경의 조정과 품행의 교정을 목적으로 필요한 처분을 하는 것으로서 그 내용은 소년법상 예정적으로 열거되어 있다. 보호처분은 소년부판사가 심리의 결과 보호처분의 필요가 있다고 인정한 때에 결정으로서 행하는 것이므로(소년법 제32조 제1항) 이 처분을 하기 위하여는 반드시 심리를 거쳐야 한다.

나. 결정의 고지, 효력

보호처분결정은 심리기일에서 결정서에 의하여 이를 고지하여야 하며 이때에 소년부판사는 소년 및 출석한 보호자에 대하여 보호처분의 취지를 이해할 수 있도록 설명하여야 하고 아울러 항고기간과 항고법원을 알려주어야 한다.

보호처분의 결정은 이와 같이 심리기일에 구두로 고지하면 족하므로 사후에 본인과 보호자에게 결정서등본을 송달할 필요는 없다.

보호처분의 결정은 고지와 동시에 집행력이 생긴다. 즉, 이 결정의 집행은 결정의 확정 전에 이미 발생하며 항고가 있더라도 그 집행이 정지되지 아니한다(소년법 제46조).

소년부는 보호처분에 따라 송치된 사건을 조사 또는 심리한 결과 그 동기와 죄질이 금고 이상의 형사처분할 필요가 있다고 인정할 때에는 결정으로써 해당 검찰청 검사에게 송치할 수 있고, 그 사건을 소년부에 송치하지 못한다(동법 제49조 제2·3항). 즉, 보호처분에는 일사부재리의 효력이 있다.

다. 보호처분의 종류

[보호처분의 종류 / 내용]

종류	적용연령	내용	기간 / 기간연장
1호	10세 이상	보호자 또는 보호자를 대신하여 소년을 보호할 수 있는 재(위탁보호위원)에게 감호 위탁 ▶ 1호 처분은 보통 다른 처분(2호, 3호, 4호, 5호)와 병과함. 1호 처분만 부과하는 경우는 대부분 집행조사를 실시함.	6월 (+6월)
2호	12세 이상	수강명령	100시간 이내
3호	14세 이상	사회봉사명령	200시간 이내
4호	10세 이상	단기 보호관찰	1년
5호	10세 이상	장기 보호관찰	2년 (+1년)
6호	10세 이상	아동복지법상 아동복지시설, 그 밖의 소년보호시설 등에 감호 위탁	6월 (+6월)
7호	10세 이상	병원, 요양소 또는 보호소년 등의 처우에 관한 법률에 따른 소년의료보호시설에 위탁	6월 (+6월)
8호	10세 이상	1개월 이내의 소년원 송치	1개월 이내
9호	10세 이상	단기 소년원 송치	6개월 이내
10호	12세 이상	장기 소년원 송치	2년 이내

소년부 판사는 심리의 결과 보호처분의 필요가 있다고 인정한 때에는 결정으로써 다음 각 호의 어느 하나에 해당하는 처분을 하여야 한다.

(1) 1호 처분 : 보호자 또는 보호자를 대신하여 소년을 보호할 수 있는 자에게 감호 위탁

여기서 보호자란 법률상 감호·교육할 의무가 있는 사람 또는 현재 감호하는 사람을 말하며, 대부분 부모, 동거하는 고용주 등이 이에 해당하며, 보호자에게 감호 위탁하는 처분은 사실상 보호소년을 종래의 환경에 그대로 돌려놓는 것이지만, 법원의 결정에 따라 보호소년의 감호위탁하는 것으로서 보호자에 대한 주의의무를 환기시키는 의미가 있고, 보호자에 대한 특별교육 명령을 하게 하여 보호자를 교육할 수 있다. 소년부 판사는 보호자에게 소년에 관한 보고서나 의견서를 제출할 수 있도록 요구할 수 있고, 소년의 감호에 관한 지시를 할 수도 있으며, 위탁 기간 중 다른 보호처분으로 변경 할 수 있다.

또한 보호자를 대신하여 소년을 보호할 수 있는 사람에게 감호를 위탁하는 것은, 소년에게 보호자가 없거나 보호자가 있더라도 그 보호자가 소년을 충분히 감호하기 어려운 경우 등에 '보호자를 대신하여 소년을 보호할 수 있는 사람'에게 감호를 위탁할 수 있다. 대부분 법원은 '보호자를 대신하여 소년을 보호할 수 있는 사람'을 위촉하고 있는데 이를 '위탁보호위원'이라고 한다.

(2) 2호처분 : 수강명령

소년부 판사는 강의를 들어야 할 총 수강시간과 집행기한을 정하여 결정하며, 수강할 강의의 종류나 방법 및 그 시설 등도 지정할 수 있다. 이러한 수강명령은 각 법원 관할구역 내에 위치한 보호관찰소에서 시행되는 경우가 많지만, 그 외에도 청소년폭력예방재난, 서울특별시립청소년상담지원센터, 사단법인 탁틴내일 부설 내일청소년상담소 등에서 시행되고 있다.

(3) 3호처분 : 사회봉사명령

소년부 판사는 총 사회봉사시간과 집행기한을 정하고, 사회봉사의 종류나 방법 및 그 대상이 될 시설 등도 지정할 수 있다.

(4) 4호처분 : 보호관찰관의 단기 보호관찰

보호관찰은 그 기간에 따라 단기 보호관찰과 장기 보호관찰로 나뉘며 4호 처분은 단기 보호관찰을 정하고 있다. 단기 보호관찰의 기간은 1년이며, 보호관찰은 소년이 사는 곳을 관할하는 보호관찰소의 보호관찰관이 담당한다. 다만, 4호 단기 보호관찰 처분을 할 때에는 「보호소년 등의 처우에 관한 법률」에 따른 대안교육 또는 소년의 상담·선도·교화와 관련된 단체나 시설에서의 상담·교육을 받을 것을 동시에 명할 수 있다. 또한 1년 이내의 기간을 정하여 야간 등 특정 시간대에 외출하는 것을 제한하는 명령을 보호관찰대상자의 준수사항으로 부과할 수 있다.

(5) 5호처분 : 보호관찰관의 장기 보호관찰

장기 보호관찰의 기간은 2년이며 1년 연장이 가능하며, 5호 장기 보호관찰 처분을 할 때에는 「보호소년 등의 처우에 관한 법률」에 따른 대안교육 또는 소년의 상담·선도·교화와 관련된 단체나 시설에서의 상담·교육을 받을 것을 동시에 명할 수 있다. 또한 1년 이내의 기간을 정하여 야간 등 특정 시간대에 외출하는 것을 제한하는 명령을 보호관찰대상자의 준수사항으로 부과할 수 있다.

(6) 6호 처분 : '아동복지법'상의 아동복지시설이나 그 밖의 소년보호시설에 감호 위탁

제6호 처분은 10세 이상 19세 미만의 소년에 대하여 6개월의 기간을 정하여 「아동복지법」에 따른 복지 시설이나 그 밖의 소년보호시설에 감호 위탁하는 처분을 말한다. 제1호~제5호의 보호처분과는 달리 일정 시설에 수용되는 처분이기는 하지만 소년원에 가는 것은 아니라는 점에서 8호, 9호,10호 보호처분과는 구별된다. 또한 제6호 처분은 제4호 보호처분(보호관찰관의 단기 보호관찰) 및 제5호 보호처분(보호관찰관의 장기 보호관찰) 과 병합될 수 있는데, 이러한 제6호 보호처분을 통상 "소년보호시설 감호위탁"이라고 부른다.

(7) 7호처분 : 병원, 요양소 또는 '보호소년등의처우에관한법률'상의 소년의료보호 시설에 위탁

제7호 처분은 소년을 병원, 요양소 또는 「보호소년 등의 처우에 관한 법률」에 따른 소년의료보호시설에 위탁하는 처분이며, 이는 소년에게 정신질환이 있거나 약물남용을 한 경우와 같이 의학적인 치료와 요양이 필요한 때 내려지는 처분이다.

(8) 8호처분 : 1개월 이내의 소년원 송치

제8호 처분은 1개월 이내의 짧은 기간 동안 소년원에 송치하는 처분이며, 단기간 동안 집중적인 교육 프로그램을 통하여 소년원 수용 기간을 최소화하면서 교육의 효과를 최대한으로 높이기 위한 처분이다. 보호처분 결정에서 입교할 소년원과 입교할 날짜를 정하면 정해진 날짜에 해당 소년원에 입교하게 되는데, 이는 보호처분 결정에서 따로 정하지 않으면 보호처분 결정을 하는 날 바로 입교하게 된다.

(9) 9호처분 : 단기 소년원 송치

제9호 처분은 단기로 소년원에 송치하는 처분이며, 보호기간은 최장 6개월이다. 소년원에 수용된 보호소년은 각자의 특성에 따라 학교교육을 계속 받거나 직업훈련을 받게 된다.

(10) 10호처분 : 장기 소년원 송치

제10호 처분은 장기로 소년원에 송치하는 처분이며, 보호기간은 최장 2년이다. 소년원에 수용된 보호소년은 각자의 특성에 따라 학교교육을 계속 받거나 직업훈련을 받게 된다.

제3호의 처분은 14세에 이상의 소년에게만 할 수 있다(동법 제32조 제3항).
제2호 처분 및 제10호 처분은 12세 이상의 소년에게만 할 수 있다(동법 제32조 제4항).
각 호의 어느 하나에 해당하는 처분을 한 경우에는 소년부는 소년의 인도와 동시에 소년의 교정에 필요한 참고자료를 수탁자 또는 처분을 집행하는 자에게 넘겨야 한다(동법 제32조 제5항).

라. 보호처분의 기간

보호처분 중 1호 처분(보호자등 위탁), 6호 처분(아동복지시설 등 위탁), 7호 처분(병원 등 위탁)의 위탁 기간은 6개월이며, 소년부판사는 결정으로써 6개월의 범위 안에서 한 번에 한하여 그 기간을 연장할 수 있다. 그리고 필요한 경우 언제든지 결정으로써 그 위탁을 종료시킬 수 있다(소년법 제33조 제1항).

4호처분, 즉 보호관찰관의 단기보호관찰의 기간은 1년으로 한다(동법 제33조 제2항).

5호처분, 즉 보호관찰관의 장기보호관찰의 기간은 2년으로 하되, 소년부판사는 보호관찰관의 신청에 따라 결정으로써 1년의 범위 안에서 한 번에 한하여 그 기간을 연장할 수 있다(동법 제33조 제3항). 그리고 위 기간연장의 신청은 서면으로 하여야 하며 그 서면에는 보호관찰을 계속할 상당한 이유를 기재하고, 이를 소명하여야 한다.

2호처분의 수강명령은 100시간을, 3호처분의 사회봉사명령은 200시간을 초과할 수 없으며, 보호관찰관이 그 명령을 집행할 때에는 사건 본인의 정상적인 생활을 방해하지 아니하도록 하여야 한다(동법 제32조 제4항). 제9호의 처분으로 단기로 소년원에 송치된 소년의 수용기간은 6개월을 초과하지 못하며(동법 제33조 제5항), 제10호 처분으로 장기 소년원에 송치된 소년의 보호기간은 2년을 초과할 수 없으며, 제5호 내지 제10호 처분까지의 어느 하나에 해당하는 처분을 받은 소년이 시설위탁이나 수용 이후 그 시설을 이탈하였을 때에는 위 처분기간은 진행이 정지되고, 재위탁 또는 재수용된 때로부터 다시 진행한다(소년법 제33조 제7항).

마. 보호소년의 인도

보호소년에 대하여 종국결정(보호처분)으로 소년법 제32조 제1항 제1호 처분의 결정이 있게 되면 보호소년의 보호자는 소년부로부터 소년의 신병을 인도받는다.

이때에는 소년부에 보호소년의 인수서를 작성 교부하게 된다.

바. 보호처분의 취소 · 변경

일반적으로 재판은 선고 또는 고지 등에 의하여 외부적으로 성립된 이후에는 이를 재판부가 임의로 취소 · 변경할 수 없다. 그러나 소년심판은 대심적 구조를 가지지 아니하고 오로지 소년부의 직권에 의하여 소년보호의 목적을 달성하려는 것이므로 소년의 실질적 이익을 제약하는 보호처분에 있어서는 소년의 건전한 육성을 위하여 사후적 절차가 필요하게 된다. 이와 같은 종국결정 후의 조치로서 인정된 것이 보호처분의 취소 · 변경이다.

취소 · 변경을 할 수 있는 경우는 조사관의 관찰보고 및 보호관찰보고에 의한 것, 소년원장의 청구에 의한 것, 유죄판결이 있는 경우, 보호처분이 경합된 경우, 연령초과 및 미달에 의한 것 등이 있다.

취소 · 변경은 그 보호처분이 계속되는 한 언제든지 가능하지만 이미 그 집행이 종료되었을 때에는 이를 취소 · 변경할 수 없다.

사. 취소 변경의 방법 및 고지

보호처분의 취소 · 변경은 결정으로서 하며 이를 지체 없이 사건 본인과 보호자에게 알리고 그 취지를 위탁받은 자나 보호처분을 집행하는 자에게 알려야 한다(소년법 제37조 제3항).

보호처분의 취소가 있었다 하여 반드시 새로이 종전 사건을 종결시키기 위한 결정은 소년심판규칙에 10세 미만을 이유로 보호처분을 취소하는 경우에는 다시 심리불개시결정을 하여야 한다고 규정하고 있다(소년심판규칙 제42조).

아. 보호소년의 장래신상

소년이 보호처분은 그 소년의 신상에 어떠한 영향도 미치지 아니한다. 이것은 소년의 장래에 불이익을 주지 않음으로써 소년의 갱생을 도모하려는 취지이다.

그러므로 범죄소년에 대하여 보호처분이 있었다 하여도 자격제한을 받지 않으며 누범, 집행유예 및 그 실효, 취소에 있어서 보호처분을 받은 사실이 어떠한 신분상 영향을 끼쳐서는 아니 된다. 그러나 판례는 보호처분을 받은 사실도 상습성 인정에 있어서는 그 자료가 된다고 보고 있다.

7. 형사재판과의 차이

형사재판은 공소사실에 대한 유·무죄 여부에 관한 심리, 양형에 관한 심리로 구성되어 있고, 유죄로 인정되는 경우 형의 선고는 전과로 남게 된다.

반면, 소년보호재판은 소년의 행위에 대한 처벌보다는 소년을 어떻게 보호할 것인지가 더 중하게 취급된다. 따라서 동인의 행위에 대하여 어떠한 보호처분을 할 것인지는 범죄사실의 내용 및 양형인자보다 소년의 성행(학생, 중퇴, 결석, 가출, 친구관계, 학교생활 등), 가정환경(편부나 편모, 조손가정, 형제관계, 가정폭력·음주 등), 보호자의 보호의지나 보호능력(직업, 경제력, 생활태도, 자녀에 대한 태도 등) 등을 더 중요하게 취급하며 보호처분은 수사자료 조회에 '소년보호사건 송치'라고만 남게 될 뿐 전과로 남지 않는다는 특징이 있다.

인 우 보 증 서

사 건 본 인   ㅇ ㅇ ㅇ

주민등록번호   000000-0000000

등 록 기 준 지   ㅇㅇ시 ㅇㅇ구 ㅇㅇ로 ㅇㅇ (ㅇㅇ동)

주   소   ㅇㅇ시 ㅇㅇ구 ㅇㅇ로 ㅇㅇ (ㅇㅇ동)

보 증 사 항

-보증내용을 상세히 기재할 것-

 보호소년에 대한 보호관찰 및 선도

  위의 사실이 틀림이 없으며 만일 후일에 본건으로 인하여 문제가 있을 때에는 보증인들이 법적 책임을 지겠기에 이에 보증합니다.

첨 부 서 류

  1. 보증인들의 인감증명(또는 주민등록초본)   각 1통

20ㅇㅇ.   ㅇ.   ㅇ.

    보증인 성   명 : ㅇ ㅇ ㅇ (인)

           주민등록번호 : 000000-0000000

           등 록 기 준 지 : ㅇㅇ시 ㅇㅇ구 ㅇㅇ로 ㅇㅇ (ㅇㅇ동)

           주   소 : ㅇㅇ시 ㅇㅇ구 ㅇㅇ로 ㅇㅇ (ㅇㅇ동)

    보증인 성   명 : ㅇ ㅇ ㅇ (인)

           주민등록번호 : 000000-0000000

           등 록 기 준 지 : ㅇㅇ시 ㅇㅇ구 ㅇㅇ로 ㅇㅇ (ㅇㅇ동)

           주   소 : ㅇㅇ시 ㅇㅇ구 ㅇㅇ로 ㅇㅇ (ㅇㅇ동)

인 우 보 증 서

사 건 본 인   ○   ○   ○

주민등록번호   000000-0000000

등 록 기 준 지   ○○시 ○○구 ○○로 ○○ (○○동)

주   소   ○○시 ○○구 ○○로 ○○ (○○동)

보 증 사 항

사건본인 ○○○는 본인들과 친구간이자 같은 직장의 동료들로서 19○○. ○○. ○○.부터 직장에 출근하지 않고 출근 중에 행방불명된 사람으로서 지금까지 본인들은 물론 그 누구도 위 ○○○를 보았다는 사람을 만나보지 못하였습니다. 따라서 이 사실은 틀림이 없으며 만일 훗일에 본건으로 이하여 문제가 발생할 시는 보증인들이 그 책임을 지겠기에 이에 보증합니다.

첨 부 서 류

1. 보증인들의 인감증명(또는 주민등록초본)   각 1통

20○○.   ○.   ○.

보증인 성   명 : ○   ○   ○   (인)

      주민등록번호 : 000000-0000000

      등 록 기 준 지 : ○○시 ○○구 ○○로 ○○ (○○동)

      주   소 : ○○시 ○○구 ○○로 ○○ (○○동)

보증인 성   명 : ○   ○   ○   (인)

      주민등록번호 : 000000-0000000

      등 록 기 준 지 : ○○시 ○○구 ○○로 ○○ (○○동)

      주   소 : ○○시 ○○구 ○○로 ○○ (○○동)

처분결정등본교부신청

사   건   20○○푸○○○○호 절도

성   명   김 ○ 수

주민등록번호   000000-0000000

직   업   학생

주   소   ○○시 ○○구 ○○로 ○○ (○○동)

위 소년보호사건에 대하여 귀원에서 20○○. ○. ○. 소년법 제32조 제1항 제6호 처분으로 결정된 등본 2통을 신청하오니 교부하여 주시기 바랍니다.

20○○.   ○.   ○.

위 신청인 김○수의 보호자 부 김 ○ 호 (인)
주민등록번호 : 000000-0000000

○○가정법원 귀중

Ⅷ. 항 고

1. 의 의

소년심판에 있어서의 결정은 소년의 교정을 목적으로 이루어지는 것이므로 그 성질상 모든 결정에 대하여 다 불복신청을 인정하는 것은 적절하다고 할 수 없겠으나 적어도 보호처분의 결정에 대하여는 그 사법적 기능에 비추어 불복신청을 인정할 필요성이 있다. 그리하여 법은 보호처분의 결정에 한하여 그 결정에 영향을 미칠 법령위반이 있거나 중대한 사실오인이 있을 때 또는 처분이 현저히 부당한 경우 중 어느 하나에 해당하면 항고할 수 있다(소년법 제43조 제1항).

2. 항고대상

소년법은 보호처분의 결정 및 보호관찰처분에 따른 부가처분 등의 결정에 대하여 할 수 있다(소년법 제43조 제1항).

3. 항고권자, 기간, 이유

항고할 수 있는 자는 본인, 보호자, 보조인 및 그 법정대리인이다(소년법 제43조 제1항). 항고의 제기기간은 7일이다(동법 제43조 제2항). 항고는 보호처분이 그 결정에 영향을 미칠 법령위반 또는 중대한 사실오인이 있을 때 또는 보호처분이 현저히 부당한 경우 제기할 수 있다(동법 제43조 제1항).

4. 항고절차

가. 항고의 제기

항고는 항고장을 항고제기기간 내에 보호처분의 결정을 한 원심 소년부에 제출하여야 한다(소년법 제44조 제1항). 항고제기기간은 7일이며(동법 제43조 제2항), 결정의 고지일을 기준으로 하되 고지일 당일은 산입하지 아니한다. 항고장을 제출받은 소년부는 3일 이내에 의견서를 첨부하여 항고법원에 송부하여야 한다(소년법 제44조 제2항).

항고이유는 항고장에 간결하게 명시하여야 하며 별도로 항고이유서 제출기간이 마련되어 있는 것은 아니다. 항고이유는 항고법원의 심판대상이므로 단순히 "결정에 영향을 미친 법령위반이 있다" "사실오인이 있다"는 식으로 추상적으로 기재하여서는 아니 되고 구체적으로 어떠한 법령위반, 사실오인이 있는지를 명백히 하지 않으면 안 된다. 항고이유의 내용이 분명치 않은 항고는 부적법하다.

항고장에 항고이유의 기재를 누락하거나 분명치 않게 기재한 경우에는 후에 항고를 한 자 또는 다른 항고권자가 이를 보완할 수 있을 것이다.

나. 항고의 포기, 취하

항고는 이를 취하할 수 있으며 그 취하는 명백히 할 필요가 있으므로 원칙으로 서면에 의하여야 할 것이다. 소년 이외의 자, 즉 보호자, 보조인, 법정대리인의 항고권은 그 성질이 대리권이므로 이들이 항고를 취하함에 있어서는 당연히 소년의 동의를 얻어야 하고, 소년본인이 항고를 취하하는 경우에는 소년의 판단력이 아직 미숙하므로 보호자 또는 법정대리인의 동의를 얻어야 한다.

[서식 375] 항고장(소년원에 송치)

항 고 장

사　　건　　　　　　20○○푸 ○○○　절도 보호사건

보 호 소 년　　　　　○　○　○
결정년월일　　　　　20○○. ○. ○.
결 정 취 지　　　　　○○소년원에 송치하는 보호처분

　　위 처분에 대하여 다음과 같은 이유로 불복하므로 이에 항고합니다.

항 고 이 유

1. 본건 보호처분의 결정은 중대한 사실오인에 기인한 것입니다. 원 심리법원 조사관 ○○○이 작성한 ○○○에 대한 진술조서 기재내용에 본 소년이 불량 학생이고 동 사건의 피해자가 처벌을 요구하고 있다는 내용의 기재는 전혀 사실과 다르고 피해자 중 일부는 소재불명으로 찾지 못하였으나 최근 연락이 되어 피해 전부를 회복해 주고 원만히 합의하였으며,

2. 본건 소년은 소년법 제4조 제1항 제3호에 저촉될 환경이나 형벌 법령에 저촉되는 행위를 할 우려 없는 선량한 아이로서 친구의 꼬임에서 우발적으로 저지른 분별없는 짓이었음을 충분히 뉘우치고 있을 뿐 아니라 보호자는 현재 은행에 재직중이고 보호자 가족들의 지적수준으로 보아 충분히 가정교육이 이루어질 수 있으므로 소년법 제32조 제1호 처분이 타당하다고 사료되며 원결정은 마땅히 취소되어야 할 것입니다.

첨 부 서 류

    1. 피해자의 진정서   1통

    1. 학교장의 품행조사서   1통

    1. 보호자 재직증명서   1통

20○○.　○.　○.

위 보조인 변호사　○　○　○　　(인)

○○지방법원　귀중

5. 항고의 심판

가. 심리의 대상

항고법원은 항고이유에 기재된 사항에 관하여 조사하여야 한다. 따라서 항고법원의 심리의 대상은 원칙으로 항고이유에 포함된 사항이지만 그 밖에도 보호처분의 결정에 영향을 미친 법령위반 또는 중대한 사실오인은 직권으로 이를 조사할 수 있다.

나. 항고의 재판

항고의 절차가 법률의 규정에 위반하거나 항고가 이유 없다고 인정한 때에는 결정으로 항고를 기각하여야 한다(소년법 제45조 제1항). 반대로 항고가 이유 있다고 인정한 경우에는 원결정을 취소하고 사건을 원소년부에 환송하거나 다른 소년부에 이송하여야 한다. 다만, 환송 또는 이송할 여유가 없이 급하거나 그 밖에 필요하다고 인정한 경우에는 원결정을 파기하고 불처분 또는 보호처분의 결정을 할 수 없다(동법 제45조 제2항).

결정의 고지는 재항고기일의 기산일을 명백히 하기 위하여 결정등본을 소년본인 및 항고인에게 송달하는 방법에 의하는데 만일 송달받을 자의 소재가 불명하여 송달불능이 되는 경우에는 달리 고지의 방법이 없으므로 실무상으로 부득이 공시송달에 의하고 있다.

6. 재항고

항고를 기각하는 결정에 대하여는 그 결정이 법령에 위반한 때에 한하여 대법원에 재항고를 할 수 있으며 그 재항고기간은 7일이다(소년법 제47조 제1항·2항).

대법원은 재항고절차가 소년법 및 소년심판규칙에 위반하거나 재항고 이유가 없다고 인정될 때에는 재항고를 기각하여야 하고 반대로 재항고가 이유 있다고 인정할 때에는 원결정 및 보호처분을 취소하고 사건을 소년부에 환송하거나 다른 소년부에 이송하여야 한다(소년심판규칙 제52조 제1항·2항).

제9장

고소장 · 탄원서 · 진정서 작성례

제1절 고소·고발장 작성례

1. 기재사항

고소장은 그 내용에 따라 수사의 방향이 정해질 수 있으므로 수사를 담당하는 경찰관이 수사의 방향을 정확히 잡고 수사를 진행할 수 있도록 당사자 및 범죄사실 관계 및 관련 증거 등을 육하원칙에 맞추어 일목요연하게 정리하고 첨부해 주는 것이 좋다.

이러한 고소장은 일정한 양식은 없다, 따라서 특정한 형식에 구애됨이 없이 고소인, 피소소인, 고소이유 등만 기재하여도 충분하다. 다만, 실무적으로는 2006.경 대검찰청에서 제작한 고소장 표준양식(아래 첨부)을 주로 사용하고 있다.

고소장에는 ① 고소를 하는 사람과 고소 상대방, ② 고소취지, ③ 범죄사실 ④ 고소사실과 관련된 사건의 수사 및 재판 여부가 기재되어야 하며 이는 누락되어서는 아니되는 필요적 기재사항이다.

이외에 범행 경위 및 정황의 정도 등 고소를 하게 된 이유, 증거자료의 유무, 관련사건에 대하여 민사소송이 진행 중인지 여부, 고소사실에 대한 진실 확약 등도 기재할 수 있으며 이는 임의적 기재사항이다.

가. 고소를 하는 사람과 고소 상대방

고소인과 상대방은 당해 사건의 당사자이기 때문에 명확히 특정할 필요가 있다. 따라서 고소장 기재시 고소인 또는 피고소인의 경우 성명, 주민등록번호, 주소, 연락처 등을 정확히 기재하여야 한다(피고소인의 인적사항을 정확히 모를 때에는 알고 있는 내용만 기재하시고 나머지 부분은 불상이라고 기재하면 된다). 만일 고소인이 법인 또는 단체인 경우에는 상호 또는 단체명, 대표자, 법인등록번호(또는 사업자등록번호), 주된 사무소의 소재지, 전화 등 연락처를 기재해야 하며, 법인의 경우 법인등기부등본을 첨부해야 한다.

또한 미성년자의 친권자 등 법정대리인이 고소하는 경우 및 변호사에 의한 고소대리의 경우에 법정대리인 관계, 변호사 선임을 증명할 수 있는 서류를 첨부해야 한다.

나. 고소취지

고소취지는 피고소인의 죄명을 기재하여 가령, '고소인은 피고소인을 사기죄로 고소하오니 처벌하여 주시기 바랍니다.'라는 방식으로 기재(죄명 및 피고소인에 대한 처벌의사 기재)하면 된다.

다. 범죄사실

범죄사실은 향후 수사의 방향을 기초를 제공하는 핵심적인 내용이므로, 형법 등 처벌법규에 해당하는 사실에 대하여 일시, 장소, 범행방법, 결과 등을 구체적으로 특정하여 기재해야 하며, 고소인이 알고 있는 지식과 경험, 증거에 의해 사실로 인정되는 내용을 기재하여야 한다.

라. 고소이유

고소이유에는 고소장의 내용 중 가장 중요한 부분이다. 피고소인을 알게된 경위 및 범행 경위 그리고 정황, 피해를 입게 된 경위 및 고소를 하게 된 동기와 사유 등 범죄사실을 뒷 받침하는 내용을 시간 순서에 따라 간략하고 명료하게 기재하여야 한다.

마. 증거자료 제출

백문이 불여일견이라는 말이 있다. 앞서 고소취지나, 고소이유 등이 단순한 주장에 불과할 경우 무죄추정의 원칙에 따라 피고소인을 고소인이 원하는 대로 처벌하게 하는 것은 불가능해 질수 있다. 따라서 고소를 준비할 경우 당해 사건의 고소 및 향후 그 범죄로 인해 처벌을 받게할 수 있는 명확한 증거의 수집 및 제출이 매우 중요하다. 물론 경찰관들이 소명의식을 가지고 적극적으로 증거수집을 할 수도 있겠지만, 증거라는 것이 시간이 지남에 따라 소멸될 수 있는 것도 많으니 사전에 고소인이 관련 증거를 수집해 놓은 것이 보다 더 유리한 방법이다. 표준 고소장 양식에서 증거자료 부분의 해당 부분에 체크표시를 해주면 된다.

바. 관련사건의 수사 및 재판여부

이 부분도 증거자료 부분과 마찬가지로 관련 사건의 수사 및 재판여부 부분의 해당란에 체크를 해주면 된다. 만일 해당 사항이 존재할 경우관련 사건번호도 함께 기재해 주는 것이 좋다.

사. 고소사건 조회

고소 이후 고소인이나 피고소인은 자신의 사건 진행 사항을 형사사법포털 사이트에서 조회할수 있다.

 **KICS 형사사법포털**

로그인 | 회원가입 | 도움말 | English 법령용어 검색 🔍

| 처음 오셨나요? | 사건조회 | 전자민원신청 | 범죄피해자지원 | 뉴스와 국민참여 |

 사건조회

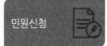 민원신청

 벌과금조회

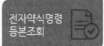 전자약식명령 등본조회

국민과 함께하는 **형사사법**
형사사법포털이
만들어갑니다.

알림 ▶ ❚❚ 1 / 14

형사공탁의 절차와 형사공탁 안내

| **공지사항** 자주 묻는 질문 | ＋ |

[KICS] [당첨자 발표] 2023년 형사사법포털 이용자 … 2023.12.06
[KICS] 간편인증 서비스 확대 안내 2023.06.27
[KICS] 형사사법포털 사칭 피싱사이트 주의 안내 2023.05.26
[법원] 법원 형사공탁 안내 2022.12.09

범죄피해자 지원 안내

모바일서비스안내

이용문의 **1588-4771**
평일(월~금) 09:00~18:00

▤ 검색할 수 있는 대상

| **경찰사건** | 해양경찰사건 | 검찰사건 | 공수처사건 | 법원사건 |

기관1. 경찰사건

조회대상자	대상 사건
• 고소인등 (고소인·고발인·진정인·피해자) • 위의 법정대리인·임의대리인·변호사	• 입건 사건

• 피의자
• 위의 법정대리인·임의대리인·변호사
	[진행중인사건]
	• 입건 사건 중, 피의자의 사건조회가 제한되지 않는 사건
	• 전자약식 사건
	
	[종결사건]
	• 입건 후 종결된 사건
	  ※ '이송' 결정 피의자는 사건조회가 제한되지 않은 사건에 한해 조회 가능
	  ※ '수사중지' 결정 피의자는 조회 불가
	• 전자약식 사건

※ 아래의 경우는 검색할 수 없습니다.
• 담당 수사관이 피의자 도주·증거인멸 우려 등 사유로 사건조회를 제한한 사건
• 입건전 조사사건
• 인증서 또는 지문 로그인을 하지 않은 경우

2. 중요범죄 구성요건

가. 강제추행죄

(1) 개념

폭행 또는 협박으로 사람에 대하여 추행 추행함으로써 성립하는 범죄이며, 본죄를 범한 자는 10년 이하의 징역 또는 1천500만 원 이하의 벌금에 처해지고, 미수범 또한 처벌된다. 본죄의 공소시효는 10년 이며, 강제추행으로 상해까지 입혔다면 공소시효는 15년으로 늘어날 수 있다.

(2) 구성요건

(가) 주체

주체는 제한이 없다. 여자도 본죄의 단독정법 또는 공동정범이 될 수 있으며, 이성은 물론 동성 간에도 범해질 수 있는 범죄이다.

(나) 객체

강제추행죄의 객체는 남녀, 기혼, 미혼 불문하고 19세 이상 사람이다. 연령별로 13세 미만의 사람을 객체로 한 강제추행은 성폭력범죄의 처벌 등에 관한 특례법에 의하여 가중 처벌되고, 13세 이상 19세 미만의 청소년을 객체로 한 강제추행은 아동·청소년의 성보호에 관한 법률에 의하여 가중 처벌된다.

(다) 행위 - 폭행 또는 협박

강제추행죄는 폭행 또는 협박을 가하여 사람을 추행함으로써 성립하는 것으로서 그 폭행 또는 협박이 항거를 곤란하게 할 정도일 것을 요한다.[18] 그러므로 강제추행죄에 있어서의 폭행은 반드시 상대방의 의사를 억압할 정도의 것이어야만 하는 것은 아니다.[19] 따라서 상대방의 의사에 반하는 유형력의 행사가 있는 이상 그 힘의 대소강약을 불문한다.

그리고 그 폭행 등이 피해자의 항거를 곤란하게 할 정도의 것이었는지 여부는 그 폭행 등의 내용과 정도는 물론, 유형력을 행사하게 된 경위, 피해자와의 관계, 추행 당시와 그 후의 정황 등 모든 사정을 종합하여 판단하여야 한다.

(라) 추행

강제추행죄는 개인의 성적 자유라는 개인적 법익을 침해하는 죄로서, 위 법규정에서의 '추행'이

---

18) 대법원 2012. 7. 26. 선고 2011도8805 판결.
19) 대법원 1983. 6. 28. 선고 83도399 판결.

란 일반인에게 성적 수치심이나 혐오감을 일으키고 선량한 성적 도덕관념에 반하는 행위인 것만으로는 부족하고 그 행위의 상대방인 피해자의 성적 자기결정의 자유를 침해하는 것이어야 한다. 따라서 건전한 성풍속이라는 일반적인 사회적 법익을 보호하려는 목적을 가진 형법 제245조의 공연음란죄에서 정하는 '음란한 행위'(또는 이른바 과다노출에 관한 경범죄처벌법 제1조 제41호에서 정하는 행위)가 특정한 사람을 상대로 행하여졌다고 해서 반드시 그 사람에 대하여 '추행'이 된다고 말할 수 없고, 무엇보다도 문제의 행위가 피해자의 성적 자유를 침해하는 것으로 평가될 수 있어야 한다. 그리고 이에 해당하는지 여부는 피해자의 의사·성별·연령, 행위자와 피해자의 관계, 그 행위에 이르게 된 경위, 구체적 행위태양, 주위의 객관적 상황 등을 종합적으로 고려하여 정하여진다.[20]

(마) 시기

강제추행죄에 있어서 추행은 상대방에 대하여 폭행 또는 협박을 가하여 항거를 곤란하게 한 뒤에 추행행위를 하는 경우 뿐만 아니라 폭행행위 자체가 추행행위라고 인정되는 경우도 포함된다.[21] 따라서 폭행 또는 협박은 반드시 추행 전에 행하여질 것을 요하는 것은 아니다.

(3) 처벌

본죄를 범한 자는 10년 이하의 징역 또는 1천500만원 이하의 벌금에 처해지고, 미수범 또한 처벌된다.

나. 공갈죄

(1) 개념

공갈죄란 사람을 공갈(폭행, 협박 등)하여 재물의 교부를 받거나 재산상의 이익을 취하거나 제3자로 하여금 취득하게 함으로써 성립하는 범죄이며, 본죄가 성립할 경우10년 이하의 징역 또는 2천만원 이하의 벌금에 처해지고, 본죄의 공소시효는 10년이다. 한편 본죄에서 공갈이란 재산상의 불법적인 이익을 얻을 목적으로 타인에게 폭행 또는 협박을 수단으로 해악을 가할 것을 고지하여 상대방으로 하여금 공포심을 일으키는 행위를 말한다.

(2) 구성요건

공갈죄 핵심은 공갈행위로 상대방에게 공포심이 발생되었고, 이로 인해 재물의 교부 및 재산적 처분이 있어야 공갈죄의 성립요건을 충족시키게 되며, 이러한 인과관계를 제대로 입증해야 한다.

---

20) 대법원 2012. 7. 26. 선고 2011도8805 판결.
21) 대법원 1983. 6. 28. 선고 83도399 판결

(가) 객체

공갈죄의 객체는 사기죄와 같이 타인의 재물 또는 재산상의 이익이다. 이처럼 공갈죄의 대상이 되는 재물은 타인의 재물을 의미하므로, 사람을 공갈하여 자기의 재물을 교부받는 경우에는 공갈죄가 성립하지 아니한다. 그리고 타인의 재물인지는 민법, 상법, 기타의 실체법에 의하여 결정되는데, 금전을 도난당한 경우 절도범이 절취한 금전만 소지하고 있는 때 등과 같이 구체적으로 절취된 금전을 특정할 수 있어 객관적으로 다른 금전 등과 구분됨이 명백한 예외적인 경우에는 절도 피해자에 대한 관계에서 그 금전이 절도범인 타인의 재물이라고 할 수 없다.[22]

한편, 공갈죄는 전설한 바와 같이 재산범으로서 그 객체인 재산상 이익은 경제적 이익이 있는 것을 말하는 것인바, 일반적으로 부녀와의 정부 그 자체는 이를 경제적으로 평가할 수 없는 것이므로 부녀를 공갈하여 정교를 맺었다고 하여도 특단의 사정이 없는 한 이로써 재산상 이익을 갈취한 것이라고 볼 수는 없는 것이며, 부녀가 주점접대부라 할지라도 피고인과 매음을 전제로 정교를 맺은 것이 아닌 이상 피고인이 매음대가의 지급을 면하였다고 볼 여지가 없으니 공갈죄가 성립하지 아니한다.[23]

(나) 공갈행위

재물을 교부받거나 재산상의 이익을 취득하기 위하여 폭행 또는 협박으로 외포심을 불러일으키게 하는 행위를 말한다.

① 폭행

폭행이란 사람에 대한 일체의 유형력 행사를 말한다. 공갈행위는 처분행위를 본질로 하므로 폭력은 상대방의 의사형성에 영향을 미치는 강제적, 심리적 폭행에 한하며, 적대적, 물리적 폭력의 경우에는 피해자의 처분행위 자체 즉, 피해자의 의사형성의 여지가 없으므로 제외된다.

② 협박

공갈죄의 수단으로서 협박은 사람의 의사결정의 자유를 제한하거나 의사실행의 자유를 방해할 정도로 겁을 먹게 할 만한 해악을 고지하는 것을 말하고, 해악의 고지는 반드시 명시의 방법에 의할 것을 요하지 아니하며 언어나 거동 등에 의하여 상대방으로 하여금 어떠한 해악을 입을 수 있을 것이라는 인식을 갖게 하는 것이면 족하고, 또한 직접적이 아니더라도 피공갈자 이외의 제3자를 통해서 간접적으로 할 수도 있으며, 행위자가 그의 직업, 지위, 불량한 성행, 경력 등에 기하여 불법한 위세를 이용하여 재물의 교부나 재산상 이익을 요구하고 상대방으로 하여금 그

---

22) 대법원 2012. 8. 30. 선고 2012도6157 판결.
23) 대법원 1983. 2. 8. 선고 82도2714 판결.

요구에 응하지 아니할 때에는 부당한 불이익을 초래할 위험이 있을 수 있다는 위구심을 야기하게 하는 경우에도 해악의 고지가 된다.[24)25)]

그 외 공갈의 상대방이 재산상의 피해자와 동일인일 필요도 없으며, 고지된 해악이 진실한 경우뿐만 아니라 허위의 사실인 경우에도 협박이 될 수 있으며,[26)] 그 해악에는 인위적인 것뿐만 아니라 천재지변 또는 신력이나 길흉화복에 관한 것도 포함될 수 있으나, 다만 천재지변 또는 신력이나 길흉화복을 해악으로 고지하는 경우에는 상대방으로 하여금 행위자 자신이 그 천재지변 또는 신력이나 길흉화복을 사실상 지배하거나 그에 영향을 미칠 수 있는 것으로 믿게 하는 명시적 또는 묵시적 행위가 있어야 공갈죄가 성립한다.[27)]

(다) 처분행위

재산상 이익의 취득으로 공갈죄가 성립하려면 폭행 또는 협박과 같은 공갈행위로 인하여 피공갈자가 재산상 이익을 공여하는 저분행위가 있어야 한다.

(라) 재산상의 이익

공갈죄는 타인에게 폭행 또는 협박을 수단으로 해악을 고지하여 재산상의 불법적인 이익을 얻어야 한다. 다만 재산상의 이득액의 경우 범죄행위로 인하여 취득하거나 제3자로 하여금 취득하게 한 불법영득의 대상이 된 재물이나 재산상 이익의 가액의 합계인 것이지 궁극적으로 그와 같은 이득을 실현할 것인지, 거기에 어떠한 조건이나 부담이 붙었는지 여부는 영향이 없다.[28)]

(3) 처벌

본죄가 성립할 경우 10년 이하의 징역 또는 2천만원 이하의 벌금에 처해지고, 미수범 또한 처벌된다.

---

24) 대법원 2005. 7. 15. 선고 2004도1565 판결.
25) 공갈죄의 수단으로서의 협박은 사람의 의사결정의 자유를 제한하거나 의사실행의 자유를 방해할 정도로 겁을 먹게 할 만한 해악을 고지하는 것을 말하고 여기에서 고지된 해악의 실현은 반드시 그 자체가 위법한 것임을 요하지 아니하며 해악의 고지가 권리실현의 수단으로 사용된 경우라고 하여도 그것이 권리행사를 빙자하여 협박을 수단으로 상대방을 겁을 먹게 하였고 권리실현의 수단 방법이 사회통념상 허용되는 정도나 범위를 넘는다면 공갈죄가 성립한다(대법원 1993. 9. 14. 선고 93도915 판결, 대법원 2004. 9. 24. 선고 2003도6443 판결 등 참조)(대법원 2007. 10. 11. 선고 2007도6406 판결).
26) 대법원 1961. 9. 21. 선고 4294형상385 판결.
27) 대법원 2002. 2. 8. 선고 2000도3245 판결.
28) 대법원 2000. 2. 25. 선고 99도4305 판결.

다. 명예훼손죄

(1) 개념

공연히 사실 또는 허위의 사실을 적시하여 사람의 명예를 훼손함으로써 성립하는 범죄이며, 본 죄는 사실의 적시의 경우 2년 이하의 징역이나 금고 또는 500만원 이하의 벌금에 처해지고, 허위의 사실을 적시하였을 경우에는 5년 이하의 징역, 10년 이하의 자격정지 또는 1천만원 이하의 벌금에 처해진다.

본죄는 피해자의 명시한 의사에 반하여 공소를 제기할 수 없는 반의사불벌죄에 해당하며, 공소시효는 사실적시 명예훼손죄 5년, 허위사실적시 명예훼손죄 7년이다.

법	사실적시	허위사실적시
형 법	2년 이하의 징역이나 금고 또는 500만원 이하의 벌금	5년 이하의 징역, 10년 이하의 자격정지 또는 1천만원 이하의 벌금
정보통신망 이용촉진 및 정보보호 등에 관한 법률[29]	3년 이하의 징역 또는 3천만원 이하의 벌금	7년 이하의 징역, 10년 이하의 자격정지 또는 5천만원 이하의 벌금

(2) 공통적인 구성 요건

형법 제307조를 분석해 볼 경우 명예훼손죄는 ⅰ) 공연성, ⅱ) 사실 또는 허위사실의 적시, ⅲ) 사람, ⅳ) 명예훼손 등의 구성요건을 충족하여야 한다.

다만, 출판물에 의한 명예훼손죄의 경우에는 ⅰ) 비방할 목적, ⅱ) 신문 잡지 라디오 기타 출판물에 의하여, ⅲ) 사실 또는 허위사실 적시, ⅳ) 사람, ⅴ) 명예훼손 등의 구성요건을 충족하여야 하며, 사자명예훼손죄의 경우에는 ⅰ) 공연성, ⅱ) 허위사실의 적시, ⅲ) 사자, ⅳ) 명예훼손 등의 구성요건을 충족하여야 한다.

(가) 객체 - 사람의 명예

명예훼손죄는 어떤 특정한 사람 또는 인격을 보유하는 단체에 대하여 그 명예를 훼손함으로써 성립하는 것이므로 그 피해자는 특정한 것임을 요한다. 명예훼손의 내용이 집단에 속한 특정인에 대한 것이라고 해석되기 힘들고 집단표시에 의한 비난이 개별구성원에 이르러서는 비난의 정도가 희석되어 구성원 개개인의 사회적 평가에 영향을 미칠 정도에 이르지

---

29) 사이버명예훼손죄란 사람을 비방할 목적으로 정보통신망을 통하여 공공연하게 사실이나 거짓의 사실을 드러내어 타인의 명예를 훼손하는 행위로 형법상의 명예훼손죄와는 달리 다른 사람을 비방할 목적을 구성요건으로 하고 있어 비방할 목적이 증명되지 않는다면 정보통신망이용촉진및정보보호등에관한법률상의 사이버 명예훼손죄가 아닌 형법상 명예훼손죄가 성립된다.

않는 것으로 평가되는 경우에는 구성원 개개인에 대한 명예훼손이 성립하지 않는다.

(나) 행위

① 공연성

명예훼손죄는 공연히 사실을 적시한 경우에 처벌되는데, 공연성은 "불특정 또는 다수인이 인식할 수 있는 상태"를 의미한다. 따라서 불특정이면 다수인, 소수인 불문하며, 다수인이면그 다수인이 특정되었는지 여부는 불문한다.

그러나 사실을 특정한 한 사람에게만 전달한 경우라도 그 말을 들은 사람이 불특정 또는 다수인에게 그 말을 전달할 가능성이 있으면 공연성이 충족된다(전파가능성 이론). 다만 피해자의 가족이나 피의자의 가족에게 말한 경우, 피해자의 사장에게 진정서를 제출한 경우, 피해자와 절친한 관계에 있는 사람에게 말한 경우에는 전파 가능성이 없다고 볼 수 있다.

따라서 명예훼손죄에 있어서 공연성은 불특정 또는 다수인이 인식할 수 있는 상태를 의미하므로 비록 개별적으로 한 사람에 대하여 사실을 유포하더라도 이로부터 불특정 또는 다수인에게 전파될 가능성이 있다면 공연성의 요건을 충족한다 할 것이지만, 이와 달리 전파될 가능성이 없다면 특정한 한 사람에 대한 사실의 유포는 공연성을 결한다 할 것이다.[30]

② 사실의 적시 여부

ⅰ) 사실의 적시

사실의 적시는 가치판단이나 평가를 내용으로 하는 의견표현에 대치되는 개념으로서 시간적으로나 공간적으로 구체적인 과거 또는 현재의 사실관계에 관한 보고나 진술을 의미한다. 사실은 사람의 사회적 평가나 가치를 떨어뜨리는데 충분하여야 하며, 그 사실은 반드시 숨겨진 사실일 필요는 없으므로 이미 알려진 사실이나 상대방이 알고 있는 사실도 포함된다.

따라서 객관적으로 피해자의 사회적 평가를 저하시키는 사실에 관한 보도내용이 소문이나 제3자의 말, 보도를 인용하는 방법으로 단정적인 표현이 아닌 전문 또는 추측한 것을 기사화한 형태로 표현하였지만, 그 표현 전체의 취지로 보아 그 사실이 존재할 수 있다는 것을 암시하는 방식으로 이루어진 경우에는 사실을 적시한 것으로 보아야 한다.[31]

다만, 위와 같이 구체적인 사실을 알리지 않은 채 단순히 추상적인 사실 또는 모욕적인 가치판단만의 표시는 모욕죄가 성립될 수 있을 뿐 명예훼손죄는 될 수 없다. 가령, "애꾸눈, 병신"이라는 발언 내용은 피고인이 피해자를 모욕하기 위하여 경멸적인 언사를 사용하면서 욕설

---

30) 대법원 2000. 2. 11. 선고 99도4579 판결.
31) 대법원 2008. 11. 27. 선고 2007도5312 판결.

을 한 것에 지나지 아니하고, 피해자의 사회적 가치나 평가를 저하시키기에 충분한 구체적 사실을 적시한 것이라고 보기는 어렵다.[32)]

ⅱ) 사실과 허위 사실

표시된 사실이 진실인 경우나 허위인 경우 모두 명예훼손죄가 성립하며, 다만 허위의 사실인 경우에는 보다 중하게 처벌되며, 또한 그것이 공공의 이익을 위한 것이라고 평가되어 무죄로 판결될 여지가 없다는 점에서 양자는 차이가 난다.

사실과 허위의 사실의 적시 여부는 그 내용 전체의 취지를 살펴보아 중요한 부분이 객관적 사실과 일치하나, 세부적인 사항에 있어서 약간의 차이가 나거나 다소 과장이 된 경우에는 진실한 사실로 본다. 한편, 허위사실 적시 명예훼손죄가 성립하려면 피고인이 적시하는 사실이 허위일 뿐만 아니라 그 사실이 허위임을 인식하여야 한다.

(3) 처벌 및 위법성 조각사유

본죄가 성립할 경우 사실의 적시의 경우 2년 이하의 징역이나 금고 또는 500만원 이하의 벌금에 처해지고, 허위의 사실을 적시하였을 경우에는 5년 이하의 징역, 10년 이하의 자격정지 또는 1천만 원 이하의 벌금에 처해질 수 있다.

다만, 형법 제310조는 "형법 제307조 제1항의 행위가 진실한 사실로서 오로지 공공의 이익에 관한 때에는 처벌하지 아니한다."라고 정한다. 여기서 '진실한 사실'이란 내용 전체의 취지를 살펴볼 때 중요한 부분이 객관적 사실과 합치되는 사실이라는 의미로 세부에서 진실과 약간 차이가 나거나 다소 과장된 표현이 있더라도 무방하다. 또한 '오로지 공공의 이익에 관한 때'란 적시된 사실이 객관적으로 볼 때 공공의 이익에 관한 것으로서 행위자도 주관적으로 공공의 이익을 위하여 그 사실을 적시한 것이어야 하는 것인데, 공공의 이익에 관한 것에는 널리 국가 · 사회 기타 일반 다수인의 이익에 관한 것뿐만 아니라 특정한 사회집단이나 그 구성원 전체의 관심과 이익에 관한 것도 포함한다. 적시된 사실이 공공의 이익에 관한 것인지는 사실의 내용과 성질, 사실의 공표가 이루어진 상대방의 범위, 표현의 방법 등 표현 자체에 관한 여러 사정을 감안함과 동시에 표현에 의하여 훼손되거나 훼손될 수 있는 명예의 침해 정도 등을 비교·고려하여 결정해야 하며, 행위자의 주요한 동기나 목적이 공공의 이익을 위한 것이라면 부수적으로 다른 사익적 목적이나 동기가 내포되어 있더라도 형법 제310조의 적용을 배제할 수 없다.[33)] 또한, 사실적시의 내용이 사회 일반의 일부 이익에만 관련된 사항이라도 다른 일반인과

---

32) 대법원 1994. 10. 25. 선고 94도1770 판결.
33) 대법원 2022. 2. 11. 선고 2021도10827 판결, 대법원 2022. 7. 28. 선고 2020도8421 판결 등 참조.

공동생활에 관계된 사항이라면 공익성을 지니고, 나아가 개인에 관한 사항이더라도 공공의 이익과 관련되어 있고 사회적인 관심을 획득하거나 획득할 수 있는 경우라면 직접적으로 국가·사회 일반의 이익이나 특정한 사회집단에 관한 것이 아니라는 이유만으로 형법 제310조의 적용을 배제할 것은 아니다. 사인이라도 그가 관계하는 사회적 활동의 성질과 사회에 미칠 영향을 헤아려 공공의 이익에 관련되는지 판단해야 한다.[34]

라. 무고죄

(1) 개념

무고죄는 타인으로 하여금 형사처분 또는 징계처분을 받게 할 목적으로 공무소 또는 공무원에 대하여 허위의 사실을 신고함으로써 성립하는 범죄이며, 본죄가 성립할 경우 10년 이하의 징역 또는 1천500만원 이하의 벌금에 처한다. 다만, 무고죄를 저지른 사람이 그 사건의 재판 또는 징계처분이 확정되기 전에 자백 또는 자수한 때에는 형이 감경 또는 면제되며, 공소시효는 10년이다.

[무고의 유형]

▶ 형사처벌 또는 징겨처분을 받게할 인식이 있는 경우
▶ 처벌받게 할 목적이 아니라 시시비비를 가리기 위해 허위신고한 경우
▶ 자기무고을 허위신고하도록 교사,방조한 사람인 경우
▶ 승낙받고 허위신고한 경우
▶ 변호사법 위반을 진정할 목적으로 지방변호사회에 허위신고한 경우
▶ 탈세협의 고발할 목적으로 국세청에 허위신고한 경우
▶ 신고 내용 중, 핵심 또는 중요내용이 허위인 경우
▶ 범죄사실에 대한 공소시효 완성되지 않는 것처럼 고소한 경우
▶ 고소를 자진하여 허위 진술한 경우
▶ 도박자금을 대여금인 것처럼 감추고 사기죄로 고소한 경우
▶ 고소 내용이 허위사실이라는 것을 적극적으로 증명한 경우

(2) 구성요건

무고죄는 범죄구성요건 사실 등을 구체적으로 명시하지 않더라도, 사실에 기초한 것이 아니라 진실하다는 확신이 없는 사실 등의 허위 사실을, 수사관서·감독관서의 수사권 또는 징계권의 발동을 촉구하는 정도로 적시하면서 이로 인해 그 사람이 형사 또는 징계처분을 받게 될 것이라는 인식이 있는 경우 무고죄에 해당할 수 있다.

---

34) 대법원 2020. 11. 19. 선고 2020도5813 전원합의체 판결, 대법원 2022. 2. 11. 선고 2021도10827 판결 등 참조.

(가) 행위대상

본죄의 주체에는 제한이 없으며, 행위대상은 공무소, 공무원이다. 모든 공무원 또는 공무소는 아니고 형사처분, 징계처분에 대하여 직권행사를 할 수 있는 해당 관서 또는 그 소속 공무원을 말한다.

(나) 행위 - 허위사실적시

① 허위사실 적시

허위사실의 적시란 객관적 진실에 반하는 사실을 말한다. 따라서 신고자 신고내용을 허위라고 오신한 경우에도 그것이 객관적 진실에 부합할 경우 무고는 아니다. 다만, 1통의 고소장에 의하여 수개의 혐의사실을 들어 고소를 한 경우 그 중 일부 사실은 진실이나 다른 사실은 허위인 때에는 그 허위사실은 독립하여 무고죄를 구성한다.[35] 그러나 정황을 다소 과장한 정도는 허위의 신고라 할 수 없고,[36] 또한 신고사실은 객관적 사실과 일치하나 법적평가, 죄명을 잘못 적은 경우에도 허위의 신고라 할 수 없으며,[37] 그 외 신고사실이 객관적으로 진실인 이상 범죄주체를 잘못 지목한 경우에도 허위신고가 아니다.[38]

② 적시의 정도 및 범의

대법원은 무고죄의 허위사실 적시의 정도에 대해 "수사관서 또는 감독관서에 대하여 수사권 또는 징계권의 발동을 촉구하는 정도의 것이면 충분하고 반드시 범죄구성요건 사실이나 징계요건 사실을 구체적으로 명시하여야 하는 것은 아니"라고 보았으며, 무고죄의 범의에 대해 "확정적 고의임을 요하지 아니하고 미필적 고의로서도 족하다 할 것이므로 무고죄는 신고자가 진실하다는 확신 없는 사실을 신고함으로써 성립하고 그 신고사실이 허위라는 것을 확신함을 필요로 하지 않는다."라고 판단하여 위 고발장의 내용이 진실이라고 믿을 만한 어떠한 증거도 없는 점 등에 비추어 허위 사실 적시를 인정하였다.

③ 신고

신고는 자발성을 요건으로 한다. 따라서 조사관의 요청이나 수사기관의 심문에 의하여 허위진술을 하는 것은 신고가 아니다.[39] 따라서 피고인이 수사기관에 한 진정 및 그와 관련된 부분을

---

35) 대법원 2001. 7. 27. 선고 99도2533 판결.
36) 폭행을 당하지는 않았더라도 그와 다투는 과정에서 시비가 되어 서로 허리띠나 옷을 잡고 밀고 당기면서 평소에 좋은 상태가 아니던 요추부에 경도의 염좌증세가 생겼을 가능성이 충분히 있다면 피고인의 구타를 당하여 상해를 입었다는 내용의 고소는 다소 과장된 것이라고 볼 수 있을지언정 이를 일컬어 무고죄의 처벌대상인 허위사실을 신고한 것이라고 단정하기는 어렵다고 본 사례(대법원 1996. 5. 31. 선고 96도771 판결).
37) 대법원 1981. 6. 23. 선고 80도1049 판결.
38) 대법원 1982. 4. 27. 선고 81도2341 판결.

수사하기 위한 검사의 추문에 대한 대답으로서 진정내용 이외의 사실에 관하여 한 진술은 피고인의 자발적 진정내용에 해당되지 아니하므로 무고죄를 구성하지 않는다.

다만, 고소장에 기재하지 아니한 사실을 고소보충조서를 받으면서 자진하여 허위진술을 한 경우에는 자진하여 신고한 것이 된다.[40]

한편, 무고죄에 있어서 '형사처분 또는 징계처분을 받게 할 목적'은 허위신고를 함에 있어서 다른 사람이 그로 인하여 형사 또는 징계처분을 받게 될 것이라는 인식이 있으면 족한 것이고 그 결과발생을 희망하는 것을 요하는 것은 아닌바, 피고인이 고소장을 수사기관에 제출한 이상 그러한 인식은 있었다 할 것이다.[41]

(다) 처벌

본죄가 성립할 경우 10년 이하의 징역 또는 1천500만원 이하의 벌금에 처해질 수 있다.

종류	감형사유 존재	기본	가중처벌 사유 존재
일반 무고죄	1년 이하의 징역	6개월~2년 사이의 징역	1년~4년 사이의 징역
특가법상 무고죄	1~3년 사이 징역	2년~4년 사이의 징역	3년~6년 사이의 징역

마. 배임죄

(1) 개념

배임죄는 타인의 재물을 보관하는 자가 그 재물을 횡령하거나 그 반환을 거부하거나 또는 타인의 사무를 처리하는 자가 그 임무에 위배하는 행위로써 재산상의 이익을 취득하거나 제삼자로 하여금 이를 취득하게 하여 본인에게 손해를 가하여 성립하는 범죄이며, 단순배임죄가 성립할 경우 5년 이하의 징역 또는 1천500만원 이하의 벌금에 처해질 수 있으며, 공소시효는 7년이다. 그러나 업무상배임죄가 성립할 경우에는 10년 이하의 징역 또는 3천만원 이하의 벌금에 처해질 수 있으며, 공소시효는 10년이다.

(2) 구성요건

(가) 타인의 사무를 처리하는 자 '타인의 사무를 처리하는 자'란 타인과의 대내관계에 있어서 신의성실의 원칙에 비추어 그 사무를 처리할 신임관계가 존재한다고 인정되는 자를 의미

---

39) 대법원 1990. 8. 14. 선고 90도595 판결.
40) 대법원 1996. 2. 9. 선고 95도2652 판결.
41) 대법원 2006. 5. 25. 선고 2005도4642 판결.

하며, 고유의 권한으로서 그 사무를 처리를 하는 자에 한하지 않고, 그 자의 보조기관으로서 직접 또는 간접으로 그 처리에 관한 사무를 담당하는 자도 포함한다. 또한 반드시 제3자에 대한 대외관계에서 그 사무에 관한 대리권이 존재할 것을 요하지 않으며, 업무상 배임죄에 있어서의 업무의 근거는 법령, 계약, 관습의 어느 것에 의하건 묻지 않고, 사실상의 것도 포함하는 것이다.[42] 그 외 그 사무가 포괄적 위탁사무일 것을 요하는 것도 아니고, 사무처리의 근거, 즉 신임관계의 발생근거는 법령의 규정, 법률행위, 관습 또는 사무관리에 의하여도 발생할 수 있으므로, 법적인 권한이 소멸된 후에 사무를 처리하거나 그 사무처리자가 그 직에서 해임된 후 사무인계 전에 사무를 처리한 경우도 배임죄에 있어서의 사무를 처리하는 경우에 해당한다.

다만, 타인의 사무임과 동시에 자기사무로서의 성질을 가지고 있는 경우에는 타인의 재산 보호가 본질적 내용을 이루는 한 타인의 사무가 된다. 따라서 가령, 계주는 계원들과의 약정에 따라 지정된 곗날에 계원으로부터 월불입금을 징수하여 지정된 계원에게 이를 지급할 임무가 있고, 계주의 이러한 임무는 계주 자신의 사무임과 동시에 타인인 계원들의 사무를 처리하는 것도 되는 것이므로, 계주가 계원들로부터 월불입금을 모두 징수하였음에도 불구하고 그 임무에 위배하여 정당한 사유 없이 이를 지정된 계원에게 지급하지 아니하였다면 다른 특별한 사정이 없는 한 그 지정된 계원에 대한 관계에 있어서 배임죄를 구성한다.[43]

(나) 임무에 위배하는 행위배임죄에 있어서 '임무에 위배하는 행위'라 함은 처리하는 사무의 내용, 성질 등에 비추어 법령의 규정, 계약의 내용 또는 신의칙상 당연히 하여야 할 것으로 기대되는 행위를 하지 않거나 당연히 하지 않아야 할 것으로 기대되는 행위를 함으로써 본인과의 신임관계를 저버리는 일체의 행위를 포함하며, 이에 해당하는 한 재산처분에 관한 결정권을 가진 학교법인의 이사회의 결의가 있었다거나 감독청의 허가를 받아서 한 것이라고 하여 정당화할 수 없으며,[44] 그러한 행위('임무에 위배하는 행위')가 법률상 유효한가 여부는 따져볼 필요가 없고, 행위자가 가사 본인을 위한다는 의사를 가지고 행위를 하였다고 하더라도 그 목적과 취지가 법령이나 사회상규에 위반된 위법한 행위로서 용인할 수 없는 경우에는 그 행위의 결과가 일부 본인을 위하는 측면이 있다고 하더라도 이는 본인과의 신임관계를 저버리는 행위로서 배임죄의 성립을 인정함에 영향이 없다. (다) 재산상 이익 취득배임죄가 성립하려면 배임행위로 인하여 사무처리자가 재산상의 이익을 취득하거나 제3자로 하여금 이를 취득하게 하여 본인에게 손해를 가하였다고 인정되어야 하고 여기서 제3자라 함은 사무처리자 또는 본인을 제외한 자를 말한다.

---

42) 대법원 2000. 3. 14. 선고 99도 457 판결.
43) 대법원 1994. 3. 8. 선고 93도2221 판결.
44) 대법원 2000. 3. 14. 선고 99도457 판결.

따라서 주택조합 조합장이 총회의 승인 없이 발행한 조합 회원증을 담보로 금원을 차용하여 조합운영비로 사용한 후 위 회원증을 매도하게 하여 채무 전액의 변제에 충당한 경우, 총회 승인 없이 발행된 조합 회원증의 매수인들은 조합원 자격을 취득할 수 없고 단지 조합에 대하여 매수대금 상당의 손해배상채권을 취득할 뿐이므로 조합장이나 회원증 매수인들이 어떠한 재산상 이득을 취득한 바 없다면 업무상배임죄는 성립하지 않는다.[45] (3) 재산상 손해의 발생배임행위로 인하여 본인에게 재산상 손해가 발생하여야 한다. 재산상의 손해는 적극적 손해 소극적 손해 불문하며, 현실적으로 손해가 발생한 경우뿐만 아니라 가치의 감소라고 볼 수 있는 재산상의 위험이 발생한 경우(불량대부, 담보권의 상실 등)도 포함된다.[46]

특히 본죄에 있어 재산상의 손해를 가한다 함은 총체적으로 보아 본인의 재산 상태에 손해를 가하는 경우, 즉 본인의 전체적 재산가치의 감소를 가져오는 것을 말하므로 재산상의 손실을 야기한 임무위배행위가 동시에 그 손실을 보상할 만한 재산상의 이익을 준 경우, 예컨대 그 배임행위로 인한 급부와 반대급부가 상응하고 다른 재산상 손해(현실적인 손해 또는 재산상 실해 발생의 위험)도 없는 때에는 전체적 재산가치의 감소, 즉 재산상 손해가 있다고 할 수 없다.[47]

(4) 처벌

단순배임죄가 성립할 경우 5년 이하의 징역 또는 1천500만원 이하의 벌금에 처해질 수 있으며, 공소시효는 7년이다. 그러나 업무상배임죄가 성립할 경우에는 10년 이하의 징역 또는 3천만원 이하의 벌금에 처해질 수 있으며, 공소시효는 10년이다.

	배임죄	업무상배임죄
처벌	5년 이하의 징역 또는 1천 500만 원 이하의 벌금	10년 이하의 징역 또는 3천만 원 이하의 벌금
공소시효	공소시효는 7년	공소시효는 10년

바. 비밀침해죄

(1) 개념

비밀침해죄는 봉함 기타 비밀장치한 사람의 편지, 문서 또는 도화를 개봉한 행위 및 봉함 기타 비밀장치한 사람의 편지, 문서, 도화 또는 전자기록등 특수매체기록을 기술적 수단을 이용하여

---

45) 대법원 1999. 7. 9. 선고 99도311 판결.
46) 대법원 2003. 2. 11. 선고 2002도 5679 판결.
47) 대법원 2005. 4. 15. 선고 2004도 7053 판결.

그 내용을 알아낸 행위로써 성립하는 범죄이며, 본죄가 성립할 경우 3년 이하의 징역이나 금고 또는 500만 원 이하의 벌금에 처하며, 본죄는 친고죄로써 피해자실을 인지한 후 6개월 이내에 법적절차를 진행해야 하고, 공소시효는 5년이다.

또한, 본죄는 부부나 연인 사이라 할지라도 예외 없이 상대방의 핸드폰 잠금을 풀어 카톡 내용을 몰래 확인하거나 상대방 앞으로 온 우편물을 열어보는 행위는 엄연히 형법상 범죄이기 때문에 비밀침해죄로 고소 및 처벌당할 수 있음에 유의하여야 한다. 특히, 사적대화의 비밀을 침해하는 행위는 통신비밀보호법 제3조 제14조, 제16조 등에서 규정하고 있다.

(2) 구성요건

(가) 객체

비밀침해죄의 객체는 봉함 기타 비밀장치한 사람의 편지, 문서 또는 도화 전자기록 등 특수매체기록이다. 이중 편지란 특정인으로부터 다른 특정인에게 의사를 표시한 문서를 말하며, 반드시 우편물에 한정하지 아니하고, 발송전후도 불문한다. 그러나 수신인이 수령하여 읽고 난 후에는 본죄의 객체가 되지 아니한다.

그 외 문서란 문자 기타 발음부호에 의하여 특정인의 의사를 표시한 즉 원고, 유언서, 일기장 등의 것을 말하고, 도화란 그림에 의하여 사람의 시사가 표시된 사진, 도표 등을 말하며, 전자기록등 특수매체기록이란 일정한 데이터에 관한 전자적, 자기적, 광학적기록 등으로써 감각기관에 의해서는 직접 인식할 수 없는 녹화테이프, 녹음테이프, 마이크로필름, CD등을 말한다.

(나) 봉함 기타 비밀장치

'봉함 기타 비밀장치가 되어 있는 문서'란 '기타 비밀장치'라는 일반 조항을 사용하여 널리 비밀을 보호하고자 하는 위 규정의 취지에 비추어 볼 때, 반드시 문서 자체에 비밀장치가 되어 있는 것만을 의미하는 것은 아니고, 봉함 이외의 방법으로 외부 포장을 만들어서 그 안의 내용을 알 수 없게 만드는 일체의 장치를 가리키는 것으로, 잠금장치 있는 용기나 서랍 등도 포함한다.[48] 따라서 봉합·비밀장치를 하지 아니한 편지 등 즉, 우편엽서는 본죄의 객체가 아니다.

(다) 실행행위

비밀침해죄가 성립하기 위해서는 ① 봉함 기타 비밀장치한 문서 등을 개봉하는 경우와 ② 개봉하지 않고서도 기술적 수단을 이용하여 그 내용을 알아내는 행위, 즉 투시장치에의 투과, 화학적 반응의 이용 등 물리적, 화학적 방법을 사용하거나 비밀소지자의 패스워드나 비밀번호를 이용하여 특수기록매체의 내용을 탐지해 내는 행위를 들 수 있다. 편지를 개봉하지 않고 단순히

---

48) 대법원 2008. 11. 27. 선고 2008도9071 판결.

자연광이나 전등 등에 비추어 내용을 알아내는 행위는 처벌대상이 되지 않지만, 다른 사람의 우편물이 자기 주소지로 적혀 배달되었더라도 다른 사람의 우편물이라는 점을 알면서 이를 개봉하였다면 비밀침해죄가 성립하게 된다.

(라) 처벌 및 위법성 조각

본죄가 성립할 경우 3년 이하의 징역이나 금고 또는 500만원 이하의 벌금에 처해질 수 있다. 다만, 사회상규에 위배되지 아니한 행위는 정당행위로써 위법성이 조각되어 처벌받지 아니하는데, 가령, '회사의 직원이 회사의 이익을 빼돌린다'는 소문을 확인할 목적으로, 비밀번호를 설정함으로써 비밀장치를 한 전자기록인 피해자가 사용하던 '개인용 컴퓨터의 하드디스크'를 떼어내어 다른 컴퓨터에 연결한 다음 의심이 드는 단어로 파일을 검색하여 메신저 대화 내용, 이메일 등을 출력한 사안에서, 피해자의 범죄 혐의를 구체적이고 합리적으로 의심할 수 있는 상황에서 피고인이 긴급히 확인하고 대처할 필요가 있었고, 그 열람의 범위를 범죄 혐의와 관련된 범위로 제한하였으며, 피해자가 입사시 회사 소유의 컴퓨터를 무단 사용하지 않고 업무 관련 결과물을 모두 회사에 귀속시키겠다고 약정하였고, 검색 결과 범죄행위를 확인할 수 있는 여러 자료가 발견된 사정 등에 비추어, 피고인의 그러한 행위는 사회통념상 허용될 수 있는 상당성이 있는 행위로서 형법 제20조의 '정당행위'라고 본다.[49]

사. 사기죄

(1) 개념

사람을 기망하여 재물의 교부를 받거나 재산상의 이익을 취득하거나 또는 제삼자로 하여금 재물의 교부를 받게 하거나 재산상의 이익을 취득하게 함으로써 성립하는 범죄이며, 본죄가 성립할 경우 10년 이하의 징역 또는 2천만원 이하의 벌금에 처해질 수 있으며, 본죄의 공소시효는 10년이다. 사기죄의 착수시기는 기망행위를 개시한 때이며, 이는 미수범 처벌규정을 둔 사기죄에 있어서 미수범 판단의 중요한 요소가 된다.

(2) 구성요건

> ▶ 기망행위 사실에 대한 인식과 판단의 착오를 불러일으키는 행위
> ▶ 처분행위 착오에 빠진 피해자가 실제 재물을 교부하는 행위
> ▶ 재산상 이득 재물이나 채무 변제 등 재산적 이득 여부
> ▶ 고의성 피해자에게 거짓말을 해 재물을 가로챈다는 인식 및 의사 여부
> ▶ 불법영득의사

---

49) 대법원 2009. 12. 24. 선고 2007도6243 판결.

(가) 객체- 재물 또는 재산상 이익

사기죄의 객체는 재물 또는 재산상의 이익이다. 재물은 타인점유의 재물을 말하며 동산, 부동산을 불문한다. 그 외 재산상의 이익은 노무제공, 담보제공 등과 같은 적극적 이익, 채무면제, 채무변제 유예[50] 등과 같은 소극적 이익, 일시적 이익, 영속적 이익을 불문한다. 또한 그 재산상의 이익을 법률상 유효하게 취득함을 필요로 하지 아니하고 그 이익 취득이 법률상 무효라 하여도 외형상 취득한 것이면 족한다.[51]

(나) 기망행위

① 기망행위

기망행위는 명시적 기망, 묵시적 기망[52] 불문하며, 허위의 의사표시에 의하여 타인을 착오에 빠뜨리는 일체의 행위, 그리고 이미 착오에 빠져 있는 상태를 이용하는 행위 등을 말한다. 를 말한다. 기망행위의 대상은 사실이며 장래의 사실도 과거 현재의 사실과 관련되어 있는 것이면 포함되고 작위 부작위 불문한다. 다만, 순수한 가치판단이나 단순한 의견의 진술은 객관적 확정이 불가능하므로 기망행위의 대상에서 제외된다는 것이 다수설이다.

② 기망행위의 상대방

기망행위의 상대방은 재산적 처분능력이 있는 자연인(타인)이며 특정인 불특정인 불문한다. 따라서 미성년자나 심신미약자 상대방에 포함되지만 유아나 심신상실자는 제외되며, 광고회사와 같은 불특정인도 상대방이 될 수 있다. 또한, 피해자와 상대방이 반드시 동일인일 필요는 없지만 그 상대방은 피해자의 재산에 대한 처분행위를 할 수 있는 지위에 있는 자임을 요한다.

③ 착오발생

착오란 행위자의 기망행위로 인하여 피기망자에게 착오가 야기되어야 하는데, 여기서 착오란 인식과 현실의 불일치를 의미한다. 또한 반드시 법률행위의 중요 부분에 관한 허위표시임을 요하지 아니하고 상대방을 착오에 빠지게 하여 행위자가 희망하는 재산적 처분행위를 하도록 하기 위한 판단의 기초가 되는 사실에 관한 것이면 족한 것이므로, 용도를 속이고 돈을 빌린 경우에 있어서 만일 진정한 용도를 고지하였더라면 상대방이 돈을 빌려 주지 않았을 것이라는 관계

---

50) 사기죄에 있어서 채무이행을 연기받는 것도 재산상의 이익이 되므로, 채무자가 채권자에 대하여 소정기일까지 지급할 의사와 능력이 없음에도 종전 채무의 변제기를 늦출 목적에서 어음을 발행 교부한 경우에는 사기죄가 성립한다(대법원 1997. 7. 25. 선고 97도1095 판결).
51) 대법원 1975. 5. 27. 선고 75도760 판결.
52) 절취한 은행예금통장을 이용하여 은행원을 기망해서 진실한 명의인이 예금을 찾는 것으로 오신시켜 예금을 편취한 것이라면 새로운 법익의 침해로 절도죄 외에 따로 사기죄가 성립한다(대법원 1974. 11. 26. 선고 74도2817 판결).

에 있는 때에는 사기죄의 실행행위인 기망은 있는 것으로 보아야 한다.[53]

④ 처분행위

처분행위란 직접 재산상의 손해를 초래하는 작위 또는 부작위를 말하며, 이는 자유의사에 의해 이루어져야 하며, 처분행위로 인하여 직접적인 손해가 발생하여야 한다. 나아가 자신의 행위로 재물의 점유 또는 재산상의 이익이 타인에게 이전된다는 인식 즉 처분의사도 있어야 할 뿐만 아니라 착오와 처분행위 사이에는 인과관계가 있어야 한다. 그 외 피기망자와 재산상의 피해자가 같은 사람이 아닌 경우에는 피기망자가 피해자를 위하여 그 재산을 처분할 수 있는 권능을 갖거나 그 지위에 있어야 하지만, 여기에서 피해자를 위하여 재산을 처분할 수 있는 권능이나 지위라 함은 반드시 사법상의 위임이나 대리권의 범위와 일치하여야 하는 것은 아니고 피해자의 의사에 기하여 재산을 처분할 수 있는 서류 등이 교부된 경우에는 피기망자의 처분행위가 설사 피해자의 진정한 의도와 어긋나는 경우라고 할지라도 위와 같은 권능을 갖거나 그 지위에 있는 것으로 보아야 한다.[54]

⑤ 재산상의 손해 및 불법영득의사

ⅰ) 재산상의 손해발생 불요

기망으로 인한 재물의 교부가 있으면, 그 자체로써 곧 사기죄는 성립하고, 상당한 대가가 지급되었다거나 피해자의 전체 재산상에 손해가 없다고 하여도 사기죄의 성립에는 영향이 없다.[55]

ⅱ) 불법영득의사

고의와 불법영득·이득의사 있어야 한다. 따라서 변제의 의사가 없거나 약속한 변제기일내에 변제할 능력이 없음에도 불구하고 변제할 것처럼 가장하여 금원을 차용하거나 물품을 구입한 경우에는 편취의 범의를 인정할 수 있다.[56]

(3) 처벌

본죄가 성립할 경우 10년 이하의 징역 또는 2천만원 이하의 벌금에 처해질 수 있다.

아. 사문서위조

(1) 개념

사무서 위조죄는 행사할 목적으로 권리·의무 또는 사실증명에 관한 타인의 문서 또는 도화를

---

53) 대법원 1996. 2. 27. 선고 95도2828 판결.
54) 대법원 1994. 10. 11. 선고 94도1575 판결.
55) 대법원 1999. 7. 9. 선고 99도1040 판결.
56) 대법원 1986. 9. 9. 선고 86도1227 판결.

위조 또는 변조함으로써 성립하는 범죄이며, 본죄가 성립할 경우 자는 5년 이하의 징역 또는 1천만 원 이하의 벌금에 처해질 수 있으며, 미수범처벌 규정이 있으며, 본죄의 공소시효는 7년이다.

(2) 구성요건

(가) 객체 – 권리의무 또는 사실증명에 관한 타인의 서류

① 타인의 문서

공무소, 공무원이 아닌 범인 또는 공범자 이외의 자가 작성명의인인 문서를 말하고, 우리가 일상생활에서 작성하는 매매계약서나 확인서 등이 사문서에 해당하며 타인은 자연인, 법인, 법인격없는 단체를 불문한다.

② 위조 또는 변조

ⅰ) 위조

사문서위조죄에서 위조란 작성관한 없는 자가 타인명의를 모용[57]하여 문서를 작성하는 행위를 말한다. 따라서 타인으로부터 자신의 명의로 문서를 작성할 권한을 위임을 받은 경우에는 사문서위조죄에 해당이 되지 않지만, 타인으로부터 위임 받은 범위를 초과하여 임의로 문서를 작성하는 것은 위조에 해당하고, 전자복사기로 복사한 문서의 사본도 문서위조죄 및 동 행사죄의 객체인 문서에 해당하고, 위조된 문서원본을 단순히 전자복사기로 복사하여 그 사본을 만드는 행위도 공공의 신용을 해할 우려가 있는 별개의 문서사본을 창출하는 행위로서 문서위조행위에 해당한다.[58] 그 외 무효가 된 문서를 가공하여 새로운 문서를 작출하는 행위도 문서위조행위에 해당한다.

또한, 일정금액의 차용권한을 위임받으면서 명의인으로부터 작성해 받은 대출신청서 및 영수증의 백지로 된 금액란에 위임받은 금액보다 많은 금액을 기재한 소위가 사문서위조죄에 해당하지만,[59] 가령, 고소인의 제3자에 대한 채권의 변제책임을 부담하는 대신 그 채권에 관하여 설정한 가등기에 의한 담보권을 양수한 피고인이 위 가등기를 말소함에 있어서 고소인명의의 가등기말소신청서 등을 임의로 작성하였다 하더라도 이는 결국 고소인으로부터의 포괄적 위임 내지

---

57) 혼인신고 당시에는 피해자가 피고인과의 동거관계를 청산하고 피고인을 만나주지 아니하는 등으로 피하여 왔다면 당초에는 피해자와 사실혼 관계에 있었고 또 피해자에게 혼인의 의사가 있었다 하더라도 위 혼인신고 당시에는 그 혼인의사가 철회되었다고 보아야 할 것이므로 피고인이 일방적으로 혼인신고서를 작성하여 혼인신고를 한 소위는 설사 혼인신고서 용지에 피해자 도장이 미리 찍혀 있었다 하더라도 사문서 위조 기타 관계법조의 범죄에 해당한다 할 것이다(대법원 1987. 4. 11. 선고 87도399 판결).

58) 대법원 1996. 5. 14. 선고 96도785 판결.

59) 대법원 1982. 10. 12. 선고 82도0000 판결.

승락에 기한 것이어서 피고인이 위 가등기말소신청서 등을 위조하였다고 할 수 없다.[60]

ii) 변조

변조란 권한 없는 자가 이미 진정하게 성립된 타인명의의 문서 내용에 그 동일성을 해하지 않을 정도로 변경을 가하는 것을 말하며, 위조문서나 허위문서는 그 대상이 아니다.[61] 또한 자기명의의 문서에 변경을 가하는 행위는 문서손괴죄가 성립할 뿐 변조는 아니다.[62] 한편, 본서의 본질적 부분 또는 중요부분에 변경을 가하여 새로운 증명력을 가지는 별개의 문서를 작성하는 경우에는 위조가 되며,[63] 문서의 내용이 아닌 단순한 자구의 수정이나 문서내용에 영향이 없는 사실을 기재하는 것은 변조가 아니다. 따라서 인낙조서에 첨부되어 있는 도면 및 그 사본에 임의로 그은 점선은 인낙조서 본문이나 도면에서 그에 대한 설명이 없는 이상 특정한 의미 내용을 갖지 아니한 단순한 도형에 불과하여 그 자체로서 새로운 증명력이 작출케 된다고 할 수 없다는 이유로 그와 같은 점선을 그은 행위가 문서의 손괴에 해당할 수 있음은 별론으로 하고, 공도화로서의 공공적 신용을 해할 위험이 있는 공도화변조죄에 해당한다고 할 수 없다.[64]

(3) 처벌

본죄가 성립할 경우 자는 5년 이하의 징역 또는 1천만원 이하의 벌금에 처해질 수 있다.

자. 상해죄
(1) 개념

상해죄는 고의로 사람의 신체를 상해함으로써 성립하는 범죄이며, 본죄가 성립할 시 10년 이하의 징역 또는 1천 500만 원 이하의 벌금에 처해질 수 있으며, 미수범 처벌규정이 있다. 본죄의 공소시효는 7년이다.

---

60) 대법원 1984. 2. 14. 선고 83도2650 판결.
61) 공문서변조라 함은 권한없이 이미 진정하게 성립된 공무원 또는 공무소명의의 문서내용에 대하여 그 동일성을 해하지 아니할 정도로 변경을 가하는 것을 말한다 할 것이므로 이미 허위로 작성된 공문서는 형법제 225조 소정의 공문서변조죄의 객체가 되지 아니한다(대법원 1986. 11. 11. 선고 86도1984 판결).
62) 비록 자기명의의 문서라 할지라도 이미 타인(타기관)에 접수되어 있는 문서에 대하여 함부로 이를 무효화시켜 그 용도에 사용하지 못하게 하였다면 일응 형법상의 문서손괴죄를 구성한다 할 것이므로 그러한 내용의 범죄될 사실을 허위로 기재하여 수사기관에 고소한 이상 무고죄의 죄책을 면할 수 없다(대법원 1987. 4. 14. 선고 87도177 판결).
63) 피고인이 행사할 목적으로 타인의 주민등록증에 붙어있는 사진을 떼어내고 그 자리에 피고인의 사진을 붙였다면 이는 기존 공문서의 본질적 또는 중요 부분에 변경을 가하여 새로운 증명력을 가지는 별개의 공문서를 작성한 경우에 해당하므로 공문서위조죄를 구성한다(대법원 1991. 9. 10. 선고 91도1610 판결).
64) 대법원 2000. 11. 10. 선고 2000도3033 판결.

(2) 구성요건

(가) 객체

행위자 이외의 타인으로서 생존하는 사람의 신체여야 한다. 다만 자상의 경우에는 본죄의 구성요건해당성이 없지만 강요나 기망에 의한 경우에는 상해죄의 간접정범이 될 수 있다. 따라서 피고인이 피해자를 협박하여 그로 하여금 자상케 한 경우에 피고인에게 상해의 결과에 대한 인식이 있고 또 그 협박의 정도가 피해자의 의사결정의 자유를 상실케 함에 족한 것인 이상 피고인에 대하여 상해죄를 구성한다.[65]

본죄의 객체인 사람은 생존한 사람을 의미하므로 태아는 본죄의 객체가 될 수 없고, 만일 생존한 사람이 아닌 사망한 사람의 신체를 상해할 경우에는 사체오욕죄(제159조) 또는 사체손괴죄(제161조)에 해당한다.

(나) 상해행위

본죄에서 상해란 생리적 기능의 훼손 즉 건강침해로서 육체적 정신적 병적 상태의 야기와 증가를 의미한다. 이에는 피하출혈, 찰과상등과 같은 신체상처, 치아탈락과 같은 일부박리, 성병 등 질병감염, 보행·수면자행 등과 같은 기능장해, 일시적이 아닌 인사불성 등이 포함된다. 다만 임신은 생리적 현상이지 생리적 기능을 훼손한 것이 아니므로 상해는 아니고, 신체외관의 변경은 폭행에 해당한다.

따라서 오랜 시간 동안의 협박과 폭행을 이기지 못하고 실신하여 범인들이 불러온 구급차 안에서야 정신을 차리게 되었다면, 외부적으로 어떤 상처가 발생하지 않았다고 하더라도 생리적 기능에 훼손을 입어 신체에 대한 상해가 있었다고 보지만,[66] 가령, 피고인이 피해자와 연행문제로 시비하는 과정에서 치료도 필요 없는 가벼운 상처를 입었으나, 그 정도의 상처는 일상생활에서 얼마든지 생길 수 있는 극히 경미한 상처이므로 굳이 따로 치료할 필요도 없는 것이어서 그로 인하여 인체의 완전성을 해하거나 건강상태를 불량하게 변경하였다고 보기 어려우므로, 피해자가 약 1주간의 치료를 요하는 좌측팔 부분의 동전크기의 멍이 든 것이 상해죄에서 말하는 상해에 해당되지 않는다.[67]

(다) 고의

상해죄의 성립에는 상해의 원인인 폭행에 대한 인식이 있으면 충분하고 상해를 가할 의사의 존재까지는 필요하지 않다.[68]

---

65) 대법원 1970. 9. 22. 선고 70도1638 판결.
66) 대법원 1996. 12. 10. 선고 96도2529 판결.
67) 대법원 1996. 12. 23. 선고 96도2673 판결.
68) 대법원 2000. 7. 4. 선고 99도4341 판결.

(3) 처벌

본죄가 성립할 시 10년 이하의 징역 또는 1천500만원 이하의 벌금에 처해질 수 있다. 다만, 피해자의 승낙에 의한 상해, 치료행위에 의한 상해, 운동경기 중의 상해행위 등은 위법성이 조각된다.

차. 업무방해죄
(1) 개념

업무방해죄는 허위의 사실을 유포하거나 위계 또는 위력으로써 사람의 업무를 방해함으로써 성립하는 범죄로써, 본죄가 성립할 경우 5년 이하의 징역 또는 1천500만원 이하의 벌금에 처해질 수 있으며, 공소시효는 7년이다.

한편, 업무방해죄의 성립에는 업무방해의 결과가 실제로 초래될 것을 요하지 아니하며 그 결과가 초래될 위험이 발생하면 족하다. 또한 업무수행 자체가 아닌 업무의 적정성 내지 공정성이 방해된 경우에도 업무방해죄가 성립할 수 있다.

(2) 구성요건
(가) 객체

사람의 업무이다, 여기서 사람은 자연인 이외 법인, 법인격 없는 단체도 포함한다.

(나) 업무

사람이 그 사회생활상이 지위에 기하여 계속적으로 종사하는 사무나 사업을 말하며, 계속하여 행하는 사무가 아닌 공장의 이전과 같은 일회적인사무는 업무방해죄의 객체가 되는 업무에 해당하지 아니한다.[69] 다만, 경비원은 상사의 명령에 의하여 주로 경비업무등 노무를 제공하는 직분을 가지고 있는 것이므로 상사의 명에 의하여 그 직장의 업무를 수행한다면 설사 그 업무가 본조의 계속적인 직무권한에 속하지 아니한 일시적인 것이라 할지라도 본죄의 업무에 해당한다.[70]

업무는 반드시 경제적인사무에 제한되지 않고, 보수유무도 불문하며, 주된 업무나 부수적 업무인지도 불문한다. 또한 그 업무의 기초가 된 계약이나 행정행위 등이 반드시 적법해야 하는 것도 아니고 형법상 보호가치 있는 업무인지의 여부는 그 사무가 실제 평온상태에서일정기간 계속적으로 운영됨으로써 사회적 생활기반을 이루고 있느냐에 따라 결정된다.

---

69) 대법원 1989. 9. 12. 선고 88도1752 판결.
70) 대법원 1971. 5. 24. 선고 71도399 판결.

다만, 형법상 업무방해죄의 보호대상이 되는 '업무'라고 함은 직업 또는 계속적으로 종사하는 사무나 사업으로서 타인의 위법한 침해로부터 형법상 보호할 가치가 있는 것이어야 하므로 어떤 사무나 활동 자체가 위법의 정도가 중하여 사회생활상 도저히 용인될 수 없는 정도로 반사회성을 띠는 경우에는 업무방해죄의 보호대상이 되는 '업무'에 해당한다고 볼 수 없다.[71]

(3) 행위

(가) 허위의 사실 유포 또는 위계

위계에 의한 업무방해죄에 있어서 위계라 함은 행위자의 행위목적을 달성하기 위하여 상대방에게 오인, 착각 또는 부지를 일으키게 하여 이를 이용하는 것을 말하며, 상대방이 이에 따라 그릇된 행위나 처분을 하였다면 위계에 의한 업무방해죄가 성립된다.[72]

(나) 위력

업무방해죄에 있어서의 '위력'이란 사람의 자유의사를 제압·혼란케 할 만한 일체의 세력을 말하고, 유형적이든 무형적이든 묻지 아니하며, 폭행·협박은 물론 사회적, 경제적, 정치적 지위와 권세에 의한 압박 등을 포함한다고 할 것이고, 위력에 의해 현실적으로 피해자의 자유의사가 제압되는 것을 요하는 것은 아니다.[73] 위력은 제3자를 통해 간접적으로 행사할 수도 있다.[74]

(다) 업무방해

특정한 업무 그 자체를 방해하는 것뿐만 아니라 널리 업무수행의 원활한 진행을 저해하는 것도 포함된다.[75] 본죄는 업무를 방해할 우려가 있는 상태가 발생한 때 기수가 되며, 방해결과의 현실적 발생은 요하지 아니한다.

(4) 처벌

본죄가 성립할 경우 5년 이하의 징역 또는 1천500만원 이하의 벌금에 처해질 수 있다.

카. 업무상 횡령죄

(1) 개념

본죄는 업무상의 임무에 위배하여 자기가 보관하던 타인의 재물을 횡령하거나 반환을 거부함으

---

71) 대법원 2001. 11. 30. 선고 2001도2015 판결.
72) 대법원 1992. 6. 9. 선고 91도2221 판결.
73) 대법원 2005. 5. 27. 선고 2004도8447 판결.
74) 대법원 0000. 2. 28. 선고 2011도16718 판결.
75) 대법원 2012. 5. 24. 선고 2009도4141 판결.

로써 성립하는 범죄로써, 본죄성립 시 10년 이하의 징역 또는 3천만원 이하의 벌금에 처해질 수 있으며, 공소시효는 10년이다.

(2) 횡령죄의 구성요건

(가) 행위의 주체

횡령죄의 주체는 위탁관계에 의하여 타인의 재물을 보관하는 자이며, 여기서 보관이라 함은 물건을 사실상 지배하는 것 이외에 법률상 지배하는 것도 포함된다. 또한 법률상의 지배라 함은 부동산의 등기명의를 가지고 있는 경우, 타인의 돈을 위탁받아 은행에 예금한 경우 등이 이에 해당한다.

한편, 부동산에 관한 횡령죄에 있어서 타인의 재물을 보관하는 자의 지위는 동산의 경우와는 달리 부동산에 대한 점유의 여부가 아니라 부동산을 제3자에게 유효하게 처분할 수 있는 권능의 유무에 따라 결정하여야 하므로, 부동산을 공동으로 상속한 자들 중 1인이 부동산을 혼자 점유하던 중 다른 공동상속인의 상속지분을 임의로 처분하여도 그에게는 그 처분권능이 없어 횡령죄가 성립하지 아니한다.[76]

(나) 행위의 객체

횡령죄의 객체는 자기가 점유하는 타인 소유의 재물이다. 행위자와 타인의 공동소유에 속하는 재물도 타인의 재물에 해당하며, 할부판매에 있어서는 대금을 완납할 때까지는 소유권이 매도인에게 있으므로 매수인이 대금 완납을 하기 전에 물건을 처분할 경우 횡령죄가 성립한다.

(다) 행위

횡령죄의 행위는 횡령하거나 반환을 거부하는 것으로 불법영득의 의사를 표현하는 행위를 말하며, 이러한 횡령행위는 사실행위나 법률행위를 묻지 않으며 부작위에 의하여도 가능하다.

또한, 반환거부란 보관물에 대해서 소유자의 권리를 배제하는 의사표시로서 불법영득이사를 표현하는 것을 말하는데, 반환거부의 이유 및 주관적인 의사 등을 종합하여 반환거부행위가 횡령행위와 같다고 볼 수 있을 정도이어야만 횡령죄가 성립한다.[77]

---

76) 대법원 2000. 4. 11. 선고 2000도565 판결.
77) 명의신탁자가 구체적인 보수나 비용의 약정없이 신탁한 농지의 반환을 요구하면서 등기이전에 따른 비용과 세금은 자신이 부담하고 수탁자인 피고인에게 손해가 없도록 하겠다고 했음에도 불구하고 피고인이 위 토지에 대해 재산세를 납부한 것이 해결되지 않았고 계속 2년 가량 더 농사를 짓고 넘겨 주겠다는 대답으로 위 반환요구에 불응한 소위는 타인의 재물을 보관하는 자가 그 위탁취지에 반하여 정당한 권한없이 반환을 거부한 것이므로 횡령죄를 구성한다(출처: 대법원 1983. 11. 8. 선고 82도800 판결).

(라) 주관적 구성요건

횡령죄의 주관적 구성요건으로는 위의 객관적 요소들에 대한 고의가 있어야 하며, 불법영득의 의사를 요한다.

(3) 업무상횡령죄에 있어서의 업무

본죄의 업무는 위탁관계에 의한 타인의 재물보관을 내용으로 한다. 주된 업무 부수적 업무를 불문하며, 사람의 생명, 신체에 대한 위험을 수반하는 사무에 제한되지 않는다는 점에서 업무상 과실치사상죄의 업무와 다르다.

(4) 처벌

본죄성립 시 10년 이하의 징역 또는 3천만원 이하의 벌금에 처해질 수 있다.

타. 주거침입죄

(1) 개념

본죄는 사람의 주거, 관리하는 건조물, 선박이나 항공기 또는 점유하는 방실에 침입함으로써 성립하는 범죄이며, 본죄성립 시 3년 이하의 징역 또는 500만원 이하의 벌금에 처해질 수 있고, 미수범처벌 규정이 있으며 공소시효 5년이다. 단 특수주거침입의 경우 공소시효는 7년이다.

(2) 구성요건

(가) 객체

사람의 주거, 관리하는 방실, 건조물, 선박, 항공기 또는 점유하는 방실이다. 사람의 주거란 별장 등과 같이 일정기간만 사용되는 것도 포함하고 주거의 설비 구조여하는 불문하며 주거 자체를 위한 건물 이외에 그 부속물도 주거에 포함되고 사람의 현존여부, 소유관계 등도 불문한다. 또한 주거는 단순히 사람이 거주하는 가옥 등을 의미하는 것이 아니라 그 위 요지를 포함하므로, 다가구용 단독주택이나 다세대주택, 연립주택, 아파트 등의 엘리베이터, 계단, 복도 등도 사실상의 주거의 평온을 보호할 필요가 있는 부분으로서 주거침입죄 성립요건인 "주거" 공간에 해당한다.

여기서 위요지라고 함은 건조물에 인접한 그 주변의 토지로서 외부와의 경계에 담 등이 설치되어 그 토지가 건조물의 이용에 제공되고 또 외부인이 함부로 출입할 수 없다는 점이 객관적으로 명확하게 드러나야 한다. 따라서 건조물의 이용에 기여하는 인접의 부속 토지라고 하더라도 인적 또는 물적 설비 등에 의한 구획 내지 통제가 없어 통상의 보행으로 그 경계를 쉽사리 넘을 수 있는 정도라고 한다면 일반적으로 외부인의 출입이 제한된다는 사정이 객관적으로 명확하게 드러났다고 보기 어려우므로, 이는 다른 특별한 사정이 없는 한 주거침입죄의 객체에 속하지 아니한다고 봄이 상당하다.[78]

그 외 건조물이라 함은 주거를 제외한 일체의 건물 및 그 위요지로서 지붕이 있고 담 기둥으로 지지되고 있는 토지에 정착하고 사람이 출입할 수 있는 공장, 창고, 극장, 관공서의 청서 등을 말하고 점유하는 방실이라 함은 검물 내에서 사실상 지배 관리하는 일구획 즉 점포, 사무실 연구실, 투숙중인 객실, 하숙방 등을 말한다.

(나) 행위 - 침입

"침입"은 주거자 또는 관리자의 의사 또는 추정적 의사에 반하여 "신체"가 주거에 들어가는 것을 의미하는데, 반드시 행위자의 신체의 전부가 범행의 목적인 타인의 주거 안으로 들어가야만 성립하는 것이 아니라 신체의 일부만 타인의 주거 안으로 들어갔다고 하더라도 거주자가 누리는 사실상의 주거의 평온을 해할 수 있는 정도에 이르렀다면 범죄구성요건을 충족하는 것이라고 보아야 하고, 따라서 주거침입죄의 범의는 반드시 신체의 전부가 타인의 주거 안으로 들어간다는 인식이 있어야만 하는 것이 아니라 신체의 일부라도 타인의 주거 안으로 들어간다는 인식이 있으면 족하다.[79]

결국, 신체가 들어가지 않으면 침입이라 볼 수 없기 때문에 창문으로 들여다보면서 소리를 지르거나 전화를 거는 행위 등은 주거침입죄로 처벌할 수 없다.

또한, 다방, 당구장, 독서실 등의 영업소가 들어서 있는 건물 중 공용으로 사용되는 계단과 복도는 주야간을 막론하고 관리자의 명시적 승낙이 없어도 누구나 자유롭게 통행할 수 있는 곳이라 할 것이므로 관리자가 1층 출입문을 특별히 시정하지 않는 한 범죄의 목적으로 위 건물에 들어가는 경우 이외에는 그 출입에 관하여 관리자나 소유자의 묵시적 승낙이 있다고 봄이 상당하여 그 출입행위는 주거침입죄를 구성하지 않는다.[80]

(3) 실행의 착수

주거침입죄의 실행의 착수는 주거자, 관리자, 점유자 등의 의사에 반하여 주거나 관리하는 건조물 등에 들어가는 행위 즉, 구성요건의 일부를 실현하는 행위까지 요구하는 것은 아니고, 범죄구성요건의 실현에 이르는 현실적 위험성을 포함하는 행위를 개시하는 것으로 족하다.[81]

---

78) 대법원 2010. 4. 29. 선고 2009도14643 판결.
79) 대법원 1995. 9. 15. 선고 94도2561 판결.
80) 대법원 1985. 2. 8. 선고 84도2917 판결.
81) 대법원 2003. 10. 24. 선고 2003도4417 판결.

(4) 처벌

본죄성립 시 3년 이하의 징역 또는 500만원 이하의 벌금에 처해질 수 있다.

파. 준강간죄

(1) 개념

본죄는 사람의 심신상실 또는 항거불능의 상태를 이용하여 간음 또는 추행을 함으로써 성립하는 범죄이며, 본죄성립 시 3년 이상의 유기징역에 처해질 수 있으며, 미수범 처벌규정이 있고, 공소시효는 10년이다.

(2) 구성요건

(가) 객체

심신상실 또는 항거불능의 상태에 있는 사람이다. 심신상실의 상태라 함은 정신기능의 장애로 인하여 정상적인 판단능력이 없는 상태를 말하고, 항거불능의 상태라 함은 심신상실이외의 사유로 인하여 심리적 육체적으로 반항이 불가능하거나 현저히 곤란한 경우를 말한다.

(나) 행위

심신상의 상태를 이용하여 간음이나 추행을 하는 것이다. 여기서 간음이나 추행은 강간죄, 강제추행죄와 동일하다..

하. 폭행죄

(1) 개념

본죄는 사람의 신체에 대하여 폭행을 가함으로써 성립하는 범죄이며, 본죄성립 시 2년 이하의 징역, 500만원 이하의 벌금, 구류 또는 과료에 처해질 수 있으며, 공소시효는 5년이고, 본죄는 반의사불벌죄에 해당되어 피해자의 명시적 의사에 반하여 공소를 제기할 수 없다. 이러한 이유로 실무에서는 합의로 사건이 종결되는 경우가 많다.

(2) 구성요건

(가) 객체

사람의 신체이다. 사람은 자연인인 타인을 말한다.

(나) 행위

① 폭행

본죄의 폭행은 사람의 신체 대한 유형력의 행사를 의미한다. 여기서 유형력이라 함은 사람의 오관에 직접 간접으로 작용하여 육체적 정신적 고통을 줄 수 있는 광의의 물리력을 말하는데, 구타, 밀치는 행위, 손이나 옷을 세차게 잡아당기는 행위, 얼굴에 침을 뱉는 행위, 좁은 공간에서 칼이나 흉기를 휘두르는 행위, 돌을 던지는 행위 모발의 절단, 일시적 자유의 구속 등이 유형력의 작용의 예에 속한다. 또한 심한 소음, 계속 전화를 걸을 벨을 울리게 하는 경우, 폭언을 수차례 반복, 고함을 질러 놀라게 하는 경우, 수면제나 술을 억지로 먹게하는 행위 또한 폭행의 예에 속한다.

이렇듯 폭행죄는 사람의 신체에 대한 유형력의 행사를 가리키며, 그 유형력의 행사는 신체적 고통을 주는 물리력의 작용을 의미하므로 신체의 청각기관을 직접적으로 자극하는 음향도 경우에 따라서는 유형력에 포함될 수 있다.[82]

② 대상

폭행죄의 대상의 사람의 신체이다. 따라서 단순히 물건에 대한 유형력의 행사는 폭행이 아니다. 다만 반드시 사람의 신체에 직접적으로 접촉할 필요는 없어 가령 돌을 던졌으나 빗나간 경우도 폭행죄가 성립한다.

따라서 피해자에게 근접하여 욕설을 하면서 때릴 듯이 손발이나 물건을 휘두르거나 던지는 행위는 직접 피해자의 신체에 접촉하지 않았다고 하여도 피해자에 대한 불법한 유형력의 행사로서 폭행에 해당하나, 때릴 듯이 위세 또는 위력을 보인 구체적인 행위내용이 없다면 결국 욕설을 함으로써 위세 또는 위력을 보였다는 취지로 해석할 수밖에 없고 이와 같이 욕설을 한 것 외에 별다른 행위를 한 적이 없다면 이는 유형력의 행사라고 보기 어려울 것이다.[83]

(3) 처벌

본죄성립 시 2년 이하의 징역, 500만원 이하의 벌금, 구류 또는 과료에 처해질 수 있으나, 일반적 위법성조각사유에 의하여 본죄의 위법성은 조각될 수 있다.

거. 협박죄

(1) 개념

본죄는 사람을 협박함으로써 성립하는 범죄이며, 본죄성립 시 3년 이하의 징역, 500만 원 이하

---

82) 대법원 2003. 1. 10. 선고 2000도5716 판결.
83) 대법원 1990. 2. 13. 선고 89도1406 판결.

의 벌금, 구류 또는 과료에 처해질 수 있으며, 공소시효는 5년이다. 또한 본죄는 반의사불벌죄로서 피해자가 처벌을 원치 아니할 경우 공소를 제기할 수 없다.

(2) 구성요건
(가) 객체

본죄의 객체는 사람이다. 또한 사람은 해악의 고지에 의하여 공포심을 일으킬 만한 정신능력이 있어야 하기 때문에 영아, 정신병자 등은 본죄의 객체가 되지 아니한다.

이렇듯 협박죄는 사람의 의사결정의 자유를 보호법익으로 하는 범죄로서 형법규정의 체계상 개인적 법익, 특히 사람의 자유에 대한 죄 중 하나로 구성되어 있는바, 위와 같은 협박죄의 보호법익, 형법규정상 체계, 협박의 행위 개념 등에 비추어 볼 때, 협박죄는 자연인만을 그 대상으로 예정하고 있을 뿐 법인은 협박죄의 객체가 될 수 없다.[84]

(나) 협박

협박죄에서 협박이란 일반적으로 보아 사람으로 하여금 공포심을 일으킬 정도의 해악을 고지하는 것을 의미하며, 그 고지되는 해악의 내용, 즉 침해하겠다는 법익의 종류나 법익의 향유 주체 등에는 아무런 제한이 없다. 따라서 피해자 본인이나 그 친족뿐만 아니라 그 밖의 '제3자'에 대한 법익 침해를 내용으로 하는 해악을 고지하는 것이라고 하더라도 피해자 본인과 제3자가 밀접한 관계에 있어 그 해악의 내용이 피해자 본인에게 공포심을 일으킬 만한 정도의 것이라면 협박죄가 성립할 수 있다. 이 때 '제3자'에는 자연인뿐만 아니라 법인도 포함된다 할 것인데, 피해자 본인에게 법인에 대한 법익을 침해하겠다는 내용의 해악을 고지한 것이 피해자 본인에 대하여 공포심을 일으킬 만한 정도가 되는지 여부는 고지된 해악의 구체적 내용 및 그 표현방법, 피해자와 법인의 관계, 법인 내에서의 피해자의 지위와 역할, 해악의 고지에 이르게 된 경위, 당시 법인의 활동 및 경제적 상황 등 여러 사정을 종합하여 판단하여야 한다.[85]

(다) 고의

협박죄에 있어서의 협박이라 함은 일반적으로 보아 사람으로 하여금 공포심을 일으킬 수 있는 정도의 해악을 고지하는 것을 의미하므로 그 주관적 구성요건으로서의 고의는 행위자가 그러한 정도의 해악을 고지한다는 것을 인식, 인용하는 것을 그 내용으로 하고 고지한 해악을 실제로 실현할 의도나 욕구는 필요로 하지 아니하고, 다만 행위자의 언동이 단순한 감정적인 욕설 내지 일시적 분노의 표시에 불과하여 주위사정에 비추어 가해의 의사가 없음이 객관적으로 명백한

---

84) 대법원 2010. 7. 15. 선고 2010도1017 판결.
85) 대법원 2010. 7. 15. 선고 2010도1017 판결.

때에는 협박행위 내지 협박의 의사를 인정할 수 없으나 위와 같은 의미의 협박행위 내지 협박의사가 있었는지의 여부는 행위의 외형뿐만 아니라 그러한 행위에 이르게 된 경위, 피해자와의 관계 등 주위상황을 종합적으로 고려하여 판단해야 할 것이다.[86]

(3) 처벌

본죄성립 시 3년 이하의 징역, 500만원 이하의 벌금, 구류 또는 과료에 처해질 수 있다.

3. 고소취지 작성례

[작성례 - 사기죄]

> 피고소인은 가정주부로서 사실은 남편의 원수입이 000원 외에 별다른 수입이 없고, 개인적입 부채도 000원에 이르고 그 이자를 매월 000원 이상 지급해야할 형편이어서 타인으로부터 돈을 차용하더라도 이를 변제할 의사나 능력이 없음에도 불구하고,
>
> 200○. 1. 1. 00:00경 서울 서초구 방배동 소재 고소인 김00의 집에서 동녀에게 금 000원만 빌려주면 월 00%의 이자로 2개월 후에 틀림없이 변제하겠다는 취지의 거짓말을 하여 이에 속은 동녀로부터 즉시 그곳에서 차용금 명목으로 금 000원을 교부받아 이를 편취한 것이다.

[작성례 - 공갈죄]

> 피고소인은 200○. 00. 00. 00:00경 서울 서초구 방배동 ○○○ 앞길에서 그곳을 지나가던 피해자 김00을 불러 세워놓고 갑자기 주먹으로 동인의 복부를 1회 때리면서 "가진 돈 다 내놓아라, 만일 뒤져서 돈이 나오면 100원 에 한 대씩 때리겠다"고 말하며 이에 불응하면 동인의 신체 등에 더 큰 위해를 가할 것 같은 태도를 보여 이에 겁을 먹은 동인으로부터 금 000원을 교부받아 이를 갈취한 것이다.

[작성례 - 업무상횡령죄]

> 피고소인은 200○. 00. 00.경부터 200○. 00. 00.경까지 서울 서초구 방배동 소재 00건설 경리직원으로서 위 회사의 자금조달업무에 종사하던 자인바,
> 200○. 00. 00. 00:00경 서울 서초구 방배동 소재 ○○금고 서초동 지점에서 위 회사의 운영자를 조달하기 위하여 위 회사 소유인 ○○시 ○○동 소재 임야 000평에 관하여 위 ○○금고에 근저당권설정등기를 결료하여 주고 금 000원을 대출받아 이를 위 회사를 위하여 업무상 보관 중 같은 달 00. 00:00경 위 회사 사무실에서 그 중 000원을 자신과 불륜관계를 맺어 온 위 회사의 ○○○에게 임의로 지급하여 이를 횡령한 것이다.

---

86) 대법원 1991. 5. 10. 선고 90도2102 판결.

[작성례 – 명예훼손죄]

피고소인은 20○○. 00. 00. 00:00경 서울 서초구 서초동 소재 ○○빌딩 1층 커피숍에서 사실은 피고소인 김○○이 피고소인 자동차를 절취한 간 사실이 없음에도 불구하고 손님 00명이 듣고 있는 가운데, 위 김○○에 대하여 "내 자동차를 훔쳐간 도둑놈아, 빨리 차를 내놓으라고" 소리를 침으로써, 공연히 허위사실을 적시하여 동인의 명예를 훼손한 것이다.

[작성례 – 모욕죄]

피고인은 20○○. 00. 00. 00:00경 서울 서초구 방배동 소재 ○○식당에서 친구인 고소외 정○○ 등 10여명과 함께 식사를 하던 중 피고소인 강○○과 평소 금전거래 관계로 말다툼을 하다가 동인에게 "악질적인 고리대금업자"라고 큰 소리로 말하여 공연히 동인을 모욕한 것이다.

[작성례 – 업무방해죄]

피고인은 20○○. 00. 00. 00:00경 서울 서초구 방배동 소재 피고소인 김00 경영의 00식당에서 평소 동인으로부터 푸대접을 받은 데 대한 화풀이로 "야 이 새끼야, 왜 사람 괄시하는 거야"라고 큰 소리를 치고 수저통을 마루바닥에 집어던지는 등 소란을 피워 그 식당에 들어오려던 손님들이 들어오지 못하게 하여 위력으로써 동인의 식당영업을 방해한 것이다.

[작성례 – 주거침입죄]

피고인은 20○○. 00. 00. 00:00경 서울 서초구 서초동 소재 피고소인 김00의 집에 이르러 물건을 훔칠 생각으로 그 열려진 대문을 통하여 그 집 현관까지 들어가 동인의 주거에 침입한 것이다.

[작성례 – 상해죄]

피고소인은 20○○. 00. 00. 00:00경 서울 서초구 서초동 소재 피고소인 김○○ 경영 ○○식당에서 동인과 음식 값 문제로 말다툼을 하다가 동인으로부터 욕설을 듣자 이에 화가 나 오른쪽 주먹으로 동인의 얼굴 부분을 2회 때려 동인에게 약 3주간의 치료를 요하는 상구순부열차 등을 가한 것이다.

[작성례 − 무고죄]

피고소인은 20○○. 1. 1. 00:00경 서울 서초고 서초동 소재 서울중앙지방법원 제000호 법정에서 위 법원 2022고단000호 피고인 김○○에 대한 절도 피고사건의 증인으로 출석하여 선서한 다음 증언함에 있어, 사실은 김○○가 2021. 1. 1. 00:00경 위 법원 길을 운행 중인 서울00차000호 시내버스 안에서 절도하는 것을 직접 목격하였음에도 불구하고, 위 사실을 심리 중인 위 법원 제00단독 판사 ○○○에게 "위 김○○이 절도하는 것을 본 일이 없다"라는 기억에 반하는 허위의 진술을 하여 위증한 것이다.

[작성례 − 사문서위조, 행사죄]

피고인은 20○○. 1. 1. 10:00경 서울 서초구 서초동 소재 ○○금고 사무실에서 행사할 목적으로 권한 없이 백지에 검은 색 볼펜을 사용하여 "차용증서, 금 일천만원, 이 금액을 정히 차용하여 20○○. 11. 1.까지 틀림없이 변제할 것을 확인함. 20○○. 1. 1. 채무자 김○○, ○○금고 귀하"라고 기재한 후 위 김○○의 이름 옆에 미리 조각하여 소지하고 있던 동인의 인장을 찍어 권리의무에 관한 사무서인 동인 명의의 차용증서 1통을 위조하고,

즉시 그 자리에서 그 정을 모르는 위 금고 직원 김○○에게 금000원을 대출받으면서 위와 같이 위조한 차용증서를 마치 진정하게 성립한 것처럼 교부하여 이를 행사한 것이다.

고　소　장

(고소장 기재사항 중 *표시된 항목은 반드시 기재하여야 합니다.)

1. 고 소 인

성 명 (상호 · 대표자)	홍 길 동	주민등록번호 (법인등록번호)	000000-0000000
주 소 (주사무소소재지)	○○시 ○○로 ○○(○○동) (현거주지)　○○시 ○○로 ○○(○○동)		
직 업	회사원	사무실 주소	○○시 ○○동 ○○(○○동)
전 화	(휴대폰) 010-1234-5678 (자 택) 02-123-3456　　　　(사무실) 02-234-5678		
이 메 일	hong@naver.com		
대리인에 의한 고소	□ 법정대리인 (성명 :　　　. 연락처　　　　　) □ 고소대리인 (성명 : 변호사　　. 연락처　　　　)		

※ 고소인이 법인 또는 단체인 경우에는 상호 또는 단체명, 대표자, 법인등록번호
(또는 사업자등록번호), 주된 사무소의 소재지, 전화 등 연락처를 기재해야 하
며, 법인의 경우에는 법인등기부등본이 첨부되어야 합니다.

※ 미성년자의 친권자 등 법정대리인이 고소하는 경우 및 변호사에 의한 고소대리
의 경우 법정대리인 관계, 변호사 선임을 증명할 수 있는 서류를 첨부하시기 바
랍니다.

2. 피고소인

성 명	○ ○ ○	주민등록번호	000000-0000000
주 소	○○시 ○○로 ○○(○○동) (현거주지)　○○시 ○○로 ○○(○○동)		
직 업	무직	사무실 주소	
전 화	(휴대폰) 010-3456-1234 (자 택) 02-345-6789　　　　(사무실)		
이 메 일	abc@hanmail.net		
기타사항	고소인과의 관계 : 거래상대방으로서 친 · 인척관계는 없음		

※ 기타사항에는 고소인과의 관계 및 피고소인의 인적사항과 연락처를 정확히 알
  수 없을 경우 피고소인의 성별, 특징적 외모, 인상착의 등을 구체적으로 기재하
  시기 바랍니다.

3. 고소취지

   고소인은 피고소인을 ○○죄로 고소하오니 처벌하여 주시기 바랍니다.

4. 범죄사실

※ 범죄사실은 형법 등 처벌법규에 해당하는 사실에 대하여 일시, 장소, 범행방법,
  결과 등을 구체적으로 특정하여 기재해야 하며, 고소인이 알고 있는 지식과 경
  험, 증거에 의해 사실로 인정되는 내용을 기재하여야 합니다.

5. 고소이유

※ 고소이유에는 피고소인의 범행 경위 및 정황, 고소를 하게 된 동기와 사유 등
  범죄사실을 뒷받침하는 내용을 간략, 명료하게 기재해야 합니다.

6. **증거자료** (✓ 해당란에 체크하여 주시기 바랍니다)
   □ 고소인은 고소인의 진술 외에 제출할 증거가 없습니다.
   □ 고소인은 고소인의 진술 외에 제출할 증거가 있습니다.
     ☞ 제출할 증거의 세부내역은 별지를 작성하여 첨부합니다.

7. **관련사건의 수사 및 재판 여부** (✓ 해당란에 체크하여 주시기 바랍니다)

① 중복 고소 여부	본 고소장과 같은 내용의 고소장을 다른 검찰청 또는 경찰서에 제출하거나 제출하였던 사실이 있습니다 □ / 없습니다 □

② 관련 형사사건 수사 유무	본 고소장에 기재된 범죄사실과 관련된 사건 또는 공범에 대하여 검찰청이나 경찰서에서 수사 중에 있습니다 ☐ / 수사 중에 있지 않습니다 ☐
③ 관련 민사소송 유무	본 고소장에 기재된 범죄사실과 관련된 사건에 대하여 법원에서 민사소송 중에 있습니다 ☐ / 민사소송 중에 있지 않습니다 ☐

기타사항

※ ①, ②항은 반드시 표시하여야 하며, 만일 본 고소내용과 동일한 사건 또는 관련 형사사건이 수사·재판 중이라면 어느 검찰청, 경찰서에서 수사 중인지, 어느 법원에서 재판 중인지 아는 범위에서 기타사항 난에 기재하여야 합니다.

8. 기 타

본 고소장에 기재한 내용은 고소인이 알고 있는 지식과 경험을 바탕으로 모두 사실대로 작성하였으며, 만일 허위사실을 고소하였을 때에는 형법 제156조 무고죄로 처벌받을 것임을 서약합니다.

200○.   ○.   ○.*

고소인   (인)*
제출인   (인)

※ 고소장 제출일을 기재하여야 하며, 고소인 난에는 고소인이 직접 자필로 서명 날(무)인 해야 합니다. 또한 법정대리인이나 변호사에 의한 고소대리의 경우에는 제출인을 기재하여야 합니다.

○○**지방검찰청   귀중**

※ 고소장은 가까운 경찰서에 제출하셔도 되며, 경찰서 제출시에는 '○○경찰서 귀중'으로 작성하시기 바랍니다.

[별지] 증거자료 세부 목록

(범죄사실 입증을 위해 제출하려는 증거에 대하여 아래 각 증거별로 해당란을 구체적으로 작성해 주시기 바랍니다)

1. 인적증거 (목격자, 기타 참고인 등)

성 명		주민등록번호	-
주 소	자택 : 직장 :	직 업	
전 화	(휴대폰) (자 택)　　　　　　　　(사무실)		
입증하려는 내　　용	○○○ 고소인의 친구이며, 피고소인이 고소인에게 금 ○○○원을 주면 ○○을 싸게 구입해주겠다고는 말을 20○○. ○. ○. 고소인과 같이 들었음		

※ 참고인의 인적사항과 연락처를 정확히 알 수 없으면 참고인을 특정할 수 있도록 성별, 외모 등을 '입증하려는 내용'란에 아는 대로 기재하시기 바랍니다.

2. 증거서류 (진술서, 차용증, 금융거래내역서, 진단서 등)

순번	증　　거	작성자	제 출 유 무
1			☐ 접수시 제출　☐ 수사 중 제출
2			☐ 접수시 제출　☐ 수사 중 제출
3			☐ 접수시 제출　☐ 수사 중 제출
4			☐ 접수시 제출　☐ 수사 중 제출
5			☐ 접수시 제출　☐ 수사 중 제출

※ 증거란에 각 증거서류를 개별적으로 기재하고, 제출 유무란에는 고소장 접수시 제출하는지 또는 수사 중 제출할 예정인지 표시하시기 바랍니다.

3. 증 거 물

순번	증　　거	소유자	제 출 유 무
1			☐ 접수시 제출　☐ 수사 중 제출
2			☐ 접수시 제출　☐ 수사 중 제출

3		□ 접수시 제출 □ 수사 중 제출
4		□ 접수시 제출 □ 수사 중 제출
5		□ 접수시 제출 □ 수사 중 제출

※ 증거란에 각 증거물을 개별적으로 기재하고, 소유자란에는 고소장 제출시 누가 소유하고 있는지, 제출 유무란에는 고소장 접수시 제출하는지 또는 수사 중 제출할 예정인지 표시하시기 바랍니다.

4. 기타 증거

[서식 376] 고소장

고 소 장

1. 고소인

성 명 (상호 · 대표자)		생년월일 (법인등록번호)	
주 소 (주사무소 소재지)			
직 업		사무실 주소	
전 화	(휴대폰)	(사무실)	
이메일			
대리인에 의한 고소	□ 법정대리인 (성명 :　　　　　. 연락처　　　　) □ 고소대리인 (성명 :　　　　　　　　　　)		

2. 피고소인

고소인의 법률상 배우자인 OOO(OOOOOO-OOOOOO)입니다.

3. 고소 취지

고소인은 피고소인을 통신매체를 이용한 음란행위(성폭력범죄의 처벌 등에 관한 특
례법 제13조), 협박(형법 제283조 제1항), 강간(형법 제297조), 유사강간(형법 제
297조의2), 강제추행(형법 제298조), 강요(형법 제324조 제1항)죄로 고소하오니
엄중한 수사로 처벌하여 주시기 바랍니다.

4. 사건의 경위

가. 고소인과 피고소인의 혼인생활

고소인과 피고소인은 20○○. ○○. ○○.경 결혼식을 올리고, 20○○. ○○. ○○. 혼인
신고를 마치며 혼인생활을 시작하였으며 20○○. ○○. ○○. 자녀를 출산하였습니다.
그러나 피고소인은 결혼 후에도 잦은 술자리와 다른 여자와의 만남을 지속하였고,
20○○.○○. ○○. 무렵 대포차 사건에 연루되어 구치소에 수감되는 등 우여곡절 끝에
집행유예 판결을 받은 적도 있습니다.

고소인은 여동생의 금전문제로 사기를 당했고, 20○○. ○○. ○○. 무렵 현재 전세로
살고있는 집 주인에게 '담보 이행각서'라는 문건이 도착하면서, 피고소인과 피고소
인의 가족들은 고소인에게 '사기 결혼하여 남편 등골을 빼먹는 여자'취급을 하면서,
이혼을 종용하며 아무것도 바라지 말고 아이도 놓고 혼자 나가라는 소리를 들었습
니다.

나. 피고소인의 가혹행위

고소인 또한 더 이상의 결혼생활은 무리라고 판단되어 이혼을 결심하였지만 양육
권만은 포기할 수는 없다는 의견을 밝혔습니다. 그런데 그 이후부터 피고소인은 양
육권을 빌미로 '아이와 함께 하고 싶으면 내 말을 잘 들어야 한다'라며 차마 글로
담을 수 없을 정도의 성적 학대와 폭력을 행사하였습니다.

피고소인은 주중에는 지방에서 일을 하고 주말에 고소인과 아이가 있는 집에 찾아
오는데, 행여 고소인이 아이를 데리고 도망갈까봐 휴대전화에 위치추적 어플리케이
션을 설치하고 변태적 성행위를 강요했습니다. 아이 양육을 빌미로 평생 복종하겠

다는 각서 작성을 강요하고, 상상도 할 수 없는 물건들을 고소인의 성기에 삽입하라고 하고, 소변을 마시라고 하며, 변태적인 성행위를 강요하며 매일 카카오톡을 통하여 자위영상을 찍어서 보내라며 고소인을 학대하고 있습니다.

5. 범죄 사실
가. 법률의 규정

> **−성폭력범죄의 처벌 등에 관한 특례법−**
> 제13조(통신매체를 이용한 음란행위) 자기 또는 다른 사람의 성적 욕망을 유발하거나 만족시킬 목적으로 전화, 우편, 컴퓨터, 그 밖의 통신매체를 통하여 성적 수치심이나 혐오감을 일으키는 말, 음향, 글, 그림, 영상 또는 물건을 상대방에게 도달하게 한 사람은 2년 이하의 징역 또는 500만원 이하의 벌금에 처한다.
>
> **−형법−**
> 제283조(협박, 존속협박) ①사람을 협박한 자는 3년 이하의 징역, 500만원 이하의 벌금, 구류 또는 과료에 처한다.
> 제297조(강간) 폭행 또는 협박으로 사람을 강간한 자는 3년 이상의 유기징역에 처한다.
> 제297조의2(유사강간) 폭행 또는 협박으로 사람에 대하여 구강, 항문 등 신체(성기는 제외한다)의 내부에 성기를 넣거나 성기, 항문에 손가락 등 신체(성기는 제외한다)의 일부 또는 도구를 넣는 행위를 한 사람은 2년 이상의 유기징역에 처한다.
> 제298조(강제추행) 폭행 또는 협박으로 사람에 대하여 추행을 한 자는 10년 이하의 징역 또는 1천500만원 이하의 벌금에 처한다.
> 제324조(강요) ①폭행 또는 협박으로 사람의 권리행사를 방해하거나 의무없는 일을 하게 한 자는 5년 이하의 징역 또는 3천만원 이하의 벌금에 처한다.

나. 피고소인의 범죄

피고소인은 카카오톡을 이용하여 성적 수치심이나 혐오감을 일으키는 말을 도달하게 하고, 자신의 말을 듣지 않으면 자녀 양육에 관하여 좋지 못한 일이 있을 것이라며 협박하고, 고소인의 의사에 반하여 변태적인 성관계를 계속하고, 고소인의 성기에 물건들을 삽입하고, 고소인에게 음란한 동영상을 촬영하여 전송하라고 지시[87]하고, 소변 등을 마시게 하는 등 협박, 강간, 유사강간, 강제추행, 강요죄를 범하였습니다.

6. 결론

고소인은 피고소인은 물론 피고소인의 가족들로부터 이미 인간 이하의 취급을 받고 있습니다. 장기간에 걸친 피고소인의 행위로 인하여 고소인은 엄청난 정신적 고통에 시달리고 있는바, 피고소인을 엄중히 수사하여 처벌하여 주시기 바랍니다.

7. 증거 자료

　□　고소인은 고소인의 진술 외에 제출할 증거가 없습니다.

　■　고소인은 고소인의 진술 외에 제출할 증거가 있습니다.

　　→ 별지로 첨부합니다.

8. 관련 사건의 수사 및 재판 여부

① 중복 고소 여부	본 고소장과 같은 내용의 고소장을 다른 검찰청 또는 경찰서에 제출하거나 제출하였던 사실이 있습니다 □ / 없습니다 □
② 관련 형사사건 수사 유무	본 고소장에 기재된 범죄사실과 관련된 사건 또는 공범에 대하여 검찰청이나 경찰서에서 수사 중에 있습니다 □ / 수사 중에 있지 않습니다 □
③ 관련 민사소송 유 무	본 고소장에 기재된 범죄사실과 관련된 사건에 대하여 법원에서 민사소송 중에 있습니다 □ / 민사소송 중에 있지 않습니다 □

9. 기타

(고소내용에 대한 진실확약)

본 고소장에 기재한 내용은 고소인이 알고 있는 지식과 경험을 바탕으로 모두 사실대로 작성하였으며, 만일 허위사실을 고소하였을 때에는 형법 제156조 무고죄로 처벌받을 것임을 서약합니다.

2020.　2.　　.

고소인　○　○　○

○○경찰서 귀중

별지 : 증거자료 세부 목록

순번	증거	소유자	제출 유무
1	카카오톡	○○○	☐ 접수시 제출 ☐ 수사 중 제출
2			☐ 접수시 제출 ☐ 수사 중 제출
3			☐ 접수시 제출 ☐ 수사 중 제출
4			☐ 접수시 제출 ☐ 수사 중 제출
5			☐ 접수시 제출 ☐ 수사 중 제출

---

87) 대법원 2018. 2. 8. 선고 2016도17733 판결 "강제추행죄는 사람의 성적 자유 내지 성적 자기결정의 자유를 보호하기 위한 죄로서 정범 자신이 직접 범죄를 실행하여야 성립하는 자수범이라고 볼 수 없으므로, 처벌되지 아니하는 타인을 도구로 삼아 피해자를 강제로 추행하는 간접정범의 형태로도 범할 수 있다. 여기서 강제추행에 관한 간접정범의 의사를 실현하는 도구로서의 타인에는 피해자도 포함될 수 있다고 봄이 타당하므로, 피해자를 도구로 삼아 피해자의 신체를 이용하여 추행행위를 한 경우에도 강제추행죄의 간접정범에 해당할 수 있다. 피고인이 피해자들을 협박하여 겁을 먹은 피해자들로 하여금 어쩔 수 없이 나체나 속옷만 입은 상태가 되게 하여 스스로를 촬영하게 하거나, 성기에 이물질을 삽입하거나 자위를 하는 등의 행위를 하게 하였다면, 이러한 행위는 피해자들을 도구로 삼아 피해자들의 신체를 이용하여 그 성적 자유를 침해한 행위로서, 그 행위의 내용과 경위에 비추어 일반적이고도 평균적인 사람으로 하여금 성적 수치심이나 혐오감을 일으키게 하고 선량한 성적 도덕관념에 반하는 행위라고 볼 여지가 충분하다. 따라서 원심이 확정한 사실관계에 의하더라도, 피고인의 행위 중 위와 같은 행위들은 피해자들을 이용하여 강제추행의 범죄를 실현한 것으로 평가할 수 있고, 피고인이 직접 위와 같은 행위들을 하지 않았다거나 피해자들의 신체에 대한 직접적인 접촉이 없었다고 하더라도 달리 볼 것은 아니다."

고 소 장

고 소 인   ○　○　○ (000000-0000000)

                  ○○시 ○○구 ○○로 ○○ (○○동)

                  (전화번호 : 000-0000)

피고소인   ○　○　○ (000000-0000000)

                  ○○시 ○○구 ○○로 ○○ (○○동)

                  (전화번호 : 000-0000)

고 소 취 지

피고소인에 대하여 강간죄로 고소하오니 처벌하여 주시기 바랍니다.

고 소 사 실

1. 피고소인은 ○○시 ○○구 ○○로 ○○ (○○동)에 사는 자인데 20○○. ○. ○. 01:30경에 ○○시 ○○구 ○○로 ○○ (○○동) 소재 고소인의 집에서 잠을 자고 있는 고소인을 폭행, 협박하여 강제로 ○회 성교를 하였습니다. 당시 고소인은 고소인의 방에서 깊은 잠에 빠져 있었는데 고소인의 방의 열린 창문을 통하여 침입한 피고소인이 갑자기 놀라 잠에서 깨어난 고소인의 입을 손으로 틀어막은 후 가만히 있지 않으면 죽여 버리겠다고 협박하고 이에 반항하는 고소인의 목을 조르고 얼굴을 주먹으로 수회 강타한 후 강제로 자신의 성기를 고소인의 질내에 삽입하여 고소인을 강간한 것입니다.

2. 위와 같은 사실을 들어 피고소인을 고소하오니 철저히 조사하시어 엄벌하여 주시기 바랍니다.

소 명 방 법

    1. 진단서   1통

       조사시 자세히 진술하겠습니다.

20○○. ○. ○.

위 고소인 ○ ○ ○ (인)

○○경찰서장 귀하

고 소 장

고 소 인 　　○　○　○ (000000-0000000)

　　　　　　○○시 ○○구 ○○로 ○○ (○○동)

　　　　　　(전화번호 : 000-0000)

피고소인 　　○　○　○ (000000-0000000)

　　　　　　○○시 ○○구 ○○로 ○○ (○○동)

　　　　　　(전화번호 : 000-0000)

피고소인을 상대로 강간치상죄로 고소하오니 처벌하여 주시기 바랍니다.

고 소 사 실

1. 피고소인은 20○○. ○. ○. 22:40경 ○○시 ○○구 ○○로 ○○ (○○동) 소재 피고소인의 집에서 전화로 고소인 경영의 ○○다방으로 차 주문을 한 후 그 주문을 받고 배달을 나온 고소인을 보고 손으로 고소인을 밀쳐 그곳 방바닥에 눕힌 다음 하의와 속옷을 벗기고 "말을 듣지 않으면 죽여 버린다"고 말하면서 그 옆에 있는 각목으로 고소인의 머리를 때려 고소인의 반항을 억압한 후 강간하려 하였으나 때마침 고소인을 찾으러 온 위 다방 종업원인 고소 외 ○○○에게 발각되어 강간은 당하지 아니하였으나 이로 인하여 고소인으로 하여금 약 ○주간의 치료를 요하는 두피 좌상 등의 상해를 입게 한 사실이 있습니다.

2. 위와 같은 사실을 들어 피고소인을 고소하오니 철저히 조사하시어 엄벌하여 주시기 바랍니다.

첨 부 서 류

　1. 상해진단서　　　　　　　　　　　　　1통

　　　조사시 자세히 진술하겠습니다.

　　　　　　　　20○○.　○.　○.

　　　　　　위 고소인　○　○　○　(인)

○○경찰서장　귀하

고 소 장

고 소 인   ○   ○   ○ (000000-0000000)

　　　　　　　　○○시 ○○구 ○○로 ○○ (○○동)

　　　　　　　　(전화번호 : 000-0000)

피고소인   ○   ○   ○ (000000-0000000)

　　　　　　　　○○시 ○○구 ○○로 ○○ (○○동)

　　　　　　　　(전화번호 : 000-0000)

고 소 취 지

피고소인에 대하여 강제집행면탈죄로 고소하오니 처벌하여 주시기 바랍니다.

고 소 사 실

1. 피고소인은 ○○산업의 영업상무직에 있는 자로서, 고소인으로부터 ○○만원을 차용한 사실이 있으나 그 변제기일에 채무를 변제하지 않아 고소인이 강제집행을 하려고 준비에 착수하자, 피고소인은 이것을 면하기 위하여 등기명의이전에 의한 부동산의 허위양도를 하기로 마음먹고 20○○. ○. ○. 피고소인의 사촌인 고소외 ○○○에게 부탁하여 강제집행을 당할 우려가 있는 피고소인 소유의 ○○시 ○○로 ○○(○○동)번지에 있는 콘크리트조 2층 주택 1동, 면적 ○○㎡에 관하여 피고소인 소유명의를 고소외 ○○○에게 이전할 것을 승낙받아 동인에게 위 주택을 매도하는 내용의 허위매도증서를 작성하고, 같은 해 ○. ○. 그 사실을 모르는 법무사 ○○○로 하여금 위 부동산의 매매에 기인한 소유권이전등기신청의 관계서류를 작성, 같은 동 ○○번지에 있는 ○○지방법원 ○○등기소 담당직원에게 제출하게 하고 같은 날 위 등기소 담당공무원으로 하여금 그 내용의 권리를 등기하게 하여 위 부동산을 허위 양도한 것입니다.

2. 따라서 위와 같은 사실로 피고소인을 고소하오니 철저히 조사하시어 처벌하여

주시기 바랍니다.

입 증 방 법

조사시 자세히 진술하겠습니다.

20○○.　○.　○.

위 고소인　○　○　○　(인)

○○경찰서장　귀하

[서식(고소장) 5]　강제집행면탈죄(주식 허위양도)

고 　소 　장

고 소 인　　　　○　　○　　○ (000000-0000000)

　　　　　　　○○시 ○○구 ○○로 ○○ (○○동)

　　　　　　　(전화번호 : 000-0000)

피고소인　　　　○　　○　　○ (000000-0000000)

　　　　　　　○○시 ○○구 ○○로 ○○ (○○동)

　　　　　　　(전화번호 : 000-0000)

고 소 취 지

피고소인을 강제집행면탈죄로 고소하오니 처벌하여 주시기 바랍니다.

고 소 사 실

1. 피고소인은 20○○년부터 건축업을 목적으로 ○○건설 주식회사를 설립하여 이 회사 대표이사로 있는 자로서 지급능력이 없으면서 거액의 어음을 고소인에게 남발하였고, 위 피고소인은 약속어음의 지불기일이 되자 고소인 등이 피고소인의 재산에 압류 등 강제처분을 할 것을 우려한 나머지 자기 소유재산인 ○○건설 주식회사를 허위로 양도하는 등 고소인의 강제집행을 면할 것을 기도하고 ○○건설 주식회사 대표 ○○○와 공모하여 20○○. ○. ○. 위 ○○건설 주식회사 주식 13,000주를 금 6,000만원으로 평가하여 그중 7,000주를 대금 3,500만원에 매도하였음에도 불구하고 주식 전체를 위 ○○건설 주식회사 대표 ○○○에게 매도한 것처럼 서류를 만들고 내용적으로 전 주식의 70%만 피고인에게 양도한다는 비밀합의서를 만든 다음 그 일체에 필요한 서류를 교부하여 주었습니다.

2. 그 후 20○○. ○. ○. ○○시 ○○로 ○○(○○동) 소재 ○○빌딩 ○호에서 피고소인 ○○○은 동 회사 주식 13,000주를 ○○○에게 양도하는 이사회를 개최 만장일치로 승낙한 것처럼 의사회의사록도 만들었고 13,000주를 ○○○에게 완전히 배서하여 줌으로써 동 주식 30% 해당분 2,500만원 상당을 강제집행 불능케 하여 이를 면탈한 것입니다.

3. 이에 고소인은 위와 같은 사실로 피고소인을 고소하오니 철저히 조사하여 법에 의거 엄벌하여 주시기 바랍니다.

20○○. ○. ○.

위 고소인 ○ ○ ○   (인)

○○경찰서장 귀하

고 소 장

고 소 인   ○   ○   ○ (000000-0000000)
　　　　　　　○○시 ○○구 ○○로 ○○ (○○동)
　　　　　　　(전화번호 : 000-0000)

피고소인   ○   ○   ○ (000000-0000000)
　　　　　　　○○시 ○○구 ○○로 ○○ (○○동)
　　　　　　　(전화번호 : 000-0000)

고 소 취 지

피고소인에 대하여 강제추행죄로 고소하오니 처벌하여 주시기 바랍니다.

고 소 사 실

1. 피고소인은 트럭을 몰고 다니며 주방기기를 판매하는 자인바, 20○○. ○. ○.
   15:30경 ○○군 ○○면 ○○리를 지나던 중 ○○ 산기슭에 있는 밭에서 피고소
   인이 밭일을 하고 있는 것을 보고 갑자기 그녀에게 달려들어 끌어안고 땅에 넘어
   뜨린 후 그녀의 배 위에 걸터앉아 얼굴을 때리는 등 폭행을 가하고 그녀의 치마
   를 찢고 손으로 음부와 유방을 만지는 등 강제로 추행한 것입니다.

2. 따라서 위와 같은 사실로 피고소인을 고소하오니 철저히 조사하시어 처벌하여
   주시기 바랍니다.

입 증 방 법

조사시 자세히 진술하겠습니다.

20○○.　○.　○.

위 고소인 ○ ○ ○   (인)

○○경찰서장 귀하

고 소 장

고 소 인   ○   ○   ○ (000000-0000000)

○○시 ○○구 ○○로 ○○ (○○동)

(전화번호 : 000-0000)

피고소인   ○   ○   ○ (000000-0000000)

○○시 ○○구 ○○로 ○○ (○○동)

(전화번호 : 000-0000)

고 소 취 지

피고소인에 대하여 공갈죄로 고소하오니 처벌하여 주시기 바랍니다.

고 소 사 실

1. 피고소인은 일정한 직업이 없는 자인바, 20○○. ○. 중순경 ○○시 ○○동 소재 ○○카바레에서 우연히 만나 정교한 유부녀인 고소인으로부터 정교사실을 미끼로 금품을 갈취하기로 마음먹고,

2. 위 같은 해 ○. ○. 13:30경 ○○시 ○○동 소재 ○○호텔 커피숍에서 고소인에게 사업자금이 급히 필요해서 그러니 3,000만 원만 달라, 만일 이에 불응하면 위 정교사실을 사진과 함께 ○○공무원으로 근무하고 있는 당신의 남편에게 알려버리겠다고 말하는 등 협박하여 이에 겁을 먹은 고소인으로부터 다음날 15:00경 위 커피숍에서 3,000만 원을 교부받아 이를 갈취한 것입니다.

3. 따라서 피고소인을 귀서에 고소하오니 철저히 조사하시어 처벌하여 주시기 바랍니다.

입 증 방 법

조사시 자세히 진술하겠습니다.

20○○.   ○.   ○.

위 고소인 ○   ○   ○   (인)

○○경찰서장   귀하

고　소　장

고 소 인　　　　○　　○　　○ (000000-0000000)

　　　　　　　　○○시 ○○구 ○○로 ○○ (○○동)

　　　　　　　　(전화번호 : 000-0000)

피고소인　　　　○　　○　　○ (000000-0000000)

　　　　　　　　○○시 ○○구 ○○로 ○○ (○○동)

　　　　　　　　(전화번호 : 000-0000)

고　소　취　지

피고소인에 대하여 공갈죄로 고소하오니 처벌하여 주시기 바랍니다.

고　소　사　실

1. 피고소인은 일정한 주거와 직업 없이 놀고 있는 자인바, ○○시 ○○구 ○○로 ○○ (○○동) 소재 ○○단란주점에서 접대부를 고용하고 있음을 기화로 금품을 갈취하기로 마음먹고 20○○. ○. ○. 14:00경 동소에 고객으로 가장하여 그 정을 모르는 고소외 ○○○, 같은 ○○○를 데리고 들어가 양주 1병(시가 170,000원)과 안주(시가 150,000원) 등 도합 320,000원 상당의 음식을 시켜먹고 고소인에게 "지금 돈 안 가져 왔으니 외상으로 합시다."라고 말하여 고소인이 이를 거절하자 피고소인과 작배한 접대부를 지적하면서 "이 집에 접대부를 둘 수 있느냐 지금 당장 112에 신고하겠다"라고 동소 전화기를 들자, 고소인이 수화기를 뺏으며, "그럼 내일 가져 오세요"라고 하자 "이제 필요 없어 그러면 신고 안 할 테니 50만원만 주쇼"라고 돈을 요구하며 만약 이에 불응하면 당국에 신고하여 처벌을 받게 할 것 같은 기세를 보여서, 이에 외포된 고소인이 그 즉시 금 500,000원을 교부하는 등 위 대금 370,000원을 면하여 도합 870,000원 상당을 갈취한 것입니다.

2. 따라서 피고소인을 귀서에 고소하오니 철저히 조사하시어 처벌하여 주시기 바랍니다.

입 증 방 법

조사시 자세히 진술하겠습니다.

20○○. ○. ○.

위 고소인 ○ ○ ○ (인)

○○경찰서장 귀하

[서식(고소장) 9] 공무상비밀표시무효죄(압류표시의 효용을 해함)

고   소   장

고 소 인   ○ ○ ○ (000000-0000000)
              ○○시 ○○구 ○○로 ○○ (○○동)
              (전화번호 : 000-0000)

피고소인   ○ ○ ○ (000000-0000000)
              ○○시 ○○구 ○○로 ○○ (○○동)
              (전화번호 : 000-0000)

고 소 취 지

  피고소인을 상대로 공무상비밀표시무효의 죄로 고소하오니 처벌하여 주시기 바랍니다.

고 소 사 실

1. 고소인은 피고소인에게 금 ○○○원을 대여하였으나, 변제기가 지나도 이를 변제하지 않아 고소인이 피고소인을 상대로 ○○지방법원에서 위 대여금의 지급을 구하는 청구소송을 제기하여 확정판결을 받은 바 있습니다.

2. 고소인은 확정판결을 받은 후에도 피고소인의 임의변제를 기다렸으나, 피고소인이 막무가내로 변제를 거부함에 따라 20○○. ○. ○. 15:00부터 같은 날 16:20경까지 사이에 ○○지방법원 소속 집행관(○○○)의 지휘 아래 ○○시 ○○구 ○○로 ○○ (○○동) 소재 피고소인의 유체동산에 대한 압류집행을 실시하였습니다.

3. 이러한 압류집행을 실시한 후에 피고소인이 집행관이나 고소인인 채권자의 동의나 허락을 받음이 없이 집행관과 고소인인 채권자에게 일방적으로 위 압류물의 이전을 통고한 후 ○○지방법원 소속 집행관의 관할구역 밖인 ○○장소로 압류표시 된 물건을 이전함으로써 위 집행관이 실시한 압류표시의 효용을 해하였습니다.

4. 피고소인의 이러한 행위는 형법 제140조(공무상비밀표시무효) 제1항 "공무원이 그 직무에 관하여 실시한 봉인 또는 압류 기타 강제처분의 표시를 손상 또는 은닉하거나 기타 방법으로 그 효용을 해한 행위"에 해당한다고 할 것입니다.

5. 따라서 피고소인을 귀서에 고소하오니 철저히 조사하시어 처벌하여 주시기 바랍니다.

첨 부 서 류

   1. 판결문 사본   1통
     조사시 자세히 진술하겠습니다.

20○○. ○. ○.

위 고소인 ○ ○ ○ (인)

○○경찰서장 귀하

[서식(고소장) 10] **권리행사방해죄(공장기계 등 은닉)**

고   소   장

고 소 인   주식회사 ○○은행
                ○○시 ○○구 ○○로 ○○ (○○동)
                대표이사 ○ ○ ○

피고소인   ○○주식회사
                ○○시 ○○구 ○○로 ○○ (○○동)
                대표이사 ○ ○ ○

고 소 취 지

피고소인을 형법 제323조의 권리행사방해죄로 고소하오니 처벌하여 주시기 바랍
니다.

고 소 사 실

1. 피고소인은 ○○시 ○○구 ○○로 ○○ (○○동) 소재에서 ○○주식회사라는 상
   호로 쇠공구등 철물 제조업에 종사하면서 20○○. ○. ○. 당 은행을 찾아와 현
   재 회사의 경영상 자금이 급히 필요하여 대출을 신청한다고 하여 고소인은 피고
   소인의 자산가치 등 담보물을 확인한 결과, 피고소인이 운영하는 공장의 부동산
   과 그 사업장내의 쇠공구 등의 생산에 필요한 피고소인 소유 선반, 밀링등 기계
   가 있어 고소인은 공장저당법에 의하여 이를 담보로 피고소인에게 대출을 하여
   주었던 것입니다.

2. 그 후 피고소인은 대출금 상환기일이 도과하여도 이를 변제하지 아니하므로 고
   소인은 위 공장저당법에 의한 물건들을 법 절차에 따라 경매하려 현장 확인을
   하여 본 결과, 고소인은 담보 대출 당시 공장 내에 있는 기계 등의 저당목록에
   기재된 물건들이 상당수 없어진 점을 발견하고 고소인은 피고소인 회사 직원에
   게 이를 추궁한 끝에 위 물건들이 피고소인에 의하여 ○○시 ○○구 ○○로 ○○

(○○동) 소재 ○○○ 경영의 공장 현장으로 옮겨 은닉한 사실을 발견하였습니다. 현재 피고소인은 고소인에게 대출금을 한 푼도 상환하지 않고 있을 뿐만 아니라 피고소인은 고소인의 권리로 담보된 물건을 취거 은닉한 부분에 대하여 전혀 범죄의식이 없습니다.

3. 따라서 위와 같은 사실을 들어 피고소인을 권리행사방해죄로 고소하오니 철저히 조사하시어 처벌하여 주시기 바랍니다.

첨 부 서 류

1. 등기권리증 사본	1부
1. 법인등기부등본	2부
1. 현장사진 등	5부

20○○. ○. ○.

위 고소인 ○ ○ ○   (인)

○○경찰서장 귀하

고 소 장

고 소 인   ○ ○ ○ (000000-0000000)

○○시 ○○구 ○○로 ○○ (○○동)

(전화번호 : 000-0000)

피고소인   ○ ○ ○ (000000-0000000)

○○시 ○○구 ○○로 ○○ (○○동)

(전화번호 : 000-0000)

고 소 취 지

피고소인에 대하여 명예훼손죄로 고소하오니 처벌하여 주시기 바랍니다.

고 소 사 실

1. 피고소인은 20○○. ○. ○. 21:30경 ○○시 ○○구 ○○로 ○○ (○○동)에 있는 피고소인의 집 3층 방에서 그곳으로부터 약 50m 거리의 길가에 주차되어 있던 승용차가 불타고 있는 것을 발견하고 곧 불을 끄고자 뛰어 갔는바, 그때 그곳에서 서성거리고 있던 같은 동네에 사는 고소인을 보고, 그를 의심하여 아무런 확증이 없음에도 같은 달 ○. 20:00경 피고소인의 집에서 이웃에 사는 고소 외 ○○○, 같은 ○○○, 같은 ○○○ 등에 대하여 "경찰이 아직도 방화범을 잡지 못하는 것은 다 이유가 있다. 그 범인은 바로 옆 골목에 사는 ○○○인데 그가 경찰관들과 친하기 때문에 잡지 않는 것이다"라는 등으로 공연히 사실을 적시하여 고소인의 명예를 훼손한 자입니다.

2. 따라서 피고소인을 귀서에 고소하오니 철저히 조사하시어 처벌하여 주시기 바랍니다.

입 증 방 법

조사시 자세히 진술하겠습니다.

                    20○○.   ○.   ○.

              위 고소인   ○   ○   ○   (인)

    ○○경찰서장   귀하

[서식(고소장) 12] 명예훼손죄(회사의 공금 횡령)

고   소   장

고 소 인   ○   ○   ○ (000000-0000000)
                 ○○시 ○○구 ○○로 ○○ (○○동)
                 (전화번호 : 000-0000)

피고소인   ○   ○   ○ (000000-0000000)
                 ○○시 ○○구 ○○로 ○○ (○○동)
                 (전화번호 : 000-0000)

고 소 사 실

1. 피고소인은 ○○주식회사의 주주입니다.

2. 20○○. ○. ○. ○○시 ○○구 ○○로 ○○ (○○동)에서 이 회사의 주주총회시
   동 회사의 대표이사인 고소인이 그동안의 회사의 경영사정에 대하여 고소인의
   의사를 피력하는 중 피고소인이 고소인의 의사를 반박함으로써 언쟁이 있었는데
   피고소인이 50여 명의 주주가 모인 이 자리에서 회사의 공금을 횡령한 사기꾼이
   무슨 할 이야기가 많으냐? 근거가 있으니 고소하여 처벌받게 할 것인데 어떻게
   생각하느냐고 타인들의 동조를 구하는 등 고소인도 전혀 알지 못하는 사실무근

한 허위사실을 들어가면서 고소인의 명예를 훼손한 사실이 있습니다.

3. 위와 같은 사실을 들어 피고소인을 귀서에 고소하오니 철저히 조사하시어 엄벌하여 주시기 바랍니다.

20○○. ○. ○.

위 고소인 ○ ○ ○ (인)

○○경찰서장 귀하

[서식(고소장) 13] 모욕죄(물품대금 외상거절로 인함)

고 소 장

고 소 인   ○ ○   ○ (000000-0000000)
　　　　　　　○○시 ○○구 ○○로 ○○ (○○동)
　　　　　　　(전화번호 : 000-0000)

피고소인   ○ ○   ○ (000000-0000000)
　　　　　　　○○시 ○○구 ○○로 ○○ (○○동)
　　　　　　　(전화번호 : 000-0000)

고 소 취 지

피고소인을 상대로 모욕죄로 고소하오니 처벌하여 주시기 바랍니다.

고 소 이 유

1. 피고소인은 ○○시 ○○로 ○○(○○동)에 거주하는 자로서, 20○○. ○. ○.
   19:00경 같은 로 ○○(○○동)에 있는 고소인이 경영하는 ○○가게에서 평소 고
   소인이 피고소인에게 외상으로 물건을 주지 않는다는 이유로 고소외 ○○○, 같
   은 ○○○ 등 마을사람 10여 명이 있는 가운데 고소인에게 "이 돼지 같은 년아,
   네가 혼자 잔뜩 처먹고 배 두드리며 사나보자"라고 큰소리로 말하여 공연히 고소
   인을 모욕한 것입니다.

2. 따라서 피고소인을 귀서에 고소하오니 철저히 조사하시어 처벌하여 주시기 바랍
   니다.

입 증 방 법

추후 조사시 제출하겠습니다.

20○○.   ○.   ○.

위 고소인   ○   ○   ○   (인)

○○경찰서장   귀하

고 소 장

고 소 인   ○   ○   ○ (000000-0000000)

○○시 ○○구 ○○로 ○○ (○○동)

(전화번호 : 000-0000)

피고소인   ○   ○   ○ (000000-0000000)

○○시 ○○구 ○○로 ○○ (○○동)

(전화번호 : 000-0000)

고 소 취 지

피고소인에 대하여 모욕죄로 고소하오니 처벌하여 주시기 바랍니다.

고 소 사 실

1. 피고소인은 20○○. ○. ○. 23:40경, ○○도 ○○군 ○○읍 ○○로 ○○ ○○ 라는 주점에서 친구 3명과 떠들며 술을 마시던 중 옆 좌석에 앉아 술을 마시고 있던 제가 피고소인에게 좀 조용히 하라고 주의를 주자, 저에게 "너나 입 닥쳐 이 병신아"라고 경멸하는 말을 하여 모욕한 것입니다.

2. 이에 저는 피고소인에게 사과를 요구하였으나 피고소인은 오히려 "병신 육갑하 네"라고 말하면서 사과를 거부하고 있습니다.

3. 따라서 피고소인을 귀서에 고소하오니 철저히 조사하시어 처벌하여 주시기 바랍 니다.

입 증 방 법

추후 조사시 제출하겠습니다.

20○○. ○. ○.

위 고소인 ○ ○ ○ (인)

○○경찰서장 귀하

[서식(고소장) 15] 무고죄(연대보증서 위조 대출)

고 소 장

고 소 인   ○   ○   ○ (000000-0000000)
              ○○시 ○○구 ○○로 ○○ (○○동)
              (전화번호 : 000-0000)

피고소인   ○   ○   ○ (000000-0000000)
              ○○시 ○○구 ○○로 ○○ (○○동)
              (전화번호 : 000-0000)

고 소 취 지

피고소인에 대하여 무고죄로 고소하오니 처벌하여 주시기 바랍니다.

고 소 사 실

1. 피고소인은 20○○. ○. ○. 고소인으로부터 동인이 농협에게 2,000만원을 대출
   받는데 연대보증인이 되어 달라는 부탁을 받고 이를 승낙하여 연대보증인으로
   서명날인까지 하여 주었음에도 고소인이 대출원금을 상환하지 아니하여 보증채
   무를 부담하게 될 상황에 이르자 그 보증채무를 면하고 고소인으로 하여금 형사

처벌을 받게 할 목적으로, 20○○. ○. ○. 09:00경 ○○읍 소재 피고소인의 집에서 고소인이 피고소인의 승낙을 받지 아니하고 연대보증인란에 피고소인의 이름을 함부로 기재한 후 도장을 찍어 피고소인 명의의 연대보증서 1매를 위조하여 행사하고 금 2,000만원을 대출받았다는 내용의 허위사실을 기재한 고소장을 작성 같은 날 14:00경 ○○경찰서 민원실에 이를 제출하여 고소인을 무고한 자입니다.

2. 따라서 피고소인을 귀서에 고소하오니 철저히 조사하시어 처벌하여 주시기 바랍니다.

20○○.　○.　○.

위 고소인 　○　○　○　　(인)

○○경찰서장　귀하

[서식(고소장) 16] 무고죄(임대차계약서 다시 작성)

고　소　장

고 소 인　　　　○　○　○ (000000-0000000)

　　　　　　　　○○시 ○○구 ○○로 ○○ (○○동)

　　　　　　　　(전화번호 : 000-0000)

피고소인　　　　1. 김　○　○ (000000-0000000)

　　　　　　　　○○시 ○○구 ○○로 ○○ (○○동)

　　　　　　　　(전화번호 : 000-0000)

2. 이 　○　　○ (000000-0000000)

　　○○시 ○○구 ○○로 ○○(○○)

　　(전화번호 : 000-0000)

고 소 취 지

피고소인에 대하여 무고죄로 고소하오니 처벌하여 주시기 바랍니다.

고 소 사 실

1. 피고소인은 20○○. ○. ○. 고소인 김○○으로부터 ○○시 ○○동 소재 ○○다 방을 임차하여 동인과 내연의 관계에 있던 고소인 이○○로 하여금 위 다방을 운영하도록 하던 중 같은 달 ○. 임대차계약의 임차인을 피고소인 명의에서 고소인 이○○ 명의로 변경하도록 승낙한 사실이 있음에도 불구하고, 고소외 김○○○을 상대로 임대차보증금반환청구의 소를 제기하였다가 패소하자 고소인들로 하여금 형사처벌을 받게 할 목적으로 20○○. ○. ○. ○○시 ○○동 소재 ○○식당에서 고소인 '김○○와 같은 이○○가 통정하여 20○○. ○. ○. 고소인들 모르게 임차인을 고소인 이○○로 하는 임대차계약서를 다시 작성하여 피고소인의 임대차보증금 3,000만원과 권리금 2,500만원, 합계 5,500만원을 편취하였다.' 는 취지의 고소장을 작성한 후 같은 달 ○. ○○경찰서 민원실에서 같은 경찰서장 앞으로 이를 제출, 접수하게 하여 공무소에 대하여 허위신고를 한 것입니다.

2. 따라서 피고소인을 귀서에 고소하오니 철저히 조사하시어 처벌하여 주시기 바랍니다.

　　　　　　　　　　20○○.　　○.　　○.

　　　　　　　　위 고소인　　○　　○　　○　　(인)

○○경찰서장　귀하

고　소　장

고 소 인 　　　ㅇ　ㅇ　ㅇ (000000-0000000)

　　　　　　　　ㅇㅇ시 ㅇㅇ구 ㅇㅇ로 ㅇㅇ (ㅇㅇ동)

　　　　　　　　(전화번호 : 000-0000)

피고소인 　　　ㅇ　ㅇ　ㅇ (000000-0000000)

　　　　　　　　ㅇㅇ시 ㅇㅇ구 ㅇㅇ로 ㅇㅇ (ㅇㅇ동)

　　　　　　　　(전화번호 : 000-0000)

고　소　취　지

피고소인에 대하여 무고죄로 고소하오니 처벌하여 주시기 바랍니다.

고　소　사　실

1. 피고소인은 고소인이 경영하는 ㅇㅇ출판사 외판원으로 일하면서 20ㅇㅇ. ㅇ. ㅇ. 금 ㅇㅇㅇ원을 선지급 받은 사실이 있음에도 불구하고, 고소인이 피고소인의 인장을 임의 조각하여 출금전표를 작성함으로써 사문서위조 및 동 행사를 한 사실이 있다고 ㅇㅇ경찰서에 고소함으로써 고소인을 형사처분을 받게 할 목적으로 허위의 사실을 신고하여 고소인을 무고한 사실이 있습니다.

2. 따라서 피고소인을 귀서에 고소하오니 철저히 조사하시어 처벌하여 주시기 바랍니다.

20ㅇㅇ.　　ㅇ.　　ㅇ.

위 고소인 　ㅇ　ㅇ　ㅇ　　(인)

ㅇㅇ경찰서장　귀하

고 소 장

고 소 인   ○   ○   ○ (000000-0000000)

○○시 ○○구 ○○로 ○○ (○○동)

(전화번호 : 000-0000)

피고소인   ○   ○   ○ (000000-0000000)

○○시 ○○구 ○○로 ○○ (○○동)

(전화번호 : 000-0000)

고 소 취 지

피고소인을 미성년자 등에 대한 간음죄로 고소하오니 처벌하여 주시기 바랍니다.

고 소 사 실

1. 피고소인은 ○○주식회사 ○○공장에서 공장장으로 재직하고 있는 자로서, 위 회사 위 공장의 공원인 고소인이 20○○. ○. ○. 19:00경 피고소인에게 찾아와 "동생 등록금을 내야 하는데 ○○만원만 빌려 달라"고 간청하자, 이를 쾌히 승낙하고 이를 기회로 고소인을 간음하기로 마음먹고, 그때쯤 그녀를 데리고 ○○시 ○○로 ○○(○○동)에 있는 "○○주점"에 가서 ○○양주 ○잔을 억지로 마시게 하면서 "앞으로 돈 걱정은 일체 하지 말라. 모두 내가 책임지겠다"라는 등의 거짓말로 고소인을 유혹하여 이를 믿게 한 다음, 같은 날 21:30경 술에 취한 고소인을 위 주점 근처의 "○○모텔" ○○○호실로 유인하여 미성년자인 고소인을 간음한 것입니다.

2. 따라서 피고소인을 귀서에 고소하오니 철저히 조사하시어 처벌하여 주시기 바랍니다.

20○○.　○.　○.

위 고소인 ○○○은 미성년자이므로

법정대리인 친권자 부　○　○　○　　(인)

　　　　　　　　　　모　○　○　○　　(인)

○○경찰서장　귀중

[서식(고소장) 19] 미성년자에 대한 추행죄 등(집안에 혼자 있음을 알고 추행)

고　소　장

고 소 인　　　○　○　○ (000000-0000000)

　　　　　　○○시 ○○구 ○○로 ○○ (○○동)

　　　　　　(전화번호 : 000-0000)

피고소인　　　○　○　○ (000000-0000000)

　　　　　　○○시 ○○구 ○○로 ○○ (○○동)

　　　　　　(전화번호 : 000-0000)

고 소 취 지

　피고소인을 미성년자에 대한 추행죄 등의 죄로 고소하오니 처벌하여 주시기 바랍니다.

고 소 사 실

1. 피고소인은 일정한 직업이 없는 자로서, 20○○. ○. ○. 15:00경 술을 먹고 ○○시 ○○로 ○○(○○동)에 있는 평소 알지 못한 고소외 ○○○의 집에 들어가 동인의 딸인 고소인이 마침 혼자 있는 것을 보고 동인에게 "나는 네 아빠의 친구

다. 너 참 예쁘구나"라고 거짓말을 하며 고소인을 껴안고 팬티 속에 손을 집어넣어 음부를 문지르는 등 추행을 하고, 다시 강제로 간음하려 하다가 고소인의 할머니 고소외 ○○○가 집에 들어오는 바람에 그 목적을 이루지 못하고 미수에 그쳤으나 그때 위 추행 등으로 인하여 고소인에게 약 1주일간의 치료를 요하는 외음부개갠상처를 입게 한 것입니다.

2. 따라서 피고소인을 귀서에 고소하오니 철저히 조사하시어 처벌하여 주시기 바랍니다.

20○○.   ○.   ○.

위 고소인 ○○○은 미성년자이므로

법정대리인 친권자 부 ○   ○   ○   (인)

　　　　　　　　　모 ○   ○   ○   (인)

○○경찰서장   귀중

[서식(고소장) 20] 배임죄(계돈 미지급)

고 소 장

고 소 인   ○   ○   ○ (000000-0000000)

○○시 ○○구 ○○로 ○○ (○○동)

(전화번호 : 000-0000)

피고소인   ○   ○   ○ (000000-0000000)

○○시 ○○구 ○○로 ○○ (○○동)

(전화번호 : 000-0000)

고 소 취 지

피고소인에 대하여 배임죄로 고소를 제기하오니 처벌하여 주시기 바랍니다.

고 소 사 실

1. 피고소인은 20○○. ○. ○. ○○시 ○○구 ○○로 ○○ (○○동)에 있는 피고소인의 집에서 조직한 계금 1,000만 원, 구좌 24개인 번호계의 계주인 자로서,

2. 20○○. ○. ○. 피고소인의 집에서 그 계원들로부터 계불입금 1,000만 원을 받았으면 그날 계금을 타기로 지정된 11번 계원인 고소인에게 계금 1,000만 원을 지급할 임무가 있음에도 불구하고 그 임무에 위배하여 그 계금을 고소인에게 지급하지 아니한 채, 그 무렵 피고소인의 주거지 등지에서 임의로 피고소인의 생활비 등에 소비하여 계금 1,000만 원 상당의 이익을 취득하고 고소인에게 동액 상당의 재산상 손해를 가한 것입니다.

3. 위와 같은 사실로 피고소인을 고소하오니 철저히 조사하시어 처벌하여 주시기 바랍니다.

입 증 방 법

조사시 자세히 진술하겠습니다.

20○○.   ○.   ○.

위 고소인 ○ ○ ○   (인)

○○경찰서장 귀하

고 소 장

고 소 인   ○ ○ ○ (000000-0000000)

                     ○○시 ○○구 ○○로 ○○ (○○동)

                     (전화번호 : 000-0000)

피고소인   ○ ○ ○ (000000-0000000)

                     ○○시 ○○구 ○○로 ○○ (○○동)

                     (전화번호 : 000-0000)

고 소 취 지

피고소인에 대하여 배임죄로 고소를 제기하오니 처벌하여 주시기 바랍니다.

고 소 사 실

1. 피고소인은 일정한 직업이 없는 자인바, 20○○. ○. ○. ○○시 ○○구 ○○로 ○○ (○○동) 소재 ○○부동산사무소에서 피고소인 소유의 같은 로 ○○(○○동) 소재 대지 80평 및 단층주택 59평을 고소인에게 금 2억 5천만 원에 매도하기로 매매계약을 체결하고 즉석에서 계약금으로 금 1,000만 원을, 같은 해 ○. ○. 같은 장소에서 중도금으로 5천만 원을 각 수령하였으므로 잔금지급기일인 같은 해 ○. ○. 잔금수령과 동시에 고소인에게 위 부동산에 대한 소유권이전등기절차를 이행하여 주어야 할 임무가 있음에도 불구하고 그 임무를 위배하여 같은 해 ○. ○. 같은 로 ○○(○○동) 소재 ○○○부동산에서 고소외 ○○○에게 금 2억 7천만 원에 위 부동산을 이중으로 매도하고 그 다음날 고소외 ○○○ 명의로 위 부동산에 대한 소유권이전등기를 경료하여 줌으로써 위 부동산 시가 6천만 원 상당의 재산상 이익을 취득하고 고소인에게 동액 상당의 재산상 손해를 가한 것입니다.

2. 위와 같은 사실로 피고소인을 고소하오니 철저히 조사하시어 처벌하여 주시기
   바랍니다.

입 증 방 법

조사시 자세히 진술하겠습니다.

20○○.　○.　○.

위 고소인　○　○　○　　(인)

○○경찰서장　귀하

[서식(고소장) 22]　배임죄(대출사례금으로 공제)

고　　소　　장

고 소 인　　　　　○　○　○ (000000-0000000)
　　　　　　　　　○○시 ○○구 ○○로 ○○ (○○동)
　　　　　　　　　(전화번호 : 000-0000)

피고소인　　　　　○　○　○ (000000-0000000)
　　　　　　　　　○○시 ○○구 ○○로 ○○ (○○동)
　　　　　　　　　(전화번호 : 000-0000)

고 소 취 지

　고소인은 피고소인에 대하여 배임죄로 고소를 제기하오니 처벌하여 주시기 바랍니다.

고 소 사 실

1. 피고소인은 ○○군 ○○리에 있는 ○○농업협동조합장으로서 조합에 관한 사무 일체를 관장하고 있는 자입니다.

2. 20○○. ○. ○. 고소인 외 35명이 연대하여 농약공동구입자금으로서 ○○농업 협동조합에서 금 ○○○원을 대출받기로 하고 피고소인이 위 연대채무자의 대표 자로서 같은 달 ○일 위 조합에서 위 현금을 융자받음에 있어서 자기 이익을 도모하기 위하여 본 임무에 위배하여 타 연대보증인들의 승낙도 없이 자의로 금 ○○○원을 위 조합에 대한 사례금으로 공제하여서 자기 개인용도에 쓰고 각 연대채무자에게 손해를 입게 한 자입니다.

3. 따라서 피고소인은 귀서에 고소하오니 철저히 조사하시어 처벌하여 주시기 바랍니다.

입 증 방 법

　조사시 자세히 진술하겠습니다.

20○○.　○.　○.

위 고소인　○　○　○　(인)

○○경찰서장　귀하

고 소 장

고 소 인   ○   ○   ○ (000000-0000000)

○○시 ○○구 ○○로 ○○ (○○동)

(전화번호 : 000-0000)

피고소인   ○   ○   ○ (000000-0000000)

○○시 ○○구 ○○로 ○○ (○○동)

(전화번호 : 000-0000)

고 소 취 지

피고소인에 대하여 부당이득죄로 고소하오니 처벌하여 주시기 바랍니다.

고 소 사 실

1. 피고소인은 ○○시 ○○로 ○○(○○동)에서 부동산중개업을 하는 자로서, 20○
   ○. ○. ○. 11:30쯤 위 장소에서 고소인으로부터 ○○군 ○○면 ○○리 ○○○
   번지의 임야 ○○○㎡를 매각처분에 달하는 위임을 받고 20○○. ○. ○. 고소외
   ○○○에게 위 임야를 소개하고 매매계약을 체결하여 금 5천만 원에 매도하였으
   나, 고소인에게는 "3천만 원에 처분하였다"고 거짓말하여 이에 속은 고소인에게
   3천만 원을 교부하고 나머지 2천만 원을 교부하지 않아 부당하게 재산상의 이익
   을 취득한 것입니다.

2. 따라서 피고소인을 위와 같은 사실로 귀서에 고소하오니 철저히 조사하시어 처
   벌하여 주시기 바랍니다.

입 증 방 법

조사 시 자세히 진술하겠습니다.

20○○. ○. ○.

위 고소인 ○ ○ ○   (인)

○○경찰서장 귀하

[서식(고소장) 24] 부동산강제집행효용침해죄(폭행 등의 방법 동원)

고 소 장

고 소 인   ○   ○   ○ (000000-0000000)
　　　　　　　○○시 ○○구 ○○로 ○○ (○○동)
　　　　　　　(전화번호 : 000-0000)

피고소인   ○   ○   ○ (000000-0000000)
　　　　　　　○○시 ○○구 ○○로 ○○ (○○동)
　　　　　　　(전화번호 : 000-0000)

고 소 취 지

　고소인은 피고소인을 부동산강제집행의 효용을 침해한 혐의로 고소하오니 철저히 조사하시어 처벌하여 주시기 바랍니다.

고 소 사 실

1. 고소인은 피고소인에게 고소인 소유의 ○○시 ○○구 ○○로 ○○ (○○동) 소재 건물의 점포 1칸을 임대하였으나, 임대료를 체납하여 임대차계약을 해제하고 피고소인을 상대로 명도청구소송을 제기하여 확정판결을 받은 바 있습니다.

2. 20○○. ○. ○. 14:00부터 같은 날 16:00경까지 사이에 ○○지방법원 소속 집행관의 지휘 아래 위 피고소인이 점유하고 있던 점포에 대하여 확정판결에 의한 명도집행을 하고 난 직후 피고소인이 명도집행 한 점포에 진입하려하자 옆에서 이를 저지하던 고소인의 처 ○○○를 폭행하는 등 폭력적인 방법으로 위 건물점포에 진입함으로서 위 부동산 강제집행의 효용을 침해하였습니다.

3. 피고소인이 이 사건 건물에 들어간 것은 집행관이 임차인인 피고소인의 위 건물점포에 대한 점유를 해제하고 이를 임대인인 고소인에게 인도하여 강제집행이 완결된 후의 행위로서 부동산강제집행효용침해죄에 해당한다 할 것입니다.

4. 피고소인의 이러한 행위는 형법 제140조의2(부동산강제집행효용침해) 강제집행으로 명도 또는 인도된 부동산에 침입하거나 기타 방법으로 강제집행의 효용을 해한 행위에 해당된다 할 것입니다.

5. 따라서 피고소인을 고소하오니 철저히 조사하시어 엄벌하여 주시기 바랍니다.

소 명 방 법

    1. 임대차계약서 사본   1통

    1. 판결문 사본   1통

      조사시 자세히 진술하겠습니다.

20○○. ○. ○.

위 고소인 ○ ○ ○ (인)

○○경찰서장 귀하

고 소 장

고 소 인 　　　○　　○　　○
　　　　　　　　○○시 ○○구 ○○로 ○○ (○○동)
　　　　　　　　전화번호 000-0000

피고소인 　　　○　　○　　○
　　　　　　　　○○시 ○○구 ○○로 ○○ (○○동)
　　　　　　　　전화번호 000-0000

고 소 취 지

피고소인에 대하여 부동산중개업법 위반으로 고소하오니 처벌하여 주시기 바랍니다.

고 소 사 실

1. 고소인은 주소지에 거주하는 가정주부이고, 피고소인은 ○○시 ○○구 ○○동 소재 ○번 버스종점에서 ○○부동산이란 상호로 부동산 중개업소의 보조원으로 재직하는 자입니다.

2. 고소인은 20○○. ○.경 피고소인의 소개로 현주소지로 이주하게 된 관계로 알게 되었는데, 피고소인은 이를 기화로 고소인에게 자주 전화를 걸고 저렴한 땅이 있으니 중개하겠다고 하므로 같은 해 ○. ○.에 피고소인을 만났던바, 시내 ○○구 ○○로 ○○(○○동) 거주 소외 ○○○가 김포공항확장공사로 당국으로부터 철거에 따르는 대토권이 부여되었는데 이를 사서 두면 얼마가지 않아 몇 배의 이득을 득할 수 있겠고 아니면 집을 지어서 살아도 좋다고 감언이설로 아무것도 모르는 가정주부인 고소인으로 하여금 중개대상물의 정확한 고지 없이 고소인의 판단을 흐리게 하여 무려 1,200만원이란 판매대금을 받아 착복하고 금일 현재까지 만나주지도 않고 피해 다니는 자로, 귀서에 고소하오니 체포하시어 엄벌에 처해 주시기 바랍니다.

첨 부 서 류

1. 계약서 및 영수증 사본   각 1매
   조사시 자세히 진술하겠습니다.

20○○. ○. ○.

위 고소인 ○ ○ ○ (인)

○○경찰서장 귀하

[서식(고소장) 26] 부정수표단속법위반죄(예금부족 및 무거래)

고 소 장

고 소 인   ○   ○   ○ (000000-0000000)
               ○○시 ○○구 ○○로 ○○ (○○동)
               (전화번호 : 000-0000)

피고소인   ○   ○   ○ (000000-0000000)
               ○○시 ○○구 ○○로 ○○ (○○동)
               (전화번호 : 000-0000)

고 소 취 지

피고소인에 대하여 부정수표단속법위반죄로 고소하오니 처벌하여 주시기 바랍니다.

고 소 사 실

1. 피고소인은 ○○시 ○○로 ○○(○○동) 소재 ○○공업사라는 상호를 걸고 어망 생산을 하는 자인바, 5년 전부터 ○○은행 ○○지점과 당좌거래계정을 개설하고 당좌수표를 발행하여 오던 중 20○○. ○. ○.부터 ○○. ○. ○. 사이에 금 ○○ ○원권 당좌수표 5장과 금 ○○원권 당좌수표 3장을 발행하였으나 소지인들이 지급기일에 위 은행에 제시하여 본 결과 예금부족 및 무거래라는 이유로 지급 거절되었습니다.

2. 위 피고소인은 계획적으로 부도를 내고도 조금도 뉘우치지 않고 있으므로, 피고소인은 고소하오니 철저히 조사하시어 처벌하여 주시기 바랍니다.

입 증 방 법

　　　1. 우편물　　　　　　　　　　　　　1통

　　　　　　　　　20○○.　　○.　　○.

　　　　　　위 고소인　○　○　○　(인)

○○경찰서장　귀하

고 소 장

고 소 인   ○   ○   ○ (000000-0000000)
                ○○시 ○○구 ○○로 ○○ (○○동)
                (전화번호 : 000-0000)

피고소인   ○   ○   ○ (000000-0000000)
                ○○시 ○○구 ○○로 ○○ (○○동)
                (전화번호 : 000-0000)

고 소 취 지

피고소인에 대하여 비밀침해죄로 고소하오니 처벌하여 주시기 바랍니다.

고 소 사 실

1. 고소인은 ○○시 ○○로 ○○(○○동) 소재 피고소인의 2층에 세들어 살고 있는데, 피고소인은 20○○. ○. ○. 00:00경 고소인에게 배달되어 온 편지 1통을 고소인을 대신하여 받았습니다.

2. 그런데 위 편지가 여자로부터 배달되어 온 것이라 고소인에게 전해주기 전에 호기심으로 그 편지의 위쪽 봉한 부분을 물에 적셔서 뜯어보고는 원상태로 다시 붙여 놓았습니다.

3. 물론 위 편지에 중요한 내용이 담겨 있지 않아 다른 사람이 보더라도 문제가 될 것은 없겠지만, 피고소인의 행위는 임차인의 사생활을 침해하는 것 같으므로 귀서에 고소하오니 철저히 조사하시어 엄벌하여 주시기 바랍니다.

입 증 방 법

    1. 우편물   1통

            20○○. ○. ○.
        위 고소인 ○ ○ ○   (인)

○○경찰서장 귀하

[서식(고소장) 28] 사기죄(취직시켜주겠다고 거짓말)

고 소 장

고 소 인   ○   ○   ○ (000000-0000000)
             ○○시 ○○구 ○○로 ○○ (○○동)
             (전화번호 : 000-0000)

피고소인   ○   ○   ○ (000000-0000000)
             ○○시 ○○구 ○○로 ○○ (○○동)
             (전화번호 : 000-0000)

고 소 취 지

피고소인에 대하여 사기죄로 고소하오니 처벌하여 주시기 바랍니다.

고 소 사 실

1. 피고소인은 일정한 직업이 없는 자인바, 20○○. ○. ○. 15:00경 ○○시 ○○구 ○○동에 있는 ○○○호텔 커피숍에서 사실은 고소인을 ○○주식회사에 취직시켜 줄 의사와 능력이 없음에도 불구하고 고소인에게 "○○주식회사의 인사과장을 잘 알고 있는데 그 과장에게 부탁하여 위 회사 사원으로 취직시켜주겠다"고 거짓말하여 이에 속은 고소인으로부터 즉석에서 교제비 명목으로 ○○만원, 다음날 10:00경 같은 장소에서 "일이 잘 되어간다"고 거짓말하여 사례비 명목으로 ○○만원 합계 ○○만원을 각 교부받아 이를 편취한 자입니다.

2. 따라서 피고소인을 귀서에 고소하오니 엄중히 조사하시어 처벌하여 주시기 바랍니다.

첨 부 서 류

조사시 자세히 진술하겠습니다.

20○○.   ○.   ○.
위 고소인 ○ ○ ○   (인)

○○경찰서장 귀하

고 소 장

고 소 인   ○　○　○ (000000-0000000)

　　　　　　　　　　○○시 ○○구 ○○로 ○○ (○○동)

　　　　　　　　　　(전화번호 : 000-0000)

피고소인   ○　○　○ (000000-0000000)

　　　　　　　　　　○○시 ○○구 ○○로 ○○ (○○동)

　　　　　　　　　　(전화번호 : 000-0000)

고 소 취 지

피고소인에 대하여 사기죄로 고소하오니 처벌하여 주시기 바랍니다.

고 소 사 실

1. 피고소인은 ○○시 ○○구 ○○로 ○○ (○○동) 건물의 소유자로서, 20○○. ○. ○. 피고소인 소유의 위 건물 지하 1층 ○○PC방에서, 위 건물은 여러 건의 가압류와 근저당권설정이 되어 있어 위 PC방에 대해 임대차계약을 할 경우 기간 이 만료되어도 임대보증금을 돌려줄 의사와 능력이 없으면서 고소인에게 "임차 기간이 만료하면 틀림없이 임대보증금을 돌려주겠다."고 거짓말하여, 이를 믿는 고소인과 '임대보증금 5,0000만 원에 월 200만 원, 권리금 200만 원, 임대기간 20○○. ○. ○.부터 20○○. ○. ○.까지(24개월)'로 한 부동산 임대차계약을 체결하고 계약금 명목으로 현장에서 500만 원, 20○○. ○. ○. 중도금으로 2,500만 원, 20○○. ○. ○. 잔금으로 4,000만 원 등 총 7,000만원을 교부받 아 이를 편취한 자입니다.

2. 따라서 피고소인을 귀서에 고소하오니 철저히 조사하시어 처벌하여 주시기 바랍 니다.

첨 부 서 류

조사시 자세히 진술하겠습니다.

20○○.   ○.   ○.

위 고소인 ○ ○ ○   (인)

○○경찰서장 귀하

[서식(고소장) 30] 사기죄(신용카드사용 변제능력 등 없음)

고 소 장

고 소 인   ○   ○   ○ (000000-0000000)

　　　　　　○○시 ○○구 ○○로 ○○ (○○동)

　　　　　　(전화번호 : 000-0000)

피고소인   ○   ○   ○ (000000-0000000)

　　　　　　○○시 ○○구 ○○로 ○○ (○○동)

　　　　　　(전화번호 : 000-0000)

고 소 취 지

피고소인에 대하여 사기죄로 고소하오니 처벌하여 주시기 바랍니다.

고 소 사 실

1. 피고소인은 일정한 직업이 없는 자인바, 20○○. ○. ○. ○○시 ○○구 ○○로

○○ (○○동) 소재 ○○은행 ○○지점에서 카드사용대금을 입금할 의사나 능력이 없으면서도 동 지점에 카드사용대금을 매월 25일 지정된 은행계좌{(○○은행, 계좌번호(000-00-000))}로 입금한다는 카드발급신청서를 제출하여 20○○. ○. ○. 동 은행으로부터 ○○은행 ○○신용카드(카드번호 : 000-00-000)를 교부받아 소지하고 있음을 기화로, 20○○. ○. ○. ○○시 ○○구 ○○동 ○○백화점에서 물품구입비로 ○○만원을 사용한 것을 비롯하여 20○○. ○. ○. 까지 사이에 현금인출 및 물품구입 등으로 별지 범죄일람표의 내용과 같이 각 가맹점에서 총 40회에 걸쳐 ○○○만원 상당을 교부받아 이를 편취한 자입니다.

2. 따라서 피고소인을 귀서에 고소하오니 철저히 조사하시어 처벌하여 주시기 바랍니다.

첨 부 서 류

조사시 자세히 진술하겠습니다.

20○○. ○. ○.

위 고소인 ○ ○ ○ (인)

○○경찰서장 귀하

[서식(고소장) 31] 사기죄(유흥주점업자로부터 선불금 명목으로 편취)

고 소 장

고 소 인   ○   ○   ○ (000000-0000000)

              ○○시 ○○구 ○○로 ○○ (○○동)

              (전화번호 : 000-0000)

피고소인   ○   ○   ○ (000000-0000000)

              ○○시 ○○구 ○○로 ○○ (○○동)

              (전화번호 : 000-0000)

고 소 취 지

피고소인에 대하여 사기죄로 고소하오니 처벌하여 주시기 바랍니다.

고 소 사 실

1. 피고소인은 1년 전까지 ○○시 ○○구 ○○로 ○○ (○○동) 소재 ○○유흥주점 종업원이었던 자인바, 20○○. ○. ○.경 ○○시 ○○구 ○○로 ○○ (○○동) 소재 고소인이 운영하고 있는 ○○유흥주점에서 위 주점 종업원으로 일할 의사가 없음에도 "먼저 일하던 업소에 선불금 1,000만 원이 있는데 이 돈을 갚으려고 하니 선불금을 지급하여 달라"고 말하여 다음날 위 유흥음식점에서 위 돈을 받아 이를 편취한 것이다.

2. 따라서 피고소인을 귀서에 고소하오니 철저히 조사하시어 처벌하여 주시기 바랍니다.

첨 부 서 류

조사시 자세히 진술하겠습니다.

20○○. ○. ○.

위 고소인 ○ ○ ○ (인)

○○경찰서장 귀하

고 소 장

고 소 인   ○ ○ ○ (000000-0000000)
　　　　　　　○○시 ○○구 ○○로 ○○ (○○동)
　　　　　　　(전화번호 : 000-0000)

피고소인   ○ ○ ○ (000000-0000000)
　　　　　　　○○시 ○○구 ○○로 ○○ (○○동)
　　　　　　　(전화번호 : 000-0000)

고 소 취 지

피고소인에 대하여 사기죄로 고소하오니 처벌하여 주시기 바랍니다.

고 소 사 실

1. 피고소인은 건축업자인바, 20○○. ○. ○.경 고소인에게 ○○시 ○○로 ○○(○
   ○동) 모텔의 공사를 도급 주더라도 그 대금을 지급할 의사나 능력이 없음에도
   불구하고 "공사를 완공하면 1개월 안에 모텔을 담보로 대출을 받거나 매도하여
   공사대금 3억원을 주겠다."고 거짓말하여 이에 속은 고소인으로 하여금 20○○.
   ○.경 공사를 완공하도록 한 뒤 공사대금을 지급하지 아니하므로 위 금액 상당의
   재산상 이익을 취득한 것이다.

2. 따라서 피고소인을 귀서에 고소하오니 철저히 조사하시어 처벌하여 주시기 바랍
   니다.

첨 부 서 류

조사시 자세히 진술하겠습니다.

　　　　　　　　20○○. ○. ○.
　　　　　　　위 고소인 ○ ○ ○   (인)

○○경찰서장 귀하

고 소 장

고 소 인   ○   ○   ○ (000000-0000000)

　　　　　　　○○시 ○○구 ○○로 ○○ (○○동)

　　　　　　　(전화번호 : 000-0000)

피고소인   ○   ○   ○ (000000-0000000)

　　　　　　　○○시 ○○구 ○○로 ○○ (○○동)

　　　　　　　(전화번호 : 000-0000)

고 소 취 지

　피고소인에 대하여 사기죄로 고소하오니 처벌하여 주시기 바랍니다.

고 소 사 실

1. 피고소인은 일정한 직업이 없이 놀고 있는 자로서, 20○○. ○. ○. 23:00경부터 같은 날 02:00경까지 ○○시 ○○구 ○○로 ○○ (○○동) 소재 퐁퐁식당에서 고소인에게 식대지급의 의사나 능력이 없으면서 음식을 주문하여 고소인으로 하여금 그 대금을 받을 수 있는 것처럼 믿게 하고 그 곳에서 갈비 2대 24,000원, 밥 1그릇 1,500원, 소주 2홉들이 1병 3,000원 등의 음식을 교부받아 먹음으로서 그 대금 도합 28,500원 상당을 면하여 재산상 이익을 취득한 것입니다.

2. 따라서 피고소인을 귀서에 고소하오니 엄중히 조사하시어 처벌하여 주시기 바랍니다.

첨 부 서 류

　조사시 자세히 진술하겠습니다.

<pre>
                    20○○. ○. ○.

              위 고소인 ○ ○ ○   (인)

    ○○경찰서장 귀하
</pre>

[서식(고소장) 34] 사기죄(번호계 계주가 계금 편취)

고 소 장

고 소 인   ○   ○   ○ (000000-0000000)
             ○○시 ○○구 ○○로 ○○ (○○동)
             (전화번호 : 000-0000)

피고소인   ○   ○   ○ (000000-0000000)
             ○○시 ○○구 ○○로 ○○ (○○동)
             (전화번호 : 000-0000)

고 소 취 지

고소인은 피고소인에 대하여 사기죄로 고소하오니 처벌하여 주시기 바랍니다.

고 소 사 실

1. 고소인은 가정주부이고 피고소인은 고소인이 가입한 번호계 계주로서 고소인과는 아무런 친·인척관계가 아닙니다.

2. 고소인이 20○○. ○. ○.경 피고소인이 계주인 20명으로 구성된 번호계에 가입하여 월불입금 150만원을 불입하면 매월 말일에 순서대로 합계금 3,000만 원을 수령하는 번호계에 20번째로 가입하여 매월 150만원씩 총 20회에 걸쳐 3,000

만원을 불입한 사실이 있습니다.

3. 그리고 또 다른 한 구좌는 20○○. ○. ○.경 역시 20명으로 구성된 월불입금 150만원은 20번 끝 번호에 100만원과 17번에 50만원을 불입하는 번호계에 가입을 하여 20○○. ○.말경 계주가 일방적으로 파계를 하고 일자 불상경 행방을 감춰버렸습니다.

4. 그러니까 고소인이 위 앞전 계돈 3,000만원을 수령한 날자가 20○○. ○월말경인데 그 계돈 3,000만원을 지불하지 아니하고 미뤄오므로 20○○. ○. ○. 16:30경 ○○시 ○○동 소재 ○○백화점 앞에서 피고소인을 만나 독촉을 하니 다시 20○○. ○. ○.까지는 틀림없이 지불하겠다라는 내용의 차용증을 작성해주고 역시 이행을 하지 않고 있습니다.

5. 그래서 고소인은 없는 돈에 딸아이의 월급을 모아 거기에 모두 투자했는데 계속 미뤄오기에 강력히 독촉을 하니 두 번째 결성된 계금 3,000만원을 수령할 날자가 20○○. ○. ○.인데 20○○. ○. ○. 14:00경 ○○시 ○○동 소재 ○○상가 커피숍에서 그동안 불입한 2,250만 원을 피고소인이 차용하는 양하면서 차용증을 작성해주면서 더 이상 계를 끌어갈 수 없다면서 20○. ○. ○.까지는 틀림없이 갚겠다고 해 놓고는 20○○. ○. ○.20○○. ○. ○.말경 행방을 감춰버렸습니다.

6. 이러한 점으로 미뤄볼 때 피고소인은 위와 같이 매달 1인당 150만원씩 불입하는 20명으로 구성된 2,000만 원짜리 번호계를 끝까지 정상적으로 운영하여 갈 의사나 능력이 없었을 뿐만 아니라 고소인이 수령할 5,250만원을 피고소인이 차용하는 형식으로 현금보관증이나 차용증을 작성교부해 주었지만 그 금원을 변제할 의사나 능력이 없었음이 명백하다 할 것입니다.

7. 따라서 피고소인을 귀서에 고소하오니 엄중히 조사하시어 처벌하여 주시기 바랍니다.

첨 부 서 류

1. 차용증 사본   2통

   조사시 자세히 진술하겠습니다.

20○○.   ○.   ○.

위 고소인   ○   ○   ○   (인)

○○경찰서장   귀하

[서식(고소장) 35] 사기죄(차용금 편취)

고   소   장

고 소 인   ○   ○   ○ (000000-0000000)

　　　　　　　○○시 ○○구 ○○로 ○○ (○○동)

　　　　　　　(전화번호 : 000-0000)

피고소인   ○   ○   ○ (000000-0000000)

　　　　　　　○○시 ○○구 ○○로 ○○ (○○동)

　　　　　　　(전화번호 : 000-0000)

고 소 취 지

고소인은 피고소인에 대하여 사기죄로 고소하오니 처벌하여 주시기 바랍니다.

고 소 사 실

1. 고소인과 피고소인의 관계고소인과 피고소인은 친구의 소개로 만난 사이로서 사업관계로 자주 만나게 되었습니다.

2. 피고소인의 금전차용피고소인은 20○○. ○. ○. 15:30경 고소인에게 사업자금

으로 급히 필요하다는 명목으로 금 ○○○만 빌려 달라고 하면서 2개월 후에 틀림없이 갚아 주겠다고 하였습니다. 고소인은 피고소인이 "틀림없이 갚는다"라는 말을 믿고 돈을 빌려주었습니다.

3. 피고소인의 사기행위 그러나 약속한 날이 되도 피고소인은 돈을 갚지 않고 다시 기일만 연기하였습니다. 그래서 할 수 없이 고소인은 피고소인에게 가서 사정을 얘기하고 빠른 시일 내에 돈을 갚아 달라고 하였습니다. 그러나 아직까지 피고소인은 돈을 갚지 않고 있습니다. 고소인은 이후 사정을 알아보니 피고소인은 사업자금을 핑계로 주위의 여러 이웃에게서 돈을 빌려 피고소인이 아는 것만 금 ○○○원이나 됩니다. 피고소인은 빌린 돈들을 무절제한 생활로 낭비하여 고소인을 포함한 채권자 누구에게도 한 푼도 갚지 않고 있습니다.

4. 고소사실의 요지피고소인 사기꾼은 사실은 특별한 사업을 운영하지 않고, 개인적인 부채도 ○○○원에 이르러 타인으로부터 돈을 차용하더라도 이를 변제할 의사나 능력이 없음에도 불구하고, 20○○. ○. ○. 15:30경 ○○시 ○○구 ○○로 ○○ (○○동)에 있는 고소인의 집에서 동인에게 금 ○○○원만 빌려 주면 2개월 후에 틀림없이 갚겠다는 취지의 거짓말을 하여 이에 속은 동인으로부터 금 ○○○원을 교부받아 이를 편취한 것입니다.

5. 따라서 피고소인의 위와 같은 행위로 보아 처음에 돈을 갚을 의도가 없이 돈을 빌려 간 것이 분명하므로 귀서에 고소하오니 엄중히 조사하시어 처벌하여 주시기 바랍니다.

첨 부 서 류

1. 차용증   1부
1. 채권자 진술서   1부
   조사시 자세히 진술하겠습니다.

20○○.   ○.   ○.

위 고소인 ○ ○ ○   (인)

○○경찰서장 귀하

고 소 장

고 소 인   ○   ○   ○ (000000-0000000)

　　　　　　　○○시 ○○구 ○○로 ○○ (○○동)

　　　　　　　(전화번호 : 000-0000)

피고소인   ○   ○   ○ (000000-0000000)

　　　　　　　○○시 ○○구 ○○로 ○○ (○○동)

　　　　　　　(전화번호 : 000-0000)

고 소 취 지

　피고소인에 대하여 사문서부정행사 등의 죄로 고소하오니 처벌하여 주시기 바랍니다.

고 소 사 실

1. 고소인은 고소 외 휴양콘도미니엄업을 주업으로 하는 ○○회사에 금 ○○○원을 주고 회원으로 가입하여 콘도미니엄 이용 시에 필요한 회원카드를 발급받아 소지하고 있었습니다.

2. 20○○. ○.경 고소인이 ○○동 소재 고소인의 사무실에서 지갑을 정리하고 있던 중 사업관계로 알고 지내던 피고소인이 방문하여 책상 위에 놓여있던 위 카드를 습득하여 콘도미니엄 이용 시에 부정하게 행사함으로써 피해를 입어 고소하오니 철저히 조사하시어 엄벌에 처해 주시기 바랍니다.

입 증 방 법

　조사시 자세히 진술하겠습니다.

　　　　　　　　20○○. ○. ○.

　　　　　　　위 고소인 ○ ○ ○ (인)

○○경찰서장 귀하

[서식(고소장) 37] 사문서위조 및 동 행사죄(차용증서 위조, 행사)

고 소 장

고 소 인   ○   ○   ○ (000000-0000000)

　　　　　　　　○○시 ○○구 ○○로 ○○ (○○동)

　　　　　　　　(전화번호 : 000-0000)

피고소인   ○   ○   ○ (000000-0000000)

　　　　　　　　○○시 ○○구 ○○로 ○○ (○○동)

　　　　　　　　(전화번호 : 000-0000)

고 소 취 지

　피고소인에 대하여 사문서위조 및 동 행사죄로 고소하오니 처벌하여 주시기 바랍
니다.

고 소 사 실

1. 피고소인은 일정한 직업이 없는 자인바, 행사할 목적으로 20○○. ○. ○. 13:00
   경 ○○시 ○○동 소재 ○○새마을금고 사무실에서, 백지에 검정색 볼펜을 사용
   하여 "차용증서, 금 2천만원정, 위 금액을 정히 차용하오며, 20○○. ○. ○.까
   지 틀림없이 변제할 것을 확약함. 20○○. ○. ○. 채무자 김○○, ○○새마을금
   고 이사장 귀하"라고 기재한 후 김○○의 인장을 날인하여 권리의무에 관한 사문
   서인 김○○ 명의의 차용증서 1매를 위조하고,

2. 즉석에서 그 정을 모르는 성명불상의 위 금고직원에게 위조된 차용증서가 마치
   진정한 것인 양 교부하여 이를 행사한 것입니다.

3. 따라서 위와 같은 사실로 피고소인을 고소하오니 철저히 조사하시어 처벌하여
   주시기 바랍니다.

입 증 방 법

조사시 자세히 진술하겠습니다.

20○○.　○.　○.

위 고소인　○　○　○　(인)

○○경찰서장　귀하

[서식(고소장) 38]　사문서위조 등(남의 인장 불법조각하여 사용)

고 　 소 　 장

고 소 인　　　○　○　○ (000000-0000000)
　　　　　　　○○시 ○○구 ○○로 ○○ (○○동)
　　　　　　　(전화번호 : 000-0000)

피고소인　　　○　○　○ (000000-0000000)
　　　　　　　○○시 ○○구 ○○로 ○○ (○○동)
　　　　　　　(전화번호 : 000-0000)

고 　 소 　 취 　 지

피고소인에 대하여 사문서위조 등의 죄로 고소하오니 처벌하여 주시기 바랍니다.

고 　 소 　 사 　 실

1. 피고소인은 고소외 주식회사 ○○상호신용금고에서 대부알선, 신용조사, 수금을
   담당하는 자입니다.

2. 20○○. ○. ○. 회사공금을 편취할 것을 마음먹고 피고소인과 평소 친하게 지내는 인장업자 ○○○에게 ○○에 사는 ○○○의 인장과 ○○에 사는 ○○○의 인장조각을 부탁하여 피고소인은 이들 인장들을 이용하여 행사할 목적으로 고소외 ○○○가 차용인, ○○○가 연대보증인인 것처럼 문서를 작성하여 이 대출신청자는 신용이 매우 좋다는 조사의견서를 첨부하여 위 회사로부터 금 ○○○원의 돈을 편취한 자입니다.

3. 따라서 위와 같은 사실로 피고소인을 고소하오니 철저히 조사하시어 처벌하여 주시기 바랍니다.

입 증 방 법

추후 제출하겠습니다.

20○○.   ○.   ○.

위 고소인   ○   ○   ○   (인)

○○경찰서장   귀하

[서식(고소장) 39] 상해죄(컴퓨터 외상대금 관계로 상해)

고 소 장

고 소 인   ○   ○   ○
                (전화 : 000-0000)
                ○○시 ○○구 ○○로 ○○ (○○동)

피고소인   ○   ○   ○
                (전화 : 000-0000)

○○시 ○○구 ○○로 ○○ (○○동)

고 소 취 지

피고소인에 대하여 상해죄로 고소하오니 처벌하여 주시기 바랍니다.

고 소 사 실

1. 피고소인은 20○○. ○. ○. 12:30경 ○○시 ○○동 ○○은행 앞길에서 고소인과 피고소인이 20○○. ○.경 구입한 컴퓨터의 외상대금 불입영수증 문제로 시비하던 중 고소인이 "○○○야"라고 하였다는 이유로 들고 있던 핸드백으로 고소인의 얼굴을 때리고, 머리채를 잡아 흔들며 손톱으로 얼굴을 할퀴어 고소인에게 약 3주간의 치료를 요하는 얼굴개갠상처 등의 상해를 가한 자입니다.

2. 따라서 피고소인을 귀서에 고소하오니 철저히 조사하시어 처벌하여 주시기 바랍니다.

첨 부 서 류

　　1. 상해진단서　　　　　　　　　　　　　1통
　　　　조사시 자세히 진술하겠습니다.

20○○.　　○.　　○.

위 고소인　○　○　○　　(인)

○○경찰서장　귀하

고 소 장

고 소 인   ○   ○   ○ (000000-0000000)

○○시 ○○구 ○○로 ○○ (○○동)

(전화번호 : 000-0000)

피고소인   ○   ○   ○ (000000-0000000)

○○시 ○○구 ○○로 ○○ (○○동)

(전화번호 : 000-0000)

고 소 취 지

피고소인을 손괴의 죄로 고소하오니 처벌하여 주시기 바랍니다.

고 소 사 실

1. 피고소인은 부동산 임대업에 종사하는 자인바, 20○○. ○. ○. 10:00경 ○○시 ○○로 ○○(○○동)에 있는 고소인 경영의 ○○다방에서 고소인에게 밀린 다방 월세금을 달라고 요구하였는데 동인이 장사가 제대로 되지 아니하여 연기하여 달하는 말을 듣고 이에 화가 난 나머지 그곳 계산대 위여 놓여있는 고소인 소유의 ○○무선전화기 1개 시가 15만원 상당을 바닥에 던져 깨뜨려 그 효용을 해한 자입니다.

2. 따라서 피고소인은 귀서에 고소하오니 철저히 조사하시어 처벌하여 주시기 바랍니다.

20○○.   ○.   ○.

위 고소인   ○   ○   ○   (인)

○○경찰서장 귀하

고　소　장

고 소 인　　　○　　○　　○ (000000-0000000)

　　　　　　　○○시 ○○구 ○○로 ○○ (○○동)

　　　　　　　(전화번호 : 000-0000)

피고소인　　　○　　○　　○ (000000-0000000)

　　　　　　　○○시 ○○구 ○○로 ○○ (○○동)

　　　　　　　(전화번호 : 000-0000)

고　소　취　지

피고소인을 손괴의 죄로 고소하오니 처벌하여 주시기 바랍니다.

고　소　사　실

　피고소인은 고소인과 이웃에 사는 사람으로 20○○. ○. ○. 14:20경 고소인과 주위 토지 통행문제로 시비가 되어 이에 화가 나 마침 그 주위에 있던 기왓장을 고소인 소유의 승용차에 집어 던져 위 승용차의 앞 유리 부분 금 450,000원 상당을 손괴하여 그 효용을 해한 자이므로 엄벌에 처해 주시기 바랍니다.

　　　　　　　　　20○○.　　○.　　○.

　　　　　　　　위 고소인　○　○　○　(인)

○○경찰서장　귀하

고 소 장

고 소 인   ○   ○   ○ (000000-0000000)

○○시 ○○구 ○○로 ○○ (○○동)

(전화번호 : 000-0000)

피고소인   ○   ○   ○ (000000-0000000)

○○시 ○○구 ○○로 ○○ (○○동)

(전화번호 : 000-0000)

고 소 취 지

피고소인에 대하여 신용훼손죄로 고소하오니 처벌하여 주시기 바랍니다.

고 소 사 실

피고소인은 고소인과 같은 남성의류 제조업을 하는 자로서, 평소에 고소인이 지역 내 의류제조 주문을 많이 받아서 납품수익을 올리는 것을 시기하던 중 20○○. ○. ○. 20:00경 피고소인이 사는 아파트 단지 내의 반상회에 참석하여 고소인이 주식투자를 잘못하여 고소인이 운영하는 의류제조공장과 원단에 사채업자들이 가압류를 하여 아마 더 이상은 영업을 하기 힘들 거라고 말하는 등 고소인의 지불능력에 대한 사회적 신뢰를 저하시킬 우려가 있는 허위의 발언을 한 사실이 있어 고소하오니 철저히 조사하시어 처벌하여 주시기 바랍니다.

첨 부 서 류

추후 제출하도록 하겠습니다.

20○○. ○. ○.

위 고소인 ○ ○ ○   (인)

○○경찰서장 귀하

고 소 장

고 소 인　　　　○　○　○ (000000-0000000)

　　　　　　　○○시 ○○구 ○○로 ○○ (○○동)

　　　　　　　(전화번호 : 000-0000)

피고소인　　　　○　○　○ (000000-0000000)

　　　　　　　○○시 ○○구 ○○로 ○○ (○○동)

　　　　　　　(전화번호 : 000-0000)

고 소 취 지

피고소인에 대하여 알선수뢰죄로 고소하오니 처벌하여 주시기 바랍니다.

고 소 사 실

1. ○○시 ○○구청 ○○과 계장으로 있는 피고소인은 이전에 지적과에서 지정계장
의 자리에 있었다. 이를 알고 있는 고소외 ○○○가 '전에 ○선생이 근무했던 지
적과 직원들에게 토지거래계약허가에 대해서 청탁 좀 해달라'며 부탁하자 피의자
는 이○○에게 지적과 지정계장을 소개해 주었고, 지정계장이 이○○로부터 뇌
물을 받은 후 이○○로부터 뇌물을 받은 후 이○○가 원하는 대로 거래허가가
나자 이를 알선해준 피고소인은 알선해준 데 대한 사례비로 금 ○○○원을 받아
챙겼습니다.

2. 따라서 피고소인을 귀서에 고소하오니 철저히 조사하시어 처벌하여 주시기 바랍
니다.

20○○.　○.　○.

위 고소인　○　○　○　(인)

○○경찰서장　귀하

고 소 장

고 소 인   ○ ○ ○ (000000-0000000)

○○시 ○○구 ○○로 ○○ (○○동)

(전화번호 : 000-0000)

피고소인   ○ ○ ○ (000000-0000000)

○○시 ○○구 ○○로 ○○ (○○동)

(전화번호 : 000-0000)

고 소 취 지

피고소인에 대하여 야간주거침입절도죄로 고소하오니 처벌하여 주시기 바랍니다.

고 소 사 실

1. 피고소인은 일정한 직업이 없는 자로서, 20○○. ○. ○. 00:30경 ○○시 ○○로 ○○(○○동)에 있는 고소인의 집에서 동인의 가족들이 자고 있는 틈을 이용하여 고소인의 집 담을 넘어 침입한 다음 안방 문갑 속에 넣어둔 고소인 소유의 현금 ○○만원과 액면금 ○○만 원짜리 약속어음 ○장이 들어 있는 지갑 1개, 합계 ○○만원 상당을 들고 나와 이를 절취한 것입니다.

2. 따라서 피고소인을 귀서에 고소하오니 철저히 조사하시어 처벌하여 주시기 바랍니다.

20○○. ○. ○.

위 고소인 ○ ○ ○ (인)

○○경찰서장 귀하

고 소 장

고 소 인   ○   ○   ○ (000000-0000000)

○○시 ○○구 ○○로 ○○ (○○동)

(전화번호 : 000-0000)

피고소인   ○   ○   ○ (000000-0000000)

○○시 ○○구 ○○로 ○○ (○○동)

(전화번호 : 000-0000)

고 소 취 지

피고소인에 대하여 업무방해죄로 고소하오니 처벌하여 주시기 바랍니다.

고 소 사 실

1. 피고소인은 일정한 직업이 없는 자인바, 20○○. ○. ○. 20:00경부터 같은 날 22:00경까지 사이에 ○○시 ○○구 ○○동에 있는 고소인 경영의 호프집에서 위 호프집 여종업원인 고소외 ○○○를 피고소인의 옆자리에 동석시켜 달라고 요구 하였으나 들어주지 않는다는 이유로 테이블에 앉아서 큰소리로 떠들며 재떨이를 마룻바닥에 던지는 등 소란을 피워 그 호프집에 들어오려는 손님들이 들어오지 못하게 함으로써 위력으로 고소인의 일반음식점 영업업무를 방해한 것입니다.

2. 따라서 피고소인을 귀서에 고소하오니 철저히 조사하시어 처벌하여 주시기 바랍 니다.

입 증 방 법

조사시 자세히 진술하겠습니다.

20○○. ○. ○.

위 고소인 ○   ○   ○ (인)

○○경찰서장 귀하

고 소 장

고 소 인 　　　○　　○　　○ (000000-0000000)
　　　　　　　○○시 ○○구 ○○로 ○○ (○○동)
　　　　　　　(전화번호 : 000-0000)

피고소인 　　　○　　○　　○ (000000-0000000)
　　　　　　　○○시 ○○구 ○○로 ○○ (○○동)
　　　　　　　(전화번호 : 000-0000)

고 소 취 지

피고소인에 대하여 업무방해죄로 고소하오니 처벌하여 주시기 바랍니다.

고 소 사 실

1. 고소인은 20○○. ○. 초순부터 피고소인 소유 부동산인 ○○시 ○○구 ○○로 ○○ (○○동) 소재 ○○빌딩 ○층 점포 약 30㎡를 (보증금 1,000만원, 월차임 150만원, 임차기간 2년) 임차하여, '○○○'라는 상호로 숙녀복 정장 판매대리점을 개설하여 영업하던 중, 영업부진으로 20○○. ○월부터 ○개월간 차임을 연체하게 되었는바, 피고소인은 20○○. ○. ○. 오후 ○시경 술을 마시고 가게에 찾아와 차임을 내어놓으라며 고래고래 큰소리를 치며 행패를 부려 가게 안에서 옷을 고르던 여자 손님들이 놀라 도망가게 하였고, 그 이후에도 3차례나 술을 마시고 찾아와 가게 안을 기웃거리며 고소인에게 욕을 하는 등 영업방해를 한 사실이 있습니다.

2. 따라서 피고소인을 귀서에 고소하오니 철저히 조사하시어 처벌하여 주시기 바랍니다.

입 증 방 법

조사시 자세히 진술하겠습니다.

20○○. ○. ○.

위 고소인 ○ ○ ○   (인)

○○경찰서장 귀하

[서식(고소장) 47] 업무상 배임죄(은행직원 부당대출)

고   소   장

고 소 인   ○○은행 ㈜
                  대표이사 ○ ○ ○
                  ○○시 ○○구 ○○로 ○○ (○○동)
                  (전화번호 : 000-0000)

피고소인   ○ ○   ○ (000000-0000000)
                  ○○시 ○○구 ○○로 ○○ (○○동)
                  (전화번호 : 000-0000)

고 소 취 지

고소인은 피고소인을 상대로 아래와 같이 업무상 배임죄로 고소하오니 처벌하여 주시기 바랍니다.

<h1 align="center">고 소 사 실</h1>

1. 피고소인은 20○○. ○. ○.경부터 ○○시 ○○구 ○○로 ○○ (○○동) 소재 당 은행 ○○지점의 대리로 근무하면서 대출담당 업무에 종사하여 오던 자입니다.

2. 피고소인은 20○○. ○. ○. 13:00경 위 은행지점에서 그 은행내규 상 ○○○원 이상은 무담보대출이 금지되어 있으므로 ○○○원 이상의 대출을 함에 있어서는 채무자로부터 반드시 담보를 제공받아야 할 업무상 의무가 있음에도 불구하고, 이에 위배하여 피고소인의 친구인 고소 외 ○○○의 편의를 보아주기 위하여 즉석에서 그에게 무담보로 금 ○○○원을 대출하고 그 회수를 어렵게 하여 위 ○○○에게 대출금 ○○○원 상당의 재산적 이익을 취득하게 하고, 위 은행에 동액 상당의 손해를 가하였기에 피고소인을 귀서에 고소하오니 처벌하여 주시기 바랍니다.

<h1 align="center">입 증 방 법</h1>

조사시 자세히 진술하겠습니다.

20○○.　○.　○.

위 고소인　○○은행(주)

대표이사　○　○　○　　(인)

○○경찰서장　귀하

고 소 장

고 소 인   ○   ○   ○ (000000-0000000)

          ○○시 ○○구 ○○로 ○○ (○○동)

          (전화번호 : 000-0000)

피고소인   ○   ○   ○ (000000-0000000)

          ○○시 ○○구 ○○로 ○○ (○○동)

          (전화번호 : 000-0000)

고 소 취 지

피고소인에 대하여 업무상 비밀누설죄로 고소하오니 처벌하여 주시기 바랍니다.

고 소 사 실

1. 피고소인은 ○○시 ○○로 ○○(○○동)에서 "○○한의원"을 개업하고 있는 의원
으로서 20○○. ○. ○. 14:00경 위 의원을 찾아와 진찰을 받고 약을 지어간 같
은 로 ○○(○○동)에 사는 환자인 고소인에게 몽유병이 있다는 사실을 알고 다
음날 19:30경 피고소인의 집에서 동인의 친구인 고소외 ○○○에게 "학교 선생
이라는 ○○○가 어제 약을 지어갔는데, 몽유병이더라"라고 말하여 의사로서 그
업무 중에 알게 된 타인의 비밀을 누설한 것입니다.

2. 따라서 피고소인을 귀서에 고소하오니 철저히 조사하시어 처벌하여 주시기 바랍
니다.

첨 부 서 류

          1. 진단서   1통
          1. 진술서   1통

20○○.   ○.   ○.

위 고소인   ○   ○   ○   (인)

○○경찰서장   귀하

[서식(고소장) 49] 업무상 위력 등에 의한 간음죄(공장장이 여공 간음)

고   소   장

고 소 인   ○   ○   ○ (000000-0000000)

○○시 ○○구 ○○로 ○○ (○○동)

(전화번호 : 000-0000)

피고소인   ○   ○   ○ (000000-0000000)

○○시 ○○구 ○○로 ○○ (○○동)

(전화번호 : 000-0000)

고 소 취 지

피고소인에 대하여 업무상 위력 등에 의한 간음죄로 고소하오니 처벌하여 주시기 바랍니다.

고 소 사 실

1. 피고소인은 ○○산업 ○○공장의 공장장으로서, 20○○. ○. ○. 21:30경 야근을 마치고 동료 여공들과 함께 귀가하려고 준비 중이던 중 피고소인의 감독 아래 있는 여공인 고소인을 불러 근처 약국에 가서 소독약 좀 사다 줄 것을 요청하고, 그러나 약을 사가지고 오자 그 공장 안에 다른 사람이 없는 기회를 이용하여 그

녀를 간음하기로 마음먹고, 고소인을 숙직실로 불러들여 "내 말을 잘 들으면 잔업에서도 빼주고 감독으로 승진시키겠지만 만약 안 들으면 내일 당장 해고시켜 버리겠다"고 위계와 협박을 하여 공장장의 위력으로써 그녀를 간음한 것입니다.

2. 따라서 피고소인을 귀서에 고소하오니 철저히 조사하시어 처벌하여 주시기 바랍니다.

입 증 방 법

1. 진단서   1부
   조사시 자세히 진술하겠습니다.

20○○.   ○.   ○.
위 고소인 ○ ○ ○   (인)

○○경찰서장   귀하

[서식(고소장) 50] 업무상 횡령죄(가전제품 할부금 횡령)

고 소 장

고 소 인   ○   ○   ○ (000000-0000000)
                ○○시 ○○구 ○○로 ○○ (○○동)
                (전화번호 : 000-0000)

피고소인   ○   ○   ○ (000000-0000000)
                ○○시 ○○구 ○○로 ○○ (○○동)
                (전화번호 : 000-0000)

고 소 취 지

피고소인에 대하여 업무상 횡령죄로 고소하오니 처벌하여 주시기 바랍니다.

고 소 사 실

1. 피고소인은 가전제품판매회사인 고소인 회사에게 할부대금 수금사원으로 근무하면서 20○○. ○. ○. ○○시 ○○로 ○○(○○동)에 거주하는 수요자인 고소외 ○○○로부터 수금한 냉장고 할부대금 ○○○원을 비롯하여 수요자 ○명으로부터 금 ○○○원의 할부금을 수금하여 이를 회사에 입금하여야 할 업무상 의무가 있음에도 불구하고 입금하지 아니하고 횡령한 자입니다.

2. 따라서 피고소인을 귀서에 고소하오니 철저히 조사하시어 처벌하여 주시기 바랍니다.

20○○.　○.　○.

위 고소인　○　○　○　(인)

○○경찰서장　귀하

[서식(고소장) 51] 업무상 횡령죄(불륜관계 위자료 명목으로 횡령)

고　소　장

고 소 인 　　　○　○　○ (000000-0000000)

　　　　　　　○○시 ○○구 ○○로 ○○ (○○동)

　　　　　　　(전화번호 : 000-0000)

피고소인 　　　○　○　○ (000000-0000000)

○○시 ○○구 ○○로 ○○ (○○동)

(전화번호 : 000-0000)

고 소 취 지

고소인은 피고소인에 대하여 업무상 횡령죄로 고소를 제기하오니 처벌하여 주시기 바랍니다.

고 소 사 실

1. 피고소인은 20○○. ○. ○.부터 현재까지 ○○시 ○○구 ○○로 ○○ (○○동)에 있는 ○○약품주식회사의 영업사원으로서 위 회사의 약품판매 및 수금업무에 종사하여 오던 자입니다.

2. 피고소인은 20○○. ○. ○. ○○시 ○○구 ○○로 ○○ (○○동)에 있는 ○○○ 경영의 ○○약국에서 약품대금 1,500만원을 수금하여 위 회사를 위하여 보관하던 중 그 무렵 이 중 1,000만원을 자신과 불륜관계를 맺어온 위 회사 경리사원 고소외 ○○○에게 관계청산을 위한 위자료 명목으로 임의로 지급하여 이를 횡령하였습니다.

3. 따라서 피고소인을 귀서에 고소하오니 철저히 조사하시어 처벌하여 주시기 바랍니다.

입 증 방 법

추후 조사시에 제출하겠습니다.

20○○. ○. ○.

위 고소인 ○ ○ ○ (인)

○○경찰서장 귀하

고 소 장

고 소 인   ○   ○   ○ (000000-0000000)

○○시 ○○구 ○○로 ○○ (○○동)

(전화번호 : 000-0000)

피고소인   ○   ○   ○ (000000-0000000)

○○시 ○○구 ○○로 ○○ (○○동)

(전화번호 : 000-0000)

고 소 취 지

고소인은 피고소인들에 대하여 위증죄로 고소하오니 철저히 조사하시어 처벌하여 주시기 바랍니다.

고 소 사 실

1. 피고소인은 일정한 직업이 없는 자로서, 20○○. ○. ○. 14:00경 ○○시 ○○구 ○○동에 있는 ○○지방법원 제○호 법정에서 위 법원 ○○○○고단 ○○호 고소외 ○○○에 대한 절도피고사건의 증인으로 출석하여 선서한 다음 증언함에 있어 사실은 고소외 ○○○이 20○. ○. ○. 19:00경 위 법원 앞길을 운행 중인 버스 안에서 소매치기하는 것을 직접 목격하였음에도 불구하고, 위 사건을 심리 중인 위 법원 제○단독 판사 명 판결에 고소외 ○○○이 소매치기하는 것을 전혀 본 일이 없다고 기억에 반하는 허위의 진술을 하여 위증한 자입니다.

2. 따라서 피고소인을 귀서에 고소하오니 철저히 조사하시어 처벌하여 주시기 바랍니다.

20○○. ○. ○.

위 고소인 ○ ○ ○ (인)

○○경찰서장 귀하

고　소　장

고 소 인　　　○　　○　　○ (000000-0000000)

　　　　　　　○○시 ○○구 ○○로 ○○ (○○동)

　　　　　　　(전화번호 : 000-0000)

피고소인　　　○　　○　　○ (000000-0000000)

　　　　　　　○○시 ○○구 ○○로 ○○ (○○동)

　　　　　　　(전화번호 : 000-0000)

고 소 취 지

　고소인은 피고소인들에 대하여 위증죄로 고소하오니 철저히 조사하시어 처벌하여 주시기 바랍니다.

고 소 사 실

1. 피고소인은 20○○. ○.경부터 ○○시 ○○구 소재 ○○주식회사 구매담당과장으로 재직하다가 20○○. ○. ○. 퇴직한 자로, 20○○. ○. ○. 13:30경 ○○지방법원 제○호 법정에서 고소인이 위 회사 대표이사인 고소 외 ○○○를 상대로 부품 납품대금 등 1억 5천만원 청구소송 사건과 관련사건 20○○가합 ○○○호 증인으로 출석하여 선서하고 증언함에 있어, 사실은 고소인으로부터 납품을 거부한 이유는 피고소인 측 회사에서 시기적으로 자동방제기를 생산·판매함에 따라 고소인이 납품하기로 한 자동방제기는 시기적으로 적절하지 않아 판매부진이 주원인이었으며 또한 고소인으로부터 부품납품을 받을 때 사전 샘플을 납품받아 아무 이상이 없었기 때문에 부품을 계속 받았음에도 "날짜는 정확하게 기억 못하지만 납품 받은 것을 거부한 이유는 샘플과 맞지 않는 부분이 있었기 때문이다"라고 기억에 어긋나는 허위의 진술을 하였습니다.

2. 따라서 피고소인을 귀서에 고소하오니 철저히 조사하시어 처벌하여 주시기 바랍니다.

                        20○○.   ○.   ○.

                 위 고소인 ○   ○   ○   (인)

     ○○경찰서장   귀하

[서식(고소장) 54] 유가증권 변조 등(인장도용하여 당좌수표 변조)

고   소   장

고 소 인   ○   ○   ○ (000000-0000000)
                 ○○시 ○○구 ○○로 ○○ (○○동)
                 전화 : 000-0000-0000

피고소인   ○   ○   ○ (000000-0000000)
                 ○○시 ○○구 ○○로 ○○ (○○동)
                 전화 : 000-0000-0000

고   소   취   지

피고소인에 대하여 유가증권변조 등의 죄로 고소하오니 처벌하여 주시기 바랍니다.

고   소   사   실

1. 피고소인은 20○○. ○. ○.경 고소 외 이○○로부터 물품대금의 견질용으로 고
   소 외 최○○ 명의의 이 건 당좌수표(각 발행일자 20○○. ○. ○. 액면금 1억
   원과 2억 원)를 교부받아 보관하던 중 위 지급제시기일이 도과한 20○○년 ○월
   경 ○○석유가 ○○○석유와 합병되면서 인수인계 과정을 거치던 중 이 건 수표
   의 지급제시기간이 도과하여 형사상 무효인 이 건 수표를 제시하여 고발함으로

써 발행인으로부터 담보물 외 물품대금의 변제를 강요하는데 행사할 목적으로 기히 다른 어음의 개서를 위하여 일시 보관한 발행인의 인장을 도용하기로 마음 먹고 20○○. ○. ○.경 위 회사 사무실에서 볼펜을 사용하여 이 건 당좌수표의 각 발행일자 "20○○. ○. ○."을 한 줄로 지우고 그 밑에 "20○○. ○. ○○."로 개서하고, 그 옆에 두 차례에 걸쳐 발행인의 인장을 압날하여 마치 진정하게 개서된 것처럼 변조하고, 20○○. ○. ○. ○○은행에 지급 제시하여 이를 행사한 자입니다.

2. 따라서 피고소인을 귀서에 고소하오니 처벌하여 주시기 바랍니다.

20○○.　　○.　　○.

위 고소인　○　○　○　　(인)

○○경찰서장　귀하

[서식(고소장) 55]　장물보관죄(절취한 금반지 보관)

고　소　장

고 소 인　　　　○　　○　　　○ (000000-0000000)
　　　　　　　　○○시 ○○구 ○○로 ○○ (○○동)
　　　　　　　　(전화번호 : 000-0000)

피고소인　　　　○　　○　　　○ (000000-0000000)
　　　　　　　　○○시 ○○구 ○○로 ○○ (○○동)
　　　　　　　　(전화번호 : 000-0000)

고 소 취 지

피고소인을 장물보관죄로 고소하오니 처벌하여 주시기 바랍니다.

고 소 사 실

1. 피고소인은 ○○시 ○○구 ○○로 ○○ (○○동)에서 ○○식당이라는 상호로 음식점을 경영하는 자인바, 20○○. ○. ○. 14:00경 위 ○○식당에서 고소외 ○○○로부터 동인이 절취한 피고소인 소유의 금반지 1개 시가 80,000원 상당을 장물인 정을 알면서 식사대금 15,000원의 담보로 받아두고 장물을 보관한 것입니다.

2. 따라서 위와 같은 사실로 피고소인을 고소하오니 철저히 조사하시어 처벌하여 주시기 바랍니다.

입 증 서 류

조사시 자세히 진술하겠습니다.

20○○. ○. ○.

위 고소인 ○ ○ ○ (인)

○○경찰서장 귀하

고 소 장

고 소 인   ○   ○   ○ (000000-0000000)

○○시 ○○구 ○○로 ○○ (○○동)

(전화번호 : 000-0000)

피고소인   ○   ○   ○ (000000-0000000)

○○시 ○○구 ○○로 ○○ (○○동)

(전화번호 : 000-0000)

고 소 취 지

피고소인을 장물알선죄로 고소하오니 처벌하여 주시기 바랍니다.

고 소 사 실

1. 피고소인은 20○○. ○. ○.20○○. ○. ○.경 ○○시 ○○구 ○○로 ○○ (○○ 동) 소재 피고소인의 집에서 고소 외 ○○○로부터 동인이 절취하여 온 ○○손목 시계 30개(시가 5,000만원 상당)를 매각하여 달라는 부탁을 받고 그 장물인 정을 알면서고 이를 승낙한 20○○. ○. ○.경 ○○시 ○○로 ○○(○○동) 소재 ○○주얼리에 800만원에 매각하여 주어 장물을 알선한 것입니다.

2. 따라서 위와 같은 사실로 피고소인을 고소하오니 철저히 조사하시어 처벌하여 주시기 바랍니다.

입 증 서 류

조사시 자세히 진술하겠습니다.

20○○. ○. ○.

위 고소인 ○ ○ ○ (인)

○○경찰서장 귀하

[서식(고소장) 57] 장물운반죄(절취한 TV 운반)

고 소 장

고 소 인 　　　○　　○　　○ (000000-0000000)

　　　　　　　○○시 ○○구 ○○로 ○○ (○○동)

　　　　　　　(전화번호 : 000-0000)

피고소인 　　　○　　○　　○ (000000-0000000)

　　　　　　　○○시 ○○구 ○○로 ○○ (○○동)

　　　　　　　(전화번호 : 000-0000)

고 소 취 지

피고소인을 장물운반죄로 고소하오니 처벌하여 주시기 바랍니다.

고 소 사 실

1. 피고소인은 20○○. ○. ○.경 ○○시 ○○구 ○○로 ○○ (○○동) 소재 피고소인의 집에서 고소 외 ○○○로부터 동인이 절취하여 온 ○○전자 42인치 TV 1대(시가 150만원 상당)를 강취한 장물이라는 정을 알면서도 ○○시 ○○구 ○○로 ○○ (○○동)까지 피고소인 소유의 ○○로 ○○○호 1통 화물트럭에 이를 싣고 가 장물을 운반한 것입니다.

2. 따라서 위와 같은 사실로 피고소인을 고소하오니 철저히 조사하시어 처벌하여 주시기 바랍니다.

입 증 서 류

조사시 자세히 진술하겠습니다.

20○○. ○. ○.

위 고소인 ○ ○ ○ (인)

○○경찰서장 귀하

고 소 장

고 소 인   ○ ○ ○ (000000-0000000)
　　　　　　　○○시 ○○구 ○○로 ○○ (○○동)
　　　　　　　(전화번호 : 000-0000)

피고소인   ○ ○ ○ (000000-0000000)
　　　　　　　○○시 ○○구 ○○로 ○○ (○○동)
　　　　　　　(전화번호 : 000-0000)

고 소 취 지

피고소인을 장물취득죄로 고소하오니 처벌하여 주시기 바랍니다.

고 소 사 실

1. 피고소인은 ○○시 ○○구 ○○로 ○○ (○○동)에서 황금당이라는 상호로 금은
   방을 경영하는 자인바, 20○○. ○. ○. 16:00경 위 황금장에서 고소 외 ○○○
   로부터 고소인 소유의 금반지 1개, 시가 100,000원 상당을 장물인 정을 알면서
   대금 30,000원에 매수하여 장물을 취득한 것입니다.

2. 따라서 위와 같은 사실로 피고소인을 고소하오니 철저히 조사하시어 처벌하여
   주시기 바랍니다.

입 증 서 류

조사시 자세히 진술하겠습니다.

20○○. ○. ○.

위 고소인 ○ ○ ○   (인)

○○경찰서장 귀하

고 소 장

고 소 인   ○   ○   ○ (000000-0000000)

　　　　　　　　○○시 ○○구 ○○로 ○○ (○○동)

　　　　　　　　(전화번호 : 000-0000)

피고소인   ○   ○   ○ (000000-0000000)

　　　　　　　　○○시 ○○구 ○○로 ○○ (○○동)

　　　　　　　　(전화번호 : 000-0000)

고 소 취 지

피고소인을 점유강취죄로 고소하오니 처벌하여 주시기 바랍니다.

고 소 사 실

1. 고소인과 피고소인은 동네 친구사이인바, 피고소인은 20○○. ○.경 금 5,000,000원을 이자 월 2%로 정하여 고소인으로부터 차용하면서, 위 대여금의 지급을 담보하기 위하여 피고소인 소유의 무쏘 승용차를 고소인이 사용할 수 있도록 점유를 이전하고 그 용법에 따라 사용하도록 허락한 사실이 있습니다. 이와 같은 사실을 증명하기 위하여 피고소인은 고소인에게 이와 같은 사실을 기재한 차용증을 작성하여 주었습니다.

2. 그런데 피고소인은 20○○. ○. ○. 밤 00:00경 부인과 딸과 함께 평온하게 잠을 자고 있는 고소인의 집에 찾아와 "내가 이번에 딸기다방에 티코맨(배달원)으로 취직되었는데, 네가 가지고 있는 내 차가 급히 필요하다. 그러니 그 차를 나에게 돌려다오."라고 하며 고소인에게 협박을 하였는데, 고소인은 지금까지 원금은커녕 이자 한 푼도 지급치 아니한 피고소인에게 돌려줄 수 없다고 거절하자, 이에 격분한 피고소인은 주머니 속의 칼을 들여대며 고소인을 항거불능의 상태에 빠뜨려 고소인의 집 책상 위에 놓인 위 승용차 열쇠를 빼앗아 승용차를 몰고 가 아직까지 돌려주지 않고 있습니다.

3. 따라서 위와 같은 사실로 피고소인을 고소하오니 철저히 조사하시어 처벌하여
   주시기 바랍니다.

                        입 증 서 류

            1. 계약서   1부
            1. 사실확인서   1부

                    20○○.   ○.   ○.

                 위 고소인 ○ ○ ○   (인)

       ○○경찰서장 귀하

[서식(고소장) 60] 점유이탈물횡령죄(거스름돈 반환거절)

                      고   소   장

고 소 인   ○   ○   ○ (000000-0000000)
                ○○시 ○○구 ○○로 ○○ (○○동)
                (전화번호 : 000-0000)

피고소인   ○   ○   ○ (000000-0000000)
                ○○시 ○○구 ○○로 ○○ (○○동)
                (전화번호 : 000-0000)

                    고 소 취 지
   피고소인을 점유이탈물횡령죄로 고소를 제기하오니 처벌하여 주시기 바랍니다.

고 소 사 실

1. 고소인은 ○○시 ○○로 ○○(○○동) 소재 ○○○식당이라는 한식점을 경영하는 자로서 20○○. ○. ○. 저녁 00:00경 근처 ○○회사에 다니는 피고소인이 친구 5명과 함께 술과 음식을 먹은 사실이 있습니다.

2. 위 같은 날 고소인이 운영하는 ○○식당은 저녁손님이 많아 무척 바쁜 상황이었습니다. 이에 피고소인이 당일 저녁 00:00경 식사를 마치고 식사비계산을 할 때 고소인의 종업원인 ○○○가 계산서와 함께 식대 280,000원을 지급 청구하였는데 피고소인은 ○○은행 발행의 자기앞수표 10만 원권 3장을 지급하여 위 종업원이 거스름돈 20,000원을 주어야 하는데 그만 실수로 80,000원을 지급하였습니다. 이에 피고소인이 가고 난 후 고소인이 거스름돈 지급이 잘못된 것을 알았으나 이미 피고소인은 가고 없어 부득이 그 다음날 피고소인이 근무하는 ○○회사에 전화를 하여 양해의 말씀을 드리고 계산서를 맞추어 본 결과 거스름돈 60,000원이 더 지급되었다는 것을 통지하였습니다. 이에 피고소인은 저녁 퇴근 후 돌려주겠다고 말을 하였습니다. 그런데 며칠이 지나도 연락이 없어 다시 ○○회사에 전화를 했더니 피고소인은 오히려 화를 내면서 당신들이 계산을 잘못한 것이니 당신들이 책임져야 한다며 그 반환을 거부하여 거듭 사과의 말씀을 드렸으나 이제는 법대로 하라면서 막무가내였습니다. 심지어 "식당 문을 닫고 싶으냐."라고까지 하면서 거스름돈의 반환을 거부하였습니다.

3. 따라서 더 지급된 거스름돈의 반환의무가 있음에도 고의적으로 이를 거부하므로 피고소인을 고소하오니 철저히 조사하시어 처벌하여 주시기 바랍니다.

소 명 방 법

1. 계산서 및 영수증	1통
1. 수표사본	1통

20○○. ○. ○.

위 고소인 ○ ○ ○ (인)

○○경찰서장 귀하

고 소 장

고 소 인   ○   ○   ○ (000000-0000000)

○○시 ○○구 ○○로 ○○ (○○동)

(전화번호 : 000-0000)

피고소인   ○   ○   ○ (000000-0000000)

○○시 ○○구 ○○로 ○○ (○○동)

(전화번호 : 000-0000)

고 소 취 지

고소인은 피고소인에 대하여 절도죄로 고소하오니 처벌하여 주시기 바랍니다.

고 소 사 실

1. 피고소인은 일정한 직업이 없는 자로서, 20○○. ○. ○. 14:00경 ○○시 ○○구 ○○로 ○○ (○○동)에 있는 ○○통합상가 5층 신발진열장에서 물건을 사는 척 하다가 점원 몰래 고소인 소유의 고가신발 약 ○켤레, 시가 ○○만 원 상당을 피고소인 가방 속에 넣어 이를 절취한 것입니다.

2. 따라서 피고소인을 귀서에 고소하오니 철저히 조사하시어 처벌하여 주시기 바랍니다.

20○○.   ○.   ○.

위 고소인 ○   ○   ○   (인)

○○경찰서장 귀하

고 소 장

고 소 인   ○○건설 주식회사 (전화번호 : 000-0000)

                  ○○시 ○○구 ○○로 ○○ (○○동)

                  대표이사 ○ ○ ○

피고소인   ○   ○   ○ (000000-0000000)

                  ○○시 ○○구 ○○로 ○○ (○○동)

                  (전화번호 : 000-0000)

고 소 취 지

피고소인에 대하여 절도죄(형법 제329조)로 고소하오니 처벌하여 주시기 바랍니다.

고 소 사 실

1. 고소인은 종합건설업 등을 주 업무로 하는 주식회사이며, 피고소인은 ○○시 ○○구 ○○로 ○○ (○○동) 소재 건물 ○○동 ○○○호에 거주하는 자입니다.

2. 고소인은 위 건물의 건축공사를 담당한 시공사로서 공사 후 위 건물 지하1층 상가에 고소인 소유의 의자 3개, 공구함 1개, 근무복 2벌, 자재몰딩, 페인트, 드라이비트용 스톤, 석재, 리어카, 산소호스, 용접기 등 기타 집기(시가 약 ○○○원 상당)의 물품을 보관하고 있었습니다.

3. 그런데 피고소인은 20○○. ○. ○.경 위 건물 지하1층 상가의 소유자도 아님에도 불구하고 무단 침입하여 고소인 소유의 위 물품을 절취하여 처분함으로써 고소인에게 약 ○○○원 상당의 재산상의 손해를 입힌 자입니다.

4. 따라서 피고소인을 절도죄(형법 제329조)로 고소하오니 철저히 조사하시어 처벌하여 주시기 바랍니다.

첨 부 서 류

1. 법인등기부등본   1통

   조사시 자세히 진술하겠습니다.

20○○.   ○.   ○.

위 고소인   ○○건설 주식회사

대표이사   ○   ○   ○   (인)

○○경찰서장 귀하

[서식(고소장) 63] 절도 및 업무방해죄(무용복 등 절취, 도주)

고　소　장

고 소 인   ○   ○   ○ (000000-0000000)

○○시 ○○구 ○○로 ○○ (○○동)

(전화번호 : 000-0000)

피고소인   ○   ○   ○ (000000-0000000)

○○시 ○○구 ○○로 ○○ (○○동)

(전화번호 : 000-0000)

고　소　취　지

피고소인에 대하여 절도 및 업무방해죄로 고소하오니 처벌하여 주시기 바랍니다.

고　소　사　실

1. 고소인은 "○○○무용단"을 창립하여 무용수의 4명과 가수 1명, 운전기사 1명 등

으로 운영 중인 자입니다.

2. 피고소인은 고소인의 무용단 무용수로 2년간의 고용계약을 하고 공증까지 한 사실이 있사온데 고소인은 위 4명의 무용수들을 약 3개월간에 걸쳐 단체 연습을 하여 그중 한 사람이라도 빠지면 무용단을 운영할 수 없는 업무상 중요한 위치에 있는데도 불구하고 고소인은 피고소인이 어린 나이로 평소 담배를 피우는 등 단정하지 못하므로 모든 행동을 바로 잡아 줄 생각으로 20○○. ○. ○.경 피고소인에게 준엄한 훈계를 하였던바, 피고소인이 이에 앙심을 품고 같은 해 ○. ○. 오후 2시경 고소인의 숙소에서 무용복(은빛색) 3벌 시가 90,000원과 치마(검정색) 2벌 시가 40,000원 등 합계 130,000원 상당의 물품을 절취 도주함으로써 위 130,000원의 손해는 물론 피고소인이 빠짐으로써 등 무용단을 운영하지 못하도록 고소인의 업무를 방해한 자이오니 철저히 조사하시어 엄벌에 처해 주시기 바랍니다.

첨 부 서 류

1. 각서(공정증서) 사본   1부
   조사시 자세히 진술하겠습니다.

20○○.   ○.   ○.

위 고소인   ○   ○   ○   (인)

○○경찰서장   귀하

고　소　장

고 소 인　　　○　○　　○ (000000-0000000)

　　　　　　　○○시 ○○구 ○○로 ○○ (○○동)

　　　　　　　(전화번호 : 000-0000)

피고소인　　　○　○　　○ (000000-0000000)

　　　　　　　○○시 ○○구 ○○로 ○○ (○○동)

　　　　　　　(전화번호 : 000-0000)

고　소　취　지

　고소인은 피고소인에 대하여 주거침입죄로 고소하오니 처벌하여 주시기를 바랍니다.

고　소　사　실

1. 피고소인은 일정한 직업이 없는 자로서, 20○○. ○. ○.20○○. ○. ○. 15:00경 ○○시 ○○로 ○○(○○동)의 고소인 ○○○의 집 앞을 지나다가 동인의 집이 10㎝쯤 열려있는 것을 보고, 그 자리에서 절도를 하기로 마음먹고 주위를 살피며 위 대문을 열고 고소인의 집 거실까지 들어가 동인의 주거에 침입한 자입니다.

2. 따라서 위와 같은 사실로 피고소인을 고소하오니 피고소인을 철저하게 조사하시어 엄벌하여 주시기 바랍니다.

입　증　방　법

　조사시 자세히 진술하겠습니다.

20○○.　　○.　　○.

위 고소인　○　○　○　　(인)

○○경찰서장　귀하

[서식(고소장) 65] 준강간죄(술을 먹이고 항거불능 상태에서 간음)

고 소 장

고 소 인   ○　○　○ (000000-0000000)

○○시 ○○구 ○○로 ○○ (○○동)

(전화번호 : 000-0000)

피고소인   ○　○　○ (000000-0000000)

○○시 ○○구 ○○로 ○○ (○○동)

(전화번호 : 000-0000)

고 소 취 지

고소인은 피고소인에 대하여 준강간죄로 고소하오니 처벌하여 주시기를 바랍니다.

고 소 사 실

1. 피고소인은 ○○대학교 2학년에 재학 중인 학생으로서 20○○. ○. ○. 23:00경 ○○시 ○○구 ○○동 소재 고소외 ○○○이 경영하는 음식점 명월관 3호실에서 고소인과 술을 마시다가 동인이 술에 취하여 의식불명이 되자 이와 같은 고소인의 항거불능상태를 이용하여 동인을 간음하였습니다.

2. 따라서, 위와 같은 사실로 피고소인을 고소하오니 철저히 조사하시어 엄벌하여 주시기 바랍니다.

입 증 방 법

  1. 진단서   1통

     조사시 자세히 진술하겠습니다.

20○○.　○.　○.

위 고소인 ○　○　○　(인)

○○경찰서장　귀하

[서식(고소장) 66] 준강간죄(깊은 잠에 빠져 있는 상태에서 간음)

고 소 장

고 소 인   ○   ○   ○ (000000-0000000)
　　　　　　　○○시 ○○구 ○○로 ○○ (○○동)
　　　　　　　(전화번호 : 000-0000)

피고소인   ○   ○   ○ (000000-0000000)
　　　　　　　○○시 ○○구 ○○로 ○○ (○○동)
　　　　　　　(전화번호 : 000-0000)

고 소 취 지

　고소인은 피고소인에 대하여 준강간 등의 혐의로 고소하오니 처벌하여 주시기를 바랍니다.

고 소 사 실

1. 피고소인은 고소인의 이웃에 거주하는 자인바, 20○○. ○. ○. 고소인은 직장의 근무를 마치고 ○○시 ○○구 ○○로 ○○ (○○동) 소재 고소인의 집에서 격무에 세상모르고 자고 있었는데, 피고소인이 잠을 자고 있는 고소인의 옷을 벗기고 자신의 바지를 내린 상태에서 고소인의 음부 등을 만지다가 ○회 간음을 하였습니다.

2. 이 사건으로 인하여 고소인은 정신적으로 크나 큰 충격을 입어 아직도 정신병원에서 치료 중에 있는바, 피고소인을 철저히 조사하시어 처벌하여 주시기 바랍니다.

입 증 방 법

　　1. 진단서 　　　　　　　　　　　　　　1통
　　1. 목격자진술서 　　　　　　　　　　　1통
　　　조사시 자세히 진술하겠습니다.

20○○.　○.　○.
위 고소인 ○ ○ ○ 　(인)

○○경찰서장　귀하

[서식(고소장) 67] 준강제추행죄(기 치료를 이용하여 추행)

고　소　장

고 소 인　　　○　　○　　○ (000000-0000000)

　　　　　　　○○시 ○○구 ○○로 ○○ (○○동)

　　　　　　　(전화번호 : 000-0000)

피고소인　　　○　　○　　○ (000000-0000000)

　　　　　　　○○시 ○○구 ○○로 ○○ (○○동)

　　　　　　　(전화번호 : 000-0000)

고　소　취　지

　피고소인에 대하여 준강제추행죄로 고소하오니 처벌하여 주시기를 바랍니다.

고　소　사　실

1. 피고소인은 ○○건강관리라는 상호로 소위 기 치료를 하는 자로서, 20○○. ○.
○.경 ○○시 ○○구 ○○로 ○○ (○○동)에 있는 고소 외 ○○○의 집에 찾아가
서 동인의 처인 고소인에게 "당신이 임신되지 않는다고 당신 남편이 좀 봐달라고
해서 기 치료를 해주려고 왔다."고 거짓말하고 고소인에게 피고소인이 시키는 대
로 기 모으는 자세를 취하고 5분 동안 있게 하여 피고소인의 말을 믿게 한 다음
고소인으로 하여금 옷을 벗고 그 자리에 누워 두 다리를 벌리게 하고 고소인의
음부에 손가락을 넣는 등 강제로 추행한 것입니다.

2. 따라서 위와 같은 사실로 피고소인을 고소하오니 철저히 조사하시어 엄벌하여
주시기 바랍니다.

입　증　방　법

　조사시 자세히 진술하겠습니다.

20○○.　　○.　　○.

위 고소인　○　○　○　　(인)

○○경찰서장　귀하

고 소 장

고 소 인   ○　○　○ (000000-0000000)

                       ○○시 ○○구 ○○로 ○○ (○○동)

                       (전화번호 : 000-0000)

피고소인   ○　○　○ (000000-0000000)

                       ○○시 ○○구 ○○로 ○○ (○○동)

                       (전화번호 : 000-0000)

고 소 취 지

　고소인은 피고소인에 대하여 준강제추행죄로 고소하오니 처벌하여 주시기 바랍니다.

고 소 사 실

1. 피고소인은 20○○. ○. ○. 00:00경 ○○시 ○○구 ○○로 ○○ (○○동) 소재 고소인이 경영하는 술집에서 고소인이 피고소인의 억지로 권하는 술에 취하여 쓰러져 잠이 들어 항거할 수 없게 되자 피고소인은 고소인이 술에 취해 인사불성이 되어 항거불능상태에 있던 사실을 이용하여 고소인의 의사에 반하여 유방을 만지고 손가락을 질내에 삽입하는 등 추행한 사실이 있습니다.

2. 따라서 위와 같은 사실로 피고소인을 고소하오니 철저히 조사하시어 처벌하여 주시기 바랍니다.

20○○. ○. ○.

위 고소인 ○ ○ ○ (인)

○○경찰서장　귀하

고　소　장

고 소 인　　　　○　　○　　○ (000000-0000000)

　　　　　　　　○○시 ○○구 ○○로 ○○ (○○동)

　　　　　　　　(전화번호 : 000-0000)

피고소인　　　　○　　○　　○ (000000-0000000)

　　　　　　　　○○시 ○○구 ○○로 ○○ (○○동)

　　　　　　　　(전화번호 : 000-0000)

고　소　취　지

피고소인에 대하여 준사기죄로 고소하오니 처벌하여 주시기 바랍니다.

고　소　사　실

1. 피고소인은 이웃에 살면서 친분이 있는 고소인이 20○○. ○. ○.경 동인의 아버지인 ○○○의 사망으로 친하여 망부의 재산을 상속하여, 고소인에게는 적당한 감독자나 후견인이 없으며 지능에 분별력이 없다는 것을 알고 고소인의 재산을 편취할 마음으로,

2. 위 같은 해 ○. ○. ○○시 ○○구 ○○로 ○○ (○○동)에 있는 고소인의 집에서 동인에게 사실을 육영재단에 알선할 의사나 능력이 전연 없으면서도 "이 재산을 네 앞으로 상속하면 상속세가 너무 많이 나오고 또 네가 미성년자이여서 매각처분도 할 수 없는데 내가 아는 ○○재단에 기부하면 그곳에서 네가 대학을 나올 때까지 일체의 학비와 생활비를 대주고 유학까지 보내준다"라고 고소인을 유혹하여 동인으로부터 동인의 아버지가 생전에 발급받아 놓은 고소인 명의의 인감 증명서 1통과 도장 1개 및 대지 ○○㎡의 아파트에 대한 고소인 명의의 등기권리증 2통을 건네받아 즉시 같은 번지에 있는 피고소인 집에서 행사할 목적으로 망 ○○○의 성명을 쓰고 그 이름 밑에 피고소인의 도장을 찍어 고소인 명의의 위임

장과 위 대지 및 건물의 매매계약서를 각 위조하고, ○○시 ○○동에 있는 법무사 ○○○의 사무소에 의뢰하여 ○○지방법원 ○○등기소에 제출하게 하여서 피고소인의 그 소유권이전등기를 마쳐서 고소인의 지려천박을 이용하여 재산상 이익을 취득한 것입니다.

3. 따라서 피고소인을 귀서에 고소하오니 엄중히 조사하시어 처벌하여 주시기 바랍니다.

첨 부 서 류

조사시 자세히 진술하겠습니다.

20○○. ○. ○.

위 고소인 ○ ○ ○
위 ○○○는 미성년자이므로
법정대리인 친권자 부 ○ ○ ○ (인)
　　　　　　　　　모 ○ ○ ○ (인)

○○경찰서장 귀하

[서식(고소장) 70] 준사기죄(식당종업원 취업시킨 후 급료 편취)

고　소　장

고 소 인　　　　○　○　○ (000000-0000000)
　　　　　　　　○○시 ○○구 ○○로 ○○ (○○동)
　　　　　　　　(전화번호 : 000-0000)

피고소인   ○   ○   ○ (000000-0000000)

　　　　　　　　　　○○시 ○○구 ○○로 ○○ (○○동)

　　　　　　　　　　(전화번호 : 000-0000)

고 소 사 실

피고소인에 대하여 준사기죄로 고소하오니 처벌하여 주시기 바랍니다.

고 소 사 실

1. 피고소인은 ○○시 ○○구 ○○로 ○○ (○○동) 소재 ○○부동산을 운영하는 자
   인바, 20○○. ○.경 사고로 판단능력이 극히 낮은 정신지체 장애자인 고소인을
   식당종업원으로 취직시켜 급료를 편취할 것을 마음먹고, 사실은 고소인에게 급
   료를 교부하지 아니하고 피고소인이 가로챌 생각이었음에도 불구하고, 고소인에
   게 "식당의 종업원으로 취직시켜 줄 테니 급료를 나에게 맡기면 은행에 저금하여
   목돈을 만들어 주겠다"라고 거짓말하고, 이에 속은 고소인을 20○○. ○. ○.경부
   터 20○○. ○. ○.경까지 사이에 ○○시 ○○구 ○○로 ○○ (○○동) 소재 고소
   외 최○○ 운영의 ○○식당에 종업원으로 취직시킨 후 고소인이 받을 급료 도합
   1,200만 원을 고소외 최○○으로부터 대신 교부받아 이를 편취한 것입니다.

2. 따라서 피고소인을 귀서에 고소하오니 엄중히 조사하시어 처벌하여 주시기 바랍
   니다.

첨 부 서 류

조사시 자세히 진술하겠습니다.

　　　　　　　　　　　20○○.   ○.   ○.

　　　　　　　　　위 고소인 ○ ○ ○   (인)

○○경찰서장 귀하

고 소 장

고 소 인   ○   ○   ○ (000000-0000000)

○○시 ○○구 ○○로 ○○ (○○동)

(전화번호 : 000-0000)

피고소인   ○   ○   ○ (000000-0000000)

○○시 ○○구 ○○로 ○○ (○○동)

(전화번호 : 000-0000)

고 소 취 지

피고소인에 대하여 증거인멸의 죄로 고소하오니 처벌하여 주시기 바랍니다.

고 소 사 실

1. 피고소인은 ○○시 ○○구청 건축과 주사로 근무하는 자로서, 직장동료인 고소
외 ○○○이 ○○시 ○○경찰서 형사계에서 뇌물수수 사건 피의자로 조사를 받
고 있는 사실을 알고 그에게 불리한 증거를 없애기로 마음먹고, 20○○. ○. ○.
15:00경 ○○시 ○○구 ○○동에 있는 ○○구청 건축과 사무실에서 고소외 ○○
○의 부탁을 받아 보관 중이던 그의 금전출납에 관한 메모수첩 1권을 태워버려
타인의 형사사건에 관한 증거를 인멸한 자입니다.

2. 따라서 위와 같은 사실로 피고소인을 고소하오니 철저히 조사하시어 처벌하여
주시기 바랍니다.

20○○.　 ○.　 ○.

위 고소인 ○ ○ ○ (인)

○○경찰서장 귀하

고 소 장

고 소 인   ○　○　○ (000000-0000000)

　　　　　　　　　　○○시 ○○구 ○○로 ○○ (○○동)

　　　　　　　　　　(전화번호 : 000-0000)

피고소인   ○　○　○ (000000-0000000)

　　　　　　　　　　○○시 ○○구 ○○로 ○○ (○○동)

　　　　　　　　　　(전화번호 : 000-0000)

고 소 취 지

피고소인에 대하여 직권남용죄로 고소하오니 처벌하여 주시기 바랍니다.

고 소 사 실

1. 피고소인은 ○○시 ○○구 ○○동사무소에 근무하고 있는 지방행정서기로서, 20○○. ○. ○. 위 사무소에서 동장인 고소외 ○○○로부터 동사무소 주변일대 도로를 청소하라는 지시를 받고 이를 이행하기 위해 미화원을 찾았으나 찾지 못하자 동사무소 마을 방송을 통하여 "급히 전달할 사항이 있으니 동사무소로 빨리 나오시오"라고 하여 고소인 외 9인이 동사무소로 모이자 같은 날 15:00부터 16:30까지 고소인 외 9인으로 하여금 동사무소 주변도로를 청소하도록 강요하여 청소하게 함으로써 그들로 하여금 의무없는 일을 하게 하여 직권을 남용한 것입니다.

2. 따라서 위와 같은 사실로 피고소인을 고소하오니 철저히 조사하시어 처벌하여 주시기 바랍니다.

20○○.　　○.　　○.

위 고소인　○　○　○　(인)

○○경찰서장　귀하

고 소 장

고 소 인   ○ ○ ○ (000000-0000000)

○○시 ○○구 ○○로 ○○ (○○동)

(전화번호 : 000-0000)

피고소인   ○ ○ ○ (000000-0000000)

○○시 ○○구 ○○로 ○○ (○○동)

(전화번호 : 000-0000)

고 소 취 지

피고소인에 대하여 직권남용죄로 고소하오니 처벌하여 주시기 바랍니다.

고 소 사 실

1. 고소인은 택시운전을 하고 있고, 피고소인은 경찰서 수사과에 순경으로 재직하고 있는 자입니다.

2. 그런데 고소인은 고소외 ○○○로부터 20○○. ○. ○. 한 달간만 사용하기로 하고 금 ○○○원을 차용한 적이 있고 고소인의 경제사정으로 변제기에 변제치 못한 사실이 있어 고소외 ○○○로부터 계속적으로 심한 모욕과 협박을 당하여 오고 있었습니다.

3. 고소외 ○○○은 자신의 절친한 친구인 피고소인을 통하여 고소인으로부터 금원을 변제 받기로 마음먹고, 피고소인에게 위와 같은 사실을 고지하고 금원을 받아줄 것을 부탁하였고, 고소인의 고소가 없음에도 피고소인은 20○○. ○. ○. 15:20경 전화상으로 고소인에게 "경찰서 수사과 형사인데 당신을 사기혐의로 입건하여 조사할 것이 있으니 주민등록등본과 재산관계서류 등을 가지고 내일 중으로 경찰서 수사과로 출두하라"는 출두통지를 받고 경찰서에 출두한 적이 있습니다.

4. 그러나 고소인이 경찰서에 출두하자 피고소인은 경찰서 조사실이 아닌 당직실로 데리고 가 주민등록등본과 재산관계서류를 잠깐 본 후 주머니에 넣더니 다짜고 짜 "당신 우리 친구 돈을 갚지 않으면 즉시 구속하겠다"고 하면서 갑자기 고소인의 손목에 수갑을 채우면서 "언제까지 금원을 변제해줄 수 있느냐"고 하여 고소인은 "친척들로부터 급전을 하여 내일 중으로 변제하겠다"하였더니 수갑을 풀어주면서 "좋게 말할 때 들어"라고 하여 "알았습니다"라고 하자 귀가한 사실이 있습니다.

5. 귀가 후 알아보니 피고소인은 상사로부터 구체적인 사건을 특정하여 수사명령 받은 적이 없고 고소인이 입건되지 아니하였음에도 범죄수사를 빙자하여 고소인으로 하여금 의무 없는 서류를 제출케 하고 불법 체포하는 등 정식적인 절차를 따르지 않았다는 것을 인지하여 피고소인을 형법 제123조 소정의 직권남용죄로 고소하오니 철저히 조사하시어 엄벌에 처해 주시기 바랍니다.

20○○. ○. ○.

위 고소인 ○ ○ ○ (인)

○○경찰서장 귀하

고 소 장

고 소 인 　　○　○　○ (000000-0000000)

　　　　　　　○○시 ○○구 ○○로 ○○ (○○동)

　　　　　　　(전화번호 : 000-0000)

피고소인 　　○　○　○ (000000-0000000)

　　　　　　　○○시 ○○구 ○○로 ○○ (○○동)

　　　　　　　(전화번호 : 000-0000)

고 소 취 지

피고소인에 대하여 직무유기죄로 고소하오니 처벌하여 주시기 바랍니다.

고 소 사 실

1. 피고소인은 ○○시청 민원실에서 인감증명발급사무를 담당하는 공무원으로서, ○○○의 청탁을 받고 인감증명서의 주소, 주민등록번호, 성명, 생년월일란에 아무런 기재를 하지 않고 인감란의 인영과 신고한 인감과의 상위여부도 확인하지 않는 채 발행일자 및 시장 명의의 고무인과 직인 및 계인을 찍어 고소 외 ○○○에게 교부하였습니다.

2. 따라서 피고소인을 귀서에 고소하오니 철저히 조사하시어 처벌하여 주시기 바랍니다.

20○○.　○.　○.

위 고소인　○　○　○　(인)

○○경찰서장　귀하

고 소 장

고 소 인   ○   ○   ○ (000000-0000000)

○○시 ○○구 ○○로 ○○ (○○동)

(전화번호 : 000-0000)

피고소인   ○   ○   ○ (000000-0000000)

○○시 ○○구 ○○로 ○○ (○○동)

(전화번호 : 000-0000)

고 소 취 지

피고소인에 대하여 직무유기죄로 고소하오니 처벌하여 주시기 바랍니다.

고 소 사 실

1. 고소인은 택시운전을 업으로 하고 있고, 피고소인은 이 건 사고발생지를 관할하는 경찰서 파출소 순경으로 재직하고 있는 자입니다.

2. 그런데 고소인은 20○○. ○. ○.경 ○○시 ○○동에서 택시승객인 고소외 ○○○로부터 택시요금문제로 사소한 시비 끝에 폭행을 당하여 전치 4주의 상해를 입었습니다.

3. 이에 고소인은 고소 외 ○○○를 붙잡고 즉시 관할파출소에 신고를 하였고 피고소인이 출동하였으나 고소 외 ○○○와 이웃지간으로 평소 친분관계에 있던 피고소인은 고소 외 ○○○의 계속된 폭력행사를 제지하기는커녕 "당신이 부당한 요금을 징수하여 발생한 문제이니 당신이 알아서 해라, 별 문제도 아닌데 귀찮게 112 신고를 한다. 바쁜 일이 있다"하면서 범죄현장을 일탈하였습니다.

4. 피고소인의 소위는 사회질서와 안정을 책임지는 막중한 임무를 부여받고 있는

경찰관으로서 범법자인 고소 외 ○○○를 적극 검거하여 정식 입건절차 및 상사에게 보고 등도 없이, 폭력현장을 일탈하여 무고한 고소인으로 하여금 정신적·육체적 고통을 당하게 하였습니다. 위와 같은 정황으로 보아 결국 피고소인은 주관적으로 직무를 버린다는 인식을 하면서, 객관적으로 직무를 벗어나는 행위를 하였음이 명백하므로 이는 형법 제122조 소정의 직무유기죄를 구성한다 하겠습니다.

5. 따라서 피고소인을 귀서에 고소하오니 철저히 조사하시어 처벌하여 주시기 바랍니다.

20○○.   ○.   ○.

위 고소인   ○   ○   ○   (인)

○○경찰서장 귀하

[서식(고소장) 76] 출판물 등에 의한 명예훼손죄(월간지에 교수채용비리 적시)

고   소   장

고 소 인   ○   ○   ○ (000000-0000000)
              ○○시 ○○구 ○○로 ○○ (○○동)
              (전화번호 : 000-0000)

피고소인   ○   ○   ○ (000000-0000000)
              ○○시 ○○구 ○○로 ○○ (○○동)
              (전화번호 : 000-0000)

고 소 취 지

피고소인에 대하여 출판물 등에 의한 명예훼손죄로 고소하오니 처벌하여 주시기 바랍니다.

고 소 사 실

1. 피고소인은 ○○시 ○○동에 있는 월간지 "○○"호의 48면에 평소 감정이 좋지 않은 ○○대학의 교수인 고소인을 비방할 목적으로 동인의 사진을 싣고 "대학교수도 돈으로 된다?"라는 제목 아래 ○○○는 ○○대학 교수채용심사에서 돈 ○○만원을 주고 자리를 샀다는 허위의 기사를 게재한 월간지 약 ○○천부를 그 무렵 그 시내 및 주변지역 독자들에게 보급하여 공연히 허위 사실을 적시하여 고소인의 명예를 훼손한 자입니다.

2. 따라서 피소고인을 귀서에 고소하오니 철저히 조사하시어 처벌하여 주시기 바랍니다.

입 증 방 법

    1. 신문일부발췌본   1부

       조사시 자세히 진술하겠습니다.

20○○.　○.　○.

위 고소인 ○ ○ ○ (인)

○○경찰서장 　귀하

고 소 장

고 소 인   ○   ○   ○ (000000-0000000)

○○시 ○○구 ○○로 ○○ (○○동)

(전화번호 : 000-0000)

피고소인   ○   ○   ○ (000000-0000000)

○○시 ○○구 ○○로 ○○ (○○동)

(전화번호 : 000-0000)

고 소 취 지

피고소인에 대하여 출판물에 의한 명예훼손죄로 고소하오니 처벌하여 주시기 바랍니다.

고 소 사 실

1. 고소인은 K기업의 신기술개발 연구팀에서 근무하고 있는 자이며, 피고소인은 K기업과 경쟁사인 S기업의 다른 연구팀에 근무하는 자입니다.

2. 고소인이 소속된 연구팀에서 혁신적인 기술을 개발하여서 이를 발표하자, 피고소인은 자신들이 개발한 기술내용을 고소인이 빼돌려서 발표를 한 것이라며 "기업의 양심을 팔아먹은 자"라는 등의 내용을 주간잡지에 실은 적이 있습니다.

3. 그러나 고소인이 개발한 기술은 고소인이 ○년에 걸쳐서 연구원들과 머리를 맞대고 개발한 기술로서 신생기업인 S기업이 쉽게 개발할 수 없는 기술임에도 불구하고 단지 고소인을 비방할 목적으로 주간지에 기사화한 사실이 있으므로 철저히 조사하시어 엄벌하여 주시기 바랍니다.

첨 부 서 류

1. 주간지   1부

20○○. ○. ○.

위 고소인 ○ ○ ○ (인)

○○경찰서장 귀하

[서식(고소장) 78] 컴퓨터 등 사용사기죄(인터넷을 이용 타인의 카드로 물품 거래)

고 소 장

고 소 인   ○   ○   ○ (000000-0000000)

○○시 ○○구 ○○로 ○○ (○○동)

(전화번호 : 000-0000)

피고소인   ○   ○   ○ (000000-0000000)

○○시 ○○구 ○○로 ○○ (○○동)

(전화번호 : 000-0000)

고 소 취 지

피고소인에 대하여 컴퓨터 등 사용사기죄로 고소하오니 처벌하여 주시기 바랍니다.

고 소 사 실

1. 피고소인은 일정한 직업이 없는 자인바, 20○○. ○. ○. 22:00경 서울 이하 불

상지에서 컴퓨터 등 정보처리장치인 인터넷사이트 고소인 ○○쇼핑몰 주식회사 최○○로 명의로 접속하여 동인의 이름으로 상품을 구입하면서 피고소인이 마치 최○○인 것처럼 자신이 부정발급 받은 최○○ 명의의 ○○카드의 카드번호와 비밀번호 등을 입력하고 그 물품대금 ○○만원을 지급하도록 부정한 명령을 입력하여 정보처리를 하게 함으로써 그 금액 상당의 재산상 이득을 취득한 자입니다.

2. 따라서 피고소인을 귀서에 고소하오니 엄중히 조사하시어 처벌하여 주시기 바랍니다.

첨 부 서 류

조사시 자세히 진술하겠습니다.

20○○.   ○.   ○.

위 고소인   ○   ○   ○   (인)

○○경찰서장   귀하

고 소 장

고 소 인   ○   ○   ○ (000000-0000000)

                  ○○시 ○○구 ○○로 ○○ (○○동)

                  (전화번호 : 000-0000)

피고소인   ○   ○   ○ (000000-0000000)

                  ○○시 ○○구 ○○로 ○○ (○○동)

                  (전화번호 : 000-0000)

고 소 취 지

피고소인에 대하여 컴퓨터 등 사기죄로 고소하오니 처벌하여 주시기 바랍니다.

고 소 사 실

1. 고소인은 피고소인과는 아무런 친·인척관계가 없습니다. 피고소인은 고소인이 운영하던 ○○레스토랑의 종업원으로 일하던 사람인데 피고소인은 평소 위 레스토랑의 운영에 바빠서 20○○. ○. ○.경부터는 고소인도 인터넷으로 은행거래(인터넷 뱅킹)를 하고자 이러한 거래경험이 많던 피고소인의 도움을 받아 처음 몇 차례 인터넷 뱅킹을 하였습니다.

2. 그런데 피고소인은 고소인의 인터넷 뱅킹을 도와주면서 고소인의 계좌번호와 비밀번호를 알게 되었음을 기화로 인터넷 뱅킹을 이용하여 고소인 모르게 고소인의 ○○은행 계좌로부터 20○○. ○. ○. 15:20경 금 900만원, 다음날 17:40경 600만원 등 합계 금 1,500만원을 자신의 통장으로 계좌이체를 한 후 이를 인출하여 소비함으로써 고소인에게 위 금액만큼의 손해를 입힌 것입니다.

3. 그럼에도 불구하고 피고소인은 자신이 한 것이 아니라고 변명하면서 고소인의 변제독촉에도 차일피일 미루기만 하고 있는 자이므로, 철저히 조사하시어 처벌

하여 주시기 바랍니다.

첨 부 서 류

1. 통장 사본   1통
1. 거래내역 사본   1통
   조사시 자세히 진술하겠습니다.

200 ○.   ○.   ○.

위 고소인 ○ ○ ○ (인)

○○경찰서장 귀하

[서식(고소장) 80] 퇴거불응죄(교회출입금지 의결절차 불응)

고 소 장

고 소 인   ○ ○ ○ (000000-0000000)
               ○○시 ○○구 ○○로 ○○ (○○동)
               (전화번호 : 000-0000)

피고소인   ○ ○ ○ (000000-0000000)
               ○○시 ○○구 ○○로 ○○ (○○동)
               (전화번호 : 000-0000)

고 소 취 지

고소인은 피고소인을 상대로 퇴거불응죄로 고소하오니 처벌하여 주시기 바랍니다.

고 소 사 실

1. 고소인은 ○○교회 당회장이며 피고소인은 속칭 ○○왕국회관(일명 여호와증인)의 신도입니다.

2. 피고소인은 200○. ○. ○. 예배의 목적이 아니라 ○○교회의 예배를 방해하여 교회의 평온을 해할 목적으로 ○○교회에 출입하여 진정한 하느님의 자식은 자신들뿐이다는 고함을 지르며 ○○교회의 예배를 방해하여 위 교회 건물의 관리주체라고 할 수 있는 ○○교회 교회당회에서 피고소인에 대한 교회출입금지의결을 하고, 이에 따라 위 교회의 관리인인 위 고소인이 피고소인에게 퇴거를 요구하였으나 약 1시간 이상 위와 같은 고함을 지르며 퇴거 요구에 불응한 사실이 있습니다.

3. 위 사실과 같이 피고소인의 교회출입을 막으려는 위 ○○교회의 의사는 명백히 나타난 것이기 때문에 이에 기하여 퇴거요구를 한 것은 정당하고 이에 불응하여 퇴거를 하지 아니한 행위는 퇴거불응죄에 해당되며 교회는 교인들의 총유에 속하는 것으로서 교인들 모두가 사용수익권을 갖고 있고, 출입이 묵시적으로 승낙되어 있는 장소이나 이 같은 일반적으로 개방되어 있는 장소라도 필요한 때는 관리자가 그 출입을 금지 내지 제한할 수 있으므로 피고소인을 철저히 조사하시어 처벌하여 주시기 바랍니다.

첨 부 서 류

1. 주민확인서   1통
   조사시 자세히 진술하겠습니다.

               200○.   ○.   ○.

        위 고소인   ○   ○   ○   (인)

○○경찰서장   귀하

고 소 장

고 소 인   ○ ○ ○ (000000-0000000)

○○시 ○○구 ○○로 ○○ (○○동)

(전화번호 : 000-0000)

피고소인   ○ ○ ○ (000000-0000000)

○○시 ○○구 ○○로 ○○ (○○동)

(전화번호 : 000-0000)

고 소 취 지

피고소인에 대하여 특수절도죄로 고소하오니 처벌하여 주시기 바랍니다.

고 소 사 실

1. 피고소인은 노동에 종사하는 자인바, 20○○. ○. ○. 20:00경 ○○시 ○○구 ○○로 ○○ (○○동) 고소인의 집이 비어 있음을 알고 미리 준비하여 가지고 간 길이 20㎝ 직경 1㎝의 드라이버로 시정된 출입문 자물쇠를 강제로 뜯어 열고 들어가 내실 화장 서랍 속에서 현금 일만원권 22매(220,000원)와 가계수표(백지) 12장 등을 절취한 것입니다.

2. 따라서 피고소인을 귀서에 고소하오니 철저히 조사하시어 처벌하여 주시기 바랍니다.

20○○. ○. ○.

위 고소인 ○ ○ ○ (인)

○○경찰서장 귀하

고 소 장

고 소 인   ○   ○   ○ (000000-0000000)

                 ○○시 ○○구 ○○로 ○○ (○○동)

                 (전화번호 : 000-0000)

피고소인   ○   ○   ○ (000000-0000000)

                 ○○시 ○○구 ○○로 ○○ (○○동)

                 (전화번호 : 000-0000)

고 소 취 지

  고소인은 피고소인에 대하여 특수주거침입죄로 고소하오니 처벌하여 주시기를 바랍니다.

고 소 사 실

1. 피고소인은 일정한 직업이 없는 자로서, 20○○. ○. ○. 11:50경 ○○시 ○○로 ○○(○○동)에 있는 ○○주점에서 술을 마시다가, 고소인의 집 종업원인 고소외 ○○○가 폐점시간임을 알리며 나가달라고 요구하자 소지하고 있던 길이 약 14㎝의 주머니칼을 꺼내 보이며 "나는 내가 가고 싶을 때 간다. 다시 귀찮게 하면 혼날 줄 알아라"라고 말하고 약 3시간 동안 그곳에 머물러, 퇴거요구를 받았음에도 위험한 물건을 휴대하고 그 요구에 응하지 않은 자입니다.

2. 따라서 위와 같은 사실로 피고소인을 고소하오니 철저히 조사하시어 엄벌하여 주시기 바랍니다.

입 증 방 법

조사시 자세히 진술하겠습니다.

20○○. ○. ○.

위 고소인 ○ ○ ○   (인)

○○경찰서장 귀하

고 소 장

고 소 인 ○ ○ ○ (000000-0000000)

      ○○시 ○○구 ○○로 ○○ (○○동)

      (전화번호 : 000-0000)

피고소인 ○ ○ ○ (000000-0000000)

      ○○시 ○○구 ○○로 ○○ (○○동)

      (전화번호 : 000-0000)

고 소 취 지

고소인은 피고소인에 대하여 특수협박죄로 고소하오니 처벌하여 주시기 바랍니다.

고 소 사 실

1. 피고소인은 일정한 직업이 없는 자로서, 20○○. ○. ○.경 평소 알고 지내는 고소외 노○○가 고소인에게 빌려준 돈을 받아 달라고 부탁을 받고 같은 날 21:00경 ○○시 ○○로 ○○(○○동)에 있는 고소인의 집에 찾아가서 고소인을 근처 공원으로 데리고 가 고소인에게 "당신은 왜 노○○에게 빌린 돈을 갚지 않는가. 갚을 생각은 있는가, 갚겠다면 지금부터 돈을 돌려 내일 저녁 6시까지 우리 집으로 가지고 오라"고 말했으나 고소인이 아무 말도 하지 않자, 바지의 허리띠 뒤쪽에 가지고 있던 길이 10㎝ 되는 칼을 꺼내 이리저리 만지작거리면서 "이것을 사용하고 싶지는 않지만 당신이 계속 벙어리 행세를 하면 할 수 없다"라고 말하여, 고소인이 피고소인의 요구에 응하지 아니할 때에는 그의 생명 또는 신체의 대하여, 어떠한 위해를 가할 듯한 태도를 보여서 고소인을 협박하였습니다.

2. 따라서 피고소인을 귀서에 고소하오니 철저히 조사하시어 처벌하여 주시기 바랍니다.

첨 부 서 류

조사시 자세히 진술하겠습니다.

20○○.   ○.   ○.

위 고소인   ○   ○   ○   (인)

○○경찰서장 귀하

[서식(고소장) 84] 편의시설부정사용죄(고객이 커피자판기 훼손)

고   소   장

고 소 인   ○   ○   ○ (000000-0000000)
               ○○시 ○○구 ○○로 ○○ (○○동)
               (전화번호 : 000-0000)

피고소인   ○   ○   ○ (000000-0000000)
               ○○시 ○○구 ○○로 ○○ (○○동)
               (전화번호 : 000-0000)

고 소 취 지

피고소인을 편의시설부정사용죄로 고소하오니 처벌하여 주시기 바랍니다.

고 소 사 실

1. 고소인은 ○○시 ○○로 ○○(○○동)에서 ○○식당이라는 상호로 음식판매업을

하고 있으며 고소인의 가게 앞에 커피자판기를 설치해 놓았습니다.

2. 위 자판기는 100원 및 500원짜리 동전과 1,000원권 지폐를 이용하여 사용할 수 있는데 20○○. ○. 초순경부터 커피자판기에서 500원짜리 동전과 비슷한 무게와 크기의 물체가 자주 나오고, 간혹 자판기 고장을 일으키곤 하여 커피자판기를 누군가 부정하게 사용하고 있다는 생각이 들었습니다. 고소인은 자판기를 부정하게 사용하는 사람이 있는지를 유심히 살펴보았으나 범인을 잡지 못하고, 20○○. ○.부터는 동전이 아닌 물체가 상당히 많이 나와 자판기 영업을 하지 못할 지경이 되어 20○○. ○. ○.에 자판기 주변에 무인카메라를 설치하였는데 그날 밤 주위를 살피며 자판기를 이용하는 사람이 비디오카메라에 잡혀 얼굴을 확인한 결과 ○○시 ○○로 ○○(○○동)에 사는 피고소인이었습니다.

3. 따라서 피고소인이 부정한 방법으로 커피자판기를 이용하는 바람에 고소인은 자판기영업에 막대한 손실을 보았으므로 피고소인을 철저히 조사하시어 형법 제348조의2에 따라 처벌하여 주시기 바랍니다.

20○○.   ○.   ○.

위 고소인   ○   ○   ○   (인)

○○경찰서장   귀하

고　소　장

고 소 인　　　　○　○　○ (000000-0000000)

　　　　　　　　○○시 ○○구 ○○로 ○○ (○○동)

　　　　　　　　(전화번호 : 000-0000)

피고소인　　　　○　○　○ (000000-0000000)

　　　　　　　　○○시 ○○구 ○○로 ○○ (○○동)

　　　　　　　　(전화번호 : 000-0000)

고　소　취　지

피고소인에 대하여 폭행죄로 고소하오니 처벌하여 주시기 바랍니다.

고　소　사　실

1. 피고소인은 일정한 직업이 없는 자로서, 20○○. ○. ○. 22:30경 ○○시 ○○구 ○○로 ○○ (○○동) 앞 노상에서 약 8개월간 사귀어온 고소인에게 다른 남자와 놀아난다는 이유로 오른 손바닥으로 고소인의 왼쪽 뺨을 1회 때리고, 오른발로 대퇴부를 1회 차는 등 폭행한 것입니다.

2. 따라서 피고소인을 귀서에 고소하오니 철저히 조사하시어 처벌하여 주시기 바랍니다.

첨　부　서　류

　　1. 진단서　　　　　　　　　　　　　　1통
　　1. 목격자 진술서　　　　　　　　　　 1통

20○○.　○.　○.

위 고소인　○　○　○　 (인)

○○경찰서장　귀하

고　소　장

고　소　인　　　　○　　○　　○ (000000-0000000)

　　　　　　　　　○○시 ○○구 ○○로 ○○ (○○동)

　　　　　　　　　(전화번호 : 000-0000)

피고소인　　　　○　　○　　○ (000000-0000000)

　　　　　　　　　○○시 ○○구 ○○로 ○○ (○○동)

　　　　　　　　　(전화번호 : 000-0000)

고　소　취　지

피고소인에 대하여 폭행죄로 고소하오니 처벌하여 주시기 바랍니다.

고　소　사　실

　피고소인은 일정한 직업이 없는 자로서, 20○○. ○. ○. 00:00경 ○○시 ○○구 ○○로 ○○ (○○동) 소재 고소인이 경영하는 '○○음식점'에 들어와서 공연히 종업원에게 시비를 걸어 욕설을 하면서 행패를 부리는 것을 고소인이 말리자 피고소인은 고소인에게 너도 똑같은 놈이라며 뺨을 때리고 머리채를 잡아 흔드는 등 폭행을 가한 사실이 있어 고소하오니 철저히 조사하시어 엄벌하여 주시기 바랍니다.

첨　부　서　류

1. 진단서　　　　　　　　　　　　1통
1. 목격자 진술서　　　　　　　　　1통

20○○.　　○.　　○.

위 고소인　○　○　○　(인)

○○경찰서장　귀하

고 소 장

고 소 인　　　　○　　○　　○ (000000-0000000)

　　　　　　　　○○시 ○○구 ○○로 ○○ (○○동)

　　　　　　　　(전화번호 : 000-0000)

피고소인　　　　○　　○　　○ (000000-0000000)

　　　　　　　　○○시 ○○구 ○○로 ○○ (○○동)

　　　　　　　　(전화번호 : 000-0000)

고 소 취 지

　고소인은 피고소인에 대하여 폭행가혹행위죄로 고소하오니 처벌하여 주시기 바랍니다.

고 소 사 실

1. 피고소인은 경찰서 소속 사법경찰관인 자이고, 고소인은 경찰서 관할구역 내에서 야채장사를 하는 상인입니다.

2. 20○○. ○. ○. 오후 5시경 시장 내에서 고소인이 영업을 하고 있던 중 시장 내 주변 상인인 고소외 ○○○와 시비가 붙어 몸싸움을 벌이고 있었는데, 마침 순찰중인 경찰서 소속 피고소인을 포함한 경찰관 2인에 의해 경찰서로 연행되었습니다.

3. 20○○. ○. ○. 오후 7:30시까지 조사를 받고, 유치장에 구금되었는데, 고소인이 빨리 풀어달라고 요구하자, 피고소인이 갑자기 유치장 안에 있던 고소인을 끌어내더니 복부와 허벅지를 구타하고 얼굴을 수십 차례 주먹으로 가격하는 등 폭행을 하였습니다.

4. 고소인은 다음날 풀려났지만 그 날의 폭행으로 육체적은 물론이고 정신적인 피
   해를 입었는바, 위 피고소인의 행위는 자신의 직위를 남용하여 힘없는 일반시민
   에 대해 가혹행위를 한 것이므로 피고소인을 폭행·가혹 행위죄로 고소하오니
   철저히 조사하시어 처벌하여 주시기 바랍니다.

입 증 방 법

   1. 진술서   1부

   1. 진단서   1부

     조사시 자세히 진술하겠습니다.

20○○.   ○.   ○.

위 고소인   ○   ○   ○   (인)

○○경찰서장   귀하

[서식(고소장) 88] 폭행치상죄(건물소유주가 임차인을 폭행)

고 소 장

고 소 인   ○   ○   ○ (000000-0000000)

              ○○시 ○○구 ○○로 ○○ (○○동)

              (전화번호 : 000-0000)

피고소인   ○   ○   ○ (000000-0000000)

              ○○시 ○○구 ○○로 ○○ (○○동)

              (전화번호 : 000-0000)

고 소 취 지

피고소인에 대하여 폭행치상죄로 고소하오니 처벌하여 주시기 바랍니다.

고 소 사 실

1. 피고소인은 고소인이 고소외 ○○○소유 주택을 경락으로 매수한 ○○시 ○○구 ○○로 ○○ (○○동)의 주택을 임대하여 거주하고 있는 자입니다.

2. 고소인이 20○○. ○. ○. 오후 2시경 ○○동 소재 ○○다방에서 피고소인에게 위 주택에 대한 명도를 요구하자, "내 집인데 누구 마음대로 집을 샀느냐"며 갑자기 멱살을 잡고 팔을 비틀어 쓰러뜨린 후 안면, 목, 가슴 등을 가리지 않고 구두 신은 발로 짓밟아 피고소인은 고소인에게 전치 4주를 요하는 상해를 입힌 자입니다.

3. 따라서 피고소인을 귀서에 고소하오니 철저히 조사하시어 처벌하여 주시기 바랍니다.

첨 부 서 류

    1. 진단서   1통
    1. 목격자 진술서   1통

20○○. ○. ○.

위 고소인 ○ ○ ○ (인)

○○경찰서장 귀하

고 소 장

고 소 인 　　　ㅇ　ㅇ　ㅇ (000000-0000000)

　　　　　　　ㅇㅇ시 ㅇㅇ구 ㅇㅇ로 ㅇㅇ (ㅇㅇ동)

　　　　　　　(전화번호 : 000-0000)

피고소인 　　　ㅇ　ㅇ　ㅇ (000000-0000000)

　　　　　　　ㅇㅇ시 ㅇㅇ구 ㅇㅇ로 ㅇㅇ (ㅇㅇ동)

　　　　　　　(전화번호 : 000-0000)

고 소 취 지

　고소인은 피고소인을 상대로 피의사실공표죄로 고소하오니 처벌하여 주시기 바랍니다.

고 소 사 실

1. 고소인은 20ㅇㅇ. ㅇ. ㅇ. 고소인이 근무하였던 A주식회사의 대표이사 ㅇㅇㅇ으로부터 A주식회사의 기밀서류로 전세계의 관심을 끌고 있던 신개발약품의 제조공정도면 및 사업계획서를 경쟁사인 B주식회사 기술기획실 실장인 ㅇㅇㅇ에게 건네주는 등 회사의 기밀을 누설하였다는 이유로 고소를 당하여 관할 경찰서인 ㅇㅇ경찰서에서 조사를 받은 사실이 있습니다.

2. 고소인이 관할 경찰서에서 조사를 받을 당시 범죄사실을 강력히 부인하며 고소인이 A주식회사의 기밀서류를 넘겨주었다고 하는 시점을 전후하여 약 ㅇ개월 동안을 해외에 있었으므로 A주식회사의 신제품제조공정도면이나 사업계획서를 접할 수가 없었음을 진술하고, 해외에 있었다는 사실을 증명하기 위하여 출입국에 관한 사실증명서까지 제출한 사실이 있습니다.

3. 그러나 관할경찰서의 수사담당과장인 ㅇㅇㅇ는 20ㅇㅇ. ㅇ. ㅇ. A주식회사의 신

개발약품에 대하여 각 언론기관 등이 많은 관심을 가지고 있자 참고인들의 진술이 명백하지 않으며, 참고인들 간에도 진술이 일치하지 않고 있음에도 중간 수사결과에 대한 보도자료를 작성하여 K일보의 ○○○ 등 각 언론사의 기자들에게 배포한 사실이 있는바, 동 보도자료에 의하면 고소인이 B회사에 스카우트되기 위하여 기밀서류를 유출하였음이 밝혀졌다고 발표하면서, 향후의 수사계획까지 발표한 사실이 있습니다.

4. 위와 같이 수사담당경찰관인 피고소인 ○○○는 고소인의 비밀누설혐의가 불확실한 상태에서 공소제기 전에 고소인의 피의사실을 각 언론기관 등에 발표를 하였으므로 이에 대하여 피고소인을 철저히 조사하시어 처벌하여 주시기 바랍니다.

첨 부 서 류

1. 보도자료 사본   1부
1. 신문기사 사본   5부
1. 출입국에 관한 사실증명   1부
   조사시 자세히 진술하겠습니다.

20○○.   ○.   ○.

위 고소인 ○ ○ ○   (인)

○○**경찰서장   귀하**

고 소 장

고 소 인 　　　○　○　○ (000000-0000000)

　　　　　　　　○○시 ○○구 ○○로 ○○ (○○동)

　　　　　　　　(전화번호 : 000-0000)

피고소인 　　　○　○　○ (000000-0000000)

　　　　　　　　○○시 ○○구 ○○로 ○○ (○○동)

　　　　　　　　(전화번호 : 000-0000)

고 소 취 지

피고소인에 대하여 학대죄로 고소하오니 처벌하여 주시기 바랍니다.

고 소 사 실

1. 신분관계

　　피고소인은 ○○시 ○○구 ○○로 ○○ (○○동)에서 봉제공장을 운영하는 자이고, 고소인은 피고소인에게 고용되어 그의 보호와 감독 하에 공장에서 기숙하며 근로를 제공하고 있는 근로자입니다.

2. 고소내용

　　고소인은 20○○. ○. ○.부터 피고소인의 ○○봉제공장에서 기숙하며 일을 하고 있는데, 고소인이 처음 해보는 일이라 잘하지 못하는 경우가 많았는데 이를 이유로 피고소인이 20○○. ○. ○. 00:00경부터 식사도 못하게 하고 동일 00:00경까지 무릎을 꿇려놓는 등의 징벌을 준 바 있고, 또한 같은 해 ○. ○.에도 저녁식사를 못하게 하고 징벌을 주는 등 그 후에도 비슷한 처벌을 여러 차례 준바 있고, 20○○. ○. ○.부터는 고소인의 가슴부위와 다리부위 등에 폭행을 행사하기도 하여 최근까지 계속 이루어져 왔습니다.

3. 결 론

위의 사실과 같이 피고소인은 자기의 보호, 감독을 받고 있는 고소인에게 식사를 자주 주지 않고, 필요한 휴식을 불허한 경우가 많으며, 또한 지나치게 빈번한 징계행위로 고소인에게 피해를 주었는바, 이에 피고소인을 법에 따라 철저히 조사하시어 엄벌에 처해 주시기 바랍니다.

20○○. ○. ○.

위 고소인 ○ ○ ○ (인)

○○경찰서장 귀중

[서식(고소장) 91] 협박죄(무전취식협의로 체포되자 원한으로 협박)

고 소 장

고 소 인   ○   ○   ○ (000000-0000000)
              ○○시 ○○구 ○○로 ○○ (○○동)
              (전화번호 : 000-0000)

피고소인   ○   ○   ○ (000000-0000000)
              ○○시 ○○구 ○○로 ○○ (○○동)
              (전화번호 : 000-0000)

고 소 취 지

피고소인에 대하여 협박죄로 고소하오니 처벌하여 주시기 바랍니다.

고 소 사 실

1. 피고소인은 일정한 직업이 없는 자로서, 20○○. ○. ○. 14:20경, 평소 함께 다니던 형이 ○○시 ○○구 ○○로 ○○ (○○동)에 있는 파라다이스 상호로 룸 싸롱을 경영하는 고소인의 점포에서 무전취식한 혐의로 체포되었다는 말을 듣고, 위 룸싸롱을 찾아가 고소인에게 "네가 뭔데 우리 형님한테 콩밥을 먹이냐, 밀고한 걸 곧 후회하게 될 것이다. 형님이 풀려나오면 가만 두지 않겠다"고 떠들면서 고소인의 신체 등에 어떻게 위해를 가할지도 모른다는 뜻을 고지하여 고소인을 협박하였습니다.

2. 따라서 피고소인을 귀서에 고소하오니 철저히 조사하시어 처벌하여 주시기 바랍니다.

첨 부 서 류

조사시 자세히 진술하겠습니다.

20○○.   ○.   ○.

위 고소인   ○   ○   ○   (인)

○○경찰서장   귀하

고 소 장

고 소 인 　　　ㅇ　　ㅇ　　ㅇ (000000-0000000)

　　　　　　　ㅇㅇ시 ㅇㅇ구 ㅇㅇ로 ㅇㅇ (ㅇㅇ동)

　　　　　　　(전화번호 : 000-0000)

피고소인 　　　ㅇ　　ㅇ　　ㅇ (000000-0000000)

　　　　　　　ㅇㅇ시 ㅇㅇ구 ㅇㅇ로 ㅇㅇ (ㅇㅇ동)

　　　　　　　(전화번호 : 000-0000)

고 소 취 지

피고소인에 대하여 협박죄로 고소하오니 처벌하여 주시기 바랍니다.

고 소 사 실

1. 사건의 경위

　가. 고소인은 20ㅇㅇ. ㅇ. ㅇ. 피고소인 소유의 ㅇㅇ시 ㅇㅇ구 ㅇㅇ로 ㅇㅇ (ㅇㅇ
　　　동) 소재에 있는 상가를 보증금 ㅇㅇㅇ원, 월세 ㅇㅇ원, 임차기간 20ㅇㅇ.
　　　ㅇ. ㅇ.까지로 정하여 임차하여 지금까지 식당업을 하고 있습니다.

　나. 피고소인은 자신이 위 상가에서 식당업을 하겠다며, 임대차기간이 만료되기
　　　전임에도 수차에 걸쳐 고소인에게 상가를 명도하여 줄 것을 요구하여 오다
　　　가, 20ㅇㅇ. ㅇ. ㅇ. 00:00경 고소인이 운영하는 위 'ㅇㅇㅇ'식당에 찾아와서
　　　'일주일 내로 상가를 비워주지 않으면 고소인 및 고소인의 가족을 죽여 버리
　　　겠다'는 내용의 협박을 하여 고소인은 심한 공포를 느꼈습니다.

2. 피고소인의 범죄행위로 인한 피해상황

　피고소인의 위 협박행위 이후, 피고소인이 고소인이나 고소인의 아이들에 대하여
신체적 가해를 하지 않나 하는 두려움에 아이들이 학교를 가거나 외출할 때에는 꼭

고소인이 따라 다니고 있는 실정이며, 극심한 정신적인 고통을 겪다가 결국 신경쇠약으로 정신과적 치료를 받기도 하였습니다.

3. 결 론

이상의 이유로 피고소인을 협박죄로 고소하오니, 부디 고소인 및 고소인 가족의 안전을 위해서라도 피고소인을 엄중히 조사하시어 처벌하여 주시기 바랍니다.

첨 부 서 류

1. 상가임대차계약서 사본   1통
1. 내용증명   각 1통
1. 국립정신병원 진단서   1통

     조사시 자세히 진술하겠습니다.

20○○. ○. ○.

위 고소인 ○ ○ ○ (인)

○○경찰서장 귀하

[서식(고소장) 93] 혼인빙자간음죄(유부남이 음행의 상습없는 부녀자에게 혼인빙자간음)

고 소 장

고 소 인   ○   ○   ○ (000000-0000000)

                 ○○시 ○○구 ○○로 ○○ (○○동)

                 (전화번호 : 000-0000)

피고소인   ○   ○   ○ (000000-0000000)

                 ○○시 ○○구 ○○로 ○○ (○○동)

                 (전화번호 : 000-0000)

고 소 취 지

피고소인을 혼인빙자간음죄로 고소하오니 처벌하여 주시기 바랍니다.

고 소 이 유

1. 피고소인은 20○○. ○. ○. 고소 외 ○○○와 결혼한 자로서, 20○○. ○. ○. 경부터 같은 해 ○. ○.경까지의 사이에 ○○시 ○○구 ○○로 ○○ (○○동)에 있는 "○○모텔" ○○○호실에서 고소인에게 혼인할 생각이 전혀 없음에도 "나는 독신으로 살려고 했는데 너랑 결혼해야겠다. 정식 결혼하자"는 등의 거짓말로 이를 하여 믿게 하고 음행의 상습없는 고소인과 ○회 가량 성교함으로써 혼인을 빙자하여 고소인을 간음한 것입니다.

2. 따라서 피고소인을 귀서에 고소하오니 엄중히 조사하시어 처벌하여 주시기 바랍니다.

입 증 방 법

조사시 자세히 진술하겠습니다.

20○○. ○. ○.

위 고소인 ○ ○ ○ (인)

○○경찰서장 귀하

[서식(고소장) 94] 혼인빙자간음죄(유부남이 미혼이라 속이고 간음)

고 소 장

고 소 인   ○   ○   ○ (000000-0000000)
                ○○시 ○○구 ○○로 ○○ (○○동)
                (전화번호 : 000-0000)

피고소인   ○   ○   ○ (000000-0000000)
                ○○시 ○○구 ○○로 ○○ (○○동)
                (전화번호 : 000-0000)

고 소 취 지

피고소인을 혼인빙자간음죄로 고소하오니 처벌하여 주시기 바랍니다.

고 소 이 유

1. 고소인은 고향인 ○○에서 고등학교를 졸업하고 부모님을 따라 상경하여 현주소에 거주하면서 가사에 종사하고 있는 자로서, 20○○. ○.경 친구와 시내 ○○○구 ○○동에 있는 커피숍에 들렸다가 위 피고소인을 알게 되었는바,

2. 피고소인은 미혼이라고 사칭하면서 고소인에게 자주 연락하여 만나서 결혼을 하

자고 꼬이고 동년 ㅇ. 초순경에는 ㅇㅇ구 ㅇㅇ동 소재 ㅇㅇ호텔로 유인하고 하루 빨리 어린애를 출산해서 같이 살자면서 고소인을 간음하고,

3. 피고소인은 동년 ㅇ. 중순경에 고소인의 부모한테까지 와서 인사를 하고 결혼을 하고 동거생활을 하겠으니 방 1칸을 달라는 부탁까지 하여 고소인의 전 가족이 믿도록 하고 금일 현재까지 고소인의 정조를 유린하여 온 자입니다.

4. 고소인은 금년 ㅇ.에 임신을 하여 현재 2개월에 이르는바, 알고 보니 피고소인은 1녀를 둔 유부남으로 위와 같은 범행을 자행하였고, 뻔뻔스럽게도 처가 안 이상 처의 승낙을 받아 같이 살자는 등, 추호에도 반성함이 없을 뿐만 아니라 한 인생을 망쳐 놓고도 뉘우침이 없는 자이므로, 고소를 제기하오니 철저히 조사하시어 처벌하여 주시기 바랍니다.

입 증 방 법

조사시 자세히 진술하겠습니다.

20ㅇㅇ.   ㅇ.   ㅇ.

위 고소인   ㅇ   ㅇ   ㅇ   (인)

ㅇㅇ경찰서장   귀하

고 소 장

고 소 인 　 ○ 　 ○ 　 ○ (000000-0000000)

　　　　　　○○시 ○○구 ○○로 ○○ (○○동)

　　　　　　(전화번호 : 000-0000)

피고소인 　 ○ 　 ○ 　 ○ (000000-0000000)

　　　　　　○○시 ○○구 ○○로 ○○ (○○동)

　　　　　　(전화번호 : 000-0000)

고 소 취 지

피고소인에 대하여 횡령죄로 고소하오니 처벌하여 주시기 바랍니다.

고 소 사 실

1. 피고소인은 일정한 직업이 없는 자인바, 20○○. ○. ○.경 ○○시 ○○구 ○○로 ○○ (○○동)에 있는 고소인의 집에서 동인으로부터 액면금 3,000만원 약속어음 1매에 대한 할인의뢰를 받고 이를 보관 중 같은 달 ○.경 ○○시 ○○구 ○○로 ○○ (○○동)에서 고소 외 ○○○로부터 선이자 150만원을 공제하고 2,850만원에 할인하여 고소인을 위해 보관 중 그 무렵 유흥비로 임의 소비하여 이를 횡령한 자입니다.

2. 위와 같은 사실을 들어 피고소인을 고소하오니 철저히 조사하시어 엄벌하여 주시기 바랍니다.

입 증 방 법

조사시 자세히 진술하겠습니다.

20○○. ○. ○.

위 고소인 ○ ○ ○ (인)

○○경찰서장 귀하

[서식(고소장) 96] 횡령죄(다이아몬드 반환 거절)

고 소 장

고 소 인   ○ ○ ○ (000000-0000000)
       ○○시 ○○구 ○○로 ○○ (○○동)
       (전화번호 : 000-0000)

피고소인   ○ ○ ○ (000000-0000000)
       ○○시 ○○구 ○○로 ○○ (○○동)
       (전화번호 : 000-0000)

고 소 취 지

피고소인에 대하여 횡령죄로 고소하오니 처벌하여 주시기 바랍니다.

고 소 사 실

1. 피고소인은 ○○시 ○○로 ○○(○○동) 소재 '금별은별'이라는 보석가게를 운영하는 자인바, 20○○. ○. ○. 13:00경 위 가게에 온 성명불상의 손님이 1캐럿짜리 황색다이아몬드를 찾았지만 없어서, 위 같은 동 125번지에 있는 고소인 운영의 '보석나라'에서 손님에게 보여준다며 고소인으로부터 황색다이아몬드 1.05캐럿짜리 1개 시가 1,500만원 상당을 잠시 빌려 손님에게 보여주고 피해자를 위하여 보관하던 중 같은 달 ○.경 고소인이 빌려간 다이아몬드를 돌려달라는 요청을 받고도 아무런 이유 없이 그 반환을 거부하여 이를 횡령한 것입니다.

2. 위와 같은 사실을 들어 피고소인을 고소하오니 철저히 조사하시어 엄벌하여 주시기 바랍니다.

입 증 방 법

조사시 자세히 진술하겠습니다.

20○○. ○. ○.

위 고소인 ○ ○ ○   (인)

○○경찰서장 귀하

고 소 장

고 소 인   ○   ○   ○ (000000-0000000)

                 ○○시 ○○구 ○○로 ○○ (○○동)

                 (전화번호 : 000-0000)

피고소인   ○   ○   ○ (000000-0000000)

                 ○○시 ○○구 ○○로 ○○ (○○동)

                 (전화번호 : 000-0000)

고 소 취 지

피고소인에 대하여 횡령죄로 고소하오니 처벌하여 주시기 바랍니다.

고 소 사 실

1. 피고소인은 여러 가지 물건 등의 영업을 하는 자로서 고소인 회사가 팔아달라고 보관시킨 ○○○을 금 ○○○원 어치를 20○○. ○. ○. 소외 ○○○에게 금 ○○○원에 매각하여 그 대금 ○○○원 전부 고소인에게 교부하여야 함에도 불구하고 이를 교부치 아니하고 횡령한 사실이 있습니다.

2. 위와 같은 사실을 들어 고소하오니 철저히 조사하시어 엄벌하여 주시기 바랍니다.

입 증 방 법

조사시 자세히 진술하겠습니다.

20○○.   ○.   ○.

위 고소인   ○   ○   ○   (인)

○○경찰서장 귀하

고   소   장

고 소 인   ○   ○   ○ (000000-0000000)
               ○○시 ○○구 ○○로 ○○ (○○동)
               (전화번호 : 000-0000)

피고소인   ○   ○   ○ (000000-0000000)
               ○○시 ○○구 ○○로 ○○ (○○동)
               (전화번호 : 000-0000)

고 소 취 지

　고소인은 피고소인을 상대로 횡령 및 배임죄로 고소하오니 처벌하여 주시기 바랍니다.

고 소 사 실

1. 고소인과 피고소인과의 관계

　고소인은 ○○○씨의 시조인 ○○○의 ○○세손인 ○○○군 ○○○을 중시조로 하여 그의 제사와 분묘관리 및 후손들의 친목도모를 위하여 결성된 ○○○대표자이고, 피고소인은 명의 신탁된 종회의 재산을 상속받은 공동명의자 중 한사람입니다.

2. 피고소인이 종토의 공동명의자로 등재된 경위

　고소인 종회는 20○○. ○. ○.경 분할 전 토지인 ○○시 ○○면 ○○리 ○○○전 ○○○평 토지를 매수하여 20○○. ○. ○. 충무공의 후손인 망 ○○○, 망 ○○○, 망 ○○○, 망 ○○○ 및 ○○○의 후손인 망 ○○○ 외 5인의 공동명의로 소유권이 전등기를 마쳤습니다. 또한 위 토지는 20○○. ○. ○. 위 같은 리 ○○○-○ 전 ○○○㎡, 같은 리 ○○○-○ 전 ○○○㎡, 위 같은 리 ○○○-○ 전 ○○○㎡, 같은 리 ○○○-○ 전 ○○○㎡로 분할되었습니다. 한편, 위 망 ○○○의 지분 5분의 1 중 4,200분의 210은 피고소인 ○○○, 4,200분의 90은 ○○○, 4,200분의

60은 ○○○, 4,200분의 126은 ○○○, 4,200분의 84는 ○○○, 4,200분의 35는 ○○○, 4,200분의 35는 ○○○, 4,200분의 35는 ○○○, 4,200분의 35는 ○○○, 4,200분의 35는 ○○○, 4,200분의 35는 ○○○이 각 상속을 받아 공동명의자가 되었습니다.

3. 종토의 관리현황

고소인은 위 상속된 토지를 종원들에게 경작하게 하고 그 소출로 일정한 도지를 받아 선조들의 분묘의 관리와 시제 등의 비용에 충당하였으며 위 토지에 대한 각종 세금을 납부하였습니다.

4. 종토에 대한 수용경위 및 대책

고소인의 종토인 위 토지에 대하여 ○○주식회사에서 시행하는 공익사업에 따라 공익사업을 위한 토지등의 취득 및 보상에 관 한법률에 의한 협의 또는 수용취득의 대상이 되었고, 이에 고소인은 20○○. ○. ○.경 ○○시 ○○동 ○○식당에서 임원회를 개최하여 수용되는 위 투자에 관하여 위탁된 등기명의자로 부터의 상속등기를 마치고, 그들로 하여금 보상금을 수령하게 한 후 환수할 것을 결의하고, 20○○. ○. ○. ○○시 ○○동 ○○회관 3층 회의실에서 정기총회를 개최하여 종토의 명의자들이 보상을 받아 종회로 환수하기로 가결, 재확인하였습니다. 본 가결에 따라 고소인 종회에서는 피고소인을 비롯하여 상속인들에게 총회의 의결사항을 내용증명원으로 통지하여 줄 것을 당부하였고, 상속등기에 필요한 제반비용을 고소인 종회에서 부담하여 피고소인이 상속을 받게 된 것입니다.

5. 범죄사실

고소인은 임원회의와 정기총회를 거쳐 토지보상금을 종원 및 명의자들이 수령함과 동시에, 그 즉시 수령한 보상금을 본 종회에 환수하기로 결정하고, 이를 피고소인에게 통지한바, 피고소인은 명의신탁 된 부동산을 상속받은 등기명의인들 중 한 사람으로써 응당 보상금 금 ○○○원을 수령함과 동시에 즉시 본 종회의 고소인명의인 ○○회 통장으로 입금시켜야 마땅하나 피고소인은 고소인의 환수 요수에 응하지 아니하고 고의적으로 기피하고 위 금원을 횡령, 착복하고 지급을 거절하고 있습니다. 또한, 피고소인은 고소인이 제기한 ○○지방법원 ○○지원 20○○가합 ○○

○호로 부당이득금반환청구 소송에서 패소하였고, 피고소인이 대전고등법원 20○
○나 ○○○호로 제기한 항소심 재판 또한 항소기각 판결이 선고되어 최종적으로
고소인의 승소가 확정되었음에도 불구하고 피고소인은 착복한 보상금을 고소인에
게 반환하지 않고 있는 것입니다.

6. 결 어

　위와 같은 정황을 살펴 볼 때 피고소인은 종회의 총회결의사항에 따라 명의신탁
된 부동산의 상속인들 중 한사람으로써 토지보상금을 수령한 다음 이를 종회에 반
납하여야 함에도 불구하고 정작 피고소인 명의의 문중 종토보상금을 수령하고는
마음을 달리하여 고소인에게 지급을 거절하고 보상금을 횡령하여 착복한 자이오니
피고소인으로 철저히 조사하시어 법이 허용하는 한도 내에서 엄벌하여 주시기 바
랍니다.

첨 부 서 류

1. 종중등록증명서　　　　　　　　　　　　1부
1. 등기부등본　　　　　　　　　　　　　　4부
1. 판결문(1심, 2심)　　　　　　　　　　　2부
　조사시 자세히 진술하겠습니다.

20○○.　○.　○.

위 고소인　○○○○○회
대표자　○　○　○　(인)

○○경찰서장　귀하

4. 고발장

가. 의의

고발이란 고소권자 및 범인 이외의 제3자가 수사기관에 대하여 범죄사실을 신고하여 범인의 처벌을 희망하는 의사표시이다. 고발도 고소와 마찬가지로 처벌희망의 의사표시를 핵심요소로 하므로 단순한 범죄사실의 신고는 고발이 아니다. 고발도 원칙적으로 단순한 수사의 단서에 그친다. 그러나 예외적으로 공무원의 고발을 기다려 논할 수 있는 범죄에서는 친고죄의 고소와 같이 소송조건으로서의 성질을 갖는다.

[고소와 고발의 차이]

고 소	고 발
• 범죄 피해자와 그 밖의 고소 대리인이 범죄 사실을 수사기관에 알려 기소하고자 하는 의사표시(형사소송법 제223조 ~ 228조) • 고소는 고소권자에 의해 행하여져야 하고, 고소권이 없는자가 한 고소는 고소의 효력이 없으며, 자기 또는 배우자의 직계존속은 고소하지 못함 • 형사소송법상 고소권자로는 피해자, 피해자의 법정대리인, 피해자의 배우자 및 친족, 지정 고소권자가 있음(친고죄에 대해 고소할 자가 없는 경우 이해관계인의 신청이 있으면 검사는 10일 이내에 고소할 수 있는 자를 지정) • 고소는 제1심 판결 선고전까지 취소할 수 있으며, 고소를 취소한 자는 다시 고소하지 못함.	• 제3자가 범죄사실을 알고 수사기관에 알려 기소하고자 하는 의사표시(형사소송법 제234조 ~ 237조) • 누구든지 범죄가 있다고 사료되는 경우 고발을 할 수 있으나 자기 또는 배우자의 직계존속은 고발하지 못함. • 고발은 제1심 판결 선고전까지 취소할 수 있으며, 고소와 달리 고발은 취소한 후에도 다시 고발할 수 있음.

형사소송법

제223조(고소권자) 범죄로 인한 피해자는 고소할 수 있다.

제234조(고발) ① 누구든지 범죄가 있다고 사료하는 때에는 고발할 수 있다.

제237조(고소, 고발의 방식) ① 고소 또는 고발은 서면 또는 구술로써 검사 또는 사법경찰관에게 하여야 한다. ② 검사 또는 사법경찰관이 구술에 의한 고소 또는 고발을 받은 때에는 조서를 작성하여야 한다.

제238조(고소, 고발과 사법경찰관의 조치) 사법경찰관이 고소 또는 고발을 받은 때에는 신속히 조사하여 관계서류와 증거물을 검사에게 송부하여야 한다.

나. 고발권자

누구든지 범죄가 있다고 사료되는 때에는 고발할 수 있다. 공무원은 그 직무를 행함에 있어 범죄가 있다고 사료되는 때에는 고발하여야 한다. 그러나 공무원이 그 직무와 관련없이 알게 된 범죄에 대하여는 고발의무가 없다.

다. 고발의 방식

고발의 방식과 처리절차 및 그 제한에 관하여는 고소의 경우에 준한다. 그러나 고발의 경우에는 대리가 허용되지 않고, 고발기간에 제한이 없으며, 고발을 취소한 후에도 다시 고발할 수 있고 고발의 주관적 불가분의 원칙이 적용되지 아니한다는 점에서 고소와 차이가 있다.

라. 고발사건의 처리

경찰관서 민원실에서는 고소·고발, 진정·탄원 등 민원을 접수한 경우 해당 주무기능(수사·형사·여청·교통과 등)으로 전달, 조사담당자를 지정하여 처리한데, 통상적인 처리기간은 형사소송법 규정에 따라 고발을 수리한 날로부터 3개월 이내에 수사를 완료하여 공소제기 여부를 결정한다.

마. 고발 기한의 제한

고소 등 모욕 등 친고죄의 경우 범인을 알게 된 날로부터 6개월이 경과하면 고소할 수 없으며, 그 외의 범죄는 기간의 제한이 없다. 단, 성폭력범죄의처벌및피해자보호에관한법률의 경우의 고소기간은 1년이다. 반면, 고발·진정·탄원 등은 기간의 제한이 없다.

바. 고발의 효력이 미치는 범위

판례는, "고발은 범죄사실에 대한 소추를 요구하는 의사표시로서 그 효력은 고발장에 기재된 범죄사실과 동일성이 인정되는 사실 모두에 미치므로, 범칙사건에 대한 고발이 있는 경우 그 고발의 효과는 범칙사건에 관련된 범칙사실의 전부에 미치고 한 개의 범칙사실의 일부에 대한 고발은 그 전부에 대하여 효력이 생기므로, 동일한 부가가치세의 과세기간 내에 행하여진 조세포탈기간이나 포탈액수의 일부에 대한 조세포탈죄의 고발이 있는 경우 그 고발의 효력은 그 과세기간 내의 조세포탈기간 및 포탈액수 전부에 미친다. 따라서 일부에 대한 고발이 있는 경우 기본적 사실관계의 동일성이 인정되는 범위 내에서 조세포탈기간이나 포탈액수를 추가하는 공소장변경은 적법하다"라고 판단(대법원 2009. 7. 23. 선고 2009도3282 판결)하여 범칙사실 일부에 대한 고발이라도 전부에 미친다고 보았다.

사. 고발장 작성방법

고발장은 고소장 작성과 동일하다고 보면 된다. 따라서 위에서 열거한 고소장의 표제를 고발장으로 바꾸고, 고소인을 고발인으로, 피고소인을 피고발인으로, 고소취지를 고발취지로, 고소이유를 고발이유로 변경만 하면 고소장을 곧바로 고발장으로 바꿀 수 있다. 이와 같은 방법에 따라 고발장에는 아래의 표기들을 하나씩 기재해 나가면 된다.

(1) 고발인과 피고발인의 인적사항(주소, 연락처 등)을 순서대로 적는다.

　　고발인이 신고를 하는 사람이고, 피고발인은 범죄 사실이 있어 고발을 당하는 사람.

(2) 고발 취지를 간명하게 작성한다.

(3) 육하원칙에 맞추어 고발 내용을 사실대로 작성한다.

(4) 증인 진술서 작성한다.

(5) 고발 날짜를 작성하고 고발인 란에 도장을 날인한다.

(6) 가까운 검찰청 민원봉사실에 우편을 발송하거나, 직접 찾아가 고발장을 전달한다.

[서식(고발장) 99] 낙태죄(수감생활 등의 이유로 낙태)

고　발　장

고 발 인　　　ㅇ　ㅇ　ㅇ (000000-0000000)
　　　　　　　ㅇㅇ시 ㅇㅇ구 ㅇㅇ로 ㅇㅇ (ㅇㅇ동)
　　　　　　　(전화번호 : 000-0000)

피고발인　　 1. ㅇ　ㅇ　ㅇ (000000-0000000)
　　　　　　　ㅇㅇ시 ㅇㅇ구 ㅇㅇ로 ㅇㅇ (ㅇㅇ동)
　　　　　　　(전화번호 : 000-0000)
　　　　　　 2. ㅇ　ㅇ　ㅇ (000000-0000000)
　　　　　　　ㅇㅇ시 ㅇㅇ구 ㅇㅇ로 ㅇㅇ (ㅇㅇ동)
　　　　　　　(전화번호 : 000-0000)

고　발　취　지

피고발인들에 대하여 낙태죄로 고발하오니 처벌하여 주시기 바랍니다.

고 발 사 실

1. 고발인 ○○○과 피고발인 김○○은 20○○. ○. ○. 동거에 들어간 사실혼 관계에 있었던 사람들입니다.

2. 고발인은 고발인의 친구인 고발외 ○○○에 대한 상해사건에 의해 19○○. ○. ○.부터 20○○. ○. ○.까지 ○○교도소에 수감된 바 있습니다.

3. 고발인이 ○○교도소에 수감 전 피발소인 김○○는 임신 ○주의 임부였는바 고발인은 고발인이 수감생활을 하던 20○○. ○. ○. 고발인의 수감생활에 따른 생활고와 육아에 대한 부담에 의해 ○○시 ○○구 ○○로 ○○ (○○동) 소재 ○○병원 산부인과전문의인 피고발인 이○○에게 임신 중의 태아를 낙태하여 줄 것을 요청하고, 피고발인 이○○은 피고발인 김○○의 촉탁을 받아 동 병원 산부인과 수술실에서 임신 ○주의 태아를 낙태한 것입니다.

4. 피고발인들은 모자보건법상의 낙태에 대한 규정에 따르지 않고 낙태시술에 이른 것이므로 이들을 모두 의법 조치하여 주시기 바랍니다.

입 증 방 법

1. 진단서
1. 자술서(피고발인 김○○ 작성)
   조사시 자세히 진술하겠습니다.

20○○.   ○.   ○.

위 고발인   ○   ○   ○   (인)

○○경찰서장   귀하

고 발 장

고 발 인   ○　○　○ (000000-0000000)

             ○○시 ○○구 ○○로 ○○ (○○동)

피고발인   1. 김 ○   ○○○시 ○○구 ○○로 ○○ (○○동)

             2. 이 ○   ○○○시 ○○구 ○○로 ○○ (○○동)

             3. 박 ○   ○○○시 ○○구 ○○로 ○○ (○○동)

             4. 최 ○   ○○○시 ○○구 ○○로 ○○ (○○동)

고 발 취 지

피고발인들을 도박죄로 고발하오니 처벌하여 주시기 바랍니다.

고 발 사 실

1. 피고발인들은 20○○. ○.경 각자 친구들을 통하여 서로 알게 되어 20○○. ○. ○. ○○시 ○○구 ○○동 ○○모텔에서 00:00경부터 00:00까지 1점당 ○○원씩 수십 회에 걸쳐 금 ○○○원을 걸고 고스톱을 친 사실이 있습니다.

2. 며칠 후인 20○○. ○. ○. 저녁 그들은 ○○시 ○○구 ○○호텔에서 다시 만나 이번에는 기왕 치는 것 화끈하게 치자며 점당 ○○○원씩 당일 00:00부터 그 다음날 00:00까지 수십 회에 걸쳐 도합 ○○○원을 걸고 고스톱을 치고,

3. 그 다음날 같은 장소에서 같은 방법으로 점당 ○○○원씩 ○○여 회에 걸쳐 도합 금 ○○○만원 걸고 도박행위를 한 사실이 있는 자들로 고발조치 하오니 철저히 조사하시어 의법처리 하여 주시기 바랍니다.

입 증 방 법

조사시 자세히 진술하겠습니다.

20○○. ○. ○.

위 고발인 ○ ○ ○ (인)

○○경찰서장 귀하

고 발 장

고 발 인   ○ ○ ○ (000000-0000000)

       ○○시 ○○구 ○○로 ○○ (○○동)

       (전화번호 : 000-0000)

피고발인   ○ ○ ○ (000000-0000000)

       ○○시 ○○구 ○○로 ○○ (○○동)

       (전화번호 : 000-0000)

고 발 취 지

피고발인에 대하여 수뢰죄로 고발하오니 처벌하여 주시기 바랍니다.

고 발 사 실

1. 피고발인은 서울 ○○구청 인사계장으로 근무하는 공무원이고, 고발인은 용역업체에 소속되어 구청 주변의 상가건물을 청소하는 근로자입니다.

2. 고발인은 고등학교를 졸업하고 집에서 쉬고 있는 딸인 소외 ○○○의 어머니로서 딸의 취직을 걱정하고 있던 중 같이 일하는 동료의 소개로 피고발인을 알게 되었는데, 고발인은 20○○. ○. ○.경 ○○구청 부근의 ○○다방에서 피고발인을 만나 딸의 취직을 부탁하였는바, 피고발인은 자신이 근무하는 ○○구청에서 행정보조원을 채용하고 있으니 딸이 채용되도록 해주겠다고 하였습니다. 이에 고발인은 그 자리에서 금 ○○○만원을 피고발인에게 건네주었고 피고발인은 딸의 취직을 약속했던 사실이 있습니다.

3. 그런데 2년이 지난 현재까지 딸은 채용이 되지 않고 있으며 피고발인은 아무런 대책도 없이 기다리라고만 할 뿐 약속을 지키지 않고 있습니다.

4. 위와 같은 사실을 고발하오니 철저히 조사하시어 처벌하여 주시기 바랍니다.

입 증 방 법

조사시 자세히 진술하겠습니다.

20○○.   ○.   ○.

위 고발인 ○   ○   ○   (인)

○○경찰서장 귀하

제2절 탄원서 작성례

1. 탄원서의 개념

탄원이란 개인 또는 단체가 국가나 공공기간에 대하여 일정한 사정을 진술하여 도와주기를 바라는 의사표이다. 따라서 탄원서는 판사, 검사, 경찰청장, 행정심판위원장 등 개인의 사건에 따라 도움을 받을 사람에게 보낸다.

진정서는 불법행위에 대하여 불법행위자(기관) 또는 가해자에 대한 처벌을 요청하는 문서인 반면 탄원서는 개인이나 단체가 국가나 공공기관에 대하여 억울한 사건이나 선처를 내용을 진술하여 도움을 주는 문서이다.

2. 탄원서 작성방법

일반적으로 탄원서의 양식은 따로 정해져 있지는 않다. 다만 보통의 경우 그 구성은 누가, 무엇을 구하기 위해, 어떠한 이유로 탄원서를 제출하는 것인지 등 이해하기 쉽게 순서대로 작성해 주는 것이 좋다.

가. 탄원서

우선 탄원서를 받아 보는 법원이나 수사기관의 입장에서는 해당 사건과 관련하여 탄원서뿐만 아니라 다른 많은 문서도 함께 검토해야 하는 경우가 대부분이다. 그 결과 수사서류나 재판서류는 대부분 수백 쪽에서 수천 쪽에 이르기 때문에 제목이 없으면 어떤 문서인지 바로 구분하기 어렵다. 따라서 탄원하는 내용을 곧바로 쓰는 것보다는 탄원서 맨 앞장 윗줄 가운데 부분에 '탄원서'라는 제목을 큰 글씨로 쓰는 것이 좋다.

나. 탄원인

탄원하는 사람의 이름과 주소, 연락처, 주민등록번호 등 인적사항을 기재하면 된다. 한편 사건 당사자가 한 명뿐이라면 피탄원인이 누구인지 금방 알 수 있지만 사건에 연루된 사람이 여러 명이라면 탄원의 상대방이 누구인지 피탄원인도 명시하는 것이 좋다.

다. 탄원취지 - 탄원을 통하여 궁극적으로 얻고자 하는 내용

어느 사건에 대한 탄원인지 명시하는 것이 좋다. 정식으로 수사를 받거나 재판 중인 사건이라면 사건번호가 있으므로 사건번호를 쓰면 된다.

라. 탄원내용 - 탄원취지를 얻고자 하는 이유탄원의 내용에는 이해하기 쉽도록 사건이 일어난 날짜/장소/내용 등을 언제/어디서/누구와/무엇을/어떻게/왜 같이 육하원칙에 따라 정확하게 작성하면 된다.

마. 작성 날짜 및 성명(인)

바. 신분증 사본 등 첨부

탄원서 말미에는 탄원서를 작성한 날짜와 탄원인 서명 혹은 날인을 하고, 뒤에는 탄원인의 신분증 사본을 첨부하면 된다. 신분증 사본이 없다고 해서 탄원서의 효력이 없어지는 것은 아니지만 신분증 사본은 탄원서가 진정하게 작성된 것이라는 증빙이 되므로 가급적 첨부하는 것이 좋다.

[사례 1] 업무상과실과 수뢰 및 배임혐의로 구속된 직장상사에 대한 선처 호소

탄 원 서

사   건 :

탄 원 인 : ○   ○   ○ (000000-0000000)
　　　　　　○○시 ○○로 ○○(○○동)
　　　　　　전 화 : 000-0000-0000

피탄원인 : ○   ○   ○ (000000-0000000)
　　　　　　○○시 ○○로 ○○(○○동)

탄 원 내 용

오늘도 공정한 법 집행을 위해 애쓰시는 재판장님께 경의의 말씀을 드립니다.

저희들은 자랑스러운 충절의 고장 ○○에 살고 있으며, 또한 신용과 정직이 몸에 배어있는 ○○에 근무를 하고 있는 자들입니다. 우리가 오늘 탄원서를 올리게 된 연유는 저희들이 모시고 있던 ○○○과장께서 업무상 과실과 수뢰 및 배임혐의로 구속이 되어 피의자가 되었으나 평소 존경하던 상사 분 이었기에 직원들이 뜻을 모아 구명을 위하여 이 글을 작성하고 있습니다.

피의자 ○○○과장께서 받으신 ○○○만 원은 저희들이 보기에는 대가성이 있는 것이 아닙니다. 그 돈을 받아서 무얼 해주겠다는 식으로 업무를 처리하는 분도 아니시고 그런 직접적인 실무자의 자리에 계신 분도 아니며

그중에 ○○○만원은 아래 직원의 결혼식을 맞이하여 부조금으로 대신 받으셨는데 너무 과분한 금액을 받았기에 이래서는 안 된다고 생각을 하시고 그중에서 ○○만 원을 그분의 명의로 접수를 하시고 나머지는 돌려주려고 보관을 한다고 우리에게 말씀이 있었습니다.

법이 정한 대로라면 과장의 직위에 있으면서 1원 한 장이라도 받아서는 안 되지만 법과 현실 간에는 어그러져서 존재해야 하는 괴리가 분명 있습니다. 저 막강하고 어둡던 시대의 중앙정보부장께서 말씀하신 '떡고물'이 아니라 우리 농협의 대들보로서 단체를 이끌어 가려면 ○○○과장께서는 부득불 비자금이라는 것이 있어야 했습니다.

자신의 월급으로도 할 수가 없고 ○○의 공식적인 비용으로 사용할 수도 없는, 상급 기관의 접대와 기관운영과 여러 가지 잡비용을 이분이 거의 책임을 지시고 관리를 해주셨습니다. 피의자인 이분은 우리 농협의 봉사단체인 '○○○'의 대표로서 무의탁노인들을 위하여 매달 선두에 서서 봉사를 하셨고 지역방범대원으로 자진해서 치안유지에도 남다른 봉사를 해오셨으며 평소의 우리 ○○ 내에서도 만형으로서 업무에 모범을 보이시었고, 농협을 찾으시는 농민여러분을 맞아 모든 문제를 상의 받는 그야말로 농협의 얼굴마담이었습니다. 사무실에서 늘 환하게 웃으시면서 어깨를 툭툭 쳐주시면서 우리들에게 격려도 해주시고 독려도 하였습니다. 이분이 그 돈으로 사리사욕을 채우는 그런 몰염치한 비인격자는 아니랍니다.

그래서 우리는 이분의 석방 또는 감형을 바라는 간절한 마음으로 연명으로 탄원서를 올리오니 부디 관대한 처분이 있으시기를 바랍니다.

$$20○○. \quad ○. \quad ○.$$

위 탄원인 ○ ○ ○ (인)

○○지방법원 형사○단독 재판장님   귀하

[사례 2] 업무상 횡령죄에 대한 부당성 주장

탄 원 서

사   건 :

탄 원 인 : ○   ○   ○ (000000-0000000)
　　　　　○○시 ○○로 ○○(○○동)
　　　　　전화 : 000-0000-0000

피탄원인 : ○   ○   ○ (000000-0000000)
　　　　　○○시 ○○로 ○○(○○동)

탄 원 내 용

존경하는 재판장님!

정의 구현을 위해 불철주야 애쓰고 계시는 판사님의 노고에 깊은 감사의 뜻을 표합니다.

소생의 여식, ○○○는 회사 공금 ○○만원을 횡령한 혐의로 징역 ○년을 선고받았습니다. 횡령이라는 죄를 짓고 파면까지 된 여식의 아버지가 무슨 면목으로 탄원서를 쓸까 생각했지만 아비 된 입장으로서 지푸라기라도 잡는 심정으로 이 글을 올립니다.

제 여식은 비록 횡령죄로 판결 받았지만 절대 공금을 빼돌리지 않았습니다. 환경단체에 빌려준 돈을 뒤늦게 되돌려 받아 정치인 후원금 명목으로 사용한 것입니다. 그러나 이 나라의 법은 제 딸에게 업무상 횡령죄라는 판결을 내려 다시는 돌아올 수 없는 먼 길로 보내버렸습니다.

이유가 어떻든 간에 제 딸이 구치소에 갔으니 잘잘못을 따지기 전에 재판장님께 백배사죄 드리며 제 딸의 구명을 돕기 위해 사력을 다하고 있습니다.

자식을 구치소에 보낸 아비의 마음이 어떨지 재판장께서도 잘 알고 있으리라 생각합니다. 밥 한 숟가락 입에 넣는 것도 이부자리 펴고 누워있는 것도 사치스럽게 느껴질 정도로 지금 저의 가족의 생활은 말로 표현할 수 없을 정도입니다.

존경하는 재판장님, 피눈물 나는 심정으로 탄원합니다. 제 여식이 개인적인 사욕을 채우기 위해 공금을 횡령한 것이 아니므로 부디 형량을 감면하여 주시기 바랍니다.

70을 바라보는 이 늙은이의 간절한 소원을 저버리지 마시고 부디 넓으신 아량으로 선처하여 주시옵길 천만번 엎드려 기원하옵니다.

20○○.   ○.   ○.

위 탄원인 ○ ○ ○   (인)

○○지방법원 형사○단독 재판장님   귀하

탄 원 서

사　　건 :

탄 원 인 : ○　　○　　○ (000000-0000000)
　　　　　　○○시 ○○로 ○○(○○동)
　　　　　　전화 : 000-0000-0000

피탄원인 : ○　　○　　○ (000000-0000000)
　　　　　　○○시 ○○로 ○○(○○동)

탄 원 내 용

존경하는 재판장님!

곳곳에 봄이 오는 소리가 들리고 있습니다. 날씨가 따뜻해지고, 점심시간에 햇살 아래 나서면 언제 겨울이 있었냐 싶을 만큼 성큼 봄이 다가와 있음을 느끼고 있습니다.

저는 피의자 ○○○과 같은 동네에서 오랫동안 기독교 목회 활동을 하며 지내온 사이로서 제가 알고 있는 ○○○에 대하여 가감 없이 진술하오니 존경하는 재판장님의 현명한 판단을 바라옵니다.

피의자 ○○○는 ○월 ○일 ○○구 ○○동 경부고속도로 하행선 경찰초소 앞길에서 검문중인 ○○경찰서 소속 ○○상경으로부터 신분증 제시를 요구받고 도주하는 과정에서 그를 차에 매달고 수십 미터를 질주해 숨지게 한 혐의로 기소되었습니다.

이유야 어떻게 되었든 현재 ○○○는 살인을 저지른 피의자 신분이지만 이 사건이 일어나기 전에는 하루하루 성실하게 살아가는 모범 가장이었습니다.

넓적하고 그을린 투박한 얼굴과는 달리 집에서는 아주 섬세하게 가족을 챙겼습니다. 길에서 아빠가 퇴근하고 돌아오는 것을 보면 맨발로 뛰쳐나와 소리를 지르며 아빠에게 안기는 모습을 여러 차례 목격하였습니다.

그는 주일날에도 빠짐없이 교회에 출석하여 차량 봉사를 하며 교인들에게 인간성 좋은 사람이라는 칭송을 받아온 사람입니다. 날씨가 궂은 날에도 지각 한 번 하는 일 없이 묵묵히 자신이 맡은 바 일을 해내는 그런 사람이었습니다.

가정에서 교회에서 심성 고운 사람으로 행복을 일구던 한 가장이 이렇게 극단적인 행동을 하게 된 것은 단순한 생각 때문이었습니다. ○○상경을 해하려는 목적이 있어서가 아니라 사업 실패로 채권자들을 피해 시골로 도피하는 과정에서 벌어진 일이었습니다. ○○상경으로부터 신분증 제시를 요구 받자 무조건 도망쳐야 한다는 생각에 앞뒤 생각할 거 없이 자동차의 엑셀을 밟아 버린 것입니다.

현재 그는 장기간 구금생활을 통해 잘못을 뼈저리게 뉘우치고 있고 숨진 의경을 대신해 유족을 가족처럼 보살피겠다고 다짐하고 있는 점 등을 감안하셔서 부디 ○○○의 형량을 줄여 주시기 바랍니다.

재판장님의 관용과 선처를 간절히 바라옵니다.

20○○.   ○.   ○.

위 탄원인   ○   ○   ○   (인)

○○지방법원 형사○단독 재판장님   귀하

[사례 4] 폭행 등 사건 피의자인 아들이 환자이므로 어머니가 보석허가요청

탄 원 서

사   건 :

탄 원 인 : ○   ○   ○ (000000-0000000)
　　　　　 ○○시 ○○로 ○○(○○동)
　　　　　 전화 : 000-0000-0000

피탄원인 : ○   ○   ○ (000000-0000000)
　　　　　 ○○시 ○○로 ○○(○○동)

탄 원 내 용

존경하는 재판장님!

바쁘신 업무중에 탄원인의 어려운 사정을 탄원하게 되어 죄송한 마음 금할 길 없습니다.

탄원인은 이번에 피해자 폭행 및 상해 혐의로 구속된 ○○○의 엄마입니다. 현재 제 아들의 상태가 위중하여 구치소 생활을 할 수 없으니 보석 신청을 허락하여 주시기 바랍니다.

제 아들은 선천성 척추 분리기형이라는 병을 앓고 있는 환자입니다. 척추 기형 환자는 체중이 불으면 디스크 또는 또 다른 척추 기형이 나타날 수 있는 질환으로 항상 체중관리에 신경을 써야 하는 환자입니다.

그런데 제 아들은 이번 구속 과정에서 체중 관리를 하지 못해 몸무게가 무려 ○kg이 불었습니다. 이렇게 몸무게가 갑자기 불으니 허리디스크에 부담을 증가시켜 참기 힘든 심한 통증을 일으켰나 봅니다.

면회를 갈 때마다 제 아들은 통증을 호소하였는데 저는 대수롭지 않게 생각하고 건강관리 잘하라는 말만 남기고 떠났습니다. 그런데 이번 면회에서 아들이 제대로 걷지도 못하고 다른 사람의 부축을 받고 힘겹게 다리를 끄는 모습을 보고 탄원을 결심하게 되었습니다.

존경하는 재판장님,

제 아들은 젊은 혈기로 싸움판에 끼어들었다가 집단 폭행 및 상해의 주범으로 몰려 억울한 옥살이를 하고 있습니다. 그런데 여기에 척추 기형 병까지 발생하여 하루하루 이를 악물고 버틴다는 이야기를 들으니 부모의 마음은 갈기갈기 찢어집니다.

제 아들의 진단서를 첨부하오니 살펴보시고 부디 보석 결정을 내려주십시오. 적절한 운동 처방과 식이요법으로 정상적인 신체 상태를 유지할 수 있도록 할 것이니 제 아들을 믿어주시고 보석 신청을 받아주시길 간절히 기원합니다.

20○○.　　○.　　○.

위 탄원인　○　○　○　(인)

○○지방법원 형사○단독 재판장님　　귀하

[사례 5] 남편을 상해 치상한 베트남 이주여성에 대한 구명 요청

탄 원 서

사　　건 :

탄 원 인 : ○　　○　　○ (000000-0000000)
　　　　　　○○시 ○○로 ○○(○○동)
　　　　　　전화 : 000-0000-0000

피탄원인 : ○　　○　　○ (000000-0000000)
　　　　　　○○시 ○○로 ○○(○○동)

탄 원 내 용

존경하는 재판장님!

법치구현을 위해 불철주야 헌신 노력하시는 재판장님께 경의를 표합니다.

저희가 이렇게 탄원을 드리는 것은 다름이 아니오라 20○○년 ○월 ○일 남편을 칼로 찔러 사망에 이르게 하여 상해치상 혐의로 입건된 베트남 이주여성에 대한 구명을 요청 드리기 위해서입니다.

사건의 피의자인 베트남 이주 여성 ○○○씨는 현재 임신 ○개월로 아기를 보호하기 위한 본능으로 인해 상해치상을 하게 되었음을 알려드립니다.

피해자인 남편은 전형적인 알코올 중독자로 술을 마시면 집에서 자고 있는 피의자를 깨워 상습적으로 구타를 하였다고 합니다.

사건이 일어난 날도 술을 많이 마시고 잠든 아내를 깨워 머리와 얼굴을 마구 때렸다고 합니다. 이대로 계속 맞다가는 뱃속의 아기가 잘못될 것 같다는 생각에 부엌으로

달려가 칼을 들고 방어를 하였는데 술에 취한 남편이 비틀거리며 쓰러지는 바람에 왼쪽 배에 찔러 쓰러지게 되었다고 합니다.

따라서 이번 사건은 남편의 지속적인 구타로 인해 충동적으로 발생한 사고였음을 분명히 밝힙니다. 남편에게 칼을 휘두를 수밖에 없었던 당시 상황을 되짚어 보신다면 피의자에게 어떤 관용을 베풀어야 할지 답이 나올 것이라 생각합니다.

존경하는 재판장님, 죽음이라는 극단적 상황에 이르러서야 폭력에서 벗어날 수 있는 이주 여성의 눈물겨운 상황을 살피시어 부디 선처를 베풀어주십시오. 생명의 위협을 느낄 정도로 가정폭력에 시달리고 있는 이주 여성의 인간적인 권리를 지켜주십시오.

힘없고 나약한 이주 여성의 사정을 널리 살피시어 부디 좋은 결과가 나타나길 기원하며 두서없는 글을 마칩니다. 바쁘신 와중에 읽어 주셔서 감사합니다.

20○○.   ○.   ○.

위 탄원인   ○   ○   ○   (인)

○○지방법원 형사○단독 재판장님   귀하

탄 원 서

사 건 :

탄 원 인 : ○ ○ ○ (000000-0000000)

　　　　　○○시 ○○로 ○○(○○동)

　　　　　전화 : 000-0000-0000

피탄원인 : ○ ○ ○ (000000-0000000)

　　　　　○○시 ○○로 ○○(○○동)

탄 원 내 용

존경하는 판사님!

이 땅에 법치주의의 구현을 위해 노력하시는 판사님의 노고에 깊은 존경과 감사의 뜻을 표합니다.

피고인 ○○○은 주식회사 ○○엔지니어링을 운영하고 있는 사장입니다.

피고인이 ○○아파트 등 아파트 입주자대표회의와 협의하여 하자보수에 관하여 설명하고, 하자보수비 상당의 손해배상액을 아파트 시공사로부터 받을 수 있다는 사실을 고지하고, 그 소송에 필요한 비용을 피고인이 선부담하되 소송에서 승소하면 그 소송비용은 반환을 받고 아파트 하자보수공사를 수주 받는 형식으로 하자보수공사 계약을 하였습니다.

그런데 지난 해 ○월 변호사가 아닌 자가 금품 기타 이익을 받을 것을 약속 받고 소송사건 등 법률사건에 관하여 감정, 대리, 기타 법률사무를 취급하여 변호사법을 위반하였다고 하여 입건되었습니다.

변호사가 아닌 자가 법률사무 취급에 관여하는 것을 금하는 것이 변호사법 제109조 제1호의 규정 취지라고 알고 있습니다. 그러나 피고인은 실질적이든 형식적이든 변호사법에서 정한 대리행위를 수행한 사실이 없습니다.

다만 입주자대표에게 손해배상을 받을 수 있다는 사실만 고지하였을 뿐이고, 변호사를 수임한 것도 당사자들이 하였고, 소송을 수행한 것은 당연히 수임 받은 변호사가 수행하였습니다. 다만 변호사의 요구에 의하여 피고인이 운영하고 있던 회사가 하자감정업체이고 동 사건들에서 하자감정을 하였으므로 이에 대하여 변호사의 자문 요구에 응하여 조언 형식으로 설명한 사실밖에 없습니다.

또 법원의 명에 의하여 현장검증이 있을 경우 피고인 회사의 직원이 참석하여 판사의 필요한 질문에 답을 하여준 것 밖에 다른 행위를 한 사실이 없습니다.

따라서 피고인이 소송사건 등 법률사건에 관하여 감정, 대리 기타 법률사무를 취급하였다고 할 수 없어서 피고인에 대한 유죄판결은 부당하다고 생각합니다. 사건의 앞뒤 관계를 잘 살펴주시고 부디 선처를 부탁드립니다.

판사님의 고명하신 판결을 기다리겠습니다.

20○○.   ○.   ○.

위 탄원인   ○   ○   ○   (인)

○○지방법원 형사○단독 판사님   귀하

[사례 7] 보험 사기로 구속된 남편에 대한 부인의 선처 호소

탄　원　서

사　　건 :

탄　원　인 : ○　　○　　○ (000000-0000000)
　　　　　　　○○시 ○○로 ○○(○○동)
　　　　　　　전화 : 000-0000-0000

피탄원인 : ○　　○　　○ (000000-0000000)
　　　　　　　○○시 ○○로 ○○(○○동)

탄　원　내　용

존경하는 재판장님!

다름 아니라 보험 사기죄로 현재 경찰서에 구속, 수감되어 있는 제 남편에 대한 선처를 부탁드리고자 이 글을 올립니다.

제 남편은 20○○년 ○월경 ○○시 ○○구 ○○동 사거리에서 교통사고를 당해 하반신이 마비되는 중상을 입고 1급 장애인 판정을 받은 뒤 ○○보험회사에서 ○억원의 보험금을 지급받았습니다. 그러나 보험회사에서는 제 남편이 고의적으로 사고를 내 보험금을 탄 것이라 주장하면서 사기 혐의로 고소해 구속되었습니다.

경찰과 보험회사에서는 제 남편이 억대의 보험금을 노린 보험사기범으로 몰아가고 있는데 어느 누가 하반신이 마비되는 고통을 겪으면서까지 돈을 받으려 할까요.

또한 허위 진단서를 발급 받았다고 하는데 제 남편은 ○○병원의 저명한 의사가 진단 후 하반신 마비를 의심한다는 판정을 내린 것입니다. 매스컴에도 몇 번 나오셨던 의사분인데 감히 있지도 않은 병을 만들어 허위로 진단서를 써주시겠습니까.

제 남편은 경찰에 연행되는 과정에 갈비뼈가 부러지고 손가락이 골절되는 등 중상을 입었습니다. 더구나 구속되어 있는 동안 운동이나 목욕, 의료 등의 기본적인 처우가 박탈된 상태로 지내서 온 몸이 욕창과 피부병으로 눈뜨고 볼 수 없을 정도입니다.

아무리 제 남편이 중죄를 저질렀다 한들 휠체어 없이는 움직일 수 없는 하반신 마비 1급 장애인을 그렇게 강압적으로 수사할 수 있는 건지 이해할 수 없습니다.

구체적 증거도 없이 무조건 제 남편을 사기범으로 모는 것은 법치 국가에서 있을 수 없는 일입니다.

교도소 안에서 악몽 같은 시간을 보내고 있는 제 남편을 제발 살려주십시오. 하루라도 빨리 치료를 받지 않으면 제 남편은 하반신 마비 그 이상의 고통을 겪게 될 것입니다.

20ㅇㅇ.   ㅇ.   ㅇ.

위 탄원인 ㅇ ㅇ ㅇ   (인)

ㅇㅇ지방법원 형사ㅇ단독 재판장님   귀하

탄 원 서

사　건 :

탄 원 인 : 1. 김　○　○ (000000-0000000)
　　　　　　　○○시 ○○로 ○○(○○동)
　　　　　　　전화 : 000-0000-0000
　　　　　2. 이　○　○ (000000-0000000)
　　　　　　　○○시 ○○로 ○○(○○동)
　　　　　　　전화 : 000-0000-0000

피탄원인 : 김　○　○ (000000-0000000)
　　　　　　○○시 ○○로 ○○(○○동)

탄 원 내 용

탄원인들은 부부지간으로 피탄원인의 부모입니다. 자식의 교육을 잘못시킨 부모로서 감히 자식에 대해 선처를 바라는 탄원서를 드리는 것이 과연 부모로서 할 도리인지도 잘 모르겠습니다.

탄원인 김○○은 회사원으로 일하고 있고, 피탄원인 이○○은 법원 주변건물청소원으로 일하면서 아들딸 두 남매를 두고 있습니다.

그런데 피탄원인은 친구들과 어울려 동료들로부터 돈 30,000원을 뺏은 것으로 하여 보호관찰 중에 또다시 이런 사건을 저질렀습니다. 그야말로 부끄럽고 몸 둘 바를 모르겠습니다. 그러나 자식이고 보니 어찌하겠습니까?

이번 사건은 정말 상상도 할 수 없는 사건이었습니다. 제자식이라고 해서 그런 것이 아니라 집에서도 말이 적고 부모에게 뿐만 아니라 할아버지한테도 효심이 지극한 손자입니다. 그리고 피탄원인 개인으로 보면 공업고등학교 3학년으로 대학수시합 격통지를 받고 있고, 꼭 대학에 가서 인테리어를 전공하여 성공할 것이라고 입버릇 처럼 말해오면서 부모에게 효도하겠다고 말해 왔습니다.

그러던 자식이 이 같은 범행을 저지르고 보니 저희 부모는 하늘이 무너지는 듯한 충격에서 헤어나지 못하고 있습니다. 이번 일은 용서받기 어려운 줄 알고 있으나 그나마 서로 합의를 하였고, 피해자는 처벌을 바라지 않고 있습니다.

존경하옵는 판사님!

부끄럽지만 이번 단 한 번의 기회를 주신다면 저희 부부는 자식의 교육에 배전의 노력을 할 다 할 것을 다짐 드리면서 피탄원인이 꿈을 이룰 수 있도록 꼭 한 번만 배려하여 주시기를 간절히 바라면서 이 탄원서를 드립니다.
안녕히 계십시오.

20○○.　○.　○.

위 탄원인 : 김　○　○　(인)
이　○　○　(인)

○○지방법원 소년부 제○단독 판사님　귀하

탄 원 서

사 건 :

탄 원 인 : ○ ○ ○ (000000-0000000)
　　　　　○○시 ○○로 ○○(○○동)
　　　　　전화 : 000-0000-0000

피탄원인 : ○ ○ ○ (000000-0000000)
　　　　　○○시 ○○로 ○○(○○동)

탄 원 내 용

피탄원인 ○○○(31세)은 귀원 항소○부에서 재판계류 중인 수감자(수형번호 1234번)이고, 탄원인 ○○○(여)는 위 피탄원인의 어머니로서 현재 외롭게 홀로 살아가고 있습니다.

존경하는 재판장님!

피탄원인을 범법자로 만든 것은 한마디로 이 못난 어미에게 있다고 하겠습니다.
피탄원인은 아무런 잘못이 없으니 대신 못난 어미를 벌하여 주십시오!
피탄원인은 다른 집 자식들과 마찬가지로 예절바르고 착한 아들이었는데 이 모든 것이 이 못난 어미의 가정파탄과 무지가 그렇게 만들어 버리고 말았습니다.

존경하는 판사님!

잠시 피탄원인이 범법자가 되기까지의 경위를 말씀드릴까 합니다.

그러니까 피탄원인이 중학교 2학년 때 탄원인은 남편과 성격차이로 끝내 이혼을 하게 되었습니다. 한창 감수성이 예민하던 피탄원인은 그만 실의에 찬 시선으로 점점 말이 없는 아이로 변해가고 있었습니다.

그러나 이 어미 말은 누구보다도 착실하게 말대꾸 한 번 없이 착하게 자라왔는데 어느 날 범죄인이 되어 교도소에 들어가 있다는 사실을 뒤늦게 알게 되어 하늘이 무너져 내리는 충격으로 혼절한 몇 달 뒤, 사랑하는 아들로부터 때늦은 후회와 회한이 담긴 내용으로 한통의 편지가 날아들었습니다.

숱한 세월이 흐른 이제야 철이 들고 보니 그동안 불효로 살아왔던 지난날들이 원망스럽다며 구절구절 눈물로 얼룩진 사연들로 탄원인에게 마지막 효도를 하겠다고 하는 내용들이었습니다.

존경하는 재판장님!

자식 키우는 어미의 심정, 그 무엇으로 다 표현하리까마는 이렇듯 어미의 가슴 갈기갈기 찢는 아픔, 저려 오네요.

지난 세월 되돌릴 수만 있다면 우리 장남 어엿한 대한남아로서 기세당당 추앙받는 인물 만들겠지만 … 어이하리! 이내신제 지금 당장 옥중에서 풀려나기만을 헤아려야 하니….

존경하는 판사님

탄원인은 고칠 수 없는 가슴앓이로 숱한 날을 지새우며 피탄원인이 돌아오기만을 학수고대하다 이제 바람 앞에 들불이 되었습니다. 탄원인의 마지막 소원이오니 이제 이 못난 어미의 품으로 돌려보내 주십시오!

피탄원인도 맹세하였습니다. 언젠가는 출소하게 되면 자신의 저지른 피해금액에 대해 피해자에게 찾아가 백배사죄하면서 그 변제금을 다달이 갚아나갈 것이라고 이 어미에게 굳게 약속을 하였습니다.

피탄원인은 못 배운 것이 한이 되는지 새 출발을 결의하면서 영어회화 책자를 보내 달라는 내용이 곁들였습니다. 부디 그 뜻을 저버리지 마시기 바랍니다.

피탄원인은 자신이 지은 죄 값으로 이미 긴 세월을 교도소에서 복역을 하였는데 사회봉사명령을 이행치 않았다는 이유로 또다시 교도소에서 장구한 세월동안 수감생활을 한다는 것은 자신의 지은 죄 값에 비해 너무도 무거운 형벌이라 사료됩니다.

비록 가난하고 배우지 못한 탄원인의 장남으로 태어나 일시 방황을 하다 이제 마지막으로 효도를 하겠다며 굳은 결의로서 맹서하는 피탄원인의 갸륵한 효심을 참작하시어 최대한의 관용과 선처를 구하고자 이렇게 실낱같은 모정의 정으로 이 탄원서를 올리는 바입니다.

20○○.　○.　○.

위 탄원인 : 이　○　○　(인)

○○지방법원 항소○재판부 재판장님　귀하

[사례 10] 교통사고를 낸 동생에 대한 석방 촉구

탄 원 서

사　　건 :

탄 원 인 : ○　　○　　○ (000000-0000000)
　　　　　　○○시 ○○로 ○○(○○동)
　　　　　　전화 : 000-0000-0000

피탄원인 : ○　　○　　○ (000000-0000000)
　　　　　　○○시 ○○로 ○○(○○동)
　　　　　　(현재 교도소 수감 중)

탄 원 내 용

피탄원인은 약 2개월 전 주거지인 ○○시 ○○동에서 오토바이를 무면허음주 운전하다 단속되어 현재 ○○교도소에 수감 중인 자이고, 탄원인은 피탄원인의 누나로서 분가를 하여 현재 ○○에서 인쇄업을 하는 남편과 단란하게 살아가고 있습니다. 그런데 뜻하지 않게 남동생이 무면허음주운전을 하다 구속이 되었다는 소식을 듣고 지금까지 고향에 홀로 계시는 어머니의 뒷수발을 저희 여형제들이 어렵게 봉양을 해오고 있습니다.

존경하는 재판장님!

피탄원인은 어려서부터 다리를 다쳐 약 20년째 오른쪽 다리를 의족을 끼워 생활하면서 보행을 불편을 느껴 '리드'라는 소형오토바이를 직접 운전해 들에 나가 농사를 짓고 있을 뿐만 아니라 74세 된 노모 한 분을 모시고 성실하게 살아가고 있습니다.

그렇게 농촌을 지켜가다 사고가 난 그날 이웃 동네 들판에서 품앗이 일을 마치고 막걸리 몇 잔을 마신 뒤 위 오토바이를 혼자 운전하여 귀가하다 그만 도로 옆에 박혀 있는 것을 지나가는 자동차 운전사가 발견하고 경찰에 신고를 하였는데 피탄원인은 그전 무면허운전을 한 집행유예기간이 발각되어 그만 구속이 되었답니다.

피탄원인은 시골에서 효자소리를 듣는 성실한 노총각으로서 여태껏 고향을 지키며 동네에서는 칭찬이 자자한 그야말로 순박한 남동생입니다.
존경하는 재판장님!

피탄원인의 무면허음주운전을 한 행위는 당연히 처벌을 받아야 한다고 탄원인도 그렇게 생각하고 있습니다. 그러나 불행 중 다행스럽게도 피해자가 없는 사고였음을 감안해 주시옵고 할 말은 태산 같이 많으나 재판장님의 시간을 줄이는 차원에서 이만 줄이옵고 하루 속히 피탄원인이 석방되어 사랑하는 고향 어머니 품으로 돌려 보내주시면 더 바랄 것이 없겠습니다.

두 번 다시 이번과 같은 불행이 닥치지 않도록 저희 모든 가족들은 노력을 아끼지 않을 것을 굳게 약속드리겠습니다.

끝으로 피탄원인이 조기 석방되기를 간곡히 기도드리며 귀 법원의 무궁한 발전을 기원하겠습니다.

20○○.   ○.   ○.

위 탄원인   ○   ○   ○   (인)

○○지방법원 형사○단독 재판장님   귀하

탄 원 서

사　　건 :

탄 원 인 : ○　　○　　○ (000000-0000000)
　　　　　　　○○시 ○○로 ○○(○○동)
　　　　　　　전화 : 000-0000-0000

피탄원인 : ○　　○　　○ (000000-0000000)
　　　　　　　○○시 ○○로 ○○(○○동)
　　　　　　　(현재 교도소 수감 중)

탄 원 내 용

무례함을 무릅쓰고 감히 이 글을 올립니다.

이 글을 올리는 저는 귀 교도소에 20○○. ○. ○. 수감되어 있는 수형번호 1234호인 ○○○(○○세)의 아버지입니다.

저의 5남매의 막내아들인 ○○○은 약 2년 전 그의 직장 동료 2명과 같이 술을 마신 뒤 ○○시 ○○읍 ○○리 소재 "○○마트"에 들어가 컵라면을 시켜 먹으려다 그곳 종업원과 언쟁 끝에 직장 동료들이 종업원의 멱살을 잡고 폭행을 하자 아들이신 ○○○이는 이를 만류하였고, 그런 위 슈퍼를 나오다가 술에 만취한 나머지 동료들이 양주를 들고 나올 때 저의 아들도 그만 담배를 들고 나온 실수를 범하게 되어 그로 인해 경찰에 구속이 되었는데, 그날의 범죄행위를 주도한 직장 동료들은 당시 불구속이 되었고 아들은 그전 음주 건으로 2년의 집행유예가 있었는데 그 사유로 구속이 되고 말았습니다.

아들의 죄 값에 대한 처벌은 당연하다고 하겠으나 직장동료들이 주도한 범죄행위에 아들은 싸움을 만류하면서 따라하게 된 행위가 위 음주도주의 집행유예 사유로 구속이 된 것으로 판단되고 보니 부모 된 입장으로서 너무도 억울한 생각이 들지만 지나간 일들은 그저 잊고 싶을 뿐입니다.

그 당시 아들의 소식을 접한 저는 그만 뇌졸중으로 쓰러져 부산 ○○병원에서 그동안 치료를 받아 왔으나 아직도 심장병에서 헤어나지를 못하고 있습니다.

현재 수감이 되어 있는 아들 ○○○이 위로는 모두 출가를 하여 그러다보니 수감 전에는 ○○이가 부모를 공양하면서 효행을 다하였고 또한 직장에서도 칭송이 자자했던 착실한 막내아들이었습니다.

저는 생업을 잃고 그동안 어렵게 병석에 몸져누워 아들이 들어오기만을 학수고대하고 있습니다.

아들이 구속된 지가 벌써 2년이란 세월이 흘렀군요. 아들이 지은 죄 값에 비해 형벌이 너무 가혹하게만 느껴집니다.

존경하시는 재판장님!
이에 사랑하는 아들을 부모의 품으로 돌려보내 주십시오. 간절히 원하옵니다.

20○○.   ○.   ○.

위 탄원인 :   ○   ○   ○   (인)

○○지방법원 형사○단독 재판장님   귀하

탄 원 서

사　건 :

탄 원 인 : ○　○　○ (000000-0000000)
　　　　　○○시 ○○로 ○○(○○동)
　　　　　전화 : 000-0000-0000

피탄원인 : ○　○　○ (000000-0000000)
　　　　　○○시 ○○로 ○○(○○동)

탄 원 취 지

　현재 음주교통사고 건으로 재판계류 중인 피탄원인에 대하여 다음과 같이 탄원하
오니 선처하여 주시기 바랍니다.

탄 원 내 용

탄원인은 ○○운수소속 경기 ○○바○○○호 영업용택시 운전기사로 종사하고 있
습니다.

피탄원인은 자신의 승용차를 운전하여 당시 신호대기중인 탄원인이 영업용차량을
추돌하여 탄원인에게 경미한 인피, 물피를 입게 하였습니다.

탄원인은 사고당일 하루의 영업실적을 올리기 위해 열심히 운전에 임하고 있었는데
추돌사고를 당하고보니 화가 치밀어 항의하는 과정에서 술 냄새가 나 "술 마시고
운전을 하면 되느냐"고 소리치면서 피탄원인을 고발하게 되었던 것입니다.

그런데 나중에 자세히 알고 보니 피탄원인은 약 16년째 ○○시청 청경으로 근무를
해오면서 약 10년 전 오토바이를 운전하다 교통사고를 당해 그때 머리를 다쳐 그로

인하여 부인과 이혼을 한 뒤 그때부터 현지 고2, 중1의 딸자식을 키워오면서 어렵게 살아가고 있다는 사실을 알게 되었습니다.

그리고 사고 후 피탄원인은 탄원인을 찾아와 백배사죄하면서 치료비 일체와 합의금 300만원을 주어서 받고 합의를 해주어 그것으로 끝이 난 줄 알았는데 피탄원인은 그 일이 아직도 끝이 나지 않고 법의 심판을 기다리고 있다는 소식을 듣게 되었습니다.

존경하는 재판장님!

피탄원인의 노모가 장애자로 노환에 시달리고 있다는 사실도 이번에 알았습니다. 그리고 합의금마저 피탄원인의 동생인 ○○시청 상수도사업소에 근무를 하고 있는 ○○○가 부담을 한 사실도 알게 되었습니다. 이러한 피탄원인의 가정사가 비단 그네들뿐만 아니라 탄원인 역시 어려운 여건 속에서 언제나 위험이 도사리고 있는 점을 감안하면 지금에 와서 생각을 하니 그때 왜 고발을 했을까? 라고 후회스러운 게 솔직한 탄원인의 심정입니다.

탄원인은 위 추돌사고로 인하여 당시 3일간 병원에 입원해 있다가 퇴원을 한 후 본래의 업무에 복귀하여 현재 정상적으로 운전기사로 종사하고 있습니다.

부디 탄원인은 피탄원인을 최대한 선처해 주실 것을 간곡히 원하오며 귀 법원의 무궁한 발전을 기원하겠습니다.

20○○.   ○.   ○.

위 탄원인 : ○　○　○　(인)

○○지방법원 형사○단독 재판장님　귀하

[사례 13] 처가 구속된 남편을 석방해 달라고 호소

탄 원 서

사　　건 :

탄 원 인 : ○　　○　　○ (000000-0000000)
　　　　　　○○시 ○○로 ○○(○○동)
　　　　　　전화 : 000-0000-0000

피탄원인 : ○　　○　　○ (000000-0000000)
　　　　　　○○시 ○○로 ○○(○○동)

탄 원 내 용

존경하는 재판장님!

탄원인은 ○○시 ○○로 ○○(○○동) 자택에서 생활하고 있는 피탄원인의 부인이며 피탄원인은 두 아이의 아버지이며 한 가정을 책임지고 있는 가장이기도 합니다.

피탄원인은 평소 가정에서 아이들과 잘 놀아주고 가장으로서의 책임을 다하는 따뜻한 아버지입니다.

피탄원인이 한가정의 가장으로서 현재 가정을 책임질 수 없게 되어 탄원인의 가정은 무척 힘이 든 상황입니다. 그리고 또 모든 생활에 막대한 지장을 초래하고 있습니다.

경제적으로나 아이들의 정서적인 면에서 무척 큰 영향을 주고 있는 현실에서 두 아이의 아버지이자 한 가정의 가장인 피탄원인은 많은 반성과 눈물로 호소한 바 있습니다. 죄를 뉘우치며 아이들을 걱정하고 있는 자세도 보였습니다.

하루라도 빠른 시일 내에 가정으로 돌아와 아이들이 아버지의 품에 안겼으면 합니다. 부인인 저도 가장인 ○○○씨가 돌아와 안정된 가정이 되었으면 하는 마음으로 간곡히 부탁드립니다.

20○○.   ○.   ○.

위 탄원인 ○ ○ ○   (인)

○○지방법원 형사○단독 재판장님   귀하

[사례 14] 강제추행 공갈 및 금품 갈취를 한 피의자가 용서를 구함

탄   원   서

사   건 :

탄 원 인 : ○   ○   ○ (000000-0000000)
　　　　　○○시 ○○로 ○○(○○동)
　　　　　전화 : 000-0000-0000

탄   원   내   용

존경하는 재판장님께!

재판장님의 노고에 깊은 감사의 뜻을 표합니다.

저는 이번에 공갈 및 금품 갈취 혐의로 구속된 ○○○입니다. 저는 사우나 수면실에

서 만난 ○○○씨에게 저의 신체 부위를 만지도록 유인한 뒤 이를 약점 잡아 금품을 갈취했습니다. 또 ○○○씨를 강제 추행 혐의로 경찰에 신고한 뒤 그의 부모로부터 합의금 명목으로 ○○만원을 뜯어내는 등 지난 ○개월 동안 합의금으로 ○○만원을 받은 혐의가 있습니다.

술에 취한 사람들의 약점을 이용하여 돈을 가로챈 파렴치한이 무슨 낯으로 재판장 님께 탄원을 드릴까 고민도 해보았지만 제가 이대로 구속되면 저의 가족은 당장 먹을 쌀이 없어 굶어 죽을 것 같아 용기를 내어 이 글을 씁니다.

저는 당뇨로 거동이 불편하신 어머니와 알코올 중독자인 아버지, 그리고 장애를 가지고 태어난 남동생과 함께 생활하고 있습니다. 가족 모두 무직 상태이기에 제가 근근이 아르바이트를 하며 생활비를 대고 있습니다. 계속되는 궁핍한 생활 탓에 저는 쉽게 돈을 벌 수 있는 일이라 생각하고 고의로 이러한 범죄를 저질렀습니다. 공갈 협박으로 받은 합의금은 어머님의 치료비와 아버지 병원비로 충당하였습니다.

존경하는 재판장님,

백번 천번 생각해도 마땅히 죄 값을 치러야 할 범죄자이지만 제가 없으면 병든 아버지와 어머니는 누가 모시겠습니까. 현재 손발이 오그라드는 1급 장애인 남동생이 라면을 끓여가며 부모님의 식사 준비를 한다는 말을 들으니 지금이라도 당장 달려가서 부모님 밥상을 차리고 싶은 심정입니다. 가족의 생계를 혼자 책임지고 있는 가장의 안타까움을 헤아려 주셔서 제발 마지막 선처를 부탁드립니다.

제가 비록 용서받지 못할 중죄를 저질렀지만 한 번만 다시 기회를 주신다면 노동의 참된 가치를 경험하며 정직하게 살아가겠습니다. 더욱 정성을 다해 부모님을 봉양하며 제 남동생과 같은 장애인들에게 봉사하며 살아가겠습니다.

잘못된 판단으로 돌이킬 수 없는 죄를 지었음에 무릎 꿇고 사죄드리며 재판장님의 선처를 간절히 기다리겠습니다.

20○○. ○. ○.

위 탄원인 ○ ○ ○ (인)

○○지방법원 형사○단독 재판장님 귀하

[사례 15] 공급횡령 등으로 구속된 직장상사에 대하여 직원이 선처를 호소

탄 원 서

사   건 :

탄 원 인 : ○   ○   ○ (000000-0000000)
         ○○시 ○○로 ○○(○○동)
         전화 : 000-0000-0000

피탄원인 : ○   ○   ○ (000000-0000000)
         ○○시 ○○로 ○○(○○동)

탄 원 내 용

오늘도 공정한 법 집행을 위해 애쓰시는 재판장님께 경의의 말씀을 드립니다.
저는 축산, 분뇨 폐수처리장에 근무하는 직원입니다.

제가 오늘 탄원서를 올리게 된 연유는 제가 모시고 있던 소장님께서 공금횡령 및
뇌물공여로 구속이 되어 피의자가 되었으나 평소 우리 직장 내에서 모든 업무에 항
상 모범을 보이시었고, 사무실에서 늘 환하게 웃으시면서 어깨를 툭툭 쳐주시면서

우리들에게 격려도 해주시고 독려도 하시는 이분이 개인적인 사리사욕을 채우는 그런 몰염치한 비인격자는 아니며 평소 제가 무척이나 존경하던 상사 분이자 가족 같은 분이었기에 구명을 위하여 이 글을 작성하고 있습니다.

피의자 ○○○ 소장님께서 받으신 돈은 저희들이 보기에는 대가성이 있는 것이 아닙니다. 그 돈을 받아서 무얼 해주겠다는 식으로 업무를 처리하는 분도 아니시고 그런 직접적인 실무자의 자리에 계신 분도 아니며 소장님께서는 거래업체에서 별 의미 없이 받아서 2/3 이상을 저희들 추석, 구정 명절 또는 여름휴가비로 챙겨주셨고 그중 일부로 공무원과 식사하거나 술 마시는데 사용된 것으로 알고 있습니다.

지역사회에서 소장님에 대한 평은 말할 수 없이 좋은 사람으로 평이 나 있으며, 법 없이도 살 수 있다 할 정도로 마음이 푸근하신 분이십니다.

특히 환경공무원으로 계시다 형님 보증을 섰다가 잘못되어 명퇴하신 후 개인회사에 입사하여 민간위탁사업 소장으로 다시 시에서 운영하던 축산분뇨 폐수처리장에 근무하게 되었고 아직도 공무원과 같은 사명감으로 일하시는 분이십니다.

공무원들과 식사하고 술 마신 것을 경찰은 뇌물공여로 보고 있으나 소장님과 마신 공무원들은 재직시절 옛 동료나 부하직원들이며 공무원으로 재직할 당시 오래전부터 환경직 모임 회원으로 있었기에 그저 편한 친목으로 만나 대하였는데 경찰조서에서는 인정을 전혀 해주질 않으니 답답하기만 합니다.

다른 사람들이 더러워하는 축산폐수나 인분폐수를 깨끗이 처리하는 직업을 가진 저희들이 고생하는 것에 비해 임금이 너무 적고 사실 고도의 기술이 필요한 직업임에도 3D업종 중의 하나가 되어 소장님께서는 평소 저희 동료직원들의 복지나 혜택이 미미한 것에 대해 늘 안타까워 하셨습니다.

평소 직장동료의 어려운 가정형편을 잘 알고 계시고 늘 안타까워하시던 소장님께서 모두가 꺼려하는 직업을 가진 저희 직원들의 아픈 마음을 부둥켜안으시고 헤아려 주시는 업체 사장님과 소장님께 항상 감사하는 마음을 가지고 있습니다.

업체사장님도 자기의 이익금을 조금만 가진다 생각하고 저희에게 보탬을 주신 걸로 알고 있으며 그렇다고 어떤 혜택이나 부정한 사실은 없었습니다.

이제 와서 보니 그 자체가 부정하다며, 횡령이란 죄목을 씌우니 너무도 황당할 뿐입니다.

그리고 부정행위를 하여 업체에 이익을 남기는 것을 눈감아 주는 대가로 공무원에게 향응을 접대하며, 돈을 주었다는 것은 더더욱 억울하여 제가 이분의 석방 또는 감형을 바라는 간절한 마음으로 연명으로 탄원서를 올리오니 부디 관대한 처분이 있으시기를 바랍니다.

20○○. ○. ○.

위 탄원인 ○ ○ ○   (인)

○○지방법원 형사○단독 재판장님   귀하

[사례 16] 부득이한 사유로 음주운전을 하여 면허취소가 된데 대한 선처 호소

탄　원　서

사　　건 :

탄 원 인 : ○　○　○ (000000-0000000)
　　　　　○○시 ○○로 ○○(○○동)
　　　　　전화 : 000-0000-0000

피탄원인 : ○ ○ ○ (000000-0000000)
　　　　　 ○○시 ○○로 ○○(○○동)

탄 원 내 용

존경하는 검사님!

바쁜 업무 일정에도 국가와 국민의 근간과 기본권을 지킨다는 긍지와 명예로 사시는 검사님께 다시 한 번 존경의 마음을 담아서 감사의 인사를 드립니다.

저는 20○○년 ○월 ○일 ○○시 ○○구 ○○동 ○○사거리에서 발생한 교통사고로 면허가 취소된 ○○○의 어머니입니다.
모친상을 당한 친구의 상갓집에서 술을 마시고 대리운전을 부르려고 기다리던 제 아들 ○○○은 ○시경 갑자기 골목 끝에서 ○○○씨가 울면서 달려오는 것을 보았습니다.

한 동네에 살고 있는 ○○○씨는 머리에 피가 뚝뚝 흐르고 있는 사내아이를 안고 맨발로 달려오고 있었습니다. 그 당시 골목에는 제 아들 혼자 밖에 없었고 워낙 다급한 상황이라 본인이 조금 전 술을 마신 사실도 잊고 승용차에 아이를 태우고 병원으로 향했습니다.

○○병원 응급실은 차로 ○분 거리 밖에 되지 않아 빨리 가면 아이를 살릴 수 있다고 생각한 제 아들은 급하게 차를 몰고 가던 중 음주단속 중이던 경찰관의 심문을 받게 되었고 결국 음주운전 혐의(도로교통법 위반)로 면허가 취소되었습니다.

존경하는 검사님, 비록 제 아들이 음주운전이라는 반사회적 행동을 했지만 피 흘리고 죽어가는 아이의 생명을 구하기 위해 부득이하게 운전대를 잡은 것이니 면허취소처분을 재고하여 주시기 바랍니다.

세상이 각박해져 가고 있는 요즘, 남의 자식이 다쳤다고 해서 직접 병원으로 데리고 갈 수 있는 사람이 몇이나 되겠습니까. 평소 저의 아들은 어렵고 불쌍한 사람들을 보면 그냥 지나치지 못하는 심성이 고운 아이입니다. ○년 동안 장애인 복지시설에서 목욕 봉사를 하며 선행을 베푸는 착한 아이입니다. 법 없이도 살 만큼 착한 아들이므로 제 아들의 면허가 유지될 수 있도록 넓은 아량으로 선처해 주시길 간절히 바랍니다.

바쁘신 와중에도 길지 않은 글 읽어주셔서 감사드립니다. 항상 건강하시길 기원합니다.

20○○. ○. ○.

위 탄원인 ○ ○ ○   (인)

○○지방검찰청 ○○○ 검사님 귀하

[사례 17] 공무집행방해죄로 구속된 직장동료의 석방을 호소

탄 원 서

사   건 :

탄 원 인 : ○   ○   ○ (000000-0000000)
　　　　　○○시 ○○로 ○○(○○동)
　　　　　전화 : 000-0000-0000

피탄원인 : ○   ○   ○ (000000-0000000)
　　　　　○○시 ○○로 ○○(○○동)

탄 원 내 용

존경하는 검사님!

저는 현재 공무집행 방해죄로 구속, 수감되어 있는 ○○○에 대한 선처를 부탁드리기 위해서입니다. 저와 그는 ○○에서 ○년째 함께 일을 하고 있는 동료 사이입니다.

피의자 ○○○는 사명감과 책임감이 투철하며 지역발전 및 주민의 복지증진에 솔선수범할 뿐 아니라 타의 모범이 되는 열심히 근무하는 공무원입니다. 그런데 회식 후 집에 돌아가는 길에 불미스러운 일로 경찰관과 시비가 붙어 경찰관에게 폭력을 행사하였고 그 후 공무집행방해죄로 구속되었습니다.

제가 지금까지 알고 있는 ○○○는 경찰 공무원에게 폭력을 휘두를 위인이 절대 아닙니다. 시골의 가난한 집에서 자란 그는 혈혈단신으로 상경하고 서울과 대전 등지를 떠돌며 20가지가 넘는 직업을 전전했습니다. 14살에 중국집 배달부로 일할 때는 남들이 먹다 남은 짜장면을 설거지하듯이 먹어치우며 허기를 채웠다고 합니다. 구두닦이, 제과점 사환, 일식집 주방 보조, 현장 잡부를 거쳐 공무원이 되기까지 험난한 삶을 꾸려나가면서도 그는 한 번의 탈선 없이 성장했습니다.

제가 그의 불우한 어린 시절이며 살아온 이야기를 한 것은 그가 비겁하게 도주하지 않을 것이며, 재판을 성실하게 받고 진실을 밝히려 애쓸 사람이라는 것을 검사님께서 알아주시길 바라기 때문입니다.

죄를 지었다 하더라도 불구속 수사와 재판으로도 얼마든지 죄를 물을 수 있습니다. 죄가 있다고 상당히 의심되지도 않거니와 증거 인멸과 도주의 우려가 없는 공무원을 구속하는 것은 부당하고 억울합니다.

구속이 필요하다고 의심되는 사안이 없으므로 ○○○를 석방하여 주시기 바랍니다. 부디 그가 행한 범죄에 대한 실체적 사실관계를 밝혀 주십시오.

존경하는 검사님의 현명한 판단을 바라옵니다.

20○○. ○. ○.

위 탄원인 ○ ○ ○ (인)

○○지방검찰청 ○○○ 검사님 귀하

[사례 18] 특수절도를 한 소년에 대한 선처 호소

탄 원 서

사　건 :

탄 원 인 : ○　　○　　○ (000000-0000000)

　　　　　○○시 ○○로 ○○(○○동)

　　　　　전화 : 000-0000-0000

피탄원인 : ○　　○　　○ (000000-0000000)

　　　　　○○시 ○○로 ○○(○○동)

탄 원 내 용

존경하는 검사님,

본인은 공무원으로 20여년 재직한 직장을 퇴직한 후, 상기 특수절도사건 피의자(성

명 : ○○○)를 20○○년 ○월 ○일 우연한 기회에 만나, 많은 시간을 함께 보내며 피의자를 선도하고자 노력하고 있는 한 사람의 독지가로서 먼저 피의자가 죄를 저질러 물의를 일으킨 점에 대하여 진심으로 사과를 드립니다.

현재 피의자 ○○○는 본인을 친부 이상으로 의지하고 있을 뿐만 아니라 이전의 불규칙한 생활 습관에서 탈피하려고 애쓰고 있으며, 본인이 적절한 방안을 물색해 주면 그대로 이행할 것을 약속하는 등, 피의자 스스로가 절실히 반성하고 있는 이 시기에 또다시 과오를 저지른 점에 대하여 본인으로서는 정말 안타깝기 그지없게 생각하고 있습니다. 피의자 ○○○는 독자로 부모들이 초등학교 ○학년(만 ○○세)때 이혼한 이후, 아버지는 ○번 재혼하였고 어머니 역시 재가한 환경에서, 아버지는 때로는 피의자인 아들을 어머니에게 맡기고, 어머니는 다시 아버지에게 보내는 등, 어린 시절을 계모 및 계부 밑에서 평범한 생활을 할 수 없는 불우한 가정환경 속에서 반복되는 가출과 불량한 행동으로 가족들에게 완전히 버림을 받고 살아왔습니다.

검사님의 이해를 돕고자 한 사례를 설명 드리고자 합니다.

지난달 ○월 ○일 오전 ○시경, 본인 아파트 입구에 피의자가 쓰러져 있는 것을 아파트 경비원이 발견하여 "누구냐?"고 묻자, "여기가 우리 집이다."라 하며 아버지 이름으로 본인 성명을 대답하는 피의자에게 경비원은 "이 집에는 너 같은 아들이 없다."고 하였지만, 옷에 피가 많이 묻어 있고 신체 여러 부위 상처에서 피가 흐르는 것을 불쌍히 여기고 이 사실을 본인에게 알려주어 본인이 밖에 있는 피의자 ○○○에게 사고 경위를 물으니 "친구 오토바이 뒷좌석에 타고 가다 전복 사고가 발생, 의식을 잃고 병원으로 가던 중 깨어나 몸이 무척 아파, 여기로 온 것이다."라고 대답하였습니다.

본인이 피의자의 몸 상태를 확인한 결과, 상처가 매우 심하여 이 사실을 피의자 가족에게 알려 줄 필요가 있을 것으로 판단하여 피의자를 집으로 데려가 피의자 부친과 할머니께 사고 경위를 대충 설명 드렸습니다만, 피의자 아버지는 "지금은 내 코가 석자이기 때문에 나는 저놈(피의자)을 돌볼 수 없다."고 하면서 오히려 "나가서 죽었으면 좋겠다."고 하여, 「오늘이 마침 아들(피의자) 생일날입니다」라고 거듭 말씀드렸으나 "몸이 아프고 춥다."고 괴로워하는 아들은 거들떠보지도 않았습니다.

어쩔 수 없이 본인이 피의자를 데리고 와 상처를 치료한 후, 잠에서 깨어난 피의자를 당일 오후 ○시경 다시 집으로 데려갔으나, 피의자 고모(여동생) 역시 "얘(피의자)를 왜 여기에 데리고 왔느냐?"하면서 본인과 조카에게 핀잔만 주는 것이었습니다.

본인이 가출한 피의자를 처음 만난 며칠 후, 피의자를 설득하여 집으로 함께 갔을 때에도 조모께서는 "추후에 달라고 하지 않을 것이니 가져가라!"고 피의자가 어떤 쓸모없는 물건인 것처럼 말씀하였습니다.

그동안 가출과 불량한 행위를 반복하여 부모 및 가족들에게 많은 실망을 안겨 준 사실을 참작하더라도 큰 사고를 당한 아들(피의자)을 대하는 피의자 가족들의 태도는 너무 냉정하기 이루 말할 수 없었습니다.

그러나 이처럼 냉대 받는 가정환경 속에서 자란 피의자는 가출 중에도 어버이날에는 문 밖에 카네이션을 놓아두는 것을 잊지 않았고, 길에 쓰러져 갈증에 시달리는 노인에게 물을 사 드리고 파출소까지 모셔다 주는 선행으로 피의자가 재학 중이던 인천 선인중학교에서 선행상을 받을 수도 있었으나 불량 학생으로 분류되어 표창을 받지 못하였다는 사실을 피의자 복학 문제를 상의하기 위하여 학교를 방문하였을 때, 1학년 담임선생이었던 ○○○ 선생님으로부터 전해 들었습니다. 또한 피의자는 아직까지 부모나 가족 등 그 누구도 미워하거나 원망하지 않는 여린 마음을 가지고 있는 소년입니다.

존경하는 검사님!

본인은 이 소년을 평생 친아들처럼 생각하여 선도하며 교화시켜 보겠습니다. 또한 피의자도 제3자들이 오해할 정도로 친자식 이상으로 본인을 잘 따르고 있습니다. 이는 그동안 본인과 피의자 간에 서로 마음의 문을 열고 나눠 온 대화 속에서 맺어진 깊은 신뢰와 애정이 뿌리를 이루고 있기 때문이라고 확신하고 있습니다.

피의자를 만난 지 이제 ○○여일 정도 밖에 지나지 않았지만 피의자에게 심적으로 많은 변화가 오고 있음을 본인 주위에 있는 여러 사람들도 이를 인정하고 있습니다.

본인은 피의자에게 열과 성을 다하여 평범한 소년으로 성장할 수 있도록 최선의 노력을 다 할 것임을 약속드립니다.

또한 피의자 역시 지금까지의 잘못을 절실히 뉘우치고 크게 후회할 뿐만 아니라 머리를 삭발하고 절에 들어가라고 하면 절에라도 들어가겠다는 비장한 마음으로 새로운 생활을 다짐하고 있으며, 또한 본인과 절친한 친구인 ○○○(○○세, ○○패션회장 및 서울 서부 ○○부총재) 및 ○○○(○○세, 주식회사 ○○○○ 대표이사)는 본인을 협조하여 피의자를 자신의 회사에 지난 ○월 ○일 입사시킬 예정이었으나 인천 서부경찰서 소년계 ○○○ 형사가 피의자 계류 사건으로 인한 가정법원 심리를 ○월 ○일(○요일)이나 ○월 ○일(○요일)중에 받을 것을 통보하여 현재 입사를 보류 중에 있으며, ○○○(○○세, ○○유선방송 및 CATV방송) 회장도 피의자 선도를 위한 후원을 적극 약속하고 있습니다.

이런 현실에 비추어 피의자를 사회적으로 격리시키는 것보다는 본인과 주위 사람들이 애정을 가지고 선도하는 것이 피의자에게 더욱 효과적인 교화 방안이라고 생각하고 있습니다.

존경하는 검사님.

이번 사건이 이제 만 ○○세(20○. ○. ○일생)가 불과 10여일 밖에 지나지 않은 어린 피의자에게 전화위복의 기회가 될 수 있도록 너그러우신 온정을 간곡히 당부드리고자 합니다.

이와 같은 반성의 기회를 주신다면 본인은 피의자를 가슴에 묻고 살면서 부끄러움 없는 소년으로 성장할 수 있도록 있는 힘껏 노력할 것을 거듭 약속드립니다. 부디 현명하신 ○○○ 검사님의 선처가 있기를 두 손 모아 기대합니다.

끝으로 검사님의 건강과 가정에 행운과 축복이 함께 하시기를 간절히 기원합니다. 감사합니다.

20○○. ○. ○.

위 탄원인 ○ ○ ○ (인)

○○지방검찰청 ○○○ 검사님 귀하

[사례 19] 차용금 사기사건의 경우, 피해자가 선처 호소

탄 원 서

사   건 :

탄 원 인 : ○   ○   ○ (000000-0000000)
            ○○시 ○○로 ○○(○○동)
            전화 : 000-0000-0000

피탄원인 : ○   ○   ○ (000000-0000000)
            ○○시 ○○로 ○○(○○동)

탄 원 내 용

존경하는 재판장님께,
탄원인은 ○○시 ○○구 ○○동에서 ○○제조업을 하고 있으며 피탄원인은 탄원인 처의 친구입니다.

20○○. ○. ○. 탄원인의 처가 피탄원인이 금 ○○○원을 빌려달라고 애원하면서 전화가 왔다 하여 얼굴도 한 번도 본 적 없는 피탄원인에게 제 처만 믿고 금 ○○○원을 내놓은 것입니다. 하지만 1주일만 쓰고 돌려주겠다는 당초 약속과는 달리 1년이 지난 기간까지 감감무소식이고 피탄원인이 기거하는 ○○시 ○○구 ○○동에 탄원인의 처가 찾아갔는데 헛걸음만 하고 피탄원인을 만나지 못하였고, 탄원인이 몇 차례 전화를 했는데도 통화가 되지 않자 탄원인도 처의 친구인 관계로 참으려 하였으나 지금 경영하고 있는 사업의 부진으로 돈 한 푼이 아쉬운 실정이므로 피탄원인을 관할 경찰서에 고소하여, 현재 피탄원인은 ○○구치소에 수감중입니다.

존경하는 재판장님

피탄원인은 지금 무일푼으로 남편과도 별거 중에 있으며, 두 자녀까지 책임지고 있는 실정이며 게다가 시누이의 집에서 얹혀살고 있는 참으로 딱한 사정입니다.

피탄원인이 울면서 사죄하고, 또 앞으로 자신이 일하여 번 돈의 일부를 다달이 갚는 식으로 빌려간 돈 ○○○원을 차차 갚겠다고 약속하였습니다.

재판장님 피탄원인을 선처하시어 어린 두 자녀에게 하루 속히 돌아가 안정을 찾을 수 있도록 해 주십시오.

20○○.　○.　○.

위 탄원인　○　○　○　(인)

○○지방법원 형사○단독 재판장님　귀하

탄 원 서

사　　건 :

탄 원 인 : ○　　○　　○ (000000-0000000)

　　　　　　○○시 ○○로 ○○(○○동)

　　　　　　전화 : 000-0000-0000

피탄원인 : ○　　○　　○ (000000-0000000)

　　　　　　○○시 ○○로 ○○(○○동)

탄 원 내 용

존경하는 검사님!

곳곳에 봄이 오는 소리가 들리고 있으나 아침저녁으로는 쌀쌀한 기운이 남아 일교차가 큽니다. 환절기에 검사님의 건강을 기원합니다.

저는 ○○협회 회장직을 맡고 있는 ○○○ ○○○라고 합니다. 언제 얼굴을 뵌 적도 없고, 성함조차도 모르는 검사님을 향해 이렇게 글을 쓰게 된 것은 재판을 받고 있는 피의자가 하루라도 빨리 가족의 품으로, 그리고 회사의 품으로 돌아올 수 있기를 기원하면서 검사님의 관용과 선처를 바라는 마음에서입니다.

지난 ○일 토지분할 경계측정을 하는 과정에 불미스런 사건으로 업무 방해죄가 적용되어 피의자가 수사를 받고 있습니다. 피의자야말로 사회에서 '법 없이도 살 수 있는 사람'으로 인정받고 있는 사람입니다. 그가 무슨 죄를 지을 것이라고 우리는 상상도 할 수 없습니다. 그런 그의 성격과 소신이 자신들의 생존권을 위해 싸우는 노동자들을 외면하지 못하고, 함께 싸웠다는 것이 큰 죄가 되고 말았습니다.

저는 ○○협회를 대표하여 피의자가 ○○지역을 사랑하고 ○○회사의 노동자를 대변하는 충정에서 우발적인 행동을 한 것이라고 생각하고 있습니다.

피의자를 깊이 배려하시어 새로운 마음으로 노동자를 대변할 수 있는 기회를 가질 수 있도록 건의하오니 선처해 주시기를 간곡히 바랍니다.

한 가정의 가장으로서, 노부모를 극진히 모시는 효자로서 사랑하는 가족 품으로 돌아갈 수 있도록, 그리고 그가 사랑하는 노동자들의 품으로 돌아갈 수 있도록 검사님의 선처를 다시 한 번 호소합니다.

검사님의 건승을 기원하면서 이만 줄입니다.

20○○. ○. ○.

위 탄원인 ○ ○ ○   (인)

○○지방검찰청 ○○○ 검사님   귀하

탄 원 서

사　　건 :

탄 원 인 : ○　○　○ (000000-0000000)
　　　　　○○시 ○○로 ○○(○○동)
　　　　　전화 : 000-0000-0000

피탄원인 : ○　○　○ (000000-0000000)
　　　　　○○시 ○○로 ○○(○○동)

탄 원 내 용

존경하는 검사님께

오늘도 공정한 법 집행을 위해 애쓰시는 검사님께 경의의 말씀을 드립니다.
다름이 아니라 사건번호 위 폭행사건(고소인 : ○○○, 피고소인 : ○○○)과 관련
하여 피의자 ○○○에 대한 관대한 처분을 간곡히 부탁드리고자 이 글을 드리게 되
었습니다.

간단히 제 소개를 드리자면, 저는 피의자의 형으로서 현재 ○○에서 근무를 하고
있습니다.

이번에 피의자가 이번 사건 때문에 무척 고통스러워하기에 이를 지켜보는 형으로서
마음이 편치 않습니다.

피의자는 평소 마음이 여리고 가족으로서 지금까지 지켜본 바로는 남을 악의적으로
해칠만한 사람이 아닙니다. 일시적인 흥분상태로 화를 낼지도 몰라도 누구한테 함
부로 상처를 주거나 남을 다치게 할 사람도 아니며 제가 그동안 줄곧 피의자를 지켜

보아온 형으로서 그런 일도 없었습니다.

이번 사건이 터진 이후로 줄곧 피의자는 식사도 제대로 먹지 못하고 있으며 참회의 눈물로 반성을 하고 있습니다. 얼마 전에는 함께 식사를 하는데 1인분 분량의 식사를 반 이상을 남기고 그날의 상처와 후회로 하루하루를 지내고 있었습니다. 식사도 제대로 하지 못하고 얼굴도 창백해지고 차츰 야위어 가고 있습니다. 이러다가 정말 큰 병이라도 얻지 않을까 걱정이 됩니다.

아직 피의자에 대한 처벌수위가 결정된 상태는 아니라고 들었습니다. 이미 피의자는 자신이 저지른 실수에 대한 지금까지의 잘못을 절실히 뉘우치고 크게 후회하고 있습니다.

이와 같은 반성의 기회를 주신다면 본인은 피의자를 가슴에 묻고 살면서 두 번 다시 이와 같은 사건이 일어나지 않도록 있는 힘껏 노력할 것을 거듭 약속드립니다. 부디 현명하신 ○○○ 검사님의 선처가 있기를 두 손 모아 기대합니다.

끝으로 검사님의 건강과 가정에 행운과 축복이 함께 하시기를 간절히 기원합니다.

감사합니다.

20○○.   ○.   ○.

위 탄원인 ○   ○   ○   (인)

○○지방검찰청 ○○○ 검사님 귀하

탄 원 서

사   건 :

탄 원 인 : ○   ○   ○ (000000-0000000)

　　　　　 ○○시 ○○로 ○○(○○동)

　　　　　 전화 : 000-0000-0000

피탄원인 : ○   ○   ○ (000000-0000000)

　　　　　 ○○시 ○○로 ○○(○○동)

탄 원 내 용

존경하는 재판장님께

탄원인은 피탄원인의 처로서 현재 결혼 10년째에 접어들어 슬하에 1남 1녀를 두고 단란한 가정을 꾸려하고 있습니다.

그런데 얼마 전 남편이 도박사건에 연루되어 현재 ○○구치소에 수감 중입니다. 제 남편은 여태까지 도박이라곤 손에 대지 않는 성실할 가장입니다. 이번 일도 친구들로 어울려 혼자 사는 ○○○이라는 친구의 집에서 술 한 잔 마시고 그곳에서 판이 벌어져 어쩔 수 없이 어울려 화투를 치다가 세 들어 사는 피탄원인의 친구 ○○○이 상습적으로 사람들을 데리고 와 술을 마시고 도박을 일삼은데 분개하여 집주인이 그날 밤 경찰서에 도박판이 벌어졌다고 제보하여 도박 등 특별단속기간에 구속된 것입니다.

존경하는 재판장님

피탄원인은 평소 술도 잘 마시지 않고 도박 같은 것을 일절하지 않는 모범적인 가장입니다. 피탄원인의 성실성은 가정뿐만 아니라 주위 사람들도 다 알고 있습니다. 이런 피탄원인이 어쩌다 만난 친구들과 어울려 재미삼아 낀 도박에 연루되어 이러한 불미스러운 일이 일어난 것입니다.

피탄원인의 평소 생활상을 참작하시어 피탄원인을 법이 허용하는 범위 내에서 최대한의 관용을 베풀어 주시어 하루속히 사랑하는 가족들의 품으로 돌아올 수 있기를 부탁드립니다.

20○○.　○.　○.

위 탄원인　○　○　○　　(인)

○○지방법원 형사○단독 재판장님　귀하

[사례 23] 여친이 남친의 죄에 대하여 형기를 감면 호소

탄　원　서

사　　건 :

탄 원 인 : ○　　○　　○ (000000-0000000)
　　　　　○○시 ○○로 ○○(○○동)
　　　　　전화 : 000-0000-0000

피탄원인 : ○　　○　　○ (000000-0000000)
　　　　　○○시 ○○로 ○○(○○동)

탄 원 내 용

존경하는 검사님.

본인은 피의자 ○○○의 여자친구로서 많은 시간을 함께 보내며 피의자를 선도하고 자 노력하고 있으며 먼저 피의자가 죄를 저질러 물의를 일으킨 점에 대하여 진심으로 사과를 드립니다.

현재 피의자 ○○○는 본인을 의지하고 있을 뿐만 아니라 이전의 불규칙한 생활 습관에서 탈피하려고 애쓰고 있으며, 본인이 적절한 방안을 물색해 주면 그대로 이행할 것을 약속하는 등, 피의자 스스로가 절실히 반성하고 있습니다.

본인이 피의자의 몸 상태를 확인한 결과, 상처가 매우 심하여 몇 년 전에 교도소에 있다가 병으로 인해 가출소하였습니다. 그 후 큰 수술도 받고 아무 문제도 없이 열심히 생활했는데 남은 형을 살아야 한다고 다시 교도소로 들어갔습니다.

이번 사건이 피의자에게 전화위복의 기회가 될 수 있도록 남아있는 피의자 ○○○의 남아있는 형기가 감면될 수 있도록 담당 검사님의 너그러우신 온정을 간곡히 당부드리고자 합니다.

이와 같은 피의자 ○○○의 남아있는 형기가 감면될 수 있도록 도와주신다면 본인은 피의자를 가슴에 묻고 살면서 부끄러움 없는 사회인으로 성장할 수 있도록 있는 힘껏 노력할 것을 거듭 약속드립니다. 부디 현명하신 검사님의 선처가 있기를 두 손 모아 기대합니다.

끝으로 검사님의 건강과 가정에 행운과 축복이 함께 하시기를 간절히 기원합니다.

감사합니다.

20○○.　○.　○.

위 탄원인　○　○　○　(인)

○○지방검찰청 ○○○ 검사님　귀하

[사례 24] 교통사고를 낸 형에 대한 선처 호소

탄 원 서

사 건 :

탄 원 인 : ○   ○   ○ (000000-0000000)
　　　　　 ○○시 ○○로 ○○(○○동)
　　　　　 전화 : 000-0000-0000

피탄원인 : ○   ○   ○ (000000-0000000)
　　　　　 ○○시 ○○로 ○○(○○동)

탄 원 내 용

탄원인은 ○○시청 상하수도사업소 업무과에서 요금업무를 담당하는 공무원이고, 피탄원인 ○○○은 ○○시청 청경으로 근무중인 자로 피탄원인과 탄원인은 형제기간이며 6남매 중 피탄원인은 장남입니다.

탄원인이 이 탄원서를 올림은 다름이 아니오라 피탄원인이 음주 교통사고를 내어 피해자와 원만히 합의를 하였으나 향후 처벌관계에 있어서 법의 관용을 호소하기 위해 이 글을 올립니다.

피탄원인은 20○○. ○. ○. 00:00경 ○○사격장에서 ○○○, ○○○, ○○○ 고향 지인들과 체육대회를 마치고 그곳에서 약간의 음주를 한 후 자가운전을 하여 귀가 중 신호대기중인 영업용 차량을 후미에서 경미하게 접촉사고를 내었다는 사실을 탄원인은 뒤늦게 들어 알게 되었습니다.

그래서 민원인은 동생 된 입장에서 피해 운전사를 만나 백배사죄하고 어려운 살림살이에 합의금을 지불한 뒤 서로 원만하게 해결을 보았습니다.

그런데 피탄원인의 위 교통사고는 이미 경찰서에 접수가 되어 처벌문제를 남겨놓고 있습니다.

피탄원인은 약 10년 전 오토바이를 운전하다 교통사고를 당하여 그때 머리를 다쳐 그로 인하여 부인과 이혼을 한 뒤 그때부터 현재 고2, 중1의 여식을 키워오면서 용기를 잃지 않고 어렵게 살아가고 있습니다.

금번 이 사고 후 피탄원인이 정상적인 사람이었다면 사과 말 한마디만 하였더라면 아무 일 없이 끝났을 문제를 가지고 일이 확대되었다는 것을 피해운전사로부터 들었는바, 이를 미뤄보더라도 형인 피탄원인은 아직도 정상적인 정신상태가 아님을 짐작할 수 있을 것입니다.

이미 때 늦은 후회를 해본들 무슨 소용이 있겠으며 이후 이와 같은 일이 재발되지 않도록 마음을 고쳐먹는데 최선을 다하도록 탄원인과 아울러 노력하겠습니다.

피탄원인의 노모는 장애자로 노환에 시달리고 있으며 나름대로 숱한 세월이 흐르는 동한 딸자식을 위해 혼신의 노력을 다해 온 피탄원인의 정성을 저희 형제들은 물론 이웃들도 잘 알고 있습니다.

존경하는 서장님!

어미 없이 딸자식을 키우는 아버지의 심정 그 무엇으로 다 표현하리까마는 탄원인도 딸자식도 키우는 아버지로서 문득 눈물이 앞을 가리네요.

이제 피탄원인은 맹세를 하였습니다. 다시는 형제와 딸자식에게 걱정 끼치는 일이 두 번 다시 발생하지 않도록 하겠다고 굳게 약속을 하였습니다.

비록 가난한 농촌의 집안에서 장남으로 태어난 피탄원인은 한때나마 단란한 가정을 꾸려오다 불의의 오토바이 사고로 인해 처와 헤어진 뒤 일시 방황하다 이제 마지막으로 딸자식이라도 훌륭하게 키우려고 노력하는 모습들이 너무나 안쓰럽습니다.

이러한 피탄원인의 어려운 사정을 참작하시어 법의 최대한 관용과 선처를 구하고자 이렇게 실낱같은 형제간의 정의로 이 탄원서를 올리오니 한 번만 용서해 주시기 바랍니다.

20○○.　○.　○.

위 탄원인　○　○　○　　(인)

○○경찰서장님　귀하

[사례 25]　강제추행으로 인한 상해의 경우, 피해자가 선처 호소

탄　원　서

사　　건 :

탄 원 인 : ○　　○　　○ (000000-0000000)
　　　　　　○○시 ○○로 ○○(○○동)
　　　　　　전화 : 000-0000-0000

피탄원인 : ○　　○　　○ (000000-0000000)
　　　　　　○○시 ○○로 ○○(○○동)

탄　원　내　용

탄원인과 피탄원인은 친구의 소개로 몇 번 만나 서로 사귀면서 가까워진 사이로서 나이도 결혼할 만큼 돼서 만나서인지 결혼까지 생각하게 되었습니다.
하지만 차츰 가까워지면서 피탄원인은 탄원인을 소유하려 하였고 그 강도가 점점

강해져 20○○. ○. ○. 00:00경에는 저녁식사 후 드라이브를 갔다가 탄원인의 의사와 무관하게 강제로 추행하려 하며 이를 저지하는 과정에서 탄원인에게 상해를 입게 하였습니다.

탄원인은 그 후론 남자 기피증이 생길 정도로 심한 정신적 충격을 받아 피탄원인을 경찰서에 고소하게 된 것입니다.

피탄원인은 재판 중 탄원인에게 진심으로 사과하였으며, 피탄원인의 노쇠하신 부모님까지도 탄원인에게 울면서 사죄하였습니다.
여자로서 힘든 일이지만 피탄원인의 부모님을 보면서 저는 피탄원인을 용서하기로 마음먹었습니다.

그동안 구금생활을 통하여 피탄원인은 자신의 잘못을 뉘우쳤으리라 생각되며, 피탄원인이 석방되어 노쇠하신 부모님 곁으로 돌아가 부모님을 편히 모실 수 있도록 존경하는 재판장님의 선처를 바랍니다.

20○○.   ○.   ○.
위 탄원인 ○ ○ ○   (인)

○○지방법원 형사○단독 재판장님   귀하

탄 원 서

탄 원 인 : ○　○　　○ (000000-0000000)
　　　　　○○시 ○○로 ○○(○○동)
　　　　　전화 : 000-0000-0000

탄 원 내 용

중구를 위해 불철주야 노고하심을 시장님께 충심으로 감사드립니다.

다름이 아니오라 거주자 우선주차구역에 주차를 하고 있는 구민으로서 거주자 우선
주차구역에 주차하지 말아야 할 비거주자 차량주차들로 인한 피해가 막심하여 이렇
게 탄원서를 아래와 같이 제출하오니 시정될 수 있도록 선처하여 주시기 바랍니다.

아　　래

1. 비거주자 차량단속의 소홀성 : 경고장 부착만으로는 단속이 곤란하다고 사료되
   온 바, 바로 견인조치 할 수 있도록 개정하여 주시기 바라며, 주차위반 차량에
   대한 신고전화를 하여도 연결이 되지 않는 상황이 빈번히 발생하고 있어 효율적
   인 단속이 곤란한 실정이라고 사료됩니다.

2. 또한 이로 인한 거주자 차량은 비거주자 주차로 인하여 부득이 다른 곳에 주차를
   해야 하는 경우가 왕왕 있사온데, 지역 내 특성상 구역이외에는 타 차량의 통행
   에 불편을 끼칠까봐 달리 주차 할 곳이 없어 인근(10m 이내) 도로 주변에 주차
   를 할 수밖에 없는 실정이나, 구에서 나온 주차단속에 걸려 주차위반 및 견인조
   치로 인한 금전적, 시간적 피해가 막심한 실정입니다.

3. 그런 반면에 현실적으론 비거주자 차량에는 경고장만이 부착되고 아무런 조치가
   이루어지지 아니 한다는 것은 백번 천번 부당한 행정 조치라고 사료되온 바, 조
   속한 시일 내에 개선하여 주시기를 기원합니다.

20○○.　○.　○.

위 탄원인　○　○　○　　(인)

○○시장　귀하

[사례 27] 무고사건의 경우

탄　원　서

사　　건 :

탄 원 인 : ○　　○　　○ (000000-0000000)

　　　　　○○시 ○○로 ○○(○○동)

　　　　　전화 : 000-0000-0000

피탄원인 : ○　　○　　○ (000000-0000000)

　　　　　○○시 ○○로 ○○(○○동)

탄　원　내　용

탄원인과 일간지 ○○신문의 편집국장이고, 피탄원인은 본 신문의 사회부 기자로 20○○. ○. ○. 상해치사사건 관련기사를 사건에 충실하여 진실 그대로 기재하였음에도 불구하고 기사와 관련된 사건의 ○○○이 그 기사는 사건외 ○○○을 형사처분을 받게 할 목적으로 허위로 기재하였다고 피탄원인을 무고 혐의로 고소하였습니다.

존경하는 재판장님

피탄원인은 항상 국민의 알권리를 충족시켜 주기 위해 진실에 부합되는 사실만을 기사화 하는 모범적인 기자이며 기자상도 몇 번 받은 적이 있는 성실한 직업인입니다.

이런 피탄원인이 무고 혐의로 고소를 당하여 재판중이라니 참으로 믿어지지 않고 이해가 가지 않습니다.

부디 진실을 밝히시어 죄 없는 피탄원인을 하루속히 석방하여 주십시오.

20○○.   ○.   ○.

위 탄원인 : ○   ○   ○   (인)

○○지방법원 형사○단독 재판장님   귀하

[사례 28] 행인의 지갑을 훔친 경우

탄   원   서

사   건 :

탄 원 인 : ○   ○   ○ (000000-0000000)
　　　　　○○시 ○○로 ○○(○○동)
　　　　　전화 : 000-0000-0000

피탄원인 : ○   ○   ○ (000000-0000000)
　　　　　○○시 ○○로 ○○(○○동)

탄 원 내 용

탄원인은 피해자 ○○○(9세)의 어머니입니다.

20○○. ○. ○. 00:00경 그날은 마침 어린이 날이라 피해자 ○○○이 가족들에게 받은 용돈으로 평소 사고 싶어 하던 책들을 사러 동네 서점으로 가는 길에 피탄원인 ○○○이 뒤에서 다가오더니 피해자를 밀쳐 넘어뜨리고 피해자의 지갑을 훔쳐 달아나는 것을 그곳을 지나던 대학생 사건외 ○○○이 붙잡았습니다.

탄원인의 딸인 피해자는 그때의 충격으로 지금도 깜짝 깜짝 놀라고 잘 때는 식은땀을 흘리곤 합니다.

탄원인은 딸의 그런 모습을 보고 너무 안쓰럽고 화가나 피탄원인을 고소하여 현재 ○○경찰서에 수감중입니다.

존경하는 재판장님

한참 티 없이 맑아야 할 나이에 위와 같은 일을 저지른 피탄원인의 죄가 가벼운 것은 아닙니다만, 그 후로 매일같이 저를 찾아와 사죄하며 눈물을 흘리는 피탄원인의 부모를 볼 때마다 탄원인도 자식을 키우는 입장에서 가슴 아프지 않을 수 없습니다. 그래서 피탄원인의 행동은 밉지만 피탄원인을 용서하기로 마음먹었습니다.

재판장님 피탄원인을 선처하시어 피탄원인이 하루속히 가정과 학교에 돌아가 열심히 살아갈 수 있도록 석방의 은전을 베풀어 주시기 바랍니다.

20○○.　　○.　　○.

위 탄원인　○　○　○　　(인)

○○지방법원 형사○단독 재판장님　귀하

제3절 진정서 작성례

1. 진정서의 개념

진정이란 개인 또는 단체가 국가나 공공기간에 대하여 일정한 사정을 진술하여 유리한 조치를 취해줄 것을 바라는 의사표시이고 진정은 고소, 고발과 달리 대상에 제한 규정이 없다. 진정사건도 고소, 고발사건과 마찬가지로 검사가 직접 조사하기도 하지만 사법경찰관에게 지휘를 할수 있다. 경찰서에 제출한 진정사건이나 검사의 지휘에 의한 진정사건은 사법경찰관이 내사를한 후 진정사건 내사결과보고서를 작성하여 내사기록과 함께 검찰로 송치한다.

진정	탄원
진정이란 개인 또는 단체가 국가나 공공기관에 대하여 일정한 사정을 진술하여 유리한 조치를 취해줄 것을 바라는 의사표시입니다	탄원이란 개인 또는 단체가 국가나 공공기관에 대하여 일정한 사정을 진술하여 도와주기를 바라는 의사표시입니다. 진정과 탄원은 고소 · 고발과 달리 대상에 대한 제한규정이 없습니다.

2. 진정서 작성방법

가. 경어체를 사용하여 작성하기

진정서는 공문서가 아니기 때문에 규정된 양식이 필요 없다. 따라서 백지(A4용지) 나 편지지에 일정한 격식(진정인 및 피진정인의 이름과 주소, 진정하고자 하는 내용)만 갖추면 해당 관서에 접수가 된다. 이때 진정서의 작성은 불필요한 감정적인 표현은 지양하되 경어체로 작성하여 읽는 이로 하여금 불쾌감을 줄 수는 있는 일은 지양하여야 한다.

나. 육하원칙에 따라 간명하게 작성하기

진정서를 작성하는 경우 진정하고자 하는 내용을 분명하고, 명확하게 기재하여 상대방이 이를 충분히 이해하고 그 뜻을 정확하게 알 수 있도록 기재하여야 한다. 따라서 그 내용을 육하원칙에 따라 작성하는 것이 좋은데, 가령 누가, 누구에게, 어떠한 사항을(무엇을), 어떻게(왜, 어떠한 이유로) 선처하기를 바란다는 등의 진정 내용을 간명하게 기재하면 된다.

다. 진정서 접수방법

가령 근로기준법에 관련된 사항으로 진정서를 제출하고자 하면 회사 관할 노동부 사무소에 접수하면 되며, 만약 공장이 여러 곳에 소재하고 있는 경우에는 자신이 근무하는 공장의 관할 노동사무소에 제출하면 된다. 또한 일반 수사사건에 대한 진정의 경우에는 주소지를 관할하는 경찰서에 이를 접수하면 되고, 그 외 각각의 진정은 진정하고자 하는 해당 행정관서에 직접 접수하면 된다.

접수할 때에는 접수처에 접수하는 것보다는 직접 담당 수사관으로부터 자문을 얻은 후 행동을 취하는 것이 더 유리하며, 우편으로도 접수가 가능하지만 직접 제출하는 것이 보다 신속하게 처리됨에 유의하여야 한다.

[사례 29] 진 정 서

진 정 서

진 정 인 : ○   ○   ○ (000000-0000000)
　　　　　　○○시 ○○로 ○○(○○동)
　　　　　　전　화 : 010-3456-7890

피진정인 : ○   ○   ○ (000000-0000000)
　　　　　　○○시 ○○로 ○○(○○동)

진 정 취 지

위 사건에 관하여 아래와 같은 사유로 진정서를 제출하오니 피진정인에 대하여 법정 최고형으로 엄중 처벌하여 주시기 바랍니다.

진 정 사 실

1. 피진정인은 서울 ○○에서 ○○라는 상호로 의류 도소매업을 경영하는 자이고, 진정인은 서울 ○○구 ○○동 ○○ 지상에 건립하는 ○○타워 상거건립분양추진 위원회 본부장직을 역임하였던 바, 20○○. ○월경 진정 외 ○○○이 당시 위 ○○타워 상가 건립추진위원회 본부장으로써 위 상가분양 대행 업무를 맡고 있던 진정인에게 분양대금 계약금을 선도금으로 주고 상가를 확보할 계획으로 피진정인에게 선도금으로 진정인에게 줄 돈을 빌려줄 것을 부탁하게 되었던 바, 같은 달 ○○경 위 ○○○이 피진정인으로부터 금 ○○원을 빌리고 진정인에게 좋

은 점포가 있다면 잡아달라는 부탁을 하면서 계약금 및 청약금 등의 선도금조로 금 ○○원을 주고 진정인이 작성한 수취인이 미기재된 영수증을 받아서 피진정인에게 줌으로써 피진정인이 영수증을 소지하게 되었으나 진정인은 ○○○에게 위 돈은 상가분양 청약금으로 납입하고 나머지 돈은 ○○○의 처에게 송금으로 변제하였습니다.

2. 아울러 진정외 ○○○은 사업부진 등으로 피진정인에게 위 돈을 변제하지 못하고 채무에 쫓겨 잠적하기에 이르렀고 피진정인은 진정인에게 돈을 준적이 없음에도 위 ○○○으로부터 받아 보관하고 있던 영수증을 제시하여 직접 진정인에게 돈을 교부한 한 양, ○○법원에 진정인을 상대로 상가분양대금을 받고 상가분양을 하여 주지 않았다고 돈을 반환하라는 소를 제기하여 피진정인이 보관하고 있던 영수증을 증거자료로 제출함으로서 위 사실을 모르는 법원으로부터 금 ○○원을 지급하라는 판결이 선고되었습니다.

3. 따라서 피진정인은 소송사기에 의하여 받은 동원 위탁금 사건의 집행력 있는 판결정본에 의하여 20○○. ○경 진정인과 피진정인의 형 ○○○구 명의로 되어 있는 종중 토지를 경매신청 하여 낙찰대금을 횡령하였습니다.

4. 그렇다면 피진정인은 진정인에게 돈을 준 사실도 없고 진정인이 ○○○에게 돈을 받고 작성 교부한 수취인 미기재 영수증을 이용하여 진정인에게 돈을 주었다는 터무니없는 사유를 들어 소송사기로 받은 판결을 가지고 진정인에게 위와 같이 막대한 손해를 보게 함으로서 진정인은 더 이상 참을 수 없어 진정하게 되었으므로 철저한 사실조사를 거쳐 법정최고형으로 엄중 처벌하여 주시기 바랍니다.

20○○.　○.　○.

위 진정인 　○　○　○　(인)

○○경찰서장　귀중

진 정 서

진 정 인 : ○　○　○
　　　　　○○시 ○○로 ○○(○○동)
　　　　　전　화 : 010-3456-7890

피진정인 : ○　○　○
　　　　　○○시 ○○로 ○○(○○동)

진 정 취 지

　위 진정인은 아래와 같이 임금체불로 인하여 진정서를 제출하오니 적의조치하여 주시기 바랍니다.

진 정 사 실

1. 진정인은 20○○. ○. ○.자에 피진정인인 회사에 입사하여 20○○. ○. ○.까지 근무를 한 근로자이며 피진정인은 우 주소지에서 ○명의 근로자를 고용하여 제조, 납품하는 ○○상사의 대표입니다.

2. 진정인은 20○○. ○. ○. 피진정인에게 동년 20○○. ○. ○.까지 근무한다는 의사표시를 한 후 사표를 제출하여 ○. ○.까지 근무를 한 바 있습니다. 당시 피진정은 무분별한 경영으로 경영수지의 악화로 인력구조를 단행한다는 말을 수차례 하여 진정인이 사표를 제출하지 않을 수밖에 없었습니다.

3. 그렇다면 피진정인은 진정인에게 미지급 임금 및 퇴직금 합계 금 ○○만 원을 지급하여야 하는데 차일피일 미루며 아직까지 지급하지 않고 있습니다.

4. 따라서 진정인은 위의 사유로 진정에 이르게 되었으며 이를 충분히 조사하시어 피진정인측이 체불임금 금 ○○만원을 지급할 수 있도록 적의조치하여 주시기

바랍니다.

증거방법 및 첨부서류

1. 임금체불확인서   1통

20○○. ○. ○.

위 진정인 ○ ○ ○   (인)

○○지방고용노동청   귀중

제4절 반성문

1. 반성문

반성문을 작성하기 위해서는 자신의 무슨 잘못을 범하였고, 또 그 때문에 피해자는 어떠한 고통 속에 있는지 나아가 주변 사람들에게 얼마나 많은 실망감을 주었는지 등을 다시 한 번 깊게 생각한 후 작성할 필요가 있다. 자신이 무엇을 작성하였는지 조차 정확히 인식하지 못한 상태에서는 진심어린 반성문을 작성할 수 없기 때문이다.

따라서 자신의 잘못에 대한 진솔한 반성없이 오로지 죄를 감경받기 위한 목적으로 마지못해 또는 억지로 쓴 반성문은 아무리 좋은 말고 수식어로 표현이 되어 있다고 하더라도 그것을 읽는 사람들의 마음을 움직이거나 감동을 줄 수는 없는 것이다. 다만, 진정으로 반성문까지 작성하는 것이 억울하고 또는 자신의 잘못이 없다는 생각하는 경우에는 사건의 경위에 대한 사실적인 표현과 함께 무엇을 진심으로 억울하고 또 잘못이 없다고 생각하지는 지에 대하여 논리적으로 설명할 필요가 있다.

2. 반성문 작성방법

반성문을 어떻게 작성하는지, 또는 어떠한 내용으로 작성하는 것이 좋은지 ?. 이에 대한 정확한 답은 없다. 다만 내용의 분량이나 형식과 무관하게 자신의 행위에 대한 진솔한 반성을 담아 자신의 상황에 맞게 논리적으로 작성하는 것이 핵심이며, 이를 통해 피해자에게 얼마나 미안한 마음을 가지고 있는지를 전달하도록 작성하도록 하여야 한다. 자신의 글 쓰는 능력이나 표현력 부족하다고 전문가에게 의뢰하여 작성하는 것 및 남에게 대필을 맡겨서 작성하는 반성문의 경우 내용은 화려할지 모르나 진심이 묻어나지 않기 때문에 지양하여야 한다.

이러한 반성문의 작성은 보통 육하원칙에 맞추어 누가, 언제, 어디서, 무엇을, 어떻게, 왜가 들어가는 형태로 작성하거나 또는 서론, 본론, 결론 등으로 구분을 지어 읽는 사람에게 명확한 의사가 전달되도록 하여야 한다.

가. 육하원칙에 맞게 작성

반성문의 경우 읽는 사람의 가독성을 높이기 위하여 누가, 언제, 어디서, 무엇을 어떻게, 왜의 형식에 맞추어 어떠한 사건에 대하여 무슨 이유로 반성문을 작성하는지 명확하고 객관적으로 특히 처음과 맺음말이 일관성이 있도록 작성하여야 한다,

나. 사실에 기초하여 작성하기

반성문을 자신의 행위에 대한 반성의 내용이 구체적으로 담겨야 하기 때문에 실제 자신이 범한 행위를 기초로 작성하여야 하며, 과장이나 거짓된 표현은 오히려 반성을 진실성을 해할 우려가 있으므로 지양하여야 한다.

다. 감정에 호소 또는 읍소하는 글 지양

반성문은 자신의 잘못 및 그에 대한 반성 그리고 피해회복을 위한 노력, 재발방지대책 등이 담겨져 있어야 한다. 따라서 지나치게 감정에 호소 또는 읍소하는 글보다는 논리적으로 자신의 반성하는 내용과 앞으로의 계획 등을 구체적으로 밝혀 개전의 정이 현저함을 전달되도록 하여야 한다.

[서식 377] 반성문 작성방법

반성문

사   건   2022형제(고단) 0000 호
피의자(피고인)   박 ○ ○

위 사건에 관하여 피의자(또는 피고인)은 자신의 과오를 진심으로 반성하여 차후 다시는 같은 잘못을 반복하지 아니하겠다는 각오로 아래와 같은 내용의 반성문을 작성합니다.

– 아   래 –

1. 자기소개

2. 사건의 경위
- 육하원칙에 맞게 작성
- 사실에 근거하여 작성
- 사건의 경위에는 "억울하다, 상대방의 잘못도 크다, 그럴 의도는 없었다, 본의

아니게, 오해에서 비롯되었다, 범죄가 될지 몰랐다, 술을 마셔서 기억이 나지 않는다"는 등의 표현은 지양하고, 진심어린 반성의 표현을 적시하는 것이 좋다.

3. 피해 내용 및 피해회복을 위한 조치(방안)
- 피해내용의 구체적 표시
- 피해회복을 위한 구체적인 조치 및 방안을 기재[피해자와의 합의 및 합의절충 노력, 공탁, 치료행위(○○크리닉) 등]

4. 재발 방지를 위한 사후조치 내용
- 가족관계, 친구관계, 사회생활, 학교, 군생활 등에 근거하여 모범적인 시민임을 부각
- 재발방지를 위한 앞의 로의 다짐과 대책을 구체적으로 제시

5. 반성문을 작성하는 이유 및 다시 한 번 사과
- 감성에 호소하지 않고, 진심이 담긴 반성의 내용 표현

20○○. 00. 00.

피의자(피고인) 박 ○○ (인)

○○경찰서(○○법원 형사 제1단독) 귀중

[참조]

반성문에는 반드시 아래 3가지 내용은 들어가야 한다.
① 자신의 행동에 대한 반성, ② 피해자에 대한 사죄, ③ 재발(범)방지 다짐

그 외 기본적으로 글을 쓸 때는 상대를 높이고 나를 낮추는 표현을 하여야 하며, 글은 내가 피해자의 입장에서 기술하여야 함.

반 성 문

사　　　건　　20○○고제 0000 절도

피 고 인　　　박　○○

존경하는 재판장님

저는 현재 20○○고단 0000호 절도 등 사건으로 재판을 받고 있는 박 00입니다.

저는 이 사건으로 재판을 받기 전 이미 특수절도죄로 징역 10월을 복역하고 만기 출소한지 00개월 정도에 불과한 시점에서 다시 이 사건 범행을 저지른 점에 대해서는 어떠한 변명의 여지가 없음을 잘 알고 있습니다.

00개월 전 출소 후 마땅한 기술도 없는 상황에서 코로나의 여파로 인하여 공사판 막노동 자리도 구하기 어려운 상황에서 부득이 생활비를 마련하기 위하여 이 사건 범행을 재차 저지르게 되었던 것이지만, 경위야 어찌되었던 정말 죄송하고 깊이 반성하고 있습니다.

이러한 경제적 사정으로 인하여 피해자와는 원만한 합의를 도출하지도 못하고 있는 실정입니다. 제 잘못으로 인해 큰 상처와 피해를 입은 피해자에게도 다시 한 번 진신으로 사죄를 드립니다.

제가 교도소에서 복역 중 아내가 출산까지 하였지만 아내의 곁에 있어주지도 못해 천추의 한의로 남아 있습니다. 제 아내는 출산과정에 많은 고통이 따랐는지 현재 심각한 산후 우울증에 여러 고통을 겪고 있는 상황이기도 합니다. 제가 만일 이 사건으로 다시 구속이 된다면 제 처자식은 당시 생계가 막막해 질 우려가 있습니다.

부디 위와 같은 저간의 사정을 두루 살피시어 한번만 용서해 주신다면 저는 최대한 신속히 취직을 하여 열심히 돈을 벌고 사회에 도움이 되는 사람이 됨은 물론 피해자에게도 피해회복을 위해 최선의 노력을 다하겠습니다. 결코 다시는 범죄를 저지르지도 않겠습니다.

존경하는 재판장님
부티 처자식의 부양을 위해서라도 이 번 한번을 마지막으로 관용을 베풀어 주시기를 삼가 부탁드립니다.

20   .   .   .

위 피고인 박   ○○

서울중앙지방법원 형사 제○○단독   귀중

[서식 379] 반성문(형사, 행정사건 등 범용)

반 성 문

사   건   20○○고단0000 폭행
피 고 인   최 ○○

저의 잘못된 생각으로 피해자에게 뜻밖의 피해를 드리게 된 점 진심어린 사죄의 마음으로 선처를 구합니다.

이렇게 ○○행위가 적발된 것이 참으로 다행이라고 생각합니다. 저의 잘못을 알게 해주시고 저를 바른 길로 이끌어 주시려는 모든 분들께 정말 감사드립니다. 그리고 정말 죄송합니다. 자칫 잘못하면 인생을 망쳐버릴 수도 있는 무서운 ○○행위를 다시는 하지 않겠습니다.

앞으로 인생을 살아가며 후회할 이런 ○○은 두 번 다시는 하지 않을 것입니다. ○○○에 정말 죄송합니다.

다시는 이런 잘못을 하지 않고 진심의 반성을 위해 이 글을 썼습니다. 잘못된 일로 반성문을 쓰게 되어 참으로 부끄럽습니다. 또한 저를 믿고 사랑해 주신 ○○○과 ○○○님께 실망감을 안겨드려 참으로 죄송합니다. ○○한 것은 어떠한 말과 행동으로도 용서받기 힘들다는 것을 알고 있습니다. ○○한 제 잘못입니다. 아무리 ○○○하더라고 먼저 했어야 했는데 ○○를 ○○한 것은 나쁜 일이라 생각합니다.

○○는 어떤 식으로든 용납될 수 없다는 것을 잘 알고 있지만, 그 때는 ○○한 나머지 저도 모르게 ○○한 것 같습니다. ○○○을 망각하고 제가 큰 잘못을 저지르고 말았습니다. 지나간 일을 놓고 후회한다고 해도 아무 소용이 없겠지만 진심으로 죄를 뉘우치고 앞으로 그런 행동을 다시는 하지 않도록 다짐하였습니다.

반성문으로 선처를 구한다는 것은 제 잘못에 비해 너무 미약하다는 생각이 듭니다. 진심으로 ○○○에 용서를 비는 마음을 갖고 이러한 일이 앞으로 두 번 다시 일어나지 않도록 행동하고 생활한다면 저의 반성을 이해해 주실거라 믿습니다.

○○에 진심으로 선처를 구했지만, ○○을 생각할 때마다 더 죄송스러워집니다. 사죄하는 마음으로 ○○으로서의 본분을 지키며 앞으로 더 성실하고 열심히 살도록 하겠습니다.

저를 믿고 사랑해 주시던 분들께 이렇게 좋지 못한 모습을 보여드려 참으로 죄송하고, 송구스럽습니다. 앞으로는 어떤 일이 있어도 절대로 불법 행위를 저지르지 않겠습니다. 그리고 다시는 기대에 어긋나는 행동을 하지 않겠습니다. 믿고 지켜봐 주십시오.

정말 저의 잘못을 뉘우치며 반성하며 앞으로는 절대 이런 일을 하지 않겠습니다. 부디 넓은 마음으로 선처를 부탁드립니다. 다시 한 번 ○○○에 머리 숙여 사죄의 말씀을 드립니다.

20○○. 00. 00.
위 피고인 최 ○○

○○지방법원 형사 제○○단독   귀중

반 성 문

사　　　건　　20○○고단0000 업무상횡령

피 고 인　　송 ○ ○

○○계모임의 총무 ○○○입니다.

이러한 불미스러운 일로 회원 여러분들에게 서신을 드리게 되어 대단히 죄송할 따름입니다.

저는 지난 ○○월부터 ○○계모임의 총무일을 맡아 왔습니다.

처음에는 나름대로 이 일을 잘 해보려고 했으나, 제가 어리석어 그만 이러한 일을 저지르고 말았습니다.

지금 생각해 보면 제가 '이 정도는 괜찮겠지'라는 안이한 생각을 했던 것 같습니다. 어떻게 감히 회원님들이 낸 곗돈을 마음대로 유용할 생각을 했을까요? 정말 죄송합니다.

그러나 한 가지 꼭 말씀드리고 싶은 것은 제가 임의대로 유용을 했을지언정 횡령은 하지 않았습니다.

차기 총무가 정해지는 대로 모든 서류를 넘겨드리도록 하겠습니다. 다시 한 번 고개 숙여 이번 일을 사과드립니다.

20○○. 00. 00.

위 피고인 송 ○ ○

○○지방법원 형사 제○○단독　　귀중

반성문

사 건　20○○고단000호 0000
피고인　김 ○ ○

존경하는 재판장님 저는 위 사건의 피고인 ○○○입니다.

1. 사건의 경위

공소장(또는 행정처분)에 기재된 사실관계의 범죄를 자행하게 된 경위는 다음과 같습니다.

– 범죄를 저지르게 된 경위 및 사유를 간단하게 적시
– 사건의 경위에는 "억울하다, 상대방의 잘못도 크다, 그럴 의도는 없었다, 본 의 아니게, 오해에서 비롯되었다"는 등의 표현은 지양

2. 범죄의 자백 및 반성

이번 사건으로 인하여 저의 행동이 피해자에게 형언할 수 없는 상처와 피해로 다가오는지 가슴 속 깊이 깨닫게 되었습니다. 이에 피해자에게 진심어린 사죄의 의사를 표하며 깊은 반성의 태도를 전달하고 있으며, 향후 이 사건과 관련하여 피해자에게 발생한 유무형의 일체의 손해를 보상해 나갈 것임을 다짐합니다.

– 피해자와의 합의노력 및 과정, 합의여부를 적시
– 합의를 위한 노력 무산 시 향후 공탁 유무

3. 재발방지를 위한 다짐

피고인은 향후 위와 같은 범죄를 다시는 범하지 아니할 것을 진심으로 다짐하며, 그 예방을 공고히 하기 위하여 ○○○ 등의 치료(크리닉)를 병행할 예정입니다.

뿐만 아니라 주변에도 위와 같은 범죄행위의 위험성을 경고하는 등 사법질서의 확립을 위한 노력은 물론 관련 기관 봉사를 통해 다시 한번 마음을 다잡을 계획이오니, 부디 법이 허용하는 범위 내에서 최대한의 선처를 부탁드립니다.

20○○. 00. 00.

위 피고인 김 ○ ○

○○지방법원 형사 제00단독   귀중

[서식 382] 반성문(음주운전)

반성문

사   건   20○○고단000호 도로교통법위반

피고인   정 ○ ○

우선 저의 부주의로 인하여 여러 불편을 끼쳐드려 송구하게 생각합니다.

그리고 이 사건 음주운전에 대하여는 무어라 변명의 여지없이 깊이 반성하고 또 반성하며 어떠한 처벌도 달게 받을 각오가 되어 있습니다.

저는 20○○년 1월 1일 01시경 서울대입구역 사거리근방에서 음주 단속으로 면허 취소가된 정00입니다.

당시 음주운전의 경위는 _____ 어떻습니다. 그 경위야 어찌되었든 짧았던 저의 행동으로 인한 결과에는 어떠한 처벌도 달게 받을 각오에는 변함이 없습니다. 또한 차후로는 어떠한 경우든 음주운전을 하지 않으려는 각오로 자동차 처분, _____ 등의 행위를 하는 등 재발방지를 위한 최선의 노력도 다하고 있습니다.

그럼에도 제가 이렇게 글을 쓰는 이유는 저의 과오로 인한 운전면허취소처분을 받게 될 경우 _____ 등의 저의 어려운 사정을 두루 살피시어 이 반성문으로나마 조금이라도 선처를 받고자 하는 마음에 염치없게도 이렇게 선처를 바라는 글을 쓰게 되었습니다.

저는 현 나이 45에 면허 취득한지 7년 정도 되었습니다. 그 동안 단한건의 도로교

통법 위반 사실이 없이 운전을 해왔고, 평소에도 간혹 술을 마시게 되었을 경우 대리운전을 불러 귀가를 하였을 만큼 관련 법규를 철저히 준수하며 생활해 왔습니다.

한편, 저는 지금 _____ 소재 아파트 공사현장에서 건설자재 운반하는 일을 주로 하고 있으며 위 일은 운전면허가 반드시 필요한 업무이며, 만일 운전면허를 취소당할 경우 어쩔 수 없이 퇴사를 하여야 하는 사정이기도 합니다.

저는 위 일을 하면서 적은 월급이지만 한 가정의 가장으로서 슬하에 2남 1녀의 자녀들은 물론 시골에 계신 홀어머니까지 부양하고 있는 실정이기에 이 사건 음주운전으로 많은 벌금이 선고될 경우 간신히 한 달 벌어 한 달 먹고사는 형편에 당장 생계조차 곤란해 질 우려가 심대한 상황이기도 합니다.

저는 한 가정의 가장으로서 정말 열심히 살아보려고 성실히 생활해 왔지만 뜻하지 않게 이 사건 사안으로 이렇게 물의를 일으켜서 정말 죄송할 따름입니다.

한 번의 실수로 제 삶이 이렇게 어렵게 되어버렸습니다.

다시는 이 같은 실수는 저지르지 않겠습니다.
정말 진심으로 반성하고 있습니다.

부디 선처를 부탁드립니다.

20○○. 00.   00.
위 피고인 정 ○○

○○지방법원 형사 제○○단독   귀중

[참고]

음주운전 반성문 작성시 핵심 구성으로 아래의 3가지 요소를 포함시켜야 한다.

① 자신의 행동에 대한 반성, ② 피해자에 대한 사죄 및 앞으로의 다짐, ③ 재발방지 다짐

반 성 문

사   건   2022고제 0000호 000

피 의 자   박 ○ ○

존경하는 검사님께

우선 제가 저지른 부끄러운 죄에 대하여 진심으로 피해자 분과 검사님께 사죄를 드립니다, 깊이 반성하고 있는 저의 진심을 담이 이 반성문을 작성하였습니다.

이 사건 이후로 많은 날을 어쩌면 제가 살아갈 모든 날들을 그런 짓을 자행한 제 자신에 대한 원망과 후회스러움으로 살아가야 할지 모를 것 같습니다.

파렴치한 죄를 저지른 저도 이러게 날마다 고통스럽게 괴로운데 저 때문에 피해를 입은 피해자분은 얼마나 큰 고통을 받으셨을지 생각만 하면 너무 죄송스럽고 고통스럽기만 합니다.

어떠한 경위든 제 자신을 용서할 수 없으며 그 짧은 순간이 너무나도 많은 것을 바꿔버렸고 하루하루 커져가는 죄책감과 부끄러움은 저를 아무것도 하지 못하게 만들어 버렸습니다. 모든 날이 후회스럽고 피해자 분에게 죄송스러운 마음뿐입니다.

피해보상이 능사는 아닌 것을 잘 알지만 피해자와의 합의를 위해 그 동안 정말 많은 노력을 기울였습니다. 하지만 저의 노력과 진심이 부족하였던 탓인지 아직까지 피해자분과는 원만한 합의를 도출하지 못하였습니다.

너무나도 마음이 아프고 무겁기만 합니다.

피해자 분에게는 다시 한 번 죄송하다는 말씀드리며, 향후 피해자와의 합의를 위하여 끝까지 최대한의 노력을 다할 것이며, 다시는 이 사건과 같은 행위를 범하지 아니할 것을 마음속 깊이 다짐합니다.

마지막으로 피해자 분에게 다시 한 번 진심으로 죄송하다는 말씀드리고 싶습니다.

20○○. 00. 00.
위 피고인 박 ○ ○

○○검찰청   귀중

제10장

형사배상명령

제1절 개념

형사배상명령이란 제1심 또는 제2심의 형사공판절차에서 법원이 유죄판결을 선고할 경우에 그 유죄판결과 동시에 범죄행위로 인하여 발생한 직접적인 물적 피해 및 치료비 손해의 배상을 명하거나, 피고인과 피해자 사이에 합의된 손해배상액에 관하여 배상을 명하는 제도를 말한다. 즉 피해자가 민사 등 다른 절차에 의하지 않고 가해자인 피고인의 형사재판절차에서 간편하게 피해배상을 받을 수 있는 제도이다.

제2절 대상 및 범위

1. 대상범죄

형사배상명령의 대상은 상해, 중상해, 상해치사, 폭행치사상, 과실치사상, 절도, 강도, 사기, 공갈, 횡령, 배임, 손괴죄(위 각 범죄에 대하여 가중처벌하는 특정범죄가중처벌등에관한 법률 등 특별법상의 범죄도 포함된다)에 관하여 유죄판결을 선고할 경우와 위 죄뿐만 아니라 그 이외의 죄에 대한 피고사건에 있어서, 피고인과 피해자 사이에 손해배상액에 관하여 합의가 이루어진 경우 등이다.

2. 배상의 범위

형사배상명령의 경우 2006. 6. 14. 이전에는 배상명령을 할 손해는 '직접적인 물적 피해 및 치료비 손해'로 한정되지만, 그 이후에는 위자료도 포함된다. 예컨대 절도, 강도 등 재산범죄에 있어서는 피고인이 당해 범죄행위로 인하여 불법으로 얻은 재물 또는 이익의 가액이, 손괴의 경우에는 그 수리비가, 상해 등 신체에 대한 범죄에 있어서는 치료비 손해, 그리고 위와 같은 범죄로 피해자나 그 유족이 입은 정신적 고통으로 인한 손해가 그것이다. 그 외에 기대수입 상실의 손해 등은 모두 제외된다. 다만, 피고인과 피해자 사이에 손해배상액에 관하여 합의가 이루어진 경우에는 그 합의된 금액이다.

제3절 배상신청인과 상대방

위 각 범죄로 인하여 직접적인 물적 피해 및 치료비 손해, 정신적 고통을 입은 피해자 및 그 상속인, 그리고 피고인과 손해배상액에 관하여 합의한 피해자나 그 상속인이 배상신청을 할 수 있으며, 그 상대방은 당해 형사공판절차의 피고인이므로, 기소되지 아니한 다른 공범자나 약식명령이 청구된 피고인을 상대방으로 하여 배상신청을 할 수는 없다.

제4절 형사배상명령 신청절차

피해자의 배상신청은 신청서에 피고사건의 번호·사건명 및 사건이 계속된 법원, 신청인의 성명·주소, 대리인이 신청할 때에는 그 성명·주소, 상대방 피고인의 성명·주소, 배상의 대상과 그 내용, 배상을 청구하는 금액을 기재하고 서명날인한 다음 상대방인 피고인의 수에 따른 부본을 첨부하여, 제1심 또는 항소심 공판의 변론종결시까지 당해 형사공판절차가 계속된 법원에 제출하여야 한다.

제5절 배상명령의 효력

배상신청은 민사소송에 있어서의 소의 제기와 동일한 효력이 있고, 법원은 배상신청인에게 공판기일을 통지하여야 하며, 배상신청인은 공판기일에 출석하여 진술하고 증거를 제출할 수 있으나, 배상신청인이 불출석한 경우에도 법원은 그 진술 없이 배상신청에 관하여 재판할 수 있다. 위 절차를 통하여 확정된 배상명령 또는 가집행선고 있는 배상명령이 기재된 유죄판결서의 정본은 집행력 있는 민사판결 정본과 동일한 효력이 있으므로, 배상신청인은 그 정본을 이용하여 민사집행법 절차에 따라 강제집행을 할 수 있다.

다만, 배상신청인은 법원이 배상신청을 각하하거나 또는 신청을 일부만 인용하는 경우에도 이에 대하여 불복할 수 없다. 왜냐하면 그러한 경우에는 일반 민사소송을 제기할 수 있기 때문이다. 또한 신청을 전부 인용하거나 일부 인용하는 배상명령이 확정된 때에는 피해자는 그 인용된 금액의 범위 안에서는 다른 절차에 의한 손해배상을 청구할 수 없다.

제6절 형사소송절차에서의 화해

피고인과 피해자 사이에 민사상 다툼에 관하여 합의한 경우, 당해 형사사건이 계속 중인 1심 또는 2심 법원에 공동으로 그 합의 내용을 공판조서에 기재하여 줄 것을 신청할 수 있으며, 이 경우 민사소송법상의 화해와 동일한 효력이 있다.

[서식 384] 배상명령신청서

배 상 명 령 신 청

사 건   20○○고단 ○○○호 사기

피 고 인   ○   ○   ○

배상신청인   ○   ○   ○

　　　　　○○시 ○○구 ○○동 ○○○

　　　　　(전화 : 000-0000-0000)

신 청 취 지

1. 피고인은 배상신청인에게 10,000,000과 이에 대하여 배상명령신청서 부본송달 다음날부터 다 갚는 날까지 연 12%의 비율로 계산한 돈을 지급하라.

2. 위 제1항은 가집행할 수 있다.

라는 명령을 구합니다.

신 청 이 유

피고인은 20○○. ○. ○.경 피고인 소유의 건물 150평을 소외 ○○○에게 임대기간 ○년으로 정하여 임대차계약을 체결하여 동인으로 하여금 사용수익하게 하고 있었으므로 위 건물을 재차 임대하여 줄 수 없다는 사정을 잘 알면서도 그 사실을 모르는 배상신청인에게 위 건물 150평을 즉시 임대하여주겠다고 거짓말하여 이에 속은 배상신청인과 20○○. ○. ○. 임대차계약을 체결하고 당일 계약금 10,000,000원을 수령하여 이를 편취하는 불법행위를 하여 배상신청인에게 동액 상당의 손해를 가하였으므로 그 피해금을 보상받기 위하여 본 건 신청에 이르게 된 것입니다.

첨 부 서 류

1. 전세계약서 사본   1통
1. 영수증 사본   1통

20○○. ○. ○.

위 배상신청인 ○ ○ ○ (인)

○○지방법원 귀중

제출기관	사건계속 법원(소송촉진등에관한특례법 25조1항)	청구기간	1 또는 2심 공판의 변론종결시까지(동법 26조1 · 2항)
청구권자	• 본인(피해자) • 상속인(본인 사망시)	관 할	사건계속 법원
제출부수	신청서 1부 및 상대방수만큼의 부본제출	관련법규	소송촉진등에관한특례법
배상명령을 신청할 수 있는 형사사건	1. 상해를 당했을 때 2. 상해를 당하여 불구가 되거나 난치의 병에 걸렸을 때 3. 폭행을 당하여 상처를 입거나 죽었을 때 4. 과실 또는 업무상 과실로 상처를 입거나 죽었을 때 5. 강간 등 성범죄를 당했을 때(혼인빙자간음 부분은 제외함) 6. 절도나 강도를 당했을 때 7. 사기나 공갈을 당했을 때 8. 횡령이나 배임의 피해자일 때 8. 재물을 손괴당했을 때 9. 고용 등 보호감독관계에 있는 자, 법률상 구금된 자를 감호하는 자, 장애인등 보호시설의 종사자에 의해 추행 등을 당했을 때 10. 대중교통수단, 공연장 등 공중이 밀집하는 장소에서 추행을 당했을 때 11. 전화기, 우편, 컴퓨터 등을 통한 음란물 전송의 피해를 당한 때 12. 카메라 등에 의해 동의 없이 신체를 촬영 당하거나, 이를 유포당한 때 13. 아동, 청소년에 대한 성매매, 성매매 강요사건의 피해자가 되었을 때로 한정		
효 과	• 배상명령이 기재된 유죄판결문은 민사판결문과 동일한 효력이 있어 강제집행도 할 수 있음 • 신청인은 신청이 이유 없다고 각하되거나 일단 배상명령이 있으면 배상명령을 다시 신청할 수 없고 또 인용된 금액 범위 내에서는 민사소송을 제기할 수도 없음		
불복절차 및 기간	신청을 각하하거나 일부를 인용한 재판에 대하여는 불복을 신청하지 못함(소송촉진등에관한특례법 32조3항)		

배 상 명 령 신 청

사 건 20○○고단 ○○○호 사기

피 고 인 ○ ○ ○

배상신청인 ○ ○ ○

○○시 ○○구 ○○동 ○○○

(전화 : 000-0000-0000)

신 청 취 지

1. 피고인은 배상신청인에게 10,000,000과 이에 대하여 배상명령신청서 부본송달 다음날부터 다 갚는 날까지 연 12%의 비율로 계산한 돈을 지급하라.

2. 위 제1항은 가집행할 수 있다.
라는 명령을 구합니다.

신 청 이 유

1. 피고인은 ○년여 전에 신청인이 거주하는 동네에 이사 온 뒤로 온갖 감언이설과 친절한 행위로 신용을 얻은 후, 신청인외 동네 사람들로부터 고율의 이자를 지급한다고 하며 거액의 금원을 차용하여 배상신청인에게 첫 달 한 달만 이자를 지급하고는 즉시 미국으로 출국 도주함으로서 배상신청인을 사기한 것입니다.

2. 따라서 배상신청인은 피고인으로부터 신청취지에 의한 금품상당액의 피해를 입었으므로 피고인에 대한 형사사건의 판결과 동시에 위 피해금품을 변상해 주도록 하는 배상명령을 발하여 주도록 이에 신청합니다.

첨 부 서 류

1. 차용증 사본   1부

20○○. ○. ○.

배상신청인 ○ ○ ○ (인)

○○지방법원 귀중

[서식 386] 배상명령신청

배 상 명 령 신 청

사　　　건　　20○○고단 ○○○호 ○○

배상신청인　　　○　○　○
　　　　　　　　○○시 ○○구 ○○길 ○번지

피　고　인　　△　△　△

배상을 청구하는 금액 : 금 ○,○○○만원

배상의 대상과 그 내용

1. 피고인은, 사실은 타인으로부터 돈을 차용하더라도 이를 변제할 의사나 능력이 없음에도 불구하고, 20○○. ○. ○. 배상신청인에게 '돈을 빌려주면 고율의 이자를 지급하겠다'는 취지의 거짓말을 하여 이에 속은 배상신청인으로부터 즉석에서 차용금 명목으로 금 10,000,000원을 교부받아 이를 편취하였습니다.

2. 따라서 배상신청인은 피고인의 사기 범행으로 인하여 신청취지 기재 상당의 피해를 입었으므로 피고인에 대한 형사사건의 판결과 동시에 위 피해금품 상당의 금원을 지급하도록 하는 내용의 배상명령을 발해주시도록 이 건 신청에 이른 것입니다.

첨 부 서 류

1. 차용증사본   1부

20○○.   ○.   ○.

배상명령신청인   ○   ○   ○ (인)

○ ○ 지 방 법 원   형 사 제○부 귀 중

[서식 387] 배상명령신청 취하서

배상명령신청취하서

사   건   20○○초기 ○○○호
배상명령신청인   ○   ○   ○
                  ○○시 ○○구 ○○동 ○○○

위 사건에 관하여 ○○지방법원 20○○고단 ○○○ 사기사건의 배상명령신청인은
피고인 ○○○와 원만히 합의하였으므로 배상명령신청을 취하합니다.

20○○.   ○.   ○.

배상명령신청인 ○ ○ ○ (인)

○○지방법원 귀중

부 록

1. 법원사건부호표

◆ 법원재판사무처리규칙(시행 2011.10.26. 재판예규 제1353호, 일부개정 2011.10.24.)

사건부호	사 건 명	사건부호	사 건 명
가합	민사1심합의사건	카열	확정된 소송기록에 대한 열람신청사건
가단	민사1심단독사건	카기	기타민사신청사건
가소	민사소액사건	타경	부동산등경매사건
나	민사항소사건	타채	채권등집행사건
다	민사상고사건	타기	기타집행사건
라	민사항고사건	비합	비송합의사건
마	민사재항고사건	비단	비송단독사건
그	민사특별항고사건	회합	회생합의사건
바	민사준항고사건	회단	회생단독사건
머	민사조정사건	회확	회생채권 · 회생담보권 조사확정사건
자	화해사건	회기	기타 회생 관련 신청사건
차	독촉사건	하합	파산합의사건
차전	전자독촉사건	하단	파산단독사건
러	민사공조사건	하확	파산채권 조사확정사건
카합	민사가압류, 가처분등 합의사건	하면	면책사건
카단	민사가압류, 가처분등 단독사건	하기	기타 파산 · 면책 관련 신청사건
카공	공시최고사건	개회	개인회생사건
카담	담보취소등사건	개확	개인회생채권 조사확정사건
카명	재산명시등사건	개기	기타 개인회생 관련 신청사건
카조	재산조회사건	국승	국제도산 승인사건
카구	소송구조등사건	국지	국제도산 지원사건
카기전	전자독촉경정신청사건	과	과태료사건
카확	소송비용액확정결정신청사건	책	선박, 유류등책임제한사건

- 민사가압류, 가처분 등 합의(단독)사건 : 민사신청사건 중 가압류, 가처분 및 이에 대한 이의, 취소(집행취소는 제외) 사건 중 합의(단독)사건
- 담보취소등사건 : 권리행사최고, 담보취소, 권리행사최고 및 담보취소, 담보제공, 담보물변경사건
- 재산명시등사건 : 재산명시, 명시명령에 대한 이의, 채무불이행자명부등재, 명부등재말소사건
- 소송구조등사건 : 소송구조, 구조취소사건
- 채권등집행사건 : 채권, 그 밖의 재산권에 대한 집행사건
- 선박, 유류등책임제한사건 : 선박소유자등의책임제한사건, 유류오염손해배상책임제한사건

사건부호	사 건 명	사건부호	사 건 명
정가	증인감치사건	전노	부착명령항소사건
정명	채무자감치사건	전도	부착명령상고사건
정라	증인 · 채무자감치항고사건	전오	부착명령비상상고사건
정마	증인 · 채무자감치재항고사건	전초	부착명령신청사건
고합	형사1심합의사건	전로	부착명령항고사건
고단	형사 · 심단독사건	전모	부착명령재항고사건
고정	약식정재청구1심단독사건	치고	치료명령1심사건
고약	약식사건	치노	치료명령항소사건
고약전	전자약식사건	치도	치료명령상고사건
노	형사항소사건	치오	치료명령비상상고사건
도	형사상고사건	치초	치료명령신청(치료기간연장, 준수사항추가 · 변경 · 삭제청구)사건
로	형사항고사건		
모	형사재항고사건	초치	성폭력수형자치료명령1심사건
오	비상상고사건	치로	치료명령항고사건
보	형사준항고사건	치모	치료명령재항고사건
코	형사보상청구사건	동고	아동 · 청소년보호1심사건
조	즉결심판사건	동노	아동 · 청소년보호항소사건
토	형사공조사건	동도	아동 · 청소년보호상고사건
초적	체포 · 구속적부심사건	동오	아동 · 청소년보호비상상고사건
초보	보석사건	동초	아동 · 청소년보호신청사건
초재	재정신청사건, 재정신청 비용지급신청사건	푸	소년보호사건
		크	소년보호항고사건
초사	사회봉사허가청구사건,　사회봉사허가취소청구사건	트	소년보호재항고사건
		푸초	소년보호신청사건
초기	기타형사신청사건	버	가정보호사건
감고	치료감호1심사건	서	가정보호항고사건
감노	치료감호항소사건	어	가정보호재항고사건
감도	치료감호상고사건	저	가정보호신청사건
감로	치료감호항고사건	처	피해자보호명령사건
감모	치료감호재항고사건	커	피해자보호명령항고사건
감오	치료감호비상상고사건	터	피해자보호명령재항고사건
감토	치료감호공조사건	성	성매매관련보호사건
감초	치료감호신청사건	성로	성매매관련보호항고사건

사건 부호	사 건 명	사건 부호	사 건 명
전고	부착명령1심사건	성모	성매매관련보호재항고사건
성초	성매매관련보호신청사건	구단	행정1심재정단독사건
인	인신보호사건	누	행정항소사건
인라	인신보호항고사건	두	행정상고사건
인마	인신보호재항고사건	루	행정항고사건
인카	인신보호신청사건	무	행정재항고사건
정고	법정질서위반감치등사건	부	행정특별항고사건
정기	기타감치신청사건	사	행정준항고사건
정로	법정질서위반감치등항고사건	아	행정신청사건
정모	법정질서위반감치등특별항고사건	허	특허1심사건
드합	가사1심합의사건	후	특허상고사건
드단	가사1심단독사건	흐	특허재항고사건
르	가사항소사건	히	특허특별(준)항고사건
므	가사상고사건	카허	특허신청사건
브	가사항고사건	수	선거소송사건
스	가사재항고사건	우	선거상고사건
으	가사특별항고사건	수흐	선거항고(재항고, 준항고, 특별항고)사건
너	가사조정사건	주	선거신청사건
츠	가사공조사건	추	특수소송사건
즈합	가사가압류, 가처분등 합의사건	쿠	특수신청사건
즈단	가사가압류, 가처분등 단독사건	정드	의무불이행자감치등사건
즈기	기타가사신청사건	정브	의무불이행자감치등항고사건
느합	가사비송합의사건	정스	의무불이행자감치등재항고사건
느단	가사비송단독사건	정과	과태료체납자감치사건
호파	가족관계등록(제적)비송사건	정려	과태료체납자감치항고사건
호	협의이혼의사확인 신청사건	정머	과태료체납자감치재항고사건
구합	행정1심사건		

- 증인감치사건 : 증인불출석에 따른 감치사건(민사소송법 제311조 및 이 규정이 준용되는 가사소송절차, 행정소송절차, 특허소송절차 등에서의 증인불출석에 따른 감치사건
- 채무자감치사건 : 재산명시의무불이행에 따른 감치사건(민사집행법 제68조)
- 법정질서위반감치등사건 : 법원조직법 제61조 제1항 위반에 의한 감치·과태료사건
- 가사 가압류, 가처분등합의(단독)사건 : 가사신청사건 중 기압류, 가처분 및 이에 대한 이의, 취소(집행취소는 제외)사건 중 합의(단독)사건
- 의무불이행자감치등사건 : 가사사건의 의무불이행에 따른 감치·과태료사건(가사소송법 제67조, 제67조의2, 제67조의3, 제68조)

1. 공소시효의 의의

공소시효란 확정판결 전에 일정한 사건의 경과에 의하여 형벌권이 소멸되는 것을 말한다. 공소시효도 형의 시효와 같이 형사시효의 하나이나, 확정판결 전에 발생한 실체법상의 형벌권을 소멸케 하는 점에서 확정판결 후의 형벌권을 소멸케 하는 형의 시효와 구별된다.

또한 공소시효는 미확정의 형벌권의 소멸이라는 실체법상의 사유가 소송법에 반영되어 소극적 공소조건으로 된다. 따라서 이 소송조건은 실체적 소송조건이고, 공소시효가 완성되어 있음에도 불구하고 공소의 제기가 있으면 면소의 판결이 선고된다.

2. 공소시효의 기간 [형사소송법(일부개정 2007.12.21. 법률 제8730호) 제249조~제252조)]

가. 공소시효는 다음의 기간을 경과함으로서 완성한다(형사소송법 제249조 제1항).

(1) 사형에 해당하는 범죄에는 25년

(2) 무기징역 또는 무기금고에 해당하는 범죄에는 15년

(3) 장기 10년 이상의 징역 또는 금고에 해당하는 범죄에는 10년

(4) 장기 10년 미만의 징역 또는 금고에 해당하는 범죄에는 7년

(5) 장기 5년 미만의 징역 또는 금고, 장기 10년 이상의 자격정지 또는 벌금에 해당하는 범죄에는 5년

(6) 장기 5년 이상의 자격정지에 해당하는 범죄에는 3년

(7) 장기 5년 미만의 자격정지, 구류, 과료 또는 몰수에 해당하는 범죄에는 1년

나. 공소가 제기된 범죄는 판결의 확정이 없이 공소를 제기한 때로부터 25년을 경과하면 공소시효가 완성된 것으로 본다(형소법 제249조 제2항).

다. 개정 형사소송법(일부개정 2007.12.21. 법률 제8730호)은 2007. 12. 21.에 시행되었는바, 부칙 제3조에는 '이 법 시행 전에 범한 죄에 대하여는 종전의 규정을 적용한다.'를 불소급함을 명시하고 있다.

라. 공소시효기간의 기준이 되는 형은 처단형이 아니라 법정형이다. 2개 이상의 형을 병과하거나 2개 이상의 형에서 그 1개를 과(科)할 범죄에는 중한 형을 기준으로 하고, 형법에 의하여 형을 가중 또는 감경할 경우에는 가중 또는 감경하지 아니한 형을 기준으로 한다.시효는 범죄행위가 종료한 때로부터 진행하며, 공범의 경우에는 최종행위가 종료한 때로부터 공범 전체에 대한 시효기간을

기산한다. 여기서 '범죄행위가 종료한 때'라 함은 구성요건에 해당하는 행위와 시(행위시설)가 아니라 구성요건에 해당하는 결과발생의 시를 의미한다(결과시설). 시효기간의 계산에 관하여는 초일은 시간을 계산함이 없이 1일로 산정하고, 기간의 말일이 공휴일이라도 기간에 산입한다(형소법 제66조).

3. 공소시효의 정지

현행법은 공소시효의 정지만을 인정하고 있고 공소시효의 중단은 인정하고 있지 않다. 시효의 중단의 경우에는 중단하면 중단한 때로부터 다시 새로이 시효의 전체기간이 진행된다. 이에 대하여 시효의 정지는 일시 시효기간의 진행을 정지한다. 즉, 정지의 기간이 종료되면 그때부터 남은 기간이 진행된다. 다만, 중단의 사유는 즉시적인 것이고 정지의 사유는 계속적인 것이어서 소송진행 중에는 시효의 진행이 정지된다.

따라서 법원이 사건을 심리하지 않고 몇 년간 방치하더라도 시효가 완성되지 아니할 것이다. 이는 시효의 취지에 반하므로 현행 형사소송법은 제249조 제2항에서 "공소가 제기된 범죄는 판결의 확정 없이 공소를 제기한 때로부터 25년을 경과하면 공소시효가 완성된 것으로 간주한다."라고 규정하고 있다.

시효는 공소의 제기로 진행이 정지되고 공소기각 또는 관할위반의 재판이 확정된 때로부터 진행한다(형소법 제253조 제1항).

공소시효정지의 효력은 공소제기된 피고인에 대하여만 미친다. 따라서 진범이 아닌 자에 대한 공소제기는 진범에 대한 공소시효의 진행을 정지하지 않는다. 그러나 공범의 1인에 대한 시효정지는 다른 공범자에게 대하여 효력이 미치고, 당해 사건의 재판이 확정된 때로부터 진행한다. 한편 범인이 형사처분을 면할 목적으로 국외에 있는 경우 그 기간 동안 공소시효가 정지된다(형소법 제253조 제3항).

또한 준기소절차에 의한 재정신청이 있을 때에는 고등법원의 재정결정이 있을 때까지 공소시효의 진행을 정지한다. 그리고 소년보호사건에 대하여 소년부 판사가 심리개시의 결정을 한 때에는 그 사건에 대한 보호처분의 결정이 확정될 때까지 공소시효의 진행이 정지된다.

4. 공소제기의 효과

공소제기의 효과로서는 공소계속, 사건범위의 한정 및 공소시효진행의 정지를 들 수 있다. 공소의 제기에 의하여 종래 검사의 지배 아래에 있던 사건은 법원의 지배 아래로 옮겨지게 되며 사건이 법원에서 실제로 심리될 수 있는 사실상태를 소송계속이라고 한다. 공소의 제기에 의하여 사건의 범위는 한정된다. 즉, 공소장에 기재된 피고인과 공소사실에 대하여 사건의 단일성·동일성이 있는 한 그 전부에 대하여 불가분적으로 미치고, 그 이외에 대하여는 미치지 아니한다. 이를 공소불가분의 원칙이라고 한다. 공소는 검사가 지정한 피고인 이외의 다른 사람에게는 그 효력이 미치지 아니한다. 이 점에서 고소의 효력과는 다르다. 고소에 있어서는 원칙적으로 주관적 불가분을 인정하고 있기 때문이다. 공소에 있어서는 설령 지정된 피고인과 공범관계에 있는 자라도 이에 대하여는 효력이 미치지 아니한다. 따라서 공소사실 중에 공범자의 성명이 기재되어있더라도 그 자가 피고인으로서 적시되어 있지 아니하는 한 이를 재판할 수는 없고, 이러한 공범자를 처벌하기 위하여는 별도로 피고인으로서 기소함을 요한다. 다만, 공소시효정지의 효력은 공범자에게도 미친다.

공소의 효력은 공소장에 기재한 공소사실 및 이와 단일성·동일성 있는 사실의 전부에 대하여 불가분적으로 미치고 그 이외에는 미치지 아니한다. 따라서 1개의 범죄에 대하여 그 일부만의 공소는 인정되지 아니한다. 다만, 범죄사실의 일부에 대한 공소는 그 효력이 전부에 미친다. 이를 공소불가분의 원칙이라고 한다. 그러나 이 경우에는 법원의 현실적 심판대상은 공소장에 기재된 1죄의 일부에 한정되며 나머지 부분은 공소장변경 등에 의해서만 현실적 심판대상으로 되기 때문에 공소의 효력이 미치지 아니하는 사건에 대하여는 법원은 심판할 수 없다. 이 원칙을 불고불리의 원칙이라고 한다.

고등	지방	지원	관할구역
서울	서울중앙		서울특별시 종로구 · 중구 · 강남구 · 서초구 · 관악구 · 동작구
	서울동부		서울특별시 성동구 · 광진구 · 강동구 · 송파구
	서울남부		서울특별시 영등포구 · 강서구 · 양천구 · 구로구 · 금천구
	서울북부		서울특별시 동대문구 · 중랑구 · 성북구 · 도봉구 · 강북구 · 노원구
	서울서부		서울특별시 서대문구 · 마포구 · 은평구 · 용산구
	의정부		의정부시 · 동두천시 · 양주시 · 연천군 · 포천시, 강원도 철원군. 다만, 소년보호사건은 앞의 시 · 군 외에 고양시 · 파주시 · 남양주시 · 구리시 · 가평군
		고 양	고양시 · 파주시
		남양주	남양주시 · 구리시 · 가평군
	인천		인천광역시
		부천	부천시 · 김포시
	춘천		춘천시 · 화천군 · 양구군 · 인제군 · 홍천군. 다만, 소년보호사건은 철원군을 제외한 강원도
		강릉	강릉시 · 동해시 · 삼척시
		원주	원주시 · 횡성군
		속초	속초시 · 양양군 · 고성군
		영월	태백시 · 영월군 · 정선군 · 평창군
대전	대전		대전광역시 · 세종특별자치시 · 금산군
		홍성	보령시 · 홍성군 · 예산군 · 서천군
		공주	공주시 · 청양군
		논산	논산시 · 계룡시 · 부여군
		서산	서산시 · 당진시 · 태안군
		천안	천안시 · 아산시
	청주		청주시 · 진천군 · 보은군 · 괴산군 · 증평군. 다만, 소년보호사건은 충청북도
		충주	충주시 · 음성군
		제천	제천시 · 단양군
		영동	영동군 · 옥천군

고등	지방	지원	관할구역
대구	대구		대구광역시 중구 · 동구 · 남구 · 북구 · 수성구 · 영천시 · 경산시 · 칠곡군 · 청도군
		서부	대구광역시 서구 · 달서구 · 달성군, 성주군 · 고령군
		안동	안동시 · 영주시 · 봉화군
		경주	경주시
		포항	포항시 · 울릉군
		김천	김천시 · 구미시
		상주	상주시 · 문경시 · 예천군
		의성	의성군 · 군위군 · 청송군
		영덕	영덕군 · 영양군 · 울진군
부산	부산		부산광역시 중구 · 동구 · 영도구 · 부산진구 · 동래구 · 연제구 · 금정구
		동부	부산광역시 해운대구 · 남구 · 수영구 · 기장군
		서부	부산광역시 서구 · 북구 · 사상구 · 사하구 · 강서구
	울산		울산광역시 · 양산시
	창원		창원시 의창구 · 성산구 · 진해구, 김해시. 다만, 소년보호사건은 양산시를 제외한 경상남도
		마산	창원시 마산합포구 · 마산회원구, 함안군 · 의령군
		통영	통영시 · 거제시 · 고성군
		밀양	밀양시 · 창녕군
		거창	거창군 · 함양군 · 합천군
		진주	진주시 · 사천시 · 남해군 · 하동군 · 산청군
광주	광주		광주광역시 · 나주시 · 화순군 · 장성군 · 담양군 · 곡성군 · 영광군
		목포	목포시 · 무안군 · 신안군 · 함평군 · 영암군
		장흥	장흥군 · 강진군
		순천	순천시 · 여수시 · 광양시 · 구례군 · 고흥군 · 보성군
		해남	해남군 · 완도군 · 진도군
	전주		전주시 · 김제시 · 완주군 · 임실군 · 진안군 · 무주군. 다만, 소년보호사건은 전라북도
		군산	군산시 · 익산시
		정읍	정읍시 · 부안군 · 고창군
		남원	남원시 · 장수군 · 순창군
	제주		제주시 · 서귀포시

고등	지방	지원	관할구역
수원	수원		수원시 · 오산시 · 용인시 · 화성시. 다만, 소년보호사건은 앞의 시 외에 성남시 · 하남시 · 평택시 · 이천시 · 안산시 · 광명시 · 시흥시 · 안성시 · 광주시 · 안양시 · 과천시 · 의왕시 · 군포시 · 여주시 · 양평군
		성남	성남시 · 하남시 · 광주시
		여주	이천시 · 여주시 · 양평군
		평택	평택시 · 안성시
		안산	안산시 · 광명시 · 시흥시
		안양	안양시 · 과천시 · 의왕시 · 군포시

서식색인

[ㄱ]

[ㄴ]

[ㄷ]

[ㅅ]

[ㅇ]

[ㅈ]

[ㅎ]

사항색인

저자 약력

법학박사
행 정 사 김동근

숭실대학교 법학과 졸업

숭실대학교 대학원 법학과 졸업(행정법박사)

[대한민국 법률전문서적 출간 1위 - 한국의 기네스북 KRI 한국기록원 공식인증]

현, 숭실대학교 법학과 겸임교수

  대한행정사회 중앙연수교육원 교수

  행정심판학회 학회장

  국가전문자격시험 출제위원

  경기대학교 탄소중립협력단 전문위원

  YMCA병설 월남시민문화연구소 연구위원

  내외일보·내외경제신문 논설위원

전, 서울시장후보 법률특보단장

  대통령후보 디지털성범죄예방 특별위원회 자문위원

  대통령후보 탐정위원회 부위원장

저서, 고소장작성 이론 및 실무(법률출판사)

  한권으로 끝내는 형사소송절차(진원사)

  외 70권 출간

변호사 김요한

고려대학교 법학과 졸업

서울대학교 법과대학원 석사과정 수료

서울시립대학교 도시과학대학원 도시계획학 석사학위취득

서울시립대학교 세무대학원 석사과정 수료

건국대학교 일반대학원 부동산학과 박사학위 취득

주요경력

    제37회 사법시험 합격

    사법연수원 제27기 수료

    수원지방법원 판사

    서울중앙지방법원 판사

    법무법인 세종 기업자문파트너 변호사

    현 법무법인 태한 대표변호사현

법무사 서제진

현, 서제진 법무사사무실 대표

주요경력

    검찰공무원(90공채)

    서울중앙지방검찰청 집행과, 총무부, 조사과, 송무부, 형사부, 특수 1부

    서울고등검찰청 사건과 형사부(항고사건 수사담당)

    인천지방검찰청 형사부

    대한법무사협회 전문위원

    법무부장관 / 검찰총장 / 검사장 표창

실전 형사소송 실무편람

2024년 9월 10일 1쇄 인쇄
2024년 9월 20일 1쇄 발행

저 자 김 동 근 김 요 한 서 제 진
발 행 인 김 용 성
발 행 처 **법률출판사**
서울시 동대문구 휘경로 2길3. 4층
☎ 02) 962-9154 팩스 02) 962-9156
등 록 번 호 제1-1982호
ISBN 978-89-5821-440-3 13360
e-mail : lawnbook@hanmail.net